建筑边坡工程手册

雷　用　刘兴远　吴曙光　主　编
康景文　唐耿琛　主　审

中国建筑工业出版社

图书在版编目（CIP）数据

建筑边坡工程手册/雷用，刘兴远，吴曙光主编.—北京：
中国建筑工业出版社，2019.2（2023.9重印）
ISBN 978-7-112-22588-0

Ⅰ.①建… Ⅱ.①雷…②刘…③吴… Ⅲ.①边坡—
道路工程—技术手册 Ⅳ.①U416.1-62

中国版本图书馆 CIP 数据核字（2018）第 195774 号

本手册是编委根据三十年来从事建筑边坡工程的勘察、设计、施工、质量验收、审查、检测、监测工作的实践经验总结而成。全书共 18 章，包括：绪论，岩、土的工程性质，土压力，边坡稳定性分析，支挡结构的内力分析，锚杆（索）挡墙设计与施工，岩石锚喷支护设计与施工，悬臂式挡墙和扶臂式挡墙设计与施工，桩板式挡墙设计与施工，坡率法设计与施工，坡面防护与绿化设计施工，工程滑坡防治设计与施工，黄土边坡支护设计与施工，抗滑短桩设计与施工，树根桩设计与施工，边坡工程施工安全，边坡工程监测、鉴定与加固，边坡工程施工质量验收。本手册内容简洁、资料齐全、实用，反映了最新国家标准的要求，可供广大建筑边坡工程技术人员学习使用。

* * *

责任编辑：王砾瑶 范业庶
责任校对：焦 乐

建筑边坡工程手册

雷 用 刘兴远 吴曙光 主 编
康景文 唐耿琛 主 审

*

中国建筑工业出版社出版、发行（北京海淀三里河路 9 号）
各地新华书店、建筑书店经销
北京鸿文瀚海文化传媒有限公司制版
建工社（河北）印刷有限公司印刷

*

开本：787×1092 毫米 1/16 印张：48½ 字数：1207 千字
2018 年 12 月第一版 2023 年 9 月第五次印刷
定价：150.00 元
ISBN 978-7-112-22588-0
（32276）

《建筑边坡工程手册》编撰委员会

主　编：雷　用　刘兴远　吴曙光

主　审：康景文　唐耿琛

编　委：（以姓氏笔画为序）

万　芸	王　凯	王　智	石少卿	付征耀
朱自力	刘自龙	刘兴远	江立群	孙志崇
孙晓勇	李杨秋	李沁羽	杨文琦	杨校辉
杨福荣	杨德全	吴曙光	何　平	张九灵
张枝华	陈山泉	陈希昌	周廷富	周海鹰
赵洪波	徐　革	郭长春	唐春龙	唐秋元
唐耿琛	黄伟达	黄学峰	黄承忠	梁　峰
蒋先念	曾虹静	曾俊翔	雷　用	廖　翱
熊传祥	薛尚龄			

本手册的编写成员分工如下：

第1章　绪论　　　　　　　　　　　　　　后勤工程学院　雷　用
　　　　　　　　　　　　　　　　　　　　重庆市高新工程勘察设计院有限公司　王　凯　李沁羽

第2章　岩、土的工程性质
　　　　第1节～第5节　　　　　　　　　　中煤科工集团重庆设计研究院有限公司　唐耿琛
　　　　　　　　　　　　　　　　　　　　李杨秋　江立群
　　　　第6节～第7节　　　　　　　　　　中冶赛迪工程技术股份有限公司　周海鹰　万　芸
　　　　　　　　　　　　　　　　　　　　曾俊翔

第3章　土压力　　　　　　　　　　　　　中冶赛迪工程技术股份有限公司　徐　革　陈山泉
　　　　　　　　　　　　　　　　　　　　曾虹静

第4章　边坡稳定性分析
　　　　第1节　　　　　　　　　　　　　重庆市建筑科学研究院　刘兴远
　　　　第2节～第4节　　　　　　　　　　中冶赛迪工程技术股份有限公司　薛尚龄　付征耀
　　　　　　　　　　　　　　　　　　　　周廷富
　　　　第5节～第7节　　　　　　　　　　重庆市建筑科学研究院　刘兴远
　　　　　　　　　　　　　　　　　　　　后勤工程学院　雷　用

第5章　支挡结构的内力分析　　　　　　　重庆大学　吴曙光
第6章　锚杆（索）挡墙设计与施工　　　　重庆大学　吴曙光
第7章　岩石锚喷支护设计与施工　　　　　重庆大学　吴曙光
　　　　　　　　　　　　　　　　　　　　重庆建工第三建设有限责任公司　郭长春
第8章　悬臂式挡墙和扶臂式挡墙设计与施工　　　　重庆市设计院　陈希昌
第9章　桩板式挡墙设计与施工　　　　　　　　　　福州大学　熊传祥
　　　　　　　　　　　　　　　　　　　　福建省建筑科学研究院　黄伟达
第10章　坡率法设计与施工　　　　　　　重庆市都安工程勘察技术咨询有限公司　何　平
　　　　　　　　　　　　　　　　　　　　杨德全
　　　　　　　　　　　　　　　　　　　　重庆市设计院　朱自力
第11章　坡面防护与绿化设计施工　　　　中煤科工集团重庆设计研究院有限公司　赵洪波
　　　　　　　　　　　　　　　　　　　　唐春龙　黄承忠
第12章　工程滑坡防治设计与施工　　　　中煤科工集团重庆设计研究院有限公司　唐秋元
　　　　　　　　　　　　　　　　　　　　王　智　廖　翱
第13章　黄土边坡支护设计与施工　　　　陆军勤务学院　黄学峰
　　　　　　　　　　　　　　　　　　　　兰州理工大学　杨校辉　刘自龙
第14章　抗滑短桩设计与施工　　　　　　后勤工程学院　雷　用　石少卿
　　　　　　　　　　　　　　　　　　　　重庆川东南地质工程勘察设计院　张九灵　杨福荣
第15章　树根桩设计与施工　　　　　　　后勤工程学院　雷　用　石少卿
　　　　　　　　　　　　　　　　　　　　中冶赛迪工程技术股份有限公司　杨文琦
　　　　　　　　　　　　　　　　　　　　重庆市地质矿产勘查开发局208地质队　张枝华
　　　　　　　　　　　　　　　　　　　　梁　峰　蒋先念　孙晓勇
第16章　边坡工程施工安全　　　　　　　重庆市建筑科学研究院　刘兴远
第17章　边坡工程监测、鉴定与加固　　　重庆市建筑科学研究院　刘光远
第18章　边坡工程施工质量验收　　　　　重庆市建筑科学研究院　刘兴远

序

随着我国经济的快速增长，城市建设不断发展，自 20 世纪 90 年代以来，涌现了大量地质环境复杂、技术要求超高的建筑边坡工程建设项目。建筑边坡工程在设计理论、施工方法和施工管理技术等各方面，积累了丰富的实践经验，取得了重大进步，极大地提高了建筑边坡工程的技术水平。在此基础上，重庆市优秀的中青年勘察、设计、施工、监测、检测专家，系统地总结国内外最新的建筑边坡工程实践经验、编著了《建筑边坡工程手册》，将有力推动建筑边坡工程的科技进步。

建筑边坡工程的稳定、变形控制和环境保护是建筑边坡工程成败的关键。如何确保边（滑）坡工程的安全，减少工程事故，保护环境，而又能节约投资和缩短工期，是岩土工程师的一项重要与紧迫的任务，同时也是不断追求和探索的目标。

本手册作者采用土力学、岩石力学、工程地质等基本原理，吸收"有限元强度折减法"等近年来新的研究成果，按照《建筑边坡工程技术规范》GB 50330 要求，并结合大量工程实例，将近年来有代表性的工程勘察、设计、施工、监测、检测工作领域的新成果编著成册。本书图文并茂，给出了建筑边坡工程支挡结构设计、变形控制措施和检测鉴定等案例，将给读者留下深刻的印象，提升我国边坡工程的技术水平。

最后，祝优秀的中青年的岩土科技工作者，为岩土工程的理论与实践的发展，为社会的进步做出更多更大的贡献。

中国工程院院士 郑颖人

2017 年 3 月

前　言

　　山区地区常处于城市中心的建筑密集地带、交通干道密集地带、地下管网密集地带、人防洞室密集地带、轻轨地铁隧道已建或拟建地带，施工场地极其紧张、施工条件极其复杂；这些已经存在的极其复杂的环境条件，再加上人们对地下空间（地下室层数逐渐增多）的追求，造成建筑边坡工程的设计、施工难度越来越大的超限高边坡逐渐增多；这使得超限高边坡工程建设的安全设计、安全施工的形势越来越严峻。与此同时，随着人们生活水平的不断提高，花园洋房、别墅的建设对空气质量、生态环境的要求越来越高，在森林茂密的斜坡地带进行建设的"山地工程"与日俱增，建筑边坡工程既给岩土工程师们带来了机遇，同时也带来了诸多值得我们深思和急需解决的问题。

　　在这种快速发展的条件下，需要一本内容全面、使用方便、能充分反映当前国内外勘察、设计、施工、监测、检测鉴定方面技术水平和经验的工具书，给建筑边坡工程的从业人员提供一个内容翔实、实用简便的建筑边坡工程勘察、设计、施工和管理的使用工具。

　　《建筑边坡工程手册》是编委根据三十年来在重庆、四川、贵州、云南、甘肃、陕西、三亚、连云港、广州、福州、厦门等地区从事建筑边坡工程的勘察、设计、施工、质量验收、审查、监测、检测工作的4000多项建筑边坡工程项目的实践经验总结和全国各个地区工程建设的需要，应中国建筑工业出版社的邀请而进行编写的。该手册依据土力学、岩石力学、工程地质等基本原理，吸收"强度折减法"等近年来新的研究成果，按照现行国家标准《建筑边坡工程技术规范》GB 50330、《建筑边坡工程鉴定与加固技术规范》GB 50843、《岩土锚杆与喷射混凝土支护工程技术规范》GB 50086，并结合工程实例，将近年来大量应用的、代表工程勘察、设计、施工、监测、检测工作领域最新成果的内容编著而成。

　　该手册较系统地总结了建筑边坡工程的设计、施工经验，较全面地介绍了"强度折减法"等建筑边坡工程方面的设计理论和施工方法，是一本反映我国当前建筑边坡工程设计和施工水平及发展趋势的书籍，对提高我国建筑边坡工程设计和施工水平将起到重要作用，并将在建筑边坡工程领域产生深远的影响。

　　第1章绪论，主要介绍了边坡工程的特点，如岩土材料复杂的特点、岩土的时空变异性特点、岩土的地区性特点、计算理论不完善的特点、岩土工程制约因素多的特点、具有预测性和风险性大的特点、需考虑环境绿化和节能与效应的特点；同时也介绍了设计、施工的基本技术要求和边坡工程设计的主要内容。第2章主要介绍了岩、土的工程性质。第3章主要介绍了土压力与水压力计算、岩石压力计算和混合边坡的土岩压力计算。第4章主要介绍了边坡稳定性的影响因素、边坡的类型、边坡破坏模式及破坏判别、土质边坡稳定性分析、岩质边坡局部稳定性分析和整体稳定性分析新方法。第5章主要介绍了支挡结构的内力分析。第6章主要介绍了锚杆（索）挡墙设计与施工。第7章主要介绍了岩石锚喷支护设计与施工。第8章主要介绍了悬臂式挡墙和扶臂式挡墙。第9章主要介绍了桩板

式挡墙。第 10 章主要介绍了坡率法设计与施工。第 11 章主要介绍了坡面防护与绿化设计施工。第 12 章主要介绍了工程滑坡防治设计与施工。第 13 章主要介绍了黄土边坡支护设计与施工。第 14 章主要介绍了抗滑短桩设计与施工。第 15 章主要介绍了树根桩设计与施工。第 16 章主要介绍了边坡工程施工安全。第 17 章主要介绍了边坡工程监测、鉴定与加固。第 18 章主要介绍了边坡工程施工质量验收。

该手册文图并茂，采用设计、施工与工程实例相结合的方法，让技术人员不仅使用方便，还能通过实例理解设计理论，掌握勘察、设计、施工方法，解决勘察、设计、施工、质量验收、检测、监测等鉴定问题。因此，从这个角度讲，该手册能为从事边（滑）坡工程勘察、设计、施工、检测、监测的技术人员提供具有实用价值的资料和范例。

边坡工程涉及多种学科的知识，完全掌握、灵活应用边坡设计理论解决工程实际问题，对每一个工程均需要一个过程，同时应注意边坡工程是一个实践性很强的实验科学。由于边坡变形理论的复杂性，边坡变形预警值的准确控制是非常困难的工作，可谓"仁者见仁，智者见智"。在边坡工程实践中，希望工程师们特别关注自己所设计的边坡工程所发生的变形（有的工程对变形要求严格甚至极其严格，有的工程则较宽松），切忌用"正常应力重分布，变形是正常现象"来麻痹自己，科学的态度是：正视问题，在监测条件下，用工程数据的反馈信息修改、完善原来的设计。

由于时间仓促、水平有限，手册中错漏不足在所难免，敬请广大专家、读者批评指正；参考文献遗漏者，敬请谅解。

2017 年 3 月

目　录

第1章 绪 论

1.1 引言

正如有的专家讲,岩土工程具有科学性;在掌握概念和综合判断的基础上,岩土工程又具有创造性、艺术性。

1. 岩土工程的科学性

科学是客观的知识体系,追求的是客观真理和客观规律;岩土工程是一门工程技术,运用技术手段建造工程或工程的一部分。科学和技术是既密切关联又互相区别的两个概念,岩土工程注重实践,不是纯科学,但其中蕴含着深刻的科学原理,其科学性是众所周知的。譬如边坡稳定分析基于静力平衡原理;地基变形和承载力基于岩土的力学原理;地下水的运动基于水力学和地下水动力学原理;不良地质作用和地质灾害的演化基于动力地质学原理;地震和断层的活动性基于地震地质学原理;岩质边坡失稳模式基于工程地质学的结构面控制论;桩的挤土效应、饱和土沉降与时间关系,基于土力学中的孔隙水压力和有效应力原理等。工程技术需要不断创新,但基本原理是不能随意挑战,不能轻易颠覆的。

科学崇尚定量,崇尚用数学模型描述;科学追求严密,追求精确计算,否则只能是不严密、不完善、不成熟的科学。岩土工程(geotechnical engineering)是一门实践性很强的应用技术。岩土是一种最复杂的材料,无论何种力学模型都难以全面而准确地描述它的性状;岩土具有显著的时空变异性,在复杂地质条件下,再细致的勘察测试也难以完全查明岩土性状的时空分布;岩土又有很强的地区性特点,不同地区往往形成各种各样的特殊性岩土。因此,单纯的理论计算和试验分析常常解决不了实际问题,而需要岩土工程师根据工程所处位置的工程地质情况和工程的要求,凭借自己的经验对关键技术问题的把握,进行临场处置。从这个意义上讲,岩土工程至今还是不够严谨、不够完善、不够成熟的技术学科,因而其难度大,潜力也很大。

科学原理总是先建立概念,在概念的基础上建立数学模型计算,概念是科学原理的内核。岩土工程的重大失误,基本上都是由于概念不清所致,很少是计算错误。岩土工程师认识问题要深刻,深明其中的科学原理和工程意义,不应把复杂问题简单化;但处理问题要简洁,尽量将复杂问题化为简单方式处理,绝对不要将简单问题复杂化。

2. 掌握概念和综合判断

概念是客观规律的科学概括,不是局部的经验,不是未经检验的理论假设。概念是本质,概念是理性,概念有深刻的内涵,放之四海而皆准。我们学习专业知识,最重要的是掌握概念。但有时自认为对某一概念已经清楚，遇到具体问题却又糊涂起来，需要在不断的实践中逐步加深认识。掌握基本概念是岩土工程师必备的素质，是贯彻岩土工程科学性的集中表现。

岩土工程的实践性非常强，没有丰富的工程经验，包括成功的经验和失败的经验，不可能有超强的综合能力。理论素养和实践经验是相辅相成的，工程经验一定要上升到理论层面上去总结，表面的、片面的、非理性的经验，是只见现象，不见本质，还停留在初级的感性认识阶段。凭直观的局部经验处理问题，很容易犯原则性的错误。而在理论指导下总结的经验，是全面的、系统的，达到了高级的理性认识阶段，能透过现象，见到本质，举一反三。

3. 岩土工程的艺术性

艺术是指一种美的物体、环境或行为，是能与他人共享的一种创意。除了绘画、音乐、文学、戏剧、影视、景观等以外，还有领导艺术、指挥艺术、外交艺术、公关艺术等，体现在它的巧妙，体现在它的可欣赏性和诱人的魅力。与科学的不同在于：科学强调客观规律，而艺术强调主观创意和共享；科学讲究普适性和理性，可大量重复，而艺术讲究个性和悟性，各具神韵，异彩纷呈；科学创新有时"昙花一现"，不久就被超越，而艺术创意则是永恒，常温常新。技术或多或少含有艺术元素，而岩土工程面对的是千变万化的地质条件和多种多样的岩土特性，需因时制宜，因地制宜，视工程要求不同而酌情处置，处理办法又常常因人而异，各具特点和个性，不同的人可以开出不同的处方，因而富含更多的艺术元素。

现在，来看看岩土工程的艺术美：边坡开挖，为了防止坡壁倒塌，简单的做法就是支撑，顶住侧向土压力。这当然可以，但占了较大的空间；锚杆巧妙地用背拉方式解决了这个问题，不仅极大地少占了空间，还节省了材料和费用，富有艺术性。高填方、高路堤等要放坡，占用大量土地；加筋土巧妙地解决了土体缺乏抗拉强度的问题。开挖隧道和地下工程，传统思路将围岩视为消极的荷载，用厚壁混凝土支承围岩压力；新奥法充分利用围岩自身的承载能力，用锚喷加固围岩，与薄壁柔性结构结合形成支承环，保证隧道和地下工程的稳定，并通过观测不断调整开挖和支护。这种"化敌为友"，化消极因素为积极因素的创意，很巧妙。墨西哥城郊区有个 Texcoco 湖，已基本干涸，拟改造为一个公园，需大面积加深成湖，按传统方法，需开挖大量土方运出；主持工程的岩土工程师利用墨西哥软土降水地面沉降的原理，采用井群抽取软土下砂层中的地下水降低水位，将地面降低了4m。不用一台挖土机，不用一台运输车，不运出一方土，现场文明，安安静静，达到了建造人工湖的目的。

4. 岩土工程的多学科性

建筑边坡支挡技术，涉及工程地质、水文地质、岩土力学、结构力学、钢筋混凝土结构、支护结构、锚固技术、建筑材料工程、施工及监测等多门学科，边坡支挡理论及技术发展也较快，部分工程实践存在超前现象；但因勘察、设计、施工、监测、管理和维护不当，已修的支护结构工程质量低劣，已建的边坡工程中时有垮塌事故和浪费现象发生，造成国家和人民生命财产严重损失以及社会不安定因素，同时遗留了一些安全度、耐久性及抗震性能低的边坡支护结构，给国家带来了严重的财政负担。正确、合理、经济的处理边坡工程，确保建筑物工程的安全是每一个工程技术人员都关注的问题。

5.建筑边坡工程的"明天"

随着我国经济建设的快速发展，需要完成大量的"大挖大填"任务，为确保"高切坡、高填方、深基坑"等各项边（滑）坡工程的安全，大量的支挡结构得到了广泛应用。

在"西部大开发"的建设进程中，各种类型的支挡结构，特别是新型支挡结构，已在工程建设中发挥重要而不可或缺的作用。新型支挡结构，如抗滑短桩、树根桩、锚杆、锚钉以及联合支挡结构［抗滑短桩与重力式挡墙、抗滑桩与锚索（杆）、锚杆与锚钉、树根桩与灌浆、锚杆（钉）与防护网联合支挡结构］等，已在公路、铁路边坡、水利边坡（港口、码头等）、建筑边坡工程中得到了大量应用，其作用将越来越大。

在重庆的市中区高盛财富中心、朝天门片区项目、两江新区江北嘴片区项目等诸多地带，工程建设中既存在环境高边坡又设计有深达 7 层的地下室基坑边坡，这样总高度达到约 50～70m 的超限高边坡逐渐增多。这些超限高边坡常常处于城市中心的建筑密集地带、交通干道密集地带、地下管网密集地带、人防洞室密集地带、轻轨地铁隧道已建或拟建地带，施工场地极其紧张、施工条件极其复杂；这些已经存在的极其复杂的环境条件，再加上人们对地下空间（地下室层数逐渐增多）的追求，造成建筑边坡工程的设计、施工难度越来越大的超限高边坡逐渐增多；这使得超限高边坡工程建设的安全设计、安全施工的形势越来越严峻。随着人们生活水平的不断提高，花园洋房、别墅的建设对空气质量、生态环境的要求越来越高，在森林茂密的斜坡地带进行建设的"山地工程"与日俱增，这既给岩土工程师们带来了机遇，同时也带来了诸多值得我们深思和急需解决的边坡工程问题。

在这种快速发展的条件下，需要一本内容全面、使用方便、能充分反映当前国内外勘察、设计、施工、监测、检测鉴定方面技术水平和经验的工具书，给建筑边坡工程的从业人员提供一个内容翔实、实用简便的建筑边坡工程设计、施工和管理的使用工具。

本书是依据《土力学》、《岩石力学》、《工程地质》、《支挡结构》等基本原理，吸收"强度折减法"等近年来新的研究成果，按照《建筑边坡工程技术规范》（GB 50330—2013）、《建筑边坡工程鉴定与加固技术规范》（GB 50843—2013），并结合工程实例，将大量的代表工程设计、施工、监测、检测工作领域的最新成果内容编著而成。

建筑边坡工程至今还是不够严谨、不够完善、不够成熟的技术学科，既有深度和难度，又有发展和潜力。从这个角度讲，年青的岩土工程师正如早晨 8、9 点钟的太阳，未来是你们的。

1.2 边坡工程的特点

岩土具有显著的时空变异性，在复杂地质条件下，再细致的勘察测试也难以完全查明岩土性状的时空分布；岩土又有很强的地区性特点，不同地区往往形成各种各样的特殊性岩土。因此，单纯的理论计算和试验分析常常解决不了实际问题，而需要岩土工程师根据工程所处位置的工程地质情况和工程的要求，凭借自己的经验对关键技术问题的把握，进行临场处置。从这个意义上讲，岩土工程至今还是不够严谨、不够完善、不够成熟的技术学科，因而其难度大，潜力也很大。

1.2.1 岩土材料复杂的特点

1.土的分类

3

从土中孔隙被水充填的程度来讲，土可划分为：饱和土和非饱和土两大类。

从有无人为因素（自然与非自然）的角度讲，土包括地质作用形成的土和人工填土。

根据地质成因，土可划分为：残积土、坡积土、洪积土、冲积土、淤积土、冰积土、风积土和特殊性土等。

根据有机质含量，土可划分为：无机土、有机质土、泥炭质土和泥炭。

根据颗粒级配或塑性指数，土可划分为：碎石土、砂土、粉土和黏性土。

碎石土根据颗粒级配由大到小可划分为：漂石、块石、卵石、碎石、圆砾、角砾。砂土根据颗粒级配由大到小可划分为：砾砂、粗砂、中砂、细砂和粉砂。黏性土根据塑性指数可划分为：粉质黏土和黏土。

特殊性土包括：软土（淤泥和淤泥质土）、红黏土、膨胀性土、湿陷性土等。

根据填土的组成和成因，人工填土可划分为：素填土、杂填土、抛填土、压实填土、冲填土等。

2. 岩石的分类

岩石按其成因可分为三大类：岩浆岩、沉积岩和变质岩。

根据岩块的饱和单轴抗压强度，岩石的坚硬程度可划分为：硬质岩（岩石饱和单轴抗压强度 $f_r \geqslant 30\text{MPa}$）和软质岩（$f_r < 30\text{MPa}$）。硬质岩可划分为：坚硬岩（$f_r > 60\text{MPa}$）和较硬岩（$60\text{MPa} \geqslant f_r > 30\text{MPa}$）；软质岩可划分为：较软岩（$30\text{MPa} \geqslant f_r > 15\text{MPa}$）、软岩（$15\text{MPa} \geqslant f_r > 5\text{MPa}$）和极软岩（$f_r \leqslant 5\text{MPa}$）。

岩体按完整程度可划分为：完整的、较完整的、较破碎的、破碎的和极破碎的。

岩石按风化程度可划分为：未风化岩、中等风化岩、强风化岩、全风化岩和残积土。

当软化系数等于或小于0.75时，应定为软化岩石。

特殊性岩石包括：易溶性岩石、膨胀性岩石、崩解性岩石、盐渍化岩石等。

岩石和土的类别是如此之多、如此之复杂，所以岩土是一种最复杂的材料，无论何种力学模型都难以全面而准确地描述它的性状。

1.2.2　岩土的时空变异性特点

工程实践中，建筑边坡工程具有明显的时空变异性特点。

相同的边坡高度，不同的平面位置，土层厚度、种类不同；或者土层界面的倾角大小不同或者岩土界面的倾角大小不同；或者岩层的倾向不同（边坡可能为顺向坡、切向坡、反向坡），都会存在不同的边坡破坏模式，存在与边坡破坏模式相匹配的岩土压力计算方法。在丘陵和山区地区，由于地形的起伏不平，即使是同一设计整平标高，也常常存在不同的边坡高度；不同的边坡高度，空间上岩土的变异性就更加明显。在不同复杂地质条件下，再细致的勘察测试也难以完全查明岩土性状的时空分布。

通常来讲，边坡岩土强度在未开挖前比开挖后要高。在开挖施工过程中，或者由于土方开挖的扰动，或者由于岩石开挖的爆破振动等诸多因素的影响，随着时间的增长，岩土体的强度会存在一定的衰减。

1.2.3　岩土的地区性特点

边坡工程与自然条件的关系密切，设计施工中必须全面考虑气象及水文、工程地质及水文地质条件及其在施工中的变化，充分了解工程所处的工程地质及水文地质条件、周围环境与边坡开挖之间的关系及相互影响。边坡工程作为一种岩土工程，受到工程地质及水文地质条件的影响很大，区域性强。

我国地大面广、幅员辽阔，地质条件变化很大，存在各种不同的岩土，如软土（淤泥和淤泥质土，大量分布于沿海地区）、砂土（大量分布于江、河、古河道及其附近地带）、碎石土（大量分布于江、河、古河道及其附近地带）、红黏土（大量分布于云南、贵州、广西、四川、重庆等地区）、膨胀性土、黄土（大量分布于北方等地区）、冻土（大量分布于北方等地区）、湿陷性土、各种岩石等；不同地层中的边坡工程所采用的支挡结构体系差异很大，即使在同一地区、同一城市，不同的地段也有差异；因此，边坡支挡结构体系的设计、施工均要根据具体的地质条件因地制宜，不同地区的经验可以参考借鉴，但要符合工程地质类比法的基本前提条件，切不可照抄照搬。

1.2.4 计算理论不完善的特点

建筑边坡工程涉及的学科和计算理论很多，如《土力学》、《岩石力学》、《工程地质》、《支挡结构》等学科，如岩土压力、岩土的本构关系、强度折减法等计算理论，还不完善，还是一门发展中的学科。

作用于建筑边坡工程支挡结构上侧向力既与支挡结构的位移大小、方向有关，也与时间有关。目前，岩土压力理论还很不完善，实际工程的设计计算中往往按朗金（Rankin）土压力理论或库仑（Coulomb）土压力理论，或者采用经验取值计算，然后再根据各个地区的经验进行修正。关于如何考虑地下水对岩土压力的作用大小时，是采用水土压力合算还是分算或其他方法更符合实际情况，在学术界和工程界的认识还不一致，各个地区或行业制定的技术规程或规范、标准中的规定也不尽相同。至于时间对岩土压力的影响，即考虑土体的蠕变性或者岩体的徐变性或者岩体强度的衰减性或者岩体结构面抗剪强度随时间减小的特性，目前尚处于理论研究有一些而实际工程应用却较少顾及的状况。

岩土的本构关系模型多以数百计，但真正能够获得实际应用的模型寥寥无几，即使获得了实际应用也和实际情况有较大的差距。

建筑边坡工程的设计计算理论的不完善，直接导致了工程中的许多不确定性，因此，还需要监测、监控来检验边坡治理工程的效果，甚至有的工程还需要有相应的应急措施。

1.2.5 岩土工程制约因素多的特点

边坡工程支挡结构体系除受地质条件制约外，还受到相邻的建（构）筑物、地下管网及管线、人防洞室、地铁隧道等的影响，周边环境的允许变形量、重要性等也会成为边坡工程设计、施工的制约因素，甚至成为边坡工程成败的关键；因此，边坡工程的设计、施工应根据基本的原理和规律灵活应用，切不可简单引用。

边坡工程开挖后形成的空间是为主体结构或其地下室的施工所用，因此任何边坡设计，在满足边坡安全和周围环境保护的前提下，要合理地满足施工的可操作性的要求。

1.2.6 对综合性知识、经验要求高的特点

建筑边坡支挡技术，涉及工程地质、水文地质、岩土力学、结构力学、钢筋混凝土结构、支护结构、锚固技术、建筑材料工程、施工及监测等多门学科。

从事边坡工程的设计、施工人员需要具备及综合运用以下几方面的知识：

1. 工程地质知识和经验

根据边坡工程的需要提出边坡工程的勘察任务书。

能够明白、理解边坡工程的勘察报告。能够较为准确地进行岩质边坡的破坏型式划

分，应符合表 1-1 的要求。

岩质边坡的破坏型式分类

表 1-1

破坏形式	岩体特征		破坏特征
滑移型	由外倾结构面控制的岩体	硬性结构面的岩体	沿外倾结构面滑移，分单面滑移与多面滑移
		软弱结构面的岩体	
	不受外倾结构面控制和无外倾结构面的岩体	块状岩体、碎裂状、散体状岩体	沿极软岩、强风化岩、碎裂结构或散体状岩体中最不利滑动面滑移
崩塌型	受结构面切割控制的岩体	被结构面切割的岩体	沿陡倾、临空的结构面塌滑；由内、外倾结构不利组合面切割，块体失稳倾倒；岩腔上岩体沿结构面剪切或坠落破坏
	无外倾结构面的岩体	整体状岩体、巨块状岩体	陡立边坡，因卸荷作用产生拉张裂缝导致岩体倾倒

能够较为准确地进行边坡岩体类型划分。岩质边坡工程勘察应根据岩体主要结构面与坡向的关系、结构面的倾角大小、结合程度、岩体完整程度等因素对边坡岩体类型进行划分，并应符合表 1-2 的规定。

岩质边坡的岩体分类

表 1-2

边坡岩体类型	判定条件			
	岩体完整程度	结构面结合程度	结构面产状	直立边坡自稳能力
I	完整	结构面结合良好或一般	外倾结构面或外倾不同结构面的组合线倾角>75°或<27°	30m 高的边坡长期稳定，偶有掉块
II	完整	结构面结合良好或一般	外倾结构面或外倾不同结构面的组合线倾角 27°～75°	15m 高的边坡稳定，15～30m 高的边坡欠稳定
	完整	结构面结合差	外倾结构面或外倾不同结构面的组合线倾角>75°或<27°	15m 高的边坡稳定，15～30m 高的边坡欠稳定
	较完整	结构面结合良好或一般	外倾结构面或外倾不同结构面的组合线倾角>75°或<27°	边坡出现局部落块
III	完整	结构面结合差	外倾结构面或外倾不同结构面的组合线倾角 27°～75°	8m 高的边坡稳定，15m 高的边坡欠稳定
	较完整	结构面结合良好或一般	外倾结构面或外倾不同结构面的组合线倾角 27°～75°	8m 高的边坡稳定，15m 高的边坡欠稳定
	较完整	结构面结合差	外倾结构面或外倾不同结构面的组合线倾角>75°或<27°	8m 高的边坡稳定，15m 高的边坡欠稳定
	较破碎	结构面结合良好或一般	外倾结构或外倾不同结构的组合线倾角>75°或<27°	8m 高的边坡稳定，15m 高的边坡欠稳定
	较破碎（碎裂镶嵌）	结构面结合良好或一般	结构面无明显规律	8m 高的边坡稳定，15m 高的边坡欠稳定

边坡岩体类型	判定条件			
	岩体完整度	结构面结合程度	结构面产状	直立边坡自稳能力
Ⅳ	较完整	结构面结合差或很差	外倾结构面以层面为主,倾角多为27°~75°	8m高的边坡不稳定
	较破碎	结构面结合一般或差	外倾结构或外倾不同结构的组合线倾角27°~75°	8m高的边坡不稳定
	破碎或极破碎	碎块间结合很差	结构面无明显规律	8m高的边坡不稳定

注:1.结构面指原生结构面和构造结构面,不包括风化裂隙。

2.不包括全风化基岩;全风化基岩可视为土体。

3.外倾结构面系指倾向与坡向的夹角小于30°的结构面。

4.Ⅰ类岩体为软岩,应降为Ⅱ类岩体;Ⅰ类岩体为较软岩且边坡高度大于15m时,可降为Ⅱ类。

5.当地下水发育时,Ⅱ、Ⅲ类岩体可根据具体情况降低一档。

6.强风化岩应划为Ⅳ类;完整的极软岩可划为Ⅲ类或Ⅳ类。

7.当有贯通性较好的外倾结构面时应验算沿该结构面破坏的稳定性。

当无外倾结构面及组合外倾结构面时,完整、较完整的坚硬岩、较硬岩宜划为Ⅰ类,较破碎的坚硬岩、较硬岩宜划为Ⅱ类;完整、较完整的较软岩、软岩宜划为Ⅱ类,较破碎的较软岩、软岩可划为Ⅲ类。

确定岩质边坡的岩体类型时,由坚硬程度不同的岩石互层组成且每层厚度小于5m的岩质边坡宜视为由相对软弱岩石组成的边坡。当边坡岩体由两层以上单层厚度大于5m的岩体组合时,可分段确定边坡类型。

2.岩土工程知识和经验

能够研究边坡工程的勘察报告、分析并合理选用岩土等设计参数(特别是各种土体的抗剪强度、各种可能滑动的界面的抗剪强度)。

能够对边坡开挖可能带来的环境影响进行较为准确的预估。

能够正确分析、判定边坡的类别、破坏模式(表1-1、表1-2)。

能够根据边坡的破坏模式采用相应的计算方法进行岩土压力计算。

能够对地质条件变化带来的问题做出正确的判断和处理,真正做到"信息化施工、动态设计"。

3.结构力学和钢筋混凝土结构知识

根据工程特点和主体结构需求,确定地下室基坑边坡是否为临时性边坡,以便确定地下室基坑边坡的支挡结构是否为临时性支挡。

能够了解主体结构的设计要求,掌握主体结构与地下室基坑支挡结构的相互关系,处理好临时性支挡结构与永久性主体结构(要承担地下室基坑边坡的侧向力)的相互关系。

熟练应用钢筋混凝土结构的设计理论和方法,设计各类支挡结构体系。

4.施工经验

熟悉各种地基加固、止水帷幕、降水措施、锚杆工艺、锚索工艺、旋挖桩工艺等特种工艺的施工方法、施工工序及相关施工设备、材料的选择,能够对各种支挡结构方案进行质量、工期、费用和安全施工的对比。

　　边坡工程的设计和施工不仅需要岩土工程方面的知识，也需要结构工程方面的知识。同时，设计计算的工况必须和实际施工的工况一致才能确保设计的可靠性，从这个角度讲，边坡工程的设计和施工是密不可分的。所以，设计人员应当了解施工，施工人员必须了解设计。

　　边坡工程的设计计算理论的不完善和施工中的不确定因素会增加边坡支挡工程失效的风险，所以，设计人员需要具有丰富的现场实践经验。

　　正确、合理、经济地处理边坡工程，确保建筑物工程的安全是每一个工程技术人员都关注的问题。

　　工期方面可以归为施工计划，包括进度计划、材料计划和设备计划。

　　进度计划中，要看看支挡结构有无抗滑桩；有抗滑桩时，根据现场实际情况，是否采用跳桩施工；然后再按"逆作法"的要求制作钢筋混凝土现浇板或喷射混凝土板以及施工锚杆或预应力锚索（通常锚索施工在相应抗滑桩施工完成且混凝土强度满足设计要求后紧接进行，挡板施工在锚索施工完成后开始施工）；支挡结构有内支撑时，再考虑内支撑的施工工期。进度计划应采用施工进度包络图或施工进度横道图来表达施工工序和施工工期。

　　根据支挡结构方案可编制材料计划。

　　根据支挡结构方案可编制设备计划；边坡工程施工设备主要有表1-3中列出的设备。

边坡工程施工设备计划　　　　　　　　　表1-3

序号	机具名称	规格型号	单位	数量	用电量或用途
1	塔式起重机	QTZ40	台	10	35kW/台
2	空压机	KYJ80	台	100	18.5kW/台
3	潜水泵	QSB100	台	200	1.5kW/台
4	搅拌机	350型	台	4	5.5kW/台
5	电动捯链绞车	JJIK—1/3	台	200	1.1kW/台
6	低压变压器	12V-10kW	台	4	
7	施工照明（行灯）	60W	个	200	0.06kW/个
8	鼓风机	1000W	台	200	1kW/台
9	送风管	φ40	m	4000	
10	钢筋切断机	GQ40B	台	4	7kW/台
11	钢筋弯曲机	GW6-10	台	4	5.5kW/台
12	砂轮切割机		台	2	0.25kW/台
13	电焊机	BX3	台	4	3.4kVA/台
14	套丝机		台	2	0.75kW/台
15	插入式振捣器		台	16	2.2kW/台
16	手推车		个	200	
17	电锤		台	2	0.5kW/台
18	手电钻		台	12	0.3kW/台
19	安全绳	长度>35m	根	1000	

续表

序号	机具名称	规格型号	单位	数量	用电量或用途
20	安全带		根	200	
21	J2激光经纬仪		台	2	施工定位
22	DS3水平仪		台	4	标高定位
23	无线对讲机		对	14	塔吊指挥
24	电脑		台	2	编制施工
25	激光打印机		台	2	打印
26	照相机及摄像机		部	2	收集图片

注：表中规格型号、单位、数量、用电量为举例数据，各边坡工程应根据支挡结构方案确定。

边坡工程安全施工是确保施工作业人员安全的重要保障。施工安全保证措施主要包括：组织保障、技术措施、突发事件应急预案。

组织保障：项目经理是公司法人的委托代理人和委派人，是安全生产的第一责任人，必须管理好安全生产。如果发生工伤或设备事故，在追究当事人或有关人员责任的同时，要严肃追究项目经理的责任，包括经济和法律责任（图1-1）。

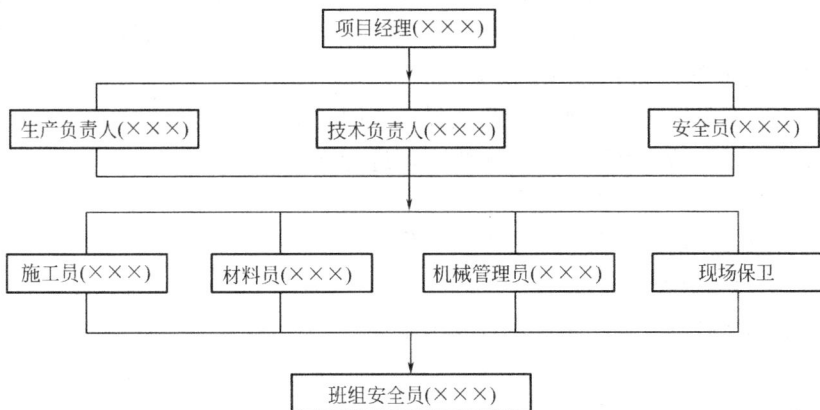

图1-1 安全生产管理组织机构图

技术措施主要有：

（1）从事边坡工程作业的工人以健壮男性青年为宜，并经健康检查和井下、高空、用电、简单机械和吊装等安全培训考试，方可进入现场施工。

（2）施工现场必须设明显的安全标志。

（3）施工所用的机具设备和劳动保护品必须定期进行检查和必要的试验，保证处于良好状态，禁止使用不合格的机具设备及劳动保护用品。对挖孔施工作业的设备应经常检查，滑轮、吊绳等要定期检查，防止断落、脱落等。

（4）下孔人员必须戴好安全帽、系好安全绳、防坠设备。不准光脚、穿拖鞋上班，有水时应穿绝缘胶鞋或水靴；孔内设置钢筋爬梯供人员上下，每节长5m，上挂时必须保证两个踏步。孔内必须设置应急软梯，供人员上下，禁止使用吊桶上下。使用的吊装设备必须安全可靠并配有自动卡保护装置。

（5）配电箱需分开设置，必须一机一闸用电，并采用两级漏电保护装置：配电箱、开关箱必须安装牢固，电具齐全完好，注意防潮、防湿。

（6）超过5m孔桩（当场地存在有毒有害气体源时，切忌采用孔桩），每天开挖前，应先对孔桩内送风，送风完毕后，首先采用仪器进行有毒有害气体检测，然后向孔内吊入鸽子做活体检测试验，活体检测时间20～30min，确认安全后方可开始桩内施工。桩内施工时，应用空压机持续不断地向井内送风。同时井上作业人员应密切注意井下人员的安全。

（7）孔桩无人施工时，应用方木格栅盖好，既可通风透气，又可防止土块、杂物、人员坠落。严禁用草袋、塑料布虚掩。

（8）灌注混凝土平台的减速漏斗，应以吊具固定在平台方木或钢件上，不得使用扒钉或铁丝拴挂。减速漏斗外边的缝隙，应用模板封闭。漏斗之间的挂钩、吊环均应牢固可靠。悬挂的串筒应有保险钢丝绳。

突发事件应急预案主要包括：

（1）应急预案领导小组：包括组长、副组长、组员等。

（2）桩施工阶段防淹措施：

1）桩孔口应比地面高30cm以上，孔口四周挖排水沟，及时排除地表水，搭好孔口雨棚；同时孔口应用C20混凝土浇筑一个宽度不小于60cm的环形护圈，护圈高度应高于地表30cm以上作为通常情况下的挡水设施。

2）桩孔内应有足够照明、通风、排气设施，同时备有逃生安全爬梯。

3）在孔边安设警铃，井下工人可预报险情进行施救。

4）施工现场仓库配备足够数量的潜水泵、泥浆泵。

5）及时获取天气信息，预先做好准备工作。

（3）防止变形、坍塌措施：

1）严格技术交底制度，严格按设计要求施工。

2）在整个施工阶段要从人员、设备、材料和制度做好充分的准备工作，一旦遇到险情能及时迅速投入到抢险工作中。

3）加强监测，随时掌握边坡变形情况、地表隆起和塌陷情况、地下水情况等，以便采用相应的措施。如若边坡发生塌方，则进行如下处理：

① 发生塌方后，不要慌张，保护好现场，并及时通知现场管理人员组织抢救工作。

② 及时疏散边坡周围作业人员。

③ 救援人员抢救受伤人员。

④ 及时组织车辆将受伤人员就近送往医院治疗。

⑤ 待塌方边坡基本稳定后及时组织人员修补、处理。

（4）高处坠落处理措施：

1）迅速将伤员脱离危险场地，移至安全地带。

2）保持呼吸道通畅，若发现窒息者，应及时解除其呼吸道梗塞和呼吸机能障碍，应立即解开伤员衣领，消除伤员口鼻、咽、喉部的异物、血块、分泌物、呕吐物等。

3）有效止血，包扎伤口。

4）视其伤情采取报警直接送往医院，或待简单处理后去医院检查。

5）伤员有骨折、关节伤、肢体挤压伤、大块软组织伤都要固定。

6）若伤员有断肢情况发生应尽量用干净的干布（灭菌敷料）包裹装入塑料袋内，随伤员一起转送。

7）预防感染、止痛，可以给伤员用抗生素和止痛剂。

8）记录伤情，现场救护人员应边抢救边记录伤员的受伤机制、受伤部位、受伤程度等第一手资料。

（5）物体打击处理措施：

1）当发生物体打击事故后，抢救的重点放在颅脑损伤、胸部骨折和出血上进行处理。

2）发生物体打击事故后，应马上组织抢救伤者，首先观察伤者的受伤情况、部位、伤害性质，如伤员发生休克，应先处理休克。遇呼吸、心跳停止者，应立即进行人工呼吸，胸外心脏按压。处于休克状态的伤员要让其安静、保暖、平卧、少动，并将下肢抬高约 $20°$，尽快送医院进行抢救治疗。

3）出现颅脑损伤，必须维持呼吸道通畅。昏迷者应平卧，面部转向一侧，以防舌根下坠或分泌物、呕吐物吸入，发生喉阻塞。有骨折者，应初步固定后再搬运。遇有凹陷骨折、严重的颅底骨折及严重的脑损伤症状出现，创伤处用消毒的纱布或清洁布等覆盖伤口，用绷带或布条包扎后，及时送就近有条件的医院治疗。

（6）有毒气体窒息处理措施：

1）项目部要密切注意孔桩下的人员活动和气体含量变化。

2）当发现孔桩下人员有中毒迹象时：

① 监控人员应作出反应，与孔桩下人员联系进行确认。

② 项目部应立即启动防中毒预案，保证所需人员、物资的充分；做好救援准备。

③ 救援人员穿戴好防护用品，在保证自身安全的情况下救护，并有组织地向孔桩下送风，使有毒、污浊气体排除保证孔桩下的氧气含量。

3）当出现孔桩下人员中毒和晕倒时：

① 项目部应立即启动防中毒预案，保证所需人员、物资的充分；做好救援准备。

② 有组织地向孔桩下送氧气，使有毒、污浊气体排除保证孔桩下的氧气含量。

③ 组织专业人员救援。

4）急救与护理

① 呼叫120或者附近医院电话，申请急救医疗帮助服务。

② 将中毒人员移到空气新鲜的地方。

③ 畅通气道，检查清醒程度、呼吸和脉搏，必要时实施心肺复苏术。

④ 给予中毒人员氧气。

（7）触电处理措施：

1）首先断电并将触电者脱离电源，立即就近移到干燥的位置，分别进行现场救护。

2）如果触电者伤害不重，神态清醒，但心慌、无力，应让其静卧休息，注意观察并请医生前来或送医院。呼吸困难或逐渐微弱，或心脏跳动失常，应立即进行口对口人工呼吸。

（8）机械伤害处理措施：

1）遇有创伤性出血的伤员，应迅速包扎止血，使伤员保持头低脚高的卧位，并注意保暖。正确的现场止血处理措施：一般伤口小的止血，先用生理盐水冲洗伤口，涂上红汞水；然后盖上消毒纱布，用绷带较紧地包扎，来增强压力而达到止血。止血带止血时，应选择弹性好的橡皮管、橡皮带或三角巾、毛巾、带状布条等，上肢出血结扎在上臂上 1/2 处（靠近心脏位置），下肢出血结扎在大脚上 1/3 处；结扎时，在止血带与皮肤之间垫上消毒纱布棉垫，每隔 25～40min 放松一次，每次放松 0.5～1min。

2）动用最快的交通工具或其他措施，及时把伤者送往邻近医院抢救，运送途中应尽量减少颠簸；同时密切注意伤者的呼吸、脉搏、血压及伤口的情况。

3）消除不安全因素，如机械处于危险状态，应立即采取措施进行稳定，防止事故扩大，避免更大的人身伤害及财产损失。

4）在不影响安全的前提下，切断机构的电源。

5）注意保护现场，因抢救伤员和防止事故扩大，需要移动现场物件时，应做出标志，拍照，详细记录和绘制事故现场图。

（9）中暑

1）及时将作业人员撤离高温场所。

2）及时将中暑人员送往医院救护。

5. 工程所处地区的施工条件和经验

根据各地区地质、环境、施工条件的特点因地制宜选择经济、合理的支挡结构设计方案和安全、简便、可行的施工方案，在支挡结构设计计算时，应充分吸取当地施工技术以及边坡工程成功和失败的经验。

1.2.7 具有预测性、风险性大的特点

从地质学的角度，勘探点之间的地质情况是根据相邻的勘探点的地质情况推测的，所以，建筑边坡工程是一种预测性的工程。

由于建筑边坡工程是一种预测性的工程；同时又由于勘察的因素、设计的因素、施工的因素、使用的因素，建筑边坡工程常常出现质量事故或垮塌事故，所以，建筑边坡工程具有风险性大的特点。

导致建筑边坡工程常常出现质量事故或垮塌事故的因素主要有：

1. 勘察的因素

（1）边坡勘察工作不认真

不认真进行边坡工程的地质勘察工作，随意给出与场地边坡本身相差较大或相差悬殊的岩土参数。

特别是滑移面或滑带、结构面的抗剪强度（内聚力 c 和内摩擦角 ϕ）；当采用现场试验值、室内试验值、地区经验值或反算法确定的值，按一定的权重进行综合确定时，应确保稳定性计算的结果与边坡所处的现场实际状态相吻合。

按稳定等级的划分，边坡所处的现场实际状态一般分为稳定边坡、基本稳定边坡、欠稳定边坡和不稳定边坡。

1）稳定边坡

边坡的坡形、坡率符合岩土体的强度条件，无倾向临空面的不利结构面，无或少有地下水，整体或局部稳定系数均符合要求。稳定系数大于工程安全等级对应的安全系数。

2）基本稳定边坡

边坡的坡形、坡率符合岩土体的强度条件，无倾向临空面的不利结构面，少有地下水，整体和局部均稳定，但坡面有冲沟、剥落、落石等。稳定系数大于 1.05 而小于工程安全等级对应的安全系数。

3）欠稳定边坡

边坡整体稳定，但局部坡陡于岩土稳定角，或受地下水影响岩土强度降低，或有不利结构面倾向临空面，有局部坍、滑变形。稳定系数为 1.00～1.05。

4）不稳定边坡

边坡坡形、坡率不符合岩土强度条件，或在古老滑体上开挖、堆载引起古老滑坡复活，或有发育的不利结构面倾向临空面，岩体破碎，地下水发育，开挖后会产生整体失稳。稳定系数小于 1.00。

（2）边坡勘察点、线间距太大

边坡工程勘察点、线间距太大，不能全面准确地反映边坡工程实际的地质情况。

（3）边坡勘察深度不足

边坡工程勘察深度不足，没有查清有无软弱夹层或最深层的软弱夹层，没有查清是否存在外倾结构面或不利组合结构面。

1）修建过程中滑坡或垮塌

如 2006 年 7 月发生的重庆市某商住楼环境边坡治理工程，在锚杆已完工的情况下，仍然出现顺向滑动（图 1-2）。顺向滑体的厚度约 3000mm，其竖向位移约 3000～4000mm，水平位移约 300～500mm。岩石滑动后挤压，局部较破碎，局部形成较大空洞，坡体上的肋柱、面板钢筋已被挤压、变形。

图 1-2 重庆市某商住楼环境边坡治理工程垮塌

致使该边坡出现垮塌的主要原因是：

①在未进行设计交底的情况下，进行了高边坡的施工。边坡的施工未严格按逆作法要求进行，出现了"大开挖"。

②在大开挖的情况下，又在坡脚进行不合适的切坡施工。

致使该边坡出现垮塌的次要原因是：场地开挖揭露的地质条件比勘察时所揭露的地质条件差，本应将这一施工信息及时反馈给设计人员进行设计调整，做到"信息化施工和动态设计"，但未见加强边坡处理的相关设计资料。

2）建成后滑坡或垮塌

如2007年年底发生的重庆市某五中发生的顺向岩质滑坡（图1-3），主要是由于存在外倾软弱结构面而在公路边坡挡墙建成后约5年的时间发生。

图1-3 重庆市某五中顺向岩质滑坡

（4）水文地质勘察不充分，水会降低边坡的稳定性

1）强降雨渗入坡体

如2007年7月17日上午9时，重庆市某高切坡项目开挖地段的南西侧局部地段出现失稳、滑移（图1-4、图1-5），导致涪陵区审计局住宅楼临近边坡的人工挖孔桩桩基础外露（图1-6）。

图1-4 重庆市某高切坡滑体

图1-5 重庆市某高切坡滑带（面）

滑坡形成的自然因素为：

①大气降水

图 1-6 重庆市某高切坡滑坡后缘桩基础外露

2007 年 7 月 17 日重庆发生 100 年一遇的特大暴雨前，涪陵持续了几天的连续降雨；场地总体呈南侧高，北侧低，场地汇水易流向坡体。降雨及部分地表汇水下渗到坡体内，加速强风化岩体的崩解，并直接导致强风化岩体含水量和重度增大，强风化岩体黏聚力和摩擦角降低，坡体下滑力增大，坡面抗滑力下降，并最终导致坡体失去稳定而出现部分垮塌。

②地质条件方面

场地边坡为顺向的岩质边坡：层面裂隙的倾向（倾向 40°）与边坡的坡向近于一致，即边坡为顺向的岩质边坡。

场地边坡存在外倾软弱结构面：场地处于涪陵珍溪向斜南西端南翼边缘，区内出露岩层产状 40°∠25°。场地基岩中主要发育有对边坡稳定性极为不利的层面裂隙。

岩层中亲水矿物的含量较高：该场地边坡所处地质单元与相邻地段在 2004 年年底发生的"涪陵滨江路滑坡"和几年前发生的"桑塔纳维修中心滑坡"为同一地质单元；岩层中亲水矿物的含量较高。亲水矿物含量较高的岩层，受水浸泡后其强度具有明显降低的特点。

滑坡形成的人为因素为：

滑坡前缘场地平整施工仅进行强风化岩体之上的表层松散土开挖，开挖的深度仅 1m 左右，而且开挖范围在滑坡的北西侧而不涉及滑坡区域，同时，又未进行爆破作业，因此，该场地土石方施工对边坡的稳定性没有不利影响。

综上所述，导致重庆市涪陵区移民培训中心高切坡项目出现滑坡的原因中，大气降水是主要原因，地质条件是次要原因。坡脚场地土石方施工对边坡的稳定性没有不利影响。

2）未查清边坡存在的地下水

如 2006 年 8 月发生的重庆市某医院滑坡。为修建住宅楼，该场地开挖的长度约 30m，开挖的高度约 0.8～3.0m，但场地出现大量的地下水渗出（图 1-7）。致使与该场地开挖边线水平距离约 8 倍开挖高度（水平距离约 24m）的 3 号住宅楼出现明显变形（图 1-8）而成为"危房"。

图 1-7 重庆某医院平整场地的渗水情况

图 1-8 重庆市某 3 号住宅楼房前地坪裂缝

（5）边坡的破坏模式或破坏机制没有查清，边坡勘察时应查清其破坏模式或破坏机制是圆弧滑动、平面滑动、折线滑动还是其他滑动模式。

（6）边坡工程勘察报告不详细、不准确，导致设计错误等。

2. 设计的因素

（1）岩土工程参数未按经审查合格的边坡地质勘察报告提供的设计参数取值或缺乏试验数据，仅凭个人经验设计。

（2）支挡结构方案不正确。

建筑边坡支挡结构方案应考虑场地地质和环境条件、边坡高度、边坡侧压力的大小和特点、对边坡变形控制的难易程度以及边坡工程安全等级等因素，可按表 1-4 选定。

边坡支护结构常用型式　　　　表 1-4

支护结构 ＼ 条件	边坡环境条件	边坡高度 H(m)	边坡工程 安全等级	备注
重力式挡墙	场地允许,坡顶无 重要建(构)筑物	土质边坡,$H \leqslant 10$; 岩质边坡,$H \leqslant 12$	一、二、三级	不利于控制边坡变形。土方开挖 后边坡稳定较差时不应采用
悬臂式挡墙、 扶壁式挡墙	填方区	悬臂式挡墙,$H \leqslant 6$; 扶壁式挡墙,$H \leqslant 10$	一、二、三级	适用于土质边坡
桩板式挡墙		悬臂式 $H \leqslant 15$; 锚拉式 $H \leqslant 25$	一、二、三级	桩嵌固段土质较差时不宜采用, 当对挡墙变形要求较高时宜采用 锚拉式桩板挡墙
板肋式或格构 式锚杆挡墙		土质边坡 $H \leqslant 15$; 岩质边坡 $H \leqslant 30$	一、二、三级	坡高较大或稳定性较差时宜采用 逆作法施工。对挡墙变形有较高 要求的边坡,宜采用预应力锚杆
排桩式 锚杆挡墙	坡顶建(构)筑物 需要保护,场地 狭窄	土质边坡 $H \leqslant 15$; 岩质边坡 $H \leqslant 30$	一、二级	有利于控制边坡变形。适用于较 软弱的土质边坡、有外倾软弱结 构面的岩质边坡、垂直逆作法开 挖施工尚不能保证稳定的边坡
岩石锚喷支护		Ⅰ类岩质边坡,$H \leqslant 30$	一、二、三级	适用于岩质边坡
		Ⅱ类岩质边坡,$H \leqslant 30$	二、三级	
		Ⅲ类岩质边坡,$H < 15$	二、三级	
坡率法	坡顶无重要建 (构)筑物,场地有 放坡条件	土质边坡,$H \leqslant 10$; 岩质边坡,$H \leqslant 25$	一、二、三级	不良地质段,地下水发育区、流塑 状土时不应采用

规模大、破坏后果很严重、难以处理的滑坡、危岩、泥石流及断层破碎带地区,不应修筑建筑边坡。

山区工程建设时宜根据地质、地形条件及工程要求,因地制宜设置边坡,避免形成深挖高填的边坡工程。对稳定性较差且坡高较大的边坡工程宜采用放坡或分阶放坡方式进行治理。

当边坡坡体内洞室密集而对边坡产生不利影响时,应根据洞室大小、深度及与边坡间的传力关系等因素进行稳定性分析,采取相应的加强措施。

存在临空的外倾结构面的岩质边坡和土质边坡,支护结构的基础必须置于外倾结构面以下稳定的地层内。

边坡工程的平面布置、竖向及立面设计应考虑对周边环境的影响,做到美化环境,体现生态保护要求。

对已出现明显变形、发生安全事故及使用条件发生重大改变的边坡工程,其鉴定和加固应按国家现行标准《建筑边坡工程鉴定与加固技术规范》(GB 50843—2013) 执行。

下列边坡工程的设计及施工应进行专门论证:

　　1) 高度超过《建筑边坡工程技术规范》(GB 50330—2013) 适用范围的边坡工程;

　　2) 地质和环境条件复杂、稳定性极差的一级边坡工程;

　　3) 边坡塌滑区有重要建(构)筑物、稳定性较差的边坡工程;

　　4) 采用新结构、新技术的一、二级边坡工程。

边坡工程应按其损坏后可能造成的破坏后果(危及人的生命、造成经济损失、产生社会不良影响)的严重性、边坡类型和边坡高度等因素,按表 1-5 确定边坡工程安全等级。

边坡工程安全等级 表 1-5

边坡岩体类型		边坡高度 H(m)	破坏后果	安全等级
岩质边坡	岩体类型为Ⅰ或Ⅱ类	$H \leqslant 30$	很严重	一级
			严重	二级
			不严重	三级
	岩体类型为Ⅲ或Ⅳ类	$15 < H \leqslant 30$	很严重	一级
			严重	二级
		$H \leqslant 15$	很严重	一级
			严重	二级
			不严重	三级
土质边坡		$10 < H \leqslant 15$	很严重	一级
			严重	二级
		$H \leqslant 10$	很严重	一级
			严重	二级
			不严重	三级

注:1. 一个边坡工程的各段,可根据实际情况采用不同的安全等级。
　　2. 对危害性极严重、环境和地质条件复杂的边坡工程,其安全等级应根据工程情况适当提高。
　　3. 很严重:造成重大人员伤亡或财产损失;严重:可能造成人员伤亡或财产损失;不严重:可能造成财产损失。

破坏后果很严重、严重的下列边坡工程,其安全等级应定为一级:

　　1) 由外倾软弱结构面控制的边坡工程;

　　2) 工程滑坡地段的边坡工程;

　　3) 边坡和基坑塌滑区内或塌方影响区内有重要建(构)筑物的边坡工程。

如高填方边坡工程中,设计采用锚杆或锚索,这种方案是不正确的。主要由于填方土体的沉降量较大而使得锚杆或锚索处于受剪状态。

如填方高度接近 30m 的边坡,设计采用浆砌条石的重力式挡墙,这种方案是欠妥的。

　　(3) 支挡结构设计简图与实际受力情况不符。

　　1) 土质边坡和较大规模的碎裂结构岩质边坡宜采用传统的圆弧滑动法进行计算,但采用其他方法计算时,就显得有些不妥。

　　2) 对可能产生平面滑动的边坡宜采用平面滑动法进行计算,但采用其他方法计算时,就显得有些不妥。

　　3) 对可能产生折线滑动的边坡宜采用折线滑动法进行计算,但采用其他方法计算时,就显得有些不妥。

4）对结构复杂的岩质边坡，可配合采用赤平极射投影法和实体比例投影法分析。

5）当边坡破坏机制复杂时，宜结合数值分析法进行分析。有关文献表明，采用有限元分析法取得了良好效果。

（4）作用于支挡结构上的荷载少算或漏算。比如坡顶存在多层建筑物而未考虑附加荷载，是不正确的。

（5）支挡结构内力计算错误、组合不当。

（6）违反结构构造的相关规定。

1）重力式挡土墙的施工高度应逐段施工，并且应采取措施防止水平施工缝。水平施工缝的处理措施通常有以下 3 种：一种设置成"马牙槎"；一种设置成"倒坡"；一种采用"插筋"。

重力式挡土墙为大体积混凝土时，应采取防止混凝土开裂的有效措施。

2）在板肋式锚杆挡墙中，锚杆的锚头与钢筋混凝土面板之间应采取有效的措施，使其连接可靠；通常要求锚杆应锚入肋柱的长度不小于 35d（肋柱混凝土强度等级为 C25 时），同时，应给出相应的节点大样图。

3）在锚杆喷射混凝土挡墙中，锚杆的锚头与喷射混凝土面板之间应采取有效的措施，使其连接可靠；通常采用短钢筋与锚杆的锚头相焊接，锚头附近采用双层钢筋网或采用钢板连接等措施，同时，应给出相应的节点大样图。

4）锚杆、锚索的防腐处理应满足相关规定。土层及强风化岩层中的锚杆应进行防腐处理，可采用润滑油三度沥青玻纤布缠裹二层的方法。土层及强风化岩层中的锚索应进行防腐处理，可采用润滑油三度沥青玻纤布缠裹二层，最后装入塑料套管的方法；自由段两端 $100 \sim 200mm$ 长范围内用黄油充填，外绕扎工程胶布固定。

5）锚杆挡墙或抗滑桩工程中，钢筋直径大于 22mm 时，钢筋接长应采用机械连接，其接头应相互错开；机械连接的等级不低于 B 级；钢筋机械连接接头连接区段的长度为 35d（d 为受力钢筋的直径），凡接头中点位于该连接区段长度内的机械连接接头均属于同一连接区段。位于同一连接区段内的纵向钢筋接头面积百分率不宜大于 50%。钢筋连接尚应符合《钢筋机械连接技术规程》（JGJ 107—2016）的规定。

6）泄水孔的做法应满足规范要求。泄水孔的大小（一般为 $\phi100$、$30 \sim 50mm \times 250 \sim 300mm$）、间距（一般为 $2.0 \sim 3.0m$ 呈梅花形布置）、外倾坡角（一般为 5%）、泄水孔孔后的滤水堆囊设置（一般为 $400 \sim 500mm$）等均应满足规范要求。

7）挡墙应设缝，可将沉降缝、防震缝等设置在一起。通常，挡墙应沿长度方向每 $15 \sim 20m$ 设置一道竖向伸缩缝，缝宽 $30 \sim 50mm$，缝中嵌沥青麻筋，嵌入深度 100mm。

（7）未进行边坡的整体稳定验算或局部稳定性验算或二者均未进行验算。

（8）未及时做到动态设计。

高边坡设计应是动态设计（根据信息施工法及施工勘察反馈的资料，确认原设计条件有较大变化时，及时补充、修改原设计的设计方法）。

3. 施工因素

（1）施工组织管理不善

1）施工单位技术人员的岩土工程相关理论知识淡薄或缺乏，诸如不懂土力学基本原理、不懂岩体力学基本原理、不懂地基基础基本原理等。

违规放炮施工，破坏了岩体的完整性和稳定性。

发现工程事故先兆，隐瞒不报等。

2）忽视重力式挡土墙、护壁式挡墙等的施工稳定性。

3）对支挡结构施工中各阶段的强度、刚度和稳定性认识不足。

4）施工荷载控制不严或不控制，造成坡顶附加荷载超载或严重超载。

5）模板与支架，以及脚手架设置不当或不可靠。

（2）施工工艺不当

1）重力式挡墙中砌体工程砌筑方法不当，通缝、重缝多。

如 2006 年 5 月 19 日发生的四川省某学院 1 号挡墙开裂。现场调查，重力式挡墙墙身主要出现水平裂缝，少量为竖向裂缝和斜向裂缝。水平裂缝：基本沿重力式挡墙最下一道水平施工缝发展，一处裂缝距墙底约 1.6m，另一处裂缝距墙底约 2.5m（图 1-9）。该缝处的上、下墙身水平位移量约为 8～10cm，缝宽约为 5～10mm。

图 1-9　重力式挡墙墙身水平裂缝

竖向裂缝：在重力式挡墙墙身可见少量竖向裂缝，裂缝的长度约 0.5～0.8m，宽度 0.3～0.5mm。

斜向裂缝：在重力式挡墙墙身可见少量斜向裂缝，裂缝的长度约 1.5～2.0m，宽度 0.3～0.5mm。

该重力式挡墙出现明显开裂的原因有：

该挡墙出现竖向裂缝的原因与采取有效的防止大体积混凝土开裂的措施不够相关，该裂缝为温差、收缩变形缝，属于非结构性裂缝。

该挡墙水平施工缝的处理措施欠妥。该挡墙出现水平裂缝的原因与水平施工缝的做法有关。受水平错动的影响，该挡墙局部出现斜向裂缝。

2）混凝土浇筑成型方法错误，形成孔洞或冷缝。

3）混凝土拆模时间过早，造成裂缝或局部垮塌。

4）施工顺序不当，引起相邻建筑物出现裂缝。

施工程序违规，如在上一道工序（或工程）未验收合格时，已进行下一道工序的施工。

5）抗滑桩施工中，遇到桩孔垮塌而成孔困难时，没有正确的处理措施。

6）抗滑桩施工中，由于灌注混凝土方法不当而造成混凝土强度等级降低。

7）锚杆施工中，由于灌浆压力不足或抽取灌浆管过快而造成锚孔内的砂浆不饱满。

8）锚杆施工中，由于钻探方法而造成孔内的岩土芯样不能取出或不能完全取出，从而使锚固段的长度达不到设计要求。

9）未严格按设计或规范要求采用"逆作法"施工，局部或整体出现"大开挖"；形成高大直立未支护边坡或大开挖引起岩体沿软弱结构面滑移。

如 2003 年 12 月重庆市南岸区长江大桥南桥头～苏家坝油库的长江沿岸高边坡工程，在治理过程中，k0+876～k0+926 地段施工的腰梁明显位移、部分边坡出现地坪开裂。

该边坡地段上的腰梁出现了不同程度的变形。AB 段腰梁、CD 段腰梁的变形较大，其水平位移 Δ_H 一般为 150～200mm，最大水平位移 Δ_{Hmax} 为 380mm；其垂直位移 Δ_V 一般为 100～150mm，最大垂直位移 Δ_{Vmax} 为 250mm（图 1-10）。该腰梁预留的锚孔位置与预应力锚索孔的位置有明显偏差，因此，该腰梁不可使用。

图 1-10　重庆市南岸区长江沿岸高边坡工程的腰梁出现大变形

DE 段腰梁的变形较小，其水平位移 Δ_H 一般为 5～15mm，最大水平位移 Δ_{Hmax} 为 20mm；其垂直位移 Δ_V 一般为 5～15mm，最大垂直位移 Δ_{Vmax} 为 20mm。

该边坡出现大变形的内因有：

① 该地段地质条件复杂，除有砂泥岩互层外，还有崩积层的块石土。

② 该地段岩石破碎、裂隙发育。

③ 该地段存在外倾结构面，其间距较小，延伸较长；且呈可塑状的黏土充填。

该边坡出现大变形的外因有：

① 降雨

2003 年降雨持续的时间较往年长，降雨的强度较往年大；雨水渗入岩石裂隙或外倾结构面中，对裂隙或结构面内的充填物——黏土起软化作用，大大降低结构面的抗剪强度（c、ϕ 值），使边坡的稳定性明显降低。

② 大开挖施工

该地段边坡存在明显的、不合理的大开挖施工。大开挖施工的结果：A. 导致坡脚对边坡稳定性有利的岩土体丧失。B. 使边坡的坡高增高，主动土压力增大。C. 使存在倾角较陡的外倾结构面的岩土体的稳定支点丧失，使边坡的稳定性明显降低。

③ 爆破作业

该地段相邻场地土石方爆破作业，对该地段边坡的稳定性会有一定程度的降低。

综上所述，该地段边坡出现大变形的主要原因是地质条件复杂、岩石破碎、裂隙发育和存在外倾结构面，其次要原因是未严格按设计、规范及施工组织设计的要求进行逆作法施工（由上到下，边开挖边锚固，并分段分阶进行）而进行大开挖施工，其辅助原因是降雨和相邻场地土石方爆破作业。

（3）未履行信息法施工

信息施工法：根据施工现场的地质情况和监测数据，对地质结论、设计参数进行验证，对施工安全性进行判断和及时修正施工方案的施工方法。

逆作法：采用自上而下，分阶与支护的一种施工方法。

1）支挡结构施工中，施工单位技术人员没有地质工程师，不能判定施工中出现的地质现象或地质问题。

2）支挡结构施工中，施工单位技术人员没有及时将施工中发现的地质现象或地质问题，向设计人员报告。

（4）施工质量低劣

1）支挡结构材料物理力学性能不良，化学成分不合格，水泥强度等级不足或安定性不合格，钢筋强度低或塑性差。

2）条石、块石的强度或抗风化能力达不到设计要求。

3）混凝土强度达不到设计要求。

4）砂浆强度达不到设计要求。

5）锚杆的轴向拉力达不到设计要求。

6）抗滑桩的嵌固深度达不到设计要求。

7）重力式挡墙的嵌固深度或埋置深度达不到设计要求。

4. 边坡工程使用不当

（1）开挖坡脚

在已有挡墙的墙脚开挖施工，会增加边坡的高度而使侧向力随边坡高度的平方增加。

（2）坡顶地坪遭受破坏而导致地表水入坡体

坡顶地坪遭受破坏而导致地表水渗入坡体，会增大土体的重量，降低土体的抗剪强度，从而增大作用于支挡结构上的侧向力。

（3）改变使用功能，增加使用荷载

如重庆某混凝土工程有限公司 6 号料仓靠恒伟家具厂地段的挡土墙（图 1-11、图 1-12），于 2006 年 5 月 12 日下午 1：00 出现垮塌。

图 1-11 干砌的重力式挡墙

图 1-12 重力式挡墙墙底与家具厂纵墙基础关系

挡墙垮塌的自然因素有：

① 地形、地质条件

该挡墙垮塌地段的地形条件较复杂，岩石破碎、裂隙较发育。

② 降雨

今年降雨持续的时间较长，降雨的强度较大；雨水渗入土层中，对土层起软化作用，降低土层的抗剪强度指标（c、ϕ 值），使墙后土体的下滑力增大。

挡墙垮塌的人为因素有：

① 使用欠妥

重庆某混凝土工程有限公司 6 号料仓靠恒伟家具厂地段的挡土墙，在修建时未按墙后附加荷载不低于 $60kN/m^2$ 的要求考虑，在使用中墙后附加荷载达到了不低于 $60kN/m^2$ 的情况。

② 墙脚开挖

尽管墙脚厂房——恒伟家具厂厂房背立面纵墙基础开挖的深度不大，但其纵墙基础底部的标高低于重力式挡墙墙底标高约 1700mm，对重力式挡墙墙前岩（土）抗力有削弱的作用。

在人为因素中，重力式挡墙墙后附加荷载使用欠妥是主要因素，墙脚恒伟家具厂厂房背立面纵墙基础开挖是辅助因素。

1.2.8 需考虑环境绿化、节能、效应的特点

1.绿化、环境效应

（1）确保周边环境的安全

边坡工程的施工必将引起相邻场地地下水的变化和应力场的改变，导致相邻场地岩土体的变形，对相邻的建（构）筑物、地下构筑物、人防洞室、地铁隧道、地下管网及管线等产生影响，影响严重时，将危及相邻的建（构）筑物、地下构筑物、人防洞室、

地铁隧道、地下管网及管线的安全和正常使用；因此，支挡结构设计必须确保周边环境的安全。

（2）减小对周边环境的影响

边坡工程的施工会对周边环境产生影响，大量的土石方运输还会对交通产生影响；因此，必须考虑边坡工程的环境效应。

如施工时机器设备产生的噪声、废弃的泥浆、渣土、粉尘（如土石方开挖会产生粉尘、锚杆或锚索采用"干钻"成孔时会产生大量的粉尘）等，都会对周边环境产生影响。

（3）尽量绿化、美化永久性环境边坡

随着我国基本建设速度的加快，交通、水利、矿山、电力、建筑等建设项目形成了大量裸露的边坡，这些裸露的钢筋混凝土边坡影响了生态环境美观。传统的支挡结构过分追求强度与稳定，忽视了边坡支挡结构与周边环境的和谐，并且随着时间的推移，出现老化、风化，甚至造成破坏，其防护效果不断削弱。

生物措施和工程措施是坡面防护的两项重要措施，因地制宜地选择适用坡面绿化及生态防护的技术组合，对坡面有效支挡防护的同时，做好生态植被环境建设，符合科学发展观和构建和谐社会的要求。

环境边坡绿化的目的是在保证坡体稳定的前提下，营建坡面生态系统，最大限度地保护、恢复、改善生态环境，实现工程建设与生态环境的良性循环。

环境边坡的绿化设计施工应遵循以下原则：

1）安全稳定

安全稳定是边坡绿化与生态防护设计必须遵循的首要原则。根据对边坡现场勘察的结果，进行坡体的稳定性分析，对于稳定性欠缺的坡面，设计采取有效的工程防护措施进行加固；也不能过于强调安全，忽视生态因素，完全依赖工程措施，进行全面水泥硬化。应结合坡面的地质条件，植被防护与工程加固有机结合，进行边坡稳定性设计，建设既稳定又有良好生态效应的坡面综合防护体系。

2）生态优先

建设项目形成的边坡进行防护要坚持遵循自然规律、生态优先的原则。工程边坡的防护设计因地制宜，采取工程与生物相结合的综合防护。为了减轻由于人为建设项目对生态环境产生的破坏，提高项目区的植被覆盖率，增强人为建设项目与周边环境的融合性，在保证坡体稳定的前提下贯彻生态优先，采用生物措施对坡面生态进行修复和重建。在坡面生物措施设计中，植物选择必须因地制宜、适地适树，选择根系发达、固土能力强的乡土物种。物种种间配置充分利用生态位、物种关系、生物多样性、群落演替等理论，保护、恢复和改善建设区生态环境，营建和谐融洽的坡面生态系统。

3）景观兼顾

进行坡面绿化与生态防护工程设计时，不能满足于单一品种的植草绿化，而是要多品种植物结合取得综合绿化的景观效果。合理选择植物主景，将乔、灌、草、花合理配置，形成立体复合结构，并且利用植物措施实施固坡工程结构物隐蔽遮盖，突出植被景观。这些工程结构物如果过多暴露于坡面，减小了植被的景观面积，对于形成优美景观效果不利，因此应采取措施使这些支挡结构物少暴露甚至不暴露。

4）经济适用

坡面绿化与生态防护在保证安全稳定和生态治理的情况下，还需做到经济适用。本身采取工程与生物措施相结合的综合生态防护就比单一的工程防护在一定程度上节约成本、经济可行。但是如果一味追求华丽、照搬国外的一些技术模式，也会造成成本太高，不符合目前我国的经济投入水平，并且有可能导致生态防护效果不佳。

在选择坡面绿化和生态防护的技术模式时，要做到因地制宜，技术措施本土化，加强技术措施的组合、创新，实现经济效益、社会效益与环境效益的统一。

2. 节能

支挡结构设计应考虑节能、减排的方案，宜首先采用圬工量小的支挡结构；在临时性基坑边坡的支挡结构中，宜优先采用可回收的支挡结构（如内支撑中的钢结构、可回收的锚杆）、节能的支挡结构（如正在研究的玄武岩纤维锚杆）。

1.3 基本技术要求

1.3.1 设计的基本技术要求

1. 安全可靠

边坡工程是为满足修建地下车库或主体结构的需要而开挖施工，确保边坡工程的安全应满足以下两个方面的要求。

（1）边坡支挡结构的安全

边坡支挡结构必须是安全可靠的，并且其设计合理使用年限不低于拟建的地下车库或主体结构的使用年限。

（2）确保边坡相邻建筑物等的安全

边坡工程施工必然会导致相邻场地岩土体的变形，对相邻的建（构）筑物、地下构筑物、人防洞室、地铁隧道、地下管网及管线等产生影响，可能会影响其正常使用，甚至会危及其安全。所以，边坡支挡结构必须确保周边环境的安全。

严格按住建部《危险性较大的分部分项工程安全管理办法》有关问题的通知（建办质〔2018〕31号）编制并经专家组审查合格的边坡工程的安全专项施工方案施工，是确保边坡相邻建筑物等的安全的有效施工手段。

2. 经济合理

环境边坡工程常常是永久性边坡支挡结构，基坑边坡工程可能是永久性边坡支挡结构，也可能是临时性边坡支挡结构。无论是永久性边坡支挡结构还是临时性边坡支挡结构，在确保了边坡支挡结构的安全和边坡相邻建筑物等的安全前提下，可以从材料、设备、人工、工期以及环境保护等方面综合考虑，尽可能降低工程费用。

3. 技术可行

边坡支挡结构的设计不仅要满足基本的力学等原理，而且还要费用经济、施工简便。如设计方案是否与施工机械相匹配、施工机械是否具有足够施工能力（如搅拌桩施工机械的有效施工深度）、施工机械是否受施工场地的限制（如场地狭窄、地形起伏较大存在明显高差等情况时，大型机械设备进场困难，边坡支挡结构的设计中就不宜采用大直径的机械成孔桩）。

在以下情况，采用一种落后技术——人工挖孔桩作为支挡结构的抗滑桩，还是不得已的选择。

（1）边坡工程周围有门诊、住院、教学、科研、生活等房屋时，机械成孔设备噪声过大易扰民，影响病人、医生、工作人员等工作休息。另外机械成孔设备振动大，对医疗、教学的精密设备、医院的手术治疗、房屋的安全或正常使用均有不利影响。人工挖孔桩噪声、振动小很多，对以上的影响小很多。

（2）边坡工程本身存在边坡或存在地下室基坑边坡，建筑桩距边坡较近，机械设备进场及就位困难。

（3）受到一些较近已有建筑的限制，机械设备没有展开作业的场所或空间。

（4）部分桩为矩形桩，机械钻孔设备成孔困难。

4. 施工简便

边坡工程中支挡结构的设计在满足安全可靠、经济合理的前提下，尽可能采用施工简便的施工方案。

在桩—锚结构支挡体系中，由于预应力锚索受施工工艺的复杂和施工工期较长的因素限制，能够不采用预应力锚索时尽量采用抗滑桩＋锚杆的支挡结构方案；或者适当增加桩的截面尺寸来达到不采用预应力锚索的支挡结构方案的目标；或者适当增加桩的截面尺寸来达到少采用预应力锚索的支挡结构方案的目标。

在地下室基坑边坡的支挡结构方案中，尽可能采用合理的支挡结构方案减少对主体结构施工的影响，达到减少施工总工期的目标。

5. 绿化、环保

边坡工程中支挡结构的设计还要考虑节能降耗、减少对环境的影响、较少对环境的污染。

在边坡工程的支挡结构设计中，能够不采用预应力锚索时尽量不采用预应力锚索，能够少采用锚杆时尽量少采用锚杆，达到尽量减少对以后地下空间开发、使用的影响的目标。

在边坡工程的支挡结构设计中，能够充分考虑施工噪声、泥浆污染、扬尘污染、废弃材料处置困难的问题。在提高土体的抗剪强度等参数时，可能采用注浆方案，这时尽可能不采用或者少用可能污染环境的注浆材料。

在地下室基坑边坡的支挡结构方案中，尽可能采用支挡结构与主体结构相结合的方式，支挡结构作为主体结构地下室的部分或全部，充分利用支挡结构的作用，降低工程造价。也可考虑采用材料能够回收利用的"内支撑"方案。

1.3.2 施工的基本技术要求

1. 安全管控

边坡工程在施工过程中，可以采用安全监控手段、安全管理体系、应急处置措施确保工程的安全，尽量不发生工程事故或者减少工程事故。

2. 风险管理

边坡工程存在着各种风险，必须在施工前进行风险界定、风险辨识、风险分析、风险评价，对各种等级的风险分别采取风险消除、风险降低、风险转移和风险自留的处置方式解决。在施工过程中进行动态风险评估，动态跟踪，动态处理。

3. 环境保护

边坡开挖卸载必然产生变形，这种变形可能给边坡相邻的建（构）筑物、市政道路、地下管网、人防洞室、地铁隧道等带来影响或者严重影响甚至破坏。因此，在边坡工程的支挡结构设计和施工过程前，必须对周边环境进行周密调查，采取措施确保相邻的周边环境的安全，将其影响控制在允许范围内。

4. 逆作法、信息化施工

逆作法（top-down construction method）就是自上而下分阶开挖及支护的一种施工方法。

逆作法施工可以起到"应力释放"不是快速完成而是逐渐完成，从而达到变形是逐渐、缓慢完成的目的；同时，支挡结构已经实施并达到一定的设计强度（通常为设计强度的 75%）后，再开挖下一阶边坡，如此循环作业直至开挖到坡脚的设计标高。前者可以使边坡工程因开挖、施工而带来的变形是逐渐、缓慢的完成，后者可以减少总的变形量，所以，逆作法施工常常是确保支挡结构及周边环境安全的有效措施。

信息法施工（construction method from information）就是根据施工现场的地质情况和监测数据，对地质结论、设计参数进行验证，对施工安全性进行判断并及时修正施工方案的施工方法。

边坡工程的支挡结构在施工过程中，充分利用信息化施工管理体系，既可以验证勘察报告的地质信息，也可以通过对现场施工监测数据的实时分析和预测，动态调整设计和施工工艺。同时，对工程安全状态实时评估，及时采取预防措施和启动应急预案，确保边坡工程的安全。

5. 工期保证

采用经监理总工程师审查合格的施工组织设计和按《危险性较大的分部分项工程安全管理办法》有关问题的通知（建办质［2018］31号）编制并经专家组审查合格的边坡工程的安全专项施工方案，就能提高施工效率，能按时保质地完成边坡支挡结构工程。

1.4 边坡工程设计

1.4.1 设计依据

边坡工程设计依据主要包括边坡的勘察报告、工程所处周围环境条件、工程地质及水文地质条件、施工场地及设备技术条件、设计规范、主体建筑及地下结构的设计图纸、规划文件及批复文件等，设计前期应全面掌握。

边坡工程设计必须依据国家及地区现行有关的设计、施工技术规范、规程、标准及图集。国家规范如：《岩土工程勘察规范》（GB 50021—2001）、《建筑地基基础设计规范》（GB 50007—2011）、《混凝土结构设计规范》（GB 50010—2010）、《建筑边坡工程技术规范》（GB 50330—2013）、《建筑结构荷载规范》（GB 50009—2012）、《建筑抗震设计规范》（GB 50011—2010）、《建筑基坑工程监测技术规范》（GB 50497—2009）、《砌体结构设计规范》（GB 50003—2011）、《建筑桩基技术规范》（JGJ 94—2008）等。地区规范如：重庆市的《建筑地基基础设计规范》（DBJ 50-047-2006）、《建筑边坡工程施工质量验收规范》（DBJ/T50-100-2010）等。

边坡工程勘察报告是边坡工程设计的前提和基础。边坡工程勘察前应取得以下资料：

（1）附有坐标和地形的拟建建筑物总平面布置图；

（2）拟建建筑物的性质、结构特点及可能采取的基础形式、截面尺寸和埋置深度；

（3）边坡高度、坡底高程（黄海高程还是吴淞高程，吴淞高程＝黄海高程-1.79m）、开挖线和堆坡线；

（4）拟建场平的整平高程和挖方、填方情况；

（5）场地及其附近已有的勘察资料和边坡支护型式与参数；

（6）边坡及其周边地区的场地等环境条件资料；

（7）边坡及其周边地区地下管网（如地下水管、气管、通信电缆等）资料；

（8）其他：

1）相关气象资料、最大降雨强度和20年一遇及50年一遇的最大降雨量；

2）涉水边坡或库岸，收集历史最高洪水位和20年一遇及50年一遇的水位资料，调查可能影响边坡水文地质条件的工业和市政管线、江河等水源因素以及相关水库水位调度方案资料；

3）勘察之前应充分收集边坡所在地段的地层、岩性、地质构造、降雨、地震及边坡线的平、纵、横断面初步设计资料；

4）对边坡工程产生影响的汇水面积、排水坡度、长度和植被等情况；

5）边坡周围山洪、冲沟和河流冲淤等情况。

工程地质类比法是边坡工程设计的重要依据。调研各个地区当地相似的边坡工程的成功与失败的原因并吸取其经验和教训，在边坡工程设计中应以此为重要设计依据。由于岩土工程具有明显的地区性特点，在进行异地设计、施工时，更应特别引起高度重视。

1.4.2 计算理论

实践表明，边坡工程是实践性很强的岩土工程问题，迫切需要岩土理论来指导、充实和完善。

边坡工程的稳定性、支挡结构的抗力和变形以及周围地层的位移对相邻建筑物、地下管网、地铁隧道等的影响及保护的计算分析，目前尚不能准确地得出比较符合实际情况的结果，但是可以肯定，有关地基的稳定及变形的理论，对解决这类实际工程问题具有非常重要的指导意义。因此，目前在工程实践中，采用理论导向、量测定量和工程类比法三者相结合的方法，对边坡工程施工及周围环境保护问题作出较合理的技术决策和现场的应变决定。

在理论上，传统的、经典的土力学已不能完全满足边坡工程的要求，考虑应力路径的作用、土的各向异性、土的流变性、土的扰动、岩土与支挡结构共同作用等计算理论，以及有限元法和系统工程等科学的研究日益引起边坡工程专家们的重视，强度折减法等新理论、新方法在边坡稳定性分析方面取得了较大进步。

1.4.3 设计内容

根据设计计算理论，在设计依据的收集和整理的基础上，边坡工程的设计主要包括支挡结构（含地下室基坑的内支撑、围护结构）、地基加固（如重力式挡土墙的地基、抗滑桩桩前土体的加固等）、注浆加固、边坡的土石方开挖方式、施工工序、施工监控以及施工场地总平面布置等各项设计。

边坡工程在设计中应主要考虑以下问题：

1.设计参数的合理性

目前的设计理论尚不完善，对设计参数的选取还需改进，还不能事先完全考虑诸多复杂因素，在边坡工程施工中可能出现一些意外的情况或者工程事故。

对于复杂的岩质边坡，特别是易于出现顺层滑动的岩质边坡，宜按以下方法综合确定岩层层面的抗剪强度参数。

（1）工程地质测绘和类比法

采用工程地质测绘的方法对岩层层面的结构特征、性状进行描述、照相；采用工程地质类比法，结合取得成功的经验和失败的教训，初步给出岩层层面的抗剪强度。

（2）现场原位试验

根据工程地质测绘的结果，在现场选取原位试验的位置，进行现场剪切试验；根据现场剪切试验的结果，给出现场试验的岩层层面的抗剪强度。

（3）数值分析

采用有限元等数值计算方法，根据边坡的长度、高度等规模和地层、岩性等地质信息，结合岩层层面的位置、分布、结构特征、性状等，建立数值计算模型，采用强度折减法等新方法进行数值分析，得出岩层层面的抗剪强度。

结合以上3种方法，再按照一定的权重，最终给出岩层层面的抗剪强度，是比较合适的方法。

2.设计方案的可行性

根据边坡工程所处场地的工程地质及水文地质和周围环境条件（保护对象的重要性、附加荷载等），结合边坡的岩土体类别（是挖方边坡还是填方边坡，是岩质边坡、土质边坡还是岩土混合边坡，是Ⅰ类、Ⅱ类、Ⅲ类、Ⅳ类岩体类别中的哪一类）和边坡工程的开挖高度（地下室基坑的开挖深度），分析边坡工程的支挡结构方案是否是可靠的、可行的。

3.设计方案的合理性

根据边坡工程的平面尺寸及形状、边坡开挖高度（地下室基坑的开挖深度）、施工方法、造价、工期等主要经济指标进行综合分析，评价支挡结构方案的合理性。

4.地下室基坑工程的使用年限

通常，地下室基坑工程作为临时性支挡结构而采用主体结构的地下室侧墙（含梁、板、柱）作为永久性支挡结构，是比较经济的。

主体结构的地下室侧墙（含梁、板、柱）能否作为永久性支挡结构，取决于作用于支挡结构上的侧向力的大小以及主体结构可以提供的抗力的大小。主体结构可以提供的抗力的大小主要与主体结构的基础类型、结构体系、体量（层数）以及垂直于边坡走向方向的刚度等因素有关。

5.边坡开挖方式、施工工序

边坡工程设计应明确边坡土石方的开挖方式。在城市密集区，岩质边坡的开挖方式常常采用限制性"爆破作业"施工（限制爆破作业的振动速度，一般不超过 1.5～2.0cm/s），或者"非爆破作业"施工。

对大型主体结构及基坑工程施工的分期和前后期工程施工进度的安全及相邻建筑的影响进行技术经济分析，给出比选方案，提出推荐方案。

当主体结构的施工可以在边坡工程完工后的一段时间才开始施工，也就是说，在边坡支挡结构的变形已基本完成后再施工主体结构；这时，可以考虑抗滑桩兼作主体结构的工程桩。20世纪90年代，在重庆市忠县的工程建设中，抗滑桩兼作主体结构的工程桩是安全、可靠的。

1.4.4 设计管理

早期（特别是20世纪以前）的边坡工程设计，基本处于无序化管理，各种边坡工程事故层出不穷。现在，国家和地方政府加强了对重要设计依据的岩土工程勘察以及边坡工程设计的管理，并出台了边坡工程设计施工图审查的管理颁发。

边坡工程勘察单位必须具有国家颁发的勘察资质。

边坡工程设计单位必须具有国家颁发的设计资质。

边坡工程设计施工图审查单位必须具有国家颁发的设计施工图审查资质。

1.4.5 设计原则

不同的技术规范对边坡工程的设计要求有所差别，在实际设计和工程实践中，建筑边坡设计工程应根据工程实际情况，选择相应的设计规范进行建筑边坡工程设计。

1.《建筑地基基础设计规范》的有关规定

在《建筑地基基础设计规范》（GB 50007—2011）中关于山区地基、建筑边坡设计的有关要求，综述如下：

（1）地基基础设计时，所采用的荷载效应最不利组合与相应的抗力限值应符合下列规定：

1）按地基承载力确定基础底面积及埋深或按单桩承载力确定桩数时，传至基础或承台底面上的荷载应按正常使用极限状态下荷载效应的标准组合。相应的抗力应采用地基承载力特征值或单桩承载力特征值。

2）计算地基变形时，传至基础底面上的荷载效应应按正常使用极限状态下荷载效应的准永久组合，不应计入风荷载和地震作用。相应的限值应为地基变形允许值。

3）计算挡土墙土压力、地基或斜坡稳定及滑坡推力时，荷载效应应按承载能力极限状态下荷载效应的基本组合，但其分项系数均为1.0。

4）在确定基础或桩台高度、支挡结构截面、计算基础或支挡结构内力、确定配筋和验算材料强度时，上部结构传来的荷载效应组合和相应的基底反力，应按承载能力极限状态下荷载效应的基本组合，采用相应的分项系数。

当需要验算基础裂缝宽度时，应按正常使用极限状态荷载效应标准组合。

5）基础设计安全等级、结构设计使用年限、结构重要性系数应按有关规范的规定采用，但结构重要性系数 γ_0 不应小于1.0。

（2）正常使用极限状态下，荷载效应的标准组合值 S_k 应用式（1-1）表示：

$$S_k = S_{Gk} + S_{Q1k} + \psi_{c2} S_{Q2k} + \cdots + \psi_{cn} S_{Qnk} \tag{1-1}$$

式中　S_{Gk}——按永久荷载标准值 G_k 计算的荷载效应值；

$\quad\ S_{Qnk}$——按可变荷载标准值 Q_{nk} 计算的荷载效应值；

$\quad\ \psi_{ci}$——可变荷载 Q_i 的组合值系数，按现行《建筑结构荷载规范》（GB 50009—2012）的规定取值。

荷载效应的准永久组合值 S_k 应用式（1-2）表示：

$$S_k = S_{Gk} + \psi_{q1} S_{Q1k} + \psi_{q2} S_{Q2k} + \cdots + \psi_{qn} S_{Qnk} \tag{1-2}$$

式中 ψ_{qi}——准永久值系数，按现行《建筑结构荷载规范》（GB 50009—2012）的规定取值。

承载能力极限状态下，由可变荷载效应控制的基本组合设计值 S，应用式（1-3）表达：

$$S = \gamma_G S_{Gk} + \gamma_{Q1} S_{Q1k} + \gamma_{Q2}\psi_{C2} S_{Q2k} + \cdots + \gamma_{Qn}\psi_{cn} S_{Qnk} \tag{1-3}$$

式中 γ_G——永久荷载的分项系数，按现行《建筑结构荷载规范》（GB 50009—2012）的规定取值；

γ_{Qi}——第 i 个可变荷载的分项系数，按现行《建筑结构荷载规范》（GB 50009—2012）的规定取值。

对由永久荷载效应控制的基本组合，也可采用简化规则，荷载效应基本组合的设计值 S 按式（1-4）确定：

$$S = 1.35S_k \leqslant R \tag{1-4}$$

式中 R——结构构件抗力的设计值，按有关建筑结构设计规范的规定确定；

S_k——荷载效应的标准组合值。

（3）山区（包括丘陵地带）地基的设计，应考虑下列因素：

1）建设场区内，在自然条件下，有无滑坡现象，有无断层破碎带；

2）施工过程中，因挖方、填方、堆载和卸载等对山坡稳定性的影响；

3）建筑地基的不均匀性；

4）岩溶、土洞的发育程度；

5）出现崩塌、泥石流等不良地质现象的可能性；

6）地面水、地下水对建筑地基和建设场区的影响。

（4）在山区建设时应对场区作出必要的工程地质和水文地质评价。对建筑物有潜在威胁或直接危害的大滑坡、泥石流、崩塌以及岩溶、土洞强烈发育地段，不宜选作建设场地。当因特殊需要必须使用这类场地时，应采取可靠的整治措施。

（5）山区建设中，应充分利用和保护天然排水系统和山地植被。当必须改变排水系统时，应在易于导流或拦截的部位将水引出场外。在受山洪影响的地段，应采取相应的排洪措施。

2.《建筑边坡工程技术规范》的有关规定

在《建筑边坡工程技术规范》（GB 50330—2013）中关于建筑边坡设计原则的有关要求，综述如下：

（1）边坡工程设计应符合下列规定：

1）支护结构达到最大承载能力、锚固系统失效、发生不适于继续承载的变形或坡体失稳应满足承载能力极限状态的设计要求。

承载能力极限状态：对应于支护结构达到承载力破坏、锚固系统失效或坡体失稳。

2）支护结构和边坡达到支护结构或邻近建（构）筑物的正常使用所规定的变形限值或达到耐久性的某项规定限值应满足正常使用极限状态的设计要求。

正常使用极限状态：对应于支护结构和边坡的变形达到结构本身或邻近建（构）筑物的正常使用限值或影响耐久性能。

（2）边坡工程设计所采用作用效应组合与相应的抗力限值应符合下列规定：

1）按地基承载力确定支护结构或构件的基础底面积及其埋深或按单桩承载力确定桩

数时，传至基础或桩上的作用效应应采用荷载效应标准组合；相应的抗力应采用地基承载力特征值或单桩承载力特征值。

2）计算边坡与支护结构的稳定性时，应采用荷载效应基本组合，但其分项系数均为 1.0。

3）计算锚杆面积、锚杆杆体与砂浆的锚固长度、锚杆锚固体与岩土层的锚固长度时，传至锚杆的作用效应应采用荷载效应基本组合。

4）在确定支护结构截面、基础高度、计算基础或支护结构内力、确定配筋和验算材料强度时，应采用荷载效应基本组合，并应满足式（1-5）的要求：

$$\gamma_0 S \leqslant R \tag{1-5}$$

式中　S——基本组合的效应设计值；

R——结构构件抗力的设计值。

γ_0——支护结构的重要性系数，对安全等级为一级的边坡不应低于 1.1，二级、三级边坡不应低于 1.0。

5）计算支护结构变形、锚杆变形及地基沉降时，应采用荷载效应的准永久组合，不计入风荷载和地震作用，相应的限值应为支护结构、锚杆或地基的变形允许值。

6）支护结构抗裂计算时，应采用荷载效应标准组合，并考虑长期作用的影响。

7）抗震设计时地震作用效应和荷载效应的组合应按国家现行有关标准执行。

（3）地震区边坡工程应按下列原则考虑地震作用的影响：

1）边坡工程的抗震设防烈度应根据中国地震动参数区划图确定的本地区地震基本裂度，且不应低于边坡滑塌区内建筑物的设防烈度。

2）抗震设防的边坡工程，其地震作用计算应按国家现行有关标准执行；抗震设防烈度为 6 度的地区，边坡工程支护结构可不作抗震计算，但应采取抗震构造措施；抗震设防烈度 6 度以上的地区，边坡工程支护结构应进行抗震作用计算，临时性边坡可不作抗震计算。

3）支护结构和锚杆外锚头等，应按抗震设防烈度要求采取相应的抗震构造措施。

（4）抗震设防，支护结构或构件承载能力应采用地震作用效应和荷载效应基本组合进行验算。

（5）边坡工程设计应包括支护结构的选型、平面及立面布置、计算、构造和排水，并对施工、监测及质量验收等提出要求。

（6）边坡支护结构设计时应进行下列计算和验算：

1）支护结构及其基础的抗压、抗弯、抗剪、局部抗压承载力的计算；支护结构基础的地基承载力计算；

2）锚杆锚固体的抗拔承载力及锚杆杆体抗拉承载力的计算；

3）支护结构稳定性验算。

（7）边坡支护结构设计时应进行下列计算和验算：

1）地下水发育边坡的地下水控制计算；

2）对变形有较高要求的边坡工程还应结合当地经验进行变形验算。

对比《建筑地基基础设计规范》（GB 50007—2011）和《建筑边坡工程技术规范》（GB 50330—2013）关于建筑边坡设计的有关原则可知：《建筑边坡工程技术规范》（GB

50330—2013）比《建筑地基基础设计规范》（GB 50007—2011）的规定更为详细和具体，可操作性也较好，但仔细分析两者的差别，在土质边坡设计中，《建筑地基基础设计规范》（GB 50007—2011）的要求更严。

1.4.6 动态设计

动态设计法（method of information design）就是根据信息法施工和施工勘察反馈的资料，对地质结论、设计参数及设计方案进行再验证，确认原设计条件有较大变化，及时补充、修改原设计的设计方法。

在工程建设实践中，边坡工程设计不外乎需要解决两个问题：一是外部作用的计算；二是支护结构的抗力计算。由于岩土工程的特殊性、复杂性及可变性（或不确定性），使边坡工程外部作用的计算具有一定的不可预知性，在特定条件下，还具有突变性，加之，岩体边坡作用的机理和破坏作用人们还未认知清楚，因此，岩土作用计算带有很强的经验性和探索性，故此，根据信息施工法和施工勘察反馈的资料，对地质结论、设计参数及设计方案进行再验证是非常重要的问题。

当地质勘察参数难以准确确定、设计理论和方法带有经验性和类比性时，根据施工中反馈的信息和监控资料完善设计，是一种客观求实、准确安全的设计方法，可以达到以下效果：

（1）避免勘察结论失误。山区地质情况复杂、多变，受多种因素制约，地质勘察资料准确性的保证率较低，勘察主要结论失误造成边坡工程失败的现象不乏其例。因此要求地质情况复杂的一级边坡在施工开挖中补充施工勘察工作，收集地质资料，查对核实原地质勘察结论，这样可有效避免勘察结论失误而造成工程事故。在有专门审查制度的地区，场地和边坡勘察报告应含有审查合格书。

（2）设计人掌握施工开挖情况反映的真实地质特征、边坡变形量、应力测定值等，对原设计作校核和补充、完善设计，确保工程安全，设计合理。

（3）边坡变形和应力监测资料是加快施工速度、排危应急抢险、确保工程安全施工的重要依据。

（4）有利于积累工程经验，总结和发展边坡工程支护技术。

1.4.7 边坡变形控制措施

1. 边坡工程的变形控制

《建筑地基基础设计规范》（GB 50007—2011）给出了建筑物的地基变形允许值，但正常使用状态下支护结构的变形允许值尚无统一的国家标准。支护结构的变形允许值是一个影响因素相当多的复杂问题，大部分地区尚无地方标准，仅个别地区有地方标准，如上海市所制定的《软土市政地下工程施工技术手册》对其变形指标进行了明确规定，其变形控制标准见表1-6，工程实践中可通过将实测值与变形控制标准值进行比较，判断基坑的安全性。

变形控制标准 表1-6

测量项目	安全或危险判别	判别法			
		变形控制标准	危险	注意	安全
墙体变位	墙体变位与开挖深度之比	F_1=实测（或预测）/开挖深度	$F_1 > 1.2\%$	$0.4\% \leqslant F_1 \leqslant 1.2\%$	$F_1 < 0.4\%$
			$F_1 > 0.7\%$	$0.2\% \leqslant F_1 \leqslant 0.7\%$	$F_1 < 0.2\%$

测量项目	安全或危险判别	判别法			
		变形控制标准	危险	注意	安全
基坑隆起	隆起量与开挖深度之比	$F_2=$实测（或预测）/开挖深度	$F_2>1.0\%$	$0.4\%\leqslant F_2\leqslant1.0\%$	$F_1<0.4\%$
			$F_2>0.5\%$	$0.2\%\leqslant F_2\leqslant0.5\%$	$F_1<0.2\%$
			$F_2>0.2\%$	$0.04\%\leqslant F_2\leqslant0.2\%$	$F_1<0.04\%$
地表沉降	沉降量与开挖深度之比	$F_3=$实测（或预测）/开挖深度	$F_3>1.2\%$	$0.4\%\leqslant F_3\leqslant1.2\%$	$F_3<0.4\%$
			$F_3>0.7\%$	$0.2\%\leqslant F_3\leqslant0.7\%$	$F_3<0.2\%$
			$F_3>0.2\%$	$0.04\%\leqslant F_3\leqslant0.2\%$	$F_3<0.04\%$

注：表中墙体变位有两种判别标准，上行适用于基坑近旁无建筑物或地下管网；下行适用于基坑近旁有建筑物或地下管网。基坑隆起和地表沉降（F_2 和 F_3）有 3 种判别标准，上、中行的适用情况与墙体变位（F_1）的相同，而下行适用于对变形有特别严格要求的情况，一般对于中、下行都需进行地基加固（文献：高文华，扬林德，沈蒲生.基坑变形预测与周围保护.岩石力学与工程学报，2001，2014）。

建筑物的地基变形容许值有国家规范，但确定正常使用极限状态下支护结构的容许变形值相当复杂。如悬臂护坡桩的侧向位移 Δ 及由此产生周围地面下沉可使在建工程或相邻建筑物的正常使用功能受到破坏；若侧向位移 Δ 和沉降 S 过大，则相邻建筑物会下沉、倾斜、开裂、门窗变形及周围地下管网设施受损造成断电、断气、断水等。鉴于我国目前尚未制定出统一的限制侧向位移的标准 $[\Delta]$ 和限制沉降的标准 $[S]$，因此评价正常使用极限状态下的变形标准就很难统一，只能因工程建筑物环境和地质条件而定，并根据相邻建筑物的调查（建筑层数、建筑结构、地基持力层的岩土结构、地基承载力、基础的型式、基础的埋置深度等）结果，总结已有工程的经验教训和工程监测资料，参考有关文献等来确定容许变形值。

文献（雷用等.高边坡工程邻近建筑的安全.地下空间，1999，19（3））的统计资料结果（相对沉降量 0.002～0.003，即 0.2%～0.3%）表明，相对沉降量 0.2%～0.3%与表 1-6 中的地表沉降一栏的下行的判别数据相近，因此，笔者认为重庆地区可参考采用表 1-6 的变形控制标准。

2.边坡工程的变形控制措施

任何支护结构设计方法和理论都是基于特定的边坡类型、工程条件下提出的。因此，基于某一支护理论进行支护结构的可靠性与准确性与否分析，在很大程度上取决于边坡岩土体、相邻建筑物的认识的可靠程度以及对支护结构设计理论的理解和使用能力。换言之，这里涉及两个方面的问题：其一，对于边坡岩土体、相邻建筑物的认识与研究程度；其二，设计人员如何使用这些资料和信息。笔者从边坡工程的勘察、设计、施工和检测工作的经验和教训的角度，提出以下几种控制边坡变形的认识和措施。

（1）详细、准确的边坡勘察资料是控制边坡变形的基础

边坡勘察中，除应查明基本的水文地质条件、工程地质条件，尚应全面收集相邻建筑物的荷载、结构、基础型式及埋深，地下设施的分布、管线材料、接头情况及埋深等，并分析确定其容许变形值。

按照重庆市地方标准《工程地质勘察规范》，岩质边坡分为Ⅰ类、Ⅱ类、Ⅲ类（ⅢA、ⅢB）和Ⅳ类（ⅣA、ⅣB）；硬质岩、软质岩的强风化层及软弱岩边坡宜划为ⅣB类。《建筑

边坡工程技术规范》（GB 50330—2013）中，明确给出了不同边坡高度、不同边坡类别采用不同的支护结构型式。因此，准确判定边坡类型就为采用合适的支护结构型式提供了可靠的依据。

（2）施加预应力是控制边坡变形的首要措施

在边坡支护中，非预应力锚固结构属于被动支护方式，当锚固结构的变形达到一定值时才提供一定的支护抗力，只有当锚固结构有较大的变形时，这种锚固结构中的支护抗力才能充分发挥，而预应力锚固结构则恰好可以直接提供这样的抗力，起到"及时顶住"的效果。在锚固工程施加预应力以后的过程中，锚索（杆）能充分发挥它具有较大的支护抗力的优势，能够防止边坡产生过量的有害变形乃至边坡失稳，确保边坡的稳定和安全。通过模拟试验和计算分析（文献：张向阳.软岩洞室中预应力锚索加固效应和机理的模型试验研究［D］.重庆：解放军后勤工程学院，1999）表明，预应力锚固结构的竖向变形可减少 27%，而水平变形可减少 50%～90%，这些减少量随预应力的增大而逐渐减少。故采取施加预应力就比不采用预应力的锚固结构在控制边坡变形方面具有更加明显的效果，这就是实际工程中对变形要求高或变形敏感的边坡常常采用预应力锚索（杆）的原因。

北京中国银行大厦基坑开挖深 21.5～24.5m。穿越的地层为人工堆积层、粉质黏土、细、中砂和砂卵石层。由 3～4 排预应力锚杆背拉厚 800mm 的地下连续墙作支挡结构。共采用设计承载力为 800kN 的锚杆 1300 余根，成功地维护了基坑的稳定。基坑周边的最大的位移量仅为 30mm（文献：程良奎.岩土锚固的现状与发展.土木工程学报，2001，34（3）：8-9）。其变形量仅为 30/21500＝0.139%。

预应力锚固结构的预应力容易出现损失。减少应力损失的工程措施主要有：

1）增加造孔精度，减少孔斜误差。首先选择机型小、轻便、灵活的机具，便于在支护边坡的施工架子上移动；其次应牢牢固定钻机机架，不允许钻机来回摆动，以减少孔斜误差。

2）选择合适的锚具。锁定螺母、连接套及锚杆应为通过质量认证的产品，具有材质检测报告，严禁使用不合格产品。

3）改进张拉方式。逐级缓慢加荷，消除锚具变形引起的预应力损失，减少摩阻应力。

目前预应力损失值尚不能准确测试，那么预应力锚固结构的安全性系数就不能准确计算，其安全性就难以评估与判定。

（3）逆作法施工是控制边坡变形的首要措施

在锚杆挡墙的支护结构中，采用逆作法、跳槽施工取得了良好的效果。逆作法就是采用自上而下的，分阶开挖与支护的一种施工方法。分阶的高度和跳槽的长度主要根据边坡的工程地质条件、边坡滑塌区范围建筑物的侧向位移容许值和沉降值确定。边坡塌滑区范围可按式（1-6）估算：

$$L = H/\mathrm{tg}\theta \tag{1-6}$$

式中　L——边坡坡顶塌滑区边缘至坡底边缘的水平投影距离（m）；

　　　H——边坡的高度（m）；

　　　θ——边坡的破裂角（°）。对于土质边坡可取 $45° + \varphi/2$，φ 为土体的内摩擦角；对岩质边坡可按有关规定确定。

分阶开挖与支护的目的，就是使卸荷作用的应力调整缓慢发生；边坡应随开挖，随锚固，使无支承条件下的边坡所暴露的时间尽可能的短，所暴露的面积尽可能的少。

跳槽施工的目的，就是利用岩土体的自身潜力来限制边坡变形。锚杆成孔采取"跳钻"，即在水平方向上每隔2～3个锚杆孔位，并随即完成插筋、注浆作业，将扰动范围降低到最低程度。

（4）动态设计法和信息化施工法是控制边坡变形的重要措施

动态设计法就是根据信息施工法及施工勘察反馈的资料，确认原设计条件有较大变化时，及时补充、修改原设计的设计方法。信息化施工法就是根据施工现场的地质情况和监测数据，对地质结论、设计参数进行再验证，对施工安全性进行判断和及时修正施工方案的施工方法。动态设计法和信息化施工法可以达到以下目的：

1）避免勘察结论失误。山区地质情况复杂、多变，受多种因素制约，地质勘察资料准确性的保证率较低，勘察主要结论失误而造成边坡工程失败的现象不乏其例。因此，在边坡施工中补充"施工勘察"，收集地质资料，查对核实原地质勘察结论，这样可有效避免因勘察结论失误而造成工程事故。

2）设计人员根据施工开挖反馈的更翔实的地质资料、边坡变形量、应力监测值等，对原设计作校核和补充、完善设计，确保工程安全，设计合理。

3）边坡变形和应力监测资料是加快施工速度或排危应急抢险，确保工程安全施工的重要依据。

（5）设置冠梁对控制边坡变形具有良好效果

冠梁（设置在支护结构顶部的钢筋混凝土连梁）具有较大的截面尺寸，水平抗弯刚度不可忽视，所以，合理设计冠梁可以减少挡墙的内力与水平位移。

此外，尚有其他措施：

1）适当加大支护结构尺寸和加密锚杆，以提高支护结构的刚度。

2）对被动区土体进行加固处理是控制边坡变形的有效措施之一。

3）严格控制施工质量是控制边坡变形的关键措施。

4）缩短开挖与支护的时间。

在边坡工程中因开挖卸荷而支护结构出现一定的变形，常常对相邻建筑物的安全构成严重威胁。这里，存在两个方面的问题，第一，支护结构的变形达到什么值时，就会影响相邻建筑物的正常使用，即支护结构的变形允许值问题；第二，要不影响相邻建筑物的正常使用，就要限制支护结构的变形，即控制变形的问题。作者提出了正常使用状态下支护结构的变形允许值可参考采用上海市《软土市政地下工程施工技术手册》给出的表1-6（变形控制标准）的下限的观点；同时，提出了几种控制边坡变形的措施。

1.5 边坡工程施工

1.5.1 放坡施工

放坡开挖是在施工场地处于空旷环境、周边没有保护对象［建（构）筑物、人防洞室、地铁隧道和地下管线等］条件下的一种普通常用的边坡开挖方法，一般包括：土方开挖、石方开挖、坡面防护、护脚墙、截排水沟等方法。

1.5.2 支护结构施工

边坡的支挡结构工程是一个系统工程，一般包括：支挡结构、围护结构、土石方开挖（方式、工序、工艺及设施）、基坑降水工程、地基加固、监测、环境保护及安全风险管理等内容。

边坡工程通常包括环境边坡工程和地下室基坑工程。

1.环境边坡工程

边坡工程严格按照经监理总工程师审查合格的施工组织设计和经专家组审查合格的安全专项施工方案实施，边坡工程的安全是有保障的。

2.地下室基坑工程

（1）渗漏问题

地下室基坑工程在高地下水位地区，渗漏可能造成周边环境影响或破坏；特别是在富含水的砂土、粉土地层中，渗漏所产生的流砂可能会导致灾害性的环境破坏和基坑的失稳。

（2）降水问题

合理的降水方案可造就良好的施工环境、解决水对基坑安全的不利影响，但要注意降水引发沉降的不良作用（如引起相邻建筑物开裂、倾斜、明显变形等）。

（3）地基加固

合理的地基加固可有效地控制基坑的稳定和变形，但需在加固费用和加固效果上取得平衡。

（4）变形控制

充分利用时空效应规律可以比较经济地解决基坑施工变形控制的问题。

（5）风险控制

施工中尽可能利用垫层的临时支撑作用可有效地降低基坑在最危险工况条件下的失效风险。基坑施工中的环境保护和安全风险管理也是需要重点关注的环节。

1.5.3 环境保护

建筑边坡工程常常处于建筑物、重要地下构筑物（人防洞室、地铁隧道等）和生命线工程（各种管网、电缆等）的密集地区，为了保护这些既有建（构）筑物的安全运营和正常使用，需要控制边坡工程在建设过程和运营中产生的变形以及这种变形传递给周边环境，是否会影响其安全或在正常使用的范围之内。当边坡工程在建设过程和运营中可能影响的范围内存在保护对象时，应根据保护对象的重要性，确定边坡支挡结构的变形允许值；这时，边坡支挡结构的变形控制和环境保护往往成为边坡工程成败的关键，变形在控制设计限值方面往往起着主导作用。所以，当边坡工程在建设过程和运营中可能影响的范围内存在保护对象时，边坡工程的设计就由强度控制设计向变形控制设计转变。

边坡支挡结构的变形或对环境的影响主要由支挡结构的刚度、支撑或锚杆的刚度以及岩土体的刚度等决定。为了将支挡结构的变形控制在允许范围之内或为了满足变形要求，可以增加支挡结构的刚度，如增加抗滑桩的截面尺寸、嵌固深度、配筋和混凝土强度等级，减小支撑或锚杆（索）的间距，加密支撑或锚杆（索），改变岩土体性质等。当支挡结构墙前地质条件较差（为较厚的回填土层或者淤泥质黏土等）时，有时更经济有效的办法是在坡脚部位进行地基处理，采用搅拌桩、旋喷桩、注浆等地基加固措施改善土体刚度和强度等性质。

主动支挡结构（预应力锚杆、预应力锚索等）是控制边坡支挡结构变形的主要措施。有限元数值分析等研究表明，预应力锚索加固边坡后，边坡的最大变形、最大竖向位移、最大塑性等效应变和最大等效应力均较小，边坡塑性区较小，达到了加固边坡、控制变形的效果。

采用合理的施工组织设计，控制边坡岩土体开挖的空间位置、开挖次序、开挖岩土体的分块大小、减小锚杆安装的时间等措施，可以有效地控制边坡的变形。

边坡相邻的环境保护可以从位移源头控制、位移的传递途径和保护对象三方面着手。位移源头的控制包括：增加支挡结构刚度、优化支撑位置、时空效应法、被动区压力控制注浆、信息化施工控制等方法。位移的传递途径的控制包括：隔断桩（墙）、补偿注浆、主动区压力控制注浆等方法。保护对象的控制包括：地下管线的注浆加固、建筑物纠偏（应力解除法、顶升法）、建筑物地基加固、结构补强、基础脱换、水平注浆等方法。

1.5.4　信息法施工

信息法施工（construction method from information）就是根据施工现场的地质情况和监测数据，对地质结论、设计参数进行验证，对施工安全性进行判断并及时修正施工方案的施工方法。

设计应提出对施工方案的特殊要求和监测要求，掌握施工现场的地质状况、施工情况和变形、应力监测的反馈信息，根据实际地质状况和监测信息对原设计作校核、修改和补充。

参考文献

［1］　基坑工程手册（第二版）［M］.北京：中国建筑工业出版社，2013.
［2］　工程地质手册（第五版）［M］.北京：中国建筑工业出版社，2018.
［3］　GB 50330—2013 建筑边坡工程技术规范 ［M］.
［4］　尉希成，周美玲.支挡结构设计手册 ［M］.北京：中国建筑工业出版社，2004.
［5］　孙家齐.工程地质（第二版）［M］.武汉：武汉理工大学出版社，2003.
［6］　雷用，赵尚毅，石少卿.支挡结构设计与施工 ［M］.北京：中国建筑工业出版社，2010.
［7］　刘兴远，雷用，康景文.边坡工程 ［M］.北京：中国建筑工业出版社，2007.
［8］　雷用，王平，张冀.边坡工程的变形控制措施探讨 ［J］.地下空间，2002，22（1）.
［9］　雷用，刘兴远，唐耿琛等.建筑边坡工程百问 ［M］.北京：中国建筑工业出版社，2014.
［10］　雷用，刘兴远，吴曙光.建筑边坡工程技术规范算例 ［M］.北京：中国建筑工业出版社，2016.

第2章 岩、土的工程性质

2.1 概况

在自然界中，地壳表层分布有岩石圈（广义的岩石包括基岩及其覆盖土）、水圈及大气圈。岩石是一种或多种矿物的集合体，其工程性质在很大程度上取决于它的矿物成分，而土是岩石风化的产物。自然界中的土是指分布在地球表面的松散的、没有胶结或弱胶结的大小、形状和成分都不相同的颗粒堆积体，它是自然地质历史的产物。在漫长的地质历史演变过程中，由坚固而连续的岩体经过多种风化作用变成大小不一甚至大小悬殊的颗粒，经由各种地质作用的剥蚀、搬运而在不同的环境中沉（堆）积形成土体。由于成因类型和成土时间的多样性，自然环境和地质作用的复杂性，不同地点土体的工程性质千差万别。但是在大致相同的地质年代及相似沉积环境下形成的土体往往在成分和工程性质上是相近的。

工程用土总的分为一般土和特殊土。广泛分布的一般土又可分为无机土和有机土。原始沉积的无机土大致上可分为碎石类土、砂类土、粉性土和黏性土四大类。当土中巨粒、粗粒粒组的含量超过全重50%时属于碎石类土或砂类土；反之，属于粉性土或黏性土。碎石类土和砂类土总称为无黏性土，其一般特征是透水性大，无黏性；黏性土的透水性小；而粉性土的性质介于砂类土和黏性土之间。特殊土有遇水沉陷的湿陷性土（如常见的湿陷性黄土）、湿胀干缩的胀缩性土（习称膨胀土）、冻胀性土（习称冻土）、红黏、软土、填土、混合土、盐渍土、污染土、风化岩与残积土等。

充填在土孔隙间的水是土体的重要组成部分，土的性质，特别是黏性土性质的多变性，主要就是由于土中水含量的变化及其与固体颗粒相互作用的结果。土中水通过物理及化学的作用改变了土体结构，影响了土体状态和物理力学性质参数；通过土体孔隙水压力作用，使土体有效应力减小、抗剪强度值降低；土体孔隙内地下水的渗流也会改变固体颗粒的应力状态，影响土的工程性状。外界条件的改变，常会引起土中水含量和孔隙水压力的变化，从而使土的工程性状发生明显变化，如边坡开挖会使边坡周围土体的原有水土应力平衡受到破坏、暴雨易造成边坡失稳等都是明显的例子。

岩石按其地质成因可以分为三大类：岩浆岩、沉积岩和变质岩。

岩浆岩是由岩浆冷凝而成的。绝大多数岩浆岩由结晶矿物组成，其结晶紧密，粘结性好，通常结构均质有较高的强度。

沉积岩是由地表经风化剥蚀的物质，通过搬运、沉积和胶结作用而形成的岩石。沉积岩主要由岩石或矿物颗粒骨架和胶结物组成，颗粒物和胶结物、颗粒形状和胶结状态等都有影响沉积岩的力学性质。胶结物主要是钙、硅、铁及泥质等，由于沉积过程的沉积岩具有层理构造，因此又表现出各向异性性质。

变质岩是由于地壳中的岩石受到高温、高压及化学活动的流体作用发生变质而形成的岩石，其物理力学性质不仅与原岩的性质有关，而且与变质作用的过程有关。以上三类岩石是以其成因来划分的，每类岩石又有多种岩石，特别是变质岩，虽然在地壳组成中约占25%，但已命名的岩石就达2000多种。

岩石和土都是矿物的集合体，是自然地质作用的产物，并在地质作用下相互转化。岩石与土之间，既有多方面的共性和密切的联系，又有明显的不同。岩石矿物颗粒之间具有牢固的连接，这既是岩石重要的结构特征，也是岩石区别于土并赋予岩石优良工程地质性质的主要原因，岩石的建筑条件一般比土体要优越得多。岩体是由岩石块体组成的结构体，它被各式各样宏观地质界面分割成大小不等、形态各异、多有一定规律排列的许多块体，其工程性质由岩石块体和地质界面共同决定。岩体的结构比土复杂。岩体中存在着断层、节理等结构面（带），使得岩体完整性遭到破坏，导致岩体的力学性质变差或严重不均匀。岩体中这种结构面分割的情况，在土中是见不到的。岩体中具有较高的地应力，这是岩体在长期的地质历史过程中，遭受地质构造作用的结果，而土体中仅有自重应力的存在。

2.2　岩、土的物理性质

2.2.1　土的物理状态

自然界的土是由岩石经风化、搬运、堆积而形成的。因此，母岩成分、风化性质、搬运过程和堆积的环境是影响土的组成的主要因素，而土的组成又是决定边坡工程性质的基础。土是由固体颗粒、水和气体三部分组成的，通常称为土的三相组成，随着三相物质的质量和体积的比例不同，土的性质也就不同。因此，首要的问题是要了解土是由什么物质组成的。

1. 土的固相

土的固相物质包括无机矿物颗粒和有机质，是构成土的骨架最基本的物质，称为土粒。对土粒应从其矿物成分、颗粒的大小和形状来描述。

（1）土的矿物成分

土中的矿物成分可以分为原生矿物和次生矿物两大类。

原生矿物是指岩浆在冷凝过程中形成的矿物，如石英、长石、云母等。

次生矿物是由原生矿物经过风化作用后形成的新矿物，如三氧化二铝、三氧化二铁、次生二氧化硅、黏土矿物以及碳酸盐等。次生矿物按其与水的作用可分为易溶的、难溶的和不溶的，次生矿物的水溶性对土的性质有重要的影响。黏土矿物的主要代表性矿物为高岭石、伊利石和蒙脱石，由于其亲水性不同，当其含量不同时土的工程性质就各异。

在以物理风化为主的过程中，岩石破碎而并不改变其成分，岩石中的原生矿物得以保存下来；但在化学风化的过程中，有些矿物分解成为次生的黏土矿物。黏土矿物是很细小的扁平颗粒，表面具有极强的和水相互作用的能力。颗粒愈细，表面积愈大，这种亲水的能力就愈强，对土的工程性质的影响也就愈大。在风化过程中，在微生物作用下，土中产生复杂的腐殖质，此外还会有动植物残体等有机物，如泥炭等。有机颗粒紧紧地吸附在无机矿物颗粒的表面形成了颗粒间的连接，但这种连接的稳定性较差。

从外表上看到的土的颜色，在很大程度上反映了土的固相的不同成分和不同含量。红色、黄色和棕色一般表示土中含有较多的三氧化二铁，并说明氧化程度较高。黑色表示土中含有较多的有机质或锰的化合物；灰蓝色和灰绿色的土一般含有亚铁化合物，是在缺氧条件下形成的；白色或灰白色则表示土中有机质较少，主要含石英或含高岭石等黏土矿物。当然，湿度会影响颜色的深浅，一般描述的是土处在潮湿状态的颜色（表2-1）。

土的固相

表 2-1

固相构成			颗粒大小	特点及对工程性质的可能影响
依风化作用的深入程度（物理→化学→生物）而发展	原生矿物（石英、长石、云母）		粗大，呈块状或粒状（碎石、砾石与砂土主要成分）	性质稳定，硬度高，具有强或较强的抗水性和抗风化能力，亲水性弱或较弱，视颗粒大小、形状与硬度不同对土体工程性质的影响不同
	次生矿物	溶于水的如方解石、石膏等	颗粒细小，粒径多在0.005mm以下，呈针状或片状，是黏性土固相的主要成分	高度的分散性，呈胶体性状，它的含量的变化对黏性土工程性质影响很大，巨大的比表面使其具有很强的与水相互作用的能力
		不溶于水的如高岭石、伊利石、蒙脱石等		
有机质（腐殖质和非腐殖质）			颗粒极细，粒径多小于0.1μm，呈凝胶状	高度的分散性，性质易变，带电荷，吸附性和亲水性强，对土的工程性质影响巨大
盐类				视盐类的溶解于水的不同而对土质产生影响。钠、钾的盐酸盐或钙、镁的硫酸盐和碳酸盐，前者易溶于水，无法加强土性；后者易结晶，加强土性

（2）土的粒度成分

天然土是由大小不同的颗粒组成的，土粒的大小称为粒度。土颗粒的大小相差悬殊，从大于几十厘米的漂石到小于几微米的胶粒。同时由于土粒的形状往往是不规则的、很难直接测量土粒的大小，只能用间接的方法来定量地描述土粒的大小及各种颗粒的相对含量，常用的方法有两种：对粒径大于 0.075mm 的土粒常用筛分析的方法；而对小于 0.075mm 的土粒则用沉降分析的方法。工程上常用不同粒径颗粒的相对含量来描述土的颗粒组成情况，这种指标称为粒度成分。

表 2-2 根据国标《土的工程分类标准》（GB/T 50145—2007）规定的界限粒径 200mm、60mm、2mm、0.075mm 和 0.005mm 把土粒粒组划分为巨粒、粗粒和细粒三个粒组统称，再分为六大粒组：漂石或块石颗粒、卵石或碎石颗粒、圆砾或角砾颗粒、砂粒、粉粒及黏粒。

粒组划分　　　　　　　　　　　　　　　　　　　　表 2-2

粒组统称	粒组名称		粒径范围(mm)	一般特征
巨粒	漂石(块石)		$d>200$	透水性很大,无黏性,无毛细水
	卵石(碎石)		$60<d\leqslant200$	
粗粒	圆砾或角砾	粗砾	$20<d\leqslant60$	透水性大,无黏性,毛细水上升高度不超过粒径大小
		中砾	$5<d\leqslant20$	
		细砾	$2<d\leqslant5$	
	砂粒	粗砂	$0.5<d\leqslant2$	易透水,当混入云母等杂质时透水性减小,而压缩性增加;无黏性,遇水不膨胀,干燥时松散;毛细水上升高度不大,随粒径变小而增大
		中砂	$0.25<d\leqslant0.5$	
		细砂	$0.075<d\leqslant0.25$	
细粒	粉粒		$0.005<d\leqslant0.075$	透水性小,湿时稍有黏性,遇水膨胀小,干时稍有收缩;毛细水上升高度较大较快,极易出现冻胀现象
	黏粒		<0.005	透水性很小,湿时有黏性,遇水膨胀大,干时收缩显著;毛细水上升高度大,但速度较慢

（3）土粒的形状

土粒的形状是多种多样的，卵石接近于圆形而碎石颇多棱角，云母是薄片状而石英砂却是颗粒状的。土粒形状对于土的密实度和土的强度有显著的影响，棱角状的颗粒互相嵌挤咬合形成比较稳定的结构，强度较高；磨圆度好的颗粒之间容易滑动，土体的稳定性比较差。土粒的形状与土的矿物成分有关，也与土的形成条件及地质历史有关。

2.土的液相

土的液相是指存在于土孔隙中的水，通常认为水是中性的，在 0℃ 时冻结，但实际上土中的水是一种成分非常复杂的电解质水溶液，它和亲水性的矿物颗粒表面有着复杂的物理化学作用。按照水与土相互作用程度的强弱，可将土中水分为结合水和自由水两大类。

结合水是指处于土颗粒表面水膜中的水，受到表面引力的控制而不服从静水力学规律，其冰点低于 0℃，结合水又可分为强结合水和弱结合水。强结合水在最靠近土颗粒表面处，水分子和水化离子排列得非常紧密，以致其密度大于1，并有过冷现象，即温度降到 0℃ 以下不发生冻结的现象。在距土粒表面较远地方的结合水称为弱结合水，由于引力降低，弱结合水的水分子的排列不如强结合水紧密，弱结合水可能从较厚水膜或浓度较低处缓慢地迁移到较薄的水膜或浓度较高处，亦即可从一个土粒迁移到另一个土粒。这种运动与重力无关，这层不能传递静水压力的水定义为弱结合水。

自由水包括毛细水和自由水。毛细水不仅受到重力的作用，还受到表面张力的支配，能沿着土的细孔隙从潜水面上升到一定的高度。重力水在重力或压力差作用下能在土中渗流，对于土颗粒和结构物都有浮力作用（表2-3）。

土的液相　　　　　　　　　　　　　　　　　　表 2-3

液相构成		特点及对工程性质的可能影响	
结晶水		存在于矿物晶格中，大于105℃高温下易失去。直接与矿物颗粒性状有关，通常不参加土中水体工程性质的作用	
结合水	强	是极性水分子与土粒物理化学作用之结果，其厚度变化取决于土粒大小、形状和矿物成分，也与水溶液的 pH 值、离子成分、浓度等密切相关。结合水的存在是黏性土的主要特性之一。是黏性土黏性、塑性和流变等工程特性的机制所在。可因蒸发而失去这种结合水	直接靠近土粒表面，处于双电子层中的固定层，不传递静水压力，有抗剪强度，$r_w \approx 20kN/m^3$，在外界土压力作用下不能移动，黏性土只含有强结合水时呈固态
	弱		是结合水膜的主体部分，处于双电层中的扩散层，呈黏滞状态，可在压力及电流下进行转移，故厚度是可变的，抗剪强度较小，重度略大于 $10kN/m^3$，对黏性土的工程性质影响很大，是黏性土具有黏性和可塑性等工程特性的机制所在
自由水	毛细水	受重力作用产生运动而处于土粒电子引力的作用之外，有溶解能力，无抗剪强度，$r_w \approx 10kN/m^3$	位于地下水位以上，受水与空气界面处表面张力作用的自由水，处于重力和表面张力的双重作用下。土粒将因毛细压力而挤紧，因而具有微弱的黏聚力
	重力水		是各类土中常有的水体，仅受重力控制，能传递静水压力，是土中孔隙压力的主要构成水体，地下水位升降均会引起土性变化

3. 土的气相

土的气相是指充填在土的孔隙中的气体，包括与大气连通的和不连通的两类。与大气连通的气体对土的工程性质没有多大的影响，它的成分与空气相似，当土受到外力作用时，这种气体很快从孔隙中挤出。但是密闭的气体对土的工程性质有很大的影响，密闭气体的成分可能是空气、水汽或天然气。在压力作用下这种气体可被压缩或溶解于水中。而当压力减小时，气泡会恢复原状或重新游离出来。含气体的土称为非饱和土，非饱和土和土的工程性质研究已成为土力学的一个新分支。

2.2.2 岩、土的物理指标

1. 岩石的物理指标

岩石的物理指标主要包括密度、重度、孔隙性、含水量及吸水率等。

（1）质量密度

岩石的质量密度是指单位体积的岩石所含有的质量，设岩块的质量为 m，自然体积为 V，则天然状态下岩石的质量密度为：

$$\rho = \frac{m}{V} \tag{2-1}$$

式中　m——岩块自然状态下的质量（g）；

　　　V——相应的岩石在自然状态下的体积（cm^3）。

岩石的质量密度，简称为密度。组成岩石的矿物密度越大，岩石矿物质胶结越紧密，岩石的密度就越大。如果能确定岩石的矿物组成，岩石的密度可以由各种矿物成分的多少大致确定。例如，基性岩和超基性岩的岩石矿物密度较大，胶结紧密，岩石的密度也大；

酸性岩的矿物密度较小，胶结松散，岩石的密度也就小；主要成分为石英的砂岩，其密度与石英就很相近。

（2）重度

单位体积岩石的重量叫重量密度，简称为重度。由于天然体积包括孔隙体积，岩石的重量又可能包括其中含水的重量，因此，重度应有干重度、湿重度之分，天然状态下的重度应与湿重度相同，因此，天然重度为：

$$\gamma = \frac{W}{V} \tag{2-2}$$

式中　W——岩石自然状态下的重量（kN）；

　　　V——相应的岩石在自然状态下的体积（m^3）。

干重度为：

$$\gamma_d = \frac{W_D}{V} \tag{2-3}$$

式中　W_D——岩石试件完全烘干后的重量（kN）；

　　　V——岩石试件的体积（m^3），这里假定干燥过程中岩石试样的体积保持不变。

在工程中区别天然重度和干重度，对于一些黏土质岩石（例如泥岩）具有较重要的意义。按定义，岩石的重度与岩石的矿物成分、孔隙性和含水量有关，深层的岩石由于孔隙性小，岩石埋深越大，重度也越高；多孔性岩石由于孔隙性大，重度就较小；一些火山熔岩、浮石、漂石等孔隙性很大，其重度甚至可能小于水的重度。岩石重度的大小，在一定程度上反映出岩石力学性质的优劣，通常岩石容重愈大，其力学性质愈好。

（3）岩石的孔隙性

岩石的孔隙性指岩石内的裂隙和空隙发育程度。在工程上常用孔隙比来表示孔隙性的大小。定义为孔隙体积与岩石实在固体体积之比，即：

$$e = \frac{V_a}{V_0} \tag{2-4}$$

式中　V_a——孔隙体积（m^3）；

　　　V_0——岩石内固体矿物颗粒的体积（m^3）。

因为自然体积 $V = V_a + V_0$，因此：

$$e = \frac{V_a}{V - V_a} = \frac{n}{1 - n} \tag{2-5}$$

式中　$n = V_a / V$ 表示孔隙体积与自然体积之比，常称为孔隙率，并用百分比表示，即：

$$n = \frac{V_a}{V} \times 100\% \tag{2-6}$$

孔隙内充水的程度称为饱和度，即：

$$S_w = \frac{V_w}{V_a} \tag{2-7}$$

以上式中的各物理量可用图 2-1 表示出来。

岩石的孔隙性在岩石力学中有重要的意义，岩石受力作用或温度变化时发生变形，孔隙体积

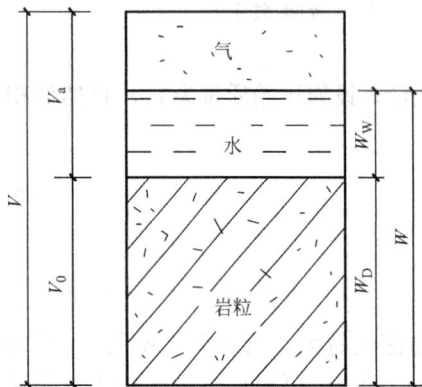

图 2-1　土的三相组成示意图

要发生改变，从而也改变岩石的孔隙性，相应地改变岩石的密度，岩石的声学特性也随之发生变化，因此，孔隙性是岩石的一个重要物理特性。这里所说的孔隙性指岩块而言，不包括岩石中的宏观节理及其他不连续结构面。岩石孔隙性的工程意义在于：随着岩石孔隙比的增大，一方面岩石的完整性降低，同时也降低岩石的重度与强度；另一方面，使岩石的透水性增加，从而为各种风化制造可乘之机，使风化进程加快，导致岩石的力学性质进一步弱化。

（4）岩石的吸水性、渗水性和软化性

岩石的吸水能力指标用吸水性表示。在一定的压力下，岩石干试样吸入水的重量与岩样干燥时重量之比即为吸水率，吸水率常用 ω 表示，即

$$\omega = \frac{W_W}{W_D} \times 100\% \tag{2-8}$$

式中　W_W——在一个大气压力下试样吸入水的重量（N）；

　　　W_D——岩石试件完全烘干后的重量（N）。

岩石吸水率的大小既与岩石孔隙率、孔隙的连通和开闭情况有关，也与压力的大小有关。相同的岩样在压力大时吸水率也大，压力低时吸水率小。它还与浸水时间有关，浸水时间不同，可得出不同的吸水率。

岩石的饱和吸水率亦称饱水率，是岩样在强制状态（真空、煮沸或高压）下，岩样的最大吸入水的重量与岩样的烘干重量的比值的百分率，以 ω_{sa} 表示，即：

$$\omega_{sa} = \frac{W_P - W_D}{W_D} \times 100\% \tag{2-9}$$

式中　W_P——岩样饱和后的重量，其余符号同前。

岩石的渗水性是指在一定的实验条件下水渗入岩石透过试样的能力。由于透过岩石必须有连通的孔隙，透水性的大小不仅取决于孔隙比的大小，还与孔隙的大小和连通情况有关。岩石渗水性指标用渗透系数 K 表示，渗透系数根据达西（Darcy）定律定义为：

$$Q = -iKA \tag{2-10}$$

式中　Q——单位时间内的渗流量（m^3）；

　　　i——水力梯度（无量纲）；

　　　A——过水面积（m^2）；

　　　K——渗透系数（m/s）。

在边坡岩石工程中，常用渗透系数 K（单位是 m/s）来表示渗透性。通过引入流体参数 k 使之与岩体的性质有关，即定义：

$$k = \frac{K\mu}{\gamma} = \frac{Kv}{g} \tag{2-11}$$

式中　k——空隙介质的渗透率，与岩石固体骨架的性质有关；

　　　γ——流体的重度（N/m^3）；

　　　μ——流体的动力黏度（Pa·s）；

　　　v——流体运动黏度（m^2/s）；

　　　g——重力加速度（m/s^2）。

由于流场是空间的，K 和 k 都是张量。

一般地，完整性好密度大的岩石，渗透系数很低，常常小于 10^{-7}m/s。几种典型的岩石渗透系数见表 2-4。渗透系数是地下水流和岩体渗流场的重要力学参数，岩体的渗透系数可以在钻孔内进行抽水或压水实验测定。

典型岩石的渗透系数　　　　　　　　　　　　　　　　表 2-4

岩石类型	喀斯特灰岩	砂岩	泥岩	透水性火山岩
$k/\text{m}\cdot\text{s}^{-1}$	$10^{-6}\sim10^{-2}$	$10^{-10}\sim10^{-6}$	$10^{-13}\sim10^{-9}$	$10^{-7}\sim10^{-2}$

岩石的软化性是指岩石与水相互作用时强度降低的特性。软化作用的机理是由于水分子进入颗粒间的间隙而削弱了颗粒间的连接造成的。岩石的软化性与其矿物成分、颗粒连接方式、孔隙率以及微裂隙发育程度等因素相关。

岩石的软化性高低一般用软化系数表示，软化系数是指岩样饱水状态下的抗压强度与干燥状态的抗压强度的比值，即

$$\eta_c = \frac{R_{cw}}{R_c} \tag{2-12}$$

式中　η_c——岩石的软化系数；

　　　R_{cw}——岩样在饱水状态下的抗压强度（MPa）；

　　　R_c——干燥岩样的抗压强度（MPa）。

岩样的软化系数总是小于 1 的，常见岩石的软化系数试验值见表 2-5。

常见岩石的软化系数试验值　　　　　　　　　　　　　表 2-5

岩石种类	η_c	岩石种类	η_c	岩石种类	η_c
花岗岩	$0.80\sim0.98$	砂岩	$0.60\sim0.97$	凝灰岩	$0.65\sim0.88$
闪长岩	$0.70\sim0.90$	泥岩	$0.10\sim0.50$	白云岩	0.83
辉长岩	$0.65\sim0.92$	页岩	$0.55\sim0.70$	石灰岩	$0.68\sim0.94$
辉绿岩	0.92	片麻岩	$0.70\sim0.96$	石英岩	$0.80\sim0.98$
玄武岩	$0.70\sim0.95$	片岩	$0.50\sim0.95$	千枚岩	$0.76\sim0.95$

常见岩石的物理性质指标见表 2-6。

某些岩石相对密度、重度、孔隙率以及吸水率指标　　　　　表 2-6

	岩石名称	相对密度	重度（N/ m^3）	孔隙率（%）	吸水率（%）
岩浆岩	花岗岩	$2.50\sim2.84$	$2.30\sim2.80$	$0.040\sim0.92$	$0.10\sim0.92$
	正长岩	$2.50\sim2.90$	$2.40\sim2.85$		$0.47\sim1.94$
	闪长岩	$2.60\sim3.10$	$2.52\sim2.96$	$0.25\sim3.00$	$0.30\sim0.48$
	辉长岩	$2.70\sim3.20$	$2.55\sim2.98$	$2.29\sim1.13$	
	辉绿岩	$2.60\sim3.10$	$2.53\sim2.97$	$0.40\sim6.36$	$0.22\sim5.00$
	玢岩	$2.60\sim2.84$	$2.40\sim2.80$		$0.07\sim1.65$
	斑岩	$2.62\sim2.84$	$2.70\sim2.74$	$0.20\sim2.75$	$0.20\sim2.00$
	粗面岩	$2.40\sim2.70$	$2.30\sim2.67$		
	安山岩	$2.40\sim2.80$	$2.30\sim2.70$	$1.00\sim2.19$	0.29
	玄武岩	$2.60\sim3.30$	$2.50\sim3.10$	$0.35\sim3.00$	$0.31\sim2.69$
	凝灰岩	$2.56\sim2.78$	$2.29\sim2.50$	$3.00\sim4.90$	$0.12\sim7.54$

岩石名称		相对密度	重度(N/m³)	孔隙率(%)	吸水率(%)
沉积岩	砾 岩	2.67～2.71	2.42～2.66	0.34～9.30	0.20～5.00
	砂 岩	2.60～2.75	2.20～2.71	1.60～2.83	0.20～12.10
	页 岩	2.57～2.77	2.30～2.62	1.46～2.59	1.80～2.10
	石灰岩	2.48～2.85	2.30～2.77	0.53～2.00	0.10～4.45
变质岩	片麻岩	2.63～3.01	2.30～3.05	0.70～4.20	0.10～3.15
	片 岩	2.75～3.02	2.69～2.92	0.70～2.92	0.08～0.55
	石英岩	2.53～2.84	2.40～2.80	0.50～0.80	0.10～1.45
	大理岩	2.80～2.85	2.60～2.70	0.22～1.30	0.10～0.80
	板 岩	2.66～2.76	2.31～2.78	0.36～3.50	0.10～0.90

2. 土的物理指标

(1) 三项基本物理性指标

土的三项基本物理性指标是指土粒比重 G_s、土的含水量 ω 和密度 ρ，一般由实验室直接测定其数值。

1) 土粒比重（土粒相对密度）G_s

土粒质量与同体积的 4℃ 时纯水的质量之比，称为土粒比重（无量纲），亦称土粒相对密度，即：

$$G_s = \frac{m_s/V_s}{m_{wl}/V_s} = \frac{\rho_s}{\rho_{wl}} \tag{2-13}$$

式中 ρ_s——土粒密度，即土粒单位体积的质量（g/cm³）；

ρ_{wl}——4℃ 时纯水的密度，等于 1g/cm³ 或 1t/m³。

一般情况下，土粒比重在数值上就等于土粒密度，但两者的含义不同，前者是两种物质的质量或密度之比，无量纲；而后者是一物质（土粒）的质量密度，有量纲。土粒比重决定于土的矿物成分，一般无机矿物颗粒的比重为 2.6～2.8；有机质为 2.4～2.5；泥炭为 1.5～1.8。土粒（一般无机矿物颗粒）的比重变化幅度很小。土粒比重可在实验室内用比重瓶法测定。通常也可按经验数值选用，一般土粒比重参考值见表 2-7。

土粒比重参考值　　　　　　　　　　　　　　　　表 2-7

土的名称	砂类土	粉性土	黏性土	
			粉质黏土	黏土
土粒比重	2.65～2.69	2.70～2.71	2.72～2.73	2.74～2.76

2) 土的含水量（含水率）ω

土中水的质量与土粒质量之比，称为土的含水量，以百分数计，即：

$$\omega = \frac{m_w}{m_s} \times 100\% \tag{2-14}$$

含水量 ω 是标志土含水程度（湿度）的一个重要物理指标。天然土层的含水量变化范围很大，它与土的种类、埋藏条件及其所处的自然地理环境等有关。一般干的粗砂，其值接近于零，而饱和砂土，可达 40%；坚硬黏性土的含水量可小于 30%，而饱和软黏土（如淤泥），可达 60% 或更大。一般来说，同一类土（尤其是细粒土），当其含水量增大时，其强度就降低，土的含水量一般用"烘干法"测定。

3）土的密度 ρ

土单位体积的质量称为土的密度，单位为 g/cm^3，即：

$$\rho = \frac{m}{V} \tag{2-15}$$

天然状态下土的密度变化范围较大。一般黏性土 $\rho = 1.8 \sim 2.0 g/cm^3$；砂土 $\rho = 1.6 \sim 2.0 g/cm^3$；腐殖土 $\rho = 1.5 \sim 1.7 g/cm^3$，土的密度一般用"环刀法"测定。

（2）特殊条件下土的密度

1）土的干密度 ρ_d

土单位体积中固体颗粒部分的质量，称为土的干密度 ρ_d，即：

$$\rho_d = \frac{m_s}{V} \tag{2-16}$$

在边坡工程上常把干密度作为评定土体紧密程度的标准，尤以控制填土工程的施工质量为常见。

2）土的饱和密度 ρ_{sat}，即：

$$\rho_{sat} = \frac{m_s + V_s \rho_w}{V} \tag{2-17}$$

式中　ρ_w——水的密度，近似等于 $\rho_{w1} = 1 g/cm^3$。

3）土的浮密度（有效密度）ρ'

在地下水位以下，土单位体积中土粒的质量与同体积水的质量之差，称为土的浮密度 ρ'，即：

$$\rho' = \frac{m_s - V_s \rho_w}{V} \tag{2-18}$$

土的三相比例指标中的质量密度指标共有 4 个，土的密度 ρ、干密度 ρ_d、饱和密度 ρ_{sat} 和有效密度 ρ'。与之对应，土的重力密度（简称重度）指标也有 4 个，土的天然重度 r、干重度 r_d、饱和重度 r_{sat} 和浮重度 r'。

各密度或重度指标，在数值上有如下关系：$\rho_{sat} \geqslant \rho \geqslant \rho_d \geqslant \rho'$ 或 $r_{sat} \geqslant r \geqslant r_d \geqslant r'$。

（3）描述土的孔隙体积相对含量的指标

1）土的孔隙比 e

土的孔隙比是土中孔隙体积与土粒体积之比，即：

$$e = \frac{V_v}{V_s} \tag{2-19}$$

孔隙比用小数表示。它是一个重要的物理性指标，可以用来评价天然土层的密实程度。一般 $e < 0.6$ 的土是密实的低压缩性土，$e > 1.0$ 的土是疏松的高压缩性土。

2）土的孔隙率 n

土的孔隙率是土中孔隙所占体积与总体积之比，以百分数计，即：

$$n = \frac{V_v}{V} \times 100\% \tag{2-20}$$

3）土的饱和度 S_r

土中被水充满的孔隙体积与孔隙总体积之比，称为土的饱和度，以百分数计，即：

$$S_r = \frac{V_w}{V_v} \times 100\% \tag{2-21}$$

土的饱和度 S_r 与含水量 ω 均为描述土中含水程度的三相比例指标，根据饱和度 S_r（%），砂土的湿度可分为三种状态：稍湿 $S_r \leqslant 50\%$；很湿 $50\% \leqslant S_r \leqslant 80\%$ 和饱和 $S_r > 80\%$。

（4）指标换算

如前所述，土的三相比例指标中，土粒比重 G_s、土的含水量 ω 和密度 ρ 是通过试验测定的。在测定这三个基本指标后，即可以换算出其余各个指标。常见土的三相比例指标换算公式见表 2-8。

土的三相比例指标换算公式   表 2-8

名称	符号	三相比例表达式	常用换算公式	单位	常见的数值范围
土粒比重	G_s	$G_s = \dfrac{m_s}{V_s \rho_{w1}}$	$G_s = \dfrac{S_r e}{w}$		黏性土：2.72～2.75；粉土：2.70～2.71；砂土：2.65～2.69
含水量	w	$w = \dfrac{m_w}{m_s} \times 100\%$	$w = \dfrac{S_r e}{G_s}$; $w = \dfrac{\rho}{\rho_d} - 1$		20%～60%
密度	ρ	$\rho = \dfrac{m}{V}$	$\rho = \rho_d(1+w)$; $\rho = \dfrac{G_s(1+w)}{1+e}\rho_w$	g/cm³	1.6～2.0
干密度	ρ_d	$\rho_d = \dfrac{m_s}{V}$	$\rho_d = \dfrac{\rho}{1+w}$; $\rho_d = \dfrac{G_s}{1+e}\rho_w$	g/cm³	1.3～1.8
饱和密度	ρ_{sat}	$\rho_{sat} = \dfrac{m_s + V_s \rho_w}{V}$	$\rho_{sat} = \dfrac{G_s + e}{1+e}\rho_w$	g/cm³	1.8～2.3
浮密度	ρ'	$\rho' = \dfrac{m_s - V_s \rho_w}{V}$	$\rho' = \rho_{sat} - \rho_w$; $\rho' = \dfrac{G_s - 1}{1+e}\rho_w$	g/cm³	0.8～1.3
重度	r	$r = \rho g$	$r = \dfrac{G_s(1+w)}{1+e}r_w$	kN/m³	16～20
干重度	r_d	$r_d = \rho_d g$	$r_d = \dfrac{G_s}{1+e}r_w$	kN/m³	13～18
饱和重度	r_{sat}	$r_{sat} = \rho_{sat} g$	$r_{sat} = \dfrac{G_s + e}{1+e}r_w$	kN/m³	18～23
浮重度	r'	$r' = \rho' g$	$r' = \dfrac{G_s - 1}{1+e}r_w$	kN/m³	8～13

名称	符号	三相比例表达式	常用换算公式	单位	常见的数值范围
孔隙比	e	$e = \dfrac{V_v}{V_s}$	$e = \dfrac{G_s \rho_w}{\rho_d} - 1$ $e = \dfrac{G_s(1+w)\rho_w}{\rho} - 1$		黏性土和粉土：0.40～1.20； 砂土：0.30～0.90
孔隙率	n	$n = \dfrac{V_v}{V} \times 100\%$	$n = \dfrac{e}{1+e}$ $n = 1 - \dfrac{\rho_d}{G_s \rho_w}$		黏性土和粉土：30%～60%； 砂土：25%～45%
饱和度	S_r	$S_r = \dfrac{V_w}{V_v} \times 100\%$	$S_r = \dfrac{wG_s}{e}$ $S_r = \dfrac{w\rho_d}{n\rho_w}$		$0 \leqslant S_r \leqslant 50\%$：稍湿； $50 < S_r \leqslant 80\%$：很湿； $80 < S_r \leqslant 100\%$：饱和

2.3　土的力学性质

2.3.1　有效应力与孔隙水压力

土中应力按其作用原理或传递方式可分为有效应力和孔隙应力两种。土中有效应力是指土粒所传递的粒间应力，它是控制土的体积（或变形）和强度两者变化的土中应力。土中孔隙应力是指土中水和土中气所传递的应力，土中水传递的孔隙水应力，即孔隙水压力；土中气传递的孔隙气应力，即孔隙气压力。

1. 有效应力

饱和土的有效应力原理是 K. Terzaghi 在发表渗透固结理论时同时提出的，该理论阐明了松散颗粒土体与连续固体材料的本质区别，奠定了现代土力学变形和强度计算的基础。该原理认为，施加在饱和土体上的总应力可以分为两部分，一部分由孔隙水承受，称为孔隙水压力；另一部分由土体骨架承受，称为有效应力，它们构成了饱和土体内部的受力和传力机制，在总应力不变的条件下，二者共同承担又互相转换。该原理可以表述为：

（1）饱和土体任一平面上受到的总应力 σ 等于有效应力 σ' 与孔隙水压力 u 之和，即满足：

$$\sigma = \sigma' + u \tag{2-22}$$

（2）土体的强度变化和变形只决定于土中的有效应力变化，而与土体内的孔隙水压力无直接关系。

非饱和土（三相土体）的有效应力与孔隙压力问题由于土中存在孔隙气而相对复杂。其孔隙压力中包含了孔隙气压力的估计及其测定。相对而言，非饱和土的有效应力原理远不如饱和土的成熟。对于它的总应力、有效应力和孔隙压力三者之间关系，目前人们仍常用 Bishop 建议的表达式来说明和讨论：

$$\sigma' = \sigma - u_a + \chi(u_a - u_w) \tag{2-23}$$

式中　χ——表征孔隙气压力存在和作用的系数，随土的饱和度、土类和应力路径而变化，大小介于 0～1 之间；

　　u_w、u_a——孔隙水压力和孔隙气压力（kPa）。

当土体承受力系时，作用于任意平面上的总应力等于土颗粒骨架之间的有效应力与土体孔隙中流体所承受的孔隙压力之和。由于孔隙压力各向同性，它并不会引起土体的变形；只有有效应力才会导致土体发生变形破坏。实际上，土体有效应力是总应力在土颗粒之间传递的一个平均应力。对于成土年代长久，土体在自重应力作用下已经完成压缩固结，土中竖向和侧向的自重应力一般均指有效应力。为了简化方便，将常用的竖向有效自重应力简称为自重应力，用符号 σ_c 表示。侧向自重应力 σ_{cx} 和 σ_{cy} 与竖向自重应力 σ_c 成正比，而剪应力均为零，即：

$$\sigma_{cx} = \sigma_{cy} = K_0 \sigma_c \tag{2-24}$$

$$\tau_{xy} = \tau_{yz} = \tau_{zx} = 0 \tag{2-25}$$

式中比例系数 K_0 称为土的静止侧压力（土压力）系数。

对于成层土，各层土具有不同的重度。如地下水水位位于同一土层中，计算自重应力时，地下水位面也应作为分层的界面。如图 2-2 所示，天然地面下深度 z 范围内各层土的厚度自上而下分别为 h_1、h_2、$\cdots h_i$、$\cdots h_n$，计算出高度为 z 的土柱体重各层土重的总和后，可得到成层土自重应力的计算公式：

$$\sigma_c = \sum_{i=1}^{n} r_i h_i \tag{2-26}$$

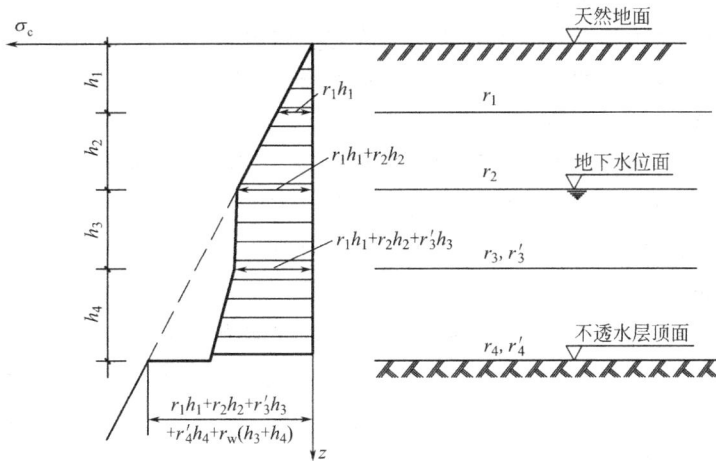

图 2-2 成层土中竖向自重应力沿深度的分布

式中　σ_c——天然地面下任意深度处的竖向有效自重应力（kPa）；

　　　n——深度 z 范围内的土层总数；

　　　h_i——第 i 层土的厚度（m）；

　　　r_i——第 i 层土的天然重度，对地下水位以下土层取浮重度 r_i'（kN/m³）。

在地下水位以下，如埋藏有不透水层（例如岩层或只含结合水的坚硬黏土层），由于不透水层中不存在水的浮力，所以不透水层顶面的自重应力值及其以下深度的自重应力值应按上覆土层的水土总重计算，如图 2-2 中虚线下端所示。

2.孔隙水压力

孔隙水压力是指土壤或岩石中地下水的压力，该压力作用于微粒或孔隙之间。其分为静孔隙水压力和超静孔隙水压力。对于无水流条件下的高渗透性土，孔隙水压力约等于没有水流作用下的静水压力。对于有水流条件下的高渗透性土，其孔隙水压力计算比较复杂。

一般渗流场中各点孔隙水压力，等于压力水头 h_u（测压管中水柱高度）乘以水的密度，即：

$$u = h_u \times r_w \tag{2-27}$$

3. 有效应力原理在边坡工程中的应用

土体有效应力原理及其重要性已日益被认识和重视。因为它几乎在土力学的若干重要方面都得到反映，而且促进了土力学解决工程问题的发展。它的建立使土力学有了自己特定的理论原理。有效应力原理的提出与应用使土力学有了本身区别于一般固体力学的特征性原理。从现有的土力学系统看来，它几乎程度不同地贯穿于整个土力学学科的各项内容。

土体固结理论应该是有效应力原理中孔隙压力与有效应力的分担与转换关系的最重要和最明确的应用，它是固结理论得以建立的物理基础；土力学中抗剪强度的不同试验测定方法及其相应指标的产生则是有效应力原理对经典强度理论和破坏准则在土体中的具体化描述和可操作应用所作出的贡献。由于有效应力指标或参数所具有的相对稳定不变的特点，因而被认可为它反映了土体的固有属性且可以作为可信赖的常数使用，由此也就引导出边坡设计和稳定分析的有效应力方法。估算支护结构上土压力大小的水土分算方法即是这一原理在边坡工程应用的一个具体实例。必须指出和注意的是，从理论上来说，此时的抗剪强度应采用相应的有效应力指标。

负孔隙水压力一般在不饱和土层中气体相部分体积膨胀，造成土体中气压失去平衡，暂时小于大气压，由于气压差形成负孔隙水压力，负孔隙水压力对土粒产生吸附作用，而增加有效应力，当气压达到平衡时，负孔隙水压力消散。

2.3.2　土的渗透性

土渗透性是指水在土孔隙中渗透流动的性能，或称透水性。土中的渗流会对土颗粒施加作用力即渗流力，当渗流过大时就会引起土颗粒或土体的移动，产生渗透变形，甚至渗透破坏，如边坡破坏、地面隆起、堤坝失稳等现象。土的渗透性和土中渗流是土中渗流问题计算和模拟试验的物理基础，它对土体的强度和土体的变形有重要影响。

1. 土的层流渗透定律

由于土体中孔隙一般非常微小且很曲折，水在土体流动过程中黏滞阻力很大，流速十分缓慢，因此多数情况下其流动状态属于层流，即相邻两个水分子运动的轨迹相互平行而不混流。

地下水在土中的渗透速度一般可按达西 Darcy 定律，根据实验得到的直线渗透定律计算，其公式如下：

$$v = \frac{q}{A} = ki \tag{2-28}$$

式中　q——单位渗水量（cm^3/s）；

　　　v——断面平均渗流速度（cm/s）；

　　　i——水力梯度，表示单位渗流长度上的水头损失（$\Delta h/L$），或称水力坡降；

k——反映土的透水性的比例系数，称为土的渗透系数。它相当于水力梯度 $i=1$ 的渗流速度，故其量纲与渗流速度相同（cm/s）。

达西定律表明在层流状态的渗流中，渗透速度 v 与水力梯度 i 的一次方成正比，如图 2-3（a）所示。但是，对于密实的黏土，由于吸着水具有较大的黏滞阻力，因此，只有当水力梯度达到某一数值，克服了吸着水的黏滞阻力以后，才能发生渗透。将这一开始发生渗透时的水力梯度称为黏性土的起始水力梯度。一些试验资料表明，当水力梯度超过起始水力梯度后，渗透速度与水力梯度的规律还会偏离达西定律而呈非线性关系，如图 2-3（b）中的实线所示。为了实用方便，常用图中的虚直线来描述密实黏土的渗透速度与水力梯度的关系，达西定律表达式修正为：

$$v=k(i-i_b) \tag{2-29}$$

式中　i_b——密实黏土的起始水力梯度；其余符号意义同前。

另外，试验也表明，在砾类土和巨粒土中，只有在小的水力梯度下，渗透速度与水力梯度才呈线性关系，而在较大的水力梯度下，水在土中的流动即进入紊流状态，则呈非线性关系，此时达西定律不能适用，如图 2-3（c）所示。

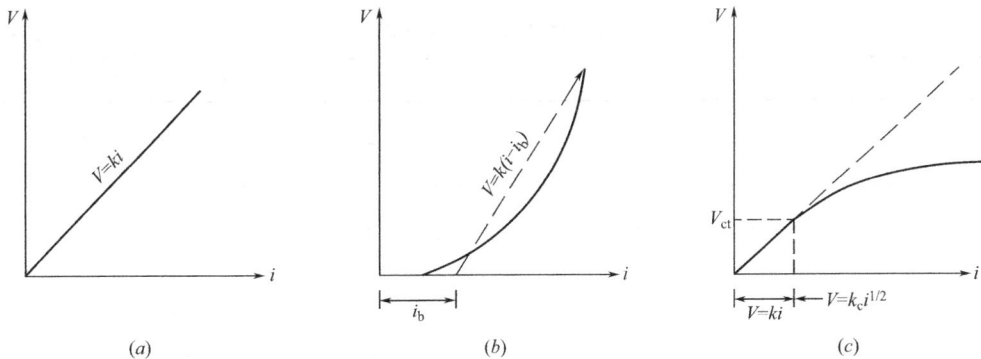

图 2-3　土的渗透速度与水力梯度的关系
（a）砂土；（b）密实黏土；（c）砾土

边坡工程中的渗流多数是边界条件较为复杂的二维或三维渗流。把 Darcy 定律表达的均匀不可压缩流体的单向渗流方程推广到各向异性介质中的二维和三维渗流，就要表达为微分形式，一般可以用向量形式表达如下：

$$\vec{v}=k\vec{i}=\mathrm{kgrad}(h) \tag{2-30}$$

式中　$\vec{v}$——渗流速度向量（cm/s），其分量为 v_x、v_y、v_z；

　　　$\vec{i}$——水力梯度向量，其分量为 $i_x=\partial h/\partial x$、$i_y=\partial h/\partial y$、$i_z=\partial h/\partial z$；

　　　k——渗透张量，其分量 k_{ij} 的物理意义是 j 方向的单位水力梯度引起 i 方向的流速大小，k_{ij} 具有对称性（cm/s）；

　　　h——总水头（m）。

由于实际土层一般都是水平成层，只需要考虑垂直方向和水平方向渗透性的各向异性性质。这时，式（2-30）可以简化为式（2-31）：

$$k_x\frac{\partial^2 h}{\partial x^2}+k_z\frac{\partial^2 h}{\partial z^2}=0 \tag{2-31}$$

2. Chezy 式（非线性渗透定律）

在紊流条件下，土体内水的渗流服从 Chezy 公式：

$$v = k_c i^{1/2} \tag{2-32}$$

式中　k_c——紊流运动时土的渗流系数（cm/s）。

通常，地下水只有在大裂隙、大溶洞中的运动才服从非线性渗透定律，当水力梯度很大时，在土体内也可能出现紊流运动，此时土中水的渗流服从式（2-32）。

3. 渗透系数

表征土渗透性指标为渗透系数，渗透系数 k 是反映土的渗透能力的定量指标，也是渗流计算时必须用到的一个基本参数。常用单位水力梯度下土中的渗流速度，即渗透系数来反映土体渗透性的大小。不同类型土体的渗透性变化很大，其量级变化幅度的参考值大体为：黏土约在 $10^{-8} \sim 10^{-6}$cm/s 之间，粉土约为 $10^{-4} \sim 10^{-3}$cm/s，砂土大于 10^{-4}cm/s，卵石、碎石大于 10^{-1}cm/s 等，见表 2-9。由于土体的各向异性和土层结构构造上的特点等，土体渗透性也常常具有各向异性，其渗透系数在水平向和垂直向表现出明显的差别。

渗透系数可通过试验直接测定或间接测定。直接测定方法可分为室内渗透试验和现场试验两大类。

常见土体的渗透系数经验值
表 2-9

土类	k 值（cm/s）	土类	k 值（cm/s）
粗砾	$5 \times 10^{-1} \sim 10^0$	黄土（砂质）	$10^{-4} \sim 10^{-3}$
砂质砾、河砂	$10^{-2} \sim 10^{-1}$	黄土（黏质）	$10^{-6} \sim 10^{-5}$
粗砂	$10^{-2} \sim 5 \times 10^{-2}$	粉质黏土	$10^{-6} \sim 10^{-4}$
细砂	$10^{-3} \sim 5 \times 10^{-3}$	黏土	$10^{-8} \sim 10^{-6}$
粉砂	$10^{-4} \sim 2 \times 10^{-3}$	淤泥质土	$10^{-7} \sim 10^{-6}$
粉土	$10^{-4} \sim 10^{-3}$	淤泥	$10^{-10} \sim 10^{-8}$

（1）室内渗透试验

室内测定土的渗透系数的仪器和方法较多，但从试验原理上大体可分为常水头法和变水头法两种。

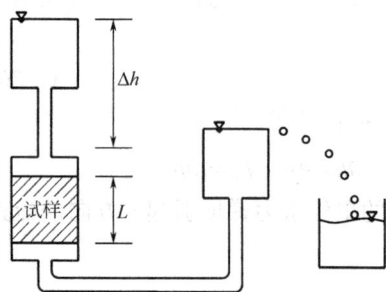

图 2-4　常水头试验装置示意图

常水头法是在整个试验过程中，水头保持不变，其试验装置如图 2-4 所示。前述达西渗透试验也属于这种类型，适用于渗透性较大的土。

设试样的高度即渗流长度为 L，截面积为 A，试验时的常水头差为 h，这三者在试验前可以直接量测或控制。试验中只要用量筒和秒表测得在某一时段 t 内经过试样的渗水量 Q，即可求出该时段内通过土体的单位渗水量：

$$q = \frac{Q}{t} \tag{2-33}$$

土的渗透系数：

$$k = \frac{QL}{A\Delta ht} \qquad (2\text{-}34)$$

变水头法在整个试验过程中，水头是随着时间而变化的，其试验装置如图 2-5 所示，适用于渗透性较小的土，如黏性土。

试样的一端与细玻璃管相接，在试验过程中量测某一时段内细玻璃管中水位的变化，就可根据达西定律，求得土的渗透系数。

$$k = 2.3 \frac{aL}{A(t_2 - t_1)} \lg \frac{h_1}{h_2} \qquad (2\text{-}35)$$

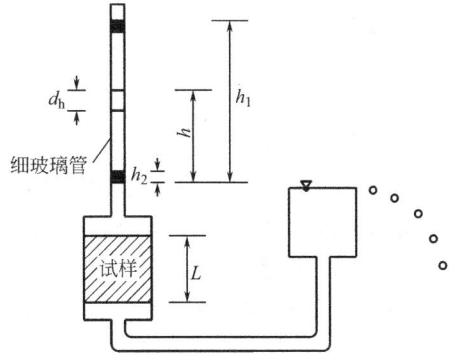

图 2-5　变水头试验装置示意图

（2）现场测定渗透系数

在现场进行渗透系数 k 值测定时，常用现场井孔抽水试验或井孔注水试验的方法。对于均质的粗粒土层，用现场抽水试验测出的 k 值往往要比室内试验更为可靠。下面介绍用抽水试验确定 k 值的方法。

图 2-6 为一现场井孔抽水试验示意图。在现场打一口试验井，贯穿要测定 k 值的砂土层，并在距井中心不同距离处设置一个或两个观测孔。然后自井中以不变的速率连续进行抽水。抽水造成井周围的地下水位逐渐下降，形成一个以井孔为轴心的降落漏斗状的地下水面。测定试验井和观测孔中的稳定水位，可以画出测压管水位变化图形。测定水头差形成的水力梯度，使水流向井内。假定水流是水平流向时，则流向水井的渗流过水断面应是一系列的同心圆柱面。待出水量和井中的动水位稳定一段时间后，若测得的抽水量为 q，观测孔距井轴线的距离为 r_1、r_2 孔内的水位高度为 h_1、h_2，通过达西定律即可求出土层的平均 k 值。

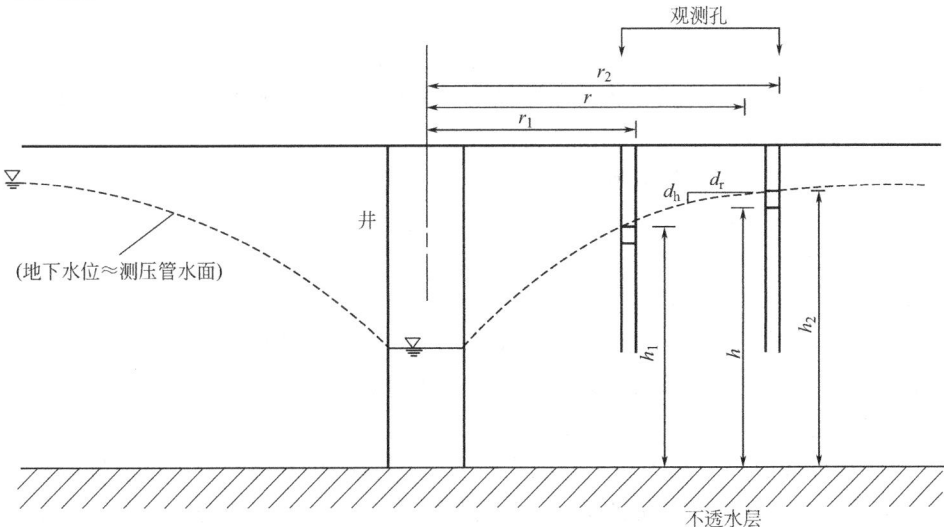

图 2-6　抽水试验示意图

现围绕井轴取一过水断面，该断面距井中心距离为 r，水面高度为 h，则过水断面积 A 为：

$$A = 2\pi rh \qquad (2\text{-}36)$$

土的渗透系数为：

$$k = 2.3 \frac{q}{\pi} \frac{\lg(r_2/r_1)}{(h_2^2 - h_1^2)} \tag{2-37}$$

（3）成层土的等效渗透系数

天然沉积土往往由渗透性不同的土层所组成，宏观上具有非均质性。对于平面问题与土层层面平行和垂直的简单渗流情况，当各土层的渗透系数和厚度为已知时，即可求出整个土层与层面平行和垂直的平均渗透系数，作为进行渗流计算的依据。

整个土层与层面平行的平均渗透系数为：

$$k_x = \frac{1}{H} \sum_{i=1}^{n} k_{ix} H_i \tag{2-38}$$

整个土层与层面垂直的平均渗透系数为：

$$k_y = \frac{H}{\dfrac{H_1}{k_{1y}} + \dfrac{H_2}{k_{2y}} + \cdots + \dfrac{H_n}{k_{ny}}} = \frac{H}{\sum\limits_{i=1}^{n} \left(\dfrac{H_i}{k_{iy}}\right)} \tag{2-39}$$

由式（2-38）、式（2-39）可知，对于成层土，如果各土层的厚度大致相近，而渗透却相差悬殊时，与层向平行的平均渗透系数将取决于最透水土层的厚度和渗透性，并可近似地表示为 $k'H'/H$，式中 k' 和 H' 分别为最透水土层的渗透系数和厚度；而与层面垂直的平均渗透系数将取决于最不透水层的厚度和渗透性，并可近似地表示为 $k''H/H''$，式中 k'' 和 H'' 分别为最不透水层的渗透系数和厚度。因此成层土与层面平行的平均渗透系数总大于与层面垂直的平均渗透系数。

（4）影响渗透系数的主要因素

渗透系数 k 具有流速的单位，根据量纲分析原理，渗透系数 k 可用式（2-40）表示：

$$k = C_1 d^2 \frac{r_w}{\mu} = K \frac{r_w}{\mu} \tag{2-40}$$

式中　C_1——形状因数，决定于土的层次结构、颗粒形状与排列和大小级配以及孔隙率等因素的影响；

　　　d——孔隙的大小或颗粒粒径（m）；

　　　K——土固相的物理渗透性（m²），反映土体固相部分的特性，与流体特性无关；

　　　r_w——水的重度（kN/m³）；

　　　μ——水的动力黏滞系数（Pa·s）。

根据式（2-40）可知，土体的渗透性不但与土体固相骨架的特性有关，而且也和流体的性质有关。土体的渗透系数与土颗粒和水两方面的多种因素有关，而且土类不同，其影响因素也不尽相同。影响土的渗透系数的主要因素有：

1）土的粒度成分。一般土粒愈粗、大小愈均匀、形状愈圆滑，k 值也就愈大。粗粒土中含有细粒土时，随细粒含量的增加，k 值急剧下降。对于洁净的、不含细粒土的砂砾土，可按经验公式估计 k(cm/s) 值：

$$k = (100 \sim 150)(d_{10})^2 \tag{2-41}$$

式中　d_{10}——土的有效粒径（mm），亦即土中小于此粒径的土重占全部土重的 10％时的粒径。

2）土的密实度。土愈密实，k 值愈小。试验资料表明，对于砂土，k 值大致上与土的

孔隙比 e 的二次方成正比。对于黏性土，孔隙比 e 对 k 的影响更大。但由于涉及结合水膜厚薄而难以建立二者之间的经验关系。

3）土的饱和度。一般情况下饱和度愈低，k 值愈小。这是因为低饱和土的孔隙中存在较多气泡会减小过水断面积，甚至堵塞细小孔道。同时由于气体因孔隙水压力的变化而胀缩，因而饱和度的影响成为一个不定因素。为此，要求试样必须充分饱和，以保持试验的精度。

4）土的结构。细粒土在天然状态下具有复杂结构，结构一旦扰动，原有的过水通道的形状、大小及其分布就会全都改变，因而 k 值也就不同。扰动土样与击实土样的 k 值通常均比同一密度原状土样的 k 值要小。

5）水的温度。试验表明，渗透系数 k 与渗流液体（水）的重度 r_w 以及黏滞度 η 有关。水温不同时，r_w 相差不多，但 η 变化较大。水温愈高，η 愈低；k 与 η 基本上呈线性关系。因此，在 $T\,℃$ 测得的 k_T 值应加温度修正，使其成为标准温度下的渗透系数值。

6）土的构造。土的构造因素对 k 值的影响也很大。例如，在黏性土层中有很薄的砂土夹层的层理构造，会使土在水平方向的 k_h 值比垂直方向的 k_v 值大许多倍，甚至几十倍。因此，在室内做渗透试验时，土样的代表性很重要。

2.3.3 土的变形特性

1. 土的基本变形特性

与其他工程材料一样，土体在遭受外力后发生变形。由于土是岩石在漫长地质过程中受风化、搬运、沉积、固结和地壳运动等共同作用后的产物，其变形性质十分复杂，且影响因素众多，一般随着土的种类和状态及外界条件而有很大变化。土的应力与应变关系以及土体力学反应与分析除了引用材料力学和弹塑性力学的原则、原理和计算表达式外，还必须了解土体自身的基本变形特性。土的基本变形特性主要包括非线性、弹塑性、剪胀（缩）性、压硬性、各向异性等。此外，土的变形特性还受到应力路径和应力历史等因素的影响。

（1）非线性

土体是松散的颗粒堆积体，受力后土体的变形主要不是由于土颗粒本身变形，而是由于颗粒之间的位置调整，这样在不同应力水平下由相同应力增量而引起的应变增量就不会相同，从而表现出非线性特性。三轴试验测得的土体应力应变关系主要有两种形态，如图 2-7 所示。图 2-7（a）所示曲线中土体应力随应变的增加而增加，但增加速率越来越

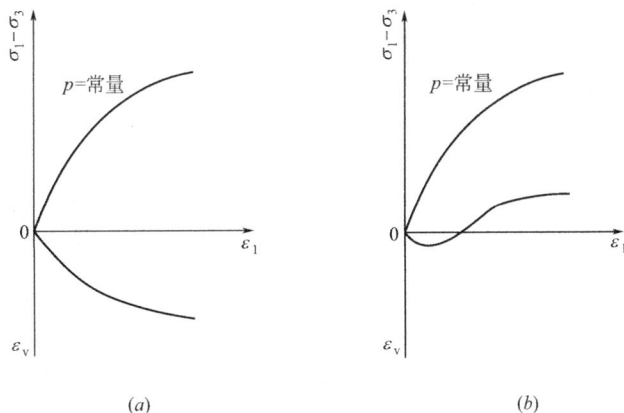

(a) $\qquad\qquad\qquad$ (b)

图 2-7 土的三轴试验典型曲线

慢，最后趋于稳定，这种形态的应力应变关系称为应变硬化型，多为正常固结黏性土和松砂；图 2-7（b）所示曲线中土体应力一般是开始时随应变增加而增加，达到一个峰值后，应力随应变增加而下降，最后也趋于稳定，这种形态的应力应变关系称为应变软化型，多为超固结黏性土和密砂。土体的应变软化过程实际上是一种不稳定过程，常伴随着局部剪切带的出现，因此，其应力应变曲线的影响因素更加复杂，反映应变软化过程的数学模型也更难准确建立。

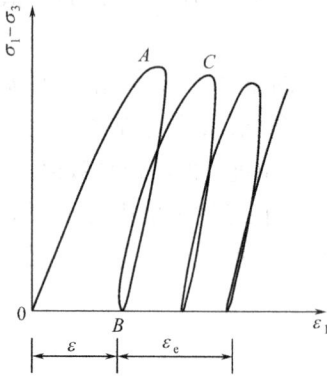

图 2-8　土加载与卸载的应力—
应变曲线

（2）弹塑性

土体是一种典型的弹塑性材料，其在各种应力增量作用下一般都会产生卸载后无法恢复的塑性变形，哪怕在加载初始应力—应变关系接近直线的阶段，总应变 ε 仍然包括可以恢复的弹性应变 ε_e 和不可恢复的塑性应变 ε_p 两部分（图 2-8），也即在加载后再卸载到原应力状态时，土体一般不会恢复到原来的应变状态。

土体的另一个特性是在经过一个加卸载循环后存在滞回环（图 2-8），滞回环的存在表示土体在卸载和再加载过程中存在能量消耗，再加载时还会产生新的不可恢复的变形，不过同一荷载多次重复后每一循环产生的塑性变形将逐渐减小。

（3）剪胀（缩）性

土体在受力后不仅体积应力会产生明显的体积变形，剪应力也会引起体积变形。正常固结黏性土和松砂在剪应力作用下多引起体积收缩，称为剪缩，如图 2-7（a）所示；而超固结黏性土和密砂在剪应力作用下除开始有少量体积压缩外，随后会产生明显的体积膨胀（负体积应变），称为剪胀，如图 2-7（b）所示。土体剪胀（缩）性实质上是由于剪应力引起土颗粒间相对位置变化，加大或减小了颗粒间的孔隙，从而引发体积变化。土体的剪缩和剪胀与硬化和软化常有一定的联系，但也不是必然的联系，软化类型的土往往是剪胀的，而剪胀土未必都是软化的。

不仅剪应力能引起土体的剪应变，体积应力也会引起剪应变。由于土体存在初始剪应力，则施加各向相等的正应力增量时，颗粒间的相对错动滑移在各方向上是不均匀的，宏观上就表现为剪应变，这与纯弹性材料是完全不同的。土体内剪应力引起的体积应变以及体积应力引起的剪应变不但存在，而且往往是相当可观，不可忽视，合理的本构模型应考虑这些因素的影响。

（4）压硬性

通常，土体的强度和刚度都随压应力的增大而增大和随压应力的降低而降低，即土体具有压硬性。随应力水平的变化，土体的应力—应变关系曲线形状也有变化，在很高围压下，即使很密的土，其应力—应变关系曲线也与松砂的相似，没有剪胀性和应变软化现象。土的变形模量也随着围压的增大而提高。土体的压硬性主要是由于围压所提供的约束对于其强度和刚度是至关重要的，这也是土体区别于其他材料的重要特性之一。例如，下列土在三轴试验中初始模量 E_i 与围压 σ_3 之间的 Janbu 公式就是土体压硬性的一种具体体现：

$$E_i = K p_a \left(\frac{\sigma_3}{p_a} \right)^n \tag{2-42}$$

式中 K，n——试验常数；

p_a——大气压（kN/m^2）。

（5）各向异性

所谓各向异性是指材料在不同方向上的物理力学性质不同。由于土体在形成过程中水平和垂直方向的条件不同，多为水平向成层的层状构造，使土体在许多方面表现为各向异性。土的各向异性主要表现为横向各向同性（也即在水平面各个方向的性质大体相同），而竖向与横向性质不同。土的各向异性可分为初始各向异性和诱发各向异性，初始各向异性主要是指土体在天然沉积和固结过程中造成的各向异性，而诱发各向异性主要是指土体受外力作用引起其空间结构改变造成的各向异性，后者对土体工程性状的影响往往更加显著。

（6）应力路径和应力历史的影响

土体作为一种特殊的弹塑性材料，其变形特性不仅取决于当前的应力状态，而且与到达当前应力状态所经过的应力路径和此前经历的应力历史密切相关。土体沿不同的应力路径加载或卸载，各阶段的塑性变形增量不同，即使初始和终了应力状态相同，其最终累积起来的应变总量一般并不相等。应力路径对土体的变形指标也有明显影响，如砂性土的初始模量通常会随着中主应力的增加而提高；土体在加载条件和卸载条件下的变形模量一般差别很大等。

应力历史既包括天然土在过去地质年代中受到的固结应力和地壳运动作用，也包括土在试验室或者工程施工、运行中受到的应力过程，对于黏性土一般指其固结历史。超固结黏性土是指在历史上受到的最大固结压力（指有效应力）大于目前受到的固结压力的黏性土；当黏性土历史上受到的最大固结压力等于目前受到的固结压力时称为正常固结黏性土；而欠固结黏性土是指尚未完成自重固结过程的黏性土。不同固结历史土体的应力—应变曲线具有明显区别，在相同荷载作用下，超固结土的变形会明显小于正常固结土。对于黏性土，当其在长期荷载作用下因流变性而发生次固结沉降时，即使固结应力不变，正常固结土也会表现出超固结土的性状，这也是一种应力历史的影响。

2. 土的压缩和固结

土的压缩性是指土体在压力作用下体积缩小的特性。试验研究表明，在一般压力（100~600kPa）作用下，土粒和土中水的压缩量与土体的压缩总量之比是很微小的，可以忽略不计，很少量封闭的土中气被压缩，也可忽略不计，因此，土的压缩是指土中孔隙的体积缩小，即土中水和土中气的体积缩小，此时，土粒调整位置，重新排列，互相挤紧。土在压力作用下的体积变化（包括压力增加所发生的压缩以及压力减小时所发生的膨胀）是非常复杂的，有些土的体积变化在荷载变化后立即完成，有些土的体积变化随时间逐步发展。在随时间发展的变形中又包括两部分：一部分是由于超静孔压消散和孔隙水排出引起的体积变化，称固结；另一部分与超静孔压和孔隙水变化无关，称为流变。土体具有的压缩（固结）和流变特性是地基沉降发生的内在原因。

（1）土的压缩性及其指标

1）压缩曲线、侧向回弹曲线和再压缩曲线

在土力学中一般采用基于室内单向压缩试验得到的孔隙比 e 和压力 p 的变化关系来表明土的压缩及膨胀性质，在室内侧限压缩试验中连续递增压，得到了常规的压缩曲线，现在如果加压到某一值 p_i ［相应于图 2-9（a）中曲线上的 b 点］后不再加压，而是逐级进行卸载直至零，并且测得各卸载等级下土样回弹稳定后土样高度，进而换算得到相应的孔隙比，即可绘制出卸载阶段的关系曲线，如图 2-9 中 bc 曲线所示，称为回弹曲线（或膨胀曲线）。可以看到不同于一般的弹性材料的是，回弹曲线不和初始加载的曲线 ab 重合，卸载至零时，土样的孔隙比没有恢复到初始压力为零时的孔隙比 e_0。这就显示了土残留了一部分压缩变形，称之为残余变形，但也恢复了一部分压缩变形，称之为弹性变形。若接着重新逐级加压，则可测得土样在各级荷载作用下再压缩稳定后的孔隙比，相应地可绘制出再压缩曲线，如图 2-9（a）中 cdf 曲线所示。

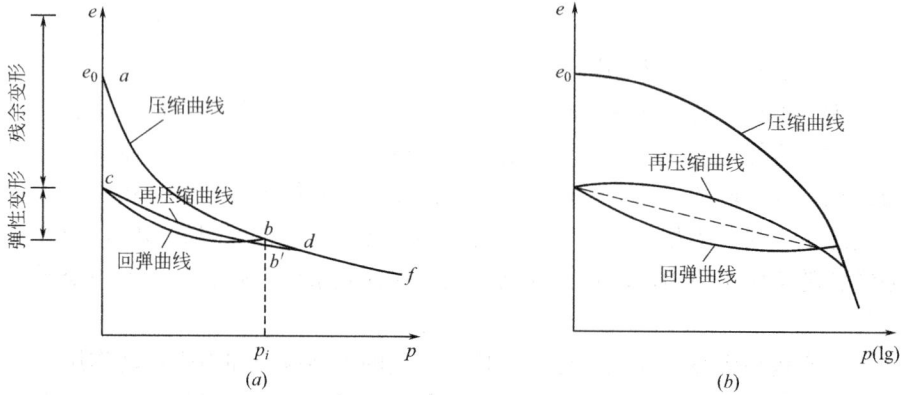

图 2-9　土的回弹—再压缩曲线

（a）e-p 曲线；（b）e-lg$p$ 曲线

基于压缩曲线上可以得到单向变形条件下土的压缩性参数，如压缩系数 a、压缩模量 E_s、压缩指数 C_c、回弹指数 C_e 等。

2）压缩系数、压缩指数和回弹指数

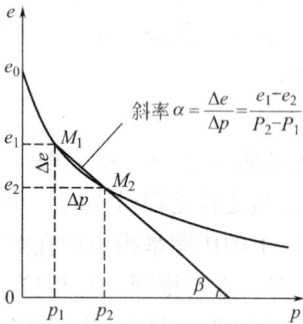

图 2-10　e-p 曲线中确定 a

土的压缩系数 a 的定义是土体在侧限条件下孔隙比减小量 Δe 与竖向有效压应力增量 Δp 的比值，e_1、e_2 相应于 p_1、p_2 作用下压缩稳定后的孔隙比。压缩系数即图 2-10 中 e-p 曲线中某一压力段的割线斜率。可采用式（2-43）进行计算。曲线愈陡，说明随着压力的增加，土孔隙比的减小愈显著，因而土的压缩性愈高。

$$a = \tan\beta = \frac{\Delta e}{\Delta p} = \frac{e_1 - e_2}{p_2 - p_1} \tag{2-43}$$

为了便于比较，通常采用压力段由 $p_1 = 0.1$MPa 增加到 $p_2 = 0.2$MPa 时的压缩系数 a_{1-2} 来评定土的压缩性如下：$a_{1-2} < 0.1$MPa^{-1} 时，为低压缩性土；0.1MPa$^{-1} \leqslant a_{1-2} < 0.5$MPa^{-1} 时，为中压缩性土；$a_{1-2} \geqslant 0.5$MPa^{-1} 时，为高压缩性土。

土的压缩指数 C_c 是指土体在侧限条件下孔隙比减小量与竖向有效压应力常用对数值增量的比值，即图 2-11 中 e-log$p$ 曲线中某一压力段的直线斜率。土的 e-p 曲线改绘成半

对数 e-$\lg p$ 曲线时，它的后段接近直线（图 2-11），其斜率 C_c 为：

$$C_c = \frac{e_1 - e_2}{\lg p_2 - \lg p_1} = \Delta e / \lg(p_2/p_1) \quad (2\text{-}44)$$

同压缩系数 a 一样，压缩指数 C_c 值越大，土的压缩性越高。低压缩性土的 C_c 一般小于 0.2，C_c 值大于 0.4 为高压缩性土。

回弹指数 C_e 多取 e-$\lg p$ 曲线中卸载段和再压缩段平均斜率的绝对值，其数值一般比压缩指数 C_c 要小得多，一般黏性土的回弹指数 $C_e \approx (0.1 \sim 0.2) C_c$。但是土体如经受多次重复卸荷加荷后，$C_e$ 将接近 C_c，乃至相等。

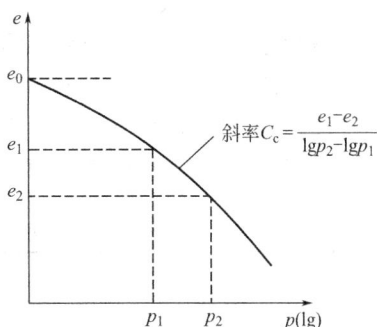

图 2-11 e-$\lg p$ 曲线中确定 C_c

3）压缩模量和体积压缩系数

压缩模量 E_s 是指土体在侧限条件下竖向附加应力与竖向应变的比值，或称侧限模量。它是基于土体在均匀压力作用下，仅产生竖向压缩，而无侧向变形的基本假定下的压缩量公式。

$$E_s = (1 + e_0)/a \quad (2\text{-}45)$$

式中 e_0——土的天然孔隙比。

土的压缩模量 E_s 越小，土的压缩性越高。E_s 的大小反映了在单向压缩时土体对压缩变形的抵抗力。另一个压缩性指标为体积压缩系数 m_v，它的定义是土体在侧限条件下体积应变与竖向压应力增量之比，即在单位压力增量作用下土体单位体积的体积变化。和压缩系数和压缩指数一样，体积压缩系数 m_v 值越大，土的压缩性越高。

$$m_v = \frac{e_1 - e_2}{(1 + e_1)\Delta p} = \frac{\Delta H / H_1}{\Delta p} \quad (2\text{-}46)$$

$$m_v = \frac{1}{E_s} = \frac{a}{1 + e_1} \quad (2\text{-}47)$$

4）变形模量

变形模量 E_0 是与压缩模量 E_s 相当的另一个常用的变形计算参数，它是指无侧限条件下在受压方向上的正应力与变形稳定时相应的正应变之间的比值。变形模量 E_0 一般是在现场用载荷板试验及其所得的资料求出的，所以应适用于三维（空间）应力状态的地基最终变形计算，其估算公式为：

$$E_0 = \frac{pb\omega(1 - \mu^2)}{s} \quad (2\text{-}48)$$

式中 E_0——地基土的变形模量（kPa）；

p——荷载板底压力（kPa）；

b——方形荷载板边长，或圆形荷载板直径（cm）；

μ——土的泊松比（侧膨胀系数），无量纲，砂土可取 $0.20 \sim 0.25$，黏性土可取 $0.25 \sim 0.45$；

s——对应于压力 p 的荷载板的沉降（cm）；

ω——沉降影响系数，与荷载板形状、刚度有关（无量纲）。对于圆形板 $\omega = 0.79$；

方形板 $\omega=0.88$。

工程实践和试验实测资料表明，E_0 和 E_s 的比值并不如线弹性理论关系所反映的只在 $0\sim1$ 之间变化，这说明理论比值与实测比值有相当大的出入。我国近 20 余年来的实测资料与经验总结表明，E_0 和 E_s 的理论比值与实测比值之间的差别随着土的种类和结构性的强弱而变化。我国常见典型土体的 E_0 和 E_s 的比值见表 2-10。

我国典型土体的 E_0 和 E_s 经验值　　　　表 2-10

土的种类		E_0/E_s		频率
		一般变化范围	平均值	
老黏性土		$1.45\sim2.80$	2.11	13
红黏土		$1.04\sim4.87$	2.36	29
一般黏性土	$I_p>10$	$1.60\sim2.80$	1.35	84
	$I_p\leqslant10$	$0.54\sim2.68$	0.98	21
新近沉积黏性土		$0.35\sim1.94$	0.93	25
淤泥及淤泥质土		$1.05\sim2.97$	1.90	25

进行土体变形（沉降）计算必须确立相应的应力—应变关系，在仍然将土体模拟为弹性体或弹性半空间的前提下，广泛采用材料力学中的广义虎克定律。因此，这里的压缩模量或变形模量均相当于虎克定律中的杨氏模量的地位和作用。换言之，在引用虎克定律的应力—应变关系式于土体变形计算时，只有压缩模量或变形模量（三维条件时还有土的侧膨胀系数即泊松比）等参数反映了土体这一特定材料的特性。但是土体毕竟不是理想弹性体，应力状态与大小（应力水平）和排水条件等的不同，均会使土的变形性质及其大小发生变化，以致影响到这些参数的性质和大小以及产生相应的改变。因此就计算土体变形的"模量"这一参数而言，目前所及已不下 5、6 种，且分别适用于特定的变形性质和应力条件，见表 2-11。表中还给出室内外适用的测定这些模量的试验方法建议，可供实用参考。所以只用一种土的模量值（例如比较易于获得的压缩模量 E_s）于不同条件的土体变形计算中则显然既不合适也不合理。

各种不同条件下土的模量（变形计算参数）　　　　表 2-11

模量名称	适用于计算变形的性质	对应的应力条件	测定方法
压缩模量 E_s	一维单向应力的固结沉降（分层总和法、应力面积法）	一维竖向应力	室内常规压缩试验（包含了弹塑性变形）
变形模量 E_0	三维（空间）应力的固沉降或载荷板试验的沉降（弹性理论公式的沉降计算方法）	三维（空间）应力状态	根据现场载荷板试验资料用弹性理论公式求取或在实测 p-s 曲线上求取
弹性模量 E_d	用于计算瞬时荷载如风荷载下的地基沉降和倾斜、地震反应分析及交通道路的变形设计等。此类反复荷载每次作用时间都很短，土来不及产生固结变形，且大部分变形是可恢复的	三维（空间）应力状态弹性应变与应力关系	可用静、动三轴试验测定，即分别得静弹模和动弹模。因应力与应变具有非线性关系，故根据试验结果选值时应注意相应的应变的数量级

模量名称	适用于计算变形的性质	对应的应力条件	测定方法
不排水模量 E_u	用于(考虑了侧向变形的)土体初始沉降即瞬时沉降计算。表达式仍引用弹性理论公式,相应的泊松比取 0.5	三维(空间)应力条件	室内三轴小排水压缩试验(等向固结或小等向固结)
回弹模量 E_r	常应用于非线性本构模型中的弹性变形部分的计算,还用于粗略估计卸载回弹(或膨胀)量	一维或三维应力状态	常规三轴压缩试验所得的加卸荷试验,用加卸荷曲线回环的割线来求取
卸荷模量 E_{ur}	用于估计三维(空间)应力条件下卸载变形的计算	三维(空间)应力状态	应力路径三轴压缩试验来求取
切线模量 E_t	非线弹性本构模型中变非线性为短区间的线弹性时的弹性常数之一(有时亦取割线模量)	一般是三维(空间)应力状态	常规三轴压缩试验所得的应力-应变曲线上求取或更多的是用解析式求解

（2）土的固结理论及其计算指标

土体变形随时间的发展过程,即土的固结,固结问题和固结特性是土体所特有及其区别于其他工程材料的又一个重要特点。

通常论及土体固结均针对饱和的二相土(孔隙中完全充满水)而言。在外荷载作用下土中孔隙水逐渐排出、孔隙压力(超静水压力)逐渐消散、有效应力增长并至终止,相应地土体压缩并直至稳定的全过程即为固结。太沙基用有孔弹簧活塞模型形象地模拟和描述了这一过程,并根据有效应力原理解释了固结过程中土体孔隙水压力和有效应力分担总应力及彼此相互转换的土体固结机理。

1）Terzaghi 一维固结理论

基于饱和土体的线弹性假设、Darcy 定律、渗流连续条件和荷载瞬时施加且不随时间变化等条件,Terzaghi 建立了土体一维(竖向)固结微分方程:

$$C_v \frac{\partial^2 u}{\partial z^2} = \frac{\partial u}{\partial t} \tag{2-49}$$

$$C_v = \frac{k_v(1+e)}{ar_w} \tag{2-50}$$

式中　C_v——土的固结系数（cm^2/s）,是反映土体内超静孔压消散快慢的试验参数,一般可通过室内固结试验求得;

　　t、z——固结时间（s）和竖向坐标值（m）;

　　r_w——孔隙中水的重度（kN/m^3）;

k_v、a、e——竖向渗透系数、压缩系数和初始孔隙比。

根据合适的初始条件和边界条件可求解土中任意点孔隙压力的分布式以及对工程实用具有意义的土层平均固结度（U_t）计算式。

平均固结度（U_t）是反映某一时刻 t 全压缩土层在初始孔隙压力（$u_0 = p$）作用下的压缩过程的平均完成程度,也就是 t 时刻初始孔隙压力（$u_0 = p$）转化为有效应力（σ'）过程的平均完成程度。最常用的一维条件下的固结度表达式为:

$$U_t = 1 - \frac{8}{\pi^2} e^{-\frac{\pi^2}{4} T_v} \qquad (2-51)$$

$$T_v = \frac{C_v t}{H^2} \qquad (2-52)$$

式中　T_v——时间因数，无量纲；

　　　　H——孔隙水的最大渗径（cm）。当可压缩土层为单面排水时，渗径与土层厚度取同一数值；双面排水时，最大渗径取为土层厚度的一半。其余指标同前。

　　式（2-51）就是通常所说的基于 Terzaghi 固结理论建立的单向固结问题的固结度计算式。它适用的条件或模拟的工程实际情况相当于饱和压缩土层表面作用着面积无穷大的超载或者基础荷载宽度远大于可压缩土层的厚度时（一般的建议认为宽度 B 大于 4 倍层厚 H 时），相应的附加应力沿土层深度不变，亦即初始孔压分布图形是矩形的情况。

　　当其他条件一定且相同时，达到某一固结度的时间只取决于时间因数 T_v。因此，若有两个性质相同的土层（或对于在某个土层中取出的用于室内做试验的土样），其渗径分别为 H_1 和 H_2，则它们达到同一固结度所需的时间 t_1 和 t_2，将与其渗径之间存在如下关系：

$$\frac{t_1}{H_1^2} = \frac{t_2}{H_2^2} \qquad (2-53)$$

　　2）Biot 三维固结理论

　　Terzaghi 固结理论只在一维固结情况下是精确的，对二维和三维问题并不精确。Biot 在考虑了固结过程中土体平均总应力随时间变化的同时，基于连续介质力学的基本方程，从较严格的固结机理出发，推导建立了下列能准确反映孔隙水压力消散与土骨架变形相互关系的饱和土体三维固结方程组：

$$\left.\begin{array}{l} -G \cdot \nabla^2 \omega_x + \dfrac{G}{1-2\mu} \cdot \dfrac{\partial \varepsilon_v}{\partial x} + \dfrac{\partial u}{\partial x} = 0 \\[2mm] -G \cdot \nabla^2 \omega_y + \dfrac{G}{1-2\mu} \cdot \dfrac{\partial \varepsilon_v}{\partial y} + \dfrac{\partial u}{\partial y} = 0 \\[2mm] -G \cdot \nabla^2 \omega_z + \dfrac{G}{1-2\mu} \cdot \dfrac{\partial \varepsilon_v}{\partial z} + \dfrac{\partial u}{\partial z} = -r \\[2mm] \dfrac{\partial \varepsilon_v}{\partial t} + \dfrac{1}{r_w} \cdot \left(k_x \cdot \dfrac{\partial^2 u}{\partial x^2} + k_y \cdot \dfrac{\partial^2 u}{\partial y^2} + k_z \cdot \dfrac{\partial^2 u}{\partial z^2} \right) = 0 \end{array}\right\} \qquad (2-54)$$

其中

$$\nabla^2 = \frac{\partial^2}{\partial x^2} + \frac{\partial^2}{\partial y^2} + \frac{\partial^2}{\partial z^2} \qquad (2-55)$$

$$\varepsilon_v = -\left(\frac{\partial \omega_x}{\partial x} + \frac{\partial \omega_y}{\partial y} + \frac{\partial \omega_z}{\partial z} \right) \qquad (2-56)$$

式中　G、μ——土体的剪切模量和泊松比；

　　ω_x、ω_y、ω_z——x、y、z 方向的土体位移；

　　　　　ε_v——体积应变，无量纲；

　　k_x、k_y、k_z——x、y、z 方向的土体渗透系数；

　　u、r——计算点处的孔隙水压力和土体重度。其余指标同前。

　　Biot 固结理论比 Terzaghi 固结理论较为合理完整，但计算过程比较复杂，往往需要采用数值解法。运用 Biot 固结理论有限单元法可以处理各种复杂边界条件、复杂计算域，将土体的弹性矩阵和渗透系数矩阵采用切线模量和变渗透系数后还可以处理土的非线性应力应变问题以及非 Darcy 渗流问题，使得 Biot 固结理论的应用范围更加广泛。

3）边坡土体的变形特性

土体作为一种典型的黏弹塑性体，其力学特性不仅取决于物质组成和最初及最终的应力状态，也与应力路径、应力历史和受荷时间等因素密切有关。边坡开挖工程涉及大量的土体卸载问题，土体的加荷过程与卸荷过程是两种完全不同的应力路径，造成加荷与卸荷条件下土体的变形性状有显著差别。因此，在当前边坡工程设计中，应该考虑这一本质问题的影响。

迄今为止，国内外对土的力学性质研究，大部分是针对加载方式进行的；对于卸载条件下土的力学性研究，虽然也取得了一些成果和进展，但相对前者而言则显得微不足道。况且目前国内外关于土的卸载试验研究，大都是在低应力水平下进行的，只能为一般高边坡等近地表开挖工程提供工程地质基础参数和理论分析。土体的加荷过程与卸荷过程是两种完全不同的应力路径，而应力路径与土体的强度、变形特性密切相关，这就使得目前卸荷工程的设计计算与实际情形有较大差异，同时它也是塌方、滑坡、支护结构破坏等工程事故发生的重要原因之一。掌握土体在卸荷状态下的工程性质，根据卸荷的各项强度指标进行卸荷工程设计，可减小与实际情况的误差，并可采取有针对性措施，预防事故的发生，避免重大人身伤亡和巨大的经济损失。

2.3.4 土的强度特性

土的抗剪强度是指土体对于外荷载所产生的剪应力的极限抵抗能力。在外荷载作用下，土体中将产生剪应力和剪切变形，当土中某点由外力所产生的剪应力达到土的抗剪强度时，土就沿着剪应力作用方向产生相对滑动，该点便发生剪切破坏。工程实践和室内试验都证实了土是由于受剪而产生破坏，剪切破坏是土体强度破坏的重要特点，因此，土的强度问题实质上就是土的抗剪强度问题。

1. Mohr-Coulomb 强度理论

土体抗剪强度是岩土工程中许多工程对象稳定与安全分析的基础条件，如边坡工程中支护结构上的土压力、地基承载力以及土坡稳定性等，均与土的强度特性相关联。就目前的工程应用水平，土体的强度破坏与稳定仍是沿用传统的塑性力学的方法，取强度极限控制条件作为依据而尚未有机地反映土体变形特性的结合。所以其破坏准则甚至包括屈服条件都是引用经典弹塑性理论中已经被理想化了的几种强度理论，如 Mohr-Coulomb 准则、Von Mises 准则和 Tresca 准则等。尽管在诸多岩土工程的非线性分析与研究中已有不少对于其他非常用的破坏准则，如 Drucker-Prager 准则等的引用或应用，但在具体工程实用的计算中仍以 Mohr-Coulomb 准则的使用最为普遍，且常被选作各级各类工程设计规范制定相应规定条款的依据。

Mohr-Coulomb 强度理论认为：土的破坏是剪切破坏；土体发生剪切破坏时，将沿着其内部某一曲面（滑动面）产生相对滑动，而该滑动面上的剪应力就等于土的抗剪强度；而任一平面上的抗剪强度 τ_f 只是该面上法向应力 σ 的函数。这个函数所定义的曲线为一条微弯的曲线，称为莫尔破坏包线或抗剪强度包线（图 2-12）。在应力水平不很高的情况下，这一函数关系可用下列线性方程，即 Coulomb 方程表达：

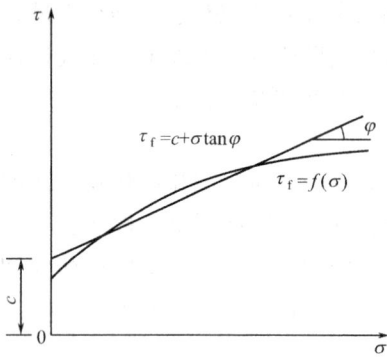

图 2-12　莫尔包线

$$\tau_f = c + \sigma \mathrm{tg}\varphi \qquad (2\text{-}57)$$

式中　c、φ——总应力强度指标，分别为土体的黏聚力（kPa）和内摩擦角（°）。它们的几何意义如图 2-12 所示。由图中可见，强度指标 c 和 φ 只是抗剪强度包线（Mohr 破坏包线）在 τ-σ 直角坐标系中的纵轴截距和倾角。作为强度指标，在实用中它们都视作常数。

当用有效应力表示时，为：

$$\tau_f = c' + \sigma' \tan\varphi' \qquad (2\text{-}58)$$

相应的破坏准则为：

$$\sigma'_{1f} = \sigma'_3 \cdot \tan^2(45 + \varphi'/2) + 2c' \cdot \tan(45 + \varphi'/2)$$

$$\sigma'_{3f} = \sigma'_1 \cdot \tan^2(45 - \varphi'/2) - 2c' \cdot \tan(45 - \varphi'/2) \qquad (2\text{-}59)$$

式中　c'、φ'——有效应力强度指标，分别为土体的有效黏聚力（kPa）和有效内摩擦角（°）。

根据土的 Mohr-Coulomb 强度理论，黏性土的抗剪强度主要是由两部分所组成的，即摩擦强度和黏聚强度。而对于无黏性土（粗粒土），由于土颗粒较粗，颗粒的比表面积较小，土颗粒粒间没有黏聚强度，其抗剪强度主要来源于粒间的摩擦阻力。摩擦强度主要由土粒之间的表面摩擦力和由于土粒之间的连锁作用而产生的咬合力（土粒相对滑动时将嵌在其他颗粒之间的土粒拔出所需的力）所引起的，而后者又是诱发土的剪胀、颗粒破碎和颗粒重定向排列等的主要原因；黏聚强度则主要是由土粒间水膜受到相邻土粒之间的电分子引力以及土中化合物的胶结作用而形成的。

土的抗剪强度，首先取决于其种类和自身的性质，包括土的物质组成、土的孔隙比、土的结构和构造等。其中土的物质组成是影响土强度的最基本因素，它又包括土颗粒的矿物成分、颗粒大小与级配、含水率、饱和度、黏性土的粒子和胶结物种类等因素。其次，土的强度又与它所形成的沉积环境和应力历史等因素有关。另外，土的强度还与其当前所受的应力状态、应变状态、加荷条件和排水条件等因素密切相关。

2.抗剪强度的试验方法与选用

（1）抗剪强度的试验方法

土体本质上是多相体，最一般的工程条件下也是二相饱和介质。土中孔隙水的存在与否将对其性质产生多种影响，使得土的强度指标有所谓总应力指标和有效应力指标之区分，相应的分析方法有总应力分析法和有效应力分析法。有效应力强度指标描述的是抗剪强度随破坏面上的有效应力变化的关系，总应力强度指标描述的是抗剪强度随破坏面上的总应力变化的关系。理论上，对于密度和含水率都给定的某一种土来说，其抗剪强度应该是不变的，即土的抗剪强度与有效应力之间存在一一对应关系。有效应力指标被认为概念明确，指标稳定，是土体的一种固有属性。而对于总应力方法的强度而言，不同的排水控制条件和应力路径会产生相应不同的强度及其指标，换言之，此时的土体强度与外荷载无一一对应关系，它是随试验条件（首先是排水控制条件）的不同而有不同的结果。

土的抗剪强度主要由黏聚力 c 和内摩擦角 φ 来表示。土的抗剪强度主要依靠土的室内剪切试验和土体原位测试来确定。测试土的抗剪强度时所采用的试验仪器种类和试验方法对土的总应力抗剪强度指标的试验结果有很大影响，但对有效应力强度指标影响甚微。根据实际工程中不同的排水条件和施工速率，一般地可以引出六种不同的室内试验方法及其相应的总应力指标。这就是对于直剪试验的快剪、固结快剪、慢剪和对于三轴试验的不固结不排水剪、固结不排水剪、固结排水剪，而且前三者与后三者及其结果又是两相对应的。换言之，直剪是试验中的"快"与"慢"，实际是三轴剪切时的"不排水"与"排水"的同义语，而不是纯粹为了讨论剪切速率对强度的影响。三轴试验过程中的土体内孔隙水压力 u 及含水量 ω 的变化见表 2-12。

三轴试验过程中的孔隙水压力 u 及含水量 ω 的变化   表 2-12

加荷情况 试验方法	施加围压 σ_3	施加法向应力增量 $\sigma_1 - \sigma_3$
不固结不排水剪 （UU）	$u_1 = \sigma_3$（不固结） $\omega_1 = \omega_0$（含水量不变）	$u_2 = A(\sigma_1 - \sigma_3)$（不排水） $\omega_2 = \omega_0$（含水量不变）
固结不排水剪（CU）	$u_1 = 0$（固结） $\omega_1 < \omega_0$（含水量减小）	$u_2 = A(\sigma_1 - \sigma_3)$（不排水） $\omega_2 = \omega_1$（含水量不变）
固结排水剪（CD）	$u_1 = 0$（固结） $\omega_1 < \omega_0$（含水量减小）	$u_2 = 0$（排水） $\omega_2 < \omega_1$（正常固结土排水） $\omega_2 > \omega_1$（超固结土吸水）

对于不同的试验方法，由于其排水条件不同，而土体排水固结将要对抗剪强度作出不同程度的贡献，因而就内摩擦角 φ 而言，一般或者对于正常固结土，固结排水剪结果的 φ_{cd} 大于固结不排水剪的 φ_{cu}（总应力指标），又大于不固结不排水剪的 φ_u 值，如图 2-13 所示。理论上，排水剪的 φ_{cd} 应与固结不排水剪（测孔压）所得到的有效指标 φ' 相同，实际上两者相近已令人满意。所以有效应力指标测定除了可以用固结不排水剪（测孔压）的方法求取外，也可用直剪慢剪或三轴排水剪试验结果近似表示。必须指出，土体内摩

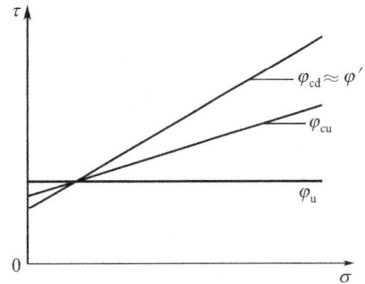

图 2-13   不同试验方法的 φ 角比较

擦角 φ 的大小顺序规律并不适用于另一个强度指标黏聚力 c。因为虽然 c 值在几何上表现为库仑强度破坏线在纵轴上的截距，但迄今的研究已经表明，库仑破坏线不是一条自始至终的直线，而是受应力历史、应力水平等的影响。由此可见，土体的总应力强度参数随排水情况、应力历史的不同而差异甚大，在实际工程计算中，应注意选择符合实际情况的试验方法来测定强度参数。如果强度参数选择不当，就不可能得出正确的稳定计算结果。

（2）抗剪强度指标的选用

1）与有效应力法或总应力法相对应，应分别采用土的有效应力强度指标或总应力强度指标。当土中的孔隙水压力能通过实验、计算或其他方法加以确定时，宜采用有效应力法。用有效应力法及相应指标进行计算，概念明确，指标稳定，是一种比较合理的分析方

法，只要能比较准确地确定孔隙水压力，则应该推荐采用有效应力强度指标。有效应力强度可用三轴排水剪或三轴固结不排水剪（测孔隙水压力）测定。

2）三轴试验中的不固结不排水剪和固结不排水剪这两种试验方法的排水条件是很明确的。不固结不排水剪相应于所施加的外力全部为孔隙水压力所承担，土样完全保持初始的有效应力状况，此时的强度为土的天然强度；固结不排水剪的固结应力全部转化为有效应力，而在施加偏应力时又产生了孔隙水压力。所以仅当实际工程中的有效应力状况与上述两种情况相对应时，采用上述试验方法及相应指标才是合理的。因此，对于可能发生快速加荷的正常固结黏性土上的路堤进行短期稳定分析时可采用不固结不排水的强度指标；对于土层较厚、渗透性较小、施工速度较快工程的施工期或竣工时，分析也可采用不固结不排水剪的强度指标；反之，当土层较薄、渗透性较大、施工速度较慢工程的竣工时的分析可采用固结不排水剪的强度指标。

3）但工程情况不一定都是很明确的，如加荷速度的快慢、土层的厚薄、荷载大小以及加荷过程等都没有定量的界限值，因此在具体使用中常根据工程经验判断，这是应用土力学基本原理解决工程实际问题的基本方法。此外，常用的三轴试验条件也是理想化了的室内条件，与实际工程有一定的距离，因此使用强度指标时需要结合实际经验。

3. 土的天然强度及其增长

土体强度特性的一个重要内容是强度因土体固结而增长。这里包括了两方面的含义。其一是土的天然强度及其确定；另一则是强度增长。

（1）土的天然强度

土的天然强度通常是指天然状态下的不排水强度。天然状态是指土的结构、物理状态和土中应力状态都保持天然的原始的状态而没有发生变化的情况。天然强度是讨论强度变化的基础（基数），尤其是在涉及边坡卸载或者地基加固的工程问题中。目前，常采用的天然强度确定方法大体有四种，即室内的三轴不固结不排水剪试验、无侧限抗压强度试验和直剪快剪试验等测定的强度（常写成 c_u 以泛指）以及野外十字板剪切试验测定的强度（常表示为 S_u）。其中以十字板强度在实际工程中用得最多，而且被认为在均质软土和高灵敏性黏土中更宜适用。由于十字板试验测定结果一般具有较好的规律性，在正常固结黏土层中，其强度值 S_u 常随土层深度近似呈线性变化，因而常可据此整理成如下述之经验表达式以方便使用：

$$S_u = S_0 + \lambda z \tag{2-60}$$

式中　S_0——十字板强度分布线的直线段延至地面处的强度值（kPa），即在地面线上的截距值；

λ——直线段的斜率。

（2）土的强度变化估算

土的强度增长是以天然强度为基数。在实际工程附加荷载作用下，地基土在固结过程中的某一时刻的总的抗剪强度 τ_{ft} 可用下式表示：

$$\tau_{ft} = \eta(\tau_0 + \Delta\tau_c) \tag{2-61}$$

式中　τ_0——土的天然强度（kPa）；

$\Delta\tau_c$——由于固结而增长的强度增量（kPa）；

η——考虑蠕变效应及其他影响因素的经验折减系数。

直至目前，估算这个强度增量 $\Delta\tau_c$ 的方法也是有多种，在此不拟作一一列举，仅择其常用者分述如下。

1）用有效应力强度指标估算

$$\Delta\tau_c = \Delta\sigma_1 \cdot U_t \cdot \frac{\sin\varphi' \cdot \cos\varphi'}{1+\sin\varphi'} \qquad (2\text{-}62)$$

式中　$\Delta\sigma_1$——最大主应力增量（kPa）；

　　　U_t——土体的固结度；

　　　φ'——土的有效内摩擦角（°）。其余符号同前。

2）根据天然强度与竖直应力（或先期固结压力 p_c）关系式的估算方法

这种简化和近似的方法的核心是以天然强度（$\tau_0 = c_u$）与原位竖直应力 p_0（对于正常固结土，有效应力 p_0' 将已等于总应力 p_0，因此也包含先期固结压力 p_c 的含义）的比值同某些土性指标或参数的关系代入下式进行强度增长的估算：

$$\Delta\tau_c = \Delta\sigma_z \cdot U_t \left(\frac{c_u}{p_0}\right) \qquad (2\text{-}63)$$

式中　$\Delta\sigma_z$——竖直应力的增量（kPa）。其他符号意义同前。

2.3.5　土的流变特性

1. 土的流变性及其影响因素

土是由固体颗粒、液态水及气体所组成的多孔介质，在荷载作用下，孔隙间的气体首先被压缩，随后则是多余的气体和孔隙水被挤出。由于固体骨架与孔隙水之间的接触影响，使得孔隙水和气体的排出受到阻碍，从而使变形延迟。故土的应力变化与变形均是时间的函数。土体受力变形中有着与时间有关的变形性质就为流变。

目前对于土的流变特性的研究，分为两个方面：一是微观流变学，因其是从土的微观结构（分子、大分子、分子团）层次洞察材料流变性质而得名，即土体的流变特性以土的内部结构以及物质组成来说明；二是宏观流变学或称为现象流变学，其是采用某种具体的流变本构模型来建立土骨架与时间有关的应力—应变关系数学表达式，对相对微观结构而言它是将土视为一个整体，通过数值模拟，然后与实际量测的试验资料比较，从而研究土体内某一个时间的应力—应变关系。土的微观流变学则研究得比较少，只能作定性的说明，在理论上也还不完备。而对土的宏观流变学研究得比较多，在工程中已应用很广泛也较成功合理。

通过研究土的流变性能，可用于分析土质边坡工程的长期稳定性。工程实践中，土的流变特性主要包括如下几个方面：

（1）蠕变，即土体在恒定应力作用下应变随时间而增加的现象。

（2）应力松弛，即土体在恒定应变下，应力随时间减小的现象。

（3）流动特性，即当时间一定时，土体的应变速率随应力变化的现象。

（4）长期强度，即土体在长期荷载作用下，强度随加载时间的增加而减小的现象。

对于土来说，蠕变主要表现为剪应变和体积应变随时间而变，并且应变速率受土体结构的黏滞阻力的大小影响。土的蠕变变形的大小与许多因素有关，如土骨架结构形态、颗粒间黏聚力大小、颗粒形状和大小及强度、密实程度、饱和度、渗透性质以及温度和应力路径等均有关系。蠕变可在排水与不排水两种条件下发生，排水蠕变常假定有效应力不变，从而产生剪应变和体积应变变化；不排水蠕变常假定体积和总应力不变，从而产生剪应变和有效应力的变化。蠕变可分为两种情况：一为衰减蠕变；二为非衰减蠕变。

土体抗剪强度随时间而变化，即长期的强度不等于瞬时的强度，土体在瞬时或短时荷载作用下，土体抵抗破坏的强度称为土的瞬时或短时强度，在给定的较长时间内，土体阻抗破坏的能力称为长期强度。土的强度随时间降低的根本原因在于土体由于蠕变导致的结构衰坏，土体长期破坏的结果是土体的长期强度低于短期加载的强度，它同时与作用的应力水平相关，作用的应力越低，破坏的时间越长，反之则越短。图 2-14 是一簇土的蠕变和长期强度曲线。图中的 τ_0 是假想的瞬时强度，亦即土体快速破坏的最大强度，它由初始时刻（$t = 0$）长期强度曲线的纵坐标确定；长期强度 $\tau(t)$ 它定义为在某一给定的时间内导致土体破坏的应力，它的值代表长期强度曲线上的某一位置；极限长期强度 τ_∞ 相应于某一应力，处于或低于这一应力时，土体发生衰减变形，并且在荷载作用的整个观察时期内，材料不发生破坏，当作用应力高于这一应力时，材料将发生非衰减蠕变，并最终导致破坏。极限长期强度的值用长期强度曲线上的渐近线表示。根据材料的不同，长期强度有大有小。

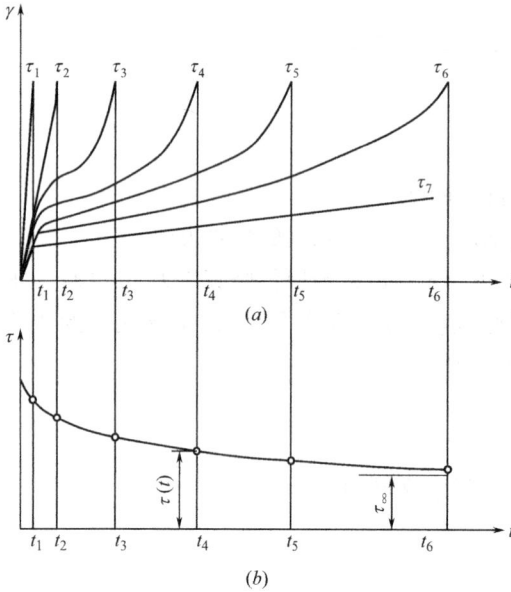

图 2-14　一簇土的蠕变和长期强度曲线
（a）土的蠕变曲线；（b）土的长期强度曲线

2. 边坡工程中土流变性的影响

在边坡开挖过程中，土体处于逐步卸载状态。卸荷应力路径下土体特性研究表明，土体（特别是软土）的流变特性对土的应力—应变关系的影响显著。因此，在工程实践中考虑土体的流变特性对边坡工程的影响很有必要。

（1）土的流变性对土压力的影响

无论是对黏性土还是无黏性土，支挡结构上的土压力的时间效应都存在，只是程度不同而已，相对来说，黏性土的这种变化要大些。在边坡开挖的过程中，土体的蠕变和应力松弛共同作用、相互影响，使支挡结构上的土压力发生变化。在应力松弛作用下土的黏聚力及内摩擦角均将随时间的增长而降低，在关于土的长期强度的研究中发现，黏性土的黏聚力和内摩擦角随时间的增长可能出现两种情况：1）黏聚力随时间的增长降低至一极小值，可近似为零，而内摩擦角则减至某一定值，对于黏土长期内摩擦角大致相当于残余内摩擦角。2）黏聚力随时间的增长降低至一极小值，可近似为零，而内摩擦角基本保持不变。土体应力松弛作用导致主动区土压力将随时间的增长而增大，被动区土压力随时间的增长有所降低。同时，随着土体蠕变变形和支挡结构体位移变形的发展，主动区土压力会逐渐减小，而被动区土压力会逐渐增大。通常，当边坡暴露时间较长时，上述两种作用中应力松弛对土压力的影响会占优势，此时随边坡施工周期和暴露时间的增加，主动区土压力要大于主动土压力，而被动区土压力则小于被动土压力。而常规计算中主动区土压力采用主动土压力而被动区土压力采用被动土压力，未考虑土压力是随时间而变化的函数，将会使边坡的安全性随着时间的延长而逐渐降低。

（2）土的流变性对边坡变形的影响

一般来说，在具流变性的土体中开挖，支护结构的侧移会随着时间的增加而发生变化，墙后土体的沉降也会发生相应的变化，坡底土体还会产生隆起变形，开挖深度越深，开挖面积越大，流变对支护结构变形和周围环境的影响就越大。因此，对于开挖地附近有重要建筑设施，对位移有严格要求时，应考虑土的流变特性的影响。在一般的开挖工程中，都习惯于先挖后撑，而不是先撑后挖，由于土的流变特性的影响，先挖后撑时支护结构的侧移要比先撑后挖大，如需严格控制支护结构的位移，应严格控制开挖与支护的顺序，并对每次开挖的时间间隔作科学的安排。在具流变性的土体进行开挖时，工期延误会带来严重的影响，如基底隆起的附加位移、支护结构挠曲的附加位移及地面沉降的附加位移等，都会影响支护结构及边坡的安全。因此，在边坡工程设计和施工中，应结合土体流变特性考虑时空效应的影响。

（3）土的流变性对边坡稳定性的影响

不同的土体，其流变特性的表现程度不同，有的强，有的弱，对于某些流变特性特强的土体，如软黏土，如忽略其流变特性，则不能得到正确的结果，因此，对于流变特性表现较强的土体，不能依照传统方法分析边坡的稳定性，必须考虑土的流变特性对边坡稳定性的不利影响。土坡稳定分析可分为两种类型：一是填方土坡；二是挖方土坡。对于填方土坡，安全度经历这样一个变化，工程完结时安全度最低，然后由于土体固结，安全度逐渐提高，达到设计安全度，再由于土的蠕变特性，安全度又逐渐降低；而对于挖方土坡，挖方完成时安全最高，由于土的蠕变特性，安全度随时间降低，超固结土的此种特性更加明显。

2.4 岩石（体）的力学性质

岩石是矿物的集合体，具有复杂的组成成分和结构，不同性质岩石的应力应变关系、变形条件或破裂条件等都不同，因此其力学属性很复杂。由于各种岩石的组分和结构各异，形成的年代不同，其中还有许多裂隙，致使其力学性质相差很大，小块岩石与大块岩石，以及岩块和地块的各点之间，差别也很大，此种性质还受时间、温度、湿度、围压、加载的方式和速率、应力路径，以及岩石所处的周围介质等因素的影响。

岩石力学性质指岩石在应力作用下表现的弹性、塑性、弹塑性、流变性、脆性、韧性、发热等力学性质。岩石的力学性质可分为变形性质和强度性质两类，表征岩石力学性质的变形特性参数包括岩石的变形模量、弹性模量、切变模量、泊松比和流变性等，表征岩石力学性质的强度特性参数包括岩石抗拉、抗弯、抗剪、抗压等各种强度极限。

2.4.1 岩石的变形特性

岩石在载荷发生变化时首先发生的现象是变形。工程上最常研究由于外力作用引起的变形或在岩石中开挖引起的变形，因此岩石的变形性对边坡工程有重要影响。岩石的变形（用应变表示）与载荷（用应力表示）有关，有时还与时间有关。当岩石的变形不仅取决于应力还取决于时间时，需要考虑岩石的流变特性。例如，在常温常压下，岩石既不是理想的弹性材料，也不是简单的塑性和黏性材料，而往往表现出弹—塑性、塑—弹性、弹—黏—塑或黏—弹性等性质。此外，岩石所赋存的环境条件，如温度、地下水与天然应力对其性状的影响也很大，如具有坚固结晶连接的细粒岩石，在常温常压环境中，以弹性变形占优势，破坏前应变量不大，即属于弹—脆性体；但当在高温和高围压环境中受力时，则会发生大量塑性变形，显然转变成为塑—延性体。因此，在讨论任一种岩石属于何种变形体时，必须说明它的受力环境和条件。

1. 岩石在单轴压力下峰值前应力—应变曲线类型

根据美国学者米勒（Miller，R.P）对 28 种岩石的试验研究结果，将岩石在单轴压力下峰值前应力—应变曲线分为 6 种类型（图 2-15）。类型Ⅰ：线性应力—应变关系。坚硬岩石、细粒岩浆岩、细粒变质岩、玄武岩、石英岩、辉绿岩、白云岩和坚硬石灰岩，脆性破坏。类型Ⅱ：弹塑性。开始弹性，以后塑性。代表性岩为石灰岩、粉砂岩、凝灰岩。类型Ⅲ：塑弹性开始上凹，后转为直线。破坏以前没有明显屈服。具有这类塑弹性变形特征的是岩石中有孔隙和细裂隙的坚硬岩石，如砂岩、花岗岩、某些辉绿岩等。类型Ⅳ：塑性—弹性（细 S 形）。线性段斜率较大。这类变形的岩石有坚硬致密的变质岩，如大理岩、片麻岩。类型Ⅴ：亦为细 S 形，但线性段斜率较小。如在垂直片理方向受压的片岩，有很高的压缩性和很大的塑性变形。类型Ⅵ：岩盐及其他蒸发岩的变形特征曲线。开始是很短的直线，随后出现不断增大的非弹性变形和连续蠕变。

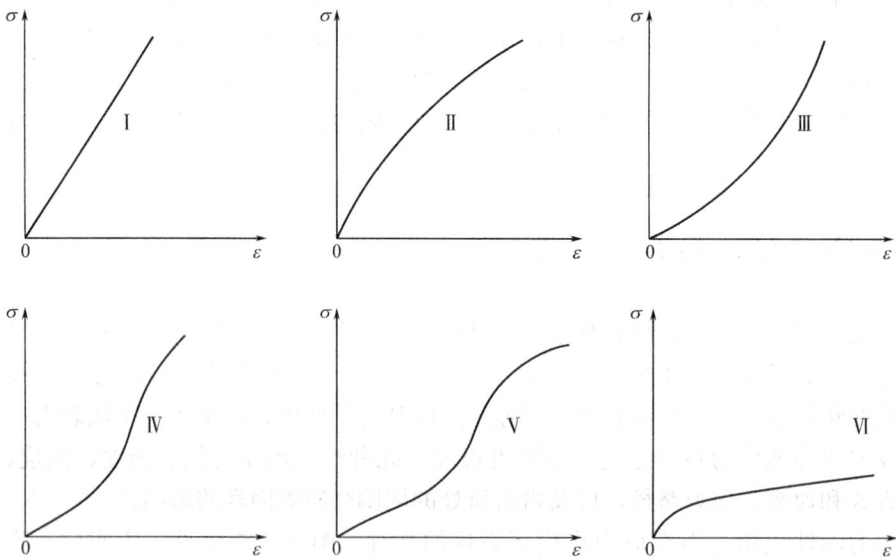

图 2-15　峰值前岩石的应力—应变曲线（Miller，1965）

米勒对岩石应力—应变曲线类型的归纳和划分是比较全面合理的。它们清楚地反映出岩石的矿物成分和结构对岩石变形特征的控制意义。除了米勒低岩石应力—应变曲线类型的划分外，1968 年法默（Farmer）根据岩石峰值前的应力—应变曲线，把岩石划分为准弹性、半弹性和非弹性三类（图 2-16）。准弹性岩石多为致密块状岩石，如无气孔构造的喷出岩、浅成岩浆岩和变质岩等，这些岩石的应力—应变近似呈线性关系，具有弹脆性性质。半弹性岩石多为空隙率低且具有较大内聚力的粗粒岩浆岩和细粒致密的沉积岩，这些岩石的变形曲线斜率随应力的增大而减小。非弹性岩石多为内聚力低、空隙率大的软弱岩石，如泥岩、页岩、千枚岩等，其应力—应变曲线为缓 S 形。

由于岩石是一种带有缺陷的介质，其内部存在着许多微裂隙，当其受力后这些裂隙会产生扩展、连接等现象，米勒和法默试验研究结果表明除坚硬岩石外，其余岩石并不具有理想的弹性特征。

在实际工程中，经常遇到岩石在单轴和三轴压缩状态下的变形问题。

2. 岩石在单轴压缩状态下的应力—应变全过程曲线形态

在刚性压力机上进行单轴压力试验可以获得如图 2-17 所示的完整的岩石应力—应变全过程曲线，根据应力—应变曲线的形态变化，将其分为四个区段：（1）微裂隙压密段（OA 段），存在于岩石内的微裂隙在外力作用下发生闭合。（2）弹性变形阶段（AB 段），岩石内部原有裂隙的压密与新产生的裂隙大致相等，岩石被继续压缩，应力—应变曲线的斜率不变，应力—应变关系呈现为线性。（3）塑性阶段（BC 段），在该阶段岩石中新产生的裂隙超过了被压密的裂纹，B 点是岩石从弹性转变为非弹性的转折点，并发生体积膨胀，同时有声发射加剧的现象。（4）应变软化阶段（CD 段）裂隙加速度产生不稳定扩展，直至岩石试件完全丧失承载能力。C 点的纵坐标就是单轴抗压强度。在这个阶段随着应变的增加，岩石强度减小，岩石的这种特性称为岩石的应变弱化。

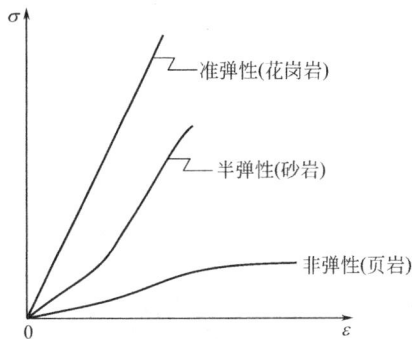

图 2-16　峰值前岩石的应力—应变曲线
（Farmer，1968）

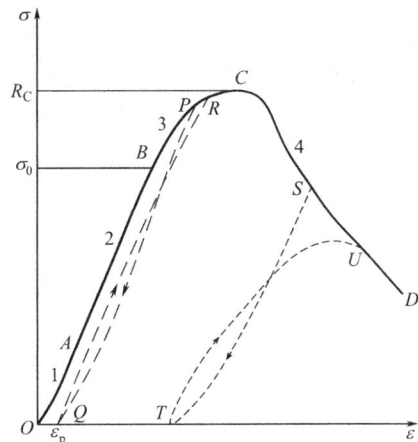

图 2-17　岩石变形的典型全应力—应变曲线

对大多数岩石来说，在 OA 和 AB 这两个区段内应力—应变曲线具有近似直线的形式，这种应力—应变关系可用下式表示：

$$\sigma = E\varepsilon \tag{2-64}$$

式中　E——岩石的弹性模量，即 OB 线的斜率。

如果岩石严格地遵循式（2-64）的关系，那么这种岩石就是线弹性的，弹性力学的理论适用于这种岩石。如果某种岩石的应力—应变关系不是直线，而是曲线，但应力与应变之间存在一一对应关系，则称这种岩石为完全弹性的。因为这时应力与应变的关系是一条曲线，所以没有唯一的模量，但对应于一点的应力 σ 值，都有一个切线模量和割线模量。

切线模量就是该点在曲线上的切线的斜率 $\dfrac{\mathrm{d}\sigma}{\mathrm{d}\varepsilon}$，而割线模量就是该点割线的斜率，它等于 σ/ε。如果逐渐加载至某点，然后再逐渐卸载至零，应变也退至零，但卸荷曲线不走加载曲线的路线，这时产生了所谓滞回效应，卸载曲线上该点的切线斜率就是相当于该应力的卸载模量。这两个阶段的岩石很接近于弹性，若在这一阶段卸载其应变可以恢复。

塑性阶段从 B 点开始，岩石中产生新的张拉裂隙，岩石模量下降，应力—应变曲线的斜率随着应力的增加而逐渐降低到零。在这一范围内，岩石将发生不可恢复的变形，加载与卸载的每次循环都是不同的曲线。这阶段发生的变形中，能恢复的变形叫弹性变形，而不可恢复的变形，称为塑性变形或残余变形或永久变形，如图 2-17 中的卸载曲线 PQ 在零应力时还有残余变形 ε_p。加载曲线与卸载曲线所组成的环叫做塑性滞回环。弹性模量 E 就是加载曲线直线段的斜率，而加载曲线直线段大致与卸载曲线的割线相平行。这样，一般可将卸载曲线的割线的斜率作为弹性模量，而岩石的变形模量 E_0 取决于总的变形量，即取决于弹性变形与塑性变形之和，它是正应力 σ 与总的正应变之比，在图 2-17 中，它相应于割线 OP 的斜率。在线性弹性材料中，变形模量等于弹性模量；在弹塑性材料中，当材料屈服后，其变形模量不是常数，它与荷载的大小或范围有关。在应力—应变曲线上的任何点与坐标原点相连的割线的斜率，表示该点所代表的应力的变形模量。如果岩石上再加载，则再加载曲线 QR 总是在曲线 $OABC$ 以下，但最终与之连接起来。

应变软化阶段开始于应力—应变曲线上的峰值 C 点，是下降曲线，在这一区段内卸载可能产生很大的残余变形。图 2-17 中 ST 表示卸载曲线，TU 表示再加载曲线。可以看出，TU 线在比 S 点低得多的应力值下趋近于 CD 曲线。从图 2-17 所示破坏后的荷载循环 STU 来看，破坏后的岩石仍可能具有一定的强度，从而也具有一定的承载能力，该强度称为岩石的残余强度。

3. 反复加载与卸载条件下岩石的变形特性

当进行加、卸载试验后，岩石的应力—应变曲线将形成一个环，通常称做塑性滞环。经研究发现，塑性滞环的形成反映了经加、卸载试验后，消耗于裂隙的扩展和裂隙面之间的摩擦所做的功，反复多次加载与卸载循环时，所得的应力—应变曲线将具有以下特点：卸载应力水平一定时，每次循环中的塑性应变增量逐渐减小。加、卸载循环次数足够多后，塑性应变增量将趋于零，卸载曲线与其后一次再加载曲线之间所形成的滞回环的面积将愈变愈小，且愈靠拢愈趋于平行（图 2-18）。如果多次反复加载、卸载循环，每次施加的最大荷载比前一次循环的最大荷载为大，则可得图 2-19 所示的曲线。随

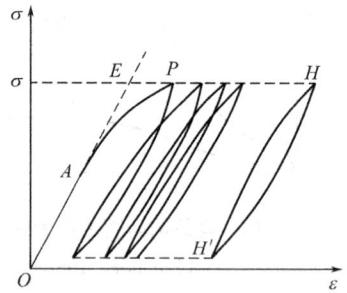

图 2-18　常应力下岩石加、卸载循环应力—应变曲线

着循环次数的增加，塑性滞回环的面积也有所扩大，卸载曲线的斜率（它代表着岩石的弹性模量）也逐次略有增加。这个现象称为强化。加载后的曲线似乎始终沿着原应力—应变的轨迹发展，具有"记忆"功能。

4. 三轴压缩状态下岩石的变形特征

岩石在三向压缩应力作用下的变形特征将与单向压缩状态存在着比较大的差异。

（1）当 $\sigma_2 = \sigma_3$ 时岩石的变形特征

在 $\sigma_2 = \sigma_3$ 的条件下，即假三轴的试验条件下，岩石的变形特性将受到围压所给予的影响。图 2-20 为某黏土质石英岩在不同围压下的轴向应力与轴向应变关系曲线以及径向应变之和与轴向应变曲线。反映了不同侧限压力 σ_3 对于应力—应变关系曲线以及径向应变与轴向应变关系曲线的影响。$\sigma_3 = 0$ 时，试件在变形较小时就发生破坏，随着围岩的增加，岩石破裂时的极限轴向压力 σ_1 亦随之增加，岩石在破坏时的总变形量亦随之增大。岩石的变形特性表现出低围压下的脆性向高围压的塑性转换的规律。

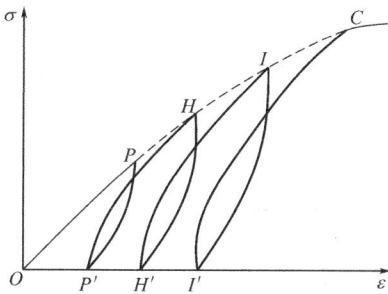

图 2-19 岩石在变应力水平下加、
卸载循环时的应力—应变曲线

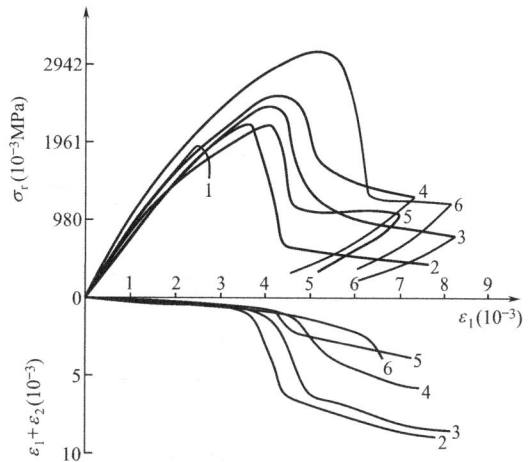

图 2-20 黏土质石英岩在不同侧限压力下的轴向
应力—应变曲线以及径向应变—轴向应变曲线
$1—\sigma_3=0$；$2—\sigma_3=3.43MPa$；$3—\sigma_3=6.77MPa$；
$4—\sigma_3=13.62MPa$；$5—\sigma_3=27.07MPa$；$6—\sigma_3=27.07MPa$

（2）当 $\sigma_1 > \sigma_2 > \sigma_3$ 时岩石的变形特征

如图 2-21 所示，当 $\sigma_2 = \sigma_3$ 时，随围压的增大，岩石的塑性和岩石破坏时的强度、屈服应力同时增大；当 σ_3 为常数时，随着 σ_2 的增大，岩石的强度和屈服极限有所增大，而岩石的塑性却减少了；当 σ_2 为常数时，随着 σ_3 的增大，岩石的强度和塑性有所增大，但其屈服应力几乎不变，上述三种情况下岩石的弹性模量基本不变。

5. 岩石变形性力学基本参数

反映岩石变形特性的基本参数有弹性模量（变形模量）和泊松比（侧向变形系数）。

（1）弹性模量 E（变形模量）定义为 $E = \sigma/\varepsilon$，由于单向受压情况下岩石的应力应变关系是非线性的，因此变形模量不是常数，常用的变形模量有以下几种：

1）初始模量，用应力—应变曲线坐标原点的切线斜率表示，即

$$E_i = \mathrm{d}\sigma/\mathrm{d}\varepsilon \qquad (2\text{-}65)$$

2）割线模量，由应力—应变曲线的起始点与曲线上另一点作割线，割线的斜率就是割线模量，一般选强度为 50% 的应力点 σ_{50}。

$$E_s = \sigma_{50}/\varepsilon_{50} \qquad (2\text{-}66)$$

3）切线模量，用应力—应变曲线直线段的斜率表示：

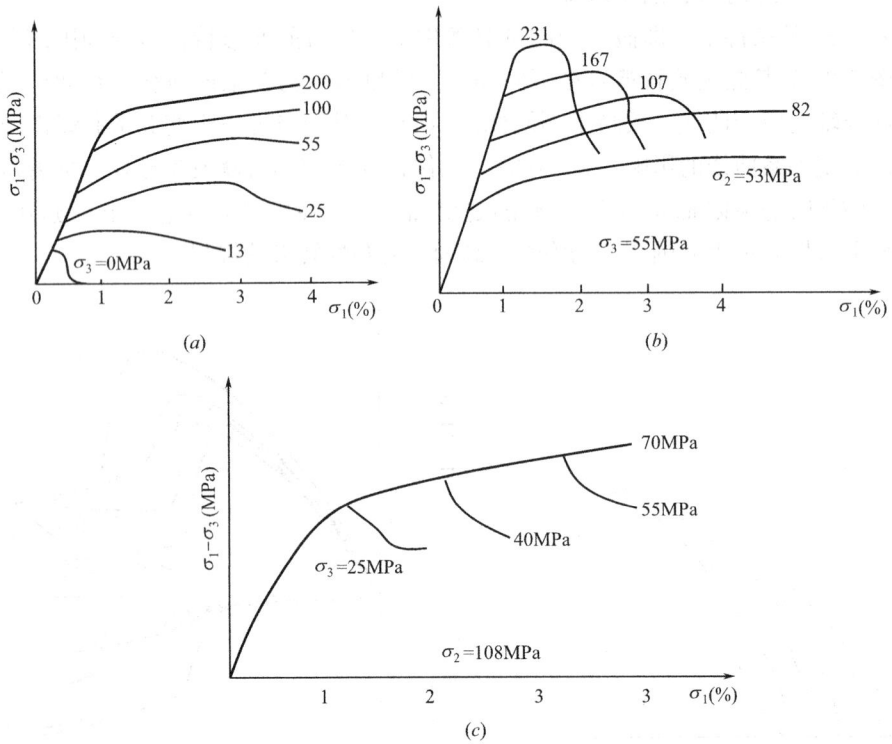

图 2-21　岩石在三轴压缩状态下的应力—应变曲线

（a）$\sigma_2 = \sigma_3$ 时的围压效应；（b）$\sigma_3 =$ 常数时的 σ_2 的影响；（c）$\sigma_2 =$ 常数时的 σ_3 的影响

$$E_t = \frac{\sigma_{t1} - \sigma_{t2}}{\varepsilon_{t1} - \varepsilon_{t2}} \tag{2-67}$$

随岩性不同，这三种模量可以相差很大，一般有 $E_t > E_s > E_i$。

（2）泊松比 μ，是指单向载荷作用下，横向变形与纵向变形之比：

$$\mu = \frac{\varepsilon_x}{\varepsilon_z} \tag{2-68}$$

式中　ε_z——平行于加载方向的纵向应变；

ε_x——垂直于加载方向的横向应变。

岩石变形的这两个基本参数受到岩石矿物组成、结构构造、风化程度、空隙率、含水率、微结构面以及试验条件等因素的影响，变化较大；同时具有各向异性特征。表 2-13 中列出了主要岩石的变形模量和泊松比的参考值。

描述岩石变形性的指标除了变形模量和泊松比两个基本指标外，还有其他一些指标也可以从不同角度反映岩石的变形特性，如剪切模量 G、拉梅常数 λ、体积模量 K_v、弹性抗力系数 K 等，这些系数均可由变形模量和泊松比求得。

$$\left. \begin{array}{l} G = \dfrac{E}{2(1+v)} \\[2mm] \lambda = \dfrac{vE}{(1+v)(1-2v)} \\[2mm] K_v = \dfrac{E}{3(1-2v)} \end{array} \right\} \tag{2-69}$$

常见岩石的变形模量与泊松比值 表 2-13

岩石名称	变形模量（10^4MPa）		泊松比
	初始模量	弹性模量	
花岗岩	2～6	5～10	0.17～0.36
流纹岩	2～8	4～10	0.20～0.30
闪长岩	7～10	7～15	0.20～0.23
安山岩	5～10	4～12	0.21～0.32
辉长岩	7～11	7～15	0.12～0.22
辉绿岩	8～11	8～15	0.26～0.28
玄武岩	6～10	6～12	0.23～0.32
石英岩	6～20	6～20	0.12～0.27
片麻岩	1～8	1～10	0.20～0.34
片 岩	0.2～5	1～8	0.12～0.25
板 岩	2～5	2～8	0.20～0.30
页 岩	1～3.5	2～8	0.09～0.35
砂 岩	0.5～8	1～10	0.08～0.52
砾 岩	0.5～8	2～8	0.20～0.30
石灰岩	1～8	5～10	0.18～0.35
白云岩	4～8	4～8	0.20～0.35
大理岩	1～9	1～9	0.06～0.35

2.4.2 岩石的强度特性

岩石在某种荷载作用下以某种形式破坏时所承受的最大荷载应力称为岩石的某种强度。通常研究岩石的抗压强度、抗拉强度、抗剪强度等。本节所指岩石的强度是指不含节理裂隙的完整岩块的强度，关于岩体强度见 2.4.3。岩石的强度取决定于很多因素，岩石结构、风化程度、水、温度、围压大小、各向异性等都影响岩石的强度。通过试验确定各种岩石的强度指标时，对于同一种岩石，强度指标会随试件尺寸、试件形状、加载速率、时间、湿度等因素变化。

1. 抗压强度

岩石单轴抗压强度一般是采用室内刚性试验机在单轴压力作用下（无围压，只在轴向加压力）通过加压试验得到的，单轴抗压强度 R_c 等于达到破坏时最大轴向压力 P_c 除以试件的横截面积 A。试件采用圆柱体或立方体，广泛采用的圆柱体岩样尺寸一般为 $\phi 50 \times 100$。进行岩石单轴抗压强度试验时应将试件端部磨平，并在试件与加压板之间加入润滑剂，以此减少"端部效应"，同时应使试件长度达到规定要求，以保证在试件中部出现均匀应力状态。此外，还根据三个方向施加应力的不同可分为常规三轴压力试验（一般为圆柱体）和真三轴压力试验（一般为立方体），三轴压力试验测得的岩石强度和围压关系很大，岩石抗压强度随围压的增加而提高。通常岩石类脆性材料随围压的增加而具有延性。

影响岩石强度的因素很多，除实验方法因素之外，岩石本身的因素，如矿物成分、颗粒大小、颗粒连接及胶结情况、密度、层理和裂隙的特性和方向、风化程度和含水情况等对强度的影响也是较大的。不同矿物组成的岩石，具有不同的抗压强度；即使是相同矿物组成的岩石，也因受到颗粒大小、连接和胶结情况、生成条件等的影响，其抗压强度可能相差很大。此外，同一岩石的抗压强度因其受力方向的不同，具有不同的数值，亦即表现出强度上的各向异性，这对于具有明显层理的沉积岩更为明显。几种主要沉积岩垂直于层理和平行于层理的抗压强度见表 2-14。

主要几种沉积岩的垂直于层理和平行于层理的抗压强度　表 2-14

岩石名称	抗压强度（MPa）		σ_{cv}/σ_{ch}
	垂直层理 σ_{cv}	平行层理 σ_{ch}	
石灰岩	180	152	1.19
粗粒砂岩	142	119	1.2
细粒砂岩	157	160	0.98
砂质页岩	79	52	1.52
页岩	52	37	1.41
褐煤	14	8	1.69

从表 2-14 可以看出，除了细砂岩的两个方向的强度大致相等外，一般而言，垂直于层理的抗压强度均大于平行于层理的抗压强度，二者的比值大致有这样的规律：岩石愈坚硬，σ_{cv}/σ_{ch} 之值愈小；岩石愈软，其比值愈大。

2. 抗剪强度

岩石的抗剪强度是岩石在一定的应力条件下所能抵抗的最大剪应力，它是岩石力学中重要指标之一，常以内聚力 c 和内摩擦角 φ 这两个抗剪参数表示。确定岩石抗剪强度的方法可分为室内试验和现场试验两大类。室内试验常采用直接剪切试验、楔形剪切试验和三轴压缩试验来测定岩石的抗剪强度指标。现场试验主要以直接剪切试验为主，也可做三轴强度试验。室内的岩石剪切强度测定以目前常用的楔形剪切仪测定岩石的抗剪断强度为例。通过式（2-70）及式（2-71）可以得到受剪面上的法向应力 σ 和剪应力 τ_f：

$$\sigma = \frac{P}{A}(\cos\alpha + f\sin\alpha) \tag{2-70}$$

$$\tau_f = \frac{P}{A}(\sin\alpha - f\cos\alpha) \tag{2-71}$$

式中　A——剪切面面积（m^2）；

　　　α——剪切面与水平面所成的角度（°）；

　　　P——压力机上施加的总垂直力（N）；

　　　f——压力机垫板下面的滚珠的摩擦系数，可由摩擦校正试验决定。

试验中采用多个试件，分别以不同的 α 角进行试验。当破坏时，对应于每一个 α 值可以得出一组 σ 和 τ_f 值，岩石的抗剪断强度关系曲线是一条弧形曲线，一般把它简化成直线形式，建立式（2-72）的关系式，这就是库仑强度公式。直线在 τ_f 轴上的截距即为岩石的内聚力 c，该线与水平线的夹角即为岩石的内摩擦角 φ。

$$\tau_f = c + \sigma \tan\varphi \tag{2-72}$$

3.抗拉强度

岩石的抗拉强度就是岩石试件在单轴拉力作用下抵抗破坏的极限能力，它在数值上等于破坏时的最大拉应力值。对岩石直接进行抗拉强度的试验比较困难，目前研究得比较少。一般进行各种各样的间接试验，再用理论公式算出岩石的抗拉强度。试验方法有直接拉伸法、抗弯法、劈裂法、点荷载试验法，目前常用劈裂法（也称巴西试验法）测定岩石抗拉强度，试验时用一个实心圆柱形试件，使它承受径向压缩线荷载直至破坏，求出岩石的抗拉强度，如图 2-22 所示。根据布辛奈斯克半无限体上作用着集中力的解析解，求得试件破坏时作用在试件中心的最大拉应力，见式（2-73）。

$$\sigma_x = \frac{2P}{\pi Dl} \tag{2-73}$$

式中　P——试件破坏时的极限压力（N）；

　　　D——圆柱体试样的直径（mm）；

　　　l——圆柱体试样的长度（mm）。

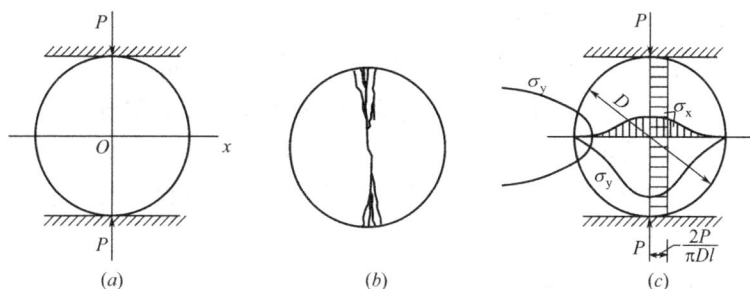

图 2-22　岩石劈裂试验

(a) 劈裂试验加载情况；(b) 试件裂开情况；(c) 试件内的应力分布情况

4.三轴压缩应力作用下的强度

地层中的岩石绝大多数处在三向压缩应力的作用下，所以岩石在三向压缩应力作用下的强度特性才是岩石的本性反映。三向压缩试验根据施加围压状态的不同，可分为真三轴和假三轴，前者两个水平方向施加的围压不等，而后者相等。三轴试验设备如图 2-23 所示。在进行三轴试验时，先将试件施加侧压力，即小主应力 σ'_3，然后逐渐增加垂直压力，直至破坏，得到破坏时的大主应力 σ'_1，从而得到一个破坏时的应力圆。采用相同的岩样，改变侧压力为 σ''_3，施加垂直压力直至破坏，得 σ''_1，从而又得到一个破坏应力圆。绘出这些应力圆的包络线，即可求得岩石的抗剪强度曲线，如图 2-24 所示。如果把它看做是一根近似直线，则可根据该线在纵轴上的截距和该线与水平线的夹角求得内聚力 c 和内摩擦角 φ。与单轴压缩试验一样，三轴试验试件的破裂面与大主应力 σ_1 方向间的夹角为 $45° - \varphi/2$。

岩石三向压缩强度的影响因素有：试件尺寸、侧向压力的大小、加载速率和加载途径等，其中侧向压力的影响具有一定的规律性，即随着围压的增大，最大主应力也变大，从变形特性的角度分析，围压的增大使试件从脆性破坏向塑性流动过度。

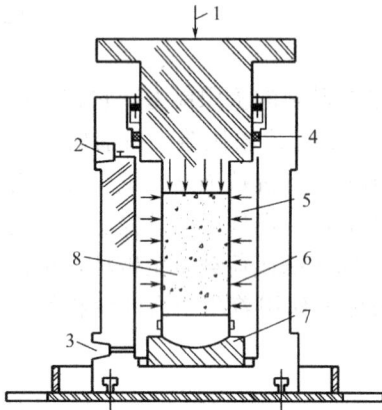

图 2-23　三轴试验装置图

1—施加垂直压力；2—侧压力液体出口处，排气处；
3—侧压力液体进口处；4—密封设备；5—压力室；
6—侧压力；7—球状底座；8—岩石试件

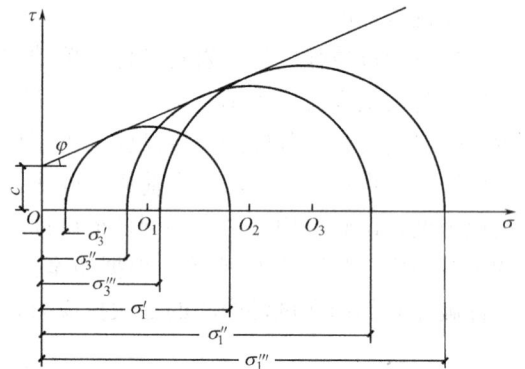

图 2-24　三轴试验破坏时的莫尔圆

根据大量数据统计，岩石的强度可按如下顺序排列：三向抗压强度＞两向抗压强度＞单向抗压强度＞抗剪强度＞抗拉强度。岩石的极限抗拉强度一般远小于极限抗压强度，平均为抗压强度的 3％～5％。岩石的极限抗弯强度一般也远小于极限抗压强度，但大于极限抗拉强度，平均为抗压强度的 7％～12％。岩石的极限抗剪强度一般也远小于极限抗压强度，等于或略小于极限抗弯强度。岩石的极限抗拉、极限抗剪和极限抗弯强度与极限抗压强度之间的经验关系列于表 2-15。

岩石的极限抗拉、极限抗剪和极限抗弯强度与极限抗压强度之间的经验关系　表 2-15

岩石名称	极限抗拉强度/极限抗压强度	极限抗剪强度/极限抗压强度	极限抗弯强度/极限抗压强度
花岗岩	0.028	0.068～0.09	0.07～0.08
石灰岩	0.059	0.06～0.15	0.119
砂岩	0.029	0.06～0.078	0.09～0.095
斑岩	0.033	0.06～0.064	0.105

表 2-16 列举了几种岩石的力学性质参数。

几种岩石力学性质　表 2-16

岩石种类	抗压强度（MPa）	抗拉强度（MPa）	弹性模量（10^4MPa）	泊松比	内摩擦角（°）	内聚力（MPa）
花岗岩	98～245	8.85～24.5	4.9～9.8	0.2～0.3	45～60	13.7～49
流纹岩	176～294	14.9～29.4	4.9～9.8	0.1～0.25	45～60	9.8～49
安山岩	98～245	9.8～19.6	4.9～11.76	0.2～0.3	45～50	9.8～39.2
辉长岩	176～291	14.9～34.3	6.86～14.7	0.1～0.25	50～55	9.8～49
玄武岩	147～291	9.8～29.4	5.88～11.76	0.1～0.35	48～55	19.6～58.8
砂　岩	19.6～196	3.9～24.5	0.98～9.8	0.2～0.3	35～50	7.84～39.2

岩石种类	抗压强度 （MPa）	抗拉强度 （MPa）	弹性模量 （10^4MPa）	泊松比	内摩擦角 （°）	内聚力 （MPa）
页　岩	9.8～98	1.96～9.8	1.96～7.84	0.2～0.4	15～30	2.91～19.6
石灰岩	49～196	4.9～19.6	4.9～9.8	0.2～0.35	35～50	9.8～49
白云岩	78.4～245	14.7～24.5	3.92～7.84	0.2～0.35	35～50	19.6～49
片麻岩	49～196	4.9～19.6	0.98～9.8	0.2～0.35	30～50	2.94～4.9
大理岩	98～246	6.86～24.5	0.98～8.82	0.2～0.35	35～50	14.7～29.4
石英岩	149～313	9.8～29.4	5.88～19.6	0.1～0.25	50～60	19.6～58.8
板　岩	58.8～196	6.86～14.7	1.96～7.84	0.2～0.3	45～60	1.96～19.6

2.4.3 岩体的力学特性

岩体是指在地质历史过程中形成的，由岩石单元体（或称岩块）和结构面网络组成的，具有一定的结构并赋存于一定的天然应力状态和地下水等地质环境中的地质体。岩体在其形成与存在过程中，长期经受着复杂的地质作用，生成了各种不同类型和规模的结构面，岩体的力学性质及其力学作用不仅受岩体的岩石类型控制，还受岩体中结构面所控制。

1. 结构面

结构面指地质历史发展过程中，在岩体内形成的具有一定的延伸方向和长度，厚度相对较小的地质界面或带，也称不连续面，是使岩体工程性质显著下降的重要因素。结构面按地质成因的不同，可划分为表2-17中的基本类型。

结构面的基本类型　　　　　　　　　　　　　　　　表2-17

成因 类型	地质类型	主要特征			工程地质评价
		产　状	分　布	性　质	
原生结构面	沉积结构面	1. 层理层面； 2. 软弱夹层； 3. 不整合面、假整合面； 4. 沉积间断面	一般与岩层产状一致，为层间结构面	海相岩层中此类结构面分布稳定，陆相岩层中呈交错状，易尖灭	层面、软弱夹层等结构面较为平整；不整合面及沉积间断面多由碎屑泥质物构成，且不平整	国内外较大的坝基滑动及滑坡很多由此类结构面所造成，如奥斯汀、圣·弗朗西斯、马尔帕塞坝的破坏，瓦依昂水库附近的巨大滑坡
	岩浆岩结构面	1. 侵入体与围岩接触面； 2. 岩脉岩墙接触面； 3. 原生冷凝节理	岩脉受构造结构面控制，而原生节理受岩体接触面控制	接触面延伸较远，比较稳定，而原生节理往往短小密集	与围岩接触面可具熔合及破碎两种不同的特征，原生节理一般为张裂面，较粗糙不平	一般不造成大规模的岩体破坏，但有时与构造断裂配合，也可形成岩体的滑移，如有的坝肩局部滑移
	变质结构面	1. 片理； 2. 片岩软弱夹层	产状与岩层或构造方向一致	片理短小，分布极密，片岩软弱夹层延展较远，具固定层次	结构面光滑平直，片理在岩层深部往往闭合成隐蔽结构面，片岩软弱夹层片状矿物，呈鳞片状	在变质较浅的沉积岩，如千枚岩等路堑边坡常见塌方。片岩夹层有时对工程及地下洞体稳定也有影响

续表

成因类型	地质类型	主要特征			工程地质评价
		产　状	分　布	性　质	
构造结构面	1. 节理（X 型节理、张节理）； 2. 断层（冲断层、捩断层、横断层）； 3. 层间错动； 4. 羽状裂隙、劈裂	产状与构造线呈一定关系，层间错动与岩层一致	张性断裂较短小，剪切断裂延展较远，压性断裂规模巨大，但有时为横断裂切割成不连续状	张性断裂不平整，常具次生充填，呈锯齿状，剪切断裂较平直，具羽状裂隙，压性断层具多种构造岩，呈带状分布，往往含断层泥、糜棱岩	对岩体稳定影响很大，在上述许多岩体破坏过程中，大都有构造结构面的配合作用。此外常造成边坡及地下工程的塌方、冒顶
次生结构面	1. 卸荷裂隙； 2. 风化裂隙； 3. 风化夹层； 4. 泥化夹层； 5. 次生夹泥层	受地形及原结构面控制	分布上往往呈不连续状，透镜状，延展性差，且主要在地表风化带内发育	一般为泥质物充填，水理性质很差	在天然及人工边坡上造成危害，有时对坝基、坝肩及浅埋隧洞等工程亦有影响，但一般在施工中予以清基处理

2. 岩体的变形特性

（1）结构面对岩体变形的影响

结构面对岩体变形的影响包括结构面方位、密度、充填特征及其组合关系等方面的影响，统称为结构效应。

1）岩体变形随结构面及其应力作用方向间夹角的不同而不同，导致岩体变形各向异性。岩体的变形模量 E_m 也有明显的各向异性，一般平行结构面方向大于垂直方向的变形模量。

2）随结构面密度的增大，岩体完整性变差，变形增大，变形模量减小。

3）张开度较大且无充填或充填薄时，岩体变形较大，变形模量较小。

（2）岩体变形试验及变形参数确定

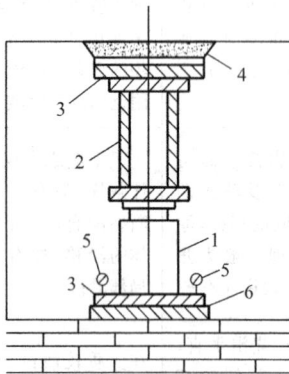

图 2-25　承压板变形试验装置示意图

1—千斤顶；2—传力柱；3—钢板；
4—混凝土顶板；5—百分表；6—承压板

1）承压板法

按承压板的刚度不同分为刚性承压板法和柔性承压板法。刚性承压法试验装置如图 2-25 所示。

试验点的选择应具有代表性，并避开大的断层及破碎带。试验时采用逐级一次循环法加压，同时测记各级压力下的岩体变形值，绘制 P—W 曲线（图 2-26）。通过压力下的变形值，用 Bossnisq 公式计算岩体的变形模量 E_m（MPa）和弹性模量 E_{me}（MPa），见式（2-74）、式（2-75）。

$$E_m = \frac{PD(1-\mu_m^2)\omega}{W} \tag{2-74}$$

$$E_{me} = \frac{PD(1-\mu_m^2)\omega}{W_e} \tag{2-75}$$

式中　P——承压板单位面积上的压力（MPa）；

　　　　D——承压板的直径或边长（cm）；

W、W_e——相应于 P 下的岩体总变形和弹性变形（cm）；

　　　　ω——与承压板形状和刚度有关的系数，对圆形板

　　　　　　　$\omega=0.785$，方形板 $\omega=0.886$；

　　　　μ_m——岩体的泊松比。

试验中如用柔性承压板，则岩体的变形模量应按柔性承压板法公式进行计算。

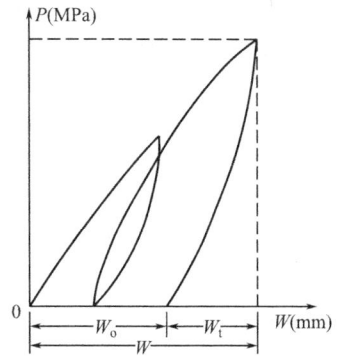

图 2-26　岩体变形值曲线

2）钻孔变形法

利用钻孔膨胀计等设备，通过水泵对一定长度的钻孔壁施加均匀的径向荷载（图 2-27），同时测记各级压力下的径向变形 U。利用厚壁筒理论可推导出岩体的变形模量 E_m（MPa）与 U 的关系为：

$$E_m=\frac{dP(1+\mu_m)}{U} \tag{2-76}$$

式中　d——钻孔孔径（cm）；

　　　　P——计算压力（MPa）。

3）狭缝法

狭缝法又称狭缝扁千斤顶法，是在选定的岩体表面割槽，然后在槽内安装扁千斤顶（压力枕）进行试验（图 2-28）。岩体的变形模量 E_m（MPa）按式（2-77）计算：

$$E_m=\frac{Pl}{2W_R}\left[(1-\mu_m)(\tan\theta_1-\tan\theta_2)+(1+\mu_m)(\sin2\theta_1-\sin2\theta_2)\right] \tag{2-77}$$

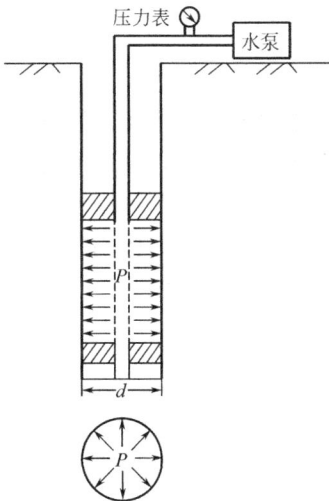

图 2-27　钻孔变形试验装置示意图

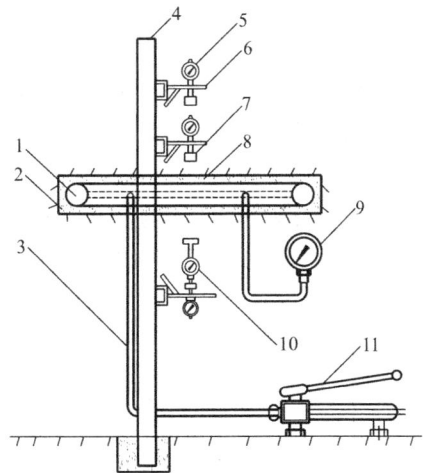

图 2-28　狭缝法装置示意图

1—扁千斤顶；2—槽壁；3—油管；4—测杆；

5—百分表（绝对测量）；6—磁性表架；

7—测量标点；8—砂浆；9—标准压力表；

10—千分表（相对测量）；11—油泵

式中　P——作用于槽壁上的压力（MPa）；

　　　　W_R——量测点 A_1、A_2 的相对位移值（cm），如图 2-29 所示，$W_R = y_2 - y_1$。

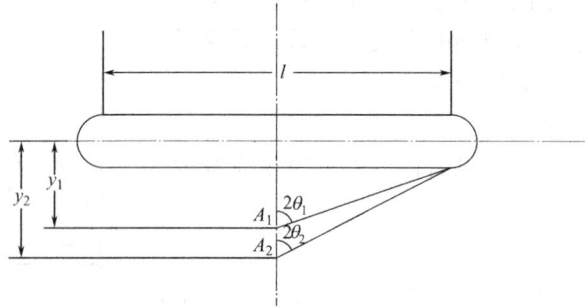

图 2-29　变形计算示意图

（3）岩体法向变形

根据应力 P 与变形 W 曲线的性状和变形特征不同，将岩体的法向变形曲线分为直线型、上凹型、上凸型以及复合型四类，如图 2-30 所示。

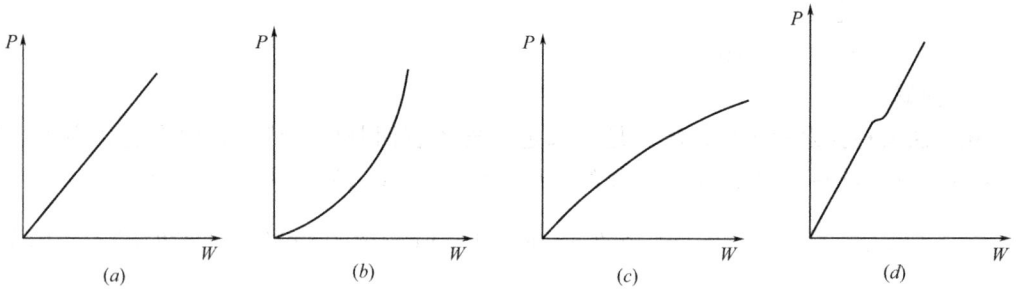

图 2-30　岩体法向变形曲线类型示意

1）直线型

变形曲线为一通过原点的直线如图 2-30（a）所示，岩性均匀且结构面不发育或结构面分布均匀的岩体多呈这类曲线。根据曲线的斜率大小及卸压曲线特征，又可分为陡直线型和缓直线型。直线型表明岩体刚度大，不易变形；卸压后变形几乎恢复到原点，以弹性变形为主，反映出岩体接近于均质弹性体（图 2-31）。缓直线型反映出岩体刚度低、易变形；卸压后岩体变形只能部分恢复，有明显的塑性变形和回滞环（图 2-32）。

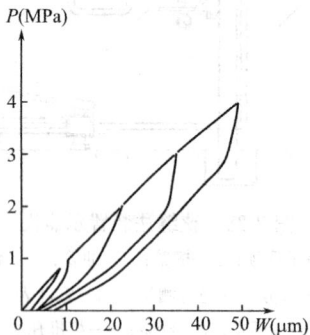

图 2-31　陡直线型曲线

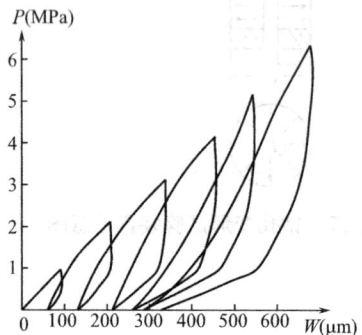

图 2-32　缓直线型曲线

2) 上凹型

变形曲线呈上凹型如图 2-30 (b) 所示，层状及节理岩体多呈这类曲线。据其加卸压曲线又可分为两种：一种是岩体刚度随循环次数增加而增大，卸压曲线相对较缓，岩体弹性变形成分较大，如图 2-33 (a) 所示。另一种卸压曲线较陡，表明卸压后变形大部分不能恢复，为塑性变形，如图 2-33 (b) 所示。

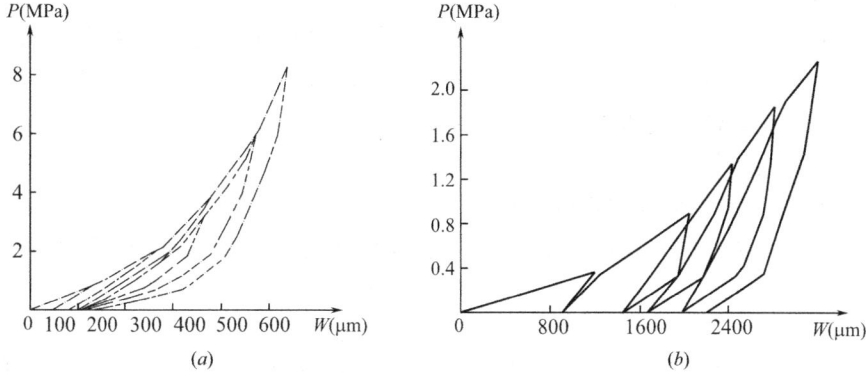

图 2-33　上凹型曲线

3) 上凸型

变形曲线呈上凸型如图 2-30 (c) 所示，结构面发育且有泥质充填的岩体，较深处埋藏有软弱夹层或岩性软弱的岩体（黏土岩、风化岩）等常呈这类曲线。

4) 复合型

变形曲线呈阶梯或 S 形如图 2-30 (d) 所示，结构面发育不均或岩性不均匀的岩体常呈此类曲线。

（4）岩体剪切变形

根据 τ—u 曲线的形状及残余强度（τ_f）与峰值强度（τ_p）的比值，可将岩体剪切变形曲线分为如图 2-34 所示的 3 类。

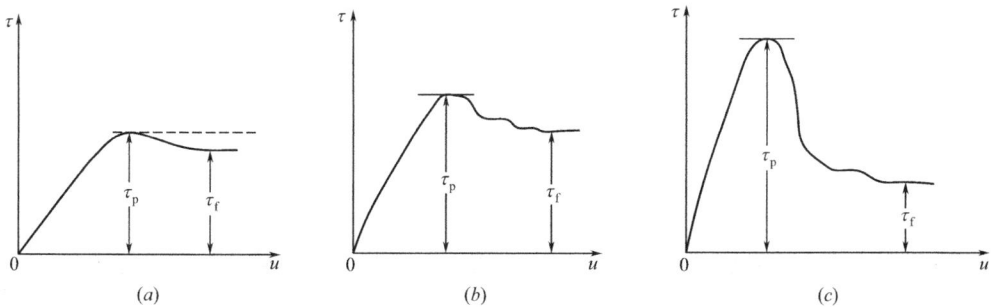

图 2-34　岩体剪切变形曲线类型示意图

1) 峰值前变形曲线平均斜率小，破坏位移大；峰值后随位移增大强度损失很小或不变。沿软弱结构面剪切时常呈这类曲线，如图 2-34 (a) 所示。

2) 峰值前变形曲线平均斜率较大，峰值强度较高。峰值后随剪位移增大强度损失较大，有较明显的应力降。沿粗糙结构面、软弱岩体及强风化岩体剪切时多属这类曲线，如

图 2-34（b）所示。

3）峰值前变形曲线斜率大，曲线具有较明显的线性段和非线性段，比例极限和屈服极限较易确定。峰值强度高，破坏位移小，峰值后随位移增大强度迅速降低，残余强度较低。剪断坚硬岩体时的变形曲线多属此类，如图 2-34（c）所示。

3. 岩体的强度特性

岩体强度是指岩体抵抗外力破坏的能力，受到岩块和结构面强度及其组合方式（岩体结构）的控制。由于结构面的自然特征与力学性质对裂隙岩体强度具有控制性影响，裂隙岩体的强度在很大程度上取决于结构面的强度。工程设计上一般不允许岩体中有拉应力出现，主要考虑的是岩体的抗压强度和剪切强度。

（1）结构面对岩体强度的影响

1）结构面的方位对岩体强度的影响

当结构面倾角为 β 时，在应力条件下，结构面破坏准则（极限平衡）的表示公式：

$$\sigma_1 - \sigma_3 = \frac{2c_j + 2\sigma_3 \tan\varphi_j}{(1 - \tan\varphi_j \cot\beta)\sin 2\beta} \tag{2-78}$$

上式中 c_j、φ_j 均为常数，为结构面的内摩擦角以及黏聚力。只有当结构面的倾角 β 满足 $\varphi_j < \beta < 90°$ 的条件时，才可能沿着结构面发生破坏，当 β 不满足上述条件时，破坏沿着岩石材料内部发生（图 2-35）。

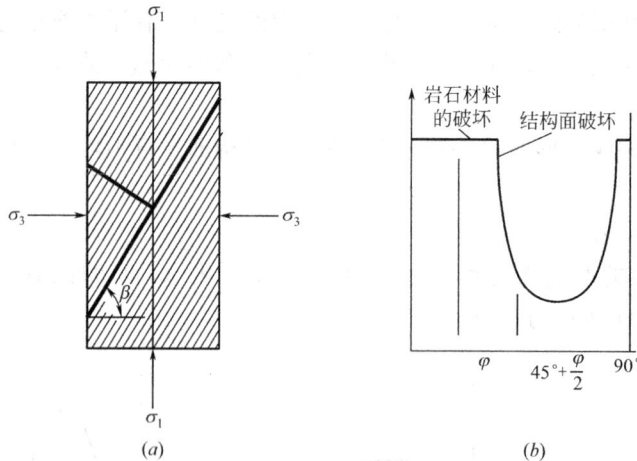

图 2-35　轴向压力 σ_1 随 β 角的变化

（a）受力图；（b）σ_1 随 β 角的变化

2）结构面的粗糙程度对岩体强度的影响

图 2-36（a）表示直剪试验时水平剪力与结构面方向一致的情况下达到极限平衡状态。设滑动面的摩擦角为 φ_j，内聚力 c_j 为零，则：

$$\frac{T}{P} = \tan\varphi_j \tag{2-79}$$

结构面与水平方向为倾角 i 时如图 2-36（b）所示，则结构面发生滑动时其上的剪力 T 与法向力 P 之间的关系为：

$$\frac{T}{P} = \tan(\varphi_j + i) \tag{2-80}$$

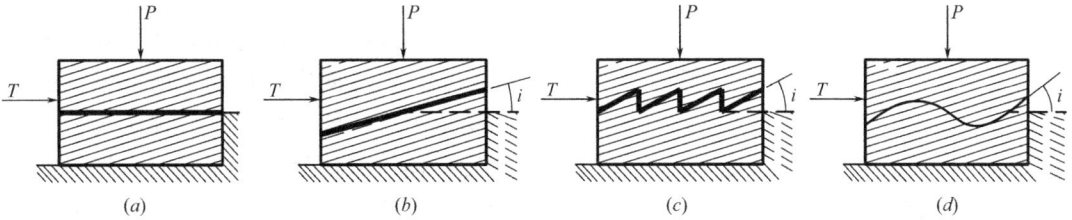

图 2-36 粗糙度模型的理想面

对于呈锯齿状的结构面，如图 2-36（c）、图 2-36（d）所示，当 P 较小时，结构面的滑动遵循式（2-80）。随着剪切，试样在垂直方向不断增大体积（扩容）。当 P 值增加到某种临界值时，滑动不沿倾斜面产生，而是穿过锯齿底面，破坏不发生扩容性垂直运动。

结构面的抗剪强度为（图 2-37）：

低正应力时：

$$\tau_f = \sigma \tan(\varphi_j + i) \tag{2-81}$$

高正应力时：

$$\tau_f = c_j + \sigma \tan\varphi_j \tag{2-82}$$

式中的 i 称为起伏角，φ_j 应当用平面所做试验求取。

φ_j 的值大多在 $21°\sim40°$ 范围内变化，一般为 $30°$。当结构面上存在云母、滑石、绿泥石或其他片状硅酸盐矿物时，或者当有黏土质断层时，φ_j 可降低很多。结构面的起伏角 i 变化范围很大，可从 $0°\sim40°$ 变化。在无试验资料可用时，φ_j 可参见表 2-18。

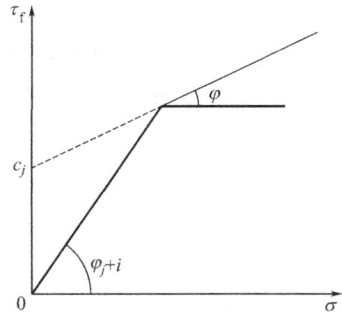

图 2-37 结构面的强度包络线

各种岩石结构面基本摩擦角 φ_j 的近似值表　　　　　　　　表 2-18

岩　类	$\varphi_j(°)$	岩　类	$\varphi_j(°)$
闪　岩	32	花岗岩(粗粒)	$31\sim35$
玄武岩	$31\sim38$	石灰岩	$33\sim40$
砾　岩	35	斑　岩	31
白　垩	30	砂　岩	$25\sim35$
白云岩	$27\sim31$	页　岩	27
片麻岩(片状的)	$23\sim29$	粉砂岩	$27\sim31$
花岗岩(细粒)	$29\sim35$	板　岩	$25\sim30$

3）结构面内充水对岩体强度的影响

结构面内有水压力，会使有效正应力降低，结构面强度也相应降低。除了初始应力和强度参数之外，还需考虑结构面的方位（结构面法线与大主应力成 β 角）。结构面在水压力下开始破坏的莫尔圆如图 2-38 所示，开始破坏时的水压力为：

$$P_w = \frac{c_j}{\tan\varphi_j} + \sigma_3 + (\sigma_1 - \sigma_3) \times \left(\cos^2\beta - \frac{\sin\beta\cos\beta}{\tan\varphi_j}\right) \tag{2-83}$$

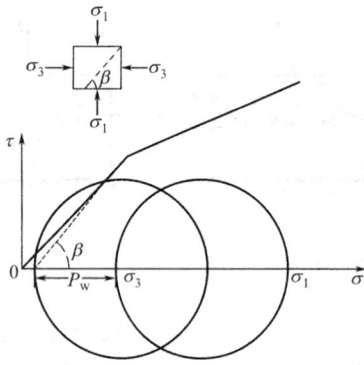

图 2-38　结构面在水压力下开始破坏的莫尔圆

（2）岩体剪切强度

岩体的剪切强度是指岩体内任一方向剪切面，在法向应力作用下所能抵抗的最大剪应力。一般采用双千斤顶法直剪试验确定岩体的剪切指标。实验时，先施加垂直荷载，待其变形稳定后再逐级施加水平剪力直至破坏。通过试验可获得岩体剪应力 τ —剪位移 u 曲线及法向应力 σ —法向位移 W 曲线；剪切强度曲线及岩体剪切强度指标 c_m、φ_m 值。常见岩石的剪切指标 c_m、φ_m 值见表 2-19。

常见岩体的剪切指标值　　　　　　　　表 2-19

岩体名称	内聚力 c_m（MPa）		内摩擦角 φ_m（°）
褐煤	0.014～0.03		15～18
黏土岩	范围	0.002～0.18	10～45
	一般	0.004～0.09	15～30
泥岩	0.01		23
泥灰岩	0.007～0.44		20～41
石英岩	0.01～0.53		22～40
闪长岩	0.2～0.75		30～59
片麻岩	0.34～1.4		29～68
辉长岩	0.76～1.38		38～41
页岩	范围	0.03～1.36	33～70
	一般	0.1～0.4	38～50
石灰岩	范围	0.02～3.9	16～65
	一般	0.1～1	38～52
粉砂岩	0.07～1.7		29～59
砂质页岩	0.07～0.18		42～63
砂岩	范围	0.04～2.88	28～70
	一般	1～2	48～60
玄武岩	0.06～1.4		36～61
花岗岩	范围	0.1～4.16	30～70
	一般	0.2～0.5	45～52
大理岩	范围	1.54～4.9	24～60
	一般	3～4	49～55
石英闪长岩	1.0～2.2		51～61
安山岩	0.89～2.45		53～74
正长岩	1～3		62～66

岩体的内摩擦角与岩石的内摩擦角很接近；而岩体的内聚力则大大低于岩石的内聚力，表明结构面的存在主要是降低了岩石的联结能力，进而降低其内聚力，对内摩擦角影响不大。由于结构面的存在，岩体一般都具有高度的各向异性。

当岩体沿结构面剪切（重剪破坏）时，岩体剪切强度最低，等于结构面的抗剪强度；横切结构面剪切（剪断破坏）时，岩体剪切强度最高；沿复合剪切面剪切（复合破坏）时，其强度介于以上两者之间，如图 2-39 所示。

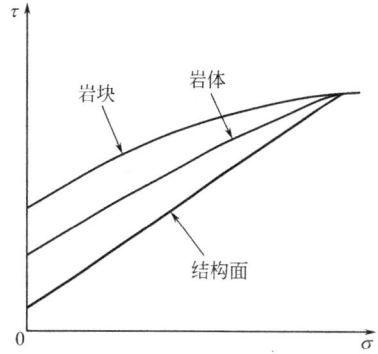

图 2-39　岩体剪切强度包络线示意图

在高应力条件下，岩体的剪切强度较接近于岩石的强度；在低应力条件下，岩体的剪切强度主要受结构面发育及其组合关系的控制。作用在岩体上的工程荷载一般都在 10MPa 以下，因此与工程有关的岩体破坏，基本受结构面特征控制。

（3）岩体抗压强度

岩体的压缩强度分为单轴抗压强度和三轴压缩强度，通常是采用原位单轴压缩和三轴压缩试验来确定。这两种试验也是在平巷中制备试件，并采用千斤顶等加压设备施加压力，直至试件破坏。

由 Jaeger 发展的单结构面理论，沿结构面产生剪切破坏的条件为式（2-78），只有当 $\beta_1 \leqslant \beta \leqslant \beta_2$ 时岩体才能沿结构面破坏。β_1、β_2 分别为：

$$\beta_1 = \frac{\varphi_j}{2} + \frac{1}{2}\arcsin\left[\frac{(\sigma_1 + \sigma_3 + 2c\cot\varphi_j)\sin\varphi_j}{\sigma_1 - \sigma_3}\right]$$

$$\beta_2 = 90 + \frac{\varphi_j}{2} - \frac{1}{2}\arcsin\left[\frac{(\sigma_1 + \sigma_3 + 2c\cot\varphi_j)\sin\varphi_j}{\sigma_1 - \sigma_3}\right] \tag{2-84}$$

岩体的三轴抗压强度为：

$$\sigma_{1m} = \sigma_3 + \frac{2(c_j + \sigma_3\tan\varphi_j)}{(1 - \tan\varphi_j\cot\beta)\sin2\beta} \tag{2-85}$$

令 $\sigma_3 = 0$，得单轴抗压强度为：

$$\sigma_{mc} = \frac{2(c_j + \sigma_3\tan\varphi_j)}{(1 - \tan\varphi_j\cot\beta)\sin2\beta} \tag{2-86}$$

当 $\beta = 45° + \varphi_j/2$ 时，岩体强度取得最低值为：

$$(\sigma_1 - \sigma_3)_{min} = \frac{2(c_j + \sigma_3\tan\varphi_j)}{\sqrt{1 + \tan^2\varphi_j} - \tan\varphi_j} \tag{2-87}$$

含多组结构面，且假定各组结构面具有相同的性质时，可分步运用单结构面理论确定岩体强度包线及岩体强度，如图 2-40 所示。随结构面组数的增加，岩体的强度趋向于各向同性，并被大大削弱，且多沿复合结构面破坏，含四组以上结构面岩体的强度可按各向同性考虑。

2.4.4　岩体的流变特性

在工程实践中经常会遇到岩体变形随时间而增长变化的现象。例如岩体边坡长期沿着

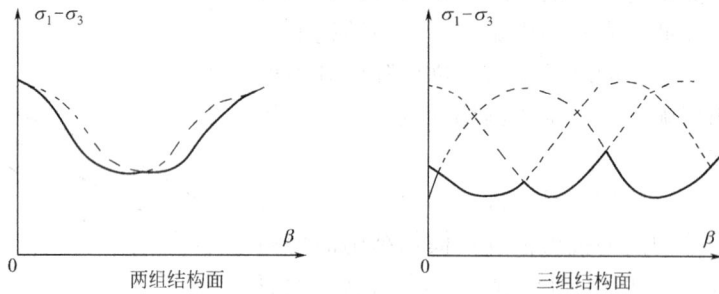

图 2-40 含不同组数结构面岩体强度曲线

某一软弱结构面的滑移往往引起突发性的大滑坡；地下建筑物由于围岩变形随时间的变化，可能会引起衬砌破坏或丧失使用条件等。岩质边坡的失稳破坏与时间密切相关。尤其是岩体在开挖、卸荷以及渗流等复杂应力状态下所表现出的流变特性更加明显，同时对工程的长期稳定也带来了许多不利影响。大量室内试验和现场量测已充分表明，对于软弱岩石以及含有泥质充填物和夹层破碎带的岩体，其流变特性是非常显著的，即使是比较坚硬的岩体，由于受到多组节理或发育裂隙的切割，以及渗流场的作用，其流变也会达到较大的量值。1966 年在 Lisbon 召开了首届国际岩石力学会议，有学者就提出了适合岩石的流变模型，并指出岩石蠕变在边坡稳定中起的重要作用；我国岩土流变学科的奠基人陈宗基先生早在 1959 年把土流变学方面的研究方法和许多研究成果推广应用于软弱岩体及坚硬岩体中的软弱结构面。同济大学孙钧院士及其所在的学术团队系统研究了不同岩石的结构面的蠕变、松弛特性，就岩石流变的试验技术、本构理论与模型参数辨识、数值分析方法以及工程应用作了全面探讨。

岩石流变的大小，不仅取决于其抗压、抗剪强度，而且还与它所承受的应力水平有关；当应力水平（一般为地应力值）的赋存值较高时，甚至如长江三峡工程那样的闪云斜长花岗岩，沿其节理裂隙软弱结构面和断裂带也会有一定的剪切蠕变，这已由实践所证实。

1. 岩石流变的基本性质

岩石的流变力学特性与土体流变特性有共性，也具有特性，一般包括以下几个方面：（1）蠕变；（2）应力松弛；（3）弹性后效；（4）长期强度；（5）流动。

岩石的蠕变可用蠕变方程和蠕变曲线表示。在较高应力水平下，蠕变历程一般可分为 I（初始/衰减蠕变）、II（稳态/等速蠕变）和 III（加速蠕变）三个阶段。蠕变曲线的性状随着岩石自身的属性、应力状态以及环境条件等的不同，也可分为三种类型：稳定蠕变、亚稳定蠕变和不稳定蠕变。岩石的应力松弛特性也可划分为三种类型：立即松弛、完全松弛和不完全松弛。在同一变形条件下，不同岩石具有不同类型的松弛特性。同一岩石，在不同变形条件下也可能表现为不同类型的应力松弛特性。在较低应力水平下，卸载后变形也可能不能恢复到零而留有残余应变，此应变系由黏性流动造成。在高应力水平下，卸载后残余应变较大，其中可能包括塑性应变、黏塑性应变、黏性流动和塑性流动。岩石的屈服极限（强度）随时间的延长而衰减，这已为众多实验室和现场试验所证实。岩石长期强度的确定方法有多种，可以在岩石蠕变试验中将稳定蠕变速度为零时的最大荷载值定为岩石的长期强度；或者在蠕变曲线族中选取各曲线上骤然上升的拐点作为流动极限，相应地找到经历各时间后的流动极限值，从而得到流动极限的衰减曲线。当流动极限不再随时间的增长而降低时，即为岩石的长期强度。

2. 岩体的流变

岩体中存在着大量断层、节理以及软弱夹层等不连续面，正是这些不连续面造成了岩体与岩石材料的巨大区别，使得节理岩体流变特性不同于岩石材料流变特性。岩体中的断层、裂隙及节理，由于挤压破碎以及地下水的活动，经常会形成软弱带或泥化带，即软弱夹层，软弱夹层的强度较低，且变形量大，具有显著的时间效应，因而软弱夹层的流变力学特性，直接影响着岩体工程的长期稳定性。

节理裂隙岩体的流变和节理裂隙岩体的瞬时变形一样，主要受节理性状（节理空间位置、节理厚度、贯通程度、有无充填物及充填物属性）的影响、制约和控制，呈现比较明显的各向异性性态。闭合节理岩体受法向压应力作用时，岩体的压缩蠕变变形较小，长期强度较高。节理岩体在受较高剪切应力作用时，节理剪切蠕变相对于时间和应力的非线性特性明显，蠕变变形较大，呈现强烈的流动特征，长期强度较低。节理裂隙岩体的变形和破坏不仅受自身的性状和所处环境影响，而且是其内部原（初）始细微观缺陷（微裂隙）、宏观缺陷（裂隙或结构面）的演化、发展和贯通的结果。几乎所有的工程岩体破坏失稳都不是一开始就出现的，一般是在岩体工程建设和运营过程中，岩体变形在某些结构面或其间的薄弱部位随时间增长发展；或者因水文地质、工程地质条件逐渐恶化，致使岩体中内在裂纹（裂隙）随时间不断蠕变、演化，进而产生宏观断裂扩展，最终导致岩体由局部破坏发展到整体失稳。这就是岩体损伤、断裂的时效特性。

3. 受力条件对岩体流变性态的影响

对于不同的受力条件，各类岩石所表现的流变性态也不尽相同。岩石室内流变试验成果表明：（1）在单向压缩情况下，岩石的侧向蠕变比轴向的更显著，侧向蠕变速率随应力增加也比轴向的更迅速。多数岩石在较低的单轴压应力作用下表现出黏弹性固体性态，待压应力超过一定量值以后，则多表现为黏塑性流体性态。（2）一些岩石在单向拉伸、扭转（剪切）和多点弯曲等恒载分别作用下的变形均表现出更加明显的时间效应。在这几种受力条件下，即使应力较低也显现出黏弹塑性流体的蠕变性态。（3）在双轴和三轴压缩的复杂应力情况下，岩石的蠕变性态将受到各个方向应力大小及其加载路径的影响。对于围压恒定、轴压增加的情况，一些岩石在每一级增量荷载下的轴向、侧向和体积变形都具有明显的时间效应。反之，在轴压恒定、围压增加的情况下，体积变形的时间效应多不明显，轴向和侧向蠕变值也不大。因而在高围压条件下，蠕变断裂比单轴压缩困难。（4）软弱夹层和沿节理结构面的剪切流变性态是决定不连续岩体流变特性的关键。节理面的剪切刚度随时间降低，剪切应变速率则随剪应力增加而增加，对表面粗糙但无大的起伏角，以及无黏土质矿物夹层充填的节理面，其蠕变曲线相对地比较平缓，变形过程中没有大的起伏和剧变。层状板岩中存在的节理面还会影响到侧向蠕变；平行于节理而加载时出现的侧向蠕变值有时可达到垂直于节理面加载时相应值的 2 倍。（5）深层岩石在地温升高时蠕变量会加大，岩石的一些结构因素，诸如颗粒粒径和几何形状、胶结情况以及孔隙率等，对岩石蠕变的量值也有一定的影响，当组成岩石的颗粒粒径比较粗大时，岩石蠕变值将减小。（6）在恒定的单向压应变作用下，多数岩石都表现出不同程度的应力松弛特性。应力松弛持续的时间具有随岩石单轴抗压强度降低而减小的趋势，同时还受到所施加应力值大小的影响。

2.4.5　边坡开挖与岩、土的物理力学性质的变化

工程边坡主要为单一结构的土质边坡、岩质边坡及土质和岩石组成的二元结构混合边坡。开挖边坡会造成扰（震）动、坡面裂缝发展、雨水入渗、地下水渗流、坡面岩体风化等不利因素，因为岩土体内部存在大量微观缺陷，在震动、风化、渗流等外界作用力的驱动下，这些缺陷将产生运动，如位错滑移、孔穴扩散、晶界滑移和微裂纹的扩展等，这些微观缺陷运动的宏观表现形式即为岩土体物理力学性能的逐渐弱化，对边坡岩土体的物理力学性质及长期强度指标造成一定影响，主要表现在以下几个方面。

（1）在边坡开挖过程中，坡体中的应力状态将重新分布，即相对于边坡形成之前出现所谓的二次应力状态。由于坡体中原有的应力平衡状态被打破，坡体为适应这种新的应力状态，将发生一定的变形与破坏，通常表现为边坡的松弛张裂，即坡底和坡体土体回弹及坡顶土体开裂等，这种松弛张裂一方面会改变部分土体的孔隙比和密度等指标，使岩土体强度降低，另一方面使各种外应力更易深入坡体，增加了坡体内各种应力的活跃程度。根据苏联学者的研究结果：土的应力释放过程包括了原位应力的解除、含水量和孔隙比的改变、土体结构的破坏等。边坡开挖卸荷之后，坡体土体的抗剪强度略微下降，随前期固结围压的不同，其抗剪强度下降的幅度不一。相对于内摩擦角而言，黏聚力值降低较为明显，内摩擦角变化幅度较小，边坡开挖卸荷后土体抗剪强度的下降主要是由于黏聚力值的降低所引起。

（2）边坡开挖后，风化作用长期作用于坡面岩层，时刻影响着岩石的结构和力学性能，对边坡岩体强度影响很大，岩体强度参数具有时间和深度上的渐变特征，强度随风化时间减弱，沿地层深度增强。在风化作用下，岩石由整体变成碎块、由坚硬变得疏松，甚至组成岩石的矿物成分也发生了分解变化，特别是容易风化的变质岩片岩，由于内含云母、滑石等易风化矿物成分，受风化作用尤其影响显著，在风化作用下边坡岩体可成为片理发育、岩性软弱的软弱层。

（3）边坡浸水会造成土体含水率和饱和度的降低、岩土中孔隙水压力的变化及软硬物理状态的改变。因边坡水体作用引起的浸润湿化作用不但会改变土体的含水率等宏观物理指标，而且会诱发黏性土微结构失稳等微观结构特性发生变化。当水侵入岩石中，水将顺着裂隙和孔隙进入岩石内部，润湿岩石全部自由面上的每个矿物颗粒。由于水分子的侵入改变了岩石的物理状态，削弱了颗粒之间的联系，使其强度降低。降低的程度取决于岩石中的孔隙和裂隙的状况、组成岩石的矿物成分的亲水性和水分含量、水的物理化学性质等。

（4）边坡开挖时的振动和扰动作用会使边坡岩土体的结构发生变化甚至破坏，出现新的结构面或使原有结构面张裂、松弛，地下水状态也有较大变化，孔隙水压力增大，边坡岩土体强度降低，岩体结构面抗剪强度的降低。

因此，在边坡工程中，应该重视边坡开挖对岩、土体物理力学性质的影响。

2.5　本构关系

岩土体作为天然地质材料在组成及构造上呈现高度的各向异性、非均质性、非连续性和随机性，在力学性能上表现出强烈的非线性、非弹性和黏滞性，其应力—应变关系非常

复杂，它与应力路径、强度发挥程度以及岩土的状态、组成、结构、温度、赋存环境等因素密切相关。在弹性状态下，应力状态决定应变；在塑性状态下，应力—应变关系是非线性的，而且与应力路径、应力历史、加载卸载状态有关，简单的说成应力—应变关系已不能完全反应实际情况，所以称之为本构关系。

一个合理的本构模型除要符合力学和热力学的基本原则和反应岩土实际状态外，还需进行适当的简化，使参数的选择和计算方法的处理尽量简便。经过前人多年的探索研究工作，形成了多种描述岩土应力—应变关系的本构模型，主要可分为线弹性模型、非线性弹性模型、弹塑性模型和黏弹塑性模型几类。在研究工作及工程应用中，应具体根据土的特性和问题的复杂情况选择合适的本构关系模型。

2.5.1 线弹性模型

早期岩土力学中的变形计算主要是利用基于广义虎克定律线弹性理论，其形式简单，参数少，物理意义明确。在线弹性模型中，只需两个材料常数即可描述其应力—应变状态，利用变形模量 E 和泊松比 μ 用张量可表示成：

$$\{\sigma\} = [D]\{\varepsilon\} \tag{2-88}$$

其中 $[D]$ 为刚度矩阵：

$$[D] = \frac{E(1-\mu)}{(1+\mu)(1-2\mu)} \begin{bmatrix} 1 & & & & & \\ \frac{\mu}{1-\mu} & 1 & & 对 & & \\ \frac{\mu}{1-\mu} & \frac{\mu}{1-\mu} & 1 & & 称 & \\ 0 & 0 & 0 & \frac{1-2\mu}{2(1-\mu)} & & \\ 0 & 0 & 0 & 0 & \frac{1-2\mu}{2(1-\mu)} & \\ 0 & 0 & 0 & 0 & 0 & \frac{1-2\mu}{2(1-\mu)} \end{bmatrix} \tag{2-89}$$

由于岩土为各向异性，大多数情况下表现为横观各向同性，亦即层状结构，在 x、y 组成的水平面内为各向同性，用线性理论表述需 5 个独立的材料常数 $[E]$、$[E']$、$[\mu]$、$[\mu']$、$[O']$，其表达形式为：

$$\varepsilon_x = \frac{1}{E}(\sigma_x - \mu\sigma_y) - \frac{\mu'}{E'}\sigma_z$$

$$\varepsilon_y = \frac{1}{E}(\sigma_y - \mu\sigma_x) - \frac{\mu'}{E'}\sigma_z$$

$$\varepsilon_z = \frac{1}{E'}\sigma_z - \frac{\mu'}{E'}(\sigma_x + \sigma_y)$$

$$\gamma_{xy} = \frac{2(1+\mu)}{E}\tau_{xy}$$

$$\gamma_{yz} = \frac{1}{G'}\tau_{yz}$$

$$\gamma_{zx} = \frac{1}{G'}\tau_{zx} \tag{2-90}$$

对于岩土的应力应变关系，线弹性理论过于简化，但当应力水平不高且在一定的边界条件情况下，还是比较实用的。

2.5.2　非线性弹性模型

线弹性分析只适用于安全系数较大，不发生屈服的情况下，实际上岩土体在一定应力状态下都可能发生屈服，应力—应变关系是非线性的。非线性弹性模型中岩土的切线模量和切线泊松比不是常量，而是随着应力状态而改变。在非线性弹性模型中，描述岩土体的本构关系实际上采用的是增量形式的广义虎克定律。在各种非线性弹性模型中，Duncan-Chang 模型、Domaschuk-Valliappan 模型是目前被广泛应用的增量弹性模型。

1. Duncan-Chang 模型

Kondner 根据大量常规三轴试验的应力—应变关系曲线结果，提出可以用双曲线来拟合一般土的三轴试验 $(\sigma_1 - \sigma_3) - \varepsilon_1$ 曲线，即：

$$\sigma_1 - \sigma_3 = \frac{\varepsilon_1}{a + b\varepsilon_1} \tag{2-91}$$

式中　ε_1——常规三轴试样的轴向应变；

　　a、b——拟合常数，其意义如图 2-41 所示。

基于常规三轴试验，Duncan 等人在上述公式的基础上提出一种目前被广泛应用的增量弹性模型，称为邓肯—张（Duncan-Chang）模型。模型中引入了切线变形模量 E_t 和切线泊松比 μ_t 两个参数，因此也称为 E—μ 模型。

切线变形模量 E_t 和切线泊松比 μ_t 的计算公式为：

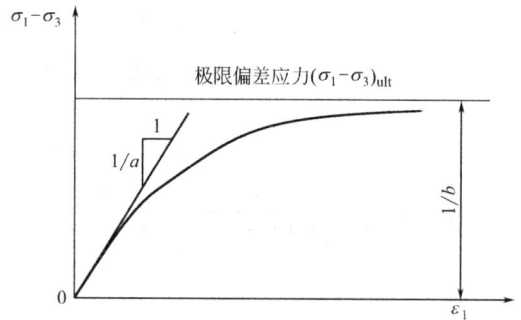

图 2-41　土的应力—应变的双曲线关系

$$E_t = KP_a \left(\frac{\sigma_3}{p_a}\right)^n \left[1 - \frac{R_f(\sigma_1 - \sigma_3)(1 - \sin\varphi)}{2c\cos\varphi + 2\sigma_3\sin\varphi}\right]^2 \tag{2-92}$$

$$\mu_t = \left(G - F\lg\frac{\sigma_3}{P_a}\right) \cdot \left\{1 - D(\sigma_1 - \sigma_2)\left[KP_a\left(\frac{\sigma_3}{P_a}\right)^n\right]^{-1}\left[1 - \frac{R_f(\sigma_1 - \sigma_3)(1 - \sin\varphi)}{2c\cos\varphi + 2\sigma_3\sin\varphi}\right]^{-1}\right\}^{-1/2} \tag{2-93}$$

其中破坏比 R_f 为：

$$R_f = \frac{(\sigma_1 - \sigma_3)_f}{(\sigma_1 - \sigma_3)_{ult}} \tag{2-94}$$

式中　　　　　P_a——标准大气压，等于 101.4kPa；

$(\sigma_1 - \sigma_3)_f$、$(\sigma_1 - \sigma_3)_{ult}$——破坏时的偏差应力和极限偏差应力；

　　K、n、G、F——试验常数，可通过常规三轴试验结果确定。

在应用 E—μ 模型中发现 ε_1 与 ε_3 间的双曲线假设与实际情况相差较多，μ_t 公式不够完善，Duncan 和 Wong 等人改用引入体积压缩模量 K_t 代替切线泊松比 μ_t，即为 E—K

模型。

$$K_t = K_b P_a \left(\frac{\sigma_3}{P_a} \right)^m \tag{2-95}$$

其中，K_b 和 m 是材料常数，分别为 $\lg (B_t/P_a)$（B_t 为切线体积模量）与 $\lg (\sigma_3/P_a)$ 直线关系的截距和斜率。

邓肯—张（Duncan—Chang）模型是国内外广泛采用的岩土模型，它既适用于黏性土，也适用于砂土，但不宜用于密砂、严重超固结土。优点是可以利用常规三轴剪切试验确定所需的计算参数。由于是非线性弹性模型，所以一般只适用荷载不太大的条件（即不太接近破坏的条件）。该模型是应用单一剪切试验结果进行全部应力—应变分析，而且一切公式都是根据 σ_3 为常量的试验，因此它适宜用于以土体的稳定分析为主的，而且 σ_3 接近常数的土体工程问题。邓肯—张（Duncan—Chang）模型没有考虑剪胀性和应力路径问题，是模型的重要缺点。

2. Domaschuk—Valliappan 模型

将应力—应变分解为球张量和偏张量两部分，分别建立球张量 p（σ_m）与 ε_v、偏张量 q 与 $\bar{\varepsilon}$ 间的增量关系，即：

$$\left. \begin{array}{l} dp = K d\varepsilon_v \\ dq = 3G d\bar{\varepsilon} \end{array} \right\} \tag{2-96}$$

通过体积变形模量 K 和剪切模量 G 表示内力关系的一类模型统称为 K—G 模型。Domaschuk 等人假设在各向等压试验中 p-ε_v 之间关系近似用幂函数表示，在 p 为常数的三轴压缩试验中，q 与 $\bar{\varepsilon}$ 之间关系近似用双曲线表示，得到切线体积模量 K_t 和剪切模量 G_t 分别为：

$$K_t = \frac{p_c}{\varepsilon_{vc}} \left(1 + n \left| \frac{\varepsilon_v}{\varepsilon_{vc}} \right|^{n-1} \right) \tag{2-97}$$

$$G_t = G_i \left[1 - R_f \cdot \tau_\pi \cdot 10^{-\alpha_1} \left(\frac{p}{p_c e_0} \right)^{-\beta} \right]^2 \tag{2-98}$$

式中　　p_c、ε_{vc}、n、β——试验常数；

　　　　　τ_π——偏剪应力；

　　　　　e_0——初始孔隙比；

　　　　　G_i——初始切线剪切模量，为 q-$3\bar{\varepsilon}$ 曲线的初始斜率。

一般认为，K—G 模型优于 E—μ 模型，因为弹性模量和泊松比的选定比较困难，尤其是泊松比受试验方法影响较大，而且泊松比的稍微变化会引起应力—应变的较大变化，所以认为采用 K—G 模型是较优的。

2.5.3　弹塑性模型

在弹性状态下，应变唯一地决定于应力状态；在塑性状态下，应变与应力呈现非线性关系，应变不仅与应力现状有关，还与加载历史、加卸载状态、加载路径以及物质微观结构的变形等有关。作为一种弹塑性体，土在受到超过一定应力范围后，除发生一部分弹性变形外，很大一部分属于不可恢复的塑性变形。弹塑性模型中提出利用虎克定律计算弹性部分变形，而利用塑性理论计算塑性变形，常用的有以下几种弹塑性模型。

1. Mohr-Coulomb 模型

Mohr-Coulomb 模型是理想塑性模型，具有一个固定屈服面的本构模型。固定屈服面指的是由模型参数完全定义的屈服面，不受（塑性）应变的影响。

空间 Mohr-Coulomb 屈服准则由下述六个屈服函数组成：

$$
\begin{aligned}
f_1 &= (\sigma_2 - \sigma_3) + (\sigma_2 + \sigma_3)\sin\varphi - 2c\cos\varphi = 0 \\
f_2 &= (\sigma_3 - \sigma_2) + (\sigma_2 + \sigma_3)\sin\varphi - 2c\cos\varphi = 0 \\
f_3 &= (\sigma_3 - \sigma_1) + (\sigma_3 + \sigma_1)\sin\varphi - 2c\cos\varphi = 0 \\
f_4 &= (\sigma_1 - \sigma_3) + (\sigma_3 + \sigma_1)\sin\varphi - 2c\cos\varphi = 0 \\
f_5 &= (\sigma_1 - \sigma_2) + (\sigma_1 + \sigma_2)\sin\varphi - 2c\cos\varphi = 0 \\
f_6 &= (\sigma_2 - \sigma_1) + (\sigma_1 + \sigma_2)\sin\varphi - 2c\cos\varphi = 0
\end{aligned}
\tag{2-99}
$$

Mohr-Coulomb 准则的最大优点是它既能反映岩土材料的抗压强度不同的 S—D 效应（拉压的屈服与破坏强度不同）和对静水压力的敏感性，而且简单实用，材料参数 c 和 φ 可以通过各种不同的常规试验仪器和方法测定。因此在岩土力学弹塑性理论中得到广泛应用，并且积累了丰富的试验资料与应用经验。但是 Mohr-Coulomb 准则不能反映单纯的静水压力可以引起岩土屈服的特性，而且屈服曲面有棱角，不便于塑性应变增量的计算，这就给数值计算带来了困难。

2. 剑桥模型

剑桥模型是由剑桥大学 Roscoe 等人 1963 年提出，1965 年 Burland 根据能量方程，重新得到剑桥模型的屈服曲线，称其为修正剑桥模型。剑桥模型是第一个用增量塑性理论建立起来的土的应力—应变计算模型，并取得了一定成效，是一种很著名的、最具代表性的土的弹塑性模型。这个模型从实验上和理论上较好地阐明了土体弹塑性变形特性，尤其考虑了土的塑性体积变形。

土体在应力作用下，产生了体积应变增量 $d\varepsilon_v$ 和剪切应变增量 $d\varepsilon_s$，弹性部分增量型应力—应变关系为：

$$
d\varepsilon_v^e = + \frac{k}{1+e} \frac{d\sigma_m'}{\sigma_m'}
\tag{2-100}
$$

$$
d\varepsilon_s^e = \frac{2k(1+\mu)}{9(1+e)\sigma_m'(1-2\mu)} dq
\tag{2-101}
$$

以上两式可决定理想各向同性弹性变形条件下土的应力—应变关系特征，也适用于状态边界面以下任何加载路径时土的状态。

塑性部分增量型应力—应变关系为：

$$
d\varepsilon_v^p = \frac{1}{1+e}\left[\frac{\lambda - k}{Mp}\left(dp - \frac{q\,dp}{p}\right) + \frac{\lambda}{p}dp\right]
\tag{2-102}
$$

$$
d\varepsilon_s^p = \frac{\lambda - k}{(1+e)Mp}\left(dp + \frac{dq}{M - q/p}\right)
\tag{2-103}
$$

剑桥模型中除弹性参数外，只有 λ、k、M 三个模型参数，均可通过常规三轴试验测定，可利用剑桥模型来确定土的弹塑性应力—应变关系，应用较方便。

对于剪应力较小时，剑桥模型所给处的剪应变计算值一般比较大，为此 Burland 对剑桥模型作了修正，认为剑桥模型的屈服轨迹应为椭圆，称为修正剑桥模型，该模型较原来的剑桥模型能更好反应实际情况，应用更为广泛。

修正后剑桥模型增量型应力—应变关系为：

$$d\varepsilon_v^p = \frac{\lambda - k}{1 + e}\left(\frac{2\eta d\eta}{M^2 + \eta^2} + \frac{dp}{p}\right) \tag{2-104}$$

$$d\varepsilon_s^p = \frac{\lambda - k}{1 + e}\frac{2\eta}{M^2 - \eta^2}\left(\frac{2\eta d\eta}{M^2 + \eta^2} + \frac{dp}{p}\right) \tag{2-105}$$

式中 $\eta = q/p$。

剑桥模型是当前应用最广的模型之一，已积累较多的应用经验，这种模型能较好适用于正常固结黏土和弱固结黏土。模型主要缺点是不仅受到传统塑性位势理论的限制，而且没有充分考虑剪切变形，因为屈服面只是塑性体积变形的等值面，只采用 ε_v^p 作为硬化参量。Roscoe 和 Burland 在 1968 年提出在 $p'-q'$ 平面内还存在一个剪切屈服面，进一步修正了剑桥模型，但屈服面不够合理，后来有些学者将剪切面改成抛物线和双曲线等，从而发展为双屈服面的剑桥模型。

3. Lade-Duncan 模型

拉德（Lade）和邓肯（Duncan）根据砂土的真三轴试验结果，提出了 Lade—Duncan 模型。该模型采用不相适应的流动规则，适用于砂土和正常固结黏土，并能考虑到中主应力、剪胀性以及应力路径的影响。

Lade-Duncan 模型塑性应变增量表达式为：

$$\begin{Bmatrix} d\varepsilon_x^p \\ d\varepsilon_y^p \\ d\varepsilon_z^p \\ d\gamma_{xy}^p \\ d\gamma_{yz}^p \\ d\gamma_{zx}^p \end{Bmatrix} = d\lambda \cdot k_1 \begin{Bmatrix} \frac{3}{k_1}I_1^2 - \sigma_y\sigma_z + \tau_{yz}^2 \\ \frac{3}{k_1}I_1^2 - \sigma_z\sigma_x + \tau_{zx}^2 \\ \frac{3}{k_1}I_1^2 - \sigma_x\sigma_y + \tau_{xy}^2 \\ 2\sigma_z\tau_{xy} - 2\tau_{zx}\tau_{zy} \\ 2\sigma_x\tau_{yz} - 2\tau_{xy}\tau_{zx} \\ 2\sigma_y\tau_{zx} - 2\tau_{yx}\tau_{zy} \end{Bmatrix} \tag{2-106}$$

塑性势参数 k_1 为：

$$k_1 = \frac{3I_1^2(1 + v^p)}{\sigma_3(\sigma_1 + v^p\sigma_3)} \tag{2-107}$$

塑性因子 $d\lambda$ 为：

$$d\lambda = \frac{a\,dk}{3(I_1^3 - k_1 I_3)\left(1 - R_f\dfrac{k - k_t}{k_f - k_t}\right)^2} \tag{2-108}$$

式中 I_1、I_3——第一、第三应力不变量；

$\quad\quad k_f$——破坏时的硬化参数；

$\quad\quad v^p$——轴向应变与侧向应变的比值；

$\quad\quad R_f$——破坏比，其表达式分别为：

$$v^p = \frac{3I_1^2/k_1 - \sigma_1\sigma_3}{3I_1^2/k_1 - \sigma_3^2}, \qquad R_f = \frac{k_f - k_t}{(k - k_t)_{ult}}$$

Lade-Duncan 模型较好地考虑了剪切屈服，并考虑了应力洛德角的影响，但该模型需要的计算参数较多，而且没有充分考虑体积变形，难以考虑单纯静水压力作用下的屈服特性，这种模型即使采用非关联流动法则，也会产生过大的剪胀现象，而且不能考虑体缩。

2.5.4 黏弹塑性模型

岩土体的特点是黏性、弹性和塑性共存，要全面准确地反应岩土体的应力—应变—时间关系，就必须寻找既能反映其黏性，又能反映其弹性和塑性的本构模型。在黏弹性模型中，主要通过一个理想弹性模型和黏滞模型、塑性模型的组合来描述土体的变形特征。较常用的黏弹塑性模型有 Maxwell 模型、Kelvin 模型和黏塑性体模型。

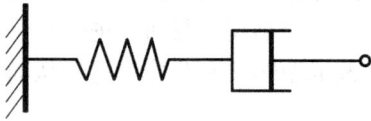

图 2-42　Maxwell 模型图

1. Maxwell 模型

Maxwell 模型是通过一个弹性元件和黏滞元件串联而组成的结构模型，示意图如图 2-42 所示。当单元受拉时，弹性元件和黏滞元件中应力相等，整个系统的变形等于两个元件变形之和：

$$\frac{d\varepsilon}{dt} = \frac{1}{E}\frac{d\sigma}{dt} + \frac{\sigma}{\eta} \tag{2-109}$$

本构关系方程解为：

$$\sigma = e^{-\frac{E}{\eta}t}\left(\sigma_0 + E\int_0^t e^{\frac{E}{\eta}t}\varepsilon\,dt\right) \tag{2-110}$$

式中，$\sigma_0 = E\varepsilon_0$ 为初始应力；ε_0 为初始应变。

当施加恒力 $\sigma = \sigma_0 H(t)$ 时：

$$\varepsilon(t) = \sigma_0\left(\frac{1}{E} + \frac{1}{\eta}t\right)H(t) \tag{2-111}$$

当施加恒定的应变 $\varepsilon = \varepsilon_0 H(t)$ 时：

$$\sigma(t) = E\varepsilon_0\exp\left(-\frac{E}{\eta}t\right)H(t) \tag{2-112}$$

式中　E——弹簧单元的弹性模量；

　　　η——黏滞单元的黏滞系数。

根据该模型得到的蠕变与松弛曲线如图 2-43 所示，固定应力下弹簧元件弹性应变不变，而黏性元件蠕变量随时间线性发展，显然是不合理的；保持应变状态下黏性元件逐渐伸长同时负荷逐渐降低，而弹簧元件则逐渐收缩直至完全恢复。由此可见 Maxwell 模型能

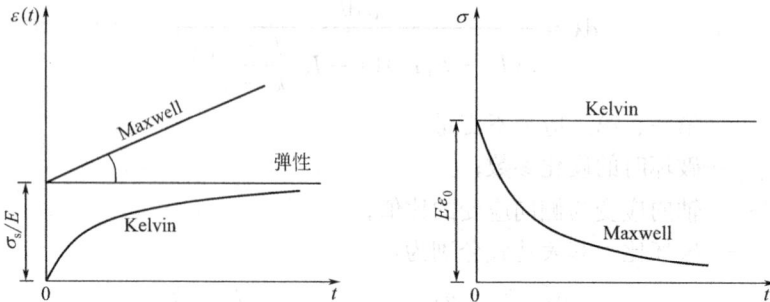

图 2-43　蠕变与松弛曲线

描述材料的松弛特性而不能确切地描述蠕变特性，因此该模型又称松弛模型。Maxwell 体又叫松弛弹黏体，没有后续效应，而且在剪应力为常数时以固定的速度流动，其特性相当于牛顿理想黏滞液体的性状。

2. Kelvin 模型

Kelvin 模型是通过一个弹性元件和黏滞元件并联而组成的结构模型，示意图如图 2-44 所示。当结构单元受拉时，两个元件的变形一致，等于结构单元的总伸长。这时，结构单元的荷载由两个元件共同承担：

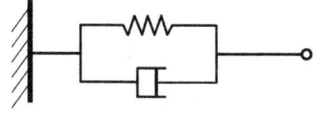

图 2-44 Kelvin 模型图

$$\sigma = E\varepsilon + \eta \frac{d\varepsilon}{dt} \tag{2-113}$$

本构关系方程解为：

$$\varepsilon = e - \frac{E}{\eta} t \left(\varepsilon_0 + \frac{1}{\eta} \int_0^t \sigma e^{\frac{E}{t}} dt \right) \tag{2-114}$$

当施加恒力 $\sigma = \sigma_0 H(t)$ 时：

$$\varepsilon(t) = \frac{\sigma_0}{E} (1 - e^{-\frac{E}{\eta} t}) H(t) \tag{2-115}$$

当施加恒定的应变 $\varepsilon = \varepsilon_0 H(t)$ 时：

$$\sigma(t) = E\varepsilon_0 H(t) + \varepsilon_0 \eta \dot{\delta}(t) \tag{2-116}$$

根据该 Kelvin 模型得到的蠕变与松弛曲线如图 2-43 所示，可以看出 Kelvin 体只能观察到其蠕变响应无法实现真正的应力松弛实验，因此 Kelvin 体模型又称蠕变模型。Kelvin 体又称蠕变黏弹体，可以看成具有黏滞特性的弹性固体，具有后效特性，但没有松弛特性，在剪应变为常数时，其特性相当于弹性固体的性状。Kelvin 模型能被用来描述土介质的蠕变性状，也能被用来表示内摩擦引起的阻尼振荡，即表示阻尼引起的能量损耗。

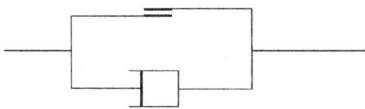

图 2-45 黏塑性体模型图

3. 黏塑性体模型

黏塑性体模型是由黏滞元件和塑性元件并联连接的结构模型，示意图如图 2-45 所示。黏塑性体的总应变等于黏滞应变或塑性应变，而总应力等于黏滞应力与塑性应力之和。黏塑性体的本构方程为：

$$\sigma = \sigma_0 + \eta \dot{\varepsilon} \tag{2-117}$$

黏塑性体的特征是它在载荷超过屈服应力之后才出现流动，其流动速率取决于介质的黏性。黏塑性体是介于固体与流体之间的一种连续介质。为方便起见，往往不区分黏性变形与塑性变形，Hohebenser 和 Prager 曾提出黏塑性变形的本构方程：

$$\dot{\varepsilon}_{ij}^p = \frac{k}{\eta} \langle F \rangle \frac{\partial F}{\partial \sigma_{ij}} \tag{2-118}$$

其中 k 为纯剪时的屈服应力，函数 F 可取为 $F = \sqrt{J_2}/k - 1$，J_2 为应力偏量的第二不变量。

Hohebenser-Prager 的黏塑性模型是具有变黏性系数的 Maxwell 模型，其松弛时间不再是常数，而是应力的函数。

2.6 土体试验

2.6.1 室内试验

1. 单轴抗压强度试验

岩石单轴抗压强度是试件在无侧限条件下受轴向力作用破坏时单位面积所承受的荷载。

试验目的及方法：测岩石饱和或天然抗压强度、软化系数；为了消除受载时的端部效应，试件两端安放钢质垫块。垫块直径等于或略大于试件直径。其高度约等于试件直径，垫块的刚度和平整度应符合承压板的要求。标准试件采用圆柱体，直径为 50mm，高径比为 2～2.5。

2. 单轴压缩变形试验

岩石单轴压缩变形试验用于测定岩石试件在单轴压缩应力条件下的轴向及径向应变值，据此计算岩石的弹性模量和泊松比。弹性模量是轴向应力与轴向应变之比；泊松比是在弹性模量相对应条件下的径向应变与轴向应变之比。

试验目的及方法：试验方法分为电阻应变仪法和千分表法。试件为直径 50mm、高径比为 2 的圆柱体。

（1）电阻应变仪法

按规定选择、粘贴电阻应变片。按电阻应变仪操作说明书进行操作，反复预压 2～3 次，压力为岩石极限强度的 15%，按规定的加载方法和荷载等级，以 0.5～1.0MPa/s 的速度逐级加载，并读取应变值，直至试件破坏。

（2）千分表法

千分表可直接安装在试件上测量纵横向变形，也可采用磁性表架，横向和纵向测表应安装在试件直径的对称轴上，试验同电阻应变仪法。

3. 岩石点荷载强度试验

点荷载是将岩石试件置于上下对称的一对球端圆锥体之间，施加集中荷载直至破坏，测得破坏荷载值，然后以此为依据计算出点荷载强度、各向异性指数。

试验目的及方法：估算单轴抗压强度。

试验试件为等效直径为 50mm 的岩石，试验仪器为点荷载仪，这一方法的优点是仪器设备轻便，可携带至现场进行试验，试样无需加工，可及时获得试验数据。

4. 结构面剪切试验

剪切试验的原理是根据库仑定律，土的内摩擦力与剪切面上的法向压力成正比，将同一种土制备成几个土样，分别在不同的法向压力下，沿固定的剪切面直接施加水平剪力，得其剪坏时剪应力，即为抗剪强度 τ_f，然后根据剪切定律确定土的抗剪强度内摩擦角 ϕ 和内黏聚力 c。

试验目的及方法：结构面的黏聚力、内摩擦角。结构面抗剪强度参数是工程岩体稳定性分析评价的重要指标，在工程实际中，常采用试验法、参数反演法和工程地质类比法等综合确定。

试验法：室内实验和原位试验。室内实验是在现场取代表性结构面试件进行室内剪切实验，求取 c_j、ϕ_j 值。优点：简捷、快速，边界条件明确，容易控制；缺点：试样尺寸小，代表性差，且受被测试件的扰动影响大。原位试验是在现场进行结构面剪切试验，求取其 c_j、ϕ_j 值。大型工程中常用原位试验求结构面的抗剪强度参数。优点：对岩体扰动小，尽可能地保持了它的天然结构和环境状态，使测出的岩土体力学参数直观、准确；缺点：试验设备笨重、操作复杂、工期长、费用高。

参数反演法：反演或称反分析是通过恢复已破坏斜坡的原始状态，在分析其破坏机理的基础上，建立极限平衡方程。即稳定系数 $K_s=1$ 左右，对于处于蠕滑阶段的滑坡，一般假定稳定系数 0.98，基岩滑坡考虑滑坡局部应力集中、产生渐进破坏，可假定稳定系数 0.9；然后反求滑动面的 c_j、ϕ_j 值。适应于滑坡模型和边界条件清楚，且有多个滑动体可供实测的地方。在进行反演分析时应特别注意以下几点：（1）应尽可能地模拟滑坡蠕滑时的边界条件，尤其是地下水水位，如果难以做到，则可取勘探时雨季最高地下水位。（2）选择分析剖面与主滑剖面一致。（3）用做反演分析的刚体极限平衡理论方法，应与稳定性计算方法一致，一般采用设计规范所推荐的不平衡推力法。求结构面的抗剪强度参数。

工程地质类比法：在结构面类型及地质特征基本相似的情况下，将过去已有的并在实际中成功应用的结构面剪切强度参数值（经验数据）运用到拟分析问题中。如三峡地区曾经进行了大量的结构面剪切强度试验，取得了大量的试验数据，为以后同类问题分析提供了大量的经验数据。

在工程实际中常用以上三种方法所求得的结构面抗剪强度，结合具体工程地质条件与受力状态综合确定结构面的抗剪强度。

5. 土体物理性质

土的密度是指土的总质量与总体积之比，即单位体积土的质量，其单位是 g/cm³。工程实际中，常将土的密度换算成土的重度（γ），重度等于密度乘以重力加速度，其单位是 kN/m³，土的密度常用环刀法测定。

土粒密度是指固体颗粒的质量与其体积之比，即单位体积土粒的质量，其单位为 g/cm³。土粒密度也称土粒比重（土粒相对密度），是指土的质量与 4℃ 时同体积水的质量之比，其值与土粒密度相同，但没有量纲，在用做土的三相指标计算时必须乘以水的密度值才能平衡量纲。土粒密度大小决定于土粒的矿物成分，与土的孔隙大小和含水多少无关，它的数值一般在 2.6～2.8g/cm³。

土中所含水分的质量与固体颗粒质量之比，以百分数表示，又称土的含水率。含水量通常以百分数表示，它是描述土的干湿程度的重要指标。土的天然含水量变化范围很大，从干砂的含水量接近于零到蒙脱石的含水量可达百分之几百。含水量常用烘干法测定。

土体密度试验方法：常用的测试方法有环刀法、蜡封法、灌砂法等。环刀法操作简便而准确，在室内和野外普遍应用。对易碎裂或含有粗颗粒、难以切削的土样可用蜡封法——取一块试样称其质量后浸入融化的石蜡中，使试样表面包上一层蜡膜，分别称蜡加土在空气中及水中的质量，已知蜡的比重，通过计算便可求得土的密度。对难取原状试样的砂土、砂砾土和砾质土在现场可用灌砂或灌水法求土的密度。

含水率试验方法：通常采用烘干法。仪器及工具：（1）温度能保持在 100～105℃ 的电热烘箱。（2）天平：感量 0.01g。（3）其他工具：称量盒及干燥器等。

6.颗粒级配试验

试验目的及原理：通过筛分法测定土的颗粒级配，判定土的搭配情况是否良好。一般土的粒径小于 60mm 大于 0.075mm，采用筛分法。通过筛分，称出留在各筛上的土重，算出各筛的筛余率，以及各筛的累积筛余率，描绘出颗粒级配曲线。

试验仪器：烘箱（能使温度控制在 105±5℃）、天平、标准筛、筛析机、毛刷、搪瓷盘、铲子。

试验步骤：

（1）取天然土约 700g，置于烘箱中烘至恒温，冷却至室温后先筛除大于 60mm 小于 0.075mm 的颗粒，再分为大致相等的两份备用。

（2）准确称取试样 300g，将标准筛按孔径由大到小的顺序叠放，加底盘后，将试样倒入最上层的筛内，置于筛析机上，摇筛 10min。

（3）将整套筛自筛析机上取下，按孔径大小，逐个用手在洁净的盘上进行筛分，筛至每分钟通过量不超过试样总量的 0.1% 为止，通过的颗粒并入下一号筛内，并和下一号筛中的试样一起过筛，直至各号筛全部筛完为止。

（4）称出各号筛的筛余量，分计筛余量和底中剩余量的总和与筛分前的试样的质量之差超过 1% 时，须重新进行试验。

7.界限含水率试验

试验目的：细粒土由于含水率不同，分别处于流动状态、可塑状态、半固体状态和固体状态。液限是细粒土呈可塑状态的上限含水率，塑限是细粒土呈可塑状态的下限含水率。本试验是测定细粒土的液限和塑限含水率，用做计算土的塑性指标和液性指数，以划分土的工程类别和确定土的状态。

试验方法：（1）含水率：采用烘干法测定。将土在 105±110℃ 下烘至恒量，所失去的水质量与干土质量的比值，即为土的含水率，用百分比表示。（2）液、塑限：采用数显式液、塑限联合测定法测定。

仪器设备：（1）数显式液、塑限联合测定仪。（2）天平，称量 200g，最小分度值 0.01g。（3）其他：烘箱、铝盒、调土刀、刮土刀、蒸馏水滴瓶、凡士林等。

试验步骤：（1）本次试验原则上应采用天然含水率的土样进行，也允许用风干土制备土样，土样过 0.5mm 筛后，喷洒配制一定含水率的土样，然后装入密闭玻璃广口瓶内，润湿一昼夜备用（土样制备工作实验室已预先做好）。（2）将已制备好的土样取出，放在搪瓷碗中加水或电吹风吹干并调匀后，密实地装入试样杯中（土中不能有孔洞），高出试样杯口的余土，用刮土刀刮平，随即将试样杯放在升降底座上。（3）接通电源，按下"开"按钮，在锥体上抹以薄层凡士林。（4）转动升降座，待试样杯上升到土面刚好与圆锥仪锥尖接触时，"接触"蓝灯亮，再按下"测试"按钮，圆锥仪自由下落，当音响信号自动发出声响时，立即从读数屏幕上读出圆锥仪下沉深度。（5）把升降座降下，细心取出试样杯，剔除锥尖处含有凡士林的土，取出锥体附近的试样不少于 10g 放入称量铝盒内，称量得质量 m_1，并记下盒号，测定含水率。（6）将称量过的铝盒，放入烘箱；在 105～110℃ 的温度下烘至恒量，取出土样盒放入玻璃干燥皿内冷却，称干土的质量 m_2。（7）重复（2）～（6）条的步骤，测试另两种含水率土样的圆锥入土深度和含水率。

8.渗透试验

试验原理：在实验室中测定渗透系数 k 的仪器种类和试验方法很多，但从试验原理上大体可分为"常水头法"和"变水头法"两种。野外进行的渗透试验又叫渗水试验（infiltration test），一般采用试坑渗水试验，是野外测定包气带松散层和岩层渗透系数的简易方法。试坑渗水试验常采用的是试坑法、单环法和双环法。

常水头试验法：

就是在整个试验过程中保持水头为一常数，从而水头差也为常数。试验时，在透明塑料筒中装填截面为 A、长度为 L 的饱和试样，打开水阀，使水自上而下流经试样，并自出水口处排出。待水头差 Δh 和渗出流量 Q 稳定后，量测经过一定时间 t 内流经试样的水量 V，则 $V = Qt = vAt$。根据达西定律，$v = k \times i$，则 $V = k \cdot (\Delta h / L) \cdot At$ 从而得出 $k = q \times L / A \times \Delta h = Q \times L / A \times \Delta h$。

常水头试验适用于测定透水性大的砂性土的渗透参数。黏性土由于渗透系数很小，渗透水量很少，用这种试验不易准确测定，须改用变水头试验。

变水头试验法：

就是试验过程中水头差一直随时间而变化，变水头法测定渗透系数。

水从一根直立的带有刻度的玻璃管和 U 形管自下而上流经土样。试验时，将玻璃管充水至需要高度后，开动秒表，测记起始水头差 Δh_1，经时间 t 后，再测记终了水头差 Δh_2，通过建立瞬时达西定律，即可推出渗透系数 k 的表达式。

设试验过程中任意时刻 t 作用于两段的水头差为 Δh，经过时间 d_t 后，管中水位下降 d_h，则 d_t 时间内流入试样的水量为：

$$dv_e = -a d_h \tag{2-119}$$

式中　a——玻璃管断面积；

右端的负号表示水量随 Δh 的减少而增加。

根据达西定律，d_t 时间内流出试样的渗流量为：

$$dv_0 = k \times i \times A \times d_t = k \times (\Delta h / L) \times A \times d_t \tag{2-120}$$

式中　A——试样断面积（m^2）；

L——试样长度（m）。

根据水流连续原理，应有 $dv_e = dv_0$，即得到：

$$k = (a \times L / A \times t) \ln(\Delta h_1 / \Delta h_2) \tag{2-121}$$

或用常用对数表示，则式（2-121）可写为：

$$k = 2.3 \times (a \times L / A \times t) \log(\Delta h_1 / \Delta h_2) \tag{2-122}$$

9.击实试验

试验原理：击实试验是用锤击实土样以了解土的压实特性的一种方法。这个方法是用不同的击实功（锤重×落距×锤击次数）分别锤击不同含水量的土样，并测定相应的干密度，从而求得最大干密度、最优含水量，为填土工程的设计、施工提供依据。击实试验可分标准击实法和单层击实法两种。

标准击实法：

（1）试验目的

在标准击实方法下测定土的最大干密度和最优含水率，为控制路堤、土坝或填土地基等的密实度及质量评价，提供重要依据。

（2）基本原理

击实仪法是用锤击，使土密度增大，目的是在室内利用击实仪，测定土样在一定击实功能作用下达到最大密度时的含水率（最优含水率）和此时的干密度（最大干密度），借以了解土的压实特性。

目前国内常用的击实方法有两种：

1）轻型击实：适用于粒径小于 5mm 的细粒土，锤底直径为 51mm，击锤质量为 2.5kg，落距为 305mm，单位体积击实功为 591.6kJ/m³；分 3 层夯实，每层 25 击。

2）重型击实：适用于粒径不大于 40mm 的土。击实筒内径为 152mm，筒高 116mm，击锤质量为 4.5kg，落距为 457mm，单位体积击实功为 2682.7kJ/m³（其他与轻型击实相同）；分 5 层击实，每层 56 击。

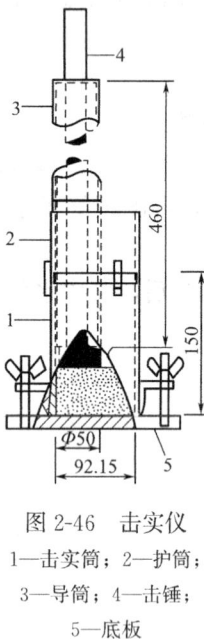

图 2-46 击实仪
1—击实筒；2—护筒；
3—导筒；4—击锤；
5—底板

（3）仪器设备

1）击实仪（图 2-46）：主要由击实筒和击锤组成。

2）天平：称量为 200g，感量为 0.01g；称量为 2kg，感量为 1g。

3）台秤：称量为 10kg，感量为 5g。

4）推土器。

5）筛：孔径为 5mm。

6）其他：喷水设备、碾土设备、修土刀、小量筒、盛土盘、测含水率设备及保温设备等。

（4）操作步骤

1）取一定量的代表性风干土样，对于轻型击实试验为 20kg，对于重型击实试验为 50kg。

2）将风干土样碾碎后过 5mm 的筛（轻型击实试验）或过 20mm 的筛（重型击实试验），将筛下的土样搅匀，并测定土样的风干含水率。

3）根据土的塑限预估最优含水率，加水湿润制备不少于 5 个含水率的试样，含水率一次相差 2%，且其中有两个含水率大于塑限，两个含水率小于塑限，一个含水率接近塑限。

按式（2-123）计算制备试样所需的加水量：

$$m_{w} = \frac{m_0}{(1+w_0)} \times (w - w_0) \qquad (2\text{-}123)$$

式中 m_w——所需的加水量（g）；

m_0——风干土样质量（g）；

w_0——风干土样含水率，按小数计；

w——要求达到的含水率，按小数计。

4）将试样 2.5kg（轻型击实试验）或 5.0kg（重型击实试验）平铺于不吸水的平板上，按预定含水率用喷雾器喷洒所需的加水量，充分搅拌并分别装入塑料袋中静置 24h。

5）将击实筒固定在底板上，装好护筒，并在击实筒内壁涂一薄层润滑油，将搅拌好的试样 2~5kg 分层装入击实筒内。两层接触土面应刨毛，击实完成后，超出击实筒顶的试样高度应小于 6mm。

6）取下导筒，用刀修平超出击实筒顶部和底部的试样，擦净击实筒外壁，称击实筒与试样的总质量，准确至 1g，并计算试样的湿密度。

7）用推土器将试样从击实筒中推出，从试样中心处取；取两份一定量土料（轻型击实试验 15~30g，重型击实试验 50~100g）测定土的含水率，两份土样的含水率的差值应不大于 1%。

试验用途：击实试验适用于碎石土垫层和路基土。击实试验可以获得路基土压实的最大干密度和相应最佳含水量，击实试验是控制路基压实质量不可缺少的重要试验项目。

10. 标准固结试验

试验原理及目的：是测定土体在外力作用下排水、排气、气泡压缩性质的一种测试方法。在一般情况下，土体承受三个主应力的作用，发生三相应变。本试验用于测定土的压缩性指标，主要包括土的压缩系数 a_v、压缩指数 C_c 及固结系数 C_v 等，为估算建筑物沉降量及历经不同时间的固结度提供必备的计算参数。

仪器设备：（1）固结仪：试样面积 30cm，高 2cm。（2）量表：最小分度 0.01mm。（3）其他：刮土刀、电子天平、秒表。

操作步骤：

（1）切取试样：用环刀切取原状土样或制备所需状态的扰动土样。

（2）测定试样密度：取削下的余土测定含水率，需要时对试样进行饱和测试。

（3）安放试样：将带有环刀的试样安放在压缩容器的护环内，并在容器内顺次放上底板、湿润的滤纸和透水石，然后放入加压导环和传压板。

（4）检查设备：检查加压设备是否灵敏，调整杠杆使之水平。

（5）安装量表：将装好试样的压缩容器放在加压台的正中，将传压钢珠与加压横梁的凹穴相连接。然后装上量表，调节量表杆头使其可伸长的长度不小于 8mm，并检查量表是否灵活和垂直（在教学试验中，学生应先练习量表读数）。

（6）施加预压：为确保压缩仪各部位接触良好，施加 1kPa 的预压荷重，然后调整量表读数至零处。

（7）加压观测：

1）荷重等级一般为 50kPa、100kPa、200kPa、400kPa。

2）如系饱和试样，应在施加第一级荷重后，立即向压缩容器注满水。如系非饱和试样，需用湿棉纱围住加压盖板四周，避免水分蒸发。

3）压缩稳定标准规定为每级荷重下压缩 24h，或量表读数每小时变化不大于 0.005mm 认为稳定（教学试验可另行假定稳定时间）。测记压缩稳定读数后，施加第二级荷重。依次逐级加荷至试验结束。

4）试验结束后迅速拆除仪器各部件，取出试样，必要时测定试验后的含水率。

11. 黄土湿陷性试验

试验原理：黄土湿陷性是黄土在一定的压力、浸水作用下，产生压缩、湿陷变形的过程。

试验方法：湿陷系数测定试验。

（1）切土时，应使试样的加荷方向与土层受压方向一致。如遇有大孔隙贯通试样时，应用切余的碎土填入堵塞。

（2）试样安装及施加预压力。浸水水质应采用纯水，当有特殊要求时，可按要求的水质浸水，但应在报告中加以注明水质条件。

（3）记录初读数后，立即卸除预压力，开始施加第一级压力 50kPa，加压后，每隔 1h 测记百分表读数一次，直至试样变形稳定为止。

（4）加压等级一般为 50kPa、100kPa、150kPa、200kPa，最后一级压力应按取土深度而定：从基底算起至 10m 深度以内，压力为 200kPa；10m 以下至非湿陷性土层顶面，使用其上覆土层的饱和自重压力，当大于 300kPa 时，仍应用 300kPa；当基底压力大于 300kPa 时，宜按实际压力确定。

（5）当试样在最后一级压力下变形稳定后，向容器内注入纯水，水面应高出试样顶面，并保持该水面直至试验结束。每隔 1h 测读百分表一次，直至试样变形稳定为止。稳定标准为 0.01mm/h。

（6）拆卸仪器及试样应符合规定。

湿陷起始压力测定试验：

（1）单线法切取 5 个环刀试样；双线法切取 2 个环刀试样。

（2）采用单线法试验时，5 个试样都在天然湿度下加压，分别加至不同的规定压力时，进行试验，直至试样湿陷变形稳定为止。

（3）采用双线法试验时，一个试样在天然湿度下分级加压，直至最后一级压力下浸水湿陷变形稳定为止；另一个试样在天然湿度下施加第一级压力，变形稳定后浸水，至湿陷稳定，再继续分级加压，直至试样在各级压力下浸水变形稳定为止。压力等级在 150kPa 以内，每级增量为 25～50kPa；150kPa 以上，每级增量为 50～100kPa。最后一级压力的大小，应符合规程要求。

（4）试验结束后，按本规程的规定拆卸仪器及试样。

12.膨胀土膨胀与收缩试验

试验原理：膨胀土具有显著的吸水膨胀、失水收缩的特性。膨胀土由于吸水使土中含水量增加而引起体积的膨胀。从膨胀土的变形机理上讲，膨胀土的膨胀变形实则是黏土矿物，尤其是蒙脱石等亲水性矿物对极性水分子的亲和作用。这种亲和作用致使自由水浸入矿物颗粒间形成结合水，膨胀则是土颗粒在结合水墨的作用下产生体积增大的过程，可见含水量变化是评价膨胀土膨胀率的一个重要标识。

试验步骤：

（1）将铁杯置于电子秤上。将容器摆放在和电子秤同一高度的位置上。

（2）在容器中依次加入钢板、滤纸、试样、塑料板。

（3）调整百分表，使百分表接触到塑料板的中心，对百分表进行调零。

（4）向铁杯中加入水，同时用相机记录百分表和电子秤读数，直到百分表两次读数不超过 0.01mm。

（5）试验结束后测试样的含水率。

13.盐渍土溶陷性试验

试验概述：盐渍土溶陷分为两种：一是浸水中的溶陷变形，当浸水时间不长，水量不多时，水使土中部分或全部结晶盐溶解，土体结构破坏，强度降低，土颗粒重新排列，产生溶陷；二是当浸水时间很长，浸水量很大而造成渗流的情况下，盐渍土中部分固体颗粒将被水带走，产生潜蚀。盐渍土的力学潜蚀是指土中的土颗粒被渗流带走的现象，即管涌。

单轴压缩试验：由于盐渍土具有不稳定结构性，所以这类土浸水后，盐分溶解并随着水流迁移，土体在自重或附加压力作用下导致结构破坏，产生附加变形。具体试验方案如下：

试验设备：浮环式压缩仪。

试样尺寸：面积 $50cm^2$，高度 2cm。

试验方法：单轴压缩试验采用单线法和双线法。

加载等级：加载过程中，考虑到荷重率对压缩变形规律的影响，以及实际工程的加载速率，采用加载等级为：25kPa、50kPa、100kPa、200kPa、300kPa、400kPa、500kPa、600kPa、700kPa。

压缩稳定标准：试验稳定标准定为每小时不大于 0.01mm。

14. 直接剪切试验

试验原理：土的抗剪强度是土在外力作用下，其一部分土体对于另一部分土体滑动时所具有的抵抗剪切的极限强度。该试验是将同一种土的几个试样分别在不同的垂直压力作用下，沿固定的剪切面直接施加水平剪力，得到破坏时的剪应力，然后根据库仑定律，确定土的抗剪强度指标：内摩擦角和黏聚力。

试验类型：直接剪切试验方法可分为快剪（不排水剪）、慢剪（排水剪）及固结快剪（固结不排水剪）等。按施加剪力的方式不同，直接剪切仪分应变控制式和应力控制式两种。前者是通过弹性钢环变形控制剪切位移的速率。后者是通过杠杆用砝码控制施加剪应力的速率，测相应的剪切位移。目前多用应变控制式，应力控制式只适用于做慢剪及长期强度试验。慢剪（排水剪）适用于细粒土；固结快剪（固结不排水剪）适用于渗透系数小于 10cm/s 的细粒土；快剪（不排水剪）适用于渗透系数小于 10cm/s 的细粒土。

试验方法：慢剪。

（1）本试验方法适用于细粒土。

（2）本试验所用的主要仪器设备，应符合下列规定：

1）应变控制式直剪仪：由剪切盒、垂直加压设备、剪切传动装置、测力计、位移量测系统组成。

2）环刀：内径 61.8mm，高度 20mm。

3）位移量测设备：量程为 10mm，分度值为 0.01mm 的百分表或准确度为全量程 0.2% 的传感器。

（3）慢剪试验，应按下列步骤进行：

1）原状土及扰动土试样每组试样不得少于 4 个。

2）对准剪切容器上下盒，插入固定销，在下盒内放透水板和滤纸，将带有试样的环刀刃口向上，对准剪切盒口，在试样上放滤纸和透水板，将试样小心地推入剪切盒内。

注：透水板和滤纸的湿度接近试样的湿度。

3）移动传动装置，使上盒前端钢珠刚好与测力计接触，依次放上传压板、加压框架，安装垂直位移和水平位移量测装置，并调至零位或测记初读数。

4）根据工程实际和土的软硬程度施加各级垂直压力，对松软试样垂直压力应分级施加，以防土样挤出。施加压力后，向盒内注水，当试样为非饱和试样时，应在加压板周围包以湿棉纱。

5）施加垂直压力后，每1h测读垂直变形一次。直至试样固结变形稳定。变形稳定标准为每小时不大于0.005mm。

6）拔去固定销，以小于0.02mm/min的剪切速度进行剪切，试样每产生剪切位移0.2~0.4mm测记测力计和位移读数，直至测力计读数出现峰值，应继续剪切至剪切位移为4mm时停机，记下破坏值，当剪切过程中测力计读数无峰值时，应剪切至剪切位移为6mm时停机。

7）当需要估算试样的剪切破坏时间时，可按式（2-124）计算：

$$\tau_f = 50 t_{50} \tag{2-124}$$

式中 τ_f——达到破坏所经历的时间（min）；

t_{50}——固结度达50%所需的时间（min）。

8）剪切结束，吸去盒内积水，退去剪切力和垂直压力，移动加压框架，取出试样，测定试样含水率。

（4）以剪应力为纵坐标，剪切位移为横坐标，绘制剪应力与剪切位移关系曲线，取曲线上剪应力的峰值为抗剪强度，无峰值时，取剪切位移4mm所对应的剪应力为抗剪强度。

（5）以抗剪强度为纵坐标，垂直压力为横坐标，绘制抗剪强度与垂直压力关系曲线，直线的倾角为摩擦角，直线在纵坐标上的截距为黏聚力。

15. 砂类土的直剪试验

（1）本试验方法适用于砂类土。

（2）本试验所用的主要仪器设备，应符合下列规定。

1）应变控制式直剪仪：由剪切盒、垂直加压设备、剪切传动装置、测力计、位移量测系统组成。

2）环刀：内径61.8mm，高度20mm。

3）位移量测设备：量程为10mm，分度值为0.01mm的百分表或准确度为全量程0.2%的传感器。

（3）砂类土的直剪试验，应按下列步骤进行：

1）取过2mm筛的风干砂样1200g。

2）根据要求的试样干密度和试样体积称取每个试样所需的风干砂样质量，准确至0.1g。

3）对准剪切容器上下盒，插入固定销，放干透水板和干滤纸。将砂样倒入剪切容器内，拂平表面，放上硬木块轻轻敲打，使试样达到预定的干密度，取出硬木块，拂平砂面，依次放上干滤纸、干透水板和传压板。

4）安装垂直加压框架，施加垂直压力，试样的剪切速度为0.8mm/min，使试样在3~5min内剪损。

16. 三轴压缩试验

试验原理：三轴压缩试验是测定土抗剪强度的一种较为完善的方法。三轴压缩仪由压力室、轴向加荷系统、施加周围压力系统、孔隙水压力量测系统等组成。

试验方法：常规试验方法的主要步骤如下：将土切成圆柱体套在橡胶膜内，放在密封的压力室中，然后向压力室内压入水，使试件在各个方向受到周围压力，并使液压在整个试验过程中保持不变，这时试件内各向的三个主应力都相等，因此不发生剪应力。然后再通过传力杆对试件施加竖向压力，这样，竖向主应力就大于水平向主应力，当水平向主应力保持不变，而竖向主应力逐渐增大时，试件终于受剪而破坏。设剪切破坏时由传力杆加在试件上的竖向压应力为 $\Delta\sigma_1$，则试件上的大主应力为 $\sigma_1 = \sigma_3 + \Delta\sigma_1$，而小主应力为 σ_3，以（$\sigma_1 - \sigma_3$）为直径可画出一个极限应力圆，如图中的圆 I，用同一种土样的若干个试件（三个以上）按以上所述方法分别进行试验，每个试件施加不同的周围压力 σ_3，可分别得出剪切破坏时的大主应力 σ_1，将这些结果绘成一组极限应力圆，如图中的圆 I、II 和 III。由于这些试件都剪切至破坏，根据莫尔—库仑理论，作一组极限应力圆的公共切线，即为土的抗剪强度包线，通常可近似取为一条直线，该直线与横坐标的夹角即为土的内摩擦角 φ，直线与纵坐标的截距即为土的内聚力 c。

对应于直接剪切试验的快剪、固结快剪和慢剪试验，三轴压缩试验按剪切前的固结程度和剪切时的排水条件，分为以下三种试验方法：

（1）不固结不排水试验试样在施加周围压力和随后施加竖向压力直至剪切破坏的整个过程中都不允许排水，试验自始至终关闭排水阀门。

（2）固结不排水试验试样在施加周围压力 σ_3 打开排水阀门，允许排水固结，待固结稳定后关闭排水阀门，再施加竖向压力，使试样在不排水的条件下剪切破坏。

（3）固结排水试验试样在施加周围压力 σ_3 时允许排水固结，待固结稳定后，再在排水条件下施加竖向压力至试件剪切破坏。

17. 流变试验

试验原理：岩石流变性能指岩石的蠕变、应力松弛、与时间有关的扩容，以及强度的时间效应等特性。通过研究岩石流变性能，可以分析岩石工程的长期稳定性和地学中的许多重要问题。

岩石在恒温和恒定应力作用下，变形随时间而增加的现象。应力状态不同，岩石的蠕变特性也不同。在偏应力作用下的蠕变特性，与偏应力 σ_d 和球应力 σ_m 的大小有关。图 2-47 为 6 个相同的岩石样品在温度和球应力不变以及不同恒定偏应力的条件下的典型蠕变曲线。曲线表示的蠕变可分为三种类型，即有限蠕变、对数蠕变和破坏蠕变。它们分别对应于三种不同应力范围。

（1）有限蠕变。当施加的偏应力小于下屈服值 f_1 时，偏应变 ε 随时间的变化是有限的，而且在加载过程中如果卸载，则偏应变可以逐渐恢复到零。这种蠕变称为有限蠕变，如图 2-47 中的 σ_1 曲线所示。

（2）对数蠕变。当施加的偏应力超过 f_1 而小于最高屈服值 f_3 时，则偏应变 ε 随时间的对数（$\lg t$）线性增加，这种蠕变称为对数蠕变，如图 2-47 中的 σ_2、σ_3 和 σ_4 曲线所示。如在加载过程中卸载，则偏应变随时间能部分恢复，但不能全部恢复。卸载后，应变随时间逐渐恢复的现象称为回复或回弹。

（3）破坏蠕变。当施加的偏应力超过上屈服值 f_3 时，偏应变 ε 以减速率、恒定的速率增长直至出现加速蠕变而破坏，如图 2-47 中的 σ_5、σ_6 曲线所示。

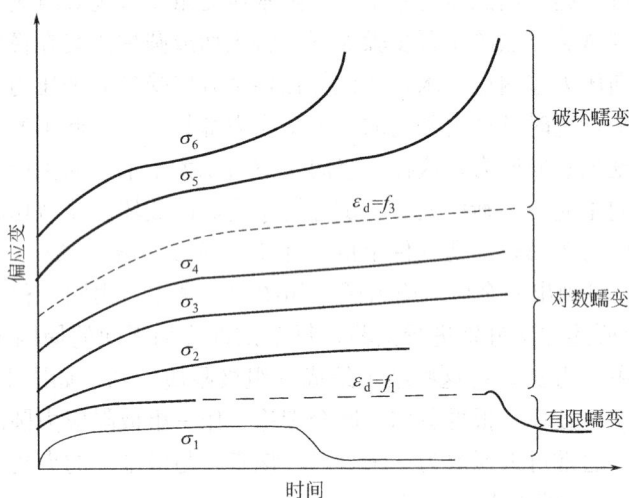

图 2-47　岩石的蠕变曲线示意图

f_1 是从有限蠕变过渡到对数蠕变的临界应力值；f_3 是从对数蠕变过渡到破坏蠕变的又一个临界应力值。当偏应力小于 f_3 时，岩石是处于稳定状态的蠕变；而当偏应力超过 f_3 时，岩石是处于非稳定状态的蠕变。因此，为了确保岩石工程的长期稳定性，若在局部区域的偏应力超过 f_3，则应采取加固措施。

若增大球应力，则蠕变速度将减慢，且 f_1 和 f_3 值均可提高，这对增强工程稳定性是有利的。

岩石的应力松弛：在恒温和恒定应变作用下，岩石所承受的应力随时间而减小至某个有限值的现象（见流变学）。

岩石扩容：当施加于岩石上的偏应力超过岩石破坏强度 σ_f 的一半左右时，岩石的体积会随偏应力的增大而增加，这一现象叫做岩石扩容。扩容与时间有关，加载时间越长，扩容越大。这一现象叫做与时间有关的扩容。试验证明：（1）扩容随球应力的增加而减小，但球应力值达到一定数值后，则不产生扩容。（2）扩容的起始应力值随球应力的增加而增加。岩石强度的时间效应是在恒定温度下，岩石强度随加载时间的增加而降低的现象。通过实验，可以推求工程建筑物经历长时间的岩石强度。

研究岩石的流变性能，可以建立岩石的应力—应变—时间关系，即本构关系，计算岩石的应力、应变随时间的变化；而岩石的扩容是岩石破坏的前兆，因而这一现象在工程上可用来预测岩石的破坏。

2.6.2　原位测试

1. 荷载试验

（1）浅层平板荷载试验

平板荷载试验（PLT）是在一定面积的承压板上将地基土逐级施加荷载，测求地基土的压力与变形特性的原位测试方法。它反映承压板下 1.5～2.0 倍承压板直径或宽度范围内地基土强度、变形的综合性状。

浅层平板荷载试验适用于确定浅部地基土层（埋深小于 3.0m）承压板下压力主要影响范围内的承载力和变形模量。

1）试验设备主要有：承压板、半自动稳压油压荷载试验设备、DL-1-1型荷载试验机、荷载试验设备及静力荷载测试仪。

2）试验资料整理：沉降相对稳定法（常规慢速法）、沉降非稳定法（快速法）。

3）成果应用：

① 确定地基土承载力特征值。

A. 强度控制法：

a. 当 p-s 曲线上有明显的直线段时，一般采用直线段的终点对应的荷载值为比例界限，取该比例界限所对应的荷载值为承载力特征值。

b. 当 p-s 曲线上无明显的直线段时，可采用绘制 $\lg p$-$\lg s$ 曲线来确定承载力特征值。

B. 相对沉降控制法：

当不能按比例限界和极限荷载确定时，承压板面积为 $0.25 \sim 0.50\text{m}^2$，可取 $s/b = 0.01 \sim 0.015$ 所对应的荷载，作为地基土承载力特征值，但其值不应大于最大加载量的 1/2。

② 计算变形模量。

③ 估算地基土的不排水抗剪强度。

（2）深层平板荷载试验

深层平板荷载试验是平板荷载的一种，适用于埋深等于或大于 3m 和地下水位以上的地基土。该试验适用于确定深部地基土及大直径桩桩端土层在承压板下应力主要影响范围内的承载力及变形模量。

1）试验设备主要有：承压板、反力装置、位移量测、荷载量测。

2）试验资料整理：沉降相对稳定法（常规慢速法）、沉降非稳定法（快速法）。

3）成果应用：

① 确定地基土的承载力特征值。

强度控制法：

A. 当 p-s 曲线上有比例界限时，取该比例界限所对应的荷载值。

B. 当极限荷载小于对应比例界限的荷载值的 2 倍时，取极限荷载值的一半作为承载力特征值。

② 计算地基土的变形模量。

（3）岩基荷载试验

岩基荷载试验是平板荷载试验的一种。适用于确定完整、较完整、较破碎岩基作为天然地基或桩基础持力层的承载力。

1）试验设备

① 刚性承压板：采用直径为 300mm 的刚性承压板。

② 钢筋混凝土桩：当岩石埋藏深度较大时，可采用钢筋混凝土桩，但桩周需采用隔离措施以消除桩身与岩土之间的摩擦力。

其他设备，如位移、应力观测系统同浅层平板荷载试验。岩基载荷试验通常采用堆载或锚杆的方式。

2）试验资料整理

参照浅层平板荷载试验的沉降相对稳定法（常规慢速法）。

3）成果应用

确定岩石地基的承载力特征值或桩基础持力层的桩端承载力特征值，且岩石地基的承载力特征值在应用时不进行深宽修正。

（4）螺旋板荷载试验

螺旋板荷载试验（SPLT）是将以螺旋形的承压板用人力或机械旋入地面以下的预定深度，通过传力杆向螺旋形承压板施加压力，测定沉压板的下沉量。该试验适用于深层地基土或地下水位以下的地基土。它可以测求地基土的压缩模量、固结系数、饱和软黏土的不排水抗剪强度、地基土的承载力等，其测试深度可达 $10\sim15m$。

1）试验设备

① 螺旋板头。

② 量测系统：由电阻式应变传感器、测压仪等组成。

③ 加压系统：由千斤顶、传力杆等组成。

④ 反力装置：由地锚和钢架梁等组成。

2）试验资料整理

① 绘制 $p\text{-}s$ 曲线：根据螺旋板荷载试验资料绘制 $p\text{-}s$ 曲线的方法与浅层平板荷载试验相同。

② 绘制 $s\text{-}t$ 曲线：根据 $s\text{-}t$ 关系，绘制 $s\text{-}t$ 曲线、$s\text{-}\lg t$ 曲线。

3）成果应用

① 确定地基土的承载力特征值。

② 计算变形模量。

③ 计算压缩模量。

④ 计算不排水抗剪强度。

⑤ 计算固结系数。

2. 静力触探试验

静力触探（CPT）是用静力将探头以一定的速率压入土中，利用探头内的力传感器，通过电力量测器将探头受到的贯入阻力记录下来。由于贯入阻力的大小与土层的性质有关，因此通过贯入阻力的变化情况，可以达到了解土层工程性质的目的。

（1）试验设备

1）加压装置

加压装置的作用是将探头压入土层中，按加压方式可分为下列几种：

① 手压式轻型静力触探。

② 齿轮机械式静力触探。

③ 全液压传动静力触探：分单缸和双缸两种。

2）反力装置

静力触探的反力主要有三种形式：

① 利用地锚作反力：当地表有一层较硬的黏性土覆盖层时，可使用 2～4 个或更多的地锚作反力，视所需反力大小而定。

② 用重物作反力：如表层土为砂砾、碎石土等，地锚难以下入，此时只有采用压重物来解决反力问题。在触探架上压以足够的重物。

③ 利用车辆自重作反力：将整个触探设备装在载重汽车上，利用汽车的自重作反力。

3）探头

① 单桥探头：单桥探头由带外套筒的锥头、弹性元件、顶柱和电阻应变片组成。

② 双桥探头：双桥探头除锥头传感器外，还有侧壁摩擦传感器及摩擦套筒。

③ 孔压静力触探探头：孔压静力触探探头具有能同时测定锥头阻力、侧壁摩擦阻力和孔隙水压力的装置，同时还能测定探头周围图中孔隙水压力的消散过程。

4）量测记录仪器

① 电阻应变仪：电阻应变仪由稳压电源、振荡器、测量电桥、放大器、相敏检波器和平和指示器等组成，且通过电桥平衡原理进行测量。

② 自动记录仪：静力触探自动记录仪，是由通用的电子电位差计改装而成，它能随深度自动记录土层贯入阻力的变化情况，并以曲线的方式自动绘在记录纸上，从而提高了野外工作的效率和质量。

（2）试验成果整理

1）各种触探参数的计算。

2）划分土层及绘制剖面图。

3）土层的触探参数计算与取值。

4）归一化超孔压曲线绘制。

（3）成果的应用

1）应用范围

① 查明地基土在水平方向和垂直方向的变化，划分土层、确定土的类别。

② 确定建筑物地基土的承载力和变形模量，以及其他物理力学指标。

③ 选择桩基持力层，预估单桩承载力，判别桩基沉入的可能性。

④ 检查填土及其他人工加固地基的密实程度和均匀性，判别砂土的密实度及其地震作用下的液化可能性。

⑤ 湿陷性黄土地基用一个查找浸水湿陷的范围和界线。

2）土层分类：利用静力触探进行土层分类。

3）确定地基土的承载力

目前为了利用静力触探确定地基土的承载力，国内外都是根据对比试验结果提出经验公式，以解决生产上的应用问题。

建立经验公式的途径主要是将静力触探试验结果与载荷试验求得的比例界限值进行对比；并通过对比数据的相关分析得到用于特定地区或特定土性的经验公式。

4）确定土的变形指标。

5）确定不排水抗剪强度值

用静力触探求饱和软土黏土的不排水综合抗剪强度 C_u，目前是用静力触探成果与十字板剪切试验成果对比，监理 P_u 和 C_u 之间的相关关系，以求得 C_u 值。

6）确定图的内摩擦角。

7）估计饱和黏性土的天然重度。

8）确定砂土的相对密实度和确定砂土密实度的界限。

9）判别黏性土的塑性状态。

① 用过滤法置于锥面的孔压触探参数判别黏性土的塑性状态。

② 用单桥触探参数判别黏性土的塑性状态。

10）估算单桩承载力。

11）检验地基加固效果和压实填土的质量。

静力触探可用来检测压实填土的密实度和均匀度，其优点是迅速经济，可使取样适量大大减少，缩短检验周期。判定地震时饱和砂土液化的可能性。

3. 圆锥动力触探试验

圆锥动力触探试验（DPT）是岩土工程勘察中常规的原位测试方法之一，它是利用一定质量的落锤，以一定高度的自由落距将标准规格的圆锥形探头打入土层中，根据探头贯入的难易程度（可用贯入一定距离的锤击数、贯入度或探头单位面积动管阻力来表示）评定土层的性质。通过该试验可获得地基的物理力学性质指标，如地基土的密实度、地基承载力和变形指标等参数，以及可以判定地基土的均匀性。

（1）试验类型及规格

圆锥动力触探试验的类型分为轻型、重型和超重型三种。

轻型圆锥动力触探试验的落锤质量为 10kg，落距为 50cm，试验指标为贯入 30cm 的锤击数 N_{10}。

重型圆锥动力触探试验的落锤质量为 63.5kg，落距为 76cm，试验指标为贯入 10cm 的锤击数 $N_{63.5}$。

超重型圆锥动力触探试验的落锤质量为 120kg，落距为 100cm，试验指标为贯入 10cm 的锤击数 N_{120}。

（2）适用范围

轻型圆锥动力触探试验一般用于贯入深度小于 4m 的黏性土、黏性土组成的素填土和粉土。可用于施工验槽、地基检验和地基处理效果的检测。

重型圆锥动力触探试验一般适用于砂土、中密以下的碎石土和极软岩。

超重型圆锥动力触探试验一般适用于较密实的碎石土、极软岩和软岩。

（3）试验设备

圆锥动力触探试验设备主要由圆锥触探头、触探杆、穿心锤三部分组成。

（4）试验成果整理

1）实测触探锤击数。

2）修正后的触探锤击数：

① 探杆长度的修正。

② 侧壁摩擦影响的修正。

③ 地下水影响的修正。

3）动贯入阻力。

（5）试验成果的应用

1）利用触探曲线进行力学分层

圆锥动力触探试验时在地层的某一段进行连续测试的方法，因此，在每个触探点的深度方向上，触探指标的大小可以反映不同地基土的密实度、地基承载力和其他工程性质指标的大小。

2）评价地基土的密实度

① 用重型圆锥动力触探击数确定砂土、碎石土的孔隙比和砂土的密实度。

② 锤击数经综合修正后，可确定碎石土的密实度。

③ 锤击数经探杆长度修正后，可确定碎石土的密实度。

3）评价地基承载力

① 用轻型动力触探 N_{10} 确定地基土承载力。

② 用重型圆锥动力触探锤击数 $N_{63.5}$ 确定地基土的承载力。

③ 用超重型圆锥动力触探锤击数 N_{120} 确定地基土的承载力。

4）确定地基土的变形模量。

5）确定单桩承载力。

6）确定抗剪强度。

7）地基检验和确定地基持力层。

① 地基检验：对圆锥动力触探进行地基检验适用范围和布点密度的规定。

② 评价地基均匀性和确定地基持力层：评价地基的均匀性；确定持力层的厚度和软弱地层的分布；确定桩端持力层及选择桩的长度。

4. 标准贯入试验

标准贯入试验（PT）是用质量为 63.5kg 的重锤按照规定的落距（76cm）自由下落，将标准规格的贯入器打入地层，根据贯入器在贯入一定深度得到的锤击数来判定土层的性质。这种测试方法适用于砂土、粉土和一般黏性土。

（1）试验设备

标准贯入试验设备由标准贯入器、触探杆及穿心锤组成。

（2）影响因素

1）触探杆长度影响。

2）土的自重压力影响。

3）地下水位影响。

（3）试验成果的应用

1）确定砂土的密实度。

① 用标准贯入试验击数 N 判定砂土密实程度的国际和国内标准。

② 标准贯入试验击数 N 与砂土相对密实度的关系。

2）确定黏性土的状态和无侧限抗压强度。

① 标准贯入试验锤击数与黏性土状态的关系。

② 标准贯入试验锤击数与黏性土状态和无侧限抗压强度的关系。

3）确定地基承载力。

① 国内外关于标准贯入试验与砂土、黏性土承载力的关系。

② 国内外关于依据标准贯入锤击数计算地基承载力的经验公式。

4）确定土的抗剪强度。

5）确定土的变形参数。

6）估算单桩承载力。

7）计算剪切波速

用标准贯入试验锤击数实测值 N 与剪切波速的相关关系换算地层的剪切波速。

8）评价砂土液化

用标准贯入试验的实测锤击数评价砂土、粉土的地震液化。

5. 现场直剪试验

现场直剪试验可用于岩土体本身，岩土体沿软弱结构面和岩体与其他材料接触面的剪切试验，可分为岩土体在法向应力作用下的沿剪切面剪切破坏的抗剪断试验，岩土体剪断后沿剪切面继续剪切的抗剪试验，法向应力为零时岩体剪切的抗切试验。

现场直剪试验可在试洞、试坑、探槽或大口径钻孔内进行。当剪切面水平或近于水平时，可采用平推法或斜推法；当剪切面较陡时，可采用楔形体法。

（1）现场剪切试验的布置方法及适用条件

1）平推法：平推法为剪切荷载平行于剪切面，常用于进行土体、软弱面（水平和近于水平）的抗剪试验。

2）斜推法：剪切荷载与剪切面成 α 角，常用于混凝土与岩体的抗剪试验。

3）楔形体法：楔形体法常用于倾斜岩体软弱面或岩土体试体植被成矩形或梯形有困难时。

4）水平推挤法：水平推挤法适用于洪坡积的混砂砾碎石土、稍胶结或风化的砂砾岩和黏性土层。

（2）法向荷载的施加要求和方法

1）法向荷载施加要求

法向荷载应尽可能通过剪切面中心，试验过程中注意保持法向荷载不变，对于高含水量的塑性软弱层，法向荷载应分级施加，以免软弱层挤出。

2）法向荷载施加方法。

（3）剪切荷载施加方法

1）剪切荷载最大推力的预估。

2）剪切荷载的施加方法

剪力分级施加的方法，国内通常有两种：一是按预估的最大剪应力百分数分级施加；二是按荷载的百分数分级施加。

3）剪切荷载施加的速率

直剪试验的剪力施加速率分快速法、时间控制法和剪切位移控制法三种方式。

（4）资料整理

1）试体剪切面应力计算。

2）相关参数的确定。

① 比例强度、屈服强度、峰值强度、残余强度。

② 剪胀强度。

剪胀强度相当于整个试样由于剪切带发生体积变大而发生相对的剪应力，剪胀强度应通过绘制剪应力与法向位移的曲线确定。

③ 抗剪强度参数的确定。

（5）野外剪切试验方法

1）大剪仪法。

2）千斤顶法。

3）水平挤出法推剪试验。

4）一次水平剪切法剪切试验。

一次水平剪切法适用于塑性较大的坚硬黏性土和岩石，且试验及计算方法均较简单。

6.十字板剪切试验

十字板剪切试验（VST）是用插入土中的标准十字板探头，以一定速率扭转，量测土破坏时的抵抗力矩，测定土的不排水剪的抗剪强度和残余抗剪强度。该试验可用于测定饱和软黏性土的不排水抗剪强度和灵敏度。

（1）试验设备

十字板剪切试验设备由十字板头、试验仪器、试验用探杆、贯入主机等组成。

（2）试验资料整理

1）计算土的抗剪强度。

2）计算重塑土抗剪强度。

3）计算土的灵敏度。

4）绘制抗剪强度与试验深度的关系曲线，以了解土的抗剪强度随深度的变化规律。

5）绘制抗剪强度与回转角的关系曲线，以了解土的结构性和受剪时的破坏过程。

（3）成果的应用

1）强度修正系数。

2）计算地基承载力。

3）估算单桩极限承载力。

4）确定软土路基临界高度。

在软土地区公路选线中，路基临界高度的确定对线路设计及方案比较非常重要，用十字板测得的不排水抗剪强度估算路基的临界高度是一种比较有效的方法。

5）判定软土的固结历史。

根据抗剪强度与深度的关系曲线，可判定土的固结性质（正常固结土、超固结土）。

6）检验地基加固改良的效果。

7.旁压试验

预钻式旁压试验（PMT）是通过旁压器在预先打好的钻孔中对孔壁施加横向压力，使土体产生径向变形，利用一起量测压力与变形的关系，测求地基土的力学参数。预钻式旁压试验适用于孔壁能保持稳定的黏性土、粉土、砂土、碎石土、残积土、风化岩和软岩。

（1）试验设备

预钻式旁压仪有旁压器、加压稳压装置和量测及控制装置等部分组成。

旁压器：是旁压仪的主要部分，用以对孔壁施加压力。

加压装置：由高压氮气瓶连接减压阀组成。当无高压氮气瓶时，亦可用普通打气筒和稳压罐代替。

量测及控制装置：由水箱、量管、压力表、导管等组成。

（2）试验资料整理

1）压力和变形量的校正。

2）绘制旁压试验曲线。

根据校正后的压力和水位下降值绘制 P—S 曲线，或根据校正后的压力和体积绘制 P—V 曲线。

3）特征值的确定。

（3）成果的应用

1）计算地基土承载力。

对于一般土宜采用临塑荷载法；对旁压试验曲线过临塑压力后急剧变陡的土宜采用极限荷载法。

2）计算旁压模量。

3）计算变形模量和压缩模量。

8. 扁铲侧胀试验

扁铲侧胀试验（DMT）是岩土工程中一种新兴的原位测试方法，试验时将接在探杆上的扁铲测头压入图中预定深度，然后施压，是位于扁铲探头一侧面的圆形钢膜详图内膨胀，量测钢膜膨胀三个特殊位置（A、B、C）的压力，从而获得多种岩土参数，适用于软土、一般黏性土、粉土、黄土和松散～中密的砂土。在密实的砂土、杂填土和含砾土层，因膜片容易损坏，故一般不宜采用。

（1）试验设备

扁铲侧胀试验的设备：主要由扁铲测头、测控箱、率定附件、气—电管路、压力源和贯入设备所组成。

（2）试验资料整理

经过测试后，得出膜片在三个特殊位置上的压力值，即 A、B、C。在数据整理前，首先应检查"$B-A \geqslant \Delta A + \Delta B$"是否成立。如不成立，则应检查仪器并对膜片重新进行率定或更换后重新试验。

1）由 A、B、C 值经膜片修正系数的修正后可分别得出 P_0、P_1、P_2 值。

2）根据 P_0、P_1 和 P_2 值计算 4 个试验指标（扁胀指数、水平应力指数、测胀模量、孔隙水压力指数）。

（3）成果应用

根据试验值及试验指标，按地区经验可划分土类，确定黏性土的状态，计算静止侧压力系数、超固结比 OCR，不排水抗剪强度、变形参数，进行液化判别等。

1）根据扁胀指数划分土类。

2）静止侧压力系数。

扁铲测头贯入土中，对周围土体产生挤压，故不能由扁胀试验直接测定原位初始侧向应力。可通过经验建立静止侧压系数 k_0 与水平应力指数 K_D 的关系式。

3）超固结比 OCR。

利用水平应力指数 K_D 可以计算土的超固结比 OCR。

4）不排水抗剪强度。

5）土的变形参数（压缩模量、弹性模量）。

6）水平固结系数。

7）水平向基床反力系数。

8）地基土承载力。

9) 液化判别

① 当实测扁铲水平应力指数 K_D 大于临界水平应力指数 K_{Dcr}，判为不液化土。

② 对可液化土层，应按式（2-125）计算可液化土层的液化强度比 F_{1e}：

$$F_{1e} = \frac{K_D}{K_{Dcr}} \tag{2-125}$$

9. 岩体原位测试

（1）岩体变形测试

岩体变形测试是通过加压设备将力施加在选定的岩体面上，测量其变形。其方法有静力法和动力法两种。静力法有承压板法、刻槽法、水压法、钻孔变形计法等；动力法有地震法和声波法等。

承压板法是通过刚性或柔性承压板施力于半无限空间岩体表面，量测岩体变形，按弹性理论公式计算岩体变形参数。坚硬完整岩体宜采用柔性承压板，半坚硬或软弱岩体宜采用刚性承压板。

试验资料整理：

1）岩体弹性（变形）模量计算。

2）绘制压力与变形关系曲线、压力与变形模量关系曲线、压力与弹性模量关系曲线，以及沿中心孔不同深度的压力与变形曲线。

（2）岩体强度测试

岩体轻度测试是原位测定岩体抗剪强度的一种方法，由于这种方法考虑了岩体结构面的影响，试验结果比较符合实际情况。岩体强度测试方法有现场直剪试验和现场三轴试验两种。

岩体现场直剪试验可分为三类：岩体本身的抗剪强度试验、岩体沿其软弱结构面的抗剪强度试验和混凝土与岩体胶结面的抗剪强度试验。岩体本身的抗剪强度和岩体沿其软弱结构面的抗剪强度是通过抗剪试验测定的；混凝土与岩体胶结面的抗剪强度是通过抗剪断试验和抗剪试验测定的。

（3）岩体应力测试

岩体应力测试一般是先测出岩体的应变值，再根据应变与应力的关系计算出应力值。测试方法通常有应力解除法和应力恢复法。其中应力解除法主要有孔壁应变法、孔径变形法和孔底变形法三种。

1）孔壁应变法测试

孔壁应变法测试是采用孔壁应变计，量测套钻解除应力后钻孔孔壁的岩石应变，按弹性理论建立的应变与应力之间的关系式，求出岩体内某点的三向应力大小和方向。该方法适用于无水、完整或较完整的岩体。

2）孔径变形法测试

孔径变形法测试是采用孔径变形计，量测套钻解除应力后的钻孔孔径的变化，按弹性理论公式计算岩体内某点的垂直孔轴平面上的岩体应力。当需测求岩体空间应力时，应采用三个钻孔交会法测试。该方法适用于完整或较完整的岩体。

3）孔底变形法测试

孔底变形法测试是采用孔底应变计，量测套钻解除应力后的钻孔孔底岩面应变，按弹性理论公式计算岩体内某店的平面应力大小和方向。该方法适用于无水、完整或较完整的岩体。

（4）岩体原位观测

1）地下洞室围岩收敛观测

地下洞室围岩收敛观测是用收敛计量测围岩表面两点在连线（基线）方向上的相对位移，即收敛值。该方法适用于各类围岩，也适用于岩体表面两点间距离变化的观测。

观测成果整理：

① 计算经温度修正后的实际收敛值。

② 绘制收敛值与时间关系曲线、收敛值与空挖空间变化关系曲线以及收敛值的断面分布图。

2）钻孔轴向岩体位移观测

钻孔轴向岩体位移观测是通过钻孔轴向位移计量测孔壁岩体不同深度与钻孔轴线方向一致的位移。主要用于地表和地下岩体工程中岩体与钻孔轴线一致方向的位移观测。

观测成果整理：

① 绘制测点位移与时间关系曲线。

② 绘制同一时间测孔内的测点位移与深度关系曲线。

③ 绘制测点位移与断面和空间关系曲线。

④ 对地下洞室、应绘制测点位移随掌子面距离变化的过程曲线。

3）钻孔横向岩体位移观测

钻孔横向岩体位移观测是通过测斜仪量测孔壁岩体不同深度与钻孔轴线垂直的位移。主要用于观测边坡、地下工程、坝基等岩体工程中岩体发生的水平位移。

观测成果整理：

① 绘制变化值与深度关系曲线。

② 绘制位移与深度关系曲线。

③ 对于有明显位移的部位，应绘制该深度的位移与时间的关系曲线。

10. 波速测试

弹性波在地层介质中的传播，可分为体波和面波。体波又可分为压缩波（P波）和剪切波（S波）。剪切波的垂直分量为SV波，水平分量为SH波。在地层表面传播的面波可分为R波和L波。它们在地层截止中传播的特征和速度各不相同，由此，可以在时域波形中加以区别。在弹性波速测试中，为确定与波速有关的岩土参数，进行场地类别划分，为场地地震反应分析和动力机器基础惊醒动力分析提供地基土动力参数，检验地基处理效果等方面应用，主要测试方法有单孔法、跨孔法和瑞利波法。

（1）单孔法

在地面激振，检波器在一个垂直钻孔中接收，自上而下（或自下而上）按地层划分逐层进行检测，计算每一地层的P波或SH波速，称为单孔法。该法按激振方式不同可以检测地层的压缩波波速或剪切波波速。

1）测试仪器设备

① 振源。

剪切波振源，要求具有偏振性，能产生优势SH波，并具有可反向性、重复性好和产生足够能量的振源。

纵波振源，要求激发能量大和重复性好，常用的是用重锤锤击放在地表的圆钢板，以产生纵波，要求测试地层深时，也可采用炸药爆破方式。

② 三分量检波器。

③ 信号采集分析仪。

2) 资料整理：

① 波形鉴别：根据不同波的初值和波形特征予以区别。

② 波速计算：根据波形特征和三分量检波器的方向区别 P 波、S 波的初值，以触发型号的起点为 0 时，读取 P 波或 S 波，绘制时距曲线，分层计算波速。

（2）跨孔法

在两个以上垂直钻孔内，自上而下（或自下而上），按地层划分，在同一地层的水平方向上一孔激发，在另外钻孔中接收，逐层进行检测地层的直达 SV 波，称为跨孔法。

1) 测试仪器设备

① 振源：主要分剪切锤和重锤标贯装置两类。

② 测试仪器：跨孔法需要在两个孔内都安置三分量检波器，型号采集分析仪应在六通道以上，其他性能指标要求与单孔法相同。

2) 资料整理：

跨孔法可同时测定水平层传播的 P 波和 S 波波速，该方法测试深度较深，可测出地层中的低速软弱夹层，其测试精度较高，但成本也高，因而在重要的大中工程中才应用。

① 计算每个测试深度的压缩波和剪切波波速值。

② 当测试地层附件不均匀，存在高速层且有地层倾斜时，可分析是否接收到折射波。

（3）瑞利波法

瑞利波是一种沿地表传播的波，其传播的波阵面为一个圆柱体，传播深度约为一个波长，因此同一波长的瑞利波传播特性反映了地基土水平方向的动力特性。

1) 测试仪器设备

① 振源：激振器、重锤或落锤。

② 检波器：检波器宜采用低频速度型传感器。

③ 信号采集分析仪：信号采集分析仪可以使用工程地震仪或其他信号采集分析仪。

2) 资料整理：

① 稳态法

利用地面上的检波器可测量出相邻道瑞利波的时间差或相位差。

② 瞬态法

瞬态法瑞利波探测资料处理过程一般包括记录编辑、瑞利波速度求取和地质解释三部分。

（4）波速在工程中的应用

1) 计算岩土动力参数。

2) 计算地基刚度和阻尼比。

3）划分建筑场地抗震类别。

4）计算建筑场地地基卓越周期。

5）判定砂土地基液化。

6）检验地基加固处理的效果。

7）土层剪切波波速和地基土的弹性模量参考值。

11. 岩土水平抗力试验

岩土水平抗力试验用于确定抗滑桩岩土体水平抗力系数及水平承载力。

（1）试验设备

1）圆形刚性承压板：承压板厚度不宜小于 500mm，当刚度不足时，可采用叠置垫板等方式提高承压板刚度。

2）水平推力加载装置：宜采用油压千斤顶，加载能力应为预估最大试验荷载的 1.2 倍。

3）载荷测量设备：宜采用并联于千斤顶油路的压力表或压力传感器测定油压，根据千斤顶率定曲线换算荷载，或采用应力环、应变式应力传感器直接测定。

4）水平位移量测设备：宜采用电测位计或大量程百分表。

5）加压及传力系统。

（2）试验数据整理

1）试验点上单位压力测定。

2）岩土体变形值应采用承压板上有效测表的平均变形值，应绘制压力 P 与变形 W 关系曲线，必要时应绘制 W-$\lg t$ 关系曲线及承压板外岩土体 P-W 关系曲线。

3）计算岩土体水平变形模量。

4）计算岩土体水平弹性抗力系数。

2.7 地下水对边坡的影响

2.7.1 地下水的类型

地下水的类型见表 2-20。

地下水的类型 表 2-20

类型	分布特点	水力特点	动态特征	成因	赋存形式
包气带水	土壤孔隙、岩层裂隙	无压	水位受季节性影响	渗入	气态水、结合水、毛细管水、重力水等
潜水	地表以下第一个稳定隔水层之上具有自由表面的重力水	无压，局部低压	水位受季节性影响	渗入	重力水
承压水	充满与上下两个隔水层之间的透水层、承受一定压力的重力水	承压	水位升降决定于静水压力传递	渗入和构造	重力水

2.7.2 地下水的流速——土的渗透性

土的渗透性见表 2-21。

土的渗透性		表 2-21
渗透性对边坡工程的影响	对土体物理力学性质的改变（边坡土压力的影响）	黏土稠度的改变
		土的重度的改变
		孔隙水压产生和消散对土体抗剪强度的影响
	排水工程（边坡治理的重要措施）	坡面排水（排水沟、截水沟、急流槽等）
		坡体内部排水（渗沟、盲沟、排水洞、排水孔等）

2.7.3 地下水对土质边坡的影响

在枯水期或非雨季进行的许多边坡工程勘察，虽然勘察作业时未显示有地下水，但雨季或汛期来临时，"计算稳定"的边坡会由于土体饱和导致滑坡或由于支护结构所受土压力增幅过大导致挡墙失稳的案例时有发生。

多数情况下，边坡开挖施工遇到的地下水是上层滞水，受稳定补给的地下水影响的边坡往往位于天然水体或人工水体附近。我国大部分地区在每年的 5～9 月为雨季，而 5～9 月也正是大量工程紧张施工的时段，很多在建的边坡工程往往由于雨季地面水的持续下渗，导致还未来得及支护便出现较大变形，甚至出现工程滑坡。究其原因在于有的施工单位对地下水的危害性认识严重不足，施工过程中未对坡体范围内的地面水进行合理引流和疏通，降雨时直接导致岩土体力学参数发生变化，与勘察报告提出的建议值大相径庭，大大降低了边坡的稳定性。

1. 边坡中的水压力

太沙基提出了有效应力原理：饱和土体中任意一点的总应力 σ 由有效应力 σ' 及孔隙水压 u 组成，即 $\sigma = \sigma' + u$。有效应力是通过土体颗粒间的接触面传递的，它对土体的强度和变形起控制作用，但有效应力不能直接测出，是通过上述公式计算得到，所以孔隙水压的确定就非常重要了。

工程中常用一些简化方法来确定孔隙水压，常见的有孔隙压力比法、代替法和静水压力法。

（1）孔隙压力比法

孔隙压力比法是在计算机技术欠发达、边坡稳定分析主要靠手算和查表的情况下提出的。孔隙压力比 $r_u = \dfrac{\text{水下滑动体的体积} \times \text{水的密度}}{\text{总滑体的体积} \times \text{土的密度}}$，由于水的密度约为土密度的一半，上述公式可简化为 $r_u = \dfrac{\text{水下滑动体的体积}}{2 \times \text{总滑体的体积}}$。用孔隙压力比表示的瑞典法的边坡稳定系数公式：

$$F_s = \frac{\sum \left[c_i' l_i + (1 - r_u) W_i \cos\alpha_i \tan\varphi_i' \right]}{\sum W_i \sin\alpha_i} \tag{2-126}$$

式中　φ_i'——第 i 条块土体的有效内摩擦角（°）；

　　　c_i'——第 i 条块土体的有效黏聚力（kPa）；

　　　W_i——第 i 条块土体的重力（kN），$W_i = \gamma V$，水位以上 γ 取天然密度，水位以下取饱和密度；

　　　l_i'——第 i 条块土体的底边长度（m）。

（2）代替法

代替法就是用滑动体周界上的水压力和滑动体范围内水重的作用来代替渗流力的作用。如图 2-48 所示的边坡，ae 线表示渗流水面线，又叫浸润线。将滑动面 abc 以上，浸润面 ae 以下的土体中的孔隙水体隔离出进行受力分析，在渗流情况下，其上的作用力有：

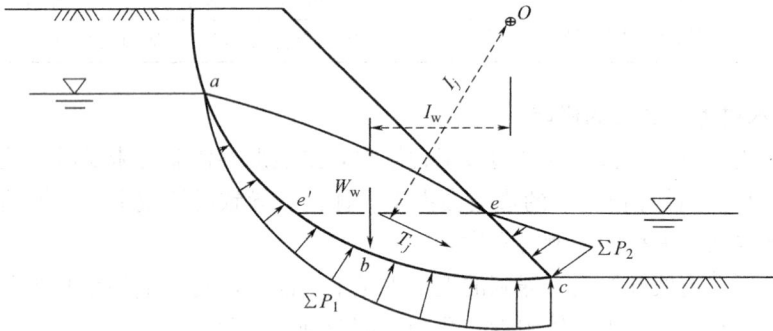

图 2-48　边坡代替法示意图

1）滑面 abc 上的水压力 $\sum P_1$，方向指向圆心。

2）坡面 ce 上的水压力 $\sum P_2$，方向垂直于坡面。

3）孔隙水的重力 W_w，方向垂直向下。

由于三个力不能自相平衡，所以产生了渗流力 T_j，即渗流力为以上三个力的合力。它表示滑体范围内渗流力的合力等于所取隔离体全部充满水时的水重与周边水压力的矢量和。将各力对圆心取矩，$\sum P_1$ 的力矩为 0，$\sum P_2$ 与 ee' 面以下的水重对圆心取矩相互抵消，因而得到公式：

$T_j l_j = W_{w1} l_{w1}$，W_{w1} 为 aee' 范围内全部充满水时的水重，l_{w1} 为 W_{w1} 对圆心 o 的力臂。

因此对于圆弧滑面，渗流力产生的力矩可以用下游水位以上、浸润线以下滑体范围内全部充满水的水重对圆心 o 的力矩来代替。

（3）静水压力法

《建筑边坡工程技术规范》采用的是静水压力法，本部分内容将在第 4 章作重点介绍。

2. 支护结构后的水压力

支护结构后的土压力的计算可采用朗肯或库仑理论，地下水位以上采用水土合算的方法计算主动、被动土压力，地下水位以下可采用水土合算或水土分算两种方法。

地下水位以下的黏性土的土压力，因孔隙中不存在自由的重力水，而存在结合水，结合水不传递静水压力，宜采用水土合算，以土颗粒和结合水组成的土体为对象，重度取饱和重度 γ_{sat}，土体抗剪强度为固结不排水抗剪强度 C_{cu}、ϕ_{cu}，对应的室内试验为三轴压缩试验的固结不排水剪切试验。

地下水位以下的砂土和粉土的土压力，宜采用水土分算，作用于支护结构上的侧压力为有效土压力和水压力。计算有效土压力时，$P_a = K_a \gamma' h_2$，土的重度取浮重度（$\gamma' = \gamma_{sat} - \gamma_w$），土体抗剪强度为有效抗剪强度 C'、ϕ'，对应的室内试验为三轴压缩试验的固结排水剪切试验。

计算水压力时，应根据渗流条件分别考虑。

（1）有地下水但未形成渗流情况下的水压力计算

基坑内外无渗流时，水压力为静水压力，从支护结构背侧地下水位处往下呈三角形分布，到达基坑底部时，由于内外水压力抵消，水压力改成矩形分布，支护结构底部水压力为 $\gamma_w \Delta h$，Δh 为基坑深度。当支护结构底部进入岩层或渗透系数小于 $10^{-6}\,\mathrm{cm/s}$ 的黏性土层一定深度时，不考虑渗流，按静水压力计算。

（2）有地下水并形成渗流情况下的水压力计算

基坑内外要形成稳态渗流，需满足三个条件：1）土体为透水层；2）基坑内外有水力坡降（水头差）；3）支护结构底未穿过透水层。基坑开挖后，在渗透作用下，地下水将从基坑外绕过支护结构渗入坑内，作用于支护结构上的水压力为压力水头而非静水压力。

本特·汉森提出一种考虑渗流作用的水压力近似计算方法：

h_{w1}——基坑外侧地下水位至支护结构底端的距离（m）；

h_{w2}——基坑内侧地下水位至支护结构底端的距离（m）；

Δ_{w1}——基坑内、外侧地下水位差（m），$\Delta_{w1} = h_{w1} - h_{w2}$；

i_a——基坑外主动区的近似水力坡降，$i_a = \dfrac{0.7\Delta h_w}{h_{w1} + \sqrt{h_{w1}h_{w2}}}$；

i_p——基坑内被动区的近似水力坡降，$i_p = \dfrac{0.7\Delta h_w}{h_{w2} + \sqrt{h_{w1}h_{w2}}}$；

ΔP_{w1}——基坑内地下水位处的水压力修正值（kPa），$\Delta P_{w1} = i_a \gamma_w \Delta h_w$；

P_{w1}——修正后的基坑内地下水位处的水压力（kPa），$P_{w1} = \gamma_w \Delta h_w - \Delta P_{w1}$。

基坑开挖后，支护结构向坑内变形，坑内土体产生被动土压力，坑外土体产生主动土压力。

ΔP_a——基坑外侧主动区支护结构底端处的水压力修正值（kPa），$\Delta P_a = i_a \gamma_w h_{w1}$；

P_{wa}——修正后的基坑外侧主动区支护结构底端处的水压力（kPa），$P_{wa} = \gamma_w h_{w1} - \Delta P_a$；

ΔP_p——基坑内侧被动区支护结构底端处的水压力修正值（kPa），$\Delta P_p = i_p \gamma_w h_{w2}$；

P_{wp}——修正后的基坑内侧被动区支护结构底端处的水压力（kPa），$P_{wp} = \gamma_w h_{w2} + \Delta P_p$。

内外两侧水压力相抵消后，可得作用在主动区支护桩底端处的水压力 P_{w2}，$P_{w2} = P_{wa} - P_{wp}$。故，最终基坑外侧主动区的水压力分布如图 2-49 所示。

3. 基坑边坡抗管涌、抗流土、抗突涌的稳定性分析

地下水的渗透破坏主要表现为管涌、流土和突涌。

管涌是在渗透水流作用下，土体内部孔隙变大，渗流量变大，最终导致土体内形成贯通的渗流通道。发生管涌的前提是土体级配不连续。

流土是指在向上的渗流水流作用下，表层局部范围土颗粒发生悬浮、移动现象，只要达到流土的临界水力坡降，原则上任何土都可能发生流土现象。要避免基坑边坡发生流土破坏，需要在渗流出口满足式（2-127），i 为出水口处的水力坡降：

$$\frac{\gamma'}{\gamma_w} \geqslant i \qquad (2\text{-}127)$$

计算水力坡降时，渗流路径可近似的取最短的路径即紧贴支护结构位置的路线以求得最大水力坡降（图 2-50）：

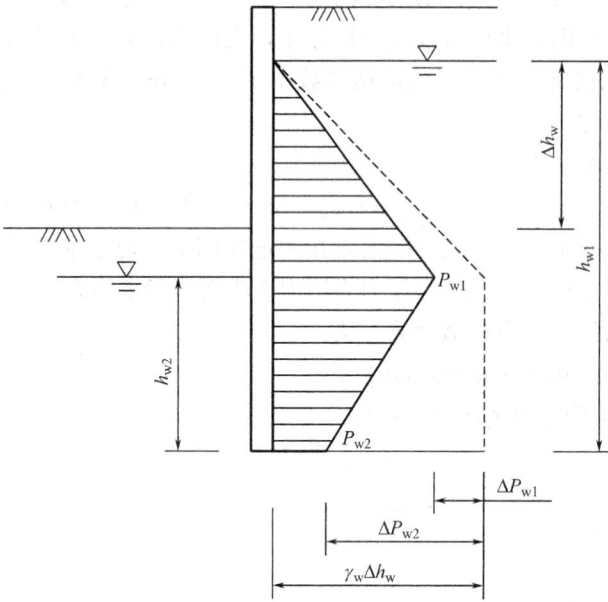

图 2-49　基坑外侧主动区的水压力分布

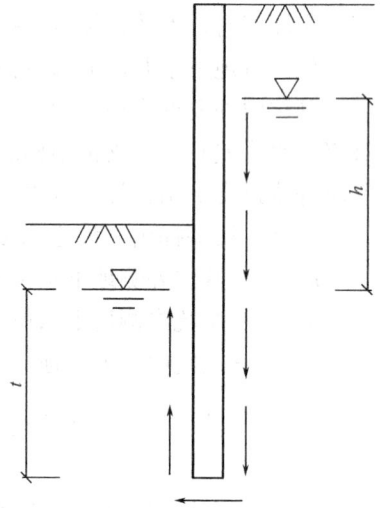

图 2-50　水的渗流示意图

$$i = \frac{h}{h+2t}$$

抗流土的安全系数 $K = \dfrac{\gamma'}{i\gamma_w} = \dfrac{\gamma'\,(h+2t)}{\gamma_w h}$ 满足相关规范规定即可。

当基坑下存在不透水层又位于承压水层之上时，若承压水压力大于上部土体自重压力，基坑底部会被冲溃，称为突涌。防突涌安全系数不小于 1.2。

2.7.4　地下水对岩质边坡的影响

地层岩性是构成斜坡的物质基础，岩土的成因和性质决定了其能保持稳定的自然休止坡角。岩层层面和不同成因、不同时代的接触面是边坡结构上的软弱面，它们的产状常常控制边坡的稳定。在进行地下水调查时，除调查边坡汇水条件外，还包括地下水出露情况（露头位置、形态、流量、水温、水质等）。

坡体结构是坡体内岩土体、结构面的分布和排列顺序、位置及其与坡面的关系。岩质边坡的破坏分为滑移型和崩塌型，大多数建筑边坡在经过拟建场地选址、前期的平场施工后已大大减少了发生崩塌的可能，大多数为滑移型破坏。滑移型又分有外倾结构面与无外倾结构面。有外倾结构面的岩体，其破坏特征是沿结构面发生单面与多面滑动，无外倾结构面的岩体的破坏特征与土类似，有可能沿倾角为 $45 + \dfrac{\varphi}{2}$ 的破裂面下滑。

地下水是岩质边坡失稳的主要作用因素之一，是否发生滑移很大程度取决于地下水的分布和作用。地下水对岩质边坡的影响主要有两方面：

（1）降低结构面强度。有的滑坡地下水丰富，每天排出数吨水，有的虽无流动的地下水，但结构面浸润后，层间泥质填充物从可塑变为软塑，大大降低了结构面的抗剪强度，增大了下滑的可能。

（2）增加水压力。地下水在岩层中的分布很复杂，有的呈层状分布，有的呈窝状分布，有的呈脉状分布。地下水的长期积累，若无有效的排水渠道，将在岩质边坡后缘中形成较大的静水压力或动水压力，从而增加下滑力。

气候条件也是影响滑坡的因素之一，多雨且降水量大的地区滑坡多，多雨加速风化，风化进一步加剧雨水的下渗，尤其是植被较少地区，水土流失严重，且滑坡事故经常发生。

2.7.5 边坡排水工程

排水对于边坡的稳定性具有至关重要的作用，边坡的排水设计是边坡设计中不可缺少的部分。排水设计包含坡面排水设施和坡体内部排水设施。

坡面排水的目的是为了最大限度地把雨水从地表排走，防止其渗入坡体内，包括坡面防护及边坡周围的沟渠等。

坡体内部排水的目的是为了最大限度地降低在边坡内形成的地下水位的高度，包括排水洞、排水孔及以反滤作用为原理的渗沟、盲沟及反滤层等。但值得注意的是，如果坡体内部降水会增加土体的有效应力，引起地层沉降，使建筑发生较大变形，那么水体必须保留，应进行防渗处理。

边坡的排水工程应结合地形地貌、天然水系、周边其他工程建设情况综合考虑，达到排水顺畅、有效截流、安全排放的目的。

1. 水力计算

（1）地表汇水量计算

地表汇水量按式（2-128）计算：

$$Q_s = q\psi F \tag{2-128}$$

式中　Q_s——雨水设计流量（L/s）；

　　　q——设计暴雨强度 [L/(s·hm²)]；

　　　ψ——径流系数，参照《室外排水设计规范》（GB 50014—2006）相关章节；

　　　F——汇水面积（hm²），1公顷＝10^4 m²；

　　　$q = \dfrac{167A_1(1+c\lg p)}{(t+b)^n}$，$A_1$、$c$、$n$、$b$ 根据统计方法计算确定，每个城市根据自身情况，发布了修订的暴雨强度公式，应按照相关要求进行计算；

　　　p——设计降雨的重现期（年），对于边坡设计可选用 20 年一遇；

　　　t——降雨历时，$t = t_1 + t_2$，t_1 为地面汇流时间，$t_1 = \dfrac{坡面长度}{60v_1}$，$t_2$ 为管渠内水流时间，$t_2 = \dfrac{管内流程长度}{60v_2}$。

可见，影响设计径流量的因素包括：

1）降雨强度。降雨强度越大，设计径流量越大。

2）汇水的面积和形状。汇水面积越大，设计径流量越大。

3）坡体表面排水的长度和坡度。排水长度越长、坡度越陡，设计径流量越大。

4）坡体表面植被覆盖情况。地表植被越多，设计径流量越小。

（2）排水管渠水力计算

根据前一部分的径流量计算，按照式（2-129）进行管渠截面的设计：

$$Q = Av \tag{2-129}$$

式中　Q——设计流量（m^3/s）；

A——水流有效截面面积（m^2）；

v——流速（m/s），$v = \dfrac{1}{n} R^{0.667} I^{0.5}$，最大流速按相关规范进行控制，流速太小，设置清淤措施；

R——水力半径（m），$R = \dfrac{过水断面积}{湿周}$，湿周为水与固体界面接触部分的周长；

I——排水坡度；

n——粗糙系数，参照《室外排水设计规范》（GB 50014—2006）相关章节。

2. 坡面排水设施

（1）排水沟：排水沟的流速不大于沟渠允许的最大流速，为防止积淤，沟底纵坡不宜小于 0.5%，沟渠顶面高出设计水位 0.1～0.2m。为便于施工，排水沟横截面形式一般为矩形或倒梯形。

（2）截水沟：当边坡上方地表径流较大时，应设置截水沟。截水沟应结合地形沿等高线设置，在较低点将水流通过急流槽分流引排至自然水体或周边市政管网中。对于多级边坡，每级平台或马道均应设置截水沟。

（3）急流槽：急流槽是集中排泄水流的重要措施。过水断面一般为矩形。由于急流槽坡率往往与边坡坡率一致，排水纵坡相比一般排水沟大得多，冲刷作用严重，所以对永久性急流槽，不宜采用砖砌，宜采用浆砌块片石砌筑或素混凝土浇筑。急流槽基底应置于稳定老土或基岩上，且保证一定埋置深度，严禁将急流槽至于未压实填土或滑动土体上。为减缓冲刷，设置消能设施。

3. 坡体内部排水设施

（1）渗沟：主要用于土质边坡。利用反滤原理，将坡体内大量的地下水截流，通过渗沟骨架，将地下水排出坡体。除排水作用，渗沟还能形成刚性骨架，用于支撑滑坡体，防止其发生滑动。渗沟用于边坡周边地下水较丰富地区。

（2）盲沟：主要用于土质边坡。利用反滤原理，在坡体内部地下水汇至指定地点。盲沟内部全部填充质地坚硬、级配良好的颗粒材料，纵向坡度 1%～2%，出水口高程高于坡体外部水位 0.2m，以防水倒灌。当边坡坡体中有不明来水或受季节性涨水影响，可在坡体内部设置盲沟。盲沟外部由土工织物包裹，防止盲沟淤塞失效。

（3）排水洞：常用于坡高在 100m 以上的超高边坡中，如水利工程。主要用于透水性的岩质边坡或强风化层饱水等情况。岩体中地下水主要为裂隙渗流，排水洞沿边坡走向布置，可将裂隙水截至排水洞中。排水洞想要收水，还必须在周围设置辐射状的排水孔。

（4）排水孔：作为体型细小但分布密集的引水通道，将地下渗水引流至指定地点，为防塌孔和堵塞，常在排水孔中插入不同材质的排水管，如：

金属管（钢花管），原较多使用，后因价格昂贵且易生锈被塑料管取代。

塑料管（PVC 管），价格便宜、性能良好、应用广泛。

透水软管，全方位透水，适应土体较大变形，但也因为"太柔"，环刚度较小，孔太深时需利用导管送入。

（5）集水井：当通过排水洞和排水孔汇集的地下水不能依靠重力自动排出时，可在稳定区域的坚硬岩石基础上设置集水井，然后利用水泵将水提升至地表。

2.7.6 勘察及施工中的注意事项

1. 勘察遗留钻孔的回填

现场勘探钻孔工作完成后，应按照《建筑工程地质勘探与取样技术规程》及时对孔洞进行回填，避免雨水等通过钻孔进入地下导致结构面软化，尤其是顺层边坡。钻孔应采用水泥、膨润土浆液由孔底逐步向上灌注回填。

2. 边坡坡体中不明来水的处理措施

边坡中不明来水因其来源不明，无法从源头截断，只能采取截、排等措施将其从坡体内部引走，可采用盲沟、渗沟等措施将水引走。

3. 位于新建高土质填方边坡坡肩附近的雨、污管网检查井等附属设施，应考虑边坡变形对管道及圬工结构物的影响，各检查井下部过水部分建议采用整体性好的结构形式。

2.7.7 监测

地下水监测是合理评价排水设施效果和边坡稳定性的重要一环，对一、二级边坡，降雨与时间的关系是必测项目，对一级边坡，地下水、渗水与降雨的关系是必测项目。

常见的边坡设计虽然有较成熟的经验，但仍有不少工程事故发生，除了对地质情况认识不足、施工措施不合理等原因外，雨水下渗又是另外一个重要原因，近年来，雨后边坡失稳的案例越来越多，经分析判定直接诱因大多为雨水下渗。

从对一些滑坡事故的调研情况来看，项目现场对研究的具体需求包含但不限于以下几点：

（1）前期勘察阶段留下的大量的未回填的钻孔是否造成雨水汇集，渗入结构面，并对滑坡有直接影响。

（2）排水设施是否将短时间汇集的大量雨水有效排出。

（3）饱和状态时土压力与设计值大小关系。

（4）降雨与基坑（边坡）变形的关系。

（5）支护结构垮塌前，作用于支护结构的土压力的变化情况。

（6）发生滑坡后，滑面抗剪强度是否会进一步降低。

（7）基坑（边坡）影响范围内，地下水的补给类型、补给通道及排泄通道对基坑（边坡）稳定性影响。

以上几点都需要通过长期监测获得数据，从而进行分析，从而得出相应结论，可见监测的重要性。

边坡工程应由设计单位提出监测目的和要求，由业主委托有资质的监测单位编制监测方案，经设计、业主认可后实施。

参考文献

[1]　李广信. 高等土力学 [M]. 北京：清华大学出版社，2004.

[2]　高大钊. 土力学与基础工程 [M]. 北京：中国建筑工业出版社，1998.

[3]　张克恭，刘松玉. 土力学 [M]. 北京：中国建筑工业出版社，2004.

[4] 殷宗泽等.土工原理 [M].北京：中国水利水电出版社，2007.

[5] 黄文熙.土的工程性质 [M].北京：水利电力出版社，1983.

[6] 张永兴.岩石力学 [M].北京：中国建筑工业出版社，2004.

[7] 孙钧，王贵君.岩石流变力学 [M].南京：河海大学出版社，2004.

[8] 周维垣.高等岩石力学 [M].北京：水利水电出版社，1990.

[9] 蔡美峰.岩石力学与工程 [M].北京：科学出版社，2002.

[10] 刘国斌，王卫东.基坑工程手册（第二版）[M].北京：中国建筑工业出版社，2009.

[11] 周顺华，毛坚强，王炳龙等.城市轨道交通地下工程计算与分析 [M].北京：人民交通出版社，2014.

[12] 徐志英.岩石力学（第三版）[M].北京：水利水电出版社，1993.

[13] 孙广忠.岩体结构力学 [M].北京：科学出版社，1988.

[14] 矫德全，陈愈炯.土的各向异性和卸荷体缩 [J].岩土工程学报，1994，16（4）：9-16.

[15] 陈愈炯.总强度指标的测定和应用 [J].土木工程学报，2000，33（4）：32-41.

[16] 马石城.基坑开挖的弹塑性与流变分析及其应用 [D].长沙：湖南大学，2001.

[17] 杨圣奇.岩石流变力学特性的研究及其工程应用 [D].南京：河海大学，2006.

[18] 吴德伦，黄质宏，赵明阶.岩石力学 [M].重庆：重庆大学出版社，2006.

[19] 屈智炯，刘恩龙.土的塑性力学 [M].北京：科学出版社，2011.

[20] 郑颖人，沈珠江，龚晓南.岩土塑性力学原理 [M].北京：中国建筑工业出版社，2002.

[21] 张根德.土的本构模型及其工程应用 [M].北京：中国科学出版社，1995.

[22] 杨桂通.土动力学 [M].北京：中国建材工业出版社，2000.

[23] 雷用，刘兴远，唐耿琛等.建筑边坡工程百问 [M].北京：中国建筑工业出版社，2014.

[24] 刘兴远，雷用，康景文.边坡工程——设计·监测·鉴定与加固 [M].北京：中国建筑工业出版社，2015.

[25] 中华人民共和国水利部.GB/T 50123—1999 土工试验方法标准 [S].北京：中国计划出版社，1999.

[26] 工程地质手册编委会.工程地质手册（第四版）[M].北京：中国建筑工业出版社，2007.

[27] 常士骠，张苏民等.工程地质手册（第四版）[M].北京：中国建筑工业出版社，2006.

[28] 钱七虎，方鸿琪，张在明等.岩土工程师手册 [M].北京：人民交通出版社，2010.

[29] 刘成宇.土力学 [M].北京：中国铁道出版社，2005.

[30] 陈仲颐，周景星，王洪瑾.土力学 [M].北京：清华大学出版社，2007.

[31] GB/T 50266—2013 工程岩体试验方法标准 [S].北京：中国计划出版社，2013.

[32] 郑颖人等.边坡与滑坡工程治理.北京：人民交通出版社，2010.

[33] 工程地质手册编委会.工程地质手册.北京：中国建筑工业出版社，2007.

[34] 基坑工程手册编委会.基坑工程手册.北京：中国建筑工业出版社，2009.

[35] GB 50330—2013 建筑边坡工程技术规范 [S].北京：中国建筑工业出版社，2013.

[36] JGJ 120—2012 建筑基坑支护技术规程 [S].北京：中国建筑工业出版社，2012.

[37] JTG D30—2015 公路路基设计规范.北京：人民交通出版社，2015.

[38] GB 50014—2006 室外排水设计规范（2011 年版）.北京：中国计划出版社，2006.

第3章 土压力

3.1 概述

在山区斜坡上填方或挖方筑路、地下室基坑开挖、修筑护岸或码头等常需要设置挡土墙来防止土方坍塌，如图 3-1 所示。例如支撑建筑物周围填土的挡土墙、地下室侧墙、桥

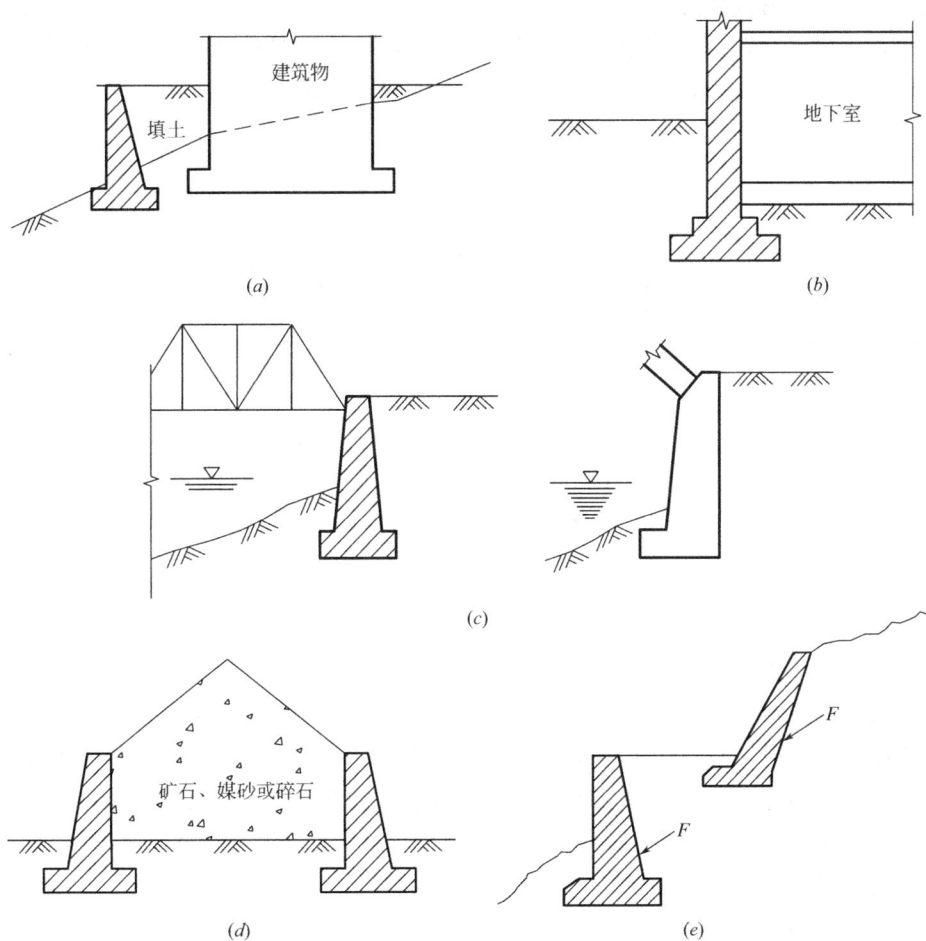

图 3-1 挡土墙应用举例

(a) 支撑建筑物周围填土的挡土墙；(b) 地下室侧墙；(c) 桥台；

(d) 贮藏粒状的挡墙；(e) 山区路基

台以及贮藏粒状材料的挡墙、支撑边坡土体和山区路基的挡墙等。又如大、中桥两岸引道两侧的连接若用挡土墙便可少占土地，减少引道路堤的土方量。还有深基坑开挖支护墙以及隧道、水闸、驳岸等构筑物的挡土墙。挡土墙常采用砖石、混凝土、钢筋混凝土等建成，近年来采用加筋土挡墙也逐渐增多。

3.1.1　土压力的类型

挡土墙要承受挡土墙后的土体、地下水、墙后地面建筑物及其他形式荷载对墙背产生的侧向压力，称之为土压力。土压力的大小及其分布规律受墙体可能的位移方向及大小、墙背填土的种类、填土面的形式、支护结构物的截面刚度及高度和地基的变形等因素影响。在影响土压力的诸多因素中，墙体位移条件是最主要的因素。墙体位移的方向和位移的大小决定了所产生土压力的性质和大小。因此，根据墙的位移情况和墙后土体的应力状态，将土压力分为三种类型：

1.静止土压力

挡土墙墙身的位移或转动为零，墙后土体没有破坏，处于弹性平衡状态，此时作用在挡土墙背后的土压力被称为静止土压力，用 E_0 表示，如图 3-2（a）所示。当挡土墙的刚度足够大，并且建立在坚实的地基上（例如基岩），墙体能抵抗土压力而不产生位移时，即可产生静止土压力，比如地下室侧墙、地下水池侧壁、涵洞侧壁等都可视为受静止土压力作用。

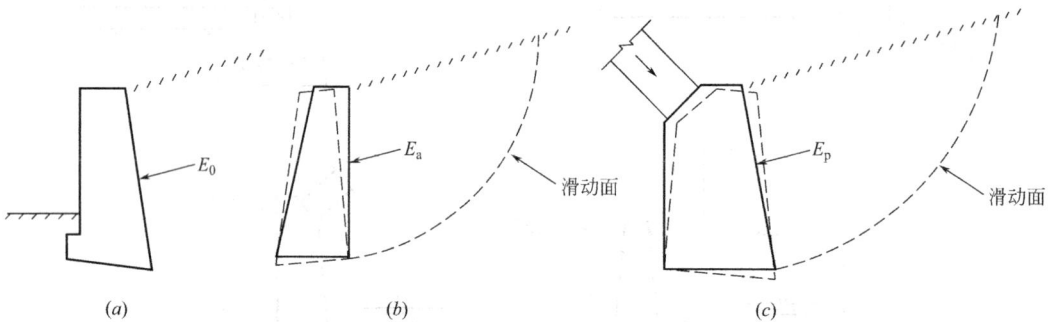

图 3-2　作用在挡土墙上的三种土压力

（a）静止土压力；（b）主动土压力；（c）被动土压力

2.主动土压力

挡土墙在土压力的作用下发生背离土体方向的水平位移或转动，墙后土体由于侧面约束发生改变而具有向下滑动趋势，土体内部滑移面上剪应力增加，使作用在墙后的土压力减小，当墙体移动或转动到一定程度时（进入主动土压力状态的位移量一般是比较小的），滑动面上的剪应力等于土的抗剪强度，墙后土体达到主动极限平衡状态，这时作用在墙后的土压力达到最小值，被称为主动土压力，用 E_a 表示，如图 3-2（b）所示。一般挡土墙受到的压力都是主动土压力。

3.被动土压力

挡土墙受外力作用，向土体方向移动或转动，墙后土体受到挤压，有向上滑动的趋势，土体内剪应力增加，使作用在墙后的土压力加大，直到墙身位移或转动到一定程度时，土体内剪应力等于抗剪强度，墙后土体达到被动极限平衡状态，这时作用在墙后的土压力达到最大值，被称为被动土压力，用 E_p 表示，如图 3-2（c）所示。拱桥桥台所受压力可视为被动压力。

3.1.2 土压力与位移的关系

由前所述，可以发现墙身位移对土压力的影响主要有两点：

第一，挡土墙受到土压力的类型，首先取决于墙身是否发生位移以及位移的方向，可以分为静止土压力（E_0）、主动土压力（E_a）、被动土压力（E_p）。

第二，挡土墙所受土压力大小并不是一个常数，随着墙身位移量的变化，墙上所受土压力值也在变化。根据对中密以上的砂进行试验和数值计算结果，土压力随墙身位移量的变化曲线关系如图 3-3 所示。图中 Δ 为墙顶的位移量（"＋"为离开土体方向，"－"为靠近土体方向），H 为墙身的高度，E 为墙后的土压力。从曲线可以看出墙后土体达到主动土压力状态时，墙身位移只需 $0.1\% \sim 0.5\%$，这样大小的位移在一般挡土墙中很容易发生，因此，设计这种位移形式的挡土墙所受的土压力时，可以用主动土压力 E_a 来计算。

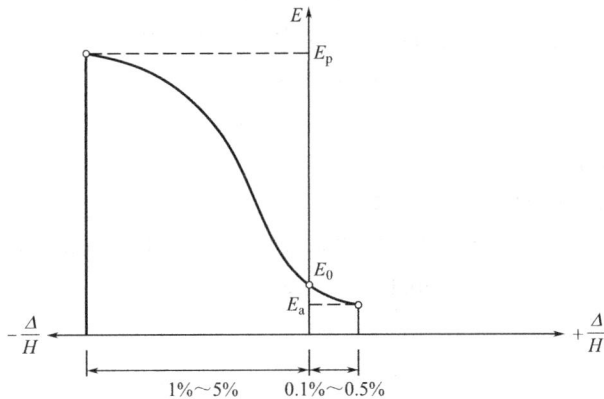

图 3-3　墙身位移与土压力关系曲线

从图 3-3 中也可以看出，产生被动土压力 E_p 要比产生主动土压力 E_a 困难得多，其所需的位移量很大，Δ/H 大致要达到 $1\% \sim 5\%$，这比达到主动土压力状态的位移量约大 10 倍左右。显然，这样大的位移量在一般工程建筑中是不容许发生的，因为在墙后土体发生破坏之前，结构物可能已先破坏。因此，在估计挡土墙能抵抗多大外力作用而不发生滑动时，只能利用被动土压力的一部分，比如 $(0.25 \sim 0.5) E_p$，或者直接用静止土压力 E_0 代替。

3.1.3 土压力的经典理论

下面将主要介绍图 3-3 曲线上三个特定点的土压力计算，即 E_0、E_a、E_p。其中 E_0 属于弹性状态土压力，E_a 和 E_p 则属于极限平衡状态土压力。目前对 E_a 和 E_p 的计算方法仍是以抗剪强度和极限平衡理论为基础的古典土压力理论，也就是后面将要重点介绍的 Rankin 土压力理论和 Coulomb 库仑土压力理论。然而，实际工程中不少挡土结构的位移量并未达到土体发生主动或被动极限平衡状态所需的位移量，因而作用于挡土墙上的土压力可能是介于主动与被动之间的某一数值，这种任意位移下的土压力计算比较复杂，涉及墙、土和地基三者的变形、强度特性和共同作用。不过，随着计算技术的发展，目前已可以根据土的实际应力—应变关系，利用有限元法来确定墙体位移量与土压力大小的定量关系，尤其对于一些重要的挡土建筑物就应该考虑采用这样的方法来设计。

3.2　土压力与水压力计算

3.2.1　静止土压力计算

静止土压力是挡土墙墙身没有发生位移或转动时，作用在墙后的土压力。静止土压力可根据弹性半无限体的应力和变形理论计算，得到 z 深度处的静止土压力 P_0 为：

$$P_0 = K_0 \gamma z \tag{3-1}$$

式中　γ——土的重度（kN/m^3）；

K_0——静止土压力系数，可由泊松比 υ 确定，$K_0 = \dfrac{\upsilon}{1-\upsilon}$。

对于泊松比的取值，砂土可取 0.2～0.25，黏性土可取 0.25～0.4，则相应的静止土压力系数 K_0 在 0.25～0.67 之间，对于理想刚体 $\upsilon=0$，$K_0=0$；对于液体 $\upsilon=0.5$，$K_0=1$。

另外，静止土压力系数 K_0 也可以根据经验公式计算得到：

对于砂性土：
$$K_0 = 1 - \sin\varphi' \tag{3-2}$$

对于黏性土：
$$K_0 = 0.95 - \sin\varphi' \tag{3-3}$$

对于超固结黏性土：
$$K_0 = K_{0n} \cdot (OCR)^m \tag{3-4}$$

式中　K_{0n}——正常固结的静止侧压力系数；

OCR——土体的超固结比，又称先期固结比，即土的先期固结压力与现有土层自重压力的比值，对于超固结土，$OCR > 1$；

m——经验常数，一般可用 $m = 0.41$。

静止土压力系数 K_0 与土性、土的密实程度等因素有关，在初步计算时也可采用表 3-1 所列的经验值。

静止土压力系数 K_0　　　　　　　　　　　　　　　　表 3-1

土的名称和性质	K_0	土的名称和性质	K_0
砾石土	0.17	壤土：含水量 $w=15\%\sim20\%$	0.60～0.75
砂：孔隙比 $e=0.50$	0.23	砂质黏土	0.49～59
$e=0.60$	0.34	黏土：硬黏土	0.11～0.25
$e=0.70$	0.52	紧密黏土	0.33～0.45
$e=0.80$	0.60	塑性黏土	0.61～0.82
砂壤土	0.33	泥炭土：有机质含量高	0.24～0.37
壤土：含水量 $w=25\%\sim30\%$	0.43～0.54	有机质含量低	0.40～0.65

根据式（3-1）可知，在均质土中，静止土压力与计算深度呈三角形分布，如图 3-4 所示，对于高度为 H 的竖直挡墙，取单位墙长，作用在挡墙上的静止土压力的合力值 E_0 为：

$$E_0 = \frac{1}{2}K_0 \gamma H^2 \tag{3-5}$$

合力 E_0 的方向为水平，作用点距离墙底 $H/3$ 高度处。

3.2.2 Coulomb 土压力计算

库仑土压力理论是库仑在 1773 年提出的计算土压力的一种经典理论。它是根据墙后所形成的滑动楔体静力平衡条件建立的土压力计算方法。由于它具有计算较简便，能适用于各种复杂情况且计算结果比较接近实际等优点，因而至今仍得到广泛应用。我国的土建类规范大多都规定，挡土墙、桥梁墩台所承受的土压力，就是根据库仑土压力理论计算得到的。

1. 基本假设

库仑土压力理论的基本假设是挡土墙为刚性的，墙后填土为无黏性砂土；当墙身向前或

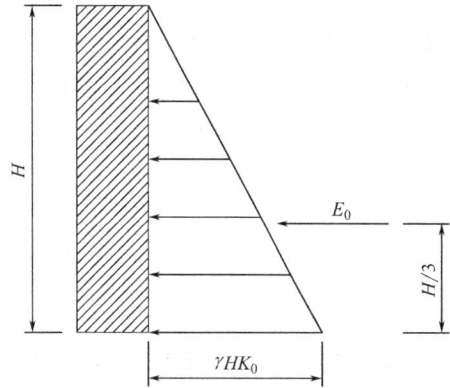

图 3-4 静止土压力分布图

向后偏移时，墙后滑动土楔体是沿着墙背和一个通过墙踵的平面发生滑动；滑动土楔体可视为刚体。

Coulomb 库仑土压力理论不像 Rankin 土压力理论是由应力的极限平衡来求解的，而是从挡土结构后填土中的滑动土楔体处于极限状态时的静力平衡条件出发，求解主动或被动土压力的。

应用库仑理论可以计算无黏性土在各种情况时的土压力，如墙背倾斜、填土面也倾斜、墙面粗糙、与填土间存在摩擦角等。

2. 主动土压力

如图 3-5 所示，当墙向前移动或转动使墙后土体沿某一破裂面 AC 破坏时，土楔体 ABC 将沿着墙背 AB 和滑裂面 AC 向下滑动，这个瞬间，滑动楔形体 ABC 处于主动极限平衡状态。取滑动体 ABC 为隔离体，作用在其上的力共有 3 个，分别为：

（1）土楔体自重 G，$G = \triangle ABC \cdot \gamma$，方向为竖直向下。

（2）破裂面 AC 上的反力 R。该力是土楔体滑动时，破裂面上的切向摩擦力和法向反力的合力，其大小未知，但是方向已知，反力 R 与破裂面 AC 的法线之间的夹角等于土的内摩擦角，并位于该法线的下侧。

（3）墙背对土楔体的反力 E。该力是墙背对土楔体的切向摩擦力和法向反力的合力。

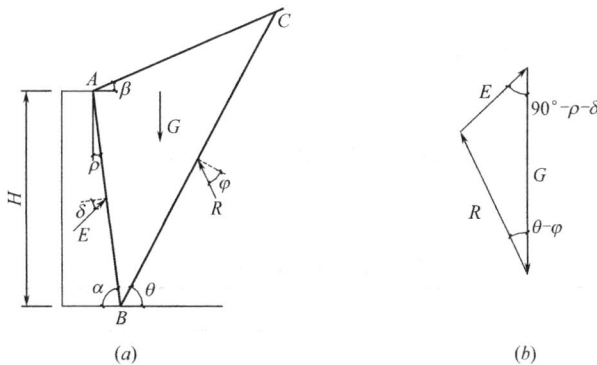

图 3-5 库仑主动土压力计算图

(a) 土楔上的作用力；(b) 力矢三角形

与该力大小相等，方向相反的力就是土压力，其方向已知，大小未知。该力与墙背的法线方向成 δ 角度，δ 为墙背与填土之间的摩擦角。

土楔体在这三个力的作用下处于平衡状态，因此必构成一个闭合的力矢三角形如图 3-5 (b) 所示，由正弦定理可得：

$$\frac{E}{G} = \frac{\sin(\theta - \varphi)}{\sin(180° - (\theta - \varphi + \psi))} = \frac{\sin(\theta - \varphi)}{\sin(\theta - \varphi + \psi)} \tag{3-6}$$

$$E = G \frac{\sin(\theta - \varphi)}{\sin(\theta - \varphi + \psi)} \tag{3-7}$$

式中　$\psi = 90° - \rho - \delta$。

上式中滑面 AC 的倾角 θ 是未知的，按不同的 θ 值可绘出不同的滑动面，得出不同的 G 和 E 值，因此，E 是 θ 的函数，因此可先分析两种极端的情况：

(1) 当 $\theta = \varphi$ 时，R 和 G 重合，$E = 0$。

(2) 当 $\theta = 90° + \alpha$ 时，滑动面 AC 与墙背重合，$E = 0$。

很明显，上诉两种角度都不可能是真正的滑动面倾角。当 θ 在 φ 与 $90° + \alpha$ 之间变化时，墙背上的土压力由 0 增加至某一个最大值，然后再减小至 0。这个最大值即为墙后的总主动土压力 E_a，其相对应的 AC 面为墙后土体的滑面，θ 为滑面倾角。

根据分析，只有产生最大 E 值的滑动面才是产生库仑主动土压力的滑动面，利用微分学求极值的方法，可有式（3-7）按 $dE/d\theta = 0$ 的条件求得 E 最大值时的 θ 角，该 θ 即为最危险的滑动面与水平面的夹角。将求得的 θ 角代入式（3-7）中，即可求得作用于墙背上的主动土压力 E_a 的大小，整理后得到表达式为：

$$E_a = \frac{1}{2} \gamma H^2 K_a \tag{3-8}$$

$$K_a = \frac{\cos^2(\varphi - \rho)}{\cos^2\rho \cdot \cos(\delta + \rho)\left[1 + \sqrt{\dfrac{\sin(\delta + \varphi) \cdot \sin(\varphi - \beta)}{\cos(\delta + \rho) \cdot \cos(\rho - \beta)}}\right]^2} \tag{3-9}$$

式中　γ ——填土重度（kN/m³）；

　　　φ ——填土内摩擦角（°）；

　　　ρ ——墙背倾角，墙背与竖直线之间的夹角，以竖直方向为准，逆时针为正（俯斜），顺时针为负（仰斜）（°）；

　　　β ——墙背填土表面的倾角（°）；

　　　δ ——墙背与土体之间的摩擦角（°）；

　　　K_a ——主动土压力系数。

墙背与填土之间的摩擦角 δ 可由试验确定，当无试验资料时，一般取为 $\left(\dfrac{1}{3} \sim \dfrac{2}{3}\right)\varphi$，也可参照表 3-2 中数值。

土对挡土墙墙背的摩擦角 表 3-2

挡墙情况	摩擦角 δ	挡墙情况	摩擦角 δ
墙背平滑，排水良好	$(0 \sim 0.33)\varphi$	墙背很粗糙，排水良好	$(0.5 \sim 0.67)\varphi$
墙背粗糙，排水良好	$(0.33 \sim 0.5)\varphi$	墙背与填土之间不可能滑动	$(0.67 \sim 1.0)\varphi$

由式（3-9）可以看出，K_a 值随着 φ 和 δ 的增加而减小，随着 ρ 和 β 的减小而减小。因此，在实际工程中，注意墙后填料的压实，提高填土的 φ 值，并注意填土的排水通畅，增大 δ 值，对减小主动土压力值有很大的实际意义。

由式（3-9）可知，主动土压力与墙高 H 的平方成正比，为求得离墙顶任意深度 z 处的主动土压力强度 P_a，可将 E_a 对 z 取导数得到：

$$P_a = \mathrm{d}E_a/\mathrm{d}z = \mathrm{d}\left(\frac{1}{2}\gamma H^2 K_a\right)/\mathrm{d}z = \gamma H K_a \tag{3-10}$$

由式（3-10）可知，主动土压力强度沿墙高呈三角形分布。主动土压力的作用点离墙底 $H/3$ 处，方向与墙背法线的夹角为 δ。

当填土面水平，墙背直立和光滑（$\beta = 0$，$\rho = 0$，$\delta = 0$）时，库仑主动土压力与 Rankin 土压力公式完全相同，说明 Rankin 土压力是库仑土压力的一个特例。在特定情况下，两种土压力理论得到的结果是一致的。

3. 被动土压力

如图 3-6 所示，当墙在外力作用下向后挤压填土，直至土体沿某一个滑裂面 AC 破坏时，土楔体 ABC 沿墙背 AB 和滑动面 AC 向上滑动，取 ABC 为隔离体，按前述库仑主动土压力公式推导思路，采用类似方法可得到库仑被动土压力公式。

$$E_p = \frac{1}{2}\gamma H^2 K_p \tag{3-11}$$

$$K_p = \frac{\cos^2(\varphi + \rho)}{\cos^2\rho \cdot \cos(\rho - \delta)\left[1 + \sqrt{\dfrac{\sin(\varphi + \delta) \cdot \sin(\varphi + \beta)}{\cos(\rho - \delta) \cdot \cos(\rho - \beta)}}\right]^2} \tag{3-12}$$

式中　K_p——被动土压力系数，其他符号意义同前。

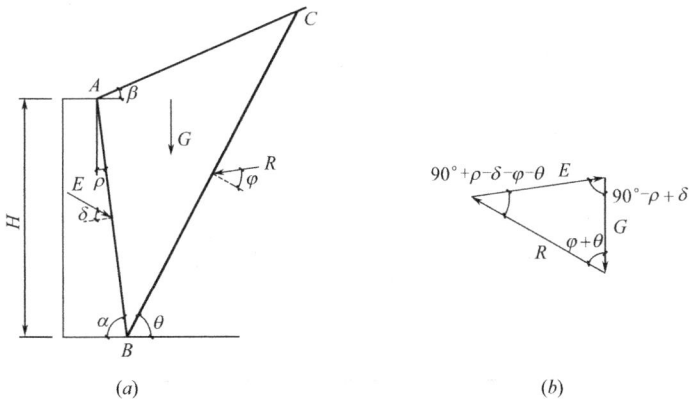

图 3-6　库仑被动土压力计算图
(a) 土楔上的作用力；(b) 力矢三角形

需要注意的是，作用在土楔体上的反力 E 和 R 的方向与主动土压力情况相反，都应位于法线的另一侧；另外，被动土压力相应于土压力 E 为最小值时的滑动面才是真正的滑动面，因为此时，楔体所受阻力最小，最容易被向上推出。

$$P_p = \mathrm{d}E_p/\mathrm{d}z = \mathrm{d}\left(\frac{1}{2}\gamma H^2 K_p\right)/\mathrm{d}z = \gamma H K_p \tag{3-13}$$

被动土压力强度可按式（3-13）计算得到，容易发现，被动土压力强度也是沿墙高呈三角形分布，其方向与墙背的法线成 δ 角且在法线上侧，土压力合力作用点距离墙底 $H/3$ 处。

当填土面水平，墙背直立和光滑（$\beta = 0$，$\rho = 0$，$\delta = 0$）时，库仑主动土压力与 Rankin 土压力公式相同。

4. 库仑理论的适用条件

（1）回填土为砂土。

（2）滑裂面为通过墙踵的平面。

（3）填土表面倾角 β 不能大于内摩擦角 φ，否则，求得的主动土压力系数为虚根。

（4）当墙背仰斜时，土压力减小，若墙背倾角等于 φ 时，土压力为 0，而实际上不为 0，其原因是假定破裂面为平面，而实际破裂面为曲面导致误差，因此，墙背不宜缓于 1：0.3。

（5）当墙背俯斜时，如果俯斜角度很大，及墙背过于平缓，滑动土体不一定沿墙背滑动，而是沿土体内另一破裂面（第二破裂面）滑动。这种情况下，上诉推导公式不能使用。

由于假定滑裂面为平面，与实际曲面有差异，导致误差的出现，此差异对于主动土压力为 2%～10%；被动土压力则与实际相差较大，随着摩擦角 φ 的增大而增大，有时相差几倍至十几倍，如应用此值是危险的。

【例 3-1】　某一挡土墙高 8m，墙背俯斜 $\alpha = 5°$，填土面坡角 $\beta = 30°$，填土重度 $\gamma = 18\text{kN/m}^3$，内摩擦角 $\varphi = 30°$，黏聚力 $c = 0$，填土与墙背的摩擦角 $\delta = 15°$。试求库仑主动土压力的大小、分布及作用点位置。

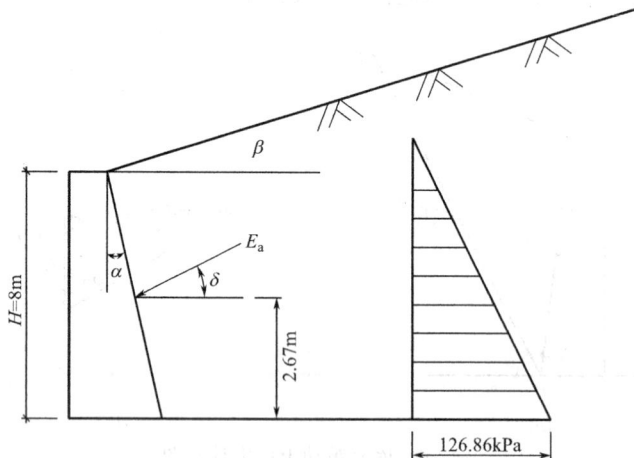

图 3-7　土压力强度分布图

【解】　根据 $\alpha = 5°$，$\beta = 30°$，$\delta = 15°$，$\varphi = 30°$，由式（3-12）得主动土压力 $K_a = 0.881$，由式（3-13）得主动土压力强度值。

墙顶：$P_a = \gamma z K_a = 0$

墙底：$P_a = \gamma z K_a = 18 \times 8 \times 0.881 = 126.86\text{kPa}$

土压力的合力为强度分布图面积，也可按式（3-11）直接求出。

$$E_a = \frac{1}{2}\gamma H^2 K_a = \frac{1}{2} \times 18 \times 8^2 \times 0.881 = 507.456 \text{kN/m}$$

土压力合力作用点位置距墙底为 $H/3 = 8/3 = 2.67\text{m}$，与墙背法线成 $5°$ 上倾。土压力强度分布如图 3-7 所示（该强度分布图只表示大小）。

3.2.3 Rankin 土压力计算

Rankin 土压力理论是土压力计算中的两个最有名的经典理论之一，由英国学者 Rankin 于 1857 年提出。它是根据半空间的应力状态和土的极限平衡条件而得出的土压力计算方法。由于其概念清楚，公式简单，便于记忆，所以目前在工程中仍被广泛地使用。

1. 基本假设

Rankin 土压力理论认为在垂直的墙背上的土压力，是相当于达到极限平衡（主动或被动状态）的半无限体中任一垂直截面带上的应力，即作用在挡土墙垂直墙背 AB（图 3-8）上的土压力，也即为达到极限平衡时半无限体中和墙背 AB 方向相符的 AA' 切面上 AB 段的应力。Rankin 认为在满足一定的条件下，可以用挡土墙来代替半无限土体的一部分，而不影响土体其他部分的应力情况。这样，Rankin 土压力理论作为极限问题只取决于一个边界条件，及半无限体的界面情况。对于较简单的界面（挡土墙墙背直立、墙后填土面水平、墙背光滑）情况的土压力，可以采用 Rankin 土压力理论较方便地求解。

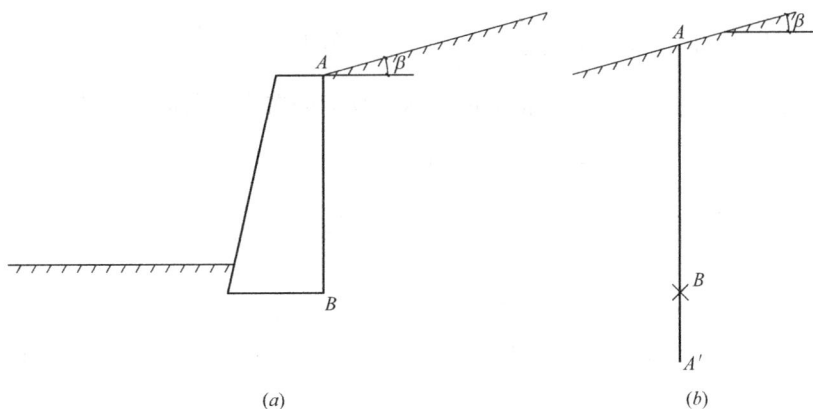

图 3-8 Rankin 土压力的基本假设

2. 主动土压力

考虑挡土墙后填土表面以下 z 处的土单元的应力状态，作用于上面的竖向力为 γz，由于挡土墙没有变形和位移，则侧向水平力为 $K_0 \gamma z$，即静止土压力，两者均为主应力。此点的应力圆在土的抗剪强度线下面不与其相切，如图 3-9 所示，墙后填土处于弹性平衡状态。当挡土墙在土压力的作用下，向前移动，作用在土单元上的竖向力仍为 γz，但侧向水平应力逐渐减小。当墙的位移量使墙后土体处于极限平衡状态，此时，应力圆与土的抗剪强度线相切。作用在单元体的最大主压应力为 γz，最小主压应力为 P_a，而 P_a 就是我们要研究的主动土压力强度。

$$P_a = \gamma \cdot z \cdot \tan^2\left(45° - \frac{\varphi}{2}\right) = \gamma \cdot z \cdot K_a \tag{3-14}$$

式中 P_a——主动土压力强度（kPa）；

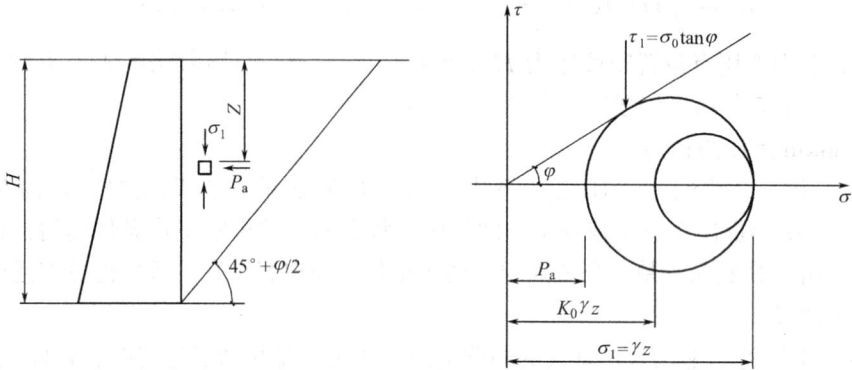

图 3-9　Rankin 主动土压力计算简图

γ——填土的重度（kN/m^3）；

z——计算点到填土表面的距离（m）；

K_a——主动土压力系数，$K_a = \tan^2(45° - \dfrac{\varphi}{2})$；

φ——填土的内摩擦角（°）。

发生主动土压力时的滑裂面与水平面之间的夹角为 $45° + \dfrac{\varphi}{2}$。

主动土压力强度与 z 成正比，沿墙高土压力强度分布为三角形，主动土压力合力为：

$$E_a = \frac{1}{2}\gamma h^2 \tan^2(45° - \frac{\varphi}{2}) = \frac{1}{2}\gamma h^2 K_a \tag{3-15}$$

主动土压力的作用点离墙底 $H/3$ 处，并垂直于墙背。

3. 被动土压力

挡土墙在外力的作用下，向填土方向位移，墙后填土被压缩。此时，距离填土表面 z 处的单元体，竖向应力仍为 γz；而水平应力则由静止土压力逐渐增大。如果墙身位移继续增大，墙后填土会出现滑裂面，而填土处于极限平衡状态，应力圆与土的抗剪强度线相切（图 3-10）。作用于单元体上竖向应力为最小主应力，其值为 γz；水平应力为最大主应力 P_p，而 P_p 就是我们要研究的被动土压力强度。

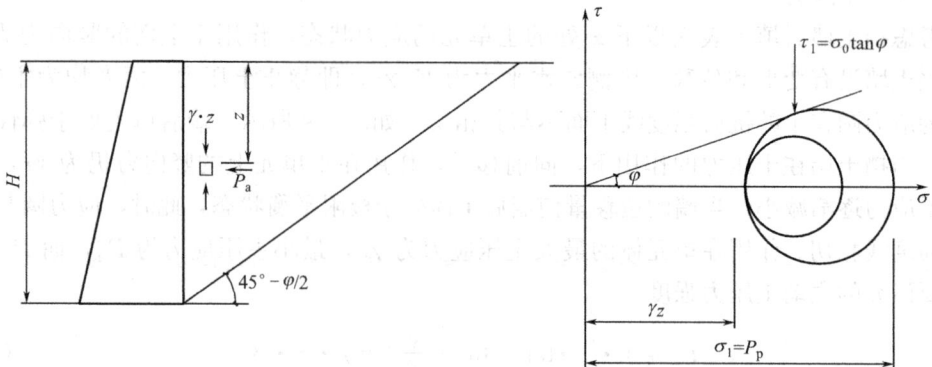

图 3-10　Rankin 被动土压力计算简图

根据土体的极限平衡条件，作用在挡土墙上的被动土压力强度为：

$$P_p = \gamma \cdot z \cdot \tan^2\left(45° + \frac{\varphi}{2}\right) = \gamma \cdot z \cdot K_p \tag{3-16}$$

式中　　P_p——主动土压力强度（kPa）；

K_p——主动土压力系数，$K_p = \tan^2\left(45° + \frac{\varphi}{2}\right)$。

发生被动土压力时的滑裂面与水平面之间的夹角为 $45° - \frac{\varphi}{2}$。

被动土压力强度与 z 成正比，沿墙高土压力强度分布为三角形，被动土压力合力为：

$$E_p = \frac{1}{2}\gamma h^2 \tan^2\left(45° + \frac{\varphi}{2}\right) = \frac{1}{2}\gamma h^2 K_p \tag{3-17}$$

被动土压力的作用点在离墙底 $H/3$ 处，并垂直于墙背。

4. Rankin 理论的适用条件

（1）地面为水平面（含地面上的均布荷载）。

（2）墙背是竖直的。

（3）墙背光滑，即墙背与填土之间摩擦角 δ 为零没有摩擦力。

（4）填土为砂性土。

（5）对于倾斜墙背和悬臂式挡土墙由 Rankin 理论计算其土压力时，可按图 3-11 的方法处理，土压力方向都假定与地面平行。对于图 3-11（a）的俯斜式挡墙，可假设通过墙踵的内切面 $A'B$ 为假想墙面，但 ABA' 的重量必须要包含在力学分析中；对于图 3-11（b）的仰斜式挡墙，可假设通过墙顶的内切面 AB' 为假想墙面，求出 E_a 后只用其水平分力 E_{ah}，因其竖向分力和土块 ABB' 的重量对墙是不发生作用的；对于图 3-11（c）悬臂式挡墙，可求出假想墙面 $A'A_2$ 上的土压力 E_a，再将底板上的土块 AA_1A_2A' 的重量包括在地基压力和稳定性验算中即可。

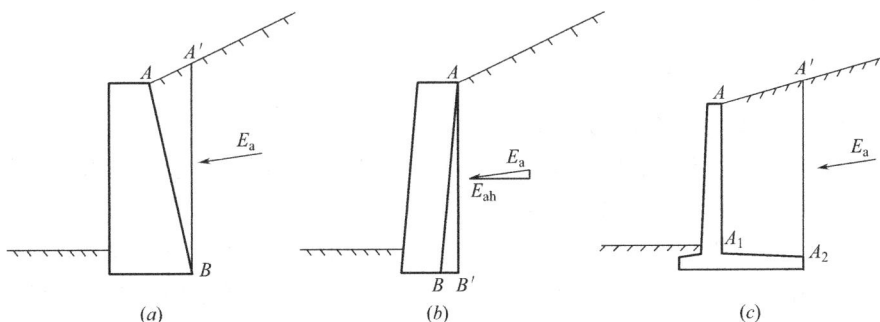

图 3-11　倾斜墙背和悬臂式挡墙的土压力计算

（a）俯斜式挡墙；（b）仰斜式挡墙；（c）悬臂式挡墙

【例 3-2】　有一高度 8m 墙背为光滑、竖直的挡土墙，墙后填土表面水平且与墙齐高。填土的物理力学性质指标如下：$\gamma = 18\text{kN/m}^3$，$\varphi = 30°$，$c = 15\text{kN/m}^2$。使用朗肯土压力公式求主动土压力 E_a。

【解】　主动土压力系数 $K_a = \tan^2\left(45° - \frac{\varphi}{2}\right) = \tan^2 30° = 0.33$，$\sqrt{K_a} = 0.57$

墙背拉力区范围，临界深度 $Z_0 = \dfrac{2c}{\gamma\sqrt{K_a}}$，即 $Z_0 = \dfrac{2\times 15}{18\times 0.57} = 2.92\text{m}$

由朗肯主动土压力公式 $P_a = \gamma_z K_a - 2c\sqrt{K_a}$ 和 $E_a = \dfrac{1}{2}\gamma H^2 K_p$，有：

墙顶：$P_a = \gamma_z K_a - 2c\sqrt{K_a} = -2c\sqrt{K_a} = -2\times 15\times 0.57 = -17.1\text{kPa}$

墙底：$P_a = \gamma_z K_a - 2c\sqrt{K_a} = 18\times 8.0\times 0.33 - 2\times 15\times 0.57 = 30.42\text{kPa}$

据此可绘出墙背土压力的分布如图 3-12 所示。

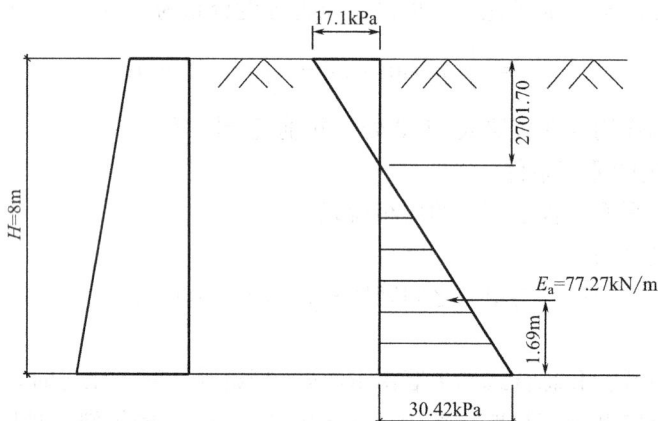

图 3-12　墙背土压力分布

土压力合力为应力分布图面积（不计受拉区），即：

$$E_a = \frac{1}{2}\times 30.42\times (8.0-2.92) = 77.27\text{kN/m}$$

E_a 作用方向水平，作用点距墙底 $\dfrac{1}{3}\times (8.0-2.92) = 1.69\text{m}$ 处。当然 E_a 也可按式

$$E_a = \frac{1}{2}(H-Z_0)(\gamma H K_a - 2c\sqrt{K_a}) = \frac{1}{2}\gamma H^2 K_a - 2cH\sqrt{K_a} + \frac{2c^2}{\gamma}\text{ 计算。}$$

3.2.4　土压力计算的水土分算与合算

在实际工程中，会出现墙后土体位于地下水线以下的情况，对于地下水位以下土体的侧压力，通常采用水土分算和水土合算两种方法。

水土分算，即分别计算土压力和水压力，两者之和为总的侧压力。这一原则适用于土孔隙中存在自由的重力水的情况或土的渗透性较好的情况，一般适用于砂土、粉性土和粉质黏土。

水土合算，认为土孔隙中不存在自由的重力水，而存在结合水，它不传递静水压力，以土粒与孔隙水共同组成的土体作为对象，直接用土的饱和重度计算侧压力，这一原则适用于不透水的黏土层。

1. 水土分算

对无地下水渗漏的永久性地下结构，即使有附加应力，地下孔隙水压力的分布最终和静水压力相一致，可采用"水土分算"。采用"水土分算"方法计算时，作用在墙后的侧压力如图 3-13 所示，按以下公式计算：

地下水位以上部分：

$$P_a = K_a \gamma z \tag{3-18}$$

地下水位以下部分：

$$P_a = K_a [\gamma H_1 + \gamma'(z - H_1)] + \gamma_w(z - H_1) \tag{3-19}$$

式中　H_1——地面距地下水位处距离（m）；

　　　　z——计算点距地面距离（m）；

　　　　γ——土的重度（kN/m^3）；

　　　　γ'——土的浮重度（kN/m^3）；

　　　　γ_w'——水的重度（kN/m^3）。

应用式（3-19）应注意的是，计算 K_a 应采用土的有效抗剪强度指标 c'、φ'，这样才能与土的有效自重应力 $\gamma' z$ 相匹配。

采用"水土分算"的计算模式适用于砂质土，实际上只有墙插入深度很深，墙底进入绝对不透水层，而且墙体接缝滴水不漏时，才符合这种模式，这显然是偏大的。由于支护体接缝、桩之间的土及底部向坑底渗漏现象的存在，以及渗透系数不大于 $1 \times 10^{-4} cm/s$ 的黏性土和支护体接触面很难累积重力水，现场实测的孔隙水压力均明显低于静水压力值。

2. 水土合算

对于一般黏土和粉土，比较适合用水土合算方法计算。作用在墙后的侧压力（图 3-14）按以下公式计算：

地下水位以上部分，主动土压力为：

$$P_a = K_a \gamma z \tag{3-20}$$

地下水位以下部分，主动土压力为：

$$P_a = K_a'[\gamma H_1 + \gamma_{sat}(z - H_1)] \tag{3-21}$$

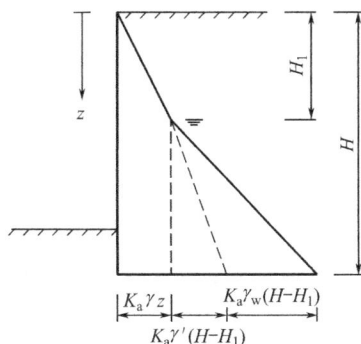

图 3-13　水土分算法　　　　图 3-14　水土合算法

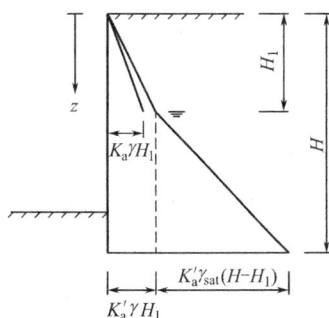

地下水位以下的水压力和土压力，按有效应力原理分析时，水压力与土压力应分开计算。水土分算方法概念比较明确。但是在实际使用中有时还存在一些困难，特别是对黏性土，水压力取值的难度大，土压力计算还应采用有效应力抗剪强度，在实际工程中往往难以解决。因此，在很多情况下黏性土往往采用总应力法计算土压力，即将水压力和土压力混合计算，也有了一定的工程实验经验。然而，这种方法亦存在一些问题，可能低估了水压力的作用。所以采用水土分算还是水土合算方法计算土压力是当前有争议的问题。因

此，建议在设计中可根据长期的工程经验，选用水土分算原则或水土合算原则计算侧压力。但必须注意的是，对不同的计算原则，应采用与其相匹配的强度指标和安全系数。

3.2.5　特殊情况下的土压力计算

1. 有限范围填土的土压力计算

当挡墙后土体破裂面以内有较陡的稳定岩面时，应视为有限范围填土情况计算主动土压力，如图 3-15 所示有限范围填土时，主动土压力合力可按下式计算：

$$E_a = \frac{1}{2}\gamma h^2 K_a \qquad (3-22)$$

$$K_a = \frac{\sin(\alpha+\beta)}{\sin(\alpha-\delta+\theta-\delta_r)\cdot\sin(\theta-\beta)}$$
$$\left[\frac{\sin(\alpha+\theta)\cdot\sin(\theta-\delta_r)}{\sin^2\alpha}-\eta\frac{\cos\delta_r}{\sin\alpha}\right]$$
$$(3-23)$$

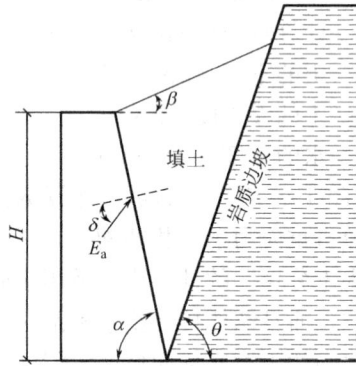

图 3-15　有限范围填土土压力计算简图

式中　θ——稳定岩石坡面的倾角（°）；

δ_r——稳定且无软弱层的岩石坡面与填土之间的内摩擦角（°），宜根据试验确定。当无试验资料时，可取 $\delta_r=(0.40\sim0.70)\varphi$，$\varphi$ 为填土的内摩擦角。

2. 地面超载作用下的土压力计算

挡土墙后填土表面通常会有荷载的作用，比如施工荷载、车辆荷载、行人荷载、建筑材料堆载等，这类荷载被称为地面超载，它们的存在增加了作用于支挡结构上的土压力。确定地面超载的影响，一般有两种方法：弹性力学解析法和近似简化法（如超载从地面斜线向下扩散的方法）。为了方便计算分析，可将地面超载简化为均布的条形荷载或几种荷载。

挡土墙墙后填土表面有均布荷载 q 作用，可将均布荷载换算成为当量土重，用假想土重代替均布荷载，当量土层的厚度 $h_0=\dfrac{q}{\gamma}$。

（1）填土表面满布均布荷载

1）填土表面水平有均布荷载作用

假定填土表面水平，墙背竖直且光滑，可以利用 Rankin 理论计算，如图 3-16 所示。作用于填土表面下 z 处的主动土压力强度为：

$$p = (q+\gamma z)K_a \qquad (3-24)$$

式中　q——作用在填土表面的均布荷载（kPa）；

K_a——Rankin 主动土压力系数。

这时主动土压力强度分布图为梯形，主动土压力：

$$E_a = \frac{1}{2}H(2q+\gamma H)K_a = \frac{1}{2}H\gamma(2h_0+H)K_a \qquad (3-25)$$

主动土压力作用点通过梯形形心，距离墙踵：

$$z_f = \frac{H}{3}\cdot\frac{3q+\gamma H}{2q+\gamma H} \qquad (3-26)$$

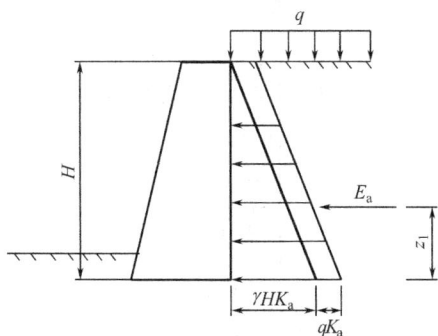

图 3-16　填土表面水平满布均布荷载

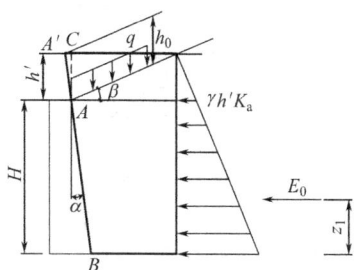

图 3-17　填土表面倾斜满布均布荷载

2）墙背倾斜、填土表面有倾斜均布荷载作用

将均布荷载换算成当量土重，当量土厚度 $h_0 = \dfrac{q}{\gamma}$，以此假想填土面与墙背延长线交于 A' 点，故以 $A'B$ 作为假想墙背计算土压力。如图 3-17 所示，假想挡土墙高度为 $H + h'$，根据 $\triangle AA'C$，按正弦定理可求得：

$$AA' = AC \cdot \frac{\cos\beta}{\cos(\beta - a)} = h_0 \frac{\cos\beta}{\cos(\beta - a)}$$

$$h' = AA' \cdot \cos\alpha = h_0 \frac{\cos\beta\cos\alpha}{\cos(\beta - a)} \tag{3-27}$$

主动土压力强度：

$$p = \gamma(h' + z)K_a \tag{3-28}$$

式中　K_a——库仑主动土压力系数。

主动土压力：

$$K_a = \frac{1}{2}H\gamma(2h' + H)K_a \tag{3-29}$$

主动土压力作用点距离：

$$z_f = \frac{H}{3} \cdot \frac{3h' + H}{2h' + H} \tag{3-30}$$

（2）填土表面局部有荷载

1）地面局部有均布荷载作用

如图 3-18 所示，当满布的均布荷载的初始位置距离墙顶有一段距离时，支挡结构上的主动土压力可近似按此方法计算：在地面超载起点 O 处作两条辅助线 OD 和 OE，与墙面交于 D、E 两点。近似认为 D 点以上的土压力不受地面超载的影响；而 E 点以下的土压力完全受地面超载的影响，D、E 两点之间的土压力按直线分布。于是挡土墙上的土压力为图中阴影部分，其中辅助线 OD 和 OE 与地表的夹角分别为填土的内摩擦角 φ 和填土的破裂角 θ。

如图 3-19 所示，当地面的均布荷载只作用在一定宽度的范围内时，通常可以用此方法计算主动土压力。从均布荷载的两个端点，分别作辅助线 OD 和 $O'E$，它们都与水平线成 θ 角。近似认为 D 点以上和 E 点以下的土压力都不受地面超载的影响，而 D、E 两点间

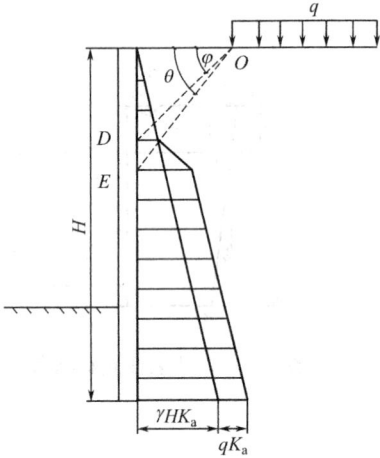

图 3-18　距离墙顶一定距离的均布荷载
产生的侧向压力

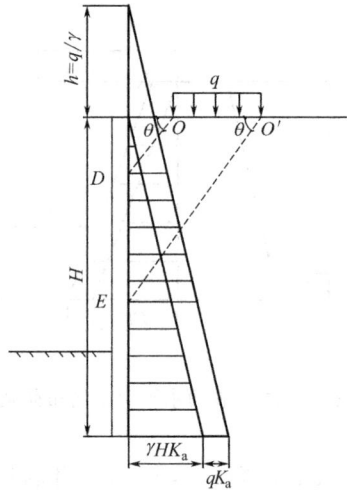

图 3-19　局部均布荷载的地面超载
产生的侧向土压力

的土压力按满布的均布地面超载来计算，挡土结构上的土压力分布如图 3-19 中的阴影部分。局部均布荷载作用下的土压力计算，也可以采用弹性力学的方法，如图 3-20 所示，支挡结构上的各点的附加侧向土压力强度值为：

$$\Delta P_{\mathrm{H}} = \frac{2q}{\pi}(\beta - \sin\beta\cos2\alpha) \tag{3-31}$$

式中　　ΔP_{H}——附加侧向土压力强度（kPa）；

　　　　q——地表局部均布荷载（kPa）；

　　α、β——如图 3-20 所示，以弧度计。

2）地面有集中荷载和纵向条形荷载作用

集中荷载引起的侧向压力可根据《建筑边坡工程技术规范》（GB 50330—2013）附录 B.0.1 介绍方法计算，如图 3-21 所示，附加侧向压力可简化为等腰三角形，最大附加侧向压力可按下式计算得到：

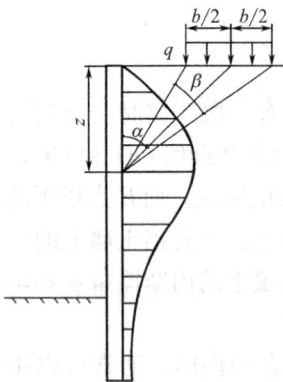

图 3-20　局部均布荷载引起的
附加侧向土压力

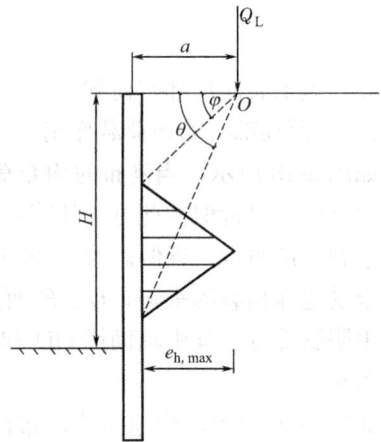

图 3-21　集中荷载产生的侧向
压力分布图

$$e_{h,\max} = (\frac{2Q_L}{h})\sqrt{K_a} \tag{3-32}$$

式中　$e_{h,\max}$——最大附加侧向压力（kN/m^2）；

　　　　h——附加侧向压力的分布范围（m），$h = a(\tan\beta - \tan\varphi)$，$\beta = 45° + \varphi/2$；

　　　　Q_L——集中荷载标准值（kN/m）；

　　　　K_a——主动土压力系数，$K_a = \tan^2(45° - \varphi/2)$。

当地面超载为平行于墙体的纵向条形荷载（图3-22）时，作用于墙背的主动土压力可用式（3-33）和式（3-34）来计算，即：

当 $m \leqslant 0.4$ 时，

$$\sigma_h = \frac{0.203qn}{H(0.16 + n^2)^2} \tag{3-33}$$

当 $m > 0.4$ 时，

$$\sigma_h = \frac{4}{\pi} \cdot \frac{qm^2 n}{H(m^2 + n^2)^2} \tag{3-34}$$

式中　m——荷载作用点的相对距离，$m = x/H$；

　　　　n——土压力计算点的相对深度，$n = z/H$。

其余符号意义如图3-22、图3-23所示。

相邻条形荷载引起的附加侧向土压力计算可用式（3-33）、式（3-34）计算，只是要注意公式中的墙高 H 应该为 H_s，H_s 为基础底面以下挡墙的高度，如图3-23所示。

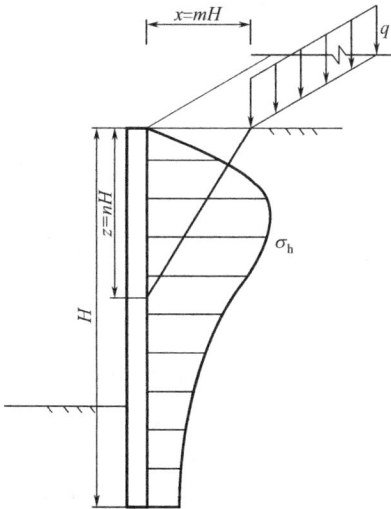

图3-22　纵向条形荷载产生的侧向压力分布图　　　　图3-23　条形基础产生的侧向压力分布图

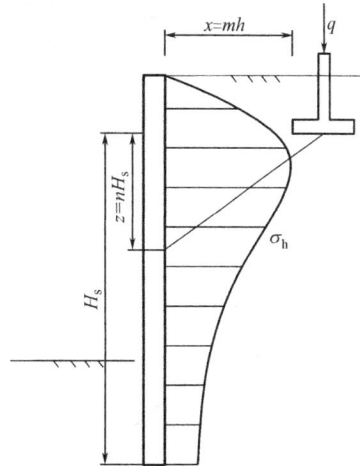

3. 坡顶填土表面不规则或岩土边坡为二阶竖直时

（1）坡顶地面非水平时，支护结构上的主动土压力计算

1）先水平后倾斜的填土

先延长倾斜填土面交于墙背 C 点，在水平面填土的作用下，其土压力强度分布如图 3-24 所示中的 BAd；在倾斜面填土的作用下，其土压力强度分布为 cAe，两条线交于 f

点，则总土压力分布为图中的 $BAefB$。

$$e_a = \gamma z \cos \frac{\cos\beta - \sqrt{\cos^2\beta - \cos^2\varphi}}{\cos\beta + \sqrt{\cos^2\beta - \cos^2\varphi}} \tag{3-35}$$

$$e'_a = K_a \gamma (z + h) - 2c\sqrt{K_a} \tag{3-36}$$

式中　β——边坡坡顶地表斜坡面与水平面的夹角（°）；

　　　K_a——主动土压力系数；

e_a、e'_a——侧向土压力（kN/m^2）；

　　　z——计算点的深度（m）；

　　　h——地表水平面与地表斜坡和支护结构相交点的距离（m）。

2）先倾斜后水平的填土

在倾斜面填土的作用下，土压力分布如图 3-25 所示中的 BAe；将墙背与水平面延长交于 c 点，则在水平面填土的作用下，土压力分布为 cAd，两条线交于 f 点，则总的土压力分布为图中的 $BAdfB$。

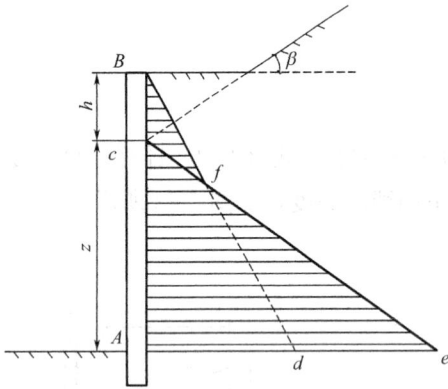

图 3-24　地面局部为水平时主动土压力分布图

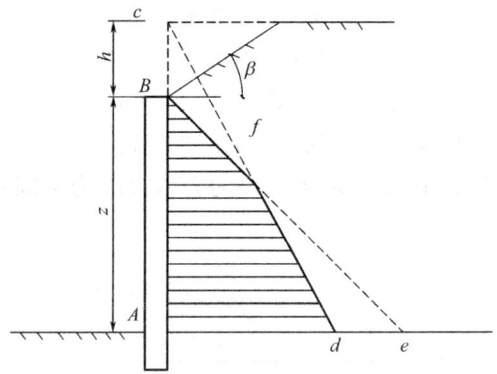

图 3-25　地面局部为斜面时主动土压力分布图

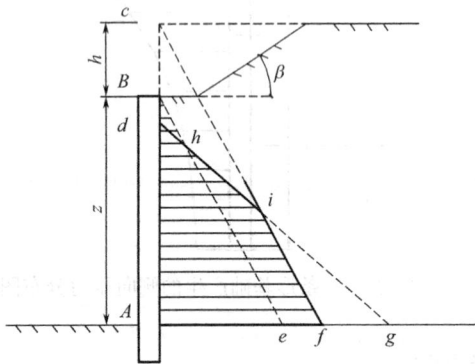

图 3-26　地面中部为斜面时主动土压力分布图

3）先水平面，再倾斜面，最后水平面的填土

如图 3-26 所示，水平面填土作用下土压力为三角形 BAe；倾斜面填土作用下土压力为三角形 dAg，Be 与 dg 交于 h 点；最后第二水平面填土的土压力为三角形 cAf，cf 与 dg 交于点 i，则图形 $BAfihB$ 为此种情况填土的土压力分布。

当填土面形状极不规则或为曲面时，一般采用图解法。

（2）边坡为二阶且竖直、坡顶水平且无超载时

当边坡为二阶且竖直、坡顶水平且无超载（图 3-27），岩土压力的合力和边坡破坏时的平面破裂角应符合下列规定：

岩土压力的合力应按下列公式计算:

$$E_a = \frac{1}{2}\gamma h^2 K_a \tag{3-37}$$

$$K_a = (\cot\theta - \frac{2a\xi}{h})\tan(\theta - \varphi) - \frac{\eta\cos\varphi}{\sin\theta \cdot \cos(\theta - \varphi)} \tag{3-38}$$

式中 E_a——水平岩土压力合力(kN/m);

K_a——水平土压力系数;

γ——挡墙后的岩土体重度,地下水位以下用有效重度(kN/m³);

h——边坡的垂直高度(m);

a——上阶边坡的高度(m);

ξ——上阶边坡的高度与总高度的比值;

φ——岩土体或外倾结构面的内摩擦角(°);

θ——岩土体的临界滑动面与水平面的夹角(°)。

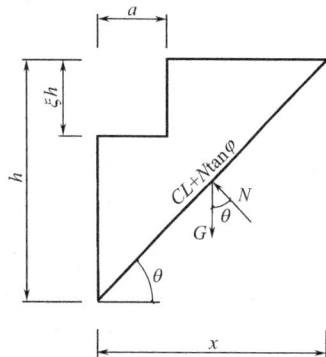

图 3-27 二阶竖直边坡的计算简图

当岩体存在外倾结构面时,θ 可取外倾结构面的倾角,取外倾结构面的抗剪强度指标;

当存在多个外倾结构面时,应分别计算,取其中的最大值为设计值;当岩体不存在外倾结构面时,θ 可按式(3-39)计算。

$$\theta = \arctan\left[\frac{\cos\varphi}{\sqrt{1 + \frac{2a\xi}{h(\eta + \tan\varphi)}} - \sin\varphi}\right] \tag{3-39}$$

$$\eta = \frac{2c}{\gamma h} \tag{3-40}$$

式中 c——岩土体或外倾结构面的黏聚力(kPa);

φ——岩土体或外倾结构面的内摩擦角(°);

其余符号同上。

4.坡面为倾斜、坡顶水平、无超载时

土压力的合力可按式(3-41)计算,边坡破坏时的平面破裂角可按式(3-43)计算,如图 3-28 所示。

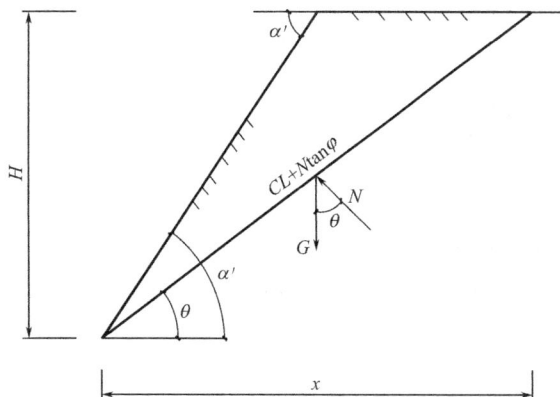

图 3-28 边坡的坡面为倾斜时的计算简图

$$E_a = \frac{1}{2}\gamma H^2 K_a \tag{3-41}$$

$$K_a = (\cot\theta - \cot\alpha')\tan(\theta - \varphi) - \frac{\eta\cos\varphi}{\sin\theta \cdot \cos(\theta - \varphi)} \tag{3-42}$$

$$\theta = \arctan\left[\frac{\cos\varphi}{\sqrt{1 + \dfrac{\cos\alpha'}{\eta + \tan\varphi}} - \sin\varphi}\right] \tag{3-43}$$

$$\eta = \frac{2c}{\gamma h} \tag{3-44}$$

式中　　E_a——水平土压力合力（kN/m）；

$\quad\quad K_a$——水平土压力系数；

$\quad\quad \gamma$——挡墙后的岩土体重度，地下水位以下用有效重度（kN/m³）；

$\quad\quad \alpha'$——边坡坡面与水平面的夹角（°）；

$\quad\quad c$——土的黏聚力（kPa）

$\quad\quad \varphi$——土面的内摩擦角（°）；

$\quad\quad \theta$——岩土体的临界滑动面与水平面的夹角（°）。

5. 成层土的压力计算

（1）无黏性成层土的压力计算

填土由不同性质的土层填筑时，上层土按均匀的土计算土压力；计算第二层土的土压力时，将上层土视为作用在第二层土上的均质荷载，换算成第二层土的性质指标（c、φ、γ）的当量土，然后按第二层土的指标计算土压力，并只在第二层土厚度范围内计算土压力时有效。因此，在土层分界面上，根据第一层土和第二层土不同的性质指标会计算得到两个不同的数值，其中一个代表第一层土底面的压力值，另一个代表第二层土顶面的压力值，土压力在分界面处发生突变。计算不同土层土压力时，应该按不同土层的性质指标 c、φ 分别计算土压力系数 K（图 3-29）。计算方案具体如下：

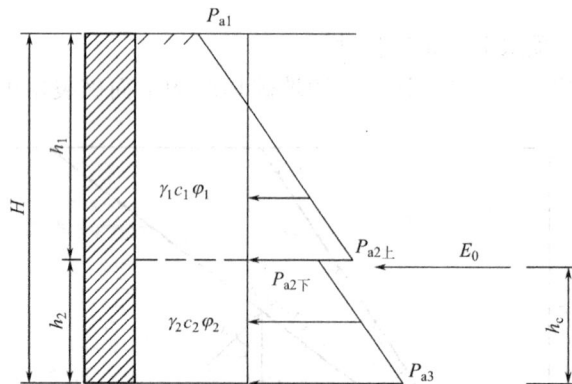

图 3-29　分层土的 Rankin 土压力计算

墙顶处：

$$P_{a1} = -2c_1\sqrt{K_{a1}} \tag{3-45}$$

墙顶下 h_1 处，土层分界面上：

$$P_{a2上} = \gamma_1 h_1 K_{a1} - 2c_1 \sqrt{K_{a1}} \tag{3-46}$$

墙顶下 h_1 处，土层分界面下：

$$P_{a2下} = \gamma_1 h_1 K_{a2} - 2c_2 \sqrt{K_{a2}} \tag{3-47}$$

墙底处：

$$P_{a3} = (\gamma_1 h_1 + \gamma_2 h_2) K_{a2} - 2c_2 \sqrt{K_{a2}} \tag{3-48}$$

其中土压力系数 $K = \text{tg}^2 \left(45° - \dfrac{\varphi}{2} \right)$，对于无黏性土，$c$ 取 0 即可。

（2）黏性成层土的压力计算

第一种方法：

假设各层土的分层面与填土表面平行，计算过程是：先将墙后填土面上的荷载 q 按公式 $h' = h \dfrac{\cos\beta \cdot \cos\alpha}{\cos(\alpha - \beta)}$ 计算，其中 $h = \dfrac{q}{\gamma}$，然后自上而下分层计算各层的土压力，算下一层土压力的时候，将上层土压力的重量当做均布荷载来计算，计算简图如图 3-30 所示。

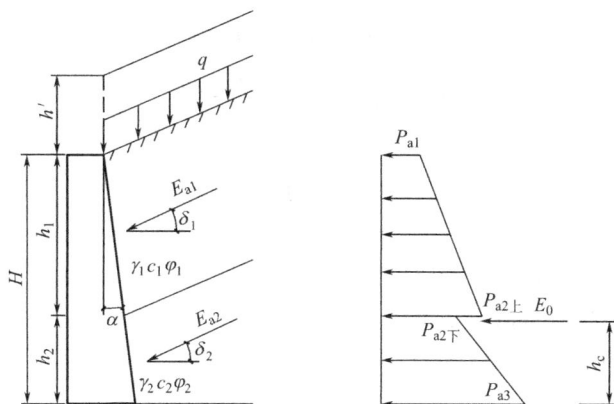

图 3-30　分层土的 Coulomb 土压力计算

第一层顶面处：

$$P_a = \gamma_1 h' K_{a1} \tag{3-49}$$

第一层底面处：

$$P_{a2上} = \gamma_1 (h' + H_1) K_{a1} \tag{3-50}$$

第二层顶面处：计算时，将上层土和顶面荷载换算成 h_1 高度的同性质土层。

$$h_1 = \frac{\gamma_1 (h' + H_1)}{\gamma_2} \frac{\cos\beta \cdot \cos\alpha}{\cos(\alpha - \beta)} \tag{3-51}$$

$$P_{a2} = \gamma_2 h_1 K_{a2} \tag{3-52}$$

第二层底面处：

$$P_{a3} = \gamma_2 (h_1 + H_2) K_{a2} \tag{3-53}$$

每层土的总压力 E_{a1}、E_{a2} 的大小等于土压力分布图的大小，方向与墙背法向角度分别为 δ_1、δ_2（分别为第一、第二层土与墙背之间的摩擦角），作用点位于各层土压力分布图的形心高度处。

第二种方法：

将各层土的重度和内摩擦角按土的厚度加权平均，可得到：

$$\gamma_m = \frac{\sum \lambda_i H_i}{\sum H_i}$$

$$\varphi_m = \frac{\sum \varphi_i H_i}{\sum H_i} \tag{3-54}$$

然后近似地将它们当做均质土的指标来计算土压力系数，并计算土压力。

6. 地震作用时土压力计算

考虑地震作用时，作用于支护结构上的地震主动土压力可按式（3-55）计算：

$$K_a = \frac{\sin(\alpha+\beta)}{\cos\rho \sin^2(\alpha+\beta-\varphi-\delta)}$$
$$\{K_q[\sin(\alpha+\beta)\sin(\alpha-\delta-\rho)+\sin(\varphi+\delta)\sin(\varphi-\rho-\beta)]$$
$$+2\eta\sin\alpha\cos\varphi\cos\rho\cos(\alpha+\beta-\varphi-\delta)$$
$$-2[(K_q\sin(\alpha+\beta)\sin(\varphi-\rho-\beta)+\eta\sin\alpha\cos\varphi\cos\rho)$$
$$(K_q\sin(\alpha-\delta-\rho)\sin(\varphi+\delta))$$
$$+\eta\sin\alpha\cos\varphi\cos\rho)]^{0.5}\} \tag{3-55}$$

$$K_q = 1 + \frac{2q\sin\alpha \cdot \cos\beta}{\gamma H \sin(\alpha+\beta)} \tag{3-56}$$

$$\eta = \frac{2c}{\gamma H} \tag{3-57}$$

式中　H——挡墙高度（m）；

　　　γ——填土重度（kN/m^3）；

　　　c——土的黏聚力（kPa）；

　　　φ——填土内摩擦角（°）；

　　　α——挡墙墙背与水平面的夹角（°）；

　　　ρ——地震角（°），可按表 3-3 取值；

　　　β——墙背填土表面的倾角（°）；

　　　δ——墙背与土体之间的摩擦角（°）。

地震角 ρ 表 3-3

类别	7 度		8 度		9 度
	0.10g	0.15g	0.20g	0.30g	0.40g
水上	1.5°	2.3°	3.0°	4.5°	6.0°
水下	2.5°	3.8°	5.0°	7.5°	10.0°

3.3　岩石压力

3.3.1　岩质边坡的破坏模式

规范中将岩质边坡按其破坏形式分为滑移型和崩塌型，大多数边坡属于滑移型破坏。滑移型破坏又分为有外倾结构面（硬性结构面与软弱结构面）与无外倾结构面的情况（均质岩体、破碎岩体与只有内倾结构面的岩体）。有外倾结构面的岩体，其破坏特征是沿结构面发生单面滑动或双面滑动。无外倾结构面的岩体中均质岩体只有极软岩才有可能滑塌，裂隙很多的破碎岩体包括碎裂岩、强风化岩和散体状岩体与土体类似，亦可视做均质岩体。当然，前述无外倾结构面的岩体其破坏特征与土体相似，对垂直边坡将沿着倾角为 $45+\varphi/2$ 的破裂面下滑或沿圆弧形破裂面下滑。只有内倾结构面的块状岩体一般不会发生滑塌破坏，只可能发生坡面局部破坏。

崩塌型边坡中巨块危岩主要是沿陡倾大裂隙或软弱结构面倾倒或坠落。小块危岩主要是按结构面的不利组合而发生坠落、掉块。

3.3.2 理论计算公式

1. 沿结构面滑移时的主动岩石压力

（1）计算模式

外倾结构面一般指结构面倾向与坡面倾向小于 $30°$ 的结构面，岩体有可能沿外倾结构面滑落，由于建筑边坡高度不大，因而可认为结构面是贯通与平直的，并认为结构面走向平行于坡面。当外倾结构面数量等于或多于两条时，结构面既可能沿某一条结构面发生单面滑动，也可能沿两条结构面发生双面滑动。双面滑动是一个空间问题，其计算中不定因素更多且更复杂，然而按双面滑动计算得出的岩石压力小于按单面滑动算出的岩石压力，故按单面滑动计算、并选取各外倾结构面对应的岩石压力计算结构中的大值作为边坡的岩石压力。

（2）公式推导

岩石压力公式的推导是基于岩体沿破裂面的极限平衡，其过程类似于库仑公式，但又有两点不同之处。一方面岩石压力公式中的破裂角是倾角已知的结构面，不必像库仑公式那样用数学上求极值的方法求得破裂角；另一方面岩石压力公式推导中不仅考虑了结构面的内摩擦角，而且考虑了黏聚力 c 值。

（3）计算公式

对沿外倾结构面滑动的边坡（图 3-31），主动岩石压力合力可按下列公式计算：

$$E_a = \frac{1}{2}\gamma H^2 K_a \tag{3-58}$$

$$K_a = \frac{\sin(\alpha+\beta)}{\sin^2\alpha\sin(\alpha-\delta+\theta-\varphi_s)\sin(\theta-\beta)}[K_q\sin(\alpha+\theta)\sin(\theta-\varphi_s) - \eta\sin\alpha\cos\varphi_s] \tag{3-59}$$

$$\eta = \frac{2c_s}{\gamma H} \tag{3-60}$$

式中　E_a——相应于荷载标准组合的主动土压力合力（kN/m）；

K_a——主动土压力系数；

K_q——系数，$K_q = 1 + \dfrac{2q\sin\alpha\cos\beta}{\gamma H\sin(\alpha+\beta)}$；

H——挡土墙高度（m）；

γ——土体重度（kN/m³）；

q——地表均布荷载标准值（kN/m²）；

　　α ——支挡结构墙背与水平面的夹角（°）；

　　β ——填土表面与水平面的夹角（°）；

　　θ ——边坡外倾结构面倾角（°）；

　　c_s ——边坡外倾结构面黏聚力（kPa）；

　　φ_s ——边坡外倾结构面内摩擦角（°）；

　　δ ——岩石与挡墙背的摩擦角（°），取（0.33～0.50）φ。

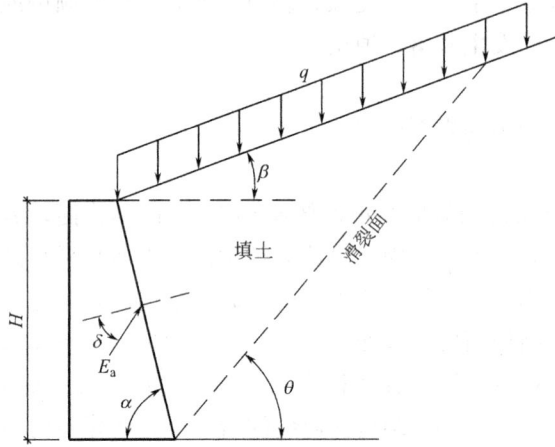

图 3-31　岩石压力计算简图

　　对沿缓倾的外倾软弱结构面滑动的边坡（图 3-32），主动岩石压力合力可按式（3-61）计算：

$$E_{ak} = G \operatorname{tg}(\theta - \varphi_s) - \frac{c_s L \cos\varphi_s}{\cos(\theta - \varphi_s)} \tag{3-61}$$

式中　G ——四边形滑裂体自重（kN/m）；

　　　L ——滑裂面长度（m）；

　　　θ ——缓倾的外倾软弱结构面的倾角（°）；

　　　c_s ——外倾软弱结构面的黏聚力（kPa）；

　　　φ_s ——外倾软弱结构面内摩擦角（°）。

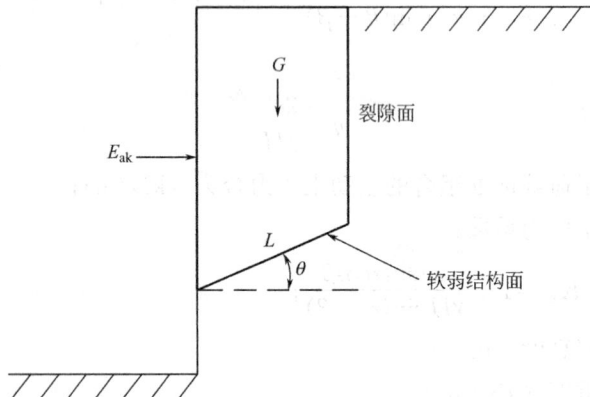

图 3-32　岩质边坡四边形滑裂时侧向压力计算

边坡中的外倾结构软弱结构面是十分危险的，即使结构面倾角很小，也可能出现滑动，通常在施工阶段就会出现滑动。

2.无外倾结构面时的主动岩石压力

无外倾结构面的岩质边坡，以岩体等效内摩擦角按侧向土压力方法计算侧向岩石压力，计算公式中的内摩擦角应换以等效内摩擦角且黏聚力不再出现。等效内摩擦角的选取详见后述工程经验法。

3.3.3 经验计算方法

建筑边坡岩石压力的经验计算方法是在边坡岩体稳定性分类的基础上，通过定量计算的方法来确定岩石压力的经验值，因而其本质是一种定性的方法。显然这种定量计算比较粗糙，它不是基于严密的理论，而是依据历年来的经验。一般情况下，由于规定的等效内摩擦角取得较大，经验公式算出的结果都会小于理论公式计算的结果（除Ⅳ类岩体边坡外）。但当岩质与结构面结合程度高时，导致按理论计算公式计算得到的推力为零或极小，以致不需要支护或支护量极少。为保证工程安全，实际工程中这种情况下仍然需要一定的支护。经验公式不会算出推力为零或极小的情况，起到了保证最少支护量的作用。可见经验法与理论算法可以相互验证、相互补充，按两者中的较大值确定岩石压力。

经验公式计算考虑以下因素：（1）建筑岩石边坡在使用期内，受不利因素与时间效应的影响，岩石及结构面强度可能软化降低。（2）考虑偶然地震荷载作用的不利影响。（3）考虑地质参数取值可能存在变异性的不利影响，为力图达到边坡支护的可靠度，满足现行标准的要求，可按以下要求的方法取值。

1.各类边坡岩体的等效内摩擦角

为便于计算岩石压力，现引用岩体等效内摩擦角这一概念。岩体等效内摩擦角是考虑岩体黏聚力影响的假想内摩擦角。它既与岩体内摩擦角和岩体黏聚力有关，也与坡高、岩体密度、坡度、坡顶荷载、坡顶倾斜和起伏情况有关。在忽略坡顶荷载、坡顶视为水平、坡面视为直立的条件下可用较简单的公式予以计算。由于影响岩体等效内摩擦角的因素很多，根据公式计算的结果有时并不可靠，一般宜按当地经验确定。当缺乏当地经验时，可按表 3-4 取值。

边坡岩体等效内摩擦角标准值   表 3-4

边坡岩体类型	Ⅰ	Ⅱ	Ⅲ	Ⅳ
等效内摩擦角 φ_e(°)	$\varphi_e > 72$	$72 \geqslant \varphi_e > 62$	$62 \geqslant \varphi_e > 52$	$52 \geqslant \varphi_e > 42$

注：1.适用于高度为不大于 30m 的边坡。当高度大于 30m 时，应作专门研究。

    2.边坡高度较大时宜取较小值；高度较小时宜取较大值；当边坡岩体变化较大时，应按同等高度段分别取值。

    3.已考虑时间效应：对于Ⅱ、Ⅲ、Ⅳ类岩质临时边坡可取表中上限值，Ⅰ类岩质临时边坡可根据岩体强度及
      完整程度取大于 72° 的数值。

    4.适用于完整、较完整的岩体；破碎、较破碎的岩体可根据地方经验适当折减。

2.破裂角计算

（1）无外倾结构面的岩质边坡

坡顶无建筑荷载的永久性边坡和坡顶有建筑荷载的临时性边坡、基坑边坡，破裂角取 $45° + \varphi/2$，Ⅰ类岩体边坡可取 75° 左右。

坡顶无建筑荷载的临时性边坡和基坑边坡的破裂角，Ⅰ类岩体边坡取 82°；Ⅱ类岩体

边坡取 $72°$；Ⅲ类岩体边坡取 $62°$；Ⅳ类岩体边坡取 $45°+\varphi/2$。但坡顶有建（构）筑物荷载的临时边坡应考虑坡顶建（构）筑物荷载对边坡塌滑区范围的扩大影响，同时应满足永久性边坡的相关规定。

（2）有外倾硬性结构面的岩质边坡

破裂角取外倾结构面倾角和本条第（1）款两者中的较小值。

（3）沿外倾软弱结构面破坏的岩石边坡

破裂角取外倾结构面的倾角。

3.3.4　应用比较的小结

在进行岩质边坡支护设计时，通常要同时应用理论计算法和经验计算法来计算作用在支护结构上的侧向岩石压力，并取两者中的较大值。具体如下：

（1）对无外倾结构面的岩质边坡，应以岩体等效内摩擦角按侧向土压力（即经验计算法）计算侧向岩石压力。

（2）当有外倾硬性结构面时，应分别以外倾硬性结构面的抗剪强度参数按式（3-58）~式（3-61）（即理论公式法）与经验公式法分别计算，取两者较大值。

（3）当边坡沿外倾软弱结构面破坏时，侧向岩石压力按 3.3.2 节中两个理论公式计算后取较大值。

3.3.5　特殊情况下的岩石压力计算

1. 坡面倾斜、坡顶水平无超载的岩质边坡

此种情况下岩石压力的合力可按本章式（3-41）计算。当岩体存在外倾结构面时，θ 可取外倾结构面的倾角，抗剪强度指标取外倾结构面的抗剪强度指标；当存在多个外倾结构面时，应分别计算，取其中最大值作为设计值。

2. 考虑地震作用

考虑地震作用时，作用于支护结构上的地震主动岩石压力应按式（3-58）计算，其主动岩石压力系数按下式计算：

$$K_a = \frac{\sin(\alpha+\beta)}{\cos\rho\sin^2\alpha\sin(\alpha-\delta+\theta-\varphi_s)\sin(\theta-\beta)}\Big[K_q\sin(\alpha+\theta)\sin(\theta-\varphi_s+\rho)-\eta\sin\alpha\cos\varphi_s\cos\rho\Big] \tag{3-62}$$

式中　ρ——地震角（$°$），可按表 3-3 取值。

3. 坡顶有重要建（构）筑物的边坡工程

本条适用于抗震设防烈度为 7 度及 7 度以下地区、建（构）筑物位于岩土质边坡塌滑区、土质边坡 1 倍边坡高度和岩质边坡 0.5 倍边坡高度范围的边坡工程。

（1）无外倾结构面的岩土质边坡

侧向岩土压力的修正见表 3-5。

侧向岩土压力的修正　　　　　　　　　　　　　　　　表 3-5

坡顶重要建（构）筑物基础位置		侧向岩土压力修正方法
土质边坡	$a < 0.5H$	E_0
	$0.5H \leqslant a \leqslant 1.0H$	$E'_a = \dfrac{1}{2}(E_0 + E_a)$
	$a > 1.0H$	E_a

坡顶重要建(构)筑物基础位置		侧向岩土压力修正方法
岩质边坡	$a<0.5H$	$E'_a=\beta_1 E_a$
	$a\geqslant 0.5H$	E_a

注：1. E_a——主动岩土压力合力；E'_a——修正主动岩土压力合力；E_0——静止土压力。

2. β_1——主动岩石压力修正系数。

3. a——坡脚线到坡顶重要建（构）筑物基础外边缘的水平距离。

4. 对多层建筑物，当基础浅埋时 H 取边坡高度；当基础埋深较大时，若基础周边与岩土间设置摩擦小的软性材料隔离层，能使基础垂直荷载传至边坡破裂面以下足够深度的稳定岩土层内且其水平荷载对边坡不造成较大影响，则 H 可从隔离层下端算至坡底；否则，H 仍取边坡高度。

5. 对高层建筑物应设置钢筋混凝土地下室，并在地下室侧墙临边坡一侧设置摩擦小的软性材料隔离层，使建筑物基础的水平荷载不传给支护结构，并应将建筑物垂直荷载传至边坡破裂面以下足够深度的稳定岩土层内时，H 可从地下室底标高算至坡底；否则，H 仍取边坡高度。

岩质边坡主动岩石压力修正系数 β_1，可根据边坡岩体类别按表 3-6 确定。

主动岩石压力修正系数 β_1 表 3-6

边坡岩体类型	Ⅰ	Ⅱ	Ⅲ	Ⅳ
主动岩石压力修正系数 β_1	1.30		1.30～1.45	1.45～1.55

注：1. 当裂隙发育时取大值，裂隙不发育时取小值。

2. 坡顶有重要既有建（构）筑物对边坡变形控制要求较高时取大值。

3. 对临时性边坡及基坑边坡取小值。

（2）有外倾结构面的岩土质边坡

坡顶有重要建（构）筑物的有外倾结构面的岩土质边坡侧压力修正应符合下列规定：

1）对有外倾结构面的土质边坡，其侧压力修正值按表 3-6 计算后乘以 1.30 的增大系数，应按本节第 3 条第（1）款分别计算并取两个计算结果的最大值。

2）对有外倾结构面的岩质边坡，其侧压力修正值按式（3-58）～式（3-60）和式（3-61）计算并乘以 1.15 的增大系数，应按本节第 3 条第（1）款分别计算并取两个计算结果的最大值。

（3）对支护结构变形控制有较高要求的情况

对支护结构变形控制有较高要求时，可按本节第（1）、（2）条确定边坡侧压力修正值。

3.4 混合边坡的土岩压力计算

3.4.1 土岩结合面倾向与坡面倾向相反或相同但土岩结合面倾角较平缓（<8°）

对于此种情况的边坡土岩压力计算宜分开进行，上部土体部分宜按土质边坡计算其土压力，而计算下部岩质边坡时宜将上部土体折算成等效均布荷载作用于岩质边坡上，而后按岩质边坡的计算方法计算其侧向岩石压力。至于取多大范围的土体将其折算成等效荷载作用于下部岩质边坡上，则应根据前述岩质边坡破裂角判断方法，从坡脚沿破裂角示意出破裂线至土岩结合面处，再从此交点沿 45°方向示意出土体的潜在破裂线至坡顶线，此范围内的土体即应当折算成均布荷载作用于下部岩质边坡上（图 3-33）。

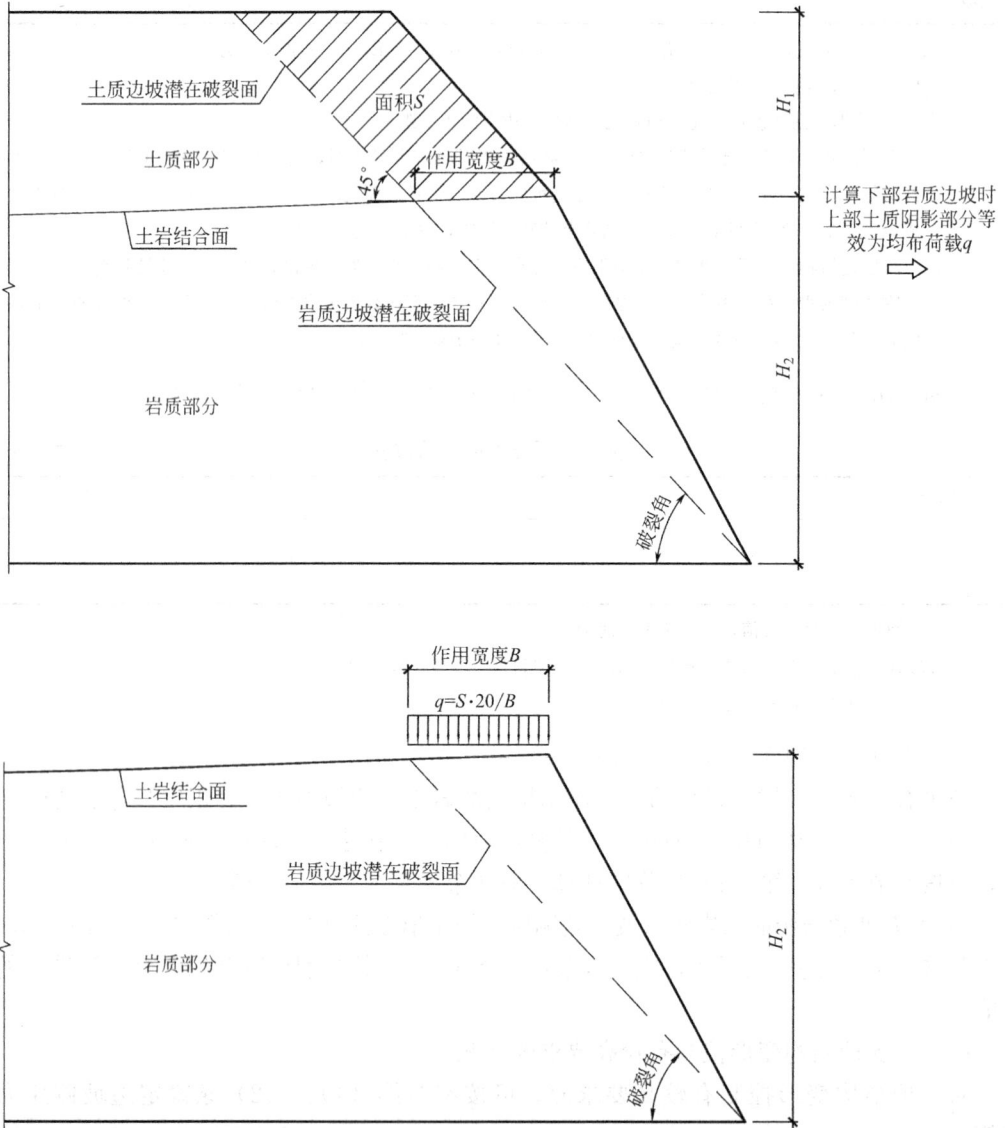

图 3-33 土岩混合边坡上部土体等效荷载下部岩土侧向压力计算简图

3.4.2 土岩结合面倾向与坡面倾向相同且土岩结合面倾角较陡（≥8°）

对于此种情况的混合边坡，除按上述方法分别计算土质部分侧向压力与岩质部分侧向压力外，还应考虑土体整体沿土岩截面滑动的可能，尤其是结合面倾角陡或者强度参数较低时。此时切坡处向临空面的侧向压力须按《建筑边坡工程技术规范》滑坡推力计算公式计算下滑力，取它与土质部分按库仑或朗肯公式计算后的侧向压力值中两者较大值作为临空面处的土体侧向压力。岩质部分侧向压力仍按前述方法计算。

参考文献

[1] GB 50330—2013 建筑边坡工程技术规范 [S].北京：中国建筑工业出版社，2013.

[2] JTG D30—2015 公路路基设计规范 [S].北京：人民交通出版社，2015.

[3] TB 10025—2006 铁路路基支挡结构设计规范（2009 年局部修订）[S].北京：中国铁道出版社，2013.

[4] 陈仲颐，周景星，王洪瑾.土力学 [M].北京：清华大学出版社，2007.

[5] 刘成宇等.土力学 [M].北京：中国铁道出版社，2005.

[6] 《工程地质手册》编委会.工程地质手册（第五版）.北京：中国建筑工业出版社，2018.

[7] 郑颖人，陈祖煜，王恭先等.边坡与滑坡工程治理 [M].北京：人民交通出版社，2007.

[8] 钱七虎等.岩土工程师手册 [M].北京：人民交通出版社，2010.

[9] 李海光等.新型支挡结构设计与工程实例（第二版）[M].北京：人民交通出版社，2010.

第4章 边坡稳定性分析

4.1 概述

岩土体表面随地形变化，坡面呈现出多种形态。对边坡坡面而言是指具有倾斜表面的岩土体。由于地质作用自然形成的岩坡或土坡，如山坡、江河的岸坡等称为天然岩土边坡。天然存在的岩土质边坡一旦失稳，将引起不良后果，其后果通常是灾难性的。由于工程行为出现的填土新边坡，发生事故的概率更高。崩坍、塌方、滑坡、泥石流，多是因为边坡处理不当或自然边坡失稳而造成的严重地质灾害，经常摧毁村镇和大批农田，阻塞水道和陆路交通，历史上经验教训不胜枚举。

本章讨论的岩土边坡是指经过人工开挖，填土工程建造物如基坑、渠道、土坡、路堤等的边坡，通常称为人工岩土边坡，其外形和各部分主要名称如图4-1所示。

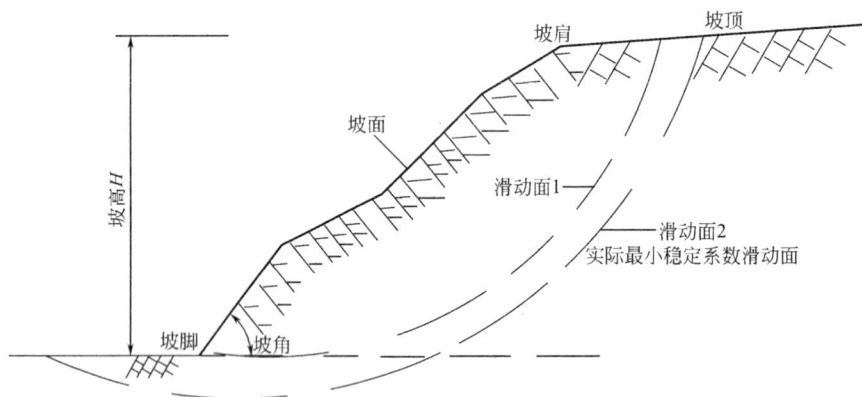

图 4-1 岩土边坡各部位主要名称

在岩土体自重及外力作用下，坡体内将产生切应力，当切应力大于土的抗剪强度时，即产生剪切破坏，如靠坡面处剪切破坏的面积很大，则将产生一部分土体相对于另一部分土体滑动的现象，称为滑坡或塌方。岩土边坡在发生滑动之前，一般在坡顶首先开始明显的下沉并出现裂缝，坡脚附近的地面则有较大的侧向位移并微微隆起。随着坡顶裂缝的开展和坡脚侧向位移的增加，部分土体突然沿着某一个滑动面急剧下滑，造成滑坡。

在进行岩土边坡稳定性分析时，土质边坡和岩质边坡稳定性分析因其各自特性不同，土质边坡和岩质边坡稳定性分析方法有所不同，但分析方法多为极限平衡法。土质边坡通过寻找不同滑面的最小稳定系数，确定土质边坡的最危险滑动面；岩质边坡稳定性分析与岩土的走向、坡角和软弱结构面等多种因素有关，通常可能的滑动面是固定的，需逐个分析不同滑动面的稳定性。岩土边坡稳定性分析方法有定性分析和定量分析两种方法。定量分析根据解的性质有解析法、图解法和数值分析法；就是否考虑空间破坏形态而言，分析方法有空间分析法和平面分析法。常用的二维极限平衡法有：瑞典法（Fellenius）、简化毕肖普法（Simplified Bishop）、简布法（Janbu）、斯宾塞法（Spencer）、罗厄法（Low and Karafiath）、陆军工程兵师团法（Corps of Engineers）、摩根斯顿—普赖斯法（Morgenstern-Price）、不平衡推力传递法、萨尔玛法（Sarma）和分块极限平衡法等。

进行边坡稳定分析时，通常假设边坡纵向尺寸远大于其横向尺寸，故可按平面问题来考虑坡体的受力条件。在进行具体分析时，对于已出现稳定性破坏的边坡，可按勘察孔确定的滑动面，逐个剖面进行抗剪强度验算。对于现状稳定的边坡，为验算其安全富余量，首先假定滑动面进行验算，用不同滑动面验算的最小稳定系数确定边坡稳定性程度。当边坡纵、横向尺寸相近时，边坡稳定宜用空间问题求解，此时，用数值法求解相对方便些。

对边坡稳定分析，岩土计算参数对计算结果影响很大，精心测试岩土计算参数，至关重要，需要时应现场进行回填土大剪试验或岩体结构面剪切试验。不同条件下的稳定性分析，应采取不同的计算参数，参数选择不正确，再科学的理论计算也是枉然，因此，在边坡稳定性分析中，在参数选择、稳定性分析方法选择及计算结果分析上，应结合当地工程实践经验，综合确定边坡的稳定状态，否则，会出现实际边坡工程已经垮塌，而理论计算仍然是安全的荒谬结果。

一般新建边坡工程均考虑边坡自身稳定问题，而不考虑已有支护结构对边坡稳定性的影响。从边坡整体稳定性的分析考虑，在进行既有已治理边坡稳定性分析时，由于支护结构的存在，需分析已有支护结构对边坡稳定性的影响，此点应引起有关工程技术人员高度重视。

不同研究领域和不同研究者，对边坡稳定性的定性判别有所差别。对岩质边坡可能的失稳模式可按表 4-1 进行判别，对土质边坡可能的失稳模式可按表 4-2 进行判别，对不同失稳模式的破坏特征、机制和破坏面形态可按表 4-3 确定。

不同类型的岩质边坡可能的失稳模式　　　　　表 4-1

岩体		可能的失稳模式
类型	亚类	
块状结构	整体状结构	（1）多沿某一结构面或复合结构面滑动； （2）节理或节理组易形成其楔形体滑动； （3）发育陡倾结构面时，易形成崩塌
	块状结构	
	次块状结构	
层状结构	层状同向结构	（1）层面或软弱夹层易形成滑动面，坡脚切断后易产生滑动； （2）倾角较陡时易产生溃屈或倾倒； （3）倾角较缓时坡体易产生倾倒变形； （4）节理或节理组易形成其楔形体滑动； （5）稳定性受坡角与岩层倾角组合、岩层厚度、顺坡向软弱结构面的发育程度及抗剪强度所控制

续表

岩体		可能的失稳模式
类型	亚类	
层状结构	层状反向结构	(1) 岩层较陡或存在陡倾结构面时，易产生倾倒弯曲松动变形； (2) 坡脚有软层时，上部易拉裂或局部崩裂、滑动； (3) 节理或节理组易形成楔形体滑动； (4) 稳定性受坡脚与岩层倾角组合、岩层厚度、层间结合能力及反倾结构面发育与否所控制
	层状斜向结构	(1) 易形成层面与节理组组成的楔形体滑动或崩塌； (2) 节理或节理组易形成楔形体滑动； (3) 层面与坡面走向夹角越小，滑动的可能性越高
	层状平叠结构	(1) 存在陡倾节理时，易形成崩塌； (2) 节理或节理组易形成楔形体滑动； (3) 在坡底有软弱夹层时，在孔隙水压力或卸荷作用下，易产生向临空面的滑动
碎裂结构	镶嵌结构	边坡稳定性差，坡度取决于岩块间的镶嵌情况和岩块间的咬合力，失稳类型多以圆弧状滑动为主
	碎裂结构	
散体结构		边坡稳定性差，坡角取决于岩体抗剪强度，呈圆弧状滑动

不同类型的土质边坡可能的失稳模式　　　　　　　　　　　表 4-2

边坡类型	主要特征	影响稳定的主要因素	可能的主要变形破坏形式	与水利水电工程的关系
黏性土边坡	以黏粒为主，一般干时坚硬，遇水膨胀崩解。某些黏性土具有大孔隙性（如山西南部的黏土），某些黏土甚坚固（如南方网纹红土），某些黏土呈半成岩状，但含可溶盐量高（如黄河上游黏土），某些黏土具有水平层理（如淮河下游的黏土）	(1) 矿物成分，特别亲水、膨胀、容滤性矿物含量； (2) 节理裂隙的发育状况； (3) 水的作用； (4) 冻融作用	(1) 裂隙性黏土常沿光滑裂隙面形成滑动，含膨胀性亲水矿物黏土易产生滑坡，巨厚层半成岩黏土高边坡，因坡脚蠕变可导致高速滑坡； (2) 因冻融产生剥落； (3) 坍塌	(1) 作为水库或渠道边坡，因蓄水、输水可能引起部分黏土变形滑动，注意库岸大范围黏土边坡滑动带来不利影响； (2) 寒冷地区工程边坡因冻融剥落而破坏
砂性土边坡	以砂粒为主，结构较疏松，凝聚力低为其特点，透水性大，包括厚层全风化花岗石残积层	(1) 颗粒成分及均匀程度； (2) 含水情况； (3) 振动； (4) 外水及地下水作用及密实程度	(1) 饱和均质砂性土边坡，在振动作用下，易产生液化滑坡； (2) 管涌、流土； (3) 坍塌和剥落	(1) 在高地震烈度区的渠道边坡或其他建筑物边坡，地震时产生液化滑坡； (2) 机械振动也可能出现局部滑坡； (3) 基坑排水时易出现破坏

续表

边坡类型	主要特征	影响稳定的主要因素	可能的主要变形破坏形式	与水利水电工程的关系
黄土边坡	以粉粒为主、质地均一。一般含钙量较高，无层理，但柱状节理发育，天然含水量低，干时坚硬，部分黄土遇水湿陷，有时呈固结状，有时呈多元结构	主要是水的作用，因水湿陷，或水对边坡浸泡，水的下渗使下垫隔水层泥化等	(1) 崩塌； (2) 张裂； (3) 湿陷； (4) 高或超高边坡可能出现高速滑坡	渠道边坡，因通水可能出现滑坡；库岸边坡因库水浸泡可能塌岸或滑动；黄土塬上灌溉使地下水位抬高，可出现黄土湿陷，谷坡开裂崩塌，半成岩黄土区深切河谷出现高速滑坡；因湿化引起古滑坡复活
软土边坡	以淤泥、泥炭、淤泥质土等抗剪强度极低的土为主，塑流变形严重	(1) 土性软弱（低抗剪强度高压缩性塑流变形特性）； (2) 外力作用、振动	(1) 滑坡； (2) 塑流变形； (3) 塌滑、边坡难以形成	渠道通过软土地区因塑流变形而不能形成，坡脚有软土时，因软土流变挤出使边坡坐坍
膨胀土边坡	具有特殊物理力学特性，因富含蒙脱石等易膨胀矿物，内摩擦角很小，干湿效应明显	(1) 干湿变化； (2) 水的作用	(1) 浅层滑坡； (2) 浅层崩解	边坡开挖后因自然条件变化、表面膨胀、崩解引起连续滑动或坍塌
分散性土边坡	属中塑性土及粉质黏土类，含一定量的蒙脱石，易被水冲蚀，尤其遇低含量水，表面土粒依次脱落，呈悬液或土粒被流动的水带走，迅速分散	(1) 低含盐量环境水； (2) 孔隙水溶液中钠离子含量较高，介质高碱性； (3) 塌滑、崩塌性滑坡	(1) 冲蚀孔洞、孔道； (2) 管涌、崩陷和溶蚀孔洞； (3) 塌滑、崩塌性滑坡	堤坝和渠道边坡在施工和运行中随机发生变形破坏或有潜在危机
碎石土边坡	有坚硬岩碎块和砂土颗粒或砾质土组成的边坡，可分为堆积、残坡积混合结构、多元结构	(1) 黏土颗粒的含量及分布特征； (2) 坡体含水情况； (3) 下伏基岩面产状	(1) 土体滑坡； (2) 坍塌	因施工切挖导致局部坍塌，作为库岸边坡因水库蓄水可导致局部塌滑或上部坡体开裂，库水骤降易引起滑坡
岩土混合边坡	边坡上部为土层，下部为岩层，或上部为岩层下部为土层（全风化岩石），多层叠置	(1) 下伏基岩面产状； (2) 水对土层浸泡，水渗入土体	(1) 土层沿下伏基岩面滑动； (2) 土层局部塌滑； (3) 上部岩体岩土层蠕动或错落	叠置型岩土混合边坡基岩面与边坡同向且倾角较大时，蓄水、暴雨后或震动时易沿基岩面产生滑动

边坡失稳特性和破坏机制　　　　　　　　　　　　　　　　　　　　　表 4-3

失稳模式		失稳特征	破坏机制	破坏面形态
塌滑		边坡局部岩体松动、脱落,主要运动形式为自由落体或滚动	拉裂破坏。岩体存在临空面,在结合力小于重力时发生崩塌	—
滑动	平面形	边坡岩体沿某一结构面整体向下滑动,折线形滑动面	剪切—滑移破坏。结构面临空,坡脚岩层被切断,或坡脚岩层挤压剪切	层面或贯通性结构面形成滑动面
	曲面形	散体结构、碎裂结构的岩质边坡或土质边坡沿曲面滑动面滑动,坡脚隆起	剪切—滑移破坏。内摩擦角偏低,坡高、坡角偏大	圆弧形滑动面
	楔形体	结构面组合的楔形体,沿滑动面交线方向滑动	剪切—滑移破坏。结构面临空	两个以上滑动面组合
弯曲倾倒		层状反向结构的边坡,表部岩层逐渐向外弯曲倾倒等现象,少数层状同向边坡也出现弯曲倾倒	弯曲—拉裂破坏,劈楔。由于层面密度大,强度低,表部岩层在风化及重力作用下产生弯矩	沿软弱层面与反倾向节理面追踪形成
溃屈		层状结构顺层边坡,岩层倾角与坡角大致相似,上部坡体沿软弱面蠕变,由于下部受阻而发生岩层鼓起、拉裂等现象	滑移—弯曲破坏。顺层向剪力过大,层面间的结合力偏小,上部坡体软弱面蠕滑,由于下部受阻而发生纵向弯曲	层面拉裂,局部滑移
拉裂		边坡岩体沿平缓面向临空方向产生蠕变滑移,局部拉应力集中而发生拉裂、扩展、移动等现象	塑流—拉裂破坏。重力作用下,软岩变形流动使上部岩体失稳	软岩中变形带
流动		在重力作用下,崩塌碎屑类堆积向坡脚或峡谷内流动,形成碎屑流滑坡,多发生在具有较大自然坡降的峡谷地区	流动破坏。碎屑体饱水后在重力作用下,产生流动	碎屑体内流动,无明显滑动面

4.2　边坡稳定性的影响因素

4.2.1　内部因素

1. 初始地应力

开挖边坡使坡体内岩体的初始应力状态改变,坡脚附加出现剪应力集中带,坡顶和坡面的一些部位可能出现张应力区。在新改造运动强烈的地区,开挖边坡能使岩体中的残余构造应力释放,可直接引起边坡的变形破坏。

2. 岩土体性质

岩土的成因类型、组成的矿物成分、岩土结构和强度等是决定边坡稳定性的重要因素。岩土体的力学性质决定了边坡失稳的方式。坚硬岩石边坡失稳以崩塌和结构面控制型失稳为主;软弱岩石边坡失稳以应力控制型失稳为主。对其他因素给定的边坡,岩土体的工程地质性质越优良，边坡的稳定性越高。

3.地质构造和岩体结构的影响

岩土体的结构类型、结构面形状及其与坡面的关系是岩质边坡稳定的控制因素。包括节理、劈理、裂缝的发育程度及分布规律，结构面胶结情况以及软弱面、粉碎带的分布与斜坡的相互关系，下伏岩土面的形态和坡向、坡度等。

4.地形地貌及临空条件

临空面和两侧冲沟的存在以及边坡的高度、坡度、坡面凹凸形状、开挖断面形状等都是直接与边坡稳定有关的因素。

4.2.2 外部因素

1.水的作用

水文地质条件包括地下水的赋存、补给、径流和排泄条件。地下水的富集程度与气候条件、水文地质条件有关。由于岩土体的力学性质受水的影响很大，地下水富集程度的提高一方面增大坡体下滑力，另一方面降低软弱夹层和结构面的抗剪程度，引起孔隙水压力上升，降低滑动面上的有效正应力，导致滑动面的抗滑力减小。因此，地下水富集程度的改变相应地引起边坡稳定性发生改变。有不少边坡失稳与边坡水文地质条件恶化有关，而治理边坡也往往是由于改善了水文地质条件而获得成功。

水对边坡岩体还产生软化或泥化作用，使岩土体的抗剪强度大为降低；地表水的冲刷，地下水的溶蚀和潜蚀也直接对边坡产生破坏作用，不同结构类型的边坡，有其自身特有的水动力模型。

2.新构造运动

新构造运动往往引起边坡形态、产出状态及水文地质条件的改变，从而导致边坡失稳。强烈的新构造运动——地震，对边坡稳定性的影响极大，地震往往伴有大量的边坡失稳。这是由于地震作用产生水平地震附加力，当水平地震附加力的作用方向不利时，边坡的下滑力增大，滑动面的抗滑力减小。另外，在地震作用下，岩土中的孔隙水压力增加和岩土体强度降低，均能对边坡的稳定性产生不利影响。

3.气候因素

大气降雨是地下水的主要补给源。气候类型不同，大气降雨量也不同。由于不同地区的大气降雨量不同，即使其他条件相同，边坡的稳定性也不同。暴雨或长期降雨以及融雪过后，会出现边坡失稳增多的现象，这说明大气降雨等对边坡的稳定性有很大的影响。大气降雨、融雪的增加提高了地下水的补给量，一方面降低岩体的强度，增大孔隙水的压力，使边坡滑动面的抗滑能力降低；另一方面增大边坡的下滑力，两者结合起来极大地降低了边坡的稳弱，从而导致裂隙增加、扩大，影响边定性。岩石风化速度、风化层厚度以及岩石风化后的机械变化和化学变化（矿物成分改变）均与气候有关。

4.风化作用

风化作用使岩土的抗剪强度减弱、裂隙增加扩大，影响斜坡的形状和坡度；透水性增加，使地面水易于浸入，改变地下水的动态等，沿裂隙风化时，可使岩土体脱落或沿斜坡崩塌堆积滑移等。

5.地貌因素

边坡的形态和规模等地貌因素对边坡稳定性的影响是显而易见的，不利形态和规模的边坡往往在坡顶产生张应力并引起坡顶出现张裂缝；在坡脚产生强烈的剪应力，出现剪切破坏带，这些作用极大地降低边坡的稳定性，边坡面与地质构造面的不利组合会导致边坡结构面控制型失稳。

6. 工程荷载

人类工程活动规模的日益扩大，对边坡稳定性的影响越来越显著，不当的人类工程活动引起的边坡失稳事故频繁发生，使得人们不得不重视人类工程活动对边坡稳定性的影响，对边坡稳定性产生显著影响的人类活动有：削坡、坡顶加载和地下开挖。

(1) 削坡。不当的削坡往往使坡脚结构面或软弱夹层的覆盖层变薄或切穿，减小坡体滑动面抗滑力，而边坡下滑力却没有相应减小，这样使边坡的稳定性降低。当结构面或软弱夹层的覆盖层被切穿时，结构面与边坡面构成不利组合，导致边坡产生结构面控制型失稳。

(2) 坡顶加载。对边坡稳定性产生的不利影响表现在两方面：一是在增加坡体下滑力的同时，没有成比例地增加滑动面的抗滑力。二是加大了坡顶张应力和坡脚剪应力的集中程度，使边坡岩土体破坏，强度降低，因而引起边坡稳定性降低。当坡顶加载物为松散物时，情况就更为严重，因为松散加载物能减少大气降雨的地表径流，增加大气降雨的入渗量，也会降低边坡的稳定性。

(3) 地下开挖。主要包括采矿和开掘铁路、公路、引水隧道等，这类活动所引起的地表移动与边坡失稳常与下列因素有关：一是与地下开挖位置有关。地下开挖越接近边坡面，地表移动和边坡失稳越强烈，但其范围却显著减小。近地表的地下采掘往往引起小范围沉降和塌陷，边坡的变形和破坏是局部的。当地下开挖埋深较大时，地表移动和边坡失稳的范围比较大，失稳往往是整体的。二是与地下开挖规模有关。地下开挖规模越大，边坡的应力场改变就越大，在坡顶和坡脚引起的应力集中也越强烈，边坡稳定性的降低也就越大。三是与边坡地质条件有关。地下开挖对边坡影响程度受边坡地质条件控制，在顺倾边坡中，地下采掘工程如果平行于边坡走向，开挖活动往往切割边坡的锁固段，降低了边坡稳定性，甚至使其失稳。如果地下工程垂直于边坡走向，地下开挖对边坡的影响就要小得多。

4.3　边坡的类型

(1) 按成因分为自然边坡（斜坡）、人工边坡。

人工边坡又可分为：

1) 挖方边坡：由山体开挖形成的边坡，如路堑边坡、露天矿边坡等。

2) 填筑边坡：填方经压实形成的边坡，如路堤边坡、渠堤边坡等。

(2) 按土的性质分为岩质边坡（岩坡）、土质边坡（土坡）。

(3) 按坡高分为：

1) 超高边坡：岩质边坡坡高大于 30m，土质边坡坡高大于 15m。

2) 高边坡：岩质边坡坡高 15～30m，土质边坡坡高 10～15m。

3) 中高边坡：岩质边坡坡高 8～15m，土质边坡坡高 5～10m。

4) 低边坡：岩质边坡坡高小于 8m，土质边坡坡高小于 5m。

(4) 按坡长分为：

1）长边坡：坡长大于 300m。

2）中长边坡：坡长 100～300m。

3）短边坡：坡长小于 100m。

（5）按坡度分为：

1）缓坡：坡度小于 15°。

2）中等坡：坡度 15°～30°。

3）陡坡：坡度 30°～60°。

4）急坡：坡度 60°～90°。

5）倒坡：坡度大于 90°。

（6）按稳定性分为：

1）稳定坡：稳定条件好，不会发生破坏。

2）不稳定坡：稳定条件差或已发生局部破坏，必须处理才能稳定。

3）已失稳坡：已发生明显破坏。

（7）按结构分为：

1）类均质土边坡：边坡由均质土构成，如黄土边坡。

2）近水平层状边坡：由近水平层的岩土体构成，如堆积土边坡，（沉降土边坡）。

3）顺倾层状边坡：由倾向临空面的（开挖面）的岩土体构成的边坡。

4）反倾层状边坡：岩土层的面倾向边坡内。

5）块状岩体边坡：边坡由厚层块状岩体构成。

6）碎裂状岩体边坡：边坡由碎裂状岩体构成，或为断层破碎带，或为节理密集带。

7）散体状边坡：边坡由碎石、砂构成，如强风化层（图 4-2）。

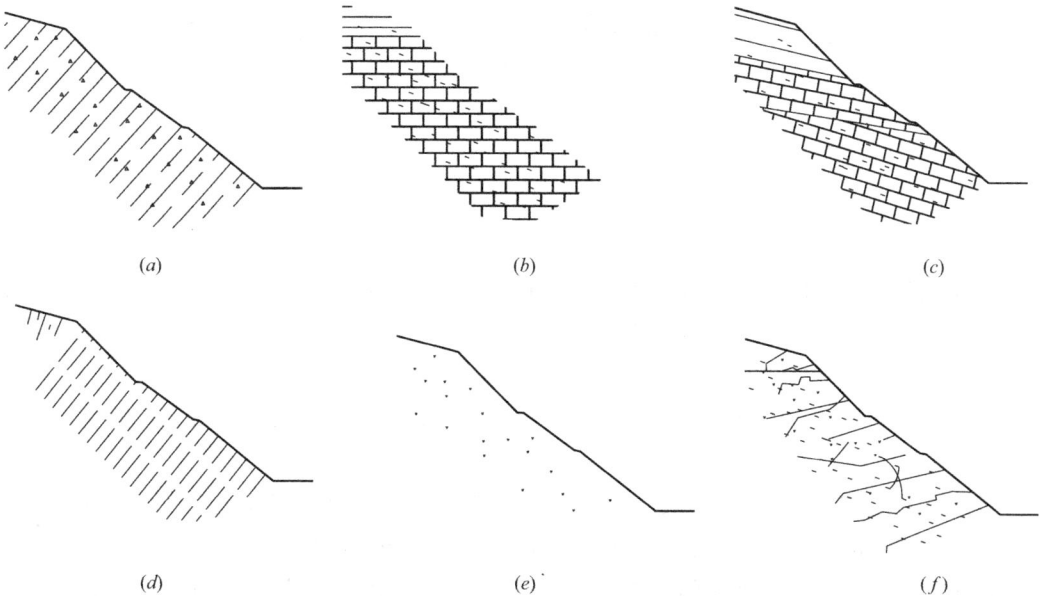

图 4-2　边坡主要类型

（a）类均质土边坡；（b）近水平层状边坡；（c）顺倾层状边坡；
（d）反倾层状边坡；（e）块状岩体边坡；（f）碎裂状岩体边坡

（8）按边坡使用年限分为：

1）临时边坡：只在施工期间存在的边坡，如基坑边坡。

2）短期边坡：只存在 10～20 年的边坡，如露天矿边坡。

3）永久边坡：长期使用的边坡。

有些只分临时边坡和永久边坡，《建筑边坡工程技术规范》（GB 50330—2013）作如下规定：

临时边坡：设计使用年限不超过两年的边坡。

永久边坡：设计使用年限超过两年的边坡。

4.4　边坡破坏模式及破坏判别

边坡破坏主要包括滑坡和崩塌两种形式。

滑坡是指边坡在自然或人为因素的影响下失去稳定，沿一定的破坏面整体下滑的现象。按滑面形式可分为平面滑动、圆弧形滑动以及楔形状滑动（图 4-3）。图 4-3（a）平面破坏图是边坡沿某一主要结构面如层面、节理或断层面发生滑动，而滑体的两端多呈拉断破坏，其滑动线为直线。图 4-3（b）圆弧形破坏是边坡岩体在破坏时其滑动面呈回弧状下滑破坏。图 4-3（c）楔体破坏是边坡岩体中有两组或两组以上结构面与边坡相交，将岩体相互交切成楔形体而发生破坏。

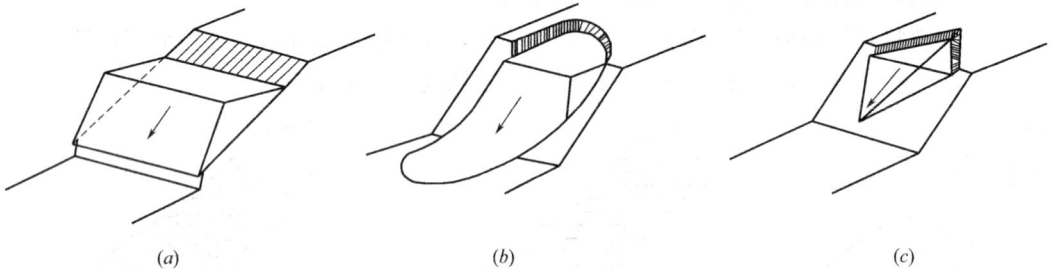

图 4-3　滑移主要形式

（a）平面滑动；（b）圆弧滑动；（c）楔形状滑动

崩塌是陡坡上的巨大岩体或土体在重力和其他外力作用下，突然向下崩落的现象。崩塌过程中岩体（或土体）猛烈地翻滚、跳跃、互相撞击，最后堆于坡脚，原岩体（或土体）结构遭到严重破坏。其破坏的模式可细分为倾倒式、鼓胀式、拉裂式、错断式。

其中倾倒式是陡倾的岩体由于卸荷回弹和其他外力作用，绕其底部某点向临空方向倾倒的现象。

鼓胀式是陡坡上不稳定岩体之下存在较厚的软弱岩层，上部岩体重力产生的压应力超过软岩天然状态的高压强度后软岩即被挤出，向外发生鼓胀而最终产生崩塌现象。

拉裂式是陡坡由于软硬相间的岩层组成时，由于风化作用或河流的冲刷掏蚀作用，上部坚硬岩层在坡面上突悬出来。其构造节理在长期重力作用下，分离面逐渐扩展形成拉张裂隙，最终导致崩落；

错断式是指长柱或板状不稳定岩体的下部被剪断而产生崩塌，如悬于坡缘的帽檐状危岩，多面临空的锥状或柱状岩体。

从边坡物质组成结构上讲，对于土质边坡，黏性土的破坏面容易产生圆弧滑移，无黏性土的破坏面主要为直线型；对于岩质边坡，多沿软弱结构面发生滑移，破坏面可分为直线型、折线型、楔形等；其次黄土边坡表现出特殊的破坏形式。具体分类可参照表 4-4。

均质土边坡的破坏形式分类　　　　　　　　　　　　　　　　　表 4-4

边坡类型	主要特征	影响稳定的主要因素	可能的主要变形模式
黏性土边坡	以黏粒为主，一般干时坚硬，遇水膨胀崩解。某些黏土具大孔隙性（如山西南部的黏土），某些黏土坚固（如南方网纹红土），某些黏土呈半成岩，但含可溶盐量高（如黄河上游的黏土），某些黏土具水平层理（如淮河下游的黏土）	(1) 矿物成分，特别是亲水、膨胀、溶滤性矿物含量； (2) 节理裂隙的发育状况； (3) 水的作用； (4) 冰融作用	(1) 裂隙性黏土常沿光滑裂隙面形成滑面，含膨胀性亲水物黏土易产生滑移，巨厚层半成岩黏土高边坡因坡脚蠕变可导致高速滑坡； (2) 因冻融产生剥落； (3) 坍塌
砂性土边坡	以砂砾为主，结构较疏松，凝聚力低为其特点，透水性较大，包括厚层全风化花岗石残积层	(1) 颗粒成分及均匀程度； (2) 含水情况； (3) 振动； (4) 地表水及地下水作用	(1) 饱和均质砂性土边坡，在振动力作用下，易产生液化滑坡； (2) 管涌、流土； (3) 坍塌和剥落
黄土边坡	以粉粒为主、质地均一。一般含钙量高，无层理，但柱状节理发育，天然水含水量低，干时坚固，部分黄土遇水湿陷，有时呈固状，有时呈多元结构	主要是水的作用，因水湿陷，或对边坡浸泡，水下渗使下垫隔水黏土层泥化等	(1) 崩塌； (2) 张裂； (3) 湿陷； (4) 高或超高边坡可能出现高速滑坡

根据表 4-4，可以看出土质边坡影响稳定性的因素主要是土体的强度和水的作用。另外，对于土质边坡整体稳定，其坡高、坡角、坡形也是影响其自身稳定的重要因素。而产生的破坏形式以滑坡居多，崩塌和坍塌也是开挖边坡过程中常见的。

对于较大规模的碎裂结构岩质边坡，破坏面为圆弧形。另外岩质边坡常见有倾倒、崩塌破坏的形式。《建筑边坡工程技术规范》（GB 50330—2013）中 4.1.3 中对岩质边坡的破坏形式进行了分类。

岩质边坡的破坏形式分类　　　　　　　　　　　　　　　　　表 4-5

破坏形式	岩体特征		破坏特征
滑移型	由外倾结构面控制的岩体	硬性结构面的岩体	沿外倾结构面滑移，分单面滑移与多面滑移
		软弱结构面的岩体	
	不受外倾结构面控制和无外倾结构面的岩体	块状岩体、碎裂状、散体状岩体	沿极软岩、强风化岩、碎裂结构或散体状岩体中最不利滑动面滑移

破坏形式	岩体特征		破坏特征
崩塌型	受结构面切割控制的岩体	被结构面切割的岩体	沿陡倾、临空的结构面塌滑；由内、外倾结构不利组合面切割，块体失稳倾倒； 岩腔上岩体沿结构面剪切或坠落破坏
	无外倾结构面的岩体	整体状岩体、巨块状岩体	陡立边坡，因卸荷作用产生拉张裂缝导致岩体倾倒

4.5　土质边坡稳定性分析

4.5.1　土质边坡稳定性影响因素

影响土质边坡稳定性的因素有很多，经工程实践经验验证，其主要影响因素如下：

（1）边坡坡角 θ，坡角 θ 越小土质边坡稳定性越好，因此，控制坡角或坡率是土质边坡稳定性控制的因素之一，坡率法的理论基础即为控制土质边坡坡角，但受场地限制，坡角控制过小是不现实的，同时也不经济。

（2）土质边坡坡高 H，在其他条件相同的情况下，坡高 H 越大，土质边坡稳定性越差。

（3）土的性质，如重度 γ 和 φ、c 值，φ、c 值越大，则土质边坡越稳定。有时由于地震等原因，使 φ 降低或产生孔隙水压力，可能使原来稳定的边坡失稳而滑动，地下水位上升，对土质边坡的稳定性不利。

（4）地下水的渗透力，当边坡中有地下水渗透时，渗透力与滑动方向相反则土质边坡稳定性好，若渗透力与土质边坡滑动方向相同则土质边坡稳定性差。

（5）震动作用对边坡稳定性有一定影响，如地震、工程爆破、车辆震动等。

（6）人类活动和生态环境的影响，如土质边坡坡顶、坡面修建建筑物或施加外部荷载，修建构筑物（如给水排水管网等），植被、周边地形、地貌等自然环境均对土质边坡稳定性有影响。

4.5.2　平面滑动的土质边坡稳定分析

1. 无黏性土边坡稳定性分析

对于均质的无黏性土土质边坡，无论是干坡还是在完全浸水条件下，由于无黏性土土粒间缺少粘结力，因此，只要位于坡面上的土单元体能够保持稳定，则整个土坡就是稳定的。现从坡面上（图 4-4）任取一侧面竖直、底面与坡面平行的土单元体，假定不考虑该单元体两侧应力对稳定性的影响。设土颗粒的自重为 W，则使它下滑的剪切力就只有 W 在顺坡方向的分力 T：

$$T = W\sin\theta$$

阻止土颗粒下滑的力是此单元体与下面土体之间的抗剪力，其所能发挥的最大值为 T_f：

$$T_f = N\tan\varphi = W\cos\theta\tan\varphi$$

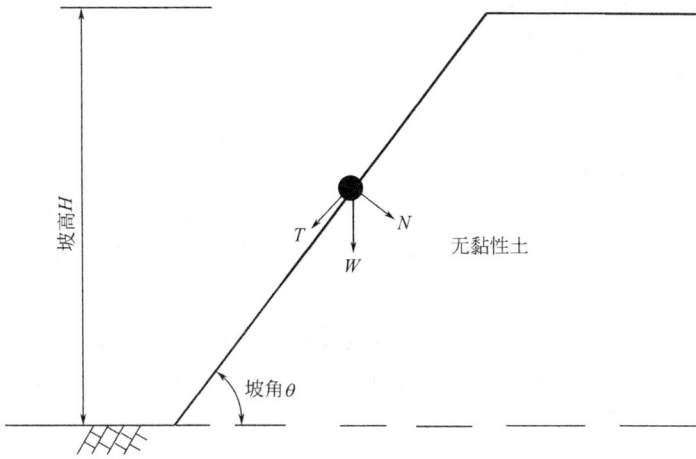

图 4-4　无黏土边坡稳定性分析

式中　N——土颗粒自重在坡面法线方向的分力；

　　　　φ——土的内摩擦角。

而边坡稳定安全系数 F_s 定义为最大抗剪力与剪切力之比，即

$$F_s = T_f/T = W\cos\theta\tan\varphi/W\sin\theta = \tan\varphi/\tan\theta \qquad (4-1)$$

由式（4-1）可知：对于均质无黏性土土质边坡，理论上只要坡角 θ 小于土的内摩擦角 φ，土颗粒的稳定安全系数就是大于 1；当 F_s 等于 1 时，土颗粒处于极限平衡状态，此时的坡角就等于无粘黏土的内摩擦角 φ。

2.有渗流作用的无黏性土土质边坡稳定性分析

河堤、水库因自然或人为的因素会引起水位涨落，因此土质边坡将受到一定的渗流力作用，对坝体（土质边坡）稳定性带来不利影响。此时在坡面上渗流逸出处取一土颗粒，其除了自重外，还受到渗流力的作用，如图 4-5 所示。若渗流为顺坡出流，则逸出处渗流方向与坡面平行，渗流力的方向也与坡面平行，此时使土体下滑的剪切力为：

$$T + J = W\sin\theta + J$$

土颗粒所能发挥的最大抗剪力仍为 T_f，于是土质边坡稳定系数 F_s 为：

$$F_s = W\cos\theta\tan\varphi/(W\sin\theta + J)$$

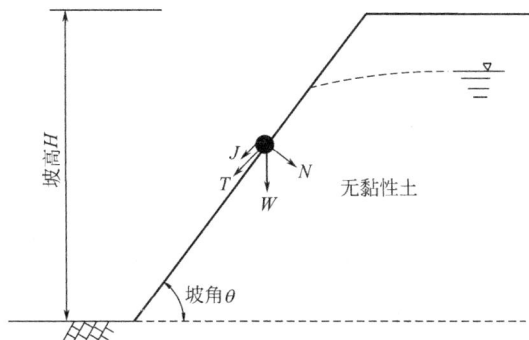

图 4-5　有渗流作用的无黏性土土质边坡稳定性分析

对土颗粒来说，当直接用渗流力来考虑渗流影响时，土体自重就是浮重度 γ'，而渗流力 J 等于 $\gamma_w i$，γ_w 为水的重度，i 则是渗流逸出处的水力梯度。因为是顺坡渗流，i 等于 $\sin\theta$（近似），于是上式即可写成：

$$F_s = \gamma'\cos\theta\tan\varphi/(\gamma' + \gamma_w)\sin\theta = \gamma\tan\varphi\gamma/\gamma_{sat}\tan\theta \tag{4-2}$$

式中　γ_{sat}——土的饱和重度。

式（4-2）和没有渗流作用的式（4-1）相比，相差 γ'/γ_{sat} 倍，此值接近于 $1/2$。因此，当坡面有顺坡渗流作用时，无黏性土土质边坡的稳定系数降低接近一半。

4.5.3　瑞典条分法

当土质为黏性土时，土体黏聚力对土质边坡稳定性有力的作用，土质边坡滑动面上的土体抗剪强度与该点的法向应力有关，在假定整个滑动面各点 F_s 均相同的前提下，首先要设法求出滑动面上法向应力的分布，才能求出 F_s 值。常用的方法是首先假定滑动面，而后将滑动面上的土体分成若干条块，分析每一条块上的作用力，再利用每一土条上的力和力矩的静力平衡条件，求出土质边坡稳定系数。这种方法称为条分法，该法由铁路工程师彼得森（Petterson K E）于 1915 年提出，后经费伦纽斯（Fellenius D W）和泰勒（Taylor D W）进一步发展和完善，已成为经典的土质边坡稳定性方法。该法由于在瑞典首先被采纳，因此称为瑞典法。该法可用于圆弧滑动面，也可用于非圆弧滑动面，并可用来考虑各种复杂的土质边坡外形、成层土坡以及某些特殊外力（如渗流力、地震惯性力）作用等复杂情况的求解。

图 4-6 表示一任意形状的滑动土体，被分成为若干土条，每一土条上作用的力有土条的自重 W_i，作用于土条底面的法向力 N_i 和切向反力 T_i 以及作用于土条两侧的作用力 E_i、X_i 和 E_{i+1}、X_{i+1}。如果土条分得足够多，也就是土条宽度足够小，可以足够精确地认为 N_i 作用于土条底面的中点，而根据土质边坡稳定系数的定义和莫尔-库仑破坏准则，很容易求出 T_i 与 N_i 的关系为：

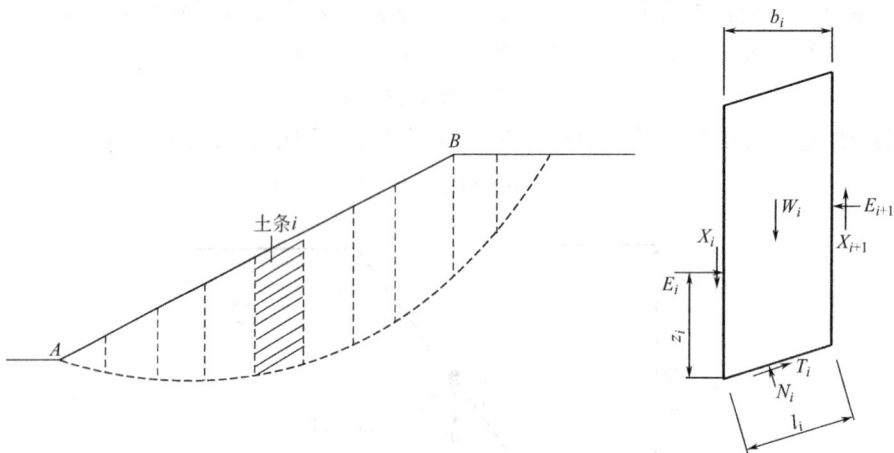

图 4-6　土条及作用于土条上的力（无渗水压力作用）

$$T_i = (c_i l_i + N_i\tan\varphi_i)/F_s \tag{4-3}$$

式中　l_i——土条底面长度（m）；

c_i、φ_i——土条底面土层的黏聚力（kPa）和内摩擦角（°）。

如果将土划分条为 n 个，则此时要求的未知量可用表 4-6 表示。

圆弧滑动面未知数 表 4-6

未知量	个数
安全系数 F_s	1
土条底面法向反力 N_i	n
法向条间力 E_i	$n-1$
切向条间力 X_i	$n-1$
条间力作用点位置 z_i	$n-1$
合计	$4n-2$

对于土条而言只有两个静力平衡方程（力和力矩），平衡方程总数为 $3n$ 个，多余的 $(n-2)$ 个未知数无法求解，因此，一般的土坡稳定分析总是超静定问题，要使其转化为静定问题，不得不对土条分界面上的作用力作出假设。

1. 瑞典法基本假设

（1）土质边坡由均匀材料构成，其抗剪强度服从库仑定理。

（2）按平面问题进行研究。

（3）剪切面为通过坡脚的圆弧面。

（4）分析计算时，不考虑分条之间的相互作用关系。

2. 稳定性分析计算公式

根据图 4-7 所示计算简图，取第 i 个土条进行分析，该土条上的荷载有：

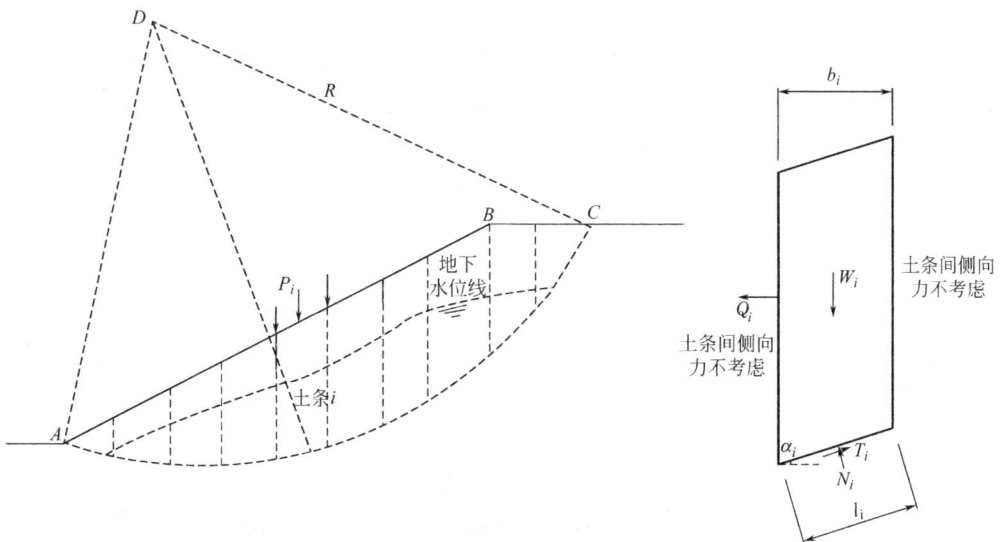

图 4-7 均匀土质边坡瑞典法计算简图

（1）垂直荷载：主要为自重及地面超载，其合力为 W_i。

（2）水平荷载：因不考虑分条之间的相互作用关系，所以没有土压力相互作用。地下水位以上存在孔隙水压力 H_i，地下水位以下存在的水压力 U_i、U_{i+1}，以及其他水平荷载，如地震作用等。

（3）滑动面上的孔隙水压力合力 U_i，其作用方向与滑动面正交。

设作用在土条上的水平总合力为 Q_i，则：

$$Q_i = U_{i,i-1} - U_{i,i+1} + H_i + 其他水平作用$$

取滑动面上能提供的抗滑力矩为 M_r，与滑动力矩 M_0 之比土质边坡稳定系数 F_s，则有：

$$F_s = R \sum \left[c_i l_i + (W_i \cos\alpha_i - Q_i \sin\alpha_i - U_i) \tan\varphi_i \right] / (R \sum W_i \sin\alpha_i + \sum Q_i z_i)$$

$$\approx \sum \left[c_i l_i + (W_i \cos\alpha_i - Q_i \sin\alpha_i - U_i) \tan\varphi_i \right] / \sum (W_i \sin\alpha_i + Q_i \cos\alpha_i) \qquad (4\text{-}4)$$

假定不同的滑弧，就能求出不同的 F_s 值，从中可找出最小的 F_s，此即土质边坡的稳定系数。

若假定为 U_i 为零，则式（4-4）简化为：

$$F_s = \sum [c_i l_i + (W_i \cos\alpha_i - Q_i \sin\alpha_i) \tan\varphi_i] / \sum W_i \sin\alpha_i \qquad (4\text{-}5)$$

3. 瑞典法存在的主要问题

由瑞典法基本假设可知滑动面为圆弧，而在现实的均匀土质边坡工程滑动面不完全是圆弧，试验资料表明，由此引起的误差约为 0.04。但对山区地基岩土交界面的滑动及分层土的土质边坡稳定系数计算，圆弧滑动面的计算误差较大。

土质边坡中各条分土体实际存在相互作用问题（图 4-6），忽略土条之间的相互作用，也会引起较大的计算误差，由此，出现了该法的各种改良计算方法，具体改良见后有关内容。

4. 孔隙水压力对土质边坡稳定性影响分析

孔隙水压力的存在对土质边坡稳定性的影响很大，多数土质边坡因孔隙水压力作用而破坏。孔隙水压力分为两类：一类为超水压力；另一类为地下水渗透压力。

孔隙水中的超水压力主要是由于地表荷载作用下，土体未完全固结而引起的。当土体完全固结或坡体表面无附加荷载时，可不考虑超孔隙水压力的影响。当考虑孔隙水应力作用（无静水压力作用）时，式（4-5）变化为式（4-6）：

$$F_s = \sum [c_i' l_i + (W_i \cos\alpha_i - u_i l_i) \tan\varphi_i'] / \sum W_i \sin\alpha_i \qquad (4\text{-}6)$$

式中　c'、φ'——土的有效应力强度指标；

　　　u_i——第 i 土条地面中心点处的孔隙水应力。

对于地下水渗透压力的计算较为复杂，在工程实践中，一般有精确法和简化计算两种方法进行计算。地下水渗透压力的精确计算方法是根据土体的渗透系数及水流实际作用，利用渗流理论，采用有限元法等数值分析方法进行，除简单的二维稳定流可用达西定律求解解析解外，其他条件下的解析解十分困难，因此，通常采用简化计算法进行计算。简化计算法假定渗透压力等于静水压力，简化计算方法能满足工程设计要求。简化计算法的实质是：认为土条两侧的渗透压力为静水压力的总和（一般情况静水压力大于渗透压力）。

4.5.4　毕肖普法（Bishop）

毕肖普法是一种改进的瑞典条分法。毕肖普于 1955 年提出了一种考虑土条侧面有水平作用力存在，而仍然假定土条间不存在剪切力的土坡稳定分析方法，且假定各土条底部滑动面上的抗滑稳定系数均相同，即等于整个滑动面的平均稳定系数。

如图 4-8 所示，仍假定滑动面系一圆心为 O，半径为 R 的圆弧。根据上述假设，滑动面上的抗滑阻力 T_i 为：

$$T_i = (c_i l_i + N_i \tan\varphi_i)/F_s$$

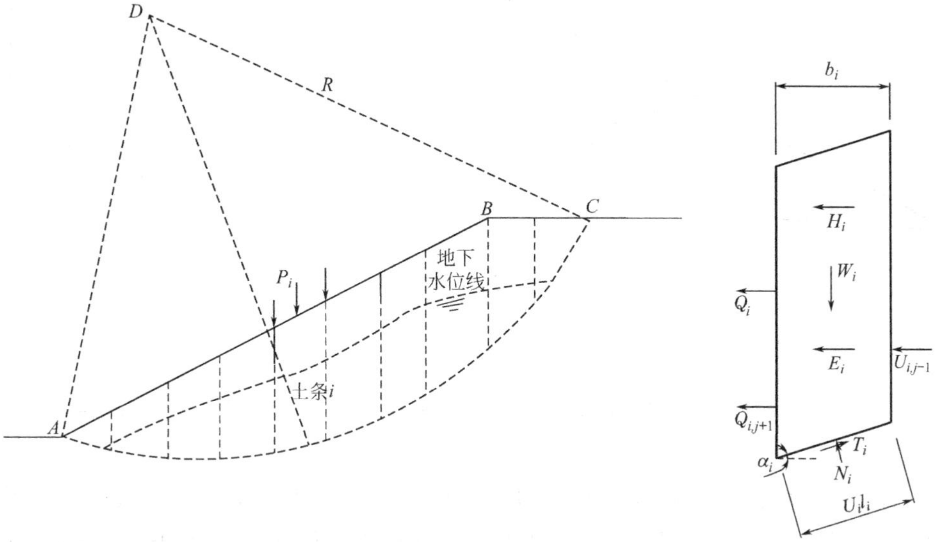

图 4-8　均匀土质边坡毕肖普计算简图

根据图 4-8 在滑动面上沿 T_i 方向建立平衡方程，此时，滑动面上的下滑力 S_i 为：

$$S_i = -\Delta E_i \cos\alpha_i + Q_i \cos\alpha_i + W_i \sin\alpha_i$$

当边坡达到极限平衡状态时，滑动面上的抗滑阻力与下滑力相等，可根据两式相等条件，求得土条两侧的土压力增量 ΔE_i：

$$\Delta E_i = -(c_i l_i + N_i \tan\varphi_i)/F_s \cos\alpha_i + Q_i + W_i \tan\alpha_i$$

根据图 4-8 按竖直方向上的平衡条件，可以求得滑动面上的法向力 N_i：

$$N_i = (W_i - U_i \cos\alpha_i - c_i l_i \sin\alpha_i / F_s)/(\cos\alpha_i + \tan\varphi \sin\alpha_i / F_s \cos\alpha_i)$$

又根据水平方向的平衡条件，可求得边坡稳定系数计算公式：

$$F_s = \sum\{[c_i l_i + (W_i \sec\alpha_i - U_i l_i)\tan\varphi_i][F_s/(F_s + \tan\varphi_i \tan\alpha_i)]\}/(\sum W_i \sin\alpha_i + \sum Q_i \cos\alpha_i) \tag{4-7}$$

式（4-7）中，只有 F_s 一个未知数，理论上可求出 F_s。F_s 可采用迭代法求解，通常只要迭代 3～4 次就可满足工程精度要求，而且迭代一般总是收敛的。

4.5.5　传递系数法

对于非圆弧滑动面的土质边坡稳定性分析，可采用折线法（传递系数法）进行分析。其基本假设为：（1）每一分段滑动面为直线。（2）分条间的反力平行于该分条的滑动面，且作用点在分条中点，如图 4-9 所示。

根据图 4-9 及已有假设，按滑动面上力的平衡条件，可得分条间反力 P_i 计算式如下：

$$P_i = P_{i-1}\cos(\alpha_{i-1} - \alpha_i) + Q_i\cos\alpha_i + W_i\sin\alpha_i - [P_{i-1}\sin(\alpha_{i-1} - \alpha_i)\tan\varphi_i/F_s +$$
$$W_i\cos\alpha_i\tan\varphi_i/F_s - Q_i\sin\alpha_i\tan\varphi_i/F_s - U_i\tan\varphi_i/F_s] - c_i l_i/F_s \tag{4-8}$$

令　　　　　　　$\psi_{i-1} = \cos(\alpha_{i-1} - \alpha_i) - \tan\varphi_i/F_s \sin(\alpha_{i-1} - \alpha_i)$

式（4-8）可简化为：

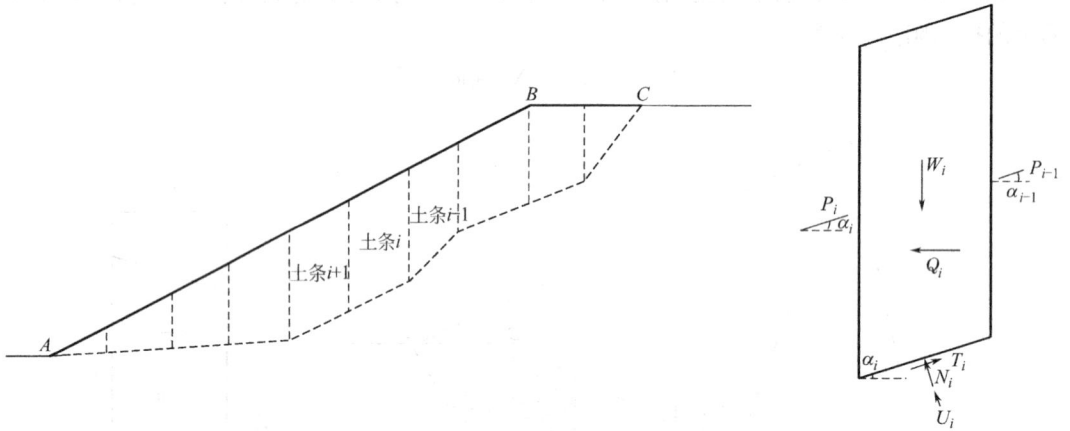

图 4-9 传递系数法计算简图

$$P_i = \psi_{i-1} P_{i-1} + Q_i \cos\alpha_i + W_i \sin\alpha_i - \left[(W_i \cos\alpha_i - Q_i \sin\alpha_i - U_i)\tan\varphi_i / F_s + c_i l_i / F_s \right]$$

(4-9)

式（4-9）中的 ψ_{i-1} 称为传递系数，即对第 i 块而言，上面第 $i-1$ 块对第 i 块作用力的传递系数。计算时从边坡顶部第 1 块开始，依序向下进行计算，直到最后一块，便可计算出该边坡最后的推力 P。若最后一块的推力小于 0，则说明边坡稳定。在式（4-9）中假定了各块稳定系数均为 F_s，实际上各块稳定系数 F_s 是不同的。在实际边坡工程中，假定边坡稳定系数 F_s 达到所需稳定系数 F_{st}，然后计算最后水平推力，水平推力 P 大于零，即为剩余下滑力，该下滑力需支护结构承担，边坡稳定性不满足设计要求。此法在滑坡推力计算中，称为不平衡力传递系数法（该法可用于土质边坡和岩质边坡）。

当需要求解边坡的实际稳定系数时，可采用搜索法求解，即假定不同的边坡稳定系数 F_s，计算最后一块剩余下滑力 P，绘出 P 与 F_s 关系图，在 P 为零处的 F_s 即为边坡实际稳定系数。

4.5.6 实用边坡稳定性分析方法

所述条分法分析边坡稳定性方法在我国既有和现行国家、行业和地方标准均有所应用，随着工程实践发展及边坡稳定性分析方法的研究，目前，我国现行规范主要应用改进型条分法分析边坡稳定性，部分规范具体应用情况如下。

1.《建筑边坡工程技术规范》（GB 50330—2013）的边坡稳定性计算公式

《建筑边坡工程技术规范》（GB 50330—2013）中附录给出了边坡稳定性计算式（对土质、岩质边坡均适用），具体计算公式如下：

（1）对圆弧形滑面的边坡稳定性系数可按式（4-10）计算（图 4-10）。

$$F_s = \frac{\sum_{i=1}^{n} \frac{1}{m_{\theta_i}} \left[c_i l_i \cos\theta_i + (G_i + G_{bi} - U_i \cos\theta_i)\tan\varphi_i \right]}{\sum_{i=1}^{n} \left[(G_i + G_{bi})\sin\theta_i + Q_i \cos\theta_i \right]}$$

(4-10)

$$m_{\theta_i} = \cos\theta_i + \frac{\tan\varphi_i \sin\theta_i}{F_s}$$

(4-11)

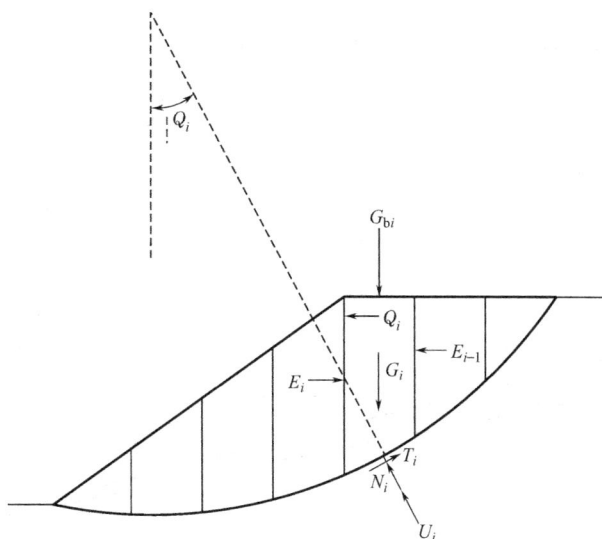

图 4-10　圆弧形滑面边坡计算示意

$$U_i = \frac{1}{2}\gamma_w (h_{w,\,i} + h_{w,\,i-1}) l_i \qquad (4\text{-}12)$$

式中　　F_s——边坡稳定性计算系数；

　　　　c_i——第 i 计算条块滑面黏聚力（kPa）；

　　　　φ_i——第 i 计算条块滑面内摩擦角（°）；

　　　　l_i——第 i 计算条块滑面长度（m）；

　　　　θ_i——第 i 计算条块滑面倾角（°），滑面倾向与滑动方向相同时取正值，底面倾向与滑动方向相反时取负值；

　　　　U_i——第 i 计算条块滑面单位宽度总水压力（kN/m）；

　　　　G_i——第 i 计算条块单位宽度自重（kN/m）；

　　　　G_{bi}——第 i 计算条块单位宽度竖向附加荷载（kN/m）；方向指向下方时取正值，指向上方时取负值；

　　　　Q_i——第 i 计算条块单位宽度水平荷载（kN/m）；方向指向坡外时取正值，指向坡内时取负值；

$h_{w,i}$、$h_{w,i-1}$——第 i 及第 $i-1$ 计算条块滑面前端水头高度（m）；

　　　　γ_w——水重度，取 10kN/m^3；

　　　　i——计算条块编号，从后方起编；

　　　　n——条块总数量。

该公式是毕肖普法（Bishop）隐式迭代计算公式。

（2）平面滑动面的边坡稳定性系数可按式（4-13）～式（4-17）计算（图 4-11）。

$$F_s = \frac{R}{T} \qquad (4\text{-}13)$$

$$R = [(G + G_b)\cos\theta - Q\sin\theta - V\sin\theta - U]\text{tg}\varphi + cL \qquad (4\text{-}14)$$

$$T = (G + G_b)\sin\theta + Q\cos\theta + V\cos\theta \qquad (4\text{-}15)$$

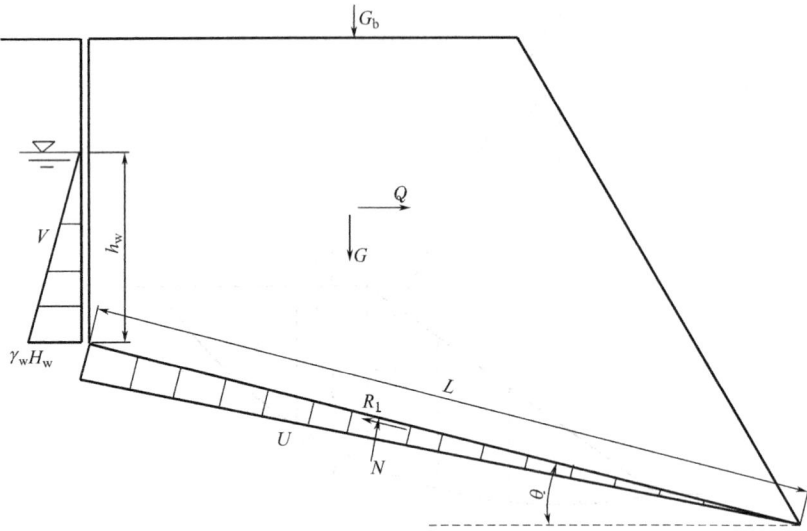

图 4-11　平面滑面边坡计算简图

$$V = \frac{1}{2}\gamma_w h_w^2 \tag{4-16}$$

$$U = \frac{1}{2}\gamma_w h_w L \tag{4-17}$$

式中　　T——滑体单位宽度重力及其他外力引起的下滑力（kN/m）；

R——滑体单位宽度重力及其他外力引起的抗滑力（kN/m）；

c——滑面的黏聚力（kPa）；

φ——滑面的内摩擦角（°）；

L——滑面长度（m）；

G——滑体单位宽度自重（kN/m）；

G_b——滑体单位宽度竖向附加荷载（kN/m）；方向指向下方时取正值，指向上方时取负值；

θ——滑面倾角（°）；

U——滑面单位宽度总水压力（kN/m）；

V——后缘陡倾裂隙面上的单位宽度总水压力（kN/m）；

Q——滑体单位宽度水平荷载（kN/m）；方向指向坡外时取正值，指向坡内时取负值；

h_w——后缘陡倾裂隙充水高度（m），根据裂隙情况及汇水条件确定。

注：规范未注明由支护结构提供的指向坡内的 Q 如何计算，具体计算方法见《建筑边坡工程鉴定与加固技术规范》（GB 50843—2013）。

（3）折线形滑动面的边坡可采用传递系数法隐式解，边坡稳定性系数可按式（4-18）～式（4-22）计算（图 4-12）。

$$P_n = 0 \tag{4-18}$$

$$P_i = P_{i-1}\psi_{i-1} + T_i - R_i/F_s \tag{4-19}$$

$$\psi_{i-1} = \cos(\theta_{i-1} - \theta_i) - \sin(\theta_{i-1} - \theta_i)\tan\varphi_i/F_s \tag{4-20}$$

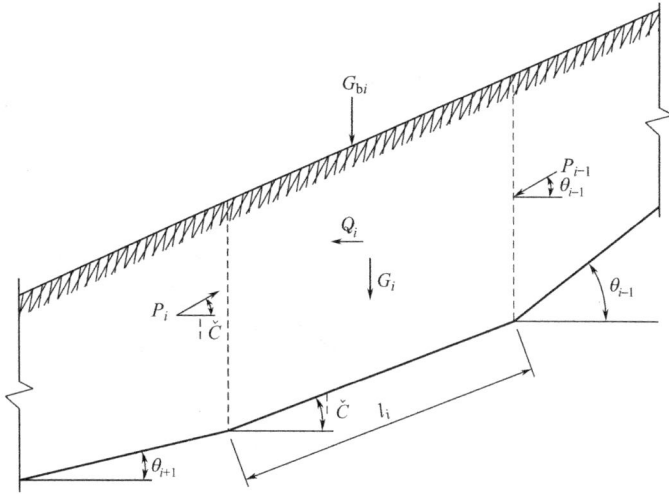

图 4-12 折线形滑面边坡传递系数法计算简图

$$T_i = (G_i + G_{bi})\sin\theta_i + Q_i\cos\theta_i \qquad (4\text{-}21)$$

$$R_i = c_i l_i + [(G_i + G_{bi})\cos\theta_i - Q_i\sin\theta_i - U_i]\tan\varphi_i \qquad (4\text{-}22)$$

式中　P_n——第 n 条块单位宽度剩余下滑力（kN/m）；

$\quad P_i$——第 i 计算条块与第 $i+1$ 计算条块单位宽度剩余下滑力（kN/m）；当 $P_i < 0$

$\quad$（$i < n$）时取 $P_i = 0$；

$\quad T_i$——第 i 计算条块单位宽度重力及其他外力引起的下滑力（kN/m）；

$\quad R_i$——第 i 计算条块单位宽度重力及其他外力引起的抗滑力（kN/m）。

$\quad \psi_{i-1}$——第 $i-1$ 计算条块对第 i 计算条块的传递系数；

其他符号同前。

注：在用折线形滑面计算滑坡推力时，应将式（4-19）和式（4-20）中的稳定系数 F_i 替换为安全系数 F_{st}，以此计算的 P_n，即为滑坡的推力。

该系列计算公式为传递系数法计算公式。

2.《建筑边坡工程鉴定与加固工程技术规范》（GB 50843—2013）的边坡稳定性计算公式

有支护结构有效抗力作用下的边坡稳定性计算方法：

（1）对圆弧形滑面可采用简化毕肖普法，边坡稳定性系数可按式（4-23）～式（4-25）计算（图 4-13）。

$$F_s = \frac{\displaystyle\sum_{i=1}^{n} \frac{1}{m_{\theta i}}[c_i L_i \cos\theta_i + (G_i + G_{bi} + R_{0i}\sin\alpha_i - U_i\cos\theta_i)\tan\varphi_i]}{\displaystyle\sum_{i=1}^{n}[(G_i + G_{bi})\sin\theta_i + Q_i\cos\theta_i - R_{0i}\cos(\theta_i + \alpha_i)]} \qquad (4\text{-}23)$$

$$m_{\theta i} = \cos\theta_i + \frac{\tan\varphi_i \sin\theta_i}{F_s} \qquad (4\text{-}24)$$

$$U_i = \frac{1}{2}\gamma_w(h_{wi} + h_{w,\,i-1})L_i \qquad (4\text{-}25)$$

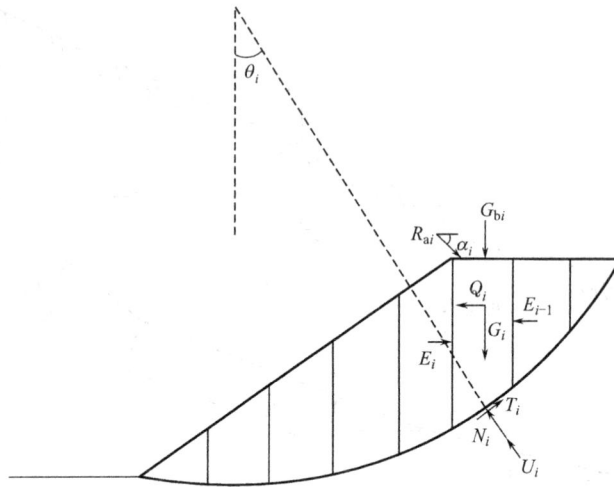

图 4-13　圆弧形滑面边坡计算模型示意

式中　R_{0i}——第 i 计算条块所受原有支护结构单位宽度有效抗力（kN/m）；当只在最末
一个条块上作用有效抗力 R_0 时，取 $R_0 = 0$（$i < n$），$R_{0n} = R_0$；

$\quad\quad\alpha_i$——第 i 计算条块原有支护结构单位宽度有效抗力倾角（°）；有效抗力方向指向
斜下方时取正值，指向斜上方时取负值；未说明的符号含义同前面公式。

（2）对平面滑面，边坡稳定性系数可按式（4-26）～式（4-30）计算（图 4-14）。

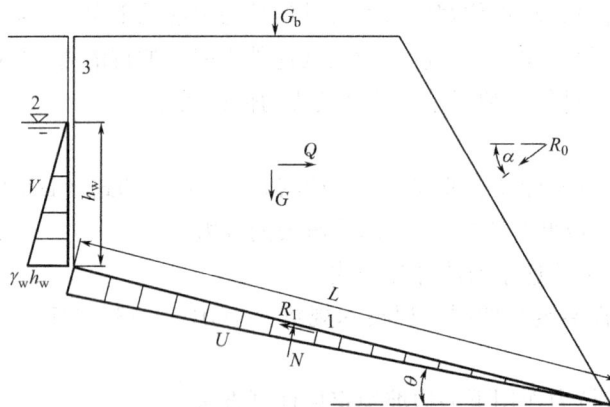

图 4-14　平面滑面边坡计算模型示意

1—滑面；2—地下水位；3—后缘裂缝

$$F_s = \frac{R}{T} \tag{4-26}$$

$$R = \left[(G + G_b)\cos\theta - Q\sin\theta + R_0\sin(\theta + \alpha) - V\sin\theta - U \right] \mathrm{tg}\varphi + cL \tag{4-27}$$

$$T = (G + G_b)\sin\theta + Q\cos\theta - R_0\cos(\theta + \alpha) + V\cos\theta \tag{4-28}$$

$$V = \frac{1}{2}\gamma_w h_w^2 \tag{4-29}$$

$$U = \frac{1}{2}\gamma_w h_w L \tag{4-30}$$

式中 R_0——滑体所受原有支护结构单位宽度有效抗力（kN/m）；

α——原有支护结构单位宽度有效抗力倾角（°）；有效抗力方向指向斜下方时取正值，指向斜上方时取负值；

未说明的符号含义同前面公式。

（3）对折线形滑面可采用传递系数法隐式解，边坡稳定性系数可按式（4-31）～式（4-35）计算（图 4-15）。

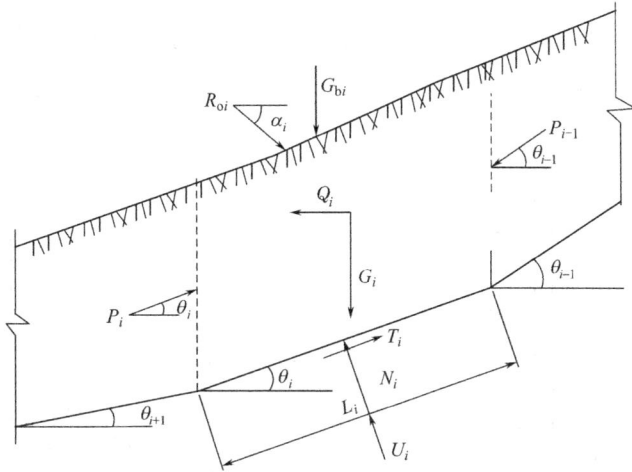

图 4-15 折线形滑面边坡传递系数法计算模型示意

$$P_n = 0 \tag{4-31}$$

$$P_i = P_{i-1}\psi_{i-1} + T_i - R_i/F_s \tag{4-32}$$

$$\psi_{i-1} = \cos(\theta_{i-1} - \theta_i) - \sin(\theta_{i-1} - \theta_i)\tan\varphi_i/F_s \tag{4-33}$$

$$T_i = (G_i + G_{bi})\sin\theta_i + Q_i\cos\theta_i - R_{0i}\cos(\theta + \alpha_i) \tag{4-34}$$

$$R_i = c_iL_i + [(G_i + G_{bi})\cos\theta_i - Q_i\sin\theta_i + R_{0i}\sin(\theta + \alpha_i) - U_i]\tan\varphi_i \tag{4-35}$$

式中 R_i——第 i 计算条块单位宽度重力及其他外力引起的抗滑力（kN/m）；

未说明的符号含义同前面公式。

注：《建筑边坡工程鉴定与加固技术规范》（GB 50843—2013）中的式（4.5.13）～式（4.5.15）与《建筑边坡工程技术规范》（GB 50330—2013）中的式（4.5.10）～式（4.5.12）边坡稳定计算方法是一致的，差别在于《建筑边坡工程技术规范》（GB 50330—2013）中的计算公式未直接考虑已有支护结构对边坡稳定的贡献作用。

3.《建筑基坑支护技术规程》（JGJ 120—2012）的基坑稳定性计算公式

《建筑基坑支护技术规程》（JGJ 120—2012）第 4 章第 5 节给出了支挡式结构稳定性验算方法，具体规定如下。

（1）悬臂式支挡结构的嵌固深度（l_d）应符合式（4-36）要求（图 4-16）。

$$E_{pk}a_{P1}/E_{aK}a_{a1} \geqslant K_e \tag{4-36}$$

式中 K_e——嵌固稳定安全系数，安全等级为一级、二级、三级的悬臂式支挡结构，K_e分别不小于 1.25、1.2、1.15；

E_{pk}、E_{aK}——基坑内侧被动土压力、外侧主动土压力标准值（kN）；

a_{P1}、a_{a1}——基坑内侧被动土压力、外侧主动土压力合力作用点至挡土构件底端的距离（m）。

（2）单层锚杆和单层支撑的支挡结构的嵌固深度（l_d）应符合式（4-37）要求（图4-17）。

$$E_{pk}a_{P2}/E_{aK}a_{a2} \geqslant K_e \tag{4-37}$$

式中　K_e——嵌固稳定安全系数，安全等级为一级、二级、三级的悬臂式支挡结构，K_e分别不小于 1.25、1.20、1.15。

a_{P2}、a_{a2}——基坑内侧被动土压力、外侧主动土压力合力作用点至支点的距离（m）。

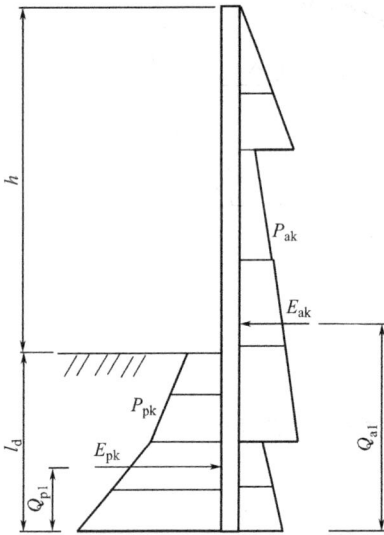

图 4-16　悬臂式结构嵌固稳定性验算

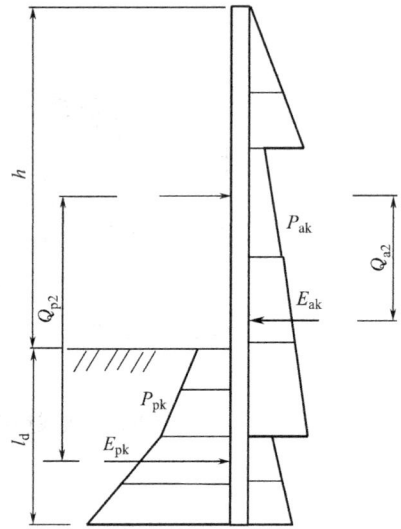

图 4-17　单支点锚拉式支挡结构和支撑式支挡结构嵌固稳定性验算

（3）锚拉式、悬臂式支挡结构和双排桩整体稳定性验算应符合如下规定：

1）整体滑动稳定性可采用圆弧滑动条分法进行验算。

2）采用圆弧滑动条分法时，其整体稳定性应符合式（4-38）、式（4-39）的要求（图4-18）。

$$\min(K_{s,1}, K_{s,2}, \cdots, K_{s,i}, \cdots) \geqslant K_s \tag{4-38}$$

$$K_{s,i} = \{\sum[c_j l_j + ((q_j b_j + \Delta G_j)\cos\theta_j - u_j l_j)\tan\varphi_j] +$$
$$\sum R_{K,k}[\cos(\theta_k + \alpha_k) + \psi_v]/S_{x,k}\}/\sum(q_j b_j + \Delta G_j)\sin\theta_j \tag{4-39}$$

式中　K_s——圆弧滑动稳定系数，安全等级为一级、二级、三级的支挡结构，稳定系数分别不应小于 1.35、1.3 和 1.25；

$K_{s,i}$——第 i 个圆弧滑动体的抗滑力矩与滑动力矩的比值；抗滑力矩与滑动力矩之比的最小值宜通过不同圆心及半径的所有潜在滑动圆弧确定；

c_j、φ_j——第 j 土条滑弧面处的黏聚力（kPa）、内摩擦角（°）；

b_j——第 j 土条的宽度（m）；

θ_j——第 j 土条滑弧面中点处法线与垂直面的夹角（°）；

l_j——第 j 土条的滑弧长度（m），取 $l_j = b_j/\cos\theta_j$；

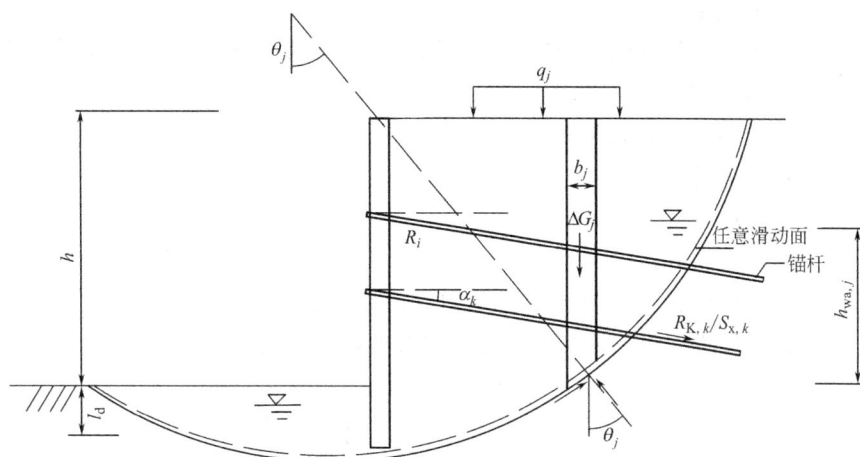

图 4-18 圆弧滑动条分法整体稳定性验算

q_j——第 j 土条上的附加分布荷载标准值（kPa）；

ΔG_j——第 j 土条的自重（kN），按天然重度计算；

u_j——第 j 土条滑弧面上的水压力（kPa），采用落底式截水帷幕时，对地下水位以下的砂土、碎石土、砂质粉土，在基坑外侧，可取 $u_j = \gamma_w h_{wa,j}$，在基坑内侧，可取，$u_j = \gamma_w h_{wp,j}$，滑弧面以下或对地下水位以下的黏性土，取 $u_j = 0$；

γ_w——水的重度（kN/m³）；

$h_{wa,j}$——基坑外侧第 j 土条滑弧面中点的压力水头（m）；

$h_{wp,j}$——基坑 N 内侧第 j 土条滑弧面中点的压力水头（m）；

$R_{K,k}$——第 k 层锚杆在滑动面以外的锚固段的极限抗拔承载力标准值与锚杆杆体受拉承载力标准值（$f_{prk}A_p$）的较小值（kN）；锚固段的极限抗拔承载力按《建筑基坑支护技术规程》（JGJ 120—2012）的有关规定确定，但锚固段应取滑动面以外的长度；对悬臂式、双排桩支挡结构，不考虑 $\sum R_{K,k}[\cos(\theta_k + \alpha_k) + \psi_v]/s_{x,k}$ 项；

α_k——第 k 层锚杆的倾角（°）；

$s_{x,k}$——第 k 层锚杆的水平间距（m）；

ψ_v——计算系数，可按 $\psi_v = 0.5\sin(\theta_k + \alpha_k)\tan\varphi$ 取值；

φ——第 k 层锚杆与圆弧交点处土层的内摩擦角（°）。

3）当挡土构件底端以下存在软弱下卧层时，整体稳定性验算滑动面中应包括由圆弧与软弱土层层面组成的复合滑动面。

（4）支挡结构的嵌固深度应符合坑底隆起稳定性要求。

1）锚拉式支挡结构和支撑式支挡结构的嵌固深度应符合式（4-40）～式（4-42）的要求（图 4-19）。

$$(\gamma_{m2}l_d N_q + c N_c)/[\gamma_{m1}(h + l_d) + q_0] \geqslant K_b \tag{4-40}$$

$$N_q = \tan^2(45° + \varphi/2)e^{\pi\tan\varphi} \tag{4-41}$$

$$N_c = (N_q - 1)/\tan\varphi \tag{4-42}$$

式中 K_b——抗隆起安全系数，安全等级为一级、二级、三级的支挡结构，安全系数分别不应小于 1.8、1.6 和 1.4；

γ_{m1}、γ_{m2}——基坑外、基坑内挡土构件底面以上土的天然重度（kN/m^3），取各层土按加
权厚度的平均重度；

l_d——挡土构件的嵌固深度（m）；

h——基坑深度（m）；

q_0——地面均布荷载（kPa）；

N_c、N_q——承载力系数；

c、φ——挡土构件底面以下土的黏聚力（kPa）、内摩擦角（°），按《建筑基坑支护
技术规程》（JGJ 120—2012）的有关规定取值。

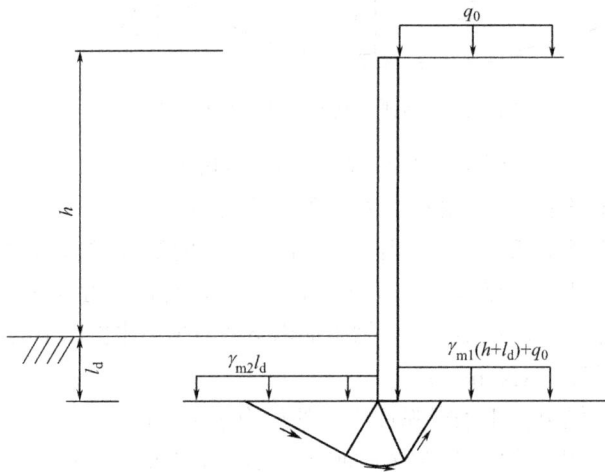

图 4-19　挡土构件底端平面下的隆起稳定性验算

2）当挡土构件底面以下有软弱下卧层时，坑底隆起稳定性可按式（4-40）～式（4-42）
验算，但式中 γ_{m1}、γ_{m2} 应取软弱下卧层顶面以上土的重度（图 4-20），l_d 应以 D 代替。

3）悬臂式支挡结构可不进行隆起稳定性验算。

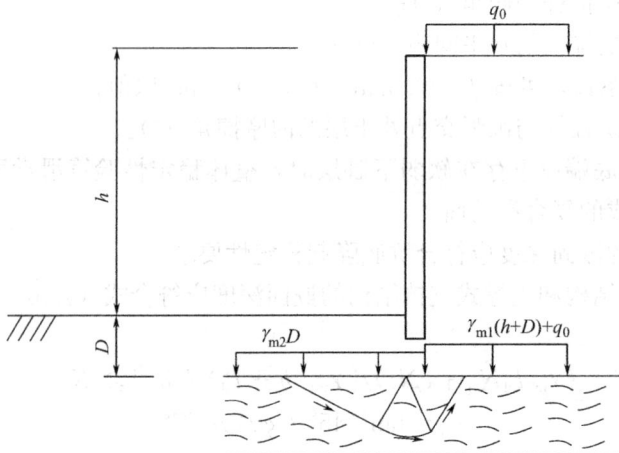

图 4-20　软弱下卧层的隆起稳定性验算

（5）锚拉式支挡结构和支撑式支挡结构，当坑底以下为软土时，其嵌固深度应符合以最下层支点为轴线的圆弧滑动稳定性要求（图 4-21）。

$$\sum[c_jl_j+(q_jb_j+\Delta G_j)\cos\theta_j\tan\varphi_j]/\sum(q_jb_j+\Delta G_j)\sin\theta_j \geqslant K_r \qquad (4-43)$$

式中　K_r——以最下层支点为轴心的圆弧滑动稳定安全系数，安全等级为一级、二级、三级的支挡结构，安全系数分别不应小于 2.2、1.9 和 1.7。

其他参数同式（4-38）、式（4-39）的参数。

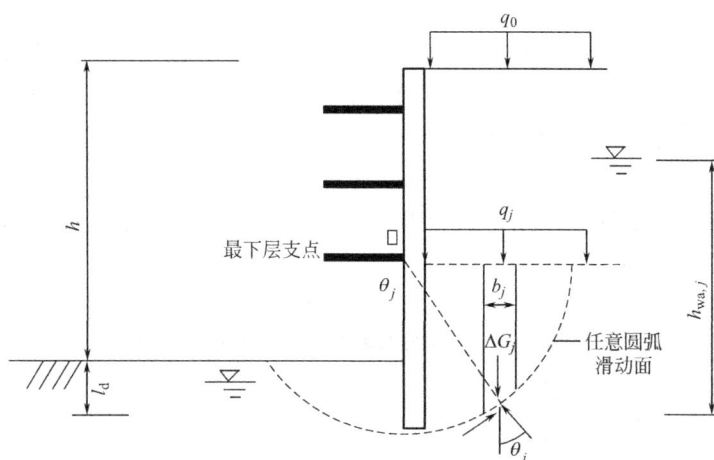

图 4-21　以最下层支点为圆心的圆弧滑动稳定性验算

（6）采用悬挂式截水帷幕或坑底以下水下存在水头高于坑底的承压水层时，可按以下方法进行地下水稳定性验算。

1）坑底以下有水头高于坑底的承压含水层时，且未用截水帷幕隔断其基坑内外的水利联系时，承压水作用下的坑底突涌稳定性验算应符合式（4-44）的要求（图 4-22）。

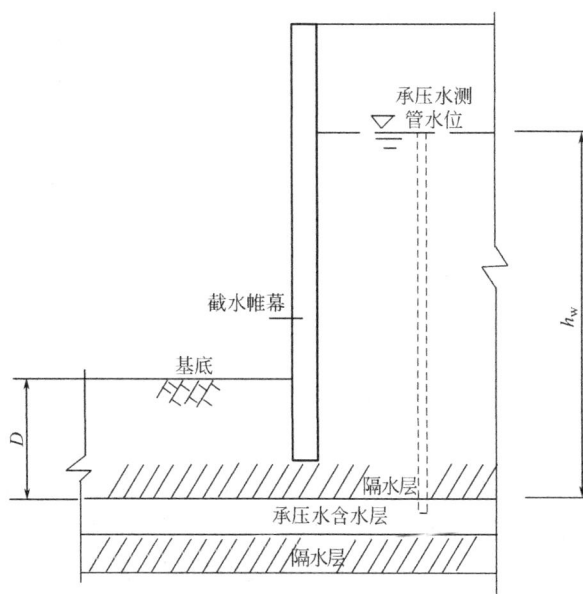

图 4-22　坑底土体的突涌稳定性验算

$$\gamma D / h_w \gamma_w \geqslant K_h \tag{4-44}$$

式中　K_h——突涌稳定安全系数，K_h 不应小于 1.1；

　　　D——承压水含水层顶面至坑底的土层厚度（m）；

　　　γ——承压水含水层顶面至坑底土层的天然重度（kN/m³）；对多层土，取按土层厚度加权的平均天然重度；

　　　h_w——承压水含水层顶面的压力水头高度（m）；

　　　γ_w——水的重度（kN/m³）。

2) 悬挂式截水帷幕底端位于碎石土、砂土或粉土含水层时，对均质含水层，地下水渗流的流土稳定性应符合式（4-45）的要求（图 4-23），对渗透系数不同的非均质含水层，宜采用数值方法进行渗流稳定性分析。

$$(2l_d + 0.8D_1)\gamma' / \Delta h\, \gamma_w \geqslant K_f \tag{4-45}$$

式中　K_f——流土稳定安全系数；安全等级为一、二、三级的支护结构，K_f 分别不应小于 1.6、1.5、1.4；

　　　l_d——截水帷幕在坑底以下的插入深度（m）；

　　　D_1——潜水面或承压水含水层顶面至基坑坑底的土层厚度（m）；

　　　γ'——土的浮重度（kN/m³）；

　　　Δh——基坑内外的水头差（m）；

　　　γ_w——水的重度（kN/m³）。

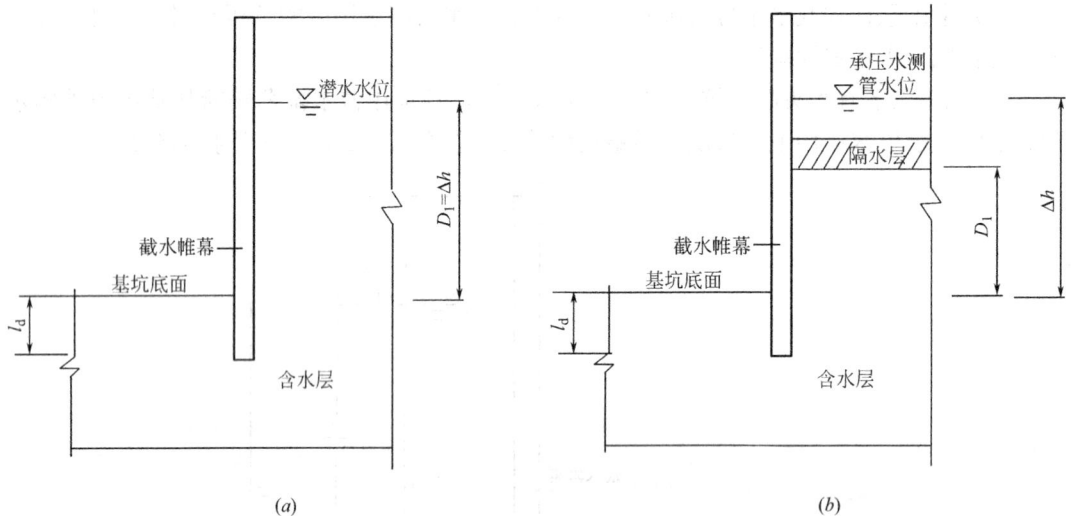

图 4-23　采用悬挂式帷幕截水时的流土稳定性验算
（a）潜水　（b）承压水

3) 坑底以下为级配不连续的砂土、碎石土含水层时，应进行土的管涌可能性判别。

（7）挡土构件的嵌固深度除满足上述要求外，对悬臂式结构，尚不宜小于 0.8h；对单点支挡式结构，尚不宜小于 0.3h；对多点式支挡结构，尚不宜小于 0.2h（注：h 为基坑深度）。

4.6 岩质边坡整体稳定性分析

4.6.1 岩质边坡稳定性概述

岩质边坡主要由岩体组成，岩体表面完全风化后成为土体。岩质边坡一旦破坏，其破坏后果更为严重，天然岩体总是存在着一定的结构面，如节理、层理、裂隙、断层等，软弱结构面对岩质边坡的危害性更大，岩质边坡破坏的主要因素之一是软弱结构面的存在，因此研究岩质边坡稳定性问题，岩体的软弱结构面是重点研究对象。当岩体中软弱结构面的倾向与边坡倾向基本一致时，岩质边坡的稳定性较差，数组结构面在边坡上形成不利组合时，易出现崩塌现象。

岩质边坡通常可分为：（1）类均质土结构边坡；（2）近水平层状结构边坡；（3）顺倾层状结构边坡；（4）反倾层状结构边坡；（5）斜交层状结构边坡；（6）碎裂状结构边坡；（7）块状结构边坡。

岩质边坡的岩体类型划分如下：

（1）岩质边坡的岩体按结构类型划分有整体状结构、块状结构、层状结构、破裂状结构和散体状结构，见表4-7。

岩体按结构类型分类　　　　　　　　　　　表 4-7

岩体结构类型	岩体地质类型	主要结构体形状	结构面发育情况	岩土工程特征	可能发生的岩土工程问题
整体状结构	巨块状岩浆岩、变质岩、巨厚层沉积岩	巨块状	以层面和原生构造节理为主，多呈闭合型，结构面间距大于1.5m，一般为1~2组，无危险结构面组成的落石、掉块	整体性强度高，岩体稳定，在变形特征上可视为均质弹性各向同性体	要注意由结构面组合而成的不稳定结构体的局部滑动或坍塌，深埋洞室要注意岩爆
块状结构	厚层状沉积岩、块状岩浆岩、变质岩	块状、柱状	只具有少量贯穿性较好节理裂隙，结构面间距0.7~1.5m。一般为2~3组，有少量分离体	整体强度较高，结构面互相牵制，岩体基本稳定。在变形特征上接近弹性各向同性体	
层状结构	多音韵律的薄层及中厚层状沉积岩、副变质岩	层状、板状	层理、片理、节理裂隙，但以风化裂隙为主，常有层间错动面	岩体接近均一的各向异体，其变形及强度特征受层面控制，可视为弹塑性体，稳定性较差	可沿结构面滑塌，可产生塑性变形
破裂状结构	构造影响严重的破碎岩层	破碎块	层理及层间结构面较发育，结构面间距0.25~0.50m。一般在3组以上，有许多分离体	完整性破坏较大，整体强度低，并受软弱结构面控制，多呈弹塑性体，稳定性很差	易引起规模较大的岩块失稳，地下水加剧岩体失稳
散体状结构	断层破碎带、强风化及全风化带	碎屑块	构造及风化裂隙密集，结构面错综复杂，并多充填黏性土，形成无序小块和碎屑	完整性遭到极大破坏，稳定性极差，岩体属性接近松散体介质	

（2）岩质边坡应根据主要结构面与坡向的关系、结构面倾角大小、结合程度、岩体完整程度等因素划分岩体类型，其划分应符合表 4-8 的规定。

岩质边坡的岩体分类　　　　　　　　　　　　　　　　　表 4-8

边坡岩体类型		判定条件			
		岩体完整程度	结构面结合程度	结构面产状	直立边坡自稳能力
Ⅰ		完整	结构面结合良好或一般	外倾结构面或外倾不同结构面的组合线倾角＞75°或＜27°	30m 高的边坡长期稳定，偶有掉块
Ⅱ		完整	结构面结合良好或一般	外倾结构面或外倾不同结构面的组合线倾角 27°～75°	15m 高的边坡稳定，15～30m 高的边坡欠稳定
		完整	结构面结合差	外倾结构面或外倾不同结构面的组合线倾角＞75°或＜27°	15m 高的边坡稳定，15～30m 高的边坡欠稳定
		较完整	结构面结合良好或一般	外倾结构面或外倾不同结构面的组合线倾角＞75°或＜27°	边坡出现局部落块
Ⅲ	ⅢA	完整	结构面结合差	外倾结构面或外倾不同结构面的组合线倾角 27°～75°	8m 高的边坡稳定，15m 高的边坡欠稳定
		较完整	结构面结合良好或一般	外倾结构面或外倾不同结构面的组合线倾角 27°～75°	8m 高的边坡稳定，15m 高的边坡欠稳定
		较完整	结合面结合差	外倾结构面或外倾不同结构面的组合线倾角＞75°或＜27°	8m 高的边坡稳定，15m 高的边坡欠稳定
	ⅢB	较破碎（碎裂镶嵌）	结构面结合良好或一般	结构面无明显规律	8m 高的边坡稳定，15m 高的边坡欠稳定
Ⅳ	ⅣA	较完整	结构面结合差或很差	外倾结构面以层面为主，倾角多为 27°～75°	8m 高的边坡不稳定
	ⅣB	破碎或极破碎	碎块间结合很差	结构面无明显规律	8m 高的边坡不稳定

注：1. 表中结构面指原生结构面和构造结构面，不包括风化裂隙。

　　2. 表中不包括全风化基岩；全风化基岩可视为土体；

　　3. 表中外倾结构面系指倾向与坡向的夹角小于 30°的结构面。

　　4. Ⅰ类岩体为软岩时，应降为Ⅱ类岩体；Ⅰ类岩体为较软岩时且边坡高度大于 15m 时，可降为Ⅱ类。

　　5. 当地下水发育时，Ⅱ、Ⅲ类岩体可根据具体情况降低一档。

　　6. 强风化岩应划为Ⅳ类；完整的极软岩可划为Ⅲ类或Ⅳ类。

　　7. 当有贯通性较好的外倾结构面时应验算沿该结构面破坏的稳定性。

岩质边坡的破坏型式应按表 4-9 划分。

岩质边坡的破坏型式分类 表 4-9

破坏型式	岩体特征		破坏特征
滑移型	由外倾结构面控制的岩体	硬性结构面的岩体	沿外倾结构面滑移,分单面滑移与多面滑移
		软弱结构面的岩体	
	不受外倾结构面控制和无外倾结构面的岩体	块状岩体、碎裂状、散体状岩体	沿极软岩、强风化岩、碎裂结构或散体状岩体中最不利滑动面滑移
崩塌型	受结构面切割控制的岩体	被结构面切割的岩体	沿陡倾、临空的结构面塌滑;由内、外倾结构不利组合面切割,块体失稳倾倒;岩腔上岩体沿竖向结构面剪切破坏坠落
	无外倾结构面的岩体	整体状岩体、巨块状岩体	陡立边坡,因卸荷作用产生拉张裂缝导致岩体倾倒

4.6.2 岩体结构面的几何要素

岩体结构中为描述岩石的空间几何形态,可采用结构面的走向、倾向、倾角来表示。走向是结构面延伸的方向,倾向是结构面倾斜的方向,走向与倾角一般采用方位角表达,且无特殊说明情况下,以正北方向定为 0°方向,顺时针方向确定角度,结构面的走向与倾向相差 90°,通常只标明走向,省略倾向;倾角是结构面与水平面的夹角,采用"∠"表示。如结构面标记为 N180°∠90°,表示结构面南北走向,倾向西,倾角 90°。

1. 结构面的视倾角

在实际工程中,岩土体外露,人工边坡,与岩体结构面倾向完全一致的情况非常少见,通常是与倾向线有一夹角,此时所见结构面的倾角称为视倾角,视倾角总是小于真倾角,两者关系如下(图 4-24):

$$\tan\delta' = \tan\delta\cos\theta = \tan\delta\sin\alpha \tag{4-46}$$

式中　δ——真倾角;

　　　δ'——视倾角;

　　　θ——视倾角剖面与真倾角剖面的夹角;

　　　α——视倾角剖面与走向的夹角（$\alpha+\theta=90°$）。

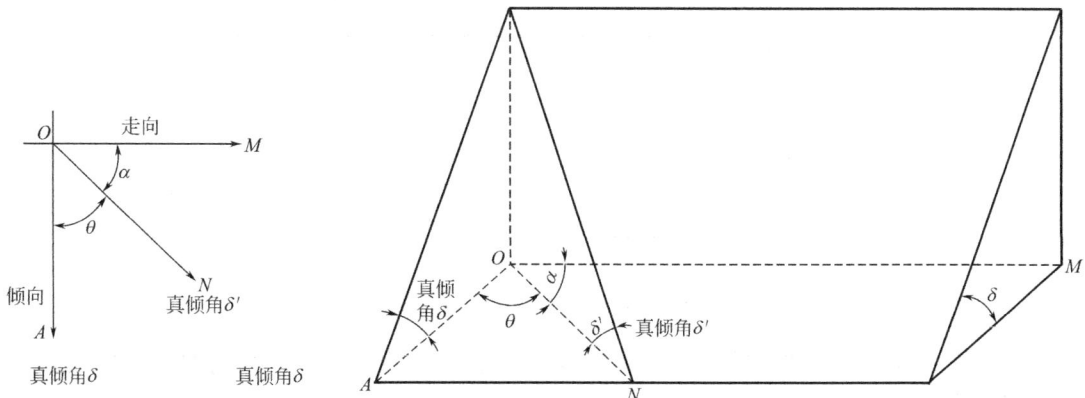

图 4-24　视倾角与真倾角关系图

2.倾斜剖面的视倾角

在图 4-25 中，结构面的走向为 OD，倾角为 δ。有一个剖面 $OO'D'$ 面，其 OD' 与走向线 OD 在平面上的投影角为 α，OD' 线视倾角为 δ'。现有斜剖面 S，其正剖面 $OO'D''$ 与 $OO'D'$ 面相互垂直，正剖面 $OO'D''$ 的视倾角可用式（4-47）求得：

$$\tan\gamma = \tan\delta/(1 + \sec^4\delta\tan^2\alpha)^{1/2} \tag{4-47}$$

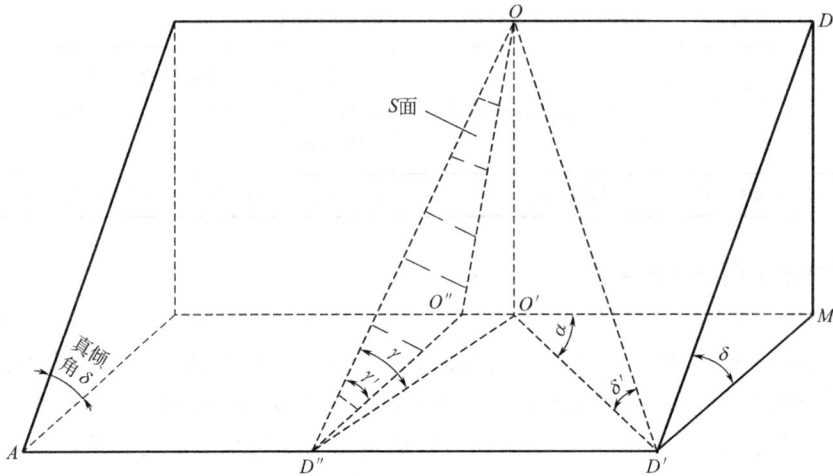

图 4-25　倾斜剖面的视倾角计算简图

而用式（4-48）求得在 S 面上的视倾角 γ'：

$$\tan\gamma' = \tan\delta/(1 + \sec^2\delta\tan^2\alpha)^{1/2} \tag{4-48}$$

3.两个结构面交线的视倾角

在岩体中存在着 2 个交互的不平行的结构面，这两个结构面有可能在岩体中相交，两个界面的交线为棱线，如图 4-26 中的 OV 线。两个结构面切割出来的部分岩体，称为棱形体，参见图 4-26 中的棱形体 OD_1D_2V。

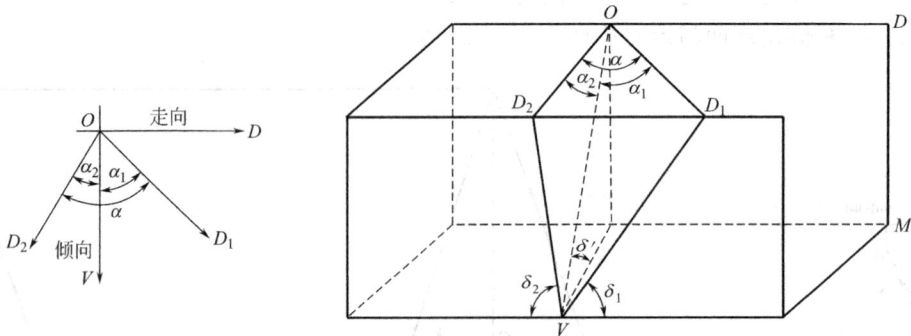

图 4-26　结构面交线的视倾角

设两个结构面走向线间的水平夹角为 α，结构面走向线 OD_1、OD_2 与通过棱线的竖直面间的夹角分别为 α_1、α_2；则：

$$\alpha = \alpha_1 + \alpha_2$$

$$\cot\alpha_2 = \tan\delta_2 / \sin\alpha \tan\delta_1 + \cot\alpha \tag{4-49}$$

$$\tan\delta' = \tan\delta_1 \sin\alpha_1 = \tan\delta_2 \sin\alpha_2 \tag{4-50}$$

4.6.3　几种特殊情况下岩质边坡稳定性分析

实际岩质边坡工程，岩体可能存在多组结构面，通常采用刚体极限平衡法进行其稳定性分析，对结构复杂的岩质边坡，可结合极射赤平投影法和实体比例投影法进行边坡稳定性分析；对极为复杂的岩土质边坡，可采用数值极限分析法分析边坡稳定性。对于特殊情况的岩质边坡，可直接应用刚体极限平衡法求解其稳定性系数。

1. 单一外倾结构面岩质边坡稳定性分析

单一结构面岩质边坡是指岩体中只存在一组结构面，当该组结构面的倾向与岩质边坡倾向基本一致（或相同）时，称为外倾单结构面岩质边坡，相反情况称为内倾单结构面岩质边坡。当岩质边坡存在单一外倾结构面，且倾角为 $30° \sim 70°$（倾角大小与结构面参数有直接关系，不同参数条件下，倾角有所变化）时，边坡稳定系数计算公式见式（4-13）～式（4-17）、式（4-26）～式（4-30）所示。

以图 4-27 说明单一外倾结构面的岩体边坡稳定系数计算结果。

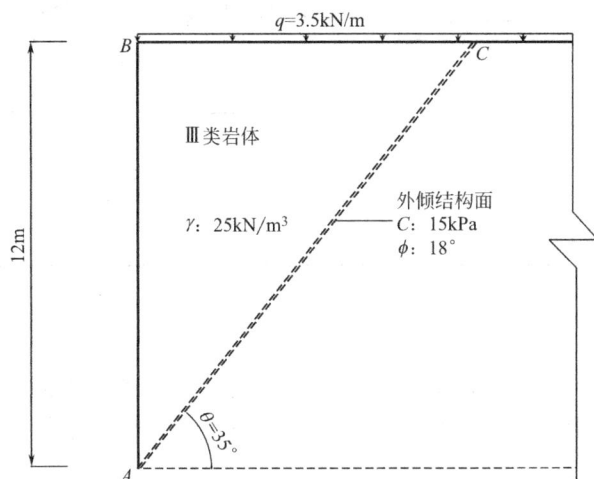

图 4-27　给定条件下沿单一外倾结构面滑动的岩体边坡稳定性计算简图

按式（4-13）～式（4-17）进行计算，结构面参数如图 4-27 所示。因 $U=0$，$V=0$，$Q=0$，计算公式简化为：

$$F_s = [(G+G_b)\cos\theta\tan\varphi + cL]/(G+G_b)\sin\theta \tag{4-51}$$

BC 边的长度：$L_{BC} = H/\tan\theta = 12/\tan 35° \approx 17.14\text{m}$

滑面 AC 的长度：$L_{AC} = H/\sin\theta = 12/\sin 35° \approx 20.92\text{m}$

$$G_b = qL_{BC} = 17.14 \times 3.5 \times 1 = 59.99\text{kN}$$

$$G = 25 \times 12 \times 17.14 \times 1/2 = 2571\text{kN}$$

$$F_s = [(G+G_b)\cos\theta\tan\varphi + cL]/(G+G_b)\sin\theta$$

$$= [(2571+59.99)\cos 35°\tan 18° + 15 \times 20.92]/(2571+59.99)\sin 35°$$

$$= (700.26+313.82)/1509.07 = 0.672$$

为说明岩质边坡岩体单一外倾结构面倾角对岩体稳定性的影响，以图 4-27 为例，其

191

他计算参数不变，只改变结构面外倾角 θ，计算不同 θ 的稳定系数，计算结果见表 4-10。

不同外倾结构面倾角对岩体边坡稳定性计算数据　　　　　　表 4-10

θ (°)	22	25	30	35	45	50	55	60	65	70	75	80	85
边坡稳定系数	1.086	0.952	0.788	0.672	0.520	0.471	0.435	0.413	0.407	0.422	0.478	0.629	1.15

2. 双结构面外倾岩质边坡稳定性分析

双结构面外倾边坡是指岩体边坡中具有两组结构面，且两组结构面与岩质边坡的坡向基本一致，如图 4-28 所示。两组结构面可分为主滑面和辅滑面，主滑面通常坡度较缓，辅滑面坡度较陡，辅滑面多为构造裂隙或鞋盒裂隙，此情况在山区岩质边坡中较常见。

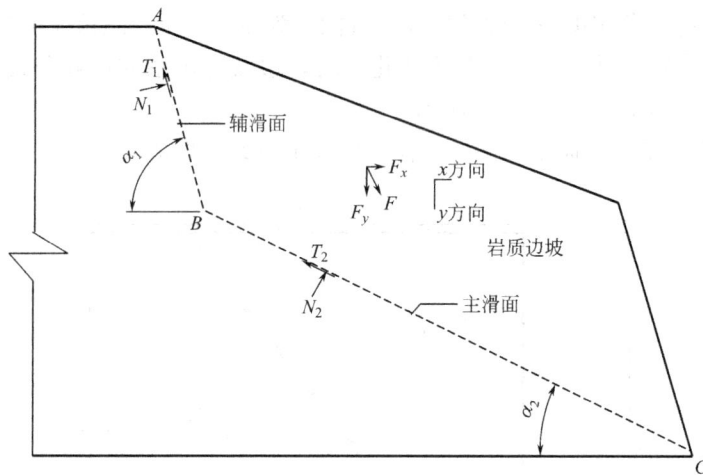

图 4-28　沿双结构面外倾滑动的岩体边坡稳定性计算简图

F_x 为滑体自重、地震力和孔隙水压力及外部荷载 F 在水平方向的分力，F_y 为 F 在 y 方向的分力，其他作用如图 4-28 所示。根据图 4-28 建立 x、y 方向力平衡方程有：

$$F_x = T_1\cos\alpha_1 + T_2\cos\alpha_2 - N_1\sin\alpha_1 - N_2\sin\alpha_2 \tag{4-52}$$

$$F_y = T_1\sin\alpha_1 + T_2\sin\alpha_2 + N_1\cos\alpha_1 + N_2\cos\alpha_2 \tag{4-53}$$

设 F_s 为岩质边坡稳定计算系数，则有：

$$T_1 = (N_1\tan\varphi_1 + c_1 L_{AB})/F_s$$

$$T_2 = (N_2\tan\varphi_2 + c_2 L_{BC})/F_s$$

将 T_1、T_2 代入式（4-52）、式（4-53）中，可得两个平衡方程，但有 3 个未知数 N_1、N_2 和 F_s。为此，通常假定辅滑面的 N_1 为零，再将 T_1、T_2 代入式（4-52）、式（4-53）中，得：

$$F_x = -N_2\sin\alpha_2 + c_1 L_{AB}\cos\alpha_1/F_s + (N_2\tan\varphi_2 + c_2 L_{BC})\cos\alpha_2/F_s \tag{4-54}$$

$$F_y = N_2\cos\alpha_2 + c_1 L_{AB}\sin\alpha_1/F_s + (N_2\tan\varphi_2 + c_2 L_{BC})\sin\alpha_2/F_s \tag{4-55}$$

联立式（4-54）、式（4-55），得如下方程：

$$[F_s F_x - (c_1 L_{AB}\cos\alpha_1 + c_2 L_{BC}\cos\alpha_2)]/[\tan\varphi_2\cos\alpha_2 - F_s\sin\alpha_2]$$

$$= [F_s F_y - (c_1 L_{AB}\sin\alpha_1 + c_2 L_{BC}\sin\alpha_2)]/[\tan\varphi_2\sin\alpha_2 + F_s\cos\alpha_2] \tag{4-56}$$

式（4-56）是关于 F_s 的二元一次方程，代入相应参数可求得 F_s。

需要说明的是，当 $\alpha_1=90°$，$\varphi_1=0°$，$c_1=0$ 时，图 4-28 就转化成图 4-29。式（4-13）～式（4-17）是式（4-56）的一个特例，公式推导如下：

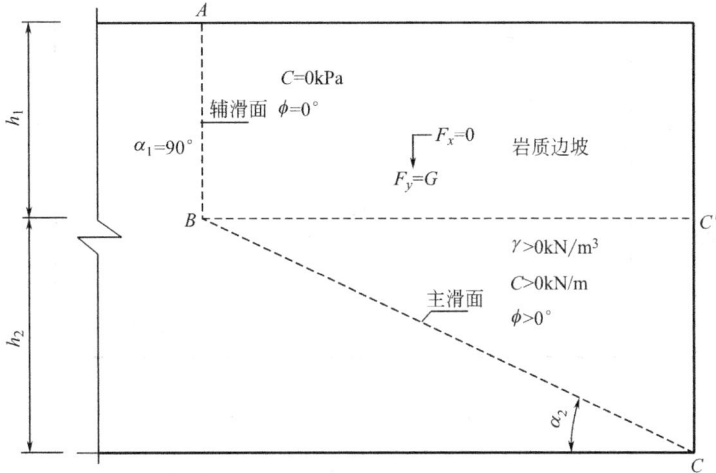

图 4-29 沿双结构面外倾滑动的岩体边坡稳定性特殊情况

因 $F_x=0$，$N_1=0$，$T_1=0$，上述式（4-52）和式（4-53）计算公式化简为：

$$0=T_2\cos\alpha_2-N_2\sin\alpha_2 \tag{4-57}$$

$$G=T_2\sin\alpha_2+N_2\cos\alpha_2 \tag{4-58}$$

由式（4-57）知：$\tan\alpha_2=T_2/N_2$

将 $T_2=(N_2\tan\varphi_2+c_2L_{BC})/F_s$ 代入上式，得：

$$\tan\alpha_2=(N_2\tan\varphi_2+c_2L_{BC})/F_s/N_2=\tan\varphi_2/F_s+c_2L_{BC}/F_sN_2 \tag{4-59}$$

式（4-57）两边同乘以 $\sin\alpha_2$，式（4-58）两侧同乘 $\cos\alpha_2$，得：

$$0=T_2\cos\alpha_2\sin\alpha_2-N_2\sin^2\alpha_2 \tag{4-60}$$

$$G\cos\alpha_2=T_2\sin\alpha_2\cos\alpha_2+N_2\cos^2\alpha_2 \tag{4-61}$$

式（4-61）减去式（4-60）得：

$$G\cos\alpha_2=N_2 \tag{4-62}$$

将式（4-62）代入式（4-59）得：

$$\begin{aligned}F_s&=(\tan\varphi_2+c_2L_{BC}/G\cos\alpha_2)/\tan\alpha_2\\&=\tan\varphi_2/\tan\alpha_2+c_2L_{BC}/G\sin\alpha_2\end{aligned} \tag{4-63}$$

式（4-63）与相应值代入式（4-13）～式（4-17）［《建筑边坡工程技术规范》（GB 50330—2013）附录 A.0.2 条］简化后的结果是一致的。

试计算图 4-30 所示的岩质边坡安全系数。

$$L_{AB}=3.8\text{m}，L_{BC}=4.2/\sin25°=9.94\text{m}，L_{BC'}=4.2/\tan25°=9.007\text{m}$$

$$R_y=25\times3.8\times9.007+25\times4.2\times9.007/2=1328.53\text{kN}$$

$$R_x=0$$

由式（4-56）左式得：

$$\begin{aligned}&[F_sF_x-(c_1L_{AB}\cos\alpha_1+c_2L_{BC}\cos\alpha_2)]/(\tan\varphi_2\cos\alpha_2-F_s\sin\alpha_2)\\&=-(5\times3.8\times\cos90°+15\times9.94\times\cos25°)/(\tan18°\cos25°-F_s\sin25°)\end{aligned}$$

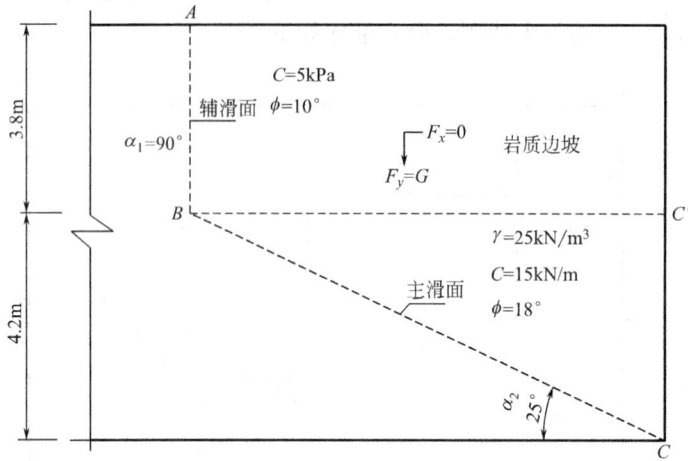

图 4-30 沿双结构面外倾滑动的岩体边坡稳定性计算算例

$$= -135.13/(0.2945 - 0.4226F_s)$$

由式（4-56）右式得：

$$[F_sF_y - (c_1L_{AB}\sin\alpha_1 + c_2L_{BC}\sin\alpha_2)]/(\tan\varphi_2\sin\alpha_2 + F_s\cos\alpha_2)$$

$$= [1328.53F_s - (5 \times 3.8 \times \sin90° + 15 \times 9.94 \times \sin25°)]/$$
$$(\tan18°\sin25° + F_s\cos25°)$$

$$= (1328.53F_s - 82.012)/(0.1373 + 0.9063F_s)$$

合并左、右式得：

$$F_s^2 - 0.9766F_s + 0.00997 = 0$$

求得：$F_s \approx 0.9766$

3. 双结构面棱形体岩质边坡稳定性分析

如果边坡岩体中存在两组结构面，且两组结构面的走向和倾向均与边坡呈斜交状态，则使两组结构面有可能在边坡上形成一棱形体，在一定的条件下，棱形体有可能沿着棱线向下滑塌。此时，该问题属空间问题，常称为棱形体破坏，该问题的求解方法有解析几何法、外力分解法、滑体分割法和数值解法等求解方法。

当滑动方向沿 CO（图 4-31）时，可按式（4-64）~式（4-82）求解稳定系数 F_s。

$$F_s = (c_AA_A + c_BA_B + N_A\tan\varphi_A + N_B\tan\varphi_B)/$$
$$(m_{Aws}W + m_{CS}U_C + m_{PS}P) \quad (4-64)$$

$$N_A = qW + rU_C + sP - U_A \quad (4-65)$$

$$N_B = xW + yU_C + zP - U_B \quad (4-66)$$

$$q = (m_{AB}m_{WB} - m_{WA})/(1 - m_{AB}^2) \quad (4-67)$$

$$r = (m_{AB}m_{WB} - m_{WA})/(1 - m_{AB}^2) \quad (4-68)$$

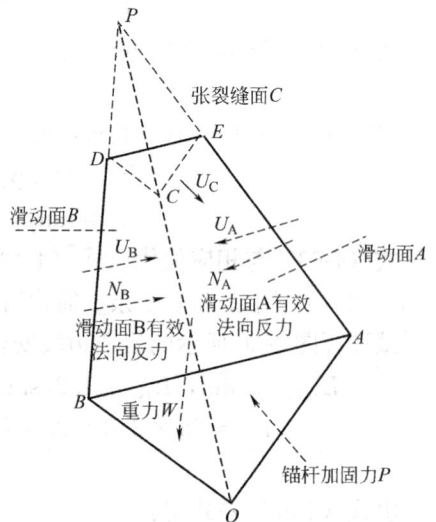

图 4-31 棱形体破坏的楔形体法计算简图

$$s = (m_{AB}m_{PB} - m_{PA})/(1 - m_{AB}^2) \tag{4-69}$$

$$x = (m_{AB}m_{WA} - m_{WB})/(1 - m_{AB}^2) \tag{4-70}$$

$$y = (m_{AB}m_{AA} - m_{AB})/(1 - m_{AB}^2) \tag{4-71}$$

$$z = (m_{AB}m_{PA} - m_{PB})/(1 - m_{AB}^2) \tag{4-72}$$

$$m_{AB} = \sin\psi_A \sin\psi_B \cos(a_A - a_B) + \cos\psi_A \cos\psi_B \tag{4-73}$$

$$m_{WA} = -\cos\psi_A \tag{4-74}$$

$$m_{WB} = -\cos\psi_B \tag{4-75}$$

$$m_{AA} = \sin\psi_A \sin\psi_C \cos(a_A - a_C) + \cos\psi_A \cos\psi_C \tag{4-76}$$

$$m_{CB} = \sin\psi_B \sin\psi_C \cos(a_B - a_C) + \cos\psi_B \cos\psi_C \tag{4-77}$$

$$m_{PA} = \sin\psi_P \sin\psi_A \cos(a_P - a_A) - \cos\psi_P \cos\psi_A \tag{4-78}$$

$$m_{PB} = \sin\psi_P \sin\psi_B \cos(a_P - a_B) - \cos\psi_P \cos\psi_B \tag{4-79}$$

$$m_{WS} = \sin\psi_S \tag{4-80}$$

$$m_{CS} = \sin\psi_S \sin\psi_C \cos(a_S - a_C) + \cos\psi_S \cos\psi_C \tag{4-81}$$

$$m_{PS} = \sin\psi_S \sin\psi_P \cos(a_S - a_P) + \cos\psi_P \cos\psi_S \tag{4-82}$$

式中 A_A、c_A、φ_A——滑动面 A 的面积（m²）、有效黏聚力（kPa）和内摩擦角（°）；

A_B、c_B、φ_B——滑动面 B 的面积（m²）、有效黏聚力（kPa）和内摩擦角（°）；

ψ_A、a_A——滑动面 A 的倾角和倾向（°）；

ψ_B、a_B——滑动面 B 的倾角和倾向（°）；

ψ_C、a_C——张裂缝 C 的倾角和倾向（°）；

ψ_P、a_P——锚固力 P 的倾角和倾向（°）；

ψ_S、a_S——滑动面 A、B 交线 OC 的倾角和倾向（°）；

U_A——滑动面 A 上的孔隙压力（kN）；

U_B——滑动面 B 上的孔隙压力（kN）；

U_C——张裂面 C 上的孔隙压力（kN）；

W——楔形体重量（kN）；

P——锚杆加固力（kN）。

如果边坡岩体中存在多组结构面，且多组结构面的走向和倾向均与边坡呈斜交状态，则使多组结构面有可能在边坡上形成若干棱形体，在特定的条件下，若干棱形体中可能有一个楔形体沿着棱线向下滑塌。此时，宜对多组结构面进行两两组合，分别求出各自组合的棱形体，依据上述计算方法分别求解各楔形体的稳定系数，所求楔形体中最小稳定系数的楔形体为最为可能的破坏楔形体。

4.6.4 岩质边坡稳定性定性分析方法

岩质边坡稳定性的定性分析方法（又称初步判别法）通常采用极射赤平投影法，一般采用下半球等面积投影法；进行滑动可能性分析时，采用大圆分析法或极点分析法，进行倾倒破坏分析时，可采用极点分析法。若岩质边坡存在多组结构面时，应对结构面进行分组，再进行稳定分析。

采用大圆分析法时，可按以下步骤作出赤平投影图（图 4-32）。

（1）按坡面的倾向 α_s、倾角 β_s，绘出边坡面大圆（图 4-32）。

（2）按岩体结构面的摩擦角 φ 绘出摩擦圆。

（3）按 $\beta_s \geqslant \beta \geqslant \varphi$ 的原则绘出可能的滑动区（图 4-32 中阴影部分①）。

（4）按结构面的产状绘出结构面大圆。

（5）任意两组结构面的大圆交点落入滑动区，则判断岩质边坡可能失稳。

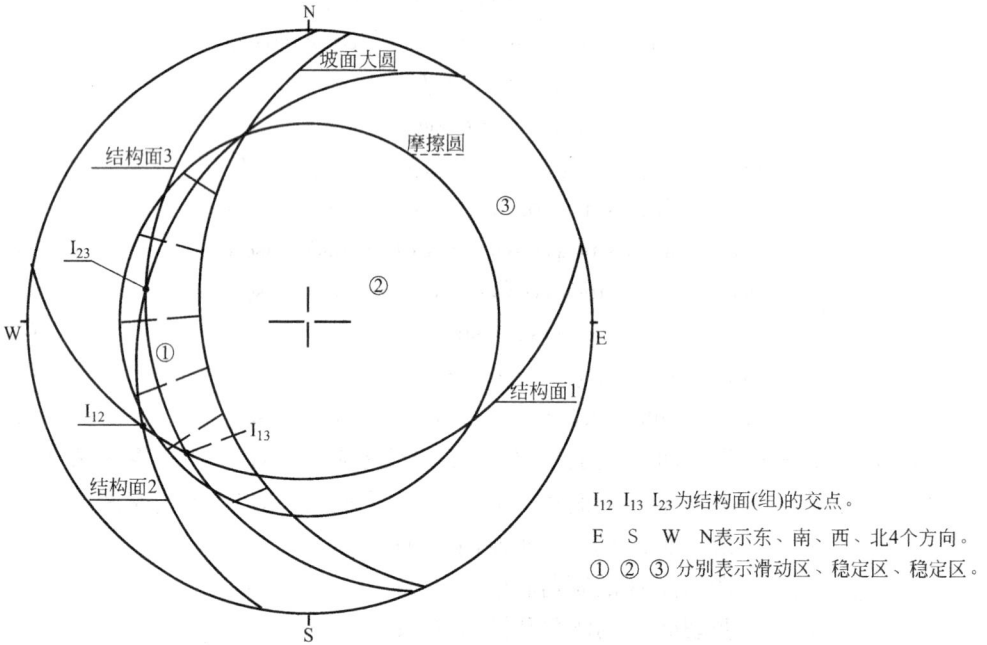

图 4-32　岩质边坡稳定性定性判断赤平投影图

对单组结构面可按下述方法判断边坡稳定性（图 4-33）。

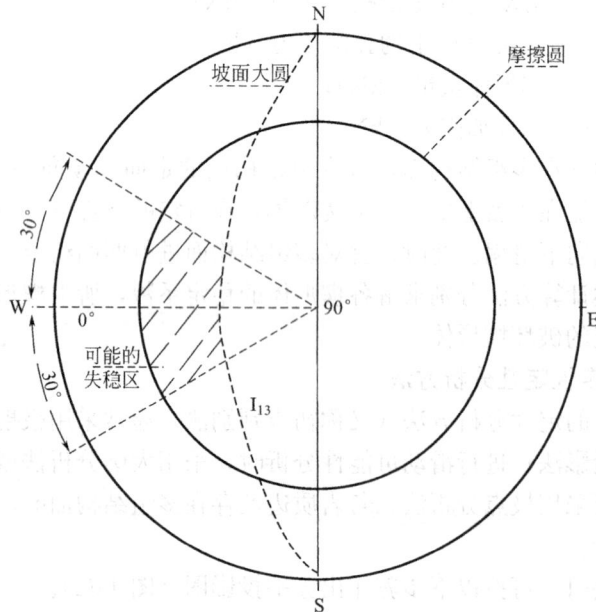

图 4-33　岩质边坡单结构面稳定性定性判断赤平投影图

（1）按坡面的倾向 α_s、倾角 β_s，绘出边坡面大圆。

（2）绘出边坡的倾向线。

（3）在倾向线两侧绘出 30°的倾斜线。

（4）按岩体结构面的摩擦角 φ 绘出摩擦圆。

（5）由 30°倾斜线、摩擦圆和坡面大圆围成的区域为可能的滑动区。

（6）按结构面的产状绘出结构面大圆和倾向线。当结构面大圆和倾向线落入阴影区域时，则认为边坡可能失稳。

采用极点分析法判断边坡稳定性（图 4-34）时，可按以下步骤进行：

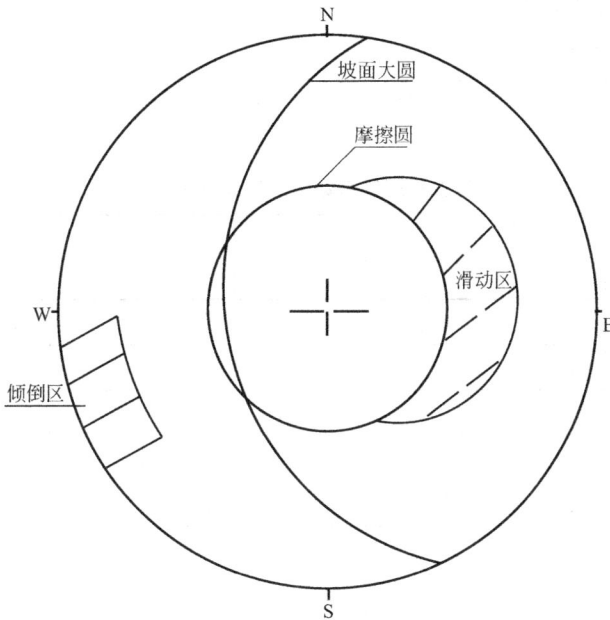

图 4-34 岩质边坡稳定性定性判断的极点赤平投影图

（1）按坡面的倾向 α_s、倾角 β_s，绘出边坡面大圆。

（2）按岩体结构面的摩擦角 φ 绘出摩擦圆。

（3）按坡面的倾向线和视倾角绘出边坡可能的滑动区。

（4）绘出可能的倾倒区。

（5）绘出结构面及其交线的极点。

（6）若结构面极点或两组结构面交线极点落入图 4-34 所示的滑动区或倾倒区，则认为边坡可能滑动或倾倒。

4.6.5 顺向岩质边坡的稳定性实例

结合重庆市某顺向岩质边坡工程，分析顺向岩质边坡的稳定性。

1. 定性分析

边坡为岩质顺向边坡，岩层产状为 260°∠14°，岩体中主要发育两组构造裂隙，一组为 220°∠80°，另一组为 299°∠85°，各结构面赤平投影略。

2. 边坡稳定性敏感因素分析

边坡稳定性敏感因素分析，以 2-2′剖面（图略）的 2 号滑面（砂泥岩界面）进行，分

析范围均为 $c=20\sim38\text{kPa}$，$\varphi=6°\sim24°$。敏感系数计算的基准值：取 $c=28\text{kPa}$，$\varphi=14°$ 为基准值。敏感系数按下式计算：

$$S=(\eta_1/\eta_2)\times100 \tag{4-83}$$

式中　　S——敏感系数；

$$\eta_1=\Delta F_s/F_{s0}；$$

$$\eta_2=|\Delta X|/(X_{max}-X_{min})；$$

　　ΔX——某因素变化量；

　　ΔF_s——F_s 对应 ΔX 的变化量；

　　F_{s0}——F_s 的基准值；

$X_{max}-X_{min}$——某因素最大变化量。

边坡稳定性系数与 c、φ 关系见表 4-11，c、φ 值的敏感性分析结果分别见表 4-12、表 4-13。

边坡稳定性系数 F_s 与 c、φ 关系　　　　　　　　表 4-11

$\varphi(°)$ \ $c(\text{kPa})$		20	22	24	26	28	30	32	34	36	38
2 剖面	6	0.731	0.762	0.793	0.824	0.855	0.886	0.917	0.948	0.979	1.010
	8	0.873	0.904	0.935	0.966	0.997	1.028	1.059	1.090	1.121	1.152
	10	1.017	1.048	1.079	1.109	1.140	1.171	1.202	1.233	1.264	1.295
	12	1.162	1.193	1.224	1.255	1.286	1.317	1.348	1.379	1.410	1.440
	14	1.309	1.340	1.371	1.402	1.433	1.464	1.495	1.526	1.557	1.588
	16	1.460	1.490	1.521	1.552	1.583	1.614	1.645	1.676	1.707	1.738
	18	1.613	1.644	1.675	1.705	1.736	1.767	1.798	1.829	1.860	1.891
	20	1.769	1.800	1.831	1.862	1.893	1.924	1.955	1.986	2.017	2.048
	22	1.930	1.961	1.992	2.023	2.054	2.085	2.116	2.147	2.177	2.208
	24	2.095	2.126	2.157	2.188	2.219	2.250	2.281	2.312	2.343	2.374

边坡稳定性 $\varphi-F_s$ 敏感度关系　　　　　　　　表 4-12

$\varphi(°)$	6	8	10	12	14	16	18	20	22	24
F_s	0.855	0.997	1.140	1.286	1.433	1.583	1.736	1.893	2.054	2.219
$S(\%)$	90.8	91.3	92.0	92.3	93.5	94.2	95.2	96.3	97.5	98.7
c 为定值 28kPa										

边坡稳定性 $c-F_s$ 敏感度关系　　　　　　　　表 4-13

剖面	$c(\text{kPa})$	20	22	24	26	28	30	32	34	36	38
2 剖面	K_s	1.309	1.340	1.371	1.402	1.433	1.464	1.495	1.526	1.557	1.588
	$S(\%)$	19.5	19.5	19.5	19.5		19.5	19.5	19.5	19.5	19.5
φ 为定值 14°											

由上述敏感性计算成果可知：（1）滑动面的 c、φ 值与边坡稳定系数之间近于呈线性关系。（2）φ 值对边坡稳定性影响的敏感系数为 $90.8\%\sim107.2\%$，c 值对边坡稳定性影响的敏感系数为 $15.3\%\sim19.5\%$，说明 φ 值对边坡稳定性的影响远大于 c 值的影响，边坡稳定性的影响主要受 φ 值的控制。

3.定量计算

（1）规范法计算

边坡为岩质顺向边坡，其滑动面为岩层面，本次稳定性计算公式采用《建筑边坡工程技术规范》平面滑动法计算公式，即本书中式（4-13）~式（4-17）。

（2）计算工况

以 2-2′剖面（图略）为例进行稳定性计算，每条剖面分别按坡脚岩层面、砂泥岩界面、消防通道处岩层面作为潜在滑动面，各计算剖面，图略。

计算工况按上部平场后，分别考虑天然、暴雨及建筑荷载（架空结构和多层建筑荷载）、风荷载与地震荷载效应组合等因素，按如下五种工况进行计算：

工况Ⅰ：天然＋平场后地形（不加建筑荷载）。

工况Ⅱ：暴雨＋平场后地形（不加建筑荷载）。

工况Ⅲ：天然＋平场后地形＋建筑荷载。

工况Ⅳ：暴雨＋平场后地形＋建筑荷载。

工况Ⅴ：暴雨＋平场后地形＋建筑荷载＋风荷载与地震荷载效应组合（校核工况）。

（3）计算参数选取

1）岩土参数

除结构面抗剪强度以外的岩土参数取值，采用"某项目工程地质勘察报告"（表4-14）。

某项目勘察岩土参数表　　　　　　　　　　　　　表 4-14

岩土参数		填土	粉质黏土	泥岩	砂岩
饱和重度(kN/m³)		20.4	20.0	25.8	24.7
内聚力(kPa)			25.0	1206	2271
内摩擦角(°)		30(综合)	10.0	33	37
岩体破裂角(°)				13.5	14
岩体等效内摩擦角(°)				53	55
地基承载力特征值(kPa)				4900	12428
抗压强度(MPa)	天然			14.84	37.30
	饱和			9.87	27.10
泊松比 μ				0.31	0.20
压实系数		>0.94			
砂浆与岩石的粘结强度(kPa)				200	300
土对挡墙基底的摩擦系数				0.40	0.50

2）结构面抗剪强度参数

结构面抗剪强度参数：边坡稳定性计算结合本场地勘察资料《某项目工程地质勘察报

告》(表 4-15)、相邻场地勘察资料《某基坑支护工程》(表 4-16),以及本次现场剪切试验(表 4-17)综合考虑。本场地勘察报告权重取 0.2,相邻场地勘察报告权重取 0.2,本次现场剪切试验权重取 0.6,砂岩层面取用规范经验值,其综合取值见表 4-18。

某项目勘察结构面抗剪强度参数　　　　表 4-15

岩土参数	计算工况	结构面		
		砂岩岩层面	泥岩岩层面	砂泥岩界面
内聚力(kPa)	天然工况/暴雨工况	42/40	34/32	30/28
内摩擦角(°)	天然工况/暴雨工况	18/14	19/15	16/14

某基坑支护工程结构面抗剪强度参数　　　　表 4-16

岩土参数	计算工况	结构面		
		砂岩岩层面	泥岩岩层面	砂泥岩界面
内聚力(kPa)	天然工况/暴雨工况	38/36	35/33	32/30
内摩擦角(°)	天然工况/暴雨工况	18/16	19/19	18/16

本次现场剪切试验结构面抗剪强度参数　　　　表 4-17

岩土参数	计算工况	结构面
		砂泥岩界面
内聚力(kPa)	饱和工况	31×91%＝28.2
内摩擦角(°)	饱和工况	18.8×91%＝17

结构面强度综合取值表　　　　表 4-18

结构面类型	状态	参数	
泥岩岩层面	天然	内聚力(kPa)	34.5
		内摩擦角(°)	19.0
泥岩岩层面	饱和	内聚力(kPa)	32.5
		内摩擦角(°)	17.0
砂泥岩界面	天然	内聚力(kPa)	31.0
		内摩擦角(°)	17.0
	饱和	内聚力(kPa)	28.5
		内摩擦角(°)	16.2
砂岩岩层面	天然	内聚力(kPa)	40.0
		内摩擦角(°)	18.0
	饱和	内聚力(kPa)	38.0
		内摩擦角(°)	15.0

(4)计算结果

边坡稳定性计算数据见表 4-19。

边坡稳定性计算结果表

表 4-19

剖面	滑动面	工况Ⅰ	工况Ⅱ	工况Ⅲ	工况Ⅳ	工况Ⅴ
		稳定系数	稳定系数	稳定系数	稳定系数	稳定系数
2-2	泥岩层面	1.89	1.54	1.83	1.45	1.14
	砂泥岩界面	1.93	1.81	1.80	1.69	1.05
	砂岩层面	2.30	2.01	2.00	1.73	0.79

注：1. 计算工况：工况Ⅰ（天然＋不加荷载）；工况Ⅱ（暴雨＋不加荷载）；工况Ⅲ（天然＋建筑荷载）；工况Ⅳ（暴雨＋建筑荷载）；工况Ⅴ（暴雨＋建筑荷载＋风荷载及地震荷载效应组合）。

2. 建筑荷载：架空结构和多层建筑荷载；主体结构荷载经采取"隔离措施"的桩基础传至稳定岩层。

3. 安全系数：工况Ⅰ、工况Ⅱ、工况Ⅲ和工况Ⅳ均为1.35；工况Ⅴ为1.20。

4.有限元强度折减法计算

根据有限元强度折减法计算结果，得出如下结论：

（1）有限元计算的结果比刚体极限平衡法的计算结果偏低。

（2）不考虑地震及风荷载作用时，边坡的稳定安全系数都大于1.35。

（3）两种方法的计算结果都表明，考虑地震及风荷载时，砂岩层面、砂岩和泥岩的交接面、泥岩的层面的稳定安全系数都小于1.35。因此，本工程需要加固。支挡结构承担的荷载，应满足边坡的稳定安全系数大于1.35。

5.稳定性评价

在工况Ⅰ、工况Ⅱ、工况Ⅲ和工况Ⅳ时，2-2′剖面边坡稳定系数为1.45～2.30，边坡处于稳定状态，不会沿岩层层面发生整体滑塌；在工况Ⅴ时，边坡稳定系数为0.79～1.14，边坡处于不稳定～稳定状态，可能沿岩层层面发生整体滑塌。

4.7 整体稳定性分析新方法

边坡稳定性除了传统分析方法外，随着岩土本构关系的研究、数值分析方法及岩土可靠性理论的发展，岩土工程边坡稳定的数值分析方法得到了长足进步，其中有限元强度折减法在分析均质岩土质边坡稳定性分析中得到了巨大发展，此处，简要介绍有限元强度折减法分析边坡稳定性的方法。

4.7.1 有限元强度折减法

1.基本原理

Duncan（1996）指出，边坡安全系数可以定义为使边坡刚好达到临界破坏状态时，对土的剪切强度进行折减的程度。所谓强度折减，就是在理想弹塑性有限元计算中将边坡岩土体抗剪切强度参数（内聚力和内摩擦角）逐渐降低直到其达到极限破坏状态为止，此时程序可以得到边坡的强度储备安全系数 ω。

强度折减安全系数表示为：

$$\omega = \frac{\tau}{\tau'} \tag{4-84}$$

式中 τ——岩土体材料的初始抗剪强度；

τ'——折减后使坡体达到极限状态时的抗剪强度。

有限元强度折减法中可以采用不同的强度屈服准则，这里的强度 τ 因采用的强度屈服准则不同而有不同的表达形式，对于莫尔-库仑准则（图 4-35）：$\tau = c + \sigma \times \mathrm{tg}\varphi$，其强度折减过程如下：

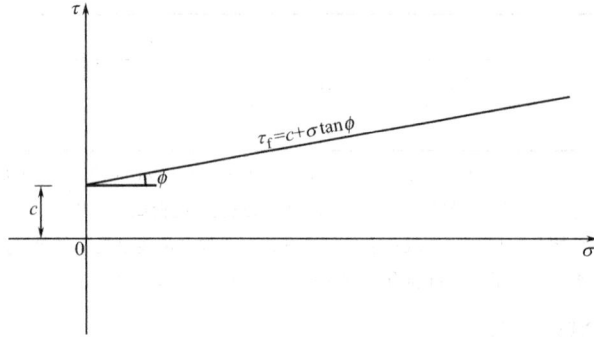

图 4-35　莫尔-库仑屈服条件

$$\tau' = \frac{\tau}{\omega} = \frac{c + \sigma \mathrm{tg}\varphi}{\omega} = \frac{c}{\omega} + \sigma \frac{\mathrm{tg}\varphi}{\omega} = c' + \sigma \mathrm{tg}\varphi' \tag{4-85}$$

故有：

$$c' = \frac{c}{\omega}, \quad \mathrm{tg}\varphi' = \frac{\mathrm{tg}\varphi}{\omega} \tag{4-86}$$

此强度折减形式与边坡稳定分析的传统极限平衡条分法安全系数定义形式是一致的。传统边坡稳定分析的极限平衡方法事先假定一滑动面，根据力（矩）的平衡来计算安全系数，将稳定安全系数定义为滑动面的抗滑力（矩）与下滑力（矩）之比。

$$\omega = \frac{\int \tau \mathrm{d}l}{\int \tau_s \mathrm{d}l} = \frac{\int_0^l (c + \sigma \mathrm{tg}\varphi) \mathrm{d}l}{\int_0^l \tau_s \mathrm{d}l} \tag{4-87}$$

式中　　ω——安全系数；

　　　　τ——滑动面上各点的抗剪强度；

　　　　τ_s——滑动面上各点的实际剪应力。

将上式两边同除以 ω，上式变为：

$$1 = \frac{\int_0^l (\frac{c}{\omega} + \sigma \frac{\mathrm{tg}\varphi}{\omega}) \mathrm{d}l}{\int_0^l \tau_s \mathrm{d}l} = \frac{\int_0^l (c' + \sigma \mathrm{tg}\varphi') \mathrm{d}l}{\int_0^l \tau_s \mathrm{d}l} \tag{4-88}$$

式中

$$c' = \frac{c}{\omega} \quad \mathrm{tg}\varphi' = \frac{\mathrm{tg}\varphi}{\omega} \tag{4-89}$$

可见，传统的极限平衡方法是将土体的抗剪强度指标 c 和 $\mathrm{tg}\varphi$ 减少为 $\frac{c}{\omega}$ 和 $\frac{\mathrm{tg}\varphi}{\omega}$，使边坡达到极限状态（安全系数等于 1），此时的 ω 称为安全系数，实际上就是强度折减系数。

2. 屈服准则选用

物体受到荷载作用后，随着荷载的增大，由弹性状态过渡到塑性状态，这种过渡称为屈服；而物体内某一点开始产生塑性应变时，应力或应变所必须满足的条件称为屈服条件。实际应用的岩土屈服条件有多种，实验和工程实践已证实，莫尔-库仑屈服准则能较好地描述土壤、岩石等材料的破坏行为，在岩土工程领域得到了广泛的应用，土力学中边坡稳定、土压力和地基承载力这三大经典问题都直接或间接地借助了这一准则，也就是说，应用最广和应用时间最长的是莫尔-库仑屈服条件。

（1）莫尔-库仑屈服条件

对于一般受力下的岩土，所考虑的任何一个面，其极限抗剪强度通常可用库仑定律表示为：

$$\tau_n = c + \sigma_n \mathrm{tg}\varphi \tag{4-90}$$

式中 τ_n——极限抗剪强度；

σ_n——受剪面上的法向应力，以拉为正；

c、φ——岩土的黏聚力和内摩擦角。

式（4-90）库仑公式在 σ-τ 平面上是线性关系。在更一般的情况下，τ-σ 曲线可表达成双曲线、抛物线、摆线等非线性曲线，统称为莫尔强度条件。

利用莫尔定律，可以把式（4-90）推广到平面应力状态而成为莫尔-库仑屈服条件（图4-36）。

因 $\tau_n = R\cos\varphi$

$\sigma_n = (\sigma_x + \sigma_y)/2 + R\sin\varphi = (\sigma_1 + \sigma_3)/2 + R\sin\varphi$

图 4-36 莫尔-库仑屈服条件

由式（4-90）得：

$$R = c\cos\varphi - (\sigma_x + \sigma_y)\sin\varphi/2 \tag{4-91}$$

R 为莫尔应力圆半径。

$$R = \left[(\sigma_x - \sigma_y)^2/4 + \tau_{xy}^2\right]^{1/2} = (\sigma_1 - \sigma_3)/2$$

式（4-91）还可以用主应力 σ_1、σ_3 表示成：

$$(\sigma_1 - \sigma_3)/2 = c\cos\varphi - (\sigma_1 + \sigma_3)\sin\varphi/2 \tag{4-92}$$

或 $$\sigma_1(1 + \sin\varphi) - \sigma_3(1 - \sin\varphi) = 2c\cos\varphi \tag{4-93}$$

写成一般屈服条件形式，为：

$$F = (\sigma_1 - \sigma_3)/2 + F_1[(\sigma_1 + \sigma_3)/2] \tag{4-94}$$

由 $\sigma_1 = (2/3)^{1/2} r_\sigma \sin(\theta_6 + 2\pi/3) + \sigma_m$

$\sigma_3 = (2/3)^{1/2} r_\sigma \sin(\theta_6 - 2\pi/3) + \sigma_m$

用 I_1、J_2、θ_σ 代以 σ_1、σ_3，其中：

$I_1 = \sigma_1 + \sigma_2 + \sigma_3$（$I_1$ 为应力张量第一不变量，与坐标轴无关，其物理意义：平均应力的3倍）

$J_2 = S_{ij}S_{ij}/2 = [(\sigma_1 - \sigma_2)^2 + (\sigma_2 - \sigma_3)^2 + (\sigma_3 - \sigma_1)^2]/6$（$J_2$ 为应力偏量的第二不变量，其物理意义：它在数值上是八面体平面上剪应力的倍数，又是 π 平面上的矢径大小）

$\mathrm{tg}\theta_\sigma = (2\sigma_2 - \sigma_1 - \sigma_3)/(3^{1/2}\sigma_1 - 3^{1/2}\sigma_3)$（$\theta_\sigma$ 为洛德角，π 平面上应力 PQ 与 σ_2' 轴的垂线间的夹角）

可得： $$F = I_1 \sin\varphi/3 + (\cos\theta_\sigma - \sin\theta_\sigma \sin\varphi/3^{1/2})J_2^{1/2} - c\cos\varphi = 0 \tag{4-95}$$

其中：$-\pi/6 \leqslant \theta_\sigma \leqslant \pi/6$

（2）莫尔-库仑屈服条件的特殊情况

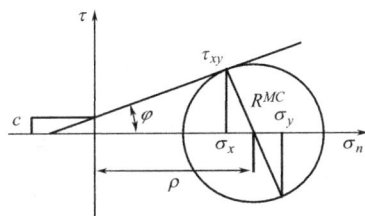

当 θ_σ 为常数时，屈服函数不再与 θ_σ 或应力偏量的第三不变量 J_3 有关。它在 π 平面上为一个圆，这时式（4-95）可写成：

$$\alpha I_1 + J_2^{1/2} - k = 0 \tag{4-96}$$

这就是广义米赛斯（Misses）条件。此式是 1952 年由德鲁克-普拉格（Drucker-Prager）提出的，所以通常也叫 Drucker-Prager 屈服条件。

Mohr-Coulomb 准则的屈服面在 π 平面上为一个不等角六边形（图 4-37），Drucker-Prager 屈服准则在应力空间中的屈服面是一圆锥面，在 π 平面上是一个圆，其偏平面上的圆半径 r 等于偏平面上的剪应力 τ_π，其表达式为：

$$r = \tau_\pi = \sqrt{2J_2} = \sqrt{2}(k - \alpha I_1) \tag{4-97}$$

由式（4-96）作变换可得：

$$\frac{3\sin\varphi}{\sqrt{3}(\sqrt{3}\cos\theta_\sigma - \sin\theta_\sigma \sin\varphi)} I_1 + \sqrt{J_2} - \frac{\sqrt{3}c\cos\varphi}{(\sqrt{3}\cos\theta_\sigma - \sin\theta_\sigma \sin\varphi)} = 0 \tag{4-98}$$

比较式（4-96）和式（4-98）可得：

$$\alpha = \frac{3\sin\varphi}{\sqrt{3}(\sqrt{3}\cos\theta_\sigma - \sin\theta_\sigma \sin\varphi)}, \quad k = \frac{\sqrt{3}c\cos\varphi}{(\sqrt{3}\cos\theta_\sigma - \sin\theta_\sigma \sin\varphi)} \tag{4-99}$$

式（4-99）中取不同的 θ_σ 值，即有不同的 α、k 值。

当取 $\theta_\sigma = -\pi/6$ 时，为受拉破坏，可得：

$$\alpha = \frac{2\sin\varphi}{\sqrt{3}(3 + \sin\varphi)}, \quad k = \frac{6c\cos\varphi}{\sqrt{3}(3 + \sin\varphi)} \tag{4-100}$$

当取 $\theta_\sigma = \pi/6$ 时，为受压破坏，可得：

$$\alpha = \frac{2\sin\varphi}{\sqrt{3}(3 - \sin\varphi)}, \quad k = \frac{6c\cos\varphi}{\sqrt{3}(3 - \sin\varphi)} \tag{4-101}$$

当将式（4-95）对 θ_σ 微分时，并使之等于 0，这时 F 取极小，可得：

$$\alpha = \frac{\sin\varphi}{\sqrt{3}\sqrt{3 + \sin^2\varphi}}, \quad k = \frac{\sqrt{3}c\cos\varphi}{\sqrt{3 + \sin^2\varphi}} \tag{4-102}$$

徐干成、郑颖人、姚焕忠（1990）还提出了一种与传统莫尔-库仑条件等面积圆的屈服准则，该准则要求偏平面上的莫尔-库仑不等角六角形与 D-P 圆的面积相等，由此可得：

$$\theta_\sigma = \arcsin\left[\frac{-2A\sin\varphi + \sqrt{4A^2\sin^2\varphi - 4(\sin^2\varphi + 3)(A^2 - 3)}}{2(\sin^2\varphi + 3)}\right] \tag{4-103}$$

式中：$A = \sqrt{\dfrac{\pi(9 - \sin^2\varphi)}{6\sqrt{3}}}$

计算表明它与莫尔-库仑准则十分接近，而且使有限元数值计算变得方便。

莫尔-库仑（Mohr-Coulomb）准则在三维应力空间中的屈服面为不规则的六角形截面的角锥体表面，在 π 平面上的屈服曲线为不等角六边形，存在尖顶和菱角，应用于塑形理论计算时，需要计算屈服面的法向矢量，给数值计算带来困难。而 Drucker-Prager 屈服准则在三维主应力空间的屈服面为光滑圆锥面（图 4-38），在 π 平面上的屈服曲线为圆形，不存在尖顶处的数值计算问题，数值计算效率很高，因此目前国际上流行的大型有限元软件 ANSYS 以及美国 MSC 公司的 MARC、NASTRAN 等均采用了 Drucker-Prager 准则。

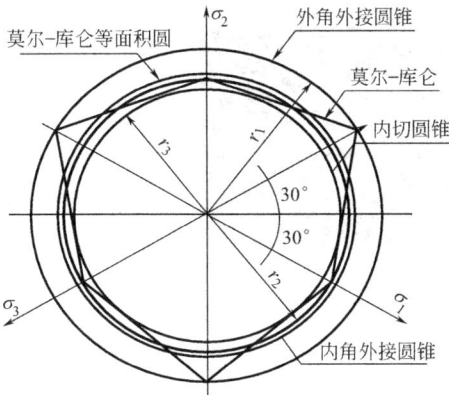

图 4-37 在 π 平面上不同 α、k 值的屈服曲线

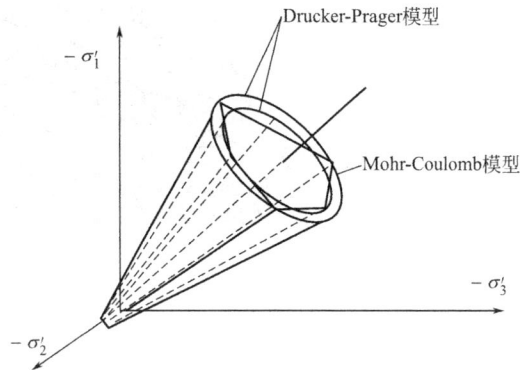

图 4-38 三维应力空间中的 Drucker-Prager 屈服面

α、k 是与岩土材料内摩擦角 φ 和黏聚力 c 有关的常数，不同的 α、k 在 π 平面上代表不同的圆，各准则的参数换算关系见表 4-20。

各准则参数换算表 表 4-20

编号	准则种类	α	k
DP1	六边形外角点外接 DP 圆	$2\sin\varphi/[3^{1/2}(3-\sin\varphi)]$	$6c\cos\varphi/[3^{1/2}(3-\sin\varphi)]$
DP2	六边形内角点内接 DP 圆	$2\sin\varphi/[3^{1/2}(3+\sin\varphi)]$	$6c\cos\varphi/[3^{1/2}(3+\sin\varphi)]$
DP3	莫尔-库仑等面积 DP 圆	$2(3^{1/2})\sin\varphi/[2(3^{1/2})\pi(9-\sin^2\varphi)]^{1/2}$	$2(3^{1/2})\sin\varphi/[2(3^{1/2})\pi(9-\sin^2\varphi)]^{1/2}$
DP4	平面应变关联法则下莫尔-库仑匹配 DP 准则	$\sin\varphi/[3(3+\sin^2\varphi)]^{1/2}$	$3c\cos\varphi/[3(3+\sin^2\varphi)]^{1/2}$
DP5	平面应变非关联法则下莫尔-库仑匹配 DP 准则	$\sin\varphi/3$	$c\cos\varphi$

3. 采用强度折减法有限元分析顺层岩质边坡稳定性实例

结合重庆市某顺向岩质边坡工程，就强度折减法有限元在顺层岩质边坡的稳定性分析作如下说明。

（1）有限元模型的建立

以地质剖面为例建立有限元平面应变模型（图 4-39），平面岩体采用 PLANE82 单元模拟。

有限元网格划分如图 4-40 所示。

（2）边界条件设置

边界条件为底部固定，左右两侧水平方向约束（图 4-41）。施加重力加速度荷载、地下车库建筑荷载，以面荷载的方式施加（未考虑基础形式不同引起的差异），即 3×25kPa。

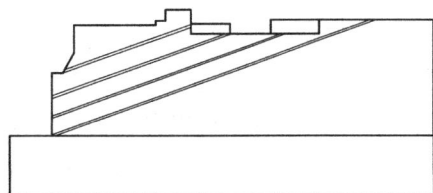

图 4-39 地质剖面示意图

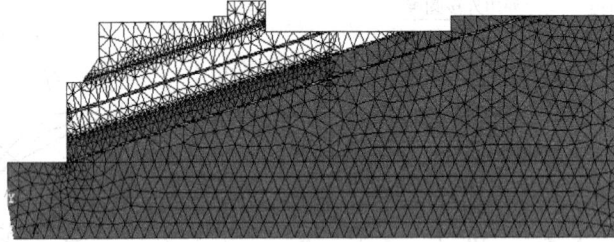

图 4-40　有限元网格划分

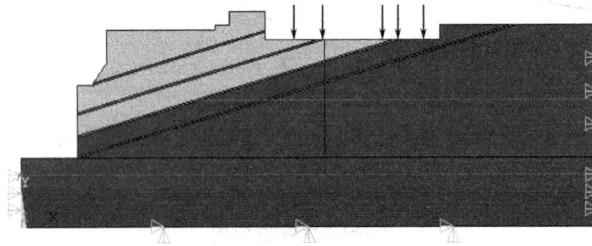

图 4-41　边界条件

(3) 材料参数

岩体及结构面力学参数见表 4-21。

岩体及结构面力学参数　　　　　　　　　　　　　　　　　表 4-21

名称	密度(kg/m³)	弹性模量(MPa)	泊松比	黏聚力(kPa)	内摩擦角(°)
砂岩	2580	2940	0.2	2271(1406.359)	37(25)
泥岩	2580	2240	0.31	1206(789.572)	33(23)
砂岩层面	2580	500	0.4	38(29.92)	15(11.9)
泥岩层面	2580	500	0.4	32.5(25.590)	15(11.9)
砂岩和泥岩层面	2580	500	0.4	28.5(25.112)	16.5(12.8)

注：括号内的数据为转换后在 ANSYS 程序中输入的参数。

(4) 稳定安全系数的计算

稳定安全系数的计算采用有限元强度折减法。所谓强度折减，就是在理想弹塑性有限元计算中将边坡岩土体抗剪切强度参数（黏聚力和内摩擦角）逐渐降低直到其达到极限破坏状态为止，此时程序可以自动根据其弹塑性有限元计算结果得到边坡的破坏滑动面，同时得到边坡的强度储备安全系数。强度折减安全系数 k 定义如下：

$$c' = \frac{c}{k}, \ \text{tg}\varphi' = \frac{\text{tg}\varphi}{k} \qquad (4\text{-}104)$$

采用有限元强度折减法假定对所有结构面强度参数同步折减。计算数据（图 4-42、图 4-43）表明，当强度折减安全系数取 1.43 时，有限元计算不收敛，此时边坡沿着砂岩和泥岩交接面产生滑动破坏。

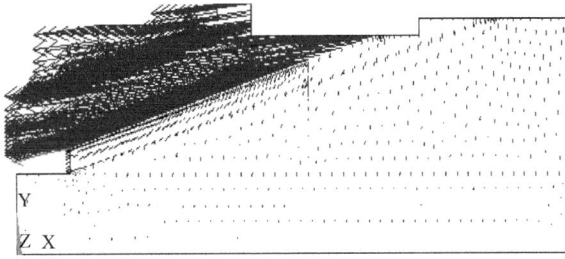

图 4-42 极限状态下边坡沿着砂岩和泥岩交接面滑动时的位移矢量图

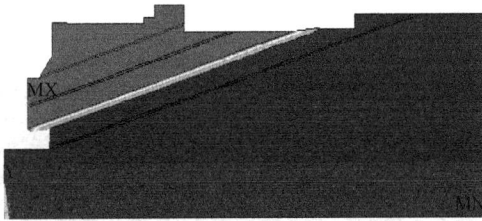

图 4-43 极限状态下边坡沿着砂岩和泥岩交接面滑动时的水平位移云图

建筑地震荷载和风荷载主要通过桩基础传递给侧壁岩体，有限元中采用梁单元来模拟桩，然后在桩顶施加集中力（图 4-44）的方式来模拟地震和风荷载的作用。

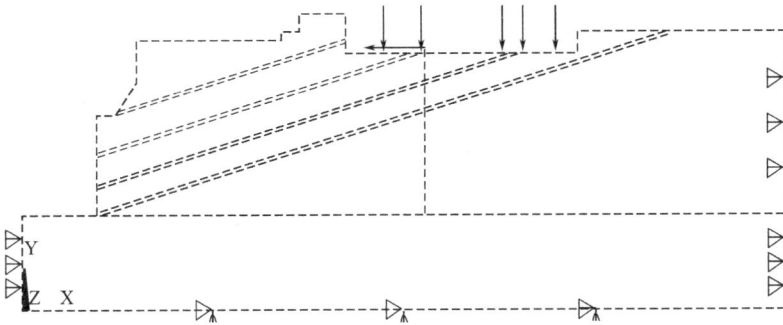

图 4-44 地震及风荷载的施加示意图

计算数据表明，当施加建筑地震和风荷载后，计算得到的稳定安全系数为 1.02，比传统极限平衡法 GEO-SLOPE 软件计算的稳定安全系数小。

如果不对结构面强度参数进行折减，分别对施加地震—风荷载前和施加地震—风荷再计算一次，用后面的计算结果减去前面的计算结果，得到地震—风荷载引起的位移矢量图（图 4-45）和岩体位移云图（图 4-46）。计算数据表明，地震-风荷引起的岩体位移达 11mm。

（5）GEO-SLOPE 软件稳定性计算

采用加拿大边坡稳定分析软件 GEO-SLOPE/W 建模进行稳定安全系数计算。建模过程略，计算数据如下。

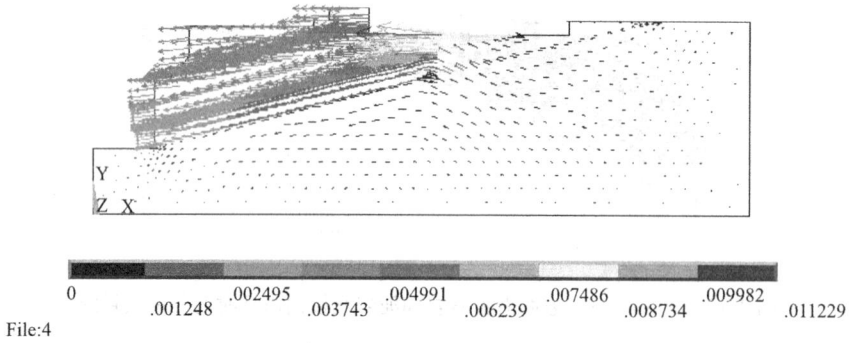

| 0 | .001248 | .002495 | .003743 | .004991 | .006239 | .007486 | .008734 | .009982 | .011229 |

File:4

图 4-45　地震—风荷载引起的岩体位移矢量分布图

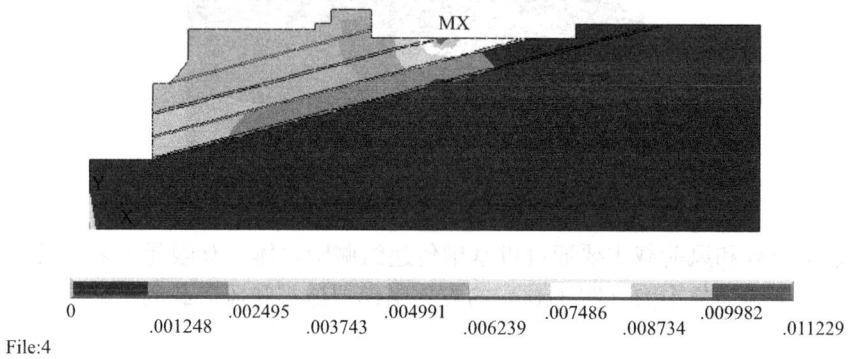

| 0 | .001248 | .002495 | .003743 | .004991 | .006239 | .007486 | .008734 | .009982 | .011229 |

File:4

图 4-46　地震—风荷载引起的岩体位移云图

1）泥岩层面滑动时，考虑地震荷载以及风荷载 3756kN/m，计算得到的稳定安全系数为 1.11。暴雨工况下稳定安全系数为 1.41（图 4-47）。

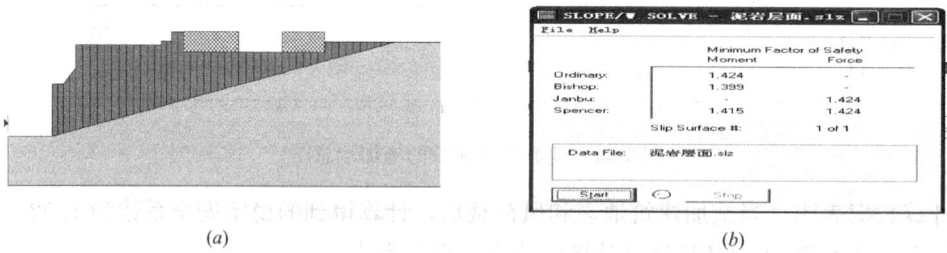

图 4-47　泥岩层面滑动时的稳定安全系数计算

2）按指定的砂岩层面 1 滑动时，暴雨工况下的稳定安全系数为 1.76。由于此滑动面远离建筑地震荷载，只有岩体地震荷载。此时的稳定安全系数为 1.48。

3）按指定的砂岩层面 2 滑动时，暴雨工况下的稳定安全系数为 1.51。考虑建筑地震荷载以及风荷载计算得到的稳定安全系数为 1.16。

4）按指定的砂岩泥岩交接面滑动时，暴雨工况下的稳定安全系数为 1.53。如果考虑建筑地震荷载以及风荷载计算得到的稳定安全系数为 1.13（图 4-48）。

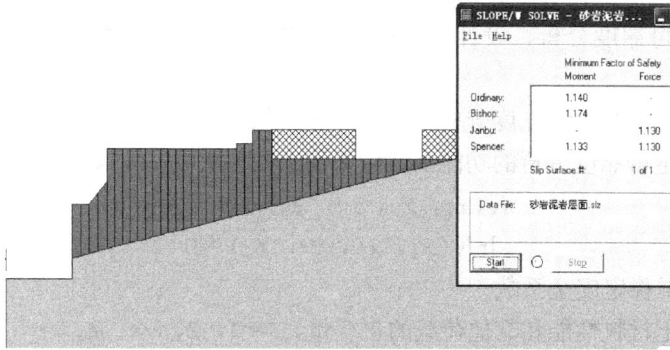

图 4-48 砂岩和泥岩交接面滑动模型

（6）计算结果分析

采用 GEO-SLOPE 边坡稳定分析软件，进行稳定安全系数计算时，由于不是圆弧搜索，需要指定明确的直线滑动面，一条一条的计算。有限元强度折减法则不需要指定滑动面，而是对结构面强度参数进行同步折减，这时的滑动面由程序自动算出，安全系数最小的那个滑动面最先滑动。表 4-22 为两种方法计算的稳定安全系数结果对比。

两种方法计算的稳定安全系数结果   表 4-22

	刚体极限平衡法 GEO-SLPOE 软件		有限元强度折减法 ANSYS 软件
暴雨工况	指定的泥岩层面滑动	1.41	1.43 （滑面位砂岩和泥岩的交接面）
	指定的砂岩和泥岩交接面滑动	1.53	
	指定的砂岩层面滑动 1	1.76	
	指定的砂岩层面滑动 2	1.51	
地震及 风荷载	指定的泥岩层面滑动	1.11	1.03 （滑面位砂岩和泥岩的交接面）
	指定的砂岩和泥岩交接面滑动	1.13	
	指定的砂岩层面滑动 1	1.48 （不受建筑荷载影响）	
	指定的砂岩层面滑动 2	1.16	

根据上述计算结果，有如下认知：1）有限元强度折减法计算的结果比刚体极限平衡法的计算结果略低。2）不考虑地震及风荷载作用时，边坡的稳定安全系数都大于 1.35。3）两种方法的计算结果都表明，考虑地震及风荷载时，砂岩和泥岩的交接面、泥岩层面的稳定安全系数都小于 1.15。

4.7.2 基于稳定安全系数的可靠度分析方法

在岩土工程设计中，随着传统的计算分析方法、手段的不断完善和工程经验的不断积累，研究者逐渐认识到正确估计不确定因素对工程安全影响的重要性。模糊、灰色概念及不确定因素的表述及分析，在实际理论研究及工程应用中得到了极大的发展，其中可靠度分析属于不确定因素分析方法。目前，国内主要推行以概率理论为基础的极限状态设计理论和分项系数设计方法，由于边坡的抗滑稳定性分析不确定因素很多，且安全系数多以隐函数形式出现在计算公式中，要采用分项系数法进行可靠度分析，难度极大，因此，在常规确定性分析方法的基础上，采用近似于传统可靠度分析方法，确定边坡滑动稳定性的可靠度分析，设计者可利用稳定安全系数法和可靠度分析成果，综合判断边坡稳定性。

基于稳定安全系数的可靠度分析具体操作方法如下：

（1）边坡稳定可靠度分析的功能函数应采用下列公式之一定义：

$$K(x_1,\ x_2,\ \cdots,\ x_n)-1=0 \tag{4-105}$$

$$\ln K(x_1,\ x_2,\ \cdots,\ x_n)=0 \tag{4-106}$$

式中　　K——抗滑稳定安全系数；

x_i——岩土材料性能和其他荷载的自变量，$i=1,\ 2,\ \cdots,\ n$。

（2）对于概化为同一地质单元的岩土体的容重 γ 和抗剪强度指标 $\tan\varphi$、c 等参数，应按照下列规定确定其最大可能的最大值、最小值和平均值：

1）按照岩土体抗剪强度取值方法，综合分析确定最大可能的最大值和最小值。

2）将最大可能的最大值、最小值，以及介于两者之间的参数进行统计分析，确定平均值。

（3）上述岩土参数的标准差可按式（4-107）或式（4-108）进行计算：

$$\sigma=\left[\sum(x_i-x_u)^2/(n-1)\right]^{1/2} \tag{4-107}$$

式中　　σ——标准差；

x_u——统计参数的平均值；

n——统计参数的样本总数。

$$\sigma=(x_{max}-x_{min})/6 \tag{4-108}$$

式中　　x_{max}——统计参数的最大可能的最大值；

x_{min}——统计参数的最大可能的最小值。

（4）根据不同工况下孔隙水压力最大的可能的最大值、最小值和平均值按上述（2）、（3）的方法确定。

（5）边坡加固提供的外力的随机变量参数应参照相应的国家现行标准确定；如无相应资料时，也可采用设计值，按常量代入稳定性计算公式计算。

（6）均值稳定安全系数及其标准差和可靠度指标可按本方法规定的方法计算。条件具体时，也可采用蒙特卡洛法（Monte Carlo Method）、一次二阶矩法和其他改进方法计算。

（7）各种工况下，可将岩土体的容重 γ、抗剪强度指标（$\tan\varphi$、c）、孔隙压力和边坡提供的外力等参数的平均值应按国家现行有关标准确定的抗滑稳定计算方法，计算相应工况下的均值抗滑稳定安全系数 μ_k。

（8）各种工况下，应将岩土体的容重 γ、抗剪强度指标（$\tan\varphi$、c）、孔隙压力等 n 个参数的平均值逐一加上和减去相应的标准差，代入抗滑稳定计算公式，计算 n 对相应工况下的抗滑稳定安全系数，再按式（4-109）计算均值稳定安全系数的标准差：

$$\sigma_k=[(\Delta K_1/2)^2+(\Delta K_2/2)^2+\cdots+(\Delta K_n/2)^2]1/2 \tag{4-109}$$

式中　　σ_k——均值稳定安全系数；

ΔK_i——岩土材料的有关参数 x_i 的平均值加、减其标准差 σ_{x_i} 计算出的两个安全系数之差。

（9）均值稳定安全系数的可靠指标可按式（4-110）计算：

$$V_k = \sigma_k / \mu_k \tag{4-110}$$

式中　V_k——均值稳定安全系数的变异系数；

　　　μ_k——均值稳定安全系数。

（10）均值稳定安全系数的可靠指标按式（4-111）或式（4-112）计算：

当安全系数按正态分布时：

$$\beta_k = (\mu_k - 1) / \sigma_k \tag{4-111}$$

当安全系数按对数正态分布时：

$$\beta_k = \ln[\mu_k / (1 + V_k^2)^{1/2}] / [\ln(1 + V_k^2)]^{1/2} \tag{4-112}$$

式中　β_k——均值稳定安全系数的可靠度指标。

（11）可靠度和失效概率可根据可靠度指标按下列方法计算：

1）可靠度可按式（4-113）计算：

$$P_s = \int_{-\infty}^{\beta_k} [1/(2\pi)^{1/2}] e^{-(\beta 2/2)} d\beta \tag{4-113}$$

式中　P_s——可靠度（可靠概率）；

　　　β——可靠指标。

2）均值稳定安全系数小于1.0的失效概率P_f为：

$$P_f = 1 - P_s \tag{4-114}$$

（12）小于1.0的失效概率P_f也可根据均值稳定安全系数及其变异系数直接查表4-23确定。

（13）对于选定的均值抗滑稳定安全系数，可采用式（4-115）评价其合理性：

$$\Delta P_f M_f \propto M_s \tag{4-115}$$

式中　ΔP_f——加固失效概率的降低值；

　　　M_f——边坡破坏造成的经济损失（元）；

　　　M_s——加固增加的费用（元）。

当式（4-115）左边等于或稍小于该式右边时，可认为选定的均值抗滑稳定安全系数是合理的；当式（4-115）左边小于该式右边时，可认为选定的均值抗滑稳定安全系数偏大；当式（4-115）左边大于该式右边时，可认为选定的均值抗滑稳定安全系数是偏小的。

均值稳定安全系数与其小于 1.0 的概率的关系　　　　　表 4-23

μ_k	安全系数的变异系数 V_k														
	2%	4%	6%	8%	10%	12%	14%	16%	20%	25%	30%	40%	50%	60%	80%
1.05	7.55E-03	1.15E-01	2.17E-01	2.84E-01	3.30E-01	3.64E-01	3.90E-01	4.10E-01	4.41E-01	4.70E-01	4.92E-01	5.265E-01	5.53E-01	5.75E-01	6.11E-01
1.10	9.87E-07	9.05E-03	5.94E-02	1.24E-01	1.83E-01	2.30E-01	2.69E-01	3.02E-01	3.51E-01	3.96E-01	4.29E-01	4.78E-01	5.14E-01	5.42E-01	5.86E-01
1.15	1.49E-12	2.55E-04	1.07E-02	4.36E-02	8.83E-02	1.34E-01	1.75E-01	2.12E-01	2.72E-01	3.28E-01	3.71E-01	4.32E-01	4.76E-01	5.10E-01	5.61E-01
1.16	6.23E-14	1.11E-04	7.22E-03	3.45E-02	7.52E-02	1.19E-01	1.60E-01	1.97E-01	2.58E-01	3.16E-01	3.60E-01	4.24E-01	4.69E-01	5.04E-01	5.56E-01
1.18	0.00E+00	1.90E-05	3.16E-03	2.11E-02	5.38E-02	9.27E-02	1.32E-01	1.68E-01	2.31E-01	2.91E-01	3.38E-01	4.06E-01	4.55E-01	4.92E-01	5.46E-01
1.20	0.00E+00	2.81E-06	1.30E-03	1.25E-02	3.77E-02	7.15E-02	1.08E-01	1.43E-01	2.06E-01	2.68E-01	3.18E-01	3.89E-01	4.40E-01	4.79E-01	5.37E-01
1.25	0.00E+00	1.34E-08	1.11E-04	2.95E-03	1.44E-02	3.54E-02	6.28E-02	9.27E-02	1.52E-01	2.17E-01	2.70E-01	3.50E-01	4.07E-01	4.50E-01	5.14E-01
1.30	0.00E+00	3.04E-11	6.91E-06	5.88E-04	4.94E-03	1.64E-02	3.49E-02	5.81E-02	1.10E-01	1.73E-01	2.28E-01	3.13E-01	3.75E-01	4.22E-01	4.91E-01
1.35	0.00E+00	3.56E-14	3.24E-07	1.01E-04	1.54E-03	7.14E-03	1.86E-02	3.53E-02	7.83E-02	1.37E-01	1.91E-01	2.793E-01	3.45E-01	3.96E-01	4.70E-01
1.40	0.00E+00	0.00E+00	1.18E-08	1.51E-05	4.45E-04	2.94E-03	9.50E-03	2.08E-02	5.48E-02	1.07E-01	1.59E-01	2.48E-01	3.17E-01	3.71E-01	4.50E-01
1.50	0.00E+00	0.00E+00	8.26E-12	2.37E-07	2.97E-05	4.32E-04	2.25E-03	6.74E-03	2.57E-02	6.38E-02	1.09E-01	1.95E-01	2.67E-01	3.25E-01	4.11E-01
1.60	0.00E+00	0.00E+00	2.89E-15	2.54E-09	1.57E-06	5.42E-05	4.77E-04	2.01E-03	1.15E-02	3.71E-02	7.29E-02	1.52E-01	2.24E-01	2.84E-01	3.71E-01
1.70	0.00E+00	0.00E+00	0.00E+00	2.01E-11	6.83E-08	5.99E-06	9.24E-05	5.61E-04	4.94E-03	2.11E-02	4.84E-02	1.18E-01	1.88E-01	2.48E-01	3.44E-01
1.80	0.00E+00	0.00E+00	0.00E+00	1.25E-13	2.57E-09	5.99E-07	1.67E-05	1.49E-04	2.06E-03	1.18E-02	3.18E-02	9.13E-02	1.57E-01	2.48E-01	3.44E-01
1.90	0.00E+00	0.00E+00	0.00E+00	0.00E+00	8.59E-11	5.54E-08	2.85E-06	3.79E-05	8.39E-04	6.50E-03	2.07E-02	7.03E-02	1.31E-01	1.89E-01	2.87E-01
2.00	0.00E+00	0.00E+00	0.00E+00	0.00E+00	2.62E-12	4.81E-09	4.66E-07	9.34E-06	3.36E-04	3.55E-03	1.34E-02	5.41E-02	1.09E-01	1.65E-01	2.63E-01
2.20	0.00E+00	0.00E+00	0.00E+00	0.00E+00	2.00E-15	3.20E-11	1.14E-08	5.31E-07	5.17E-05	1.04E-03	5.56E-03	3.19E-02	7.59E-02	1.26E-01	2.21E-01
2.40	0.00E+00	0.00E+00	0.00E+00	0.00E+00	0.00E+00	1.91E-13	2.58E-10	2.87E-08	7.75E-06	2.99E-04	2.29E-03	1.88E-02	5.29E-02	9.65E-02	1.86E-01
2.60	0.00E+00	0.00E+00	0.00E+00	0.00E+00	0.00E+00	0.00E+00	5.66E-12	1.51E-09	1.15E-06	8.58E-05	9.41E-04	1.11E-02	3.70E-02	7.41E-02	1.57E-01
2.80	0.00E+00	0.00E+00	0.00E+00	0.00E+00	0.00E+00	0.00E+00	1.23E-13	7.95E-11	1.70E-07	2.47E-05	3.89E-04	6.57E-03	2.60E-02	5.71E-02	1.33E-01
3.00	0.00E+00	0.00E+00	0.00E+00	0.00E+00	0.00E+00	0.00E+00	2.78E-15	4.23E-12	2.54E-08	7.16E-06	1.62E-04	3.92E-03	1.83E-02	4.42E-02	1.13E-01

参考文献

[1] GB 50330—2013 建筑边坡工程技术规范 [S].北京：中国建筑工业出版社，2014.

[2] JGJ 120—2012 建筑基坑支护技术规程 [S].北京：中国建筑工业出版社，2012.

[3] GB 50007—2011 建筑地基基础设计规范 [S].北京：中国建筑工业出版社，2012.

[4] DZ/T 0219—2006 滑坡防治工程设计与施工技术规范 [S].

[5] 黄求顺，张四平，胡岱文.边坡工程 [M].重庆：重庆大学出版社，2003.

[6] 陈仲达.公路挡土墙设计 [M].北京：人民交通出版社，1999.

[7] 顾慰慈.挡土墙土压力计算 [M].北京：中国建材工业出版社，2001.

[8] 赵树德.土力学 [M].北京：高等教育出版社，2004.

[9] 刘国斌，王卫东.基坑工程手册（第二版）[M].北京：中国建筑工业出版社，2009.

[10] 华南理工大学，东南大学等.地基及基础 [M].北京：中国建筑工业出版社，1991.

[11] 四川省建筑科学研究院.挡土墙黏性土压力计算 [R].1982.

[12] 刘兴远，雷用，康景文.边坡工程——设计·监测·鉴定与加固 [M].北京：中国建筑工业出版社，2015.

[13] JTG D60—2015.公路桥涵设计通用规范 [S].北京：人民交通出版社，2015.

[14] 中交第二公路勘察设计研究院有限公司.公路挡土墙设计与施工技术细则 [M].北京：人民交通出版社，2008.

[15] GB 50191—2012 构筑物抗震设计规范 [S].北京：中国计划出版社.

[16] 朱彦鹏，王秀丽，周勇编.支挡结构设计计算手册 [M].北京：中国建筑工业出版社，2008.

[17] 雷用，刘兴远等.边坡工程百问 [M].北京：中国建筑工业出版社，2014.

[18] TB 10025—2006 铁路路基支挡结构设计规范 [S].北京：中国铁道出版社，2006.

[19] 钱家欢.土力学 [M].南京：河海大学出版社，1995.

[20] 唐业清.土力学基础工程 [M].北京：中国铁道出版社，1989.

[21] 陈希哲.土力学地基基础 [M].北京：清华大学出版社，1989.

[22] 陈仲颐，叶书麟.基础工程学 [M].北京：中国建筑工业出版社，1990.

[23] SL 386—2007 水利水电工程边坡设计规范 [S].北京：中国水利水电出版社，2007.

[24] 钱德玲.土力学 [M].北京：中国建筑工业出版社，2009.

[25] GB 50843—2013 建筑边坡工程鉴定与加固技术规范 [S].北京：中国建筑工业出版社，2013.

[26] 王奎华.岩土工程勘察 [M].北京：中国建筑工业出版社，2005.

[27] 藏秀平.工程地质 [M].北京：高等教育出版社，2004.

[28] 谢承平.软岩边坡主要影响因素及稳定性分析研究 [J].西南交通大学，2009.

[29] 田华.影响边坡稳定的因素分析 [J].山西水利，2004.

[30] 冯君，周德培，李安洪.顺层岩质边坡开挖模型试验及稳定性影响因素分析 [J].工程地质学报，2005.

[31] 甘勇，胡卫东.边坡稳定性影响因素敏感性灰色关联分析 [J].大众科技，2010.

[32] 郑颖人等.边坡与滑坡工程治理 [M].北京：人民交通出版社，2007，01：5-6.

[33] DZ/T 0218—2006 滑坡防治工程勘查规范.

[34] 李玉坤.常见岩质边去坡破坏模式的初步分析 [J].科学之友，2008，11（32）：9-10.

第5章 支挡结构的内力分析

5.1 概述

支挡结构是使岩土体边坡保持稳定、控制位移而建造的构筑物。目前比较常用的支挡结构类型有重力式挡墙、锚杆（索）挡墙、悬臂式挡墙、扶壁式挡墙和桩板式挡墙等。支挡结构的内力分析是设计支挡结构的基础，支挡结构的内力分析与其他结构分析类似，分析方法也与计算技术和电子计算机的性能有关。目前工程实践中应用较多的是荷载结构分析方法和支挡结构与岩土体共同作用方法。荷载结构分析方法是将岩土体对支挡结构的作用简化为荷载作用于支挡结构上进行计算，包括极限平衡法、二维弹性地基梁法等结构力学范畴的方法；支挡结构与岩土体共同作用方法将支挡结构与其支护的岩土体作为整体进行计算，包括解析法和数值法，但因绝大部分问题因数学计算困难须依赖数值法，如连续介质有限元法。不同的支挡结构类型其内力分析方法有所不同。

极限平衡法是在不考虑支护结构与土的共同作用的情况下，用经典土力学理论计算主动土压力和被动土压力，然后求解嵌固深度、最大弯矩截面位置及最大弯矩值，最后进行支挡结构设计。由于该法未考虑地基的变形特性，不适用于边坡变形问题的研究。对于埋深较长的支护桩，按照此方法的计算结果将产生很大误差，对于短桩或桩随滑体一起运动可视为刚性桩的情况，使用此极限平衡法才是适宜的。二维弹性地基梁法是基于支护结构与其周围土体的变形协调一致的实际情况，将支护结构视做支承在一系列弹性支座上的梁来求解支护桩的变形与弹性抗力，然后求解最大弯矩值及最大弯矩截面位置，再进行支挡结构设计。随着电子计算机的发展，多种考虑支挡结构与岩土体共同作用的数值分析方法被用来解决复杂的边坡工程，包括有限元法、有限差分法、无单元法等。目前应用最广泛的是有限元法，该方法用接触面单元来模拟土与围护结构的共同作用，是一种能考虑土与围护结构的相互作用及施工过程的边坡工程三维有限元分析程序。计算中一般假定挡墙为二维弹性体，土体可假定为线弹性体、非线性弹性体、弹塑性体或其他模型，挡墙及土体一般采用八节点等参单元。

5.2 荷载结构分析方法

荷载结构分析方法中的弹性地基梁法则是基于支挡结构与其周围土体的变形协调一致的实际情况，把支挡结构看作为一竖向放的弹性地基梁受侧向土压力的作用，土压力一般采用经典的理论土压力，土层可用一系列的土弹簧的作用来代替。这样，支挡结构被视做支承在一系列弹性支座上的梁来求解支护桩的变形与弹抗力，然后求解最大弯矩值及最大弯矩截面位置，再进行支挡结构设计。取桩或单位宽度的墙作为竖直放置的弹性地基梁，将外侧主动土压力作为施加在桩上的水平荷载，内侧承受土抗力，根据 Winkler 地基模型，土的横向抗力与桩侧土的压缩成正比，而桩侧土的压缩量等于桩的横向位移，于是有：

$$p = K_s y B_p \tag{5-1}$$

式中 p——土的横向抗力（N/m）；

       K_s——地基系数（N/m^3）；

       y——桩的横向位移（m）；

       B_p——桩的计算宽度（m）。

为了将空间的受力转化为平面受力，并考虑桩截面形状的影响，将桩的设计宽度（或直径）换算成相当于实际工作条件下的矩形桩宽 B_p，可按下列规定取值：

$$\left. \begin{aligned} &\text{圆形桩：} d \leqslant 1\text{m 时，} B_p = 0.9(1.5d + 0.5)\text{；} \\ &\qquad\qquad d > 1\text{m 时，} B_p = 0.9(d + 1) \\ &\text{矩形桩：} b \leqslant 1\text{m 时，} B_p = 1.5b + 0.5\text{；} \\ &\qquad\qquad b > 1\text{m 时，} B_p = b + 1 \end{aligned} \right\} \tag{5-2}$$

式中 d——桩径（m）；

       b——桩宽（m）。

地基系数又称桩侧岩土弹性抗力系数，是地基承受的侧压力与桩在该处产生的侧向位移的比值；换句话说，地基系数是在弹性变形限度以内，单位面积的土产生单位压缩变形时所需要的侧向压力。地基系数 K_s 一般认为与深度 z 按幂函数变化，所谓"k"法就是地基系数假定在桩身第一挠曲零点（深度 t 处）以上按抛物线变化，以下为常数，通常适用于较为完整岩层、扰动的硬黏土或半岩质地层；所谓"m"法就是地基系数随深度按直线比例变化，通常适用于密实土层或严重风化破碎岩层。

5.2.1 "m"法

地基系数沿深度按线性规律增大即弹性地基梁的"m"法（$K_s = mz$），因此根据"m"法，土抗力 $p = mzyB_p$，锚杆可简化为不同弹性模量的弹簧，若忽略由于桩挠曲引起的摩擦力，则桩受力模型如图 5-1 所示。

"m"法计算原理：设置于土层的竖向弹性桩，地面处承受横向荷载（水平力 H_0 和弯矩 M_0），桩身受水平荷载 $q(z)$ 作用。在荷载作用下，桩将发生

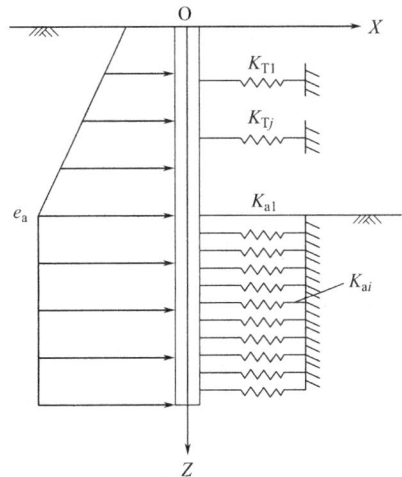

图 5-1 弹性地基梁"m"法计算简图

挠曲，支承桩的弹性介质（土）将产生连续分布的土反力。假定桩上任意一点 z 处单位桩长上的反力 p 为深度 z 和该点桩挠度 y 的函数，即 $p = p(z, y)$，如图 5-2 所示。若忽略由于桩挠曲引起的桩身摩擦阻力，则各截面仅有水平向地基土压力。

取桩身一个微元体分析：

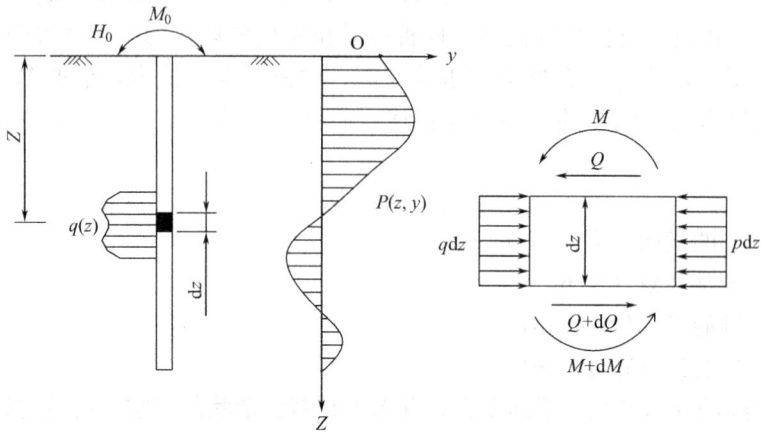

图 5-2 "m"法示意图

$$EI\,\frac{\mathrm{d}^4 y}{\mathrm{d}z^4}=-p(z,y)+q(z) \tag{5-3}$$

将 $q(z)=0$，$p(z,y)=mzyB_\mathrm{p}$ 代入上式得：

$$\frac{\mathrm{d}^4 y}{\mathrm{d}z^4}+\alpha^5 yz=0 \tag{5-4}$$

式中：$\alpha=\sqrt[5]{\dfrac{mB_\mathrm{p}}{EI}}$。

利用幂级数法求解，并规定位移 y，剪力 H，地基反力 σ_y 的方向与 y 轴正方向一致时为正，桩的右侧受拉时 M 为正，反之为负。φ_0 逆时针方向为负，顺时针方向为正。算得深度 z 处的解如下：

$$\left.\begin{aligned}
\text{横向位移：} & y=y_0 A_1+\frac{\varphi_0}{\alpha}B_1+\frac{M_0}{\alpha^2 EI}C_1+\frac{H_0}{\alpha^3 EI}D_1\\[2mm]
\text{转角：} & \varphi=\alpha y_0 A_2+\varphi_0 B_2+\frac{M_0}{\alpha EI}C_2+\frac{H_0}{\alpha^2 EI}D_2\\[2mm]
\text{弯矩：} & M=\alpha EI(\alpha y_0 A_3+\varphi_0 B_3)+M_0 C_3+\frac{H_0}{\alpha}D_3\\[2mm]
\text{剪力：} & H=\alpha^2 EI(\alpha y_0 A_4+\varphi_0 B_4)+\alpha M_0 C_4+H_0 D_4
\end{aligned}\right\} \tag{5-5}$$

式中　　　H_0、M_0——作用于地面处桩上的荷载；

y_0、φ_0——地面处桩的水平位移和转角；

A_1、B_1、$\cdots$、D_4——无量纲的常数，其值可通过查相应表格求得。

根据边界条件求出 y_0、φ_0 后，代入上述各式，即可求解。

弹性地基梁法模拟桩土之间的作用，考虑了地基反力随桩深度线性变化的关系。其中参数 m 是反映桩土相互作用的综合参数，主要反映土的弹性性质。在推力不大的情况下能较好地反映桩的工作情况，计算得出的桩身内力与实测基本相符。"m"法只能适合于桩身小变形的情况，当水平外载增大时，由于土体进入了非线性弹性状态，按照此方法得出的内力计算值将与实测值有较大差异，这主要是由于桩周土体的非线性性质引起的，同

时此方法中的 m 值也并不是 1 个确定的参数，这是由于桩周土体随外载增大而发生软化的结果。但由于目前《建筑边坡工程技术规范》（GB 50330—2013）中已有一些对不同土质下 m 值取值范围的规定，以及应用杆系有限元数值解求解，使得这种方法一直在工程设计中使用较广泛。

5.2.2 "k"法

地基系数假定在桩身第一挠曲零点（深度 t 处）以上按抛物线变化，以下为常数即弹性地基梁的"k"法。在计算桩身内力过程中应分刚性桩和弹性桩计算。

抗滑桩受到滑坡推力后，将产生一定的变形，根据桩和桩周岩土的性质和桩的几何性质，产生两种可能的变形：第一种是桩的位置虽然发生了偏离，但桩轴仍保持原有的线型，即刚性桩；第二种是桩的位置和桩轴线同时发生改变，即弹性桩。采用"k"法计算，判断规则：当 $\beta H_2 \leqslant 1.0$ 时，抗滑桩属刚性桩；当 $\beta H_2 > 1.0$ 时，抗滑桩属弹性桩；其中，H_2 为桩锚固段长度，β 的计算如下：

$$\beta = \left(\frac{kB_p}{4EI}\right)^{\frac{1}{4}} \tag{5-6}$$

式中　E——桩的弹性模量（kPa），$E = 0.8E_c$，E_c 为混凝土弹性模量（kPa）；

　　　I——桩的截面惯性矩（m⁴），对于矩形桩，$I = \dfrac{ba^3}{12}$；

　　　对于圆形桩，$I = \dfrac{\pi d^4}{64}$，a、b 分别为矩形桩的高和宽（m），d 为圆形桩的直径（m）；

　　　k——侧向地基系数，不随深度而变化（N/m³）；

　　　B_p——桩的计算宽度（m）。

1. 刚性桩内力计算

将受荷段底部的剪力与弯矩作为已知荷载，嵌固段桩身的变形可忽略不计，将桩周岩体作为弹性体，计算岩土体抗力，进而计算桩的内力。考虑桩底端为自由和铰支两种情况，由于桩底端固定很少采用就不计算。

（1）桩底端自由

桩底端自由模型如图 5-3 所示，此时底端剪力 $Q_B = 0$ 和弯矩 $M_B = 0$；地基系数为 k，嵌固段深 H_2，旋转中心到坡脚的距离为 y_0，ϕ_0 为桩旋转中心 O 的转角，y 为桩嵌固段某一点距坡脚的垂直距离。

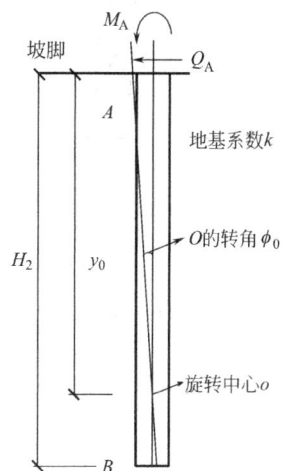

图 5-3　桩底端自由模型图

当 $0 \leqslant y \leqslant y_0$ 时，内力计算如下：

$$\left.\begin{array}{l} \text{位移（向左为正）：} x_y = (y_0 - y)\tan\phi_0 = (y_0 - y)\phi_0 \\[2mm] \text{桩侧应力：} \sigma_y = kx_y = k(y_0 - y)\phi_0 \\[2mm] \text{剪力：} Q_y = Q_A - \int_0^y \sigma_y B_p \mathrm{d}y = Q_A - kB_p\phi_0\left(y_0 y - \dfrac{y^2}{2}\right) \\[3mm] \text{弯矩：} M_y = M_A + \int_0^y Q_y \mathrm{d}y = M_A + Q_A y - kB_p\phi_0\left(\dfrac{y_0 y^2}{2} - \dfrac{y^3}{6}\right) \end{array}\right\} \tag{5-7}$$

217

在求弯矩时以受荷段和嵌固段的交点为计算点,即对该点求矩;

当 $y_0 \leqslant y \leqslant H_2$ 时,内力计算如下:

位移:$x_y = (y_0 - y)\tan\phi_0 = (y_0 - y)\phi_0$

桩侧应力:$\sigma_y = kx_y = k(y_0 - y)\phi_0$

剪力:$Q_y = Q_A - \int_0^y \sigma_y B_p \mathrm{d}y = Q_A - kB_p\phi_0\left(y_0 y - \dfrac{y^2}{2}\right)$

弯矩:$M_y = M_A + Q_A y + M_{\text{o点以上侧应力}} + M_{\text{o点以下侧应力}}$

$= M_A + Q_A y - \dfrac{1}{6}kB_p\phi_0\left[y_0^2(3y - y_0) - (y - y_0)^3\right]$

$$(5-8)$$

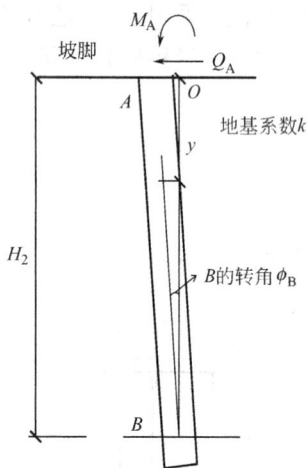

图 5-4 桩底端铰支模型图

底端弯矩 $M_B = 0$ 和剪力 $Q_B = 0$,可得:

$$\phi_0 = 2\frac{Q_A}{kB_p H_2(2y_0 - H_2)}$$

$$y_0 = \frac{H_2(3h_0 + 2H_2)}{3(2h_0 + H_2)}$$

$$(5-9)$$

式中 h_0——侧向土压力合力作用点距坡脚的垂直距离 (m)。

将 ϕ_0 和 y_0 的结算结果代入式 (5-7) 与式 (5-8) 即可求得桩侧位移、桩侧应力以及桩身内力。

(2) 桩底端铰支

桩底端为铰支的模型如图 5-4 所示,此时底端位移 $x_B = 0$ 和弯矩 $M_B = 0$,y 为桩嵌固段某一点距坡脚的垂直距离,底端的转角 ϕ_B 可由以下公式计算:

位移:$x_y = (H_2 - y)\tan\phi_B = (H_2 - y)\phi_B$

桩侧应力:$\sigma_y = kx_y = k(H_2 - y)\phi_B$

剪力:$Q_y = Q_A - \int_0^y \sigma_y B_p \mathrm{d}y = Q_A - kB_p\phi_B\left(H_2 y - \dfrac{y^2}{2}\right)$

弯矩:$M_y = M_A + \int_0^y Q_y \mathrm{d}y = M_A + Q_A y - kB_p\phi_B\left(\dfrac{H_2 y^2}{2} - \dfrac{y^3}{6}\right)$

$$(5-10)$$

在求弯矩时以受荷段和嵌固段的交点为计算点,即对该点求矩。

底端弯矩 $M_B = 0$,代入数据可得:

$$\phi_B = 3\frac{M_A + Q_A H_2}{kB_p H_2^3}$$

$$(5-11)$$

将 ϕ_B 的结算结果代入式 (5-10) 的相关公式可求得桩侧位移、桩侧应力以及桩身内力。

2. 弹性桩内力计算

将受荷段底部的剪力与弯矩作为已知荷载,当嵌固段桩身的变形不可以忽略时,则在内力计算时要加以考虑。根据嵌固段地层的地基系数建立挠曲微分方程,通过数学求解得到嵌固段桩身任意位置的位移和内力计算表达式,又根据桩底支撑条件计算得到嵌固段顶

部的位移和转角，即可求得桩身任意位置的内力和位移。计算
桩底端为自由和铰支的情况，由于桩底端固定很少采用就不计
算，弹性桩的模型如图 5-5 所示。

嵌固段的挠曲微分方程：

$$\frac{\mathrm{d}^4 x}{\mathrm{d} y^4} + 4\beta^4 x = 0 \tag{5-12}$$

求解这一微分方程，可以得到桩身任意截面的位移和内力。

位移：$x_y = x_A \varphi_1 + \dfrac{\phi_A}{\beta} \varphi_2 + \dfrac{M_A}{\beta^2 EI} \varphi_3 + \dfrac{Q_A}{\beta^3 EI} \varphi_4$

桩侧应力：$\sigma_y = k x_y$

剪力：$Q_y = Q_A \varphi_1 - 4 x_A \beta^3 EI \varphi_2 - 4\varphi_A \beta^2 EI \varphi_3 - 4 M_A \beta \varphi_4$

弯矩：$M_y = M_A \varphi_1 + \dfrac{Q_A}{\beta} \varphi_2 - 4 x_A \beta^2 EI \varphi_3 - 4\varphi_A \beta EI \varphi_4$

$$\tag{5-13}$$

图 5-5 弹性桩模型图

其中 φ_1、φ_2、φ_3、φ_4 为 "k" 法影响函数值，可按下式计算：

$$
\left.
\begin{aligned}
\varphi_1 &= \cos(\beta y)\,\mathrm{ch}(\beta y) \\
\varphi_2 &= \frac{1}{2}\big[\sin(\beta y)\,\mathrm{ch}(\beta y) + \cos(\beta y)\,\mathrm{sh}(\beta y)\big] \\
\varphi_3 &= \frac{1}{2}\sin(\beta y)\,\mathrm{sh}(\beta y) \\
\varphi_4 &= \frac{1}{2}\big[\sin(\beta y)\,\mathrm{ch}(\beta y) - \cos(\beta y)\,\mathrm{sh}(\beta y)\big]
\end{aligned}
\right\}
\tag{5-14}
$$

计算时先根据桩底约束条件，求得坡脚处（A 处）的位移 x_A 和转角 ϕ_A，再代入式 (5-12) 可求得桩身内力，其中 φ_{01}、φ_{02}、φ_{03}、φ_{04} 为 $y = H_2$ 所对应的影响函数值。一般考虑桩底端为自由和铰支两种情况，桩底端固定很少采用。

（1）桩底端自由，此时底端剪力 $Q_B = 0$ 和弯矩 $M_B = 0$，可解得：

$$
\left.
\begin{aligned}
x_A &= \frac{M_A}{\beta^2 EI} \cdot \frac{4\varphi_{04}^2 + \varphi_{01}\varphi_{03}}{4\varphi_{03}^2 - 4\varphi_{02}\varphi_{04}} + \frac{Q_A}{\beta^3 EI} \cdot \frac{\varphi_{02}\varphi_{03} - \varphi_{01}\varphi_{04}}{4\varphi_{03}^2 - 4\varphi_{02}\varphi_{04}} \\
\varphi_A &= -\frac{M_A}{\beta EI} \cdot \frac{4\varphi_{03}\varphi_{04} + \varphi_{01}\varphi_{02}}{4\varphi_{03}^2 - 4\varphi_{02}\varphi_{04}} - \frac{Q_A}{\beta^2 EI} \cdot \frac{\varphi_{02}^2 - \varphi_{01}\varphi_{03}}{4\varphi_{03}^2 - 4\varphi_{02}\varphi_{04}}
\end{aligned}
\right\}
\tag{5-15}
$$

（2）桩底端铰支，此时底端位移 $x_B = 0$ 和弯矩 $M_B = 0$，可解得：

$$
\left.
\begin{aligned}
x_A &= \frac{M_A}{\beta^2 EI} \cdot \frac{4\varphi_{03}\varphi_{04} + \varphi_{01}\varphi_{02}}{4\varphi_{02}\varphi_{03} - 4\varphi_{01}\varphi_{04}} + \frac{Q_A}{\beta^3 EI} \cdot \frac{4\varphi_{04}^2 + \varphi_{02}^2}{4\varphi_{02}\varphi_{03} - 4\varphi_{01}\varphi_{04}} \\
\varphi_A &= -\frac{M_A}{\beta EI} \cdot \frac{\varphi_{01}^2 + 4\varphi_{03}^2}{4\varphi_{02}\varphi_{03} - 4\varphi_{01}\varphi_{04}} - \frac{Q_A}{\beta^2 EI} \cdot \frac{\varphi_{03}\varphi_{04} + \varphi_{01}\varphi_{02}}{4\varphi_{02}\varphi_{03} - 4\varphi_{01}\varphi_{04}}
\end{aligned}
\right\}
\tag{5-16}
$$

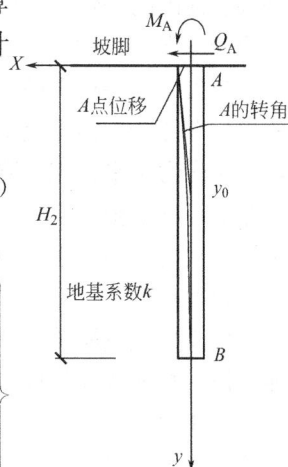

5.3 支挡结构与岩土体共同作用方法

5.3.1 土的本构关系模型选取

土的本构关系（也称本构模型或应力—应变关系等）是指在各种试验和工程实践经验

的基础上提出的一种数学模型，即土的力学特性的数学表达式，而土的力学特性通常指应力—应变—强度—时间等之间的关系。

目前提议的各种土的本构关系已经多得难以统计，但是广泛被应用于实际岩土工程计算的仍只有几个。实际上土的力学特性很复杂，具有非线性、弹塑性、各向异性、剪胀性等，同时应力水平、应力路径、应力历史以及土的状态均对其有显著的影响。土的本构模型大体上可分为弹性模型、弹塑性模型和黏弹性模型，下面主要介绍目前在边坡工程中广泛采用的模型即弹性模型与弹塑性模型。

1. 弹性模型

弹性模型比较简单，计算参数容易确定，有现场的试验规程可供使用。弹性模型分为线弹性模型与非线性弹性模型。

（1）线弹性模型

该模型的应力 $\{\sigma\}$ 与应变 $\{\varepsilon\}$ 呈线性关系，服从广义胡克定律，表达式为 $\{\sigma\}=[D]\{\varepsilon\}$，其中 $[D]$ 为常数的弹性矩阵。

线弹性模型对土的力学特性作了较大的简化，线弹性模型曾广泛地应用于地基和土工建筑物的沉降计算分析等问题。需配合合理判断和以往的经验，加以使用。

（2）非线性弹性模型

非线性弹性模型易于考虑土的初始应力状态，计算参数也容易确定，有现场的试验规程可供使用，因此在实际应用中较为普遍。该模型一般利用曲线拟合，曲线的拟合是针对特定的应力（应变）路径的试验结果，采用一定的数学公式所对应的数学曲线近似与模拟试验得到的应力应变曲线，常用的非线性模拟有：二次曲线（双曲线、抛物线、椭圆曲线）、幂函数、对数函数及样条函数等。下面以 Duncan-Chang 提出的非线性弹性模型为例。该模型采用 Kondner 关于砂土和黏土的常规三轴压缩试验时应力—应变关系可用双曲线表示的建议，定义切线弹性模量 $E_t = \partial(\sigma_1-\sigma_3)/\partial\varepsilon_1$，可以把它们表示成应力的函数形式：

加载：
$$E_t = \left[1 - \frac{R_f(1-\sin\varphi)(\sigma_1-\sigma_3)}{2c\cos\varphi + 2\sigma_3\sin\varphi}\right]^2 Kp_a\left(\frac{\sigma_3}{p_a}\right)^n \tag{5-17}$$

式中　E_t——切线模量（kPa）；

　　　R_f——破坏比，即土体破坏时偏应力 $(\sigma_1-\sigma_3)_f$ 与极限偏应力 $(\sigma_1-\sigma_3)_u$ 之比，一般为 $0.75\sim1.00$；

　　　c——土体黏聚力（kPa）；

　　　φ——内摩擦角（°）；

　σ_1、σ_3——土体的轴向压力、围压（kPa）；

　　　p_a——大气压或参考压力（kPa）；

　K、n——由试验确定的常数。

为了反映土体变形的可恢复部分与不可恢复部分，Duncan-Chang 模型在弹性理论的范围内，采用了卸载—再加载模量不同于初试加载模量的方法。对加荷和卸荷选用不同的模量，卸荷时，用卸荷模量 E_{ur} 代替切线模量 E_t。卸载模量可通过常规三轴压缩试验的卸载—再加载曲线确定。由于这个过程中应力应变表现为一个滞回圈，用一个平均斜率 E_{ur} 代替，其表达式如下：

$$E_{ur} = K_{ur} p_a \left(\frac{\sigma_3}{p_a} \right)^n \tag{5-18}$$

式中 K_{ur}——由试验确定的常数。

Duncan—Chang 模型能反映土体的主要变形特性，且采用加载模量和卸载模量来部分反映土的非线性性质，所采用的参数少，具有比较明确的物理意义，且可由常规的三轴剪切试验确定，因而在实际工程中得到了广泛应用。但该模型的主要缺点是不能反映土的剪胀性，也不能反映中间主应力 σ_2 对模量的影响，其实际应用受到了一定的限制。针对许多土体存在剪胀性的真实性状，沈珠江（1986 年）等提出了考虑球张量和偏张量相互交叉影响的非线性弹性模型，是一种可以考虑土体剪胀性的非线性应力—应变模型。

2. 弹塑性模型

土的弹塑性模型以塑性增量理论为基础，由于对塑性增量理论的不同认识和不同假定，针对不同的土料和荷载条件，目前已经建立了相当数量的土的弹塑性模型。这些模型大体上可分为以下几类：经典理想塑性模型、弹塑性帽子模型、边界面模型、内时理论模型、部分屈服面模型、应变空间模型、微观模型等，下面仅介绍支挡结构的内力分析中常用的剑桥模型（塑性帽子模型的一种）以及以剑桥模型为基础的修正模型。

德鲁克（Drucker）、吉布森（Gibson）和亨克尔（Henkel）（1957）首先建议在德鲁克—普拉格（Drucker-Parger）模型上加一球形帽子，随着土的加工硬化，锥与帽子一起膨胀，但几何形状保持不变，从而控制了土的塑性体积应变或剪胀性。同时选择土的密度（Density）作为加工硬化参数。

1958 年英国剑桥大学的罗斯科（Roscoe）提出了物态边界面、临界状态线等概念。1963 年罗斯科（Roscoe）与普鲁夏斯（Poorooshasb）研究了黏土应力—应变理论，然而没有建立在塑性理论基础上。同年，卡拉汀（Calladine）应用加工硬化塑性理论概念，对这一模型给以解释。1963 年罗斯科（Roscoe）、斯科菲尔德（Schofield）和特莱拉佳（Thurairajah）在塑性力学加工硬化理论基础上，对正常固结重塑黏土建立了第一个土的弹塑性帽子模型，即剑桥（Cam-Clay）。剑桥模型开创了土力学的临界状态理论，该模型在 p-q 平面上的屈服轨迹方程如式（5-19），屈服轨迹为子弹头形。

$$f = \frac{q}{p} - M\ln\frac{p_0}{p} = 0 \tag{5-19}$$

式中 p——有效体积应力（kPa），$p = \frac{1}{3}(\sigma_1 + \sigma_2 + \sigma_3)$；

q——偏应力（kPa），反映复杂应力状态下土体受剪的程度

$q = \frac{1}{\sqrt{2}} \left[(\sigma_1 - \sigma_2)^2 + (\sigma_2 - \sigma_3)^2 + (\sigma_3 - \sigma_1)^2 \right]^{\frac{1}{2}}$；

M——平面上临界状态线的斜率，$M = \frac{q}{p}$；

p_0——屈服面与 p 轴交点的横坐标，即等压固结达到给定孔隙比时的围压（kPa）。

1965 年伯尔兰特（Burland）建议修正了剑桥模型，随后罗斯科（Roscoe）和伯尔兰特（Burland）将其推广到一般三维应力状态中。修正剑桥的屈服轨迹为椭圆，如图 5-6 所示，其方程为：

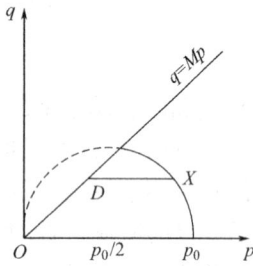

图 5-6　修正剑桥模型
的屈服轨迹

$$f = \left(\frac{p - \dfrac{p_0}{2}}{\dfrac{p_0}{2}}\right)^2 + \left(\frac{q}{\dfrac{Mp_0}{2}}\right)^2 - 1 = 0 \tag{5-20}$$

剑桥模型是当前在支挡结构的内力分析中应用最广的模型之一，其主要特点有：基本概念明确；较好地适用于正常固结黏土和弱超固结黏土；仅有 3 个参数，都可以通过常规三轴试验求出，在岩土工程实际工作中便于推广；考虑了岩土材料静水压力屈服特性、剪缩性和压硬性。

土的本构关系模型比较复杂，对于土质条件较好，且进行较简单的估算，可采用线弹性模型或非线性模型（如 Duncan—Chang 模型）；如需要进行较精确地计算，可采用弹塑性模型（如对于黏性土，建议采用以剑桥模型 Cam—Clay 为基础的修正模型，对于砂性土，建议采用 Lade—Duncan 模型等，）也可同时考虑土的固结（建议采用 Biot 固结理论）和变形耦合作用。

5.3.2　有限元法

1. 有限元法基本理论

有限单元法是一种已发展成熟、适用广泛的数值方法，自从 20 世纪 60 年代美国克拉夫（Clough）和伍德沃德（Woodward）首次将有限元分析土坝的稳定性以来，有限元在岩土工程中被广泛应用。它的基本原理是：将无限自由度的结构体转化为有限个自由度的等价体系，即将结构离散成有限个小单元，用这些离散单元体代替原来的结构，因此，将对结构的分析就转化为对单元体的分析。

根据分析时所选取未知量的不同，有限元法可分为位移法、力法和混合法。有限元法的理论基础是变分原理，最常用的变分原理有最小势能原理、最小余能原理和混合变分原理。其中，位移法是采用最小势能原理须假设单元内位移场函数的形式；力法是采用最小余能原理须假设应力场的形式；混合法是采用混合变分原理须同时假设某些位移和某些应力。用有限元法处理瞬态问题时常用的变分原理为 Hamilton 原理，进行静力分析时，应用位移法较为简单。根据应力应变的关系又可将其分为线性有限元法和非线性有限元法，而非线性有限元分析则可逐段地化为一系列线性有限元问题。因此，线性分析是非线性分析的基础。下面主要介绍线弹性问题的有限元分析中采用的位移法。

2. 有限元法分析过程

线弹性问题的有限元分析中采用的位移法主要分以下三个步骤。

（1）离散化

将一个连续的弹性体划分为一个离散的结构体，它是由若干个有限大小的单元并仅在有限个节点上相互连接而组成的。当结构进行离散化后，结点总数和单元总数等控制参数，单元和结点间的对应关系，由节点坐标、厚度等规定的单元的几何性质，单元的材料性质参数，边界点约束条件以及荷载情况的处理，就都确定了。

（2）选择位移函数

在结构的离散化完成之后，就可以对典型单元进行特性分析。此时，为了能用结点位移表示单元体的位移、应变和应力，在分析连续体问题时，必须对单元中位移的分布作出一定的假定，也就是假定位移是坐标的某种简单函数，这种函数就称为位移函数。

位移函数的适当选择是有限元法分析中的关键。在有限元法应用中，普遍地选择多项式作为位移函数。其原因是因为多项式的数学运算（微分和积分）比较方便，并且由所有光滑函数的局部看来都可以用多项式逼近，即所谓不完全的泰勒级数。至于多项式项数和阶次的选择则要考虑到单元的自由度和有关解的收敛性要求。一般说来，多项式项数应等于单元的自由度数，它的阶次应包含常数项和线性项。

根据所选定的位移模式，就可以导出用结点位移表示单元内任一点位移的关系式，其矩阵形式是：

$$\{f\} = [N]\{\delta\}^e \tag{5-21}$$

式中　$\{f\}$——单元内任一点的位移列阵；

　　　$[N]$——形函数矩阵，它的元素是位置坐标的函数；

　　　$\{\delta\}^e$——单元的结点位移阵列。

（3）单元分析

位移函数选定以后，就可以进行单元力学特性的分析。它包括三部分内容。

1）几何方程

利用几何方程由位移表达式（5-21）导出用结点位移表示单元应变的关系式：

$$\{\varepsilon\} = [B]\{\delta\}^e \tag{5-22}$$

式中　$\{\varepsilon\}$——单元内任一点的应变列阵；

　　　$[B]$——形函数列阵。

$[B]$矩阵可写成分块形式：

$$[B] = [B_i B_j B_m]$$

其子矩阵为：

$$[B_i] = \frac{1}{2A} \begin{bmatrix} b_i & 0 \\ 0 & c_i \\ c_i & b_i \end{bmatrix} \quad (i \quad j \quad m) \tag{5-23}$$

式中　$A = \begin{bmatrix} 1 & x_i & y_i \\ 1 & x_j & y_j \\ 1 & x_m & y_m \end{bmatrix}$ =单元面积，x_i、y_i 为结点 i 的坐标，i, j, m 依次循环得其余各式；

$b_i = y_j - y_m$，$c_i = x_m - x_j (i, j, m)$。

2）物理方程

利用物理方程由应变的表达式（5-22）导出用结点位移表示单元应力的关系式：

$$\{\sigma\} = [D][B]\{\delta\}^e \tag{5-24}$$

式中　$\{\sigma\}$——单元内任一点的应力列阵 $\{\sigma\} = \{\sigma_x \sigma_y \tau_{xy}\}^T$；

　　　$[D]$——单元材料有关的弹性矩阵。

对于非线性材料（如非线性弹性、弹塑性等材料），采用一定的算法，只是矩阵 $[D]$ 不同而已，对各种材料均可采用式（5-24）表达。这里给出各向同性材料的平面应力情况的表达式：

$$[D] = \frac{E}{1-\mu^2} \begin{bmatrix} 1 & \mu & 0 \\ \mu & 1 & 0 \\ 0 & 0 & \dfrac{1-\mu}{2} \end{bmatrix} \tag{5-25}$$

式中　E——弹性模量（kPa）；

　　　μ——泊松比。

平面应变情况下的弹性矩阵，把式（5-25）中的 E 代入 $\dfrac{E}{1-\mu^2}$，μ 代入 $\dfrac{\mu}{1-\mu}$ 即可。

3）虚功原理

利用虚功原理建立作用于单元上的结点力和结点位移之间的关系式，即单元的刚度方程：

$$\{R\}^e = \iiint [B]^T \{\sigma\} \, \mathrm{d}x\mathrm{d}y\mathrm{d}z = \iiint [B]^T[D][B] \mathrm{d}x\mathrm{d}y\mathrm{d}z \{\delta\}^e = [k]\{\delta\}^e \tag{5-26}$$

式中　$[k]$——单元刚度矩阵，$[k] = \iiint [B]^T[D][B] \mathrm{d}x\mathrm{d}y\mathrm{d}z$。

上式的积分应遍及整个单元的体积。

（4）总体分析

由所有单元的特征，按通常结构力学方法组合，导出整个有限元系统的性质，称为总体分析。有了单元的劲度矩阵式，即可将任一结点 i 的平衡方程改为结点位移表示：

$$\sum_e \sum_{n=i,j,m} [k_{in}]\{\delta_n\} = \{R_i\} \tag{5-27}$$

式中　$[k_{in}]$——单元刚度矩阵 $[k]$ 的元素，是该单元上在 n 结点发生单位位移时所对应
　　　　　　　的 i 结点的结点力；

　　　$\{R_i\}$——i 结点的荷载。

将结构上各结点的平衡方程集合在一起，即得整个结构的平衡方程组为：

$$\{R\} = [k]\{\delta\}$$

式中　$\{R\}$——结点荷载；

　　　$[k]$——结构的整体刚度矩阵；

　　　$\{\delta\}$——结点的位移。

3.有限元法的应用

1975 年，英国科学家 Zienkiewicz 提出在有限元中采用增加荷载或降低岩土强度的方法来计算岩土工程的极限荷载和安全系数。20 世纪八九十年代曾用于边坡和地基的稳定分析。近年来，有限元法应用于支挡结构的内力分析中，下面主要介绍有限元法在支挡结构的内力分析中的具体应用。

用传统方法进行边（滑）坡支挡结构设计，通常，先采用极限平衡法确定支护结构上的推力（岩土侧压力），但要求事先准确确定破坏滑动面的位置与形状，并采用合理的方法计算，这样才能准确算出岩土压力，还要明确岩土压力如何分布在支挡结构上。传统计算方法中，作用在支挡结构上的岩土压力分布是假定的，一般假设为矩形、三角形或梯形分布。假定不同的分布形式对支挡结构内力计算有很大差异，因而传统算法会有较大误差。然后，采用弹性地基梁法计算抗滑桩结构的内力，弹性地基梁法作了人为假设，而且

地基系数也难以准确确定。采用有限元法可以严格按照弹塑性理论计算，并充分考虑岩土体与支挡结构的共同作用，不需要对边（滑）坡推力的分布作任何假定，还可以直接计算出支挡结构内力。尤其当采用锚桩支护等复杂结构时，有限元法可以准确地进行结构优化计算，而传统方法是在假定桩上推力分布的基础上进行优化，因而优化计算的可信度很低。

（1）有限元模型的建立

首先应该确定土体、支挡结构的力学模型。土的力学模型比较复杂，可按 5.3.1 节中的建议选取。桩与滑体之间接触面采用桩与土共节点但材料性质不同的连续介质模型。

然后，根据问题的性质选择合适的单元类型、大小与排列，应尽可能正确地模拟原来的土体和结构。单元的边线应当与力学性质不同的土层界面相一致。在应力梯度很大的地方，单元应加密。土体单元在平面问题中最简单的是三角形单元；在空间问题中，最简单的是四面体或六面体单元，目前应用较多的是六面体八节点或二十节点等单元。

当抗滑桩与锚杆（索）联合使用或者单独使用作为边（滑）坡的支护结构时，采用有限元计算充分考虑了锚杆（索）、桩与岩土介质的共同作用。一般锚杆不施加预应力，属于被动式支护，可采用杆单元模拟。而锚索一般是施加预应力的，属主动式支护，其施加的预应力，一般就是锚索的设计锚固力。传统的做法是在锚索的两锚固点，施加一对压力代表锚固力，这种情况下，锚索的作用力与岩土介质的变形无关。为了更好模拟锚索作用，也可采用杆单元来模拟锚索，锚索的预应力可以通过设置初应变来获得，初应变要根据设计锚固力来反算。施加预应力锚索后，随着滑体强度参数的降低，锚索的受力会逐渐增大，当锚索受力大于锚索设计抗拉强度时，锚索失效。

（2）计算参数

采用连续介质有限元法计算支挡结构的内力，关键在于如何正确地选用土的参数。支挡结构一般情况下是在弹性范围内工作，可假设为弹性介质，因而参数的确定较为容易而准确。但对于土这种复杂的三相材料，由于土性的复杂及土本身的不可重复性，在土力学中可以有通用的本构模型，但不会有通用的模型参数。使用任何模型时必须针对具体的土进行试验，确定其参数。要正确地得到模型中有关土的计算参数就不那么容易了，因为影响土的参数变化的因素很多，除了与自身的特性有关外，还与外部条件密切相关，如施工工艺、施工周期、雨水、人工扰动等，所以参数的选定需全面考虑。

（3）模拟与计算

开挖和支护过程的模拟。开挖和支护采用单元的"死活"来实现。所谓单元"杀死"，就是将单元刚度矩阵乘以一个很小的因子（10^{-6}），死单元的荷载将为 0，从而不对荷载向量生效，同样，死单元的质量也设置为 0，单元的应变在"杀死"的同时也将设为 0。与上面的过程相似，桩的施加采用单元的"出生"来模拟，并不是将单元增加到模型中，而是重新激活它们，其刚度、质量、单元荷载等将恢复其原始的数值，重新激活的单元没有应变记录，所有单元都要事先划分好。根据现场实际施工过程，有限元计算分 4 步：

1）计算未开挖前的初始应力场。

2）施工桩，激活桩单元，同时施加锚固力。

3）开挖，杀死要开挖的土体单元。

4）取边坡稳定安全系数，滑体强度参数折减相应倍数后计算。

滑坡推力计算与验算。滑坡推力安全系数采用强度贮备系数的定义，即将滑体强度参数折减相应倍数后计算滑坡水平推力。利用 ANSYS 软件提供的路径分析功能，沿桩从滑面到顶部设置路径，将水平应力映射到路径上，然后沿路径对水平应力进行积分，就可以得到总的滑坡水平推力。

抗滑桩轴力、弯矩、剪力的计算。抗滑桩用梁单元模拟，桩的断面积、惯性矩等可以在其对应的实常数中定义，该单元即可输出轴力、弯矩、剪力等。

5.3.3　其他数值分析方法

1. 有限差分法（FDM）

有限差分法的基本思想是将连续的定解区域用有限个离散点构成的网格来代替，把连续定解区域上的连续变量的函数用网格上定义的离散变量函数来近似，把原方程和定解条件中的微商用差商来近似，积分用积分和来近似，于是原微分方程和定解条件就近似地代之以代数方程组，即有限差分方程组，解此方程组就可以得到原问题在离散点上的近似解，然后再利用插值方法便可以从离散解得到定解问题在整个区域上的近似解。由于这种方法比较直观，容易编制程序，所以从 20 世纪 40 年代以来，至今仍得到广泛的应用。但对于边坡稳定的分析较少直接用有限差分法进行，而在某些特定的条件下，将差分法和其他方法结合使用来处理一些课题，可使数值方法解决问题的能力得到提高。

2. 边界元法（BEM）

边界元法是 20 世纪 70 年代发展起来的一种数值方法，Cronch S L 于 1976 年首先将其应用于分析层状岩体的开挖稳定问题。与有限元方法不同，它只对研究区的边界进行离散，因而它要求的数据输入量较少。边界元法本质上是求解边界积分方程的一种数值方法，它与有限元法有某些相似之处，通过形函数对单元进行等参变换，其基本未知量是边界单元上的函数值。该方法对处理无限域和半无限域问题较为理想。边界元法的优点是应用 Guass 定理使问题降阶，将三维问题化为二维问题，将二维问题化为一维问题，大大减少了计算工作量，并保持了较高的精度。边界元法的缺点是必须事先知道求解问题的控制微分方程的基本解，它在处理材料的非线性、不均匀性、模拟分步开挖等方面还远不如有限元法，尤其对于非线性问题，基本解的求出十分困难，它同样不能求解大变形问题，它目前在边坡岩体稳定性分析中的应用还远不如在地下洞室中应用广泛。

3. 无界元法（IDEM）

为了克服有限元法在计算时其计算范围和边界条件不易确定的这一缺点，Bettess P 于 1977 年提出了无界元方法。它可以看做是有限元方法的推广，它采用了一种特殊的形函数及位移插值函数，能够反映在无穷远处的边界条件，近年来已比较广泛地应用于非线性问题、动力问题和不连续问题等的求解。无界元的优点是有效地解决了有限元方法的"边界效应"及人为确定边界的缺点，在动力问题中尤为突出；显著地减小了解题规模，提高了求解精度和计算效率，这一点对三维问题尤为显著。它目前常常与有限元法联合使用，互取所长。

4. 快速拉格朗日分析法（FLAC）

为了克服有限元等数值分析法不能求解岩土大变形问题的缺陷，最早由 Cundall P A 提出了 FLAC 数值分析方法，它是一种显式时间差分解析法，由美国 Itasca 咨询公司首先使用并推广。该方法基于牛顿运动定理，考虑到材料的非线性和几何学上的非线性，使用了离散模型方法、动态松弛方法和有限差分方法三种技术将连续介质的动态演化过程转化为离散节点的运动方程和离散单元的本构方程求解，即首先由节点的应力、外力（或速度）变化和时间步长利用虚功原理求节点不平衡力及速度，再根据单元的本构方程，由节点速度求单元的应变增量、应力（或位移）增量和总应力，进而进入新的循环。该方法较有限元方法能更好地考虑岩土体的不连续性和大变形特征，求解速度较快，适用于求解非线性大变形，但其缺点是同有限元方法一样，计算边界、单元网格的划分带有很大的随意性，本质上仍属于求解连续介质范畴的方法。

5. 离散元法（DEM）

离散元法是由 Cundall P A 于 20 世纪 70 年代首先提出并应用于岩土体稳定性分析的一种数值分析方法。它是一种动态的数值分析方法，可以用来模拟边坡岩体的非均质、不连续和大变形等特点，因而，也就成为目前较为流行的一种岩土体稳定性分析数值方法。该方法在进行计算时，首先将边坡岩体划分为若干刚性块体（目前已可以考虑块体的弹性变形），以牛顿第二运动定律为基础，结合不同本构关系，考虑块体受力后的运动及由此导致的受力状态和块体运动随时间的变化。它允许块体间发生平动、转动，甚至脱离母体下落，结合 CAD 技术可以在计算机上形象地反应出边坡岩体中的应力场、位移及速度等力学参量的全程变化。该法适用于不连续介质、大变形、低应力水平，对块状结构、层状破裂或一般碎裂结构岩体比较适合，特别适用于节理岩体，可解决准静态问题，但对真正的动态问题需做些处理。DEM 方法存在的主要问题是阻尼的选取和迭代计算的收敛性。

6. 非连续变形分析（DDA）

DDA 是石根华教授于 20 世纪 80 年代提出的一种新的数值方法。该方法用一种类似于离散元的块体元来模拟被不连续面切割成的块体系统，在此过程中，块体通过不连续面间的接触连成整体。此方法的计算网格（单元）与岩体物理网络相一致，可以反映岩体连续和不连续的具体部位。DDA 通过不连续面间的相互约束建立整个系统的力学平衡条件，但与一般的连续介质法不同，它引入了非连续接触和惯性力，采用运动学方法来解决非连续的静力和动力问题，其特点是考虑了变形的不连续性和引入了时间因素，既可以计算静力问题，又可以计算动力问题。它可以计算破坏前的小位移，也可以计算破坏后的大位移，如滑动、崩塌、爆破及贯入等，还可考虑渐进型破坏，因此，DDA 特别适合于极限状态的设计计算，这为其在工程界的应用开辟了广阔的前景。

DDA 方法的理论体系严密，总体上由变分原理控制，方程组的求解以位移为未知量，属位移法，其位移的模式与有限元法相同。它在求解方程组的过程中，若刚度矩阵是病态的，可采用时间步或罚函数来限制刚体运动，但它们的选取较为困难，并且防止块体相互侵入的容许值很难确定，而且在实际应用时，常因考虑的块体数量众多，计算时间较长，这些问题使得 DDA 受到限制，应用还不十分广泛，但无疑它是一种很有潜力的数值分析方法。

7. 流形元法（NNM）

流形元法是石根华通过研究 DDA 与有限元的数学基础于 1995 年提出的，是 DDA 与有限元的统一形式。流形元以最小位能原理和现代数学"流形"分析中的有限覆盖技术为基础，建立起一种新的数值分析方法，统一解决了连续与非连续变形的力学问题。有限覆盖由物理覆盖和数学覆盖组成，有限元在流形方法中只有一个单独的物理覆盖，它覆盖了全部的数学覆盖；而 DDA 在流形元法中，则有许多物理覆盖，它们各自覆盖一部分数学覆盖。这两种方法在流形元法中只是两个特殊的例子。在流形元法中，只要用两种不同的覆盖组合，就可以解决比有限元和 DDA 更具有普遍意义的复杂问题。该方法被用来计算结构体的位移和变形，在积分方法上采用与传统数值方法不同的方法——单纯形上的解析积分形式。近几年周维垣、裴觉民等相继将 NNM 引入我国工程界，在边坡稳定性分析中得到一定的应用。

流形元方法有很大的灵活性，可计算块体和裂隙中明显可见的变形和位移，因此可适用于不连续介质、大变形，可以统一解决 FEM、DDA 和其他数值方法耦合的计算问题。目前流形元法还处于初始发展阶段，期待进一步的深入研究。

8. 无单元法（EFM）

无单元法是一种新的数值分析方法，它采用滑动最小二乘法所产生的光滑函数近似场函数，将计算区域离散成若干节点，进而根据每个节点的形函数集成整体方程组进行计算。无单元法最早由 Lacaster P 等提出，用于构造插值函数来拟合曲线和曲面。Nayroles 等于 1992 年在研究有限元法的过程中提出，Bleytschko 等于 1994 年对 Nayroles 的方法进行了改进，提出了无单元伽辽金法，之后，得到许多学者的完善和发展，无单元法在许多领域逐步得到应用。与有限元不同，无单元法只需结点信息参数而不需划分单元，节点可以自由分布，且与积分网格无关，具有信息简单、灵活和精度高的特点，可以求解复杂边界条件的边值问题，它特别适用于岩土工程数值分析，具有广阔的应用前景。当然，无单元法本质上是一种非线性插值方法，虽有助于提高解答的精度和解的连续性，但因与各种非线性因素的交织与相互作用，在研究中还存在着一些困难，如何合理准确地确定影响半径的大小、权函数选择、已知边界条件的处理（特别是位移边界条件的处理）等，它们是目前无单元法研究中的主要困难，另外无单元的计算量相比有限元有较大的增加。

5.4　边坡施工过程受力分析

传统的边坡设计方法实际上是静力学分析方法（地震、动力作用情况下除外），认为岩体参数、荷载、几何尺寸、边界条件等都是事前确定下来的。事实上，边坡结构形成过程是一个动态过程，与最终状态有很大区别。在以往的施工中，已经发生了大量的工程事故，这促使人们逐渐认识到应该面对施工过程的力学问题。近年来，在岩土工程中提出的动态设计思想就是解决这类问题的方法之一。动态设计实际上是边设计边施工或边更改边施工，是一种根据实际情况调整设计的被动方法。就设计原理而言，还是"最终状态设计方法"，只是根据实际情况进行修正。随着动态设计法的发展，结合动态设计、施工、监测及信息反馈融为一体的信息法施工得到大力推广。信息法施工应贯穿于施工组织设计和现场施工的全过程，使监控网、信息反馈系统与动态设计和施工活动有机结合在一起，不断将现场水文地质变化情况反馈到设计和施工单位，以调整设计与施工参数，指导设计与施工。

对边坡施工过程的模拟能分析每个施工子步下支挡结构的内力和变形，且能考虑施工步间的相互影响，为动态设计及信息法施工提供依据。边坡施工过程的模拟是以施工力学为基础，是施工力学的一种常用分析方法。由于时变力学原理的提出，从根本上改变了边坡工程的设计方法。直到 20 世纪 60 年代，学者们才逐渐介入这一领域的研究。Brown 和 Goodman（1966）曾对边坡开挖问题进行了有限元分析。Woodward 和 Clough 通过对比分析堤坝应力变形计算中考虑和不考虑施工因素的差别，由于逐级加荷与一次性加荷对坝体的变形机理不同，使得受力分析结果存在极大的差异。Finn（1966）、Woodward 和 Clough（1967）等人相继研究过边坡和堤坝的天然应力场和开挖步骤问题，但没有考虑水平构造应力场的影响。

1. 施工力学简介

随着国民经济基础设施建设规模的不断扩大，土木工程中的建筑施工事故不断增多，通过对我国 1985～1995 年这十年 357 起倒塌事故统计，有 78% 是在施工过程中发生的，而追究其原因，其中由于设计中未考虑施工过程中诸多因素或对施工过程中复杂与突发情况未进行应有受力分析，而导致事故的，占到相当比例。

近代工程力学的发展要求设计中不但要考虑工程结构自身稳定性，同时也要考虑施工与形成过程中，不同阶段的中间产物及其相互影响的动态效应。由此，促成了施工力学问题关键因素的提出，即对工程施工时序的概念，以及由此产生的力学效应等问题的认识。因此施工过程中，对于结构物及工程介质的分析，及其相互作用的力学研究，形成了与工程建设密切相关的新的工程力学学科分支——施工力学。施工力学这一概念确立的最根本出发点，实际上就是对工程施工的"工步"——逐级加载，"时序"——计算域可变，以及其他因素的认识和考虑。施工"路径"和方式对复杂结构的建造过程以及最终成型的竣工状态都有很大影响，与一次成型的设计状态下的分析结果有较大差别，需在结构设计和施工中加以考虑。

施工力学是工程力学与土木工程等工程学科结合的产物，需要基础科学与工程科学密切配合与交叉、渗透。施工力学研究在理论上属于学科前沿，反应学科交叉；在应用上与国民经济密切相关，是工程技术发展亟待解决，体现科技与经济相结合的一个重要研究方向，其成果将会对全国工程建设以及 21 世纪发展产生广泛、长远影响。

研究施工力学的方法整体上分为两种：解析法和数值法。考虑到采用解析法计算施工力学问题具有相当的难度，目前可以用于施工力学研究的方法以有限元法和快速 Lagrangian 分析（FALC）法对切坡开挖支护工程最为简单、通用。下面介绍采用有限元法模拟挖方边坡施工过程。

2. 边坡施工过程的数值模拟

对于挖方边坡工程，从施工到结束都经过较长的时间，施工过程是一个逐步开挖卸荷的过程，坡体的几何形状、物理和边界特性等随时间逐步变化，开挖破坏了岩体原有的物理和力学平衡，这将破坏岩体原有的物理和力学平衡，需要通过一个调整转换的过程达到新的平衡和稳定状态。一个边坡工程的成败，施工期的稳定、安全、经济，都不仅和该工程的最终状态有关，还与达到此状态所经过的路径和所采用的方法有关。

由于岩体中存在大量的裂隙、节理、层理等割裂带，使岩体在力学上表现出强烈的非线性特性，其最后的力学状态取决于加载过程、几何域或物理参数的时变过程。时变分析模型与最终状态分析模型的不同导致分析结果的较大差异。由于非线性岩体边坡施工力学是解变系数偏微分方程，采用此解析法难度很大，因此目前大多采用数值方法求解。

边坡工程施工力学分析是计算体系力学特性的时序演变规律，边坡工程的切坡施工可视为是部分卸载（切坡施工）和局部加载（分步支护）的复杂情况，且岩体内发生的非线性力学行为是不可逆的。不同的施工工艺和施工顺序引起工程地质体的不同的加载—卸载历史，形成不同应力—变形历史和应力路径，也就是说，整个施工过程的某阶段及施工结束时的应力—变形状态都取决于中间的施工顺序及其加载—卸载历史，这个过程是连续且不可逆的。

由于支护结构的结构形式及计算参数随着施工的进程是逐渐变化的，因此不同工况下支护结构的计算模型不同。在施工工况计算的位移与内力要按求解非线性问题的增量法加上前一个施工工况已产生的位移和内力。

目前所有的数值计算中，以有限元法最为简单、通用，因为它是建立在连续介质力学理论基础之上的，故而可将边坡岩体体系的总势能用下式表示：

$$\Pi = \int_V \left| \frac{1}{2} \{\varepsilon\}^T [D] \{\varepsilon\} + \{\sigma\}_0^T \{\varepsilon\} \right| dV - \int_V \{f\}^T \{\mu\} \, dV - \int_{S_\sigma} \{\overline{T}\} \{\mu\} \, dS \quad (5-28)$$

式中　　　　　　$[D]$——弹性矩阵；

　　　　　　　　$\{\varepsilon\}$——应变向量；

　　　　　　　　$\{\sigma\}_0$——初应力向量；

　　　　　　　　$\{\mu\}$——体系的位移向量；

$\{f\} = \{f_x, \ f_y, \ f_z\}^T$——体积力向量；

$\{\overline{T}\} = \{\overline{T}_x, \ \overline{T}_y, \ \overline{T}_z\}^T$——体系单位表面积上给定的表面力，正负取决于与坐标轴方向
　　　　　　　　　　　一致与否；

　　　　　　　　V——体系变形能的整个积分域；

　　　　　　　　S_σ——体系上给定表面力的积分域。

在上式的积分意义下，引入逼近原体系的有限元离散形式：

$$\Pi = \frac{1}{2}[U]^T \left| \sum_{i=1}^m [T^e]_i^T [K^e]_i [T^e]_i \right| [U] + [U]^T \sum_{i=1}^m [T^e]_i^T$$
$$\times \left| \int_{V_i} [B^e]_i^T \{\sigma\}_0 \, dV - \int_{V_i} [N^e]_i^T \{f\} \, dV - \int [N^e]_i^T \{\overline{T}\} \, dS \right| \quad (5-29)$$

式中　　$[U]$——离散体系总的节点位移向量；

　　　　$[K^e]$——单元刚度阵；

　　　　$[N^e]$——单元的形函数矩阵；

　　　　$[B^e]$——单元的几何矩阵；

　　　　$[T^e]$——一个与单元局部坐标总体坐标旋转变换有关的转换阵。

再根据系统的最小势能原理，对上式通过位移变分可获得整个离散体系有限元平衡方程的最一般形式：

$$[K]\{U\} = [R] \quad (5-30)$$

式中　　$[K]$——有限元体系的总刚度阵；

　　　　$[R]$——有限元平衡方程的右端项。

王光远在"论时变结构力学"中指出，结构施工的时效较慢，归结为慢速时变力学，主要研究土木工程的施工力学问题，可采用时间冻结法，将结构的若干最不利工作状态冻结，在每个状态中按时不变结构力学分析。边坡工程的稳定分析可采用时间冻结法，将开挖支护进行分段，在每段的设计中按静力分析，最后将不同段分析总和后，得到时变空间

的结果，并从中总结出一般规律，形成分段时变力学的计算方法。

开挖过程的分析可以按照增量法的格式确定：

$$\{\sigma_1\} = \{\sigma_0\} + \{\Delta\sigma_1\} \tag{5-31}$$

依次类推可得位移场和应力场的增量法格式：

$$\{\sigma_n\} = \{\sigma_0\} + \sum_{i=1}^{n}\{\Delta\sigma_i\} \tag{5-32}$$

$$\{\mu_n\} = \sum_{i=1}^{n}\{\Delta\mu_i\} \tag{5-33}$$

其中初始应力场和初始位移场分别为$\{\sigma_0\}$和$\{\mu_0\}$，开挖终了应力场和位移场分别为$\{\sigma_n\}$和$\{\mu_n\}$。

根据这种格式应用有限元法进行分步计算，即可得到分析对象的中间受力状态和最终受力状态。可以看出，每一工步的计算都是将前一步的应力和位移作为下一步计算的初始条件，也就是将岩体施工力学问题处理为初应力问题，模拟过程更切合工程实际，分析的可信度较高。至于施工前边坡的初始应力状态，可以通过现场应力测量、实物模型试验等方法获得。

5.5 算例

如图 5-7 所示，已知切坡坡顶有均布荷载 $q = 10\text{kPa}$；桩长 15m，其中悬臂段 10m，嵌固段 5m，桩截面尺寸为 $1.2\text{m} \times 1.8\text{m}$，桩身混凝土等级为 C30；坡体岩土层分为两层，上部为砂土，$\gamma = 20\text{kN/m}^3$、$\varphi = 30°$、$c = 0$，下部为泥岩 $\gamma = 24\text{kN/m}^3$、$\varphi = 45°$、$c = 100\text{kPa}$，泥岩的单轴抗压强度 $f_{rk} = 10\text{MPa}$；试计算桩身内力。

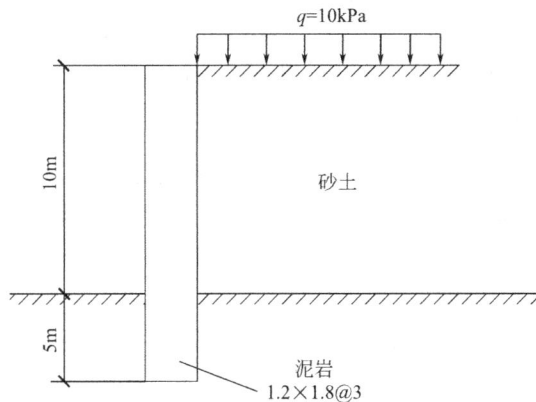

图 5-7 算例计算简图

1. 荷载结构分析方法计算

（1）侧向土压力的计算

基岩面倾角较平缓，土体不易沿基岩面发生整体滑动，所以作用在桩上的侧压力可认为是主动土压力，对于上部 10m 的土体，其侧向土压力计算如下：

取 $\gamma = 20\text{kN/m}^3$，$\alpha = 90°$，$\varphi = 30°$，$c = 0$，$\beta = 0$，$\delta = 0$，$q = 10\text{kPa}$，$H_1 = 10\text{m}$

$$K_q = 1 + \frac{2q\sin\alpha\cos\beta}{\gamma H_1 \sin(\alpha+\beta)} = 1 + \frac{2\times10\times1\times1}{20\times10\times1} = 1.1 \qquad \eta = \frac{2c}{\gamma H_1} = 0$$

所以，主动土压力系数：

$$K_a = \frac{\sin(90°+0)}{\sin^2 90°\sin^2(90°+0-30°-0)}\{1.1\times[\sin(90°+0)\sin(90°-0)+$$

$$\sin(30°+0)\sin(30°-0)]+2\times0\times\sin90°\times\cos30°\times\cos(90°+0-30°-0)-$$

$$2\times\sqrt{1.1\times\sin(90°+0)\sin(30°-0)+0\times\sin90°\times\cos30°}\times$$

$$\sqrt{1.1\times\sin(90°-0)\sin(30°+0)+0\times\sin90°\times\cos30°}\}$$

$$=0.3667$$

$$E_a = \frac{1}{2}\gamma H_1^2 K_a = \frac{1}{2}\times20\times10^2\times0.3667 = 366.7\text{kN/m}，取 E_{ah1} = 367\text{kN/m}$$

（2）设计桩参数

桩的截面形式采用矩形，截面尺寸为 1.2m×1.8m，受荷段 $H_1 = 10$m，嵌固段 $H_2 = 5$m，桩间距 $L = 3$m，桩身混凝土等级为 C30。

（3）悬臂端内力计算

$$b\times q = \frac{E_{ah1}\times L}{H_1 - 0.5h} = \frac{367\times3}{10-0.5\times10} = 220.2\text{kN/m} \qquad (h \text{ 为填土厚度})$$

相应的受荷段和嵌固段分界处的剪力 Q 和弯矩 M 为：

$$Q = E_{ah1}\times L = 367\times3 = 1101\text{kN}$$

$$M = b\times q\times\frac{h}{2}\left(H_1-\frac{2}{3}h\right)+b\times q\times\frac{(H_1-h)^2}{2} = 3670\text{kN·m}$$

侧向土压力合力作用点距离坡脚的垂直距离 h_0：

$$h_0 = \frac{qK_a\dfrac{H_1}{2}+(1-H_1+q)\times H_1\times\dfrac{1}{2}\times\dfrac{H_1}{3}}{(qK_a+1-H_1+qK_q)\times H_1\times\dfrac{1}{2}} = 3.485\text{m}$$

（4）桩嵌固段内力计算

将受荷段和嵌固段分界处的剪力 Q 和弯矩 M 作为已知力，根据嵌固段的地基系数、桩底支撑条件等，采用"k"法计算嵌固段内力。在本例中根据岩土体条件确定桩底约束为铰接。

桩的计算宽度 $B_p = 1.2+1 = 2.2$m

根据嵌固段泥岩体的单轴抗压强度，确定地基系数。

$$I = \frac{ba^3}{12} = \frac{1.2\times1.8^3}{12} = 0.5832\text{m}^4$$

$$E = 0.8E_c = 0.8\times3.0\times10^4\text{MPa} = 2.4\times10^4\text{MPa}$$

$$E_I = 2.4\times10^4\times10^3\times0.5832 = 1.4\times10^7\text{kN/m}$$

变形系数 $\beta = \left(\dfrac{KB_p}{4EI}\right)^{\frac{1}{4}} = 0.175\text{m}^{-1}$ $\beta H_2 = 0.175\times5 = 0.875 < 1.0$，该抗滑桩为刚性桩。

在刚性桩且桩底铰支的情况下：

剪力 $Q_y = Q_A - KB_p\varphi_B\left(H_2 y - \dfrac{y^2}{2}\right)$

弯矩 $M_y = M_A + Q_A y - KB_p\varphi_B\left(\dfrac{H_2 y^2}{2} - \dfrac{y^3}{6}\right)$

$$\varphi_B = 3\frac{M_A + Q_A H_2}{KB_p H_2^3} = 3 \times \frac{3670 + 1101 \times 5}{240000 \times 2.2 \times 5^3} = 4.17 \times 10^{-4}$$

将各个数据代入 Q_y 与 M_y 的计算式得:

$$Q_y = 1101 - 2.4 \times 10^5 \times 2.2 \times 4.17 \times 10^{-4} \times \left(5y - \frac{y^2}{2}\right) = 110.09y^2 - 1100.88y + 1101$$

$$M_y = 3670 + 1101y - 2.4 \times 10^5 \times 2.2 \times 4.17 \times 10^{-4} \times \left(\frac{5y^2}{2} - \frac{y^3}{6}\right)$$

$$= 36.70y^3 - 550.45y^2 + 1101y + 3670$$

桩身内力图如图 5-8 所示。

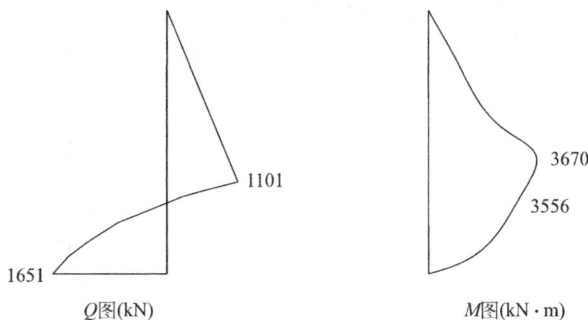

图 5-8 桩身内力图

2.有限元法计算

算例采用有限元软件 Midas GTS 建立平面模型,切坡高度为 10m,切坡引起的地面沉降影响范围约为 4 倍切坡深度,因此在水平和竖直方向分别延伸 50m 和 40m,坡底处延伸 20m,如图 5-9 所示。对于上部土层,选取该程序中的非线弹性模型——Duncan-Chang 模型,其模型参数见表 5-1;下部岩层选取该程序中的理想弹塑性模型——Mohr-Coulomb 模型,材料的物理力学参数见表 5-2。

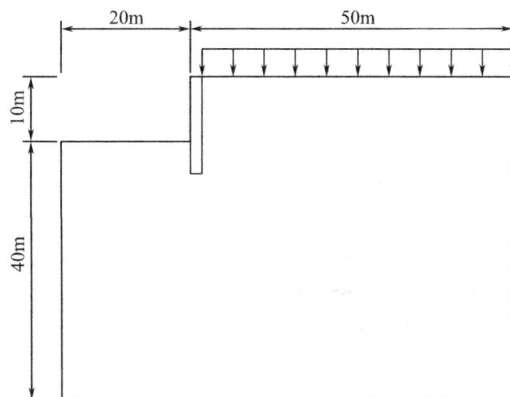

图 5-9 计算模型示意图

Duncan-Chang 模型参数			表 5-1
K	n	R_{f}	p_{a} (kPa)
295	0.75	0.9	101

材料的物理力学参数					表 5-2
物理力学参数 材料	重度 γ（kN/m^3）	内摩擦角 φ（°）	黏聚力 c（kPa）	弹性模量 E（MPa）	泊松比 μ
桩	25	\	\	30000	0.24
砂土	20	30	0	25	0.35
泥岩	24	45	100	1000	0.25

数值分析结果如图 5-10、图 5-11 所示。

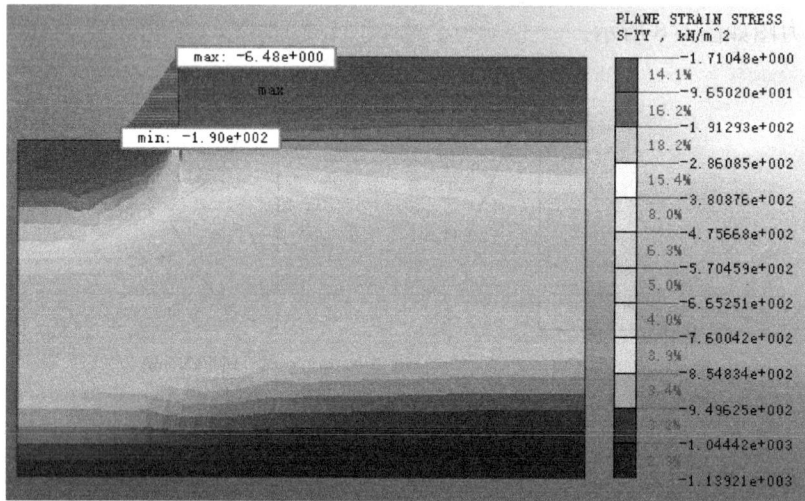

图 5-10　土压力云图

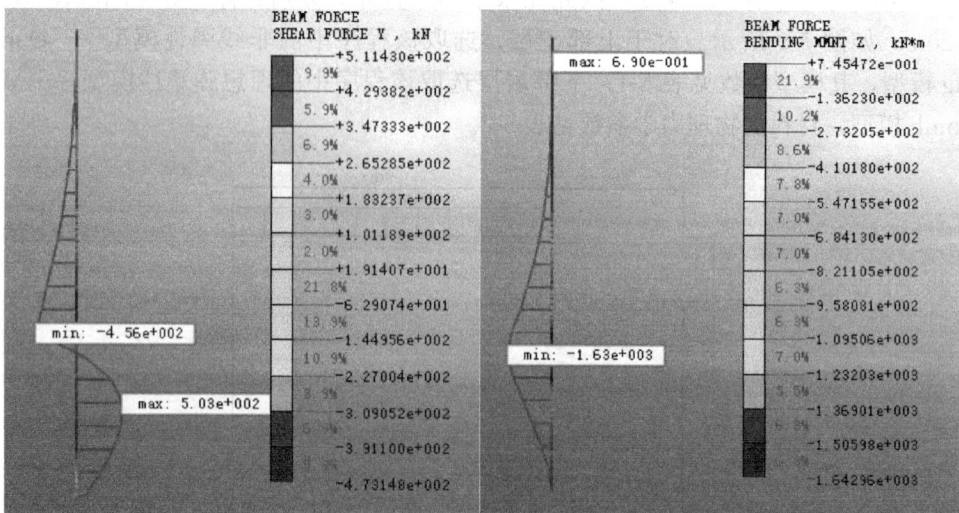

Q图　　　　　　　　　M图

图 5-11　桩身内力云图

第6章 锚杆（索）挡墙设计与施工

6.1 概述

6.1.1 锚杆（索）挡墙的概念

工程上常将一种受拉杆件埋入岩土体，用于调动和提高岩土体自身强度和自稳能力。这种受拉杆件工程上称为锚杆，它所起的作用即为锚固。当采用钢绞线或高强钢丝束作杆体材料时，也称为锚索。而锚杆挡土墙是利用锚杆技术形成的一种挡土结构物。它的一端与工程结构物连接，另一端通过钻孔、插入锚杆、灌浆、养护等工序锚固在稳定的地层中，以承受土压力对结构物所施加的推力，依靠锚杆与地层间的锚固力（即锚杆的抗拔力）承受土压力，维持挡土墙的平衡。锚杆挡墙可作为边坡的支挡结构物，也可用于地下工程的临时支撑。在墙较高时，它可以自上而下分级施工，避免坑壁及填土的坍塌。对于开挖工程它可以避免内支撑，以扩大工作面而利于施工。同时由于其占地少，可缩小基础开挖面积，加快施工进度。

6.1.2 锚杆（索）挡墙的发展与现状

锚固防护技术最先起源于国外，一位英国的采矿专家受钉子作用原理的启发，发明了锚杆加固边坡岩层的支护技术。自19世纪起，锚固技术首先在国外应用发展起来。1872年，锚杆在英国的北威尔士露天页岩矿首次被用来加固边坡，1905年美国矿山中也出现了类似的钢筋加固工程。1911年，美国首先用岩石锚杆支护矿山巷道；1912年，锚杆支护首次在德国谢列兹矿的井下巷道中得到应用；1915～1920年，锚杆支护技术在美国的金属矿山中开始被逐步使用；1918年，锚索支护在美国的西利西安矿山开采中被首次使用；1924年，锚喷支护在苏联顿巴斯矿上开始应用；1934年，1000t级别的抗倾覆预应力锚杆首次在阿尔及利亚的Cheurfas大坝中使用，这也是全球首例采用预应力锚杆技术加固坝体而且得以成功的工程实例。此后，锚杆支护技术在其他国家的采矿工程和岩土工程中开始得到快速发展与推广。

锚固技术在我国的应用开始于20世纪50年代后期，那时候湖南的湘潭锰矿、京西矿务局以及河北的龙烟铁矿等工程项目都采用了楔缝式锚杆来支护矿山巷道。60年代之后，除了矿山巷道之外，锚固技术开始在我国的地下隧道工程、铁道工程、边坡工程、水库大坝等其他各个岩土工程领域广泛应用开来。1964年，安徽的梅山水库首次利用预应力锚索（锚索长30～47m）加固坝基，取得了良好的效果，大大提高了坝基的抗滑移稳定性。70年代之后，土层锚杆开始在深基坑的支护工程中应用起来，例如位于沈阳的中山大厦、建在北京的国际信托大厦以及坐落于上海的太平洋饭店等较大型基坑工程都采用了土层锚杆来支护。我国"八五"重点项目的小浪底水利枢纽工程的主厂房宽约 26m，高近 62m，在其拱顶设置了长 25m、间距 4.5m×6.0m 的预应力锚索与长 6～8m、间距 3.0m×3.0m 的系统张拉锚杆来加固顶板岩层，其中单根锚杆的设计拉力值为 150t。90 年代开建的著名的三峡水利枢纽工程，在长 1600 余 m 的船闸边坡上，采用了 4000 多根长 21～61m、设计承载力为 300t 或 100t 的预应力锚索和近 10 万根 8～14m 长的高强锚杆进行系统加固和局部加固。

　　锚杆挡土墙作为轻型的支挡结构，自 20 世纪 60 年代由铁路部门自行设计的第一道锚杆挡土墙应用以来，已广泛应用于公路、铁路、煤矿和水利等支挡工程中。锚杆技术的主要特点是对边坡的扰动很小，且预应力锚杆又可控制结构的变形。近一二十年来，锚杆技术发展迅猛，在边坡支护、洞室加固、围岩锚固、滑坡治理、高层建筑基础的锚固等岩土工程中被大量使用，具有既经济实用又安全可靠的特点。肋柱式锚杆挡土墙通常多用于较完整岩石地段的边坡支护工程，也可以用于土质边坡、基坑开挖和地下工程的临时支护。

6.2　锚杆（索）挡墙的类型与适用范围

6.2.1　锚杆（索）挡墙的类型

　　根据挡墙的结构型式可分为板肋式锚杆挡墙、格构式锚杆挡墙和排桩式锚杆挡墙；根据锚杆的类型可分为非预应力锚杆挡墙和预应力锚杆（索）挡墙。

　　1. 板肋式锚杆挡墙

　　板肋式锚杆挡墙主要由锚固体和钢筋混凝土肋柱、挡板组成。肋柱是挡板的支座，墙后的侧向压力作用在挡板上，并通过挡板传递给肋柱，再由肋柱传递给锚固体，由锚固体与岩土体之间的锚固力使之平衡，以维持墙身及墙后坡体的稳定。板肋式锚杆挡墙适用于挖方地段，当开挖后边坡稳定性较差时，可采用"逆作法"施工。

　　2. 格构式锚杆挡墙

　　格构式锚杆挡墙是最近几年随着支挡结构的发展而被提出的一种新型支挡结构。它由框架（格架梁）、挡土板、锚杆和墙后土体组成，属于轻型挡土结构。挡土板的作用是挡土，它与一系列间距相等的框架刚性连接而成为连续板；框架的作用是其立柱为挡土板的支座，横梁将两侧的挡土板连接成整体保持挡土墙的稳定；锚杆的外端与框架连接，内端锚固在土体中，挡土板所受的土压力通过锚头传至钢拉杆，再由拉杆周边砂浆握裹力传递至水泥砂浆中，然后再通过锚固段周边地层的摩擦力传递到锚固区的稳定地层中，以承受土压力或水压力对结构所施加的压力，从而利用地层深处的锚固力。另外，横梁、立柱与锚杆构成空间框架，协同钢筋混凝土挡土板一起共同承担山体的土压力，即墙后土体产生的土压力通过横梁、立柱传给锚杆。

　　3. 排桩式锚杆挡墙

　　排桩式锚杆挡墙是由灌注桩、挡板、冠梁、单层或多层锚杆组成。这种支护结构的施工方法是：首先在地面上用人工或冲击钻打竖向桩孔，浇筑钢筋混凝土桩，然后开挖基坑，在开挖到预应力锚杆位置时，施工预应力锚杆，加预应力。预应力锚杆在稳定区土层中锚固，一般在锚固段压力注入水泥砂浆或细石混凝土将锚杆嵌固，而在主动区锚杆自由段不注浆。

6.2.2 锚杆（索）挡墙的适用范围

排桩式锚杆挡墙的施工期稳定性及抗变形能力在三种类型中均为最好，但造价较高。根据《建筑边坡工程技术规范》（GB 50330—2013）第 9.1.2 条规定，以下四种情况宜采用排桩式锚杆挡墙支护：（1）位于滑坡区或切坡后可能引发滑坡的边坡；（2）切坡后可能沿外倾软弱结构面滑动，破坏后果严重的边坡；（3）高度较大、稳定性较差的土质边坡；（4）边坡塌滑区内有重要建筑物基础的Ⅳ类岩质边坡和土质边坡。

格构式锚杆挡墙造价较低，而抗变形能力稍弱，应用于稳定性和整体性较好的Ⅰ、Ⅱ类岩石边坡为宜。

板肋式锚杆挡墙则属三者中的适中类型，板肋式锚杆挡墙适用于边坡安全等级为一、二、三等的边坡，且在施工期间稳定性较好的边坡；当采用板肋式锚杆挡墙时，土质边坡高度不宜大于 15m，岩质边坡高度不宜大于 30m。

对填方锚杆挡墙，在设计和施工时应采取有效措施防止新填方土体造成的锚杆附加拉应力过大。高度较大的新填方边坡不宜采用锚杆挡墙方案。

6.3 锚杆（索）挡墙的设计

6.3.1 锚杆（索）挡墙的设计计算

1.边坡稳定性分析

边坡稳定性评价应在查明工程地质、水文地质条件的基础上，根据边坡岩土工程条件，采用定性分析和定量分析相结合的方法进行。含有多组结构面的岩质边坡，可采用赤平投影法对边坡稳定性进行定性分析，判断边坡稳定性是由结构面控制还是岩体强度控制。边坡稳定性计算可采用刚体极限平衡法进行计算，根据滑动面的形态按《建筑边坡工程技术规范》（GB 50330—2013）附录 A 选择具体的计算方法，滑动面的形态包括三种：圆弧形滑面、平面滑面和折线形滑面。并对基本烈度为 7 度及 7 度以上的地区的永久性边坡应进行地震工况下边坡稳定性校核。

边坡稳定性系数计算以后，除了校核工况之外，还要根据表 6-1 判断边坡所处的稳定性状态，提出支护形式。

边坡稳定性状态划分　　　　　　　　　　表 6-1

边坡稳定性系数 F_s	$F_s < 1.00$	$1.00 \leqslant F_s < 1.05$	$1.05 \leqslant F_s < F_{st}$	$F_s \geqslant F_{st}$
边坡稳定性状态	不稳定	欠稳定	基本稳定	稳定

注：F_{st}——边坡稳定安全系数，由《建筑边坡工程技术规范》（GB 50330—2013）的表 5.3.2 确定。

2.侧向岩土压力的计算

（1）侧向土压力

根据平面滑裂面假定（图 6-1），主动土压力合力可按下列公式计算：

$$E_a = \frac{1}{2}\gamma H^2 K_a \tag{6-1}$$

$$K_a = \frac{\sin(\alpha+\beta)}{\sin^2\alpha\sin^2(\alpha+\beta-\varphi-\delta)}\{K_q[\sin(\alpha+\delta)\sin(\alpha-\delta)+\sin(\varphi+\delta)\sin(\varphi-\beta)]$$

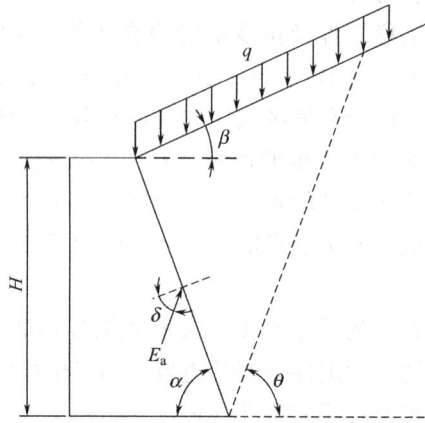

图 6-1 土压力计算

$$+ 2\eta\sin\alpha\cos\varphi\cos(\alpha + \beta - \varphi - \delta) - 2\sqrt{K_q\sin(\alpha + \beta)\sin(\varphi - \beta) + \eta\sin\alpha\cos\varphi}$$
$$\times \sqrt{K_q\sin(\alpha - \delta)\sin(\varphi + \delta) + \eta\sin\alpha\cos\varphi} \} \tag{6-2}$$

$$K_q = 1 + \frac{2q\sin\alpha\cos\beta}{\gamma H\sin(\alpha + \beta)} \tag{6-3}$$

$$\eta = \frac{2c}{\gamma H} \tag{6-4}$$

式中 E_a——相应于荷载标准组合的主动土压力合力（kN/m）；

K_a——主动土压力系数；

H——挡土墙高度（m）；

γ——土体重度（kN/m³）；

c——土的黏聚力（kPa）；

φ——土的内摩擦角（°）；

q——地表均布荷载标准值（kN/m²）；

δ——土对挡土墙墙背的摩擦角（°），可按表 6-2 取值；

β——填土表面与水平面的夹角（°）；

α——支挡结构墙背与水平面的夹角（逆时针旋转形成的夹角）（°）。

土对挡土墙墙背的摩擦角 δ 表 6-2

挡土墙情况	摩擦角 δ
墙背平滑,排水不良	$(0.00\sim0.33)\varphi$
墙背粗糙,排水良好	$(0.33\sim0.50)\varphi$
墙背很粗糙,排水良好	$(0.50\sim0.67)\varphi$
墙背与填土间不可能滑动	$(0.67\sim1.00)\varphi$

当挡墙后土体破裂面以内有较陡的稳定岩石坡面时，应视为有限范围填土情况计算主动土压力（图 6-2）。有限范围填土时，主动土压力合力标准值可按下式计算：

$$E_a = \frac{1}{2}\gamma H^2 K_a \tag{6-5}$$

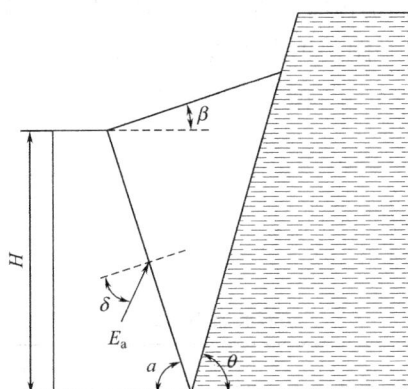

图 6-2　有限范围填土土压力计算

$$K_a = \frac{\sin(\alpha + \beta)}{\sin(\alpha - \delta + \theta - \delta_r)\sin(\theta - \beta)}\left[\frac{\sin(\alpha + \theta)\sin(\theta - \delta_r)}{\sin^2\alpha} - \eta\frac{\cos\delta_r}{\sin\alpha}\right] \tag{6-6}$$

式中　θ——稳定岩石坡面的倾角（°）；

　　　δ_r——稳定且无软弱层的岩石坡面与填土间的摩擦角（°），宜根据试验确定。当无试验资料时，可取 $\delta_r = (0.40 \sim 0.70)\varphi$，$\varphi$ 为填土的内摩擦角。

（2）侧向岩石压力

对于岩质边坡，若无外倾结构面，则以岩体的等效内摩擦角按侧向土压力方法计算侧向岩石压力；对坡顶无建筑荷载的永久性边坡和坡顶有建筑荷载时的临时性边坡和基坑边坡，破裂角按 $45° + \varphi/2$ 确定，Ⅰ类岩体边坡可取 $75°$ 左右；坡顶无建筑荷载的临时性边坡和基坑边坡的破裂角，Ⅰ类岩体边坡可取 $82°$；Ⅱ类岩体边坡取 $72°$；Ⅲ类岩体边坡取 $62°$；Ⅳ类岩体边坡取 $45° + \varphi/2$；其中等效内摩擦角主要由勘察报告提供。

当有外倾硬性结构面时，应分别以外倾硬性结构面的抗剪强度按式（6-7）～式（6-9）和以岩体等效内摩擦角按侧向土压力方法分别计算，取两种结果的较大值；破裂角取上述和外倾结构面倾角两者中的较小值。

外倾结构面的抗剪强度参数计算主动岩石压力合力，可按下列公式计算：

$$E_a = \frac{1}{2}\gamma H^2 K_a \tag{6-7}$$

$$K_a = \frac{\sin(\alpha + \beta)}{\sin^2\alpha\sin^2(\alpha - \delta + \theta - \varphi_s)\sin(\theta - \beta)} \times \left[K_q\sin(\alpha + \theta)\sin(\theta - \varphi_s) - \eta\sin\alpha\cos\varphi_s\right]$$

$$\tag{6-8}$$

$$\eta = \frac{2c_s}{\gamma H} \tag{6-9}$$

式中　θ——边坡外倾结构面倾角（°）；

　　　c_s——边坡外倾结构面黏聚力（kPa）；

　　　φ_s——边坡外倾结构面内摩擦角（°）；

　　　K_q——系数，可按式（6-3）确定；

　　　δ——岩石与挡墙背的摩擦角（°），取 $(0.33 \sim 0.50)\varphi$。

当有多组外倾结构面时，应计算每组结构面的主动岩石压力并取其最大值。

当坡顶有重要的建（构）筑物的有外倾结构面的岩质边坡，且坡脚线到坡顶重要建（构）筑物基础外边缘线的水平距离不大于边坡高度的一半时，还需要对岩质边坡主动岩石压力进行修正，见式（6-10）；岩质边坡主动岩石压力修正系数 β_1，可根据边坡岩体类型按表 6-3 确定。

$$E'_a = \beta_1 E_a \tag{6-10}$$

式中　β_1——主动岩石压力修正系数；

　　　E'_a——修正主动岩土压力合力。

主动岩石压力修正系数

表 6-3

边坡岩体类型	Ⅰ	Ⅱ	Ⅲ	Ⅳ
β_1	1.30	1.30	1.30～1.45	1.45～1.55

注：1. 当裂隙发育时取大值，裂隙不发育时取小值。

　　2. 坡顶有重要既有建（构）筑物对边坡变形控制要求较高时取大值。

　　3. 对临时性边坡及基坑边坡取小值。

作用在支护结构上的主动岩石压力合力计算以后，需要计算作用在支护结构上的侧向岩土压力合力的水平分力 E_{ah}，可按下式计算：

$$E_{ah} = E_a \times \cos(90° + \delta - \alpha) \tag{6-11}$$

不管有无外倾结构面，当坡顶无建（构）筑物且不需对边坡变形进行控制的锚杆挡墙，其侧向岩土压力合力可按式（6-12）计算：

$$E'_{ah} = E_{ah}\beta_2 \tag{6-12}$$

式中　E'_{ah}——相应于作用的标准组合时，每延米侧向岩体压力合力水平分力修正值（kN）；

　　　E_{ah}——相应于作用的标准组合时，每延米侧向主动岩土压力合力水平分力（kN）；

　　　β_2——锚杆挡墙侧向岩土压力修正系数，应根据岩土类别和锚杆类型按表 6-4 确定。

锚杆挡墙侧向岩土压力修正系数

表 6-4

锚杆类型、岩土类别	非预应力锚杆			预应力锚杆	
	土层锚杆	自由段为土层的岩石锚杆	自由段为岩层的岩石锚杆	自由段为土层时	自由段为岩层时
β_2	1.1～1.2	1.1～1.2	1.0	1.2～1.3	1.1

注：当锚杆变形计算值较小时取大值，较大时取小值。

对岩质边坡以及坚硬、硬塑状黏土和密实、中密砂土类边坡，当采用逆作法施工的、柔性结构的多层锚杆挡墙时，侧压力分布可近似按图 6-3 确定，图中 e'_{ah} 按下式计算：

对岩质边坡：

$$e'_{ah} = \frac{E'_{ah}}{0.9H} \tag{6-13}$$

对土质边坡：

$$e'_{ah} = \frac{E'_{ah}}{0.875H} \tag{6-14}$$

式中　e'_{ah}——相应于作用的标准组合时侧向岩体压力水平分力

修正值（kN/m²）；

H——挡墙高度（m）。

3. 锚杆设计计算

根据《建筑边坡工程技术规范》（GB 50330—2013）第9.3.2条"锚杆上下排垂直间距、水平间距不宜小于2.0m"、"锚杆倾角宜采用10°~35°"，锚杆轴向拉力：

$$N_{ak} = \frac{H_{tk}}{\cos\alpha} = \frac{e'_{ah} \times S_x \times S_y}{\cos\alpha} \qquad (6\text{-}15)$$

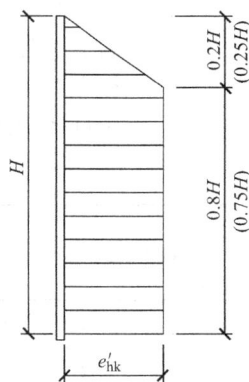

图 6-3　锚杆挡墙侧
压力分布图

式中　N_{ak}——锚杆轴向拉力（kN）；

H_{tk}——锚杆水平拉力标准值（kN）；

α——锚杆倾角（°）；

S_x——锚杆水平间距（m）；

S_y——锚杆竖直间距（m）。

选定锚杆钢筋类型，锚杆杆体可选用普通钢材、精轧螺纹钢、钢绞线（包括无粘结钢绞线和高强钢丝）等；钢筋截面面积应满足下列公式要求：

对于普通钢筋锚杆：

$$A_s \geqslant \frac{K_b N_{ak}}{f_y} \qquad (6\text{-}16)$$

对于预应力锚索：

$$A_s \geqslant \frac{K_b N_{ak}}{f_{py}} \qquad (6\text{-}17)$$

式中　A_s——锚杆钢筋或预应力锚索截面面积（m²）；

f_y、f_{py}——普通钢筋或预应力钢绞线抗拉强度设计值（kPa）；

K_b——锚杆杆体抗拉安全系数，应按表6-5取值。

锚杆杆体抗拉安全系数　　　　　　　　　　　　　　表 6-5

边坡工程安全等级	安全系数	
	临时性锚杆	永久性锚杆
一级	1.8	2.2
二级	1.6	2.0
三级	1.4	1.8

由上述计算结果确定锚孔直径 D，然后计算锚固长度 l_a。锚固体与岩土层之间的锚固长度应满足下式的要求：

$$l_a \geqslant \frac{K N_{ak}}{\pi D f_{rbk}} \qquad (6\text{-}18)$$

式中　K——锚杆锚固体抗拔安全系数，应按表6-6取值；

l_a——锚杆锚固段长度（m），尚应满足《建筑边坡工程技术规范》（GB 50330—

2013）第 8.4.1 条的规定；

f_{rbk}——岩土层与锚固体极限粘结强度标准值（kPa），应通过试验确定；若无时，可根据表 6-7 和表 6-8 确定；

D——锚杆锚固段锚孔直径（mm）。

岩土锚杆锚固体抗拔安全系数　　　　　表 6-6

边坡工程安全等级	安全系数	
	临时性锚杆	永久性锚杆
一级	2.0	2.6
二级	1.8	2.4
三级	1.6	2.2

岩土锚杆锚固体抗拔安全系数　　　　　表 6-7

岩石类别	f_{rbk} 值（kPa）
极软岩	270～360
软岩	360～760
较软岩	760～1200
较硬岩	1200～1800
坚硬岩	1800～2600

注：1. 适用于注浆强度等级为 M30。
2. 仅适用于初步设计，施工时应通过试验检验。
3. 岩体结构面发育时，取表中下限值。
4. 岩石类别根据天然单轴抗压强度 f_r 划分：$f_r < 5MPa$ 为极软岩；$5MPa \leqslant f_r < 15MPa$ 为软岩；$15MPa \leqslant f_r < 30MPa$ 为较软岩；$30MPa \leqslant f_r < 60MPa$ 为较硬岩；$f_r \geqslant 60MPa$ 为坚硬岩。

土体与锚固体极限粘结强度标准值　　　　　表 6-8

土层种类	土的状态	f_{rbk} 值（kPa）
黏性土	坚硬	65～100
	硬塑	50～65
	可塑	40～50
	软塑	20～40
砂土	稍密	100～140
	中密	140～200
	密实	200～280
碎石土	稍密	120～160
	中密	160～220
	密实	220～300

注：1. 适用于注浆强度等级为 M30。
2. 仅适用于初步设计，施工时应通过试验检验。

锚杆（索）与锚固砂浆之间的锚固长度 l_a 应满足下式的要求：

$$l_a \geqslant \frac{KN_{ak}}{\pi n d_s f_{bk}} \tag{6-19}$$

式中　l_a——锚筋与砂浆间的锚固长度（m）；

　　　n——杆体根数；

　　　d_s——钢筋直径或钢绞线的等效直径（mm）；

　　　f_{bk}——钢筋或钢绞线、高强钢丝与水泥砂浆间的粘结强度标准值（kPa），应由试验确定，当缺乏试验资料时可按表6-9取值。

钢筋、钢绞线与水泥砂浆间的粘结强度标准值 f_{bk}　　　　　表6-9

材料类型	水泥砂浆强度等级		
	M25	M30	M35
螺纹钢筋	2600	3000	3300
高强钢丝、预应力钢绞线	3400	3600	4200

注：1. 当采用两根钢筋点焊成束的做法时，粘结强度应乘0.85折减系数。

　　2. 当采用三根钢筋点焊成束的做法时，粘结强度应乘0.7折减系数。

　　3. 成束钢筋的根数不应超过三根，钢筋截面总面积不应超过锚孔面积的20%。当锚固段钢筋和注浆材料采用特殊设计，并经试验验证锚固效果良好时，可适当增加锚筋用量。

锚杆锚固长度应按式（6-18）和式（6-19）进行计算，取两者较大值；同时，土层锚杆的锚固长度不应小于4.0m，并不宜大于10.0m；岩石锚杆的锚固长度嵌入中风化基岩且不应小于3.0m，不宜大于45D和6.5m，预应力锚索不宜大于55D和8.0m。

4. 挡板、立柱及基础的设计

锚杆挡墙的立柱可按支撑于刚性锚杆或弹性锚杆（锚杆变形较大）的连续梁进行设计和内力计算，立柱下端的嵌入深度，可按铰接或固定端考虑；根据挡板与立柱连接构造的不同，可简化为支撑在立柱上的水平连续板、简支板或双铰拱板进行设计和内力计算。

6.3.2 锚杆（索）挡墙的构造设计

锚杆杆体可使用普通钢材、精轧螺纹钢、钢绞线（包括无粘结钢绞线和高强钢丝），其材料尺寸和力学性能应符合《建筑边坡工程技术规范》（GB 50330—2013）附录E的要求；不宜采用镀锌钢材。导向帽、隔离架（对中支架）应由钢、塑料或其他对杆体无害的材料组成，不得使用木质隔离架。

灌浆材料性能应符合下列规定：水泥宜使用普通硅酸盐水泥，需要时可采用抗硫酸盐水泥；砂的含泥量按重量计不得大于3%，砂中云母、有机物、硫化物和硫酸盐等有害物质的含量按重量计不得大于1%；水中不应含有影响水泥正常凝结和硬化的有害物质，不得使用污水；外加剂的品种和掺量应由试验确定；浆体配制的灰砂比宜为0.8~1.5，水灰比宜为0.38~0.5；浆体材料28d的无侧限抗压强度，不应低于25MPa。

套管材料和波纹管应满足下列要求：具有足够的强度，保证其在加工和安装过程中不致损坏；具有抗水性和化学稳定性；与水泥浆、水泥砂浆或防腐油脂接触无不良反应。

防腐材料应满足下列要求：在锚杆使用年限内，保持其防腐性能和耐久性；在规定的工作温度内或张拉过程中不得开裂、变脆或成为流体；应具有化学稳定性和防水性，不得与相邻材料发生不良反应，不得对锚杆自由段的变形产生限制和不良影响。

锚杆挡墙支护中锚杆的布置应符合下列规定：锚杆上下排垂直间距、水平间距不宜小于 2m；当锚杆间距小于上述规定或锚固段岩土层稳定性较差时，锚杆宜采用长短相间的方式布置；第一排锚杆锚固体上覆土层的厚度不宜小于 4m，上覆岩层的厚度不宜小于 2m；第一锚点位置可设于坡顶下 1.5～2m 处；锚杆的倾角宜采用 10°～35°；锚杆布置应尽量与边坡走向垂直，并应与结构面呈较大倾角相交；立柱位于土层时宜在立柱底部附近设置锚杆。

锚杆挡墙支护结构立柱的间距宜采用 2～6m，立柱、挡板和格构梁的混凝土强度等级不应小于 C25；立柱的截面尺寸除应满足强度、刚度和抗裂要求外，还应满足挡板（或拱板）的支座宽度、锚杆钻孔和锚固等要求；肋柱截面宽度不宜小于 300mm，截面高度不宜小于 400mm；钻孔桩直径不宜小于 500mm，人工挖孔桩直径不宜小于 900mm。立柱基础应置于稳定的地层内，可采用独立基础、条形基础或桩基础等形式。锚杆挡墙立柱宜对称配筋；当第一锚点以上悬臂部分内力较大或柱顶设单锚时，可根据立柱的内力包络图采用不对称配筋做法。锚杆挡墙立柱的顶部宜设置钢筋混凝土构造连梁。

对永久性边坡，现浇挡板和拱板厚度不宜小于 200mm。格构梁截面尺寸应按强度、刚度和抗裂要求计算确定，且格构梁截面宽度和截面高度不宜小于 300mm。永久性锚杆挡墙现浇混凝土构件的温度伸缩缝间距不宜大于 20～25m。

6.4　锚杆（索）挡墙的施工

锚杆施工质量的好坏将直接影响锚杆的承载能力和边坡稳定安全，一般在施工前应根据工程施工条件和地质条件选择适宜的施工方法，认真组织施工。在施工过程中如遇与设计不符的地层，应及时报告设计人员，以做变更处理。锚杆施工包括施工准备、造孔、锚杆制作与安装、注浆、锚杆锁定与张拉这五个环节。

1.施工前的准备工作

锚杆施工前应做好下列准备工作：

（1）掌握锚杆施工区建（构）筑物基础、地下管线等情况。

（2）判断锚杆施工对邻近建筑物和地下管线的不良影响，并制定相应预防措施。

（3）编制符合锚杆设计要求的施工组织设计；并应检验锚杆的制作工艺和张拉锁定方法与设备；确定锚杆注浆工艺并标定张拉设备。

（4）检查原材料的品种、质量和规格型号，以及相应的检验报告。

2.造孔

锚杆（索）施工的第一步就是按照施工图的要求钻孔，钻孔是锚固工程费用最高、控制工期的作业，因而是影响锚固工程经济效益的主要因素。锚杆钻孔应满足设计要求的孔径、长度和倾角，采用适宜的钻孔方法确保精度，使后续的杆体插入和注浆作业能顺利地进行。一般要求如下：

（1）在钻机安放前，按照施工设计图采用经纬仪进行测量放线确定孔位以及锚孔方位角，并做出标绘。一般要求锚孔入门点水平方向误差不应大于 50mm，垂直方向误差不应大于 100mm。

（2）确定孔位后根据实际地层及钻孔方向选取适当的钻孔机具并确定机座水平定位和立轴倾角（即锚孔倾角），钻机立轴的倾角与钻孔的倾角应尽量相吻合，其允许的误差只能是岩心管倾角略大于立轴倾角，不允许有反向的偏差出现。开孔后，尽量保持良好的钻进导向。在钻进过程中根据实际地层变化情况，随时调整钻进参数，以防止造成孔斜偏差。

（3）在边坡锚固的钻孔过程中应注意岩芯的拾取，并尽量提高岩芯采取率，以求不断地准确地划分地层、确定不稳定岩土体厚度，判断断裂破碎带、滑移面、软弱结构面的位置和厚度，从而验证设计所依据的地勘资料，必要时修改设计。锚孔深度应超过设计长度 0.5～1.0m，同时锚孔锚固段必须进入中风化或更坚硬的岩层，深度一般不得小于 5m。

锚孔施工应符合下列规定：

1）锚孔定位偏差不宜大于 20.0mm。

2）锚孔偏斜度不应大于 5%。

3）钻孔深度超过锚杆设计长度应不小于 0.5m。

钻孔机械应考虑钻孔通过的岩土类型、成孔条件、锚固类型、锚杆长度、施工现场环境、地形条件、经济性和施工速度等因素进行选择。在不稳定地层中或地层受扰动导致水土流失会危及邻近建筑物或公用设施的稳定时，应采用套管护壁钻孔或干钻。

3. 锚杆制作与安装

在锚杆制作上，棒式锚杆的制作十分简单，一般首先按要求的长度切割钢筋，并在外露端加工成螺纹以便安放螺母，然后在杆体上每隔 2～3m 安放隔离件以使杆体在孔中居中，最后对杆体按要求进行防腐处理，这样棒式锚杆的制作便完成了。而对于多股钢绞线的锚杆制作较复杂，其锚固段的钢绞线呈波浪形，自由段的钢绞线必须进行严格的防护处理。对于各种形式的锚杆总的要求如下：

（1）严格按照设计进行钢筋（或钢绞线）选材。对进场的钢筋或钢绞线必须验明其产地、生产日期、出厂日期、型号，并核实生产厂家的资质证书及其各项力学性能指标。同时须进行抽样检验，以确保其各项参数达到锚固施工要求。对于预应力锚固结构，优先选用高应力、低松弛的钢绞线，保证其与混凝土有足够的粘结力（握裹力），同时应保证预应力损失后仍能建立较高的预应力值。

（2）严格按照设计长度进行下料。对进场钢筋经检验达到上述技术要求后，即可进行校直、出锈处理，然后，按照施工设计长度进行断料，其长度误差不应大于 50mm。一般实际长度应大于计算长度的 0.3～0.5m，但不可下得过短，以致无法锁定或者给后续施工带来不便。

（3）锚杆组装可在严格管理下由熟练人员在工地制作。对于 Ⅱ、Ⅲ 级钢筋连接时宜采用对接焊或双面搭接焊，焊接长度不应小于 8 倍钢筋直径，精轧螺纹钢筋定型套筒连接。锚杆自由段必须按照设计做防腐处理和定位处理。

（4）锚束放入钻孔之前，应检查孔道是否阻塞，查看孔道是否清理干净，并检查锚索体的质量，确保锚束组装满足设计要求。安放锚束时，应防止锚束扭压、弯曲，锚束放入角度应与钻孔角度保持一致，在入孔过程中，注意避免移动对中器，避免自由长度段无粘结护套或防腐体系出现损伤。锚束插入孔内深度不应小于锚束长度的 95%。

4. 注浆施工

锚固的注浆是锚杆施工过程中的一个重要环节，注浆质量的好坏将直接影响锚杆的承载能力。锚孔一般采用水泥浆或水泥砂浆灌注，浆液的拌合成分、质量和灌注方式在很大程度上决定了锚杆的粘结强度和防腐效果。因此在锚杆注浆施工中应当严格把握浆材质量、浆液性能、注浆工艺和注浆质量。一般要求有：

（1）按规定选择水泥浆体材料。选用水泥强度等级应为灌浆浆液强度等级的 1.5～2 倍，且不宜低于强度等级为 42.5 级的普通硅酸盐水泥，对进场水泥应复查力学性能。搅拌浆液所用水中不含有影响水泥正常凝结、硬化的有害物质。选用砂料的含泥量按重量计不得大于 3%，砂中有害物质（如云母、轻物质、有机物、硫化物等）含量应低于 1%～2%，砂的粒径以中砂（平均粒径 0.3～0.5mm）较好，但要求含水量不应大于 3%；外加剂的品种与用量由试验确定，一般情况下加速浆体凝固的水玻璃掺量为 0.5%～3%；提高浆液扩散能力和可泵性的表面活性剂（或减水剂），如三乙醇胺等，其掺量为水泥用量的 0.02%～0.05%；为提高浆液的均匀性和稳定性，防止固体颗粒离析和沉淀而掺加的膨润土，其掺量不宜大于水泥用量的 5%。

（2）锚固浆液在 28d 龄期后要求抗压强度达到设计强度等级；当注浆为水泥砂浆时，一般选用灰砂比为 1:1～1:2，水灰比为 0.38～0.48，且砂子粒径不得大于 2mm，而二次高压注浆形成的连续球形锚杆的材料宜选用水灰比为 0.45～0.50 的纯水泥浆。配置好的浆液应有稳定性好，常温、常压下较长时间存放，不易改变其基本性质，不发生强烈的化学反应等特点，同时浆液对注浆设备、管路、橡胶制品无腐蚀性、易清洗，浆液固化时无收缩现象（或收缩性小），固化后有一定的粘结性，能牢固地与岩石、混凝土及砂子等粘结。除此之外还要求浆体配置方便操作、容易掌握、原料来源丰富，价格便宜，能够大规模使用。

（3）注浆作业应连续紧凑，中途不得中断，使注浆工作在初始注入的浆液仍具塑性的时间内完成；在注浆过程中，边灌边提注浆管，保证注浆管管头插入浆液液面下 50～80mm。严禁将导管拔出浆液面，以免出现断杆事故。实际注浆量不得少于设计锚索的理论计算量，即注浆充盈系数不得小于 1.0。

（4）二次高压注浆形成连续球形锚杆的注浆还应注意：一次常压注浆作业应从孔底开始，直至孔口溢出浆液；对锚固体的二次高压注浆应在一次注浆形成的水泥结石体强度达到 5.0MPa 时进行，注浆压力和注浆时间可根据锚固体的体积确定，并分段依次由下至上进行。

（5）灌浆前应清孔，排放孔内积水；注浆管宜与锚杆同时放入孔内，向水平孔或下倾孔内注浆时，注浆管出浆口应插入距孔底 100～300mm 处，浆液自上而下连续灌注；向上倾斜的钻孔内注浆时，应在孔口设置密封装置。

（6）浆体强度检验用试块的数量每 30 根锚杆不应少于一组，每组试块应不少于 6 个。

（7）孔口溢出浆液或排气管停止排气并满足注浆要求时，可停止注浆。

（8）根据工程条件和设计要求确定灌浆压力，应确保浆体灌注密实。

5.锚杆的张拉与锁定

锚杆的张拉，其目的就是要通过张拉设备使锚杆杆体自由段产生弹性变形，从而对锚固结构施加所需的预应力值。在张拉过程中应注重张拉设备选择、标定、安装、张拉荷载分级、锁定荷载以及量测精度等方面的质量控制，一般要求如下：

（1）锚杆张拉宜在锚固体强度大于 20MPa 并达到设计强度的 80% 后进行。

（2）锚杆张拉顺序应避免相近锚杆互相影响。

（3）锚杆张拉控制应力不宜超过 0.65 倍钢筋或钢绞线的强度标准值。

（4）锚杆进行正式张拉之前，应取 0.10～0.20 倍锚杆轴向拉力值，对锚杆预张拉 1～2 次，使其各部位接触紧密和杆体完全平直。

（5）宜进行锚杆设计预应力值 1.05～1.10 倍的超张拉，预应力保留值应满足设计要求；对地层及被锚固结构位移控制要求较高的工程，预应力锚杆的锁定值宜为锚杆轴向拉力特征值；对容许地层及被锚固结构产生一定变形的工程，预应力锚杆的锁定值宜为锚杆设计预应力值的 0.75～0.90 倍。

第7章 岩石锚喷支护设计与施工

7.1 概述

7.1.1 岩石锚喷支护的概念

岩石锚喷支护是一种有效的岩石边坡坡面工程防护措施，它是依靠锚杆和喷射混凝土，有必要时联合钢筋网共同负荷来提高边坡岩体的结构强度和抗变形刚度，以减少岩体侧向变形，增强边坡的整体稳定性和耐久性，从防护与加固的角度整治高陡岩石边坡坡面易产生的坠石、崩塌、滑落等病害。它适用于岩性较差、坡面岩石易风化，坡面岩体切割碎破严重的硬岩式岩状结构的不连续地层及坡面岩体与基岩分离、节理发育易受自然营力影响而产生危害的岩石边坡坡面防护。总之，岩石锚喷支护是为了防止岩石松散的边坡出现落石、崩塌现象的一种支护措施，岩石锚喷支护的应用可以加固边坡岩性结构确保边坡岩性结构稳定性，具有经济效益高、技术水平高且加固效果好、工艺简便、环保性好，节省了大量的劳动力和设备等优点。

7.1.2 岩石锚喷支护的发展与现状

岩石锚喷支护技术的产生和锚杆的发展过程是密不可分的。锚杆在矿山隧道工程中的应用历史很久，尤其是在第二次世界大战结束后，锚杆支护技术得到广泛应用。1959年，德国出现了全长树脂粘结锚杆。20世纪60年代开始新奥法得到发展，该法起初是利用喷射混凝土与全长粘结锚杆组合维护硬岩开挖初期的稳定性，通过该系统在大量硬岩支护中的实践和观测人们又成功的将其应用到较软且较易变形的页岩支护中，后继的工程充分地证实了该支护系统在较软弱岩体材料支护中的可行性和有效性。不久，人们开始将这种技术在不同的土体中试用，随着新奥法理论在全世界风靡和某些陈旧理论归于沉寂。经过世界各国科研和工程技术人员的长期艰苦探索和实践，使得源于新奥法的锚喷支护技术不仅在国内外基坑支护工程、桥墩和塔座、地下电站厂房、机库、铁路、公路隧道及矿山巷道、人防与国防工程中获得了广泛而成功的应用，而且锚喷支护技术已经成功地移植到了岩土高边坡、大坝和山体中。

我国于20世纪50年代后期开始在矿山坑道加固工程中使用锚杆支护。冶金、水电等部门于20世纪60年代初期开始研究喷射混凝土技术并于1996年成功应用于成昆铁路的部分隧道中。岩石锚喷支护源于60年代初期出现的新奥法施工。1968年，回龙山水电站主厂房及梅山铁矿竖井工程采用喷锚联合支护技术，为我国喷锚支护的发展奠定了基础。

7.2 岩石锚喷支护的类型和适用范围

7.2.1 岩石锚喷支护的类型

岩石锚喷支护分为混凝土锚喷支护与钢筋混凝土锚喷支护。混凝土锚喷支护为喷射混凝土和各类锚杆（索、栓、管）联合支护，是先以一定倾角成孔，然后将锚杆置入孔内，也有直接击入锚杆在孔内注浆形成砂浆锚杆，最后在坡面喷射混凝土，主要应用在硬质岩石工程中。钢筋混凝土锚喷支护为在混凝土锚喷支护技术的基础上，又增设了钢筋网，三者联合支护，在锚杆固定后，再在坡面挂钢筋网，并与锚杆连接，它是依靠锚杆、钢筋网和混凝土层共同作用来使得边坡岩土体的结构强度和抗变形刚度得到提高。同时还能对破面封闭，以减少风化作用和局部塌落。由于将钢筋网和锚杆焊接为整体，因此不仅适用于岩性较差、易风化、强度低的岩石边坡，同样适用于岩层硬、风化强、节理发育的岩质边坡。在抢险救援工程中也显示了其独有的能力，主要应用在软岩工程中。

7.2.2 岩石锚喷支护的适用范围

岩石锚喷支护适用于岩质边坡，对永久性岩质边坡（基坑边坡）进行整体稳定性支护时，Ⅰ类岩质边坡可采用混凝土锚喷支护；Ⅱ类岩质边坡宜采用钢筋混凝土锚喷支护；Ⅲ类岩质边坡应采用钢筋混凝土锚喷支护，且边坡高度不宜大于 15m；对临时性岩质边坡（基坑边坡）进行整体稳定性支护时，Ⅰ、Ⅱ类岩质边坡可采用混凝土喷锚支护；Ⅲ类岩质边坡宜采用钢筋混凝土锚喷支护，且边坡高度不应大于 25m；对边坡局部不稳定岩石块体，可采用锚喷支护进行局部加固；膨胀性岩质边坡和具有严重腐蚀性的边坡不应采用锚喷支护，有深层外倾滑动面或坡体渗水明显的岩质边坡不宜采用锚喷支护。

7.3 岩石锚喷支护的设计

7.3.1 岩石锚喷支护的设计计算

1. 边坡稳定性分析

对于含有多组结构面的岩质边坡，可采用赤平投影法对边坡稳定性进行定性分析，判断边坡稳定性是由结构面控制还是岩体强度控制。边坡稳定性计算可采用刚体极限平衡法进行计算，根据滑动面的形态按《建筑边坡工程技术规范》（GB 50330—2013）附录 A 选择具体的计算方法。

2. 侧向岩石压力计算

对于边坡稳定性受外倾结构面控制的岩质边坡，应清除坡面松散及不稳定块体，形成坡脚为 α 的岩质边坡。可参照第 6 章，分别以外倾结构面的抗剪强度参数［见式（6-7）～式（6-9）］和以岩体等效内摩擦角按侧向土压力方法［见式（6-1）～式（6-4）］分别计算，取两种结果的较大值。同锚杆（索）挡墙的侧向岩土压力计算。

3. 锚杆设计计算

根据《建筑边坡工程技术规范》（GB 50330—2013）第 10.3.1 条"锚杆间距宜为 1.25～3.00m，且不应大于锚杆长度的一半；对Ⅰ、Ⅱ类岩体边坡最大间距不得大于 3.00m，对Ⅲ、Ⅳ类岩体边坡最大间距不得大于 2.00m；锚杆倾角宜为 10°～20°"，锚杆轴向拉力求解同锚杆（索）挡墙［见式（6-15）］。

锚杆计算设计可按式（6-16）～式（6-19）进行。

采用局部锚杆加固不稳定岩石块体时，锚杆承载力应符合下式的规定：

$$K_b(G_t - fG_n - cA) \leqslant \sum N_{akti} + f \sum N_{akni} \tag{7-1}$$

式中 A ——滑动面面积（m^2）；

c ——滑动面的黏聚力（kPa）；

f ——滑动面上的摩擦系数；

G_t、G_n ——不稳定块体自重在平行和垂直于滑面方向的分力（kN）；

N_{akti}、N_{akni} ——单根锚杆轴向拉力在抗滑方向和垂直于滑动面方向上的分力（kN）；

K_b ——锚杆钢筋抗拉安全系数，按表 6-5 取值。

7.3.2 岩石锚喷支护的构造设计

系统锚杆的设置应满足下列要求：

（1）锚杆布置宜采用行列式排列或菱形排列。

（2）锚杆间距宜为 1.25～3.00m，且不应大于锚杆长度的一半；对Ⅰ、Ⅱ类岩体边坡最大间距不得大于 3.00m，对Ⅲ、Ⅳ类岩体边坡最大间距不得大于 2.00m。

（3）锚杆安设倾角宜为 10°～20°。

（4）应采用全粘结锚杆。

喷射混凝土面板应符合下列规定：

（1）对于永久性边坡，Ⅰ类岩质边坡喷射混凝土面板厚度不应小于 50mm，Ⅱ类岩质边坡喷射混凝土面板厚度不应小于 100mm，Ⅲ类岩质边坡喷射混凝土面板厚度不应小于 150mm；对于临时性边坡，Ⅰ类岩质边坡喷射混凝土面板厚度不应小于 50mm，Ⅱ类岩质边坡喷射混凝土面板厚度不应小于 80mm，Ⅲ类岩质边坡喷射混凝土面板厚度不应小于 100mm。

（2）钢筋直径宜为 6～12mm，钢筋间距宜为 100～250mm，单层钢筋网喷射混凝土面板厚度不应小于 80mm，双层钢筋网喷射混凝土面板厚度不应小于 150mm；钢筋保护层厚度不应低于 25mm。

（3）锚杆钢筋与面板的连接应有可靠的连接构造措施。

岩质边坡坡面防护应符合下列规定：

（1）锚杆布置宜采用行列式排列，也可以采用菱形排列。

（2）应采用全粘结锚杆，锚杆长度为 3～6m，锚杆倾角宜为 15°～25°，钢筋直径可采用 16～22mm；钻孔直径为 40～70mm。

（3）Ⅰ、Ⅱ类岩质边坡可采用混凝土喷锚支护，Ⅲ类岩质边坡宜采用钢筋混凝土喷锚支护，Ⅳ类岩质边坡应采用钢筋混凝土喷锚支护。

（4）混凝土喷层厚度可采用 50～80mm，Ⅰ、Ⅱ类岩质边坡可取小值，Ⅲ、Ⅳ岩质边坡宜取大值。

（5）可采用单层钢筋网，钢筋直径为 6～10mm，间距为 150～200mm。

喷射混凝土的强度等级，对永久性边坡不应低于 C25，对防水要求较高的不应低于 C30；对临时性边坡不应低于 C20；喷射混凝土 1d 龄期的抗压强度设计值不应低于 5MPa。

喷射混凝土的物理力学参数可按表 7-1 采用。

喷射混凝土物理力学参数 表 7-1

喷射混凝土强度等级 物理力学参数	C20	C25	C30	C35	C40
轴心抗压强度设计值（MPa）	9.60	11.90	14.30	16.70	19.10
抗拉强度设计值（MPa）	1.10	1.27	1.43	1.57	1.71
弹性模量（MPa）	2.30×10^4	2.60×10^4	2.80×10^4	3.00×10^4	3.15×10^4
重度（kN/m³）	22.00～23.00				

喷射混凝土与岩面的粘结力，对整体状和块状岩体不应低于 0.80MPa，对碎裂状岩体不应低于 0.40MPa。喷射混凝土与岩面粘结力试验应遵守现行国家标准《岩土锚杆与喷射混凝土支护工程技术规范》（GB 50086—2015）的规定。

面板宜沿边坡纵向每隔 20～25m 的长度分段设置竖向伸缩缝。

7.4 岩石锚喷支护的施工

要对需要治理的施工现场进行观察，根据具体的实际情况首先采取从坡上到坡下对坡进行处理的方法，清除掉坡面上的一些碎石的岩体，之后再进行锚杆施工并且对于锚杆喷射混凝土进行施工。对于清除坡面的碎石应该注意：严禁采取爆破的方式对于碎石进行清除，而应当采取的是机械和人工相结合的方式进行处理，对于高度比较大的坡应当采取分级进行处理的办法，并且要在清理坡的同时进行防护，这样就会很好地避免一些裸露的边坡再次发生一些地质灾害。对于锚杆喷射混凝土施工技术要采用锚杆钻机成孔的技术并且要采用干作业成孔的技术，适当地延长混凝土的初凝的时间，以免在铸造的过程中出现一些裂缝的现象。

1. 喷射混凝土施工

（1）喷射作业前必须对机械设备，风、水管路和电线等进行全面检查及试运转。

（2）喷射混凝土之前，用清水将坡面冲刷干净，湿润岩层表面，以确保喷射混凝土与岩层之间的良好粘结。

（3）埋设控制喷射混凝土厚度的标志，以确保混凝土喷射的厚度。

（4）喷射作业应分段分片依次进行，喷射顺序自上而下；按地形条件和风向从左至右，或从右至左依次进行。

（5）如果是喷锚网混凝土施工，必须先喷射第一层混凝土后才施工锚杆及挂设钢筋网。第一层混凝土的厚度为 3～4cm。喷头与受喷面应垂直，宜保持 0.6～1.0m 的距离。第二层喷射混凝土应在第一层混凝土终凝后进行。若终凝 1h 后再进行喷射时，应先用水清洗喷层表面。第二次喷射时必须保证厚度和表面的光感。混凝土喷射 24h 后浇水养护，以保证混凝土质量。

（6）喷射时，应控制好水灰比，保持混凝土表面平整，呈湿润光泽，无干斑或滑移流淌现象。

（7）喷射机设置在地面平整的地方。

2. 锚杆钻孔及注浆

（1）锚杆钻孔在混凝土喷射第一层后才进行定位；采用气腿式凿岩机钻孔，孔径50mm；根据现场的情况确定锚杆深度一般为 1.0～1.5m，钻孔要垂直边坡面。锚杆采用 ϕ22 钢筋，间排距 20cm，呈梅花形布置。

（2）如遇岩石过于坚硬须采取加水的方式钻孔，钻孔时必须随机钻速度钻进，不能强加压力冲钻，以免影响边坡岩石的稳定。

（3）采用压力泵将 1∶1 的水泥砂浆注入锚孔。如遇空洞不能加压太大，要保持0.1MPa 的工作压力。注浆时注浆管应插至孔底 5～10cm 处，随砂浆的注入缓慢匀速拔出。注浆要保证砂浆饱满，不得有里空外满的现象。

（4）注完浆后，立即插入锚杆，若孔口无砂浆溢出，应及时补注砂浆。

此外，Ⅱ类岩体边坡应采用逆作法施工，Ⅲ类岩体边坡可部分采用逆作法施工。

第8章　悬臂式挡墙和扶壁式挡墙设计与施工

8.1　概述

近年来，随着我国现代化的进程，工程建设迅猛发展，加之近年来我国大力推进的城镇化，更加大城市建设的速度。而且，房屋开发是国民经济的重要支柱之一，土地利用率也提高了，斜坡、低洼地、陡坎等高差大的土地也是房屋建设场地。房屋建筑、市政工程、城市轻轨与地铁、公路、铁路、水利和港口码头等工程建设中形成大量的边坡工程以及斜坡、滑坡、塌岸等地质灾害治理工程，边坡工程技术和实践得到快速发展。

各种支挡形式和结构在建筑边坡工程中大量使用，重力式挡墙、悬臂式和扶壁式挡墙等在工程的填方边坡中被广泛采用。

悬臂式挡墙截面形式如图 8-1 所示，由立板和墙底板（分为墙趾板和墙踵板）组成，呈倒"T"字形，可视为三个悬臂即立臂、墙趾板和墙踵板。扶壁式挡墙截面形式如图 8-2 所示，由立板、底板及扶壁（立板的肋）三部分组成，底板分为墙趾板和墙踵板。一般采用现浇钢筋混凝土结构，也可以在工厂预制构件，现场拼装组成整体结构。

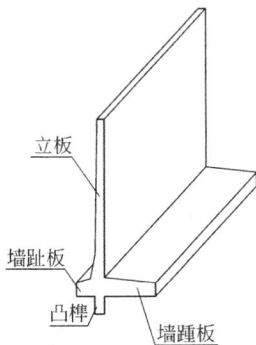

图 8-1　悬臂式挡墙

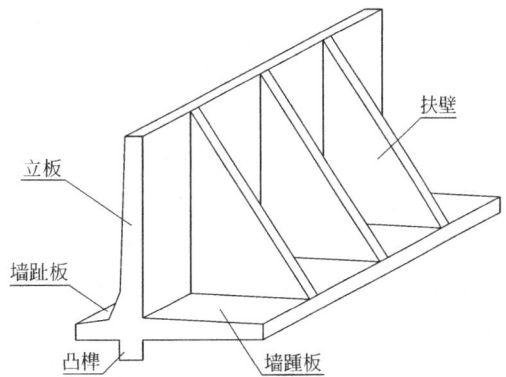

图 8-2　扶壁式挡墙

悬臂式和扶壁式挡墙依靠墙身自重和踵板上土体的重量来实现挡墙的稳定性，不完全靠挡墙自身重量来维持，因而结构较轻巧、工程量省、占地较小。而且墙趾也显著地增加了挡墙的抗倾覆能力，并大大减小了挡墙基底应力。它们的主要特点是构造简单、施工方便、墙身断面尺寸较小、自身质量轻，可以较好地发挥材料的强度性能，能适应承载力较低的地基。也可实现机械化施工作业。

虽然重力式挡墙具有构造简单、施工方便和就地取材等优点，但因其主要靠墙体自重来保证边坡的稳定性而造成挡墙墙身断面尺寸大、占地较多，不能充分发挥建筑材料的强度性能，也不易实现施工的机械化与工厂化。另外，随着我国劳动力成本的增加，人工采用砂浆和条石砌筑的重力式挡墙造价也不断增加，造价低廉的优势不复存在，采用混凝土或毛石混凝土现场立模浇筑的重力式挡墙越来越多，工程造价也有增加。

与重力式挡墙相比，悬臂式和扶壁式挡墙有如下特点：

（1）对地基承载力要求较低，变形适应能力较强。

（2）采用预制时，可实现工厂化构件制作、现场拼装作业。

（3）悬臂式和扶壁式挡墙为轻型结构，抗震性能好。

8.2　设计要求

悬臂式和扶壁式挡墙的应用应充分考虑边坡临近场地的地质条件、环境条件、边坡高度、边坡侧压力的大小、特点和对边坡变形控制要求等因素。对安全等级为一、二、三级的边坡工程均可采用，但不宜用于不良地质地段和高烈度地震区。

悬臂式和扶壁式挡墙自身重量小，且因墙踵板和墙趾板作用，基底压力小；挡墙采用钢筋混凝土结构，不需要石材。因此，它们适用于石材缺乏、地基承载力较低的填方地区。考虑施工条件，悬臂式和扶壁式挡墙适合于填方边坡。扶壁式挡墙的扶壁起到加劲肋的作用，减少墙面板的变形，提高刚度和整体性，因而挡土高度更高。但当墙高较大时，挡墙材料尤其是钢筋用量急剧增加，影响其经济性。综合考虑结构受力特点、材料、施工及经济等因素，挡墙高度在 6m 以内时采用悬臂式挡墙，挡墙高度 6m 以上宜采用扶壁式挡墙。扶壁式挡墙的墙身高度最大也不宜超过 15m。

悬臂式和扶壁式挡墙应根据工程地质、地形条件及工程要求，因地制宜设置。可单独设置，也可以与其他边坡处理方式联合的形式（图 8-3）。对稳定性较差且边坡高度较大的边坡工程宜采用放坡或分阶放坡方式进行处理。

一般情况下，悬臂式和扶壁式挡墙位移较大，难以满足对变形的严格要求。挖方挡墙施工难以采用逆作法，开挖面形成后边坡稳定性相对较低，有时可能危及边坡稳定及相邻建筑物安全。因此，对变形有严格要求或开挖土石方可能危及边坡稳定的边坡不宜采用悬臂式和扶壁式挡墙，开挖土石方危及相邻建筑物安全的边坡不应采用悬臂式和扶壁式挡墙。

在地震设防区，悬臂式和扶壁式挡墙的抗震设防烈度应根据现行有关规定及规范确定，且不应低于边坡塌滑区内建筑物的设防烈度。抗震设防烈度 6 度以上的地区，需考虑地震作用，承载能力应采用地震作用效应和荷载效应基本组合进行验算。地震设防烈度为 6 度的地区，可不进行地震作用计算，但应采取抗震构造措施。临时性边坡可不作抗震计算。

悬臂式和扶壁式挡墙结构构造如下：

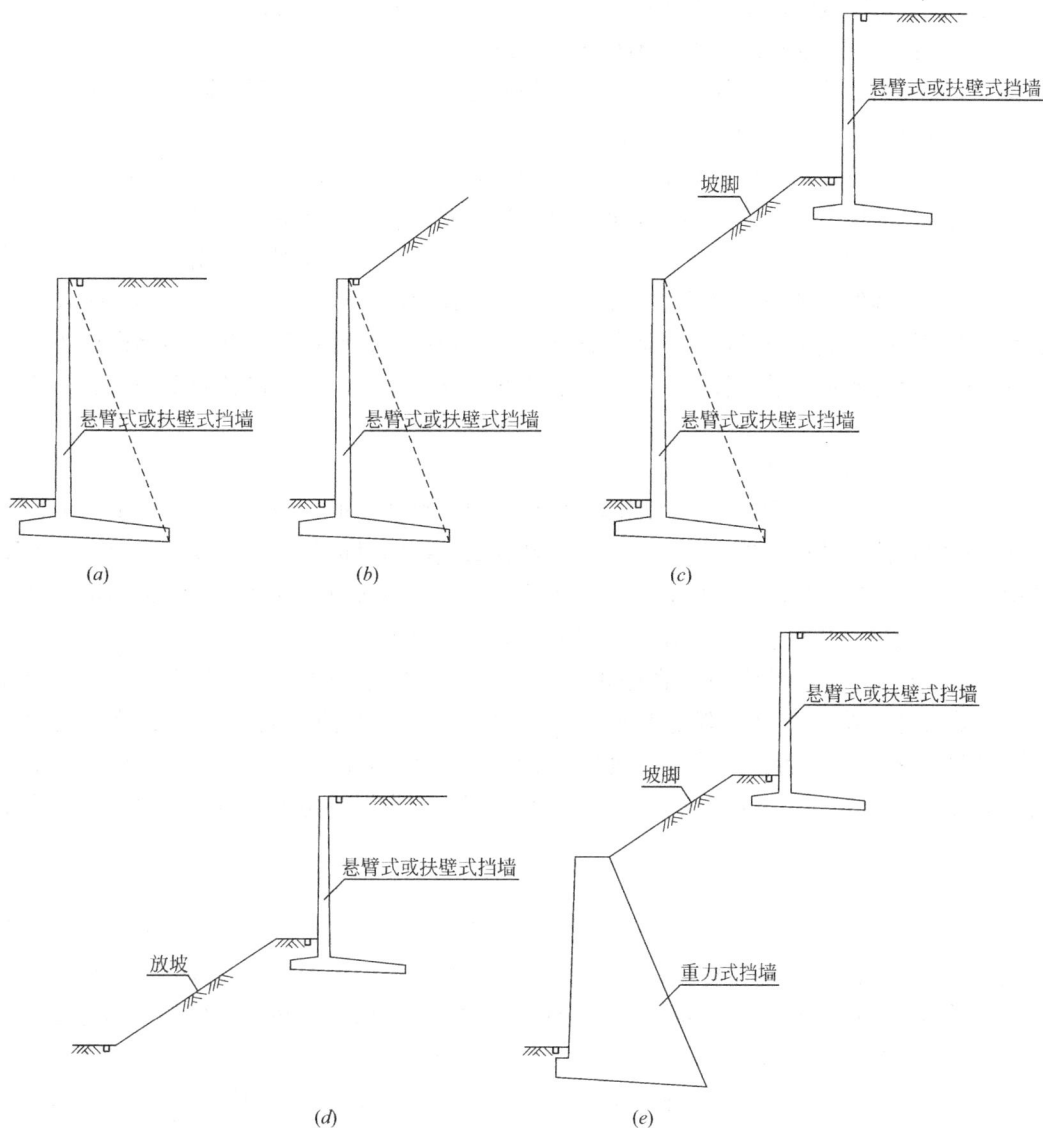

图 8-3 悬臂式或扶壁式挡墙支挡型式

(*a*) 坡顶水平情况；(*b*) 下部挡墙＋上部放坡；(*c*) 下部挡墙＋中部放坡＋上部挡墙；

(*d*) 下部放坡＋上部挡墙；(*e*) 下部重力式挡墙＋中部放坡＋上部挡墙

（1）应采用现浇钢筋混凝土结构。

（2）悬臂式和扶壁式挡墙的混凝土强度等级应根据结构承载力和所处环境类别确定，且不应低于 C25。立板和扶壁的混凝土保护层厚度不应小于 35mm，底板的保护层厚度不应小于 40mm。受力钢筋直径不应小于 12mm，间距不宜大于 250mm。

（3）悬臂式挡墙截面尺寸应根据强度和变形计算确定，立板顶宽和底板厚度不应小于 200mm。当挡墙高度大于 4m 时，宜加根部翼。

扶壁式挡墙尺寸应根据强度和变形计算确定，并应符合下列规定：

（1）两扶壁之间的距离宜取挡墙高度的 1/3～1/2。

（2）扶壁的厚度宜取扶壁间距的 1/8～1/6，且不宜小于 300mm。

（3）立板顶端和底板的厚度应不小于 200mm。

（4）立板在扶壁处的外伸长度，宜根据外伸悬臂固端弯矩与中间跨固端弯矩相等的原则确定，可取两扶壁净距的 0.35 倍左右。

悬臂式和扶壁式挡墙设计包括设计标准和参数选取、支挡侧压力的计算，挡墙墙身断面尺寸拟定、结构内力计算、挡墙钢筋混凝土构件截面设计、挠度及裂缝宽度验算、地基设计与验算以及稳定性验算等。在设计计算时应根据计算内容分别采用相应的荷载组合及分项系数。挡墙外荷载一般包括墙后土体自重及坡顶地面活载。当受水或地震影响或坡顶附近有建筑物时，应考虑其产生的附加侧向土压力作用。悬臂式和扶壁式挡墙设计还包括墙后填料选择与质量要求，坡顶、坡脚截、排水，安全防护、监测以及施工顺序、工艺及方法等。

（1）伸缩缝与沉降缝

钢筋混凝土悬臂式和扶壁式挡墙因温度变化引起材料变形，增加结构的附加内力，当长度过长时可能使结构开裂。另外，悬臂式和扶壁式挡墙对地基不均匀变形敏感，在不同结构单元及地层岩土性状变化时，将产生不均匀变形。为适应这种变化，宜采用沉降缝分成独立的结构单元。有条件时伸缩缝与沉降缝宜合并设置。

悬臂式和扶壁式挡墙纵向伸缩缝间距宜采用 10～15m。宜在不同结构单元处和地层性状变化处设置沉降缝；且沉降缝与伸缩缝宜合并设置。在挡墙高度突变处及与其他建（构）筑物连接处应设置伸缩缝，在地基岩土性状变化处应设置沉降缝。沉降缝、伸缩缝的缝宽宜为 20～30mm，缝中应填塞沥青麻筋或其他有弹性的防水材料，填塞深度不应小于 150mm。

（2）墙后回填

挡墙墙后填土非常重要，是重要的设计内容之一。不少工程因墙后回填材料选择不合适或回填质量控制不好，出现了工程事故。挡墙后填料应就地取材，充分利用当地的岩土体。墙后填土直接影响侧向土压力，因此宜选用重度小、内摩擦角大的填料，同时要求填料透水性强，易排水，这样可显著减小墙后侧向土压力。宜优先选择抗剪强度高和透水性较强的填料。当采用黏性土作填料时，宜掺入适量的砂砾或碎石。山区地区可选用新开挖的开山土石。考虑特殊类土（如黏性土、淤泥质土、耕植土、膨胀土、盐渍土及有机质土等土）物理力学性质不稳定、变异大、高压缩性以及腐蚀性等，不得采用这些岩土体作为挡墙填料。

（3）地基

挡墙地基是保证挡墙安全正常工作的十分重要的部分。实际工程中许多挡墙破坏都是地基基础设计不当引起的。因此设计时必须充分掌握工程地质及水文地质条件，在安全、可靠、经济的前提下合理选择基础地基形式，采取恰当的地基处理措施。

挡墙应选择稳定的地层作为持力层。从经济和施工等方面考虑，宜优先选择天然地基作为挡墙的持力层。当挡墙纵向坡度较大时，为减少开挖及挡墙高度，节省造价，在保证地基承载力的前提下可设计成台阶形。对软弱地基或填方地基，当作为持力层的地基承载力或变形不满足要求时，应考虑进行地基处理或采用桩基础方案。当临近有临空外倾结构面的岩土质斜坡时，悬臂式和扶壁式挡墙必须置于外倾结构面以下稳定地层内。当挡墙地基存在洞室时，应根据洞室大小和深度等因素进行稳定性分析，采取相应的加强措施。不应将基础置于未经处理的地层上。另外，考虑雨水冲刷、风化等的不利影响，在实际工程中应根据工程地质条件和挡墙结构受力情况，挡墙还需有适当的埋置深度。在受冲刷或受冻胀影响的边坡工程，还应考虑这些因素的不利影响，挡墙基础应在其影响之下的一定深度。

悬臂式和扶壁式挡墙置于稳定岩土层内的埋置深度应符合以下要求：

1）应根据地基稳定性、地基承载力、冻结深度、水流冲刷情况以及岩石风化程度等因素确定。在土质地基中，基础最小埋置深度不宜小于 0.50m，在岩质地基中，基础最小埋置深度不宜小于 0.30m。基础埋置深度应从坡脚排水沟底算起。受水流冲刷时，埋深应从预计冲刷底面算起。

2）位于稳定斜坡地面的重力式挡墙，其墙趾最小埋入深度和距斜坡面的最小水平距离应符合表 8-1 的要求。

斜坡地面墙趾最小埋入深度和距斜坡地面的最小水平距离　　　　　表 8-1

地基情况	最小埋入深度（m）	距斜坡地面的最小水平距离（m）
硬质岩石	0.60	0.60～1.50
软质岩石	1.00	1.50～3.00
土质	1.00	3.00

挡墙基底做成逆坡对增加挡墙的稳定性有利，但基底逆坡坡度过大，将导致墙踵陷入地基中，也会使保持挡墙墙身的整体性变得困难。根据工程经验，悬臂式和扶壁式挡墙的挡墙基底宜做成逆坡，土质地基基底逆坡坡度不宜大于 1∶10，岩质地基基底逆坡坡度不宜大于 1∶5。当挡墙基槽纵向纵坡大于 5% 时，应将基底设计为台阶式，其最下一级台阶底宽不宜小于 1.00m。

在挡墙底部增设防滑键是提高挡墙抗滑稳定的一种有效措施。当挡墙受滑动稳定控制时，应采取提高抗滑能力的构造措施。宜在墙底下设防滑键。防滑键应具有足够的抗剪强度，其高度应保证键前土体不被挤出。防滑键厚度应根据抗剪强度计算确定，一般不应小于 300mm。

对软弱地基或填方地基，当持力层地基的承载力或变形不满足要求时，应考虑地基处理或采用桩基础方案。

（4）截、排水及墙身泄水

悬臂式和扶壁式挡墙工程应设排水良好的截排水系统，应根据场地地形、地质、环境、水体来源及填料等因素确定。一般在坡顶的边坡塌滑区以外 3～5m 设置截水沟，拦截地表水。在坡脚设排水沟。

悬臂式和扶壁式挡墙挡墙墙身应设泄水孔及反滤层（包），排泄坡体内的水。具体可详见现行的《建筑边坡工程技术规范》（GB 50330—2013）等的有关规定。

（5）施工

应根据工程情况，确定合适的悬臂式和扶壁式挡墙的施工顺序和工艺流程，应分段、跳槽施工。对多级挡墙，应先施工最下面一级的挡墙，在上一级施工完成、并达到相应结构强度要求后再施工上一级的挡墙。

安全等级为一级的悬臂式和扶壁式挡墙工程应采用动态设计法,二级宜采用动态设计法。

悬臂式和扶壁式挡墙在施工前应预先设置好排水系统,保持边坡和基坑坡面干燥,避免水软化地基的不利影响。基坑开挖后应及时封闭,基坑内不应积水,并应及时进行基础施工。

在挡墙墙身混凝土强度达到设计强度的 70% 后方可填土。墙后填土应分层夯实。扶壁间回填宜对称实施,施工时应控制填土对扶壁式挡墙的不利影响。

应清除填土中的草和树皮、树根等杂物。为了避免填方沿原地面滑动,填方基底处理办法有铲除草皮和耕植土、开挖台阶等。当挡墙墙后表面的横坡坡度大于 1:6 时,应在进行表面粗糙处理后再填土。

超限的悬臂式和扶壁式挡墙应按有关规定进行设计方案的安全专项论证和可行性评估。

8.3　支挡侧压力

悬臂式和扶壁式挡墙的支挡设计侧压力应考虑边坡各种可能的破坏模式,并取最不利情况(滑面及工况等)的最大侧压力作为支挡推力。不同的破坏模式,有不同的计算理论或方法,主动土压力和被动土压力可采用库仑土压力理论和朗金土压力理论,折线滑动破坏模式可采用传递系数法等。

在平缓场地上填筑形成边坡,悬臂式和扶壁式挡墙一般考虑主动土压力和第二破裂面法计算的土压力。根据大量资料和实验数据表明,按库仑理论采用第二破裂面法计算侧向土压力较符合工程实际。当不能形成第二破裂面时,按墙踵下缘与墙顶内缘的连线作为假想墙背和通过墙踵的竖向面为假想墙背的方式来计算侧向土压力,并取其中的大值。

当边坡存在沿岩土界面、新老土界面或外倾软弱结构面滑动时(如斜坡地带上的填方边坡),尚应计算这些滑面情况的支挡推力。应考虑坡顶邻近建筑物荷载以及地表使用荷载,有地下水及地表水体影响时,应计算水的作用(含静水压力和动水压力),抗震设防烈度大于 6 度时尚应考虑地震作用。

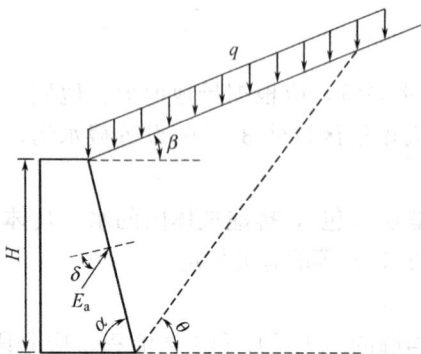

图 8-4　土压力计算

1. 库仑土压力理论

作用于挡墙上的主动土压力和被动土压力可用库仑土压力理论计算,其基本假定为:(1)挡墙背后填土为砂土(仅有内摩擦力而无黏聚力)。(2)墙后填土滑动时,滑裂面为通过墙踵的平面。(3)填土表面倾角 β 不能大于内摩擦角 φ。(4)墙背仰斜时,墙背不宜缓于 1:0.3。(5)当墙背俯斜时,若墙背过于平缓,应用第二破裂面计算法。

根据平面滑裂面假定(图 8-4),主动土压力合力可按下列公式计算：

$$E_a = \frac{1}{2}\gamma H^2 K_a \tag{8-1}$$

$$K_a = \frac{\sin(\alpha+\beta)}{\sin^2\alpha\sin^2(\alpha+\beta-\varphi-\delta)}\{K_q[\sin(\alpha+\beta)\sin(\alpha-\delta)+\sin(\varphi-\delta)\sin(\varphi-\beta)]\}$$
$$+2\eta\sin\alpha\cos\varphi\cos(\alpha+\beta-\varphi-\delta)-2\sqrt{K_q\sin(\alpha+\beta)\sin(\varphi-\beta)+\eta\sin\alpha\cos\varphi}$$
$$\times\sqrt{K_q\sin(\alpha-\delta)\sin(\varphi+\delta)+\eta\sin\alpha\cos\varphi} \tag{8-2}$$

$$K_q = 1 + \frac{2q\sin\alpha\cos\beta}{\gamma H\sin(\alpha+\beta)} \tag{8-3}$$

$$\eta = \frac{2c}{\gamma H} \tag{8-4}$$

式中　E_a——相应于荷载标准组合的主动土压力合力（kN/m）；

　　　K_a——主动土压力系数；

　　　H——挡土墙高度（m）；

　　　γ——土体重度（kN/m³）；

　　　c——土的黏聚力（kPa）；

　　　φ——土的内摩擦角（°）；

　　　q——地表均布荷载标准值（kN/m²）；

　　　δ——墙后填土与挡墙墙背间的摩擦角（°），可按表 8-2 取值；

　　　β——填土表面与水平面的夹角（°）；

　　　α——支挡结构墙背与水平面的夹角（°）。

墙背与墙后填土间的摩擦角 δ

表 8-2

挡土墙情况	摩擦角 δ
墙背平滑，排水不良	(0.00~0.33)φ
墙背粗糙，排水良好	(0.33~0.50)φ
墙背很粗糙，排水良好	(0.50~0.67)φ
墙背与填土间不可能滑动	(0.67~1.00)φ

主动土压力呈三角形分布，合力作用点距墙踵为 $h/3$，作用方向与墙背法线成 δ 角。

2. 第二破裂面计算法

当墙背倾角 ρ 过大，即墙背过于平缓时，破裂土楔体并不沿墙背 AB 面滑动，而是沿通过墙踵的另一较陡的假想破裂面 BE 滑动，形成滑动楔体 BCE，称 BE 面为第二破裂面，如图 8-5 所示。此时，作用于第二破裂面上的土压力与该面法线之间的夹角是土体之间的内摩擦角 φ，而不是墙背与土体之间的摩擦角 δ。

破裂面的倾角可按下式计算：

$$\alpha = 45° - \frac{\varphi}{2} + \frac{\beta}{2} - \frac{1}{2}\arcsin\frac{\sin\beta}{\sin\varphi}$$

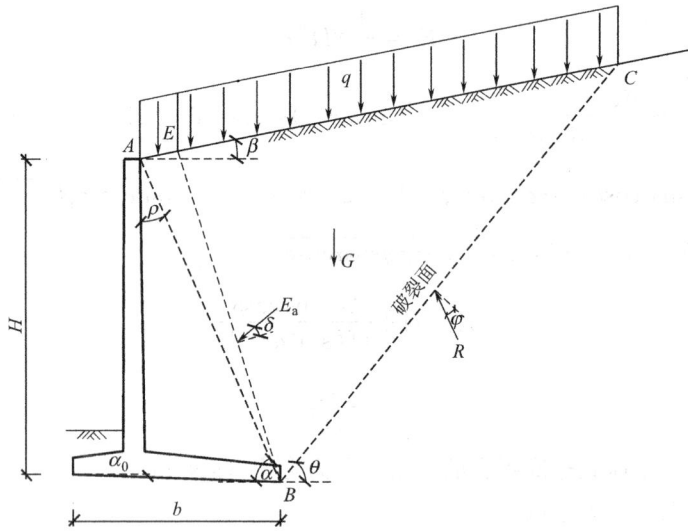

图 8-5　第二破裂面计算简图

可将 BE 作为墙背，$\delta = \varphi$，按库仑土压力理论计算其主动土压力。

3. 朗金土压力理论

朗金土压力理论的基本假定是：（1）挡土墙背竖直。（2）墙背表面光滑（墙背与土体之间摩擦角 δ 为零）。（3）墙后填土为砂土。（4）填土表面水平并无限延长（图 8-6）。

挡墙在土压力作用下向前位移，墙后填土达到极限平衡状态时，对挡墙产生主动土压力按下式计算：

$$P_a = \gamma z K_a$$

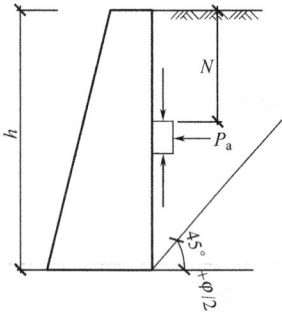

图 8-6　朗金主动土压力作用下滑动楔体图

式中　P_a——主动土压力强度（N/m²）；

γ——填土重度（kN/m³）；

z——计算点到填土表面的距离（m）；

K_a——主动土压力系数，$K_a = \tan^2\left(45° - \dfrac{\varphi}{2}\right)$；

φ——土体内摩擦角（°）。

发生主动土压力时滑裂面与水平面之间的夹角为 $45° + \dfrac{\varphi}{2}$，主动土压力强度与 z 成正比，沿墙高呈三角形分布，合力为 $E_a = \dfrac{1}{2}\gamma h^2 K_a$，合力作用点距墙踵为 $h/3$，作用方向与墙背垂直。

4. 墙后有限土体时的侧压力

当挡墙后不远处有岩石坡面或坚硬的稳定坡面，其坡角大于填土的理论滑动面的倾角（图 8-7），应视为有限范围填土情况计算主动土压力，可按下列公式计算：

$$E_a = \dfrac{1}{2}\gamma H^2 K_a$$

$$K_a = \frac{\sin(\alpha+\beta)}{\sin(\alpha-\delta+\theta-\delta_r)\sin(\theta-\beta)}\left[\frac{\sin(\alpha+\theta)\sin(\theta-\delta_r)}{\sin^2\alpha} - \eta\frac{\cos\delta_r}{\sin\alpha}\right]$$

式中　θ——稳定岩石坡面的倾角（°）；

　　　δ_r——稳定且无软弱层的岩石坡面与填土间的内

摩擦角（°），宜根据试验确定。当无试验

资料时，可取 $\delta_r = (0.40\sim0.70)\,\varphi$。$\varphi$ 为

填土的内摩擦角。

5. 地震作用时的主动土压力

考虑地震作用时，作用于支护结构上的地震主动土

压力可按下列公式计算：

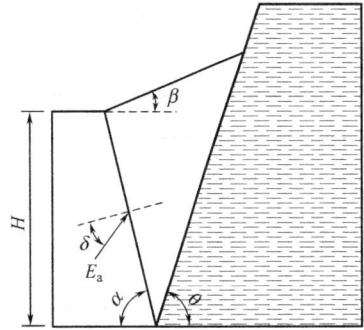

图 8-7　有限范围填土时土压力计算

$$E_a = \frac{1}{2}\gamma H^2 K_a \tag{8-5}$$

$$\begin{aligned}K_a = \frac{\sin(\alpha+\beta)}{\cos\rho\sin^2\alpha\sin^2(\alpha-\delta-\rho)}\{&K_q\cdot[\sin(\varphi-\beta-\rho)\sin(\varphi+\delta)\\ &+ \sin(\alpha-\delta-\rho)\sin(\alpha+\beta)] + 2\eta\cos\varphi\cdot\cos\rho\cos(\alpha+\beta-\varphi-\delta)\\ &- 2\sqrt{K_q\cdot\sin(\alpha+\beta)\sin(\varphi-\beta-\rho)+\eta\cdot\sin\alpha\cdot\cos\varphi\cdot\cos\rho}\\ &\sqrt{K_q\cdot\sin(\varphi+\delta)\sin(\alpha-\delta-\rho)+\eta\cdot\sin\alpha\cdot\cos\varphi\cdot\cos\rho}\,\}\end{aligned} \tag{8-6}$$

式中　ρ——地震角，可按表 8-3 取值。

地震角 ρ　　　　　　　　　　　表 8-3

类别	7 度		8 度		9 度
	0.10g	0.15g	0.20g	0.30g	0.40g
水　上	1.5°	2.3°	3.0°	4.5°	6.0°
水　下	2.5°	3.8°	5.0°	7.5°	10.0°

扶壁式挡墙和悬臂式挡墙的基础埋深较小，墙趾处回填土往往难以保证夯填密实，因此在计算挡墙整体稳定性和立板内力时，可不考虑挡墙前底板以上土的影响。但在计算墙趾板内力时则应计算墙趾板以上填土的自重。计算挡墙实际墙背和墙踵板的土压力时，可不计填料与板间的摩擦力。

6. 支挡侧压力的调整

（1）考虑边坡高度的调整

对于高大边坡挡墙，通常不允许出现达到极限状态的位移值，因此土压力计算时考虑增大系数。挡墙高度不小于 5m 时，主动土压力宜按《建筑边坡工程技术规范》（GB 50330—2013）第 6.2 节计算的主动土压力值乘以增大系数确定。挡墙高度 5～8m 时增大系数宜取 1.1，挡墙高度大于 8m 时增大系数宜取 1.2。

（2）考虑坡顶有重要建（构）筑物的有外倾结构面的调整

对有外倾结构面的土质边坡，其侧压力修正值应按《建筑边坡工程技术规范》（GB 50330—2013）第 7.2.4 条计算后乘以 1.30 的增大系数，且按第 7.2.3 条分别计算并取两个计算结果的最大值。

（3）考虑坡顶临近建（构）筑物的调整

7 度及 7 度以下地区，当建（构）筑物位于土质边坡 1 倍边坡高度范围时，应考虑建筑物对支挡结构强度和变形的影响，尚应对边坡及地基稳定性进行验算，并符合相关规范的要求。侧向土压力取值见表 8-4。

侧向岩土压力取值　　　　　　　　　　　表 8-4

坡顶重要建(构)筑物基础位置		侧向岩土压力取值
土质边坡	$a < 0.5H$	E_o
	$0.5H \leq a \leq 1.0H$	$E_a' = \dfrac{1}{2}(E_0 + E_a)$
	$a > 1.0H$	E_a

注：1. E_a——主动岩土压力合力；E_a'——修正主动土压力合力；E_o——静止土压力合力。

2. a——坡脚线到坡顶重要建（构）筑物基础外边缘的水平距离。

3. 对多层建筑物，当基础浅埋时 H 取边坡高度；当基础埋深较大时，若基础周边与岩土间设置摩擦小的软性材料隔离层，能使基础垂直荷载传至边坡破裂面以下足够深度的稳定岩土层内且其水平荷载对边坡不造成较大影响，则 H 可从隔离层下端算至坡底；否则，H 仍取边坡高度。

4. 对高层建筑物应设置钢筋混凝土地下室，并在地下室侧墙临边坡一侧设置摩擦小的软性材料隔离层，使建筑物基础的水平荷载不传给支护结构，并应将建筑物垂直荷载传至边坡破裂面以下足够深度的稳定岩土层内时，H 可从地下室底标高算至坡底；否则，H 仍取边坡高度。

8.4　挡墙设计计算

1. 结构计算简图

挡墙高度根据各工程项目需要确定的，考虑临空高度、地基持力层位置、坡脚排水沟影响、襟边宽度等因素确定。考虑到地基承载力、结构受力特性及经济性等因素，挡墙高度一般为 6~10m，不宜超过 15m。

悬臂式挡墙和扶壁式挡墙各部分结构构件的截面尺寸应根据强度和变形计算确定，同时还应当满足锚固、连接等构造要求。根据相关文献和工程经验，可参照以下方式初步拟定截面尺寸。

现浇混凝土模板工程、钢筋制作和施工振捣等对挡墙顶宽有一定要求，并考虑受力、刚度和耐久性等因素。立板顶端厚度 b 最小一般不应小于 200mm，另外挡墙顶常需设防护围墙、栏杆等，也需要足够的宽度。根据实际工程中大量工程，一般可选 200~300mm。墙背取竖直面，墙面取 1：0.02~1：0.1 的斜面，从而可确定出立臂的截面尺寸。

扶壁板间距 s 一般为墙高 H 的 1/3~1/2，扶壁板厚度 t 宜取扶壁间距的 1/8~1/6，且≥300mm；立板在扶壁板肋处的外伸悬挑长度，宜根据外伸悬臂固端弯矩与中间跨固端弯矩相等的原则确定，一般为两扶壁净距的 0.35 倍左右。

底板宽度 B 可近似取 $0.6H$~$0.8H$，当地基承载力较低，地下水位较高时，B 应适当增大。底板端部厚度均应≥200mm。

踵板长度 B_3 是根据墙身滑动稳定性的要求确定的。估算时分为以下三种情况。

（1）墙顶有均布荷载，立板墙面斜率为 0 时，如图 8-8（a）所示。

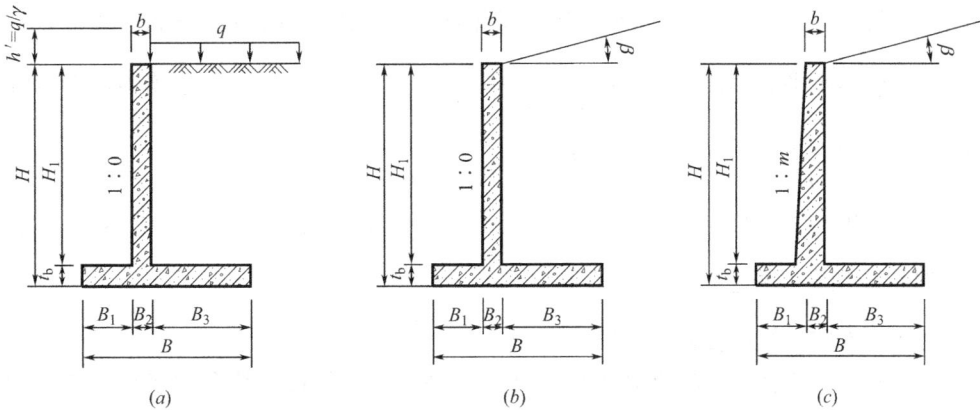

图 8-8 扶壁式挡墙

$$B_3 = \frac{K_c E_h}{f(H+h')\gamma\mu} - B_2 \tag{8-7}$$

（2）墙顶坡面与水平线呈 β 角，立板墙面斜率为 0 时，如图 8-8（b）所示。

$$B_3 = \frac{K_c E_h - f E_v}{f\left(H + \frac{1}{2}B_3\tan\beta\right)\gamma\mu} \tag{8-8}$$

当立板墙面斜率为 1:m 时，上述两式应加上修正长度 ΔB_3，如图 8-8（c）所示。

$$\Delta B_3 = \frac{1}{2}mH_1 \tag{8-9}$$

式中　E_h——主动土压力水平分力（kN/m）；

　　　E_v——主动土压力竖向分力（kN/m）；

　　　K_c——滑动稳定系数，$K_c = \dfrac{f\sum G}{E_h}$，设置凸榫时取 1.0，未设置凸榫时取 1.3；

　　　f——基底摩擦系数；

　　　γ——填土重度（kN/m³）；

　　　h'——坡顶荷载折算土层高度（m），$h' = \dfrac{q}{\gamma}$；

　　　β——填土面与水平面的夹角（°）；

　　$\sum G$——结构自重、墙踵板以上第二破裂面（或假想墙背）与墙背之间的土体重量和土压力的竖向分量之和，不计墙趾板上的土自重（kN/m）；

　　　μ——重度修正系数，在不考虑趾板的抗滑作用时对填土重度的修正（表 8-5）。

重度修正系数 表 8-5

填土重度 (kN/m³)	摩擦系数								
	0.30	0.35	0.40	0.45	0.50	0.60	0.70	0.84	1.00
16	1.07	1.08	1.09	1.10	1.12	1.13	1.15	1.17	1.20
18	1.05	1.06	1.07	1.08	1.09	1.11	1.12	1.14	1.16
20	1.03	1.04	1.04	1.05	1.06	1.07	1.08	1.10	1.12

墙趾板长度 B_1 由基底应力或偏心距，根据墙顶有无坡面分为两种情况：

当墙顶坡面水平时，$B_1 = 0.5fH \dfrac{(2h_0 + H)}{K_c(h_0 + H)} - 0.25(B_2 + B_3)$，当墙顶坡面倾角为 β 时，$B_1 = \dfrac{0.5(H + B_3 \tan\beta)f}{K_c} - 0.25(B_2 + B_3)$。

当由估算出的底板总宽度计算出基地应力大于地基承载力特征值，或不满足偏心距 $e > \dfrac{B}{6}$ 时，应加宽底板总宽度使其满足要求。

2.挡墙抗滑移、抗倾覆稳定性验算

悬臂式和扶壁式挡墙应根据其支挡设计推力进行挡墙的抗滑移和抗倾覆稳定性验算。当存在深部潜在滑面时，应进行有关潜在滑面整体稳定性验算。当挡墙地基软弱、有软弱结构面或位于边坡坡顶时，还应进行地基稳定性验算。

悬臂式和扶壁式挡墙抗滑移稳定性应按下列公式验算（图 8-9）。

$$F_s = \frac{(G_n + G_{1n} + E_{an})\mu}{E_{at} - G_t - G_{1t}} \geqslant 1.3 \tag{8-10}$$

$$G_n = G\cos\alpha_0 \tag{8-11}$$

$$G_t = G\sin\alpha_0 \tag{8-12}$$

$$G_{1n} = G_1\cos\alpha_0 \tag{8-13}$$

$$G_{1t} = G_1\sin\alpha_0 \tag{8-14}$$

$$E_{at} = E_a\sin(\alpha - \alpha_0 - \delta) \tag{8-15}$$

$$E_{an} = E_a\cos(\alpha - \alpha_0 - \delta) \tag{8-16}$$

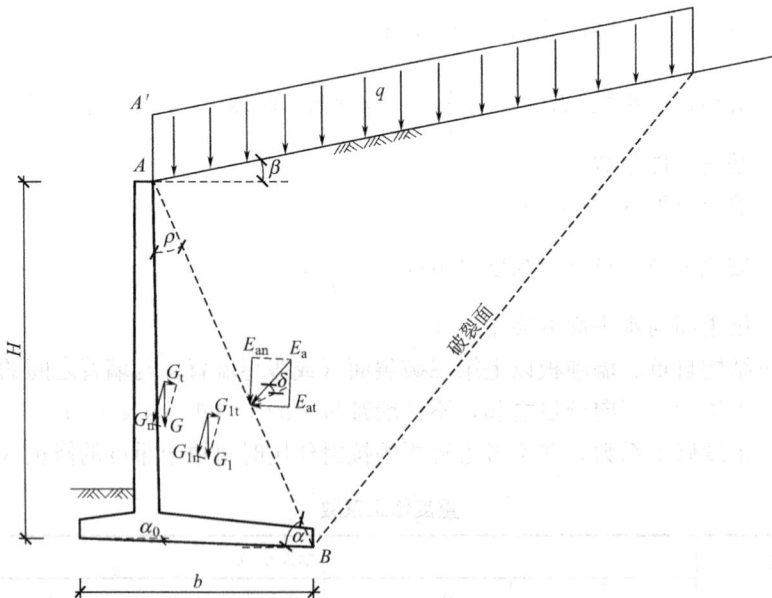

图 8-9　悬臂式挡墙和扶壁式挡墙稳定性验算简图

式中　E_a——每延米滑动推力（kN/m）；
　　　F_s——挡墙抗滑移稳定系数；

G——挡墙每延米自重（kN/m）；

G_1——挡墙墙后墙趾板以上回填土体的每延米自重（kN/m）；

α——墙背与墙底水平投影的夹角（°）；

α_0——挡墙底面倾角（°）；

δ——墙背与填土间的摩擦角（°）；

μ——墙底与地基间的摩擦系数，宜由试验确定，也可按表 8-6 选用。

岩土与挡墙底面摩擦系数 μ 表 8-6

岩土类别		摩擦系数 μ
黏性土	可塑	0.20~0.25
	硬塑	0.25~0.30
	坚硬	0.30~0.40
粉土		0.25~0.35
中砂、粗砂、砾砂		0.35~0.40
碎石土		0.40~0.50
极软岩、软岩、较软岩		0.40~0.60
表面粗糙的坚硬岩、较硬岩		0.65~0.75

悬臂式和扶壁式挡墙的抗倾覆稳定性应按下列公式进行验算（图 8-10）：

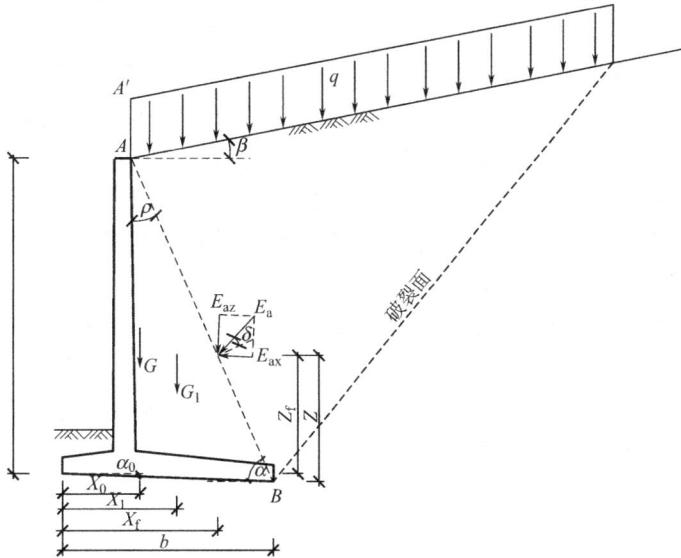

图 8-10 挡墙抗倾覆稳定性验算

$$F_t = \frac{Gx_0 + G_1x_1 + E_{az}x_f}{E_{ax}z_f} \geqslant 1.6 \tag{8-17}$$

$$E_{ax} = E_a\sin(\alpha - \delta) \tag{8-18}$$

$$E_{az} = E_a\cos(\alpha - \delta) \tag{8-19}$$

$$x_f = b - z\cot\alpha \tag{8-20}$$

$$z_f = z - b\tan\alpha_0 \tag{8-21}$$

式中　F_t——挡墙抗倾覆稳定系数；

　　　　b——挡墙底面水平投影宽度（m）；

　　　　x_0——挡墙中心到墙趾的水平距离（m）；

　　　　x_1——墙后填土重心到墙趾的水平距离（m）；

　　　　z——滑动推力作用点到墙踵的竖直距离（m），其他符号同前。

需要说明的是，上述悬臂式和扶壁式挡墙抗滑移、抗倾覆稳定性验算中，自重、地表荷载及滑动推力均采用标准值。

悬臂式和扶壁式挡墙的地基承载力和地基变形验算按国家现行《建筑边坡工程技术规范》（GB 50330—2013）的有关规范执行。

3. 结构及构件设计荷载

（1）荷载组合

根据《建筑结构荷载规范》（GB 50009—2012）第 3.1.2、3.1.5、3.1.6、3.2.1～3.2.10 条、《建筑地基基础设计规范》（GB 50007—2011）第 3.0.5～3.0.6 条、《建筑地基基础设计规范》（DBJ50-047-2016）第 3.0.3、3.0.4 条以及《建筑边坡工程技术规范》（GB 50330-2013）第 3.3.1、3.3.2 条等规定，悬臂式挡墙和扶壁式挡墙的作用荷载应符合下列规定：

承载内力极限状态设计或正常使用极限状态设计按标准组合设计时，对可变荷载应按规定的荷载组合采用荷载的组合值（荷载的组合值应为可变荷载的标准值乘以荷载组合值系数）或标准值作为其荷载代表值。正常使用极限状态按频遇组合设计时，应采用可变荷载的频遇值（可变荷载的频遇值应为可变荷载标准值乘以频遇值系数）或准永久值作为其荷载代表值，按准永久组合设计时，应采用可变荷载的准永久值（可变荷载的准永久值应为可变荷载标准值乘以准永久值系数）作为其荷载代表值。

悬臂式挡墙和扶壁式挡墙设计所采用作用效应组合应符合下列规定：

1）按地基承载力确定挡墙的基础底面积及埋深，传至基础的作用效应采用荷载效应标准组合；相应的抗力应采用地基承载力特征值。

2）扶壁式挡墙和悬臂式挡墙抗滑移、抗倾覆稳定性及深层滑移稳定性验算时，应采用荷载效应基本组合，但其分项系数均为 1.0。

3）确定立板、底板及扶壁的截面、基础高度、内力、确定配筋和验算材料强度时，应采用荷载效应基本组合，并应满足下式的要求：

$$\gamma_0 S \leqslant R \tag{8-22}$$

式中　S——基本组合的效应设计值；

　　　　R——结构构件抗力的设计值；

　　　　γ_0——边坡工程重要性系数，对安全等级为一级的边坡不应低于 1.1，二、三级边坡不应低于 1.0。

4）计算挡墙及构件变形、地基沉降时，应采用荷载效应的准永久组合，不计入风荷载和地震作用，相应的限值应为支护结构、锚杆或地基的变形允许值。

5）挡墙构件抗裂计算时，应采用荷载效应标准组合，并考虑长期作用影响。

6）抗震设计时地震作用效应和荷载效应的组合应按国家现行有关标准执行。

抗震设防区，支护结构或构件承载能力应采用地震作用效应和荷载效应基本组合进行验算。

（2）荷载分布

悬臂式挡墙侧压力按三角形分布。而影响扶壁式挡墙的侧向压力分布的因素很多，主要包括墙后填土、支护结构刚度、地下水、挡墙变形及施工方法等，可简化为三角形、梯形或矩形、当地经验图形。应根据工程具体情况，并结合当地经验确定符合实际的分布图形，这样结构内力计算才合理。

4. 结构内力计算

悬臂式和扶壁式挡墙为"板单元"构成的空间结构，可采用杆件单元或实体单元模型进行内力分析，工程中常采用简化方法。

悬臂式挡墙的立板、墙趾板和墙踵板等结构构件可取单位宽度（即以一延米为结构单元）按悬挑构件进行计算。

扶壁式挡墙是较复杂的空间受力结构体系，要精确计算是比较困难复杂的。工程中可将空间受力问题简化为平面问题近似计算：扶壁式挡墙的立板和墙踵板可简化为靠近底板部分为三边固定、一边自由的板及上部以扶壁为支承的连续板，墙趾底板可简化为固端在立板上的悬臂板，扶壁可简化为悬臂的 T 形梁（立板为梁的翼，扶壁为梁的腹板）。这种方法能反映构件的受力情况，同时也是偏于安全的。

5. 配筋设计

根据悬臂式和扶壁式挡墙结构构件的受力特点，进行其截面尺寸及配筋设计。其配筋率、钢筋的连接和锚固等应符合现行国家标准《混凝土结构设计规范》（GB 50010—2010）的有关规定。

悬臂式和扶壁式挡墙的立板和墙踵板按板配筋，墙趾板按悬臂板配筋。扶壁式挡墙的扶壁按倒 T 形悬臂深梁进行配筋，立板与扶壁、底板与扶壁之间根据传力要求计算设计连接钢筋。宜根据立板、墙踵板及扶壁的内力大小分段分级配筋。

悬臂式和扶壁式挡墙为钢筋混凝土结构，其受力较大时可能开裂，钢筋净保护层厚度减小，受水侵蚀影响较大。为保证挡墙的耐久性，应进行混凝土裂缝宽度的验算。迎土面的裂缝宽度不应大于 0.2mm，背土面的裂缝宽度不应大于 0.3mm，并应符合现行国家标准《混凝土结构设计规范》（GB 50010—2010）的有关规定。

（1）抗滑键

如图 8-11 所示，在挡墙底面设置混凝土凸榫，形成抗滑键。其原理是利用基底土体产生被动土压力，以增加挡墙的抗滑稳定性。

为增加榫前被动土压力，应使榫前被动土榫不超出墙趾，同时，为防止因设凸榫而增加墙背的主动土压力，应使凸榫后缘与墙趾的连线同水平线的夹角不超过 φ 角。即为充分发挥抗滑键前土体产生的被动土压力，且又不增加挡墙结构的支挡侧压力。

抗滑键是一种辅助性的抗滑措施，在挡墙设计中，应使设凸榫前墙身能保持基本稳定，而用凸榫则是为了增强其抗滑能力，以达到所要求的抗滑稳定安全系数。

凸榫的高度应根据凸榫前土体的被动土压力能够满足全墙的抗滑稳定要求而定，凸榫的厚度除了满足混凝土的抗弯、抗剪等要求外，为了方便施工，还应不小于 300mm。

挡墙底面设有抗滑键时，其抗滑移稳定验算应符合下式：

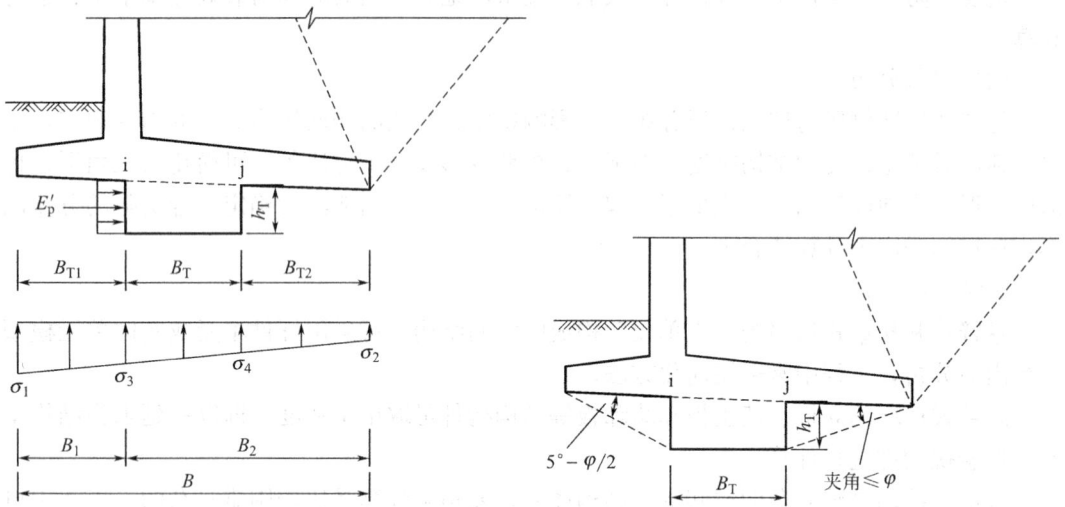

图 8-11 悬臂式及扶壁式挡墙基底抗滑键

$$F_s = \frac{T_{B_2} + E'_P}{E_x} = \frac{\frac{1}{2}(\sigma_2 + \sigma_3)B_2\mu + h_T e_P}{E_x} \geqslant 1.3$$

则有：

$$h_T = \frac{T_{B_2} + E'_P}{E_x} = 1.3E_x - \frac{\frac{1}{2}(\sigma_2 + \sigma_3)B_2\mu}{e_P}$$

式中　　B_2——抗滑键前缘至墙趾的基底宽度（m）；

T_{B_2}——抗滑键及其后挡墙底的抗滑力，$T_{B_2} = \frac{1}{2}(\sigma_2 + \sigma_3)B_2\mu$（kN/m）；

E'_p——抗滑键前被动土压力，$E'_p = e_p h_T$（kN/m）；

E_x——滑动力，即挡墙的支挡侧压力的水平分力（kN/m）；

μ——挡墙底与地基间的摩擦系数；

σ_1、σ_2、σ_3——墙趾、墙踵及抗滑键前缘处基底的压应力（kN/m²）；

e_p——抗滑键前的被动土压应力，$E'_p = e_p h_T$（kN/m²），可采用朗金理论近似计

算，$e'_p \approx \frac{1}{2}(\sigma_1 + \sigma_3)\tan^2\left(45° + \frac{\varphi}{2}\right)$，为安全，取 $e_p = \frac{1}{3}e'_p = \frac{1}{6}(\sigma_1 + \sigma_3)$

$\tan^2\left(45° + \frac{\varphi}{2}\right)$。

对抗滑键的宽度 B_T，可根据抗滑键在被动土压力作用下的抗弯及抗剪承载力计算确定，并取其大值作为设计值。

1）根据被动土压力作用下在抗滑键产生的最大弯矩，则有：

$$B_T = \sqrt{\frac{6M_T}{f_c}} = \sqrt{\frac{6 \times \frac{1}{2}e_p h_T^2}{f_c}} = \sqrt{\frac{3e_p h_T^2}{f_c}}$$

2）按抗滑键最大剪力计算：

$$B_{\rm T}=\frac{e_{\rm p}h_{\rm T}}{f_{\rm t}}$$

式中 $f_{\rm c}$、$f_{\rm t}$——抗滑键混凝土材料的抗压强度和抗拉强度设计值（kN/m^2）；

弯矩和剪力计算如图 8-12 所示。

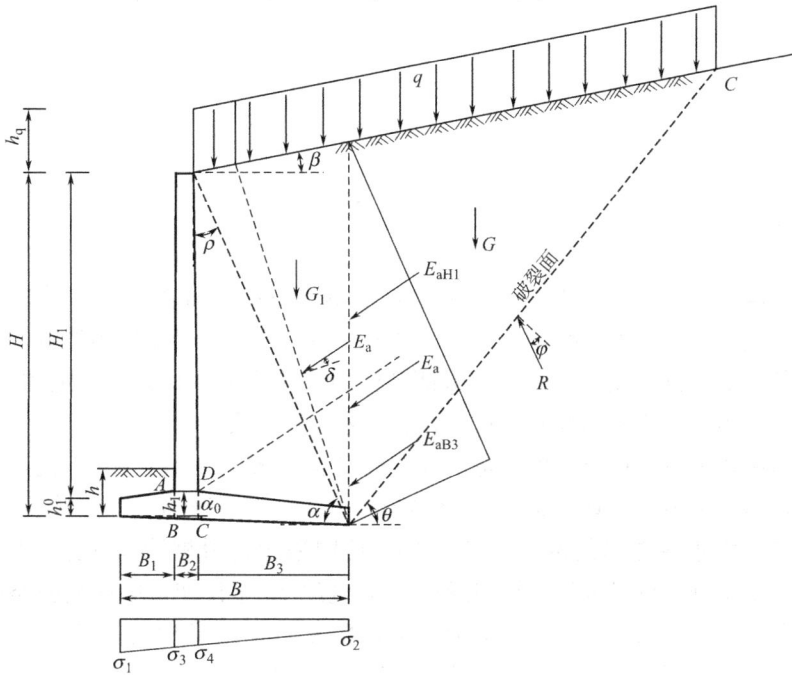

图 8-12 弯矩和剪力计算图

（2）墙趾板

设墙趾板距坡脚地表的深度为 h，墙趾板截面最大弯矩 M_1 和剪力 Q_1 为可按以下公式近似计算：

$$M_1=\frac{B_1^2}{6}\left[3(\sigma_1-\gamma h)-(\gamma_{\rm h}-\gamma)(h_0+2h_{pj})-(\sigma_1-\sigma_2)\frac{B_1}{B}\right] \tag{8-23}$$

$$Q_1=B_1\left[\sigma_1-\gamma_{\rm h}h_{pj}-\gamma(h-h_{pj})-(\sigma_1-\sigma_2)\frac{B_1}{2B}\right] \tag{8-24}$$

式中 B_1——墙趾板的计算长度（墙趾至立板根部的长度）（m）；

σ_1、σ_2——墙趾和墙踵处的基底应力（kPa）；

h_{pj}——墙趾与立板根部处墙趾板厚度的平均值（m），可按 $h_{pj}=\frac{1}{2}(h_1+h_1^0)$ 计算；

h_1^0——墙趾板端部的厚度（m）；

h_1——墙趾板与立板接触处的厚度（m）；

$\gamma_{\rm h}$——墙趾板的密度（kN/m^3）；

γ——墙趾板上部填土密度（kN/m^3）。

269

第9章 桩板式挡墙设计与施工

9.1 概述

桩板式挡墙又名桩板式抗滑桩，一般由抗滑桩和桩间设置挡土板等结构实现支挡土体，系钢筋混凝土结构。出于改善挡土结构受力特性的需要，可在桩体设置锚杆（锚索）；特殊地形等条件下，也可设置支撑。为保证结构的整体稳定性和具有一定的刚度，有时，顶部设有冠梁，当半埋式桩体暴露较长时，有时还设置腰梁。

桩板式挡墙作为一种挡土结构，是由抗滑桩发展而来。20 世纪 40 年代，国外就开始使用抗滑桩来整治滑坡，以取代高额造价的挡土墙。1961 年日本采用钢管混凝土钻孔桩治理碛玉县二濑坝水库左岸的滑坡；1964 年，英国采用抗滑桩治理铁路滑坡；1967 年，美国旧金山，采用排架抗滑桩稳定铁路隧道；20 世纪 70 年代初，奥地利公路部门降锚索或锚杆和抗滑桩结合起来整治滑坡。其他国家如苏联、捷克、巴西、土耳其、墨西哥、荷兰、意大利、波兰等国，也主要使用是钻孔灌注桩整治滑坡。

国内，最早使用抗滑桩是 20 世纪 50 年代修建宝成铁路治理史家坝隧道进口石灰岩顺层滑坡；1965 年，修建川黔铁路，对楚米铺滑坡采用钢筋混凝土圆管打入桩与沉井相结合的措施进行整治，桩顶用钢筋混凝土水平桁架连接；1966 年，成昆铁路采用大截面挖孔灌注的排式单桩整治大型的甘洛 2 号滑坡和沙北 1 号滑坡，形成一套相应的设计与计算方法，对抗滑桩的应用与发展有较大影响。襄渝铁路在 27 处滑坡中采用抗滑桩成功治理了许多复活的深层、特大古滑坡。例如石庙沟车站东端的赵家塘滑坡。

在抗滑桩出现以后不久，桩板式挡土墙也就跟着出现了。我国 20 世纪 70 年代初在技柳线上首先将桩板式挡墙应用在路堑中；20 世纪 90 年代，由于技术日臻成熟，铁路系统编制路堑式、路肩式桩板挡土墙的标准图集。节省锚固桩圬工，出现了变截面桩板墙；为了解决高陡边坡挡土施工问题，工程实践中开始使用预应力锚拉式桩板墙和锚索（杆）桩板墙。南昆线石头寨车站锚拉式桩板墙较具代表性。

桩板式挡墙可以应用基坑支护、码头岸坡工程、交通工程等众多领域。近年来，在建筑边坡也广泛采用，但分成两种情况，一种是桩板墙主导性外力是岩土体的主动土压力；另一种是滑坡推力，因而桩板墙内力分布是不同的。

9.2 桩板式挡墙的类型与特点

桩板式挡墙适用边坡开挖工程、填方边坡及工程滑坡治理。适用于坡顶已有建筑物，对变形要求较高边坡工程。另一方面，桩板式挡墙较少占用土地，适合发挥土地的功能。

9.2.1 桩板式挡墙的类型

桩板式挡墙主要由抗滑桩、挡土板、锚力系统（支撑）等构成。桩截面为圆形桩、矩形桩及 T 形桩。考虑桩体受力条件，矩形桩一般采用正面较短、侧面较长的截面。桩板式挡墙按桩平面排列方式可分为：单排桩桩板式挡墙、双排桩桩板式挡墙（图 9-1）。图 9-1 中前后桩可以错开排列，也可以为不等桩，根据实际工程需要设定；双排桩有时和承受竖向荷载工程桩结合，构成三排桩。工程桩设计，后排桩一般是承受竖向荷载和水平荷载。

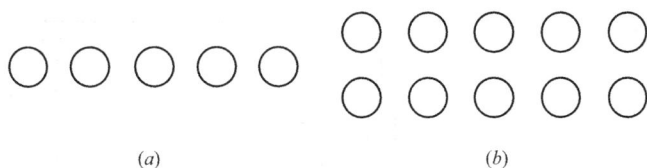

图 9-1　桩板式挡墙的常见形式
（a）单排桩桩板式挡墙；（b）双排桩桩板式挡墙

单排桩按边坡高度和锚力系统（支撑）情况，桩板式的类型可分为：悬臂式桩板挡墙、锚拉式桩板挡墙（图 9-2）。特殊地形条件下，也可以采用支撑式桩板挡墙。

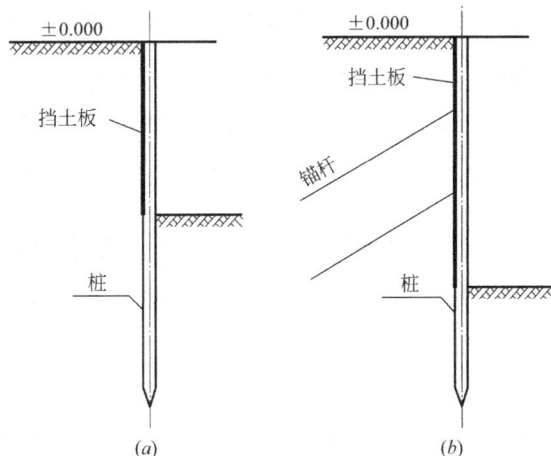

图 9-2　桩板式挡墙结构图
（a）悬臂式桩板挡墙结构图；（b）锚拉式桩板挡墙结构图

悬臂式桩板挡墙亦称自立式桩板挡墙，或称无拉结桩板挡墙。是利用桩的嵌固作用、被动土抗力来保证支护结构的稳定性。由于在边坡开挖过程中没有任何拉锚和支撑，一般边坡高度不大，适用边坡高度一般不大于 12m。与拉锚式相比易于产生较大的侧向变形，对于坡顶有建筑物的边坡，对变形有较高要求时，不宜采用。

锚拉式桩板挡墙是由锚杆（锚索）、桩体和挡土板共同组成，是依靠锚固于稳定土层中的锚杆（锚索）所提供的拉力、桩的嵌固作用、被动土抗力保证支护结构的稳定。锚杆（锚索）可以是多道提供拉力，亦改善桩体受力状态。当边坡高度较大时，一般不大于 18m，可以采用单道单锚拉式桩板挡墙；当边坡高度很大时，可以采用多锚拉式桩板挡墙。

实际工程中，在一些特殊的地形条件下使用，也可设置内支撑，为永久性支撑。支撑式桩板挡墙是由桩、内支撑和挡土板共同组成。内支撑一般采用钢管或现浇钢筋混凝土支撑。支撑式桩板挡墙在边坡中采用不多，只在一些特殊的条件下使用。

双排桩桩板式挡墙在剖面上主要为两种型式：门字形桩板式挡墙、h 形桩板式挡墙（图 9-3）。多排桩桩板式挡墙多为三排桩，以 m 形为主，一般结合上部建筑桩基础型式进行。

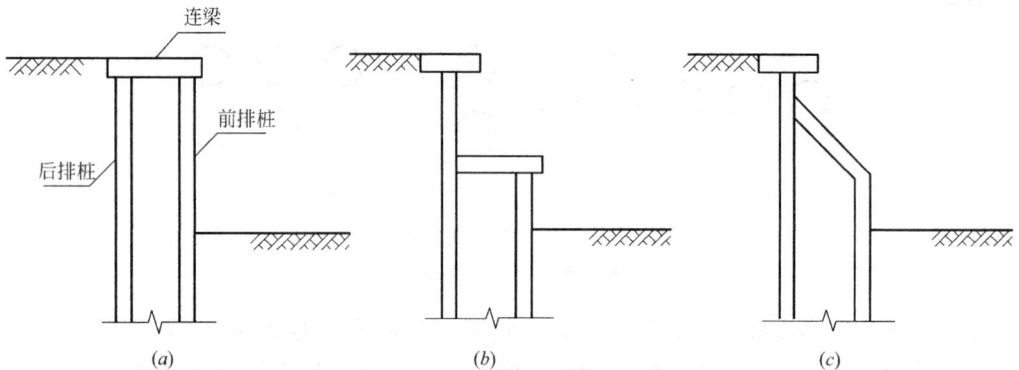

图 9-3　双排桩常见的剖面布置形式

（a）前后排桩等高双排桩；（b）h 形双排桩；（c）前后排桩现浇斜撑连接

桩板式挡墙也可与其他边坡支护结构结合使用，形成复合支护结构。

桩板式挡墙的挡土板是桩板式挡墙组成部分之一。桩板式挡墙一般设有挡土板，在单排桩间距较小时，由于土拱效应，可以不设挡土板，但设置防护面层，桩顶一般设置压顶梁。

挡土板与伸出地表部分抗滑桩截面呈 T 形，通常分为预制平板、现浇板、拱板（墙）（图 9-4）。挡土板分前置、后置挡土板。一般后置挡土板用于填筑边坡，前置挡土板用于开挖边坡。

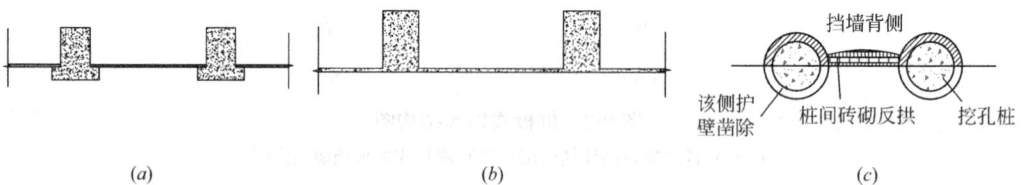

图 9-4　挡土板常见类型

（a）预制平板；（b）现浇板；（c）拱板（墙）

9.2.2　桩板式挡墙的特点

桩板式抗滑挡土墙作为一种新型的挡土防护结构，具有以下特（优）点：

（1）适宜于土压力大，而墙高又超过一般重力式挡墙限制的情况。

（2）地基强度不足可由桩的埋深补偿，挡土板可不考虑基底承载力。

（3）桩位设置灵活，可以单独使用，安设在边坡中最利于抗滑的部位，也可以与其他构筑物配合使用。

（4）桩板式抗滑挡土墙施工简便，外形构造美观。

（5）施工安全简便、速度快，工程量小、占用土地面积小，运营养护维修费用低。

近年来，作为一种挡土支护结构，桩板式抗滑挡土墙在建筑边坡中应用越来越广泛。

9.3 桩板式挡土结构荷载与内力分析

9.3.1 荷载作用

桩板式挡墙作用水平向永久荷载主要是土压力或滑坡推力。因建筑边坡为永久性边坡，在土压力计算时，应考虑地震效应；在坡顶有建筑物，实际设计时，预留一定增层空间，尤其民用住房密集坡顶。

1.单排桩荷载作用

（1）单排桩水土压力

1）不考虑渗流作用水土压力。对单排桩，桩板式挡墙荷载土压力按经典库仑土压力理论和朗肯土压力理论计算。一般来说，边坡坡体中有地下水但未形成渗流时，对砂土和粉土按水土分算原则计算；对黏性土按水土合算原则计算。按水土分算原则，作用在桩板式挡墙上的侧压力等于土压力与水压力之和，地下水位以下的土压力采用浮重度和有效应力抗剪强度之和。按水土合算原则时，地下水位以下的土压力采用饱和重度和总应力抗剪强度指标计算。

2）考虑渗流作用水土压力。在建筑边坡支挡结构设计时，会遇到复杂渗流问题。只有清楚分析水与土相互作用，才能得到合理的荷载和抗力。

实际上，建筑边坡是一个二维渗流问题，需要借助绘制流网才能进行较准确的分析。绘制流网后，土中应力不再是一维情况，难以满足朗肯土压力极限平衡条件，一般采用库仑土压力理论分析，通过假定滑裂面，求得土压力。

（2）单排桩滑坡推力

在建筑边坡工程中，滑坡作用于桩板式挡墙的推力一般采用传递系数法。当滑动面为折线形时，滑坡推力可按下列公式进行计算（图9-5）。滑坡推力作用点，可取在滑体厚度的1/2处。

$$F_n = F_{n-1}\psi + \gamma_t G_{nt} - G_{nn}\tan\varphi_n - c_n l_n \tag{9-1}$$

$$\psi = \cos(\beta_{n-1} - \beta_n) - \sin(\beta_{n-1} - \beta_n)\tan\varphi_n \tag{9-2}$$

式中　　F_n、F_{n-1}——第 n 块、第 $n-1$ 块滑体的剩余下滑力（kN）；

　　　　　　ψ——传递系数；

　　　　　　γ_t——滑坡推力安全系数；

　　　G_{nt}、G_{nn}——第 n 块滑体自重沿滑动面、垂直滑动面的分力（kN）；

　　　　　　φ_n——第 n 块滑体沿滑动面土的内摩擦角标准值（°）；

　　　　　　c_n——第 n 块滑体沿滑动面土的黏聚力标准值（kPa）；

　　　　　　l_n——第 n 块滑体沿滑动面的长度（m）。

2.双排桩荷载作用

（1）双排桩水土压力

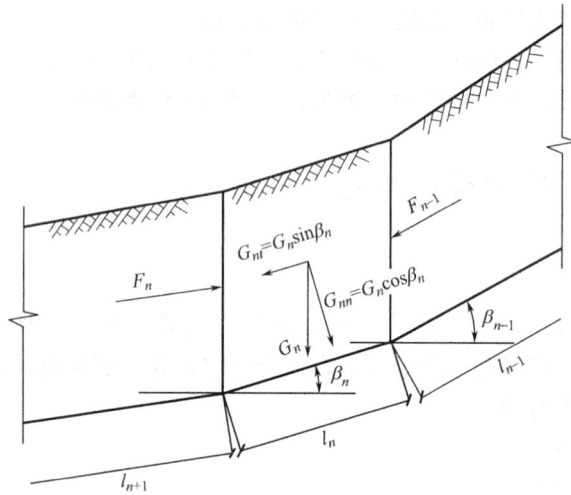

图 9-5　滑坡推力计算示意图

双排桩土压力计算相对复杂。主要是桩间土对前后排桩作用不同，土压力性质难以判断，影响难以确定。双排支护挡结构与单排悬臂支挡结构相比，属超静定结构，抗弯整体刚度大，桩板墙背土体破裂面发生了改变。其次，双排桩桩间距变化也会导致破裂面的改变，出现组合型的破裂面。图 9-6 是采用强度折减法对某工程实例 h 形双排桩桩径为 700mm、排距为 3m 和 7m 时滑裂面形成形态。排距为 7m，滑裂面为"W"，而 3m 时，滑裂面为"V"，这些区别，必将导致桩间土对前后桩土压力性质不同，难以用统一公式计算桩间土对前后桩的土压力。但一般来说，对桩间土对前后排桩土压力修正，采用如下计算方法。

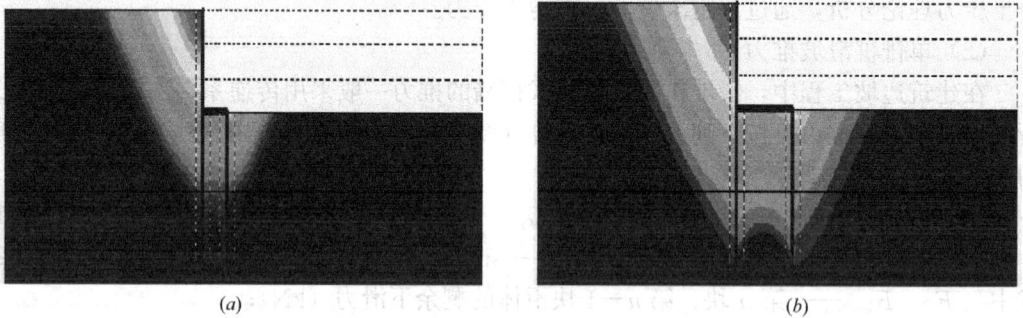

图 9-6　h 形双排桩破裂面形态

1）桩间土静止土压力模型

假定桩间土静止不动，对前后排桩施加的力都为静止土压力，采用经典静止土压力理论计算。这种模型物理意义明确，土压力计算方法简单，但是与实际工程中桩间土发挥实际作用可能不符，计算有可能带来较大误差。

2）前后排桩土压力分配模型

目前考虑前后桩的土压力分配计算从两个方面考虑：一是前后桩的排列形式、二是

"土拱效应"。根据二者的影响，确定桩间土对前后排桩的土压力的传递与分布，确定计算方法。

双排桩前后排桩的布置形式一般有矩形布置和交错布置。交错布置一般为梅花形布置，本节重点分析矩形布置与梅花形布置，如图 9-7 所示。

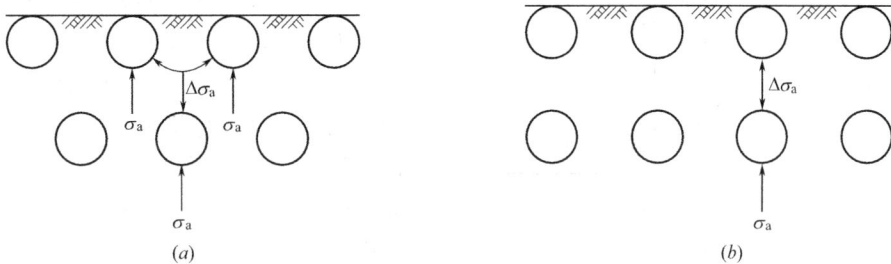

图 9-7 双排桩不同布桩形式时桩间土对土压力的传递
(a) 梅花形排列；(b) 矩形排列

① 双排桩梅花形布置

如图 9-7（a）所示前后排交错布置，假定前、后排桩是梅花形布置。桩背离开挖面一侧为主动土压力 σ_a。由于桩间土的存在，对前、后排桩产生土压力。桩间土宽度一般很小，假定前、后排桩受到桩间土的压力均为 $\Delta\sigma_a$。桩间土使前排桩的土压力增大，后排桩的土压力减小，则有：

前排桩：
$$p_{af} = \sigma_a + \Delta\sigma_a \tag{9-3}$$

后排桩：
$$p_{ab} = \sigma_a - \Delta\sigma_a \tag{9-4}$$

假定不同边坡高度处 $\Delta\sigma_a$ 与 σ_a 的比值相同，即：
$$\Delta\sigma_a = \beta\sigma_a \tag{9-5}$$

式中 β 为比例系数，则上式可写为：
$$p_{af} = (1+\beta)\sigma_a \tag{9-6}$$
$$p_{ab} = (1-\beta)\sigma_a \tag{9-7}$$

关于比例系数 β，如图 9-8 所示的计算简图，比例系数 β 按下式确定：
$$\beta = \frac{2L}{L_0} - \left(\frac{L}{L_0}\right)^2 \tag{9-8}$$

式中 $L_0 = H\tan(45° - \varphi/2)$（m）；

H ——边坡高度（m）；

L ——双排桩排距（m）；

φ ——土体内摩擦角（°）。

② 双排桩矩形布置

双排桩矩形布置如图 9-7（b）所示，前、后排桩呈矩形布置。假定主动土压力作用在后排桩上，桩间土压力同样取 $\Delta\sigma_a$，由于后桩的"遮挡"效应，前桩只受到桩间土主动土压力作用，则有：

前排桩：
$$p_{af} = \Delta\sigma_a = \beta\sigma_a \tag{9-9}$$

后排桩：
$$p_{af} = \sigma_a - \Delta\sigma_a = (1-\beta)\sigma_a \tag{9-10}$$

同理：

$$\beta = 2L/L_0 - (L/L_0)^2 \, , \, L_0 = H\tan(45°-\varphi/2) \tag{9-11}$$

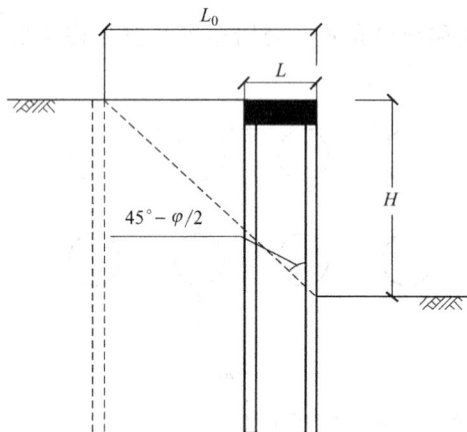

图 9-8　β 计算简图

（2）双排桩滑坡推力

对于双排桩滑坡推力计算，可以按照前后排桩土压力分配模型思路计算。首先，采用滑坡传递系数法，计算前桩滑坡推力 F_b（滑坡推力强度为 σ_b），后桩滑坡推力 F_a（滑坡推力强度为 σ_a），假定前、后排桩受到桩间土的压力均为 $\Delta\sigma_a$。计算分析模型如图 9-8 所示。

1）双排桩梅花形布置

前排桩：　　$p_{af} = \sigma_b + \Delta\sigma_a \tag{9-12}$

后排桩：　　$p_{ab} = \sigma_a - \Delta\sigma_a \tag{9-13}$

式中 β 为比例系数，则上式可写为：

$$p_{af} = \sigma_b + \beta\sigma_a \tag{9-14}$$

$$p_{ab} = (1-\beta)\sigma_a \tag{9-15}$$

比例系数 β 计算公式同式（9-8）。如果从安全角度考虑，由于滑动面以上桩间土处于不稳定状态，当后桩与桩间土相互作用，桩间土向下滑动，这时桩间土对后桩土压力可以认为是 0，而对前桩不变。这时：

前排桩：　　$p_{af} = \sigma_b + \beta\sigma_a \tag{9-16}$

后排桩：　　$p_{ab} = \sigma_a \tag{9-17}$

2）双排桩矩形布置

在后桩处，假定滑坡推力全作用在后排桩上，桩间土压力同样取 $\Delta\sigma_a$，由于后桩的"遮挡"效应，前桩受到桩间土主动土压力作用和桩间土产生下滑力作用，则有：

前排桩：　　$p_{af} = \Delta\sigma_a + \sigma_a - \sigma_b = \beta\sigma_a + \sigma_b - \sigma_a \tag{9-18}$

后排桩：　　$p_{af} = \sigma_a - \Delta\sigma_a = (1-\beta)\sigma_a \tag{9-19}$

比例系数 β 计算公式同式（9-11）。考虑桩间土滑动，这时桩间土对后桩土压力可以认为是 0，而对前桩不变（图 9-9）。这时：

前排桩：　　$p_{af} = \Delta\sigma_a + \sigma_a - \sigma_b = \beta\sigma_a + \sigma_a - \sigma_b \tag{9-20}$

后排桩：　　$p_{af} = \sigma_a - \Delta\sigma_a = \sigma_a \tag{9-21}$

9.3.2　桩板挡墙内力与变形计算

桩板式挡墙设计大体经历刚性结构阶段、弹性结构阶段与连续介质阶段。相对应各阶段的内力分析方法分为：古典分析方法、解析法、数值分析方法。

古典分析方法有：平衡法、等值梁法、塑性铰法等。平衡法又称自由端法，适用于底端自由支撑的悬臂式挡土结构和单锚索挡土结构。图 9-10 为单锚桩板式挡墙结构，边坡开挖高度 h，插入坡角下深度 t，设置一道锚索，桩板的稳定性靠锚固力（支撑力）、被动土压力与主动土压力维持平衡。当桩体入土深度不深时，在土压力作用下，桩可以绕桩尖 B 转动。板桩作为有两个支点的单跨简支梁，B 点为自由端。

具体计算步骤：计算桩前桩后土压力；取支撑点 D 力矩平衡，$\sum M_D = 0$，求挡土结构插入坡底深度；根据静力平衡，水平方向合力 $\sum F = 0$，求得锚固力（支撑力）T；若挡土结构的最大弯矩截面在坡脚下 t_0 处，该截面剪应力等于零，求 t_0 以及该截面 M_{max}。

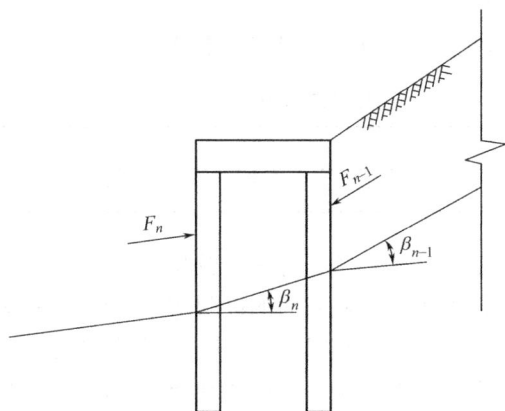

图 9-9 双排桩滑坡推力计算简图

等值梁法，又称假想铰法，适用于底端嵌固、多支撑（锚索、锚杆）的挡土结构内力。板桩下端在土中嵌固，桩体弯矩存在反弯点（图 9-11）。图 9-11 中，由于板桩下端嵌固点位置不知道，因此不能用静力平衡条件直接求解桩的入土深度。在反弯点 C 以上，板桩有最大正弯矩，C 点以下产生最大负弯矩，C 点处弯矩为零。通常假定反弯点位置为假想铰位置。在假想铰处，将挡土结构划分为两段 AC 与 BC，AC 为简支梁，BC 为一次超静定结构，根据平衡条件，求得挡土结构剪力、弯矩和锚固力（支撑力）。等值梁法的关键是反弯点 C（假想铰点）的确定。通常假定土压力为零的点或挡土结构入土点，也可假定该点坡脚下 $0.1\sim0.2$ 的坡高。太沙基给出了均质砂土，当表面没有超载，墙后没有地下水位时，反弯点 C 的深度 y 与内摩擦角 φ 关系见表 9-1。

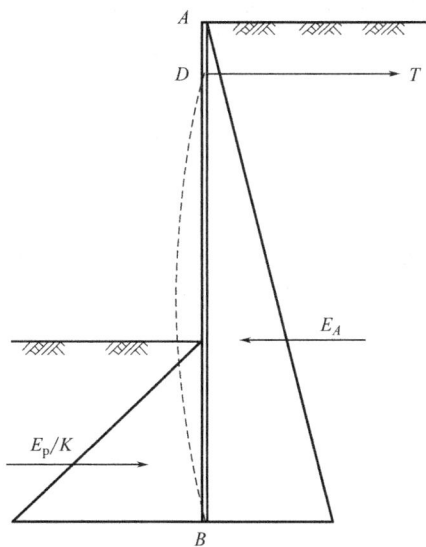

图 9-10 平衡法单锚桩板式挡土结构计算简图

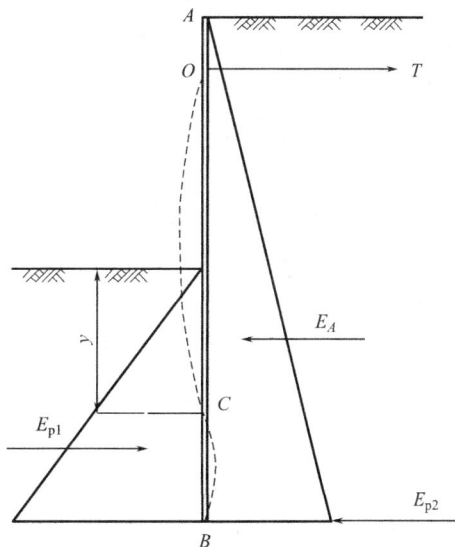

图 9-11 等值梁法桩板式挡土结构计算简图

具体计算步骤：计算反弯点；将反弯点在 C 点切开，C 截面上剪力为 S_C，弯矩 $M_C = 0$，求 B、C 点的主、被动土压力；研究 AC 段，根据 AC 作用力，对支点 O，$M_O = 0$，求

S_C；研究 BC 段，对 B 点，$M_B = 0$，求挡土结构插入坡底深度；根据 AC 段静力平衡，求得锚固力（支撑力）T；求 AC 段 M_{max}、求 BC 段 M_{min}。

反弯点与内摩擦角关系　　　　　　　　　　　　　　　表 9-1

φ	$20°$	$30°$	$40°$
y	$0.25h$	$0.08h$	$-0.007h$

塑性铰法，又称太沙基法。塑性铰是与理想铰相比较而言，理想铰不能承受弯矩，而塑性铰能够承受弯矩，其值即为塑性铰截面的极限弯矩。该方法假定挡土结构在锚固支点（第一道锚固点除外）和开挖面处形成塑性铰，从而解得挡土结构内力。

内力的解析方法主要有山肩帮男法、弹性法和弹塑性法。前两种方法都假定土压力已知且锚固力或支撑轴力及挡土结构弯矩在下道锚索（锚杆）或支撑设置以后均不变化，它考虑挡土结构变形，但没考虑锚索（锚杆）或支撑的变形。这两种方法都假定挡土结构的内力和锚固力与开挖过程无关。弹塑性法考虑挡土结构弯矩与锚固力随开挖过程变化，考虑挡土结构与锚索的变形。由于解析法在求解过程中，限制条件较多，用于多道锚索（锚杆）或支撑的挡土结构时与实际情况误差较大。

古典分析方法，原理清楚，计算方法简单，但最大缺陷是难以计算变形。解析法一般要对边界条件进行概化，以满足严格数学条件，一般只适合简单的边坡。古典分析方法与解析法存在局限性，难以满足复杂的边坡工程设计要求，现主要用弹性地基梁法与连续介质有限元法。

弹性地基梁是将挡土结构作为竖向放置的弹性地基梁，锚力和支撑力简化为弹性支座，桩插入坡脚下土体采用弹簧模拟，是国内目前边坡工程设计的主要手段。有限元单元法可以模型化几何形状复杂的求解域，将无限自由度问题变成有限自由度问题。有限单元法可以考虑土与结构相互作用问题，由于上述特点，有限单元法成为现代计算岩土力学用于分析问题的主要手段之一。

1. 平面弹性地基梁法

（1）计算原理

平面弹性地基梁法是建立在 Winkler 弹性地基梁基础上，将挡土结构当做竖直放置的弹性地基梁，支撑和锚杆简化为弹性支座，挡土结构外侧已知土压力与水压力，边坡开挖面下土体采用弹簧支座。图 9-12 为平面弹性地基梁典型计算简图。取长度为 b_0 的挡土结构为分析对象，其微分方程如下：

$$EI \frac{d^4 y}{dz^4} - q_z(z) = 0 \qquad (0 \leqslant z \leqslant h_n) \qquad (9-22)$$

$$EI \frac{d^4 y}{dz^4} - mb_0(z - h_n)y - q_z(z) = 0 \qquad (z \geqslant h_n) \qquad (9-23)$$

式中　E——桩墙的弹性模量（kPa）；

　　　I——桩墙的截面惯性矩（kN·m²）；

　　　z——地面或开挖面以下深度（m）；

　　　y——桩墙的挠度；

　　　h_n——第 n 步的开挖深度（m）；

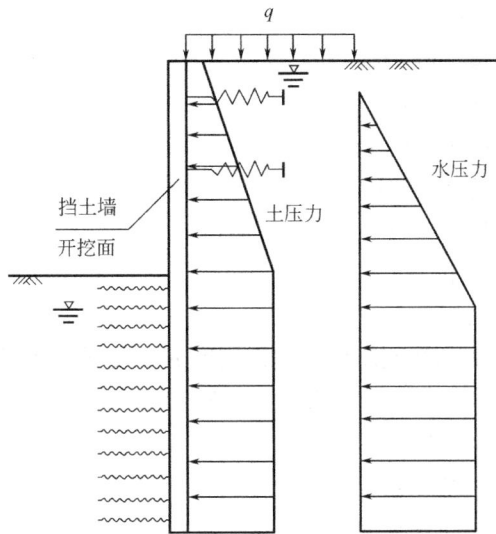

图 9-12 平面弹性地基梁法计算简图

$q_z(z)$——桩墙上荷载强度，包括土压力、支撑力、地基反力和其他荷载；

b_0——土抗力计算宽度（m）。

文克尔假设，土抗力与挡土结构的位移成正比，任意一点的土体为独立的弹簧，与其他点的压力无关。然后根据边界条件，将梁的挠曲微分方程进行积分，进而求解桩身的剪力、弯矩以及桩的水平承载力。在实际工程实践中，一般采用杆系有限元方法求解。考虑土体分层与锚杆（索）设置等实际情况，需将弹性地基梁（桩）沿竖向划分若干单元。按照工况顺序分析内力与变形，上一工况变形作为下一工况的初始值。

弹性支座的侧向反力可由下式求解：

$$T_i = K_{Ti}(y_i - y_{oi}) \tag{9-24}$$

式中 T_i——土弹簧压缩刚度（kN/m）；

k_{Ti}——地基土水平基床系数（kN/m²）；

y_i——弹簧的水平向计算间距（m）；

y_{oi}——弹簧的垂直向计算间距（m）。

1）锚杆（索）侧向抗拉刚度计算

边坡工程中，常用锚杆（索）改善桩体受力情况，假定锚杆（索）只受拉力，不受弯矩，可以用弹簧来模拟锚杆。其侧向抗拉刚度计算公式如下：

$$K_T = k_T/SL \tag{9-25}$$

式中 K_T——第 i 道锚杆（索）侧向抗拉刚度（kN/m）；

k_T——第 i 道锚杆（索）侧向弹性抗力系数；

S——锚杆（索）水平间距（m）；

L——锚杆（索）竖直间距（m）。

锚杆侧向弹性抗力系数 k_T，应由锚杆基本试验确定，当无试验资料时，可按下式计算：

$$k_T = \frac{3AE_sE_cA_c}{3l_fE_cA_c + E_sAl_a}\cos\theta^2 \tag{9-26}$$

式中　A——杆体截面积（m^2）；

E_s——杆体弹性模量（kPa）；

E_c——锚固体组合弹性模量（kPa）；

A_c——锚固体截面面积（m^2）；

l_f——锚杆自由段长度（m）；

l_a——锚杆锚固段长度（m）；

θ——锚杆水平段倾角（°）。

2）水平弹簧支座刚度计算

边坡开挖面以下，水平弹簧支座压缩弹性刚度 K_H 按下式计算：

$$K_H = k_H bh \tag{9-27}$$

式中　K_H——土弹簧压缩刚度（kN/m）；

k_H——地基土水平基床系数（kN/m^2）；

b——弹簧的水平向计算间距（m）；

h——弹簧的垂直向计算间距（m）。

从式（9-27）可以看到，K_H 主要与地基土水平基床系数 k_H 有关。目前，k_H 取值主要根据工程实践，总结一些经验公式，图 9-13 给出了地基水平基床系数 k_H 的五种不同分布型式，其通用表达式为：

$$k_H = A_0 + kz^n \tag{9-28}$$

式中　A_0——坡脚处的地基水平基床系数（kN/m^3）；

k——地基水平基床系数的比例系数（kN/m^4）；

z——距离坡顶距离（m）；

n——指数，反映地基土水平抗力比例系数随深度变化的特征。

根据式（9-28）中，n 的不同取值不同，图 9-13（a）、图 9-13（b）、图 9-13（d）计算地基反力分布形式的计算方法分别为常数法、"K" 法、"C" 法。在图 9-13（c）中，当 n = 1，A_0 = 0 时，称为 "m" 法。由于我国应用这种分布模式较多，采用 m 表示比例系数，即 $k_h = mz$，故习惯称 "m" 法。

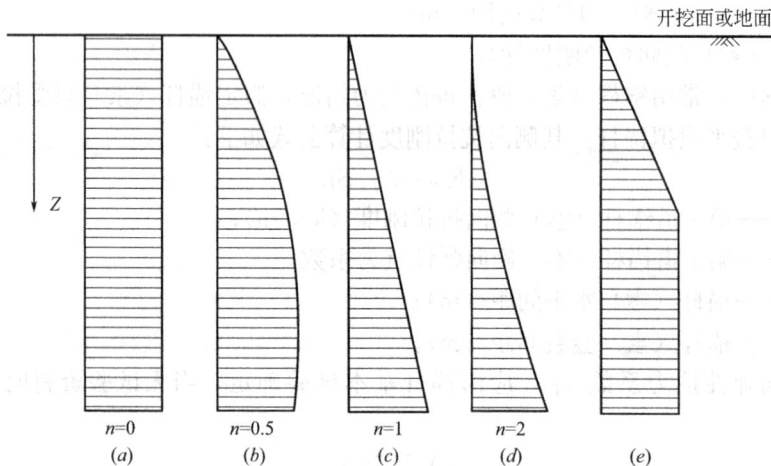

图 9-13　地基水平向基床系数的不同分布形式

当岩土工程勘察报告中，有标准贯入试验时，k_h 可根据土的标准贯入击数 N 值确定：

$$k_h = 2000N \ (\mathrm{kN/m^3}) \tag{9-29}$$

式中 N——标准贯入击数。

当采用常数法时，根据《公路桥涵设计通用规范》规定，各类土和岩石的水平抗力系数经验参考值见表 9-2 和表 9-3。

土的水平抗力系数   表 9-2

地基土的分类	$K_h \times 10^4 (\mathrm{kN/m^3})$
流塑黏性土 $I_1 \geq 1$、淤泥	1~2
软塑黏性土 $1 > I_1 \geq 0.5$、粉砂	2~4.5
硬塑黏性土 $0.5 > I_1 \geq 0$、细砂、中砂	4.5~6
坚硬黏性土 $I_1 < 0$、粗砂	6~10
砾砂、角砾砂、圆砾砂、碎石、卵石	10~13
密实卵石夹粗砂、密实漂卵石	13~20

岩石的水平抗力系数   表 9-3

岩石单轴极限抗压强度($\mathrm{kN/m^3}$)	$K_h \times 10^4 (\mathrm{kN/m^3})$
1000	30
≥ 25000	150

"m" 法是我国目前推荐用法，m 值可以按桩的水平荷载试验结果确定：

$$m = \frac{\left(\dfrac{H_{cr}}{x_{cr}} v_x\right)^{\frac{5}{3}}}{b_0 (EI)^{\frac{2}{3}}} \tag{9-30}$$

式中 m——地基水平抗力系数的比例系数（$\mathrm{MN/m^4}$）；

H_{cr}——单桩水平临界荷载（$\mathrm{kN/m}$）；

x_{cr}——单桩水平临界荷载对应的位移（mm）；

v_x——桩顶位移系数（mm）；

b_0——计算宽度（m）；

EI——桩身抗弯刚度（$\mathrm{kN \cdot m^2}$）。

缺少试验和经验时，可按下列经验公式计算：

$$m = \frac{0.2\varphi^2 - \varphi + c}{v_b} \tag{9-31}$$

式中 m——地基的水平抗力系数的比例系数（$\mathrm{MN/m^4}$）；

c——土的内聚力（kPa）；

φ——土的内摩擦角（$°$）；

v_b——挡土构件在坑底处的水平位移量（mm）；当位移小于或等于 $10\mathrm{mm}$ 时，$v_b = 10\mathrm{mm}$。

岩土体对桩的弹性抗力及其分布与桩的作用范围有关。为了将空间受力简化为平面受力，并考虑桩截面形状的影响，将桩设计宽度或直径换算成相当于实际工作状态的矩形桩宽度。

① 对于圆形桩

$$b_0 = 0.9 \times (1.5d + 0.5) \qquad (d \leqslant 1\text{m}) \tag{9-32}$$

$$b_0 = 0.9 \times (d + 1) \qquad (d > 1\text{m}) \tag{9-33}$$

式中　d——圆桩的直径（m）。

② 对于方桩

$$b_0 = 1.5b + 0.5 \qquad (b \leqslant 1\text{m}) \tag{9-34}$$

$$b_0 = b + 1 \qquad (b > 1\text{m}) \tag{9-35}$$

式中　b——方桩的边长（m）。

（2）计算过程

第一，结构理想化。把围护结构的各个部分理想化，简化为杆系结构，并进行受力分析。

第二，结构离散化。考虑不同土层的水平抗力系数的不同以及锚索（杆）是否存在等实际情况，沿着深度方向将桩墙划分成有限个单元，划分单元时，需考虑边坡开挖高度、锚索（杆）的位置、土层的分布、地下水位等因素。

第三，建立单元刚度矩阵 $[K]^e$，基于胡克定律原理，建立单元力与变形的关系：

$$\{F\}^e = [K]^e \{\delta\}^e \tag{9-36}$$

式中　$\{F\}^e$——单元节点力；

　　　$[K]^e$——单元刚度矩阵；

　　　$\{\delta\}^e$——单元节点的位移。

第四，挡土结构节点应满足变形协调条件，在此基础上，由单元刚度矩阵 $[K]^e$ 组集得到整体刚度矩阵 $[K]$。

第五，根据静力平衡条件，建立整体方程。外荷载给定，可以求得未知结构节点的位移，进而求得单元内力。

弹性地基梁法原理的计算方法一般可分为全量法与增量法，两者的基本假定相同：1）锚固点的侧向位移不可逆转，不能出现反向位移。2）锚固点由弹性作用和开挖面以下土体的弹性作用组成。3）土层的物理力学性质不变。4）挡土结构刚度在受力过程中不发生变化。但全量法中，在每一个工况下，作用到挡土结构上的水平荷载是当前支挡结构所受的总的土压力，计算得到的是当前工况中的实际总的内力与位移，与前面的工况不存在任何联系。增量法中，在每一个工况中，作用到挡土结构上的水平荷载是当前工况和上一个工况所受荷载的增量，计算得到的内力和位移是当前工况中挡土结构的内力增量和位移增量，当前工况的实际内力和实际位移即为从第一工况到当前施工阶段的内力增量和位移增量的累计值。增量法充分考虑了前一个工况对于当前工况的影响，计算过程更加接近施工过程。

弹性地基梁法应用双排桩中，主动土压力或滑坡推力计算按 9.3 节计算。其平面弹性地基梁法计算简图如图 9-14 所示。

该模型中，桩体采用弹性地基梁单元，地基反力采用"m"法确定。前桩后桩之间设置弹性约束。在实际计算分析中，水平反力系数可与前桩反力系数一致。前后桩间距不大，在前后桩的约束下，两排桩桩间土类似水平方向受薄压缩层的压缩。我们倾向认为：前后桩桩间土水平反力系数不会小于前桩的水平抗力系数。在实际分析中，抗力系数取一致，实质上是偏安全的。

双排桩相当于一个插入土体的钢架。但图 9-14 没有考虑桩与土的侧摩阻力、前桩的桩端的支承力，是偏安全的。在桩板挡墙中，桩周面积大，侧摩阻力大，由此产生平衡弯矩很大，对挡土结构有利，但计算复杂，侧摩阻力抗力系数也不易获得。前桩桩底支承力产生弯矩对挡土结构亦有利，此抗力系数较易取得，可以考虑。合理情况下，可以在桩侧设置考虑桩土摩擦的弹性约束模拟桩土摩擦力，以及在前桩桩端处设置弹性约束桩端处模拟桩底支承力，与桩前土被动土压力、后桩抗拔形成的力偶来共同抵抗倾覆力偶的影响。

2. 连续介质有限元法

连续介质有限元法考虑土的非线性、非均质、渗流，以及施工进程、复杂的边界条件，计算时具有很大优越性，近年来广泛应用复杂的岩土工

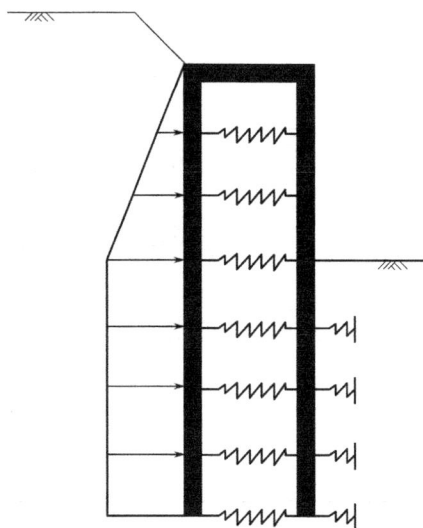

图 9-14 考虑前后排桩与土相互作用的模型

程领域。它可以模拟施工期和运行期的应力和应变的演变、挡土结构内力的发生发展，实行信息化施工，指导工程建设。边坡工程的建设是一个土与结构的共同作用，对岩土介质本构模型及其参数的选择是解决问题的关键。单就土来说，土的本构模型选取及其参数的确定，决定了分析的效果。自 Roscoe 与他的学生（1958～1963）创建剑桥模型至今各国学者已发展了数百个本构模型，但真正在工程中应用不多。在通用的有限元程序中土体模型主要有：弹性模型、Mohr-Coulomb 模型、修正剑桥模型、Drucker-Prager 模型、Duncan-Zhang 模型、Plaxis Hardening Soil 模型等。目前，很难找到一个通用本构模型来描述不同岩土体的特性。其次，岩土体的本构模型参数较多，其准确的测定与选择也极其重要。参数不当，参数互相干扰，也会导致分析的结果失真。但经过 30 多年的发展，连续介质的有限元分析方法已在边坡工程设计中逐步采用，一些岩土工作者针对特定地区分析积累大量的经验，在工程中应用已取得较好的效果。

连续介质的有限元分析方法基本原理与方法本手册其他地方有详细介绍，这里不再叙述。

9.3.3 双排桩受力与变形分析

双排桩在边坡工程中被越来越广泛的应用。双排桩受力较为复杂，其应力应变特征明显不同于单排桩。本节以工程实例为背景，采用连续介质有限元法对双排桩两种主要形式 h 形桩与门字形桩内力和变形进行比较分析，在此基础上，针对 h 形双排桩进行进一步分析，结论供设计参考。

基本模型边坡开挖深度为 6m，为人工挖孔灌注桩，后桩桩身分别为 14m，锚固深度为 8m，悬臂段为 6m，前桩桩身长度为 8m，为全埋入式，孔径均为 900mm，桩间距为 2m。连系梁为 800mm×800mm 的钢筋混凝土梁，长为 7m，有限元网格如图 9-15 所示。位移边界条件底部水平和竖向位移固定，两侧水平位移固定，竖向自由，顶面为自由面。土体本构模型采用 Hardening-soil 本构模型，模型主要参数涉及 E_{50}^{ref}、E_{oed}^{ref}、E_{ur}^{ref}、m、R_f、p_{ref} 以及 c、ϕ 值。其中 m、R_f、p_{ref} 分别为 0.5kPa、0.9kPa、100kPa。其他参数见表 9-4～表 9-6。

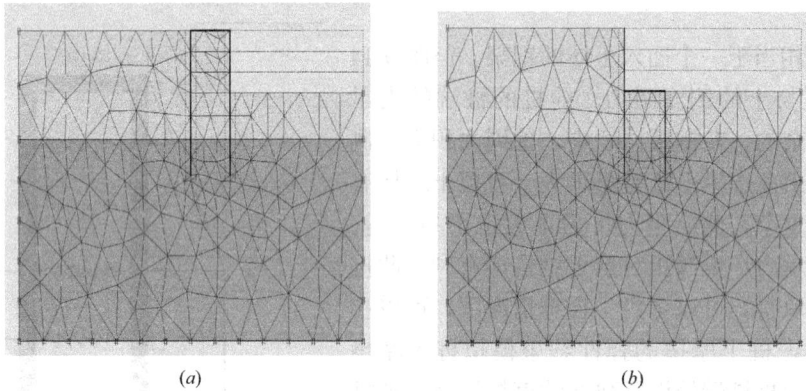

图 9-15　有限元模型示意图

E_{50}^{ref}、E_{oed}^{ref}、E_{ur}^{ref} 取值　　　　　　　　　　　　　　　　表 9-4

土层	模量之间比例关系		
黏土	$E_{oed}^{ref} = E_{s1-2}$	$E_{50}^{ref} = 1.1E_{oed}^{ref}$	$E_{ur}^{ref} = 3E_{50}^{ref}$
强风化	$E_{oed}^{ref} = E_{s1-2}$	$E_{50}^{ref} = 1.1E_{oed}^{ref}$	$E_{ur}^{ref} = 3E_{50}^{ref}$

土体参数　　　　　　　　　　　　　　　　表 9-5

土层层名	密度（kN/m³）	压缩模量（MPa）	黏聚力（kN/m²）	内摩擦角（°）	切线模量（MPa）	割线模量（MPa）	回弹模量（MPa）
符号	γ	E_{s1-2}	c	ϕ	E_{oed}^{ref}	E_{50}^{ref}	E_{ur}^{ref}
黏性土	17.6	3.57	17.9	14.8	3.57	3.86	12.50
强风化	21.5	50	40	35	50	55	165

灌注桩、系梁计算参数　　　　　　　　　　　　　　　　表 9-6

参数	名称	灌注桩	系梁	单位
压缩模量	E	3×10^7	3×10^7	kN/m²
抗弯刚度	EI	0.97×10^6	1.02×10^6	kN·m²
抗压刚度	EA	1.91×10^7	1.92×10^7	kN
等效抗弯刚度	EI	4.83×10^5	2.56×10^5	kN·m²/m
等效抗压刚度	EA	1.73×10^7	1.40×10^7	kN/m
等效厚度	d	0.578	0.468	mm
泊松比	v	0.2	0.2	—

1. 双排桩前桩、后桩的受力与变形

（1）桩体侧向位移。从图 9-16、图 9-17 可知，门架式支挡结构与 h 形桩支挡结构前后桩位移在连系梁作用下，具有高度一致的桩身侧向位移，同时前后排桩的桩底及连系梁连接部位具有近似的转角，符合钢架特性。h 形支挡结构与门架式支挡结构桩身位移相比，具有近似的控制侧向位移能力，h 形支挡结构后桩位移还略小于门架式支挡结构的前桩，略大于后桩。h 形桩有较大的收坡，变形控制不弱于门架式双排。

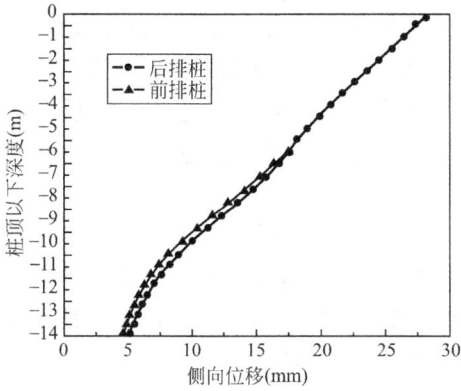

图 9-16　h 形结构桩身侧向位移

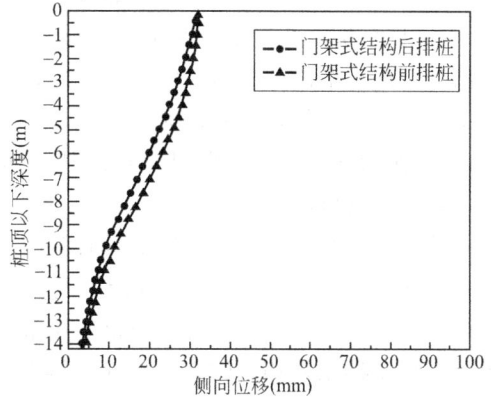

图 9-17　门架式结构桩身侧向位移

（2）弯矩与剪力。从图 9-18～图 9-21 可知，两种支挡结构差异较大。门架式支挡结构的前桩比后桩承受了较大荷载，起主要受力作用，峰值内力大。h 形桩后桩较前桩，承受了较大荷载，起主要受力作用，峰值内力大。

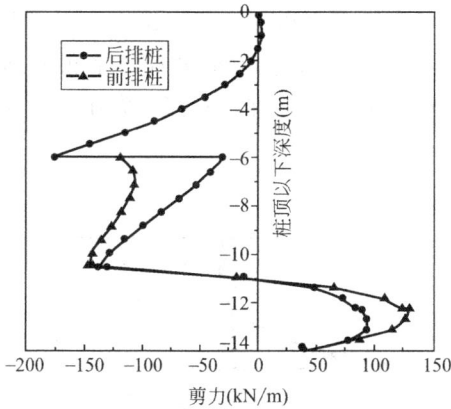

图 9-18　h 形结构桩身剪力

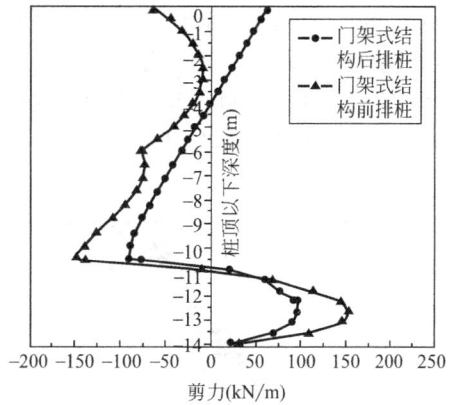

图 9-19　门架式结构桩身剪力

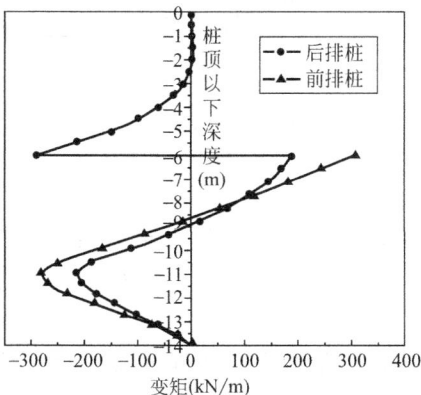

图 9-20　h 形结构桩身弯矩

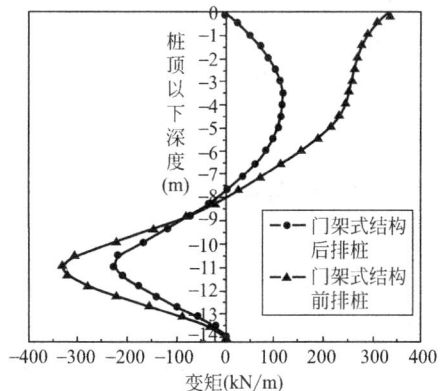

图 9-21　门架式结构桩身弯矩

由于连系梁位置不同，h 形支挡结构（前桩）桩身最大剪力与弯矩在连系梁处出现突变，（前桩）桩身弯矩出现两个反弯点。门架式支挡结构前后桩剪力与弯矩分布大体一致，上部分弯矩与下部分弯矩方向刚好相反，反弯点在坡脚面附近，有所下移。但因为连梁位于桩顶，前桩的桩顶弯矩较后桩大，后桩桩顶弯矩近似为 0；最大负弯矩位于反弯点下 2m 处，最大正弯矩位于前桩桩顶。从整体分析看，两种支挡结构最大剪力和弯矩较为相近，均具有良好的受力状态。

从分析也可以看出：双排桩具有侧向刚度大、位移小和良好受力形状，对环境影响较小，对坡顶建筑物比较适用。h 形桩与门形支挡结构主要区别在于：h 形桩支挡结构具有悬臂段收坡，可以减少混凝土与钢筋用量，降低工程造价，节约成本。所以，建筑边坡采用 h 形桩支挡结构相对较多，下面分析主要针对 h 形桩支挡结构。

2. 桩排距对双排桩性状影响分析

双排桩的排距是影响双排桩内力与变形性状的重要因素，本节针对 h 形双排桩，保持其他参数不变，对桩排距的参数进行调整，分别取值 $3d$、$5d$、$7d$、$9d$、$11d$ 进行计算。由图 9-22 可知，在排距由 $3d$ 增加到 $11d$ 过程中，后排桩的位移是减少的。在排距为 $3d$ ~$7d$ 时，后桩侧向位移收敛较快，当排距大于 $7d$ 后，（后桩）桩身侧向位移变化小；从图 9-23 弯矩分布图看，随着排距增加，连梁调整桩体内力分布能力逐渐降低，在排距为 $11d$ 时，左右两侧弯矩值相差最大，右侧近为零。综合上面分析，这种变化很大程度上是由连梁刚度随排距增大而发生了变化。在排距较小的情况下，其空间效应不能很好地发挥，没能充分发挥协调变形的能力，在排距较大的情况下，连梁难以发挥受力作用，前后桩形成整体钢架结构效果明显变差。

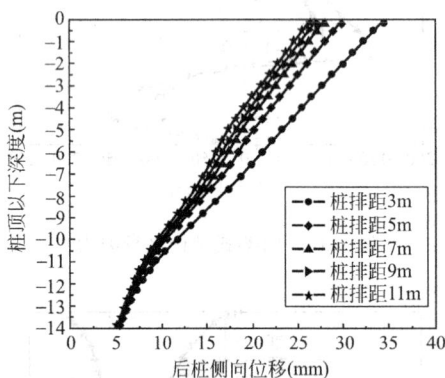

图 9-22　不同排距下的后桩桩身侧向位移

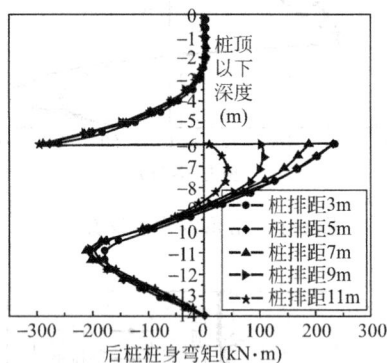

图 9-23　不同排距下的前桩桩身剪力

3. 连系梁倾角对双排桩性状影响分析

连系梁与前桩连接位置不变，通过改变连系梁在后桩位置，相对倾斜高度 0.0m、0.5m、1.0m、1.5m，对应倾角约为 0°、4°、8°、12°时，分析对前后桩内力与变形的影响。

由图 9-24、图 9-25 可知，后桩桩顶侧向位移随着倾角增大而线性递减。倾角增大，能够有效抑制后桩悬臂段桩身位移，对嵌固段基本不影响；倾角对前桩桩顶侧向位移影响微弱。对前桩的桩身位移的影响可忽略不计。

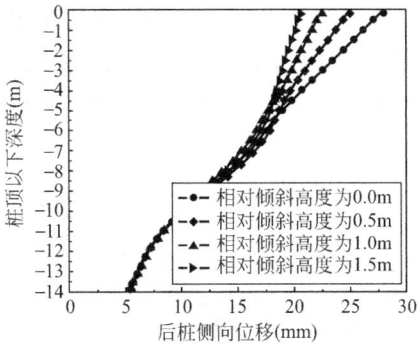

图 9-24 后桩桩身侧向位移

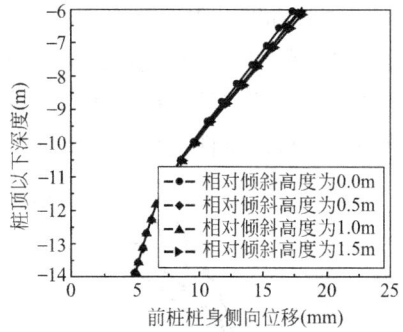

图 9-25 前桩桩身侧向位移

由图 9-26 可知，后桩最大弯矩值随倾角变化而递减，对前桩影响较小。后桩在倾角小于约 4°时，最大弯矩在连系梁连接处，随着倾角增大，此处弯矩递减明显，最大弯矩值转移至距桩底上 3m 桩身处，此处弯矩随着倾角变化甚微，为极值点。图 9-27 表明，前桩桩身弯矩曲线对倾角变化不敏感。

不难看出：连系梁倾角的提高，能够有效遏制后桩的侧向位移，并且改善前桩的受力性状，因此在进行连系梁设计时，可以设置成一定仰角形式的连系梁，这样有助于发挥前后桩抵抗侧向土压力以及侧向土体的侧移能力。

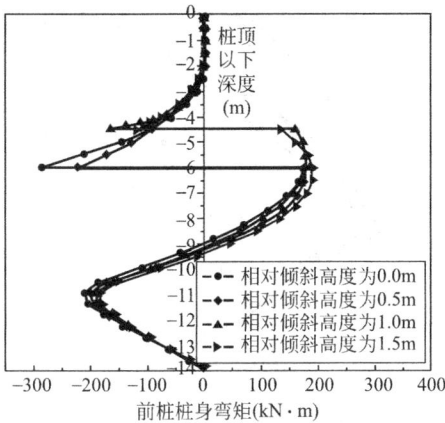

图 9-26 后桩桩身弯矩

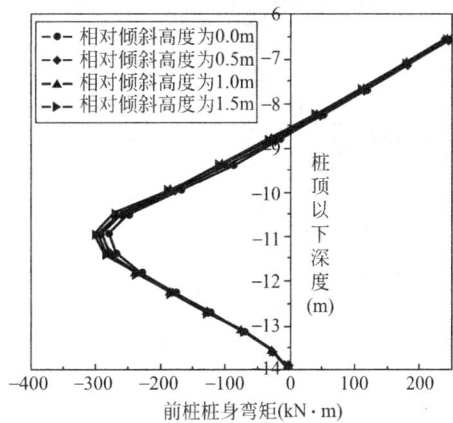

图 9-27 前桩桩身弯矩

4. 连系梁节点刚度对双排桩性状影响分析

在边坡工程施工时，连系梁与前、后桩连接处理非常关键。支护桩与连系梁一般不是整体浇筑，主要通过构造措施，施工质量保证连系梁与前后桩的连接可靠性。当支护桩与连系梁为刚性连接时，才能保证双排桩为整体结构，当下部满足铰接、固定支座条件时，就分别形成稳定结构、超静定结构。

刚性结点与铰结点二者力学机理有较大区别，铰结点可以传递剪力，不能传递弯矩；刚结点既可以传递剪力，也可以传递弯矩。在数值分析中分左右铰结、右铰结、左铰结及刚结点四种情况讨论。左右铰结是连系梁与前后桩连接，均是铰结，左铰结表示连系梁与后桩铰结，右铰结是连系梁与前桩铰结。

由图 9-28 和图 9-29 可知，当连系梁与桩至少一端为铰结点时，桩顶侧向位移出现明显增加，极大削弱了 h 形支挡结构的整体刚度和控制侧向位移能力。刚结点、右铰结、左铰结和左右铰结下前后桩桩顶侧向位移依次递增。因此进行结构设计及施工时，必须保证连系梁与前后桩的刚性连接的重要性。

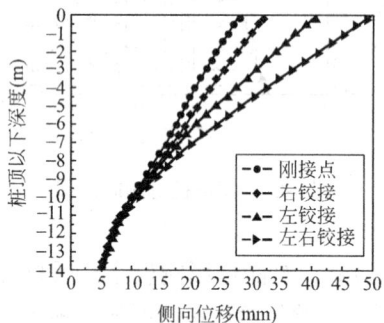

图 9-28　后桩桩身侧向位移

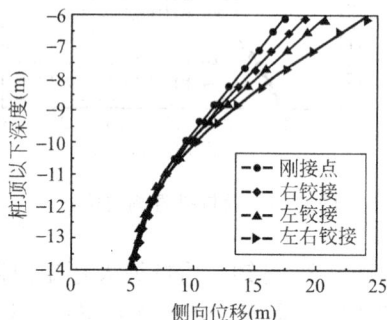

图 9-29　前桩桩身侧向位移

由图 9-30、图 9-31 可知，在刚结情况下，前后排桩弯矩值相近，同时前桩最大弯矩为最小值；在铰结情况下，前后桩中的最大弯矩值均大于刚结，二者差值显著。因此在接点铰结的情况，双排桩出现明显的不良受力状态。

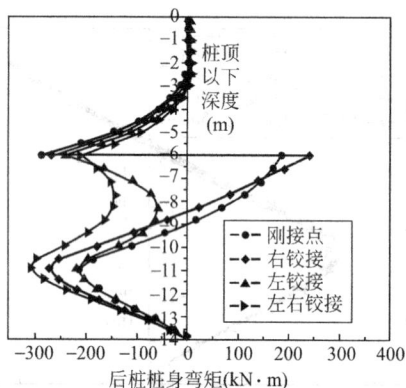

图 9-30　后桩桩身弯矩

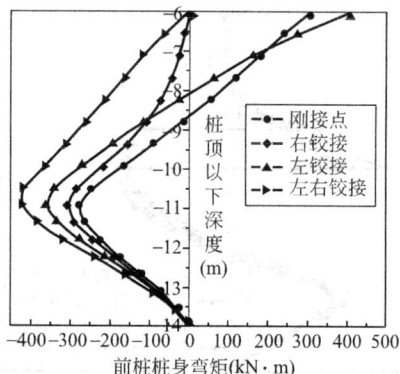

图 9-31　前桩桩身弯矩

综上所述，门形双排桩与 h 形双排桩具有侧向刚度大、位移小和良好受力形状，效果基本相同；排距较小的情况下，相当桩径增大的单排桩；在排距较大的情况下，连梁难以发挥受力作用，整体钢架结构效果明显变差；连系梁可以设置成一定仰角的系梁，明显控制变形与内力；连系梁与前后桩为刚接，能够保持最好的控制侧向位移能力和合理受力状态。以上这些结论对设计和施工有重要参考意义。

9.4　桩板式挡墙的设计

9.4.1　材料

桩的混凝土强度等级不应低于 C25，用于滑坡支挡时不应低于 C30。挡板的混凝土强度等级不应低于 C25，灌注锚杆（索）孔的水泥砂浆强度等级不应低于 M30。所用水泥通常为 P. O. 42.5 级普通硅酸盐水泥。

纵向受力钢筋采用 HRB400 级，常用螺纹钢筋，螺旋箍筋常用 HRB300，圆钢。锚杆（索）采用 HRB400、PSB930 钢绞线［应符合《预应力混凝土用钢绞线》（GB/T 5224—2014）标准］。

9.4.2　桩体平面布置及入土深度

桩的平面布置主要是选择适当的桩径（一般≥800mm）、桩距及桩平面排列形式。

桩径的选择主要考虑地质条件、边坡开挖（填筑）高度、结构形式（悬臂式、锚拉式）、锚索（杆）竖向间距与容许变形等综合确定。当边坡高度较大时，常常需要在桩径与锚索（杆）竖向设置的道数之间进行优化。尤其是高陡边坡，由于工程需要，采用复合式支挡结构形式，而桩板式挡墙位于边坡的下部，桩径与锚索（杆）竖向设置的道数之间优化显得尤为重要。一般而言，边坡工程桩径≥800mm。

桩体净间距可根据桩径、桩长、边坡高度等确定，一般 1～2 倍桩径。桩径与桩长应根据地质和环境条件由计算确定。当土质较好，可利用"土拱"效应与挡土板适当扩大桩间距。

桩的入土深度可根据地质条件、坡高、桩径、桩长等确定。目前一般从锚固段桩周地层的强度来考虑，即要求锚固段桩侧应力不大于地基横向承载力特征值。

当地层为岩层时，桩的最大横向压应力 σ_{max} 不大于地层的横向承载力特征值 f_H。桩为矩形截面时，地基的横向承载力特征值可按下式确定：

$$f_H = K_H \eta f_{rk}$$

式中　f_{rk}——岩石单轴抗压强度；

　　　η——折减系数。根据岩层裂隙、风化及软化程度，可采用 0.3～0.45；

　　　K_H——在水平方向的换算系数。据完整程度、层理产状、胶结物及胶结程度、节理密度及充填物，可采用 0.5～1.0。

当地层为土层或风化成土、砂砾状岩层时，桩身发生转动变位，当达到极限状态时，桩前土体产生被动土压力，桩后产生主动土压力。桩身最大横向压应力 σ_{max}（被动土压力-主动土压力）不大于地层的横向承载力特征值 f_H。通常仅验算滑面以下 $2/3h_2$ 和 h_2（滑动面以下或嵌入稳定岩土层内桩长）处。

工程实践中，对于土层或软弱岩层，桩的锚固长度约为 1/3～1/2 桩长；对于较完整、坚硬岩层，锚固长度可采用 1/4 桩长。对土质或类土质边坡，初步设计时，可取 1.0～1.2 倍边坡高度。

9.4.3　内力与变形分析

内力与变形分析按本章 9.3 节进行。

9.4.4　桩板墙的配筋计算

桩板式挡墙一般可不作"正常使用极限状态验算"，而只作"承载能力极限状态验算"。

1.圆形截面

圆形截面桩的配筋分对称式、不对称式两种，计算简图如图 9-32 所示。

（1）对称配筋（纵向钢筋不少于 6 根）

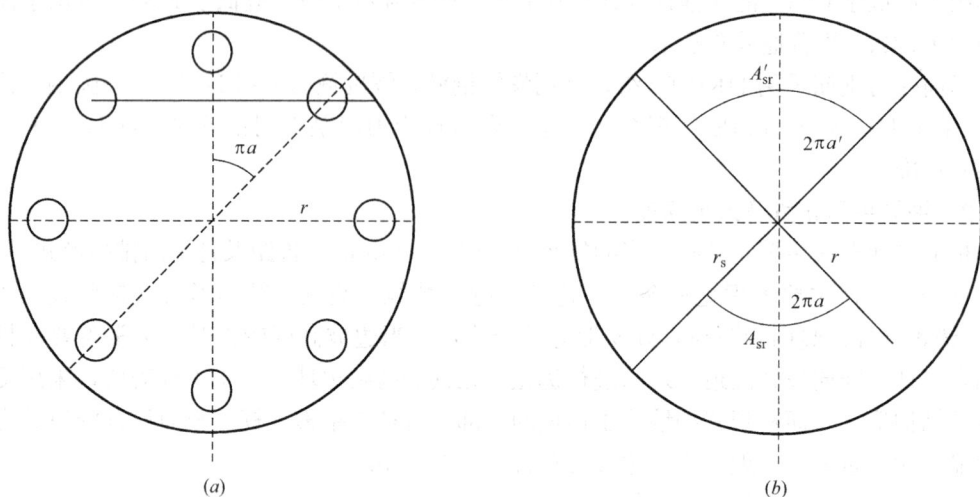

图 9-32　圆形截面计算简图

(a) 全对称配筋；(b) 不对称配筋

计算公式如下：

$$aa_1 f_c A \left(1 - \frac{\sin 2\pi a}{2\pi a}\right) + (a - a_t) f_y A_s = 0 \tag{9-37}$$

$$M \leqslant \frac{2}{3} a_1 f_c A r \frac{\sin^3 \pi a}{\pi} + f_y A_s r_s \frac{\sin \pi a + \sin \pi a_1}{\pi} \tag{9-38}$$

式中　M——桩截面弯矩设计值（kN·m）；

　　　A——支护桩截面面积（mm²）；

　　　A_s——全部纵向钢筋截面面积（mm²）；

　　　r——圆形截面的半径（m）；

　　　r_s——纵向钢筋重心所在圆周的半径（m）；

　　　a_t——纵向受拉钢筋截面面积与全部纵向钢筋截面面积的比值；$a_t = 1.25 - 2a$，当 $a > 0.625$ 时，取 $a_t = 0$；

　　　a——对应于受压区混凝土截面面积的圆心角（rad）与 2π 的比值；

　　　a_1——受压区混凝土矩形应力图的应力值与混凝土轴心抗压强度设计值的比值。当混凝土强度等级不超过 C50 时，a_1 取为 0.94，其间按线性内插法确定；

　　　f_c——混凝土与轴心抗压强度设计值（N/mm²）；

　　　f_y——普通钢筋抗拉强度设计值（N/mm²）。

（2）不对称配筋

计算公式如下式：

$$aa_1 f_c A \left(1 - \frac{\sin 2\pi a}{2\pi a}\right) + f_y (A'_{sr} - A_{sr}) = 0 \tag{9-39}$$

$$M \leqslant \frac{2}{3} a_1 f_c A r \frac{\sin^3 \pi a}{\pi} + f_y A_{sr} r_s \frac{\sin \pi a_s}{\pi a_s} + f_y A'_{sr} r_s \frac{\sin \pi a'_s}{\pi a'_s} \tag{9-40}$$

式中　A_{sr}、A'_{sr}——均匀配置在圆心角 $2\pi a_s$、$2\pi a'_s$ 内的纵向受拉、受压钢筋截面面积（mm²）；

r_s——纵向钢筋重心所在圆周的半径（m），$r_s = r - c - 0.01\text{m}$，$c$ 为混凝土保护层厚度（mm）；

a_s——对应于周边均匀受拉钢筋的圆心角（rad）与 2π 的比值；a_s 宜取 $\dfrac{1}{6} \sim \dfrac{1}{3}$，通常取 0.25；

a'_s——对应于周边均匀受压钢筋的圆心角（rad）与 2π 的比值，一般取 $a'_s \leqslant 0.5 \times a$；

a——对应于周边均匀受压钢筋的圆心角（rad）与 2π 的比值。

2.方形截面

（1）对称配筋

拉区、压区钢筋面积 A_s、A'_s 计算：

$$A_s = A'_s = \frac{Ne - \xi(1 - 0.5\xi)a_1 f_c b h_0^2}{f_y(h_0 - a'_s)} \tag{9-41}$$

$$\xi = \frac{N - \xi_b a_1 f_c b h_0}{\dfrac{Ne - 0.43 a_1 f_c b h^2}{(\beta_1 - \xi_b)(h_0 - a_s)} + a_1 f_c b h_0} + \xi_b \tag{9-42}$$

式中　a'_s——受压钢筋合力点至受压截面边缘的距离（mm）；

ξ——相对受压区高度（mm）；

ξ_b——界限受压区高度（mm）；

a_1——系数，当混凝土强度等级不超过 C50 时，a_1 取为 1.0，当混凝土强度等级为 C80 时，a_1 取为 0.94。其间按线性内插法确定；

β_1——系数，当混凝土强度等级不超过 C50 时，β_1 取为 0.80；当混凝土强度等级为 C80 时，β_1 取为 0.74。其间按线性内插法确定；

N——轴向压力设计值（kN），一般为 0；

e——轴向压力作用点至纵向普通受拉钢筋和预应力受拉钢筋的合力点的距离（mm）；

b——截面宽度（mm）；

h_0——截面有效高度（mm），$h_0 = h - a_s$；其中布置一排钢筋 $a_s = c + 10\text{mm}$〔c 为受拉纵筋混凝土保护层厚度（mm）〕；布置两排钢筋 $a_s = c + 35\text{mm}$；布置三排钢筋 $a_s = c + 60\text{mm}$；

h——截面高度（mm）。

（2）不对称配筋

不对称配筋时，截面抵抗矩系数 a_s 按下式计算：

$$a_s = \frac{M}{a_1 f_c b h_0^2} \tag{9-43}$$

受压区钢筋配筋计算：

$$M_c = a_1 f_c b h_0^2 \xi_b (1 - 0.5\xi_b) \tag{9-44}$$

$$M_{s1} = M - M_c$$

$$A'_s = \frac{M_{s1}}{f'_y(h_0 - a'_s)} \tag{9-45}$$

式中　M——受压钢筋 A'_s 和受拉钢筋 A_s 所承受的弯矩设计值（kN·m）；

　　　M_c——混凝土所承受的弯矩设计值（kN·m）；

　　　M_{s1}——受压钢筋 A'_s 和受拉钢筋 A_s 所承受的弯矩设计值（kN·m）；

　　　a'_s——受压钢筋合力作用点至受压截面边缘的距离（mm）；

　　　a_1——系数，当混凝土强度等级不超过 C50 时，a_1 取为 1.0，当混凝土强度等级为 C80 时，a_1 取为 0.94，其间按线性内插法确定。

受拉区钢筋面积：

对应于受拉钢筋的拉区钢筋面积按下式计算：

$$A_{s2} = \frac{A'_s f'_y}{f_y} \tag{9-46}$$

式中　A_{s2}——与 A'_s 对应的受拉区钢筋面积（mm²）；

　　　f'_y——受压钢筋的抗压强度设计值（N/mm²）。

对应于受压区混凝土压力的拉区钢筋面积按下式计算：

$$A_{s1} = \frac{\xi_b a_1 f_c b h_0}{f_y} \tag{9-47}$$

式中　A_{s1}——与受压区混凝土压力对应的受拉钢筋面积（mm²）。

总的受拉钢筋面积 A_s 为：

$$A_s = A_{s1} + A_{s2} \tag{9-48}$$

对于混凝土构件，如果配筋过多，会发生超筋破坏；如果配筋过少，会发生少筋破坏，所以实际配筋 ρ 有 $\rho_{min} \leqslant \rho \leqslant \rho_{max}$，当计算所得的 $\rho < \rho_{min}$，应配置不小于 ρ_{min} 的构造配筋率。ρ_{max} 为适筋构件界限破坏时最大配筋率。

限制条件：

$$\begin{cases} x \leqslant \xi_b \cdot h_0 \text{（防止超筋破坏）} \\ \rho \geqslant \rho_{min} \text{（防止少筋破坏）} \end{cases}$$

$x < x_b$ 时，$\varepsilon_c = \varepsilon_{cu}$，$\varepsilon_y > \varepsilon_s$，适筋梁；

$x > x_b$ 时，$\varepsilon_c = \varepsilon_{cu}$，$\varepsilon_y > \varepsilon_s$，超筋梁。

式中　x——混凝土受压区高度（mm）；

　　　x_b——混凝土界限受压区高度（混凝土、钢筋同时屈服）（mm）；

　　　b——矩形截面宽度（mm）；

　　　h_0——截面有效高度（mm）；$h_0 = h - a$；

　　　ε_y——钢筋的极限拉应变；

　　　ε_{cu}——非均匀受压时混凝土极限压应变。

ξ_b、ρ_{min}、ε_{cu} 计算公式如下：

$$\xi_b = \frac{\beta_1}{1 + \frac{f_y}{E_s \cdot \varepsilon_{cu}}} = \frac{0.8}{1 + \frac{f_y}{E_s \cdot \varepsilon_{cu}}}$$

$$\rho_{min} = \max\left[0.2, \frac{45 f_t}{f_y}\right]$$

$$\varepsilon_{cu} = 0.0033 - (f_{cu.k} - 50) \times 10^{-5}$$

式中 f_c——混凝土轴心抗压强度设计值（N/mm^2）；

f_t——混凝土轴心抗拉强度设计值（N/mm^2）；

$f_{cu.k}$——混凝土立方体抗压强度设计值（N/mm^2）；

f_y——钢筋抗拉强度设计值（N/mm^2）；

E_s——钢筋弹性模量（N/mm^2）。

3. 箍筋配筋

按一般受弯构件计算，斜截面的受剪承载力计算公式：

$$V \leqslant V_{cs}$$

$$V_{cs} = 0.7 f_t b h_0 + 1.25 f_{yv} \frac{A_{sv}}{s} h_0 \tag{9-49}$$

式中 V——构件斜截面上最大剪力设计值（kN）；

V_{cs}——构件斜截面上混凝土和箍筋的受剪承载力设计值（kN）；

A_{sv}——配置在同一截面内箍筋各肢的全截面面积：$A_{sv} = n \times A_{sv1}$，$n$ 为在同一截面内箍筋的肢数；

A_{sv1}——单肢箍筋的截面面积（mm^2）；

s——沿构件长度方向的箍筋间距（m）；

f_{yv}——箍筋抗拉强度设计值（N/mm^2）；

f_t——混凝土轴心抗拉强度设计值（N/mm^2）；

b——以 $1.76r$ 代替（m）；

h_0——以 $1.6r$ 代替（m）；

r——圆形截面的半径（m）。

4. 构造配筋

一般按受弯构件构造要求配筋，满足以下规定：

$$\rho_{sv} = A_{sv}/(bs) \tag{9-50}$$

$$\rho_{sv} \geqslant 0.24 f_t / f_{yv} \tag{9-51}$$

式中 ρ_{sv}——箍筋配筋率。

5. 加强箍筋

边坡某些高度位置，如锚杆（索）安装处、连系梁前后桩连接节点等抗裂剪力设计需进行加强时，需对这一位置上下一段范围内采取箍筋加密、加强措施。

6. 桩体配筋构造

（1）纵向受力钢筋

桩的纵向受力钢筋宜选用 HRB335、HRB400 级钢筋，直径不小于 16mm，间距不小于 120mm，混凝土保护层厚度不应小于 50mm。冠梁、连系梁一般按结构受力构件设置时，桩身纵向受力钢筋伸入冠梁的锚固长度、与连系梁的搭接应符合现行国家标准《混凝土结构设计规范》（GB 50010—2010）的有关规定。

当采用沿截面周边配置非均匀纵向钢筋时，受压区的纵向钢筋根数不应少于 5 根；当不能保证钢筋的方向时，不应采用沿截面周边配置非均匀纵向钢筋的形式。

当沿桩身分段配置纵向受力主筋时，纵向钢筋的锚固长度应符合现行国家标准《混凝土结构设计规范》（GB 50010—2010）的相关规定。

桩的两侧和受压边应布置构造纵向钢筋，两侧纵向钢筋的直径不小于 12mm，间距不大于 400mm；受压边钢筋直径不宜小于 14mm，间距不大于 200mm。

（2）箍筋

箍筋可采用螺旋式箍筋，肢数不宜多于 4 肢，箍筋直径不应小于 8mm，间距不宜大于 400mm。

（3）加强钢筋

锚固点、围檩处应布置加强箍筋。在适当的间隔处应布设焊接加强箍筋，直径不小于 12mm，以加强钢筋笼的整体刚度，以防止吊放时钢筋笼变形和散笼。

灌注桩的配筋构造实例如图 9-33 所示。

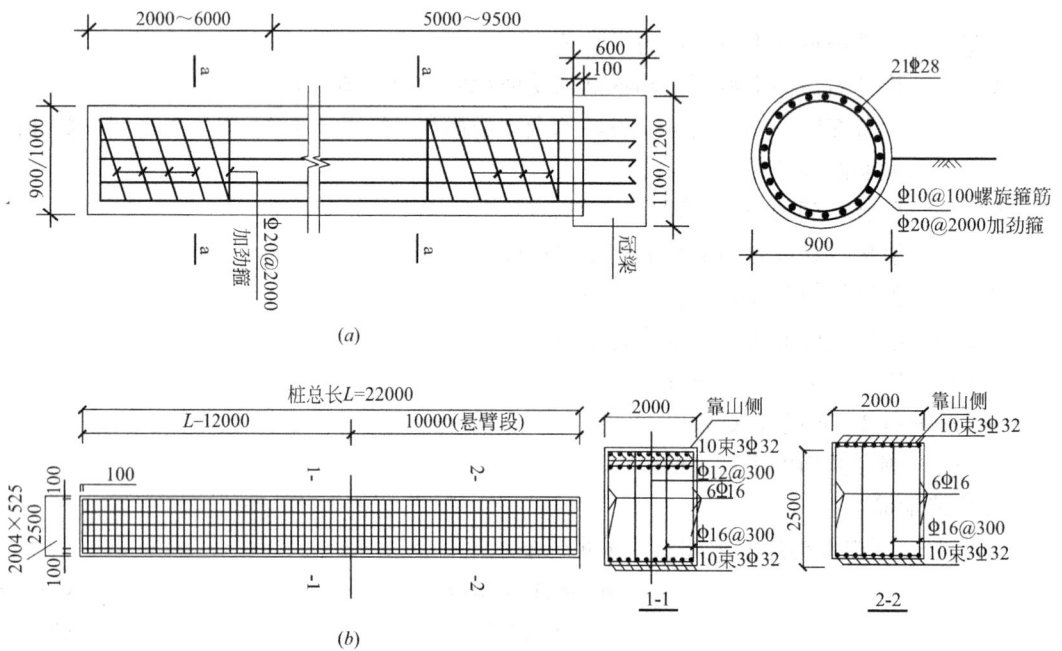

(a)

(b)

图 9-33　灌注桩配筋构造实例图
(a) 圆形桩；(b) 矩形桩

7. 挡土板的配筋计算

土压力直接作用在挡土板上，对每一块挡土板，承受的荷载为均匀梯形荷载，可将挡土板分为自上而下的厚度相同的若干区段，并按区段内最大设计荷载进行计算。实际工程根据自上而下土压力增加，一般设计两种以上挡土板组合。

挡土板按剪支板考虑。

$$M \leqslant a_1 f_c bx \left(h_0 - \frac{1}{2}x \right)$$

$$A_s = \frac{a_1 f_c bx}{f_y} \tag{9-52}$$

式中　M——弯矩设计值（kN·m）；

　　　a_1——系数，取 1.0；

A_s——受压区钢筋面积（mm^2）；

b——挡土板计算宽度，取1m；

f_c——混凝土轴心抗压强度设计值（N/mm^2）；

f_y——普通钢筋抗拉强度设计值（N/mm^2）。

挡板的混凝土强度等级不应低于C25。挡板受力主筋混凝土保护层厚度挡土一侧不应小于25mm，临空一侧不应小于20mm，纵向伸缩缝间距不宜大于25m。

挡土板的配筋构造实例如图9-34所示，可以是空心板。

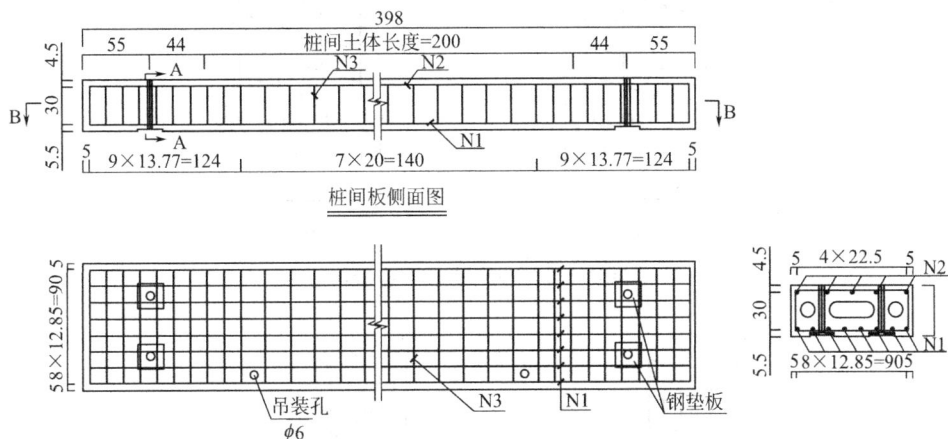

图9-34 灌注桩配筋构造实例图

9.4.5 连接构造

1. 单排桩体桩体与冠梁、围檩的连接构造

在建筑边坡中，为了发挥桩的整体效应，减少因单根桩承载力不足，而导致局部的支挡功能失效，桩顶一般设有冠梁，在需要的情况下，也设置围檩。只有在特殊情况下，如坡顶建筑物较少，对变形要求不严格等，可以不设置冠梁和围檩，桩间土荷载通过挡板传递给桩。因而压顶梁与围檩是桩板式排桩设计的组成部分。

目前，压顶梁及围檩与桩体连接形式有多种，几种常用的构造形式如下：

（1）钢筋混凝土压顶梁与桩体的连接方式

图9-35（a）是灌注桩与压顶梁的连接方式。一般要求灌注桩主筋锚入压顶梁，压顶梁宽度应大于灌注桩直径，压顶梁高度为600～1200mm。图9-35（b）是顶部设有锚索的压顶梁断面形式。预留锚索孔应避开主筋位置。

（2）围檩与支护桩连接方式

在建筑边坡中，为了加强排桩挡土结构的整体稳定性，围檩结构一般采用钢筋混凝土结构。在边坡工程中桩体与围檩一般采用如图9-36所示型式。

图9-36（a）中，灌注桩主筋焊接拉调钢筋来稳定围檩，从灌注桩中焊接的拉吊钢筋，拉吊角度一般要求不小于45°且灌注桩上的焊接主筋应尽量利用灌注桩中和轴上的主筋。

图9-36（b）中，采用在灌注桩中预埋环形钢板的连接方式，一般钢板宽度不宜超过灌注桩箍筋间距，以保证该处灌注桩混凝土浇灌密实，如因受力较大时，可增至2～3块环形钢板。

边坡工程中，很少采用其他材料工程桩，跟坡体的岩土体性质、施工条件、施工环境

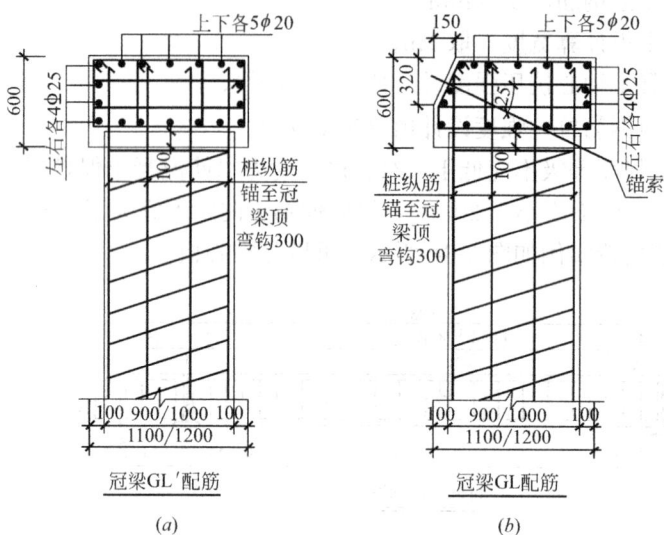

图 9-35 灌注桩与压顶梁连接构造

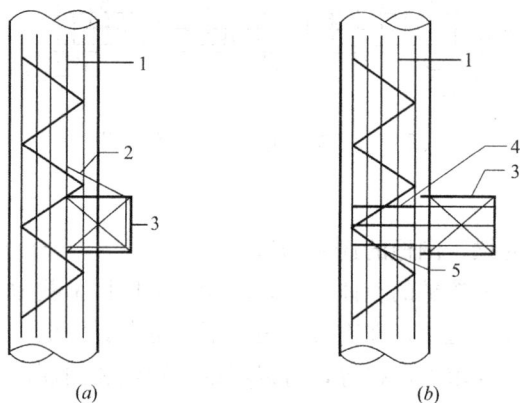

图 9-36 灌注桩与围檩连接构造

1—灌注桩主筋；2—拉吊筋；3—围檩；4—环形钢板；5—小牛腿

有关。

2.双排桩连接方式

双排桩最普遍的型式，是门字形支挡结构与 h 形支挡结构。门字形支挡结构，包含前、后桩与梁帽连接，以及前后梁帽通过连系梁连接。h 形支挡结构是前桩与梁帽连接、后桩与围檩的连接，前桩梁帽与后桩围檩通过连系梁连接。其连接方式如图 9-37 所示。如前后桩交错排列，采用图 9-37（a）方式连接，如果前、后桩对齐排列，采用图 9-37（b）方式连接。当桩密集时，可以跳桩设置连系梁。

连系梁梁宽可以小于前、后桩的桩径，通过计算确定。

3.桩与挡板连接

板与桩的连接主要是预制板和现浇板连接。预制式分前挂板与后挂板，后挂板相对简单，本处谈论主要是前挂板连接，如图 9-38（a）所示。现浇板连接如图 9-38（b）所示。

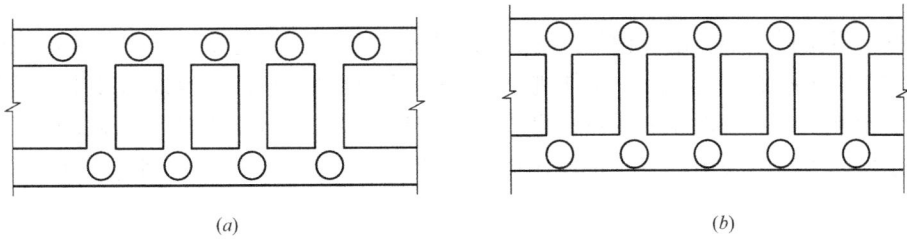

图 9-37　双排桩前后排桩帽梁的连接

（a）连梁设置方式 1；（b）连梁设置方式 2

目前，一般采用预制式，可以减少支模成本，时间成本。预制式锚固体可以采用高强螺母，也可采用锚杆，注浆采用膨胀水泥。现浇式挡土板与桩体连接，一般采用植筋连接。在人工挖孔桩中，也可采用预埋筋。

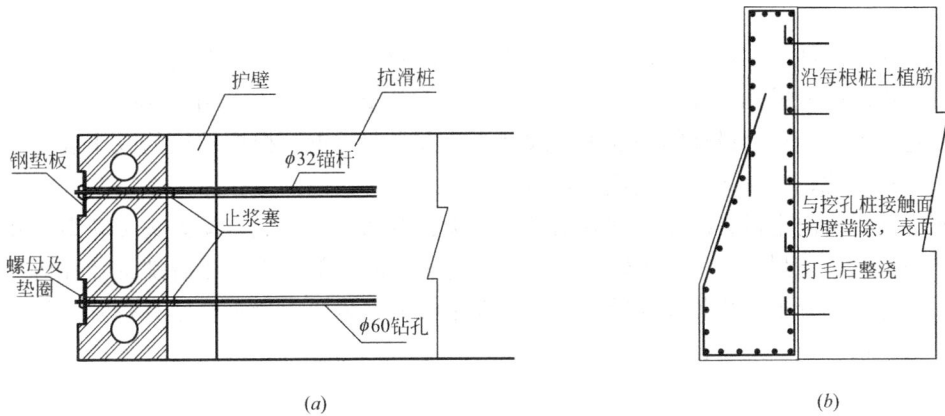

图 9-38　桩与挡板的连接

9.5　桩板式挡墙的施工

桩板式挡墙的施工一般采用逆作法施工。一般施工顺序为：分级分层开挖土方—灌注桩施工—分级分层支护结构（锚杆、锚索、支撑）施工—挡板坡面防护系统施工—排泄水系统的施工。双排桩挡墙施工略有不同，连系梁施工时，采用拉槽式开挖，待系梁混凝土强度满足工作要求后，进行下一道施工程序。

边坡施工原则：挖方边坡应自上而下，分层分段跳槽开挖并应及时进行逆作法施工。上一级边坡体系完全发挥作用后，方可进行下一级土方的开挖。边坡工程开挖后，应及时按设计实施支护结构或采取封闭措施，避免长期暴露，降低岩土强度，影响边坡稳定性。

桩板式挡墙的施工主要是支护桩与挡板的施工，下面作主要介绍。

灌注桩的施工一般可分人工成孔灌注桩和机械成孔灌注桩。下面主要简述这两种方法要点。

9.5.1　灌注桩施工要点

机械成孔灌注桩根据成孔工艺有：旋挖钻机成孔、回转钻机成孔、冲击成孔、螺旋钻孔机等。

旋挖钻机是近年来引进一种先进的成孔作业施工机械。旋挖钻机功率较大电机驱动旋挖钻斗在孔底全断面切削土层，土体进入钻斗后由钻杆将钻斗提升至地面卸土。具有成孔速度快，污染少，机动性强等特点。最大成孔直径可达 3.0m。目前，旋挖钻机成孔以其施工速度快，被广泛采用，一般强风化地层问题不大，遇到碎块状强风化及中风化岩层，效果较差，可结合其他成孔方法配合使用。

回转钻机是由机械动力装置传动，带动有钻头的钻杆转动，由钻头切削土壤。成孔方式为旋转成孔。根据排渣系统区别，分为正循环回转钻机和反循环回转钻机。正循环回转钻进是利用泥浆泵向钻杆输送泥浆（或清水）冲洗孔底，携带岩屑的冲洗液沿钻杆与孔壁之间的环状空间上升，从孔口流向沉淀池，净化后再供使用，反复运行，由此形成正循环排渣系统；反循环回转钻机成孔是利用泵吸、气举、喷射等措施抽吸循环护壁泥浆，夹带钻渣从钻杆内腔吸出孔外的成孔方法。目前，国内多使用反循环方式进行钻进。

冲击孔是用冲击钻机把带钻刃的重钻头（又称冲锤）提高，靠自由下落的冲击力来削切岩层，排出碎渣成孔。冲击钻机有钻杆式和钢丝绳式两种。施工中采用钢丝绳式较多，其钻孔直径大，可根据设计的桩径来修改钻头的大小，锤重可根据桩径的大小确定。但遇到碎块状强风化、中风化岩钻进速度较慢。

螺旋钻孔机由主机、滑轮、螺旋钻杆、钻头、滑动支架组成。动力头带动螺旋叶片钻杆、钻头旋转，切削土层。在旋转的过程中，将土层的一部分物料延着螺旋叶片运送上升到地面，另一部分土层物料夹在叶片之间，在钻够深度后，由滑车将钻具提升，物料也被提升上来。适合地下水位钻进。

1. 成孔

灌注桩成孔是施工的首要环节，成孔质量的高低直接对桩的性状有影响。成孔质量主要表现在成孔深度和口径、垂直度、沉渣清理与成孔侧壁保护等几个方面。

（1）在正式施工前，宜施工试成孔，以便核对地质资料，检验所选设备、机具、施工工艺以及技术要求是否适宜。如成孔深度和口径、垂直度、沉渣清理与成孔侧壁保护等技术指标是否满足设计要求，如不满足技术要求时，拟订补救技术措施，或重新选择施工工艺。

（2）桩位偏差。轴线和垂直轴线方向均不宜超过 ±50mm，垂直度偏差不宜大于 1%。

（3）成孔需连续进行，中间不宜间断。

（4）成孔达到设计深度后，应进行成孔质量检验，包含孔深度和口径、垂直度、泥浆浓度、沉渣厚度等检测，确认符合要求后，方可进行下一道工序。

（5）成孔完成后，应进行清孔。一般分两次进行，一次在成孔完毕时，立即进行；第二次在下放钢筋笼后，混凝土导管安装完毕后进行。清孔过程中测定泥浆指标，清孔后孔底 0.5m 以内，泥浆相对密度小于 1.25，含少率不得大于 8%，黏度不得大于 28s。清孔结束后应测定孔底沉渣厚度，孔底沉渣厚度一般应小于 50mm。第二次清孔结束后，孔内应保持水头高度，并应在 30min 内灌注混凝土。若超过 30min，应重新测定孔底沉渣厚度。

（6）支护桩成孔时，一般采用跳孔法施工，采用跳二打一。

2. 钢筋笼制作与安放

（1）钢筋笼宜分段制作，分段长度不宜超过 8m。超过 8m 时易造成钢筋笼发生变形。钢筋笼在起吊、运输和安装过程中应采取措施防止变形。

（2）钢筋笼主筋除有特殊要求者外，均应沿周向均匀布置。箍筋要切实绑扎牢固，对焊接处应注意焊牢。在适当的间隔处应布设加强箍筋，以加强钢筋笼的整体刚度。

（3）非均匀配筋的支护桩在绑扎、吊装和埋设时，应保证钢筋笼的安放方向与设计一致。

（4）钢筋笼分段下沉时应力求平稳，避免碰撞使成笼体弯、扭过大或开焊现象。沉放过程中，笼体要尽量与孔轴成平行下放，以免在下放过程中碰塌孔壁、造成新的孔底沉渣。为了保证混凝土保护层的厚度，应在不同高度位置的断面上设定位器，到位后，立即固定。当桩较长时，可以采用逐段接长法，放入孔内。

3. 混凝土浇筑

（1）灌注桩的混凝土工程可以采用导管法或串筒法。导管法适用于水下混凝土灌注，串筒法适用孔内无水或渗水量很小时浇筑。

（2）用导管法浇筑水下混凝土时，坍落度宜为 180～220mm；有配筋时，非水下浇筑混凝土，坍落度宜为 80～100mm。

（3）混凝土浇筑应连续进行，不宜中断。浇筑中断，极易发生断桩及缩径等成桩质量事故。

9.5.2 人工挖孔桩施工

人工挖孔桩是人力挖掘土方，随着孔洞的下挖，逐段浇筑钢筋混凝土护壁，直到设计深度；然后吊放钢筋笼，浇筑混凝土，形成桩体。人工挖孔桩截面有矩形、圆形。矩形桩常用截面尺寸有：2m×3m、2.5m×3.5m、3m×4m。圆形桩直径大于 800mm。

人工挖孔桩对桩周土体扰动少，土体强度不易破坏，孔底虚土易于清除干净，混凝土浇筑质量易于保证；对邻近结构和地下设施的影响小；人工挖孔桩钢筋笼焊接在孔内进行，不会出现开焊现象，施工质量容易检验，施工质量容易保证。作为支护桩，具有一定优越性。其次还具有如下优点：挖孔可分批挖孔，使用机具较少，无噪声、无振动、无环境污染。

但是人工挖孔桩由于在成孔的过程中，施工人员位于地面下，空间狭小，对施工条件需要较高，施工人员安全性受到威胁较大。下列地方谨慎采用：地下水丰富的地区，地下水涌水量较大，易引起流砂的地方；孔中缺乏氧气或有毒气体等。目前，在我国很多地区，对采用人工挖孔桩，有严格的限制，深度一般限制在 15m。

人工挖孔桩所需机械设备较少，工艺流程除了成孔与钻孔灌注桩有所区别外，其他相同。下面主要介绍人工挖孔桩的成孔。

（1）放样。按施工图放出桩位中心线及桩位。

（2）土方开挖。采取分段开挖，每段高度取决于土体自稳能力，开挖深度每次 0.8～1.2m，为一施工段。挖土一般用锄、镐，较坚硬的岩土采用风镐；电动捯链或卷扬机或手摇滚筒传动钢丝绳将土提上井口，并运到指定地点排放。开挖先中间后周边。

（3）安装护壁钢筋及模板，模板高取决于施工段高度，一般为 1m。

（4）浇捣混凝土护壁。混凝土起着护壁与防水作用，注意捣实，护壁一般采用 C20 混凝土，护壁厚度应根据土层及桩的直径而定。当地下水较丰富时，护壁厚度可适当加厚。上下两节护壁搭接 50～70mm。

（5）护壁混凝土达到一定强度后（一般为 12h 后）拆除模板继续下一节施工，直至达到设计深度。

在成孔过程中，如地下水较为丰富，但又不得不采用人工挖孔桩时，可以一桩一降水井。

9.5.3 桩板式挡板的施工要求

本节主要讲述预制挡土板施工要求。

1.预制挡土板

按照设计要求绑扎钢筋，预埋与设计要求相同孔径的硬 PVC 管（排水孔用）；立模加固，挡土板采用定做的组合模板，用混凝土罐车运送，浇筑混凝土，振捣密实。

2.施工准备

土方开挖；全站仪测定挡土板位置，并在锚固桩纵线上放样画线；将锚固桩护壁与挡土板连接面修整，调直连接筋，然后将桩间土壁修整到位，并清除浮土和松动岩石；铺设土工织物反滤层或施工 30cm 反滤层。

3.挡土板吊装

挡土板采用预制拼装，挡土板底部地基承载力必须满足设计规范要求，并做 30cm 厚 M7.5 浆砌片石垫层；完成上述工作之后，方可对上一层挡土板进行安装。挡土板施工时，必须挂线作业，保证所有挡土板在同一平面上，且垂直度符合要求。挡土板吊装孔在吊装完毕后均用混凝土塞满；挡土板水平安放。

4.连接挡土板与桩体

预制挡土板是将挡土板通过高强螺母或锚杆直接锚固在桩体，做好高强螺母防锈，对锚杆锚固，浆液采用膨胀水泥，做好钻孔管口止浆。强度达到 75%，进行下一道工序施工。

现浇挡土板与预制挡土板主要区别：模板的安装，现浇式环境较为特殊，对模板提出更高要求；其次，连接一般采用植筋方法，应采用结构植筋胶，植筋与桩体稳固连接。连接前，应做抗拔试验。

9.5.4 排水系统施工

桩板式支挡结构排水系统包括：坡顶、坡脚排水系统的施工，以及坡面泄水孔的施工。

9.6 桩板式挡墙施工方案实例

9.6.1 场地及工程地质条件

拟建工程位于福建福安市老城区，为旧城改造项目。场地岩土体如下：

（1）坡积粉质黏土：黄灰色，褐黄、暗黄等色，坡积形成，土质较均一，低-中等韧性、低-中等干强度，呈湿、可塑-坚硬状态。厚度：0.40～2.40m。

（2）残积黏性土：灰白色、粉红、褐黄等色，由花岗岩强烈风化残积形成，可见原岩结构轮廓及裂隙痕迹。低韧性，低干强度，切面粗糙，无摇振反应。呈湿、可塑-坚硬状态。厚度：1.10～8.70m。

（3）全风化花岗石：褐黄色、灰白、粉红等色，风化强烈，岩芯呈砂土状，原岩结构轮廓及裂隙清晰。岩石极破碎，属极软岩，岩体基本质量等级Ⅴ级。厚度：0.60～9.60m。

（4）砂土状强风化花岗石：褐黄、灰白等色，风化强烈，岩芯砂土状；小裂隙较发育，岩石破碎，局部含中风化脉岩残留体，粒径20～50cm，属极软岩，岩体基本质量等级Ⅴ级。岩石主要矿物成分有正长石、斜长石、石英，少量黑云母；中粒结构。厚度：1.50～14.10m。

（5）碎块状强风化花岗石：褐黄、灰白等色，风化强烈，岩芯呈碎块状、短柱状；小裂隙较发育，中下部岩石接近中风化。岩石主要矿物成分有正长石、斜长石、石英，少量黑云母，软岩，Ⅴ级，中粒结构。厚度：1.60～12.20m。

各岩土层物理力学指标见表9-7。

土体物理力学参数　　　　　　　　　　表9-7

层名	承载力基本容许值 (kPa)	压缩模量 (MPa)	重度 (kN/m³)	黏聚力 (kPa)	内摩擦角 (°)
①-1 杂填土	80～100	6.71	19.5	6.0	15.0
②-1 黏土	140～160	4.59	17.5	16.1	14.1
②粉质黏土	140～160	4.55	17.7	15.6	14.6
③残积黏性土	200～260	3.57	17.6	17.9	14.8
④全风化花岗石	260～400	9.50	20.50	30	25
⑤强风化花岗石	400～500		21.00	35	30

9.6.2 边坡工程概况

边坡高度为6～20.5m，长约180m，坡脚为规划道路及建筑物，坡顶为用地红线并紧靠密集民房、工业厂房（图9-39）。考虑建筑红线、周边环境，选用不同形式桩板式挡墙。K1＋10～K1＋40段选用h形桩板挡土结构。前后桩均采用φ900@2000人工挖孔桩，桩排距为7000mm；连系梁采用尺寸为800mm×800mm@4000；前桩桩长为14m，悬臂段为5m，后桩桩长为9m；前后桩桩顶均设置冠梁；放坡段采用50mm厚C20喷射混凝土面层，内配φ6@200×200钢筋网，同时设立插筋及PVC排水管；混凝土板规格为顶部厚度为600mm，底部为1100mm，旨在增大该段的侧向刚度和控制侧向位移能力，如图9-40（a）所示。K1＋40～K1＋62段一道拉锚式矩形斜桩板式挡土结构，截面尺寸2000mm×1000mm@1800，顶部设计冠梁，截面尺寸2200mm×1000mm；冠梁顶部设计厚200mm C35钢筋混凝土挡土板（内配φ14@200×200），如图9-40（b）所示。K1＋62～K1＋180上部采用格构式锚索挡墙、下部采用拉锚式桩板挡墙，如图9-40（c）所示。

9.6.3 边坡监测

K1共布置了8根测斜管（1号、2号、3号、4号、5号、6号、7号、8号）。K1边坡支护结构多样，其中1号、2号主要监测h支挡结构变形及其对坡顶民用建筑物的影响；3号、4号主要监测矩形斜桩挡土结构的变形及其对民用建筑物影响；5号、6号、7号、8号主要监测上部格构式锚索挡墙、下部采用拉锚式桩板挡墙复合支挡结构的变形及其对

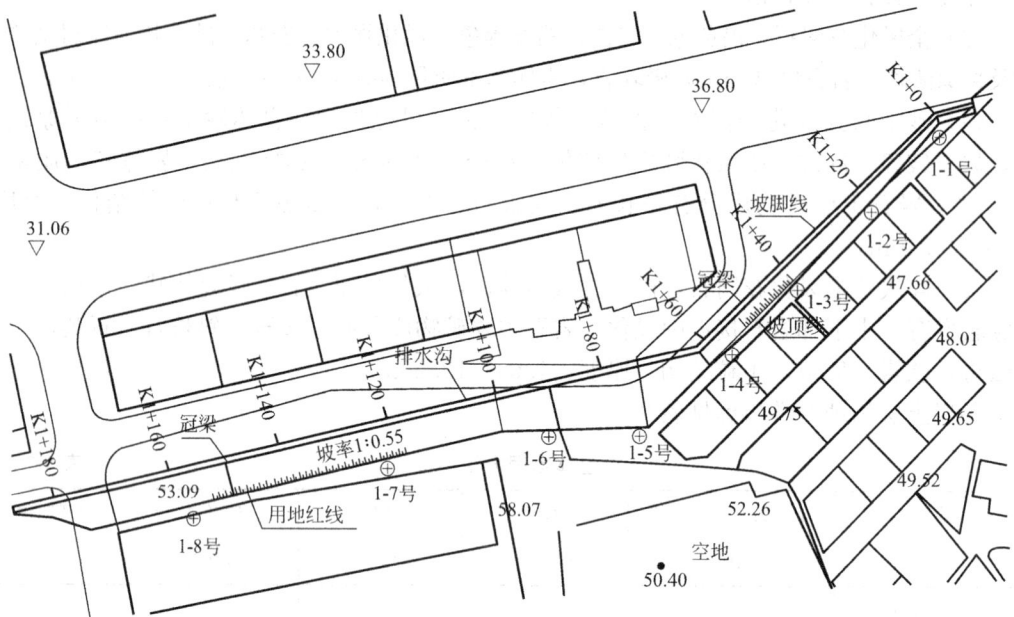

图 9-39 边坡平面图

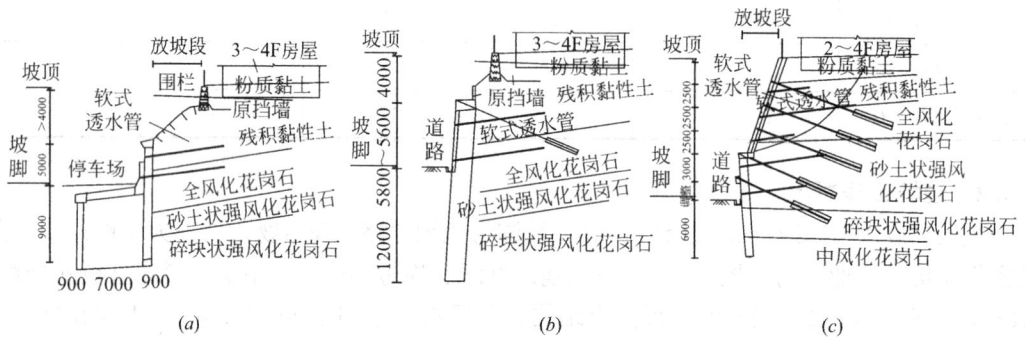

图 9-40 典型剖面图

工业厂房影响。其中 3 号、4 号没有成活，没能监测矩形斜桩挡土结构的变形，但从附近建筑物监测数据看，建筑物沉降较小。

图 9-41（*a*）为 h 形双排桩挡土结构 2 号测斜孔的深层土体水平位移曲线。在施工期间，总体位移不大，不超过 15mm。深层土体位移与边坡开挖相关性明显，尤其第 2 层开挖时，变形较大；开挖第 3 层，变形明显变小，连系梁支护体系发挥了作用。

图 9-41（*b*）为格构式锚索挡墙＋采用拉锚式桩板挡墙 7 号测斜孔的深层土体水平位移曲线。最大位移发生在地面下约 4m 处，为 22.48mm。从图上看出：坡体深层土体主要发生在格构式锚索挡墙段，变形大与该段一层开挖深度较大有关。下部拉锚式桩板挡墙变形较小，较好地控制了变形。

由于边坡坡顶建筑物密集，且距离很近，有的地方不足 1m，也对建筑物沉降进行了观测，总体沉降在合理的范围内。

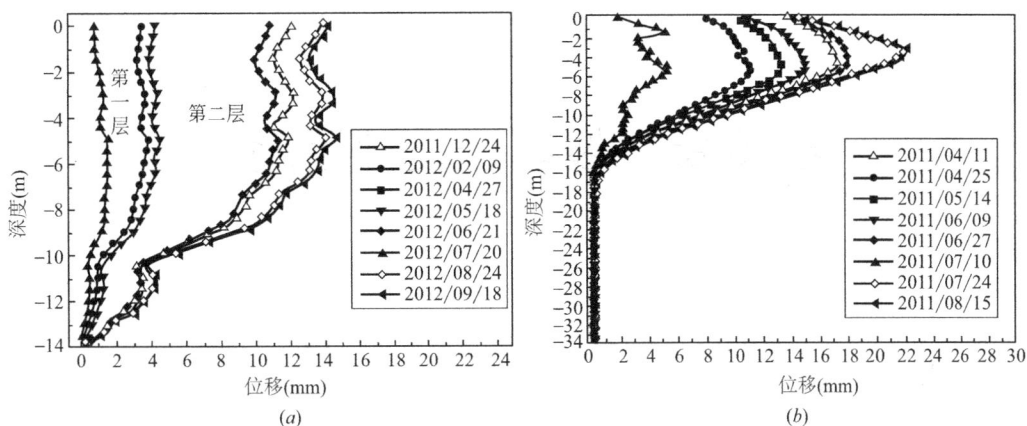

图 9-41 深层土体水平位移

（a）2 号深层土体位移；（b）7 号深层土体位移

参考文献

[1] 刘国斌，王卫东.基坑工程手册（第二版）[M].北京：中国建筑工业出版社，2009.

[2] 中华人民共和国住房和城乡建设部.JGJ 120—2012 建筑基坑支护技术规程 [S].北京：中国建筑工业出版社，2012.

[3] 龚慈.不同位移模式下刚性挡土墙土压力计算方法研究 [D].浙江：浙江大学，2005.

[4] 熊治文，马辉，朱海东.全埋式双排抗滑桩的受力分布 [J].路基工程，2008，30（7）：1033-037.

[5] 何颐华，杨斌，金宝森等.双排护坡桩试验与计算的研究 [J].建筑结构学报，1996，17（2）：58-66.

[6] 董捷.悬臂桩三维土拱效应及嵌固段地基反力研究 [D].重庆：重庆大学，2009.

[7] 龚晓南.桩基工程手册（第二版）[M].北京：中国建筑工业出版社，2016.

[8] 曲宏略.桩板式抗滑挡土墙的振动台试验和抗震机理研究 [D].成都：西南交通大学，2013.

[9] 郑刚，李欣，刘畅.考虑桩土相互作用的双排桩分析 [J].建筑结构学报，2004，24（1）：99-106.

第10章 坡率法设计与施工

10.1 概述

边坡工程设计内容包括确定边坡坡率与形状、排水工程、防护加固工程及景观绿化工程等内容。边坡防护加固工程设计包括：设置不同形式的边坡支挡结构、坡面防护结构等。其中坡率法是常用的一种边坡治理方法。

10.1.1 坡率法的概念

坡率法是指控制边坡高度和坡度，无需对边坡整体进行加固就能保证边坡自身稳定的一种人工边坡设计方法。

10.1.2 坡率法的发展与现状

"坡率法"通常指的是"放坡开挖"。根据岩土工程性状控制边坡开挖的允许坡率，以确保边坡的稳定。它是环境边坡和基坑边坡治理工程中最为古老的、传统的、一般来说也是最为经济的边坡治理方案。当场地条件允许的情况下，宜首选此方案。

10.2 坡率法的类型与适用范围

10.2.1 坡率法的类型

坡率法类型包括：边坡治理采用单一坡率法，或坡率法与其他支护结构联合应用，形成组合边坡。

10.2.2 坡率法的适用范围

坡率法的适用范围：

（1）空间条件：首选在基坑或边坡周围具有放坡开挖的空间，又不影响邻近已有工程的安全和正常使用。

（2）岩土条件：岩土体的自稳性能良好。

（3）地下水条件：地下水位埋深较深，以在开挖深度之下为佳。

（4）坑深条件：基坑开挖深度适于地下1～2层的工程。

下列边坡不应单独采用坡率法，应与其他边坡支护方法联合使用：

（1）放坡开挖对相邻建（构）筑物有不利影响的边坡。

（2）地下水发育的边坡。

（3）软弱土层等稳定性差的边坡。

（4）坡体内有外倾软弱结构面或深层滑动面的边坡。

（5）单独采用坡率法不能有效改善整体稳定性的边坡。

（6）地质条件复杂的一级边坡。

10.3 坡率法的设计

10.3.1 坡率法的设计计算

（1）土质边坡的坡率允许值应根据工程经验，按工程类比的原则并结合已有稳定边坡的坡率值分析确定。当无经验且土质均匀良好、地下水贫乏、无不良地质作用和地质环境条件简单时，边坡坡率允许值可按表 10-1 确定。

土质边坡坡率允许值　　　　　　　　　表 10-1

边坡土体类别	状态	坡率允许值(高宽比)	
		坡高小于 5m	坡高 5～10m
碎石土	密实	1：0.35～1：0.50	1：0.50～1：0.75
	中密	1：0.50～1：0.75	1：0.75～1：1.00
	稍密	1：0.75～1：1.00	1：1.00～1：1.25
黏性土	坚硬	1：0.75～1：1.00	1：1.00～1：1.25
	硬塑	1：1.00～1：1.25	1：1.25～1：1.50

注：1. 表中碎石土的充填物为坚硬或硬塑状态的黏性土。

2. 对于砂土或充填为砂土的碎石土，其边坡坡率允许值应按砂土或碎石土的自然休止角确定。

（2）在边坡保持整体稳定的条件下，岩质边坡开挖的坡率允许值应根据工程经验，按工程类比的原则结合已有稳定边坡的坡率值分析确定。对无外倾软弱结构面的边坡，其放坡坡率可按表 10-2 确定。

岩质边坡坡率允许值　　　　　　　　　表 10-2

边坡岩体类型	风化程度	坡率允许值(高宽比)		
		$H<8m$	$8m\leqslant H<15m$	$15m\leqslant H<25m$
Ⅰ类	微风化	1：0.00～1：0.10	1：0.10～1：0.15	1：0.15～1：0.25
	中等风化	1：0.10～1：0.15	1：0.15～1：0.25	1：0.25～1：0.35
Ⅱ类	微风化	1：0.10～1：0.15	1：0.15～1：0.25	1：0.25～1：0.35
	中等风化	1：0.15～1：0.25	1：0.25～1：0.35	1：0.35～1：0.50
Ⅲ类	微风化	1：0.25～1：0.35	1：0.35～1：0.50	—
	中等风化	1：0.35～1：0.50	1：0.50～1：0.75	—
Ⅳ类	中等风化	1：0.50～1：0.75	1：0.75～1：1.00	—
	强风化	1：0.75～1：1.00	—	—

注：1. 表中 H 为边坡高度。

2. Ⅳ类强风化包括各类风化程度的极软岩。

3. 全风化岩体可按土质边坡坡率取值。

（3）下列边坡的坡率允许值应通过稳定性计算分析确定：

1）有外倾软弱结构面的岩质边坡；

2）土质较软的边坡；

3）坡顶边缘附近有较大荷载的边坡；

4）边坡高度超过表 10-1 和表 10-2 范围的边坡。

（4）填土边坡的坡率允许值应根据边坡稳定计算结果并结合地区经验确定，同时尚应符合国家现行有关标准的规定。如基底情况良好，填方边坡坡率允许值可按表 10-3 确定。

填方边坡坡率允许值　　　　　　　　　　　　　表 10-3

填料种类	边坡的最大高度(m)			边坡坡率		
	全部高度	上部高度	下部高度	全部高度	上部高度	下部高度
黏性土、粉性土、砂性土	20	8	12	—	1∶1.5	1∶1.75
砾石土、粗砂、中砂	12	—	—	1∶1.5	—	—
碎(块)石土、卵石土	20	12	8	—	1∶1.5	1∶1.75
不易风化的石块	20	8	12	—	1∶1.3	1∶1.5

注：粉土边坡可根据具体情况适当放缓。

（5）土质边坡稳定性计算应考虑边坡影响范围内的建（构）筑物和边坡支护处理对地下水运动等水文地质条件的影响，以及由此而引起的对边坡稳定性的影响。

（6）边坡稳定性验算应符合第 4 章的有关规定。

10.3.2　坡率法的构造设计

（1）边坡的整个高度可按同一坡率进行放坡，也可根据边坡岩土的变化情况按不同的坡率放坡。挖方边坡一般可采用下列几种形式（图 10-1）。

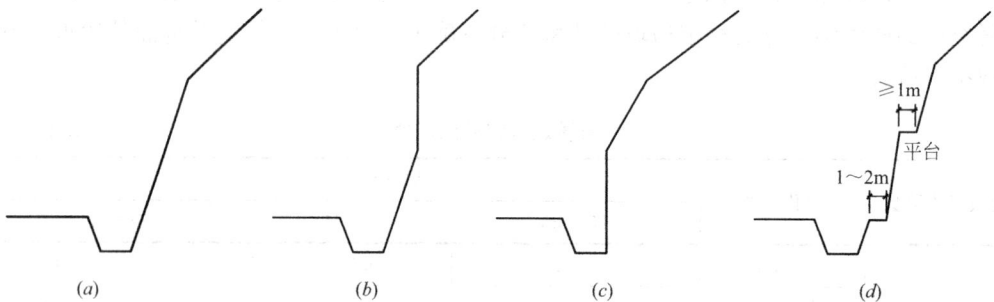

图 10-1　挖方边坡形式
(a) 直线形；(b) 上陡下缓折线形；(c) 下陡上缓折线形；(d) 台阶形

1）直线形

当边坡为均质或薄层互层且高度不大时，宜采用一坡到顶的直线形。

2）折线形

当边坡较高或由多层土组成而上部岩（土）层的稳定性较下部好时，可采用上陡下缓的折线形；若上部为覆盖层，或稳定性较下部岩（土）层差时，则宜采用上缓下陡的折线形边坡。

折线形边坡易在变坡点处出现坡面的冲刷破坏，因此，在降水量大的地区，软质岩石（土）边坡宜改用直线或台阶形边坡，或采用适当的坡面防护措施。

3）台阶形

当边坡由多层土组成且很高时，可在边坡中部或岩（土）分界处设置不小于 1.0m 宽的平台。平台可增加边坡的稳定性，减少坡面冲刷，拦挡上边坡剥落下坠的小石（土）块。平台表面应做防护，以免再被雨水破坏。

对于易风化的软质岩石边坡及松散的碎（砾）石类土边坡，因为容易产生碎落物，应考虑设置台阶形边坡。

（2）位于斜坡上的人工压实填土边坡应验算填土沿斜坡滑动的稳定性。分层填筑前应将斜坡的坡面修成若干台阶（台阶宽度不小于 2.0m），使压实填土与斜坡面紧密接触。

（3）边坡坡顶、坡面、坡脚和水平台阶应设排水系统，在坡顶外围应设截水沟。

（4）当边坡表层有积水湿地、地下水渗出或地下水露头时，应根据实际情况设置外倾排水孔、排水盲沟和排水钻孔。

（5）对局部不稳定块体应清除，或采用锚杆和其他有效措施加固。

（6）永久性边坡宜采用锚喷、浆砌片石或格构等构造措施护面。在条件许可时，宜尽量采用格构或其他有利于生态环境保护和美化的护面措施。临时性边坡可采用水泥砂浆护面。

10.4 坡率法的施工

10.4.1 坡率法的施工要求

（1）挖方边坡施工开挖应自上而下有序进行，并应保持两侧边坡的稳定，保证弃土、弃渣的堆填不应导致边坡附加变形或破坏现象发生。

（2）填土边坡施工应自下而上分层进行，每一层填土施工完成后均应进行相应技术指标的检测，质量检验合格后方可进行下一层填土施工。

（3）边坡工程在雨期施工时应做好水的排导和防护工作。

10.4.2 坡率法的安全专项施工方案实例

重庆轨道交通十号线（建新东路—王家庄段）工程长河站—T3 航站楼站区间明挖深基坑安全专项施工方案

1. 工程概况

（1）工程概况

重庆市轨道交通十号线一期工程（建新东路-王家庄段）土建 10106 标长河站-T3 航站楼站区间明挖段全长 823.64m，基坑开挖深度为 0～13.5m、宽度 17～29.4m，基坑为土质基坑，破坏模式为土体内部的圆弧形滑动，采用放坡方式进行开挖施工，土钉墙支护，基坑两侧由 ϕ18 土钉加固，间距 1.2m×1.2m（横向×纵向），长度 8.5m；挂网采用 ϕ8 @15cm×15cm 钢筋网，喷射 15cm 厚 C25 早强混凝土（详见图 10-2 放坡开挖断面图）。

（2）场地主要工程地质条件

1）地层结构和岩性

各地层岩性特征依新老顺序简述如下：

① 第四系全新统人工填土（Q_4^{ml}）

拟建线路主要沿城市主干道行进，人工填土基本上以素填土为主，杂填土主要分布在居民区和厂区之中，分布范围较小。素填土多为紫褐色，以黏性土夹砂岩、泥岩碎（块）

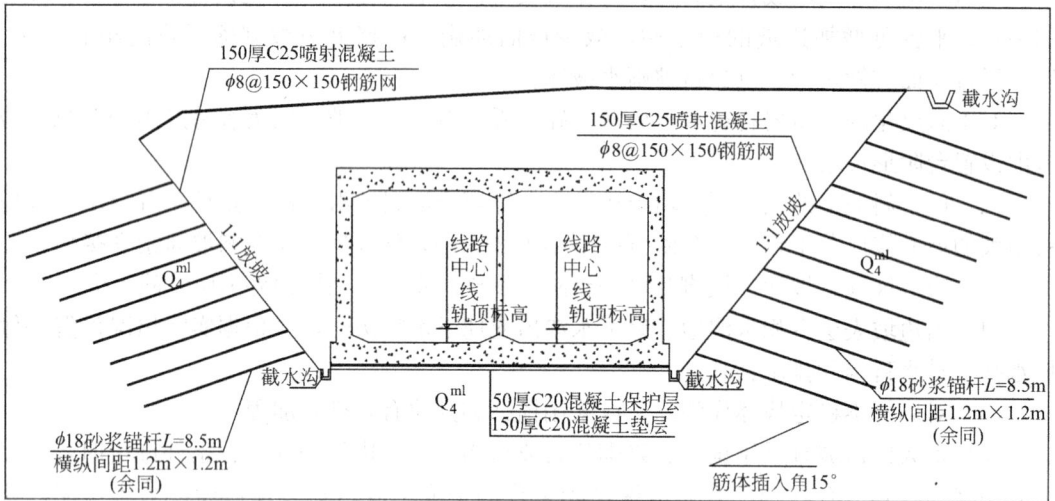

图 10-2　放坡开挖断面图

石为主，块石含量 20％～40％，粒径 200～1000mm，碎石含量 10％～30％，结构一般松散～中密，局部存在架空现象，稍湿，堆填时间 2～10 年；杂填土多呈杂色，以生活垃圾和建筑垃圾为主，结构一般呈松散～稍密状，稍湿，堆填时间 2～10 年，填土厚度一般10～15m。

② 第四系全新统残坡积黏性土（Q_4^{el+dl}）

主要以粉质黏土为主，在里程 K27＋200～K30＋800 段零星分布有黏土，土层厚度 1～3m，紫色～黄褐色，一般呈可塑～硬塑状。无摇振反应，干强度中等，韧性中等～高，主要分布于原始地貌中为沟谷的地段。

③ 侏罗系中统沙溪庙组（J_2s）

侏罗系中统沙溪庙组为一套强氧化环境下的河湖相碎屑岩建造，由砂岩—泥岩不等厚的正向沉积韵律层组成。

④ 侏罗系中统新田沟组（J_{2x}）

侏罗系中统新田沟组为一套还原一次氧化环境下的淡水湖相杂色碎屑岩建造，其岩性特征为黄绿色泥岩夹粉砂岩、岩屑长石砂岩、紫红色泥岩、深灰色页岩。

⑤ 侏罗系中下统自流井组（J_{1-2z}）

侏罗系中下统自流井组为一套浅湖相泥岩及中深湖相碳酸岩盐建造，其岩性特征为紫红色钙质泥岩、砂质泥岩、黄灰色碎屑灰岩及生物灰岩。夹深灰色、灰绿色页岩、泥质灰岩、白云岩薄层。

⑥ 侏罗系下统珍珠冲组（J_{1z}）

侏罗系下统珍珠冲组为一套浅水湖相碎屑岩建造，其岩性特征主要为粉砂质泥岩、粉砂岩夹深灰色、灰绿色页岩。

2）水文地质条件

根据沿线地下水的赋存条件、水理性质及水力特征，沿线地下水可划分为第四系松散层孔隙水和基岩裂隙水。

（3）施工平面布置

（略）。

（4）周边建筑物及管线调查

据现场调查，明挖段横跨宏利达砖厂与机场快速路，基坑中部下穿中航燃油管道。

（5）施工要求和技术保证条件

1）施工要求

明挖段放坡开挖施工注意事项：

① 本工程施工前核对整个场地的放线，并与设计总平面图相互校对，确保各结构物放线图准确，衔接顺畅。

② 施工前，根据地质勘察报告和设计图核实工程范围及周边现有建（构）筑物的位置、结构形式、基础埋置深度等情况，据此做好处理，确保其安全。

③ 地勘报告提示及现场发现局部存在不稳定岩块或外倾结构面处，施工时应对其及时处理。

④ 本工程必须严格按设计工序进行施工，确保边坡在施工期间的稳定及施工人员的安全，严防工程滑坡及工程事故发生。基坑边坡开挖应遵守分层、分段、分块、对称、平衡、限时的原则，应按照先支撑后开挖、限时支撑、分层开挖、严禁超挖的方法确定开挖顺序，应减小基坑无支撑暴露的时间和空间。钢支撑安装完成后进行下一层土方开挖，钢支撑应在质量验收并施加预应力后进行土方开挖。本区间呈狭长状，可采用纵向斜面分层分段开挖方法，斜面应设置多级边坡，每层、每段开挖和支撑的时间应符合设计要求。

⑤ 本工程施工期间坡顶严禁堆载。基坑施工过程中，保证坡顶两侧 3.5m 范围内不得行驶车辆，不得堆土和堆料。3.5m 范围外的超载（等效均布荷载）不得大于 20kPa。当重型机械在基坑周边作业时，应采取设置专门的平台或深基础等措施加以处理。

⑥ 基坑开挖接近基底设计标高以上 0.3m 时应配合人工清底，避免超挖或扰动基底土。基底应平整压实，其容许偏差为：高程＋10/－20mm；平整度 20mm。

⑦ 基坑开挖到基底时应避免基底长时间浸水和扰动，开挖完成后应及时清底验槽，浇筑垫层封闭基坑，减少地基土暴露时间，并尽快浇筑底板，形成对侧墙的支撑作用。

⑧ 基坑开挖过程中，应对围护结构渗漏水进行封堵，避免造成地下水大量流失而危及周边建（构）筑物及基坑安全。

⑨ 基坑开挖过程中严禁大锅底开挖，并做好基坑内排水工作，在未覆土前，需采用基坑内持续降水、排水等消浮措施，避免水浮力对围护结构产生不利影响。

⑩ 在施工过程中应根据现场实际情况与地质资料进行核对，若有变化应立即通知监理、设计单位现场调整处理，以满足设计要求。

⑪ 施工过程中应加强监测预警工作。

2）技术保证条件

明挖段施工时，应重视周边建筑物与边坡的相互影响。为确保明挖段施工按照项目整体施工进度顺利、安全推进，施工中应认真落实各项技术保证措施，长河站—T3 航站楼区间明挖段技术保证条件具体如下：

① 国家和重庆市现行规范、技术标准；

② 重庆轨道交通十号线土建 10106 标施工组织设计；

③ 有主要负责人、分管负责人、安全生产管理人员、各职能部门等安全生产责任制，

各工种岗位操作规程；

④ 有各项安全生产规章制度；

⑤ 建立、健全各类安全技术和安全管理的资料档案（包括：设计、图纸、安全生产责任制、规章制度、作业安全规程、岗位操作规程、评价报告、从业人员劳动管理资料等），并由企业统一归档妥善保管，专人管理；

⑥ 主要机械设备记录册、运行记录及有效检验、检测报告等；

⑦ 施工技术准备以及项目集中读图结果、设计交底、施工安全技术交底和施工技术交底。

（6）临时设施

1）施工用电

在 CY00（K28＋614.471）桥台左侧安装 1 台 630kW 箱式变压器，保证明挖段临时用电。

2）施工用水

明挖段施工用水是由中建八局提供的水源接驳口，将其引入场内。在各用水点设置节能水阀，强化节约用水。

2. 编制依据

（1）相关法律、法规、规范性文件

1）《危险性较大的分部分项工程安全管理办法》（建质〔2009〕87 号文）；

2）《关于印发危险性较大的分部分项工程安全管理实施细则的通知》（渝建发〔2014〕16 号）。

（2）标准、规范

1）《生产过程危险和有害因素分类与代码》（GB/T 13861—2009）；

2）《地铁设计规范》（GB 50157—2013）；

3）《建筑结构荷载规范》（GB 50009—2012）；

4）《城市轨道交通地下工程建设风险管理规范》（GB 50652—2011）；

5）《地下铁道工程施工及验收标准规范》（2003 年版）（GB 50299—1999）；

6）《混凝土结构设计规范》（GB 50010—2010）；

7）《混凝土外加剂应用技术规范》（GB 50119—2013）；

8）《混凝土结构工程施工质量验收规范》（GB 50204—2015）；

9）《建设工程施工现场消防安全技术规范》（GB 50720—2011）；

10）《企业职工伤亡事故分类》（GB 6441—1986）；

11）《建设工程施工现场供用电安全规范》（GB 50194—2014）；

12）《岩土锚杆与喷射混凝土支护工程技术规范》（GB 50086—2015）；

13）《混凝土质量控制标准》（GB 50164—2011）；

14）《建筑施工高处作业安全技术规范》（JGJ 80—2016）；

15）《建筑机械使用安全技术规程》（JGJ 33—2012）；

16）《施工现场临时用电安全技术规范》（JGJ 46—2005）；

17）《公路工程施工安全技术规范》（JTG F90—2015）；

18）《建筑地基基础工程施工质量验收规范》（GB 50202—2002）；

19）《建筑基坑支护技术规程》（JGJ 120—2012）；

20)《建筑基坑工程监测技术规范》（GB 50497—2009）；

21)《建筑边坡工程技术规范》（GB 50330—2013）。

（3）编制依据的主要技术文件

1)《重庆轨道交通十号线（建新东路—王家庄段）工程长河站—T3航站楼站区间岩土工程勘察报告》；

2)《长河站至 T3 航站楼明挖段施工图》；

3)《重庆轨道交通十号线一期工程土建 10106 标实施性施工组织设计》。

（4）适用范围

本专项方案适用于长河站—T3 航站楼明挖段。

3. 施工计划

（1）进度计划

根据本工程任务量与工程专业的特点，对本区间段进行施工任务划分。项目部设 3 组开挖支护施工班组；2 组结构施工班组。具体施工时间如下：

1）起点—砖厂：

土方开挖支护：2015 年 2 月 1 日～2015 年 2 月 28 日，1 个月。

结构施工：2015 年 3 月 1 日～2015 年 8 月 31 日，6 个月。

2）砖厂范围：

土方开挖支护：2015 年 5 月 1 日～2015 年 5 月 31 日，1 个月。

结构施工：2015 年 6 月 1 日～2015 年 12 月 31 日，7 个月。

3）砖厂—高速路坡脚：

开挖支护：2015 年 2 月 1 日～2015 年 2 月 15 日，15 天。

结构施工：2015 年 2 月 15 日～2015 年 11 月 15 日，9 个月。

4）机场高速梁场范围：

土方开挖支护：第一段：2015 年 3 月 1 日～2015 年 4 月 30 日，2 个月；第二段：2015 年 11 月 1 日～2015 年 12 月 31 日，2 个月。

结构施工：第一段：2015 年 5 月 1 日～2015 年 10 月 31 日，6 个月；第二段：2016 年 1 月 1 日～2016 年 5 月 31 日，5 个月。

5）高速路坡脚—桥台：

土方开挖支护：2015 年 2 月 1 日～2015 年 2 月 28 日，1 个月。

结构施工：2015 年 3 月 1 日～2015 年 11 月 30 日，9 个月（包括机场高速部分框架结构）。

（2）材料计划

材料计划见表 10-4、表 10-5。

开挖、支护施工主要材料计划表　　　　　　　　　　表 10-4

序号	材料名称	型号及规格	单位	数量	备注
1	热轧钢筋	HPB300	t	148	
2	热轧钢筋	HRB400	t	1826	
3	混凝土	C35	m³	635	

续表

序号	材料名称	型号及规格	单位	数量	备注
4	混凝土	C25	m³	2600	
5	水泥砂浆(锚孔灌浆)	M30	m³	275	
6	钢管立柱	$\phi 609, t=16mm$	t	110.59	

开挖、支护主要周转材料需用表　　表 10-5

序号	名称	数量	备注
1	48mm×2.8mm×6000mm 钢管	780 根	
2	48mm×2.8mm×3000mm 钢管	1200 根	
3	48mm×2.8mm×1500mm 钢管	96 根	
4	扣件(含直接头)	1320 个	

(3) 设备计划

设备计划见表 10-6。

开挖、支护机械设备计划表　　表 10-6

序号	机械名称	规格	数量	状态	备注
1	锚杆钻机	MG-50	12	良好	钻孔
2	破碎机	PC220	6	良好	石方开挖
3	挖掘机	PC220	6	良好	土石方挖装
4	自卸汽车	双桥	20	良好	土石方运输
5	电焊机	BX1-500	4	良好	钢筋制安
6	弯曲机	GW40A	1	良好	钢筋制作
7	调直机	TZ-20	1	良好	钢筋加工
8	断钢机	GJ-40	1	良好	钢筋制作
9	混凝土湿喷机	HPZ-5	4	良好	边坡防护
10	电动空压机	4L-20/8	6	良好	
11	千斤顶+油泵		2	良好	
12	吊车	25T	2	良好	吊装
13	污水泵	7.5kW	6	良好	排水
14	装载机	LG50	2	良好	装载运输
15	注浆机	ZYB70/80D	2	良好	
16	旋挖钻	KAT320	1	良好	施工围护桩
17	冲击钻		4	良好	
18	泥浆泵		4	良好	
19	废浆处理设备		3	良好	

序号	机械名称	规格	数量	状态	备注
20	电动捯链		12	良好	
21	振动器	插入式	6	良好	
22	混凝土罐车		5	良好	
23	照相机		1	良好	
24	全站仪	莱卡 TS09	1	良好	
25	水准仪	DSZ2	1	良好	
26	挖机	KAT	3	良好	

4. 施工工艺技术

（1）技术参数

根据设计图纸说明边坡类型为岩质边坡，岩体类型为 IV 类，边坡为临时性边坡（基坑待区间框架主体工程完成后进行回填），基坑安全等级为一级。

（2）工艺流程

根据目前现场放坡开挖施工条件及现场地质情况，拟定订下施工顺序：测量放样→布置位移和沉降观测点→坡顶排水沟施工→第 1 层土方开挖→第 1 层坡面土钉墙的支护施工→第 2 层土方开挖到设计标高→坡面土钉墙的支护施工→（逐层重复进行开挖、支护施工）→坑底排水沟施工。

（3）施工方法

本明挖区间基坑分 5 段开挖。

1）准备工作

① 施工管理人员应对所有操作人员进行安全技术交底和交通安全培训教育。

② 弃土（渣）场：本标段渣土弃往 30.2km 外的渣土场弃渣。

2）放坡土石方开挖支护

土石方开挖施工工艺流程如图 10-3 所示。

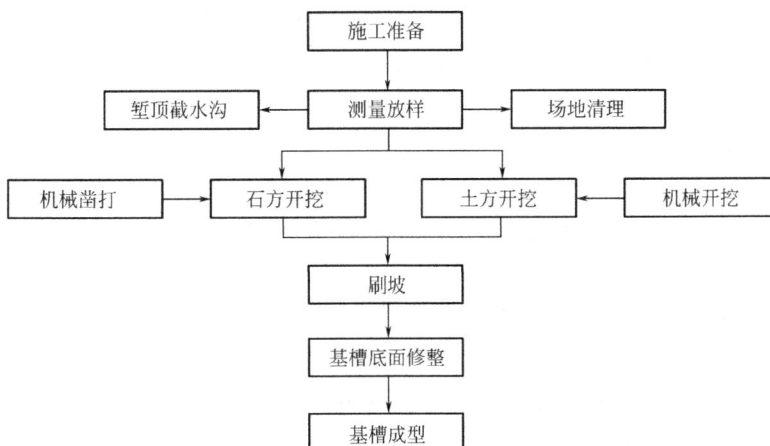

图 10-3　土石方开挖施工工艺流程

开挖方法：开挖随挖随护，分层分台阶开挖，如图 10-4 所示。

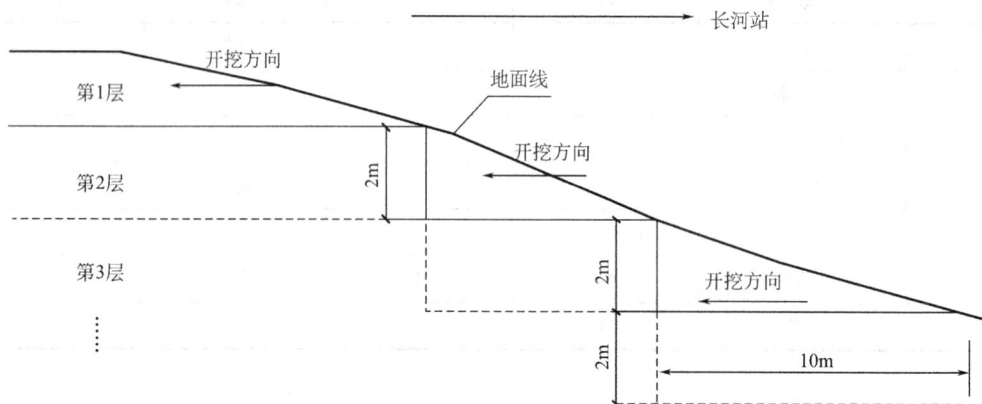

图 10-4　分层分台阶开挖示意图

注：1. 如图所示，分层分台阶开挖，台阶高度为 2m。
　　2. 在基槽的左侧放坡作为出渣便道。

① 土方开挖

土方开挖主要为人工回填土，开挖在晴天进行，雨天停止施工。

A. 开挖

分 2m 台阶逐层开挖。每开挖一层测量放线一次，以避免超欠挖，不得掏洞取土。

B. 坡面修整

机械开挖靠近边坡时，预留 20～30cm，人工配合机械进行刷修，修整好的边坡及时进行防护。边坡上若有坑穴，采用挖台阶浆砌片石嵌补。

C. 基床顶面处理

当开挖至设计标高后，采用人工配合机械修整，控制基床平整度，同时做好两侧水沟开挖、砌筑工作，并及时浇筑垫层封闭基床。

② 石方开挖

石方开挖上部岩石强度较低，采用挖掘施工。

因开挖岩层全部为砂质泥岩夹坚硬砂岩。炮机凿打速度慢，一次开挖深度有限。拟选用"分段分层"开挖。挖掘机先清理表面土层，破碎机破碎第 1 层岩层后，挖掘机、运输汽车装运石渣，依次循环施工作业。

③ 开挖断面质量检测

开挖施工时避免超挖和欠挖，做到开挖后的基坑边坡直顺，曲线圆顺，坡面平整稳定。确保开挖后的石方开挖边坡无松石、险石，路面和坡面平顺，底板平整，无凹凸不平现象。

基坑经人工清底后应符合以下质量要求：

A. 标高控制允许偏差：±30mm；

B. 长度、宽度允许偏差：+200mm，−50mm；

C. 表面平整度允许偏差：20mm。

④ 检查验收安全措施

A. 安全管理工作

a. 安全管理组织机构是否建立，是否配备了专兼职安全员，专业安全人员素质是否符合要求；

b. 安全管理制度是否建立健全；

c. 安全生产过程中是否执行了"五同时"；

d. 事故的"四不放过"实施情况。

B. 生产现场安全

a. 设备安全

（ⅰ）设备是否有安全防护装置；

（ⅱ）设备的手柄、开关、按钮等是否在正确位置；

（ⅲ）应该悬挂的警示标志是否齐全；

（ⅳ）是否有妨碍正常运行的障碍。

b. 安全通道

（ⅰ）人行安全通道是否符合要求；

（ⅱ）通道是否被其他物品侵占；

（ⅲ）通道上空是否有危险因素。

C. 工作现场安全

a. 地面情况；

b. 照明情况；

c. 防尘防毒设备是否运行正常；

d. 操作者周围环境是否对安全有影响；

e. 物品定置摆放情况。

D. 劳动防护用品

a. 作业者是否正确穿戴劳动防护用品；

b. 是否有人穿戴禁止穿戴的劳动防护用品。

E. 作业者的行为

a. 是否违反劳动纪律；

b. 是否违反操作规程；

c. 是否有指挥者违章指挥。

F. 特殊场地的安全检查

a. 仓库的防火防爆情况；

b. 临时配电场所的特种防护器具的安全状况及防护设施状况；

c. 起重设备安全防护设施的状况；

d. 特种作业人员的持证情况。

5. 施工安全保证措施

（1）组织保障

全面贯彻"安全第一，预防为主，综合治理"的方针，按照"谁负责施工生产，谁负责安全"的原则，建立以项目经理为首，以加强施工作业现场控制和职工安全生产教育为重点的安全保证体系，确保工程安全、优质、高效地完成，施工安全保证体系框图如图

10-5 所示。

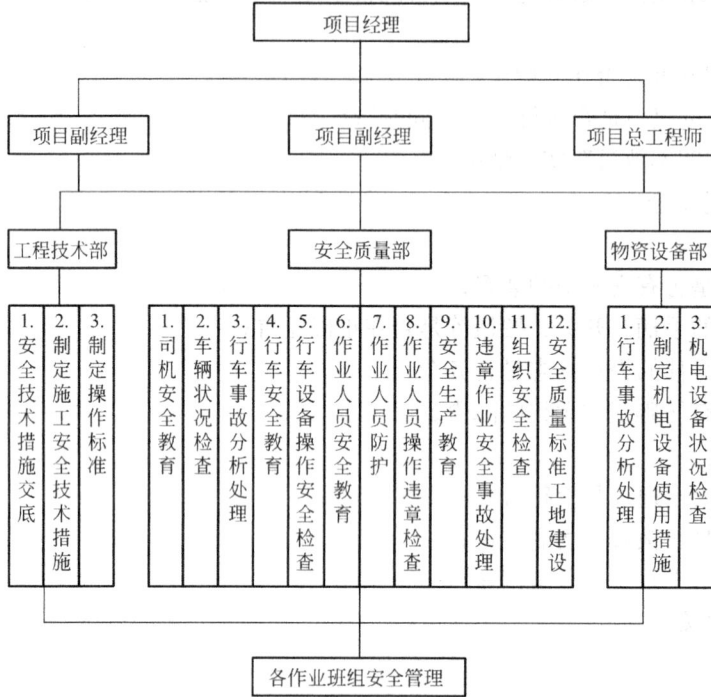

图 10-5 施工安全保证体系框图

（2）技术措施

深基坑施工潜在的风险源类型有：坍塌、高处坠落、物体打击、触电、机械伤害、起重伤害、火灾、淹溺等。为防止事故的发生，根据不同的作业，采取的技术措施如下：

1）防止基坑内纵坡坍塌的安全技术措施；

2）防止高处坠落的安全技术措施；

3）防止物体打击的安全技术措施；

4）防止触电的防范措施；

5）防止机械伤害的防范措施；

6）防止起重伤害的防范措施；

7）防止火灾的防范措施；

8）脚手架搭设作业的安全技术措施；

9）脚手架拆除作业的安全技术措施；

10）吊装作业时预防高处落物伤人的安全技术措施；

11）防止基坑支撑体系失稳的安全技术措施；

12）雨期施工安全技术措施；

13）特殊施工技术措施。

（3）应急预案

切实做好明挖深基坑施工安全管理工作，促进工作规范化、制度化，提高项目部的安全管控工作能力，确保施工顺利进行，特编制应急救援预案。通过应急救援，提高项目对突发事故的应急能力和协调能力，提高全体员工防范事故的安全意识。在一旦发生事故时，能做到处变不惊、临危不惧、有条不紊地开展救援工作，使人民的生命和国家财产损失降到最低点。

1）应急救援组织及职责

项目部防汛抢险领导小组组长由项目经理担任，副组长由安全总监担任，各小组组长分别由经理部分管领导或相关部门的负责人担任。应急救援组织机构图如图 10-6 所示。

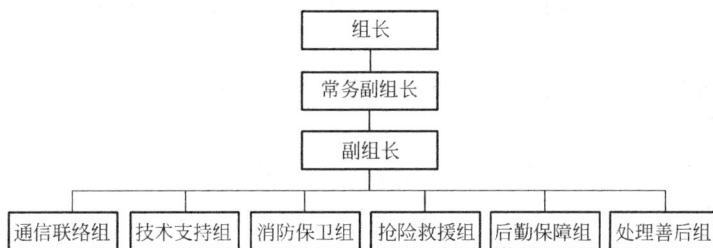

图 10-6　应急救援组织机构图

2）报告程序

具体上报程序为：现场第一发现人→应急救援办公室值班人员→应急救援小组（办公室主任）→经理部值班人→经理部应急救援小组负责人（项目经理）→向上级有关部门报告。

① 应急救援办公室接到事故报告后，立即向应急领导小组组长报告，由组长决定是否启动应急预案，一旦启动应急预案，应急小组成员立即赶赴现场。

② 事故发生初期，事故单位或现场人员应采取积极自救、互救措施，防止事故扩大；指派专人负责引导指挥人员及各专业队伍进入事故现场组织抢险。

③ 事故发生后，立即组织救援救护，确定警戒区域和事故应急救援具体实施方案，布置各专业救援队任务；各专业技术人员到达现场后，迅速对事故情况作出判断，提出处置实施办法和防范措施；事故得到控制后，参与事故调查及提出整改措施。

④ 保护事故现场。一是控制事故处置现场的出入口，保证事故救援工作能正常开展，防止外来人员干扰正常的处置工作；二是保证可能存在的犯罪现场证据不被破坏；三是在事故现场警戒线外围设立信息联系点，必要时设立新闻发言人，向项目部通报相关情况。

⑤ 根据需要安排附近单位组织救援队伍，并在最短的时间到达现场。救援队伍要服从现场指挥，在采取必要的个人防护措施的前提下，按各自分工开展抢险和救援工作。

⑥ 严格保护事故现场，并迅速采取必要措施抢救人员和财产。因抢救伤员、防止事故扩大以及疏通交通等原因需要移动现场时，必须及时做出标志、摄影、拍照、详细记录和绘制事故现场图，并妥善保存现场重要痕迹、物证等。

⑦ 若进出现场道路被损毁，事故发生的作业队应当尽快恢复道路，提供抢险救灾物资和特种装备，并在确保安全前提下，由项目部相关人员请求相关单位尽快恢复水电、通信等有关设施，保证抢险救灾工作顺利进行。

⑧ 事故得到控制后，由事故应急反应组长统一布置，组织相关人员、机构开展事故调查工作。

3）救援处置程序

① 接到警报后，项目部立即组织救援。

② 现场人员向项目部报告事故详细情况。

③ 项目部值班室接到事故报告后，值班人员向项目部领导报告后，启动应急救援方案，同时向建设单位、监理单位、地方政府报告险情并请求支援。

④ 项目部立即启动救援应急预案并组织救援队伍赶赴事故现场。

⑤ 救援项目部赶到现场了解情况并安排救援工作。

⑥ 救援队伍赶到各自救援地点，同时公安及医护人员到达事故救援现场开展相关工作。

⑦ 险情得到控制，受伤人员和设备全部转移到安全区。

4）救援路线和电话

出现人员受伤事故时及时拨打急救电话、办公室电话、医院应急电话、保险公司电话、急救电话120。

上报内容应描述清楚如下内容：单位名称、所在施工区域、周围显著标志性建筑物、主要路线、候车人姓名、主要特征、等候地址、所发生事故的情况及程度，随后到路口迎接和引导救援车辆。

5）应急物资

各工区必须储备足够的救援物资编织袋、铁锹、手电筒、潜水泵、救生衣、雨衣等防汛抢险物资并配备防汛抢险应急车辆，详见表10-7。

应急救援物资、设备表   表 10-7

物资名称	单位	数量	规格	储备位置	运输方式
救援指挥车	台	2	丰田、jeep	项目部	自行
救护车	台	1		医院	自行
装载机	台	2	ZL-50	施工现场	自行
汽车吊	台	2	25t	施工现场	自行
撬棍	把	10		物资部库房	皮卡车
铁锹	把	20	方头	物资部库房	皮卡车
手电筒	把	30		物资部库房	皮卡车
雨衣	件	10	标准	物资部库房	皮卡车
担架	付	1		物资部库房	皮卡车
急救箱	个	1		物资部库房	皮卡车
氧气袋	个	1		物资部库房	皮卡车
扩音喇叭	个	1	15W	安质部	皮卡车
警报器	个	2		安质部	面包车
安全警戒带	条	1	100m	物资部库房	面包车
对讲机	台	10	标准	安质部	各小组自带

（4）监控量测

1）监测目的

① 通过对基坑周边环境的沉降、位移等监控，实时掌握围岩和支护结构的动态，进行日常施工管理。

② 对基坑周边地表沉降进行监控，了解基坑施工对周边环境的影响情况。

③ 与业主第三方监测单位数据相互印证，保证施工监测数据的可靠性。

2）监测组织与流程

聘请满足资质要求的监测公司作为施工监测单位，负责工区所有监控量测工作。

3）监测人员安排

4）监测组主要职责

① 负责监测方案和监测计划的制定。

② 监测仪器的选择和调试、仪器保养维修工作。

③ 负责量测计划的安排与实施，包括量测断面选择、测点埋设、日常量测、资料管理等。

④ 监测数据的收集、整理和分析。

⑤ 负责及时进行量测值的计算和绘制图表，并快速、及时准确地将信息（量测结果）反馈给现场施工指挥部，以指导施工。

⑥ 每次量测结束后，及时进行数据计算和分析，当天将监测结果和可能出现的问题通知主管工程师，并协助主管工程师制定相应措施。

⑦ 现场监控量测，按监测方案认真组织实施，并与其他环节紧密配合，不得中断。

⑧ 及时向监理工程师报告监测成果（图 10-7）。

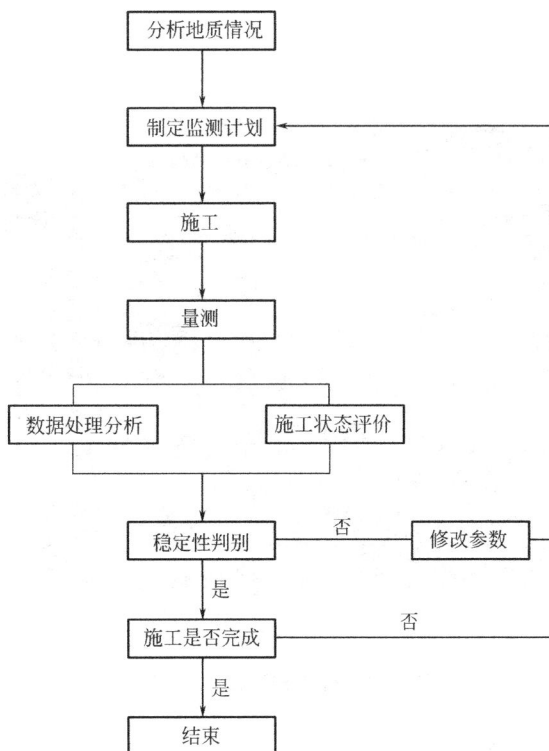

图 10-7 基坑信息化施工工艺流程图

5）监测仪器

监测仪器见表 10-8。

监测仪器及办公设备一览表　　　　　　　　　　　表 10-8

序号	设备名称	规格型号	单位	数量	精度	备注
1	高精度电子水准仪	DINI03	台	1	0.3mm/km	
2	钢钢尺	2m 钢钢双面水准尺	把	2		
3	全站仪	索佳 SET1X\102774	套	1	1″	
4	轴力计		个	4		
5	土压力盒					
6	台式电脑	清华同方	台	1		现场整理储存资料；上网收发邮件
7	笔记本电脑	联想	台	1		野外作业
8	数码相机	东芝	台	1		记录工程隐蔽验收、图像
9	彩色打印机	佳能	台	1		
10	复印机	EPSON	台	1		
11	对讲机	摩托罗拉 GP2000	台	2		

主要仪器设备如图 10-8、图 10-9 所示。

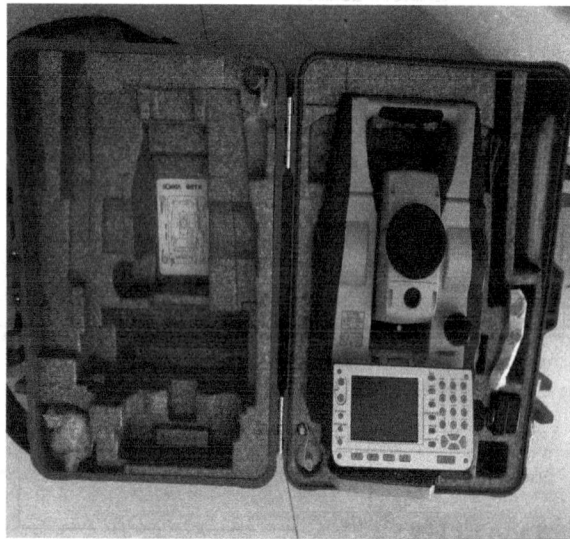

图 10-8　索佳 SET1X \ 102774

6）监测项目及布点原则

① 基坑监测项目

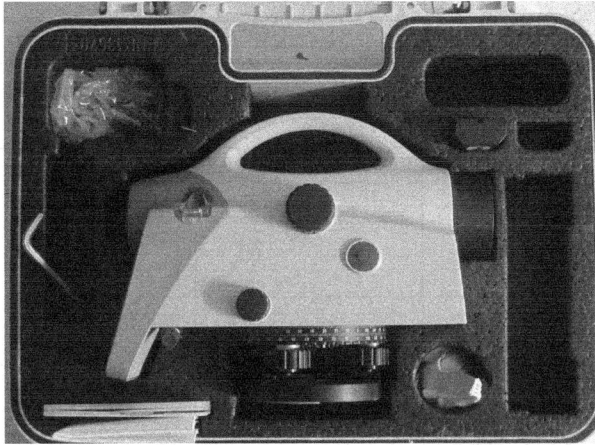

图 10-9　美国天宝 DINI03（地面及周边沉降观测）

为确保施工期间的施工及管道的稳定和安全，结合该段地形地质条件、支护类型、施工法等特点，确定监测项目，见表 10-9、表 10-10。

监控量测分为必测项目和选测项目两类。必测项目是基坑工程必须进行的日常监控量测项目；选测项目是为满足基坑设计与施工的特殊要求，根据围岩性质、开挖深度、开挖方式等条件确定进行的监控量测项目。

明挖段放坡段监测项目表　　表 10-9

类别	序号	量测项目	工具	断面距离	量测频率		监测项目报警值
					变化速度（mm/d）	量测频率	
必测项目	1	地层及支护情况观察	肉眼观察	每次开挖后立即进行，每 20～30m 一个断面			
	2	地表沉降	精密水准仪、水准尺	每次开挖后立即进行，每 20～31m 一个断面	0.2～0.5	1 次/d	累计 21mm 或变化速率达到 2mm/d
					<0.2	1 次/5d	
	3	建构造物	精密水准仪、水准尺	每 10m 一个断面，每断面 1～3 个点	0.2～0.5	1 次/d	累计 21mm 或变化速率达到 2mm/d
					<0.2	1 次/5d	
	4	锚杆轴力	轴力计	每 20～30m 设一测量断面	1 次/2d		
	5	基地隆起	精密水准仪、水准尺	每 20～30m 设一测量断面	2 次/d		
选测项目	6	土压力	土压力盒	每 20～30m 设一测量断面	3 次/d		

明挖段垂直开挖段监测项目表　　　　表 10-10

类别	序号	量测项目	工具	断面距离	监测频率	监测项目报警值
必测项目	1	桩顶水平位移	全站仪	10~15m 一组测点	开挖及回筑过程中 1 次/2d	累计 21mm 或变化速率达到 2mm/d
	2	地表沉降	水准仪、钢钢尺	15m 一组测点	围护结构施工及基坑开挖期间 1 次/2d，主体结构施工期间 1 次/2d	累计 21mm 或变化速率达到 2mm/d
	3	支撑轴力	轴力计、频率计	水平间距 30m 一个，且每层不少于 3 根	围护结构施工及基坑开挖期间 1 次/2d，主体结构施工期间 1 次/2d	70% 的轴力计设计值
	4	桩体变形	测斜管、测斜仪	孔间距 10~15m，测点竖向间距 0.5m	1 次/2d	累计 21mm 或变化速率大于 2mm/d
	5	管线	全站仪、水准仪、钢钢尺	基坑周边管线	主体结构施工区间 1 次/2d	
	6	基坑内、外观察	肉眼	—	随时进行	—
	7	土体测斜	测斜管、测斜仪	长短边中点且竖向间距 0.5m	主体结构施工区间 1 次/3d	累计 21mm 或变化速率达到 3mm/d

② 测点布设原则

A. 按照监测方案在现场布设测点，原则上以监测方案中的要求布置。实际根据现场情况可在靠近设计测点位置设置测点，但以能达到监测目的为原则。

B. 监测点的类型的数量结合工程特点、施工特点、监测费用等因素综合考虑。

C. 为验证设计数据而设的测点布置在设计最不利位置和断面；为指导施工而设的测点布置在相同工况下的最先施工部位，其目的是为了及时反馈信息，以修改设计和指导施工。

D. 地表变形测点的位置既要考虑反映对象的变形特征，又要便于采用仪器进行观测，还要有利于测点的保护。

E. 各类监测测点的布置在时间和空间上有机结合，力求同一监测部位能同时反映不同的物理变化量，以便找出其内在的联系和变化规律。

F. 测点的埋设应提前一定的时间，并及早进行初始状态的量测。

G. 测点在施工过程中一旦破坏，尽快在原来位置或尽量靠近原来位置进行补设测点，以保证该测点观测数据的连续性。

③ 测点布置内容

测点布置内容见表 10-11、表 10-12。

7）监测预警

① 监测预警级别根据设计单位提出的监测控制值与第三方监测数据和施工监测数据相比较后，将施工过程中监测点的预警状态按严重程度由小到大分为四级，正常（绿色、

四级）、黄色监测预警（三级）、橙色监测预警（二级）和红色监测预警（一级），见表10-13。

明挖段放坡开挖段监控量测点数表 表10-11

项目	量测断面(个)	测点(个)
地层及支护情况观察	全段	
地表沉降	25	100
建构造物	3	6
锚杆轴力	25	50
基地隆起	25	1
土压力	25	1
合计	103	158

明挖段垂直开挖段监控量测点数表 表10-12

项目	量测断面(个)	测点(个)
桩顶水平位移	7	14
地表沉降	4	4
支撑轴力	2	2
桩体变形	7	14
管线	3	6
基坑内、外观察		
土体测斜	4	8
合计	27	48

监测预警级别的划分指标表 表10-13

预警级别	预警指标
正常(绿色)	"双控"指标(变化量、变化速率)均未超过监控量测控制值的70%
黄色预警	"双控"指标(变化量、变化速率)均超过监控量测控制值的70%，或双控指标之一超过监控量测控制值的80%
橙色预警	"双控"指标(变化量、变化速率)均超过监控量测控制值的80%，或双控指标之一超过监控量测控制值
红色预警	"双控"指标(变化量、变化速率)均超过监控量测控制值，或实测变化速率出现急剧增长

② 监测工作必须事先确定预警值，监测预警值由监测项目的累计变化量和变化速率值共同控制。

③ 监测预警值应满足工程设计、地下结构设计及周边环境中被保护对象的控制要求。各监测项目监测预警值应由工程设计方确定或由监测对象所属产权单位提供。变形控制值应根据建设工程的实际情况和被保护建、构筑物的工作状态，经评估或专项设计后确定。

8）预警信息报送

① 日报：每日监测数据应于当日 16：00 前以书面形式向施工单位与监理单位上报，

内容包括当日工况信息、关键性施工监控量测数据、巡视信息和预警建议信息等。

② 预警快报：紧急情况应通过口头、电话或短信等快捷方式上报施工单位与监理单位，必要时可越级上报。报送内容主要包括风险事件、地点、风险概况、原因初步分析、变化趋势、风险处理建议等。

③ 周报、月报：监测周报、月报分别于每周五 16：00 前和每月 30 号前以书面形式向施工单位与监理单位上报，内容包括施工监测关键数据、工况和巡视信息的异常情况、风险预警情况、反馈意见落实情况及风险事件处理、效果、变化趋势、存在问题、下一步风险处理建议等。

9）消警

① 预警期间没有发生工程自身事故或环境风险事故，且没有次生灾害发生，监测数据已经稳定且已不存在后期大的受力转换和变形可能。

② 监测预警发生范围内地铁主体结构工程已经完成，不存在后期大的受力转换和变形可能。

③ 发生了工程自身事故或环境风险事故，已进行了处理，监测数据已经稳定且已不存在后期大的受力转换和变形可能。

④ 消警资料

A. 消警申请单；

B. 工程施工进展情况；

C. 预警现场会会议纪要；

D. 施工监测和第三方监测数据报告；

E. 整改措施落实情况；

F. 测点稳定性分析；

G. 现场巡视照片等。

6. 劳动力计划

（1）专职安全生产管理人员，见表 10-14。

专职安全生产管理人员情况表 表 10-14

序号	姓名	性别	职务	证件编号	发证时间	复审时间
1			安全总监			
2			专职安全员			
3			专职安全员			
4			专职安全员			

（2）特种作业人员

按照《安全生产法》和《关于特种作业人员安全技术培训考核工作的意见》等有关规定，本工程特种作业人员均参加安全技术培训，经安全技术理论考核和实际操作技能考核合格，取得特种作业操作证。

涉及本工程主要特种作业人员：挖掘机司机、汽车吊司机、起重信号工、司索工、架子工、焊工、电工等，见表 10-15。

特种作业人员情况表　　　　　　　　表 10-15

序号	姓名	职务或工种	证件编号	有效时间
1		挖掘机司机		
2		汽车吊司机		
3		起重信号工		
4		电焊工		
5		架子工		
6		建筑电工		

7. 计算书及相关图表

（1）计算书

（略）。

（2）相关图表

1）施工平面图（略）；

2）施工进度横道图（略）；

3）基坑截排水布置图（略）；

4）出渣路线图（略）；

5）基坑监测点平面布置图（略）；

6）救援路线图（略）。

参考文献

[1]　中华人民共和国住房和城乡建设部. GB 50330—2013 建筑边坡工程技术规范. 北京：中国建筑工业出版社，2014.

[2]　DBJ50/T-043—2016 工程地质勘察规范.

[3]　《工程地质手册》编委会. 工程地质手册（第五版）[M]. 北京：中国建筑工业出版社，2018.

[4]　《危险性较大的分部分项工程安全管理办法》（建质［2009］87 号文）.

[5]　《关于印发危险性较大的分部分项工程安全管理实施细则的通知》（渝建发［2014］16 号）.

第 11 章　坡面防护与绿化设计施工

11.1　概述

11.1.1　坡面防护与绿化的概念

边坡整体稳定但其坡面岩土体易风化、剥落或有浅层崩塌、滑落及掉块等影响边坡坡面的耐久性或正常使用，或可能威胁到人生和财产安全，以及边坡环境保护要求时，应进行坡面防护。坡面防护工程一般可分为工程防护和植物防护两类。

传统的工程防护往往单纯从力学角度出发，定量的分析边坡稳定问题，通常采用石料或混凝土挡墙的护面措施，其主要问题是与周围环境不协调、景观效果差。植物防护主要是在边坡面上栽种适当的植物以保护坡面，防治水土流失，增加坡面稳定性，是集岩土工程学、植物学、土壤学和环境生态学等学科于一体的综合工程技术。

11.1.2　坡面植物防护与绿化的发展与现状

植物护坡技术发展到现在，虽然不足 100 年的历史，但该项技术已经大量用于实际工程；特别是在国外，植物护坡技术无论从研究领域还是工程实践上，均是边坡工程的重要内容。国内的植物护坡技术虽然发展得比较晚，技术也落后于欧美等国家，但该项技术在国内的研究速度不断加快，采用植物护坡的工程也越来越多、越来越大。

1. 国外发展与现状

20 世纪 30 年代，生态护坡技术引入中欧，包括德国和阿尔卑斯山地区。德国是首先将植物引入工程领域的国家，最开始是出于景观考虑而在公路领域使用，随后逐步拓展到其他领域。在北美，生态护坡应用的历史可以追溯到 1926 年，且继承了中欧的经验。日本生态护坡的研究迄今已有半个多世纪的历史，他们较早就对传统喷锚支护技术进行了改进和发展，把防护和绿化有机的结合，创造出了喷射绿化方法，这对于生态防护的研究具有革命性的意义。日本于 1976 年首先开发出厚层基材喷射护坡技术（客土喷播技术），主要是用于软弱岩石边坡的生态防护。30 多年来，这项技术在日本得到了不断的改进和完善。目前，喷射绿化技术已成为了日本应用最广泛的生态护坡技术。日本在岩石边坡绿化上已形成一整套技术系统，除已开发的如客土喷射技术外，还有框架护坡绿化技术、框架＋客土喷射绿化技术、植生袋绿化技术等。

目前，国外的边坡生态防护技术研究在各个环节上已经达到了很好的水平，从植物的选择、喷播基质配方、施工工艺到养护管理都已经很成熟。植物种类选择上采用乔、灌、草相结合的立体式绿化方案，既能保证边坡绿化稳定长久，又能最大限度改善环境；施工工艺上采用液压喷播和客土喷播相结合的方式。

2.国内发展与现状

我国香港的边坡绿化种植技术居世界先进水平，受世界瞩目。从 20 世纪 70 年代后期开始，香港对绿化护坡和景观设计进行了大量的研究和实践，并在 1984 年颁布的《斜坡岩土工程手册》中就对人工边坡的绿化种植方法作出比较详细的规定；2000 年又颁布了《人工边坡及挡土墙之景观设计及生物工程技术指南》，对人工边坡绿化种植及其与边坡工程的结合进行了更完善的补充。如今香港的人工边坡，绝大部分都使用植被保护。

我国内地的植被护坡技术起步较晚，但现在已逐渐得到高度重视。国内在边坡生态防护技术应用方面的研究起步于上个世纪 90 年代，在这以前一般是采用撒草种、穴播或沟播、铺草皮、片石骨架内植草等植物护坡方法。

理论方面，我国水土保持部门和水利部门在边坡的侵蚀机理方面进行过较多的研究；应用方面，主要集中在公路边坡生态防护措施、设计与施工技术方面。在建筑边坡工程中，随着我国城市化进程的不断加快，人们也开始考虑边坡防护和建筑整体景观的结合，生态防护也开始受到关注，在相关方面的研究工作都有较大进展，新版《建筑边坡工程技术规范》（GB 50330—2013）为便于指导边坡工程的植物绿化（美化）工程设计、施工要求，目前已将坡面防护及绿化纳入其中，以加强边坡工程中的边境保护。

3.发展趋势

目前，建筑边坡植物护坡的发展趋势主要表现在以下几个方面：一是植物防护与工程防护有机结合，建立既稳固安全又有生态效应的防护结构体系；二是就近取材，尽量采用生长在周边地区的植物，则植被的种植、养护费用较低；三是对护坡植物进行景观设计，避免植物搭配的紊乱，综合考虑草、灌、花、乔等各类植物的合理搭配，形成优美、协调、稳定的景观；四是护坡植物与城市人文景观相结合，营造城市亮点，既美化环境，又适时彰显了城市文化。

11.2 坡面防护与绿化的类型及适用范围

11.2.1 坡面防护与绿化的类型

坡面防护工程一般分为工程防护和植物防护两大类。

工程防护类型包括砌石护坡、护面墙防护、喷射混凝土防护等。

植物防护类型包括植草防护、铺草皮防护、植树防护、三维植被网防护、挖沟植草防护、土工格室防护、骨架植物防护、混凝土空心块植物防护、锚杆钢筋混凝土格构植物防护与绿化等。

11.2.2 坡面防护与绿化的适用范围

坡面防护与绿化适用范围详见表 11-1。

坡面防护与绿化适用范围表 表 11-1

护坡类型	适用条件	适用范围
工程防护	砌体护坡	坡率缓于 1∶1 的易风化岩石和土质挖方边坡
	护面墙防护	坡率缓于 1∶0.5～1∶0.75 的易风化或风化严重的软质岩、破碎岩质挖方边坡及易受侵蚀的土质边坡
	喷射混凝土护面	坡率缓于 1∶0.5 易风化的中等风化、微风化岩质边坡

续表

护坡类型	适用条件	适用范围
植物防护	植草护坡	坡率缓于1∶1.5的易生长草木的土质边坡,高度不高于8m
	铺草皮护坡	坡率缓于1∶1的土质和严重风化的软质岩石边坡
	植树护坡	坡率缓于1∶1.5的边坡
	三维植被网防护	坡率缓于1∶0.75的土质边坡和岩质边坡
	挖沟植草防护	坡率缓于1∶0.75的土质边坡和岩质边坡
	土工格室防护	坡率缓于1∶0.75的土质边坡和岩质边坡
	骨架植物防护	坡率缓于1∶0.75土质和全风化的岩石边坡防护与绿化,当坡面受雨水冲刷严重或潮湿时,坡度应缓于1∶1.0
	混凝土空心块植物防护	缓于1∶0.75的土质边坡和全风化、强风化的岩石挖方边坡
	锚杆格构防护与绿化	土质边坡和坡体中无不良结构面、风化破碎的岩石挖方边坡

11.3　坡面防护与绿化设计

11.3.1　坡面防护与绿化的设计计算

1. 坡面防护与绿化的前提条件

边坡整体稳定但其坡面岩土体易风化、剥落或有浅层崩塌、滑落及掉块等影响边坡坡面的耐久性或正常使用,或可能威胁到人生和财产安全,以及边坡环境保护要求时,应进行坡面防护。对于稳定性不够或存在不良地质因素的边坡,应先进行边坡治理后再做坡面防护与绿化。

2. 一般规定

(1) 当边坡处于整体稳定但其坡面岩土体易风化、剥落或有浅层崩塌、滑落及掉块等,应进行坡面防护。

(2) 边坡防护工程应在稳定边坡上设置。对于稳定性不足或存在不良地质因素的边坡,应先进行边坡治理、再进行坡面防护与绿化。

(3) 边坡防护应根据工程区域气候、水文、地形、地质条件、材料来源及使用条件采取工程防护和植物防护相结合的综合处理措施,并考虑下列因素经技术经济比较确定:

1) 坡面风化作用;

2) 雨水冲刷;

3) 植物生长效果、环境效应;

4) 冻胀、干裂作用;

5) 坡面防渗、防淘刷等需要;

6) 其他需要考虑的因素。

(4) 临时防护措施应与永久防护措施相结合。

(5) 位于地下水和地面水较为丰富地段的边坡,应将边坡防护结合排水措施进行综合设计。

3.设计计算要求

边坡防护与绿化首先要判断边坡是否稳定，边坡稳定性应根据边坡水文地质、工程地质、岩体结构特征以及已经出现的变形破坏迹象，对边坡的可能破坏形式和边坡稳定性状态作出定性判断。边坡稳定性计算方法，根据边坡类型和可能的破坏模式，可按下列原则确定：

（1）土质边坡和较大规模的碎裂结构岩质边坡宜采用圆弧滑动法计算。

（2）对可能产生平面滑动的边坡宜采用平面滑动法进行计算。

（3）对可能产生折线滑动的边坡宜采用折线滑动法进行计算。

（4）对结构复杂的岩质边坡，可配合采用赤平极射投影法和实体比例投影法分析。

（5）当边坡破坏机制复杂时，宜结合数值分析法进行分析。

下列边坡的坡率允许值应通过稳定性计算分析确定：

（1）有外倾软弱结构面的岩质边坡；

（2）土质较软的边坡；

（3）坡顶边缘附近有较大荷载的边坡；

（4）边坡高度超过表 11-2 和表 11-3 中范围的边坡。

土质边坡的坡率允许值应根据工程经验，按工程类比的原则并结合已有稳定边坡的坡率值分析确定。当无经验且土质均匀良好、地下水贫乏、无不良地质作用和地质环境条件简单时，边坡坡率允许值可按表 11-2 和表 11-3 确定。

土质边坡坡率允许值 表 11-2

边坡土体类别	状态	坡率允许值（高宽比）	
		坡高小于 5m	坡高 5～10m
碎石土	密实	1:0.35～1:0.50	1:0.50～1:0.75
	中密	1:0.50～1:0.75	1:0.75～1:1.00
	稍密	1:0.75～1:1.00	1:1.00～1:1.25
黏性土	坚硬	1:0.75～1:1.00	1:1.00～1:1.25
	硬塑	1:1.00～1:1.25	1:1.25～1:1.50

注：1. 表中碎石土的充填物为坚硬或硬塑状态的黏性土。
　　2. 对于砂土或充填物为砂土的碎石土，其边坡坡率允许值应按砂土或碎石土的自然休止角确定。

压实填土边坡坡率允许值 表 11-3

填土类型	压实填土坡率允许值（高宽比）		压实系数 λ_c
	坡高在 8m 以内	坡高为 8～15m	
碎石、卵石	1:1.25～1:1.50	1:1.50～1:1.75	0.94～0.97
砂夹石（碎石、卵石占全重 30%～50%）	1:1.25～1:1.50	1:1.50～1:1.75	
土夹石（碎石、卵石占全重 30%～50%）	1:1.25～1:1.50	1:1.50～1:2.00	
粉质黏土，黏粒含量 $\rho_c \geqslant 10\%$ 的粉土	1:1.50～1:1.75	1:1.75～1:2.25	

在边坡保持整体稳定的条件下，岩质边坡开挖的坡率允许值应根据工程经验，按工程类比的原则结合已有稳定边坡的坡率值分析确定。对无外倾软弱结构面的边坡，其放坡坡率可按表 11-4 确定。

岩质边坡坡率允许值　　　　表 11-4

边坡岩体类型	风化程度	坡率允许值（高宽比）		
		$H<8m$	$8m\leqslant H<15m$	$15m\leqslant H<25m$
Ⅰ类	微风化	1∶0.00～1∶0.10	1∶0.10～1∶0.15	1∶0.15～1∶0.25
	中等风化	1∶0.10～1∶0.15	1∶0.15～1∶0.25	1∶0.25～1∶0.35
Ⅱ类	微风化	1∶0.10～1∶0.15	1∶0.15～1∶0.25	1∶0.25～1∶0.35
	中等风化	1∶0.15～1∶0.25	1∶0.25～1∶0.35	1∶0.35～1∶0.50
Ⅲ类	微风化	1∶0.25～1∶0.35	1∶0.35～1∶0.50	—
	中等风化	1∶0.35～1∶0.50	1∶0.50～1∶0.75	—
Ⅳ类	中等风化	1∶0.50～1∶0.75	1∶0.75～1∶1.00	—
	强风化	1∶0.75～1∶1.00	—	—

注：1. 表中 H 为边坡高度。

　　2. Ⅳ类强风化包括各类风化程度的极软岩。

　　3. 全风化岩体可按土质边坡坡率取值。

11.3.2　坡面防护与绿化的构造设计

1. 工程防护

（1）砌体护坡

1）砌体护坡可采用浆砌条石、块（片、卵）石或混凝土预制块等作为砌筑材料。

2）石料强度等级不应低于 MU30，浆砌块（片、卵）石护坡的厚度不宜小于 250mm。

3）预制块的混凝土强度等级不应低于 C20，厚度不小于 150mm。

4）铺砌层下应设置碎石或砂砾垫层，厚度不宜小于 100mm。

5）砌筑砂浆强度等级不应低于 M5.0，在严寒地区和地震地区或水下部分的砌筑砂浆强度等级不应低于 M7.5。

6）砌体护坡应设置伸缩缝和泄水孔。

7）砌体护坡工程伸缩缝间距宜为 20～25m、缝宽 20～30mm。在地基性状和护坡高度变化处应设沉降缝，沉降缝与伸缩缝宜合并设置。缝中应填塞沥青麻筋或其他有弹性的防水材料，填塞深度不应小于 150mm。在挡墙拐角处应采取适当的加强构造措施。

砌体护坡典型设计图如图 11-1 所示。

（2）护面墙防护

1）护面墙可采用浆砌条石、块石或混凝土预制块等作为砌筑材料，也可现浇素混凝土。

2）窗孔式护面墙防护的边坡坡率缓于 1∶0.75；拱式护面墙适用于边坡下部岩层较完整而上部需防护的边坡，边坡坡率缓于 1∶0.5。

3）单级护面墙的高度不宜超过 10m。其墙背坡率与边坡坡率一致，顶宽不小于 500mm，底宽不小于 1000mm，并应设置伸缩缝和泄水孔。

4）伸缩缝的间距宜为 20～25m，但对素混凝土护面墙应为 10～15m。

5）护面墙基础应设置在稳定的地基上，基础埋置深度应根据地质条件确定。冰冻地区应埋置在冰冻深度以下不小于 250mm。护面墙前趾应低于排水沟铺砌的底面。

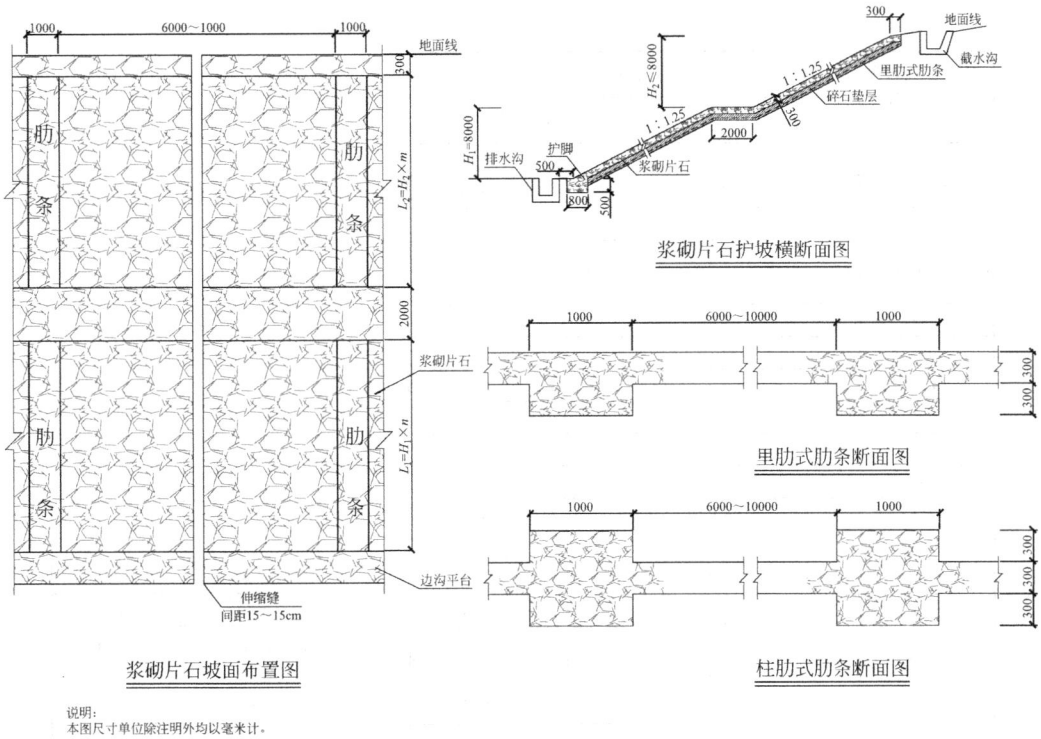

图 11-1 砌体护坡设计图

护面墙防护典型设计图如图 11-2 和图 11-3 所示。

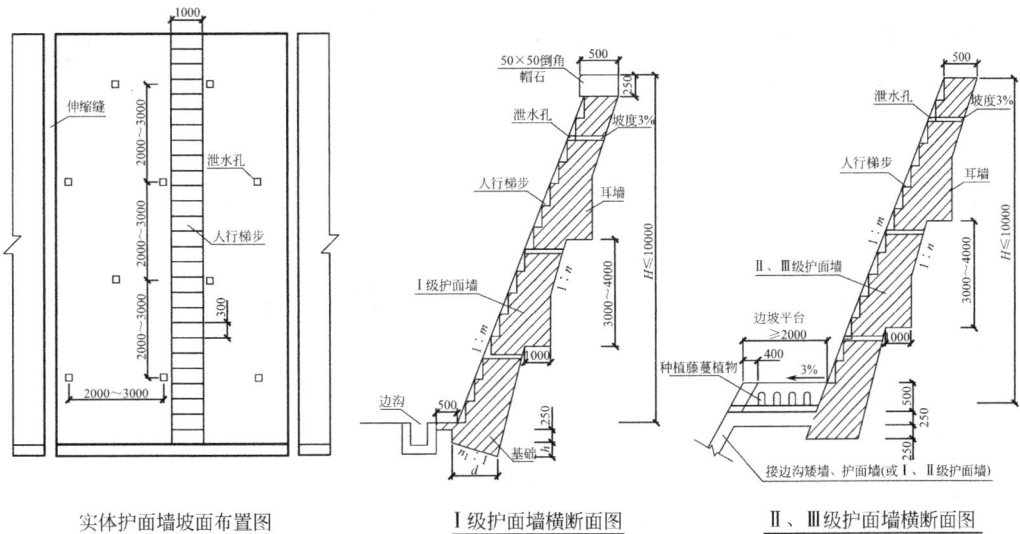

图 11-2 实体护面墙防护设计图

每延米护面墙墙身工程数量表

数量 类型 (m³) H(mm)	护面墙m=0.50～0.75	
	紧接路基挖方边沟或Ⅰ级护面墙	Ⅱ、Ⅲ级护面墙
1500	0.649	0.656
2000	0.887	0.900
2500	1.137	1.156
3000	1.399	1.425
3500	1.674	1.706
4000	1.962	2.000
4500	2.262	2.306
5000	2.574	2.625
5500	2.899	2.956
6000	3.237	3.300
6500	3.587	3.656
7000	3.949	4.025
7500	4.324	4.406
8000	4.712	4.800
8500	5.112	5.206
9000	5.524	5.625
9500	5.949	6.056
10000	6.387	6.500
浆砌平台0.46m³，平台回填种植土0.97m³		

每延米耳墙工程数量表

数量 墙面坡率m	一个耳墙体积 (m³)
0.50	1.111
0.55	1.000
0.60	0.909
0.65	0.833
0.70	0.769
0.75	0.714

图 11-2　实体护面墙防护设计图（续）

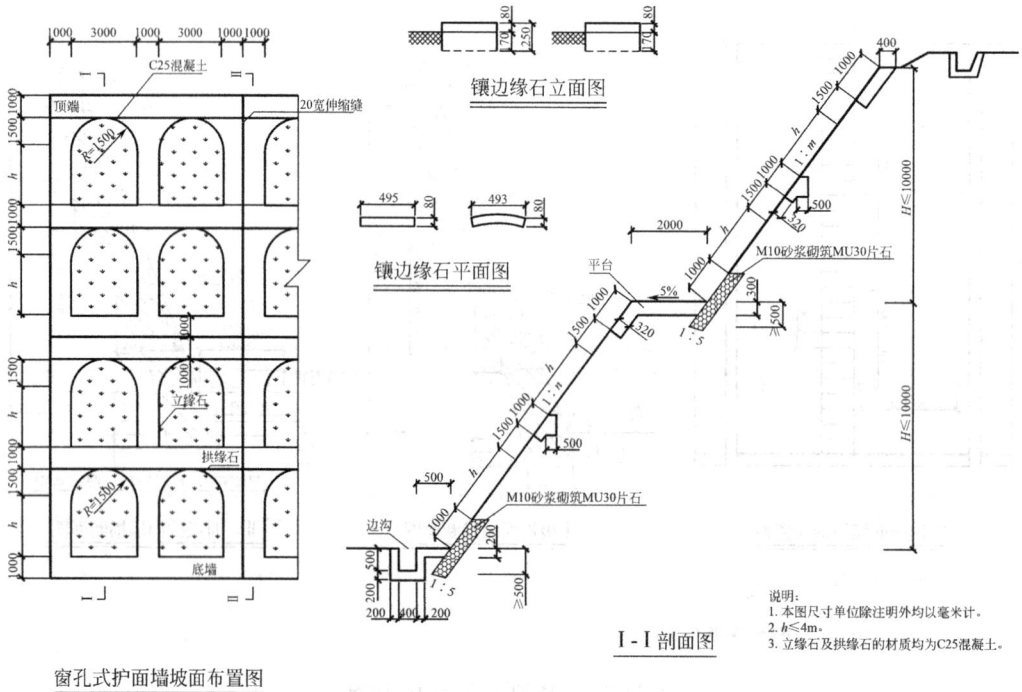

窗孔式护面墙坡面布置图

镶边缘石立面图

镶边缘石平面图

Ⅰ-Ⅰ剖面图

说明：
本图尺寸单位除注明外均以毫米计。
1. h≤4m。
3. 立缘石及拱缘石的材质均为C25混凝土。

图 11-3　窗孔式护面墙防护设计图

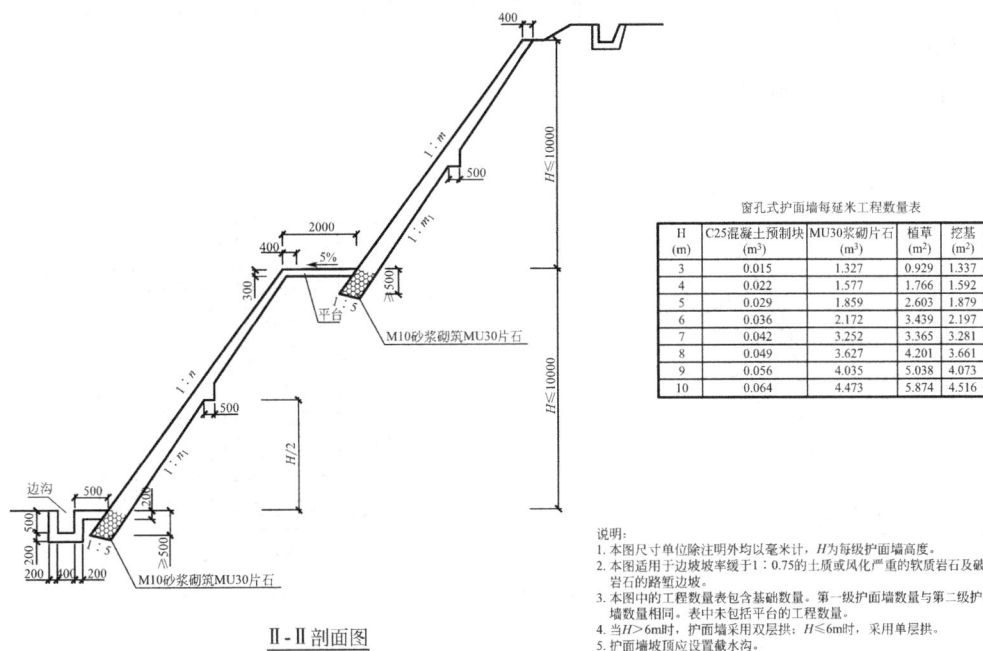

窗孔式护面墙每延米工程数量表

H (m)	C25混凝土预制块 (m³)	MU30浆砌片石 (m³)	植草 (m²)	挖基 (m²)
3	0.015	1.327	0.929	1.337
4	0.022	1.577	1.766	1.592
5	0.029	1.859	2.603	1.879
6	0.036	2.172	3.439	2.197
7	0.042	3.252	3.365	3.281
8	0.049	3.627	4.201	3.661
9	0.056	4.035	5.038	4.073
10	0.064	4.473	5.874	4.516

Ⅱ-Ⅱ剖面图

说明:
1. 本图尺寸单位除注明外均以毫米计，H为每级护面墙高度。
2. 本图适用于边坡坡率线于1：0.75的土质或风化严重的软质岩石及破碎岩石的路堑边坡。
3. 本图中的工程数量表包含基础数量。第一级护面墙数量与第二级护面墙数量相同。表中未包括平台的工程数量。
4. 当H>6m时，护面墙采用双层拱；H≤6m时，采用单层拱。
5. 护面墙坡顶应设置截水沟。

图 11-3　窗孔式护面墙防护设计图（续）

2.喷射混凝土防护

（1）锚杆布置宜采用行列式排列，也可采用菱形排列。

（2）应采用全粘结锚杆，锚杆长度为 3～6m，锚杆倾角宜为 15°～25°，钢筋直径可采用 16～22mm；钻孔直径为 70～90mm。

（3）Ⅰ、Ⅱ类岩质边坡可采用混凝土锚喷支护，Ⅲ类岩质边坡宜采用钢筋混凝土锚喷支护，Ⅳ类岩质边坡应采用钢筋混凝土锚喷支护。

（4）混凝土喷层厚度可采用 50～80mm，Ⅰ、Ⅱ类岩质边坡可取小值，Ⅲ、Ⅳ类岩质边坡宜取大值。

（5）可采用单层双向钢筋网，钢筋直径为 6～10mm，间距 150～200mm。喷射混凝土强度等级不应低于 C20；喷射混凝土 1d 龄期的抗压强度设计值不应小于 5MPa。

（6）喷射混凝土的物理力学参数可按表 11-5 采用。

喷射混凝土物理力学参数　　　　　　　　　　表 11-5

喷射混凝土强度等级　　物理力学参数	C20	C25	C30
轴心抗压强度设计值(MPa)	9.6	11.9	14.3
抗拉强度设计值(MPa)	1.10	1.27	1.43
弹性模量(MPa)	$2.1×10^4$	$2.3×10^4$	$2.5×10^4$
重度(kN/m³)	22.0		

（7）面板宜沿边坡纵向每隔 20～25m 的长度分段设置竖向伸缩缝。

（8）坡体泄水孔及截水、排水沟等的设置应符合《建筑边坡工程技术规范》（GB 50330—2013）的相关规定。

喷射混凝土防护典型设计图如图 11-4 所示。

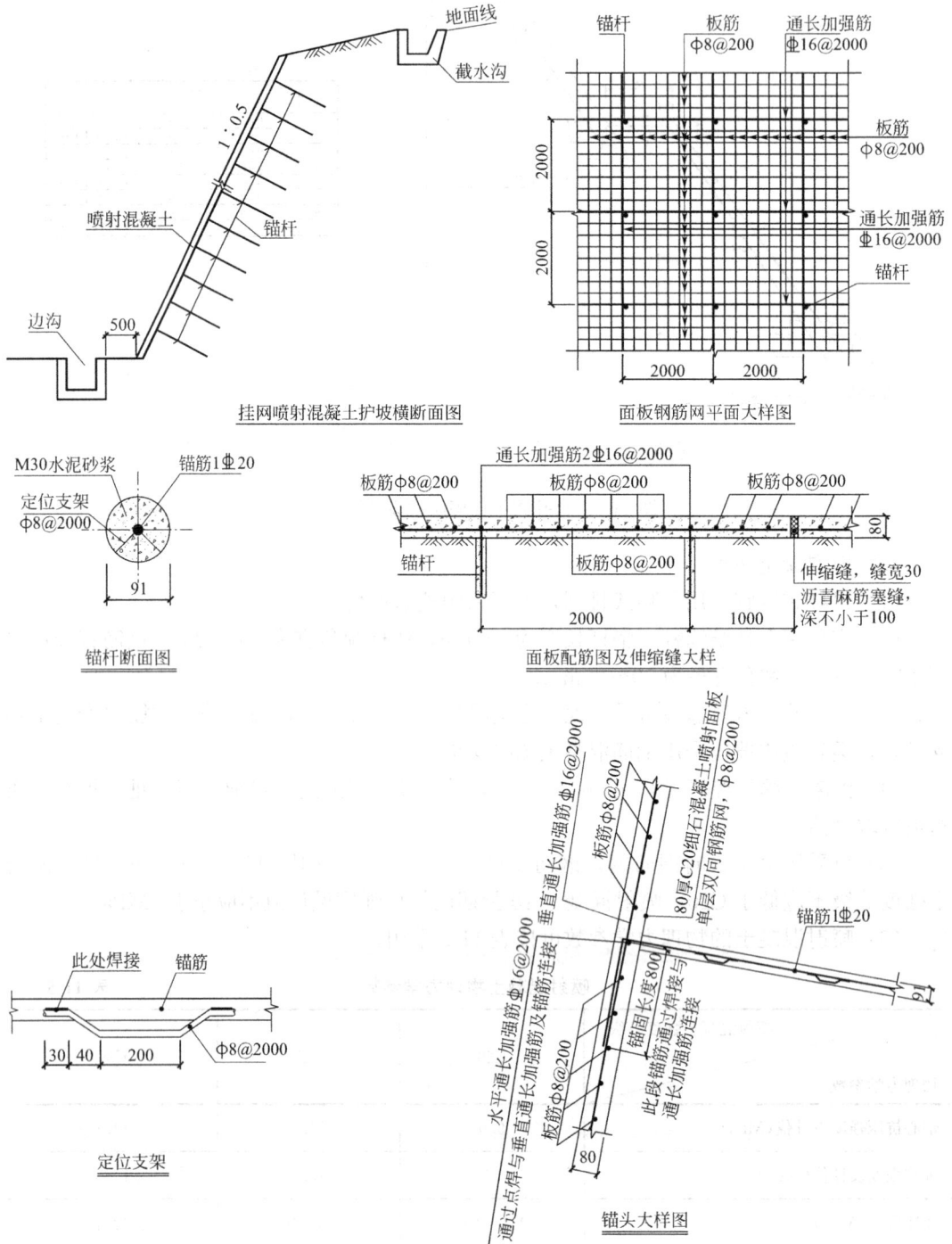

图 11-4　喷射混凝土防护设计图

3.植物防护与绿化

（1）植草护坡

1）坡面植物选用原则

① 适应当地气候条件。

② 适应当地土壤条件（包括水分、pH 值、土壤性质）。

③ 抗逆性强（包括抗旱性、抗热性、抗寒性、抗贫瘠性、抗病虫害性等）。

④ 易成活，叶茎矮，根系发达，生长迅速，能在短时期内覆盖坡面。

⑤ 适应粗放管理，能生产适量种子。

⑥ 种子易得且成本合理。

2）常用坡面植物

① 东北地区：野牛草、结缕草、紫羊茅、羊茅、匍匐翦股颖、草地早熟禾、白三叶、林地早熟禾、早熟禾、小糠草、高羊茅、异穗苔草、加拿大早熟禾、白颖苔草。

② 华北地区：野牛草、林地早熟禾、草地早熟禾、白三叶、匍匐翦股颖、加拿大早熟禾、白颖苔草、颖茅苔草。

③ 西北地区：野牛草、林地早熟禾、草地早熟禾、白三叶、匍匐翦股颖、加拿大早熟禾、颖茅苔草、狗牙根草（温暖处）、羊茅、白颖苔草、高羊茅、结缕草、小糠草、紫羊茅。

④ 西南地区：假俭草、紫羊茅、草地早熟禾、白三叶、羊茅、双穗雀稗、高羊茅、小糠草、弓果黍、竹节草、马蹄金、狗牙根草、香根草、多年生黑麦草。

⑤ 华中、华北地区：假俭草、紫羊茅、草地早熟禾、白三叶、双穗雀稗、小糠草、细叶结缕草、马尼拉结缕草、香根草、结缕草、早熟禾、狗牙根草。

⑥ 华南地区：白三叶、假俭草、两耳草、中华结缕草、双穗雀稗、马蹄金、马尼拉结缕草、弓果黍、细叶结缕草、香根草、沟叶结缕草、狗牙根草。

3）材料要求

植草护坡一般是由草中、木纤维、保水剂、胶粘剂、肥料、染色剂等与水组成的混合物。其材料配合比一般是每平方米用水 4000mL，纤维 200g，胶粘剂（纤维素）3～6g，保水剂、复合肥及草种视具体情况而定。

① 草种应根据气候区划选用，应具有优良的抗逆性，并采用两种以上的草种进行播种。

② 木纤维由天然林木加工后的剩余物再经特殊加工制成，加工纤维的长短和粗细比例应达到合适的纤维分离度，保证喷播层有良好的交织性能。为此，加工纤维时应搭配选用一定量的针叶树种原料。纸浆和泥炭土也可作为木纤维的替代材料。选用纸浆时注意pH 值不能过大，以及纸浆中不能含有对草种萌芽、生长有害的物质。

③ 保水剂一般常用合成聚合物系列，如丙烯酸、丙烯酰胺共聚物等。

④ 胶粘剂可选用纤维素或胶液。胶粘剂应与保水剂相互匹配而不削弱各自功能，同时也要求对草坪和环境无害。

⑤ 根据土壤肥力状况，喷播时配以草坪植物种子萌芽和幼苗前期生长所需的营养元素，一般采用氮、磷、钾复合肥。

⑥ 染色剂染色是为了提高喷播时的可见性，便于喷播者观察喷播层的厚度和均匀性。

可用木纤维事先染成草绿色或根据需要喷播时在搅拌箱中加染色剂进行着色。喷播时也可直接用不染色的原色木纤维。

植草防护典型设计图如图 11-5 所示。

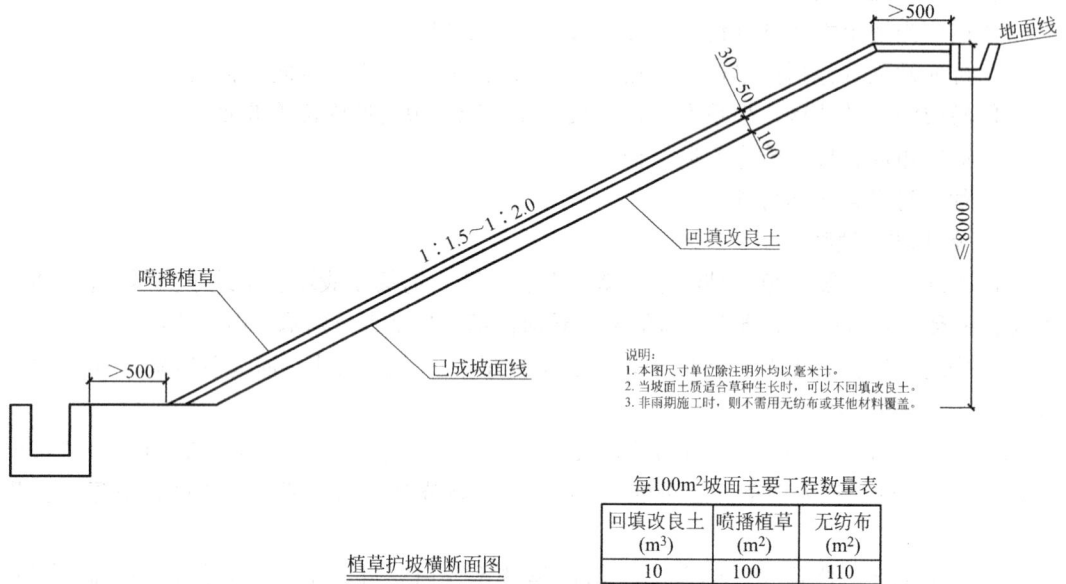

植草护坡横断面图

说明：
1. 本图尺寸单位除注明外均以毫米计。
2. 当坡面土质适合草种生长时，可以不回填改良土。
3. 非雨期施工时，则不需用无纺布或其他材料覆盖。

每100m²坡面主要工程数量表

回填改良土 (m³)	喷播植草 (m²)	无纺布 (m²)
10	100	110

图 11-5　植草防护设计图

（2）铺草皮防护与绿化

铺草皮是较常用的一种护坡绿化技术，是将事先培育好的生长优良健壮的草坪，用平板或起草坪机铲起，运输至需要绿化的坡面，按照一定大小规格重新铺植，使坡面迅速形成草坪的护坡绿化技术。铺草皮护坡具有成坪时间短、护坡见效快、施工季节限制少和前期管理难度小等特点。

铺草皮一般使用于各类自身稳定的土质边坡和强风化岩质边坡，其坡率一般不超过1：1.0，坡高一般不超过 10m。草皮应具有优良的抗逆性。草皮块厚度为 20～30mm，草皮可切成长×宽为 300mm×300mm 大小的方块。

铺草皮植物的选用同植草护坡。

铺草皮植物防护典型设计图如图 11-6 所示。

（3）植树防护与绿化

护坡植物根据植物的形状可分为乔木、灌木、草本植物、藤本植物和花卉植物。植树护坡多以灌木为主，并辅以乔木、草本、花卉以及藤本植物混种，以保持四季常绿，并丰富边坡植物的色彩和层次。植树宜用于坡率缓于 1：1.5 的边坡，树种应选用能迅速生长且根深枝密的低矮灌木类。

（4）三维植被网防护与绿化

三维植被网防护是在坡面铺设三维植被网，用液压喷播法进行绿化。三维植被网的作用是将喷播于坡面的肥料与种子固定，便于生长。三维植被网是以热塑性树脂为原料，经挤压、拉伸等工序形成相互缠绕、在接点上相互融合、底部为高模量基础层的三维立体网

竹扦钉固草皮坡面布置图

铺草皮护坡横断面图

每100m²坡面主要工程数量表

回填改良土 (m³)	草皮 (m²)	竹扦 (根)
10	99.5	4440

说明:
1. 本图尺寸单位除注明外均以毫米计。
2. 当坡面土质适合草种生长时,可以不回填改良土。

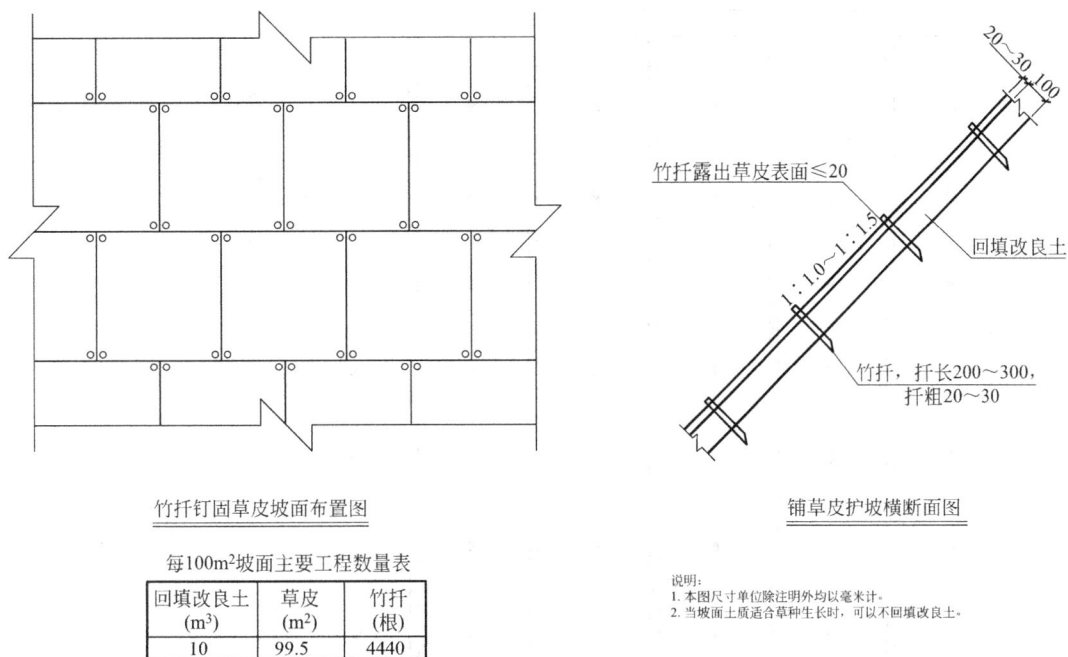

图 11-6　铺草皮植物防护设计图

垫。三维植被网的基础层由 1～3 层经双向拉伸处理后得到的均匀的方格网格组成,拉伸后的方格网格质轻、丝细且均匀,具有很好地适应坡面变化的贴伏性能;三维植被网的上部为 1～3 层网包层,上下两层结构的复合即形成三维植被网垫。

三维植被网防护是在铺草皮防护存在易遭受强降雨或常年坡面径流形成冲沟、引起边坡浅层失稳和滑塌等缺陷的基础上发展起来的,具有固土性能优良、消能作用明显、网络加筋突出与保温功能等特点。三维植被网防护与绿化可应用于边坡自身稳定,但地表水较多,易造成坡面冲刷,水土流失和浅表层局部滑动的边坡,边坡坡率应缓于 1：0.75。选择草种时,要求草种生命力强、抗病性强、根系发达、枯黄期短。可采用暖季型和冷季型草种混播,力求四季常青。

三维植被网采用 NSS 塑料三维土工网,其纵横向拉伸强度不得低于 4kN/m,抗光老化等级应达到Ⅲ级,其他性能指标应符合相应规范规定。钢钎为 HRB400 级钢筋,U 形锚钉、固定钉、钢钉均为 HPB300 级钢筋,长度应根据边坡岩层风化程度调整。钢垫板采用 Q235B 级钢。钢筋、钢板均做除锈和涂防锈油漆处理。

三维植被网防护与绿化典型设计图如图 11-7 所示。

(5) 挖沟植草防护与绿化

挖沟植草防护与绿化指在坡面上按一定的行距人工开挖楔形沟,在沟内回填适宜草籽生长的土壤养料、土壤改良剂等有机肥土,然后挂三维植被网。

挖沟植草绿化适用范围为:边坡自身稳定,坡率缓于 1：0.75,基岩为泥岩、页岩或砂岩与泥岩互层的岩质边坡和土质边坡,每级边坡高度一般低于 12m。

三维植被网采用 NSS 塑料三维土工网,其纵横向拉伸强度不得低于 4kN/m,抗光老化等级应达到Ⅲ级,其他性能指标应符合相应规范规定。钢钎为 HRB400 级钢筋,U 形锚

三维植被网纵向搭接长度150

150

钢钉

U形钉

1400　1400　1400　1400

1500

100

横向搭接长度100

三维植被网幅宽1500

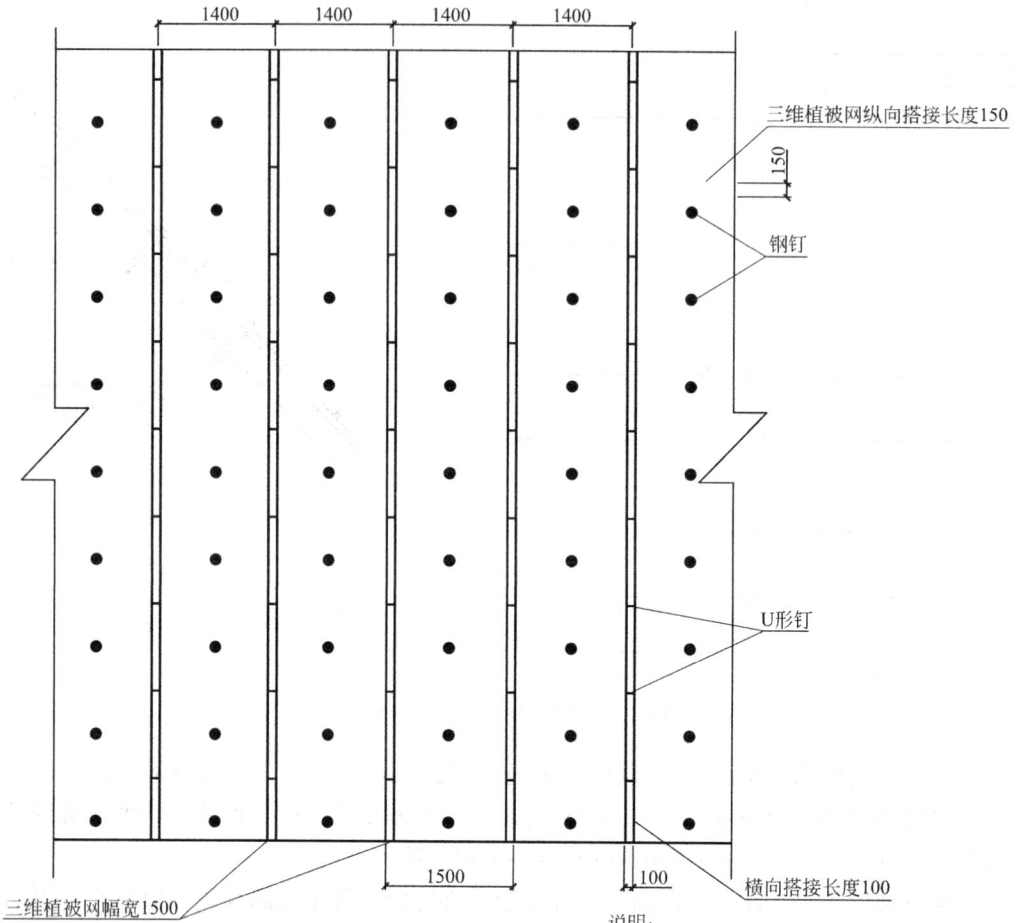

三维植被网坡面布置图

说明:
本图尺寸单位除注明外均以毫米计。

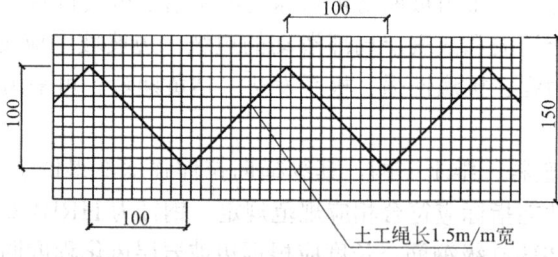

100

100

100

150

土工绳长1.5m/m宽

三维植被网纵向搭接示意图

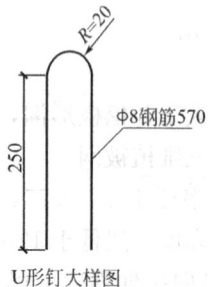

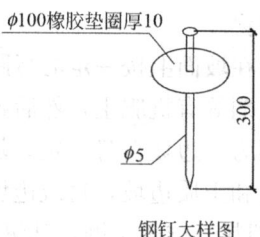

R=20

250

Φ8钢筋570

U形钉大样图

φ100橡胶垫圈厚10

300

φ5

钢钉大样图

图 11-7　三维植被网防护与绿化设计图

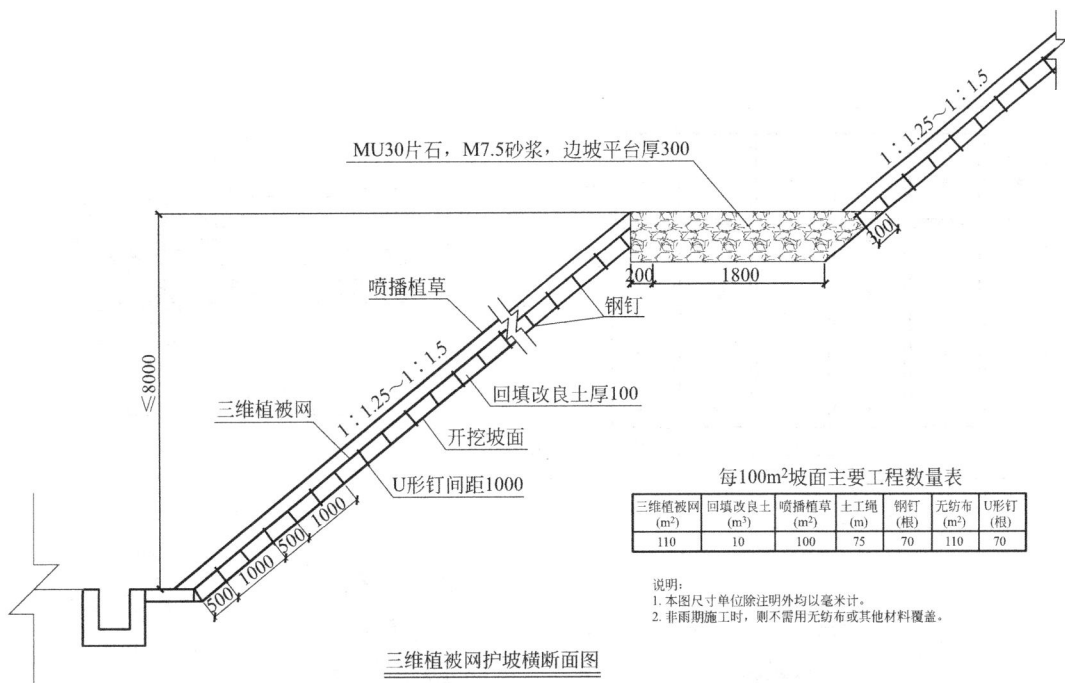

图 11-7　三维植被网防护与绿化设计图（续）

钉、固定钉、钢钉均为 HPB300 级钢筋，长度应根据边坡岩层风化程度调整。钢垫板采用 Q235B 级钢。钢筋、钢板均做除锈和涂防锈油漆处理。

挖沟植草防护与绿化典型设计图如图 11-8 所示。

（6）土工格室防护与绿化

土工格室防护与绿化是指在展开并固定在坡面上的土工格室内填充种植土，然后在其上挂三维植被网，均匀撒（喷）播草种进行防护和绿化。利用土工格室为草坪生长提供安定环境。该方法能使不毛之地的边坡充分绿化，带孔的格室还能增加坡面的排水性能，施工方便，可调节性较好，适用于边坡坡率缓于 1：0.75 的稳定边坡，不仅绿化效果较好，同时还能起到一定的护坡作用。

土工格室的标准展开尺寸不小于 4m×5m，土工格室高度为 100mm，抗光老化等级达到Ⅲ级，各单元采用插销连接，格室组间连接处抗拉强度不小于 120N/cm，其他性能指标应符合相应规范规定。

土工格室防护与绿化典型设计图如图 11-9 所示。

（7）骨架植物防护工程

骨架植物防护与绿化是指采用浆砌片石或钢筋混凝土在坡面形成格构框架，并结合铺草皮、三维植被网、土工格室、喷播植草、栽植苗木等方法形成的一种护坡技术。其按骨架形状的不同，可分为方格形、菱形、拱形、人字形等。骨架植物防护适用于边坡坡率缓于 1：0.75 土质和全风化的岩石边坡防护与绿化，当坡面受雨水冲刷严重或潮湿时，坡度应缓于 1：1.0。应根据边坡坡率、土质和当地情况确定骨架形式，并与周围景观相协调。骨架内应采用植物或其他辅助防护措施；当降雨量较大且集中的地区，骨架宜做成截水槽型，截水槽断面尺寸由降雨强度计算确定。

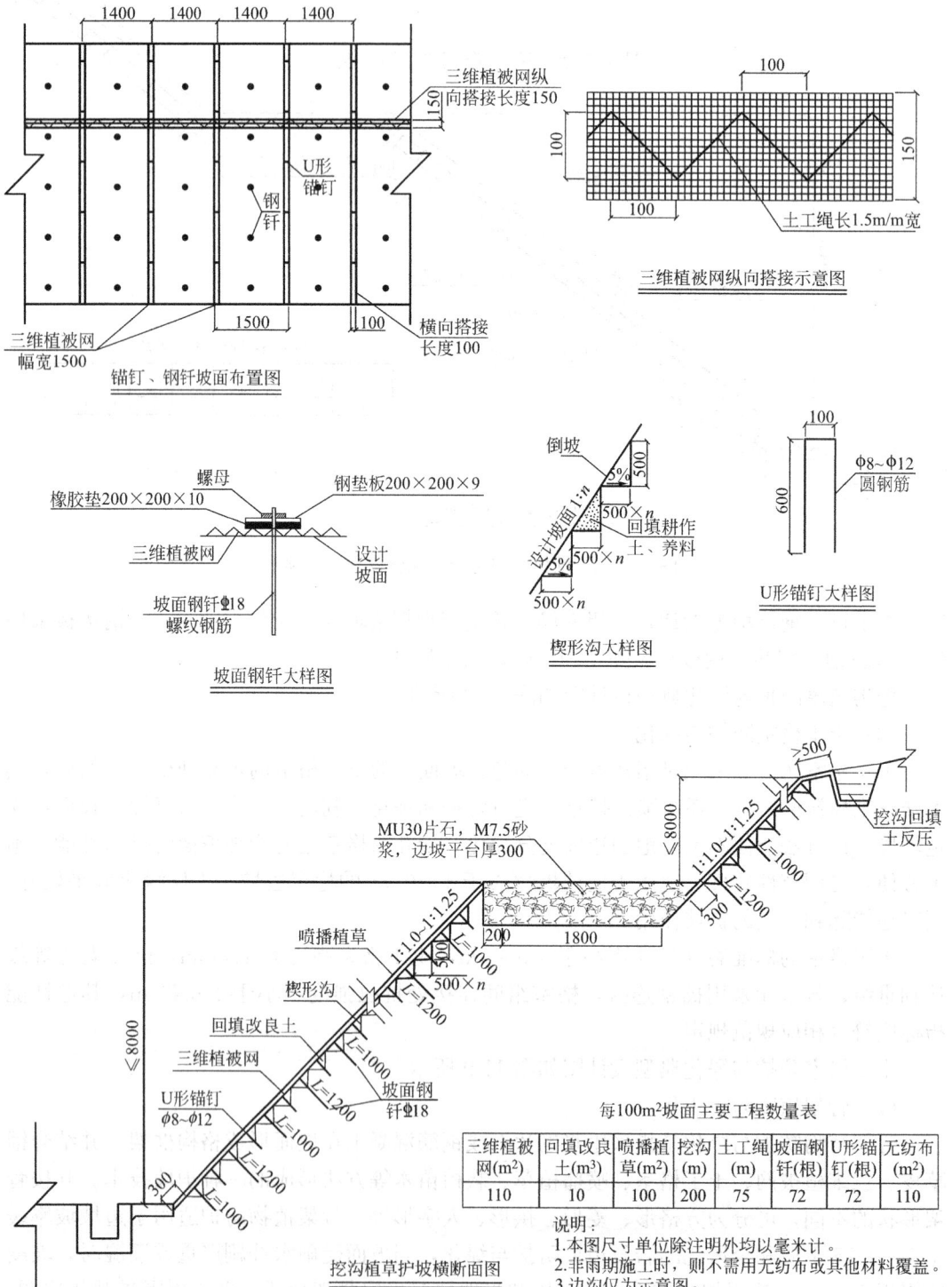

三维植被网纵向搭接长度150

U形锚钉

钢钎

三维植被网纵向搭接示意图

土工绳长1.5m/m宽

三维植被网
幅宽1500

横向搭接
长度100

锚钉、钢钎坡面布置图

螺母

橡胶垫200×200×10

钢垫板200×200×9

三维植被网

设计
坡面

坡面钢钎Φ18
螺纹钢筋

坡面钢钎大样图

倒坡

回填耕作
土、养料

楔形沟大样图

φ8~φ12
圆钢筋

U形锚钉大样图

MU30片石，M7.5砂浆，边坡平台厚300

喷播植草

楔形沟

回填改良土

三维植被网

U形锚钉
φ8~φ12

坡面钢钎Φ18

挖沟回填
土反压

挖沟植草护坡横断面图

每100m²坡面主要工程数量表

三维植被网(m²)	回填改良土(m³)	喷播植草(m²)	挖沟(m)	土工绳(m)	坡面钢钎(根)	U形锚钉(根)	无纺布(m²)
110	10	100	200	75	72	72	110

说明：
1.本图尺寸单位除注明外均以毫米计。
2.非雨期施工时，则不需用无纺布或其他材料覆盖。
3.边沟仅为示意图。

图 11-8　挖沟植草防护与绿化设计图

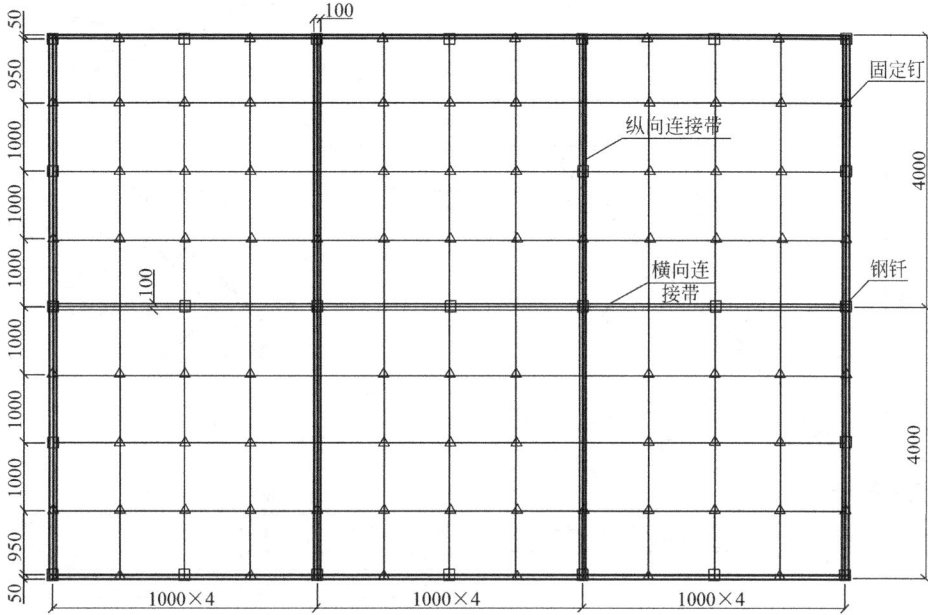

图例：固定钉△；钢钎□

说明：
本图尺寸单位除注明外均以毫米计。

土工格室植草坡面布置图

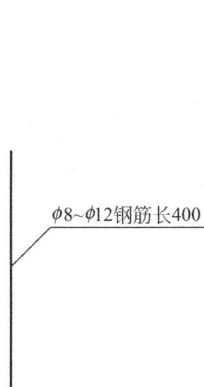

固定钉大样图   钢钎大样图

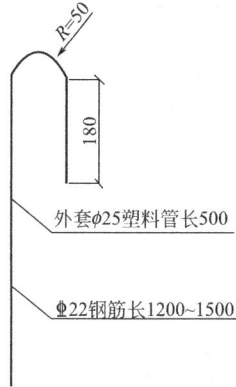

说明：
本图尺寸单位除注明外均以毫米计。

图 11-9 土工格室防护与绿化设计图

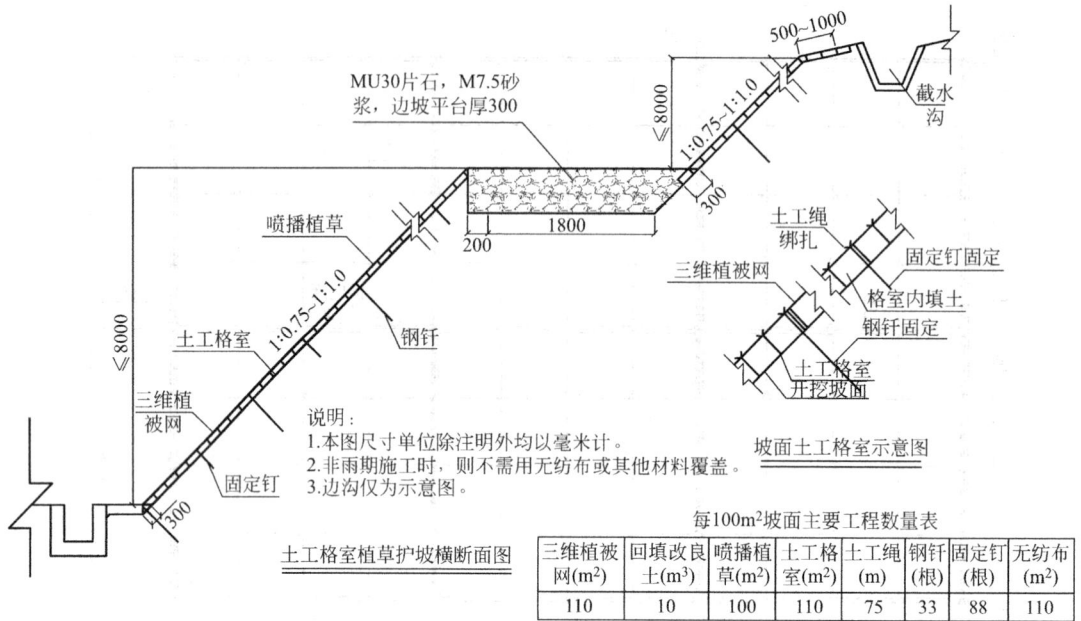

每100m²坡面主要工程数量表

三维植被网(m²)	回填改良土(m³)	喷播植草(m²)	土工格室(m²)	土工绳(m)	钢钎(根)	固定钉(根)	无纺布(m²)
110	10	100	110	75	33	88	110

图 11-9　土工格室防护与绿化设计图（续）

骨架植物防护典型设计图如图 11-10～图 11-14 所示。

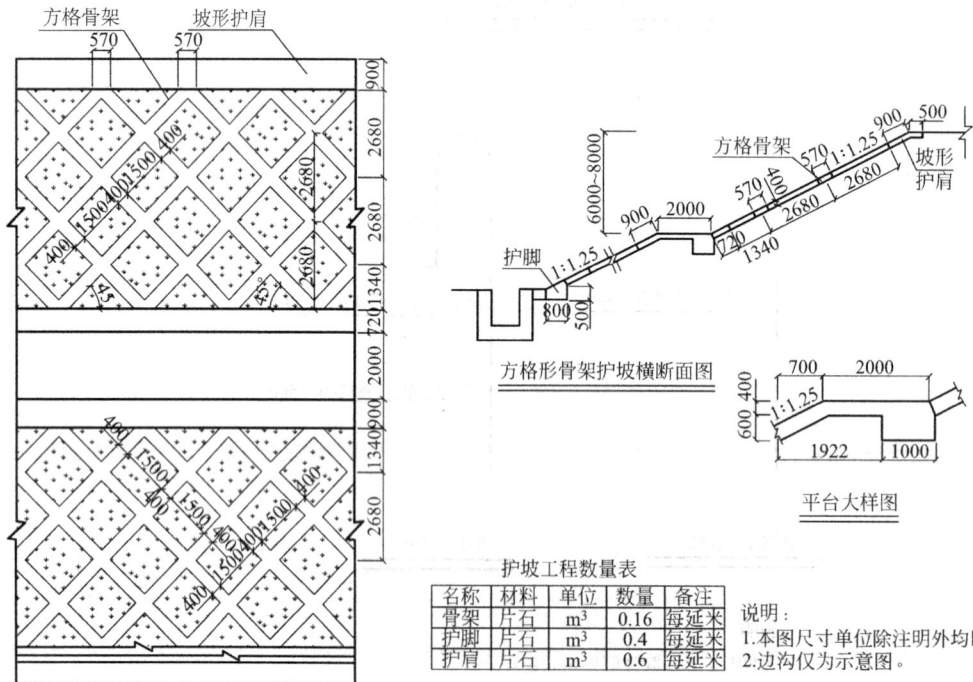

护坡工程数量表

名称	材料	单位	数量	备注
骨架	片石	m³	0.16	每延米
护脚	片石	m³	0.4	每延米
护肩	片石	m³	0.6	每延米

说明：
1.本图尺寸单位除注明外均以毫米计。
2.边沟仅为示意图。

图 11-10　方格形骨架坡面防护设计图

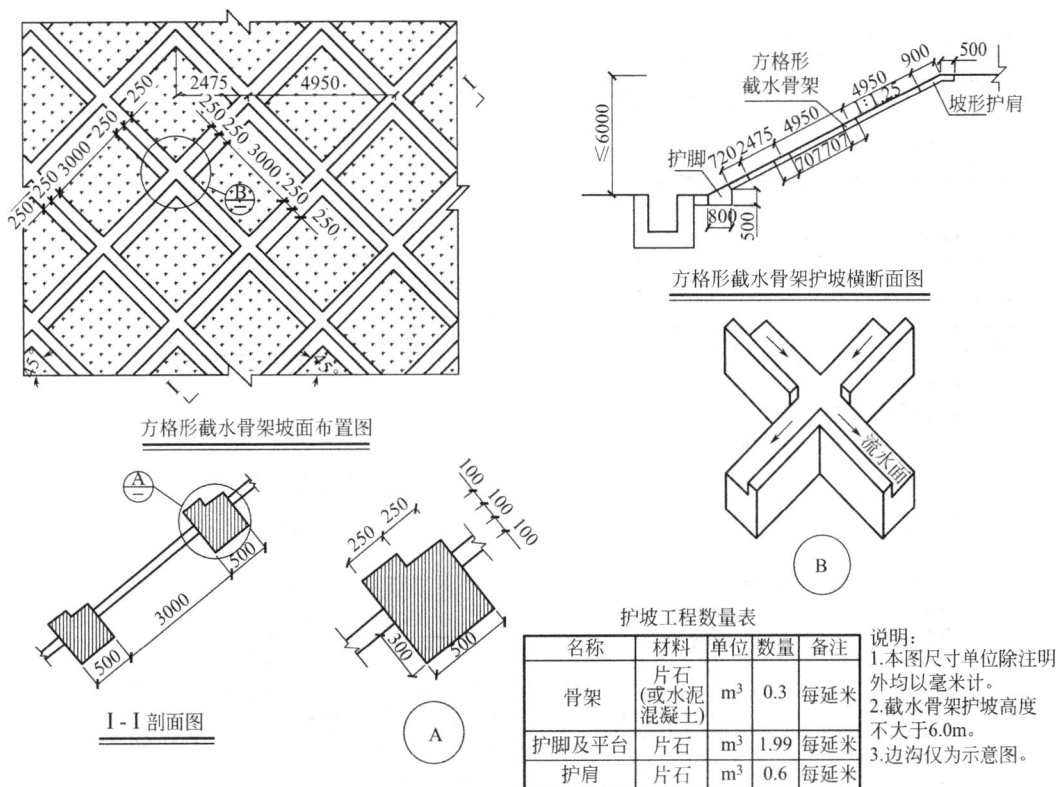

护坡工程数量表

名称	材料	单位	数量	备注
骨架	片石(或水泥混凝土)	m³	0.3	每延米
护脚及平台	片石	m³	1.99	每延米
护肩	片石	m³	0.6	每延米

说明:
1.本图尺寸单位除注明外均以毫米计。
2.截水骨架护坡高度不大于6.0m。
3.边沟仅为示意图。

图 11-11 方格形截水骨架坡面防护设计图

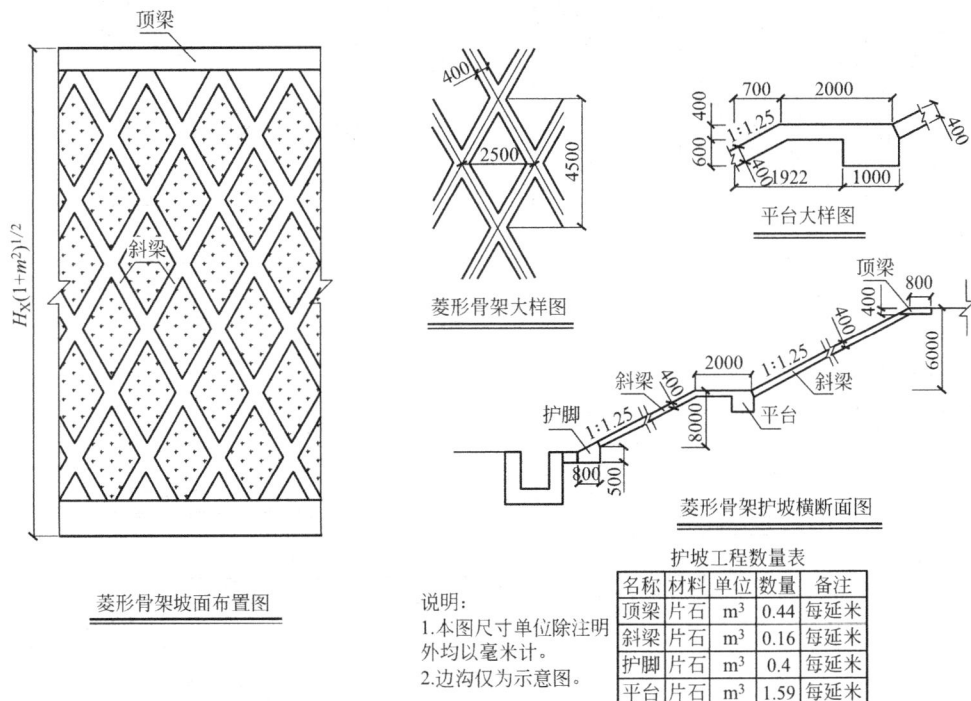

护坡工程数量表

名称	材料	单位	数量	备注
顶梁	片石	m³	0.44	每延米
斜梁	片石	m³	0.16	每延米
护脚	片石	m³	0.4	每延米
平台	片石	m³	1.59	每延米

说明:
1.本图尺寸单位除注明外均以毫米计。
2.边沟仅为示意图。

图 11-12 菱形骨架坡面防护设计图

护坡工程数量表

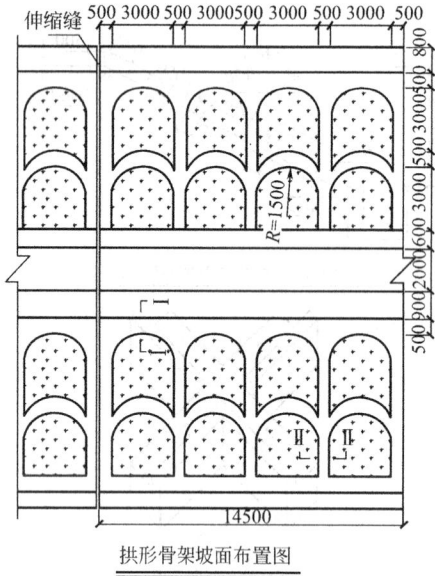

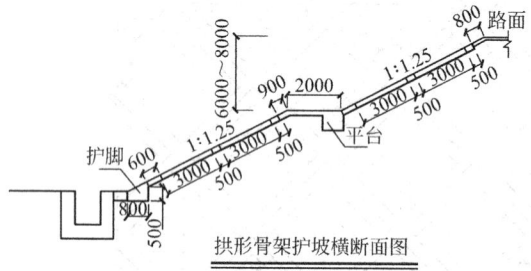

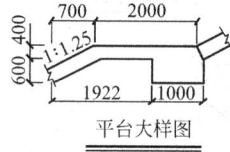

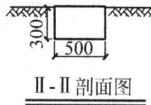

名称	材料	单位	数量	备注
骨架	片石	m³	0.22	每平方米
护脚	片石	m³	0.4	每延米
平台	片石	m³	1.59	每延米

说明:
1.本图尺寸单位除注明外均以毫米计。
2.边沟仅为示意图。

图 11-13　拱形骨架坡面防护设计图

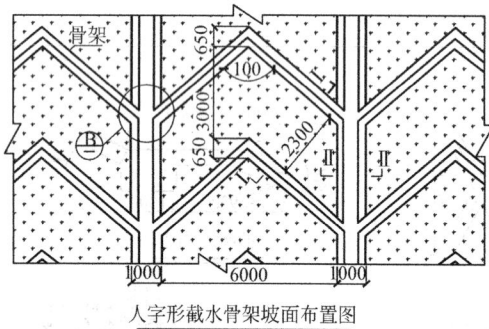

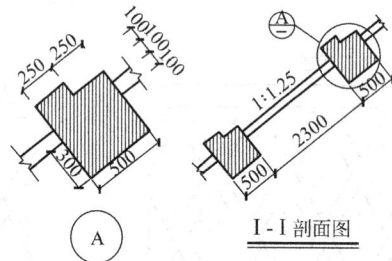

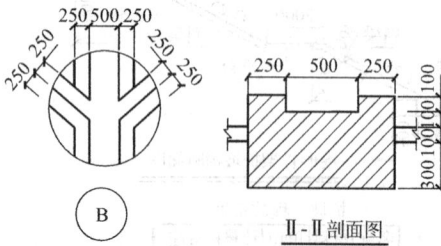

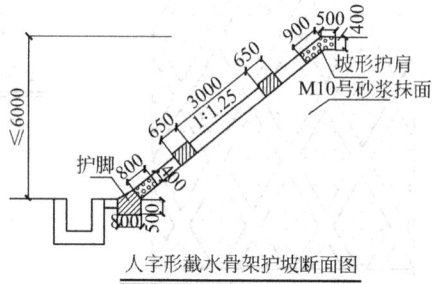

护坡工程数量表

名称	材料	单位	数量	备注
骨架	片石(或水泥混凝土)	m³	0.3	每延米
护肩及护脚	片石	m³	1.99	每延米

说明:
1.本图尺寸单位除注明外均以毫米计。
2.截水骨架护坡高度不大于6.0m。
3.边沟仅为示意图。

图 11-14　人字形截水骨架坡面防护设计图

（8）混凝土空心块植物防护

混凝土空心块植物防护是指在边坡上现浇钢筋混凝土框架或将预制件铺设与坡面形成框架，用锚钉固定框架，在框架内回填客土并采取措施使得客土固定于框架内，然后在框架内植草以达到护坡绿化的目的。根据形状不同，可分为正方形水泥混凝土空心块和六边形水泥混凝土空心块植物防护。

混凝土空心块植物防护适用于坡度缓于 1：0.75 的土质边坡和全风化、强风化的岩石挖方边坡；并根据需要设置浆砌片石或混凝土骨架。空心预制块的混凝土强度等级不应低于 C20，厚度不应小于 150mm。空心预制块内应填充种植土，喷播植草。

混凝土空心块植物防护典型设计图如图 11-15 和图 11-16 所示。

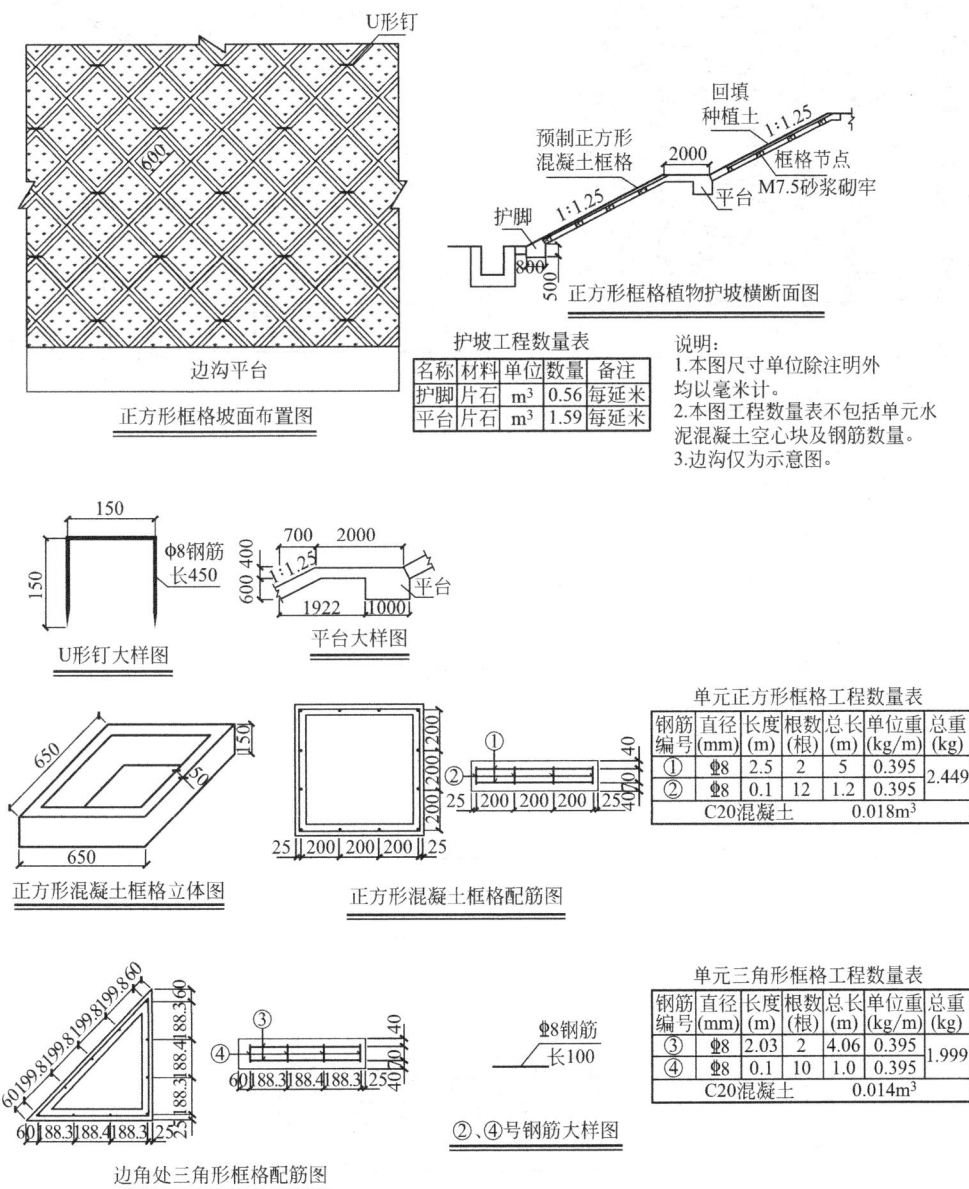

正方形框格坡面布置图

正方形框格植物护坡横断面图

护坡工程数量表

名称	材料	单位	数量	备注
护脚	片石	m³	0.56	每延米
平台	片石	m³	1.59	每延米

说明：
1.本图尺寸单位除注明外均以毫米计。
2.本图工程数量表不包括单元水泥混凝土空心块及钢筋数量。
3.边沟仅为示意图。

U形钉大样图

平台大样图

正方形混凝土框格立体图

正方形混凝土框格配筋图

单元正方形框格工程数量表

钢筋编号	直径(mm)	长度(m)	根数(根)	总长(m)	单位重(kg/m)	总重(kg)
①	Φ8	2.5	2	5	0.395	2.449
②	Φ8	0.1	12	1.2	0.395	
C20混凝土					0.018m³	

边角处三角形框格配筋图

②、④号钢筋大样图

单元三角形框格工程数量表

钢筋编号	直径(mm)	长度(m)	根数(根)	总长(m)	单位重(kg/m)	总重(kg)
③	Φ8	2.03	2	4.06	0.395	1.999
④	Φ8	0.1	10	1.0	0.395	
C20混凝土					0.014m³	

图 11-15 正方形框格坡面防护设计图

边角处三角形框格平面图　　③号钢筋大样图　　①号钢筋大样图

说明:
1.本图尺寸单位除注明外均以毫米计。
2.Φ8钢筋材料为HRB400。

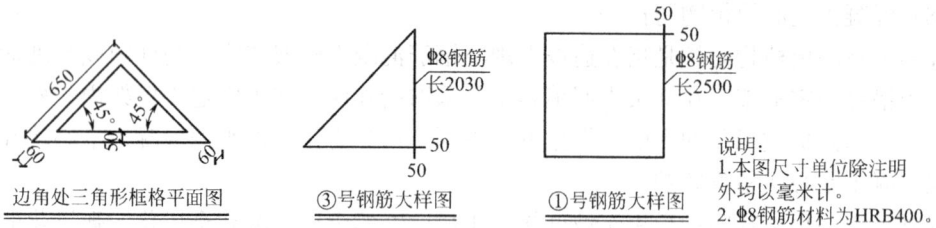

图 11-15　正方形框格坡面防护设计图（续）

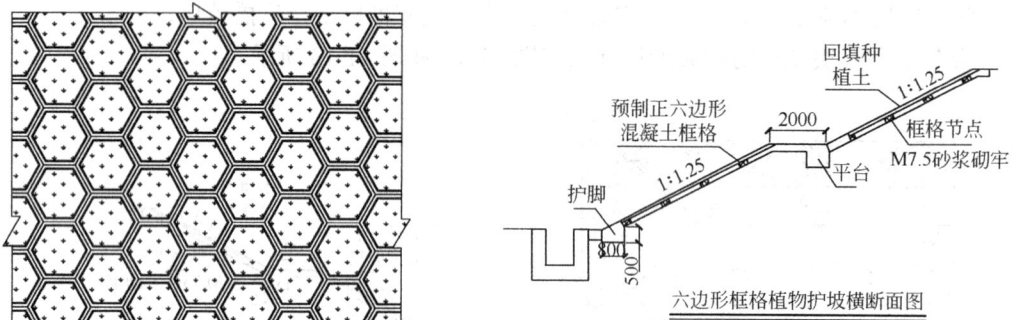

六边形框格坡面布置图

平台大样图

六边形框格植物护坡横断面图

护坡工程数量表

名称	材料	单位	数量	备注
护脚	片石	m³	0.56	每延米
平台	片石	m³	1.59	每延米

说明:
1.本图尺寸单位除注明外均以毫米计。
2.本图工程数量表不包括单元水泥混凝土空心块及钢筋数量。
3.边沟仅为示意图。

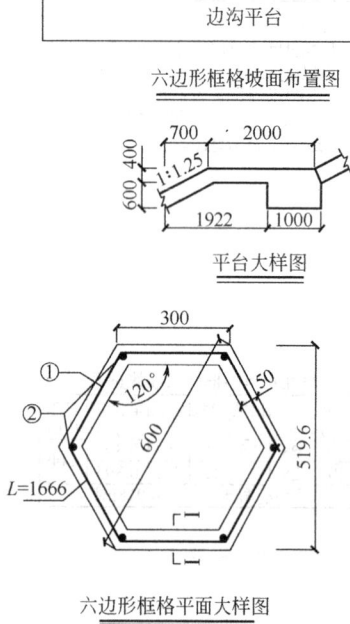

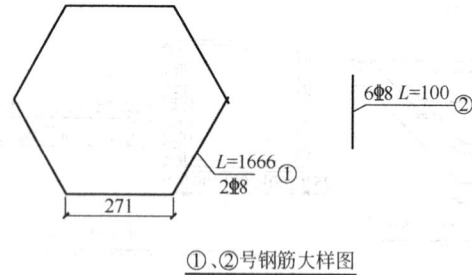

六边形框格平面大样图　　　①、②号钢筋大样图

单元六边形框格工程数量表

钢筋编号	直径(mm)	长度(m)	根数(根)	总长(m)	单位重(kg/m)	总重(kg)
①	Φ8	1.7	2	3.4	0.395	1.58
②	Φ8	0.1	6	0.6	0.395	
C20混凝土				0.012m³		

说明:
1.本图尺寸单位除注明外均以毫米计。
2.Φ8钢筋材料为HRB400。

图 11-16　六边形框格坡面防护设计图

（9）锚杆钢筋混凝土格构植物防护与绿化

锚杆钢筋混凝土格构植物防护与绿化适用于土质边坡和坡体中无不良结构面、风化破碎的岩石挖方边坡，在边坡上现浇钢筋混凝土格构与锚杆（索）联合使用对边坡进行加固，在格构内客土植草以达到护坡绿化的目的。按格构形状的不同，一般可分为方格形、菱形等。

钢筋混凝土格构的混凝土强度等级不应低于 C25，格构几何尺寸应根据边坡高度和地层情况等确定，一般截面不小于 300mm×400mm，格构内宜植草。在多雨地区，格构上应设置截水槽，截水槽断面尺寸由降雨强度计算确定。

11.3.3 支挡结构与景观绿化设计

边坡的景观治理主要是通过工程手段处理边坡外观的缺陷，缩小边坡与周围环境的不协调。边坡的景观治理方法有三种：景观硬刚性治理（hard treatment）、景观软柔性治理（soft treatment）和景观混合治理（compositive treatment）。景观硬治理是指在修建的土木工程结构上进行边坡外观的修饰。

裸露的人工边坡应该进行景观治理。以前多采用景观硬治理方法，这种方法能与边坡的加固措施同时进行，可以节约工程绿化费用和简化工程措施。目前，为了使边坡的治理与其周围的环境更加的协调，加强了各类边坡景观软治理的使用，或者是景观硬治理、软治理方法的混合使用。一般说来，边坡的景观硬、软治理方法各有其特点，适用范围有所不同。表 11-6 为边坡景观治理方法的适用范围。

边坡景观治理方法的适用范围　　　　　　　　表 11-6

护坡方法	景观治理方法	切坡	填坡	挡土墙
保留原有植被	S	√	√	√
撒草籽	S	√	√	×
撒树种	S	√	√	×
挖坑植树	S	√	√	×
移植植被	S	√	√	√
在边坡中部种植植物	S	√	√	×
在边坡顶、底部种植植物	S	√	√	√
种植攀藤植物(如爬山虎)	S	√	√	√
保留原有岩石坡面	H	√	×	×
坡面装饰(水泥板)	H	√	√	√
喷彩色混凝土	H	√	√	×
仿制岩石坡面	H	√	√	√
坡面雕塑	H	√	√	√

注：景观硬治理方法——H；景观软治理方法——S；适用该类工程边坡——√；不适用该类工程边坡——×。

从边坡支护结构的功能性、经济性及视觉效果等方面综合分析与归纳，其景观设计思路如下：

1. 化高为低

对于土质较好、高度不大的边坡，尽可能不设挡土墙而按斜坡台地处理，以绿化作为过渡；即使边坡高度较大，放坡有困难的地方，也可以在其下部设置挡土墙，在边坡上加做石砌骨架护坡，这样既保证了土坡稳定性，空隙地也便于绿化，以保持生态平衡，同时也降低了挡土高度，节约了工程造价，如图 11-17 所示。

2. 化整为零

高度较大的边坡，挡土墙不易一次砌成，以免造成过于庞大的整体圬工挡土墙，而宜化整为零，分成多级的挡土墙修筑，中间错台处设置绿化带，这样多层次与原先设置的大挡土墙相比，不仅解除了视觉上的庞大笨重、生硬呆板感，而且挡土墙的断面也大大减小，绿化有效地软化了墙面的硬质景观效果。此种设计，环境景观与工程经济得到统一，如图 11-18 所示。

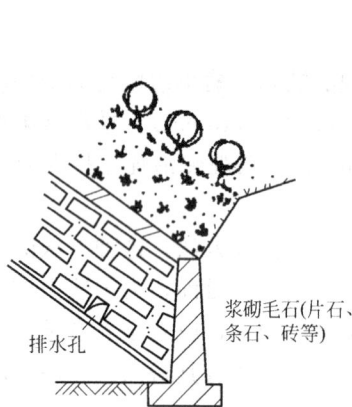

图 11-17　化高为低

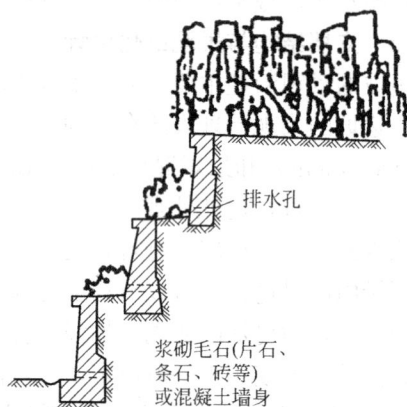

图 11-18　化整为零

3. 化大为小

在一些景观上有特殊要求的边坡工程中，高差比较大时，可将挡土墙化大为小，使其外观由大变小，具体做法是将挡土墙立面一分为二，做成"板凳式"。此时，下部宽度大，挡土墙更稳定，二者之间的联系部分作为绿化挡土墙的种植槽或种植穴，如图 11-19 所示。这种挡土墙在国外运用广泛。

图 11-19　化大为小

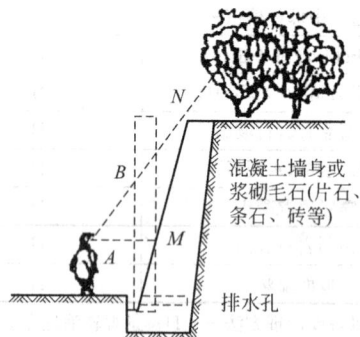

图 11-20　化陡为缓

4. 化陡为缓

由于人的视角所限，同样高度的挡土墙，对人产生压抑感的大小常常由于挡土墙截面距离人眼距离远近的不同而不同。比如图 11-20 中所示的挡土墙顶部绿化区域，在直立式挡土墙不能看见时，在倾斜面挡土墙时则能见到，原因是倾斜式挡墙使得空间视觉开敞，环境显得明快。

5. 化硬为软

砖、石、混凝土等砌块或饰面的挡土墙（或护脚），在视觉及心理上给人代办、生硬、沉重、压抑之感。若在其立面上进行绿化处理，引入生物工程学方法或采用不同材质质感对比、浮雕图案设计等手法，则可以改善其原有景观效果，化硬为软，化单调为丰富，如图 11-21 所示。

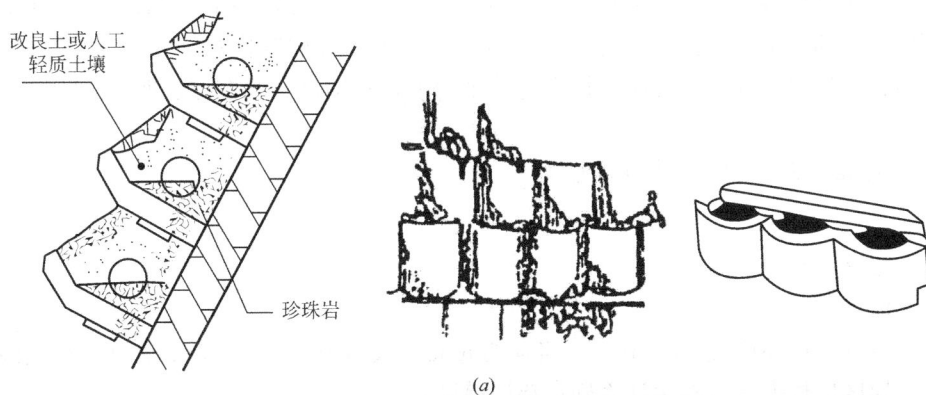

(a)

(b)

图 11-21 化硬为软

（a）化硬为软的护面墙；（b）用浮雕美化僵硬的护面墙

6. 材料质感

材料质感是材料的表面竖向，质感的对比与变化主要体现在粗细之间、坚柔之间及纹理之间。质感处理一方面可以利用材料本身所固有的特点来谋求效果，另一方面也可以用人工的方法来创造某种特殊的质感效果。一般来说，天然石材质感粗狂，人工斧凿后质感细腻，可塑材料质感则可"粗"可"细"。在边坡工程中，挡土墙与护坡所用材料及其质感效果除满足功能要求外，在景观处理上应视其所处环境及观赏者运动方式而定。通常，位于城镇或观赏者禁止、慢行等地段的挡土墙与护坡，选用材料及工程做法、材料质感等相对来说应细腻、优美。

7. 垂直绿化

垂直绿化是指栽植攀缘性和垂吊性植物，用以遮蔽坡面或支挡结构表面，达到绿化和美化环境的目的。垂直绿化一般可用于已修建圬工砌体等构造物的墙面，如重力式挡墙、桩板挡墙、锚杆挡墙等，也可用于挖方边坡平台上，特别是分级挖方边坡。

11.4　坡面防护与绿化的施工

11.4.1　工程防护

1. 砌体护坡

(1) 石砌护坡厚度应≥300mm。铺砌的底面应设置 0.10～0.15m 厚的碎石或砂砾垫层，冰冻地区应根据最大冻深计算确定垫层厚度。

(2) 石砌护坡每隔 20～25m，应设置一道伸缩缝，缝宽 20～30mm，缝内填塞沥青麻筋或沥青木板等材料，塞入深度不小于 150mm，每条伸缩缝必须上下贯通。在基底土质有变化或护坡残形变化处，还应增设伸缩缝。

(3) 浆砌片石护坡最下面一排泄水孔距地面高度不小于 300mm，泄水孔间距 2m，采用 100mm×100mm 的方孔，上下左右呈梅花形交错布置，在泄水孔进口处应设置反滤层，反滤层后设置级配碎石堆。在最下面的泄水孔下部应设置隔水层，阻止积水渗入基底。反滤层使用土工布包裹，土工布尺寸为 500mm×500mm。

(4) 当浆砌片石护坡面积较大时，为增强护坡的稳定性，可采用肋式护坡。一般采用暗肋式或柱肋式。暗肋式用于土质和风化状态的岩石护坡；柱肋式除用于土质和风化状态的岩石护坡外，还可用于风化严重的软质岩石护坡。

(5) 砌体护坡施工前应将坡面整平。在铺设混凝土预制块前，对局部坑洞处要预先采用混凝土或浆砌片石填补平整。

(6) 浆砌块（片、卵）石护坡应采取坐浆法施工，预制块应错缝砌筑。护坡面应平顺，并与相邻坡面顺接。

(7) 砂浆终凝前，砌体应覆盖，砂浆初凝后，立即进行养护。

2. 护面墙

(1) 修筑实体护面墙前，清挖出新鲜岩面后，应立即修筑护面墙，特别是具有风化迅速的岩层的边坡，如泥岩等边坡。

(2) 护面墙除自重外不负担其他荷载，也不承受墙后的土压力。因此，护面墙背应与坡面密贴，边坡局部凹陷处，应挖成台阶后用混凝土填充或浆砌片石嵌补，不得采用土体回填土。坡顶护面墙与坡面之间应按设计要求做好防渗处理。

(3) 修筑窗孔式护面墙前，坡面要修整平整，坡率正确，并拍打密实，稳定后方可铺砌。

（4）当窗孔式护面墙高度大于 4m 时，在护面墙中部设耳墙一道。

（5）当实体护面墙高度为 3m≤H≤6m 时，墙背设一个耳墙；当 H>6m 时，墙背设两个耳墙。

（6）实体护面墙墙身上下左右每隔 2~3m 预埋 PVC 排水管，呈梅花形交错布置。孔口大小一般为 60mm×60mm 或 100mm×100mm，泄水孔后用碎石和砂砾作为反滤层，底层泄水孔距边沟顶面 0.3m。

（7）为增加护面墙稳定性，护面墙较高时，按照断面上基岩的完整性及岩性，应分级修筑，两级护坡之间需设置不小于 2m 宽的分级平台。

（8）沿护面墙墙身长度每隔 50~100m 设置人行梯步一处，梯步宽 1.0m，踏步高 0.3m。同时设置栏杆扶手等安全设施。

（9）沿护面墙墙身长度每隔 10~15m 设置 20mm 宽伸缩缝一道，用沥青麻筋或低发泡聚乙烯板填塞，填塞深度 100~200mm。岩性突变或线形折点处，应增设伸缩缝。

（10）护面墙顶部应填原土夯实，以免边坡水流冲刷，渗入墙后引起破坏。

（11）护面墙施工时各道工序应紧密衔接，连续施工，严禁爆破，以免坡面长期暴露或爆破震松造成边坡坍塌。护面墙基础应设置在稳定的地基土上，埋置深度应根据地质条件确定，一般不小于 500mm。冰冻地区应埋置在冰冻深度以下不小于 250mm。

3. 喷射混凝土

（1）材料要求

1）喷浆护坡采用的砂浆强度不应低于 M15，混凝土强度不应低于 C20。

2）砂应采用纯净的中粗砂，细度模数大于 2.5，含泥量不超过 3%，含水率以 4%~6% 为宜。

3）粗骨料应采用纯净的坚硬耐风化碎石或卵石，且级配良好，粒径不宜大于 15mm，如采用碱性速凝剂时，不得采用含有活性二氧化硅的石料。

4）一般情况下，凡适合于饮用的水均可作为拌合水。对于硫酸盐含量超过 0.1%、氯含量超过 0.5%，并且含有糖分或有机悬浮质的水不能作为拌合水。

5）喷射混凝土如需用早强剂或速凝剂作为外加剂，则外加剂应根据工程需要合理选用，外加剂添加量应根据现场试验确定。

6）为防止混凝土产生离析、回弹率过高等情况发生，混凝土的配合比宜采用连续级配的集料，按照泰波公式设计：

$$P = 100 \times (d/D)^n$$

式中　P——孔径为 d 时通过的百分率（按质量计）；

　　　d——要计算的某些集料粒径（mm）；

　　　D——集料最大粒径（mm）；

　　　n——实验指数，$n = 0.3 \sim 0.6$。

7）钢钎采用 ϕ18~ϕ25 螺纹钢筋（HRB400），框条采用圆钢筋（HPB300），钢丝网采用 ϕ2 普通镀锌钢丝，绑扎钢丝采用 ϕ0.5~ϕ1.0 普通钢丝。

（2）施工工序

1）喷射混凝土护坡施工工序

准备工作（拆除作业面障碍物，清刷坡面风化岩层，一直清刷到新鲜的岩层，边坡岩体有较大裂缝处要进行灌浆勾缝；顶部及两侧凿槽，砌筑边沟；清扫坡面浮土、碎石，高压水冲洗坡面；对遇水易潮解、泥化的岩层，则应用正压风清扫坡面)—喷射 (埋设控制喷射混凝土厚度的标志，待坡面稍干后，开始喷射混凝土)。

2) 挂网喷射混凝土护坡施工工序

准备工作 (清刷坡面风化岩石层，至较新鲜的岩层，使坡面大致平整，边坡岩体有较大裂隙处要灌浆勾缝；顶部及两侧凿槽，砌筑边沟)—打孔 (根据设计要求和围岩情况，定出孔位，做出标记；安装钻头打锚孔，孔应比锚固深度深 200mm)—灌浆 (用高压水将孔中岩粉冲洗干净，插入钢钎，灌入 M10 水泥砂浆固定钢钎)—绑扎 (当固定钢钎的砂浆强度达到 75％时，将预制钢丝网框条架按设计要求安装在边坡钢钎上，绑扎焊接牢固后，立即安装绑扎钢丝网，钢丝网应距坡面有一定的距离，一般为 10mm)—喷射混凝土并覆盖养护 (埋设标志，待坡面稍干后，开始喷射混凝土)。

(3) 喷射混凝土护坡注意事项

1) 喷射混凝土前，应对机械设备，风、水管路，输料管路和电缆线路等进行全面检查及试运转。

2) 喷射作业应分段进行，喷射顺序自下而上，先喷凹处和孔洞，后喷平处。

3) 喷射混凝土一般一次喷射达到设计厚度。若分层喷射时，后一层应在前一层终凝后再进行喷射。若终凝 1h 后再进行喷射时，应先清洗待喷射层表面。

4) 喷枪嘴应垂直坡面，最大偏斜角度不宜超过 5°。喷枪嘴移动可为圆圈法，或为条形循徊法。

5) 喷枪嘴与坡面间的距离不应大于 1.5m，水压应高于工作风压 0.10～0.15MPa，水压绝不允许低于风压。灰体初凝后洒水养护，保持其表面湿润。

6) 喷射作业时，坡脚应铺设金属板以回收回弹混凝土。

7) 持喷枪人员任何时候都不准对着人，以防突然射石伤人。

8) 喷枪手应佩戴防护面罩、防尘口罩、穿防护服，其余工作人员应戴防尘口罩。

9) 结冰季节及大雨天气，严禁进行喷射作业。

10) 如果有地下水出漏，必须设泄水孔，将地下水引出。

11) 喷射混凝土防护工程要经常检查、维修。

(4) 挂网喷射混凝土护坡注意事项

1) 钢钎使用前应平直、除锈、除油。

2) 砂浆应拌合均匀，随拌随用，一次拌合的砂浆应在初凝前用完，并严防石块、杂物混入。

3) 采用机械喷射，钢钎锚固深度及网眼目数视边坡岩石性质和风化程度而异，锚固深度一般为 0.7～1.0m，钢丝网间距为 200mm 或 250mm。

4) 喷射混凝土厚以 100～150mm 为宜，分 2～3 次喷射。

5) 沿框条延伸方向每隔 10～12.5m 设伸缩缝一道，缝宽 20mm，用低发泡聚乙烯板填塞。

6) 防护工程的周边与未防护坡面衔接处，应严格封闭。

11.4.2　植物防护与绿化

1. 植草防护与绿化

植草护坡施工工序：平整坡面（人工平整，清除所有岩石、碎泥块、植物、垃圾，回填改良土时厚度为100mm，需改良土壤的pH值时，应提前1个月进行）—排水设施施工（根据坡面过流量大小考虑是否设置坡面横向排水沟）—播草施工（按比例配合草种、木纤维、保水剂、胶粘剂、染色剂及水的混合物料，均匀播种）—盖无纺布（雨期施工避免雨水冲刷，也可采用稻草、秸秆编织席覆盖）—前期养护（洒水养护不少于45d，定期进行病虫害防治、追肥，草种发芽后及时补播）。

2.铺草皮防护与绿化

铺草皮护坡施工工序：平整坡面—准备草皮—铺草皮—前期养护。

（1）平整坡面

清除坡面所有的石块及其他一切杂物，翻耕20～30cm，若土质不良，则需改良土质，增施有机肥，耙平坡面，形成草皮生长床，铺草皮前应轻振1～2次，将松软土层压实，并洒水湿润坡面，理想的铺草皮的土壤应该是湿润而不潮湿。

（2）准备草皮

在草皮生长基地起草皮。起草皮前一天须浇水，一方面有利于起卷作业，同时也能保证草床卷中有足够的水分，不易破损，并防止在运输中失水。草皮切成30cm×30cm大小的方块，或者宽30cm、长2m的长条形，草皮块厚度2～3cm。为保证土壤和草皮不破损，起出的草皮块放在用30cm×30cm的胶合板制成的托板上，装车运输至工地。长条形的草皮可卷成毯状，装车运输。有条件的地方，起草皮可以用起草皮机进行起草皮，草皮块的质量将会大大提高。草皮机作业不仅速度快，而且所起的草皮厚度均一，容易铺装。

（3）铺草皮

铺草皮时，把运来的草皮块顺次平铺于坡面上，草皮块与草皮块之间应保留5mm的间隙，以防止草皮块在运输途中失水干缩，遇水浸泡后出现边缘膨胀，块与块之间的间隙填入细土。铺草皮时应尽量避免过分伸展和撕裂。若是随起随铺的草皮块，则可紧密相连。铺好的草皮在每块草皮的四角用尖桩固定，尖桩为木质或竹质，长20～30cm，粗1～2cm。钉尖桩时，应使尖桩与坡面垂直，尖桩露出草皮表面不超过2cm。待铺草皮告一段落时，要用木锤把草皮全面拍一遍，以使草皮与坡面紧贴。在坡顶及坡边缘铺草皮时，草皮应嵌入坡面内，与坡缘衔接处应平顺，以防止水流经草皮机坡面间隙渗入使草皮下滑。草皮应铺过坡顶肩部100cm或铺至天沟，坡脚应做砂浆抹面等处理。

为节约草皮，利用草坪分蘖和匍匐茎蔓延的特点，也可采用间铺法和条铺法。

间铺法：草皮可切成正方形或长方形，铺装时按照一定的间距排列，如棋盘式、铺块式等。此种方法铺草皮时，要在平整好的坡面上，按照草皮形状和厚度，在计划铺草皮的地方挖去土壤，然后镶入草皮，必须使草皮块铺下后与四周土面相平。经过一段时间后，草坪匍匐茎向四周蔓延直至完全结合，覆盖坡面。

条铺法：将草皮切成6～12cm宽的长条，两根草皮条平等铺装，其间距20～30cm，铺装时在平整好的坡面上，按照草皮块的宽度和厚度，将计划铺草皮的地方挖去土壤，然后将草皮镶入，保持与四周土面相平。经过一段时间后，草皮即可覆盖坡面。

（4）前期养护

洒水：草皮从铺装到适应坡面环境健壮生长期间都需要及时进行洒水，每天都需要洒水，每次的洒水量以保持土壤湿润为原则，每日洒水次数视土壤湿度而定，直至出苗成坪。

病虫害防治：当草苗发生病害时，应及时使用杀菌剂防治病害，常用喷射药剂有代森锰锌、多菌灵、百菌清、福美霜等。在使用杀菌剂时，应掌握适宜的喷洒浓度。为防止抗药菌丝的产生，使用杀菌剂时，可以用几种效果相似的杀菌剂交替或复合使用。对于常发生的虫害如地老虎、蝼蛄、蛴螬、草地螟虫、粘虫等，可进行生物防治和药物防治相结合的综合防治方法。常用的杀虫剂是有机磷化合物杀虫剂。

追肥：为了保证草苗能茁壮生长，在有条件的情况下，可根据草皮生长需要及时追肥。

3. 三维植被网防护与绿化

(1) 人工清坡至设计要求，清除野草及杂树，并适当喷药以抑制野草生长。

(2) 覆 5~7cm 的土壤于平整好的坡面上，用水将坡面浇湿，以土壤出现浮土和粉尘土为宜。

(3) 将三维网垫沿坡面顺势铺下、整平，用 U 形钉和钢钉将网垫从上至下固定，U 形钉排列，竖向间距 100cm，横向间距 140cm，其间采用钢钉固定，使网垫紧贴坡面。

(4) 坡顶采用埋压沟，沟底加 U 形钉固定，沟内填土夯实固定三维网，坡脚三维网埋于填土内，边坡平台处将三维网压于原设计浆砌平台下。

(5) 铺设第二幅三维植被网时，与已铺好的第一幅三维网横向搭接 10cm，搭接处用 U 形钉固定，其坡面间距为 1~1.5m，三维网纵向搭接长度 15cm，用土工绳串通连接。

(6) 三维网处置范围，周边应将三维网卷边 5~10cm，用 U 形钉压边，使三维网与周边构造物接触密合。

(7) 三维网全部铺通固定后，将细粒土及肥料采用人工方式自坡顶向坡下撒铺，撒土厚度以将网包覆盖为宜。

(8) 采用液压喷播机将混有种籽、肥料、土壤改良剂、种子胶粘剂、保水剂和水的混合物均匀喷洒在坡面上，喷播完后，可视情况撒少许土。

(9) 覆盖土工膜并及时洒水养护，直至植草成坪。

4. 挖沟植草防护与绿化

(1) 整平坡面至设计要求，并采用人工修坡。

(2) 人工在泥岩、页岩坡面上开挖楔形沟，楔形沟竖向保持直立，横向设置 5% 的倒坡以保证填土稳定，楔形沟应开挖到位。

(3) 沟内回填富含有机肥料的土壤，土壤应有一定的湿度，填土轻度拍实。

(4) 适当洒水以确保坡面潮湿，在坡面上覆盖潮湿土 1~3cm，以确保坡面平整，再挂三维植被网并用 U 形钉固定，网上撒细粒土以覆盖三维网网包。三维植被网应尽量紧贴并固定。

(5) 采用液压喷播机将保水剂、土壤改良剂、稳定剂、肥料和草籽的混料均匀喷洒在坡面上，喷播完后，视情况可撒少许细土覆盖网包。

(6) 覆盖土工膜并及时洒水养护，直至植草成坪。

5. 土工格室防护与绿化

(1) 按设计坡度清理、平整坡面，并人工夯实坡面

(2) 采用插件式连接方法连接土工格室单元。连接时将未展开的土工格室组件并齐，

对准相应的连接塑件，插入特制圆销，然后展开。连接时，根据不同坡比的边坡采用不同单元组合形式。

（3）在坡面上按设计的锚杆位置放样，采用 $\phi 38 \sim \phi 42$ 钻杆进行钻孔，孔径基本可达 $\phi 50$，按要求进行冲孔，在钻孔内灌注 M30 砂浆。

（4）按设计要求弯制锚杆，并除锈、涂防锈漆，悬在坡面外的锚杆（$\phi 22$）应套内径为 $\phi 25$ 的锚杆固定，期间按图纸要求用锚杆固定。土工格室应预系土工绳，以备与三维网连接绑扎。

（5）施工边坡平台及第一级平台填土，以固定土工格室于坡面上。

（6）土工格室固定好后，即可向格室内填充种植物、土壤改良剂、肥料等设计的填料，充填时要使用振动板使之密实，靠近表面时用潮湿的黏土回填，并高出格室 $1 \sim 2cm$，并保持预系的土工绳露出坡面。第一段铺设完毕后，即可进行第二段的铺设直至最终完成。土工格室内填土要从最上层开始分段进行，初期铺设时，上端一定要锚固好，可新增附加锚钉，一般为上部至少每隔一个格室间距布置一根锚杆或锚钉，等全部铺设完成并填充压实后，附加锚钉可取掉。

（7）自上而下铺挂三维植被网，并覆盖土工膜，定期浇水养护，直至植草成坪。

6.骨架植物防护工程

骨架按设计形状和尺寸嵌入边坡内，表面与坡面齐平，其底部、顶部和两端均应做镶边加固。下面以方格形截水型浆砌片石骨架护坡为例，介绍其施工方法。

施工工序：平整坡面—浆砌片石骨架施工—植草—前期养护。

（1）整平坡面至设计要求，并采用人工修坡，清除坡面危石、松土、填补坑凹等。

（2）砌筑片石骨架前，应按设计要求在每条骨架的起讫点放控制桩，挂线放样，然后开挖骨架沟槽，其尺寸根据骨架尺寸而定。

（3）采用 M5 水泥砂浆就地砌筑片石。砌筑挂架时应先砌筑挂架衔接处，再砌筑其他部分骨架，两骨架衔接处处在同一高度。

（4）骨架的断面形式为 L 形，用以分流坡面径流水体。骨架与边坡水平线成 $45°$，左右相互垂直铺设。

（5）在骨架底部及顶部和两侧范围内，用 M5 水泥砂浆片石镶边加固。

（6）施工时应自下而上逐条砌筑骨架，骨架应与边坡密贴，骨架流水面应与植草面平顺。

（7）片石骨架砌筑完成后，填充改良客土，填充时要使用振动板使之密实，并与骨架和坡面紧贴。靠近表面时使用潮湿的黏土回填。

参考文献

［1］ 张永兴.边坡工程学［M］.北京：中国建筑工业出版社，2008.

［2］ 郑颖人，陈祖煜，王恭先等.边坡与滑坡工程治理（第 2 版）［M］.北京：人民交通出版社，2010.

［3］ 中国市政工程西南设计研究院.城市道路—护坡（07MR403）［S］.北京：中国计划出版社，2007.

［4］ 郭文.南方丘陵地区护坡与挡土墙新构造的研究［D］.长沙：湖南大学，2009.

第 12 章 工程滑坡防治设计与施工

12.1 概述

12.1.1 工程滑坡防治的概念

因房屋建筑工程和市政工程活动诱发的斜坡滑动及所形成的地质体称之为工程滑坡，为保证工程滑坡的稳定或限制其变形，对其实施的处理就是工程滑坡防治。

工程滑坡防治的目的在于消除滑坡可能造成的危害，保障建（构）筑物、人民生命财产和重要设施的安全，保证滑坡的长久稳定，不留后患。经过多年的实践，人们已经总结出一套预防和治理滑坡的原则和方法，并成功地应用到滑坡治理工程的实践中。

1.工程滑坡防治原则

经过多年防治滑坡的实践，总结出以下 5 条防治滑坡的原则：

（1）预防与治早治小相结合

滑坡失稳致灾是一个能量缓慢积聚后突然释放的动力学过程，通过监测及早预测滑坡所处阶段，防患于未然，可以在滑坡发育初期（滑动面尚未全面贯通）施以相对经济可行的方法实现滑坡的有效治理。如牵引式滑坡，前一级滑动后，后级会因失去支撑而随之滑动，滑坡范围不断扩大，及时稳定前一级滑坡，后级就不会发展、扩大，治理工程量不大。

（2）综合防治

滑坡是一个多因子耦合异变的灾害地质过程，其治理工程应根据保护对象及滑坡体特征，从排水、清方卸载、抗滑支挡等方面综合考虑，提出优化设计方案，实现滑坡综合防治。

（3）根治与分期治理相结合

对于范围较小、稳定性较大、危害性较大的滑坡应一次根治。在滑坡规模较大、目前稳定性较好、治理经费有限时，可进行分期治理。局部稳定性差、危险性最大的滑坡区域予以优先治理；尚不能实施有效治理的滑坡区域可进行地表位移、深部位移及应力监测。分期治理的滑坡应根据监测结果时刻掌握滑坡体的稳定状态，据此调整滑坡后期治理思路及方案。

（4）治理工程与土地资源开发利用相结合

我国国土资源十分匮乏，尤其在交通干线部位、江河港口码头及水库岸坡城镇集中区域，滑坡治理应充分考虑土地资源的有效保护和合理开发利用。拟订滑坡治理方案时兼顾土地开发利用，如削方减载平台作为土地开发利用场地等。

（5）工程治理与景观相结合

公路、城市边坡及风景名胜区内的滑坡治理，防治工程方案拟订及结构工程设计时应充分考虑景观效应，治理工程在色彩、饰面、外露部分的结构造型等方面与环境协调。

2.工程滑坡防治安全等级

根据工程滑坡失稳后，危及人的生命、造成的经济损失、产生的不良社会影响的破坏结果，将工程滑坡防治工程的安全等级划分为三级：破坏后果很严重为一级，破坏后果严重为二级，破坏后果不严重为三级。

3.滑坡防治范围

一个已经变形开裂的滑坡，其已经变形的范围就是应该处理的范围。但是滑坡是一个发展变化的过程，必须依据地形地质条件分析其在治理过程中发展扩大的范围，以免在治理过程中因滑坡范围扩大又变更设计。一般以后缘贯通的张拉裂缝为计算推力的范围。

规模巨大的滑坡常常是由多个滑动条块构成的一个滑坡区，沿河流方向可分若干条，在高程上可分若干级，在滑体结构上可分若干层。各条块的发生年代、滑动方向、滑动次数和距离，以及稳定程度不尽相同，但它们之间又是相互联系的。将它们分解之后，针对每一条块确定其产生的条件、因素、结构、性质、与相邻条块的关系，评价其稳定状态和发展趋势，制定不同的治理方案和措施。具体做法是：

（1）先从地貌上划分滑坡条块和级数。滑动过的滑坡，各条块滑动的速度和距离或滑动次数不同，在两块体之间发生相对位移而撕裂，后期被水流冲刷而形成冲沟，具有"双沟同源"的形态。冲沟就成为分条的边界。滑坡从前缘到后缘有几级缓坡（或反坡）平台，除正常的剥蚀平台外，常是几次滑动所造成的，由此可划几级。河岸冲刷形成的滑坡大多是牵引式滑坡。

（2）从坡体结构和构造上划分滑坡的条块和级、层，以坡体内部结构构造条件为基础，可将山坡划分为若干构造单元，每一构造单元可形成一级滑坡。

（3）从各条块的变形形迹和作用因素的分析上判定其稳定程度和发展趋势，从而制定不同的稳定措施。

对牵引式的多级古老滑坡，只要稳定了前一级，后级一般不会复活，可不做多级支挡，如图 12-1（a）所示。只有当后级掩盖于前级的情况如图 12-1（b）所示，才需分级支挡。

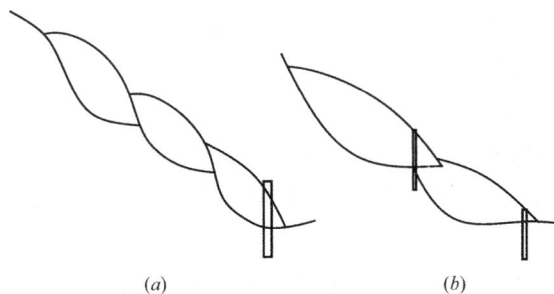

图 12-1　单级支挡和多级支挡示意图

（a）单级支挡；（b）多级支挡

357

12.1.2 工程滑坡防治的发展与现状

人类历史上对滑坡灾害早有记载，但在 19 世纪以前仅限于灾害的记录。只是到了 19 世纪中叶，由于滑坡灾害直接影响人类经济活动，使得西方国家首先开展对滑坡现象的研究。初期仅限于对滑坡现象的观测：如美国曾对 2 处滑坡分别观测达 22 年和 23 年；瑞士对一隧道滑坡和一湖岸滑坡也分别观测 50 年和 55 年。20 世纪 20～50 年代，由于实际工程中滑坡危害日趋严重，在工程地质学和土力学的形成和发展下，滑坡问题已引起更多国家专家、学者的重视，主要以研究实际工程中的滑坡问题为主，多集中于铁路和水运方面的滑坡。二次世界大战后，在各国经济大发展和国土开发利用下工程建设涉及更大领域，尤其是在开发山区和丘陵地带中遇到更多滑坡的危害，从而促使滑坡研究系统而深入，其中以苏联研究滑坡防治技术较早，如 1949 年 А·М·伏罗洛夫所著《土体及建筑物稳定性的保证措施》，对土体滑动成因及其防治方法阐述较为详细。

随着社会经济的发展，大量铁路、公路、航运等工程中出现的滑坡均要求整治，滑坡防治研究已不仅仅为工程地质学家和岩土力学家所关注，已涉及交通运输、矿山、农田水利、森林、电站水库、输电通信、工厂码头和城镇建设等各个方面，多部门、多学科开展研究已成为总的趋势，工程地质学、岩土力学和地理学、地震学和气象学，以及数学和结构学家也不同程度地投入研究，学科之间的互相渗透日益明显，使各国进一步开展了滑坡勘察、预测预报及滑坡整治方法和措施的研究，研制了大量滑坡防治的新工艺、新技术。随着人类改造自然能力提高的同时，人们对生存环境的要求也愈来愈高，可以治理滑坡的规模越来越大，治理滑坡的数量也越来越多，滑坡整治工作也积累了大量的经验。世界许多国家如中国、日本、美国等国家在滑坡防治方面均取得了较大成就，出版了不少有关滑坡的发生、发展、预测和防治的文献和专著。

在确定滑坡范围和滑动面位置研究方面，日本学者申润植在专著中详细地介绍了日本在滑坡调查、滑动面辨认和确定、常用的物理勘探方法等方面的成果。我国学者徐邦栋（1984、2000）、王恭先（1994）、徐峻龄（1994）在专著中详细介绍了工程场地滑坡空间预测中确定滑坡范围、厚度、类型的常用方法和手段，反映了我国近期在这方面的研究水平。在确定边坡最危险滑裂面位置的理论研究方面，国内外学者提出了很多方法，如国外学者泰勒、Bouturp A. W（1980）等。国内张天宝编制了大量图表用于求取具有最小安全系数的滑弧位置（1987）。阎中华、周文通曾分别采用"黄金分割法"（1984）和"鲍威尔法"（1984）分析圆弧形和圆弧—直线形的最小安全系数。孙君实（1983）用弧形法对具有多个自由度的折线形滑裂面的最小抗滑稳定安全系数进行了计算。朱大勇（1997、1999）根据最优控制理论提出了边坡临界滑动场的概念，并给出了模拟临界滑动场的数值方法。国外学者 Desai（1972）、我国学者陈庆中（1997）结合有限元法、极限平衡理论、常微分方程的数值解法和最优控制理论，提出用于土坡稳定分析的最优控制分析法。甘卫军等（1999）基于遗传算法原理，提出了一种用遗传算法搜索确定黄土斜坡最危险滑裂面的方法。

欧美国家从 19 世纪中期就开始了滑坡灾害防治的研究，早期由于人们对滑坡的机理和变化规律认识不深，对大、中型滑坡以绕避为主，对小型滑坡则采取削坡减载、坡脚反压以及抗滑挡土墙进行治理，排水工程是优先考虑的措施。直到二次世界大战后，随着各国经济的发展和土地的开发利用，滑坡现象越来越多，在滑坡治理中便开始使用人工支挡工程。滑坡治理工程的发展大体可分为三个阶段：

第一阶段：20世纪50年代以前，治理工程以排除地下水和地表水为主，抗滑支挡工程主要是挡土墙。

第二阶段：20世纪六七十年代，在以排水工程和挡土墙为主的同时，大力开发应用抗滑桩以解决挡土墙施工中的困难。欧美国家和苏联多用钻孔钢筋混凝土灌注桩，桩径1.0～1.5m，深20～30m。日本则以钻孔钢管桩为主，钻孔直径400～500mm，在钢管内外灌注混凝土或水泥砂浆，以增强桩的抗剪断能力。20世纪70年代后期，日本也开始应用口径1.5～3.5m的挖孔抗滑桩。由于该类桩抗滑能力大，对滑坡体的扰动影响较小，施工方便，很快在滑坡治理中广泛应用，在治理大、中型滑坡体时几乎取代了抗滑挡土墙。

第三阶段：20世纪80年代以来，在研制开发大直径挖孔抗滑桩的同时，锚索锚固工程在滑坡治理中也得到了大量应用。由于单根锚索承受的拉力可达500～3000kN不等，其长度一般30～60m，长者可达120m，锚索既可以与抗滑桩联合使用，也可以在加反力梁或锚墩的条件下单独使用，并对锚索施加预应力，使抗滑桩从悬臂梁受力状况变为近似简支梁受力状态，增强了抗滑能力。锚索工程由于不用开挖滑坡体，又能机械化施工，所以得到了广泛的应用。

我国虽然对抗滑支挡结构的研究和治理起步于20世纪50年代初，但由于铁路、水利等工程建设中对滑坡治理的迫切需要，发展过程基本上与国外同步。早期在20世纪50年代主要学习苏联的经验，滑坡治理中首先考虑地表和地下排水工程，辅助以减重、反压和支挡工程，支挡工程主要是各种形式的挡土墙。到20世纪六七十年代，对于中小型滑坡采用排水盲沟加小型抗滑挡土墙，取得疏水和支挡滑坡的双重效果，获得成功。对于大型深层滑坡，为了解决抗滑挡土墙开挖基础的困难，曾在贵昆线二梯岩滑坡治理（徐邦栋，1979和2001）中设计采用沉井式抗滑结构，整治大型滑坡获得成功。但由于费用巨大，施工工艺复杂，施工难度较大而未能推广应用。

60年代中期，在成昆线建设中，研究使用大截面挖孔钢筋混凝土抗滑桩获得成功，很快在铁路内、外滑坡治理中推广应用，在治理大、中型滑坡中几乎取代了抗滑挡土墙。这主要由于挖孔抗滑桩的抗滑能力大，对滑坡体稳定性的破坏小、施工方便。已使用的抗滑桩截面有1.2m×2.0m、1.8m×2.4m、2m×2m、2m×3m、3m×4m、3m×5m、3.5m×7.0m，长度一般为15～35m，长者可达50m以上。此外，20世纪70年代中后期，还研究开发了排架桩、钢架桩、椅式桩墙等新的结构形式，改善了抗滑桩的受力状态，可以节省大量钢材和污工。但由于施工要求较高，未能得到大力推广应用。

20世纪80年代以来，随着锚索技术的发展，在滑坡防治中开始大量采用锚索工程。由于锚索使用高强度柔性钢绞线锚固于滑面以下的滑床中，对滑坡体扰动小，又可机械化施工而得到迅速推广应用。目前锚索的应用有两个情况：

一是锚索与抗滑桩联合使用。在抗滑桩顶部施加2～4束锚索，在锚索上增加预拉应力，上端接近简支梁受力。由于施加了预应力，桩体由被动受力变为主动受力，改变了普通抗滑桩的悬臂受力状态，从而大大减小了抗滑桩的截面和埋置深度。

二是锚索单独使用。在滑坡体上设置若干排锚索，锚固于滑动面以下的稳定地层中，地面用框架梁或支撑墩作反力装置，给滑坡体施加一定的预应力来稳定滑坡。

　　进入 20 世纪 90 年代以来，在开展滑坡发生、运动机制与监测预报新理论研究的同时，还开展了抗滑桩桩周抗力图式和预应力锚索抗滑桩的试验研究。滑坡防治工程从以前单一的"抗"、"挡"工程结构，逐步向发挥滑坡自稳性、重视改良导致滑坡失稳破坏的岩土强度和环境条件的滑坡改造技术方面发展，如生物改良技术、坡面及滑带土改造技术等。

　　总之，在过去数十年里我国已经防治了数以千计的各种类型的滑坡，结合我国国情研制开发了一系列有效的防治措施，总结出绕避、排水、支挡、减重、反压等治理滑坡的原则和方法。其中以铁道部门遇到和防治的滑坡最多，研究更为系统和深入，这与山区铁路建设的特点及安全运输的要求密不可分。尤其是 1966 年大直径挖孔灌注抗滑桩在成昆铁路沿线的成功应用，对抗滑桩在我国的应用和发展起到了重要的推动作用。抗滑支挡结构由于对稳定滑坡具有见效快、安全可靠的特点，是大型滑坡治理首先考虑的重要措施。同时又由于它一般造价较高、投资巨大，例如一根大型抗滑桩造价就可达数十万元，治理一个大型滑坡需投资数百万元乃至数千万元，因此人们对抗滑支挡工程的结构形式、适用条件、设计理论和施工方法等更加关注并多方开展研究。目前，抗滑支挡结构研究的重点主要有以下几个方面：

　　一是作用在抗滑桩上荷载（推力和抗力）的计算及其在桩上的分布问题，这是决定抗滑桩设计是否合理的关键。

　　二是预应力锚索设计中预应力值的确定方法和预应力的松弛问题，其中前者的合理性关系到支挡结构工作性状的优化问题，后者则关系到支挡结构的长期稳定性问题。

　　三是预应力锚索抗滑桩、预应力锚索地梁的设计计算问题。由于预应力锚索抗滑桩、预应力锚索地梁的受力特点和工作环境与一般建筑基础存在较大的差异，因而受到许多学者的关注。

12.2　工程滑坡防治的类型与适用范围

12.2.1　工程滑坡防治的类型

　　可从绕避、排水、力学平衡和滑带土改良等方面进行滑坡防治技术分类（表 12-1），其中排水技术包括地表排水和地下排水两大类。基于力学平衡可将滑坡防治技术分为削方减载、坡脚回填反压和抗滑支挡这三大类，进一步可将抗滑支挡技术分为抗滑挡墙、挖孔抗滑桩、锚索抗滑桩、锚索框架（地梁）、抗滑键、排架桩、钢架桩、钢架锚索桩、微型群桩和支撑盲沟等类型。

12.2.2　工程滑坡防治类型的适用范围

1.绕避

　　加强前期地质勘察工作，详细查明所遇到的滑坡的规模、性质、稳定状态、发展趋势和危害情况，尽量避开大型滑坡和滑坡连续分布地段，及施工后可能发生滑坡的地段，如顺层地段、大型厚层堆积层分布地段和大型断裂破碎带。绕避方案可以用桥梁跨河绕避，也可以用隧道绕避，如图 12-2 所示。

工程滑坡防治技术体系　　　　　　　　　　　　　表 12-1

绕避	排水	力学平衡	滑带土改良
(1)道路改线； (2)隧道避开滑坡； (3)用桥梁避开或跨越滑坡； (4)滑坡体清除	(1)地表排水； 1)滑坡体外截水沟； 2)滑坡体内截水沟； 3)自然沟防渗； (2)地下排水； 1)截水盲沟； 2)截水盲(隧)沟； 3)仰斜钻孔群排水； 4)垂直钻孔群排水； 5)群井抽水； 6)虹吸排水； 7)支撑盲沟； 8)边坡渗沟； 9)洞-孔联合排水； 10)井-孔联合排水	(1)卸载(削方减载) (2)坡脚回填反压 (3)抗滑支挡 1)抗滑挡墙； 2)挖孔抗滑桩； 3)锚索抗滑桩； 4)锚索框架(地梁)； 5)抗滑键； 6)排架桩； 7)钢架桩； 8)钢架锚索桩； 9)微型群桩； 10)支撑盲沟	(1)滑带注浆； (2)滑带爆破； (3)旋喷桩； (4)石灰桩； (5)石灰砂桩； (6)焙烧

2.排水工程

滑坡治理工程应先考虑排水工程，采用截水沟截断从滑坡体周围来的地表水，通过地下排水方式排泄滑坡体周围的地下水及滑坡体区域内的大气降雨入渗滑坡体的地下水。

截水沟可为开放式沟槽，也可称为排水盲沟。地下排水技术种类较多，视地下水丰富程度而定，地下水量不大时采用排水孔，地下水量特别大时可采用排水廊道。截水沟较短且滑坡体地形中高端低时其左右两端为排水沟排水部位，滑坡体规模较大且地表形态

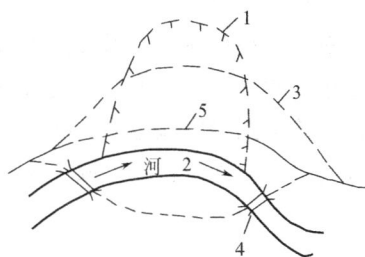

图 12-2　绕道滑坡方案示意图

1—滑坡；2—河流；3—隧道；4—桥梁；5—通过滑坡方案

复杂时，应在截水沟适当部位沿滑坡体表设置一条或多条纵向排水沟；滑坡体规模较大时，应在滑坡体表设置多条环形及纵向排水沟，形成排水网络；排水孔在滑坡体内按照梅花桩布置，建议在钻设的排水孔内安设网状高新材料排水管材，管材外包裹透水土工布，防止地下水渗流过程中携带的大量细颗粒土体堵塞孔道，减弱排水效果。

3.削方减载

拟订滑坡治理方案时，条件适宜时尽可能实施削方减载。削方减载条件：

第一，滑坡属于推移式滑坡。

第二，滑坡体中后部地表无道路、市政管网、居民聚集区等。

第三，滑坡体附近（含滑坡体前部）有足够的弃渣堆积场。

滑坡体上的减载区域必须位于滑坡体中后部，宜分台阶卸载（图 12-3），卸荷平台的高度及宽度以确保每级台地的自身稳定为原则。滑坡体的卸载总方量根据滑坡治理安全目标予以确定，在只能卸载有限方量而尚未达到滑坡治理安全目标时，可同时考虑抗滑支挡措施。

4. 坡脚回填反压

运用岩土体反压滑坡中前部，增大滑坡抗滑力（图 12-4）。在滑坡中前部无房屋、道路及市政管网等基础设施、地形平坦、岩土填料易于获取等条件下，优先选用坡脚回填反压治理滑坡。条件适宜时回填反压应与滑坡削方减载方案共同使用，这种方案在三峡库区的二期、三期地质灾害治理中经常采用。治理工程设计时，应确保回填反压土体的自身稳定。

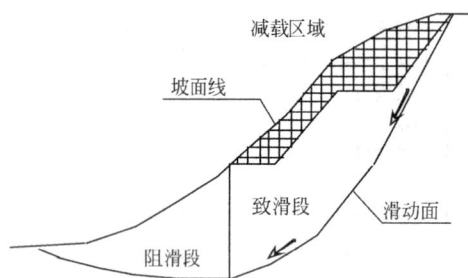

图 12-3   削方减载

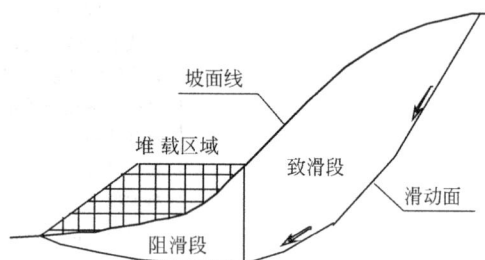

图 12-4   坡脚回填反压

5. 悬臂抗滑桩

对于中小型滑坡，滑坡推力较小，治理工程可采用悬臂抗滑桩（图 12-5）。悬臂抗滑桩属于悬臂梁构件，由悬臂段（自由段）和嵌固段组成。悬臂段承受滑坡推力，并通过嵌固段桩传递到稳定地层内。嵌固段长度一般为 1/3～1/2 桩长；嵌固段岩体完整、岩质强度较高时，嵌固段长度可取 1/4 桩长。抗滑桩截面尺寸可采用圆形或矩形，矩形桩的长边尽可能与滑坡主滑方向一致。根据结构计算结果进行抗滑桩结构配筋，在嵌固段与悬臂段交接部位应加强配筋。抗滑桩可采用人工挖孔或机械成孔施工。当滑坡剩余下滑力较大，或存在多个剪出口时可采用抗滑桩分级支挡（图 12-6）。工程滑坡防治的抗滑桩结构形式如图 12-7 所示。

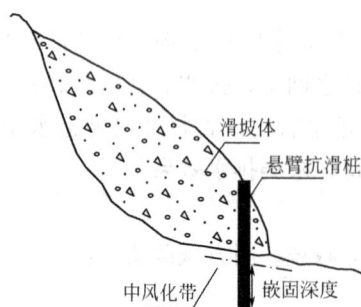

图 12-5   悬臂抗滑桩

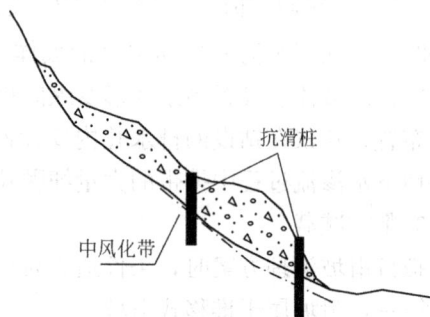

图 12-6   分级支挡悬臂抗滑桩

抗滑桩应有可靠的锚固段，半坡桩桩前的襟边应有一定的宽度，桩长应满足"越顶验算"。

6. 锚索抗滑桩

对于滑坡剩余下滑力较大，变形要求较严，抗滑桩悬臂太长，可采用锚索抗滑桩（图 12-8）。锚索抗滑桩由钢筋混凝土抗滑桩和锚索组成，滑坡剩余下滑力较大时可布设多排

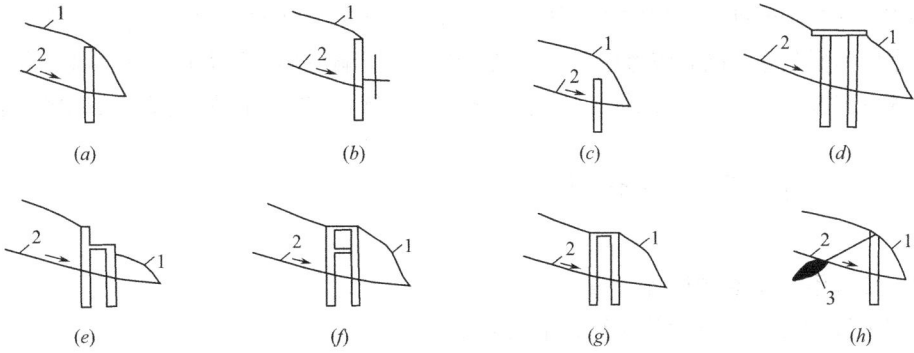

图 12-7　抗滑桩结构形式图

（a）全埋式桩；（b）悬臂桩；（c）埋入式桩；（d）承台式桩；（e）椅式桩

（h 形桩）；（f）排架桩；（g）钢架桩；（h）锚索桩

1—地面线；2—滑动面；3—锚索

锚索。锚索倾角不宜大于 35°。布设多排锚索时，应防止锚索之间相互影响，尤其是锚固段应有适当的安全距离。锚索的锚固段长度应根据计算确定。锚索设计时，尤其在地下水比较丰富、锚索处于周期性浸泡条件下，应高度重视防腐问题。

7. 锚索框架

锚索框架又称锚索格构，由锚索和钢筋混凝土格构组成（图 12-9）。格构由 C25 及其以上强度等级的钢筋混凝土现场浇筑，格构梁采用矩形断面，长边垂直于坡面。格构梁的作用包括两方面：其一是将锚索与格构组成空间受力体系；其二是便于给锚索施加并锁定预应力。格构梁地基应整平，地表不平时采用混凝土填补整平，地基承载力应满足锚索预应力张拉需求。

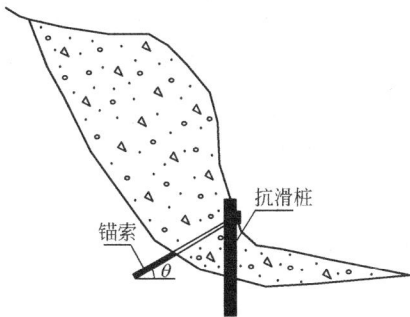

图 12-8　锚索抗滑桩

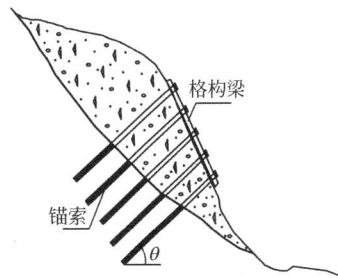

图 12-9　锚索格构梁

8. 抗滑挡墙

在中小型滑坡中较广泛应用，抗滑挡土墙的布设位置一般是放在滑坡前缘剪出口处，充分利用滑坡抗滑段，以减小挡墙的截面尺寸。由于挡墙基槽开挖会影响滑坡的稳定性，因此不允许全断面开挖，必须分段跳槽开挖。并从滑坡的两侧先施工，逐步向中间推进。

通过采用焙烧法、电化学法、硅化法、灌浆法或孔底爆破灌注混凝土等措施，改变滑带土的性质，提高它的强度，达到增强滑坡稳定性的目的。滑坡土改良方法目前由于其效果检验、施工不简便以及造价等原因，还处在试验阶段，未能广泛应用，值得进一步研究。

任何滑坡工程治理方案都应该是技术上可行、经济上合理的。对永久治理工程应考虑工程的可靠性和耐久性,同时应考虑其对环境的破坏和影响最小,且方便施工,能够尽快稳定滑坡,减少灾害,全面综合考虑以上因素,多方案比选,方能做出符合实际的优化方案。

12.3　工程滑坡防治的设计

12.3.1　工程滑坡防治的设计计算

工程滑坡治理设计及计算应符合下列规定:

(1) 滑坡计算应考虑滑坡自重、滑坡体上建(构)筑物等的附加荷载、地下水及洪水的静水压力和动水压力以及地震作用等的影响,取荷载效应的最不利组合值作为滑坡的设计控制值。

(2) 滑坡稳定系数应与滑坡所处的滑动特征、发育阶段相适应,工程滑坡的发育阶段可按表 12-2 划分。

表 12-2

滑坡发育阶段

演变阶段	弱变形阶段	强变形阶段	滑动阶段	停滑阶段
滑动带及滑动面	主滑段滑动带在蠕动变形,但滑体尚未沿滑动带位移	主滑段滑动带已大部分形成,部分探井及钻孔可发现滑动带有镜面、擦痕及搓揉现象。滑体局部沿滑动带位移	整个滑坡已全面形成,滑带土特征明显新鲜,绝大多数探井及钻孔发现滑动带有镜面、擦痕及搓揉现象,滑带土含水量常较高	滑体不再沿滑动带位移,滑带土含水量降低,进入固结阶段
滑坡前缘	前缘无明显变化,未发现新泉点	前缘有隆起,有放射状裂隙或大体垂直等高线的压致张裂缝,有时有局部坍塌现象或出现湿地或有泉水溢	前缘出现明显的剪出口并经常剪出,剪出口附近湿地明显,有一个或多个泉点,有时形成了滑坡舌,滑坡舌常明显伸出,鼓胀及放射状裂隙加剧并常伴有坍塌	前缘滑坡舌伸出,覆盖于原地表上或到达前方阻挡体壅高,前缘湿地明显,鼓丘不再发展
滑坡后缘	后缘地表或建构筑物出现一条或数条与地形等高线大体平行的拉张裂缝,裂缝断续分布	后缘地表或建(构)筑物拉张裂缝多而宽且贯通,外侧下错	后缘张裂缝常出现多个阶坎或地堑式沉陷带,滑坡壁常较明显	后缘裂缝不再增多,不再扩大,滑坡壁明显
滑坡两侧	两侧无明显裂缝,边界不明显	两侧出现雁行羽状剪切裂缝	羽状裂缝与滑坡后缘张裂缝,滑坡周界明显	羽状裂缝不再扩大,不再增多甚至闭合
滑坡体	无明显异常,偶见"醉汉林"	有裂缝及少量沉陷等异常现象,可见"醉汉林"	有差异运动形成的纵向裂缝,中、后部水塘、水沟或水田渗漏,不少树木成"醉汉林",滑坡整体位移	滑体变形不再发展,原始地形总体坡度变小,裂缝不再增多甚至闭合
稳定状态	基本稳定	欠稳定	不稳定	欠稳定~稳定
稳定系数	$1.05 < F_s < F_{st}$	$1.00 < F_s < 1.05$	$F_s < 1.00$	$1.00 < F_s \sim F_s > F_{st}$

注:F_{st} 为滑坡稳定性安全系数。

（3）滑坡稳定性分析计算剖面不宜少于 3 条，其中应有一条是主轴（主滑方向）剖面，剖面间距不宜大于 30m。

（4）当滑体具有多层滑面时，应分别计算各滑动面的支挡结构岩土荷载，取作用效应（对支护结构产生的弯矩或剪力）最大值作为设计值。

（5）滑坡滑面（带）的强度指标应考虑岩土性质、滑坡的变形特征及含水条件等因素，根据试验值、反算值和地区经验值等综合分析确定。

（6）作用在抗滑支挡结构上的岩土荷载分布，可根据滑体性质和高度等因素确定为三角形、矩形或梯形。

（7）滑坡支挡设置应保证滑体不从支挡结构顶部越过、桩间挤出和产生新的深层滑动。

（8）采用刚体极限平衡法计算滑坡支挡结构岩土荷载时，应对最下一级支挡结构前方滑体稳定性进行计算，当其未达到稳定时应在滑坡支挡结构岩土荷载计算中将其忽略不计。

（9）采用刚体极限平衡法计算作用在滑坡多级支挡结构上的荷载时，当支挡结构间距小或滑体刚度大时，可采用各级支挡结构共同承担荷载的方法。

采用各级支挡结构共同承担荷载的方法时，应根据地质情况和控制变形需求的差异提供若干个各级支挡结构承担荷载的比例参考值，按各级支挡结构位置分别计算各个比例下各级支挡结构承担的荷载，通过技术经济比较择优确定各级支挡结构承担的荷载。

（10）计算作用在滑坡支挡结构上的荷载时，应考虑支挡结构施工造成地形的不利变化。

（11）滑坡支挡结构级数与位置应根据地质情况和控制变形需求的差异通过技术经济比较择优确定。

（12）滑坡沿滑向的地质情况变化大时，多级支挡结构级数与位置以及选择共同承担荷载方法时各级支挡结构承担荷载的比例宜通过数值计算确定。

工程滑坡稳定系数及剩余下滑力计算见本手册有关章节。工程滑坡稳定安全系数的确定同边坡稳定安全系数。桩的计算在桩板式挡墙设计中有详细的介绍，锚杆、锚索的计算在锚杆（索）挡墙设计中有详细的介绍。

滑坡支挡结构岩土荷载应通过滑坡稳定性计算确定。为确定滑坡抗失稳支护结构岩土荷载而进行的滑坡稳定性计算时应取稳定系数等于稳定安全系数，通过反算算得所需抗失稳支护力，以其反力为抗失稳支护结构岩土荷载。

对圆弧形滑面可采用简化毕肖普法，可按下列公式计算（图 12-10）。

$$F_{st} = \frac{\sum\limits_{i=1}^{n} \frac{1}{m_{\theta_i}} [c_i L_i \cos\theta_i + (G_i + G_{bi} + R_{0i}\sin\alpha_i - U_i\cos\theta_i)\tan\varphi_i]}{\sum\limits_{i=1}^{n} [(G_i + G_{bi})\sin\theta_i + Q_i\cos\theta_i - R_{0i}\cos(\theta_i + \alpha_i)]} \tag{12-1}$$

$$m_{\theta_i} = \cos\theta_i + \frac{\tan\varphi_i \sin\theta_i}{F_{st}} \tag{12-2}$$

$$U_i = \frac{1}{2}\gamma_w(h_{wi} + h_{w,i-1})L_i \tag{12-3}$$

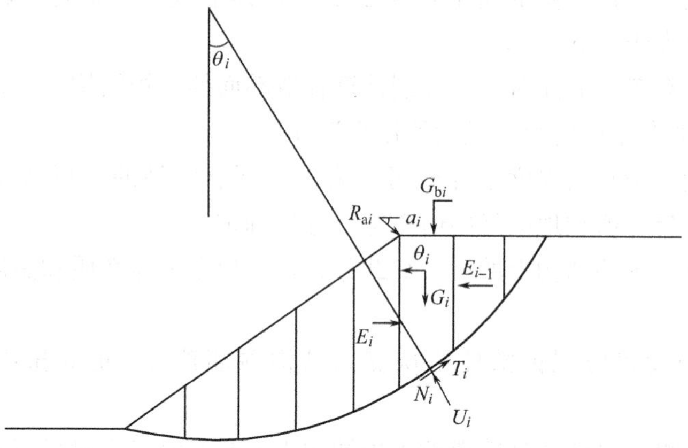

图 12-10　圆弧形滑面计算模型示意

式中　　F_{st}——滑坡稳定性安全系数；

c_i——第 i 计算条块滑面黏聚力（kPa）；

φ_i——第 i 计算条块滑面内摩擦角（°）；

L_i——第 i 计算条块滑面长度（m）；

θ_i——第 i 计算条块滑面倾角（°），滑面倾向与滑动方向相同时取正值，底面倾向与滑动方向相反时取负值；

U_i——第 i 计算条块滑面单位宽度总水压力（kN/m）；

G_i——第 i 计算条块单位宽度岩土体自重（kN/m）；

G_{bi}——第 i 计算条块单位宽度附加竖向荷载（kN/m）；方向指向下方时取正值，指向上方时取负值；

Q_i——第 i 计算条块单位宽度水平荷载（kN/m）；方向指向坡外时取正值，指向坡内时取负值；

R_{0i}——第 i 计算条块所受支护结构单位宽度支护力（kN/m）；当只在最末一个条块上作用有支护力 R_0 时，取 $R_{0i}=0$（$i<n$），$R_{0n}=R_0$；

α_i——第 i 计算条块支护结构单位宽度支护力倾角（°）；支护力方向指向斜下方时取正值，指向斜上方时取负值；

h_{wi}, $h_{w,\,i-1}$——第 i 及第 $i-1$ 计算条块滑面前端水头高度（m）；

γ_w——水重度，取 $10\mathrm{kN/m^3}$；

i——计算条块号，从后方起编；

n——条块数量。

对平面滑面，可按下列公式计算（图 12-11）。

$$F_{st}=\frac{R}{T} \tag{12-4}$$

$$R =\left[(G+G_b)\cos\theta-Q\sin\theta+R_0\sin(\theta+\alpha)-V\sin\theta-U\right]\mathrm{tg}\varphi+cL \tag{12-5}$$

$$T =(G+G_b)\sin\theta+Q\cos\theta-R_0\cos(\theta+\alpha)+V\cos\theta \tag{12-6}$$

$$V =\frac{1}{2}\gamma_w h_w^2 \tag{12-7}$$

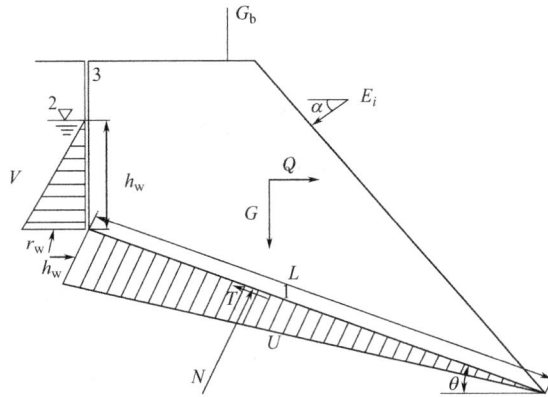

图 12-11 平面滑面边坡计算模型示意
1—滑面；2—地下水位；3—后缘裂缝

$$U = \frac{1}{2}\gamma_w h_w L \qquad (12-8)$$

式中 T ——滑体单位宽度重力及其他外力引起的下滑力（kN/m）；

       R ——滑体单位宽度重力及其他外力引起的抗滑力（kN/m）；

       c ——滑面的黏聚力（kPa）；

       φ ——滑面的内摩擦角（°）；

       L ——滑面长度（m）；

       G ——滑体单位宽度重力（kN/m）；

       G_b ——滑体单位宽度附加竖向荷载（kN/m）；方向指向下方时取正值，指向上方时取负值；

       θ ——滑面倾角（°）；

       U ——滑面单位宽度总水压力（kN/m）；

       V ——后缘陡倾裂隙单位宽度总水压力（kN/m）；

       Q ——滑体单位宽度水平荷载（kN/m）；方向指向坡外时取正值，指向坡内时取负值；

       R_0 ——滑体所受支护结构单位宽度支护力（kN/m）；

       α ——支护结构单位宽度支护力倾角（°）；支护力方向指向斜下方时取正值，指向斜上方时取负值；

       h_w ——后缘陡倾裂隙充水高度（m），根据裂隙情况及汇水条件确定。

也可直接由以下公式求得：

$$R_0 = \frac{[(G+G_b)\sin\theta + (Q+V)\cos\theta] - [(G+G_b)\cos\theta - (Q+V)\sin\theta - U]\mathrm{tg}\varphi/F_{st} - cL/F_{st}}{\cos(\theta+\alpha) + \sin(\theta+\alpha)\mathrm{tg}\varphi/F_{st}}$$

$$(12-9)$$

对折线形滑面可采用传递系数法隐式解，可按下列公式计算（图 12-12）。

$$P_n = 0 \qquad (12-10)$$

$$P_i = P_{i-1}\psi_{i-1} + T_i - R_i/F_{st} \qquad (12-11)$$

$$\psi_{i-1} = \cos(\theta_{i-1} - \theta_i) - \sin(\theta_{i-1} - \theta_i)\tan\varphi_i/F_{st} \qquad (12-12)$$

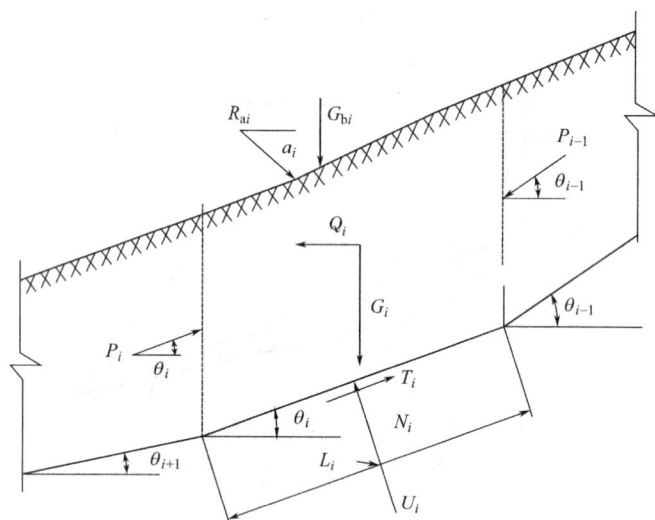

图 12-12 折线形滑面传递系数法计算模型示意

$$T_i = (G_i + G_{bi})\sin\theta_i + Q_i\cos\theta_i - R_{0i}\cos(\theta + \alpha_i) \tag{12-13}$$

$$R_i = c_iL_i + [(G_i + G_{bi})\cos\theta_i - Q_i\sin\theta_i + R_{0i}\sin(\theta + \alpha_i) - U_i]\tan\varphi_i \tag{12-14}$$

式中　P_n——第 n 条块单位宽度剩余下滑力（kN/m）；

　　　P_i——第 i 计算条块与第 $i+1$ 计算条块单位宽度剩余下滑力（kN/m）；当 $P_i < 0$（$i < n$）时取 $P_i = 0$；

　　　ψ_{i-1}——第 $i-1$ 计算条块对第 i 计算条块的传递系数；

　　　T_i——第 i 计算条块单位宽度重力及其他外力引起的下滑力（kN/m）；

　　　R_i——第 i 计算条块单位宽度重力及其他外力引起的抗滑力（kN/m）；

　　　其余符号意义同前。

　　当只在最末一个条块上作用有支护力时，支护力可直接按下式计算：

$$P_{0n} = \frac{P_n}{\cos(\theta_n + \alpha_n) + \sin(\theta_n + \alpha_n)\dfrac{\tan\varphi_n}{F_{st}}} \tag{12-15}$$

式中　P_n——滑坡稳定系数达到安全系数时第 n 条块单位宽度剩余下滑力（kN/m）；

　　　其余符号意义同前。

12.3.2 工程滑坡防治的构造设计

1. 排水工程一般要求

（1）排水工程设计，应在滑坡防治总体方案基础上，结合工程地质、水文地质条件及降雨条件，制定地表排水、地下排水或二者相结合的方案。

（2）地表排水工程的设计标准，应根据防护对象等级所确定的防洪标准予以确定，并依此确定排水工程建筑物的级别、安全超高及安全系数。

（3）当滑坡体上存在地表水体，且必须保留时，应进行防渗处理，并与拟建排水系统相接。

（4）地下排水工程，应视滑动面状况、滑坡所在山坡汇水范围内的含水层与隔水层水文地质结构及地下水动态特征，选用隧硐排水、钻孔排水或盲沟排水等方案。

（5）当地质条件和水文条件复杂时，排水工程对于滑坡稳定系数的提高值可不作为设计依据，但可作为安全储备加以考虑。

2.地表排水

（1）地表排水工程，应根据滑坡的规模、范围及其重要程度，准确、合理地选定设计标准，即选定某一降雨频率作为计算流量的标准。将大于设计标准或在非常情况下使工程仍能发挥其原有作用的安全标准，作为校核标准。

（2）地表排水工程设计的频率地表汇水流量计算，可根据中国水利水电科学研究院水文研究所提出的小汇水面积设计流量公式计算。即：

$$Q_P = 0.278\varphi S_P F/\tau^n \tag{12-16}$$

式中　Q_P——设计频率地表水汇流量（m^3/s）；

　　　S_P——设计降雨强度（mm/h）；

　　　τ——流域汇流时间（h）；

　　　φ——径流系数；

　　　n——降雨强度衰减系数；

　　　F——汇水面积（km^2）。

当缺乏必要的流域资料时，可按中国公路科学研究所提出的经验公式计算，即：

当 $F \geqslant 3km^2$ 时：

$$Q_P = \varphi S_P F^{2/3} \tag{12-17}$$

当 $F < 3km^2$ 时：

$$Q_P = \varphi S_P F \tag{12-18}$$

式中　各量纲同式（12-16）。

（3）排水沟断面形状可为矩形、梯形、复合型及 U 形等。梯形、矩形断面排水沟，易于施工，维修清理方便，具有较大的水力半径和输移力，在滑坡防治排水工程设计时应优先考虑。

（4）地表排水工程水力设计，应首先对排水系统各主、支沟段控制的汇流面积进行分割计算，并根据设计降雨强度和校核标准分别计算各主、支沟段汇流量和输水量；在此基础上，确定排水沟断面或校核已有排水沟过流能力。

（5）排水沟过流量计算公式为：

$$Q = WC\sqrt{Ri} \tag{12-19}$$

式中　Q——过流量（m^3/s）；

　　　R——水力半径（m）；

　　　i——水力坡降；

　　　W——过流断面面积（m^2）；

　　　C——流速系数（m/s），宜采用下列两式计算：

1）巴甫洛夫斯基公式

$$C = R^y/n \tag{12-20}$$

式中　y——与 n、R 有关的指数。

$$y = 2.5\sqrt{n} - 0.13 - 0.75\sqrt{R}(\sqrt{n} - 0.10)$$

2）满宁公式

$$C = R^{1/6}/n \qquad (12\text{-}21)$$

式中　R——水力半径（m）；

　　　n——糙率。

对刚性材料的排水沟，n 的取值，建议采用《溢洪道设计规范》（SL 253—2000）、《渠道防渗工程技术规范》（SL 18—2004）的推荐数值。

（6）外围截水排水沟应设置在滑坡体或老滑坡后缘，远离裂缝 5m 以外的稳定斜坡面上。依地形而定，平面上多呈"人"字形展布。沟底比降无特殊要求，以能顺利排除拦截的地表水为原则。根据外围坡体结构，截水沟迎水面需设置泄水孔，推荐尺寸为 100mm×100mm～300mm×300mm。

（7）当排水沟通过裂缝时，应设置成叠瓦式的沟槽，可用土工合成材料或钢筋混凝土预制板制成。

（8）有明显开裂变形的坡体，应及时用黏土或水泥浆填实裂缝，整平积水坑、洼地，使降雨能迅速沿排水沟汇集、排走。

（9）滑坡体上若有水田，应改为旱地耕作。若有积水的池、塘、库，应停止耕作。滑坡体后缘（外围），若分布有可能影响滑坡的积水的池、塘、库时，宜停止耕作；否则其底和周边均须实施防渗工程。

（10）排水沟进出口平面布置，宜采用喇叭口或八字形导流翼墙。导流翼墙长度可取设计水深的 3～4 倍。

（11）当排水沟断面变化时，应采用渐变段衔接，其长度可取水面宽度之差的 5～20 倍。

（12）排水沟的安全超高，不宜小于 0.4m，最小不小于 0.3m；对弯曲段凹岸，应考虑水位壅高的影响。

（13）排水沟弯曲段的弯曲半径，不得小于最小容许半径及沟底宽度的 5 倍。最小容许半径可按下式计算：

$$R_{min} = 1.1v^2 A^{1/2} + 12 \qquad (12\text{-}22)$$

式中　R_{min}——最小容许半径（m）；

　　　v——沟道中水流流速（m/s）；

　　　A——沟道过水断面面积（m²）。

（14）在排水沟纵坡变化处，应避免上游产生壅水。断面变化，宜改变沟道宽度，深度保持不变。

（15）设计排水沟的纵坡，应根据沟线、地形、地质以及与山洪沟连接条件等因素确定，并进行抗冲刷计算。排水沟的纵坡应大于 2%，当自然纵坡大于 1∶20 或局部高差较大时，可设置陡坡或跌水。

（16）跌水和陡坡进出口段，应设导流翼墙，与上、下游沟渠护壁连接。梯形断面沟道，多做成渐变收缩扭曲面；矩形断面沟道，多做成"八"字墙形式。

（17）陡坡和缓坡连接剖面曲线，应根据水力学计算确定；跌水和陡坡段下游，应采用消能和防冲措施。当跌水高差在 5m 以内时，宜采用单级跌水；跌水高差大于 5m 时，宜采用多级跌水。

（18）排水沟宜用浆砌片石或块石砌成；地质条件较差，如坡体松软段，可用毛石混凝土或素混凝土修建。砌筑排水沟砂浆的强度，宜用 M7.5～M10。对坚硬块片石砌筑的排水沟，可用比砌筑砂浆高一级强度的砂浆进行勾缝，且以勾阴缝为主。毛石混凝土或素混凝土的强度，宜用 C15～C20。

（19）陡坡和缓坡段沟底及边墙，应设伸缩缝，缝间距为 10～15m。伸缩缝处的沟底，应设齿前墙，伸缩缝内应设止水或反滤盲沟或同时采用。

（20）树枝状排水沟中的主沟方向与滑坡主滑方向一致，或充分利用滑体内外的自然沟。支沟间距为 30～50m，其方向与主滑方向呈 30°～45°夹角。

3. 地下排水

（1）当滑坡体表层有积水湿地和泉水露头时，可将排水沟上端做成渗水盲沟，伸进湿地内，达到疏干湿地内上层滞水的目的。渗水盲沟，须用不含泥的块石、碎石填实，两侧和顶部做反滤层（图 12-13）。

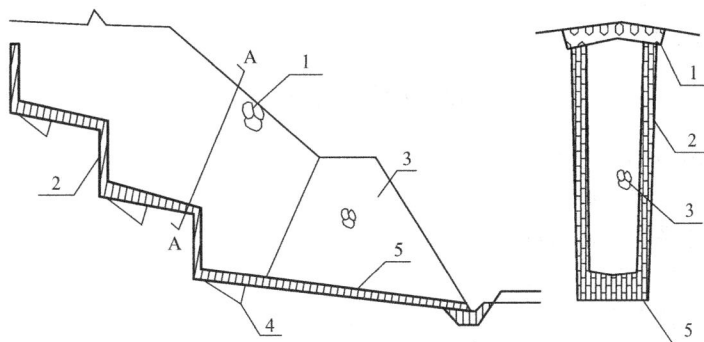

图 12-13　滑坡地下排水支撑盲沟断面示意图
1—大块干砌片石；2—反滤层；3—干砌片石；4—浆砌片石；5—牙石

（2）为拦截滑坡体后山和滑坡体后部深层地下水及降低滑坡体内地下水位，须将横向拦截排水修于滑坡体后缘滑动面以下，与地下水流向基本垂直；纵向排水疏干，可建在滑坡体（或老滑坡）内，两侧设置与地下水流向基本垂直的分支截排水和仰斜排水孔。配有排水孔的截排水，其排水能力可由下式计算（图 12-14）：

$$Q = \frac{1.36K(2H - S_{\text{w}})S_{\text{w}}}{\lg \dfrac{d}{\pi r_{\text{w}}} + \dfrac{1.36b_1 b_2}{db}} \tag{12-23}$$

式中　Q——单井涌水量（m^3/d）；

　　　K——渗透系数（m/d）；

　　　H——水头或潜水含水层厚度（m）；

　　　S_{w}——排水孔中水位降深（m）；

　　　d——井距之半（m）；

　　　r_{w}——井半径（m）；

　　　b_1——井排至排泄边界的距离（m）；

　　　b_2——井排至补给边界的距离（m）。

（3）对于规模小、滑面埋深较浅的滑坡，采用支撑盲

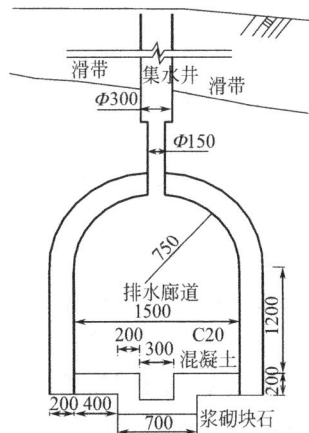

图 12-14　滑坡地下排水廊道
剖面示意图（mm）

沟排除滑坡体地下水，具有施工简便、效果明显的优点，并可起到抗滑支撑的作用。

1）支撑盲沟长度计算

采用公式为：

$$L = \frac{K_s T \cos\alpha - T \sin\alpha \tan\varphi}{\gamma h b \tan\varphi} \tag{12-24}$$

式中　L——支撑盲沟长度（m）；

T——作用于盲沟上的滑坡推力（kN）；

α——支撑盲沟后的滑坡滑动面倾角（°）；

h、b——支撑盲沟的高、宽（m）；

γ——盲沟内填料容量，采用浮密度（kN/m³）；

φ——盲沟基础与地基内摩擦角（°）；

K_s——设计安全系数，取值1.3。

2）支撑盲沟排除地下水的出水量计算

当设计盲沟长度大于50m时：

$$Q = LK \frac{H^2 - h^2}{2R} \tag{12-25}$$

式中　Q——盲沟出水量（m³/d）；

L——盲沟长度（m）；

K——渗透系数（m/d）；

H——含水层厚度（m）；

h——动水位至含水层底板的高度（m）；

R——影响半径（m）。

当设计盲沟长度小于50m时：

$$Q = 0.685K \frac{H^2 - h^2}{\lg \dfrac{R}{0.25L}} \tag{12-26}$$

式中的公式中符号意义同式（12-25）。

4. 抗滑桩

（1）为保护环境，桩顶宜埋置于地面以下0.5m，但应保证滑坡体不越过桩顶。

（2）桩身混凝土可采用普通混凝土。当施工许可时，也可采用预应力混凝土。桩身混凝土的强度宜为C25、C30或C40。地下水或环境土有侵蚀性时，水泥应按有关规定选用。

（3）纵向受拉钢筋应采用Ⅱ级以上的带肋钢筋或型钢。

（4）纵向受拉钢筋直径应大于16mm。净距应在120～250mm之间。如用束筋时，每束不宜多于3根。如配置单排钢筋有困难时，可设置两排或三排，排距宜控制在120～200mm之内。当采用单筋配筋且有混凝土护壁时，钢筋的混凝土保护层厚度应大于50mm；无护壁时不应小于70mm；若采用束筋则应按钢筋混凝土规范规定确定。

（5）纵向受拉钢筋的截断点应在按计算不需要该钢筋的截面以外，其伸出长度应不小于钢筋混凝土规范规定。

（6）桩内不宜配置弯起钢筋，可采用调整箍筋的直径、间距和桩身截面尺寸等措施，以满足斜截面的抗剪强度。

（7）箍筋宜采用封闭式。肢数不宜多于 4 肢，其直径在 10～16mm 之间，间距应小于 500mm。

（8）钢筋应采用焊接、螺纹或冷挤压连接。接头类型以对焊、帮条焊和搭接焊为主。当受条件限制，必须在孔内制作时，纵向受力钢筋应以对焊或螺纹连接为主。钢筋直径大于等于 22mm 时应采用机械连接。

（9）桩的两侧及受压边，应适当配置纵向构造钢筋，其间距宜为 200mm，直径不应小于 14mm。桩的受压边两侧，应配置架立钢筋，其直径不宜小于 16mm。

锚索、锚杆、格构、重力式挡墙等构造设计详见有关章节。

12.4　工程滑坡防治的施工

1. 一般要求

（1）工程滑坡治理应采用信息法施工，做好滑面位置与性状的核对工作；当与原勘察设计不符时应及时向相关部门反馈信息。

（2）现状条件下滑坡体稳定性差时，滑坡支挡结构施工前对滑坡采取临时支护措施。

（3）滑坡支挡结构开挖施工分段跳槽进行，并从滑坡两侧开始，逐步向主滑断面推进；严禁通长大断面开挖。开挖弃渣不得随意堆放在滑坡的推力段，以免诱发坡体滑动或引起新的滑坡。

（4）工程滑坡治理开挖不宜在雨季实施，应控制施工用水，做好施工排水措施。不宜采用普通爆破法施工。

2. 地表排水

（1）地表排水工程施工应按设计要求，选定位置，确定轴线。然后按设计图纸尺寸、高程量定开挖基础范围，准确放出基脚大样尺寸，进行土方开挖与沟体砌（浇）筑。宜根据土质结构进行放坡。

（2）开挖土方基坑时，必须留够稳定边坡，以防滑塌。对淤泥质土、软黏土、淤泥等松软土层，应尽量挖除。对重要的大落差跌水、陡坡地基应加固处理。

（3）填方基础必须按规定尺寸分层夯实，达到设计要求，并做必要的土样测试检验。

（4）石方开挖中，打炮眼、装炸药和爆破等工序，必须严格按照有关爆破操作规程进行，以杜绝工伤事故。

（5）对开挖出的沟基，如地基承载力达不到设计要求时，应进行地基处理加固。如除泥换土、填砂砾石料、夯实等。

（6）排水沟底板和边墙人工砌筑工艺总的要求为：平（砌筑平面大体平整）、稳（块石大面向下，安放稳实）、紧（石块间必须靠紧）、满（石缝要以砂浆填满捣实，不留空隙）。

（7）砌砖宜用坐浆法，砌片石用坐浆法或灌浆法；石料或砖，使用前应洗刷干净。

（8）砌石时，基础应敷设 50～80mm 砂浆垫层。第一层宜选用较大片石；分层砌筑，每层厚约 250～300mm，由外向里，先砌面石，再灌浆塞实；铺灰坐浆要牢实。

（9）砌片石（砖）时，应注意纵、横缝互相错开，每层横缝厚度保持均匀。未凝固的砌层，避免振动。

（10）须勾缝的砌石面，在砂浆初凝后，应将灰缝抠深 30～50mm，清净湿润，然后填浆勾阴缝。

3. 地下排水

（1）地下排水施工时，当地层比较完整、地质条件较好时，开挖、衬砌和灌浆三个施工过程可依次进行，即先将全部挖通，以后再进行衬砌和灌浆；但当岩层破碎、地质条件不良时，应边开挖边衬砌。

（2）开挖可依据滑坡具体地质情况，选择人工开挖方法或钻孔爆破方法进行；当使用钻孔爆破法，须根据岩层完整程度，确定全断面开挖或导洞开挖；在地下水比较丰富的地段，宜采用下导洞开挖。

（3）对于不稳定地层，在开挖爆破后，永久衬砌前，应采用木支撑、钢支撑或喷混凝土锚杆支护等临时支护措施。

（4）在特别软弱或大量涌水的地层中开挖，应采用超前灌浆或管棚加固方法，先将地层预先加固，然后再进行开挖。

（5）隧硐浇砌时，应沿轴线方向分段进行。当结构设有永久缝时，按永久缝施工和设置止水。如永久缝间距过大或无永久缝时，应设临时施工缝分段浇砌，段长宜为 8～15m。为避免窝工，可采用跳仓浇砌。在横断面上，浇砌顺序应为先底拱、后边墙和顶拱；因地质条件差，也可先顶拱、后边墙，最后底拱。

（6）支撑盲沟施工时，开挖基础应置于滑动面 0.5m 以下的稳定地基上。基底纵向为台阶式，每级台阶长度不应小于 4m，放坡系数控制在 0.05 以内。

（7）支撑盲沟基础砌筑，宜每隔 1～3m 设一牙石凸榫，可采用 100～200mm 填料片石；沟壁砂砾石反滤层厚度不应低于 150mm。

4. 抗滑桩施工

（1）抗滑桩应严格按设计图施工。应将开挖过程视为对滑坡进行再勘察的过程，及时进行地质编录，以利于反馈设计。

（2）抗滑桩施工包含以下工序：施工准备、桩孔开挖、地下水处理、护壁、钢筋笼制作与安装、混凝土灌注、混凝土养护等。

（3）施工准备应按下列要求进行：

1）按工程要求进行备料，选用材料的型号、规格符合设计要求，有产品合格证和质检单。

2）钢筋应专门建库堆放，避免污染和锈蚀。

3）使用普通硅酸盐水泥。

4）砂石料的杂质和有机质的含量应符合《混凝土结构工程施工质量验收规范》（GB 50204—2015）的有关规定。

（4）桩孔以人工开挖为主，并按下列原则进行：

1）开挖前应平整孔口，并做好施工区的地表截、排水及防渗工作。雨期施工时，孔口应加筑适当高度的围堰。

2）采用间隔方式开挖，每次间隔 1～2 孔。

3）按由浅至深、由两侧向中间的顺序施工。

4）松散层段原则上以人工开挖为主，孔口做锁口处理，桩身做护壁处理。基岩或坚硬孤石段可采用少药量、多炮眼的松动爆破方式，但每次剥离厚度不宜大于 30cm。开挖基本成型后再人工刻凿孔壁至设计尺寸。

5）根据岩土体的自稳性、可能日生产进度和模板高度，经过计算确定一次最大开挖深度。一般自稳性较好的可塑～硬塑状黏性土、稍密以上的碎块石土或基岩中为 1.0～1.2m；软弱的黏性土或松散的、易垮塌的碎石层为 0.5～0.6m；垮塌严重段宜先注浆后开挖。

6）每开挖一段应及时进行岩性编录，仔细核对滑面（带）情况，综合分析研究，如实际情况与设计有较大出入时，应将发现的异常及时向建设单位和设计人员报告，及时变更设计。实挖桩底高程应会同设计、勘察等单位现场确定。

7）弃渣可用卷扬机吊起。吊斗的活门应有双套防开保险装置。吊出后应立即运走，不得堆放在滑坡体上，防止诱发次生灾害。

（5）桩孔开挖过程中应及时排除孔内积水。当滑体的富水性较差时，可采用坑内直接排水；当富水性好，水量很大时，宜采用桩孔外管泵降排水。

（6）桩孔开挖过程中应及时进行钢筋混凝土护壁，宜采用 C20 混凝土。护壁的单次高度根据一次最大开挖深度确定，一般为 1.0～1.5m，护壁不宜在滑面处分节。护壁厚度应满足设计要求，一般为 100～200mm，应与围岩接触良好。护壁后的桩孔应保持垂直、光滑。

（7）钢筋笼的制作与安装可根据场地的实际情况按下列要求进行：

1）钢筋笼尽量在孔外预制成型，孔内制作钢筋笼必须考虑焊接时的通风排烟。

2）竖筋的焊接接头采用双面搭接焊、对焊或冷挤压。接头点需错开。

3）竖筋的搭接处不得放在土石分界和滑动面（带）处。

4）孔内渗水量过大时，应采取强行排水、降低地下水位措施。

（8）桩芯混凝土灌注应符合下列要求。

1）待灌注的桩孔应经检查合格。

2）所准备的材料应满足单桩连续灌注。

3）当孔底积水厚度小于 100mm 时，可采用干法灌注；否则应采取措施处理。

4）当采用干法灌注时，混凝土应通过串筒或导管注入桩孔，串筒或导管的下口与混凝土面的距离宜为 1～2m。

5）桩身混凝土灌注应连续进行，一般不留施工缝。当必须留置施工缝时，应按《混凝土结构工程施工质量验收规范》（GB 50204—2015）的有关规定进行处理。

6）桩身混凝土每连续灌注 0.5～0.7m 时，应插入振动器振捣密实一次。

7）对出露地表的抗滑桩应及时派专人用麻袋、草帘加以覆盖并浇清水进行养护。养护期应在 7d 以上。

（9）桩身混凝土灌注过程中，应取样做混凝土试块。每班、每百立方米或每搅百盘取样应不少于一组。不足百立方米时，每班都应取。

（10）当孔底积水深度大于 100mm，应尽可能采取增大抽水能力或增加抽水设备等措施进行排干处理。

（11）若孔内积水难以排干，应采用水下灌注方法进行混凝土施工，保证桩身混凝土质量。

（12）水下混凝土必须具有良好的和易性，其配合比按计算和试验综合确定。水灰比宜为 0.5～0.6，坍落度宜为 160～200mm，砂率宜为 40%～50%，水泥用量不宜少于 350kg/m³。

（13）灌注导管应位于桩孔中央，底部设置性能良好的隔水栓。导管直径宜为 250～350mm。导管使用前应进行试验，检查水密、承压和接头抗拉、隔水等性能。进行水密试验的水压不应小于孔内水深的 1.5 倍压力。

（14）水下混凝土灌注应按下列要求进行：

1）为使隔水栓能顺利排出，导管底部至孔底的距离宜为 250～500mm。

2）为满足导管初次埋置深度在 0.8m 以上，应有足够的超压力能使管内混凝土顺利下落并将管外混凝土顶升。

3）灌注开始后，应连续地进行，每根桩的灌注时间不应超过表 12-3 的规定。

单根抗滑桩的水下混凝土灌注时间　　　　　　　　　　表 12-3

灌注量（m³）	<50	100	150	200	250	≥300
灌注时间（h）	≤5	≤8	≤12	≤16	≤20	≤24

4）灌注过程中，应经常探测井内混凝土面位置，力求导管下口埋深在 2～3m，不得小于 1m。

5）对灌注过程中的井内溢出物，应引流至适当地点处理，防止污染环境。

（15）若桩壁渗水并有可能影响桩身混凝土质量时，灌注前宜采取下列措施予以处理：

1）使用堵漏技术堵住渗水口。

2）使用胶管、积水箱（桶），并配以小流量水泵排水。

3）若渗水面积大，则应采取其他有效措施堵住渗水。

（16）抗滑桩的施工应符合下列安全规定：

1）监测应与施工同步进行。当滑坡出现险情，并危及施工人员安全时，应及时通知人员撤离。

2）孔口必须设置围栏。严格控制非施工人员进入现场。人员上下可用吊斗等升降设施，同时应准备软梯和安全绳备用。孔内有重物起吊时，应有联系信号，统一指挥。升降设备应由专人操作。

3）井下工作人员必须戴安全帽，且不宜超过 2 人。

4）每日开工前必须检测井下的有害气体。孔深超过 5m 后，均应使用通风设施向作业面送风。井下爆破后，必须向井内通风，待炮烟粉尘全部排除后，方能下井作业。

5）井下照明必须采用 12V 安全电压。进入井内的电气设备必须接零接地，并装设漏电保护装置，防止漏电触电事故。

6）井内爆破前，必须经过设计计算，避免药量过多造成孔壁坍塌。须由已取得爆破操作证的专门技术工人负责。起爆装置宜用电雷管，若用导火索，其长度应能保证点炮人员安全撤离。

（17）抗滑桩属于隐蔽工程，施工过程中，应做好滑带的位置、厚度等各种施工和检验记录。

锚索、锚杆、格构、重力式挡墙等施工要求详见有关章节。

12.5 双排桩设计及施工

12.5.1 双排桩的特点

与单排悬臂抗滑桩支护形式相比,双排桩有如下优点:

(1)双排桩通过钢筋混凝土灌注桩、冠梁及连梁形成空间门式结构体系,整体刚度较大,相比悬臂式抗滑桩能更好控制变形。

(2)双排桩为超静定支护结构,能调整自身内力适应复杂多变的外荷载环境。

(3)双排桩与土相互作用时,土拱效应明显,使桩侧土压力空间分布发生改变,增强支护作用效果。

(4)桩间土与双排桩协调变形,改变桩间土侧压力分布,增强桩土共同作用。

12.5.2 双排桩的平面及剖面布置型式

双排桩由两排悬臂式抗滑桩及连梁组成,在平面布置上型式较多,常见型式如图 12-15 所示。

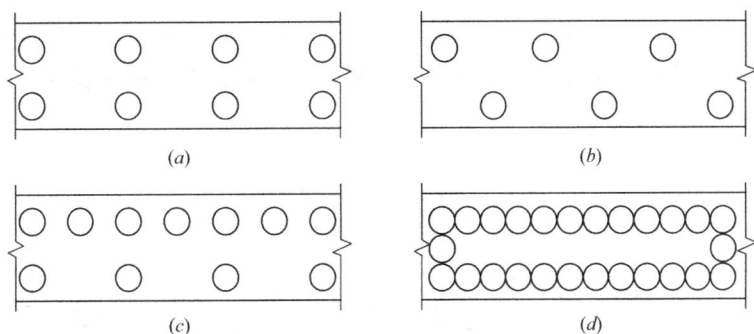

图 12-15 双排桩常见桩型布置形式

(*a*) 前后矩形对齐布置;(*b*) 前后梅花形交错布置

(*c*) 前后排不等桩距布置;(*d*) 前后排格栅形布置

双排桩自身刚度主要受排桩间距、桩长、桩径及连梁结构形式的影响。双排桩剖面型式较灵活,连梁结构形式不同,直接影响整个支护体系的刚度,常有四种连接方式,如图 12-16 所示。

12.5.3 双排桩的受力及变形特点

1.双排桩受力及变形分析

双排桩本质上是一种悬臂支挡结构,在连梁的作用下,桩体内力及变形与单排悬臂桩的内力及变形有显著的差异。下面以某实际工程双排桩支护为例子,分析双排桩与单排桩支护结构的受力及变形特点。

(1)实例工程概况

工程位于重庆市郊,建设场地属于某企业生产车间厂房及配套设置用地。据工程地质资料,原始地形属于浅丘斜坡地貌,覆盖层较薄,下伏基岩为强—中等风化的侏罗系中统沙溪庙组砂岩。后期先对场地进行平场施工,在原始地面上进行大面积回填,回填深度约

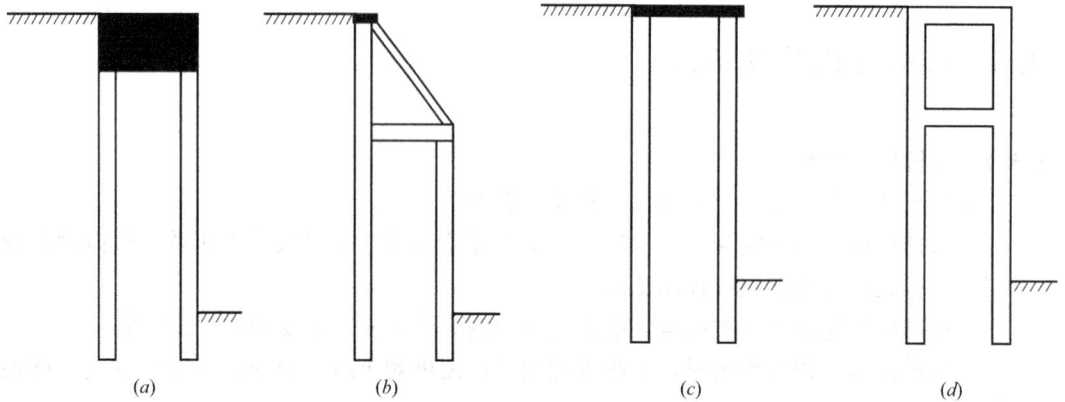

图 12-16　双排桩常见剖面形式

（*a*）深梁式；（*b*）斜撑式；（*c*）盖板式；（*d*）腰梁式

15～25m，形成坡高 10m，坡角约 30° 的斜坡。平场完成后再修建厂房，厂房采用轻钢结构，基础为嵌岩桩基础。回填土主要为人工抛填土，主要由粉质黏土、砂泥岩碎块石组成。碎块石含量约 15%～30%，结构松散，为新近回填，回填过程中未分层碾压或强夯，回填完毕后仅对表层填土进行一次性强夯。生产车间厂房在施工完成后，由于填土固结沉降而引起部分地坪发生沉降变形，靠近斜坡一侧厂房局部墙体出现拉裂缝，墙体倾斜，拟采用双排桩支挡（图 12-17）。

图 12-17　双排桩支护前后现场照片

（2）单排、双排桩支护对比分析

为了对比传统单排悬臂桩与双排桩支护结构的优劣性，通过数值模拟来分析两种支护结构变形和内力分布的异同，以确定最佳的支护形式。

1）计算模型和边界条件

计算模型简化为平面应变问题。两侧约束水平位移为零，下侧约束竖向位移为零。岩土体采用同时考虑拉伸和剪切破坏的 Mohr-Coulomb 准则，初始应力场按自重应力场考虑，开挖前将自重应力作用下位移清零。双排桩与连梁的连接点均为刚节点，可以传递力和弯矩。

2）模型参数取值

边坡物理力学参数及材料特性取值见表 12-4，两种支护结构比较时考虑选用尽量相同的材料消耗。双排桩采用圆桩，桩长 28m，桩间距 3m，排距 4m，截面尺寸为 $\Phi1.5m$；单排悬臂桩采用矩形桩，桩长 28m，桩间距 3m，截面尺寸 2.1mm×1.5mm；连梁截面尺寸 1.5mm×1.2mm，间距 3m。

边坡物理力学参数　　　　表 12-4

模拟对象	弹性模量(MPa)	密度(kN/m³)	c(kPa)	φ(°)	υ	本构
填土	8	19	0	27.5	0.35	M-C
强风化岩	300	23.5	50	33.0	0.30	M-C
中风化岩	2300	24.5	1000	35.0	0.26	M-C
桩	32500	25.0			0.28	E
连梁	32500	25.0			0.28	E

3) 计算结果

边坡开挖后单排悬臂桩与双排桩沿深度范围内的位移曲线如图 12-18 所示。从图中可以看出，单排悬臂桩最大位移发生在桩顶，为 74.4mm，双排桩与单排悬臂桩相比能够明显的控制桩顶位移，双排桩支护结构桩顶最大位移为 55.0mm；单排桩与双排桩在稳定中风化岩石中位移几乎为零，为桩体提供抗力作用主要来自于稳定岩层。

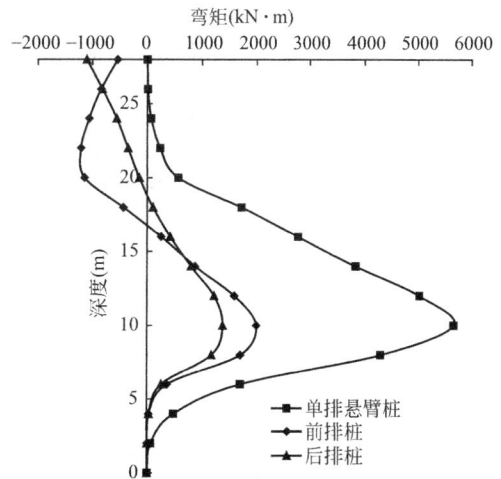

图 12-19 为双排桩支护结构前排桩与后排桩弯矩分布图及单排悬臂桩弯矩分布图。从弯矩分布图可以得出，双排桩内力分布图形与单排悬臂桩不同，受水平连梁影响前排桩和后排桩桩顶处的弯矩不再为零，而有一定的负弯矩；双排桩在边坡开挖面以上弯矩为负，开挖面以下同单排悬臂桩分布一致，弯矩为正，正弯矩均在桩进入中等风化层位置处达到最大值；两种支护结构桩的最大弯矩分布为 2000kN·m 和 5677kN·m，双排桩弯矩最大值为单排悬臂桩的 35%，说明双排悬臂桩受力更合理。

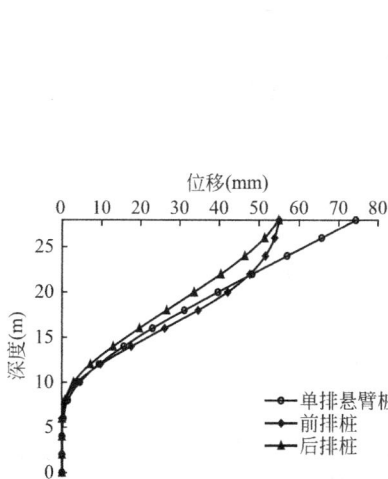

图 12-18　单排悬臂桩与双排桩位移曲线图　　　　图 12-19　单排悬臂桩与双排桩弯矩分布图

2. 连梁结点刚度、连梁高度对双排桩内力及变形的影响

连梁对双排桩受力起到协同变形和分配内力的作用，其连接处理对整个支护结构的受

力性能及变形有较大的影响。当连系梁与桩顶连接视为刚性结点时，桩梁结点只能平动，不能转动，刚接既能传递轴力及剪力，也能传递弯矩，结构整体抗变形能力强。此时前排桩受压，后排桩受拉；铰接时仅能传递轴力和剪力，不能够传递弯矩，结构整体抗变形能力差，后排桩处于受压状态。

当桩顶与连梁处理方式为刚接时，连系梁协同变形及分配内力的作用最强，在受一定侧向荷载时，桩顶的位移最小，弯矩分布更均匀；当采用半刚性连接时，连系梁协同变形及分配内力的作用跟刚度值有关，基本上是随着转角约束弹簧的刚度值增大，位移逐渐减小。当为铰接时，因桩顶弯矩为零，连系梁仅相当于一个连杆作用，前后排桩位移值最大，弯矩分布不均匀。

从上述分析可以看出，即使双排支护桩顶处理方式较薄弱，后排桩依然对前排桩产生比较大的锚拉作用，前桩的变形和受力性能得到极大的改善，对前排桩的弯矩分布也产生了很大影响。尤其采用刚结时，更能使桩体的正、负弯矩值接近，达到最佳的受力状态，减小结构位移，减少配筋，降低造价。因此，连梁结点应做成刚结。

连梁高度增大，双排桩的位移减少，但当连梁高度大于 1 倍的桩径时，再增加梁高的作用不大。

3.排距对前后排桩受力分配的影响

以图 12-20 中的计算模型分析排距对双排桩内力及变形的影响。该模型视前后排桩背受力均为主动土压力，桩前视为放在弹性地基上的梁，双排桩桩底嵌固，破坏面夹角按朗肯极限平衡理论估算。如图 12-20 所示，通过几何计算可得，$L_0 = H\tan(45° - \varphi/2)$，滑动面与后排桩相交深度为 $H_0 = H - \cot(45° - \varphi/2)$。

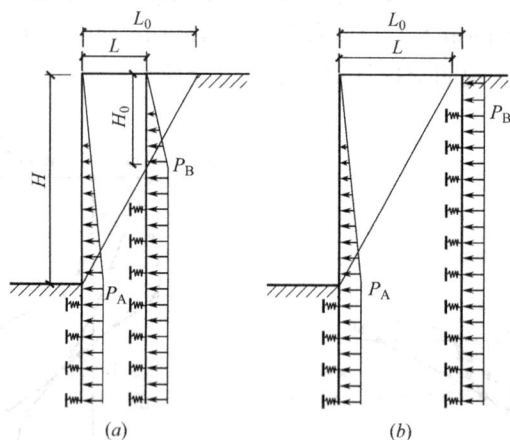

图 12-20　双排桩支护结构土压力计算图式
(a) 滑动面穿越后排桩；(b) 后排桩在滑动面以外

为研究排距对双排桩的影响，定义 η_r 为前排桩的土压力分担系数，β 为 L（排距）与 L_0（滑移面后缘与前排桩的距离）的比值，计算各排距的情况，得到图 12-21 所示的土压力分担系数变化规律。

1）当 $0 \leqslant \beta < \beta_{cr}$ 时，土压力分担系数按线性分布，此时 $\eta_r = (0.5 - 0.2715) \times \left(1 - \dfrac{L/L_0}{0.1465}\right) + 0.2715$；

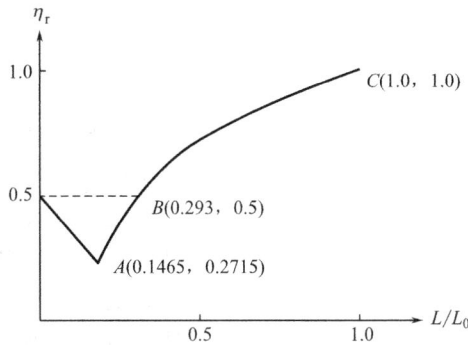

图 12-21 土压力分担系数变化规律曲线

2）当 $\beta=\beta_{cr}=0.1465$ 时，分担系数为整个曲线最小值，此时 $\eta_r=0.1465$；

3）当 $\beta_{cr}\leqslant\beta\leqslant 1$ 时，分担系数为整个曲线最小值，此时 $\eta_r=2L/L_0-(L/L_0)^2$。

$L=0$ 时，两排桩退化为一排桩的情形，每根桩将平均分配土压力。当 L 增大时，前排桩分担的土压力逐渐减小，但随着排距的进一步增大，前排桩将承受更大的滑动土体，因此土压力又开始上升。

12.5.4 双排桩设计计算理论

双排桩受力可采用平面刚架结构模型进行分析，如图 12-22 所示，模型视作用在后排桩的受力为主动土压力，前排桩嵌固段上的受力为土反力，计算可按《建筑基坑支护技术规程》（JGJ 120—2012）确定。作用在单根后排桩的主动土压力计算宽度取排桩间距，土反力的计算宽度应按上述规范取值。排桩桩间土的桩侧压力按下式计算：

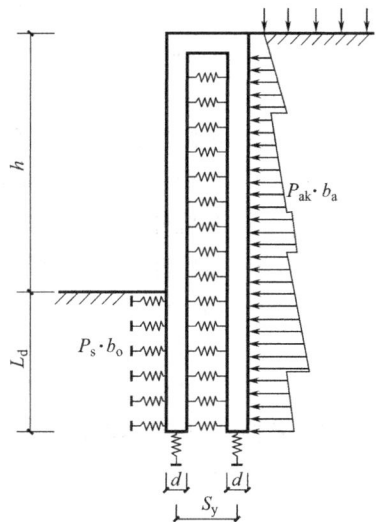

图 12-22 双排桩计算模型

$$p_c=k_c\Delta v+p_{c0} \tag{12-27}$$

$$k_c=E_s/(s_y-d) \tag{12-28}$$

式中　　p_c——前、后排桩间土体对桩侧的压力（kPa）；可按作用在前、后排桩上的压力相等考虑；

k_c——桩间土的水平刚度系数（kN/m³）；

Δv——前、后排桩水平位移的差值（m）；相对位移减小时为正值，相对位移增加时，取 $\Delta v=0$；

p_{c0}——前、后排桩间土体对桩侧的初始压力（kPa）。

$p_c=k_c\Delta v+p_{c0}$——计算深度处，前、后排桩间土体的压缩模量（kPa）；当为成层土时，应按计算点的深度分别取相应土层的压缩模量；

s_y——双排桩的排距（m）；

d——桩的直径（m）。

前、后排桩间土体对桩侧的初始压力可按下式计算：

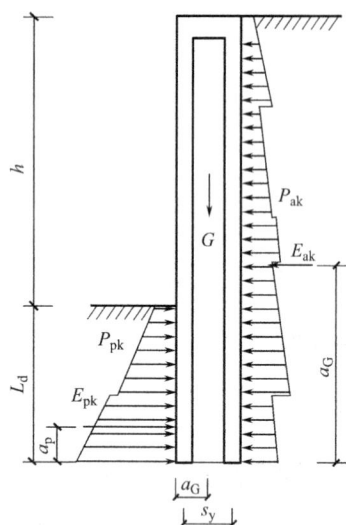

图 12-23　双排桩抗倾覆稳定性验算

$$p_{c0} = (2\alpha - \alpha^2) p_{ak} \qquad (12-29)$$

$$\alpha = \frac{s_y - d}{h \tan(45 - \varphi_m/2)} \qquad (12-30)$$

式中　p_{ak} ——支护结构外侧，第 i 层土中计算点的主动土压力强度标准值（kPa）；

　　　　h ——基坑深度（m）；

　　　　φ_m ——基坑底面以上各土层按土层厚度加权的内摩擦角平均值（°）；

　　　　α ——计算系数，当计算的 $\alpha > 1$ 时，取 $\alpha = 1$。

双排桩结构的抗倾覆及滑移稳定性应符合下式规定（图 12-23）：

$$\frac{E_{pk} a_p + G a_G}{E_{ak} a_a} \geqslant K_e \qquad (12-31)$$

$$\frac{E_{pk} + G \tan\varphi + c(s_y + d)}{E_{ak}} \geqslant K_s \qquad (12-32)$$

式中　k_e ——抗倾覆稳定安全系数；

　　　　k_s ——抗滑移稳定安全系数；

E_{ak}、E_{pk} ——基坑外侧主动土压力、基坑内侧被动土压力的标准值（kN/m）；

　a_a、a_p ——基坑外侧主动土压力、内侧被动土压力的合力作用点至挡土构件底端的距离（m）；

　　　　G ——排桩、桩顶连梁和桩间土的自重之和（kN/m）；

　　　　a_G ——双排桩、桩顶连梁和桩间土的重心至前排桩边缘的水平距离（m）。

12.5.5　其他常用的计算方法

双排桩理论计算较复杂，首先作用于双排桩结构上的土压力在前后排桩分配比例难以确定；其次桩间土的存在对前后排桩的影响难以确定。许多学者对此展开研究，提出各自的计算理论，下面主要介绍较常用的几种受力模型。

1. 土体积比例系数法

何颐华等（1996）根据前后排桩之间的滑动土体占桩后滑动土体总量的体积比例来确定前后排桩所受侧向土压力值。

（1）受力模型的基本假定

1）前、后排桩桩底嵌固，桩顶与连梁直角刚接的刚架结构。

2）通常连梁与桩长比值很小且实际工程中连梁截面较大，故视连梁为绝对刚体，只做平移不产生转角，前、后排桩水平位移一致（图 12-24、图 12-25）。

（2）桩侧土压力的确定

在经典的朗肯土压力模型的基础上，根据布桩形式的不同得出不同的土压力表达式。

1）矩形布桩形式

如图 12-26 所示，由于矩形排列前后桩相对，边坡开挖后，后排桩的迎土一侧按主动土压力考虑，因桩间土体较薄，可认为桩间土对前后排桩的力是一对作用力与反作用力。假定在不同深度下，$\Delta\sigma_a$ 与 σ_a 的比值相同，即 $\Delta\sigma_a = \alpha\sigma_a$，则前、后排桩的土压力 σ_f、σ_b 分别为：

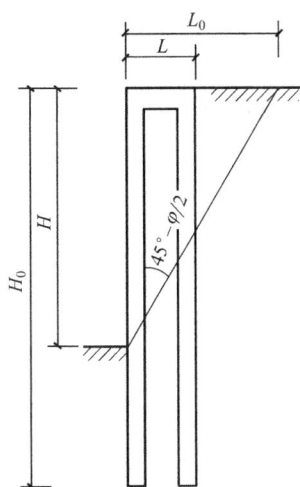

图 12-24 系数 α 的确定方法

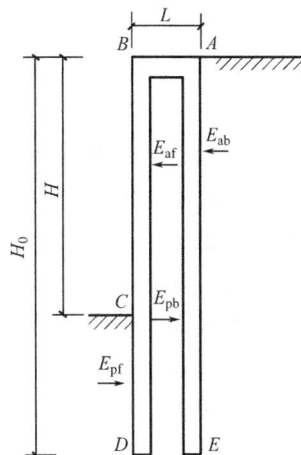

图 12-25 桩侧土压力计算简图

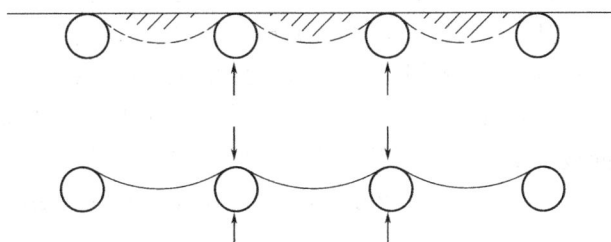

图 12-26 双排桩矩形排列土压力传递图示

前排桩 $\qquad\qquad \sigma_f = \Delta\sigma_a = \eta_r \cdot \sigma_a$ (12-33)

后排桩 $\qquad\qquad \sigma_b = \sigma - \Delta\sigma_a = \sigma - \eta_r \cdot \sigma_a = (1 - \eta_r)\sigma_a$ (12-34)

2）三角形布桩形式

桩间土形成土拱效应，主动土压力同时作用于前、后桩体上，桩间土压力为 $\Delta\sigma_a$，作用于前排桩的力为两者之和，后排桩受力为两者之差；

前排桩 $\qquad\qquad \sigma_b = \sigma + \Delta\sigma_a = \sigma + \eta_r \cdot \sigma_a = (1 + \eta_r)\sigma_a$ (12-35)

后排桩 $\qquad\qquad \sigma_b = \sigma - \Delta\sigma_a = \sigma - \eta_r \cdot \sigma_a = (1 - \eta_r)\sigma_a$ (12-36)

其中，α 为比例系数，表示前后排桩之间的滑动土体占桩后滑动土体总量的体积比例。其表达式：

$$\eta_r = 2L/L_0 - (L/L_0)^2$$

2. 基于 Winkler 地基梁的模型

刘钊（1992）提出基于 Winkler 假定模型中认可度较高的一种，该模型考虑桩土的共同作用，按弹性地基梁和结构力学方法得到支护结构内力。

假定后排桩桩背土压力为主动土压力，桩间土为受侧向约束的无限长土体，引入桩间剪力和弯矩为零的边界条件，建立前、后排桩侧向受荷下的微分方程，利用变形协调关系，得到整个支护结构的内力及位移。

将开挖基底以上的桩间土视为受侧限的无限长土体，简化为弹性力学平面应变模型，则桩间土的侧压力表达如下：

$$p = \mu \gamma x / (1 - \mu) \tag{12-37}$$

基底以下桩体受到的侧向反力，采用 Winkler 弹性地基梁模型来计算，表达如下：

$$p_x = b_0 K_h x \tag{12-38}$$

式中　p ——桩间土侧向土压力（kPa）；

　　　γ ——桩间土的密度（kN/m³）；

　　　μ ——泊松比；

　　　x ——地表到土压力计算点的距离（m）；

　　　p_x ——基底以下桩体受到的侧向土压力强度（kPa）；

　　　b_0 ——桩的计算宽度（m）；

　　　K_h ——桩间土的侧向基床系数，常用 "m" 法（kN/m³）。

3. 基于土工理论的模型

戴智敏（2002）从土工理论的角度，分析桩间土对前、后排桩的作用，以假定的滑移面为分界面，使坡体分为上下两部分，分别采用土工理论及抗力法进行分析。

在此模型中，前排桩所受土压力包含两部分：一部分是直接土压力（Ⅰ区），由桩后土体直接作用产生；另一部分是桩间临空土体，由水平拱传递来的间接土压力（Ⅲ区）。后排桩也分别受到桩后土体和桩间临空土体传来的直接土压力（Ⅰ区和Ⅱ区）和间接土压力（Ⅳ区）。直接及间接土压力公式分别如式（12-39）和式（12-40）所示：

$$\sigma_h = (\gamma B / 2\mu)[1 - \exp(-2\mu K_w h / B)] + q_0 K_a \exp(-2\mu K_w h / B) \tag{12-39}$$

$$\tau = K_a (1 - K_a) \sin\theta_s \cos\theta_s \sigma_{av} \tag{12-40}$$

式中　$\theta_s = 45° + \varphi / 2$；

　　　K_a ——朗肯公式的侧压力系数；

　　　q_0 ——地面超载（kPa）；

　　　h ——计算点到顶面的距离（m）；

　　　B ——土拱的拱角宽度（m）；

　　　K_w ——侧土压力系数；

　　　σ_{av} ——竖向平均土应力（kPa）；

　　　φ ——土体内摩擦角（°）。

4. 平面杆系有限元法

郑刚等（2004）提出用水平弹簧模拟桩间土相互作用的平面杆系有限元双排桩计算模型。该模型视桩间土薄压缩层，并考虑了桩间土层分布、压缩性、桩间土的加固等相互作用的影响。工程上一般排距较小，可以视前、后排桩与桩间土构成一个整体，则整体所受外力为后排桩受到的主动土压力和坑底以下前排桩受到的被动土压力。桩间土视为水平弹簧协调分配前、后排桩土压力的分配，弹簧刚度反应桩间土水平向地基反力系数 k，一般认为桩长大于排距 4 倍且每排桩间距不大时，可认为桩间土为薄压缩层，k 的表达式如下：

$$k = E_s / H \tag{12-41}$$

式中　k ——桩间土水平向地基反力系数（kN/m³）；

　　　E_s ——桩间土的水平向平均压缩模量（kPa）；

　　　H ——桩间土层厚度（m）。

桩侧摩阻力采用桩—土界面传递函数法考虑，把桩划分成许多弹性单元，每一单元与土体之间用非线性弹簧联系来模拟桩—土之间的荷载传递关系。这些非线性弹簧的应力—应变关系就是桩侧摩阻力 τ 与剪切位移 s 间的函数关系，即传递函数。该模型的传递函数采用 Kezdi 形式，假定为指数曲线，其表达式为：

$$\tau(z) = K\gamma z \tan\varphi \left[1 - \exp\left(-\frac{ks}{s_u - s}\right)\right] \tag{12-42}$$

式中　K——土的侧压力系数，近似为 $1 - \sin\varphi'$；

　　　γ——土的重度（kN/m^3）；

　　　φ——土的内摩擦角（°）；

　　　k——与土的类别及密实度有关的系数；

　　　s_u——桩侧摩阻力充分发挥时的临界位移（mm），根据情况，可取 $3\sim6mm$。

考虑到双排桩位移时可能对坑底以上桩间土产生夹带作用，因此忽略其对前排桩可能提供的侧摩阻力，前排桩侧阻弹簧仅在坑底以下布置。前排桩端以下土体对前排桩端的竖向位移的约束用 Winkler 地基模型考虑，弹簧系数 k 根据实际情况来确定。

12.5.6　双排桩一般规定

（1）双排桩排距宜取 $2d\sim5d$。刚架梁的纵向宽度不应小于 d，高度不宜小于 $0.8d$。刚架梁高度与双排桩排距的比值宜取 $1/6\sim1/3$。

（2）前后排的嵌固深度，对淤泥质土，不宜小于 $1.0h$（h 为基坑深度）；淤泥土不宜小于 $1.2h$；一般黏性土、砂土，不宜小于 $0.6h$。

（3）前排桩嵌固段较后排桩宜长，前排桩宜置于桩端阻力较高的土层。采用泥浆护壁灌注桩时，施工时的孔底沉渣厚度不应大于 $50mm$，或采用桩底后注浆加固沉渣。

（4）双排桩应按偏心受压、偏心受拉构件进行截面承载力验算，刚架梁应根据其跨高比按普通受弯构件或深受弯构件进行截面承载力计算。双排桩结构的截面承载力和构造应符合现行国家标准《混凝土结构设计规范》（GB 50010—2010）的有关规定。

（5）双排桩与桩刚架梁节点处，桩与刚架梁受拉钢筋的搭接长度不应小于 $1.5l_a$，此处，l_a 为受拉钢筋的锚固长度。其节点构造尚应符合现行国家标准《混凝土结构设计规范》（GB 50010—2010）对框架顶层端节点的有关规定。

（6）双排桩兼做建筑物基础时，应同时考虑侧向力和建筑结构荷载的共同作用，位移值不应超过相关规范规定的建筑物地基允许值。有特殊要求时，应进行裂缝宽度验算。

（7）双排桩受压及两侧为构造配筋时，其构造配筋直径不宜小于 $16mm$，间距宜为 $20mm$。受拉一侧的纵向钢筋，最小配筋百分率不应小于 0.2 和 $45f_t/f_r$ 中的较大值（f_t 为混凝土轴心抗拉强度设计值；f_r 为钢筋抗拉强度设计值）。

（8）纵向受力钢筋的连接，钢筋直径不大于 $22mm$，采用焊接连接，大于 $22mm$ 的钢筋应采用机械连接。相邻钢筋接头位置应错开。在连接区段（$35d$）内，纵向受拉钢筋接头不应大于 50%。

（9）抗滑桩纵向受力钢筋直径不应小于 $16mm$，净距不应小于 $50mm$，钢筋束净距不应小于 $80mm$。没束钢筋不应超过 3 根，排数不能超过 3 排。仅单根配筋时，混凝土保护层厚度不应小于 $70mm$；当存在束筋时，混凝土保护层厚度应按《混凝土结构设计规范》（GB 50010—2010）中相关规定确定。

（10）前、后排桩应设置冠梁，排桩之间通过连梁连接。冠梁及连梁均应采用现浇钢筋混凝土结构。连梁宜与后排桩连续连接，排距较小时，也可间接设置。

（11）冠梁与连梁宽度不应小于桩径，高度不宜小于 0.8 倍桩径和 400mm，钢筋混凝土强度等级不宜低于桩身混凝土强度。

（12）排桩之间采用混凝土板连接时，板厚不宜小于冠梁的 1/3 高度和 200mm，也不应小于连板宽度的 1/20。

（13）双排桩连梁及连板配筋应通过内力计算确定，桩身、连梁及连板纵筋锚入冠梁的长度不应小于 $1.5l_a$，l_a 为钢筋受拉锚固长度。

（14）排桩之间的板由桩间土连续防护面层、挂网钢筋及横向拉筋等构成。挂网钢筋、横向拉筋、间距及挂网钢筋锚入桩体的长度、混凝土面层厚度及配筋均应计算确定。钢筋网宜采用挂网钢筋与桩体连接，挂网钢筋可采用预埋钢筋或植筋的方法设置。

（15）喷射混凝土面层厚度不宜小于 50mm，强度等级不宜低于 C25。

（16）桩间距较大时，桩体之间的钢筋网宜同时采用桩间土内打入直径不小于 12mm 钢筋固定，长度不宜小于排桩净间距的 1.5 倍且不小于 500mm。

（17）钢筋网与横向拉筋采用钢丝绑扎连接，横向拉筋与挂网钢筋采用单面焊接，长度不宜小于 $10d$。

12.5.7　双排桩的施工要点

（1）双排桩正式施工前必须试成孔，数量不得少于 2 个。以便核对地质资料，检验所选的设备、机具、施工工艺以及技术要求是否适宜。如孔径、垂直度、孔壁稳定和沉淤等检测指标不能满足设计要求时，应拟订补救技术措施，重新选择施工工艺。

（2）宜采用间隔成桩的施工顺序方式；对混凝土灌注桩，应在混凝土终凝后，再进行相邻桩的成孔施工；成孔须一次完成，中间不要间断。成孔完毕至灌注混凝土的间隔时间不大于 24h，并在灌注混凝土 24h 后进行邻桩成孔施工。

（3）对易坍塌或流动的软弱土层，对钻孔灌注桩成孔宜采用泥浆或钢管护壁等措施，对人工挖孔桩宜采取减小每节挖孔和护壁的长度、加固孔壁等措施。

（4）为保证孔壁的稳定，应根据地质情况和成孔工艺配制不同的泥浆。成孔到设计深度后，应进行孔深、孔径、垂直度、沉浆浓度、沉渣深度等测试检查，确认符合要求后，方可进行下一道工序施工。根据出渣方式的不同，成孔作业可分成正循环成孔和反循环成孔两种。

（5）成孔过程出现流砂、涌泥、塌孔、缩径等异常情况时，应暂停成孔并及时采取有针对性的措施进行处理，防止继续塌孔。

（6）第一次清孔应测定沉浆指标。清孔后的泥浆密度应小于 1.15。清孔结束时应测定孔底沉淤，孔底沉淤厚度一般应小于 30cm。第二次清孔结束后孔内应保持水头高度，并应在 30min 内灌注混凝土。

（7）成淤厚度验收合格后，应及时吊装钢筋笼。当钢筋笼较长吊重大时，应分段制作。钢筋笼在起吊、运输及安装中应采取措施防止变形。

（8）混凝土灌注桩采用沿桩截面周边非均匀配置纵向受力钢筋时，应按设计的钢筋配置方向进行安放，其偏转角度不得大于 10°。

（9）钢筋笼置于孔内后，孔内水以下应及时灌注水下混凝土；并采取措施确保混凝土连续紧凑地进行。

（10）灌注桩成孔时，桩位轴线及垂直轴线的反向不宜超过50mm，垂直度允许偏差应为3‰，管内抓斗取土时，抓土面与套管底的距离应大于1.0m；成孔完毕时，孔内虚土和沉渣应清除干净，并用抓斗夯实孔底；灌注混凝土时，套管应随混凝土浇筑逐段提拔；套管应垂直提拔，阻力过大时应转动套管同时缓慢提拔。

（11）除特殊要求外，排桩的施工偏差应符合下列规定：

1）桩位的允许偏差应为50mm。

2）桩垂直度的允许偏差应为0.5%。

3）预埋件位置的允许偏差应为20mm。

4）桩的其他施工允许偏差应符合现行行业标准《建筑桩基技术规范》（JGJ 94—2008）的规定。

（12）冠梁施工时，应将桩顶部浮浆、低强度混凝土及破碎部分清除。冠梁混凝土浇筑采用土模时，土面应修理整平。

（13）采用混凝土灌注桩时，应采用低应变动测法检测桩身完整性，检测桩数不宜少于总桩数的20%，且不得少于5根；当根据低应变动测法判定的桩身完整性为Ⅲ类或Ⅳ类时，应采用钻芯法进行验证，并应扩大低应变动测法检测的数量。

12.5.8 双排桩边坡支护案例

1.设计说明

（1）设计任务

本次设计对象为重庆江北某小区 B11 栋楼南侧及西侧边坡，要求在确保安全的前提下，做到技术先进、经济合理，工程安全等级为一级，设计基准期为50年。

（2）工程概况

场区为居民用地，区内人类工程活动强烈，雨期交通困难。项目总建筑面积约30万 m^2，地上容积率2.7。总建筑面积为：地上35724m^2，地下7.66万 m^2。

B11栋南侧及西侧边坡，长约90m，坡高14.4~15.2m，为土质（填土）边坡。坡顶为B11栋楼（已建），底板标高200.85~206.83m，该楼距坡顶4.8~5.6m，坡脚为拟建B12商业楼，底板标高为186.60~192.60m，形成的永久性边坡高度为14.40~15.20m。建筑桩基 ZH-16（7 号）距边坡仅4.8m，该桩为圆形，桩底标高175.372m，嵌入土层18.52m，嵌入中风化岩层6.04m。

（3）设计依据

1）《设计委托书》。

2）《设计合同》。

3）《×××××××工程地质勘察报告》。

4）执行规范

①《建筑基坑支护技术规程》（JGJ 120—2012）；

②《建筑边坡工程技术规范》（GB 50330—2013）；

③《建筑地基基础设计规范》（GB 50007—2011）；

④《混凝土结构设计规范》（GB 50010—2010）；

⑤《建筑边坡工程施工质量验收规范》（DBJ/T50-100—2010）；

⑥《建筑边坡工程检测技术规范》(DBJ50/T-137—2012);

⑦《建筑结构荷载规范》(GB 50009—2012);

⑧《地质灾害防治工程设计规范》(DB50/5029—2004)。

(4) 工程地质概况

1) 地形地貌：勘察场区属浅切剥蚀丘陵地貌区，场地为修房平场堆填。标高 191.10～200.10m，相对高差约 9m。

2) 地质构造：场区构造上位于江北向斜北西翼，岩层呈单斜产出，其产状 110°∠17°，结合程度很差，有泥质充填，层面为软弱结构面；场区发育两组裂隙，J1：300°∠62°，裂隙长 2～5m，大多闭合，局部张开 5～10mm，间距 1～3m，裂面较平直，属结合程度差的硬性结构面；J2：30°∠53°，裂隙长 1.5～4m，局部张开 1～2mm，局部见泥质充填，间距 2～5m，裂面较平直，属结合程度差的硬性结构面。

3) 地层分布：据钻探资料，揭露地层有第四系全新统为人工素填土 (Q_4^{ml})，下伏沙溪庙组 (J_2s) 的泥岩。素填土主要由砂泥岩碎块石、卵石及粉质黏土组成，稍湿，松散～稍密，碎石粒径一般为 20～200mm，含量约 20%～25%，卵石粒径一般为 20～150mm，磨圆性差，分选差，含量约 6%～13%，填土层的厚度为 17～20m。泥岩：紫红色、暗紫色部分夹灰绿色团块，泥质结构，中厚层状构造，泥质胶结，局部砂质含量较重。B11 楼建筑桩基础嵌入该岩层中风化以下深 4.5～12.7m。

4) 水文地质条件：场地地下水主要为第四系孔隙水，赋存于人工填土孔隙中，为上层滞水。基岩为不透水或弱透水岩层，基岩顶部风化裂隙较发育，基岩强风化带中赋存有少量裂隙水。场地地下水主要由大气降水补给。因场地地形高差较大，地形坡度较陡，有利于地表水或地下水的排泄，大气降水多沿地面以坡面漫流的形式排至场外。场区地下水贫乏，水文地质条件简单。

5) 不良地质作用：根据地面调查，场地内未发现滑坡、崩塌、泥石流等不良地质作用。边坡局部有掉块、坍塌等变形破坏现象。

(5) 设计方案

1) 设计参数

岩土设计参数见表 12-5。

岩土设计参数一览表　　　　　　　　　　　　　　　　表 12-5

岩土名称	天然重度	饱和重度	天然抗剪强度		水平抗力系数或比例系数	单轴抗压强度	地基承载力	基底摩擦系数
	(kN/m³)	(kN/m³)	c(MPa)	φ(°)	(kN/m³)或(kN/m⁴)	(MPa)	(kPa)	
人工填土	18.5	19	0	25	6			
强风化泥岩	24.5	25.18	0	30	6		300	0.3
中风化泥岩	24.5	25.18	2.22	36	60	11.3	2660	0.4

① 永久边坡安全等级为一级，重要性系数：$\gamma_0 = 1.1$。

② 荷载分项系数取：$\gamma_Q = 1.35$。

③ 岩土对挡土墙墙背的摩擦角（偏于安全的角度考虑）取 0°。

④ C40 混凝土强度设计值：$f_c = 19.10N/mm^2$；HPB300 钢筋：$f_y = 300N/mm^2$；HRB335 钢筋：$f_y = 300N/mm^2$；HRB400 钢筋：$f_y = 360N/mm^2$。

2）支护措施

B11 栋南侧及西侧边坡设计采用双排桩支护，成桩工艺为旋挖桩，具体如下：

① 1—1′设计剖面，为土质边坡，边坡高度 14.40m，采用双排桩进行支挡。前排桩桩长 41m，后排桩桩长 38m，桩排距 2.5m，间距 2.3m，桩径为 1.2m，桩顶设置冠梁及连系梁，桩间设置挡土板。桩及挡板均采用 C40 混凝土，先施工排桩，再开挖土石方。

② 2—2′设计剖面，为土质边坡，边坡高度 14.40m，采用双排桩进行支挡，前排桩桩长 32m，后排桩桩长 29m，桩排距 2.5m，间距 2.3m，桩顶设置冠梁及连系梁，桩径为 1.2m，桩顶设置冠梁及连系梁，桩间设置挡土板。桩及挡板均采用 C40 混凝土，先施工排桩，再开挖土石方。

③ 3—3′设计剖面，为土质边坡，边坡高度 15.20m，采用双排桩进行支挡，前排桩桩长 31m，后排桩桩长 28m，桩排距 2.5m，间距 2.3m，桩径为 1.2m，桩顶设置冠梁及连系梁，桩间设置挡土板。桩及挡板均采用 C40 混凝土，先施工排桩，再开挖土石方。

连系梁为 W 形设置，连系梁和冠梁截面尺寸为 1.2m×1.0m× 1.0m，冠梁及连系梁采用现浇，现浇混凝土强度均为 C40。

桩、冠及连系梁纵向钢筋为 HRB400 钢筋。

双排桩采用旋挖桩，嵌入中等风化深度见立面图（略）。桩间挡板厚度按 200mm 考虑，坡顶坡脚设置截排水沟。

（6）施工顺序

1）双排桩挡墙施工顺序应遵循以下几点要求：

① 桩定位坐标要求放线，然后核实坡脚建筑基础及侧墙位置，确保建筑有施工空间。桩施工前应保证场地整体稳定，如有超挖导致边坡变形，则坡脚应及时回填反压，即原则是先保证场地的整体稳定后再进行桩施工。

② 桩采用机械旋挖的成孔方式，并采用"跳桩法"施工，桩孔位置应得到甲方和主体结构设计单位的确认。

③ 抗滑桩施工过程中不宜留施工缝，应一次性浇筑。

④ 当桩混凝土强度达到 80% 后，才能开挖桩前岩土体，且桩前岩土体应分段分阶开挖。

2）削坡工程施工顺序应遵循以下几点要求：

① 土方放坡开挖应自上而下分阶分段依次进行，随时做成一定的坡势，以利泄水，并不得在影响边坡稳定性的区域内积水。

② 先期坡顶削坡的弃土应暂时留于坡底，不应立即运走，以利于边坡的稳定。

③ 不宜在雨期施工，必须遵循自上而下的开挖顺序，严禁先切除坡脚。应遵循先整治后开挖的施工顺序。

（7）双排桩施工要求

1）面板工程

① 钢筋必须具有出厂合格证明，使用前应对钢筋进行随机抽检做力学性能试验，满

足规范要求后方可投入使用。

② 混凝土：桩身和桩间挡土板混凝土强度采用 C40，混凝土浇筑前，应按设计配合比做混凝土试块进行抗压强度试验，其强度满足规范要求后，方可按设计的配合比拌制混凝土进行浇筑。桩身混凝土保护层厚度为 70mm，挡土板混凝土保护层厚度为 25mm。

③ 桩的位置根据中心坐标确定，非均匀配筋的桩身两侧受力钢筋轴线应垂直边坡走向。

④ 所有钢筋在使用前均应进行除锈和调直等处理。

2）旋挖桩工程

① 旋挖桩应分段跳槽开挖，间隔 2 根开挖 1 根，待上一批桩身混凝土强度达到设计强度 75％以上后，方可进行下一批桩身开挖。

② 旋挖桩钻至设计标高时，采用高压气流清底，沉渣厚度应小于 5mm。

③ 绑扎钢筋：旋挖桩钢筋可先分段制作钢筋笼骨架，吊车吊入孔内，人工桩可在孔内绑扎成型。受力钢筋采用机械连接，接头数量符合规范要求。

④ 浇筑混凝土：采用串筒将拌制好的混凝土送入桩孔内，串筒离孔内混凝土面不大于 1.0m。每浇筑混凝土 1.0～1.5m，采用振动棒振捣一次。旋挖桩采用水下混凝土浇筑技术，应超灌注，除去桩顶浮浆，混凝土施工完成后桩顶应及时养护。

⑤ 支护结构上应设泄水孔，桩板挡墙中面板上泄水孔，横纵均为间距 2.0m，呈梅花形布置，孔径 $d=100mm$，外倾 5％，孔后侧设置双层透水土工布包裹 $D=500mm$ 的级配碎石的倒滤包，对中安设。

⑥ 挡墙伸缩缝宽 30mm，缝中嵌沥青玛琋脂，伸缩缝约 20m 设置一道。

⑦ 桩与面板连接采用植筋连接，植筋长度不小于受力钢筋最小（抗震）锚固长度。

⑧ 桩身应预埋声波测试管，进行桩身质量检测。

（8）排水工程要求

1）水泥：宜用普通硅酸盐水泥，不得使用高铝水泥，其强度等级不低于 42.5MPa。

2）砂：宜用中细砂，当采用特细砂时，其细度模数不得小于 0.7。砂的含泥量按重量计不得大于 3％，云母、机质、硫化物及硫酸盐等有害物质的含量按重量计不得大于 1％。

3）水：宜用饮用水，不得使用污水。

4）石材：要求采用外观质量好、耐风化、强度高的块片石或条石，其质量应符合《砌体结构设计规范》（GB 50003—2011）的要求。

5）土石方开挖应人工进行，不得爆破施工。土石方开挖前应人工清除沟渠范围内的树木及杂草等，并清除其根系；遇耕地应清除地表腐土、淤泥等。

6）校核各条截排水沟纵坡 i（纵坡 $i>0.3\%$），按设计要求确定设置跌水或急流槽的平面位置。

7）按设计要求开挖沟渠，并人工夯实沟渠侧壁及沟底，夯实系数不小于 0.9。若遇基岩应清除表层强风化层，并找平。不同持力层交界处应设变形缝、止水带，并用沥青麻筋嵌缝。

8）截、排水沟应每 15～20m 设置一道伸缩缝，缝宽 30mm，沟底设置止水带，并用沥青麻筋嵌缝。

9）沟渠走线应尽可能地走直线，若遇拐弯转折则应以曲线连接，弯曲半径不得小于沟渠底宽的5倍。

（9）监测工程要求

坡顶（支护结构顶部）水平位移和竖向位移监测点应沿坡顶周边布置，边坡拐点处应布置监测点。监测点间距不宜大于20m，监测数目不应少于3个。监测点宜设置在边坡坡顶或冠梁上，边坡及支护结构监测报警值为30mm。

（10）其他要求

1）挡墙墙顶须设置防护栏，护栏高度≥1200mm。各段超载仅考虑现有道路及人行荷载，故使用期间挡墙坡顶超载不应超过此值；施工期间边坡影响范围内的坡顶严禁停车、加载。坡体开挖时，清出土应及时运走，且不应堆放于坡顶，以免造成挡墙损坏。

2）边坡坡顶设置截水沟，坡脚排水结合建筑排水一并考虑，施工期间应设置临时排水设施，及时排走地表水。

3）边坡正式施工前，应核实设计的坡顶坡脚标高与现场是否一致，核实挡墙位置是否与现场实际情况一致，确保坡顶和坡脚建筑能正常施工后方可施工。支挡位置和高度参数与现场不一致的，以现场为准，差异较大时，应通知地勘及设计人员进行现场处理。

4）本工程遵循"动态设计、信息法施工"原则进行，施工过程将开挖、钻孔过程视为对边坡再勘察过程，施工单位技术人员应认真做好地质编录工作，如发现地质情况与原勘察设计情况不符，应立即通知勘察、设计单位，并及时调整有关设计、施工方案。由于边坡高度大，坡顶有建筑物，为保证安全建议甲方委托具有相关资质和有丰富高切坡施工经验的单位施工，并在施工过程中加强验槽工作。

5）施工阶段和竣工后，应委托有资质的单位对边坡进行监测，做好对边坡的变形和位移监测，避免工程事故的发生。监测点应由监测单位选定并经过设计方许可后，方可进行监测，竣工后监测年限不少于3年。

6）本工程施工应严格执行工程监理制度。

7）图中所注数值单位，除标高为米及注明者外，均为毫米。

8）边坡施工前，应调查清楚边坡施工影响范围内是否有地下工程、地下管道及地下管线等，防止施工对其产生破坏。

9）所有旋挖桩均应在桩身留置声波监测管，且应逐数进行声波检测，以检测桩身质量。

10）如今后在边坡坡顶和坡脚发生其他工程活动，应不对边坡稳定性产生不利影响。施工单位应做好安全施工专项方案编制工作，并经有关专家论证，施工中严格执行。

11）其他未尽事宜应严格按照现行国家和地方有关规范和标准执行，施工中如出现有关问题请及时与建设方、监理单位及勘察人员、设计人员联系，共同协商处理。

2.主要施工图纸

（1）支护治理平面图（图12-27）。

（2）支护设计立面图（图12-28）。

（3）支护设计剖面图（图12-29～图12-31）。

（4）双排桩配筋大样图（图12-32～图12-34）。

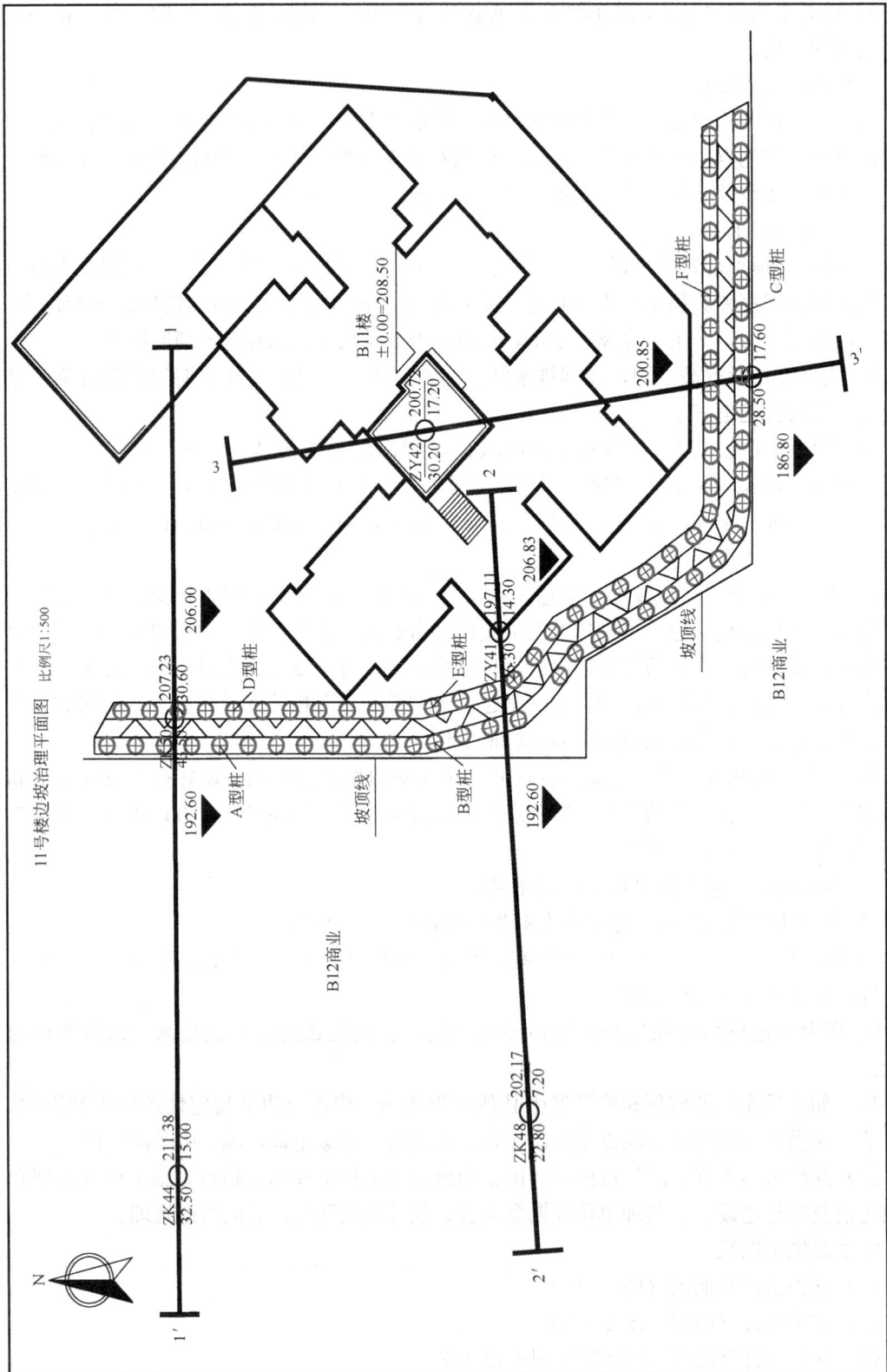

图 12-27　支护治理平面图

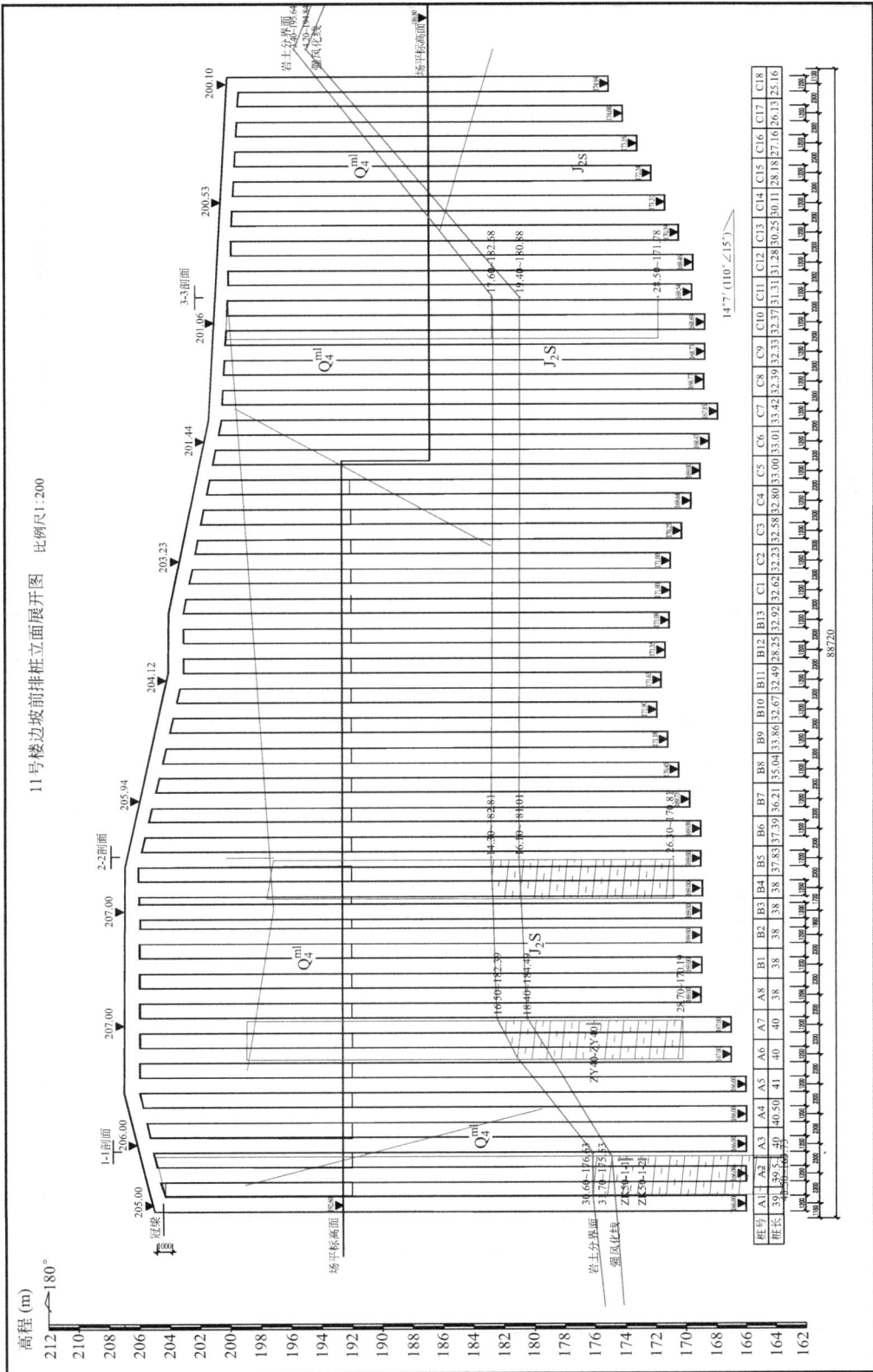

图 12-28 支护设计立面图

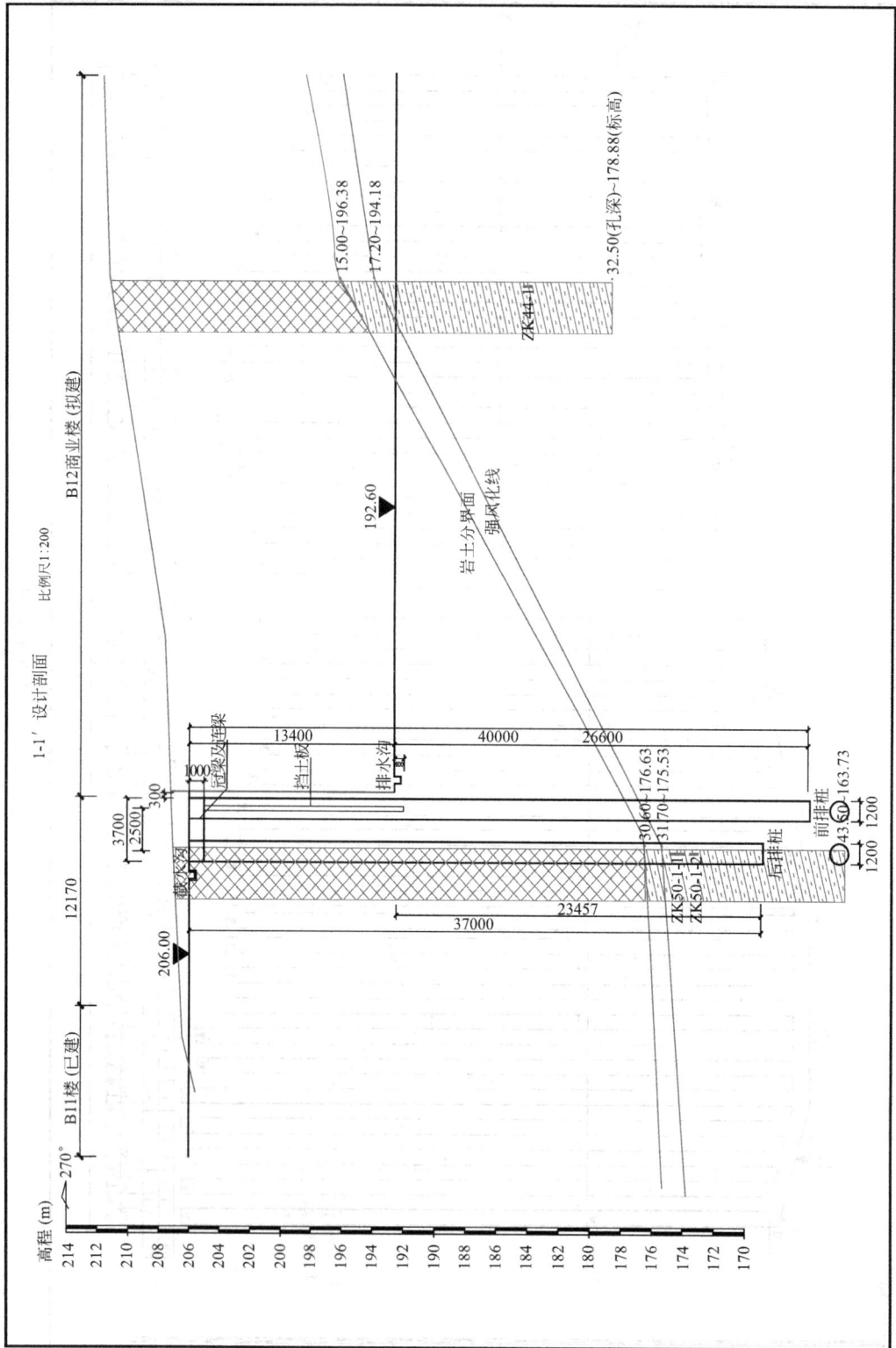

图 12-29　支护设计剖面图 1-1'

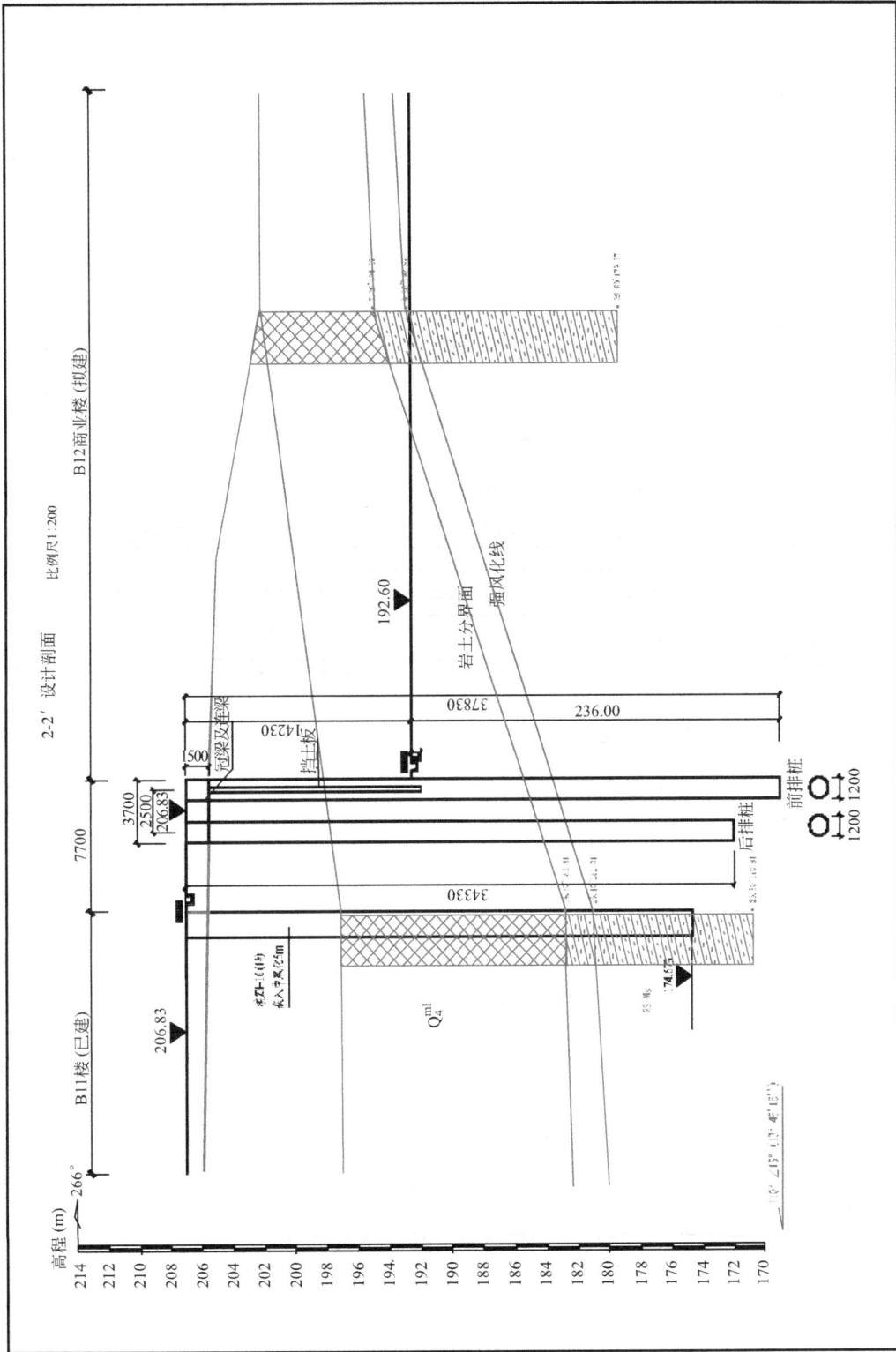

图 12-30 支护设计剖面图 2-2′

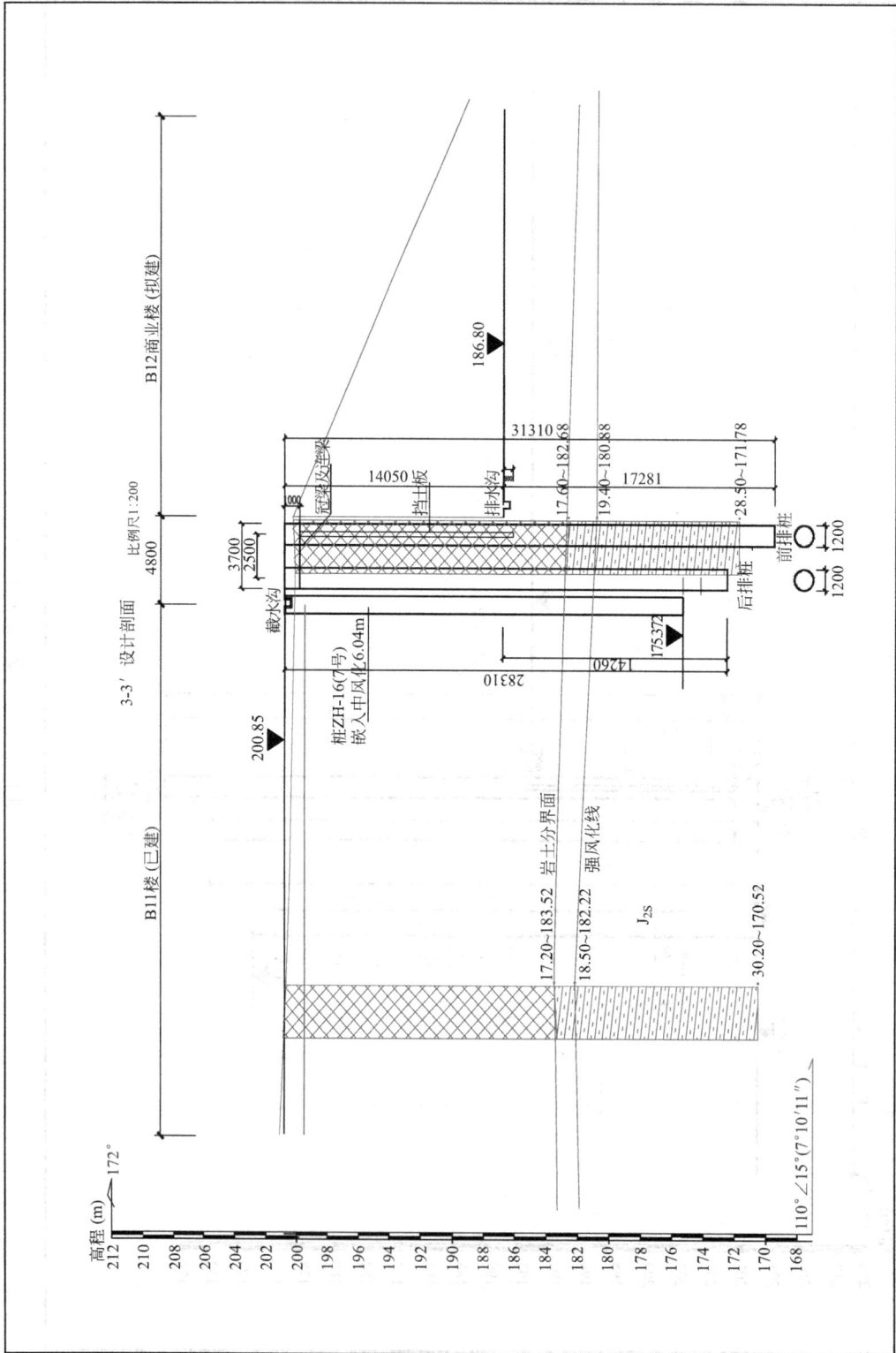

图 12-31 支护设计剖面图 3-3′

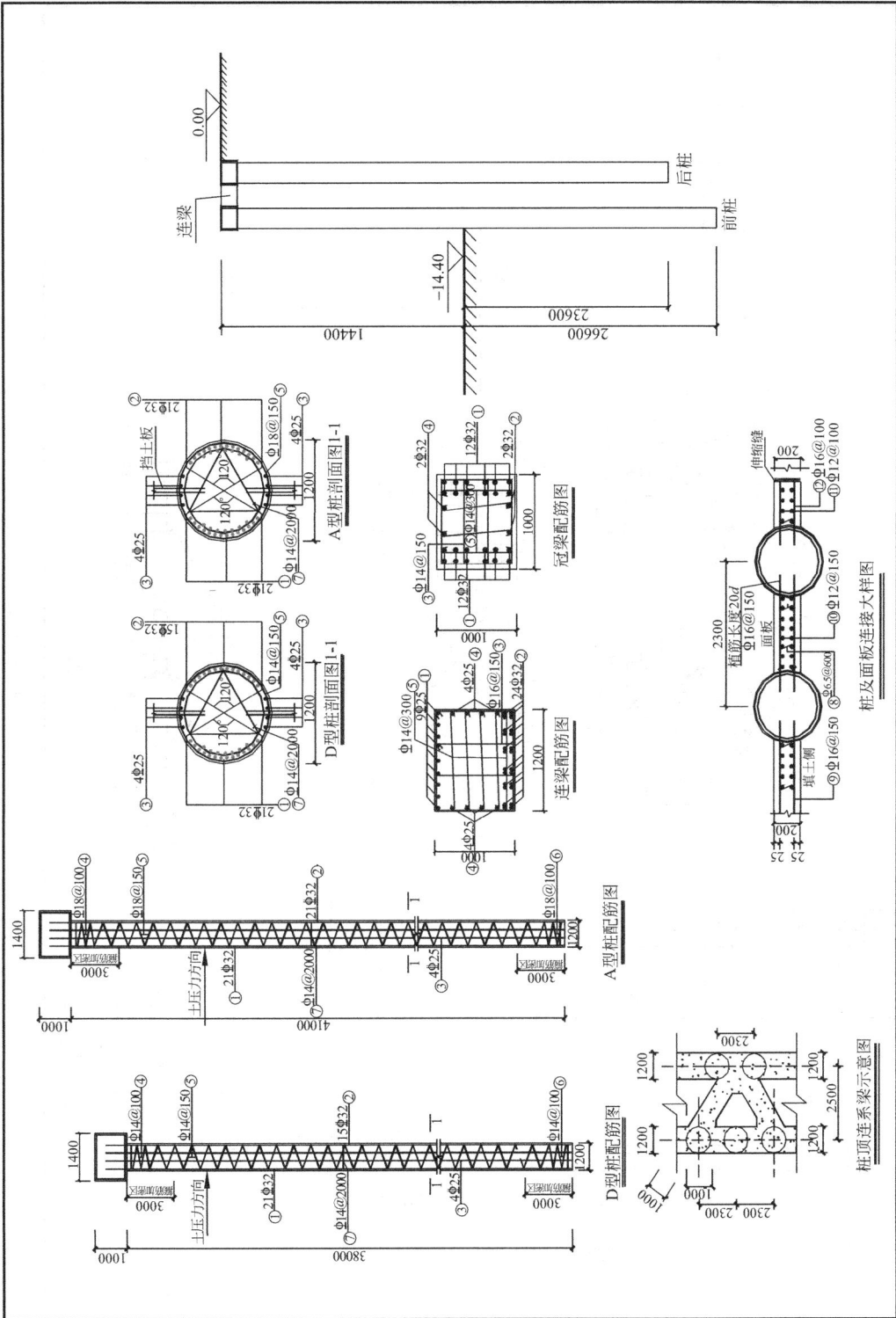

图 12-32　双排桩配筋大样图 1

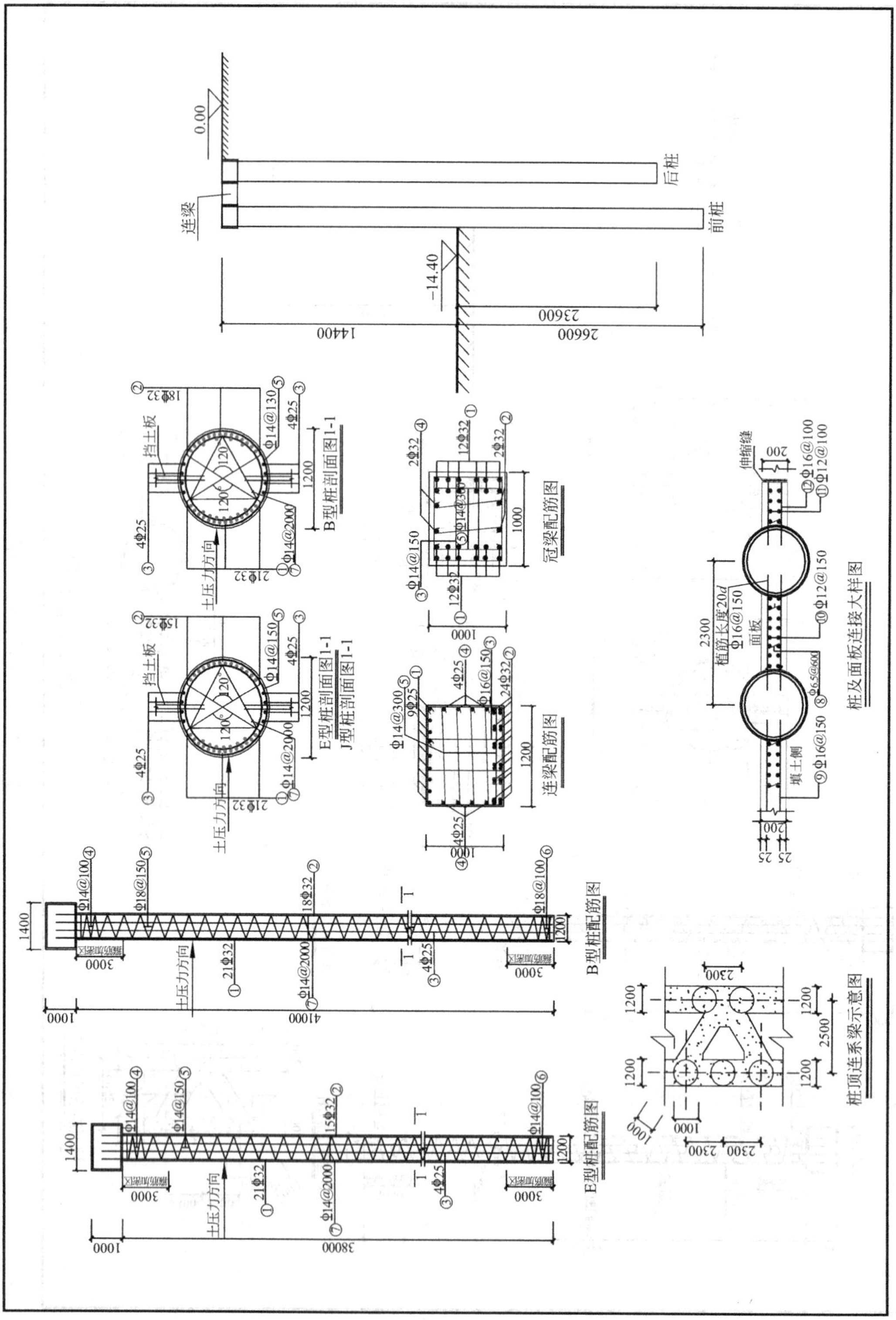

图 12-33　双排桩配筋大样图 2

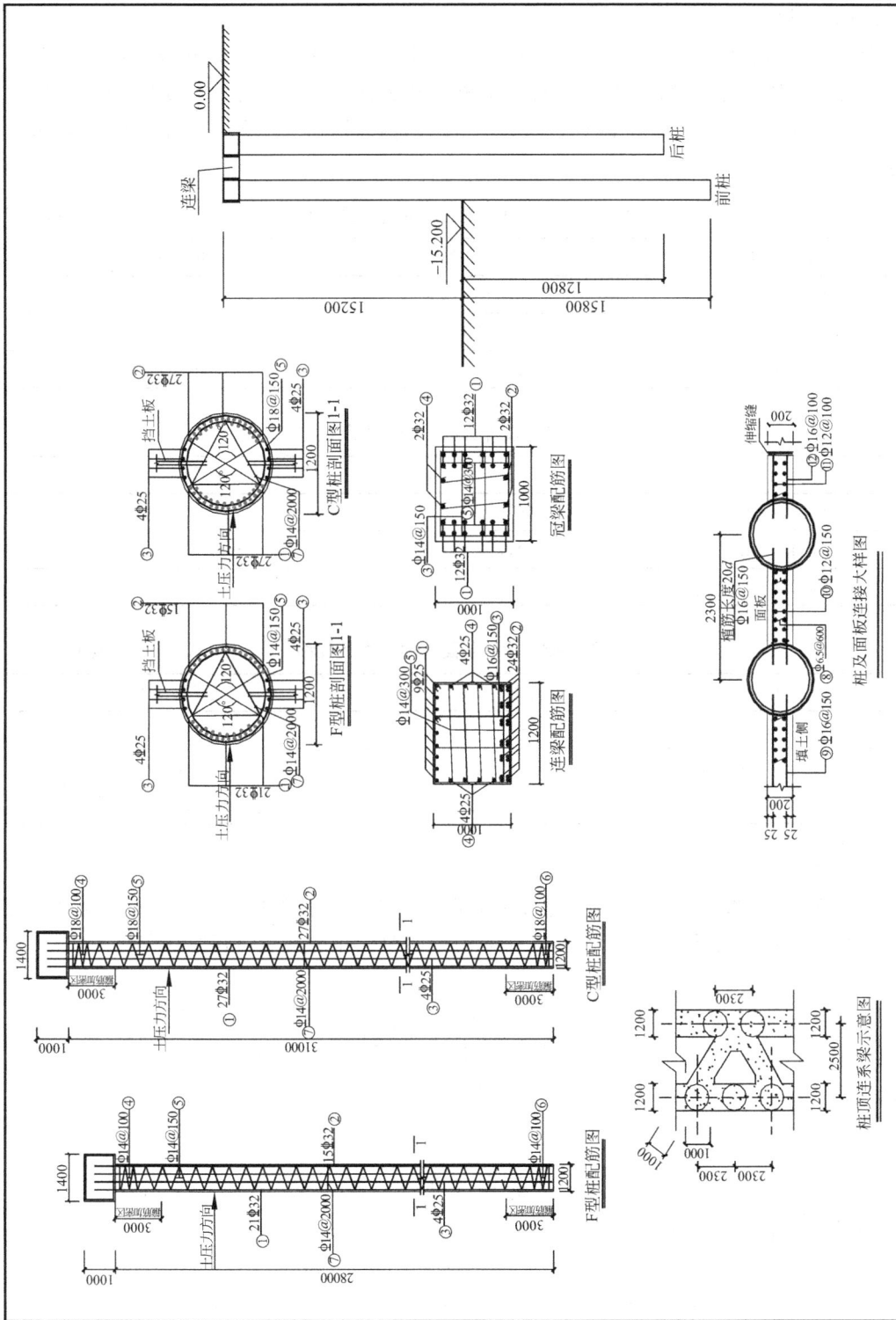

图 12-34 双排桩配筋大样图 3

3. 计算结果

环境边坡长约 90m，坡高 14.4～15.2m，为土质（填土）边坡，建筑距坡顶最近约 4.8m，治理结构型式采用双排桩＋截排水系统。根据地质设计剖面，对边坡双排桩尺寸、直径、排距、间距及配筋进行设计。各设计剖面前后排桩内力及位移分别见表 12-6～表 12-8。

双排桩（1-1'设计剖面）的内力及位移　　　　表 12-6

计算内容	前排桩（A 型桩）	后排桩（D 型桩）
位移(mm)	−71.66～2.06	−71.23～2.25
弯矩(kN·m)	−2965.80～2905.12	−2102.90～2565.90
剪力(kN)	−1270.05～605.03	−1004.39～290.72

双排桩（2-2'设计剖面）的内力及位移　　　　表 12-7

计算内容	前排桩（B 型桩）	后排桩（E 型桩）
位移(mm)	−71.10～0.12	−69.40～0.01
弯矩(kN·m)	−2785.27～1708.09	−1858.39～1711.84
剪力(kN)	−1075.70～684.87	−839.20～234.68

双排桩（3-3'设计剖面）的内力及位移　　　　表 12-8

计算内容	前排桩（C 型桩）	后排桩（F 型桩）
位移(mm)	−73.45～2.03	−68.83～2.13
弯矩(kN·m)	−3090.66～3261.24	−1692.82～1461.60
剪力(kN)	−1076.93～692.60	−743.66～347.35

4. 运营状况

11 号楼环境边坡于 2013 年 5 月通过竣工验收，已正常承载五年有余。据监测数据及坡顶 B 区 11 栋楼表观特征判断，双排桩能抵抗较大侧向压力并能较好控制变形。

5. 结语

11 号楼环境边坡不稳定坡体由人工填土构成，建筑桩基距坡顶最近仅 4.8m（与双排桩净距不足 1.0m），因坡体侧向力较大且受场地空间限制，采用刚度较大的双排桩治理，能较好控制坡体变形，确保坡顶 B 区 11 栋楼的正常使用，希望能给读者在类似项目设计中，提供参考。

参考文献

[1] 徐邦栋. 滑坡分析与防治 [M]. 北京：中国铁道出版社. 2001.

[2] （日）申润植. 滑坡防治理论和工程实践 [M]. 李妥德等译. 北京：中国铁道出版社. 1996.

[3] R. L. Schuster&R. J. Krized. Lnadslides Analysis and Conrtol [M]. Washington，D. C. : National Academy of sciences，1978；165-184.

[4] 潘家铮. 建筑物的抗滑稳定和滑坡分析 [M]. 北京：水利出版社，1980.

[5] 晏同珍. 水文工程地质与环境保护 [M]. 武汉：中国地质大学出版社，1994：23-109.

[6] 孙广忠. 中国滑坡地质灾害及其研究 [M]. 北京：科学出版社，1988.

［7］　（苏）叶米里扬诺娃.滑坡作用的基本规律［M］.铁道部科学研究院西北研究所译.重庆：重庆出版社，1972.

［8］　（日）山田钢二，渡正亮.滑坡与斜坡崩坍及其防治［M］.冯连昌等译.北京：科学出版社，1980.

［9］　铁道部科学研究院西北研究所.滑坡防治［M］.北京：人民铁道出版社，1977：379-459.

［10］　滑坡研究与防治编辑委员会.滑坡研究与防治［M］.成都：四川科技出版社，1996.

［11］　徐邦栋，徐竣龄.地质力学方法在岩石顺层滑坡研究中的应用［J］.滑坡文集，1984，（4）：98-104.

［12］　王恭先.滑坡防治中两个关键技术的研究［A］.西安：第七届全国土力学及基础工程学术研讨会议论文集，1994，10.

［13］　徐竣龄.滑坡空间形态确定、动态监测及锚索抗滑桩技术［J］.滑坡文集，1994，（11）：1-6.

［14］　Boutrup A. W.，Lovell C. W. Search technique in slope Stabiliy analysis［J］. Engineering Geology，1980，36 (1)：51-61.

［15］　Haruo Shuzui. Proess of slip-surface development and formation of slip-surface clay in landslides in Tertiary volcanic rocks［J］. Engineering Geology，2001，61 (4)：199-220.

［16］　阎中华.均质土坝与非均质土坝稳定安全系数极值分布规律及电算程序简介［J］.水利水电技术，1983，（7）.

［17］　周文通.最优化方法在土坝稳定分析中的应用［J］.土石坝工程，1984：51-56.

［18］　孙君实.条分法的提法及其数值计算的最优化方法［J］.水力发电学报，1983：5-8.

［19］　朱大勇.边坡临界滑移场及其数值模拟［J］.岩土工程学报，1997，19 (1)：63-69.

［20］　朱大勇，钱七虎，周早生等.岩体边坡临界滑移场计算方法及其在露天边坡设计中的应用［J］.岩石力学与工程学报，1999，18 (5)：567-572.

［21］　Desai，C. S. Application of the Finite Element Method in Geotechnical：A. Symposium U. S. Army Engineer waterways ExPeriment Station［J］. Vicksburg，Miss.，1972：12-29.

［22］　陈庆中，高正中.土坡稳定滑移线数值分析法［J］.北方交通大学学报，1997，21 (4)：405-410.

［23］　甘卫军，张培震.黄土斜坡最危险滑裂面的遗传算法确定及稳定性分析［J］.工程地质学报，1999，7 (2)：168-174.

［24］　吴恒立.推力桩计算方法的确定［J］.土木工程学报，1995，5 (2).

［25］　王恭先.抗滑支档建筑物的发展动向［A］.滑坡文集编委会.滑坡文集（第十三集）［C］.北京：中国铁道出版社，1998：60-64.

［26］　刘光代，于济民.实测滑坡推力及其变化规律［J］.滑坡文集，1984，(4).105-115.

［27］　徐良德等.抗滑桩模型试验第一阶段报告——滑体为松散介质时桩前滑体抗力的分布［J］.滑坡文集，1988，(6)：884.

［28］　徐良德，尹道成，刘惠明.抗滑桩模型试验第二阶段报告——滑体为黏性土时桩前滑体抗力的分布［J］.滑坡文集，1990，(7)：92-99.

［29］　林鲁生，蒋刚，刘祖德等.锚索抗滑桩滑坡推力及其分布图式的计算与分析［J］.地下空间，2001，21 (5)：485-487.

［30］　戴自航.抗滑桩滑坡推力和桩前滑体抗力分布规律的研究［J］.岩石力学与工程学报，2002，21 (4)：517-521.

［31］　郑明新.滑坡推力特征及其对抗滑效果的评价［J］.中国矿业，2003，12 (8)：58-61.

［32］　徐良德.抗滑桩桩前滑体出现塑性变形时抗力分布的初步探讨［A］.中国土木工程学会.中国土木工程学会第四届土力学及基础工程学术会议论文选集［C］.北京：中国建筑工业出版社，1986.

［33］　王建峰，崔政权.边坡稳定性分析中的剩余推力法［J］.中国地质灾害与防治学报，2001，12 (3)：70-78.

［34］　Hassiotis S.，Chameau J. L. Gunaratne M. Design method for stabilization of slopes whth piles［J］. Journal of Geotechnical and Geoenviron mental Engineering，1997，123 (4).

［35］　邹兴普.锚索抗滑桩的设计计算［J］.路基工程，2000，89 (2)：9-11.

［36］　刘小丽，周德培，杨涛.预应力锚索抗滑桩的动态设计法［J］.西南交通大学学报，2002，37 (5)：491-495.

［37］　僧德荣，范草原.预应力锚索抗滑桩结构的室内试验研究［J］.工程力学，1999（增）：521-525.

［38］　田景贵，范草原.预应力锚索抗滑桩的初步机理及设计［J］.重庆交通学院，1998，17 (4)：59-64.

［39］　余振锡.预应力锚索抗滑桩在滑坡治理中的应用［J］.金属矿山，1998，(4)：10-12.

［40］　王化卿，李传珠.预应力锚索抗滑桩设计与施工［J］.滑坡文集，1990，(7)：34-41.

[41] 励国良.锚索抗滑桩与滑坡相互作用 [J].滑坡文集，1991，(8)：26-31.

[42] 励国良.锚索抗滑桩的设计计算及其试验验证 [J].滑坡文集，1993，(10)：121-131.

[43] Gendy A. S. Eeffective modeling of beams With shears deformation on elastic foundation [J]. Structural Engineering and Mechanics，1999，8 (6)：607-622.

[44] 朱正武，李红超.预应力锚索与混凝土地梁在边坡治理中的应用 [J].探矿工程，2001 (增刊)：107-109.

[45] 夏雄，周德培.预应力锚索地梁在边坡加固中的应用实例 [J].岩土力学，2002，23 (2)：242-245.

[46] 王跃敏.预应力锚索与格形地梁的联合应用 [J].路基工程，1997，18 (5)：56-59.

[47] GB 50330—2013 建筑边坡工程技术规范 [S].北京：中国建筑工业出版社，2013.

[48] 陈洪凯等.地质灾害理论与控制 [M].北京：科学出版社，2011.

[49] 郑颖人等.边坡与滑坡工程治理 [M].北京：人民交通出版社，2010.

[50] 中华人民共和国地质矿产行业标准 DZ/T 0219—2006.滑坡防治工程设计与施工技术规范.

[51] 黄强.深基坑支护工程设计技术 [M].北京：中国建材工业出版社，1995.

[52] 李训根.深基坑双排桩支护结构受力性能分析 [D].长沙：湘潭大学.2012.

[53] 侯俊伟.双排桩支护永久性高填方边坡数值分析与应用研究 [J].工程勘察，2015，12 (1)：22-26.

[54] 聂庆科，梁金国，韩立君等.深基坑双排桩支护结构设计理论与应用 [M].北京：中国建筑工业出版社，2008.

[55] (JGJ 120—2012) 建筑基坑支护技术规程 (2012 版) [S].北京：中国建筑工业出版社，2012.

[56] 何颐华，杨斌，金宝森等.双排护坡桩试验与计算的研究 [J].建筑结构学报，1996，17 (2)：58-66.

[57] 刘钊.双排支护桩结构的分析及试验研究 [J].岩土工程学报，1992，14 (5)：76-80.

[58] 戴智敏，阳凯凯.深基坑双排桩支护结构体系受力分析与计算 [J].信阳师范学院学报 (自然科学版)，2002，15 (3)：348-352.

[59] 郑刚，李欣，刘畅等.考虑桩土相互作用的双排桩分析 [J].建筑结构学报，2004，25 (1)：99-106.

[60] 中国建筑标准设计研究院组织编制.建筑基坑支护结构构造 SG814 [M].北京：中国计划出版社，2011.

[61] JGJ 94—2008 建筑桩基技术规范 [S].北京：中国建筑工业出版社，2008.

第 13 章 黄土边坡支护设计与施工

13.1 概述

13.1.1 黄土边坡的概念

1.黄土成因、分布及地质特征

（1）黄土的形成

我国北方中西部地区在第三系结束后，气候逐渐转寒，秦岭及祁连山等山地发育了大量的山谷式冰川。约在第四系初期，区域气候开始转暖，冰川由东向西逐渐开始退缩而解体，随此，冰水携带着冰积物中细粒料依次由东向西超复式堆积，填冲着丘陵间的沟谷，而形成西北地区老黄土。

在老黄土形成过程中，区域气候常做寒暖交替变迁过程，冰水径流时大时小，造成老黄土层理明显。在老黄土堆积过程中，不仅气候频做寒暖干湿变迁，地区地壳也频做升降运动。可能在地壳相对稳定时期内气候相应的亦较稳定而且较温暖潮湿，形成了植物生长条件，因此在相对稳定时期的地面上形成土壤层，与地壳上升期相伴随气候较为干寒。冰水径流切割或内部侵蚀着已形成的老黄土层，使之形成沟壑或洞穴。这些沟谷或洞穴为后期堆积的老黄土所充填，形成了老黄土层中的次生充填构造。

随着冰川退缩逐渐结束，区域地壳相应的逐渐转变为大幅度上升。随之改变了流水侵蚀作用的基准面，流水切割作用加剧。已形成的老黄土被流水作用破坏，搬运至地势降低的地区（如河谷及川地）再行堆积而形成堆积黄土。伴随着区域地壳上升，区域气候逐渐地由寒冷而转变为干旱，北风大作，风由戈壁携带着大量的细粒料至老黄土堆积区内漫山遍野的堆积下来，此即为风积新黄土。

新黄土形成过程中并非除了风的作用以外别无其他营力参与作用。根据许多现象分析，可以断定大气降水形成的地表径流亦曾积极地参与作用。如黄土区内一些基岩山地上常不见黄土，便是由流水洗刷搬运至低地堆积的结果。

风的作用大致至第四系末便开始减弱了，风积物质大量减少。根据在西北地区初步调查，风在现阶段黄土的形成中已不再起明显的作用，如今在西北黄土区风起时常见有漫天黄土并非来自于外地，而系起之于黄土区本身。

这就是黄土形成的总的历史图景。

（2）我国黄土的分布

我国的黄土大致连续成一黄土带，自西向东有：西北干燥内陆盆地、中部黄土高原、东部山前丘陵及平原三个大区，均处在北纬 $33°\sim47°$ 之间。大部分位于西北地区黄河中游地区，该地区位于北纬 34°～41°，东经 102°～114°之间，西起乌鞘岭，东至太行山，北自长城附近，南达秦岭，除河流沟谷切割地段和突出的高山外，遍布湿陷性黄土，面积达 27 万 km^2。《湿陷性黄土地区建筑规范》（GB 50025—2004）把我国湿陷性黄土工程地质分为 7 个区：陇西地区、陇东陕北地区、关中地区、山西地区、河南地区、冀鲁地区和北部边缘地区。

（3）黄土的地质特征

1）大孔隙发育（孔隙比一般为 0.8～1.2）。肉眼可看到、低含水率、灰黄色或黄色、粒度成分均一、以粉砂颗粒为主、垂直节理发育等显著的特征，因此有遇水崩解、湿陷的特性。

2）黄土的颗粒组成以粉粒（0.005～0.05mm）为主。一般在 60%～70%，粒径大于 0.25mm 的较少见。原生黄土中以 0.01～0.05mm 的较粗颗粒占优势，次生黄土中以 0.005～0.01mm 的较细颗粒占优势。

3）含有大量的石灰质（$CaCO_3$）结核，具有条状、粒状和层理。

4）具有结构性。由黄土的压缩性质、剪切特性、应力-应变关系及黄土所具有的湿陷性质都可以看出黄土具有一定的结构性，即有一定的结构强度。

5）水敏性强。即它的变形强度和稳定性对水的作用特别敏感，常造成工程事故。

2.黄土的分类

（1）工程地质分类法以黄土的地层、年代、成因为基础的分类体系，见表 13-1。

按时代成因分类　　　　　　　　　　　　　　　　表 13-1

年代		黄土名称		成因		备注
全新世 Q_4	近期	新近堆积黄土	新黄土	严重湿陷性黄土	次生黄土	以水成为主	杂乱无章，且不均匀，强湿陷性，高压缩性
	早期						
晚更新世 Q_3		马兰黄土		一般湿陷性黄土			浅黄，一般具有湿陷性
中更新世 Q_2		离石黄土	老黄土	非湿陷性黄土	原生黄土	以风成为主	褐红，一般不具湿陷性或在高压下有轻微湿陷性
早更新世 Q_1		午城黄土					

（2）土力学和水工建筑学，以土的颗粒组成分类，见表 13-2。

按黄土的颗粒组成分类　　　　　　　　　　　　表 13-2

粉质黏土	含黏量（%）	粉质砂土	含黏量（%）
重粉质黏土	20～30	重粉质砂土	6～10
中粉质黏土	15～20	轻粉质砂土	3～6
轻粉质黏土	10～15	粉土	<3

（3）《建筑地基基础设计规范》以黄土的塑性指数为基础的分类定名，见表 13-3。

黄土按塑性指数分类 表 13-3

分类名称	塑性指数	土粒成分
粉质砂土	$1<I_p<10$	粉粒>砂粒>黏粒
粉质黏土	$10<I_p<17$	粉粒>黏粒>砂粒
粉质黏土	$I_p\geq17$	粉粒>黏粒≥砂粒

（4）按黄土的湿陷性分类：对黄土湿陷性的评定，规范以湿陷系数（δs）为主要指标，它是湿陷性黄土地基分类、划级、预测湿陷量的依据。根据湿陷系数（δs），将黄土划分为非湿陷性黄土（$\delta s<0.015$）、湿陷性黄土（$\delta s>0.015$）；又由于黄土的成因时代和力学特性不同，有的黄土地层在饱和上覆土层自重压力作用下就发生湿陷（$\Delta_{zs}>7cm$），称为自重湿陷性黄土，否则称为非自重湿陷性土层。

3. 黄土的湿陷性质的形成和演变

从扫描电镜中所观察到的黄土微结构特征的变化，结合我国黄土地区的地理气候条件和大量工程力学试验及宏观调查分析，黄土的湿陷性的形成和发展大致经历以下阶段。

（1）黄土化阶段

主要由风或其他地质营力搬运来的尘埃或微细粒子在三面环山的袋形地区堆积，刚堆积起来尘埃很易被移动，只有在周期性雨季来临的时候，尘土在雨水的作用下，少量钙从尘土物质中淋出，当钙离子一进入孔隙溶液，首先把尘埃中带负电的胶结粒子凝聚成黏胶粒群，使得这些尘埃得到初步固定。随着周期性的干旱气候的到来，被钙离子饱和的孔隙溶液不断蒸发，钙和二氧化碳发生反应，尤其在日温差较大的情况下形成较为特殊的细粉末状的微晶碳酸钙，把附近已凝聚的黏胶粒群进一步胶结成集粒，使得黄土物质得到进一步固定。这些集粒和尘埃中较大的（$10\sim50\mu m$）碎屑颗粒共同构成黄土结构的骨架颗粒，形成黄土的最初结构。这就是黄土物质开始发生黄土化的阶段，中国黄土高原的西北边缘地区正处于这个发展阶段。

（2）形成阶段

黄土化的过程使得松散堆积的尘埃变成了多孔的粒状堆积物。有的可能留在原地不动，但多数在漫长的历史中多次为风或水的搬运下，重新堆积成松散的粒状堆积物。这些堆积物继续在干温交替以干旱为主的大陆性气候作用下，颗粒之间开始产生一点胶结强度，逐渐把这种粒状堆积物初步联结成不太稳定的粒状架空结构。起初，季节性雨水尚能渗透土层，粒间的胶结强度还不足以抵抗上部土层的自重压力，颗粒排列将发生局部调整以后，在上覆堆积物不断增厚的情况下，雨水渗透不到全部土层，雨水影响线以下的土层将常年处于干旱状态下，此时粒间连接强度将有所增加，上覆土自重压力已不能使土颗粒重新进行排列，黄土的粒状架空结构被保存在年降雨影响线以下的土层中，开始形成自重湿陷性黄土层。如果地区气候条件保持不变，土层的堆积厚度继续增厚，自重湿陷土层会增加到相当厚度（已发现的为 $10\sim15m$）。这种黄土具有十分强烈的湿陷性，湿陷起始压力很低（已发现的为 $0.03\sim0.05MPa$），湿陷敏感性很强。这就是湿陷性黄土结构的形成阶段。中国黄土高原西北部陇西、宁夏地区正处于这一形成阶段。

（3）发育阶段

已经形成的自重湿陷性土层，当地区气候条件变潮，或水文地质条件发生变化，或人为地使水浸入到层土中，颗粒联结强度被削弱或破坏，在土自重压力下，颗粒又重新排列，形成新的结构，使得原来是自重湿陷性黄土层转变为非自重湿陷性黄土。如果气候条件或土中含水状态又恢复到原来干旱状态，新的结构骨架颗粒间产生新的胶结强度，若上部土层又继续增厚，所增加的压力还不足以破坏新增加的胶结强度，这些已变为非自重湿陷性土层，再度变为自重湿性黄土。当然这并不是简单地重复，而比前一次要稳定一些，但仍然存在一定数量的架空孔隙的黄土结构。这种黄土的湿陷性要稍弱一些，起始压力要高一些（已发现的为0.1kPa左右），尤其在湿陷性敏感性上明显地减弱。目前发现的这一层温陷性黄土层可深达15～20m。这就是黄土结构发育到比较典型的阶段。黄土高原中西部的陇东、陕北、晋北等地区正处于这个发展阶段。

（4）成熟阶段

如果地区气候条件相对于前一阶段稍湿热一些，风化淋溶作用也会稍强一些，降雨影响线也会加深一些，土层上部形成的非自重湿陷性黄土层也会厚，湿陷起始压力有可能高达0.15MPa左右。只有在较深的地方，土自重压力才能大于湿陷起始压力，在此以下可能仍保存有自重湿陷性黄土层。这种具有双层构造的黄土层，较为普遍地存在于黄土高原的东南部关中、豫西、晋南和晋东南地区。由于局部地区气候条件的不同，降水影响深度也不同，形成非自重层的厚度也不同，自重层的埋藏深度也就不同。目前所发现的自重层深度大多埋藏在10m左右。这个深度超过了一般规定的勘察深度，因此往往容易被忽略。这一阶段黄土的温陷性并不强烈，湿陷起始压力较高，温陷敏感性很差。如果黄土地层较薄或地下水位较高，双层构造的黄土可以变成单一非自重湿陷性黄土，这在低阶地上常可以遇到。

（5）黏土化阶段

地区气候条件进一步变潮变热，风化淋溶作用进一步加强，上部土层中的钙大量淋出，集粒变软，在压力作用下容易变形；有的集粒成流胶状，黏土片从集粒上解体散化充填在粒间孔隙中，架空孔隙相继塌陷，湿陷性逐步消失，变成非湿陷性黄土。只是在一定深度内还可能保留部分非自重湿陷性黄土。有些地方全部土层都变为非湿陷性土层。这就是黄土结构发展到黏土化的初级阶段。黄土高原东南边缘的冀鲁豫地区正处于这一阶段。

4. 黄土的物理力学特性

黄土的物理力学性质随成岩年代、成岩地区表现出一定的差异。从方位看，无论高原还是阶地，在黄土带内都有一定的规律性：由西北（兰州）到东南（洛阳），黄土的重度、含水率和强度由小变大，渗透性、压缩性和湿陷性由大变小。黄土厚度由厚变薄，黄土颗粒逐渐变细，易溶盐含量由多变少。黄土的不均匀系数的平均值变化范围为6～12，相对密度变化不大，一般为2.68～2.73。黄土的湿化崩解性与其颗粒组成及天然状态的干密度及含水率有较大的关系，黏粒含量越低，含水率越低，遇水崩解速度越快，反之则慢。其分布趋势与土的黏粒含量分布相似，北部黄土较南部黄土容易崩解。黄土的微观结构特征证实了这种明显的区域性变化规律：在黄土带内由西北（兰州）的粒状架空接触结构逐渐过渡到东南（洛阳）的凝块镶嵌胶结结构。

影响黄土强度的主要因素为重度、湿度、稠度和结构性等。黄土的主要特点是具有结构性和欠压密性，二者密切相关。由于结构性才导致欠压密性，欠压密性的存在，使得黄土具有遇水崩解湿陷的特性。这是因为黄土的结构性可视为一个由单粒、集粒和凝块等骨架单元共同形成的空间结构体系，它的单元形态（单粒的矿物碎屑与集粒和凝块）确定了力的传递性能和土的变形性质，其连接方式（点接触、面接触）确定了土的结构强度，其排列方式（大孔隙、架空孔隙、粒间孔隙）确定了土的稳定性。单元点接触、架空孔隙占优势的结构则湿陷性大；集粒和凝块、面接触、粒间孔隙占优势的结构则表现为湿陷性小。欠压密状态的存在，使得黄土的应力—应变曲线和强度曲线表现出特殊的规律。

黄土具有特殊的对水敏感性，即黄土在含水率较低的时候具有结构强度和较大的承载力，能使得维持较高较陡的垂直边坡，而一旦浸水甚至增湿时会发生强度大幅度骤降和变形大幅度突增，它们在定量上的不可忽视性和在定性上的急速发展性是黄土变形影响其上建筑物稳定性的两大突出因素。

我国《湿陷性黄土地区建筑规范》的发展历程：BJG20—1966、TJ24—1978、GBJ25—1990、GB 50025—2004，是从国家建委颁布的行业标准到国家标准的过程，以地基处理为主的综合措施得到了越来越多的重视。

5. 黄土湿陷的机理

对黄土湿陷的原因和机理的各种不同论点，可以归纳为内因和外因两个方面。内因主要是本身的物质成分（颗粒组成、矿物成分和化学成分等）和其结构，外因则是水和压力的作用。

黄土湿陷机理的研究可以归纳如下：

（1）毛细假说：不连续的水分聚集在颗粒接触点处，相邻颗粒孔隙中水和空气交界处存在表面张力。水浸入土中后，表面张力消散，土则崩散。

（2）溶盐假说：当黄土的含水率较小时，大量的易溶盐处于微结晶状态，附在颗粒表面并起一定的胶结作用，这种胶结作用是黄土加固内聚力的一部分，受浸湿后，易溶盐溶解，这部分强度消失，因而产生湿陷。

（3）胶体不足说：黄土的湿陷性是含有小于 0.05mm 颗粒含量小于 10% 的土所固有的性质。这种土缺少胶体部分，而足够的胶体可产生膨胀来防治湿陷。

（4）水膜楔入说：低含水率黄土黏粒表面的结合水膜一般很薄，溶解在其中的阴、阳离子的静电阴引力较强，将表面带负荷的黏粒连接起来而形成一定的凝聚强度。水侵入后，结合水膜变厚，将牢固连接的颗粒分开，使土粒间引力减弱，凝聚强度降低，因而产生湿陷。

（5）欠压密理论：黄土是在干旱或半干旱气候条件下形成的，大气水分影响线下部分土因气候干燥而继续蒸发，因水分减少，盐类析出，胶体凝结，产生加固内聚力。上覆土层厚度增加而带来的压力增大不足于克服土中形成的加固内聚力，因而形成欠压密状态。水侵入后加固内聚力消失，就产生湿陷。

（6）结构学说：通过对黄土的微观结构的研究，从土中骨架颗粒形态（粒状和凝块状）、接触关系（点接触和面胶结）、排列方式（大孔隙、架空孔隙和粒间孔隙）、胶结物种类（黏土矿物、碳酸钙）与赋存状态、胶结类型（接触式、接触—基底式、基底式等）特征来说明湿陷现象。

（7）微结构不平衡吸力成因论：可见黄土的湿陷现象是一个复杂的物理、化学变化过程，湿陷的原因和机理不是目前已提出的哪一个假说所能完全解释清楚的，它受到多方面因素的制约和影响。

6. 黄土湿陷变形的特点

湿陷变形是在水和力的共同作用下产生的，它具有如下特点：

（1）突变性。黄土在承受一定压力时，由于浸水而使其物理状态和力学性质发生突变产生附加变形。

（2）非连续性。从微观上看，湿陷就是黄土骨架颗粒间的胶结减弱与天然结构的崩解。

（3）不可逆性。湿陷变形是土的天然结构发生破坏引起的，是不可逆的，属于塑性变形。

（4）湿陷变形过程中软硬化伴生：一方面，天然结构破坏，原有强度丧失，软化效应；另一方面，体积压缩，形成新的结构，产生新的强度，硬化效应。

（5）敏感性，指湿陷难易及快慢。由含水率变化引起增湿变形量变化的快慢来反映湿陷敏感性（采用一定压力下湿陷应变与含水率关系曲线的斜率，或不同初始含水率与湿陷系数关系曲线上直线段的斜率表示）具有更大的合理性。

（6）与压缩变形相互转换。土的初始含水率高低决定土体的压缩变形与湿陷变形特点。初始含水率低，在一定压力下的压缩变形小，湿陷变形大；当初始含水率高时，压缩变形大，湿陷变形小。当压力超过黄土的结构强度时，压缩变形大而湿陷变形小。

（7）湿陷峰值，湿陷变形随着应力的增加有峰值出现。初始含水率越高的试样，湿陷峰值对应的应力越小。

（8）球应力和剪应力都能导致黄土结构的破坏和湿陷，且它们对湿陷体应变和湿陷偏应变有交叉影响。

影响湿陷变形的因素包括初始含水率、初始干密度、应力状态、压实系数、细粒土含量、结构性、浸湿程度、浸湿历史和矿物成分。湿陷性黄土的天然含水率在 3.3%～25.3% 之间变化。经验表明，当土的天然含水率超过 25% 时，就不再有湿陷性。湿陷性黄土的干密度一般在 1.14～1.55g/cm³ 之间。对于黄土状粉质黏土来说，当干密度达到 1.5g/cm³，一般属于非湿陷性黄土。但对于洪积、冲积成因的、颗粒较粗的黄土状粉质黏土或新近堆积黄土，则干密度超过 1.5g/cm³ 时，仍有可能具有湿陷性。

当土受到的荷载大于湿陷起始压力时，才会出现湿陷变形。随着应力的增加，一般会有湿陷峰值出现。湿陷变形随着压实系数的增加而减小。这是由于压实系数越小，结构越松散。细粒土含量越高，湿陷变形越大。

土的结构性在压实土的湿陷特性里起着重要作用。试验结果表明含水率比最优含水率低的试样具有的湿陷性要高于比最优含水率高的试样。比最优含水率低的试样具有开放的湿陷性结构，这种结构组成了黏土聚集体和（或）砂土粉土颗粒。而比最优含水率高的试样具有更为分散的结构性，因而具有较小的湿陷性。这种传统的解释有一个缺点，那就是以低于最优含水率和高于最优含水率压实，不仅初始结构性不同，而且浸水前吸力也不同。因此，将结构性的影响从应力和吸力的影响中扣除是很重要的。

浸湿程度决定湿陷变形的大小。许多现场浸水研究表明浸水区的土没有达到完全饱和，部分增湿导致部分湿陷。浸湿历史影响湿陷变形量表现在，一次浸水饱和后的黄土，再次浸水时变形很小。

13.1.2 黄土边坡支护的发展与现状

1.黄土边坡的特点

黄土是第四纪的沉积物，垂直节理发育，具有较强的结构性；胶结物质形成的加固黏聚力是其强度的主要组成部分。受干旱影响，黄土天然含水量普遍较低，强度较高，高陡的黄土边坡十分普遍。由于黄土颗粒间的胶结物质耐水性差，土体含水量增大就会弱化加固黏聚力的作用，使黄土的强度降低，乃至出现许多工程破坏。

2.黄土边坡稳定性影响因素

地质构造在黄土分布区，由于新构造运动的间歇性、差异性上升，形成了特殊的黄土台塬及黄土梁，强烈的河流下切及后期黄土的堆积，形成高陡的边坡外形，为滑坡的产生提供了动力条件；各种构造、结构面控制了滑坡滑动面的空间位置及滑坡的时空分布。

黄土岩性是影响坡体稳定性的主要内在因素。黄土结构疏松，孔隙发育，多大孔隙；颗粒分选良好，以接触胶结型为主；垂直节理发育，透水性强，富含碳酸盐，遇水浸湿后强度显著降低。

地形地貌是滑坡发育的因素之一。沟谷的发育和切割程度直接影响滑坡的发生和发展，一般沟谷越发育，切割越严重，滑坡就越多。黄土沟谷地形坡度陡峭，沟谷切割较深，沟谷的谷缘线以下地形坡度接近或大于黄土内摩擦角，斜坡稳定性差。

水的作用使地表水入渗和地下水位上升，一是造成沟谷地表侵蚀严重，使边坡稳定性减弱；二是黄土含水量增大，胶结物质形成的加固黏聚力减弱，易产生滑坡；三是水的浸润使滑动面上岩土软化和水解，降低滑动面土的抗剪强度；四是降水渗入坡体，增加上覆土体重量，地表水沿黄土裂隙或节理下渗，往往在斜坡局部地区形成较高的水头，使土体内的静水压力和动力压力增高，引起土体下滑力的增大。

地震作用是边坡失稳的重要诱发因素。由于黄土岩性松软，斜坡临空面大，受地震惯性力的作用，土体结构遭到破坏，从而丧失抗剪强度而滑坡。计算表明，随地震烈度的增大，滑裂面向土体深远方向发展，即滑坡范围随地震级数的升高而增大。

人为活动因素是触发滑坡的一个重要因素。蓄水建筑物的大量渗漏，长期灌溉水下渗，引起地下水位大幅度上升，使塬边泉水流量增大，泉眼增多，斜坡土体强度降低，可能产生区域性滑坡或坍塌，人们大肆毁林毁草，修反坡梯田等，使地表水入渗量增高，亦加速坡体向失稳状态发展。

3.黄土边坡稳定性分析方法

（1）极限平衡法

极限平衡理论是将有滑动趋势范围内的边坡岩土体某一滑动面切成若干竖条或斜条通过块体的平衡条件建立整个边坡平衡方程，以此为基础进行边坡分析。其基本出发点是把岩块作为一个刚体，检算几个可能破坏面上滑动块体的力的平衡，求出此面在极限状态下的抗剪强度与实有剪应力之比，称为安全系数 k，即当 $k>1$ 时，边坡稳定；$k=1$ 时边坡处于极限状态；当 $k<1$ 时，边坡失稳。该方法模型简单，计算公式简捷，可以解决各种复杂剖面形状，能考虑各种加载形式。传统的极限平衡法经过 70 多年的发展，发展了多种方法如瑞典圆弧法、简化 Bishop 法、Janbu 法及 Morgenstern-Pric 法、Spencer 法等。

（2）裂隙圆弧法

裂隙圆弧法是西安公路科学研究所的赵学劢等人于 20 世纪 80 年代初针对黄土边坡的

特点提出的。该方法认为，黄土中由于垂直节理的存在，以及高陡边坡坡脚受到很大的自重应力，发生不均匀变形等现象，都会导致坡顶出现成组的拉力裂隙。裂隙的平面分布呈与边坡坡肩线平行的圆弧状。该方法提出后，受到工程界的关注并被应用。后经长安大学折学森教授改进后该法得到较为广泛的应用。

（3）稳定图表法

稳定图表法是根据边坡的坡高与坡比有一定的函数关系而提出的，根据这种函数关系将其制成图片，这样使得边坡设计计算变得简单方便，只需查相应的图表即可。该法步骤简单直接，工程界常常使用，但它是在简化基础上进行归并而得，使用时要注意其适用条件和适用范围。

（4）塑性极限分析法

塑性极限分析法是把物体本构关系简化为理想刚塑性的应力-应变关系，用塑性力学上限、下限定理分析边坡稳定问题，就是从下限和上限两个方向逼近真实解。塑性极限分析的基本要点是：当滑动体滑动时，自重和外力所作的功率等于内力（滑面上的阻力）所消耗的功率。于是可由滑体处于极限状态时两功率相等的条件求出极限荷载、临界坡高或安全系数。这一求解方法最大好处是回避了在工程中最不易弄清的本构关系表达式，因而具有物理概念清晰、应用简单且在很多情况下可给出问题的严密解等优点。该方法考虑了速度模式（破坏模式）和能量消耗，应力分布并不要求满足平衡条件。

（5）有限元分析法

有限元分析法是 20 世纪 70 年代以来伴随着计算机的发展而逐渐成熟的分析法。该方法既可将边坡稳定问题视为平面应变问题进行分析计算，也可按空间问题分析，并可较合理地反映边坡的边界条件，以及坡体土应力-应变的非线性关系，因此，被视为较有发展前途的分析方法。该方法的基本原理为，将边坡土体离散为很多小单元体，根据单元体的应力-应变关系及平衡条件建立变形谐调方程，然后根据各单元体间的变形谐调关系及边坡边界条件建立边坡整体稳定的应力和位移方程，最后通过计算机求解方程，得出边坡体中的应力、应变及位移。

4. 防治黄土边坡失稳的措施

根据黄土边坡失稳的原因及机理，从以下几方面采取防治措施：

（1）排水措施：因黄土具有特殊的多孔骨架结构，对水的侵蚀很敏感，并且随含水量增大，抗剪强度剧烈降低，为减少地表水渗入边坡坡体内，应在边坡潜在滑塌区后缘设置截水沟，边坡表面设地表排水系统。

（2）采用锚杆挡墙支护或土层锚杆支护来提高边坡的抗剪能力，这是一种对控制黄土边坡失稳非常有效的积极措施。

（3）采用坡面防护，防治边坡冲刷引起的失稳，如植物防护、砌石护坡等。

（4）避免在边坡顶部的潜在滑塌区范围内堆载，进行建筑工程和线路工程建设。

（5）对高边坡应设计成多级台阶边坡，增设卸荷平台；避免边坡坡脚部位的不合理开挖。此外对黄土边坡设计选用合理的坡率，并在边坡工程施工中，采用信息化逆作施工法。

5. 有待进一步研究的问题

在现有的规范和手册中，对高边坡没有提出具体的评价和设计方法，在这方面的工程经验还不成熟，研究工作有待深入。在设计计算中，必须正确解决黄土边坡工程在其坡比、坡高、坡型、坡工之间的整体合理分配问题。

（1）边坡稳定性研究的发展

边坡研究的基础理论是建立在土力学和岩石力学之上的，所以土力学和岩石力学的成就与发展决定了对边坡研究的完善程度。第二次世界大战前后，边坡问题的研究尚属于土力学的研究范畴，边坡稳定性分析方法主要借鉴土力学的研究成果，例如1916年有Prantle提出，Fellenius和Taylor（1922）发展的圆弧滑动法、1955年的Bishop条分法、1954年的Janbu条分法和20世纪70年代的王复来分析法等形成极限平衡理论，是建立在刚塑性体模型基础上的破坏理论研究，它的建立可能要运用到损伤力学、细观力学和分性理论等现代力学分支，最后要完成对边坡破坏过程的数学模拟。

岩石边坡的研究依赖于岩石力学的发展，早期人们将简单匀质弹性、弹塑性理论为基础的半经验半理论边坡分析方法运用于岩质边坡的稳定性研究，但其计算结果与工程实际有较大差异。在20世纪60年代初期，随着大型工程的建设，所形成的边坡规模加大，地质条件也变得极其复杂，特别是1963年意大利Vaiont水库左岸的滑坡等一系列水电工程事故的发生后，促使人们对岩石力学进行深入的研究，岩石边坡稳定性研究也向前迈进了一大步，人们清楚地认识到在边坡定性分析中，必须将地质分析与力学机制紧密结合起来，从而形成了60年代初期的刚体极限平衡法，以及结构面的力学特性对岩体滑动的影响研究。1967年人们第一次尝试用有限元研究边坡的稳定性问题，给定量评价边坡的稳定性创造条件，并使其逐步过渡到数值方法，从而使边坡定性研究进入模式机制和作用过程研究成为可能，同时以概率论为基础的可靠度方法也引入边坡稳定性研究中。同一时期，我国在边坡岩体稳定性分析的岩体工程稳定性研究方面也取得了丰硕的成果，如岩体结构理论及相应的边坡岩体稳定性分析的岩体工程地质力学方法等。

20世纪80年代以后，由于计算技术的发展及岩体力学性质研究的进展，各种复杂的数值计算方法广泛地应用于边坡研究。1983年孙玉科对盐池河山崩变形机制制作了平面有限元分析；1989年陈宗基对抚顺露天矿边坡按照19°、24°、34°的坡角以及坡角为19°并有深部开采的不同模式进行有限元分析；1991年Jons对英国威尔士煤田边坡稳定性与采矿沉陷性状的相关性进行了有限元的分析，并用模型实验进行验证。1971年Cundall提出了非连续介质的离散元，用于模拟边坡的渐进破坏，1991年Toshihisa运用该方法分析了日本305国道的岩石边坡的破坏过程。1986年Flac的出现，为边坡分析提供了一种极其有效的方法，它不但可以处理大变形问题，而且可以模拟某一软弱面的滑动变形，能真实地反映实际材料的动态行为，并可考虑锚杆、挡土墙、抗滑桩等支护结构与围岩的相互作用，被公认为是岩土力学数值模拟行之有效的方法；1988年Brady运用它对矿山倾斜采场的加固方案进行了模拟，1993年Billaux对6m高冲填体进行了模拟，1995年王永嘉将Flac引入国内，先后在水电、隧洞、边坡中广泛使用。

进入20世纪90年代，边坡问题的研究将传统的边坡工程地质学、现代岩土力学和现代数学力学相结合，形成了所谓的现代边坡工程学；各种现代科学的新技术，如系统工程论、数量理论、信息理论、模糊数学、灰色理论、现代概率统计理论、耗散论、协同性、突变理论、混沌理论、分形理论等不断用于边坡问题研究中，从而给边坡的稳定性研究提供了新理论、新方法。

综上所述，不难发现，目前边坡稳定性研究已有了相当的水平与规模。边坡作为一个系统工程，其发展过程可表述为 5 个阶段，即借助于古典土力学的稳定性分析阶段、50 年代偏重于稳定性描述与分析的地质历史分析阶段、60 年代考虑时效过程的稳定性分析阶段、80 年代后期以数值模拟、模拟试验为主的半定量分析阶段和 90 年代以后的现代边坡工程学阶段。

（2）边坡处治技术的发展

边坡治理是一项技术复杂、施工困难的灾害防治工程。近年来，随着高速公路的发展，以及大型重点工程项目的日益增多，边坡治理总是越来越突出。在 20 世纪 50 年代，我国治理边坡主要采用地表排水、清方减载、填土反压、抗滑挡墙及浆砌片（块）石防护处治等措施。工程实践经验证明，采用地表排水、清方减载、填土反压仅能使边坡暂时处于稳定状态，如果外界条件发生改变、边坡问题仍然可能失稳。在 1981 年洪水期间，宝成铁路有 10 处滑坡是属于曾经整治过但仅采取排水、减载或抗滑挡土墙措施。

20 世纪 60 年代末期，我国在铁路建设中首次采用抗滑桩技术并获得成功。随后在成昆铁线、湘黔线、宝成线、川黔线等铁路建设中推广应用。抗滑桩技术的诞生，使一些难度较大的边坡工程问题的处理成为现实，由于它具有布置灵活、施工简单、对边坡扰动小、开挖面小、圬工体积少、承载能力大、施工速度快等优点，受到工程师们和施工单位的欢迎，在全国范围内迅速得到推广应用，并从 20 世纪 70 年代开始逐步形成以抗滑桩支挡为主、结合清方减载、地表排水的边坡综合治理技术。1975 年铁道部颁布的《铁路工程技术规范》有关路基章节中对滑坡治理强调一次根治，强调一次治理，重视支挡作用，将地表排水、地下排水、抗滑挡土墙作为主要技术推荐，将抗滑桩作为新技术推荐，强调减载要注意是否会引起后部次生滑坡的产生。1985 年修订的《路基设计规范》（TBJ 1—1985），与 1978 年规范对照，其变化之处在强调支挡为主，综合整治，抗滑桩作为一种主要措施被推荐。

在 20 世纪 80 年代末期，由于锚固技术理论研究和凿岩机械突破性的进展，我国开始采用锚喷防护技术。锚喷技术的采用对高边坡提供了一种施工快速、简便、安全的处治防护手段，因此很快得到广泛采用。对于排水，人们也有了新的认识，主张以排水为主、结合抗滑桩、预应力锚索支挡综合治理。南昆铁路八渡车站巨型滑坡，采用地面、地下、立体排水、锚索和锚索桩支挡、建立滑坡地质环境保护区的综合治理措施获得成功，并被誉为 20 世纪 90 年代治理巨型滑坡的成功典范。

在 20 世纪 90 年代，压力注浆加固手段及框架锚固结构越来越多地用于边坡处治，尤其是用于高边坡的处治防护工程中。它是一种边坡的深层加固处治技术，能解决边坡的深层加固及稳定性问题，达到根治边坡的目的，因而是一种极具广泛应用前景的高边坡处治技术。

目前可供采用的边坡加固措施很多，有削坡减载技术、排水与截水措施、锚固措施、混凝土抗剪结构措施、支挡措施、压坡措施以及植物框格护坡、护面等，在边坡治理工程中强调多措施综合治理的原则，以加强边坡的稳定性。然而随着工程建设规模的不断增大，边坡高度增高，复杂性增大，对边坡的处治技术要求也越来越高。如采矿边坡可达 $300\sim500m$，在新西兰已达到 1000m；举世瞩目的长江三峡工程，其双线连续 5 级船闸是世界上规模最大的船闸，位于山顶劈岭下切的岩槽中，土石方开挖量达 3700 万 m^3，形成的花岗岩体高边坡高度达 170 多 m，且下部为 $50\sim60m$ 的直立岩墙，在边坡加固中仅锚杆用量就达 18 万多根。可以预见，随着科学技术的发展，边坡处治技术将得到进一步的发展，并逐步走向完善。

13.2 黄土边坡支护的类型与适用范围

支挡结构，包括挡土墙、抗滑桩、预应力锚索等支撑和锚固结构，是用来支撑、加固填土或山坡土体、防止塌滑以保持其稳定的一种建筑物。

常见的支挡结构形式有很多，各有不同的适用范围，其分类方法也有很多种，一般可按照结构形式、建筑材料、施工条件及所处的环境等条件进行划分。按其结构形式和受力特点可分为重力式挡土墙、悬臂式挡土墙、扶壁式挡土墙、加筋土挡墙、土钉墙、锚定板式挡墙、框架预应力锚杆挡墙、锚杆挡土墙、悬臂式排桩挡墙、地下连续墙、单支点和多支点排桩、地下连续墙、抗滑桩和锚索等形式；按照建筑材料划分可分为砖、石砌、混凝土、钢筋混凝土、土体锚固体系等；按照环境条件可分为一般地区、浸水地区和地震区等。

支挡结构作为一种结构物，其类型各式各样，其适用条件取决于支挡位置的地形、工程地质条件、水文地质条件、建筑材料、支挡结构的用途、施工方法、技术经济条件和当地工程经验的积累等因素。本章主要介绍重力式挡土墙、悬臂式挡土墙、扶臂式挡土墙、加筋土挡土墙、锚杆挡土墙及土钉墙六种支护形式。

1.重力式挡土墙

（1）特点

1）依靠墙身自重来平衡土压力。

2）一般用毛石砌筑、也可用素混凝土修建。

3）形式简单、取材容易、施工方便。

（2）适用范围

1）适用于 $2\sim6m$ 高的小型挖填方边坡，可防止小型边坡滑动。

2）可用于非饱和土工程支挡结构和两侧均匀浸水条件风化岩石和土质边坡支挡。

2.悬臂式挡土墙

（1）特点

1）钢筋混凝土结构，由立板、趾板和踵板组成，断面尺寸较小。

2）踵板上的土体重力可抗倾覆和滑移，相对重力式挡土墙受力较好。

（2）适用范围

1）适用于 $4\sim8m$ 高的填方边坡，可防止填方边坡滑动。

2）可用于非饱和土、基础较软弱土体和两侧均匀浸水条件时的土体支挡结构。

3.扶臂式挡土墙

（1）特点

1）钢筋混凝土结构，由立板、趾板、踵板和扶壁组成，断面尺寸较小。

2）踵板上的土体重力可抗倾覆和滑移，竖板和扶壁共同承受土压力产生的弯矩和剪力，相对悬臂式挡土墙受力好。

（2）适用范围

1）适用于 6~12m 高的填方边坡，可防止填方边坡的隐性滑动。

2）可用于非饱和土、基础较软弱土体和两侧均匀浸水条件时的土体支挡结构。

4. 加筋土挡土墙

（1）特点

1）由钢筋混凝土面板和加筋组成，为柔性支挡结构，造价低，断面尺寸较小。

2）挡土墙抗倾覆和抗滑移稳定主要靠加筋实现，土压力主要靠加筋平衡，相对挡土墙结构稳定性好，受力合理。

（2）适用范围

1）适用于 4~8m 高的填方边坡，可做成多级高边坡，能够使边坡坡度做成 80°~90°之间。

2）可用于非饱和土支挡结构和非浸水条件的边坡抗滑移支挡结构，使用时注意边坡有效排水。

5. 锚杆挡土墙

（1）特点

1）由钢筋混凝土挡土墙和锚杆组成，为柔性支挡结构，造价低，断面尺寸较小。

2）抗倾覆和抗滑移稳定靠挡墙及锚杆实现，土压力靠挡土结构与锚杆共同平衡，相对挡土墙结构受力合理。

（2）适用范围

1）适用于 8~12m 高的挖方边坡和深基坑支护，可防止工程挖方引起边坡的隐性滑动，能够使边坡坡度做成 85°~90°节约耕地，减少环境破坏。

2）可用于非饱和土支挡和非浸水条件的边坡抗滑移支挡，使用时注意边坡有效排水。

6. 土钉墙

（1）特点

1）由钢筋混凝土面板及加固土体的土钉组成，为柔性支挡结构，造价低，断面尺寸较小。

2）土钉加固后的土体满足边坡的整体稳定性，土压力主要靠土钉平衡，相对挡土墙结构稳定性好，受力合理。

（2）适用范围

1）适用于 6~12m 高的挖方边坡和深基坑支护，可做成多级超高边坡，可防止工程挖方引起边坡的隐性滑动，能够使边坡坡度做成 60°~80°之间，节约耕地，减少环境破坏。

2）可在抗震区使用，由于土钉与挡土板的协同工作不会造成突然坍塌而造成人员安全问题。

3）可用于非饱和土支挡结构和非浸水条件的边坡抗滑移支挡结构，使用时注意边坡有效排水。

13.3　黄土边坡支护的设计

13.3.1　黄土边坡支护的设计计算

1. 重力式挡土墙设计

靠墙身自重来保证墙身稳定性的挡土墙称为重力式挡土墙。设计时应该先确定挡土墙的类型，合理确定墙身截面尺寸，再计算它所承受的土压力，最后分别验算墙和地基的强度及稳定性。

(1) 重力式挡土墙的分类

重力式挡土墙按照墙背的倾斜程度分为仰斜、直立和俯斜三种，从受力的情况看，仰斜主动土压力最小，俯斜主动土压力最大。从挖、填方要求来看，边坡是挖方，用仰斜比较合适；边坡是填方，用墙背直立或俯斜比较合理。墙前地形比较陡则用直立比较好。对于较大高度（一般高度大于 5m 时可以确定为挡土墙较高）的挡土墙，还可以采用折线形墙背来减少主动土压力。

(2) 重力式挡土墙的设计方法

（略）。

(3) 重力式挡土墙稳定性验算

根据《建筑地基基础设计规范》（GB 50007—2011）规定，挡土墙的稳定性验算应符合下列要求：

1) 抗滑移稳定性验算

基本假定：挡土墙沿墙底面方向滑动。且不考虑墙趾后填土的被动土压力对抗滑移稳定性的有利影响，稳定性验算应满足式（13-1）。

$$K_c = \frac{(G_n + E_{an})\mu}{E_{a\tau} - G_\tau} \geqslant 1.3 \qquad (13-1)$$

式中　G_n——与墙底面垂直的墙自重分量（kN/m），$G_n = G\cos a_0$；

　　　G_τ——与墙底面平行的墙自重分量（kN/m），$G_\tau = G\sin a_0$；

　　　$E_{a\tau}$——与墙底面平行的土压力合力分量（kN/m），$E_{a\tau} = E_a\sin(\alpha - \alpha_0)$；

　　　E_{an}——与墙底面垂直的土压力合力分量（kN/m），$E_{an} = E_a\cos(\alpha - \alpha_0)$；

　　　G——挡土墙每延米自重（kN/m）；

　　　α_0——挡土墙基底的倾角（°）；

　　　α——挡土墙墙背的倾角（°）；

　　　μ——土对挡土墙基底的摩擦系数，由试验确定，也可以按照表 13-4 选用。

土对挡土墙基底的摩擦系数 μ 表 13-4

土的类别		摩擦系数 μ
黏性土	可塑	0.25～0.30
	硬塑	0.30～0.35
	坚硬	0.35～0.45
粉土		0.30～0.40
中砂、粗砂		0.40～0.50
碎石土		0.40～0.60
软质岩		0.40～0.60
表面粗糙的硬质岩		0.65～0.75

2) 抗倾覆稳定性验算

假定，挡土墙以墙趾为倾覆转动点，且不考虑墙趾后填土的被动土压力对抗倾覆稳定性的有利影响，稳定性验算应满足式（13-2）。

$$K_1 = \frac{GX_0 + E_{aZ}X_f}{E_{aX} - Z_f} \geqslant 1.6 \tag{13-2}$$

式中　E_{aX}——土压力合力的水平分量（kN/m），$E_{aX} = E_a \sin\alpha$；

$\quad\quad$ E_{aZ}——土压力合力的垂直分量（kN/m），$E_{aZ} = E_a \cos\alpha$；

$\quad\quad$ X_f——作用点到墙趾的水平距离（m），$X_f = B - Z\cot\alpha$；

$\quad\quad$ Z_f——作用点到墙趾的垂直距离（m），$Z_f = Z - B\tan\alpha_0$；

$\quad\quad$ Z——土压力作用点离墙踵的高度（m）；

$\quad\quad$ B——基底的水平投影宽度（m）。

3）基底承载力验算

① 基础底面的压力，应符合下列规定：

当轴心荷载作用时，应满足式（13-3）：

$$p_k \leqslant f_a \tag{13-3}$$

式中　p_k——基础底面处的平均压力值（kPa）；

$\quad\quad$ f_a——修正后的地基承载力特征值（kPa）。

当偏心荷载作用时，除了应满足上式的要求，也应满足式（13-4）：

$$p_{kmax} \leqslant 1.2 f_a \tag{13-4}$$

式中　p_{kmax}——基础底面边缘的最大压力值（kPa）。

② 基础底面的压力，可按照式（13-5）确定：

当轴心荷载作用时

$$p_k = \frac{F_k + G_k}{A} \tag{13-5}$$

式中　F_K——上部结构传至基础顶面的竖直力值（kPa）；

$\quad\quad$ G_K——基础自重和基础上的土重（kN）；

$\quad\quad$ A——基础底面面积（m^2）。

当偏心荷载作用时，可按式（13-6）、式（13-7）确定：

$$p_{kmax} = \frac{F_k + G_k}{A} + \frac{M_k}{W} \tag{13-6}$$

$$p_{kmin} = \frac{F_k + G_k}{A} - \frac{M_k}{W} \tag{13-7}$$

式中　M_k——作用于基础底面的力矩值（kN·m）；

$\quad\quad$ p_{kmin}——基础底面边缘的最小压力值（kPa）。

③ 当偏心距 $e < b/4$ 时，p_{kmax} 应该按照式（13-8）进行计算：

$$p_{kmax} = \frac{2(F_k + G_k)}{3la} \tag{13-8}$$

式中　l——垂直于力矩作用方向的基础底面边长（m）；

$\quad\quad$ a——合力作用点至基础底面最大压力边缘的距离（m）。

④ 基底合力的偏心距 e 不应大于 0.25 倍基础的宽度 b，即 $e < b/4$。

（4）重力式挡土墙的设计有关要求

1）重力式挡土墙适用于高度小于 8m、地层稳定、开挖土石方时不会危及相邻建筑物安全的地段。

2）重力式挡土墙可在基地设置逆坡。对于土质地基，基底逆坡坡度不宜大于 1：10；对于岩质地基，基底逆坡坡度不宜大于 1：5。

3）毛石挡土墙的墙顶宽度不宜小于 400mm，混凝土挡土墙的墙顶宽度不宜小于 200mm。

4）重力式挡土墙的基础埋深，应根据地基承载力等因素进行确定。在土质地基中，基础埋深不应小于 0.5m。

5）重力式挡土墙应每间隔 10～20m 设置一道伸缩缝。当地基有变化时宜加设沉降缝。在挡土结构的拐角处，应采取加强的构造措施。

2.悬臂式和扶壁式挡土墙设计

（1）悬臂式挡土墙

1）悬臂式挡土墙的受力特点

悬臂式挡土墙是将挡土墙设计成竖向放置的悬臂梁形式（图 13-1），$(b_1+b_2+b_3)/(H+h)=1/2\sim2/3$，墙趾宽度 b_1 约为 $(b_2+b_3)/2$，其墙身和基础都承受弯曲应力。

2）悬臂式挡土墙的设计方法

① 悬臂式挡土墙内应力的计算方法

作用在悬臂式挡土墙上的荷载（图 13-1a），可依据悬臂式挡土墙将其分为墙身的荷载、突出墙趾部分的荷载和突出墙踵部分的荷载三部分，可忽略墙身范围内墙底土压力和墙身外侧的被动土压力，及基础与地基土之间的剪应力。

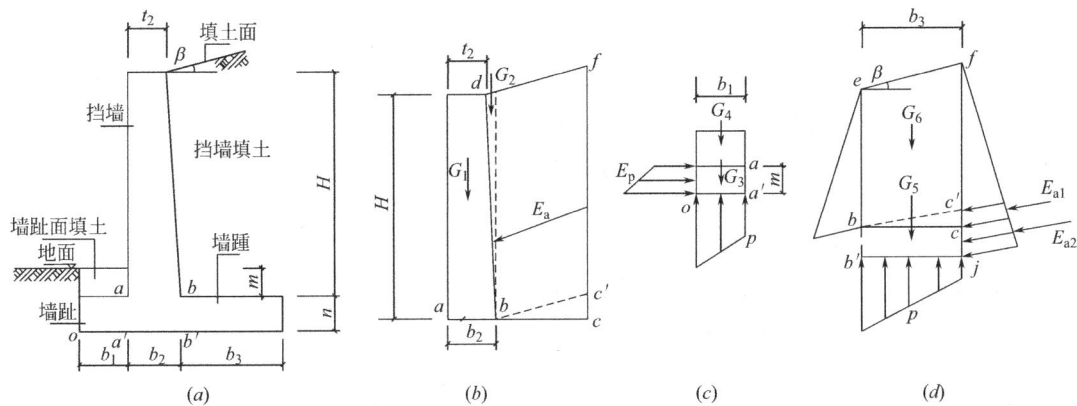

图 13-1 作用在悬臂式挡土墙上的主要荷载

（a）悬臂式挡土墙；（b）作用在挡土墙上的荷载；（c）作用在墙趾上的荷载；（d）作用在墙踵上的荷载

A.墙身的荷载（图 13-1b）

直接作用在墙背上的主动土压力 E_a，可按作用于垂直面上的土压力计算。直线平行于填土表面，计算符合朗肯土压力理论（挡土墙背直立、光滑、填土面水平），按式（13-9）计算：

$$E_a=\gamma H^2 k_a/2 \tag{13-9}$$

B.墙身范围内挡土墙重量 G_1 和其上土块重量 G_2，分别按式（13-10）、式（13-11）

计算：

$$G_1 = 12.5(b_2 + t_2)H \text{(kN/m)} \tag{13-10}$$

$$G_2 = 0.5\gamma H(b_2 - t_2)\text{(kN/m)} \tag{13-11}$$

C. 突出墙趾部分的荷载（图 13-1c）

a. 突出墙趾部分的重量 $G_3 = 25b_1 h \text{(kN/m)}$； $\tag{13-12}$

b. 突出墙趾部分以上的土重 $G_4 = \gamma b_1 h_1 \text{(kN/m)}$； $\tag{13-13}$

c. 基础左面的被动土压力 $E_p = 0.5\gamma h^2 k_p \text{(kN/m)}$。 $\tag{13-14}$

D. 突出墙踵部分的荷载（图 13-1d）

a. 作用在 $c'f$ 上的主动土压力为 $E_{a1} + E_{a2}$，其中，E_{a1} 作用在 cc' 范围内，E_{a2} 作用在 cj 范围内；

b. 突出墙踵部分的重量 $G_5 = 25b_3 h \text{(kN/m)}$； $\tag{13-15}$

c. 突出墙踵部分以上 $cbef$ 的土重 $G_6 = \gamma b_3 (H + 0.5b_3 \tan\beta)\text{(kN/m)}$。 $\tag{13-16}$

② 悬臂式挡土墙滑移稳定性验算

以悬臂式挡土墙的底面作为验算滑动面（图 13-1a）。

A. 产生滑动的力有：墙背的主动土压力（E_a、E_{a1} 和 E_{a2}）的水平分力，按式（13-17）计算：

$$E_x = E_a \cos\alpha + E_{a_1} \cos\alpha_1 + E_{a_2} \cos\alpha_2 \tag{13-17}$$

式中　α、α_1、α_2——主动土压力（E_a、E_{a_1} 和 E_{a_2}）与水平轴的夹角，可根据各主动土压力与墙背或作用面的夹角按图关系推算得到。

B. 抗滑移的力有：被动土压力 E_p、基础底面的摩擦力 $\mu(G + E_y)$，E_y 为主动土压力的竖向分力（kN/m）。

其中： $$G = G_1 + G_2 + G_3 + G_4 + G_5 + G_6 \tag{13-18}$$

$$E_y = E_a \sin\alpha + E_{a_1} \sin\alpha_1 + E_{a_2} \sin\alpha_2 \tag{13-19}$$

C. 挡土墙的抗滑稳定性按式（13-20）进行计算：

$$K_s = \frac{\mu(G + E_y) + E_p}{E_x} \geqslant 1.3 \tag{13-20}$$

式中　K_s——抗滑移稳定系数。

当基底下有软弱夹层时，应按圆弧滑动面法进行地基稳定性验算。

③ 悬臂式挡土墙的倾覆稳定性验算

以悬臂式挡土墙的墙趾边缘 O 点作为倾覆计算转点（图 13-1a）。

A. 产生倾覆的力矩有：墙背的主动土压力（E_a、E_{a_1} 和 E_{a_2}）和水平分力 E_{ax}、E_{a_1x} 和 E_{a_2x} 对 O 点的力矩，按式（13-21）进行计算：

$$M_{ov} = E_{ax} z_a + E_{a_1x} z_{a_1} + E_{a_2x} z_{a_2} \tag{13-21}$$

式中　Z_a、Z_{a_1}、Z_{a_2}——主动土压力 E_a、E_{a_1} 和 E_{a_2} 的作用点离 O 点的竖向距离（m），其中 $z_a = h + H/3$、$z_{a_1} = h + 0.5b_3 \tan\beta$、$z_{a_2} = h/2$。

B. 抗倾覆的力矩有：被动土压力 E_p、基础及其上部土重 G、主动土压力的竖向分力（E_{ay}、E_{a_1y} 和 E_{a_2y}）对 O 点的力矩 M_b，按式（13-22）进行计算：

$$M_b = E_p z_p + \sum_{i=1}^{6} G_i X_i + E_{ay} x_a + E_{a_1y} x_{a_1} + E_{a_2y} x_{a_2} \tag{13-22}$$

式中 Z_p——被动土压力 E_p 的合力作用点距 O 点的竖向距离（m）；

  G_i——基础土或上部填土的重量（kN/m）；

  x_i —— G_i 的重心离 O 点的水平距离（m）；

x_a、x_{a_1}、x_{a_2}——E_{ay}、E_{a_1y} 和 E_{a_2y} 的作用点离 O 点的水平距离（m）。

C. 挡土墙的倾覆稳定性按式（13-23）进行计算

$$K_{ov} = M_b/M_{ov} \geqslant 1.6 \qquad (13-23)$$

式中 K_{ov}——抗倾覆稳定系数。

当不能满足上式时，可通过改变墙背的坡度，以减小主动土压力，或在墙背设置平衡重台，以增加稳定力矩。

④ 地基承载力验算

A. 轴心荷载作用时下基底平均地基反力 p_k 验算

$$p_k = (G + E_{ay} + E_{a_1y} + E_{a_2y})/B, \ 0 \leqslant p_k \leqslant f_a \qquad (13-24)$$

B. 偏心荷载作用时下基底反力 p_{kmax} 验算

$$p_{k\,min}^{\,max} = p_k \left(1 \pm \frac{6e}{B}\right), \ p_{max} \leqslant 1.2f_a, \ p_{min} \geqslant 0 \qquad (13-25)$$

式中 p_k——相应于作用的标准组合时，基础底面处的平均压力（kPa）；

p_{kmax}、p_{kmin}——相应于作用的标准组合时，基础底面边缘处的最大和最小压力（kPa）；

  f_a——修正后的地基承载力特征值（kPa）；

  B——挡土墙的基底总宽度对应于图 13-1(a)，$B = b_1 + b_2 + b_3$；

  e——荷载作用于基础底面边缘的偏心距（m），按式（13-26）确定：

$$e = \frac{B}{2} - \frac{E_p z_p - E_{ax} z_a - E_{a_1x} z_{a_1} - E_{a_2x} z_{a_2} + \sum_{i=1}^{6} G_i x_i + E_{ay} x_a + E_{a_1y} x_{a_1} + E_{a_2y} x_{a_2}}{G + E_{ay} + E_{a_1y} + E_{a_2y}}$$

$$(13-26)$$

当地基承载力不满足上述要求的时候，可设置墙趾台阶增大底面宽度。同时还有利于提高挡土墙的抗滑移和抗倾覆稳定性。

（2）悬臂式挡土墙的配筋要求

1）墙身、墙趾和墙踵的最大内力分别为 ab、aa' 和 bb' 截面，根据求得的截面弯矩 M 和剪力 V，按悬臂板进行配筋计算，配置相应的抗弯和抗剪钢筋（图 13-2）。

2）由于实际受力情况复杂，在受压一侧应配置构造钢筋。

3）确定截面有效高度 h_0 时，墙身受力钢筋的混凝土保护层厚度应不小于 30mm；当底板下设置素混凝土保护层时，底板受力钢筋的混凝土保护层厚度应取 40mm；无垫层时取 70mm。

3. 扶臂式挡土墙的计算方法

扶臂式挡土墙，一般取 $(b_1 + b_2 + b_3)/$

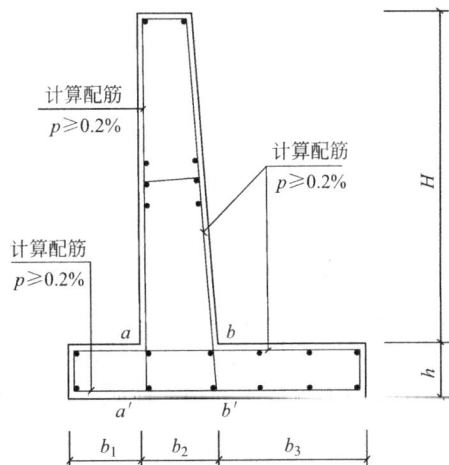

图 13-2　悬臂式挡土墙的配筋构造

$(H+h)=1/2\sim2/3$，扶臂的间距 L 一般为 $(1/3\sim1/2)(H+h)$。作用在扶臂式挡土墙上的土压力与作用在悬臂式挡土墙上的相同（图 13-1）。

（1）墙板

扶臂式挡土墙上的墙板由竖向扶臂和基础板支撑，可采用下列方法计算，即：取三角形荷载，按三面支撑、一面自由的双向板计算，可采用电算程序计算。

沿两个扶壁间的中线的水平和垂直方向弯矩的变化规律如图 13-3 所示。

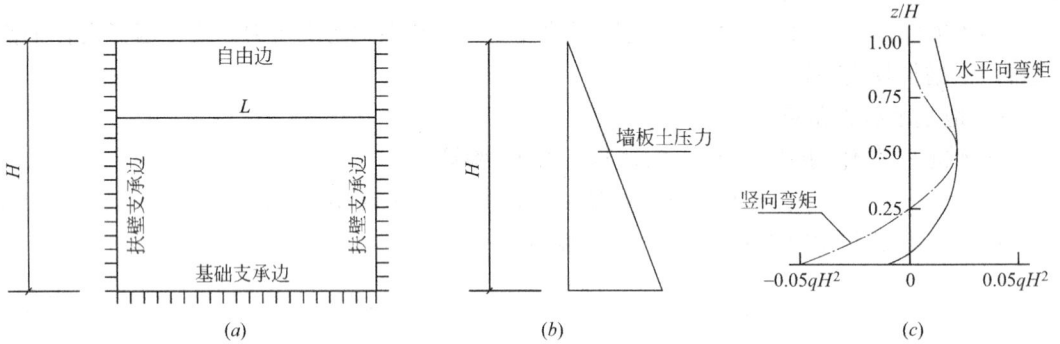

图 13-3　扶壁式挡土墙的墙板弯矩

（a）计算简图；（b）荷载；（c）$H=L$ 时的变矩分布规律

（2）墙趾板

墙趾板的设计与悬臂式挡土墙的墙趾板相同。

（3）墙踵板（图 13-4 中 $cdfe$）

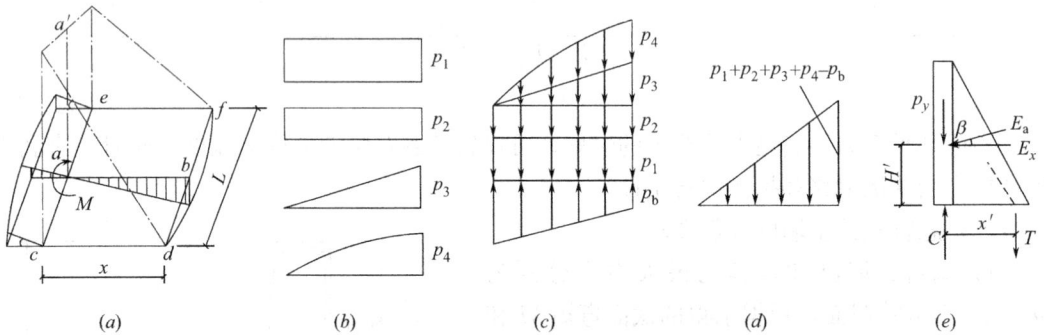

图 13-4　作用在扶壁式挡土墙上的荷载

（a）～（d）墙踵板荷载；（e）墙板荷载

墙踵板由扶壁的底部和墙板的底板支撑，但一般按由扶壁支撑的单向板设计。作用在墙踵板上的荷载有 $bcfe$（图 13-1d）内的土重 G_6、板重 G_5、土压力 E_{a_1} 和 E_{a_2} 的竖向分力，以及作用在板底的地基反力 p。

自重 G_6 和 G_5 传来的均布荷载：$p_1=(G_5+G_6)/x$ （13-27）

土压力 E_{a_1} 传来的均布荷载：$p_2=(E_{a_1}\sin\beta)/x$ （13-28）

土压力 E_{a_2} 传来的三角形分布荷载：$p_3=(2E_{a_2}\sin\beta)/x$ （13-29）

由于墙踵和墙趾是连续的，在两个扶臂间中点处的变形与墙踵的弯矩 M 有关，并可按作用在墙踵板上的竖向附加荷载来考虑。假定此荷载沿板宽 ab 呈抛物线分布，其最大

值 p_4 发生在 b 点处（图 13-4a），p_4 可以按照式（13-30）进行计算：

按抛物线分布的等效荷载最大值：$p_4 = 2.4M_a/x^2$ $\qquad\qquad$ (13-30)

式中 M_a——墙趾板对挡墙根部的弯矩（kN·m）。

b 点的总竖向荷载 q 为：

$$q = p_1 + p_2 + p_3 + p_4 - p_b = \frac{G_5 + G_6 + (E_{a_1} + 2E_{a_2})\sin\beta}{x} + \frac{2.4M_a}{x^2} - p_b \quad (13\text{-}31)$$

式中 p_b——相应于作用的基本组合时，点 b 处的地基反力（kPa）。

墙踵板按支撑在扶臂上的连续板设计，板可按照承受三角形均布荷载考虑。

对于基础板边 dbf（图 13-4），取单位板宽计算，板上作用按抛物线分布的线荷载，在 b 点处的荷载最大值等于 q，板的最大弯矩 M_s 近似按作用均布荷载 q 的两端固定单跨梁计算：

$$M_s \approx ql^2/12 \qquad\qquad (13\text{-}32)$$

式中 l——沿扶臂间距方向的计算跨度（m）。

对墙板底边 cae，荷载线性地减为零（图 13-4a）。

墙踵板的剪力，可按照固定在挡墙根部的悬挑板计算挑板根部的最大剪力 V_x(kN/m)。

（4）扶壁

扶壁应该可以抵抗作用在墙上的压力 E_a（图 13-1b），按固定在基础板上的悬臂梁计算。土压力所引起的弯矩及抵抗力矩如图 13-4(e) 所示。假定受压区合力 C 作用在墙中心，T 为钢筋的拉力，则：

$$C = -T = \frac{H'E_a\cos\beta}{x'} = \frac{HE_a\cos\beta}{3(x - 0.07)} \qquad (13\text{-}33)$$

式中 H'——E_a 作用点的高度（m），$H' = H/3$；

x'——内力臂高度（m），可取 $x' = x - 0.07$。

扶臂式及悬臂式挡土墙设计有关要求：

（1）悬臂式及扶臂式挡土墙属于高度较大的挡土墙，一般用于比较重要的位置，因此在结构设计中，应采用合理的结构重要性系数 γ_0 及取用恰当的土压力增大系数 ψ_c。

（2）在计算墙板内力时，应注意取混凝土的泊桑比 $\mu = 1/6$。

4. 加筋土挡土墙设计

加筋土挡土墙由基础、墙面板、拉筋和填料等几部分组成（图 13-5）。其工作原理是依靠填料与拉筋之间的摩擦力，来平衡墙面所承受的水平土压力，并以基础、墙面板、拉筋、填料等组成的复合结构抵抗拉筋尾部填料所产生的土压力，从而保证挡土墙的稳定。

（1）基本假定

1）墙面板承受填料产生的主动土压力，每块面板承受其相应范围内的土压力，这些土压力由面板上拉筋的拉力来平衡。

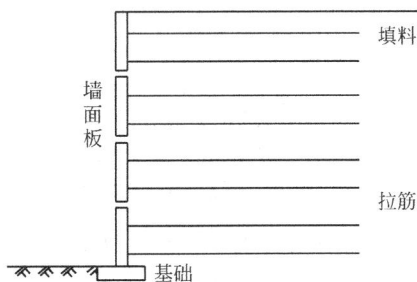

图 13-5 加筋图挡土墙

2）挡土墙内部加筋体部分为滑动区和稳定区，这两区的分界面为土体的破裂面。此破裂面与竖直方向的夹角小于非加筋土的主动破裂角。破裂角可按图 13-6 计算。

靠近面板的滑动区内的拉筋长度 L_f 为无效长度，作用于板面上的土压力由稳定区的拉筋与填料之间的摩阻力平衡，所以在稳定区内拉筋长度 L_a 为有效长度。

3）拉筋与填料之间的摩擦系数在拉筋的全长范围内相同。

4）压在拉筋有效长度上的填料自重及荷载对拉筋均产生有效摩擦力。

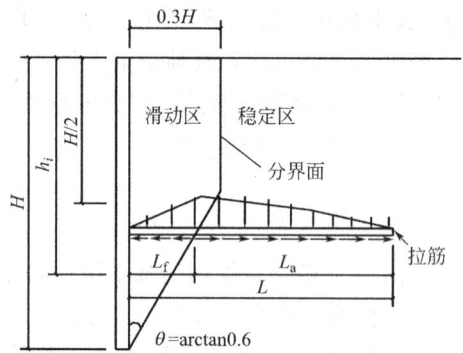

图 13-6　加筋土挡土墙破裂面

（2）土压力计算

1）作用于加筋土挡土墙上的土压力

作用于加筋土挡土墙上的土压力，是填料作用于墙面板上产生的土压力和墙顶面上活荷载所产生的土压力之和。

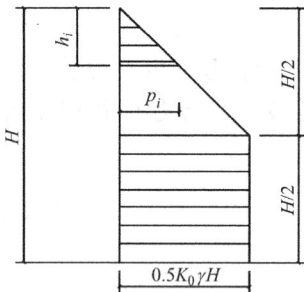

图 13-7　墙面板上土压力分布

① 墙后填料作用于墙面板上土压力强度 p_{i1}

加筋土为各向异性复合材料，其计算理论还不成熟，国内外实测资料表明，土压力值接近静止土压力，而应力图形呈折线形分布，如图 13-7 所示。

当 $h_i \leqslant \dfrac{H}{2}$ 时，$p_{i1} = K_0 \gamma h_i$ 　　　　　　（13-34）

当 $h_i > \dfrac{H}{2}$ 时，$p_{i1} = 0.5 K_0 \gamma H$ 　　　　　（13-35）

式中　γ ——填料重度（kN/m^3）；

　　　K_0 ——静止土压力系数，$K_0 = 1 - \sin\varphi$，φ 为土的内摩擦角。

② 墙顶面上活荷载产生的土压力

由实测可知，离墙顶面愈远，荷载的影响愈小。为简化计算，其值可由荷载引起的竖向土压力强度与静止土压力系数乘积而得。竖向土压力强度可按应力扩散角法计算。

$$p_{i2} = K_0 \frac{\gamma h_0 L_0}{L_i'} \qquad (13\text{-}36)$$

式中　L_0 ——荷载换算土柱宽度（m）；

　　　h_0 ——荷载换算土柱高度（m）；

　　　L_i' ——第 i 层拉筋深度处，荷载在土中的扩散宽度（m），

当 $h_i \leqslant a \tan 60°$ 时，$L_i' = L_0 + 2 h_i \tan 30°$；

当 $h_i > a \tan 60°$ 时，$L_i' = a + L_0 + h_i \tan 30°$；

　　　a ——荷载内边缘至墙背的距离（m）；

　　　h_i ——第 i 层拉筋到墙顶的深度（m）。

$$p_i = p_{i1} + p_{i2} \qquad (13\text{-}37)$$

2）作用于拉筋所在位置的竖向压力强度 p_{vi} 等于填料自重应力与荷载引起的压应力

之和。

$$p_{vi} = p_{vi_1} + p_{vi_2} \tag{13-38}$$

墙后填料的自重应力：

$$p_{vi_1} = \gamma h_i$$

荷载作用下拉筋上的竖向压应力，采用扩散角法计算（一般取 30°）：

$$p_{vi_2} = \frac{\gamma h_0 L_0}{L_i'}$$

（3）墙面设计

墙面板的形状、大小，通常根据施工条件和其他要求来确定。设计时只计算厚度。其方法是取墙面板所在位置上土压力强度的最大值作为平均荷载，根据面板上拉筋的位置和根数，将它作为外伸简支板计算。当墙高大于 8m 时，墙面板可设计为两种形式的板。

（4）拉筋长度计算

拉筋的长度应保证在拉筋的设计拉力下不被拔出，拉筋总长度应由有效长度和无效长度组成。

1）拉筋无效长度

当 $h_i \leqslant \dfrac{H}{2}$ 时，$L_{fi} = 0.3H$

当 $h_i > \dfrac{H}{2}$ 时，$L_{fi} = 0.3H \dfrac{H-h_i}{0.5H} = \dfrac{3}{5}(H-h_i)$ $\tag{13-39}$

2）拉筋有效长度

① 钢板、钢筋混凝土拉筋

$$L_{ai} = \frac{T_i}{2\mu' B p_{vi}} \tag{13-40}$$

式中　L_{ai}——拉筋有效段长度（m）；

μ'——填料与拉筋的摩擦系数；

B——拉筋宽度（m）；

p_{vi}——第 i 层拉筋上竖向土压力强度（kPa）；

T_i——第 i 层拉筋的设计拉力。

$$T_i = K p_i s_x s_y \tag{13-41}$$

式中　K——安全系数，一般取 1.5，公路、铁路取 2.0；

p_i——与第 i 层拉筋对应墙面板中心处水平土压力强度（kPa）；

s_x、s_y——拉筋之间的水平和竖向距离（m）。

② 拉筋为聚丙烯土工带

当拉筋采用聚丙烯土工带时，其有效段长度计算公式为：

$$L_{ai} = \frac{T_i}{2nB\mu' p_{vi}} \tag{13-42}$$

式中　n——拉筋拉带根数。

（5）拉筋截面设计

1）钢板拉筋和钢筋混凝土拉筋

钢板拉筋和钢筋混凝土拉筋的截面应满足：

$$A_s \geqslant \frac{T_i}{f_y} \qquad (13\text{-}43)$$

2）聚丙烯土工带为拉筋

聚丙烯土工带按中心受拉构件计算，通常根据试验测得每根拉筋的极限强度，取极限强度的 $\frac{1}{7} \sim \frac{1}{5}$ 为拉筋的设计强度。

（6）全墙稳定性验算

全墙抗拔稳定性验算：

$$K_b = \frac{\sum S_{fi}}{\sum E_i} \geqslant 2 \qquad (13\text{-}44)$$

式中　K_b——全墙抗拔稳定系数；

$\sum S_{fi}$——各层拉筋所产生的摩擦力总和（kN/m）；

$\sum E_i$——各层拉筋承担的水平拉力总和（kN/m）。

5.锚杆挡土墙设计

锚杆挡土墙是由钢筋混凝土墙面（肋柱、面板）和锚杆组成的支挡结构，它依靠锚固在稳定岩土层内锚杆的抗拔力平衡墙面处的土压力。锚杆的设计抗拔力可由抗拔试验获得，以保证设计有足够的安全度。

（1）锚杆挡土墙的分类

1）根据挡墙的结构型式可分为板肋式锚杆挡墙、格构式锚杆挡墙和排桩式锚杆挡墙。

2）根据锚杆的类型可分为非预应力锚杆挡墙和预应力锚杆（索）挡墙。

（2）锚杆挡土墙设计的主要内容

1）侧向岩土压力计算；

2）挡墙结构内力计算；

3）立柱嵌入深度计算；

4）锚杆计算和构造设计；

5）挡板、立柱（肋柱或排桩）及其基础设计；

6）边坡变形控制设计；

7）整体稳定性分析；

8）施工方案建议和监测要求。

（3）侧向岩土压力计算

1）填方式锚杆挡墙和单排锚杆的土层锚杆挡墙的侧压力，可近似按库仑理论取为三角形分布。

2）对岩质边坡以及坚硬、硬塑状黏土和密实、中密砂土类边坡，采用逆作法施工、柔性结构的多层锚杆挡墙，土的侧压力分布可按图 13-8、图 13-9 确定，图中的 e_{hk} 按式（13-45）、式（13-46）计算：

岩质边坡：

$$e_{hk} = \frac{E_{hk}}{0.9H} \qquad (13\text{-}45)$$

土质边坡：

$$e_{hk} = \frac{E_{hk}}{0.875H} \qquad (13\text{-}46)$$

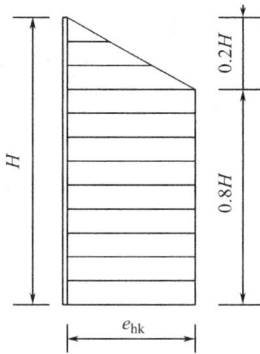

图 13-8 岩质边坡土压力分布图

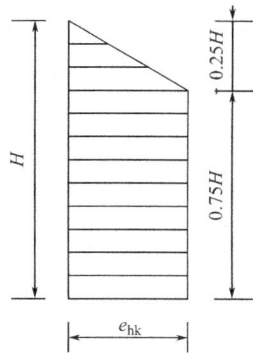

图 13-9 土质边坡土压力分布图

式中 e_{hk}——侧向岩土压力水平分力标准值（kN/m²）；

E_{hk}——侧向岩土压力合力水平分力标准值（kN/m）；

H——挡墙高度（m）。

（4）锚杆挡土墙墙身设计

墙身宜为整块钢筋混凝土板，采用现场浇筑。墙身截面尺寸应按计算截面弯矩来确定，并满足构造要求。截面配筋一般采用双向配筋，并在墙身的内外侧配置通长的主要受力钢筋。配筋设计包括：

1）按最大正负弯矩决定纵向受拉钢筋截面面积。

2）计算斜截面的抗剪强度，确定箍筋数量、间距以及抗剪斜钢筋的截面面积与位置。

3）抗裂性计算。

（5）墙身内力计算

墙身承受的是土侧压力，考虑到墙身上的锚杆层数和墙身基础嵌固程度的不同，其内力计算简图也不同。当锚杆层数为三层或三层以上时，内力计算简图可近似看成连续梁；当锚杆为二层，且基础为固定端时，则按连续梁计算内力。

1）单层锚杆挡土墙的内力计算分析

如图 13-10 所示，设上覆荷载为 q_0，挡墙高度为 H，锚杆支护位置距挡墙顶部为 H_1，锚杆与水平面的夹角为 α，锚杆间距为 s，土体的内摩擦角为 φ，黏聚力为 c，锚杆所承受拉力的水平分力为 T（即图 13-11 中 B 截面处的支座反力）。

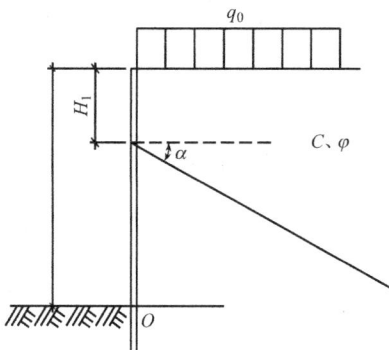

图 13-10 单层锚杆挡土墙

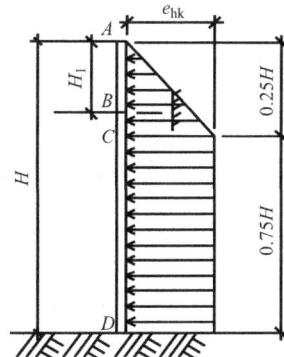

图 13-11 墙身荷载示意图

墙身所受荷载情况如图 13-11 所示，视其基础为固定端，于是墙身为一次超静定结构。由《建筑边坡工程技术规范》(GB 50330—2013) 中关于锚杆挡土墙设计的构造设计知，第一锚点位置一般设于坡顶下 1.5～2.0m 处，而锚杆挡土墙适用于挡墙高度较高 ($H \geqslant 8\text{m}$) 的情况，因此可以认为始终满足 $H_1 \leqslant 0.25H$。

对于墙身的内力计算可采用结构力学中有关超静定结构的知识求解，具体如下：

① 支座反力 T 的求解

力法基本方程为：

$$T = \Delta_{1p}/\delta_{11}$$

$$e_{hk} = \frac{E_{hk}}{0.9H}$$

$$e_{hk} = \frac{E_{hk}}{0.875H} \tag{13-47}$$

系数 δ_{11} 及自由项 Δ_{1p} 均为静定结构已知外力作用下的位移，可按式 (13-48) 和式 (13-49) 计算。

$$\delta_{11} = \int \frac{\overline{M_1}^2 \mathrm{d}x}{EI} \tag{13-48}$$

$$\Delta_{1p} = \int \frac{\overline{M_1} M_P \mathrm{d}x}{EI} \tag{13-49}$$

式中　$\overline{M_1}$、M_P——$\overline{X_1} = 1$ 和土压力荷载单独作用时基本结构中的弯矩。

超静定结构的最后弯矩计算，可应用叠加原理按式 (13-50) 计算：

$$M = X_1 \overline{M_1} + M_P \tag{13-50}$$

② 支座弯矩和截面弯矩计算

当按式 (13-50) 计算出锚杆所承受的拉力的水平分力 T（即图中的支座反力）后，即可计算各控制截面的弯矩。显然，图中 $M_A = 0$，而 B、C、D 三截面的弯矩计算如下：

$$M_B = \frac{1}{2} \cdot \frac{H_1 \cdot e_{hk}}{0.25H} \cdot H_1 \cdot \frac{H_1}{3} \cdot s = \frac{2H_1^3 s}{3H} e_{hk} \tag{13-51}$$

$$M_C = \frac{1}{2} \cdot e_{hk} \cdot 0.25H \cdot \frac{0.25H}{3} \cdot s - T \cdot (0.25H - H_1) = \frac{H^2 s}{96} e_{hk} - T(0.25H - H_1) \tag{13-52}$$

$$M_D = \frac{1}{2} \cdot 0.25H \cdot e_{hk} \cdot \left(\frac{0.25H}{3} + 0.75H\right) \cdot s + 0.75H \cdot e_{hk} \cdot \frac{0.75H}{2} \cdot s - T(H - H_1)$$

$$= \frac{37H^2 s}{96} e_{hk} - T(H - H_1) \tag{13-53}$$

设 x 表示 C、D 两截面之间任一截面距 C 截面的距离，则可求得：

$$M_x = \frac{1}{2} \cdot 0.25H \cdot e_{hk} \cdot \left(\frac{0.25H}{3} + x\right) \cdot s + x \cdot e_{hk} \cdot \frac{x}{2} \cdot s - T(0.25H + x - H_1)$$

$$= \frac{Hs}{8} \left(\frac{0.25H}{3} + x\right) e_{hk} + \frac{x^2 s}{2} e_{hk} - T(0.25H + x - H_1) \tag{13-54}$$

截面最大弯矩的位置可由极值原理 $\dfrac{\mathrm{d}M_x}{\mathrm{d}x} = 0$ 确定的下式得出：

$$\frac{Hs}{8}e_{hk} + xse_{hk} - T = 0 \qquad (13\text{-}55)$$

将解出的 x 值代入式(13-54)中,可得 CD 跨最大弯矩 $M_{(CD)max}$,并由式(13-55)求出 T。

③ 支座剪力计算

$$V_{B上} = -\frac{1}{2} \cdot \frac{H_1}{0.25H} \cdot e_{hk} \cdot H_1 \cdot s = -\frac{2H_1^2 s}{H}e_{hk}$$

$$V_{B下} = -\frac{2H_1^2 s}{H}e_{hk} + T \qquad (13\text{-}56)$$

$$V_D = -\frac{(0.75H + H)}{2} \cdot e_{hk} \cdot s + T = -\frac{7Hs}{8}e_{hk} + T$$

2) 多层锚杆挡土墙的内力分析

对于多层锚杆挡土墙,其内力计算分析与单层锚杆挡土墙相似,只是力法基本方程复杂一些,系数与自由项计算过程繁琐得多,在求各截面控制弯矩时要分跨考虑。

(6)墙身截面设计

在求出各控制截面的弯矩 M 和剪力 V 后,就可按照钢筋混凝土结构设计原理的有关知识进行墙身截面设计。

6. 锚杆设计

预应力锚杆的长度是根据每根锚杆的设计荷载、地质条件、单根锚杆所能提供的最大抗拔力、自由段长度等综合确定。为防止锚杆间相互影响,间距不宜小于 1.5m。锚杆锚固段上覆土层厚度不宜小于 4.5m。土层锚杆的总长度不宜超过 30m,锚固段长度不宜超过 20m。锚杆孔灌注水泥浆强度等级不宜低于 M20。

(1)锚杆的布置

《建筑边坡工程技术规范》(GB 50330—2013)指出:1)锚杆的水平间距不宜小于 1.5m;多层锚杆,其竖向间距不宜小于 2.0m;当锚杆的间距小于 1.5m 时,应根据群锚效应对锚杆抗拔承载力进行折减或相邻锚杆应取不同的倾角。2)锚杆锚固段的上覆土层厚度不宜小于 4.0m。3)锚杆倾角宜取 $15° \sim 25°$,且不应大于 $45°$,不应小于 $10°$;锚杆的锚固段宜设置在土的粘结强度高的土层内。4)当锚杆穿过的地层上方存在天然地基的建筑物或地下构筑物时,宜避开易塌孔、变形的地层。

(2)锚杆结构参数的计算

当求出锚杆所承受拉力的水平分力 T 后就可进行锚杆结构参数的计算。

(3)锚杆自由段长度与锚固段长度

锚杆长度由自由段和锚固段组成。自由段不提供抗拔力,其长度 L_f 应根据边坡滑裂面的实际距离确定,对于倾斜锚杆,自由段长度应超过破裂面 1.0m 以上。锚杆的有效锚固段提供锚固力,其长度 L_e 应按锚杆承载力的要求,根据锚固段地层和锚杆类型确定,除了满足稳定性的要求外,其最小长度不宜小于 4.0m,但也不宜大于 10.0m,锚杆的计算简图如图 13-12 所示。

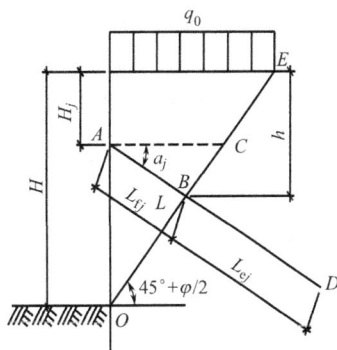

图 13-12 锚杆计算简图

1）锚固段长度

$$L_{ej} = \frac{T_j \cdot K}{\cos\alpha_j \pi D \tau} \tag{13-57}$$

式中　j——锚杆锚固段长度（m）；

　　　T_j——支护结构传递给第 j 根锚杆的水平力（kN）；

　　　α_j——第 j 根锚杆的倾角（°）；

　　　τ——锚固体周围土体的抗剪强度（kPa）；

　　　K——安全分项系数，一般取 $K=1.4\sim2.2$；

　　　D——锚杆锚固体直径（m）。D 的确定方法如下：当钻孔直径为 d_0 时，采用一次灌注 $D=1.2d_0$；若采用一次灌注，第二次压力注浆 $D=1.5d_0$。钻孔直径不宜小于 50mm，但也不宜大于 150mm。

对采用粘结料的粘结型锚杆，还需按式（13-58）验算锚杆与粘结料间的容许粘结力：

$$L_{ej} = \frac{T_j \cdot K}{\cos\alpha_j \cdot n \cdot \pi \cdot d_s \cdot \beta \cdot \tau_b} \tag{13-58}$$

式中　n——锚杆钢筋的根数；

　　　d_s——锚杆钢筋的直径（m）；

　　　τ_b——粘结料与锚杆间的粘结强度（kPa）；

　　　β——考虑成束钢筋系数，对单根钢筋 $\beta=1.0$，两根一束 $\beta=0.85$，三根一束 $\beta=0.7$。

当按极限状态法设计时，有效锚固长度也按式（13-55）、式（13-57）计算但应用分项系数 γ_p 代替式中的安全系数 K，并取 $\gamma_p=2.5$。

2）自由段长度

图 13-12 中 $\overline{OE}$ 为破裂面，AB 为自由段，其长度为 L_f。
则锚杆长度为：

$$L = L_{ej} + L_{fj} \tag{13-59}$$

式中　L_{fj}——第 j 根锚杆自由段长度（m）；

　　　H——挡墙高度（m）；

　　　H_j——第 j 根锚杆离挡墙顶部的距离（m）；

　　　φ——内摩擦角（°）。

（4）锚杆截面设计

锚杆截面设计主要是确定锚杆的截面面积。作用于墙身上的土侧压力由锚杆承受，锚杆为轴心受拉构件。

钢筋按容许应力法设计时，当求得第 j 根锚杆拉力的水平分力 T_j 后，第 j 根锚杆的有效截面积 $A_{sj}(\text{mm}^2)$ 为：

$$A_{sj} = \frac{T_j \cdot K}{f_y \cos\alpha_j} \tag{13-60}$$

式中　f_y——钢筋抗拉设计强度设计值（N/mm^2）；

　　　K——考虑超载和工作条件的安全分项系数，其取值见表 13-5。

按极限状态法设计时，锚杆截面应满足下式要求：

$$\gamma_0 \gamma_{Q1} T_j / \cos\alpha_j > A_{sj} f_{yk} / \gamma_k \tag{13-61}$$

式中　γ_0——支挡结构的重要性系数；

$\quad\quad \gamma_{Q1}$——荷载分项系数；

$\quad\quad A_{sj}$——锚杆净截面面积（mm）；

$\quad\quad f_{yk}$——钢筋强度标准值（N/mm²）；

$\quad\quad \gamma_k$——抗力安全系数，取 $\gamma_k = 1.4$。

锚杆安全分项系数 K　　　　　表 13-5

危害轻微		危害较大		危害很大	
临时	永久	临时	永久	临时	永久
1.4	1.8	1.6	2.0	1.8	2.2

锚杆钢筋直径除了满足强度要求外，尚需增加 2mm 防锈安全储备。为防止钢筋锈蚀，还需验算水泥砂浆（或混凝土）的裂缝，其值不应超过容许宽度（0.22mm）。

钢绞线计算：

$$n_j = \frac{T_j \cdot K}{\cos\alpha_j \cdot A_{sj} \cdot f_y} \tag{13-62}$$

式中　n_j——第 j 根钢绞线的束数；

$\quad\quad A_{sj}$——每束钢绞线的截面积（mm²）。

7. 土钉墙设计

土钉支护在兰州地区民用建筑基坑工程中的应用非常广泛，该支护型式施工简便、造价低廉。当然也得益于黄土的自立性好且有一定的自稳能力。

在兰州地区土钉成孔一般采用人工洛阳铲，大大降低了钻孔成本。只有在特殊地层才采用机械成孔。人工成孔的最大深度可达 15～18m，孔径 80～130mm，施工已有成熟的经验。由于洛阳铲探杆的刚度有限，当孔深大于 10m，其孔的角度便无法保证，因此当土钉长度超过 10m 时宜采用机械成孔工艺。

根据兰州地区土钉支护的施工经验，土钉合理的水平间距 1.0～2.0m，土质偏软取小值，土质偏硬取大值。土钉合理的垂向间距 1.0～2.0m，一般取 1.5m。每层超挖深度不超过 0.5m，即每层开挖深度约为 2.0m，第一层开挖根据土质情况，开挖深度可为 3.0m。土钉的设置长度与基坑的开挖深度有相关关系，在兰州地区，当基坑深度 H 小于 8m，一般土钉长度约为 $0.6H\sim0.8H$；当基坑深度为 8～12m 时，土钉长度为 $0.8H\sim1.3H$；当基坑深度大于 12m 时，土钉墙支护结构不一定很经济，一般不宜采用，应进行专门研究或采取其他型式的支护结构。土钉墙属一种柔性支挡结构，由于挡土结构刚度较小，挡土结构自身在工作状态下有较大变形，这种支挡结构可用做深基坑支护和边坡加固。土钉墙支护设计应满足规定的强度、稳定性、变形和耐久性等要求。

土钉墙支护技术是在原位土体内放置一定长度和密度的钢筋或花钢管，形成复合土体，以弥补土体自身强度的不足，并在坡面上制作与土钉连在一起的钢筋网片并喷射混凝土面层，以阻止土体的滑移和坍塌。较适用于黏性土、弱胶结砂土和西北地区的黄土与湿陷性黄土地区；不宜用于含水丰富的分细砂层、砂砾卵石层和淤泥质土。目前本地区常用设计参数为：一般成孔 100～130mm，土钉钢筋采用 $\phi18\sim\phi25$ 钢筋，倾角 10°～20°，沿钢筋每隔 1.5～2.0m 设置对中支架，呈梅花形布置，纵横向间距为 1.0～2.0m，长度为 1.0～1.2 倍基坑开挖深度，基坑上口和下口处土钉长度根据实际情况适当减短。土钉注浆压力为 0.4～0.6MPa，水灰比控制在 0.45～0.5 范围内。常采用 Φ6.5 钢筋 @200～250 编制钢筋网，横纵各 1 φ 14 钢筋加强，间距与土钉相同；面层采用 C20 混凝土喷 80～100mm 厚。在卵石或砂岩层等成孔困难的地层中，土钉采用跟管钻进成孔，也可采用冲击锚杆机将 DN48 锚管打入。根据土钉墙整体稳定性验算结果再进一步修正土钉设计参数。

因其造价低廉，施工速度快等优点，当基坑深度不大于 12m、环境条件允许时，宜采用上大下小的放坡系数分级；当基坑深度进一步增加、对位移控制较严或地下水影响较大时，不宜采用。通过现场测试，目前对土钉的工作性能有了较全面的认识，设计时主要存在的问题就是土钉墙支护以稳定分析来控制，尚未发展到以变形来控制的阶段，对土钉墙稳定性分析不够深入，常导致工程事故的出现。

(1) 设计前查明场地周围已有建筑物、构筑物、埋设物和道路交通，工程范围内土层分布，土性指标及地下水变化等情况，判断土钉墙支护的适用性。

(2) 根据基坑开挖深度、工程地质条件及工程性质选择土钉墙支护形式，确定土钉墙支护的平面、剖面尺寸及分段开挖长度与高度。

(3) 根据土钉抗拔试验或土体抗剪强度，并参考类似工程的经验，确定土钉类型、直径、长度、间距、倾角及在空间的方向。

(4) 确定注浆方式及浆体强度指标，进行注浆配方设计。

(5) 设计喷射混凝土面层和支护预防护措施。

(6) 土钉所受的侧压力计算。

(7) 土钉抗拉承载力计算。

(8) 土钉墙整体稳定性验算。

(9) 土钉墙的构造、施工与检测。

(10) 土钉墙支护各组成部分尺寸与参数的确定

1) 土钉长度、间距及倾角

土钉的长度宜为开挖深度的 0.5～1.2 倍，间距宜为 1～2m，与水平面夹角宜为 5°～20°。

2) 土钉直径

土钉钢筋宜采用 HRB335、HRB400 级钢筋，钢筋直径宜为 16～32mm，钻孔直径宜为 70～120mm。

3) 注浆材料

注浆材料宜采用水泥浆或水泥砂浆，其强度等级不宜低于 M10。

4) 支护面层

喷射混凝土面层宜配置钢筋网，钢筋直径宜为 6～10mm，间距宜为 150～300mm；喷射混凝土强度等级不宜低于 C20，面层厚度不宜小于 80mm。

(11) 土钉所受的侧压力计算

假定土钉为受拉工作，不考虑其抗弯刚度。土钉设计内力按图 13-13 所示的侧压力分布图算出。

土钉所受的侧压力

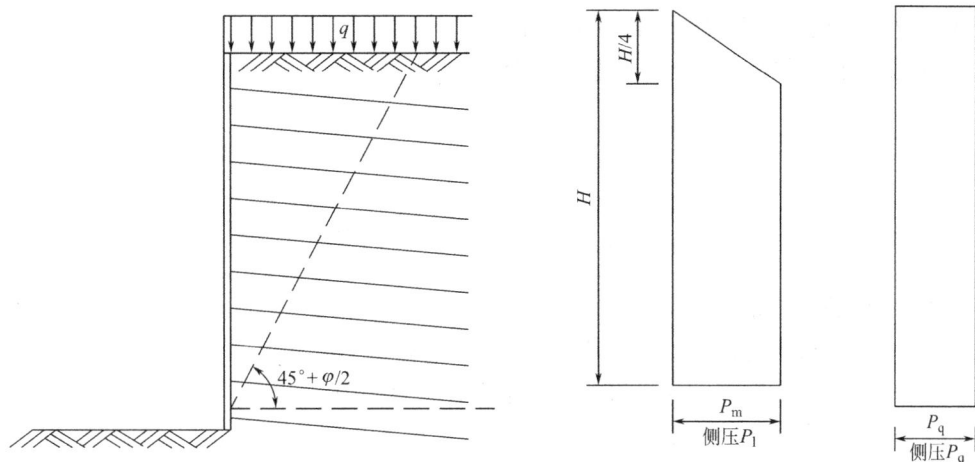

图 13-13 侧压力分布图

$$p = p_1 + p_q \tag{13-63}$$

式中　p——土钉长度中点所处深度位置上的侧压力（kPa）；

　　　p_1——土钉长度中点所处深度位置上由支护土体自重引起的侧压力（kPa），由图 13-13 给出；

　　　P_q——地表均布荷载引起的侧压力（kPa）。

图中自重引起的侧压力峰值 p_m：

对于 $\dfrac{c}{\gamma H} \leqslant 0.05$ 的砂土和粉土：

$$p_m = 0.55 K_a \gamma H \tag{13-64}$$

对于 $\dfrac{c}{\gamma H} > 0.05$ 的一般黏性土：

$$p_m = K_a \gamma H \left(1 - \frac{2c}{\gamma H \sqrt{K_a}}\right) \leqslant 0.55 K_a \gamma H \tag{13-65}$$

黏性土的 p_m 取值应不小于 $0.2\gamma H$。

图中地表均布荷载引起的侧压力取为

$$p_q = K_a q \tag{13-66}$$

式中　γ——土的重度（kN/m³）；

　　　H——基坑深度（m）；

　　　K_a——主动土压力系数，即 $K_a = \tan^2\left(45° - \dfrac{\varphi}{2}\right)$。

对性质相差不远的分层土体，上式中的 φ、c 和 γ 值可取各层土的参数 $\tan\varphi_i$、c_i 及 γ_i 按其厚度 h_i 加权的平均值求出。

对于流塑粘性土，侧压力 p_1 的大小及其分布需根据相关测试数据专门确定。

当有地下水及其他地面、地下荷载作用时，应考虑由此产生的侧向压力，并在确定土钉设计内力 N 时，在式（13-63）侧压力 p 中计入其影响。

（12）土钉抗拉承载力计算

土钉抗拉承载力计算主要包括以下几个方面：

1）单根土钉受拉荷载标准值可按下式计算

$$T_{jk} = \zeta e_{ajk} s_{xj} s_{zj} / \cos\alpha_j \tag{13-67}$$

其中

$$\zeta = \tan\frac{\beta - \varphi_k}{2} \left[\frac{1}{\tan\dfrac{\beta + \varphi_k}{2}} - \frac{1}{\tan\beta} \right] / \tan^2\left(45° - \frac{\varphi}{2}\right) \tag{13-68}$$

式中　ζ——荷载折减系数；

e_{ajk}——第 j 根土钉位置处水平荷载标准值（kN/m^2）；

s_{xj}、s_{zj}——第 j 根土钉与相邻土钉的平均水平、垂直间距（m）；

α_j——第 j 根土钉与水平面的夹角（°）；

β——土钉墙坡面与水平面的夹角（°）。

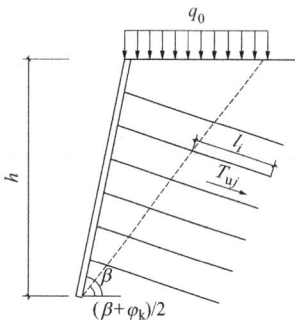

图 13-14　土钉抗拉承载力计算简图

2）对于安全等级为二级的土钉抗拉承载力设计值应按试验确定，安全等级为三级时可按下式计算（图 13-14）：

$$T_{uj} = \frac{1}{\gamma_s} \pi d_{nj} \sum q_{sik} l_i \tag{13-69}$$

式中　γ_s——土钉抗拉抗力分项系数，取 1.3；

d_{nj}——第 j 根土钉锚固体直径（mm）；

q_{sik}——土钉穿越第 i 层土土体与锚固体极限摩阻力标准值，应由现场试验确定或参考表 13-6 取值；

l_i——第 j 根土钉在直线破裂面外穿越第 i 稳定土体内的长度，破裂面与水平面的夹角为 $(\beta + \varphi_k)/2$。

土钉锚固体与土体极限摩阻力标准值　　　　　　　　　表 13-6

土的名称	土的状态	q_{sik}(kPa)
填土		16～20
淤泥		10～16
淤泥质土		16～20
黏性土	$I_L > 1$	18～30
	$0.75 < I_L \leqslant 1$	30～40
	$0.50 < I_L \leqslant 0.75$	40～53
	$0.25 < I_L \leqslant 0.50$	53～65
	$0.0 < I_L \leqslant 0.25$	65～73
	$I_L \leqslant 0$	73～80

土的名称	土的状态	q_{sik}(kPa)
粉土	$e>0.90$	20~40
	$0.75<e\leqslant0.90$	40~60
	$e<0.75$	60~90
粉细砂	稍密	20~40
	中密	40~60
	密实	60~80
中砂	稍密	40~60
	中密	60~70
	密实	70~90
粗砂	稍密	60~90
	中密	90~120
	密实	120~150
砾砂	中密、密实	130~160

注：表中数据为低压或无压注浆值。

3) 单根土钉抗拉

$$1.25\gamma_0 T_{jk}\leqslant T_{uj} \tag{13-70}$$

式中　T_{jk}——第 j 根土钉受拉荷载标准值（kN）；

　　　T_{uj}——第 j 根土钉抗拉承载力设计值（kN）。

（13）土钉墙整体稳定性验算

土钉墙应根据施工期间不同开挖深度及基坑底面以下可能滑动面采用圆弧滑动简单条分法按下式进行整体稳定性验算：

$$\sum_{i=1}^{n}c_{ik}L_is+s\sum_{i=1}^{n}(w_i+q_0b_i)\cos\theta_i\cdot\tan\varphi_{ik}+\sum_{j=1}^{m}T_{nj}\times\left[\cos(\alpha_j+\theta_j)+\frac{1}{2}\sin(\alpha_j+\theta_j)\cdot\tan\varphi_{jk}\right]$$

$$-s\gamma_k\gamma_0\sum_{i=1}^{n}(w_i+q_0\cdot b_i)\sin\theta_i\geqslant0$$

$$\tag{13-71}$$

式中　n——滑动体分条数；

　　　m——滑动体内土钉数；

　　　γ_k——整体滑动分项系数，可取 1.3；

　　　γ_0——基坑侧壁重要性系数；

　　　w_i——第 i 分条土重（kN/m³），若滑裂面位于黏性土或粉土中时，按上覆土层的饱和重度计算，若滑裂面位于砂土或碎石类土中时，按上覆土层的浮重度计算；

　　　b_i——第 i 分条宽度（m）；

　　　c_{ik}——第 i 分条滑裂面处土体固结不排水（快）剪黏聚力标准值（kPa）；

　　　φ_{ik}——第 i 分条滑裂面处土体固结不排水（快）剪内摩擦角标准值（°）；

　　　θ_i——第 i 分条滑裂面中点切线与水平面夹角（°）；

α_j——土钉与水平面之间的夹角（°）；

L_i——第 i 分条滑裂面处弧长（m）；

s——计算滑动体单元厚度（m）；

T_{nj}——第 j 根土钉在圆弧滑裂面外锚固体与土体的极限抗拉力（kN），其值为 $T_{nj} = \pi d_{nj} \sum q_{sik} l_{nj}$。其中，$l_{nj}$ 为第 j 根土钉在圆弧滑裂面外穿越第 i 层稳定土体内的长度。

8. 框架预应力锚杆支护结构

框架预应力锚杆支护结构是近几年随着柔性支护结构的发展而提出的一种新型支护结构。它由框架、挡土板、预应力锚杆和墙后土体等组成。挡土板所受的土压力通过锚头传至钢拉杆，再通过拉杆周边砂浆的握裹力传递至水泥砂浆中，然后通过锚固段周边地层的摩擦力传递到锚固区的稳定地层中，有效地控制了土体位移。当基坑开挖深度较大而采用悬臂式挡墙、土钉墙、复合土钉墙等支护形式较难满足基坑稳定性时，宜采用框架预应力锚杆柔性支护结构。与复合土钉墙中锚杆不同的是，锚杆施工应自上而下分层开挖分层锚固。框架横梁、立柱配筋由计算求得，间距一般为 2.5m 或 3.0m，截面尺寸除了应满足强度、刚度和抗裂等要求外，其宽度不宜小于 300mm，高度不宜小于 400mm，作为永久支护时混凝土采用 C30 级，作为临时支护时混凝土不应小于 C20。现浇挡土板的厚度不宜小于 100mm，混凝土温度伸缩缝不宜大于 20～25m。立柱基础位于稳定的岩层内，可采用独立基础、条形基础，采用 C15 混凝土或 M7.5 水泥砂浆砌片石。各级平台顶面宜用 C15 混凝土封闭，其厚度为 150mm，并设置 2% 横向排水坡度。

框架预应力锚杆克服了传统支护结构的支护高度受限制、造价高、工程量大、稳定性差等缺点，可以有效控制基坑侧移，在周边环境允许放坡、工期不受限制且地下水位较低时，宜代替传统支护结构使用。框架预应力锚杆柔性支护结构由于其诸多优点在西宁地区多项基坑开挖支护工程中得到了成功应用，但是它的作用机理和理论研究还不很成熟，特别是目前的设计多注重于强度设计，而对支护结构水平位移问题很少讨论。

13.3.2　黄土边坡支护的构造设计

1. 重力式挡墙构造要求

重力式挡墙材料可使用浆砌块石、条石、毛石混凝土或素混凝土。块石、条石的强度等级不应低于 MU30，砂浆强度等级不低于 M5.0；混凝土强度不低于 C15。

重力式挡墙基底可做成逆坡。对土质地基，基底逆坡坡度不宜大于 1：10；对岩质地基，基底逆坡坡度不宜大于 1：5。

挡墙地基表面纵坡大于 5% 时，应将基底设计为台阶式，其最下一级台阶底宽不宜小于 1.00m。

块石或条石挡墙的墙顶宽度不宜小于 400mm，毛石混凝土、素混凝土挡墙的墙顶宽度不宜小于 200mm。

重力式挡墙的基础埋置深度，应根据地基稳定性、地基承载力、冻结深度、水流冲刷情况以及岩石风化程度等因素确定。在土质地基中，基础最小埋置深度不宜小于 0.30m。基础埋置深度应从坡脚排水沟底算起。受水流冲刷时，埋深应从预计冲刷底面算起。

重力式挡墙的伸缩缝间距，对条石、块石挡墙宜为 20～25m，对混凝土挡墙宜为 10～15m。在挡墙高度突变处及其他建筑物连接处应设置伸缩缝，在地基岩土性状变化处应设置沉降缝。沉降缝、伸缩缝的缝宽宜为 20～30mm，缝中应填塞沥青麻筋或其他有弹性的防水材料，填塞深度不应小于 150mm。

挡土墙后的填土，应优先选择抗剪强度高和透水性较强的填料。当采用黏性土作填料时，宜掺入适量的砂砾或碎石，不应采用淤泥质土、耕植土、膨胀黏性土等软弱有害的岩土体作为填料。

2.悬臂式挡墙和扶壁式挡墙的构造设计

悬臂式挡墙和扶壁式挡墙的混凝土强度等级应根据结构承载力和所处的环境类别确定，且不应低于 C25。立板和扶壁的混凝土保护层厚度不应小于 35mm，底板的保护层厚度不应小于 40mm。受力钢筋直径不应小于 12mm，间距不应大于 250mm。

悬臂式挡墙截面尺寸应根据强度和变形计算确定，立板宽度和底板厚度不应小于 200mm。当挡墙高度小于 4m 时，宜加根部翼。

扶壁式挡墙尺寸应根据强度和变形计算确定，并应符合下列规定：

（1）两扶壁之间的距离宜取挡墙高度的 1/3～1/2。

（2）扶壁的厚度宜取扶壁间距的 1/8～1/6，且不宜小于 300mm。

（3）立板顶端和底板的厚度不应小于 200mm。

（4）立板在扶壁处的外伸长度，宜根据外伸悬臂固端弯矩与中间跨固端弯矩相等的原则确定，可取两扶壁净距的 0.35 倍左右。

悬臂式挡墙和扶壁式挡墙结构构件应根据其受力特点进行配筋设计，其配筋率、钢筋的连接和锚固等应符合现行国家标准《混凝土结构设计规范》（GB 50010—2010）的有关规定。

当挡墙受滑动稳定控制时，应采取提高抗滑能力的构造措施。宜在墙底下设防滑键，其高度应保证键前土体不被挤出。防滑键厚度应根据抗剪强度确定，且不应小于 300mm。

悬臂式挡墙和扶壁式挡墙位于纵向坡度大于 5% 的斜坡时，基底宜做成台阶形。

对软弱地基或填方地基，当地基承载力不满足设计要求时，应进行地基处理或采用桩基础方案。

悬臂式挡墙和扶壁式挡墙的泄水孔设计及构造要求等应按 004J008 挡土墙（重力式、衡重式、悬壁式）图集的相关规定执行。

悬臂式挡墙和扶壁式挡墙纵向伸缩缝间距宜采用 10～15m。宜在不同结构单元处和底层性状变化处设置沉降缝；且沉降缝与伸缩缝宜合并设置。

悬臂式挡墙和扶壁式挡墙的墙后填料，应优先选择抗剪强度高和透水性较强的填料。当采用黏性土作填料时，宜掺入适量的砂砾或碎石，不应采用淤泥质土、耕植土、膨胀黏性土等软弱有害的岩土体作为填料。

3.灌浆锚杆

（1）锚杆的总长度应为锚固段、自由段和外锚段的长度之和，并满足下列要求：

1）锚杆自由段长度按外锚头到潜在滑面的长度计算；预应力锚杆自由段长度不应小于 3～5m，且宜超过潜在滑裂面不小于 1.0m。

2）锚固段的计算长度一般在 4.0～10.0m 之间。当计算长度小于最小长度时，考虑到实际施工期锚固区底层局部强度可能降低，或岩体中可能存在不利组合结构面，锚杆被拔出的可能性增大，结合国内外有关经验，此时锚固长度应取 4m；当计算长度大于最长度时，锚杆的抗拔力与锚固长度不再成正比关系，故应采取改善锚固段岩体质量、改变锚头构造或扩大锚固段直径等措施，提高锚固力。

（2）应沿锚杆轴向每隔 1～3m 设置一个锚杆隔离架，对土层应取小值，岩层应取大值。考虑到锚杆钢筋应与灌浆同时插入，锚杆钻孔的直径必须大于灌浆管、钢筋和支架高度的总和。

（3）当锚固段岩层破碎或渗水量大时，宜对岩体做固结灌浆处理，以达到封闭裂隙、封阻渗水、提高锚固性能的目的。

（4）锚杆的使用寿命应与被固结的构筑物和所服务的公路的使用年限相同，其防腐等级也应达到相应的要求。

（5）锚杆防腐处理的可靠性及耐久性是影响锚杆使用寿命的重要因素。应力腐蚀和化学腐蚀双重作用将使锚杆腐蚀速度加快，大大降低锚杆的使用寿命。防腐处理应保证锚杆各段均不出现局部腐蚀的现象。

（6）永久性锚杆的防腐应符合下列规定：

1）非预应力锚杆的自由段，应除锈、刷沥青船底漆并用沥青纤布缠裹不少于两层。

2）对采用精轧螺纹钢制作的预应力锚杆的自由段可按上述方法进行处理后装入聚乙烯塑料套管中；套管两端 100～200mm 长度范围内用黄油充填，外绕扎工程胶布固定；也可采用除锈，刷沥青后绕扎塑料布再涂润滑油，装入塑料套管，套管两端黄油充填。

3）位于无腐蚀性岩土层内的锚固段应除锈，砂浆保护层厚度不应小于 25mm。

4）位于腐蚀性岩土层内的锚杆的锚固段和非锚固段，应采取特殊防腐处理。

5）经过防腐处理后，非预应力锚杆的自由段外端应埋入钢筋混凝土构件内 50mm 以上；对于应力锚杆，其锚头的锚具经除锈、三度涂防腐漆后应用钢筋网罩和现浇混凝土封闭。混凝土强度等级不应低于 C30，厚度不应小于 100mm，混凝土保护层厚度不应小于 50mm。

（7）临时锚杆的防腐可采取下列措施：

1）非预应力锚杆的自由段，可采用除锈后刷沥青防锈漆处理。

2）预应力锚杆的自由段，可采用除锈后刷沥青防锈漆或加套管处理。

3）外锚头可采用外涂防腐材料或外包混凝土处理。

4．框架挡土墙

（1）框架

1）框架预应力锚杆挡土墙立柱截面尺寸除应满足强度、刚度和抗裂要求外，还应满足挡土板的支座宽度（最小搭接长度不小于 100mm）、锚杆钻孔和锚固等要求。立柱宽度不宜小于 300mm，截面高度不宜小于 400mm。

2）装配式立柱，应考虑立柱在搬动、吊装过程及施工中锚杆可能出现受力不均等不利因素，故在立柱内外应配置通长的受力钢筋。

当立柱的底端按自由端计算时，为防止底端出现负弯矩，在受压侧应适当配置纵向钢筋。

（2）挡土板

1）考虑到现场立模和浇筑混凝土的条件较差，为保证混凝土的施工质量，现浇挡土板的厚度不宜小于 100mm。

2）在岩壁上一次浇筑混凝土板的长度不宜过大，以避免当混凝土收缩时岩石的约束作用产生拉应力，导致挡土板开裂。此时，应采取减短浇筑长度等措施。

3）挡土板上应设置排水孔，当挡土板为预制时，排水孔和吊装孔可合并设置。

5.其他方面

（1）永久性框架预应力锚杆挡土墙现浇混凝土构件的温度伸缩缝间距不宜大于 20～25m。

（2）框架预应力锚杆挡土墙的锚固区内有建筑物基础传递的较大荷载时，除应验算挡土墙的整体稳定外，还应适当加长锚杆，并应采用长短时间的设置方法。

6.土钉墙

土钉墙构造应符合下列规定：

（1）土钉墙墙面坡度不宜大于 1：0.10。

（2）土钉的长度宜为开挖深度的 0.5～1.2 倍，间距宜为 1～2m，与水平面夹角宜为 5°～20°。

（3）土钉钢筋应采用 HRB335 级或 HRB400 级钢筋，钢筋直径宜为 16～32mm，土钉钻孔直径宜为 80～150mm。

（4）注浆材料宜采用水泥浆或水泥砂浆，其强度等级不宜低于 M10。

（5）喷射混凝土面层内应配置钢筋网，网筋宜采用 HPB300 级钢筋，直径宜为 6～10mm，间距宜为 150～300mm；喷射混凝土强度等级不宜低于 C20，面层厚度宜为 80～150mm。

（6）土钉与面层必须有效连接，应在土钉端头设置承压板或在面层钢筋网设置联系相邻土钉端头的加强筋，并应采用螺栓或钢筋焊接连接；当采用钢筋焊接连接时，在图纸中应注明焊缝长度、高度及焊接钢筋的型号直径和长度。

（7）坡面面层上下段钢筋连接长度应大于 300mm。

土钉墙顶部地面应做一定宽度的砂浆或混凝土护面，土钉墙面层插入基坑地面以下不小于 0.2m；根据坑壁可能遭遇水浸湿的情况，应在坡顶、坡脚采取排水措施，在坡面上应设置泄水孔。

13.4 黄土边坡支护的施工

13.4.1 黄土边坡支护施工要求

1.重力式挡墙施工要求

浆砌块石、条石挡墙的施工所用砂浆宜采用机械拌合。块石、条石表面应清洗干净，砂浆填塞应饱满，严禁干砌。

块石、条石挡土墙所用石材的上下面尽可能平整，块石厚度不应小于 200mm。挡墙应分层错缝砌筑，墙体砌筑时不应有垂直通缝；且外露面应用 M7.5 砂浆勾缝。

墙后填土应分层夯实，选料及其密实度应满足设计要求，填料回填应在砌体或混凝土强度达到设计强度的 75％以上后进行。

当填方挡墙墙后地面的横坡度大于 1：6 时，应进行地面粗糙处理后再填土。

重力式挡墙在施工前应预先设置好排水系统，保持边坡和基坑坡面干燥。基坑开挖后，基坑内不应积水，并应及时进行基础施工。

重力式抗滑挡墙应分段、跳槽施工。

悬臂式挡墙与扶壁式挡墙施工要求：

施工时应做好排水系统，避免水软化地基的不利影响，基坑开挖后应及时封闭。

施工时应清除填土中的草和树皮、树根等杂物。在墙身混凝土强度达到设计强度的70%后方可填土，填土应分层夯实。

扶壁间回填宜对称实施，施工时控制填土对扶壁式挡墙的不利影响。

当挡墙墙后表面的横坡坡度大于1：6时，应在进行表面粗糙处理后再填土。

2. 土钉墙施工

基坑开挖与土钉墙施工应按设计要求分层分段进行，严禁超前超深开挖。当地下水位较高时，应预先采取降水或截水措施。机械开挖后的基坑侧壁应辅以人工修整坡面，使坡面平整无虚土。

上层土钉注浆体及喷射混凝土面层达到设计强度的70%后方可进行下层土方开挖和土钉施工。下层土方开挖严禁碰撞上层土钉墙结构。

（1）每层土钉墙施工可按下列顺序进行：

1）按设计要求开挖工作面，修整坡面；也可根据需要，在坡面修整后，初步喷射一层混凝土。

2）成孔，安设土钉钢筋，注浆。

3）绑扎或焊接钢筋网，进行土钉筋与钢筋网的连接。

4）设置土钉墙厚度控制标志及喷射混凝土面层。

（2）土钉成孔施工严禁孔内加水，并宜符合下列规定：

1）孔径允许偏差：+10mm，−5mm。

2）孔深允许偏差：+100mm，−50mm。

3）孔距允许偏差：+100mm。

4）倾角允许偏差：5%。

土钉注浆所用水泥浆的水灰比宜为0.45～0.50；水泥砂浆的砂灰比宜为1：1～1：2（重量比），水灰比宜为0.38～0.45。

（3）土钉注浆作业应符合下列规定：

1）注浆前应将孔内残留或松动的杂土清除干净。

2）注浆时应将注浆管插至距孔底250～500mm处，孔口溢浆后，边拔边注，孔口部位应设置止浆塞及排气管；压力注浆时应在注满后保持压力3～5min，重力注浆应在注满后、初凝前补浆1～2次；注浆充盈系数应大于1。

3）水泥浆或水泥砂浆应拌合均匀，随拌随用，一次拌合的水泥浆或水泥砂浆应在初凝前用完。

4）土钉钢筋应设定位支架，定位支架间距不宜超过2m，土钉主筋宜居中。

（4）喷射混凝土面层中的钢筋网铺设应符合下列规定：

1）钢筋网应与坡面保留一定间隙，钢筋保护层厚度不宜小于20mm。

2）钢筋网可采用绑扎或焊接，其网格误差及搭接长度应符合相关要求。

3）钢筋网与土钉应连接牢固。喷射混凝土的混合材料中，水泥与砂土的重量比宜为1：4.0～1：4.5，含砂率宜为50%～60%，水灰比宜为0.4～0.5。

（5）喷射混凝土作业应符合下列规定：

1）喷射作业应分段进行，同一分段内喷射顺序应自上而下，一次喷射厚度不宜小于 40mm。

2）喷射时，喷头与受喷面应垂直，宜保持距离 0.8～1.2m。

3）喷射混凝土混合料应拌合均匀，随拌随用，存放时间不应超过 2h；当掺速凝剂时，存放时间不得超过 20min。

4）喷射混凝土终凝 2h 后，应喷水养护，养护时间应根据气温条件，延续 3～7d。

3. 排桩施工

垂直轴线方向的桩位偏差不宜大于 50mm；垂直度偏差不宜大于 1%，且不影响地下结构的施工。

当排桩不承受垂直荷载时，钻孔灌注桩桩底沉渣不宜超过 200mm；当沉渣难以控制在规定范围时，应通过加大钻孔深度来保证有效桩长达到设计要求；当排桩兼做承重结构时，桩底沉渣应按国家现行标准《建筑桩基技术规范》（JGJ 94—2008）的有关要求执行。

采用灌注桩工艺的排桩宜采取隔桩施工的成孔顺序，并应在灌注混凝土 24h 后进行邻桩成孔施工。

沿周边非均匀配置纵向钢筋的排桩，钢筋笼在绑扎、吊装和安放时，应保证钢筋笼的安放方向与设计方向一致，钢筋笼纵向钢筋的平面角度误差不应大于 10°。

冠梁施工前，应将排桩桩顶浮浆凿除并清理干净，桩顶以上出露的钢筋长度应达到设计要求。

灌注桩成孔后应及时进行孔口覆盖。

灌注桩钢筋笼宜整体制作，整体吊装；如采用分段制作，孔口对接时，在孔口宜采用能保证质量的钢筋连接工艺，加强隐蔽验收检查。

4. 锚杆施工

（1）锚杆施工应符合下列要求：

1）锚杆孔位垂直方向偏差不宜大于 100mm，偏斜角度不应大于 2°；锚杆孔深和杆体长度不应小于设计长度。

2）锚杆注浆时，一次注浆管距孔底距离宜为 100～200mm。

3）当一次注浆采用水泥浆时，水泥浆的水灰比宜为 0.45～0.50；当采用水泥砂浆时，灰砂比宜为 1∶1～1∶2、水灰比宜为 0.38～0.45；二次高压注浆宜使用水灰比为 0.45～0.55 的水泥浆。

4）二次高压注浆压力宜控制在 2.5～5.0MPa，注浆时间可根据注浆工艺试验确定或在第一次注浆锚固体的强度达到 5MPa 后进行。

（2）锚杆的张拉与锁定应符合下列规定：

1）锚固段强度大于 15MPa 并达到设计强度的 75% 后，方可进行。

2）锚杆宜张拉至设计荷载的 0.9～1.0 倍后，再按要求锁定。

3）锚杆张拉时的锚杆杆体应力不超过锚杆杆体强度标准值的 0.65 倍。

（3）腰梁的施工应符合下列要求：

1）型钢腰梁的焊接应按现行国家标准《钢结构工程施工质量验收规范》（GB 50205—2001）的有关规定执行。

2）安装腰梁时应使其与排桩桩体结合紧密，不得脱空。

13.4.2 黄土边坡支护的安全专项施工方案实例

1. 锚定板挡墙设计例题

设计一个三级公路的锚定板挡土墙。墙高 $H = 8.0m$。墙后填土为黏砂土，重度 $\gamma = 17kN/m^3$，内摩擦角 $\varphi = 33°$，与墙背摩擦角 $\delta = \varphi/2 = 16.5°$。黏聚力 $c = 0$。修正后的地基承载力特征值 $f_a = 300kPa$。

（1）结构设计

采用肋柱式锚定板挡土墙。肋柱采用上、下两级，肋柱间用榫接。每级肋柱备用两层拉杆维持其稳定：上层拉杆与肋柱连接点距地面为 1.0m；最下一层拉杆与肋柱连接点距柱底为 1.0m。肋柱水平间距为 1.6m。

肋柱截面为 0.3m×0.3m，混凝土强度等级为 C20。

墙面由两肋柱及其间挡土板组成。挡土板长为 1.56m，宽 0.5m。

拉杆选用 II 级热轧钢筋。锚定板为 1m×1m 的钢筋混凝土方板。

（2）土压力计算

对于公路土压力计算，其设计荷载为汽车—50kN；共验算荷载为挂车—80kN。其换算土高最大值为 $h_0 = 0.64m$。其值相对土压力较小，对锚定板挡土墙肋柱和拉杆影响较小，一般公路锚定板挡土墙可以略去活载，而采用增大系数 m_e 方法保证其安全。如果同时计算土压力与活载作用，计算土压力时不再乘增大系数 m_e。

对于墙体的土压力计算，采用每延长米计算，用库仑土压力公式的主动土压力系数 K_a：

$$K_a = \frac{\cos^2\varphi}{\cos\delta\left[1+\sqrt{\dfrac{\sin(\varphi+\delta)\sin\varphi}{\cos\delta}}\right]^2} = \frac{\cos^2 33°}{\cos 16.5°\left[1+\sqrt{\dfrac{\sin(33°+16.5°)\sin 33°}{\cos 16.5°}}\right]^2} = 0.2671$$

K_a 计算公式为库仑公式在填土面水平、墙背竖直时的简化公式。

$$K_{ax} = K_a \cdot \cos\delta = 0.2671 \cdot \cos 16.5° = 0.2561$$

$$K_{az} = K_a \cdot \sin\delta = 0.2671 \cdot \sin 16.5° = 0.0759$$

由前节给出土压力分布图形，其土压力强度：

$$p_{ax} = 0.645\gamma H K_{ax} \cdot m_e = 0.645 \times 17 \times 8 \times 0.2561 \times 1.3 = 29.2kN/m^2$$

$$p_{az} = 0.645 \times 17 \times 8 \times 0.0759 \times 1.3 = 8.7kN/m^2$$

其土压力分布图形如图 13-15 所示。

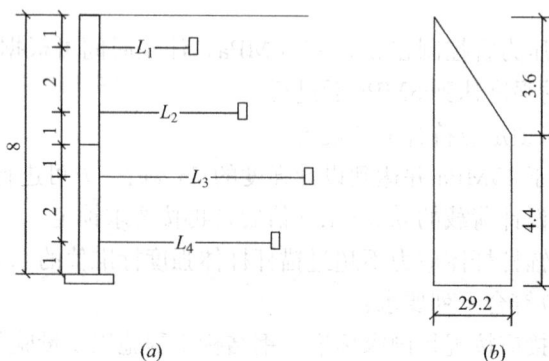

图 13-15 锚定板挡墙示意图及挡板上的土压力

(a) 锚定板挡墙示意图；(b) 挡板上的土压力

（3）肋柱内力、拉杆拉力计算

1）按刚性支承梁计算

视肋柱支承在刚性支座上，上、下级肋柱受力及支承如图 13-16 所示。

$$q=29.2\times1.6=46.72\text{kN/m}^2$$

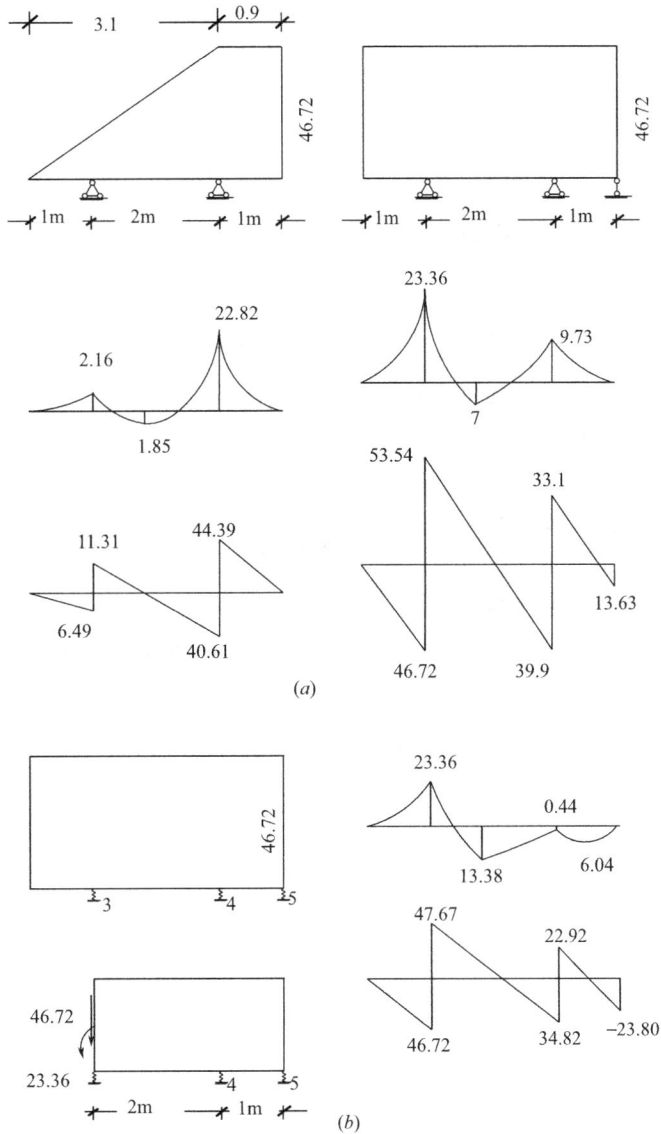

(a)

(b)

图 13-16　立柱、拉杆内力计算图

① 上级肋柱

上级肋柱为一两端外伸梁（上、下肋柱间剪力为零），则：

$$T_1=\frac{46.72\times4}{2}-\frac{46.72\times3.6}{2}\times\frac{(3-1.2)}{2}=17.8\text{kN}$$

$$T_2=\frac{46.72\times4}{2}-\frac{46.72\times3.6}{2}\times\frac{(1.2-1)}{2}=85\text{kN}$$

最大正弯矩，由剪力为零确定截面位置：

$$17.8 - \frac{46.72 \times x}{3.6} \times \frac{x}{2} = 0$$

$$x = 1.66\text{m} \text{（距左端）}$$

支点处剪力：

$$V_{1左} = \frac{-1}{2} \times \frac{46.72}{3} \times 1^2 = -6.4\text{kN}$$

$$V_{1右} = 11.31\text{kN}$$

$$V_{2右} = 46.72 \times 1 - \frac{1}{2} \times \frac{46.72 \times 0.6}{3.6} \times 0.6^2 = 44.39\text{kN}$$

$$V_{2左} = -40.61\text{kN}$$

② 下级肋柱

$$M_3 = \frac{46.72}{3} \times 1^2 = 23.36\text{kN} \cdot \text{m}$$

$$M_5 = 0$$

求解 M_4：$A_4^\phi = \frac{pl_5^2}{24} = \frac{46.72}{24} \times 1^3 = 1.95\text{kN/m}^2$

$$B_4^\phi = \frac{pl_4^2}{24} = \frac{46.72}{24} \times 2^3 = 15.6\text{kN/m}^2$$

将 A_4^ϕ、B_4^ϕ 代入三弯矩方程

$-23.36 \times 2 + 2 \times (2+1) \times M_4 = -6 \times (1.95 + 15.9)$，则 $M_4 = -9.73\text{kN} \cdot \text{m}$

拉杆拉力：

$$T_3 = \frac{46.72 \times 3}{2 \times 2} - \frac{9.73}{2} = 100.26\text{kN}$$

$$T_4' = \frac{46.72 \times 3 \times \left(\frac{3}{2} - 1\right)}{2 \times 2} + \frac{9.73}{2} = 39.9\text{kN}$$

$$T_4'' = \frac{46.72 \times 1}{2} + \frac{9.73}{2} = 33.1\text{kN}$$

$$T_5 = \frac{46.72 \times 1}{2} - 9.73 = 13.63\text{kN}$$

$$T_4 = 39.9 + 33.1 = 73\text{kN}$$

剪力：

$$V_{3左} = -46.72 \times 1 = -46.72\text{kN}$$

$$V_{3右} = -46.72 + 100.26 = 53.54\text{kN}$$

$$V_{4左} = -13.63 + 46.72 \times 1 = 33.1\text{kN}$$

$$V_{4右} = -73 + 33.1 = -39.9\text{kN}$$

$$V_5 = -T_5 = -13.63\text{kN}$$

跨中弯矩：3、4 支点之间，由：

$$V_x = 100.26 - 46.72x = 0$$

$$x = 2.15\text{m}$$

$$M_{\max} = \frac{-46.72}{2} \times 2.15^2 + 100.26 \times (2.15 - 1) = 7\text{kN} \cdot \text{m}$$

4、5 支点之间，由：

$$V_x = -13.63 - 46.72x = 0$$

$$x = 0.292\text{m}$$

$$M_{\max} = 13.63 \times 0.292 - \frac{-46.72}{2} \times 0.292^2 = 1.99\text{kN} \cdot \text{m}$$

2）按弹性支承计算

上级为双层拉杆的双支点的静定结构，按弹性支承和刚性支撑计算出拉杆内力及肋柱内力两者相同。下级肋柱为三支点的超静定结构，按弹性支撑和刚性支撑计算出拉杆内力及肋柱内力两者不相同。现按弹性支撑求解：

$$M_3 = \frac{46.72}{2} \times 1^2 = 23.36\text{kN} \cdot \text{m}$$

$$M_5 = 0$$

应用五弯矩方程求解 M_4：

$$M_3\left[\frac{l}{6EI} - \left(\frac{1}{l_4} + \frac{1}{l_3}\right)\frac{C_3}{l_4} - \left(\frac{1}{l_4} + \frac{1}{l_5}\right)\frac{C_4}{l_4}\right] + M_4\left[\frac{l}{3EI} - (l_4 + l_5) + \frac{C_3}{l_4^2} + \left(\frac{1}{l_4} + \frac{1}{l_5}\right)^2 C_4 + \frac{C_5}{l_5^2}\right]$$

$$= -\frac{l}{EI}(B_4^{\phi} + A_5^{\phi}) - \frac{C_3}{l_4}R_3^0 + \left(\frac{1}{l_4} + \frac{1}{l_5}\right)R_4^0 C_4 - \frac{C_5}{l_5}R_5^0$$

式中 l_3 不存在，不取此项，R_3^0、R_4^0、R_5^0 分别为支座 3、4、5 的等效支反力。其他系数计算如下：

$$EI = 0.8E_\text{h}I$$

$$E_h = 2.55 \times 10^3\text{kN/cm}^2$$

$$I = \frac{0.3}{12} \times 0.3^3 = 6.75 \times 10^{-4}\text{m}^4$$

$$EI = 0.8 \times 2.55 \times 10^7 \times 6.75 \times 10^{-4} = 1.377 \times 10^4\text{kN/m}^2$$

$$R_3^0 = \frac{46.72}{2} \times 2 + \frac{23.36}{2} + 46.72 = 105.12\text{kN}$$

$$R_4^{0'} = \frac{46.72}{2} \times 3 \times 0.5 = 35.04\text{kN}$$

$$R_4^{0''} = \frac{46.72 \times 1}{2} = 23.36\text{kN}$$

$$R_4^0 = R_4^{0'} + R_4^{0''} = 58.4\text{kN}$$

$$R_5^0 = \frac{46.72 \times 1}{2} = 23.26\text{kN}$$

设下级肋柱拉杆长度分别为 6m、4m，直径为 $d = 36\text{mm}$。

$$C_3 - C_{31} + C_{32}$$

$$C_{31} = \frac{6.0}{F_{31}E_{31}} = \frac{6.0}{\dfrac{\pi \times 0.036^2}{4} \times 2.1 \times 10^8} = 2.81 \times 10^{-5}\text{m/kN}$$

$$C_{32} = \frac{\sum \Delta h_i}{2E_{\pm} F_{32}}(K_i + K_{i-1})$$

$$E_s = 8000\text{kN/m}^2, \quad F_{32} = 1\text{m}^2$$

$$\sum = 1.32 \times 10^{-4}$$

$$C_3 = 2.81 \times 10^{-5} + 1.32 \times 10^{-4}$$

$$= 16.01 \times 10^{-5}\,\text{m/kN}$$

其余参数计算见表 13-7。

各参数计算表 表 13-7

z/b	K_i	$\frac{1}{2}(K_i + K_{i-1})$	$\Delta h_i(m)$	$C_{32} = \frac{\Delta h_i}{E_s} \cdot \frac{(K_i + K_{i-1})}{2}$
0	1			
		0.949	0.25	26.966×10^{-5}
0.25	0.895			
		0.979	0.25	2.491×10^{-5}
0.5	0.696			
		0.516	0.5	3.225×10^{-5}
1.0	0.333			
		0.265	0.5	1.656×10^{-5}
1.5	0.194			
		0.154	0.5	26.966×10^{-5}
2.0	0.114			
		0.086	1.0	26.966×10^{-5}
3.0	0.058			
		0.033	2.0	26.966×10^{-5}
5.0	0.008			

$$C_4 = C_{41} + C_{42} \quad C_{41} = \frac{l_4}{F_{41}E_{41}} = \frac{4.0}{\frac{\pi \times 0.036^2}{4} \times 2.1 \times 10^8} = 1.87 \times 10^{-5}\,\text{m/kN}$$

$$C_4 = 1.87 \times 10^{-5} + 1.32 \times 10^{-4} = 15.07 \times 10^{-5}\,\text{m/kN}$$

$$C_3 + C_4 = 3.108 \times 10^{-4}$$

$$C_4 + C_5 = 1.639 \times 10^{-4}$$

$$B_{34}^{\phi} = \frac{46.72}{24} \times 2^3 = 15.6\,\text{kN} \cdot \text{m}^2$$

$$A_{45}^{\phi} = \frac{46.72}{24} \times 1^3 = 1.95\,\text{kN} \cdot \text{m}^2$$

代入五弯矩方程

$$M_3 \left[\frac{2}{6 \times 1.377 \times 10^4} - \frac{1.601 \times 10^{-4}}{2^2} - \left(\frac{1}{2} + 1\right) \times \frac{1}{2} \times 1.507 \times 10^{-4} \right]$$

$$+ M_4 \left[\frac{(2+1)}{3 \times 13770} + \frac{1.601 \times 10^{-4}}{3 \times 13770} + \left(\frac{1}{2} + 1\right)^2 \times 1.507 \times 10^{-4} + \frac{1.32 \times 10^{-5}}{1^2} \right]$$

$$= -\frac{1}{13770} \times (15.6 + 1.95) - \frac{1.601 \times 10^{-4}}{2} \times 105.12$$

$$+ \left(\frac{1}{2} + 1\right) \times 1.507 \times 10^{-4} \times 5834 - 1.32 \times 10^{-5} \times 23.36$$

$$4.65M_4 = 2.036\text{m/kN}$$

$$M_4 = 0.44\text{kN} \cdot \text{m}$$

按弹性支撑计算得拉杆拉力

$$T_3 = \frac{M_4}{l_4} + R_0^3 = \frac{0.44}{2} + 105.12 = 105.34\text{kN}$$

$$T_A = -\left(\frac{1}{l_4} + \frac{1}{l_5}\right)M_4 + R_4^0 = 58.4 - 0.44 \times 1.5 = 57.74\text{kN}$$

支撑点处剪力：

$$V_{3左} = -46.72\text{kN}$$

$$V_{3右} = 105.34 - 46.72 = 58.62\text{kN}$$

$$V_{4右} = 46.72 - 23.80 = 22.92\text{kN}$$

$$V_{4左} = 22.92 - 57.74 = -34.82\text{kN}$$

3、4 支点之间的最大弯矩，由剪力为零条件确立 $M_{\max}$ 平面位置：

$$V = 105.34 - 46.72x = 0，\ 即\ x = 2.555\text{m}$$

$$M_{\max} = 105.34 \times (2.55 - 1) - \frac{46.72}{2} \times 2.55^2 = 13.38\text{kN} \cdot \text{m}$$

4、5 支点之间的最大弯矩：

$$V = 23.8 - 46.72x = 0，\ 即\ x = 0.51\text{m}$$

$$M_{\max} = 23.8 \times 0.51 - \frac{46.72}{2} \times 0.51^2 = 6.04\text{kN} \cdot \text{m}$$

3）肋柱配筋

上级肋柱按刚性支承计算得 Q、M 图值配筋。下级肋柱按弹性支承和刚性支承所得的弯矩、剪力图中最大值配筋。按正、负最大弯矩配置通长的受力钢筋。配筋设计略去。对于肋柱尚应进行抗裂验算。

对于肋柱除以上计算的荷载外，还应考虑在运输、吊装过程中的受力验算，以及回填过程中填土不同高度等因素对肋柱的作用。

（4）拉杆钢筋截面选择

按刚性支承连续梁计算拉杆拉力设计拉杆截面尺寸。选用 25 锰硅热轧钢筋，其抗拉强度设计值（$d \leqslant 25\text{mm}$，$f_y = 300\text{MPa}$；$d = 28 \sim 40\text{mm}$，$f_y = 290\text{MPa}$）安全系数 $K = 2$，则各拉杆之截面直径：

$$d_i = 2 \times \sqrt{\frac{KT_i}{\pi f_y}} + 0.002$$

$$d_1 = 2 \times \sqrt{\frac{2 \times 17.8 \times 10^3}{\pi \times 300 \times 10^6}} + 0.002 = 0.0143\text{m} = 14.3\text{mm}，\ 取\ d_1 = 16\text{mm}$$

$$d_2 = 2 \times \sqrt{\frac{2 \times 85 \times 10^3}{\pi \times 290 \times 10^6}} + 0.002 = 0.0293\text{m} = 29.3\text{mm}，\ 取\ d_2 = 30\text{mm}$$

$$d_3 = 2 \times \sqrt{\frac{2 \times 100.26 \times 10^3}{\pi \times 290 \times 10^6}} + 0.002 = 37.2\text{mm}，\ 取\ d_3 = 40\text{mm}$$

$$d_4 = 2 \times \sqrt{\frac{2 \times 73 \times 10^3}{\pi \times 290 \times 10^6}} + 0.002 = 32.2\text{mm}, \quad \text{取 } d_4 = 32.2\text{mm}$$

（5）拉杆长度计算——稳定性验算

本例题选用铁科院方法验算其稳定性，并求出各层拉杆的临界长度（$K_s=1$）和稳定长度（$K_s=1.8$）。计算时，不需计算墙面土压力和拉杆拉力。按图 13-15(a) 中给出各层锚定板的 H、h、a 值按式（13-20）计算 K_s，$K_s \geq 1.3$。因为墙后填土水平（略去均布活载），各层锚定板及拉杆的稳定计算，本例题取 $h_0=0$。

验算时，首先假定拉杆长度 L_i 为某一数值，按公式计算 K_s 值。如果小于要求的安全系数，将 L_i 增大，重新计算。反之，将 L_i 减少再重新计算，反复调整拉杆长度并试算直至安全系数达到要求为止。

1）临界拉杆长度及其稳定性分析（$K_s=1$）

各杆反复试算求得 $L_1=2.65\text{m}$，$L_2=3.2\text{m}$，$L_3=3.7\text{m}$，$L_4=2.65\text{m}$。

① 验算第一层拉杆 $L_1=2.65\text{m}$ 的安全系数，要求 $K_s \geq 1$。

$$\phi = 33°, \quad \tan^2\left(45° - \frac{\phi}{2}\right) = 0.294$$

由公式：
$$K_{s1} = \frac{\tan(\phi - \alpha_1)}{\tan^2\left(45° - \frac{\phi}{2}\right)} \cdot \frac{L_1(H_1 + h_1)}{h_1(h_1 + h_0)}$$

式中：$H_1 = 3.0\text{m}$，$h_1 = 1.5\text{m}$，$h_0 = 0$

$$\alpha_1 = \tan^{-1}\left(\frac{3 - 1.5}{2.65}\right) = 29.5°$$

$$K_{s1} = \frac{\tan(33° - 29.5)}{\tan^2\left(45° - \frac{\phi}{2}\right)} \cdot \frac{2.65 \times (3.0 + 1.5)}{1.5 \times (1.5 + 0)} = \frac{0.0610}{0.294} \cdot \frac{2.65 \times 4.5}{1.5^2} = 1.1 > 1$$

② 验算第二层拉杆 $L_2=3.2\text{m}$，要求 $K_s=1$。

取：
$$H_2 = 5.0\text{m}, \quad h_2 = 3.5\text{m}, \quad h_0 = 0$$

$$\alpha_2 = \tan^{-1}\left(\frac{5 - 3.5}{3.2}\right) = 25.12°$$

$$\tan(\varphi - \alpha_2) = 0.1385$$

$$K_{s2} = \frac{0.1385}{0.294} \times \frac{3.2 \times (5 + 3.5)}{3.5^2} = 1.045 > 1$$

③ 验算第三层拉杆 $L_3=3.7\text{m}$，$K_s=1$。

取：
$$H_3 = 7.0\text{m}, \quad h_3 = 5.5\text{m}, \quad h_0 = 0$$

$$\alpha_3 = \tan^{-1}\left(\frac{7 - 1.5}{3.7}\right) = 22.1°$$

$$\tan(33 - 22.1) = 0.193$$

$$K_{s3} = \frac{0.193}{0.294} \times \frac{3.7 \times (7 + 5.5)}{5.5^2} = 1.0 \text{ 满足。}$$

④ 验算第四层拉杆 $L_4=2.65\text{m}$，$K_s=1$。

取：
$$H_4 = 8.0\text{m}, \quad h_4 = 7.5\text{m}, \quad h_0 = 0$$

$$\alpha_4 = \tan^{-1}\left(\frac{0.5}{2.65}\right) = 10.7°$$

$$\tan(\phi - \alpha_4) = 0.410$$

$$K_{s4} = \frac{0.410}{0.294} \times \frac{2.65 \times (8 + 7.5)}{7.5^2} = 1.02 > 1$$

2）稳定拉杆长度（$K_s = 1.8$）

按上述同样的方法，应用同一公式，仅安全系数 $K_s = 1.8$，经反复计算求得稳定拉杆长度为：$L_1 = 2.9\text{m}$，$L_2 = 3.8\text{m}$，$L_3 = 4.7\text{m}$，$L_4 = 4.0\text{m}$。上述拉杆长度为墙面板后至锚定板前的距离。实际杆长应为两端穿过构件和螺母垫板所需的长度。

（6）挡土板设计

1）挡土板内力计算

最大土压力为 29.2kN/m^2，挡土板长 $l_1 = 1.56\text{m}$，计算长度 $l_p = 1.46$，板宽 0.5m。

$$M_{max} = \frac{1}{8} \times 29.2 \times 0.5 \times 1.46^2 = 3.89 \text{ kN} \cdot \text{m}$$

$$V_{max} = \frac{1}{2} \times 29.2 \times 0.5 \times 1.46 = 10.46 \text{ kN}$$

2）挡土板配筋（略）

（7）锚定板设计

根据锚定板容许抗拔力经验值和拉杆拉力大小，选定锚定板面积为 $1\text{m} \times 1\text{m}$

1）锚定板内力计算

锚定板面的压力 $p = \dfrac{T_{max}}{A} = 10.26\text{kN} \cdot \text{m}^{-2}$，则锚定板按单向悬臂板计算其内力：

$$V_{max} = \frac{100.26}{2} \times 0.5 = 50.125\text{kN}$$

2）配筋设计（略）

（8）锚定板挡土墙的整体稳定及肋柱基础计算（略）

2. 锚杆挡土墙例题

已知某边坡高 $H = 8\text{m}$，坡顶表面荷载 $q_0 = 0$，墙后土体为粉土，土体参数为：$\gamma = 16.5\text{kN/m}^3$，$\varphi = 20°$，$c = 16\text{kPa}$，试采用锚杆挡土墙支护该边坡。

（1）土压力计算

依题目已知条件知墙面倾角 $\alpha = 0$，填土表面倾角 $\beta = 0$，考虑此问题为挖方边坡，取墙后土体与墙面的摩擦角 $\delta = 10°$。

现依据库仑土压力理论计算该边坡的土压力，计算时可以用等代内摩擦角 φ' 代替 c 和 φ，可由下式确定：

$$\varphi' = \arctan(\tan\varphi + c/\sigma_1)$$

即：

$$\varphi' = \arctan\left(\tan20° + \frac{16}{16.5 \times 8}\right) = 26°$$

库仑主动土压力系数为：

$$K_a = \frac{\cos^2\varphi'}{\cos\delta\left[1+\sqrt{\dfrac{\sin(\varphi'+\delta)\sin\varphi'}{\cos\delta}}\right]^2} = \frac{\cos^2 26°}{\cos 10°\times\left[1+\sqrt{\dfrac{\sin 36°\cdot\sin 26°}{\cos 10°}}\right]^2} = 0.359$$

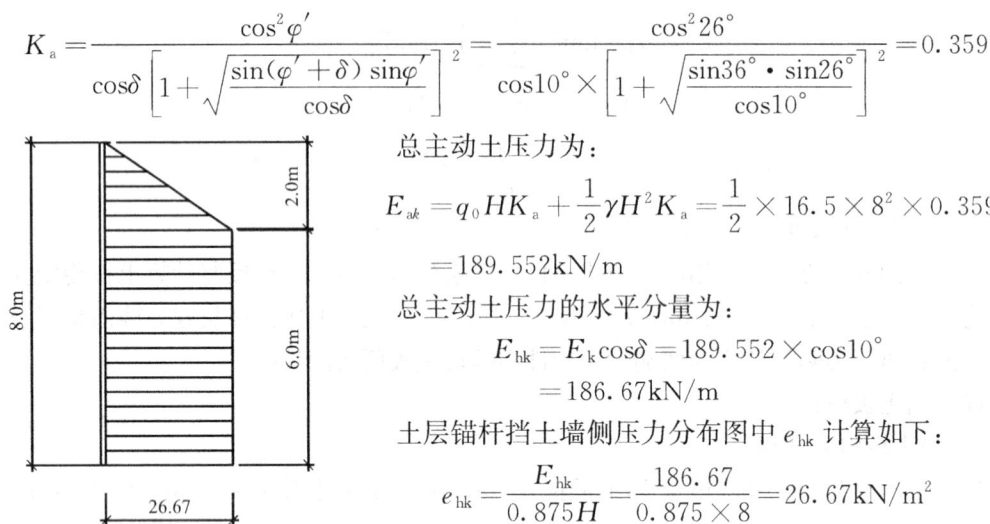

图 13-17 土压力分布图（kPa）

总主动土压力为：

$$E_{ak} = q_0 H K_a + \frac{1}{2}\gamma H^2 K_a = \frac{1}{2}\times 16.5\times 8^2\times 0.359$$

$$= 189.552\text{kN/m}$$

总主动土压力的水平分量为：

$$E_{hk} = E_k\cos\delta = 189.552\times\cos 10°$$

$$= 186.67\text{kN/m}$$

土层锚杆挡土墙侧压力分布图中 e_{hk} 计算如下：

$$e_{hk} = \frac{E_{hk}}{0.875H} = \frac{186.67}{0.875\times 8} = 26.67\text{kN/m}^2$$

挡墙土压力分布如图 13-17 所示。

土压力合力距挡墙底部的距离为：

$$H_h = \frac{0.5\times 26.67\times 2\times(2.0/3+6.0)+6\times 26.67\times 3}{0.5\times 26.67\times 2+6.0\times 26.67} = 3.524\text{m}$$

（2）内力计算

1）锚杆水平支座反力

先假设采用单层锚杆，锚杆设于坡顶下 2.0m 处，锚杆的水平间距为 2.0m，现写出 $\overline{M_1}$ 和 M_p 的函数表达式如下：

$$\overline{M_1} = x$$

$$M_p = -\frac{1}{2}\times e_{hk}\times 0.25H\times\left(\frac{0.25H}{3}+x\right)\cdot s - \frac{1}{2}\times e_{hk}\times x^2\times s \text{（不考虑悬臂部分）}$$

式中 x——锚杆下某截面距锚杆的距离（m），且满足 $0\leqslant x\leqslant 6.0\text{m}$。

计算系数与自由项如下：

$$\delta_{11} = \frac{1}{EI}\times\frac{1}{2}\times 6\times 6\times\frac{2}{3}\times 6 = \frac{72}{EI}$$

$$\Delta_{1p} = -\frac{1}{EI}\int_0^6\left[\frac{1}{2}\times e_{hk}\times 0.25H\times\left(\frac{0.25H}{3}+x\right)\cdot s + \frac{1}{2}\times e_{hk}\times x^2\times s\right]\times x\,\mathrm{d}x$$

$$= -\frac{13121.64}{EI}$$

由式（13-47）求得 T 值为：

$$T = -\frac{\Delta_{1p}}{\delta_{11}} = \frac{13121.64}{72} = 182.245\text{kN}$$

设锚杆倾角 $\alpha = 15°$，考虑超载和工作条件的安全分项系数 $K = 2.0$，锚杆钢筋采用 HRB400，其抗拉强度设计值为 $f_y = 360\text{MPa}$，求得锚杆的有效截面积 A_s 为：

$$A_s = \frac{T\cdot K}{f_y\cos\alpha} = \frac{182.245\times 2.0\times 1000}{360\times\cos 15°} = 1048\text{mm}^2$$

显然，就单根锚杆而言，其无法提供这么大的截面积，这说明采用单层锚杆支护该边坡是不可行的，现改变支护方案，变单锚支护为双锚支护，第一层锚杆的支护位置不变，仍设在坡顶下 2.0m 处，第二层锚杆设在坡顶下 5.0m 处，即两层锚杆的竖向间距为 3.0m，如图 13-18 所示，挡墙土压力分布图仍为图 13-17。现采用与计算单锚相类似的方法计算双锚挡墙的内力，图 13-14 所示结构为两次超静定结构，分别设第一层和第二层锚杆的水平支座反力为 T_1 和 T_2，其力法典型方程为：

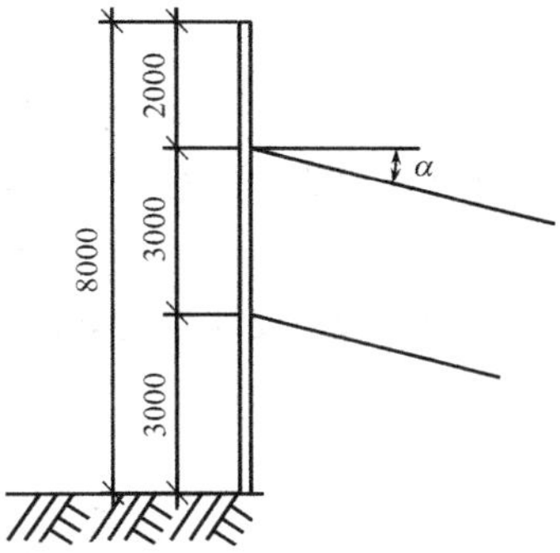

图 13-18　双锚挡墙锚杆布置图

$$\delta_{11}T_1 + \delta_{12}T_2 + \Delta_{1p} = 0$$
$$\delta_{21}T_1 + \delta_{22}T_2 + \Delta_{2p} = 0$$

绘出各单位弯矩图如图 13-19 所示，计算得 $\overline{M_1}$ 和 $\overline{M_2}$ 如下：

当 $0 \leqslant x \leqslant 6.0$ 时，$\overline{M_1} = x$；

当 $0 \leqslant x \leqslant 3.0$ 时，$\overline{M_2} = 0$；

当 $3 \leqslant x \leqslant 6.0$ 时，$\overline{M_2} = x - 3$。

$$M_p = -\frac{1}{2} \times e_{hk} \times 0.25H \times \left(\frac{0.25H}{3} + x\right) \cdot s - \frac{1}{2} \times e_{hk} \times x^2 \times s \text{（不考虑悬臂部分）}$$

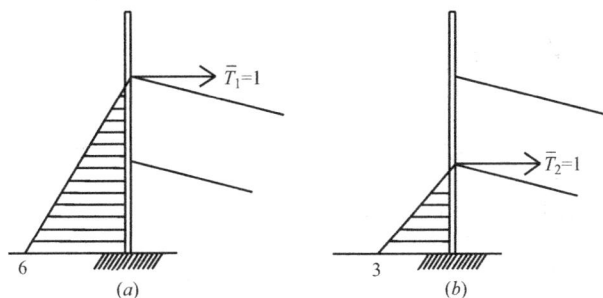

图 13-19　单位弯矩图

$(a)\ \overline{M_1}$ 图；$(b)\ \overline{M_2}$ 图

利用图乘法求得各系数与自由项如下：

$$\delta_{11} = \frac{1}{EI} \times \frac{1}{2} \times 6 \times 6 \times \frac{2}{3} \times 6 = \frac{72}{EI}$$

$$\delta_{22} = \frac{1}{EI} \times \frac{1}{2} \times 3 \times 3 \times \frac{2}{3} \times 3 = \frac{9}{EI}$$

$$\delta_{12} = \delta_{21} = \frac{1}{EI} \times \frac{1}{2} \times 3 \times 3 \times \frac{2 \times 6 + 3}{3} = \frac{22.5}{EI}$$

$$\Delta_{1p} = -13121.64/EI$$

$$\Delta_{2p} = -\frac{1}{EI} \int_3^6 \left[\frac{1}{2} \times e_{hk} \times 0.25H \times \left(\frac{0.25H}{3} + x\right) \cdot s + \frac{1}{2} \times e_{hk} \times x^2 \times s\right](x - 3)\,dx$$

$$= -\frac{4420.55}{EI}$$

将系数与自由项代入力法典型方程，为计算方便，令 $EI = 1$，得：

$$72T_1 + 22.5T_2 - 13121.64 = 0$$
$$22.5T_1 + 9T_2 - 4420.55 = 0$$

联立求解方程组得：

$$T_1 = 131.45\text{kN}，\ T_2 = 162.56\text{kN}$$

墙身荷载及支座反力如图 13-20 所示。

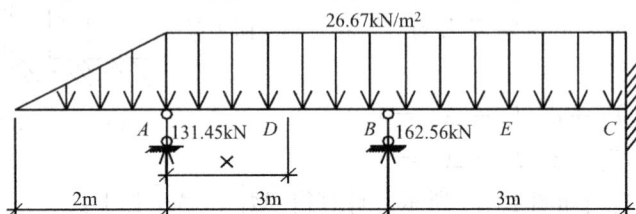

图 13-20　墙身荷载及支座反力示意图

2）求支座弯矩、AB 跨和 BC 跨的跨中最大弯矩：

$$M_A = -\frac{1}{2} \times 26.67 \times 2.0 \times 2 \times \frac{2}{3} = -35.56\text{kN} \cdot \text{m} \quad （内侧受拉）$$

$$M_C = -\frac{1}{2} \times 26.67 \times 2.0 \times 2 \times \left(\frac{2}{3} + 6\right) - 26.67 \times 2.0 \times 6 \times 3 + 131.45 \times 6 + 162.56 \times 3$$
$$= -39.34\text{kN} \cdot \text{m}（内侧受拉）$$

AB 跨中弯矩为：

$$M_{AB}(x) = -\frac{1}{2} \times 26.67 \times 2.0 \times 2 \times \left(\frac{2}{3} + x\right) - \frac{1}{2} \times 26.67 \times 2.0 \times x^2$$
$$+ 131.45x\ (0 < x < 3)$$

截面最大弯矩的位置可由极值原理 $\dfrac{\text{d}M_{AB}(x)}{\text{d}x} = 0$ 确定，即：

$$-26.67 \times 2.0 - 26.67 \times 2.0 \times x + 131.45 = 0$$

解之得：$x = 1.464\text{m}$

将 $x = 1.464\text{m}$ 代入 $M_{AB}(x)$，求得 AB 跨中最大弯矩截面 D 的弯矩为：

$$M_D = -\frac{1}{2} \times 26.67 \times 2.0 \times 2 \times \left(\frac{2}{3} + 1.464\right) - \frac{1}{2} \times 26.67 \times 2.0 \times 1.464^2 +$$
$$131.45 \times 1.464 = 21.63\text{kN} \cdot \text{m}$$

BC 跨中弯矩为：

$$M_{BC}(x) = -\frac{1}{2} \times 26.67 \times 2.0 \times 2 \times \left(\frac{2}{3} + x\right) - \frac{1}{2} \times 26.67 \times 2.0 \times x^2 + 131.45 \times x$$
$$+ 162.56 \times (x - 3)\ (3 < x < 6)$$

同理，截面最大弯矩的位置可由极值原理 $\dfrac{\text{d}M_{BC}(x)}{\text{d}x} = 0$ 确定，即：

$$-26.67 \times 2.0 - 26.67 \times 2.0 \times x + 131.45 + 162.56 = 0$$

解之得：$x = 4.512\text{m}$

将 $x = 4.491\text{m}$ 代入 $M_{BC}(x)$，求得 BC 跨中最大弯矩截面 E 的弯矩为：

$$M_E = -\frac{1}{2} \times 26.67 \times 2.0 \times 2 \times \left(\frac{2}{3} + 4.512\right) - \frac{1}{2} \times 26.67 \times 2.0 \times 4.512^2 +$$

$$131.45 \times 4.512 + 162.56 \times (4.512 - 3) = 264.37 \text{kN} \cdot \text{m} \text{（外侧受拉）}$$

3）支座剪力计算

$$V_{A\pm} = -\frac{1}{2} \times 26.67 \times 2.0 \times 2 = -53.34 \text{kN}$$

$$V_{A\mp} = -\frac{1}{2} \times 26.67 \times 2.0 \times 2 + 131.45 = 78.11 \text{kN}$$

$$V_{B\pm} = -\frac{1}{2} \times 26.67 \times 2.0 \times 2 - 26.67 \times 2.0 \times 3 + 131.45 = -81.91 \text{kN}$$

$$V_{B\mp} = -\frac{1}{2} \times 26.67 \times 2.0 \times 2 - 26.67 \times 2.0 \times 3 + 131.45 + 162.56 = 80.65 \text{kN}$$

$$V_C = -\frac{1}{2} \times 26.67 \times 2.0 \times 2 - 26.67 \times 2.0 \times 6 + 131.45 + 162.56 = -79.37 \text{kN}$$

（3）锚杆设计

1）截面设计

考虑超载和工作条件的安全分项系数 $K = 2.0$，则顶排锚杆的截面积为：

$$A_{s1} = \frac{T_1 \cdot K}{f_y \cos\alpha_1} = \frac{131.45 \times 1000 \times 2.0}{360 \times \cos 15°} = 756 \text{mm}^2, \quad \text{取 } d_1 = 32 \text{mm};$$

$$A_{s2} = \frac{T_2 \cdot K}{f_y \cos\alpha_2} = \frac{162.56 \times 1000 \times 2.0}{360 \times \cos 15°} = 935 \text{mm}^2, \quad \text{取 } d_2 = 36 \text{mm}.$$

2）锚杆长度设计

自由段长度计算如下：

$$L_{f1} = \frac{(H - H_1)\tan(45° - \varphi/2)\sin(45° + \varphi/2)}{\sin(135° - \varphi/2 - \alpha_1)} = \frac{(8-2)\tan 35°\sin 55°}{\sin 110°} = 3.66 \text{m}$$

$$L_{f2} = \frac{(H - H_2)\tan(45° - \varphi/2)\sin(45° + \varphi/2)}{\sin(135° - \varphi/2 - \alpha_2)} = \frac{(8-5)\tan 35°\sin 55°}{\sin 110°} = 1.83 \text{m}$$

锚固段长度计算如下：

假设锚杆锚固体直径为 $D = 150 \text{mm}$，则：

$$L_{e1} = \frac{T_1 \cdot K}{\cos\alpha_1 \cdot \pi \cdot D \cdot \tau_1} = \frac{131.45 \times 2}{\cos 15° \times 3.14 \times 0.15 \times 60} = 9.63 \text{m}$$

$$L_{e2} = \frac{T_2 \cdot K}{\cos\alpha_2 \cdot \pi \cdot D \cdot \tau_2} = \frac{162.56 \times 2}{\cos 15° \times 3.14 \times 0.15 \times 60} = 11.91 \text{m}$$

锚杆总长度为：

$$L_1 = L_{f1} + L_{e1} = 3.66 + 9.63 = 13.29 \text{m}$$

$$L_2 = L_{f2} + L_{e2} = 1.83 + 11.91 = 13.74 \text{m}$$

（4）墙身设计

在垂直方向，取计算宽度为锚杆水平间距 $s = 2.0 \text{m}$，截面控制内力如下：

在墙身内侧：$M_{内} = \max(|M_A|、|M_B|、|M_C|)$

在墙身外侧：$M_{外} = \max(M_D、M_E) = \max(21.63、19.71) = 21.63 \text{kN} \cdot \text{m}$

控制剪力为：$V = \max(53.34 \text{、} 78.11 \text{、} 81.91 \text{、} 80.65 \text{、} 79.37) = 81.91 \text{kN}$

取混凝土强度等级为 C30，其强度设计值 $f_c = 14.3 \text{MPa}$，墙身厚度为 $h = 300 \text{mm}$，按受弯构件计算其正截面承载力如下：

在墙身内侧：$h_0 = h - C - \dfrac{d}{2} = 300 - 25 - 10 = 265 \text{mm}$

$$\alpha_s = \frac{M}{\alpha_1 \cdot f_c \cdot b \cdot h_0^2} = \frac{41.26 \times 10^6}{1 \times 14.3 \times 2000 \times 265^2} = 0.021$$

$$\gamma_s = \frac{1 + \sqrt{1 - 2\alpha_s}}{2} = \frac{1 + \sqrt{1 - 2 \times 0.021}}{2} = 0.989$$

$$A_s = \frac{M}{f_y \cdot \gamma_s \cdot h_0} = \frac{41.26 \times 10^6}{360 \times 0.989 \times 265} = 437.3 \text{mm}^2$$

采用钢筋 $\Phi 10@250$，$A_s = 628 \text{mm}^2$。

在墙身外侧：

$$\alpha_s = \frac{M}{\alpha_1 \cdot f_c \cdot b \cdot h_0^2} = \frac{21.63 \times 10^6}{1 \times 14.3 \times 2000 \times 265^2} = 0.011$$

$$\gamma_s = \frac{1 + \sqrt{1 - 2\alpha_s}}{2} = \frac{1 + \sqrt{1 - 2 \times 0.011}}{2} = 0.994$$

$$A_s = \frac{M}{f_y \cdot \gamma_s \cdot h_0} = \frac{21.63 \times 10^6}{360 \times 0.9949 \times 265} = 228 \text{mm}^2$$

采用钢筋 $\Phi 8@300$，$A_s = 336 \text{mm}^2$。

在支挡结构体系中，如果结构构件的抗弯强度能够满足要求，一般情况下，它的抗剪强度亦能满足要求，因此，不必进行抗剪强度的验算。

3. 土钉墙设计例题

（1）工程概况

某房地产开发楼边坡支护，边坡分为上下两级，第一级支护采用土钉墙，高度 13m，坡度 70°，边坡重要性系数取 1.0，安全系数取 1.3，边坡土体参数见表 13-8。

边坡参数表

表 13-8

边坡及土体参数	边坡高度：$H = 13.0 \text{m}$				
	黏聚力	内摩擦角	天然重度	极限摩阻力	边坡角
	15kPa	20°	16.5kN/m^2	50kPa	70°

（2）设计依据

1）工程总平面图，以及初步给定的基础埋置深度和基础外边线；

2）《建设用地地质灾害危险性评估报告》；

3）实测建筑场地平面图；

4）《建筑桩基技术规范》（JGJ 94—2009）；

5）《建筑基坑支护技术规程》（JGJ 120—2012）；

6）《基坑土钉支护技术规程》（CECS 96—1997）；

7）《建筑边坡工程技术规范》（GB 50330—2013）等；

8) 深基坑支护结构设计软件 V1.0。

（3）支护结构方案设计及施工要求

该工程边坡情况复杂，高度从 7～25m 不等，高度较大且坡度较陡的边坡采用钢筋混凝土框架加锚杆支护，高度较大但坡度较缓的边坡采用土钉墙支护，高度较小的边坡采用悬臂式挡土墙加锚杆的支护形式。具体布置及构造见土钉及框架、锚杆结构施工图。

支护结构混凝土用 C20。

边坡施工工艺要求：

1) 放线：用测量仪器准确定出坡面位置，坡顶外边线即为开挖线，用木楔和白灰作出开挖线标记。

2) 土方开挖：放线后即可开挖。边开挖边支护，分层开挖，分层支护，挖完亦支护完。

3) 土钉制作、成孔：钢筋土钉采用 ϕ18～ϕ25 钢筋制作，每间距 1.5～1.8m 设置对中支架，对中支架由 3～4Φ6.5@200～300 钢筋制作。

4) 土钉注浆：土钉注浆时，采用底部注浆法，即用注浆导管将水泥浆送到底部，边注边抽，直至口部流浆后，浆口部封堵、加压；锚管土钉注浆的，根据土质条件，可以在注浆前先用水冲洗锚管，然后从锚管底部注浆，边注浆边拔管，然后进行口部高压注浆。注浆压力 0.4～0.6MPa，锚杆返浆后即可停止注浆。水灰比控制在 0.45～0.5 范围内。施工中应做好注浆记录。

5) 编制钢筋网：按照设计要求编制钢筋网。土钉头焊接后用螺纹钢呈井字架形压在钢筋网片上。

6) 喷射混凝土：混凝土喷射在钢筋网编焊工作完成后进行，喷射厚度 100mm，石子粒径 5～15mm，混凝土等级为 C20。添加喷射混凝土专用速凝剂。同时按照混凝土的批量及施工层次做好混凝土试块，以便检验混凝土施工质量。

（4）支护结构安全监测

围护及土方开挖施工是信息化施工，其中围护的监测十分重要，监测数据能起到指导施工的作用，并保证围护体系的安全。

该工程围护安全监测的内容：围护体系的水平变位和沉降观测。安全监测应与施工过程紧密结合，在土方开挖过程中，应贯彻动态监测原则，即该处边壁开挖较深时，开挖该边壁下一层后，必须增加监测次数，一天数次，甚至间隔时间更短，直到该边壁稳定，稳定后监测密度约为 1d/次，视边壁稳定情况调整。期间若遇大雨或异常情况，监测密度应适当加密。围护监测结果应及时报送有关单位，为下一步的施工起指导作用。由于四周不存在重要管线、重要古建筑，对监测没有特别要求，只在四周中间（最大位移点），距开挖线 1.5m 左右设置 4 个观测点，就可满足监测要求。

根据《建筑桩基技术规范》（JGJ 94—2008）、《建筑基坑支护技术规程》（JGJ 120—2012）、《基坑土钉支护技术规程》（CECS 96—1997）的要求，必须对锚杆和土钉的设计参数进行试验测定，以保证工程的安全可靠。该工程需要有专门用于测试其强度的非工作土钉和锚杆。本设计要求测试非工作土钉和锚杆各 3 根，另外对工作状态中的各层土钉和锚杆也需要选择合适位置进行应力应变监测。试验测试及施工监测方案另行设计。

（5）支护方法及设计结果

设计结果见表 13-9。

上层土钉墙设计结果（土钉墙高 13m）　　　　　　表 13-9

土钉层数	土钉位置 （m）	土钉长度 （m）	锚固体直径 （mm）	杆体直径 （mm）
1	0.2	12	150	25
2	2.8	12	150	18
3	5.0	15	150	18
4	6.7	15	150	20
5	8.4	15	150	22
6	10.1	15	150	25
7	11.8	15	150	28
8	12.5	13	150	25

第 14 章　抗滑短桩设计与施工

14.1　设计

14.1.1　抗滑短桩分析机理及其应用

1. 引言

自古以来，滑坡就与人类共存，滑坡给人类带来了巨大的损失，人类也为防治滑坡和减轻滑坡灾害而不断努力。我国是一个多山的国家，是世界上地质灾害频发的国家之一，尤其是中西部地区山高坡陡、沟壑纵横，城市建筑依山而立，公路、铁路翻山越岭，复杂多变的地形地貌决定了我国各项建设，尤其是我国政府实施的西部大开发过程中和三峡库区沿江及各支流两岸将面临大量的滑坡问题，会给人民的生命财产造成巨大的损失。边坡稳定分析是滑坡治理设计的前提，它决定着滑坡的稳定性（滑坡是否失稳）以及滑坡需支挡部位存在多大的滑坡推力，以便为抗滑桩或抗滑短桩的结构设计提供科学依据。

抗滑桩和抗滑短桩均指由锚固段侧向地基岩（土）抗力抵抗滑坡的下滑力或土压力的横向受力桩，二者的区别：

（1）桩的长、短（图 14-1 和图 14-2）不一样，抗滑桩的桩端进入稳定岩（土）层的深度大于抗滑短桩；抗滑桩的桩顶一般达到支挡部位的现状地表面，抗滑短桩的桩顶不需达到支挡部位的现状地表面，而是只需超过滑移面进入滑坡体一定长度不至于滑坡体出现越顶现象即可。

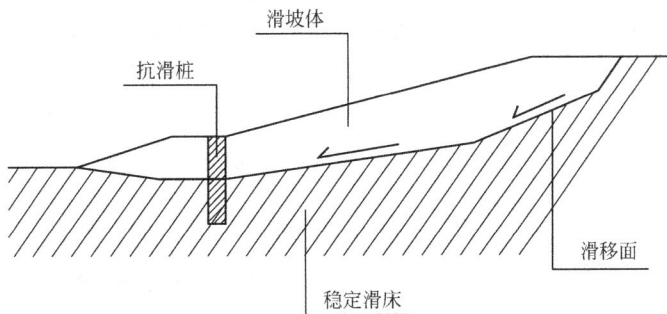

图 14-1　滑坡治理中抗滑桩剖面示意图

（2）桩的受荷大小不同。

（3）与此同时，桩的截面、桩的配筋、施工工期、材料用量、经济指标等均不相同。抗滑短桩在滑坡防治工程中的关键问题就是要求准确确定桩的合理长度与作用在抗滑

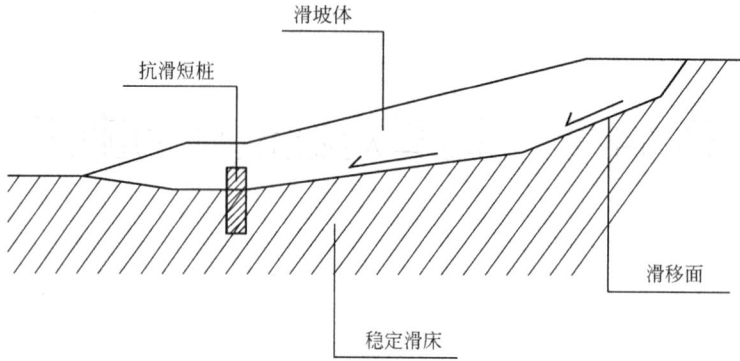

图 14-2　滑坡治理中抗滑短桩剖面示意图

短桩上的岩土压力。按现行规范无法计算有抗滑桩时的滑坡安全系数，而有限元强度折减法可以确定合理桩长。在现行计算方法上，通常都采用极限平衡条分法来确定支护结构上的推力，但它忽略土体的变形，并要求事先准确确定临界滑面的位置与形状再采用合理的条分法计算，这样才能准确算出岩土压力。近年来，国内外岩土工程技术人员做了不少的工作，已有了很大进展。其次，还要明确岩土压力如何分布在支挡结构上。传统方法中，桩上的推力分布是假定的，一般假设为矩形分布，有时假设为三角形或梯形分布。不同的分布形式会使支挡结构内力计算结果有很大差异，因而传统算法有较大误差。再次，如何考虑抗滑短桩与岩土介质的共同作用，用现行传统计算方法很难解决好上述问题。采用有限元 ANSYS 软件包来计算抗滑短桩，既可以考虑抗滑短桩与岩土介质共同作用关系，又可确定作用于抗滑短桩上的滑坡推力，因而具有很大的优越性。本文主要探讨有限元 AN-SYS 软件包如何实现计算抗滑短桩的相关问题，如：几何模型的建立、单元类型的选取、材料特性的定义、网格划分、屈服准则的选用、抗滑短桩与桩周岩土的共同作用、加载、求解、求解的收敛判定等。

2.有限元强度折减法的基本原理及其应用

（1）基本原理

Duncan（1996）指出，边坡安全系数可以定义为使边坡刚好达到临界破坏状态时，对土的剪切强度进行折减的程度。所谓强度折减，就是在理想弹塑性有限元计算中将边坡岩土体抗剪切强度参数（内聚力和内摩擦角）逐渐降低直到其达到极限破坏状态为止，此时程序可以得到边坡的强度储备安全系数 ω。

强度折减安全系数表示为：

$$\omega = \frac{\tau}{\tau'} \tag{14-1}$$

式中　τ——岩土体材料的初始抗剪强度（kPa）；

　　　τ'——折减后使坡体达到极限状态时的抗剪强度（kPa）。

有限元强度折减法中可以采用不同的强度屈服准则，这里的强度 τ 因采用的强度屈服准则不同而有不同的表达形式，对于摩尔-库仑准则（图 14-3）：

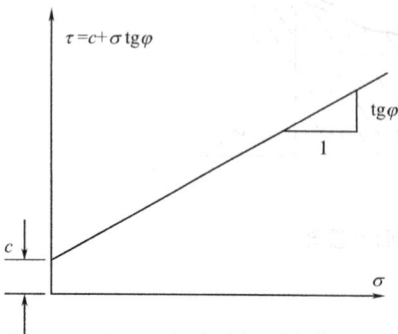

图 14-3　摩尔-库仑屈服条件

$\tau=c+\sigma\times\mathrm{tg}\varphi$，其强度折减过程如下：

$$\tau'=\frac{\tau}{\omega}=\frac{c+\sigma\mathrm{tg}\varphi}{\omega}=\frac{c}{\omega}+\sigma\frac{\mathrm{tg}\varphi}{\omega}=c'+\sigma\mathrm{tg}\varphi' \tag{14-2}$$

所以有：
$$c'=\frac{c}{\omega},\ \mathrm{tg}\varphi'=\frac{\mathrm{tg}\varphi}{\omega} \tag{14-3}$$

此强度折减形式与边坡稳定分析的传统极限平衡条分法安全系数定义形式是一致的。传统边坡稳定分析的极限平衡方法事先假定一滑动面，根据力（矩）的平衡来计算安全系数，将稳定安全系数定义为滑动面的抗滑力（矩）与下滑力（矩）之比。

$$\omega=\frac{\int\tau\mathrm{d}l}{\int\tau_s\mathrm{d}l}=\frac{\int_0^l(c+\sigma\mathrm{tg}\varphi)\mathrm{d}l}{\int_0^l\tau_s\mathrm{d}l} \tag{14-4}$$

式中　ω——安全系数；

　　　τ——滑动面上各点的抗剪强度；

　　　τ_s——滑动面上各点的实际剪应力。

将上式两边同除以 ω，上式变为：

$$1=\frac{\int_0^l\left(\frac{c}{\omega}+\sigma\frac{\mathrm{tg}\varphi}{\omega}\right)\mathrm{d}l}{\int_0^l\tau_s\mathrm{d}l}=\frac{\int_0^l(c'+\sigma\mathrm{tg}\varphi')\mathrm{d}l}{\int_0^l\tau_s\mathrm{d}l} \tag{14-5}$$

式中：
$$c'=\frac{c}{\omega}\qquad \mathrm{tg}\varphi'=\frac{\mathrm{tg}\varphi}{\omega} \tag{14-6}$$

可见，传统的极限平衡方法是将土体的抗剪强度指标 c 和 $\mathrm{tg}\varphi$ 减少为 $\frac{c}{\omega}$ 和 $\frac{\mathrm{tg}\varphi}{\omega}$，使边坡达到极限状态（安全系数等于1），此时的 ω 称为安全系数，实际上就是强度折减系数。

（2）屈服准则的选用

物体受到荷载作用后，随着荷载的增大，由弹性状态过渡到塑性状态，这种过渡称为屈服，而物体内某一点开始产生塑性应变时，应力或应变所必需满足的条件称为屈服条件。应用的岩土屈服条件有多种，实验和工程实践已证实，摩尔-库仑屈服准则能较好地描述土壤、岩石等材料的破坏行为，在岩土工程领域得到了广泛的应用，土力学中边坡稳定、土压力和地基承载力这三大经典问题都直接或间接地借助了这一准则，也就是说，应用最广和应用时间最长的是莫尔-库仑屈服条件。

1）莫尔-库仑屈服条件的一般形式

对于一般受力下的岩土，所考虑的任何一个面，其极限抗剪强度通常可用库仑定律表示为：

$$\tau_n=c+\sigma_n\mathrm{tg}\varphi \tag{14-7}$$

式中　τ_n——极限抗剪强度（kPa）；

　　　σ_n——受剪面上的法向应力，以拉为正（kPa）；

　　　c、φ——岩土的黏聚力（kPa）和内摩擦角（°）。

式（14-7）库仑公式在 $\sigma-\tau$ 平面上是线性关系。在更一般的情况下，$\tau-\sigma$ 曲线可表达成双曲线、抛物线、摆线等非线性曲线，统称为莫尔强度条件。

利用莫尔定律，可以把式（14-7）推广到平面应力状态而成为莫尔-库仑屈服条件（图 14-4）。

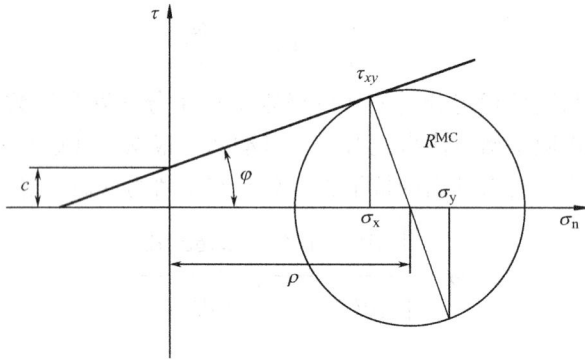

图 14-4　莫尔-库仑屈服条件

因为 $\tau_n = R\cos\varphi$

$$\sigma_n = (\sigma_x + \sigma_y)/2 + R\sin\varphi$$
$$= (\sigma_1 + \sigma_3)/2 + R\sin\varphi$$

所以，由式（14-7）得：

$$R = c\cos\varphi - (\sigma_x + \sigma_y)\ \sin\varphi/2 \tag{14-8}$$

式中 R 是莫尔应力圆半径：

$$R = [(\sigma_x - \sigma_y)^2/4 + \tau_{xy}^2]^{1/2} = (\sigma_1 - \sigma_3)/2$$

式（14-8）还可以用主应力 σ_1、σ_3 表示成：

$$(\sigma_1 - \sigma_3)/2 = c\cos\varphi - (\sigma_1 + \sigma_3)\sin\varphi/2 \tag{14-9}$$

或 $$\sigma_1(1 + \sin\varphi) - \sigma_3(1 - \sin\varphi) = 2c\cos\varphi \tag{14-10}$$

写成一般屈服条件形式，为：

$$F = (\sigma_1 - \sigma_3)/2 + F_1[(\sigma_1 + \sigma_3)/2] \tag{14-11}$$

由 $$\sigma_1 = (2/3)^{1/2} r_\sigma \sin(\theta_\sigma + 2\pi/3) + \sigma_m$$
$$\sigma_3 = (2/3)^{1/2} r_\sigma \sin(\theta_\sigma - 2\pi/3) + \sigma_m$$

用 I_1、J_2、θ_σ 代以 σ_1、σ_3，其中：

$I_1 = \sigma_1 + \sigma_2 + \sigma_3$（$I_1$：应力张量第一不变量，与坐标轴无关，其物理意义：平均应力的 3 倍）；

$J_2 = S_{ij}S_{ij}/2 = [(\sigma_1 - \sigma_2)^2 + (\sigma_2 - \sigma_3)^2 + (\sigma_3 - \sigma_1)^2]/6$（$J_2$：应力偏量的第二不变量，其物理意义：它在数值上是八面体平面上剪应力的倍数，又是 π 平面上的矢径大小）；

$\mathrm{tg}\theta_\sigma = (2\sigma_2 - \sigma_1 - \sigma_3)/(3^{1/2}\sigma_1 - 3^{1/2}\sigma_3)$（$\theta_\sigma$：洛德角，π 平面上应力 PQ 与 σ'_2 轴的垂线间的夹角）。

可得：

$$F = I_1\sin\varphi/3 + (\cos\theta_\sigma - \sin\theta_\sigma\sin\varphi/3^{1/2})J_2^{1/2} - c\cos\varphi = 0 \tag{14-12}$$

其中 $$-\pi/6 \leqslant \theta_\sigma \leqslant \pi/6$$

2）莫尔-库仑屈服条件的特殊情况

当 $\theta_\sigma =$ 常数时，屈服函数不再与 θ_σ 或应力偏量的第三不变量 J_3 有关。它在 π 平面上为一个圆，这时式（14-12）可写成：

$$\alpha I_1 + J_2^{1/2} - k = 0 \qquad (14\text{-}13)$$

这就是广义米赛斯（Misses）条件。此式是1952年由德鲁克-普拉格（Drucker-Prager）提出的，所以通常也叫 Drucker-Prager 屈服条件。

Mohr-Coulomb 准则的屈服面在 π 平面上为一个不等角六边形（图 14-5），Drucker-Prager 屈服准则在应力空间中的屈服面是一圆锥面，在 π 平面上是一个圆，其偏平面上的圆半径 r 等于偏平面上的剪应力 τ_π，其表达式为：

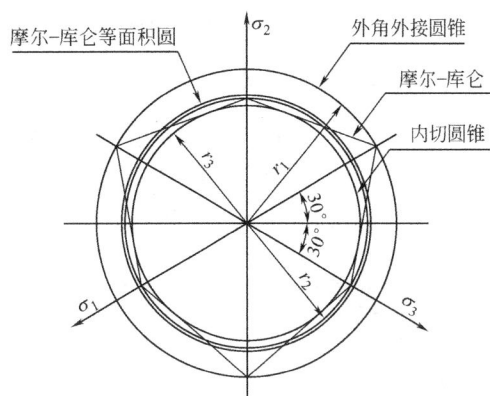

图 14-5　在 π 平面上不同 α、k 值的屈服曲线

$$r = \tau_\pi = \sqrt{2J_2} = \sqrt{2}\,(k - \alpha I_1) \qquad (14\text{-}14)$$

由式（14-12）作变换可得：

$$\frac{3\sin\varphi}{\sqrt{3}\,(\sqrt{3}\cos\theta_\sigma - \sin\theta_\sigma\sin\varphi)} I_1 + \sqrt{J_2} - \frac{\sqrt{3}\,c\cos\varphi}{(\sqrt{3}\cos\theta_\sigma - \sin\theta_\sigma\sin\varphi)} = 0 \qquad (14\text{-}15)$$

比较式（14-13）和式（14-15）可得：

$$\alpha = \frac{3\sin\varphi}{\sqrt{3}\,(\sqrt{3}\cos\theta_\sigma - \sin\theta_\sigma\sin\varphi)}, \qquad k = \frac{\sqrt{3}\,c\cos\varphi}{(\sqrt{3}\cos\theta_\sigma - \sin\theta_\sigma\sin\varphi)} \qquad (14\text{-}16)$$

式（14-16）中取不同的 θ_σ 值，即有不同的 α、k 值。

当取 $\theta_\sigma = -\pi/6$ 时，为受拉破坏，可得：

$$\alpha = \frac{2\sin\varphi}{\sqrt{3}\,(3 + \sin\varphi)}, \qquad k = \frac{6c\cos\varphi}{\sqrt{3}\,(3 + \sin\varphi)} \qquad (14\text{-}17)$$

当取 $\theta_\sigma = \pi/6$ 时，为受压破坏，可得：

$$\alpha = \frac{2\sin\varphi}{\sqrt{3}\,(3 - \sin\varphi)}, \qquad k = \frac{6c\cos\varphi}{\sqrt{3}\,(3 - \sin\varphi)} \qquad (14\text{-}18)$$

当将式（14-12）对 θ_σ 微分时，并使之等于零，这时 F 取极小，可得：

$$\alpha = \frac{\sin\varphi}{\sqrt{3}\,\sqrt{3 + \sin^2\varphi}}, \qquad k = \frac{\sqrt{3}\,c\cos\varphi}{\sqrt{3 + \sin^2\varphi}} \qquad (14\text{-}19)$$

徐干成、郑颖人、姚焕忠（1990）还提出了一种与传统摩尔-库仑条件等面积圆的屈服准则，该准则要求偏平面上的摩尔-库仑不等角六角形与 DP 圆的面积相等，由此可得：

$$\theta_\sigma = \arcsin\left[\frac{-2A\sin\varphi + \sqrt{4A^2\sin^2\varphi - 4(\sin^2\varphi + 3)(A^2 - 3)}}{2(\sin^2\varphi + 3)}\right] \qquad (14\text{-}20)$$

式中：$A = \sqrt{\dfrac{\pi(9 - \sin^2\varphi)}{6\sqrt{3}}}$

计算表明它与摩尔-库仑准则十分接近，而且使有限元数值计算变得方便。

摩尔-库仑（Mohr-Coulomb）准则在三维应力空间中的屈服面为不规则的六角形截面的角锥体表面，在 π 平面上的屈服曲线为不等角六边形，存在尖顶和菱角，应用于塑形理

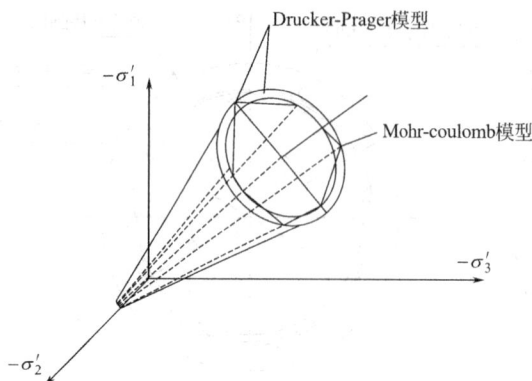

图 14-6　三维应力空间中的 Drucker-Prager 屈服面

论计算时，需要计算屈服面的法向矢量，给数值计算带来困难。而 Drucker-Prager 屈服准则在三维主应力空间的屈服面为光滑圆锥面（图 14-6），在 π 平面上的屈服曲线为圆形，不存在尖顶处的数值计算问题，数值计算效率很高，因此目前国际上流行的大型有限元软件 ANSYS 以及美国 MSC 公司的 MARC、NASTRAN 等均采用了 Drucker-Prager 准则。

α、k 是与岩土材料内摩擦角 φ 和黏聚力 c 有关的常数，不同的 α、k 在 π 平面上代表不同的圆，各准则的参数换算关系见表 14-1。

各准则参数换算表　　　　　　　　　　　　　　表 14-1

编号	准则种类	α	k
DP1	六边形外角点外接 DP 圆	$2\sin\varphi/[3^{1/2}(3-\sin\varphi)]$	$6c\cos\varphi/[3^{1/2}(3-\sin\varphi)]$
DP2	六边形内角点内接 DP 圆	$2\sin\varphi/[3^{1/2}(3+\sin\varphi)]$	$6c\cos\varphi/[3^{1/2}(3+\sin\varphi)]$
DP3	摩尔-库仑等面积 DP 圆	$2(3^{1/2})\sin\varphi/[2(3^{1/2})\pi(9-\sin^2\varphi)]^{1/2}$	$2(3^{1/2})\sin\varphi/[2(3^{1/2})\pi(9-\sin^2\varphi)]^{1/2}$
DP4	平面应变关联法则下莫尔-库仑匹配 DP 准则	$\sin\varphi/[3(3+\sin^2\varphi)]^{1/2}$	$3c\cos\varphi/[3(3+\sin^2\varphi)]^{1/2}$
DP5	平面应变非关联法则下莫尔-库仑匹配 DP 准则	$\sin\varphi/3$	$c\cos\varphi$

（3）滑动面的确定

根据边坡破坏的特征，边坡破坏时滑面上节点位移和塑性应变将产生突变，滑动面就在水平位移和塑性应变突变的地方，因此本文根据位移或塑性应变突变确定边坡临界滑动面，即在 ANSYS 程序的后处理中通过绘制边坡水平位移或者等效塑性应变等值云图来确定边坡临界滑动面的位置和形状。

下面我们通过一个均质土坡的算例来分析有限元强度折减法是如何确定滑动面位置的。计算模型如图 14-7 所示，坡高 20m，坡角 45°，坡角到左端边界的距离为坡高的 1.5 倍，坡顶到右端边界的距离为坡高的 2.5 倍，且总高为 2 倍坡高。流动法则采用关联流动法则。土坡计算参数为：$c=42$kPa，$\gamma=25$kN/m³，$\varphi=45°$。屈服准则采用等面积圆屈服准则 DP3。

由图 14-8～图 14-10 可见，两种方法得到的滑动面位置和形状十分接近，表明有限元强度折减法在寻求潜在滑面位置方面的优越性和可行性。

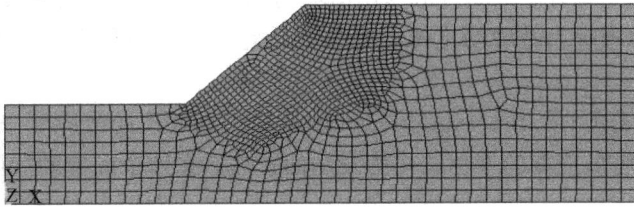

图 14-7　计算模型图

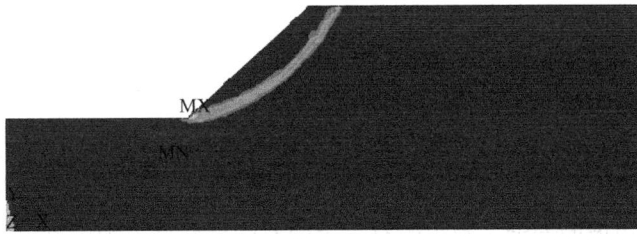

图 14-8　用塑性应变剪切带表示的滑动面位置和形状（变形显示比例设置为 0）

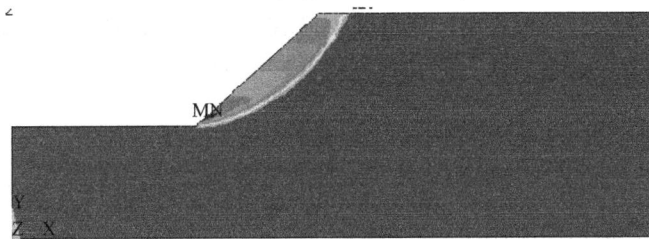

图 14-9　用水平位移等值云图表示的滑动面位置和形状

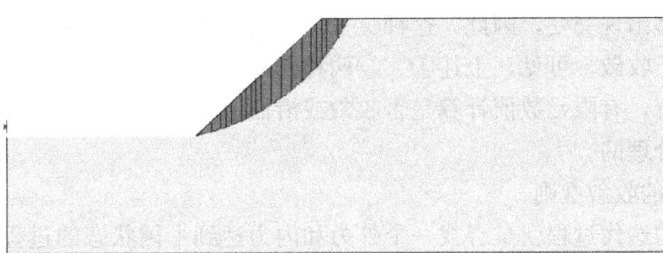

图 14-10　用 GEO-Slope/w 软件中的 Spencer 法得到的滑动面形状

（4）计算和破坏判断研究

1）设桩后滑坡体是否稳定的判据

ANSYS 分析滑坡治理中设置抗滑短桩后滑坡体是否稳定的一个关键问题是如何根据有限元计算结果来判别滑坡是否达到极限破坏状态，目前这方面还没有统一的认识，其判据主要有以下几种类型：

① 在有限元计算过程中，滑坡不稳定与有限元数值计算不收敛同时发生，采用以有限元数值计算不收敛作为滑坡不稳定的判断依据。

② 以广义剪应变或者广义塑性应变从滑坡前缘到后缘贯通作为滑坡不稳定的标志。

③ 土体破坏标志应当是滑动土体无限移动，此时土体滑移面上应变和位移发生突变且无限发展。

日本学者 MATSUI & SAN（1992）利用从坡脚到坡顶的剪应变来定义土坡的破坏，当土坡达到破坏时将剪应变的等值线作为滑动面，然后在这个面上利用应力水平计算安全系数。

连镇营等（2001）认为采用解的不收敛性作为破坏的判别标准，物理意义不是十分明确，因此提出边坡内一定幅值的广义剪应变自坡底向坡顶贯通，则认为边坡破坏，广义剪应变定义为：

$$\varepsilon_d = \sqrt{\frac{1}{6}\left[(\varepsilon_1-\varepsilon_2)^2+(\varepsilon_1-\varepsilon_3)^2+(\varepsilon_2-\varepsilon_3)^2\right]} \tag{14-21}$$

栾茂田等（2002）也认为以有限元数值计算不收敛作为滑坡不稳定的依据具有一定的人为任意性，缺乏客观性。但是认为由于失稳时刚好贯通的广义剪应变值一般无法事先确定，由此所确定的边坡的安全系数也带有一定的非确定性等人为因素，并认为无论在广义剪应变还是在位移中不仅含有塑性分量，而且也包括弹性分量，因此根据这些物理量的大小判断塑性区及剪切破坏区的开展与发展是不够合理和准确的。因此提出采用塑性应变作为滑坡不稳定的评判指标，根据塑性区的范围及其连通状态确定潜在滑动面及其相应的安全系数，以此评价滑坡的稳定性。广义塑性应变定义为：

$$\varepsilon_d^p = \sqrt{\frac{1}{6}\left[(\varepsilon_1^p-\varepsilon_2^p)^2+(\varepsilon_1^p-\varepsilon_3^p)^2+(\varepsilon_2^p-\varepsilon_3^p)^2\right]} \tag{14-22}$$

周翠英（2003）、郑宏（2002）也采用了塑性区自坡底向坡顶贯通作为边坡破坏的标准，可见这一观点目前在国内还比较盛行。

但本文研究认为，塑性区从滑坡前缘到后缘贯通并不一定意味着破坏，塑性区贯通是破坏的必要条件，但不是充分条件。土体破坏的标志应是滑体出现无限移动，此时滑移面上的应变或者位移出现突变，因此，这种突变可作为滑坡不稳定的标志，此外有限元静力计算会同时出现不收敛。可见，上述①、③两种判断依据是一致的，因而以有限元静力平衡方程组是否有解，有限元数值计算是否收敛或滑面上节点塑性应变和位移突变作为滑坡不稳定的依据是合理的。

2）力和位移的收敛准则

有限元计算的迭代过程就是寻找一个外力和内力达到平衡状态的过程，整个迭代过程直到一个合适的收敛标准得到满足才停止，用来终止平衡迭代的合理收敛标准是有效的增量求解策略中的一个基本部分。每次迭代结束，得到的解必须对照一个设定的允许值进行检查，看是否已经收敛。

对于一次平衡迭代，就是要找到一个解使得以下平衡方程得到满足。

$$\{\psi\}=\{P\}-[K(u)]\{u\}=0 \tag{14-23}$$

这就要求不平衡力或者说内力和外力的差值 $\{\psi\}$ 为零，但是在数值计算过程中，通常是不可能的，而且也不需要不平衡力达到为 0 的状态。因此可以设定一个很小的允许值来判断，这个标准就是力的收敛标准。

在 ANSYS 中力的收敛标准定义为：

$$\| \{\psi\} \|_2 \leqslant \varepsilon_R R_{ref} \tag{14-24}$$

式中　　$\{\psi\}$——不平衡力或内力和外力的残差矢量；

　　　　$\| \ \|_2$——矢量的欧几里德范数，$\| \{\psi\} \|_2 = \left(\sum \psi_i^2\right)^{0.5}$。

即力的收敛标准为：$\| \{\psi\} \|_2 = \| \{P\} - [K(u)]\{u\} \|_2 \leqslant \varepsilon_R R_{ref}$ (14-25)

同样，在有限元位移分析中，计算位移必须接近真实值，我们可以采用当前第 i 次和第 $i-1$ 次迭代之间的位移改变值小于事先设定的一个很小的允许值，这就是位移的收敛标准。

在 ANSYS 中位移的收敛标准定义为：

位移收敛标准：　　　　　　　$\| \{\Delta u_i\} \|_2 \leqslant \varepsilon_u u_{ref}$ (14-26)

ε_R、ε_u 为事先给定的一个很小的系数，该系数越小，计算精度越高，但是迭代次数越多，计算时间越长。计算经验表明取 0.00001~0.001 能够满足安全系数计算的精度要求。

R_{ref}、u_{ref} 为参考值，在 ANSYS 程序中可以指定一个数值，也可以采用系统的缺省值，系统的缺省值是所加荷载和所加位移值。

$\{\Delta u_i\}$ 是位移增量，即第 i 次和第 $i-1$ 次迭代之间的位移改变。

计算迭代过程中，程序使用系统不平衡力的平方总和的平方根进行收敛检查，对于位移，程序将收敛检查建立在当前第 i 次和第 $i-1$ 次迭代之间的位移改变上。如果不平衡力小于或等于力的收敛值（VALUE·TOLER），且如果位移的改变（以平方和的平方根检查）小于或等于位移收敛值，则认为计算是收敛的。以力为基础的收敛提供了收敛的绝对量度，而以位移为基础的收敛仅提供了表观收敛的相对量度。

3）设桩后滑坡体是否稳定的 ANSYS 表现

计算结果表明，对于不稳定的滑坡，随着迭代次数的增加（从 0~100 次），位移的收敛曲线是逐渐向上发展的，且逐渐远离位移收敛标准线，不管程序怎么迭代都无法满足收敛标准，塑性应变和位移随着迭代次数的增加而无限发展下去，有限元静力平衡方程组无解，计算不收敛。当计算参数太不合理时，位移的收敛曲线与位移收敛标准线近于平行，计算不收敛。

计算结果表明，对于稳定的滑坡，力和位移的收敛曲线是逐渐向下发展的，随着迭代次数的增加（从 0~100 次），其量值逐渐减小，并向收敛标准线逐渐逼近，最后达到收敛。因此我们可以从迭代过程中位移的收敛曲线的发展趋势来判断设置抗滑短桩后的滑坡是否稳定。

3. 抗滑短桩 ANSYS 分析过程

（1）有限元法 FEM

在各种数值模拟分析中，用得多而广泛的，主要是有限单元法 FEM（Finite Element Method）。有限单元法的基本思想是将问题的求解域划分为一系列的单元，单元之间仅靠节点连接。单元内部点的待求量可由单元节点量通过选定的函数关系插值求得。由于单元的形状简单，易于由平衡关系或能量关系建立节点量之间的方程式，然后将各个单元方程组合起来形成代数方程组，计入边界条件后即可对方程组求解。单元划分越细，计算结果就越精确。

有限单元法的思想早在 20 世纪 40 年代初期就有人提出，但是真正用于工程中则是在电子计算机出来先后。"有限单元法"这一名称是 1960 年由美国人克拉夫（Clough. R.

W.）在一篇题目为"平面应力分析的有限单元法"论文中首次使用。50 多年来，有限单元法的应用已经由弹性平面问题发展到空间问题，由静力平衡问题发展到稳定问题、动力问题、强度破坏问题，分析材料由线弹性发展到塑性、黏弹性、黏塑性等。英国科学家 Zienkiewicz 对有限元的发展和应用作出了巨大的贡献。

1966 年美国 Clough 和 Woodward 首次将有限元法应用于土坝稳定分析。近年来计算机技术飞速发展，普通计算机的计算速度已达每秒数千万次，图形处理能力也非常强大。数值模拟计算机软件得到很大发展。到 20 世纪 80 年代初期，国际上较大型的面向工程的有限元通用程序达几百种，其中著名的有：ANSYS、MARC、NASTRAN、ADINA、SAP 等，这些软件计算能力强，可靠性高，而且还带有强大的前处理和后处理功能，这使得有限元通用程序使用方便、计算精度高，其计算结果已成为各类工业产品设计和性能分析的可靠依据。

有限元法的突出优点是适于处理非线性、非均质和复杂边界等问题，而土体应力变形分析就恰恰存在这些困难问题，有限元方法的应用，能比较好地解决这些困难，在处理滑坡稳定分析中开辟了新的途径。

有限元法的一般材料应力—应变关系或本构关系可表示为：

$$[\sigma] = [D]\{e\} \tag{14-27}$$

由虚位移原理可建立单元体的节点力与节点位移之间的关系，可写出总体平衡方程为：

$$[K]\{\delta\} = [R] \tag{14-28}$$

式中　$[K]$——总体刚度矩阵；

$\{\delta\}$——全部节点位移组成的列向量；

$[R]$——全部节点荷载组成的列向量。

在众多可用的通用和专用有限元软件中，ANSYS 是最为通用有效的商用有限元软件之一，目前在世界各地拥有 50000 多用户。ANSYS 公司是由美国著名力学专家、美国匹兹堡大学力学系教授 John Swanson 博士于 1970 年创造发展起来的。ANSYS 软件从 20 世纪 70 年代诞生至今，经过 40 多年的发展，已经成为能够紧跟计算机硬、软件发展的最新水平、功能丰富、用户界面友好、前后处理和图形功能完备的有限元软件。最近开发的土木工程模块 Civil-FEM for ANSYS 应用在岩土工程上可以处理土力学、基础工程和岩石力学中的二维与三维应力分析以及填筑和开挖问题、边坡稳定性问题、土与结构的相互作用，坝、隧洞、钻孔涵洞、船闸分析等平衡问题。

该软件具有 3 个方面的特点：

1）强大而广泛的分析功能：可广泛应用于结构、热、流体、电磁、声学等多物理场及多场相互偶合的线性、非线性问题。

2）一体化的处理技术：主要包括几何模型的建立、自动网格划分、求解、后处理、优化设计等许多功能及实用工具。

3）丰富的产品系列和完善的开发体系：不同的产品配套可应用于各种工业领域，如航空、航天、船舶、汽车、兵器、铁道、机械、电子、核工业、能源、建筑（土木工程）、医疗等。

ANSYS 软件还提供了一个不断改进的功能清单，包括：结构分析、电磁分析、流体动力学分析、设计优化、接触分析、自适应网格划分、参数设计语言等功能。

（2）建立几何模型、选取单元类型

1）建立几何模型

ANSYS 建立几何模型的方法有很多种，这里仅介绍 1 种比较快捷的方法——几何模型从 AUTO CAD 中"转入"到 ANSYS 中。

在 CAD 中建立任何所需的几何模型都比较容易，对于二维模型就更容易了。如何实现将 CAD 中的几何模型变为 ANSYS 中的几何模型，主要采取以下 3 个步骤：

第 1 步，封闭面域。在 CAD 中画好所需的几何模型，在"绘图"菜单中选"边界"，再选"面域"，用"拾取点"在 CAD 中点所取的几何模型，按 ENTER 键。

第 2 步，输出。在"文件"菜单中选"输出"，再在"文件类型"中选"ACSI（＊. sat）"，给出文件名，按 ENTER 键。

第 3 步，输入。在 ANSYS 中的"File"菜单中选"Import"，选"SAT"，再在"File Name"中选"第 2 步中所给出的文件名"，按 ENTER 键。

2）选取单元类型

单元类型可采用三角形（3 节点或者 6 节点）单元，也可采用四边形（4 节点或者 8 节点）单元。在 ANSYS 建模之前定义单元类型是必要的，因为单元类型决定了单元的：

① 自由度数（也代表了分析的领域——结构、热、磁场、电场、四边形、六方体等）。

② 单元位于二维空间还是三维空间。

ANSYS 单元库中有超过 150 种不同的单元类型，每个单元类型都有特定的编号和一个标识单元类型的前缀。比如，PLANE77、BEAM4、SOLID96 等。

在 ANSYS 中的操作命令为：

GUI（图形用户界面——Graphic User Interactive）：Main Menu＞Preprocessor＞Element Type＞Add/Edit/Delete。

在"Element Type"中选"Add"，出现"Library of Element Type"对话框，选"Structural"下面的"Solid"，然后在其右面的框中选"Quad 4node 42"，即为 4 节点等单元，确定已选中后，点击"OK"。

（3）定义材料特性

与单元类型一样，每一组材料特性都有一个材料参考号。在一个分析中，可以有多个材料特性组（如：第 1 层土、第 2 层土、滑带土、岩层、抗滑短桩等），相应的模型中有多种材料，ANSYS 通过独特的参考号来识别每个材料特性组。

在 ANSYS 中的操作命令为：

GUI：Main Menu＞Preprocessor＞Material Progs＞Material Models。

线性分析：在"Define Material Model Behavior"对话框的右面的"Material Model Available"框中双击"Structural"，再双击"Linear"，双击"Elastic"，再次双击"Isotropic"后，又弹出一个对话框"Linear Isotropic Properties for Material Number 1"。在"EX"后面的输入框中，输入"弹性模量"，在"PRXY"后面的输入框中，输入"泊松比"，点击"OK"。

非线性分析：在"Define Material Model Behavior"对话框的右面的"Material Model Available"框中双击"Structural"，再双击"Nonlinear"，双击"Inelastic"，再次双击"Non-metal Plasticity"后，又弹出一个对话框"Drucker Prager"。在"EX"后面的输入

框中，输入"弹性模量"，在"PRXY"后面的输入框中，输入"泊松比"，点击"OK"。再在对话框"Drucker Prager Table for Material Nober 1"中，输入"Cohesion（内聚力）"，输入"Fric Angle（内摩擦角）"，输入"Flow Angle（流动角）"，点击"OK"。

（4）网格划分、加载和求解

1）网格划分

在网格划分前，需进行 Booleans 运算。在 ANSYS 中的操作命令为：

GUI：Main Menu＞Preprocessor＞Modeling＞Operate＞Booleans＞Partion。

Partion 面：选"Area"，再点击所需 Partion 的 Area，全选时，在"Partion Area"中输入"All"，点击"OK"。

Partion 线：选"Line"，再点击所需 Partion 的线，全选时，在"Partion Line"中输入"All"，点击"OK"。

再执行命令：

GUI：Main Menu＞Preprocessor＞Modeling＞Operate＞Booleans＞Glue。

Glue 面：选"Area"，再点击所需 Glue 的 Area，全选时，在"Glue Area"中输入"All"，点击"OK"。

Glue 线：选"Area"，再点击所需 Glue 的线，全选时，在"Glue Line"中输入"All"，点击"OK"。

ANSYS 程序一个非常方便的特征是可以自动划分模型的网格，而不需要任何设置，这种情况下是使用缺省划分网格的形式。当不能确定划分网格的大小时，就可以使用自动分网的方式，如果需要按一定的要求来划分网格，就要对网格的大小等进行控制。在 ANSYS 中的操作命令为：

GUI：Main Menu＞Preprocessor＞Meshing＞Mesh Attributes＞Picked Areas。

用"鼠标"选取相同材料的面，点击"OK"，出现"Areas Attributes"对话框，在"Material Number"中，输入材料编号，如：1 或 2 或 3 等；在"Element Type Number"中，输入分析类型，如：1 PLANE 42 或 2 BEAM 3 等。

再操作命令：

GUI：Main Menu＞Preprocessor＞Meshing＞Size Cntrls＞ManualSize＞Areas＞Picked Areas。

在"Elem Size at Picked Areas"中，用"鼠标"选取所要人工定义的 Area，点击"OK"，出现"Element Size at Picked Areas"对话框，在"Element Edge Lengh"中，输入所需人工定义的 Area 的大小，如：对滑移带、接触带，可取 0.1 或 0.2，对滑移带、接触带的相邻区域可取 0.5，其他区域可取 1.0 或 1.5。这些数值的大小表示网格划分的粗细，数值越小，网格越细，节点越多，求解中迭代的次数越多。

计算结果与网格密度有关，如果网格划分太粗，将会造成很大的误差，如果网格划分过于细致，将花费过多的计算时间，计算时必须考虑适当的网格密度。

究竟单元大小取多大呢？不幸的是，目前还没有人能给出确定的答案。一般根据具体的问题来解决。可以先执行一个你认为合理的网格划分的初始分析，再在危险区域利用两倍多的网格重新分析并比较两者的结果。如果这两者给出的结果几乎相同，则认为前次划分的网格密度是合适的。

　　网格划分过程中，还可以对重要部位进行局部加密，不重要的地方，可以稀疏一些，需要注意的是从密集到稀疏最好要有一个平缓的过渡，单元大小不要突然急剧变化。

　　2）加载

　　① 分析类型的设置

　　现在进入求解阶段。对于一个新的 ANSYS 分析，需专门设置求解的分析类型。在 ANSYS 中的操作命令为：

　　GUI：Main Menu>Solution>Analysis Type>New Analysis。

　　在 "Type of Analysis" 对话框中，选 "Static（静态分析）"，点击 "OK"。

　　再操作命令：

　　GUI：Main Menu>Solution>Sol'n Controls。

　　在 "Solutions Controls" 对话框中，点击 "Basic"。在 "Analysis Options（分析选项）" 对话框中，选 "Small Displacement Static（静态小位移）"，点击 "OK"；在 "Automatic time stepping（自动时间跟踪）" 对话框中，选 "Prog Chosen（程序自动跟踪）"，点击 "OK"；在 "Frequency" 对话框中，一般选 "Write last substep only（只记录最后一次迭代步）"，点击 "OK"；其余对话框可由程序自动设置。

　　在 "Solutions Controls" 对话框中，点击 "Nonlinear"。在 "Line Search（线性搜索，它与 Newton-Raphson 方法一起使用）" 对话框中，选 "Prog Chosen（程序确定）"，点击 "OK"；在 "DOF Solution Prediction（自由度结果预测）" 对话框中，选 "Prog Chosen（程序确定）"，在 "Automatic time stepping（自动时间步）" 对话框中，输入 "500" 或 "300"，点击 "OK"；在 "Equir. Plastic Strain ratio（塑性应变率）" 对话框中，输入 "0.10" 或 "0.15"，点击 "OK"；在 "Explicit Creep Ration（显示蠕变率）" 对话框中，输入 "0.1"，点击 "OK"。

　　其余对话框（Sol's Option——求解选项对话框和 Advaced NL——高级非线性）可由程序自动设置。

　　再操作命令：

　　GUI：Main Menu>Solution>Analysis Option。

　　在 "Static or steady-state Analysis（线性静态或稳态分析）" 对话框中，在 "Newton-Raphson Option（N-R 选项）" 对话框中，选 "Full N-R"，点击 "OK"；其余对话框可由程序自动设置。

　　② ANSYS 中 N-R 法（牛顿-拉普森 Newton-Raphson 法）

　　在理想弹塑性分析中，由于应力 $\{\sigma\}$ 和应变 $\{\varepsilon\}$ 的非线性关系，刚度矩阵不是常数，而是与应变和位移值有关，可以记为 $[K(u)]$，这时结构的整体平衡方程是一非线性方程组：

$$\{\psi\} = \{P\} - [K(u)]\{\delta\} \tag{14-29}$$

　　如果 $\{u\}$ 是精确解的话，则 $\{\psi\} = \{P\} - [K(u)]\{u\} = 0$，但是用有限元法计算连续介质，所得到的不是精确解，只是近似解，此时：

$$\{\psi\} = \{P\} - [K(u)]\{u\} \neq 0 \tag{14-30}$$

　　$\{\psi\}$ 称为不平衡力，也就是外荷载和结构内力之间的差值，代表计算误差。

　　有限元静力计算时的迭代过程就是寻找一个外力和内力达到平衡状态的过程。对于上面的非线性方程组的求解算法，可以采用增量法、迭代法和混合法。增量法是将荷载划分为许多增量，逐渐施加，在一个荷载增量中，假定刚度矩阵为常数，增量法是用一系列线性问题去近似处理非线性问题，实质上是用分段线性的折线去代替非线性曲线。迭代法在每次迭代过程中施加全部荷载，然后逐步修正位移和应变，使之满足非线性的应力-应变关系。混合法同时采用增量法和迭代法。

在 ANSYS 程序中，既可以将荷载分为若干小步，逐渐施加，也可以一次性施加。这个设置在 Main Menu＞Preprocessor＞Loads＞Load Step Opts＞Time/ Frequenc＞Time-Time Step 完成。在每一个荷载增量步中荷载增量越小，每一子步的迭代次数越多，计算越精确，但是计算时间会越长。相反如果应力路径相关问题在一个给定的子步内不能快速收敛，那么解可能偏离理论荷载响应路径太多，这个问题在施加荷载增量太大时容易出现。为解决这个问题，ANSYS 程序采用了一种非常重要的"二分法自动荷载步长技术（Automatic time stepping）"来实现逐步加载，这是一项非常重要的技术。无论何时只要平衡迭代收敛失败，二分法把荷载步长分成两半，然后从最后收敛的子步自动重启动，如果已二分的荷载步长再次收敛失败，二分法将再次分割荷载步长然后重新启动，持续这一过程直到获得收敛或达到最小时间步长。二分法提供了一种很好的对收敛失败自动矫正的方法。这样就可以在一个荷载增量子步中以较小的迭代次数达到计算收敛。

在每一增量步中，程序提供了多种迭代求解方法。牛顿-拉普森（Newton-Raphson）平衡迭代法可能是在固体力学中对非线性问题求解时应用最广的方法，它具有较高的收敛速率。图 14-11 为一次牛顿-拉普森迭代过程示意图。

在 $\{u\}=\{u_n\}$ 附近将 $\{\psi\}=\{P\}-[K(u)]\{u\}$ 作泰勒展开，并只保留线性项，得到：

$$\{\psi\}=\{\psi_n\}+[K_t^n](\{u\}-\{u_n\})=0 \tag{14-31}$$

$[K_t^n]$ 为切线刚度矩阵。

由此可以得到第 $n+1$ 次近似解如下：

$$\{\psi_n\}=[K_i^T](\{u_{n+1}\}-\{u_n\})=[K_i^T]\{\Delta u_n\}=F^a-F_i^{nr} \tag{14-32}$$

上式右端为失衡力，F^a 为所加荷载矢量，F_i^{nr} 为对应于单元应力的荷载矢量，计算过程中需要反复迭代，重复这个过程直到前后两次计算结果充分接近，一个合适的收敛标准得到满足为止，如图 14-12 所示。可见，（Newton-Raphson）迭代过程中切线刚度矩阵 $[K_t^n]$ 在每个迭代步中都要计算和分析，对于一个大系统来说，这将花费很多时间。

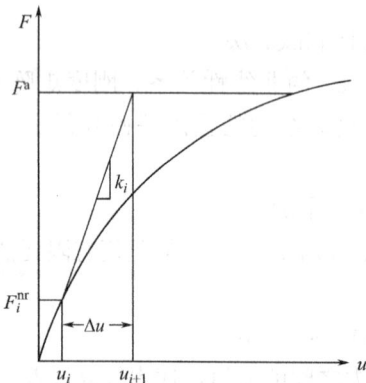

图 14-11　一次牛顿-拉普森（Newton-Raphson）迭代示意图　　图 14-12　牛顿-拉普森迭代法示意图

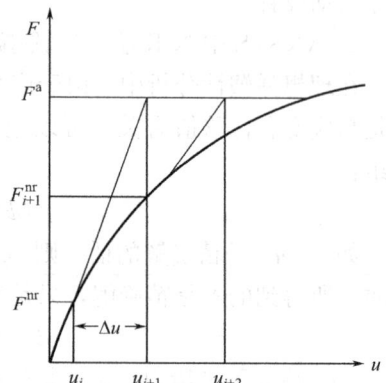

③ 荷载步选择

荷载步仅仅是为了获得解答的载荷配置，在线性静态或稳态分析中，可以使用不同的载荷步施加不同的载荷组合。

在 ANSYS 中的操作命令为：

GUI：Main Menu＞Solution＞Load Step Opts。

在"Load Step Opts"选项中，可采用默认值。

④ 施加荷载

有限元分析的主要目的是检查结构或构件对一定载荷条件的响应。因此，在分析中指定合适的载荷条件是关键的一步。在 ANSYS 软件中，可以用各种方式、模型加载，而且可以借助于载荷步选项，控制在求解中载荷如何使用。

载荷设置在 ANSYS 中的操作命令为：

GUI：Main Menu＞Solution＞Define Loads＞Setting。

在"Setting（载荷设置）"下的 Uniform Temp（均匀温度）、Reference Temp（参考温度）的选项中，可采用默认值。在"For Surface LD（面荷载设置）"下面的"Gradient（梯度——为面荷载指定一个梯度）"下面的"Gradient Specification for Surface Loads（面荷载特定梯度）"对话框中，在"Type of Surface Load（面荷载类型）"中，选"Pressur（压力）"，点击"OK"；在"Slope Value（斜率）"中，输入"每单位长度或每单位角度上的载荷"，点击"OK"；在"Slope Direction（斜率方向）"中，输入"斜率在坐标系统中的方向（如 x、y、z 方向或非直角坐标系中的 R、θ、φ 方向）"，点击"OK"；其余对话框可由程序自动设置。

在滑坡治理的抗滑短桩受力分析中，考虑地下水作用而按水土分算进行分析时，较为有用，如图 14-13 表明了水压力载荷梯度。

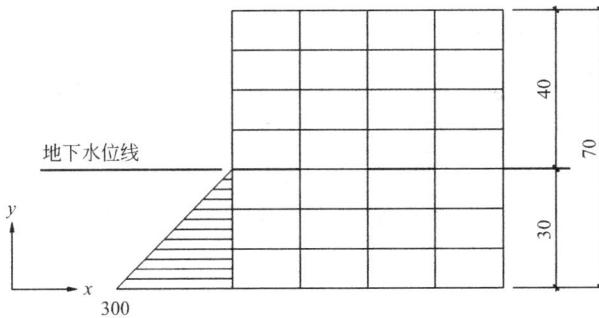

图 14-13　面载荷梯度示意图

载荷施加在 ANSYS 中的操作命令为：

GUI：Main Menu＞Solution＞Define Loads＞Apply。

可将大多数载荷施加于实体模型（关键点、线、面）或有限元模型（节点和单元）上。一般采用前者，主要由于一方面，实体模型载荷独立于有限元网格，即可以改变单元网格而不影响施加的载荷，这将允许改变网格并进行网格敏感性分析（比如需要对滑带土、抗滑短桩、接触带的单元网格进行加密划分，而稳定岩、土层的单元网格可进行稀疏划分时）而不必每次重新施加载荷；另一方面，与有限元模型相比，实体模型通常包括较少的实体，因此，选择实体模型的实体并在这些实体上施加载荷就容易得多，尤其是通过图形拾取时。但应注意：ANSYS 网格划分命令生成的单元处于当前激活的单元坐标系中，网格划分命令生成的节点使用整体坐标系，因此实体模型和有限元模型可能具有不同的坐标系和加载方向。

边界约束：计算边界范围的大小对有限元的计算结果有影响，在极限平衡法中只要所求滑移面在边界之内就不会对计算结果有影响，滑坡推力只与滑坡边界范围内划分的土条位置有关，而与土条外的区域无关。有限元法则不然，边界范围的大小直接影响到应力应变的分布。

为了得到能使计算结果趋于稳定的边界范围，本文分别对左端、右端、底端三条边界范围的取值大小进行了对比分析（表 14-2），计算时，令三个边距中的一个变化，其余两个不变。由图 14-14 可知：左端、右端、底端三条边界对计算结果的影响均较敏感，右边界、底边界和左边界对计算精度的影响分别达到 4%、5% 和 6%。

不同边界条件下作用于抗滑短桩上的剩余水平下滑力及其比值　　　　表 14-2

相对边距比	0.1	0.5	1.0	1.5	2.0	2.5	3.0
L/H	357.4/1.064	355.6/1.059	351.8/1.048	335.9/1.000	336.9/1.003	336.2/1.001	335.6/0.999
R/H	334.6/0.996	350.2/1.042	347.0/1.033	335.9/1.000	336.2/1.001	335.2/0.998	336.9/1.003
B/H	352.7/1.050	350.3/1.043	347.7/1.035	335.9/1.000	335.9/1.000	336.6/1.002	336.2/1.001

注：1. 表中所有模型均选用摩尔-库仑等面积圆 DP 准则。
　　2. L—滑坡前缘到左端边界的距离（左边距）；R—滑坡后缘到右端边界的距离（右边距）；B—滑床顶到底滑坡前、后缘高差边界的距离（底边距）；H—滑坡前、后缘高差。
　　3. 表中剩余水平下滑力为同一滑坡、相同支挡部位、同一抗滑短桩、相同计算参数的计算结果。
　　4. 剩余水平下滑力（kN/m）的比值以 $L/H=1.5$、$R/H=1.5$、$B/H=1.5$ 为计算边界时，作用于抗滑短桩上的剩余水平下滑力（335.9kN/m）为基数计算的结果。

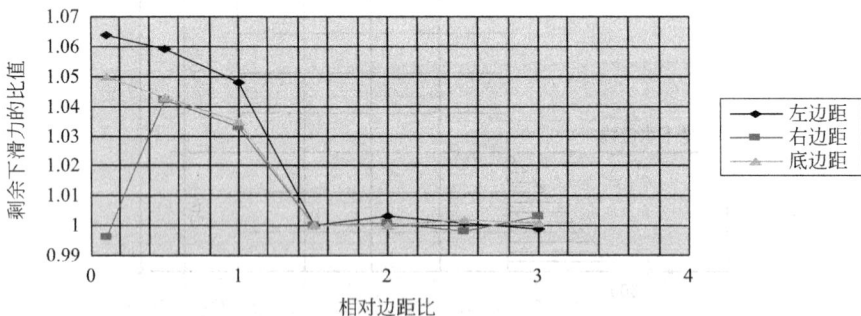

图 14-14　边界距离与滑坡前、后缘高差比与剩余水平下滑力比值

经对比分析可知：当滑坡前缘到左端边界的距离为滑坡前、后缘高差的 2.0 倍，滑坡后缘到右端边界的距离为滑坡前、后缘高差的 2.0 倍，且滑床的计算厚度不小于滑坡前、后缘高差的 2.0 倍时，计算精度较为理想。

在"Apply（载荷施加）"下的 Structrural（结构分析）中点击" Displacement（位移）"，再点击"On Line（在线上）"，在"Apply U, ROT on Line"对话框中，用"鼠标"拾取所需定义的线，点击"OK"，再在"Apply U, ROT on Line"对话框中，选"UX（X 方向）"或 UY（Y 方向）"，点击"OK"。

施加面力（Pressure）：在"Apply（载荷施加）"下的 Structrural（结构分析）中点击"Pressure（面力）"，再点击"On Line（在线上）"，在"Apply Pressure on Line"对话框中，用"鼠标"拾取所需定义的线，点击"OK"，再在"Load PRES value（荷载值）"对话框中，输入"荷载值（比如滑坡体上某地段有建筑物时，则要输入附加荷载值）"，点击"OK"。

施加重力（Gravity）：通过使用惯性效应来模拟重力，在结构重力的相反方向设置加速度。如在 Y 方向施加一个正的加速度则可以模拟作用在 Y 的负方向的重力。

在"Apply（载荷施加）"下的 Structrural（结构分析）中点击"Inertia"，再点击"Gravity（重力）"，在"Apply（Gravitiational）Acceleration"对话框中，再在"Global Cartesian Y-comp"项中，输入"10"，点击"OK"。

3）求解

网格划分和添加载荷之后，就到了求解计算阶段。操作命令为：

GUI：Main Menu＞Solution＞Solve＞Current LS。

执行上述命令后，弹出求解运算的信息框和求解设置的信息框，该窗口列出了与迭代过程相关的所有信息，如图 14-15 所示，对信息框中显示的信息确认无误后，单击"File＞Close"，关闭信息框，然后再单击对话框中"OK"，则关闭对话框，软件开始进行有限元分析，具体分析时间的长短取决于问题的大小，问题大，时间相对要长一些。当屏幕信息框上显示"Solution is done"时，则表示有限元分析已结束，单击信息框上的"Close"关闭该框。

```
                    SOLUTION OPTIONS
PROBLEM DIMENSIONALITY. . . . . . . . . . . . . . . 2-D
DEGREES OF FREEDOM . . . . . . UX   UY   ROTZ
ANALYSIS TYPE. . . . . . . . . . . . . . . . STATIC (STEADY-STATE
PLASTIC MATERIAL PROPERTIES INCLUDED . . . . . . YES
NEWTON-RAPHSON OPTION . . . . . . . . . . . . FULL
                   LOAD STEP OPTIONS
LOAD STEP NUMBER. . . . . . . . . . . . . .      1
TIME AT END OF THE LOAD STEP . . . . . . . . . . 1.0000
TIME STEP SIZE . . . . . . . . . . . . . . . . 1.0000
MAXIMUM NUMBER OF EQUILIBRIUM ITERATIONS. . . .  500
STEP CHANGE BOUNDARY CONDITIONS . . . . . . . .   NO
TERMINATE ANALYSIS IF NOT CONVERGED . . . . . . YES (EXIT)
CONVERGENCE CONTROLS. . . . . . . . . . . . . USE DEFAULTS
INERTIA LOADS                   X        Y        Z
     ACEL. . . . . . . . . . . 0.0000   10.000   0.0000
COPY INTEGRATION POINT VALUES TO NODE . . . . . YES, FOR ELEMENTS WITH
                                                ACTIVE MAT. NONLINEARITIES
PRINT OUTPUT CONTROLS. . . . . . . . . . . . . NO PRINTOUT
DATABASE OUTPUT CONTROLS . . . . . . . . . . . ALL DATA WRITTEN
                                                FOR THE LAST SUBSTEP
```

图 14-15　求解迭代过程的相关信息汇总

（5）查看计算结果

查看计算结果属于后处理阶段。在设置抗滑短桩的滑坡治理分析中，主要用到读入结果文件、显示变形图、显示 Von Misses 等效应力等。

读入结果文件，操作命令为：

GUI：Main Menu＞General Postproc＞Read Results-First Set，读如最初的结果文件。

显示变形图，操作命令为：

GUI：Main Menu＞General Postproc＞Plot Results＞Deformed Shape。

在 "Item to be plotted" 对话框中，选择 "Def shape only"，单击对话框中 "OK"，则仅显示变形后形状；选择 "Def＋undeformed"，单击对话框中 "OK"，则仅显示变形前后的形状；选择 "Def undef edge"，单击对话框中 "OK"，则显示变形后形状及未变形的边界。

显示 Von Misses 等效应力，操作命令为：

GUI：Main Menu＞General Postproc＞Plot Results＞Contour Plot-Nodal Solu。

在 "Item to be contoured（节点求解数据等高线）" 对话框中，选择 "Von Misses"，单击对话框中 "OK"，则显示等效应力图。

4. 小结

（1）回顾了有限元强度折减法的基本原理，探讨了在 ANSYS 程序的后处理中通过绘制边坡水平位移或者等效塑性应变等值云图来确定边坡临界滑动面的位置和形状。

（2）探讨了有限元 ANSYS 软件包计算抗滑短桩的相关问题，简要阐述了在 ANSYS 分析中计算抗滑短桩的实现过程，如：几何模型的建立、单元类型的选取、材料特性的定义、网格划分、加载、求解等。

（3）滑坡的稳定性分析主要是研究力的平衡问题，关心的主要是力和强度问题，而不是位移和变形问题，因而对于岩土材料的本构关系选择不必十分严格，因此在 ANSYS 软件包计算抗滑短桩时的岩土材料可采用理想弹塑性本构模型；以工程实例为背景，认为在抗滑短桩的数值计算中采用 Drucker-Prager 准则或 Mohr-Coulomb 等面积圆 DP3 准则是可行的。

（4）ANSYS 分析时，可以从迭代过程中位移的收敛曲线的发展趋势来判断设置抗滑短桩后的滑坡是否稳定。

14.1.2　抗滑短桩的设计计算方法

1. 引言

抗滑桩的设计目前国内大多采用悬臂桩法和地基系数法，悬臂桩法是最早提出的一种方法，具有简单实用的优点。该方法因将滑动面以上桩段（受荷段）视为悬臂梁，滑动面以下（锚固段）视为 Winkler 弹性地基梁而得名。悬臂桩法由于对桩的实际受力状况作了偏于安全的简化，因而对桩的内力计算结果是过于保守的。地基系数法即把整根桩作为弹性地基梁来处理。一般认为，其分析原理较为接近抗滑桩的实际受力状况。由于对地基系数的假定不同，以上方法又可分为 "k" 法、"m" 法、"c" 法、"m-k" 法、"双参数法" 等。

由于滑坡体中桩、土间的相互作用非常复杂，目前各种计算方法均有其局限性，应根据具体情况进行具体分析。对于抗滑短桩，更没有一个大家公认的方法进行设计计算，近年来，随着计算机技术的迅速发展使得利用有限元分析软件来分析抗滑短桩的受力状态成为可能，为抗滑短桩的设计计算提供了一种新的途径。有限单元法进行设计的主要优点在于它能对复杂结构，尤其是对复杂边界条件、复杂的地层条件和复杂的荷载条件等的计算处理都比较方便。并且有限单元法能够考虑桩与土的共同相互作用。

2.两种计算模型和长度设计

（1）两种计算模型

在有限元的抗滑短桩设计中关于桩的模型可以分为两种。一种是利用 ANSYS 分析软件中的梁单元（BEAM3 单元）模型。BEAM3 单元可以模拟桩的受拉、受压、受弯、受剪等功能。桩的截面积、惯性矩等可以在其对应的实常数中定义，该单元可以输出轴力、弯矩、剪力等。另一种是用实体单元来进行模拟，这种模型可以较为真实地反映抗滑桩的实际情况，但不能像梁单元那样直接得出桩身的内力大小及分布图，同时在平面应变条件下它不能很好地反映桩的高度的变化。

（2）抗滑短桩的长度计算

1）计算参数的选取

计算参数的选取见表 14-3。

滑坡计算参数　　　　　　　　　　　　　　　　　　　　　　　　表 14-3

项目	黏聚力 c (kPa)	内摩擦角 φ(°)	弹性模量 E(Pa)	泊松比 ν	重度 γ (kN/m³)
滑体土	40	35	9×10^7	0.30	20
滑带土	24	18	8×10^6	0.30	20
基岩	6×10^5	34.4	1×10^9	0.20	24.0
抗滑桩	1×10^6	60	3.1×10^{10}	0.20	25.0

2）屈服准则的选用

本文采用的屈服准则是平面应变关联流动法则条件下 Mohr-Coulomb 准则精确相匹配的 Drucker-Prager 准则（DP4），是 Mohr-Coulomb 准则在平面应变下的特殊形式。其 α、k 为：

$$\alpha = \frac{\sin\varphi}{\sqrt{3(3+\sin^2\varphi)}} \qquad k = \frac{3c\cos\varphi}{\sqrt{3(3+\sin^2\varphi)}}$$

由于在 ANSYS 程序中只有摩尔－库仑外交外接圆准则，当采用 DP4 准则时必须转化 c、φ 值。

3）抗滑短桩的长度设计

抗滑桩的桩位与桩长是边（滑）坡治理设计中的重要问题，目前桩位与桩长选择都是按经验确定的，尤其是桩长都按桩伸展到地面来确定。实际工程中，需要有一定的桩长是为了确保边（滑）坡稳定，也就是要达到设计规定的安全系数。下面通过算例说明，随着桩长变化，滑面与设桩后滑坡的稳定系数也不断变化，直至使稳定系数达到设计安全系数，此时相应的桩长就是抗滑桩的合理桩长，达不到这一桩长边（滑）坡就不能稳定。反之，如果桩长已达到地表面，稳定系数仍达不到设计安全系数，这表明边（滑）坡会产生越顶破坏，必须重选桩位。

在本次算例设计中我们考虑设计安全系数为 1.3。桩的截面尺寸为 $1m \times 2m$，抗滑桩的纵向间距为 4m，也就是说每根桩要承担 4m 宽滑体的剩余水平下滑力，因此计算时可将土体重量乘以 4（在 ANSYS 中可在岩土材料密度输入时将密度乘以 4），同时为了确保原有稳定系数不发生变化，将岩土体的内聚力也乘以 4，即保证 γ/c 不发生变化。桩长与稳定系数的计算结果见表 14-4。

桩长与稳定系数关系　　　　　　　　　　　表 14-4

计算工况	实体模型稳定系数	梁单元模型稳定系数
原始状态	1.02	1.02
全长桩 46.2m(滑面以上 30m,以下 16.2m)	1.35	1.36
桩长 33.4m(滑面以上 22.2m,以下 11.2m)	1.33	1.34
桩长 25.6m(滑面以上 14.4m,以下 11.2m)	1.31	1.31
桩长 17m(滑面以上 6.6m,以下 10.4m)	1.23	1.24

从表 14-4 可知，当桩长为 25.6m 时稳定系数为 1.31，已经满足了设计安全系数的要求。继续增加桩长稳定系数将继续增大，但过大的稳定系数是没用的，这只会造成工程治理费用的提高。因此，桩长为 25.6m 就是我们要确定的合理桩长。

从表 14-4 还可知，采用梁单元和实体单元两种方法计算的稳定系数几乎是一样的。

3. 抗滑短桩的推力计算

关于推力的计算在有限元计算结束后，利用后处理菜单中的路径积分命令来实现，在 ANSYS 中的操作命令为：

GUI（图形用户界面——Graphic User Interactive）：

Main Menu＞General＞Path Operations＞Define Path。

在 Define Path 菜单中选择 By Location 命令，输入点的坐标，即完成了积分路径的设置。然后选择 Map onto Path 命令，将 x 方向的应力映射在指定的积分路径上，再选择 Intrgrate 命令，将 x 方向的应力对 y 方向进行积分，即可求出该积分路径上的推力。

对于实体单元模型，需要对桩前的抗力进行计算，用桩后的推力减去桩前的抗力，这两者的差值就是该断面上的剩余水平下滑力。而对于梁单元模型，可直接进行积分，此时计算出的推力值已经考虑了桩前的抗力。这就是两种模型在计算推力时的差别。同时用梁单元模型还可以由计算机直接算出桩上内力（剪力与弯距）。

关于这两种模型计算出推力的差别我们在下节进行分析。

4. 两种模型计算比较

通过上述计算分析，从表 14-4 中可以看到采用两种模型计算得到的稳定系数的差别并不是非常明显。但是梁单元模型是将有截面高度的桩简化为一条线来表示，通过在 AN-SYS 软件中设置实常数来代替实体桩，这种简化可能会和实际情况下的抗滑桩的受力有所差别，而采用实体单元模型进行计算则可以真实地反映抗滑桩的受力情况。下面我们通过四组不同滑体厚度的推力计算来分析两种模型的计算结果。

计算中本文选择滑体厚度分别为 10m、15m、20m 和 25m 四组不同厚度，计算参数采用表 14-3 中给出的计算参数。桩的截面尺寸为 $1m \times 2m$，抗滑桩的纵向间距为 4m，推力安全系数取 1.3。

通过上节介绍的推力计算的方法我们可以得到上述四组滑体厚度作用在桩上的推力值的大小。

当滑体土厚度为 10m 时：

对于实体单元模型计算得到的桩身所受的滑坡推力为 1000kN/m，这是桩后推力 1230kN/m（图略，下同）减去桩前抗力 230kN/m 所得到的。

对于梁单元模型，其计算得到的推力值已经考虑了桩前土体的抗力，其计算得到的推力大小为 1180kN/m；这比实体单元计算得到的推力值大 118kN/m，为 10%（118/1180＝10%）。

当滑体土厚度为 20m 时：

对于实体单元模型计算得到的桩身所受的滑坡推力为 3509kN/m，这是桩后推力 4360kN/m 减去桩前抗力 851kN/m 所得到的。

对于梁单元模型，其计算得到的推力时已经考虑了桩前土体的抗力，其计算得到的推力大小为 4120kN/m。这比实体单元计算得到的推力值大 611kN/m，约为 14.8%。

表 14-5 及图 14-16 列出了两种单元在滑体厚度不同情况下的推力值及两者差值。从中我们可以看到随着滑体厚度的增加，其差值也在不断地增大。

不同滑体厚度计算得到的推力值 表 14-5

滑体厚度 （m）	梁单元推力值 （kN/m）	实体单元桩后 推力（kN/m）	实体单元桩前 抗力（kN/m）	实体单元推力值 （kN/m）	两种模型推力值得 差值（kN/m）
10	1180	1230	230	1000	180
15	2280	2778	478	2300	480
20	4120	4360	851	3509	611
25	5230	5765	1345	4420	810

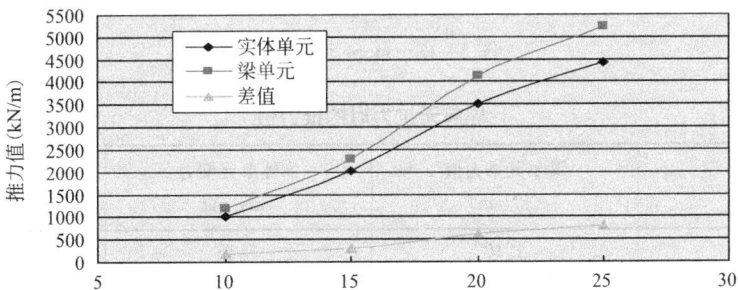

图 14-16 不同滑体厚度得到的推力的大小

通过图 14-16 可以看出随着滑体厚度的减小，两种模型计算得到的推力的差值在逐渐减小，因此可以得出在滑体土厚度不大时采用两种模型计算抗滑桩的推力都是可行的。同时我们可以看出，采用梁单元模型计算得到的推力值大于实体单元计算得到的推力值，其得出的结果是偏于安全的，因此，从安全角度考虑，在关于抗滑桩有限元设计中建议采用梁单元模型进行计算。

同时本文还进行了桩前无土体时也就是不考虑桩前抗力时的推力大小。为了与传统方法比较，本文采用加拿大软件 GEO-slope 来计算相应的推力值。在计算中采用 Spencer 法，具体实现过程是在土体前部施加以集中力，反算稳定系数。当稳定系数为 1 时，认为滑坡体的推力与施加的集中力相等，此时可以把这一集中力看做是滑坡体的下滑推力。图 14-17、图 14-18 为滑体厚度为 10m 时的模型图和计算结果。计算结果见表 14-6。

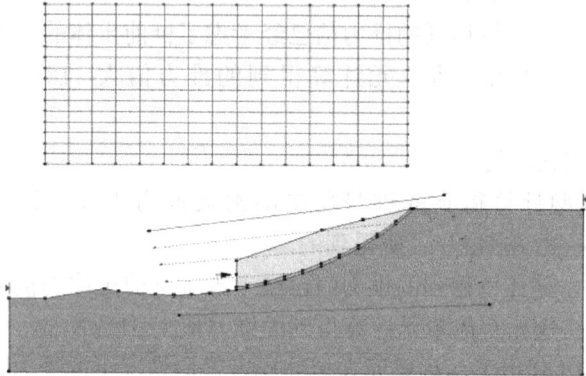

图 14-17 slope 计算模型

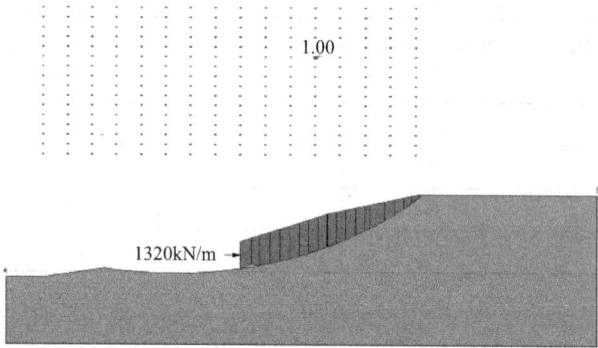

图 14-18 slope 计算结果

桩前无抗力时的推力值　　　　　　　　　　　　　　　　　　　表 14-6

滑体厚度 （m）	梁单元推力值 （kN/m）	实体单元推力 （kN/m）	Spencer 法推力 （kN/m）
10	1210	1230	1270
15	2635	2778	2844
20	4290	4360	4403
25	5720	5765	5836

从表 14-6 中可以看出采用梁单元计算、实体单元计算都与传统的 Spencer 法计算结果相接近，也就是说，不考虑桩前抗力时，上述三种方法算得的推力值是相近的，表明三种方法都是合理的。当考虑桩前抗力时，两种模型算出的推力值有一些差异，表明两者算出的推力有一定差异。

同一滑坡，相同推力安全系数的情况下，桩的截面尺寸变化对推力的影响。在此我们选择滑体土厚度为10m时的模型（图14-17计算模型）计算，桩的截面尺寸分别为1m×1m、1m×2m、1m×4m、1m×6m四种情况。经采用实体单元模型进行计算分析，具体见表14-7和图14-19，可以看出随着桩截面尺寸的增大，作用在桩身的推力是增大的，但当桩的截面尺寸达到某一值后，作用在桩身的推力几乎是不变化的。这是因为实体单元模型，桩截面尺寸增大，刚度增大，桩前抗力减小所致，尤其是在截面较大时更为明显。

不同桩截面尺寸下的桩身推力值　　　　　　　　表 14-7

截面尺寸	1m×1m	1m×2m	1m×4m	1m×6m
桩后推力值(kN/m)	1250	1230	1200	1180
桩前抗力值(kN/m)	330	230	188	151
桩身推力值(kN/m)	920	1000	1012	1029

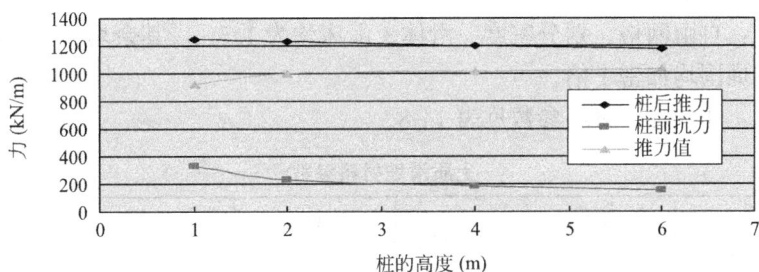

图 14-19　力与桩截面尺寸关系

5.考虑接触带的抗滑短桩计算

（1）引言

在滑坡治理中由于抗滑桩或抗滑短桩的截面较大而常常设置混凝土或钢筋混凝土护壁，护壁及护壁周围浆液渗透的一定范围得到改良或加固的土体——接触带对滑坡均起提供抗力的作用（如图14-20所示，将桩-土共同作用设想为土的一部分是桩，即正附着层，改变量 $\Delta E_P I_P > 0$），这种作用在滑坡推力计算时作为安全储备而未参与计算，在现行规范中仅就计算宽度 B_P 加以考虑。在《建筑桩基技术规范》（JGJ 94—2008）中，已将护壁的作用体现在大直径挖孔桩的单桩竖向极限承载力的计算中，如《建筑桩基技术规范》（JGJ 94—2008）第5.2.9条所述"对于混凝土护壁的大直径挖孔桩，计算单桩竖向承载力时，其设计桩径取护壁外直径"。因此，笔者认为进行抗滑短桩的计算分析时考虑桩土之间接触带的贡献有重要的理论和实际意义。

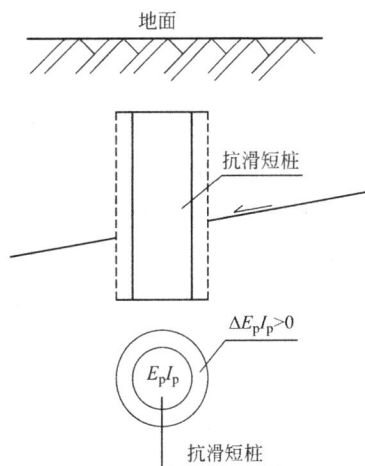

图 14-20　桩-土共同作用示意图

自从1942年Meyerhof（梅耶霍夫）提出了支承在独立基础的平面框架结构共同工作的概念以来，上部结构与下部结构协同工作的问题开始引起各国学者的注意。1956年，

Chemecki 用荷载传递系数法分析上部结构对单独基础的沉降的影响。Cheung 和 Zienk-iewicz 将有限元方法应用于结构和土的共同作用就是一个新的开端，开创了该课题研究工作的新技术。1989 年南京建筑工程学院的扶长生利用荷载转移法分析了土—结构相互作用。人们已认识到土—结构相互作用影响的重要性，对此通常不应忽视。研究桩的水平承载力，必须从桩在水平荷载作用下与桩侧土的共同作用性状分析开始。为此，笔者结合一工程的应力监测结果和 ANSYS 计算结果，就抗滑短桩与桩周土共同工作的几个问题进行了探讨。

（2）ANSYS 计算分析

抗滑短桩-接触带-土结构按静力条件下的二维平面应变进行处理。

单元类型：结构实体模型，滑带土、滑体土和岩质滑床均为"Quad 8node 82"，抗滑短桩和接触带均为"Quad 4node 42"。

计算边界：左侧距剪出口 $2H$（H 为滑坡前、后缘高差），右侧距滑坡后缘 $2H$，底部距滑面不小于 $1.5H$。

网格划分：自由网格。划分密度：滑体、滑床均为 1.5m，其余均为 0.5m，在桩、接触带和滑带土周围均加密 1 倍。

材料属性：非线性。材料参数见表 14-8。

土质滑坡材料参数

表 14-8

材料类型	密度 (kg/m^3)	弹性模量 (Pa)	泊松比	黏聚力 (Pa)	内摩擦角 $(°)$	备注
1	2030	8.0×10^6	0.30	3.00×10^4	25	滑体土（黏性土）
2	2400	1.1×10^9	0.25	6.00×10^5	34	滑床（砂岩）
3	2500	3.0×10^{10}	0.20	1.0×10^6	60	C30 钢筋混凝土
4	2030	8.0×10^6	0.30	1.5×10^4	9	滑带土
5	2250	E	0.25	2.0×10^5	45	接触带

抗滑短桩的间距 3500mm，短桩的断面 1200mm×1500mm，桩身混凝土强度等级为 C30；设桩位置的滑体厚度为 9m；桩在滑动面以上的长度为 5000mm。桩嵌入稳定的中风化岩层内 4000mm。桩前、桩后滑面均贯通。

从接触带的刚度变化来计算作用于抗滑短桩桩身上的力的不同，接触带的刚度主要从 2 个方面考虑，即接触带的弹性模量 E 和接触带的厚度 H。

1）第 1 方面。接触带的宽度取 0.4m。随着抗滑短桩接触带的弹性模量 E 的增加分 3 种情况计算。由于接触带的强度一般不超过 C30，而 C20 混凝土 $E = 2.55 \times 10^9 Pa$，C30 混凝土 $E = 3.0 \times 10^9 Pa$，所以取接触带 $E = 1 \times 10^9 Pa$、$2 \times 10^9 Pa$ 和 $3 \times 10^9 Pa$ 三种情况进行计算。

情况 1：取接触带的弹性模量 $E = 1 \times 10^9 Pa$。

该情况下，抗滑短桩的剩余水平下滑力（作用在桩背上的累积水平下滑力与桩前土体累积水平抵抗力之差）为：$605.6 - 250.7 = 354.9 kN/m$。

情况 2：取接触带的弹性模量 $E = 2 \times 10^9 Pa$。

该情况下，抗滑短桩的剩余水平下滑力为：$609.3 - 256.0 = 353.3 kN/m$。

情况 3：取接触带的弹性模量 $E=3\times10^9\mathrm{Pa}$。

该情况下，抗滑短桩的剩余水平下滑力为：$606.8-254.1=352.7\mathrm{kN/m}$。

在未考虑桩土接触带的贡献作用时，

抗滑短桩的剩余水平下滑力为：$617.5-228.3=389.2\mathrm{kN/m}$。

接触带不同弹性模量下的桩身推力值 表 14-9

接触带弹性模量(Pa)	1×10^9	2×10^9	3×10^9	0
桩后推力值(kN/m)	605.6	609.3	610.8	617.5
桩前抗力值(kN/m)	250.7	256.0	258.1	228.3
桩身推力值(kN/m)	354.9	353.3	352.7	389.2

上述计算结果（表 14-9）表明：

① 同一滑坡，桩的材料、截面、长度、配筋等不变的情况下，随着桩接触带的弹性模量 E 的增加，刚度增大，作用于桩上的剩余水平下滑力略有减小，相差 0.6% ［$(354.9-352.7)/354.9=0.6\%$］，因而影响不大。

② 是否考虑桩土接触带的贡献作用时，其剩余水平下滑力的计算结果相差约 10% ［$(389.2-352.7)/389.2=9.4\%$］，显然，考虑桩土接触带贡献作用的设计是更趋于实际情况的，也是更经济合理的。

③ 数值计算中取接触带的弹性模量 $E=2.0\times10^9\mathrm{Pa}$ 时的计算值 353.3kN/m 与监测值 322.2kN/m（见后续章节），作用在 3 根抗滑短桩上的剩余水平下滑力分别为 307.0kN/m、322.2kN/m 和 251.7kN/m。3 根连续短桩中，以中间那根短桩的剩余水平下滑力最大（322.2kN/m）较为接近（相差 8.8%）。

2）第 2 方面。接触带的弹性模量取 $E=2.0\times10^9\mathrm{Pa}$；接触带的厚度 H 变化，取 $H=0.00\mathrm{m}$、$H=0.10\mathrm{m}$、$H=0.15\mathrm{m}$、$H=0.20\mathrm{m}$、$H=0.25\mathrm{m}$，$H=0.30$ 和 $H=0.40\mathrm{m}$ 分别进行计算。

计算结果见表 14-10 和图 14-21，表明剩余累计下滑力随接触带的厚度增加而降低，这种降低的趋势经回归分析，更近于呈线性分布，其回归方程为：

剩余水平下滑力 $F=-71.3H+326.8$（其量刚：F——kN/m，H——m）。

不同接触带厚度条件下作用于抗滑短桩上的力及其比值 表 14-10

接触带厚度(m)	0.00	0.10	0.15	0.20	0.25	0.30	0.40
水平下滑力(kN/m)/ $(F_{0滑}-F_滑)/F_{0滑}$(%)	533.9/ 0.00	494.5/ 7.38	493.5/ 7.57	490.2/ 8.19	486.4/ 8.90	481.8/ 9.76	475.8/ 10.88
水平抗力(kN/m)/ $(F_{0抗}-F_抗)/F_{0抗}$(%)	199.0/ 0.00	183.7/ 7.69	183.5/ 7.79	182.4/ 8.34	180.9/ 9.10	178.9/ 10.10	174.4/ 12.36
剩余水平下滑力(kN/m)/ $(F_{0剩滑}-F_{剩滑})/F_{0剩滑}$(%)	334.9/ 0.00	310.8/ 7.20	310.0/ 7.44	307.8/ 8.09	305.5/ 8.78	302.9/ 9.56	301.4/ 10.00

注：1. 表中剩余水平下滑力为同一滑坡、相同支挡部位、同一抗滑短桩、相同计算参数（仅滑带土 $c=15\mathrm{kPa}$，$\varphi=14°$，其余参数同表 14-8）的计算结果。

2. $F_滑$——水平下滑力，$F_{0滑}$——接触带厚度为 0 时即没有考虑接触带作用时的水平下滑力。

$F_抗$——水平抗力，$F_{0抗}$——接触带厚度为 0 时即没有考虑接触带作用时的水平抗力。

$F_{剩滑}$——剩余水平下滑力，$F_{0剩滑}$——接触带厚度为 0 时即没有考虑接触带作用时的剩余水平下滑力。

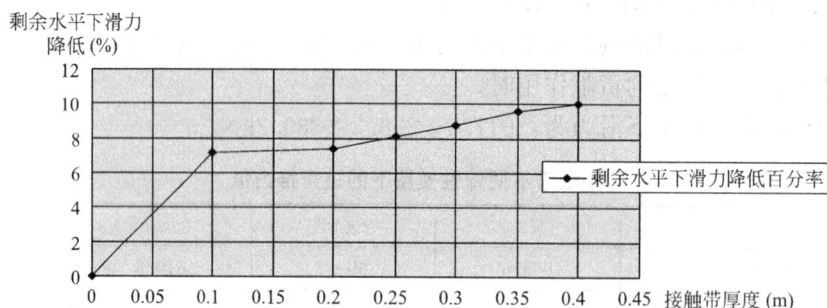

图 14-21　桩身受力-接触带厚度关系

由图 14-22 可知，随着桩接触带的厚度增加，作用于桩上的剩余水平下滑力减小，其幅度为 0～10%。

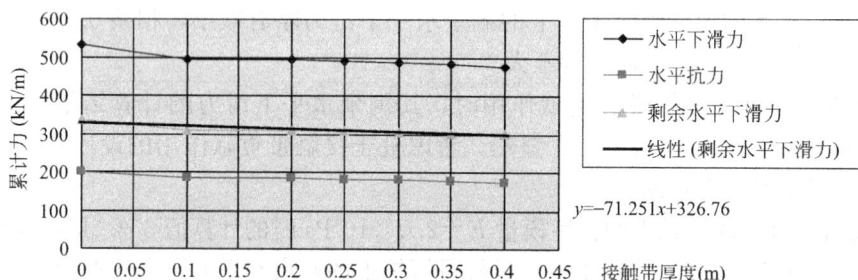

图 14-22　桩身剩余水平下滑力降低（%）—接触带厚度关系

接触带厚度的影响因素很多，如土的粒径、颗粒级配、密度、接触面粗糙程度以及施加于接触面上的法向应力等。该厚度 H 有较明确的物理意义，体现了接触面的变形特性。在滑坡治理的抗滑短桩受力分析中，笔者从工程角度考虑认为：抗滑短桩与桩周土之间接触带的厚度可取 $H=H_1+H_2$，H_1——护壁厚度，H_2——混凝土浆液渗透的一定范围得到改良或加固的土体厚度，主要与土的粒径、颗粒级配、密实度、施工流程、施工方法、施工质量等因素相关。采用这种方法确定接触带厚度，在前述的 ANSYS 分析中取得了良好效果（计算值与监测资料较为接近，相差 8.8%）。

6. 小结

（1）随着桩长变化，滑面与设桩后滑坡的稳定系数也不断变化，直至使稳定系数达到设计安全系数，此时相应的桩长就是抗滑桩的合理桩长。

（2）从表 14-4 可知，采用梁单元和实体单元两种模型计算的稳定系数几乎是一样的。

（3）通过图 14-22 可以看出随着滑体厚度的减小，两种模型计算得到的桩身推力的差值在逐渐减小，因此可以得出在滑体土厚度不大时采用两种模型计算抗滑桩的推力都是可行的。同时我们可以看出，采用梁单元模型计算得到的推力值大于实体单元计算得到的推力值，其得出的结果是偏于安全的，因此，在关于抗滑桩有限元设计中建议采用梁单元模型进行计算。

（4）由表 14-7 和图 14-19，采用实体单元模型，可以看出随着桩截面尺寸的增大，作用在桩后的推力是增大的，但当桩的截面尺寸达到某一值后，作用在桩身的推力几乎是不变化的。

（5）是否考虑桩土接触带的贡献作用时，作用在抗滑短桩上剩余水平下滑力的计算结果相差约 10% ［(389.2－352.7)/389.2＝9.4%］，显然，考虑桩土接触带贡献作用的设计是更趋于实际情况的，也是更经济合理的。

数值分析结果表明，作用于抗滑短桩的桩身推力随接触带的厚度增加而降低，其幅度为 0～10%。

14.1.3 抗滑短桩在滑坡治理中的适用条件研究

1. 概述

抗滑短桩，就是桩顶标高低于滑坡体表面一定深度（土质滑体中，进入滑体中的长度不宜小于滑体土厚度的 1/4；岩层嵌固段不宜小于抗滑短桩总长的 1/4，土层嵌固段不宜小于 1/3）的悬臂式抗滑桩，由于悬臂长度减短，相应弯矩值也小，其材料消耗量就比一般抗滑桩要经济。从前述研究可知，这种桩型将桩上的部分推力转移到滑体上，充分而有效地利用了滑体的水平承载力，不仅桩长变短，而且桩上的推力也大幅度减小，桩上的弯矩、剪力也随之减小。因此在滑坡工程治理中采用抗滑短桩，尤其是在厚度较大的土质滑坡和岩质滑坡治理中经济效益显著，是一项值得推广的技术。

目前，关于抗滑短桩的计算已有部分研究，而对于抗滑短桩的适用条件和适宜条件的研究尚无，适用条件和适宜条件是一个涉及多方面影响因素的问题，比如滑体的几何形态、滑面的深度、滑面的倾角、滑带及滑体力学性质的差异和分布特征、地下水条件等。本文的研究只是利用有限元强度折减法对滑体的几何形态、滑带及滑体力学性质的差异对抗滑短桩的适用条件进行了研究。

2. 模型的建立

（1）本构模型及屈服准则的选用

本模型中抗滑短桩按照线弹性材料处理，岩土材料本构模型采用理想弹塑性模型，由于商业软件 ANSYS 提供适合岩土类材料的屈服准则为 Drucker-Prager 外角外接圆（DP1）准则，计算结果偏大。本文采用的屈服准则是平面应变关联流动法则条件下 Mohr-Coulomb 准则精确相匹配的 Drucker-Prager 准则（DP4），是 Mohr-Coulomb 准则在平面应变下的特殊形式。其 α、k 为：

$$\alpha = \frac{\sin\varphi}{\sqrt{3(3+\sin^2\varphi)}} \qquad k = \frac{3c\cos\varphi}{\sqrt{3(3+\sin^2\varphi)}}$$

由于在 ANSYS 程序中只有摩尔-库仑外交外接圆准则，当采用 DP4 准则时必须转化 c、φ 值。

（2）约束情况

模型中，各种材料均为各向同性的材料。计算模型的位移约束条件为下部滑床全部约束，左右边界约束 x 方向的位移，计算采用 ANSYS 软件中的六节点单元，为了使抗滑桩更符合实际情况，因此采用实体单元模拟而不是梁单元，网格划分中尽可能使滑面处与桩周边处的网格较细。

（3）计算模型分组及计算参数

本次计算模型共分为两大组，分别为滑体土厚度一般（厚度为 10m、20m）；将其编为Ⅰ组；滑体土厚度较大（厚度为 30m、40m），将其编为Ⅱ组。

其计算参数见表 14-11、表 14-12。

Ⅰ 组物理力学参数　　　　　　　　　　　　　　　表 14-11

项目	黏聚力 c (kPa)	内摩擦角 $\varphi(°)$	弹性模量 E(Pa)	泊松比 ν	重度 γ (kN/m³)
滑体土	40	35	1×10^7	0.30	20.0
	30	25			
	20	15			
滑带土	15	12	1×10^7	0.3	20.0
基岩	1600	34.4	1×10^9	0.20	25.0

Ⅱ 组物理力学参数　　　　　　　　　　　　　　　表 14-12

项目	黏聚力 c (kPa)	内摩擦角 $\varphi(°)$	弹性模量 E(Pa)	泊松比 ν	重度 γ (kN/m³)
滑体土	40	35	1×10^7	0.30	20.0
	30	25			
	25	20			
滑带土	24	18	1×10^7	0.30	20.0
基岩	1600	34.4	1×10^9	0.20	25.0

抗滑桩为弹性桩，其物理力学参数为：$\gamma=25.0\mathrm{kN/m}^3$，$E=7.5\times10^7\mathrm{Pa}$，$\nu=0.1$。

3. 有限元分析

由于抗滑短桩的纵向间距为 a m（本算例中，取 $a=4$），也就是说每根桩要承担 a m 宽的滑体的剩余水平下滑力，因此计算时可将土体重量乘以 a（在 ANSYS 中，可在岩土材料密度输入时将密度乘以 a），同时为了确保原有稳定安全系数不发生变化，将岩土体的内聚力也乘以 a，即保证 $\dfrac{r}{c}$ 不发生变化（不考虑地下水作用时）。

（1）滑体土、滑带土力学性质差异对抗滑短桩适用性分析

本次计算分析中，采用的方法是固定滑带土的力学参数，通过变化滑体土的力学参数来分析抗滑短桩用于滑坡治理的适用性。

1）滑体土厚度为 10m

滑体土计算参数：黏聚力 c 为 40kPa，内摩擦角 φ 为 35°。

① 无桩时滑坡稳定性分析

有限元计算模型如图 14-23 所示。

在有限元计算中当折减系数为 1.02 时计算不收敛（滑坡破坏时的等效应变图如图 14-24 所示，位移矢量图如图 14-25 所示），此折减系数为此滑坡的安全系数，此时滑坡处于临界稳定状态。

为了验证有限元计算的正确性，本文还对此滑坡用加拿大 Slope 软件进行了稳定性分析，分析方法采用先比较公认的 Spence 法，其计算出的安全系数为 0.998。两者得到的计算结果非常接近（图 14-26），同时可以看出两者计算出的滑面位置也相同。

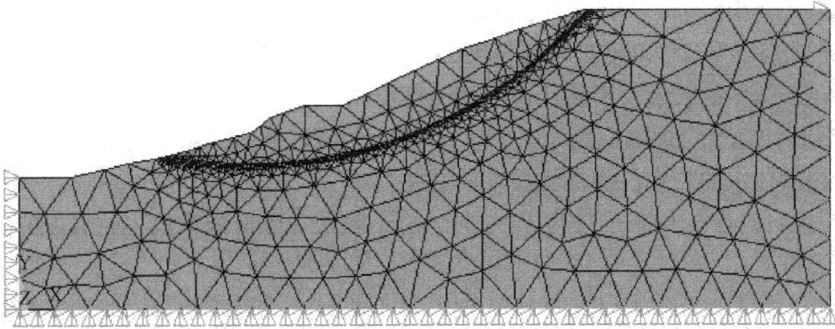

图 14-23 滑体土厚度 10m 计算模型

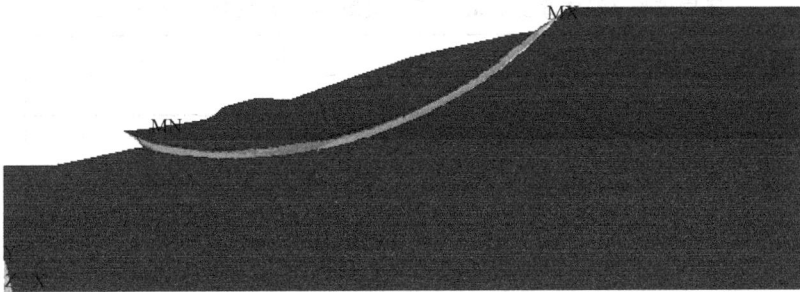

图 14-24 滑坡破坏时的等效应变图

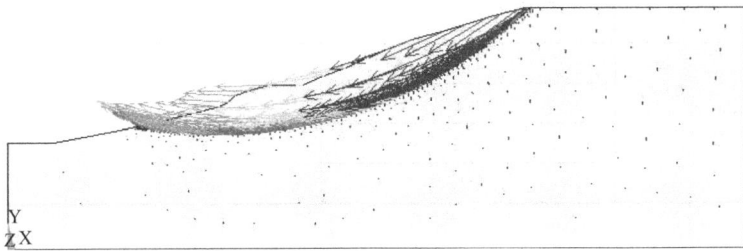

图 14-25 滑坡破坏时的位移矢量图

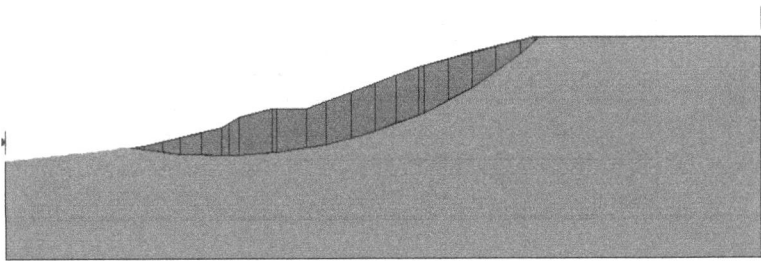

图 14-26 Slope 计算的滑面

② 桩在滑体中的长度占滑体土厚度的 1/4

在有限元计算中当折减系数为 1.53 时计算不收敛，此折减系数为此滑坡的安全系数。

从等效应变图中可以看出，由于抗滑短桩的作用改变了滑坡的滑动路线，有限元计算时，将自动搜索较为薄弱可能产生新滑面的位置。

③ 桩在滑体中的长度占滑体土厚度的 1/2

在有限元计算中当折减系数为 1.75 时计算不收敛，此折减系数为此滑坡的安全系数。

④ 桩在滑体中的长度占滑体土厚度的 3/4

在有限元计算中当折减系数为 1.85 时计算不收敛，此折减系数为此滑坡的安全系数。

⑤ 全长桩

在有限元计算中当折减系数为 1.91 时计算不收敛，此折减系数为此滑坡的安全系数。

⑥ 不同桩长、不同计算参数计算得到的安全系数

下面将不同桩长、不同计算参数计算得到的安全系数列表于 14-13 和如图 14-27 所示。

不同桩长（滑体厚度 10m）、不同计算参数计算得到的安全系数　　　　　表 14-13

滑体土计算参数	桩在滑体中的长度	滑体土与滑带土强度参数比		安全系数
		c/c'	φ/φ'	
c 为 40kPa，内摩擦角 φ 为 35°	1/4（滑体厚，下同）	2.67	2.92	1.53
	1/2			1.75
	3/4			1.85
	全长			1.91
c 为 30kPa，内摩擦角 φ 为 25°	1/4	2.00	2.08	1.31
	1/2			1.33
	3/4			1.56
	全长			1.65
c 为 20kPa，内摩擦角 φ 为 15°	1/4	1.33	1.25	1.14
	1/2			1.21
	3/4			1.22
	全长			1.244

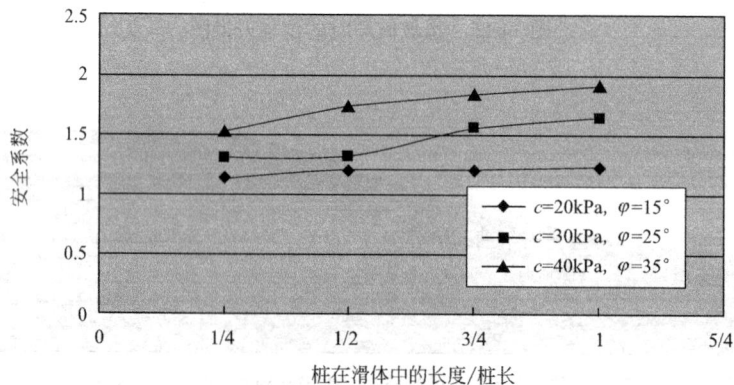

图 14-27　不同计算参数、桩长（滑体厚度 10m）与安全系数的关系

2）滑体土厚度为 20m

滑体土计算参数：黏聚力 c 为 40kPa，内摩擦角 φ 为 35°。

① 无桩时滑坡稳定性分析

在有限元计算中当折减系数为 0.95 时计算不收敛，此折减系数为此滑坡的安全系数。

② 不同桩长、不同计算参数计算得到的安全系数

下面将其不同桩长、不同计算参数计算得到的安全系数列于表 14-14 和如图 14-28 所示。

不同桩长（滑体厚度 20m）、不同计算参数计算得到的安全系数　　　　表 14-14

滑体土计算参数	桩在滑体中的长度	滑体土与滑带土强度参数比		安全系数
		c/c'	φ/φ'	
c 为 40kPa，内摩擦角 φ 为 35°	1/4	2.67	2.92	1.52
	1/2			1.77
	3/4			1.95
	全长			2.10
c 为 30kPa，内摩擦角 φ 为 25°	1/4	2.00	2.08	1.31
	1/2			1.50
	3/4			1.65
	全长			1.83
c 为 20kPa，内摩擦角 φ 为 15°	1/4	1.33	1.25	1.07
	1/2			1.16
	3/4			1.22
	全长			1.45

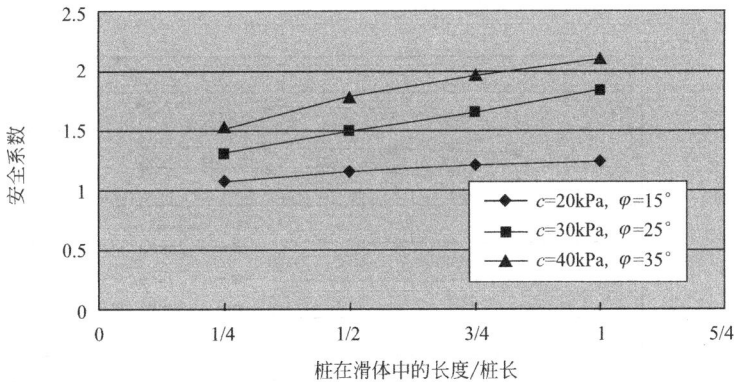

图 14-28　不同计算参数、桩长（滑体厚度 20m）与安全系数的关系

从第 I 组滑坡（滑体厚度不超过 20m，即中、浅层滑坡）计算结果（表 14-13、表 14-14，图 14-27、图 14-28）可知：

A. 同一滑坡，相同滑体土强度指标，随着桩的长度增加，滑坡设桩后的安全系数增大，但增大的幅度逐渐变小。

B. 同一滑坡，相同桩长，随着滑体土强度指标的提高，滑坡设桩后的安全系数增大。

C. 抗滑短桩进入滑体中的长度不宜小于滑体土厚度的 1/4。

3）滑体土厚度为 30m

滑体土计算参数：黏聚力 c 为 40kPa，内摩擦角 φ 为 35°。

在有限元计算中当折减系数为 1.02 时计算不收敛，此折减系数为此滑坡的安全系数。

（2）不同桩长、不同计算参数计算得到的安全系数

下面将其不同桩长、不同计算参数计算得到的安全系数列于表 14-15 和如图 14-29 所示。

不同桩长（滑体厚度 30m）、不同计算参数计算得到的安全系数　　表 14-15

滑体土计算参数	桩在滑体中的长度	滑体土与滑带土强度参数比		安全系数
		c/c'	φ/φ'	
c 为 40kPa，内摩擦角 φ 为 35°	1/4	1.67	1.94	1.23
	1/2			1.31
	3/4			1.33
	全长			1.35
c 为 30kPa，内摩擦角 φ 为 25°	1/4	1.25	1.39	1.08
	1/2			1.10
	3/4			1.11
	全长			1.13
c 为 25kPa，内摩擦角 φ 为 20°	1/4	1.04	1.11	0.94
	1/2			0.97
	3/4			0.98
	全长			1.01

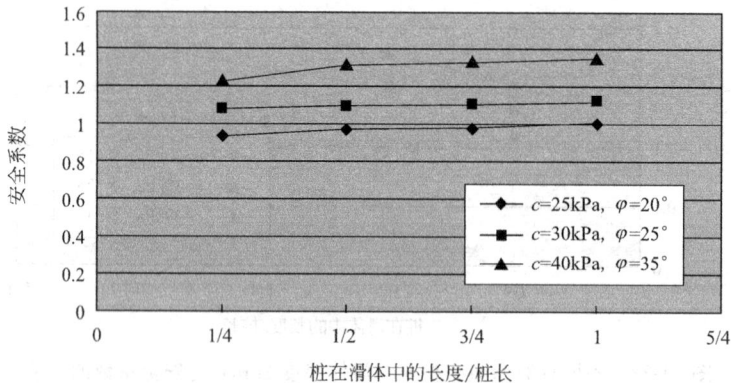

图 14-29　不同计算参数、桩长（滑体厚度 30m）与安全系数的关系

滑体土厚度为 40m。

滑体土计算参数：黏聚力 c 为 40kPa，内摩擦角 φ 为 35°。

1）无桩时滑坡稳定性分析

在有限元计算中当折减系数为 1.02 时计算不收敛，此折减系数为此滑坡的安全系数。

2）不同桩长、不同计算参数计算得到的安全系数

下面将其不同桩长、不同计算参数计算得到的安全系数列于表 14-16 和如图 14-30 所示。

不同桩长（滑体厚度 40m）、不同计算参数计算得到的安全系数　　　　表 14-16

滑体土计算参数	桩在滑体中的长度	滑体土与滑带土强度参数比		安全系数
		c/c'	φ/φ'	
c 为 40kPa，内摩擦角 φ 为 35°	1/4	1.67	1.94	1.24
	1/2			1.35
	3/4			1.40
	全长			1.53
c 为 30kPa，内摩擦角 φ 为 25°	1/4	1.25	1.39	1.06
	1/2			1.12
	3/4			1.20
	全长			1.25
c 为 25kPa，内摩擦角 φ 为 20°	1/4	1.04	1.11	0.95
	1/2			0.97
	3/4			1.04
	全长			1.16

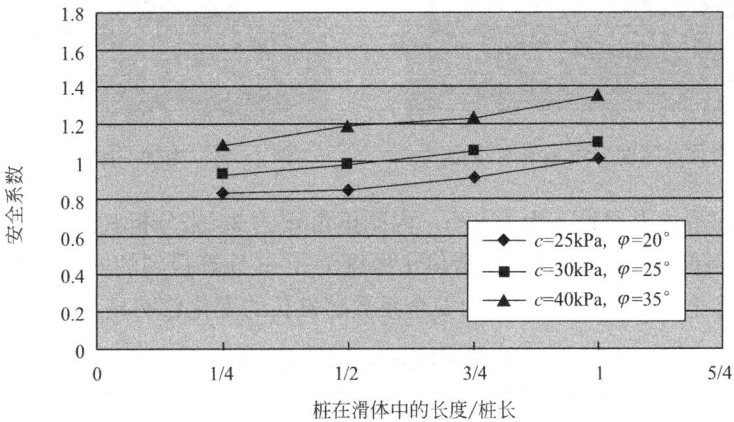

图 14-30　不同计算参数、桩长（滑体厚度 40m）与安全系数的关系

从第Ⅱ组滑坡（滑体厚度 30m、40m，即深层滑坡）计算结果（表 14-15、表 14-16，图 14-29、图 14-30）可知：

① 同一滑坡，相同滑体土强度指标，随着桩的长度增加，滑坡设桩后的安全系数增大，但增大的幅度逐渐变小。

② 同一滑坡，相同桩长，随着滑体土强度指标的提高，滑坡设桩后的安全系数增大。

③ 抗滑短桩进入滑体中的长度不宜小于滑体土厚度的 1/4。

④ 当滑体土与滑带土的强度相近时，使用抗滑短桩的效果会很差，有时不能使用抗滑短桩，甚至全长抗滑桩都不能满足安全要求。

3）小结

从上述计算，不难看出安全系数随着桩长的变短而降低，但在满足设计安全系数的情况下，即满足安全需要，因此可以用于工程设计。

① 从每组计算所得安全系数可以看出，当滑体土强度参数和滑带土的强度参数相差较大时（即滑体土的强度明显高于滑带土的强度时），桩长可以大大变短。滑体土的参数和滑带土的参数较接近时，则桩长变短受限。

② 从每组计算得到的不同计算参数、桩长与安全系数的关系图中，可以看出，同一滑坡，相同滑体土强度指标，随着桩的长度增加，滑坡设桩后的安全系数增大。

（3）滑体的几何形态对抗滑短桩适用性分析

滑体的几何形态是一个比较复杂的问题，其一般需要通过勘察和工程设计人员的经验来判断，因此在本文中只是对其进行定性的分析。

我们从上述计算结果中拿出两组来进行对比。

图 14-31、图 14-32 分别是滑体土厚度为 30m、40m 的计算模型，从中我们可以看出，其坡面形态的主要差别在于设桩位置前滑体土的厚度和坡度，显然滑体土为 40m 的计算模型中设桩位置前滑体土的厚度和坡度要大于滑体土厚度为 30m 的计算模型。

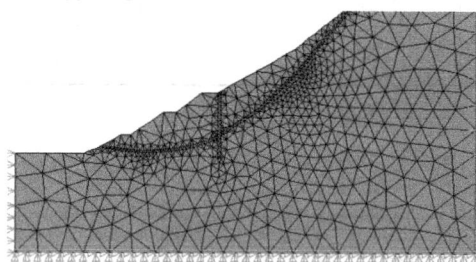

图 14-31　滑体土厚度为 30m 计算模型

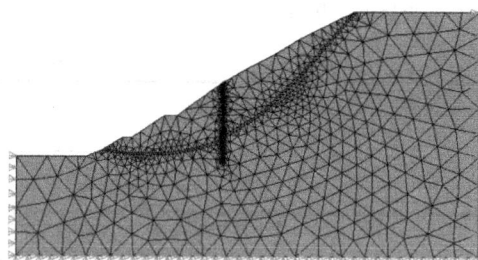

图 14-32　滑体土厚度为 40m 计算模型

下面我们取滑体土参数 c 为 40kPa，内摩擦角 φ 为 35°来分析其对安全系数的影响。

从表 14-17 和图 14-33 可以看出滑体土厚度为 30m 计算得到的安全系数随桩长的变化不明显，而滑体土为 40m 计算得到的安全系数随桩长的变化较明显。

坡面形状对安全系数的影响 表 14-17

滑体土厚度	桩在滑体中的长度	安全系数
40m	1/4	1.24
	1/2	1.35
	3/4	1.40
	全长	1.53
30m	1/4	1.23
	1/2	1.31
	3/4	1.33
	全长	1.35

计算结果表明，坡体平缓，滑体厚度愈大，采用抗滑短桩愈有利。

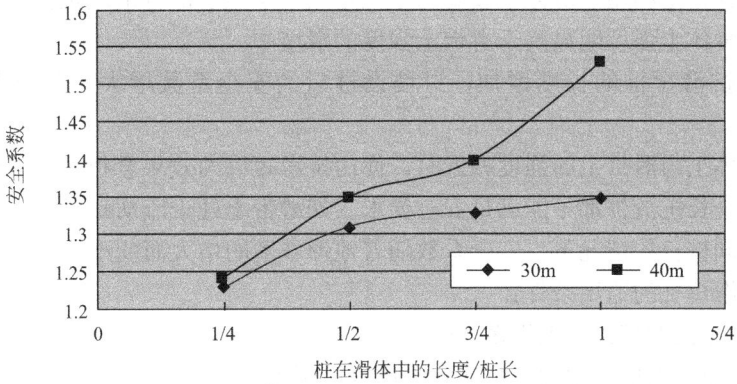

图 14-33 坡面形状对安全系数的影响

从四组模型中我们可以明显地看到随着地形平均坡度的增加桩前的土体逐渐变薄。通过强度折减计算得到四组地形平均坡度在不同桩长情况下的安全系数，详见表 14-18。

不同地形平均坡度、不同桩长计算得到的安全系数　　　　　　　表 14-18

地形平均坡度	桩在滑体中的长度占滑体土厚度			
	1/4	1/2	3/4	全长桩
20°	1.29	1.35	1.37	1.39
25°	1.23	1.31	1.33	1.35
30°	1.21	1.29	1.32	1.34
35°	1.09	1.12	1.14	1.15
滑体土 $c=40$kPa,内摩擦角 $\varphi=35°$				

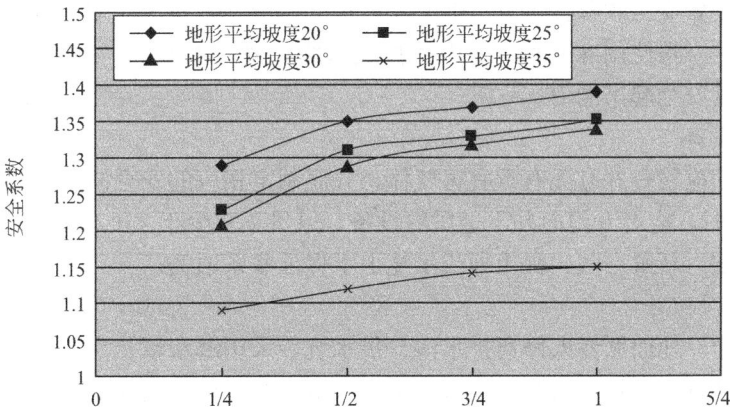

图 14-34 地形坡度对安全系数的影响

从表 14-18 和图 14-34 可以看到在相同桩长的情况下，安全系数随着地形平均坡度的增大而变小。

4.适用条件

（1）当滑体力学参数远远高于滑带土力学参数时，抗滑桩的桩长可以大大缩短，即成为抗滑短桩。这正是利用了滑体土较高的土工参数来承担了部分滑坡推力，也就是说抗滑短桩更适用于滑体土强度明显高于滑带土强度的滑坡中。

(2) 随着抗滑短桩的长度增加，滑坡设桩后的安全系数增大，但增大的幅度逐渐变小。

(3) 当滑体土与滑带土的强度相近时，使用抗滑短桩的效果会很差，有时不能使用抗滑短桩，甚至全长抗滑桩都不能满足安全要求（如滑带土处于流动状态等）。

(4) 在相同桩长的情况下，安全系数随着地形坡度的增大而变小。

因此，抗滑短桩的适用条件：

1) 滑体强度比滑带强度大得多。

2) 滑体愈厚滑坡推力愈大，愈适宜采用抗滑短桩。

3) 滑面平缓宜使用抗滑短桩。

14.2 施工

14.2.1 施工方法

抗滑短桩采用人工成孔施工。

1. 施工流程

土方开挖（含抽水）→清孔壁、校核垂直度和桩径→护壁钢筋安装→安装、校正护壁模板→混凝土护壁→下挖。

2. 成孔施工方法

(1) 挖土工具

采用短把的镐、锹，或风镐、水钻凿除等施工工具进行人工挖土。

(2) 垂直运输

桩孔内应设置应急软爬梯供人员上下；使用的捯链、吊笼等应安全可靠，并配有自动卡紧保险装置，不得使用麻绳和尼龙绳吊挂或脚踏井壁凸缘上下；捯链宜用按钮式开关，使用前应检验其安全起吊能力。

(3) 通风设备

每日开工前应检查井有无有毒有害气体，并应制定相应的安全防范措施；当桩孔开挖深度超过 10m 时，应有专门向井下送风的设备，风量不宜少于 25L/s；可采用鼓风机和输风管向桩孔中送入新鲜空气，提土桶或吊笼上下保证联系通畅。

(4) 排水

成孔过程中，地面派专人修通排水沟、集水坑，采用潜水泵二次排水，及时排掉桩孔内抽出的水，从桩孔内挖出的废土或石碴由专人负责及时运出场外。

(5) 成孔

桩孔轴线经复核满足要求后开始第一节开挖，通常每进尺 0.5～1.2m 做混凝土护壁一次，即为一个施工段；成孔开挖常常以 2～3 人为一个小组，以保证每根桩每天进尺一模。

(6) 终孔原则

1) 桩端岩土的承载力满足设计要求。

2）桩锚固于稳定岩土层（滑床）的深度满足设计要求。

3）桩孔开挖至设计深度后，应进行桩底基槽的检验。基槽检验可用触探或其他方法，当发现与勘察报告和设计文件不一致，或遇到异常现象时，应结合地质条件提出处理意见。

4）人工挖孔桩终孔时，应进行桩端持力层检验。单柱单桩的大直径嵌岩桩，应视岩性检验桩底下 $3d$ 或 $5m$ 深度范围内有无空洞、破碎带、软弱夹层等不良地质条件。

5）桩开挖至设计深度后，应清除护壁上的泥土和孔底残渣、积水，并应进行隐蔽工程验收。验收合格后，应立即封底和灌注桩身混凝土。

3.流砂的处理措施

（1）概况

流砂是地下水自下而上渗流时土产生流动的现象，它与地下水的动水压力有密切关系。流砂在工程施工中能造成大量的土体流动，致使地面塌陷，能给施工带来很大困难，或直接影响滑坡治理工程的安全。

（2）流砂的判定

在施工中常常遇到的流砂现象主要有以下三种情况。

1）轻微的——有一部分土（这里所称的土即易产生流砂现象的土层，如：细砂、粉砂、砾砂、粉质黏土等）随着地下水一起穿过人工挖孔桩的桩底而流入桩坑内，增加桩成孔的难度。

2）一般的——在人工挖孔桩桩坑底部，常常会发现一堆细砂缓缓冒起，人工挖孔桩桩坑底可看到细砂堆中形成小小的排水槽，冒出的水夹带一些细砂颗粒在满满地流动。

3）严重的——挖孔桩底如发生上述现象而继续往下开挖，在某些情况下，流砂的冒出速度很快，此时桩坑底部成为流动状态。

判断流砂现象的方法是：当地下水的动水压力大于土粒的浮重度或地下水的水力坡度大于临界水力坡度（使上升的总水压力与土体的总重量相等，在这种情况下的水力坡度称为临界水力坡度）时，就会产生流砂。

流砂现象固然是受动水压力的影响所致，但是在流动作用下，愈靠近桩边缘的部分，流砂现象愈是严重；同时，在实际施工中常发生桩附近地面的沉降现象。

（3）流砂的处理措施

处理流砂所遇到的问题实质上是处理土和水的问题。

1）减小护壁高度

将每节护壁的高度减小到 $300\sim500mm$，并随挖、随验、随灌注混凝土。

2）降低地下水位

使地下水位降至可能产生流砂的地层以下，然后开挖。

① 明挖排水

一般采用明沟＋集水井的施工方法，常应用于一般工程中。

② 抽吸地下水

抽吸地下水在设计时所考虑的问题主要有：

A.降雨量。须了解当地的降雨量，例如上海的暴雨量大致为 $120\sim150mm/d$，而广州的暴雨量可达 $300mm/d$，重庆的暴雨量可达 $250mm/d$。

B. 场地环境条件，如是否有地下管网（包括上下水道、电线电缆等）、是否存在相邻建筑物、是否有井点抽水的排水通道等。

C. 形成持续抽水条件。井点降水时须保持真空，除本身总管、联贯管等保持密封外，还应注意随着抽水而沉降引起的裂缝漏气，此时应使用塑料薄膜、钢丝水泥或纯黏土浆封闭裂缝的措施。

D. 结合当地的地质条件和施工经验。

E. 电源。须备有二路电源，以免因断电使井点降水停止运转而前功尽弃。

F. 泵。井点泵须有备用量，以免机械故障而停止抽水。

抽吸地下水而降水的设计和计算涉及的问题很多、很广，应综合考虑场地的地质与地形条件、土与地下水的条件、地表水径流和施工的要求；同时要求具有井点设备和一些施工经验，以便对设计有较仔细的考虑。

定量计算抽水量，可采用以下公式：

完整承压井：
$$Q = 2.73kMs/\lg(R/r) \tag{14-33}$$

完整潜水井：
$$Q = 1.366k(2H-s)s/\lg(R/r) \tag{14-34}$$

对于不熟悉或没有地区经验值的场地，宜进行一些现场的测试（如渗透系数、影响半径），以核对设计计算的数据，并对设计进行修改和完善。

3）施工板桩

在土中打入板桩（如 1999 年 7 月在重庆市九龙坡区直港大道某工程采用板桩处理流砂层，桩径为 1200mm×1500mm，采用 60mm 厚的钢板，每节长度为 800mm，共打入钢板 6 节，有效地穿过了厚度 4500mm 的流砂层），一方面可以起桩护壁的作用；另一方面增长了地下水的渗流路径而减小地下水的水力坡度。

4）固结土法

① 注浆固结

采用一定的灌浆工艺来固结土体，改善土的物理力学性质，从而达到桩能下挖成孔的目的。灌浆从理论上可分为四类：渗入性灌浆、劈裂灌浆、压实灌浆和电动化学灌浆。这里仅对渗入性灌浆作简要说明。

渗入性灌浆就是在灌浆压力作用下，浆液克服各种阻力而渗入裂隙，压力愈大，吸浆量及浆液扩散范围就愈大。这种理论假定，在灌浆过程中地层结构不受扰动和破坏，作用的灌浆压力相对较小。既然这种灌浆是在地层结构不被破坏的条件下渗入地层，因而浆液的颗粒尺寸必须小于土的孔隙尺寸，才能实现灌浆的目的。也就是说，满足浆材对地层的可灌性条件，是进行渗入性灌浆的前提。

渗入性灌浆浆液的扩散半径为：

$$r = 2[t(kvhr_0/d_e)^{1/2}/n]^{1/2} \tag{14-35}$$

式中　k——砂土的渗透系数（cm/s）；

　　　v——浆液的运动黏滞系数（m²/s）；

　　　h——灌浆压力（厘米水头）；

　　　r_0——灌浆管半径（cm）；

　　　d_e——被灌土体的有效粒径（cm）；

　　　n——砂土的孔隙率。

今设 $t = 60s$, $n = 0.3$, $k = 0.1cm/s$, $v = 4 \times 10^{-6} m^2/s$, $h = 3m$, $r_0 = 4cm$, $d_e = 0.2cm$, 代入式（14-35），则：

$$r = 2 \times [60(0.1 \times 300 \times 4 \times 4/0.2)^{1/2}/0.3]^{1/2} = 198cm$$

上式计算表明，在前述物理力学性质的砂土中采用4cm注浆管，在3m水头压力下注浆，可形成扩散半径为198cm的注浆固结体。在该固结体的浆液达到初凝前，进行开挖，便可容易穿越流砂层而形成挖孔桩的孔位。

② 麻袋混凝土固结

所谓麻袋混凝土就是用机械拌制的低强度等级普通混凝土，不需振捣而直接装入麻袋内，将麻袋封口，便成为麻袋混凝土。

在使用麻袋混凝土时，要按照一定的方法和工序将麻袋混凝土置入流砂层中，自流砂层中通过外力和自重作用，使其置于所需固结的桩底部位，形成固结土体。待该固结土体的混凝土达到初凝前开挖，便可容易形成桩的孔位。2001年在重庆市北碚区某土坡治理工程的挖孔桩施工，采用这种方法克服流砂现象取得了良好效果。

5）其他措施

克服流砂现象的处理措施尚有冻结法、爆炸法、加重法、地下连续墙等。在桩基开挖的过程中局部地段出现流砂时，立即抛入大石块，可以克服流砂的活动。如流砂现象属于轻微的，可以采用稻草扎成一个一个的小草把，塞于桩下流砂层，并浇筑挖孔桩的钢筋混凝土护壁。

4. 桩身混凝土施工

灌注桩身混凝土时，混凝土应通过溜槽；当落距超过3m时，应采用串筒，串筒末端距孔底高度不宜大于2m；也可采用导管泵送；混凝土宜采用插入式振捣振实。

当桩孔内渗水量过大时，应采取场地截水、降水或水下灌注混凝土等有效措施。

5. 桩上部回填施工

在抗滑短桩的桩身混凝土施工完毕后，进行抗滑短桩上部回填土的施工（图14-35）。

14.2.2 施工要求

1. 桩径及间距

桩的孔径（不含护壁）不得小于800mm，且不宜大于2500mm；孔深不宜大于30m。当桩净距小于2500mm时，应采用间隔开挖或跳桩开挖。相邻排桩跳挖的最小施工净距不小于4500mm。

当滑坡体处于欠稳定状态时，通常应采用跳1桩开挖或跳2桩开挖。

2. 护壁施工

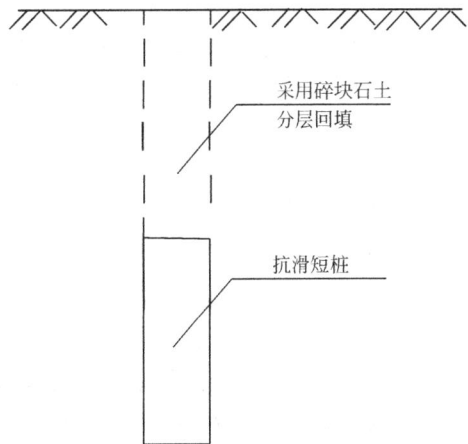

图 14-35　抗滑短桩上部的回填土

由于滑坡的推力较大，抗滑短桩一般采用钢筋混凝土护壁，护壁的厚度不应小于100mm，护壁的混凝土强度等级不应低于抗滑短桩的混凝土强度等级，并应振捣密实；护壁应配置直径不小于10mm的钢筋，竖向筋应上下搭接或拉接。

3. 井圈护壁施工

（1）第一节井圈顶面应比场地高出 150～250mm，壁厚应比下面井壁厚度增加 150～250mm，以满足桩孔定位和施工安全。

（2）护壁的厚度、拉结钢筋、配筋、混凝土强度等级均应满足设计要求。

（3）上下节护壁的搭接长度不应小于 80mm。

（4）每节护壁均应在当日连续施工完毕。

（5）护壁模板的拆除应在灌注混凝土 24h 之后，当采取在混凝土中掺加粉煤灰等早强剂时，可适当提前。

（6）发现护壁有蜂窝、漏水现象时，应及时补强。

（7）同一水平面上的井圈任意直径的极差不应大于 50mm。

4. 孔口护栏

孔口四周应设置护栏，护栏高度宜为 800mm。

5. 其他

其余要求同一般的人工挖孔桩。

14.2.3　质量检验和验收

1. 一般规定

（1）桩基工程应进行桩位、桩长、桩径、桩身质量和单桩承载力的检验。

（2）桩基工程的检验按时间顺序可分为施工前检验、施工检验和施工后检验。

（3）对砂、石子、水泥、钢材等桩体原材料质量的检验项目和方法应符合国家现行有关标准的规定。

（4）施工前应对施工组织设计中制定的施工顺序、监测手段（包括仪器、方法）进行检查。

（5）对桩身质量检测宜优先采用无损检测法进行评价。当无损检测法发现桩有质量问题时，应采用钻芯法对成桩质量进行评价。成桩质量评价应按单桩进行。

（6）当采用钻芯法对成桩质量进行评价时，应按《建筑基桩检测技术规范》（JGJ 106—2014）的有关规定执行。

2. 施工前检验

（1）施工前应具备下述资料：

1）岩土工程勘察资料；

2）邻近建筑物和地下设施类型、分布及结构质量情况；

3）工程设计施工图、设计要求及需达到的标准，检验手段。

（2）施工前应严格对桩进行检验。

（3）灌注桩施工前应进行下列检验：

1）混凝土拌制应对原材料质量与计量、混凝土配合比、坍落度、混凝土强度等级等进行检查。

2）钢筋笼制作应对钢筋规格、机械连接接头规格和品种、焊条规格、品种、焊口规格、焊缝长度、焊缝外观和质量、主筋和箍筋的制作偏差等进行检查，钢筋质量检验标准应符合表 14-19 的要求。

混凝土灌注桩钢筋笼质量检验标准　　　　　　　　表 14-19

项	序	检查项目	允许偏差或允许值（mm）	检查方法
主控项目	1	主筋间距	±10	用钢尺量
	2	长度	±100	用钢尺量
一般项目	1	钢筋质材检验	设计要求	抽样送样
	2	箍筋间距	±20	用钢尺量
	3	直径	±10	用钢尺量

3. 施工检验

（1）桩基工程的桩位验收，除设计有规定外，应按下述要求进行：

1）当桩顶设计标高与施工场地标高相同时，或桩基施工结束后，有可能对桩位进行检查时，桩基工程的验收应在施工结束后进行。

2）当桩顶设计标高低于施工场地标高，送桩后无法对桩位进行检查时，对灌注桩可对护筒位置做中间验收。

（2）灌注桩施工过程中应进行下列检验：

1）灌注混凝土前，应按《建筑桩基技术规范》（JGJ 94—2008）第 6 章有关施工质量要求，对已成孔的中心位置、孔深、孔径、垂直度、孔底沉渣厚度进行检验。

2）对嵌岩桩的地基，可通过检验岩石单轴抗压强度检验地基的承载力是否达到设计要求，可采用室内试验。单项工程试样数不少于 6 个，对桩基工程每桩不少于 1 个。

3）对桩端为土层或破碎、极破碎的岩石地基，可采用浅层平板试验，必要时可采用深层平板试验。检验数量为基槽每 20 延米应有 1 点，且点数不少于 3 点，施加载荷应不低于设计载荷的 2 倍。

4）基槽（坑）开挖后，应进行基槽检验。基槽检验可用触探或其他方法，当发现与勘察报告和设计文件不一致，或遇到异常现象时，应结合地质条件提出处理意见。

5）人工挖孔桩终孔时，应进行桩端持力层检验。单柱单桩的大直径嵌岩桩，应视岩性检验桩底下 $3d$ 或 5m 深度范围内有无空洞、破碎带、软弱夹层等不良地质条件。

4. 施工后检验

（1）根据不同桩型应按表 14-20 规定检查成桩桩位偏差。

灌注桩的平面位置和垂直度的允许偏差　　　　　　　　表 14-20

成孔方法		桩径允许偏差(mm)	垂直度允许偏差（%）	桩位允许偏差(mm)	
				1～3 根、单排桩基垂直于中心线方向和群桩基础的边桩	条形桩基沿中心线方向和群桩基础的中间桩
人工挖孔桩	混凝土护壁	±50	<0.5	50	150
	钢套管护壁	±50	<1	100	200

注：1. 桩径允许偏差的负值是指个别断面。
　　2. 采用复打、反插法施工的桩，其桩径允许偏差不受上表限制。

（2）工程桩应进行承载力和桩身质量检验。

（3）混凝土灌注桩的质量检验标准应符合表 14-21 的规定。

混凝土灌注桩质量检验标准　　　　　　　　　　　　表 14-21

项	序	检查项目	允许偏差或允许值		检查方法
			单位	数值	
主控项目	1	桩位			基坑开挖前量护筒，开挖后量桩中心
	2	孔深	mm	+300	只深不浅，用重锤测，或测钻杆、套管长度，嵌岩桩应确保近入设计要求的嵌岩深度
	3	桩体质量检验	按基桩检测技术规范，如钻芯取样，大直径嵌岩桩应钻至桩尖下 50cm		按基桩检测技术规范
	4	混凝土强度	设计要求		试件报告或钻芯取样送检
	5	承载力	按基桩检测技术规范		按基桩检测技术规范
一般项目	1	垂直度			测钻杆、套管，或用超声波探测，干施工时吊锤球
	2	桩径			井径仪或超声波探测，干施工时用钢尺量，人工挖孔桩不包括内衬厚度
	3	泥浆比重(黏土或砂性土中)	1.15～1.20		用比重计测，清孔后在距孔底 50cm 处取样
	4	泥浆面标高(高于地下水位)	m	0.5～1.0	目测
	5	沉渣厚度：端承桩　　　　　摩擦桩	mm　　mm	≤50　　≤100	用沉渣仪或重锤测量
	6	混凝土坍落度：水下灌注　　　　　　　　干施工	mm　　mm	160～220　　70～100	坍落度仪
	7	钢筋笼安装深度	mm	±100	用钢尺量
	8	混凝土充盈系数	>1		检查每根桩的实际灌注量
	9	桩顶标高	mm	+30，-50	水准仪，需扣除桩顶浮浆层及劣质桩体

（4）工程桩应进行承载力检验。对于成桩质量可靠性的灌注桩，应采用静载荷试验的方法进行检验，检验桩数不应少于总桩数的 1%，且不应少于 3 根。

（5）对专用抗拔桩和对水平承载力有特殊要求的桩基工程，应进行单桩抗拔静载试验和水平静载试验检测。

（6）桩身质量应进行检验。成桩质量可靠性高的灌注桩，抽检数量不应少于桩总数的 30%；成桩质量可靠性低的灌注桩，抽检数量为桩总数的 100%。

（7）桩身质量除对预留混凝土试件进行强度等级检验外，尚应进行现场检测。检测方法可采用可靠的动测法，对于大直径桩还可以采取取芯法、声波透射法；检测数量可根据现行行业标准《建筑基桩检测技术规范》（JGJ 106—2014）确定。

（8）工程桩的外观质量缺陷，应由监理（建设）单位、施工单位等各方根据其对结构性能和使用功能影响的严重程度，按表14-22确定。

现浇结构的外观质量缺陷 表 14-22

名称	现象	严重缺陷	一般缺陷
露筋	桩内钢筋未被混凝土包裹而外露	纵向受力钢筋有露筋	其他钢筋有少量露筋
蜂窝	混凝土表面缺少水泥砂浆而形成石子外露	桩主要受力部位有蜂窝	其他部位有少量蜂窝
孔洞	混凝土中孔穴深度和长度均超过保护层厚度	桩主要受力部位有孔洞	其他部位有少量孔洞
夹渣	混凝土中夹有杂物且深度超过保护层厚度	桩主要受力部位有夹渣	其他部位有少量夹渣
疏松	混凝土中局部不密实	桩主要受力部位有疏松	其他部位有少量疏松
裂缝	缝隙从混凝土表面延伸至混凝土内部	桩主要受力部位有影响结构性能的裂缝	其他部位有少量不影响结构性能的裂缝
外形缺陷	缺棱掉角、棱角不直、翘曲不平、飞边凸肋等	有影响使用性能的外形缺陷	有不影响使用性能的外形缺陷
外表缺陷	桩表面麻面、掉皮、起砂、沾污等	有外表缺陷	有不影响使用功能的外表缺陷

5.基桩工程验收资料

（1）当桩顶设计标高与施工场地标高相近时，基桩的验收应待基桩施工完毕后进行。

（2）基桩验收应包括以下资料：

1）岩土工程勘察报告、桩基施工图、图纸会审纪要、设计变更单及材料代用通知单等；

2）经审定的施工组织设计、施工方案及执行中的变更单；

3）桩位测量放线图，包括工程桩位线复核签证单；

4）原材料的质量合格和质量鉴定书；

5）半成品如钢桩等产品的合格证；

6）施工记录及隐蔽工程验收文件；

7）成桩质量检查报告；

8）单桩承载力检测报告；

9）基坑挖至设计标高的基桩竣工平面图及桩顶标高图；

10）其他必须提供的文件和记录。

6.基桩质量的判定和评价

（1）当对基桩质量有质疑时，宜采用钻芯法对成桩质量进行评价。成桩质量评价应按单桩进行。

（2）当出现下列情况之一时，应判定该受检桩不满足设计要求：

1）桩身完整性类别为Ⅳ类的桩；

2）受检桩混凝土芯样试件抗压强度代表值小于混凝土设计强度等级的桩；

3）桩长、桩底沉渣厚度不满足设计或规范要求的桩；

4）桩端持力层岩土性状（强度）或厚度未达到设计或规范要求的桩。

（3）Ⅲ类桩应进行构造处理。

Ⅳ类桩应进行工程结构加固处理或采取加固边坡的措施等方案进行处理。

（4）桩身完整性分类应符合表 14-23 的规定。

桩身完整性类别应结合钻芯孔数、现场混凝土芯样特征、芯样单轴抗压强度试验结果，按表 14-23、表 14-24 的特征和《混凝土结构工程施工质量验收规范》（GB 50204—2015）进行综合判定。

桩身完整性分类表　　　　　　　　　　　　　表 14-23

桩身完整性类别	分 类 原 则
Ⅰ类桩	桩身完整
Ⅱ类桩	桩身有轻微缺陷,不会影响桩身结构承载力的正常发挥
Ⅲ类桩	桩身有明显缺陷,对桩身结构承载力有影响
Ⅳ类桩	桩身存在严重缺陷

桩身完整性判定　　　　　　　　　　　　　表 14-24

桩身完整性类别	特　征
Ⅰ类桩	混凝土芯样连续、完整、表面光滑、胶结好、骨料分布均匀、呈长柱状、断口吻合,芯样侧面仅见少量气孔
Ⅱ类桩	混凝土芯样连续、完整、胶结较好、骨料分布基本均匀、呈柱状、断口基本吻合,芯样侧面局部见蜂窝麻面、沟槽
Ⅲ类桩	大部分混凝土芯样胶结较好,无松散、夹泥或分层现象,但有下列情况之一: (1)芯样局部破碎且破碎长度不大于 10cm; (2)芯样骨料分布不均匀; (3)芯样多呈短柱状或块状; (4)芯样侧面蜂窝麻面、沟槽连续
Ⅳ类桩	钻进很困难; (1)芯样任一段松散、夹泥或分层; (2)芯样局部破碎且破碎长度大于 10cm; (3)混凝土明显有孔洞且长度大于 10cm

（5）混凝土芯样试件抗压强度代表值应按一组三块试件强度的平均值确定。同一受检桩同一深度部位有两组或两组以上混凝土芯样试件抗压强度代表值时，取其平均值为该桩该深度处混凝土芯样试件抗压强度代表值。

（6）受检桩中不同深度位置的混凝土芯样试件抗压强度代表值中的最小值为该桩混凝土芯样试件抗压强度代表值。

（7）桩端持力层岩土性状应根据芯样特征、岩石芯样单轴抗压强度试验、动力触探或标准贯入试验结果,综合判定桩端持力层岩土性状。

(8) 其余要求按《建筑基桩检测技术规范》(JGJ 106—2014)、《建筑结构检测技术标准》(GB/T 50344—2004)、《钻芯法检测混凝土强度技术规程》(CECS 03—2007) 等规范执行。

14.3 应力监测

14.3.1 引言

桩的水平静荷载试验与分析已有较深的研究,但其荷载试验的加载部位大都在地表面的桩顶 (图 14-36),这一试验模型与滑坡治理中采用的桩的实际受荷方式完全不同。国内关于抗滑桩实体水平抗力方面的试验研究较为少见。众所周知,滑坡治理中桩的长度越长,桩的截面和配筋就越大,采用抗滑短桩具有截面小和配筋少等诸多优点,因此,进行抗滑短桩的研究具有十分重要的意义。

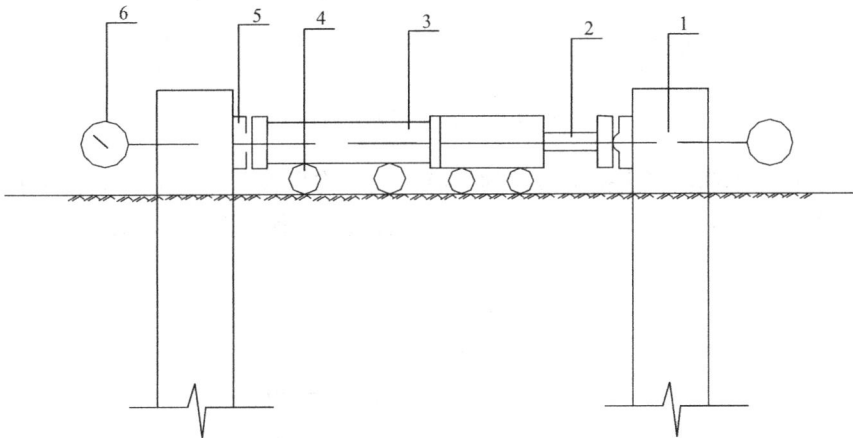

图 14-36 单桩水平静载荷试验装置

1—桩;2—千斤顶及测力计;3—传力杆;4—滚轴;5—球支座;6—量测桩顶水平位移的百分表

埋入式抗滑桩简化计算,这种算法作了较多假定而缺乏充分的理论依据和实践验证。滑坡监测系统的设计、监测预警预报、监测方法、监测技术的改进等方面均有研究,而滑坡治理中采用的抗滑短桩桩前土体水平抗力和桩后土体水平作用力方面的现场试验研究几乎为一空白。因此,进行抗滑短桩桩前土体水平抗力和桩后土体水平作用力方面的现场监测研究,找寻岩土体水平抗力沿抗滑短桩桩身的分布规律,具有不可忽视的工程实践意义。

14.3.2 现场监测

1. 监测部位

(1) 在滑体厚约 9m 的重庆市大渡口区跳磴镇沟口村滑坡治理中,对连续设置的 3 根 C30 钢筋混凝土抗滑短桩〔短桩的间距 4000mm,短桩的断面 1200mm×1500mm,短桩自滑床(强风化岩层)伸入滑体内 5.0m,短桩嵌入岩层内不少于 4.0m,如图 14-37 所示〕进行桩前土体水平抗力和桩后土体水平作用力的监测。

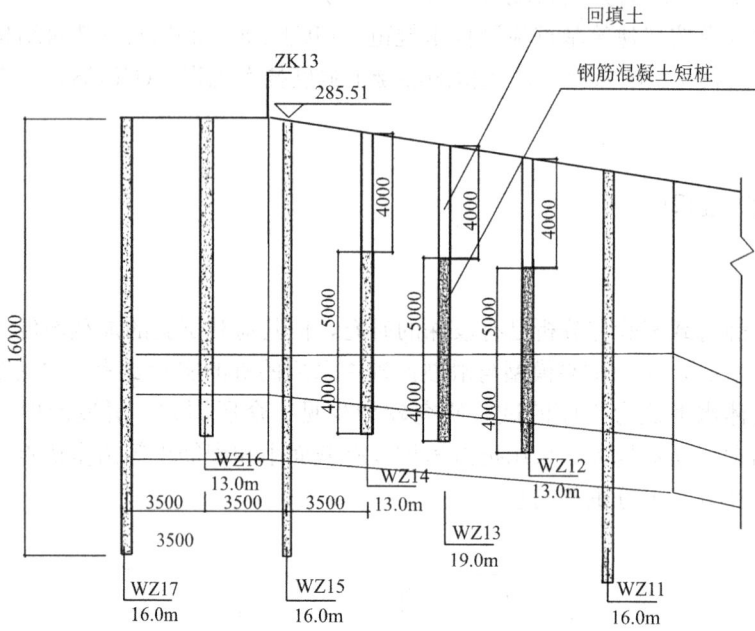

图 14-37　抗滑短桩立面图

（2）3 根 C30 钢筋混凝土抗滑短桩的桩前和桩后均自桩顶 0.5m 处开始沿深度方向每间隔 1.0m 布设 1 个土压力计，即每根短桩的桩前和桩后各布设 5 个压力计，如图 14-38～图 14-40 所示。

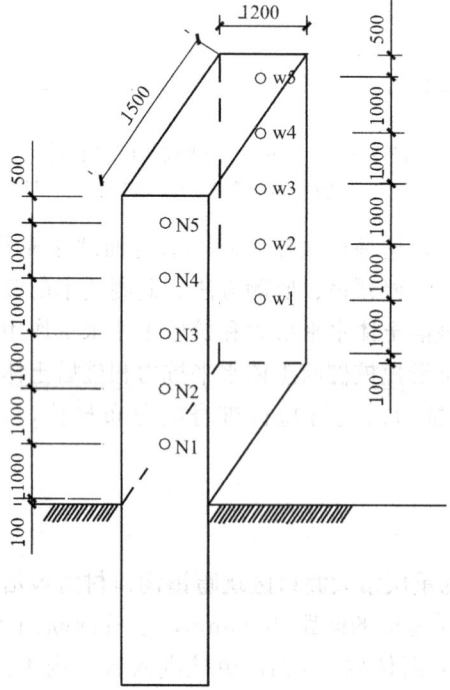

图 14-38　抗滑短桩压力计布置

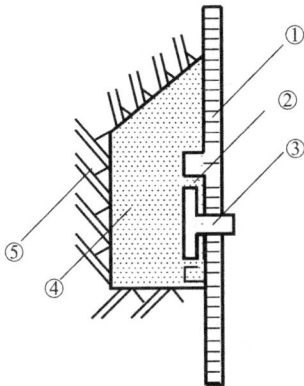

图 14-39　压力计安装图

①—护壁；②—预制混凝土模块；③—压力盒；
④—填砂；⑤—黏土

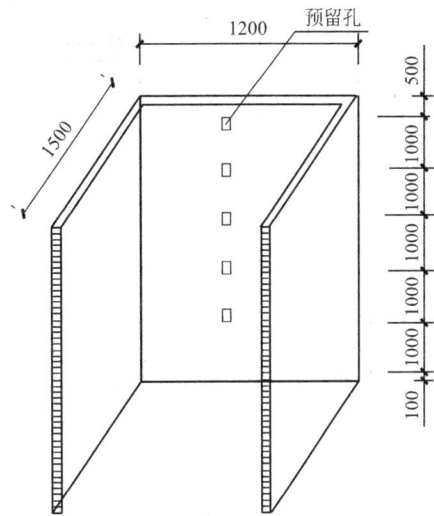

图 14-40　钢筋混凝土护壁预留孔布置

2.监测设备

（1）读数仪

1）用途

本工程现场监测的读数仪为 VW-102A 型振弦读数仪。它适用于测读非连续激振型振弦式传感器，并能适应工程现场各种气候条件下正常工作。具有测量数据存储、计算机通信、自动时间间隔测量、温度测量直接显示温度值等功能。

2）主要技术参数及结构

主要技术参数见表 14-25。

VW-102A 型振弦读数仪主要技术参数　　　表 14-25

测量项目	测量范围	最小读数
频率模数(F)	160～20250	0.1
频率值(Hz)	400～4500	0.1
温度值(℃)	－30～＋70	0.1

注：频率模数 $F = H_z^2 \times 10^{-3}$。

VW-102A 型振弦读数仪由下列几部分组成：

① 读数仪机箱；

② 测量附加连接电缆；

③ 通信连接；

④ 充电器。

面板配置为：1）测量接线柱；2）RS-232 通信接口；3）充电接口及充电、欠电指出灯；4）背光键；5）数据读取键；6）存贮键；7）确定键；8）上下左右键；9）开机键；10）关机键；11）显示屏（图 14-41）。

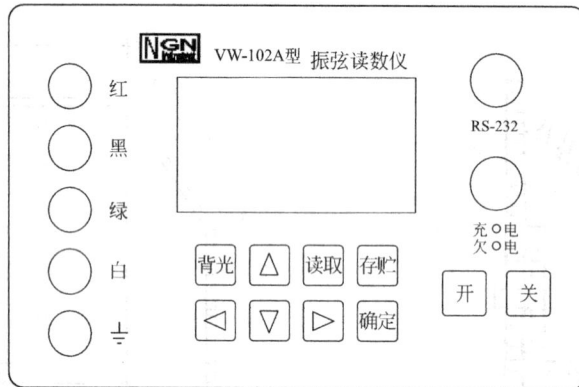

图 14-41 VW-102A 型振弦读数仪面板配置

（2）土压力计

本次试验采用的土压力计为南京葛南实业有限公司生产并通过了 ISO 9000 质量认证的 VWE-4 型振弦式土压力计，其主要技术参数见表 14-26，其结构主要由背板、感应板、信号传输电缆、振弦及激振电磁线圈等组成，如图 14-42 所示。

VWE-4 型土压力计主要技术参数 表 14-26

尺寸参数		性 能 参 数					
最大外径 (mm)	承压盘高 (mm)	测量范围 (kPa)	最小读数 (kPa/F)	温度测量范围 (℃)	温度测量精度 (℃)	温度修正系数 (kPa/℃)	绝缘电阻 (MΩ)
156	20	0~400	≤0.2	−25~+60	±0.5	≈0.5	≥50

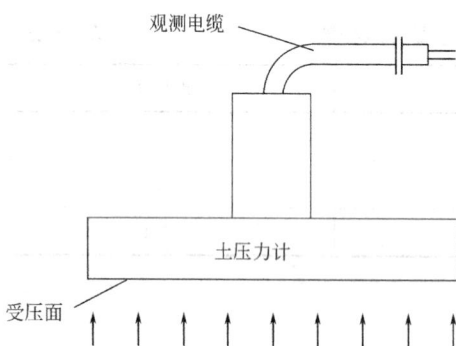

图 14-42 土压力计结构图

（3）监测方法

1）工作原理

当被测结构物内土应力发生变化时，土压力计感应板同步感受应力的变化，感应板将会产生变形，变形传递给振弦转变成振弦应力的变化，从而改变振弦的振动频率。电磁线圈激振振弦并测量其振动频率，频率信号经电缆传输至读数装置，即可测出被测结构物的压应力值。同时可同步测出埋设点的温度值。

2）计算方法

① 当外界温度恒定，土压力计仅受到压应力时，其压应力值 P 与输出的频率模数 ΔF 具有如下线性关系：

$$P = k\Delta F \tag{14-36}$$

$$\Delta F = F - F_0 \tag{14-37}$$

式中 k——土压力计测量压力值的最小读数（kPa/F）；

ΔF——土压力计实时测量值相对于基准值的变化量（F）；

F——土压力计的实时测量值（F）；

F_0——土压力计的基准值（F）。

② 当作用在土压力计上的压应力恒定时，而温度增加 ΔT，此时土压力计有一个输出量 $\Delta F'$，这个输出量仅仅是由温度变化而造成的，因此在计算时应给以扣除。

实验可知 $\Delta F'$ 与 ΔT 具有如下线性关系：

$$P' = k\Delta F' + b\Delta T = 0 \tag{14-38}$$

$$k\Delta F' = -b\Delta T \tag{14-39}$$

$$\Delta T = T - T_0 \tag{14-40}$$

式中 b——土压力计的温度修正系数（kPa/℃）；

ΔT——温度实时测量值相对于基准值的变化量（℃）；

T——温度的实时测量值（℃）；

T_0——温度的基准值（℃）。

③ 当土压力计受到压应力和温度的双重作用时，土压力计的一般计算公式为：

$$P_m = k\Delta F + b\Delta T = k(F - F_0) + b(T - T_0) \tag{14-41}$$

式中 P_m——被测结构物的压应力值（kPa）。

3）埋设与安装

滑坡推力一方面可以通过已知的工程地质条件和给定的设计参数计算求得，为整治滑坡提供依据。当工程完成以后，滑动力就是作用于构筑物的推力。因此，可利用设置于构筑物上的压力盒来实测此值，从而获得推力分布及构筑物的受力状态，并检查、校核滑坡推力设计值的准确性。

目前，对于接触压力的测定，国内外采用不同型式的压力盒，日本多采用差动式和应变式压力盒，我国多采用钢弦压力盒。

压力盒的埋设位置，视构筑物类型而异。一般做法是：抗滑挡墙设于墙背；抗滑桩设于桩前桩后；抗滑明洞设于拱圈外侧及内边墙内侧等。

埋设前应首先检查土压力计确保仪器完好，按设计要求接长电缆，做好编号。土压力计的面积大，埋设时应注意土压力计的受力感应板应对着土体，背板应紧靠在结构物上。埋设方法采用在钢筋混凝土短桩浇筑过程中同时进行埋设。在浇筑前先将土压力计放在土体上，要使土压力计紧压在被测土体上，再浇筑混凝土。在混凝土浇筑到埋设高程处，将土压力计放置在混凝土中，土压力计的受力感应板应与短桩表面平齐，注意混凝土一定不能包裹住土压力计的受力感应板。

应特别注意：水泥砂浆不能包裹住土压力计的受力感应板；土压力计的背板与短桩护壁应用水泥砂浆填充捣实，不能留有缝隙；土压力计的受力感应板与土体之间用细沙土填充捣实，同样不能留有缝隙。安装就位后的土压力计初测值应大于埋设前自由状态读数，即就位后的土压力计应在受压状态。

3 根连续短桩的土压力计安装结束（图 14-43）并浇筑完混凝土后，采用碎石土夯填短桩至地表面之间的地段，将有编号的电缆线接至预埋盒内（图 14-44），为了电缆盒的安全，用带钩的小块预制板封顶（图 14-45）。

4）获取数据

采用 VW-102A 型振弦读数仪获取测试数据，如图 14-46 所示。该读数仪有测量数据

图 14-43　土压力计安装现场（有编号的压力计埋置）

图 14-44　土压力计安装现场（有编号的电缆线接至预埋盒内）

图 14-45　土压力计安装现场（用带钩的小块预制板封顶）

图 14-46   现场应力测试

存贮、计算机通信、自动时间间隔测量、温度测量直接显示温度值等功能。

将通信连接电缆一端插到读数仪 RS-232 通信接口上，另一端插到计算机 RS-232 通信接口上。启动 VW-102A 型振弦读数仪通信软件，之后按通信软件菜单提示进行操作即可将测试数据拷贝至计算机的硬盘上。

5）监测设计

① 监测目的与任务

为监测和掌握目前、施工期及后期运行过程中滑坡稳定的变化趋势、检验治理工程的效果，及时发现异常现象并进行分析处理，确保滑坡体上保护对象（建筑物、公路、铁路、居民的生命财产等）的安全，均有必要布置适量的监测设施。

② 监测原则

防治工程监测，应满足动态设计和信息化施工的要求，并能对防治工程的效果评估提供依据。

防治工程监测，一般应包括施工期间的安全监测和防治效果监测。

防治工程监测仪器的选择，应遵从可靠、实用原则。

③ 监测内容

对连续的 3 根 C30 钢筋混凝土抗滑短桩的作用力进行监测。桩前和桩后均自桩顶 0.5m 处开始沿深度方向每间隔 1.0m 布设 1 个土压力计，即每根短桩的桩前和桩后各布设 5 个压力计。

④ 监测时间

抗滑短桩施工完工后第 1 个月和第 2 个月，每周监测 1 次；第 3 个月，每 2 周监测 1 次；3 个月后，每月监测 1 次。总的监测时间从抗滑短桩施工完工后 1 个水文年。

14.3.3　监测结果与分析

1. 监测结果

采用前述设备和方法对连续布设的 3 根抗滑短桩（桩号为 12 号桩、13 号桩和 14 号桩）进行了 1 个水文年的桩前土体水平抗力和桩后土体水平作用力的监测。12 号桩、13 号桩和 14 号桩桩前土体水平抗力和桩后土体水平作用力的时程变化的监测结果分别如图 14-47～图 14-49 所示。

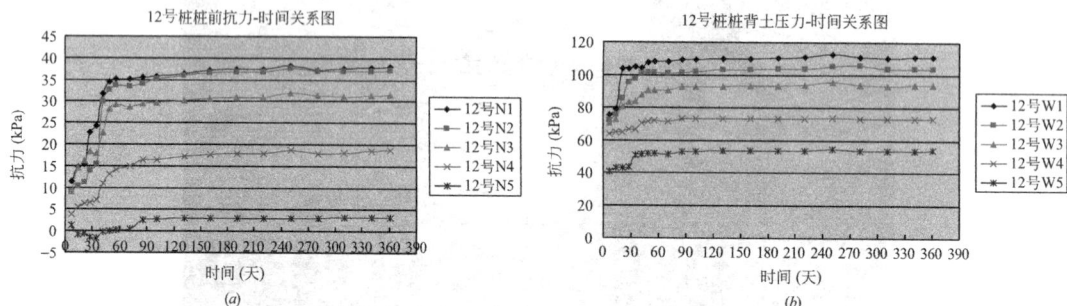

图 14-47　12 号短桩水平作用力时程变化图
（a）桩前土体水平抗力；（b）桩后土体水平作用力

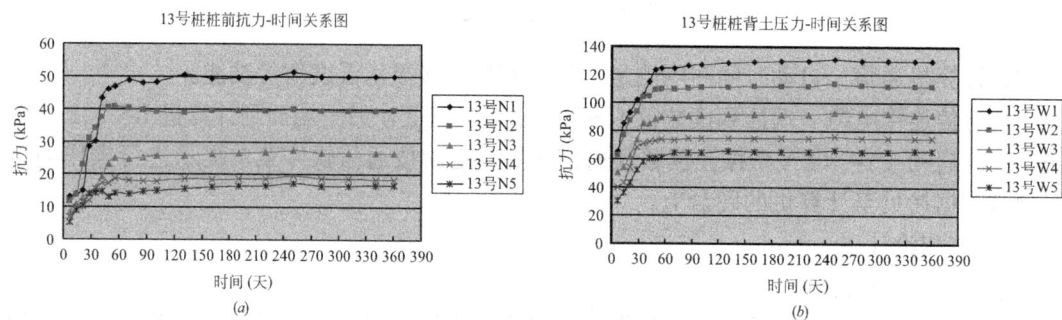

图 14-48　13 号短桩水平作用力时程变化图
（a）桩前土体水平抗力；（b）桩后土体水平作用力

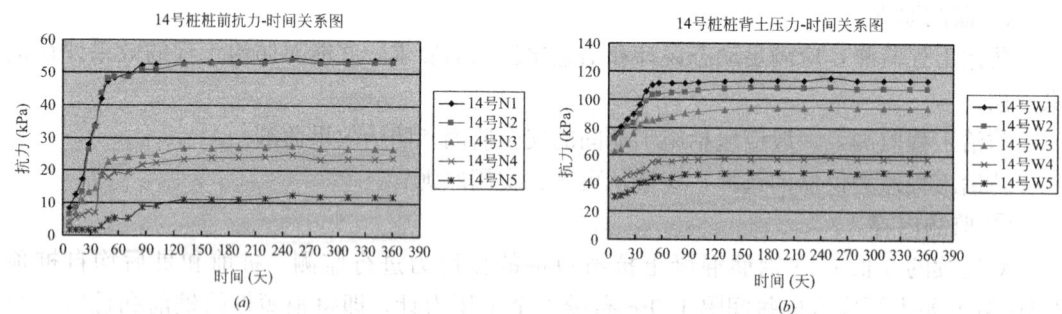

图 14-49　14 号短桩水平作用力时程变化图
（a）桩前土体水平抗力；（b）桩后土体水平作用力

　　12 号桩、13 号桩和 14 号桩桩前土体水平抗力和桩后土体水平作用力沿抗滑短桩滑动面以上不同竖向距离（沿桩身）的监测结果分别如图 14-50～图 14-55 所示。

　　2. 监测结果分析

　　（1）本工程中水平抗力和水平作用力在抗滑短桩施工完工后约 50d 才完全发挥并趋于稳定。

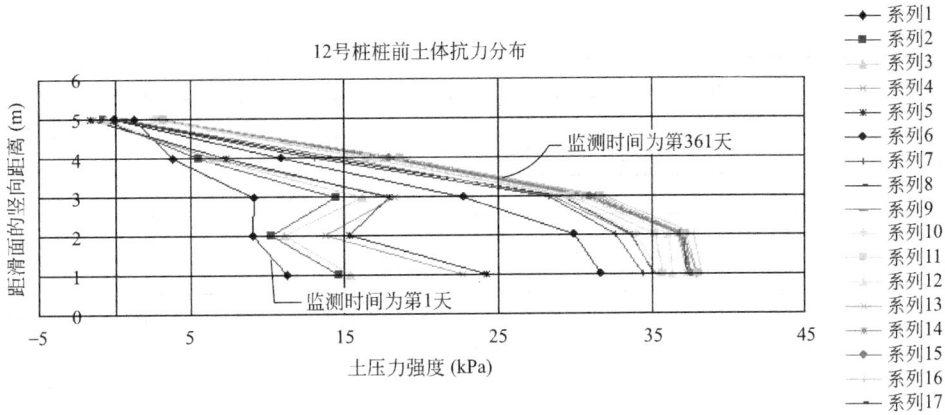

图 14-50 12号短桩桩前土体水平抗力沿桩身分布

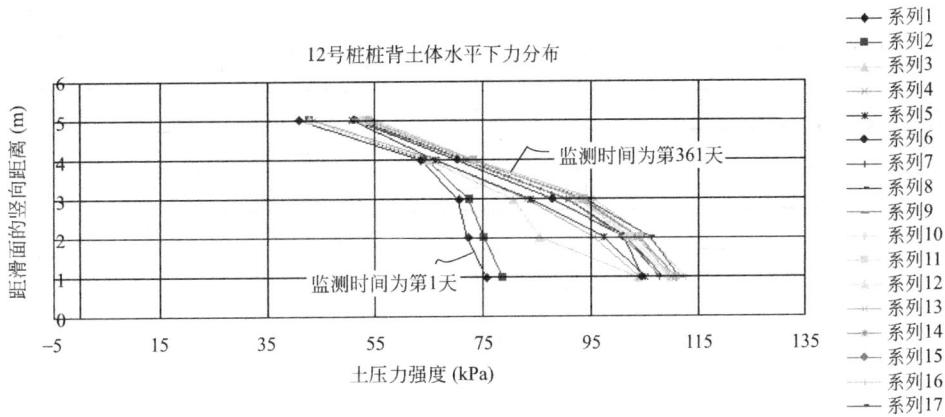

图 14-51 12号短桩桩后土体水平作用力沿桩身分布

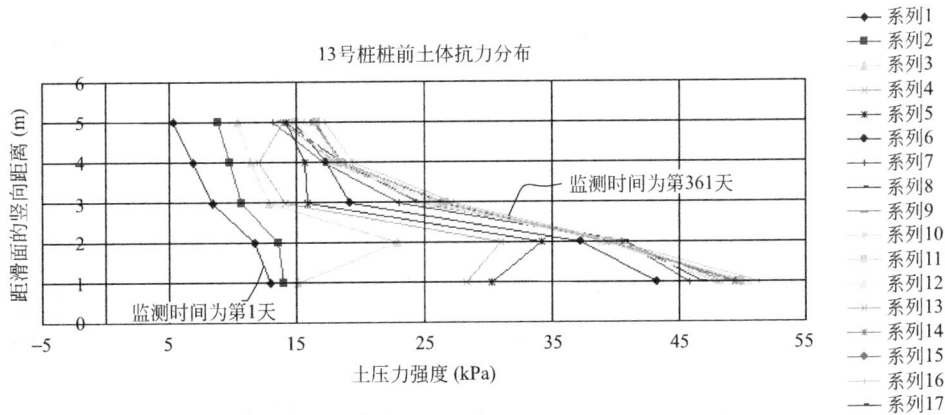

图 14-52 13号短桩桩前土体水平抗力沿桩身分布

（2）12号、13号和14号抗滑短桩的桩前土体水平抗力 $F_{抗}$ 和桩后土体水平作用力 $F_{滑}$ 的平均值分别为：

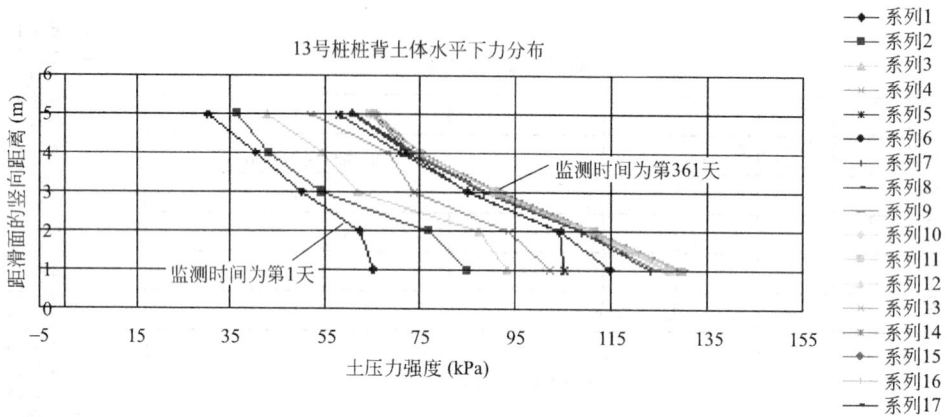

图 14-53　13 号短桩桩后土体水平作用力沿桩身分布

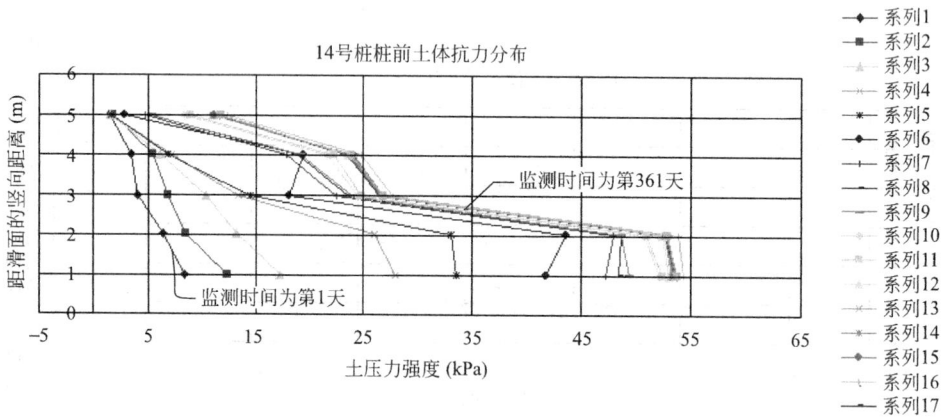

图 14-54　14 号短桩桩前土体水平抗力沿桩身分布

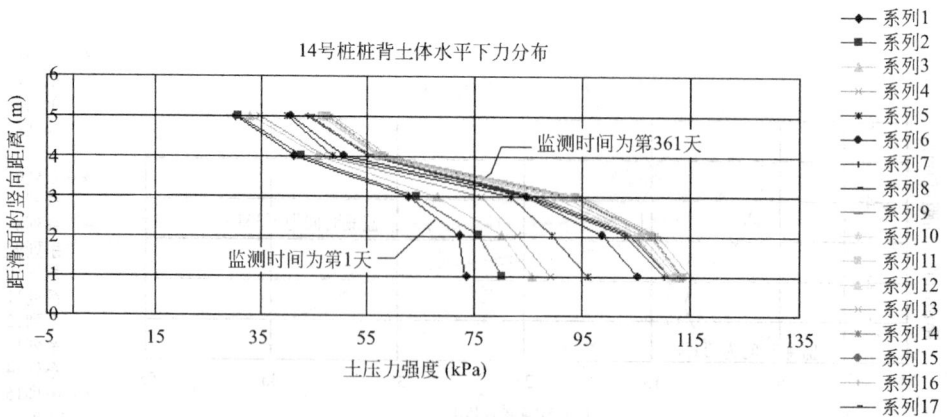

图 14-55　14 号短桩桩后土体水平作用力沿桩身分布

$$F_{抗12号} = (3.1+18.6+31.6+37.2+38.0)/5 = 25.7\text{kPa}$$

$$F_{滑12号} = (53.9+73.0+93.7+104.0+110.9)/5 = 87.1\text{kPa}$$

$$F_{抗13号} = (16.7+18.5+26.6+39.6+49.9)/5 = 30.3\text{kPa}$$

$$F_{滑13号} = (65.6+74.9+91.6+111.7+129.7)/5=94.7\text{kPa}$$

$$F_{抗14号} = (11.9+23.9+26.9+52.9+53.8)/5=33.9\text{kPa}$$

$$F_{滑14号} = (47.7+57.9+93.9+107.9+113.7)/5=84.2\text{kPa}$$

作用在短桩上的剩余水平下滑力 $E_{剩}$ 分别为：

$$E_{剩12} = (87.1-25.7) \times 5（桩长）=307.0\text{kN/m}$$

$$E_{剩13} = (94.7-30.3) \times 5（桩长）=322.2\text{kN/m}$$

$$E_{剩14} = (84.2\text{-}33.9) \times 5（桩长）=251.7\text{kN/m}$$

3 根连续短桩中，以中间那根短桩（13 号桩）的剩余水平下滑力最大，这主要由于两侧短桩（12 号桩和 14 号桩）受相邻全长桩（11 号桩和 15 号桩）的部分"约束"作用所致。

（3）由图 14-50～图 14-55，抗滑短桩的桩前土体水平抵抗应力和桩后土体水平下滑应力的分布，沿桩身近于呈梯形。这与数值分析的结果吻合。

（4）以滑体土试验参数（$\gamma=20.3\text{kN/m}^3$，$c=30\text{kPa}$，$\varphi=25°$）为依据，按 Coulomb 主、被动土压力公式进行计算，与实测短桩的桩前土体水平抗力强度和桩后土体水平作用力强度对比（表 14-27 和图 14-56～图 14-58）可知，实测短桩的桩后土体水平作用力强度大于计算的主动土压力强度，而实测短桩的桩前土体水平抗力强度明显低于计算的被动土压力强度（该值较大，未在对比图中显示）。

12 号、13 号和 14 号短桩应力实测值与计算值对比表 　　　　表 14-27

计算及测试深度（m）	5	6	7	8	9
计算主动土压力强度（kPa）	21.52	26.92	32.54	38.00	43.48
计算被动土压力强度（kPa）	214.98	257.97	300.97	343.96	386.96
12 号短桩桩前实测水平抗力（kPa）	3.04	18.64	31.64	37.24	38.02
12 号短桩桩后实测水平作用力（kPa）	53.87	72.99	93.71	103.99	110.93
12 号短桩实测剩余水平作用力（kPa）	50.83	54.35	62.07	66.75	72.91
13 号桩桩前实测水平抗力（kPa）	16.71	18.54	26.57	39.57	49.91
13 号桩桩后实测水平作用力（kPa）	65.56	74.87	91.59	111.69	129.71
13 号短桩实测剩余水平作用力（kPa）	48.85	56.33	65.02	72.12	79.8
14 号桩桩前实测水平抗力（kPa）	11.90	23.9	26.92	52.89	53.79
14 号桩桩后实测水平作用力（kPa）	47.68	57.92	93.89	107.89	113.67
13 号短桩实测剩余水平作用力（kPa）	35.78	34.02	66.97	55.00	59.88

（5）实测短桩的桩前土体水平抗力强度和桩后土体水平作用力强度均随深度的增加而增大。

（6）取接触带的宽度为 0.4m，$E=2.0\times10^9\text{Pa}$ 时，采用 ANSYS 数值计算（材料参数见表 14-28），抗滑短桩桩前土体累积水平抵抗力分布和作用在桩背上的累积水平下滑力分布如图 14-59 和图 14-60 所示。

抗滑短桩的剩余水平下滑力为：$609.3-256.0=353.3\text{kN/m}$。

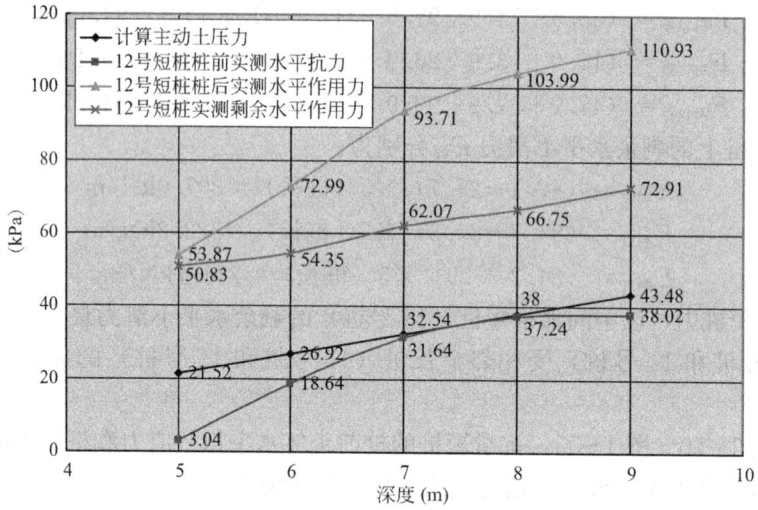

图 14-56　12 号短桩应力实测值与计算值对比

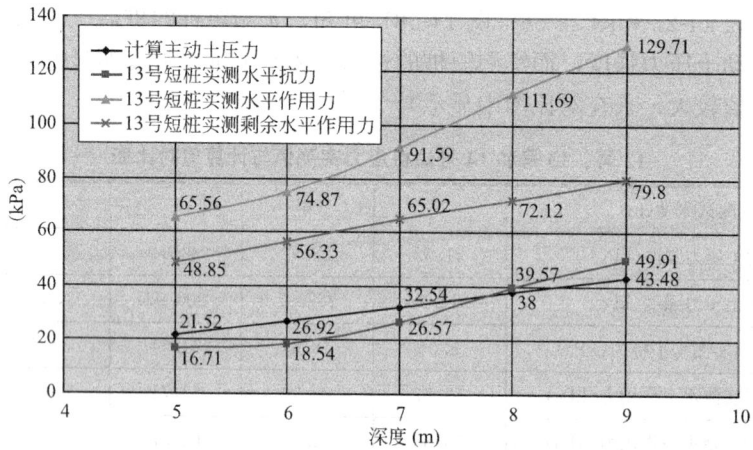

图 14-57　13 号短桩应力实测值与计算值对比

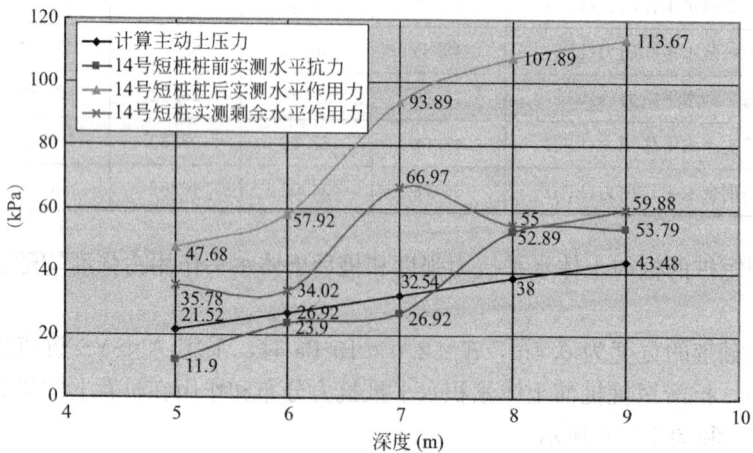

图 14-58　14 号短桩应力实测值与计算值对比

土质滑坡材料参数 表 14-28

材料类型	密度（kg/m³）	弹性模量（Pa）	泊松比	黏聚力（Pa）	内摩擦角（°）	备注
M1	2030	9.0×10^7	0.30	3.0×10^4	25	滑体土（黏性土）
M2	2400	1.1×10^9	0.25	6.0×10^5	34	滑床（砂岩）
M3	2500	3.1×10^{10}	0.20	1.0×10^6	60	C30 钢筋混凝土
M4	2030	8.0×10^6	0.30	1.5×10^4	15	滑带土
M5	2250	2.0×10^{10}	0.25	2.0×10^5	45	接触带

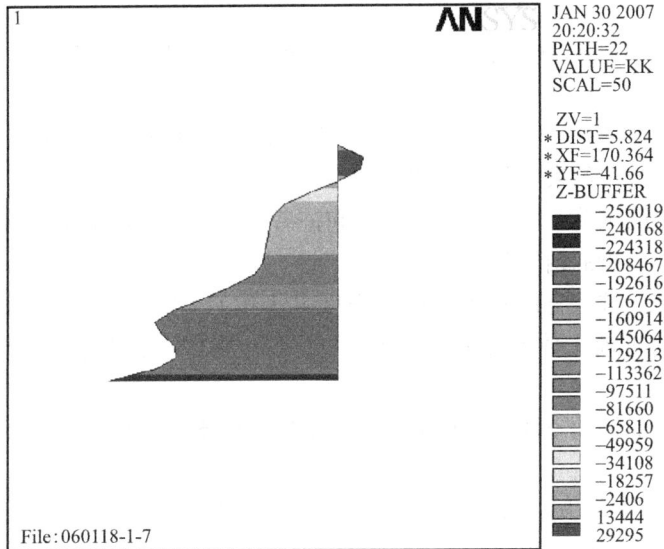

图 14-59 桩前土体累积水平抵抗力分布

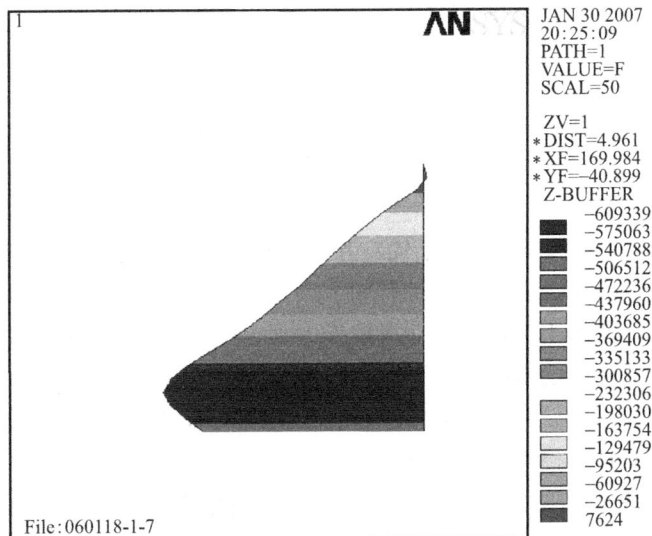

图 14-60 作用在桩背上的水平下滑力分布

取接触带的宽度为 0.4m，$E=2.0\times10^9$Pa 时，采用 ANSYS 数值计算（材料参数见表 14-28），全长桩的剩余水平下滑力（力的分布图，略）为：703.0-316.3＝386.7kN/m。

不考虑接触带的作用时，采用 ANSYS 数值计算（材料参数见表 14-28），全长桩的剩余水平下滑力（力的分布图，略）为：647.5-171.5＝476kN/m。

由上可知，取接触带的宽度为 0.4m，$E=2.0\times10^9$Pa 时，抗滑短桩数值计算结果（353.3kN/m）比 3 根连续短桩中的中间那根短桩（13 号桩）的剩余水平下滑力的监测值（322.2kN/m）约大 8.8%；考虑接触带的作用时全长桩的剩余水平下滑力（386.7kN/m）比该监测值（322.2kN/m）约大 16.7%；不考虑接触带的作用时全长桩的剩余水平下滑力（476kN/m）比该监测值（322.2kN/m）约大 32.4%。

3. 小结

（1）本工程中水平抗力和水平作用力在短桩施工完工后约 50d 才完全发挥并趋于稳定。

（2）3 根连续短桩中，以中间那根短桩的剩余水平下滑力最大，这主要由于两侧短桩受相邻全长桩的部分"约束"作用所致。

（3）抗滑短桩的桩前土体水平抵抗应力和桩后土体水平下滑应力的分布，沿桩身近于呈梯形。这与数值分析的结果吻合。

（4）实测短桩的桩后土体水平作用力强度大于按 Coulomb 公式计算的主动土压力强度，而实测短桩的桩前土体水平抗力强度明显低于按 Coulomb 公式计算的被动土压力强度。

（5）实测短桩的桩前土体水平抗力强度和桩后土体水平作用力强度均随深度的增加而增大。

（6）取接触带的宽度为 0.4m，$E=2.0\times10^9$Pa 时，抗滑短桩数值计算结果（353.3kN/m）比 3 根连续短桩中的中间那根短桩（13 号桩）的剩余水平下滑力的监测值（322.2kN/m）约大 8.8%；考虑接触带的作用时全长桩的剩余水平下滑力（386.7kN/m）比该监测值（322.2kN/m）约大 16.7%；不考虑接触带的作用时全长桩的剩余水平下滑力（476kN/m）比该监测值（322.2kN/m）约大 32.4%。

14.4　实例

14.4.1　引言

自 1964 年（国外自 20 世纪 40 年代）开始使用抗滑桩以来，在滑坡防治中抗滑桩得到了大量的、广泛的应用。因为抗滑桩有如下突出优点：

（1）抗滑能力强，圬工数量小，在滑坡推力大、滑动带深的情况下，能够克服抗滑挡土墙等支护结构难以克服的困难。

（2）桩位灵活，可以设在滑坡体中最有利于抗滑的部位，可以单独使用，也能与其他支护结构（锚索、锚杆、格构梁等）联合使用。

可以适用于某些不能变更其空间位置、不能通过削坡填方维持滑坡体稳定的特殊地段，如古建筑、文物保护、线路选址、重要建筑物等。

（3）可以沿桩长根据弯矩大小合理地布置钢筋。因此，在相同情况下，比一般不能分段布置不同数量钢筋的桩（如钢管桩、预制桩）要经济。

（4）施工方便，设备简单。采用混凝土或少筋混凝土护壁，安全、可靠。

（5）间隔开挖桩孔，不易恶化滑坡状态，利于整治正在活动中的滑坡，利于抢修、抢险工程。

（6）通过开挖桩孔，能够直接校核地质情况，进而可以检验和修改原来的设计，使之更切合实际。发现问题，易于补救。能达到信息化施工和动态设计的要求。

但是，由于以下原因，抗滑桩被抗滑键或抗滑短桩所替代：

（1）滑坡推力较大，抗滑桩常需用较多的钢材，有时虽然采用了钢轨为配筋，仍然感到布筋太密，混凝土灌注捣固困难。

（2）滑坡体在失去支撑产生移动的过程中，具有相对的整体性，影响滑坡稳定的关键因素，是滑动面附近的几厘米到几十厘米厚土体的力学强度。根据这个特性，在治理滑坡时，可着重改善滑动带的力学平衡条件，将抗滑桩的长度最大限度地缩短，使之趋于抗滑键或抗滑短桩的型式，将滑体与滑床栓锚固在一起以达到稳定或提高安全储备的目的。

抗滑短桩是介于抗滑键与全长桩的一种特殊的抗滑桩，抗滑短桩在滑坡治理中早在20世纪50年代、70年代就已经应用，并取得了良好的治理效果。如：20世纪50年代修建宝成铁路，在史家坝隧道进口石灰岩顺层滑坡，经用几根3m长的抗滑桩（900mm×1200mm），埋置在滑动面上、下（图14-61），即稳定了滑坡。又如：1979年上海铁路局南昌勘测设计院在治理萍乡市上官岭煤矿铁路专用线的牛头山滑坡中，应用了混凝土抗滑键（滑体为第四系的褐黄色黏土夹块石、碎石，滑体厚约9m）（图14-62）。

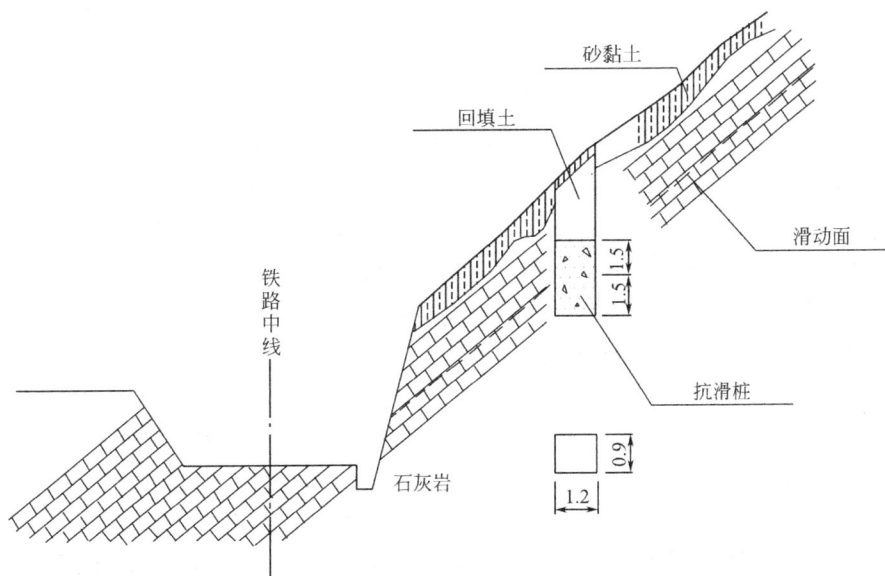

图 14-61　史家坝滑坡典型剖面图（m）

近年来，抗滑短桩在实际工程中已有较多的应用，如：重庆市大渡口区跳磴镇沟口村回头湾滑坡治理工程中，连续设置了3根抗滑短桩；重庆市奉节县某土质滑坡采用钢筋混凝土抗滑短桩进行治理；重庆市云阳县太公沱至余家包库岸大咀段滑移型库岸的治理中采用抗滑短桩；重庆市万盛区东林煤矿矸石山滑坡采用钢筋混凝土抗滑短桩＋重力式抗滑墙

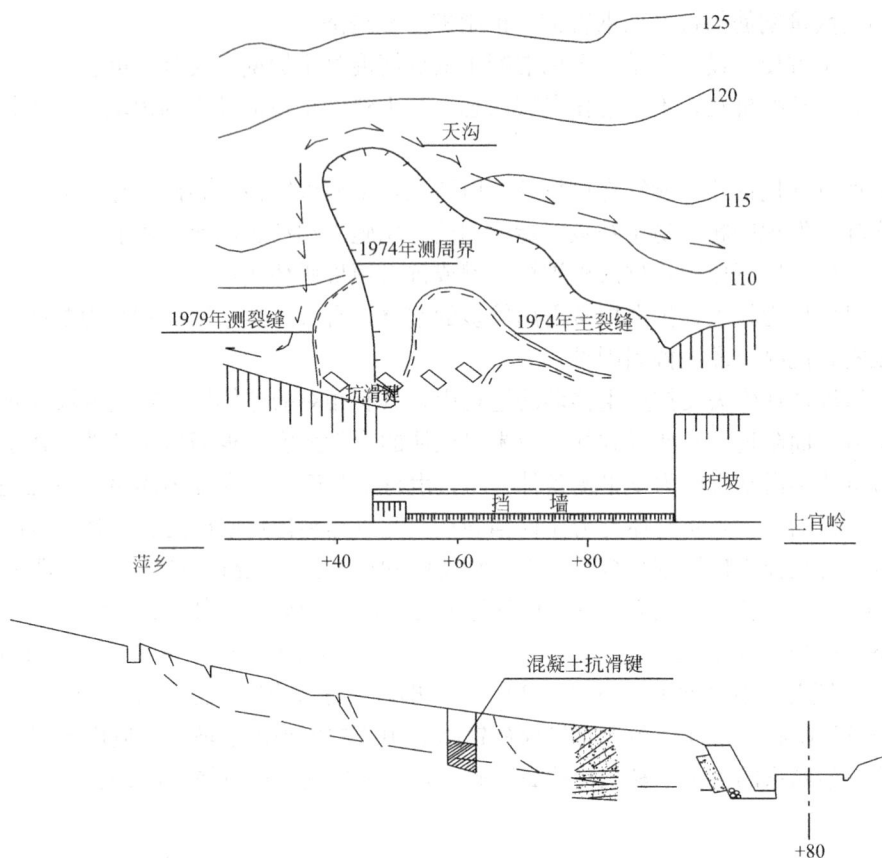

图 14-62　牛头山滑坡平面及斜交 61°主轴剖面图

进行治理等。在滑坡推力作用下，抗滑桩的长度决定了抗滑桩的内力分析及结构设计，从而决定抗滑桩的造价，并对设计的安全性和合理性产生重大影响。理论上，桩长度越小，抗滑桩越经济，但是其设计是否安全可靠，是一个设计中值得注意的问题。本文结合重庆市大渡口区跳磴镇沟口村回头湾滑坡和重庆市万盛区东林煤矿矸石山滑坡治理工程中的抗滑短桩，对其治理效果和节约经费、缩短工期进行了探讨。

14.4.2　抗滑短桩在土质滑坡治理中的实例

1. 工程概况

重庆市大渡口区某滑坡治理工程位于重庆市大渡口区跳磴镇沟口村回头湾的山麓斜坡地带；斜坡地形总体呈"扇形"展布，前缘为地势较低的沟谷，后缘为砂岩陡崖，属浅丘剥蚀斜坡地貌。场地发生滑坡共分两期，第一期为古滑坡，发生年代已较久远，滑坡周界模糊，据地质勘察测绘，滑坡纵向长约 350m，横向宽 250m，上小下大，平面呈扇形；前缘高程为 308.60m，后缘高程为 241.11m，高差为 67.49m，滑坡主方向为 335°；该期滑坡已趋于稳定状态。第二期滑坡：发生于 2003 年 5 月的一次暴雨；该滑坡周界明显，纵向长约 150m，横向宽 200m；前缘高程为 280.39m，后缘高程为 307.10m，高差为 26.71m；滑体最厚 12.70m，平均厚度为 10.00m。

场区地质构造较简单，位于石桥铺向斜的南东翼，为单斜岩层产出，岩层倾角较缓，其产状为：倾向 102°，倾角 64°。根据场地地勘报告，场区内发育两组构造裂隙，特征如下：

(1) 裂隙 J_1：倾向 213°，倾角 88°，裂面较平直，多呈闭合状，无充填物，结合程度一般，裂隙间距 3.0m，贯通性差，延伸长度约 2.0m。

(2) 裂隙 J_2：倾向 320°，倾角 82°，裂面成曲面状，裂隙宽度：1～3mm，裂隙面呈锈色，为铁锰质充填，结合程度一般，裂隙间距 2.5m，延伸长度约 1.5m，裂隙较为发育。

场区内除滑坡外，无断层通过、无地下洞室等不良地质作用。

2.滑坡的物质组成及主要岩土参数

(1) 滑坡的物质组成

1) 滑体

该滑坡的滑体为残坡积层，岩性以紫褐色粉质黏土为主，夹砂、泥岩块碎石，总体土石比约 6：4，多呈硬塑状。据钻探和山地工程揭示，滑体厚度具有中前部稍厚、向后缘逐渐变薄的特征。

本次在钻孔及探井共采取 6 组滑体土样（粉质黏土）进行常规的室内物理力学性质试验。

2) 滑动面（带）

该滑坡的滑面（带）土岩性为粉质黏土，紫褐色、褐色，软塑状，质纯，黏性强，刀切面光滑。本次勘察在各钻孔、探井中多处揭露滑面、滑带。

本次在探井中共采取 3 组滑带土样（粉质黏土）进行大剪试验，采取 6 组滑带土样（粉质黏土）进行常规的室内物理力学性质试验。

3) 滑床特征

钻探和井探揭示该滑坡是沿基岩面产生的，也就是说滑床是由滑面以下未滑动的基岩（砂岩：灰色、灰白色，中粒结构，中厚层构造）组成。

本次在钻孔中共采取岩样 6 组进行物理力学性质试验。

(2) 主要岩土参数

1) 滑带土

滑带土的抗剪强度指标 c、φ 值的确定是抗滑支挡设计成败的关键，一般可用土的剪切试验、根据滑坡过去或现在的状态进行反算以及选用经验数据三方面来获得。

用剪切试验方法确定滑动面土的抗剪强度指标：根据滑坡的滑动性质用剪切试验确定滑带土的抗剪强度指标，关键在于尽可能地模拟它的实际状态，只有这样才能获得符合实际情况的数值。土样在剪切试验过程中，随着剪切变形的增加，剪切应力逐渐增加。当剪切破裂面完全形成时，剪切应力达到峰值（即峰值抗剪强度），然后随变形的增加，剪切应力逐渐下降，最终趋近于一稳定值（即残余抗剪强度）。对于已滑动并仍在活动的滑坡，由于滑动面已经完全形成，滑动面土原状结构已遭受破坏，所以应取残余值。

用反算法确定滑动面土的抗剪强度指标：滑坡的每一次滑动都可以看成是一次大型的模型试验，只要弄清滑动瞬间的条件，就可以求出该条件下滑动面土的抗剪强度指标。通常假定滑坡体即将滑动的瞬间处于极限平衡状态，令其剩余水平下滑力为零，按稳定系数为 1.00（根据现场调查的滑坡所处稳定状态，反算时的稳定系数可取 0.95～1.03）的极限平衡条件反算滑动面土的抗剪强度指标。反算法所求出 c、φ 值的可靠性取决于反算条件是否完全具备与可靠。实践证明，只要反算条件可靠，所得指标就能较好地反映土的力学性质。因此，反算法得到较广泛的应用。根据滑动面土的性质不同，滑坡极限平衡状态抗剪强度指标的推算可分为综合 c 法、综合 φ 法及兼有 c、φ 法。

用经验数据确定滑动面土的抗剪强度指标：根据过去的经验发现，滑坡的发生具有一定规律，比如构成滑动面的土往往是某些性质特别软弱的土层，风化的泥质岩层及含有蒙脱石等矿物的黏性土，滑动时滑动面土的含水量也比较高，或滑动面被水湿润。因此，可以从以往治理滑坡所积累的资料里，根据滑动面土的组成、含水情况等和现有滑坡进行工程地质类比，参考选用指标。需要指出的是，使用经验数据要特别注意地质条件的相似性。

为治理滑坡选用滑带土抗剪强度指标的目的：在于求出设置治理滑坡工程措施部位的滑坡推力大小，供设计抗滑措施需要。

为治理滑坡选用滑带土抗剪强度指标的原则：为保证在一定年限内（一般为 50 年）应保护的设施能正常使用，所修建的抗滑措施需要承担的滑坡推力，在选用校算推力时，滑带土的抗剪强度指标应采用在今后一定年限内可能出现的最小 c、φ 值。包括 3 个方面：促使 c、φ 值变化的各因素可能出现的最不利组合；各治理措施建成后对 c、φ 值变化的影响及形成影响所需的时间；对选用的 c、φ 值其可靠性如何。

① 大剪试验

为确定滑带的抗剪强度参数，除常规试验外，于 2005 年 4 月 20～30 日从滑坡现场采取原状土样进行了 3 组室内大剪试验。大剪试验采用的规程主要为《土工试验规程》（SL 237—1999）和《现场直剪试验规程》（YS 5221—2000）。

大剪试验采用的试验仪器：试验采用我院自行研制的岩石结构面直剪设备，其剪切盒的平面形状为正方形，尺寸为 250mm×250mm，高度为 250mm。岩石结构面直剪仪如图 14-63 所示，由水平加压系统和垂直加压系统组成。水平加压由手动加压千斤顶加压，并通过传感器及电子应变仪测量水平荷载。垂直加压系统由油压千斤顶和压力表来施加。

图 14-63　结构面直剪仪

大剪试验的试验方法：直剪试验按下列公式计算法向应力 σ、剪切应力 τ：

$$\sigma = P/A \qquad \tau = Q/A$$

式中 σ——作用在剪切面上的法向应力（kPa）；

τ——作用在剪切面上的剪切应力（kPa）；

P——作用在剪切面上的总法向荷载（kN）；

Q——作用在剪切面上的总剪切荷载（kN）；

A——剪切面面积（m^2）。

按此公式计算出所需施加的法向应力。对应的压力表读数见表14-29。

压力换算 表 14-29

施加的法向应力(kPa)	压力表读数(kPa)
100	2.3
200	4.6
300	6.9

根据室内物性试验，测出土的重度，根据其天然重度确定土的用量。将称好的土样分成三份，将其中一份装入剪切盒中，然后放上加压板及千斤顶，施加垂直压力 30min 左右，待变形稳定后卸载。重复上述步骤，以同样的方法将另两份也装入剪切盒。

试样制作完成后，在试样上部放上加压板、滚珠、传力板和千斤顶，然后装上水平和垂直百分表。待这些工作结束后，打开上下剪切盒的固定键，然后施加垂直荷载，加到预定压力后使其恒定不变，然后以每级荷载 30s 的速度施加水平荷载，测试度量每级荷载下的水平位移和竖向位移。起始水平荷载按垂直荷载的 10% 施加。当某级水平荷载下的位移超过前一级剪切位移的 1.5～2 倍时，改为 5% 施加；当水平荷载不再增加或水平位移急剧增加时，认为试样已经破坏，此时终止试验。如果无这两种情况出现，则当剪切变形达到试样宽度的 1/10 时，停止试验。试验每组做三个试件，三个试件分别在垂直荷载为 100kPa、200kPa、300kPa 下剪切。

大剪试验的试验成果：根据实测资料分别计算正应力、剪应力、切向位移，并绘制剪应力 τ 与水平位移 s 关系曲线，根据关系曲线确定各法向应力下的剪应力残值 τ，绘制法向应力 σ 与其对应的剪应力残值曲线。其试验曲线如图 14-64～图 14-66 所示。原位直剪试验成果见表14-30。

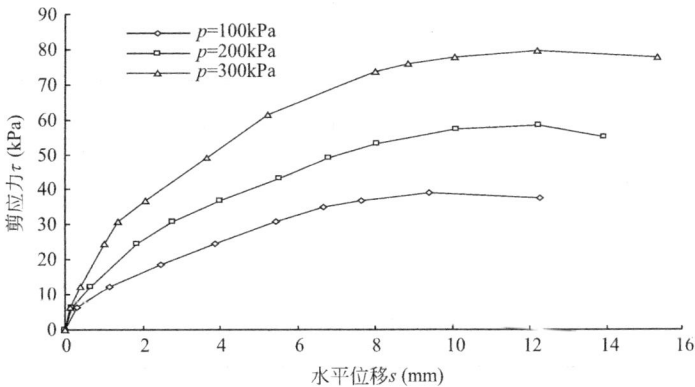

图 14-64　第 1 组滑带土样试验的 τ-s 曲线

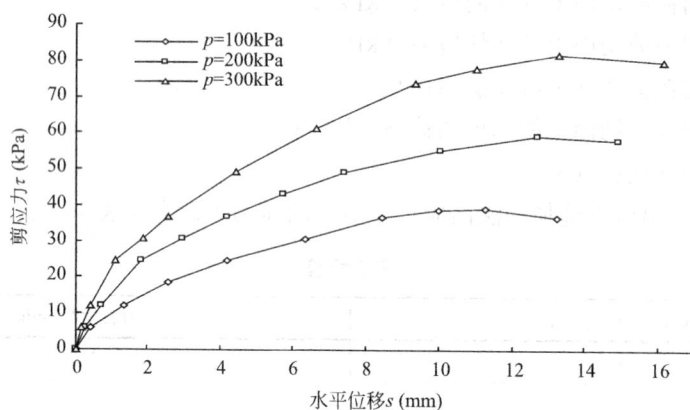

图 14-65 第 2 组滑带土样试验的 τ-s 曲线

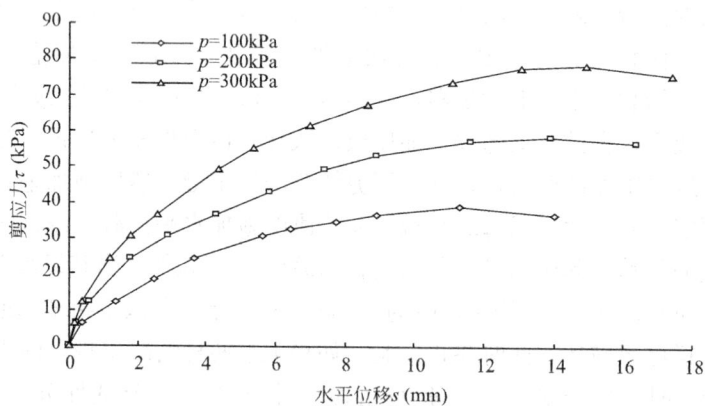

图 14-66 第 3 组滑带土样试验的 τ-s 曲线

原位直剪试验成果表　　　　　　　　　　　　　　　　表 14-30

试验编号	法向应力 σ(kPa)	抗剪试验剪应力残值 τ(kPa)
第 1 组	100	38.93
	200	58.35
	300	79.70
第 2 组	100	39.05
	200	59.42
	300	81.96
第 3 组	100	38.93
	200	58.60
	300	78.68

用最小二乘法的统计结果如图 14-67～图 14-69 所示和见表 14-31。

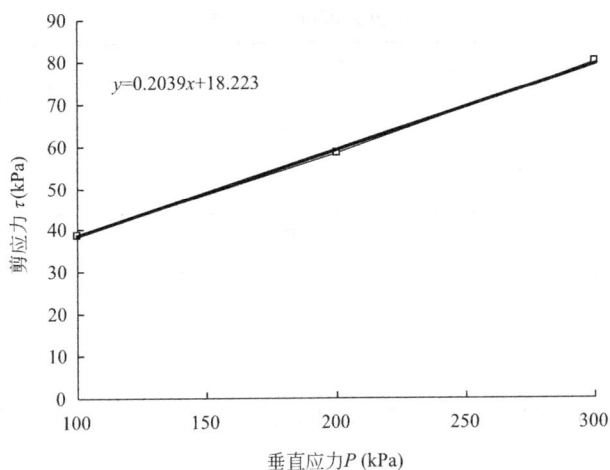

图 14-67 第 1 组滑带土样试验的 τ-P 曲线

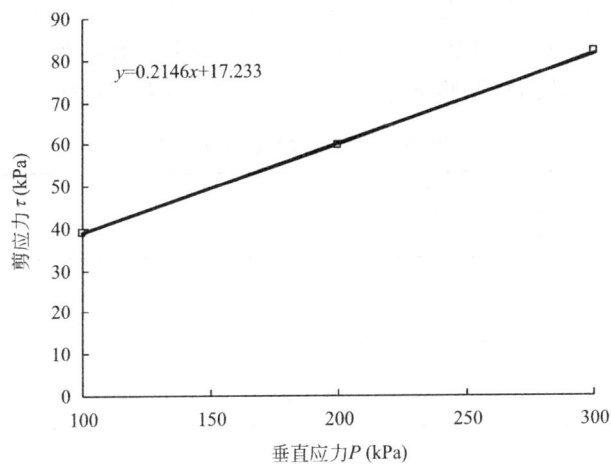

图 14-68 第 2 组滑带土样试验的 τ-P 曲线

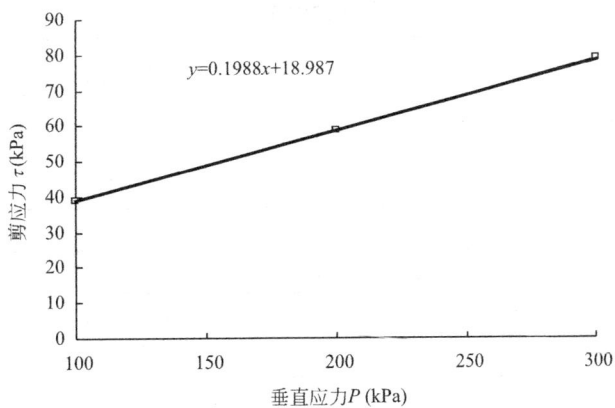

图 14-69 第 3 组滑带土样试验的 τ-P 曲线

原位直剪试验成果表

表 14-31

试验编号	黏聚力(kPa)	内摩擦角
第 1 组	18.22	11°31′
第 2 组	17.23	12°07′
第 3 组	18.99	11°14′

注：滑带土样的试验平均值：黏聚力为 18.12kPa；内摩擦角为 17°38′。

② 常规剪切试验

其试验成果（略）。

③ 反算法

对代表性剖面反算，反算时，饱和状态稳定性系数取 0.98，滑带土的反算 c、φ 值见表 14-32。

对每一个滑坡滑动面土的抗剪强度指标，为了确保其可靠性，通常都同时从上述 3 个方面来获取数据，然后经过分析整理确定设计使用值。

本滑坡滑带土抗剪强度指标的选取：由于该滑坡已经产生了滑动，故稳定性计算时滑带土抗剪强度指标采用残值，本次滑坡稳定性计算滑带土抗剪强度指标的选取是以大剪试验及常规试验为基础，并结合经验进行反算，滑带土抗剪强度指标选取情况见表 14-32。

滑带土抗剪强度指标选取表

表 14-32

资料来源	天然残值		饱和残值	
	c(kPa)	φ(°)	c(kPa)	φ(°)
室内试验	20.36	13.16	16.00	9.50
大剪试验	18.12	11.63	/	/
反算值	/	/	14.00	8.50
计算采用值	19.91	12.85	15.00	9.00

2）滑体土

常规试验的结果见表 14-33。

滑体土试验成果表

表 14-33

试验编号	抗剪强度指标			
	天然快剪峰值		饱和快剪峰值	
	黏聚力(kPa)	内摩擦角(°)	黏聚力(kPa)	内摩擦角(°)
1	33.74	26.05	29.94	25.24
2	33.17	25.13	30.32	25.42
3	33.50	25.36	30.12	25.31
4	33.90	25.61	30.14	24.87
5	33.49	25.48	30.47	25.05
6	33.74	25.63	30.83	25.02

续表

试验编号	抗剪强度指标			
	天然快剪峰值		饱和快剪峰值	
	黏聚力 (kPa)	内摩擦角 (°)	黏聚力 (kPa)	内摩擦角 (°)
样本数	6	6	6	6
平均值	33.59	25.54	30.30	25.15
标准差	0.26	0.31	0.32	0.21
变异系数	0.01	0.02	0.02	0.02
标准值	33.38	25.39	30.15	25.05

3）滑床

中等风化岩石的试验结果见表14-34。

中等风化泥岩试验成果表　　　　　　表 14-34

试验编号	抗拉强度 δ_τ (MPa)	抗剪强度指标 图解法		弹性模量 E (10^4MPa)	泊松比 (μ)	重度(kN/m³)		含水率 (%)	单轴抗压强度 (MPa)	
		φ(°)	c(MPa)			天然	饱和		天然	饱和
1	0.470			0.295	0.34				7.10	5.00
	0.460	34.30	1.7	0.286	0.32	24.2	24.6	1.31	6.90	4.80
	0.460			0.267	0.36				6.80	4.60
2	0.500			0.305	0.34				7.40	4.60
	0.520	33.65	1.8	0.324	0.34	24.2	25	1.30	6.80	3.90
	0.460			0.298	0.35				7.40	4.60
3	0.510			0.286	0.37				7.30	4.50
	0.490	34.77	1.7	0.274	0.4	24	24.9	1.29	6.80	4.20
	0.450			0.268	0.36				7.00	4.30
4	0.400			0.252	0.38				7.00	4.30
	0.450	34.40	1.5	0.267	0.38	24.3	24.4	1.36	6.80	3.70
	0.410			0.284	0.36				6.40	3.30
5	0.460			0.259	0.4				6.90	4.00
	0.440	35.50	1.6	0.266	0.38	23.9	24.6	1.34	7.10	3.50
	0.420			0.270	0.37				6.40	4.10
6	0.490			0.330	0.32				7.20	4.60
	0.460	34.40	1.7	0.306	0.33	24.2	24.7	1.32	6.80	4.20
	0.430			0.312	0.35				7.10	4.00
样本数	18	6	6	18	18	6	6	6	18	18
平均值	0.460	34.503	1.667	0.286	0.358	24.133	24.700	1.320	6.956	4.233

续表

试验编号	抗拉强度 δ_τ (MPa)	抗剪强度指标 图解法		弹性模量 E (10^4MPa)	泊松比 (μ)	重度(kN/m³)		含水率 (%)	单轴抗压强度 (MPa)	
		φ(°)	c(MPa)			天然	饱和		天然	饱和
标准差	0.033	0.609	0.103	0.023	0.024	/	/	/	0.285	0.451
变异系数	0.072	0.018	0.062	0.079	0.068	/	/	/	0.041	0.107
统计修正系数	0.970	0.985	0.949	0.967	1.028	/	/	/	0.983	0.956
标准值	0.446	34.000	1.581	0.277	0.368	/	/	/	6.837	4.046

3.滑坡治理

（1）设计参数

1）滑坡类别：浅层土质滑坡。

2）滑坡推力安全系数为 1.05（工程安全等级为三级）。

3）设计工况：滑体自重＋汽车荷载＋暴雨。

4）岩土参数：

① 滑体土：$\gamma=20.3$kN/m³，$c=30.0$kPa，内摩擦角 $\varphi=25°$。

② 滑带土：$\gamma=20.3$kN/m³，饱和残剪：$c=15.0$kPa，内摩擦角 $\varphi=9.0°$。

③ 坡顶附加荷载：汽-10 级。

④ 中风化岩石天然抗压强度标准值：6.0MPa。

⑤ 滑坡推力：482.4kN/m（图 14-70 和表 14-35）。

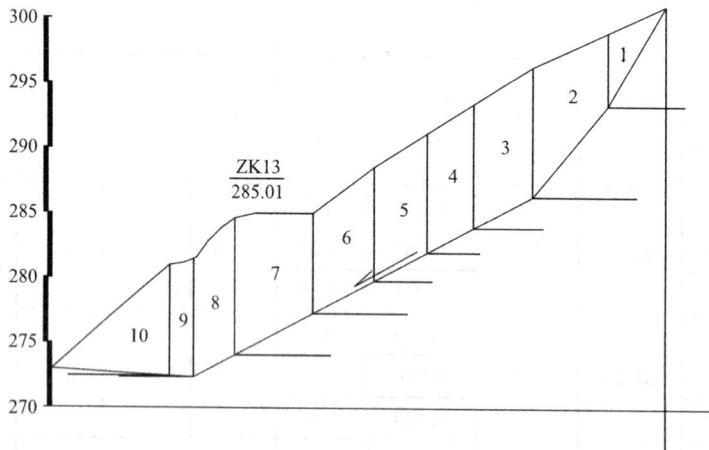

图 14-70　计算条块划分

（2）治理措施

根据场地边坡的工程地质特征，结合场地抗滑桩的平面布置要求以及笔者近二十年从事滑坡的设计、施工与研究经验，对该滑坡采用人工挖孔抗滑桩（常规的全长抗滑桩和抗

滑坡推力计算（规范法）　　　　表 14-35

条块号	1	2	3	4	5	6	7	8	9	10
条块土体黏聚力(kPa)	15.0	15.0	15.0	15.0	15.0	15.0	15.0	15.0	15.0	15.0
条块土体内摩擦角(°)	15.0	15.0	15.0	15.0	15.0	15.0	15.0	15.0	15.0	15.0
条块滑动面长度(m)	10.4	9.0	7.4	6.0	6.6	7.4	10.0	5.4	2.9	14.5
天然重度(kN/m³)	19.5	19.5	19.5	19.5	19.5	19.5	19.5	19.5	19.5	19.5
饱和重度(kN/m³)	20.3	20.3	20.3	20.3	20.3	20.3	20.3	20.3	20.3	20.3
条块天然面积(m²)	13.0	49.0	49.0	40.0	45.0	40.0	66.0	36.0	20.0	40.0
条块饱和面积(m²)	6.7	20.1	20.7	12.5	12.1	20.3	22.3	12.4	5.4	21.8
条块自重 G_i (kN/m)	390.6	1368.0	1380.4	1036.7	1127.2	1196.7	1746.7	957.5	501.2	1226.7
地表附加荷载(kN/m)	0	0	0	0	0	0	0	0	0	0
条块底面倾角 θ_i (°)	41.2	40.3	12.0	14.7	11.5	8.2	15.8	15.4	2.1	2.1
传递系数	0.997	0.805	1.006	0.990	0.989	1.012	0.999	0.937	0.994	0.994
稳定系数	0.79	0.44	0.61	0.67	0.74	0.83	0.84	0.85	0.80	0.86
安全系数	1.05	1.05	1.05	1.05	1.05	1.05	1.05	1.05	1.05	1.05
剩余水平下滑力(kN/m)	67.1	693.0	534.6	565.1	521.1	395.6	482.4	521.3	385.1	218.5

滑短桩）＋排水沟进行永久性支护（图 14-71 和图 14-72）。

抗滑短桩共连续布置 3 根，即 12 号桩、13 号桩和 14 号桩，其余桩均为全长抗滑桩。

1）桩的间距 4000mm，全长抗滑桩的断面 1500mm×2000mm，抗滑短桩的断面 1200mm×1500mm。

2）桩的嵌岩深度

对于抗滑短桩，桩应嵌入岩石内不少于 5.0m。

对于常规的全长抗滑桩，桩应嵌入中等风化岩石内不少于 5.0m。

3）桩的混凝土强度等级为 C30，桩护壁混凝土强度等级为 C20。

4）钢筋：HPB300 级、HRB335 级。

5）桩应跳孔施工。

6）桩基施工应严格按《建筑桩基技术规范》(JGJ 94—2008) 执行。

7）本设计应采用动态设计法（根据信息施工法及施工勘察反馈的资料，确认原设计条件有较大变化时，及时补充、修改原设计的设计方法）。

4. 治理效果评价

（1）监测效果

从该滑坡治理工程的现状情况（治理措施竣工后 1 年半以上）和应力监测（治理措施竣工后 1 个水文年）资料反映的情况，可知该滑坡经治理后处于具有设计所需安全储备的稳定状态，完全达到了滑坡治理的目的和所需的效果。

（2）工期缩短

从作用在全长抗滑桩上的滑坡推力为 482.4kN/m，即水平下滑力为 482.4cos15.8°＝464.2kN/m，和作用在抗滑短桩上的水平下滑力为 353.3kN/m 对比（全长抗滑桩与抗滑短桩的桩间距相同），可知作用在抗滑短桩上的水平下滑力比作用在全长抗滑桩上的水平

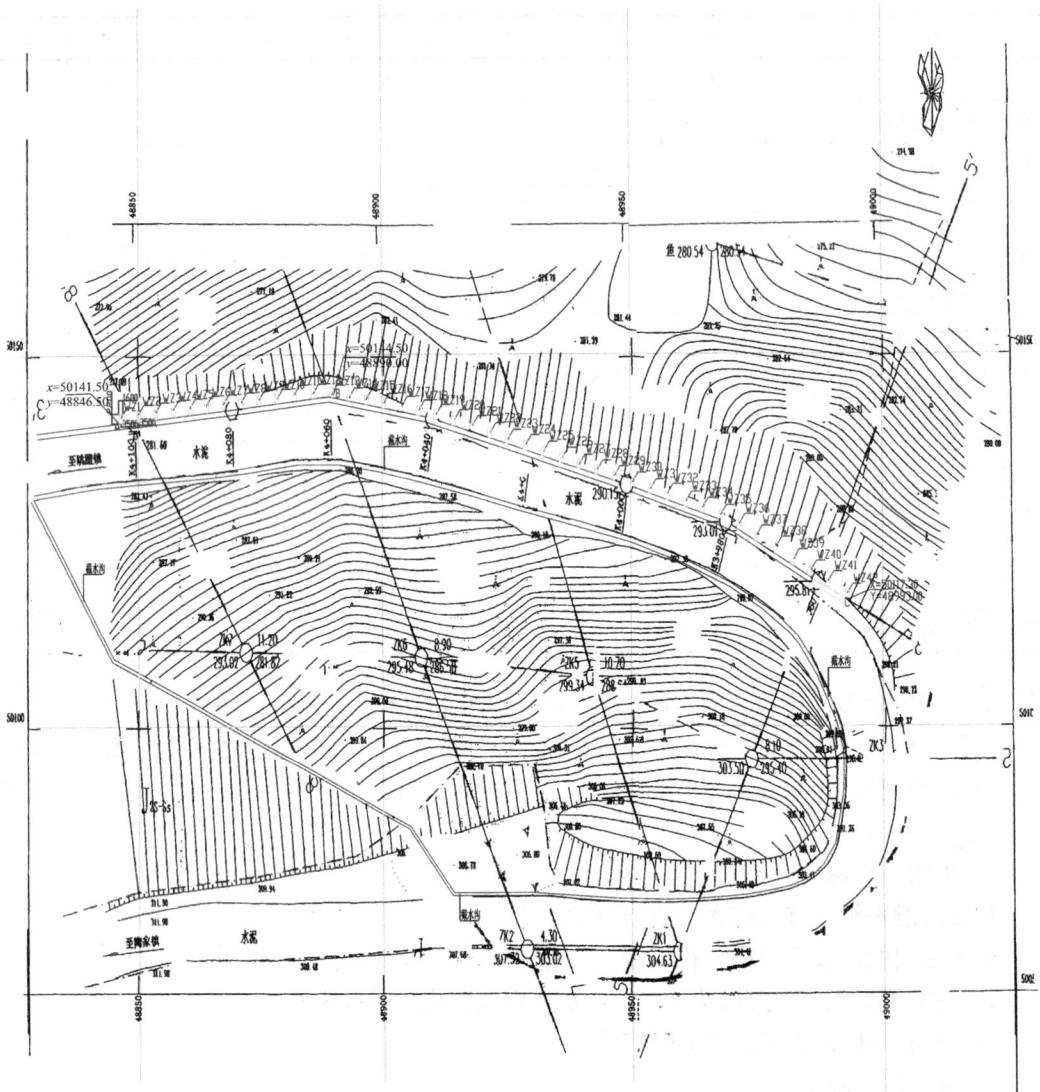

图 14-71 滑坡治理工程平面布置图

下滑力小 27.6% [(464.2 − 353.3)/464.2 = 23.9%]。对比全长抗滑桩上的断面 (1500mm×2000mm) 和抗滑短桩的断面 (1200mm×1500mm)，可知抗滑短桩的断面比全长抗滑桩小 40.0% [(3.0−1.8)/3.0=40.0%]，其混凝土用量约少 40%。其工期将缩短约 30%。

(3) 社会经济效益

滑坡前缘为部分民房，滑坡中前部为重庆市大渡口区跳磴镇至九龙坡区陶家镇的公路。滑坡一旦整体失稳将严重影响附近居民的正常生活和交通，对其治理将极大地缓解当地居民的恐慌心理，稳定社会秩序，故有着明显的社会效益。

如果全部采用抗滑短桩，由抗滑短桩的断面比全长抗滑桩小 40.0% 可知，其钢筋混凝土的用量将减少 40.0% 以上，其支挡结构的费用将减少约 40.0%。

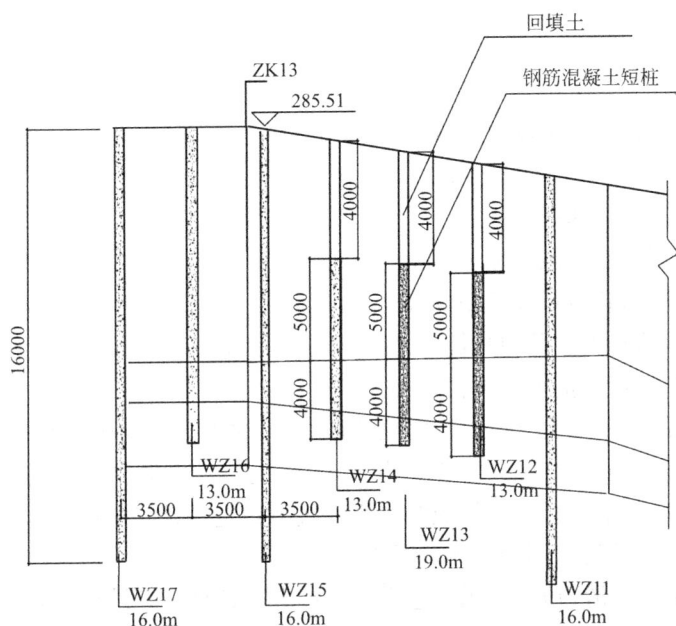

图 14-72 抗滑短桩立面图

14.4.3 抗滑短桩在矸石山滑坡治理中的实例

1. 工程概况

重庆市万盛区东林煤矿矸石山滑坡位于重庆市万盛区胡家沟社的山麓斜坡地带，近年来，因连续降雨，导致其弃矸场产生滑坡，致使民房、耕地、农田受损，给国家和人民财产造成了较大损失，并发生人员伤亡，严重影响了社会稳定和企业形象。为保证弃矸场地和坡脚已建建筑物的安全，需对该矸石山进行治理。因该矸石山目前已发生垮塌，其矸石堆积体较松散，无黏性，且堆积量较大，约 40 万 m³，在降雨量较大时，特别是暴雨长时间作用下，可能导致泥石流地质灾害的发生。为保护场地下方部分民房和胡家沟至甘家坪公路的安全，对其实施工程治理是十分必要的、紧迫的。

场地地形总趋势为由西往东逐渐升高，坡角 10°~40°，局部可达 60°，最高点 +516m（东侧三级矸石山平台），最低点 +310m（西侧胡家沟），其中二级矸石山形成一平台，高程 408.00m 左右，高差总体为 206m，场地中部均被上部垮塌的煤矸石堆积，且为松散堆积。场地内地层结构较复杂，主要由第四系全新统杂填土（Q_4^{ml}：以灰色、灰黑色为主，由石灰岩碎块、黏性土、煤矸石碎块及少量砂组成，石质含量一般为 80%~90%，局部 60%，粒径 2.00~8.00cm，个别 20.00cm，结构松散，湿，无胶结，易垮孔）、坡残积黏土（Q_4^{dl+el}：黄色、褐黄色，硬塑~可塑，黏性较好，无摇震反应，干强度中等，韧性中等，刀切面较光滑，稍有光泽）、三叠系下统嘉陵江组四段（T_{1j}^4）泥质灰岩、三叠系下统嘉陵江组三段（T_{1j}^3）泥质灰岩夹钙质泥岩组成。

滑体为弃矸，滑面为弃矸场底部土石分界面的黏土及杂填土形成的软弱面；滑床为基岩。基岩岩体中主要发育两组裂隙，裂隙Ⅰ：280°∠78°，裂隙面较平直，延伸长度一般大于 2m，宽 3~6mm，局部黏土充填，间距 1.5~4.0m；裂隙Ⅱ：175°∠85°，裂隙面平直，延伸长度 1.5~5.0m，宽 2~7mm，间距 2~4m，裂隙多呈闭合状。场地水文地质条件简单，地下水较贫乏。

2. 工程措施

(1) 计算参数

1) 天然状态下，土体重度 $\gamma = 14.37 \text{kN/m}^3$，$c = 15.5 \text{kPa}$，$\varphi = 13°$；饱和状态下，土体重度 $\gamma = 14.77 \text{kN/m}^3$，$c = 14.5 \text{kPa}$，$\varphi = 10°$。

2) 滑带土：$c = 13.5 \text{kPa}$，$\varphi = 9°$。

3) 强风化岩石基底摩擦系数 $\mu = 0.3$。

4) 中风化岩体承载力特征值 2000kPa；

桩嵌固段地基的水平承载力特征值 $f_H = k_{H\eta} f_{rk} = 0.90 \times 0.40 \times 3.99 = 1.43$ （MPa）；

桩嵌固段地基的水平抗力系数：100MN/m^4。

5) 根据可能的经济损失（此次灾害已造成 3000 多万元的损失）和保护对象（矸石山下村民及村级公路，耕地和农田约 200 亩），按《地质灾害防治工程设计规范》（DB50/5029—2004），本次防治工程安全等级为二级。抗滑稳定设计安全系数 $K_s = 1.15$。

(2) 设置抗滑短桩处的剩余水平下滑力

第 i 块剩余水平下滑力 E_i 采用传递系数法按下式计算，其结果见表 14-36。

$$E_i = \psi_i E_{i-1} + F_{st} W_i \sin \alpha_i - W_i \cos \alpha_i \tan \varphi_i - c_i l_i$$

其中：传递系数 $\psi_i = \cos(\alpha_{i-1} - \alpha_i) - \sin(\alpha_{i-1} - \alpha_i) \tan \varphi_i$

支挡部位下滑推力计算结果　　　　　　　　　　　　　　　　表 14-36

饱和状态	2-2 剖面	1-1 剖面	10-10 剖面
1 号挡墙	1114kN/m		877kN/m
2 号挡墙		272kN/m	

(3) 抗滑短桩内力分布

按设桩处下滑推力 1114kN/m 计算，抗滑短桩的内力分布如图 14-73 所示。

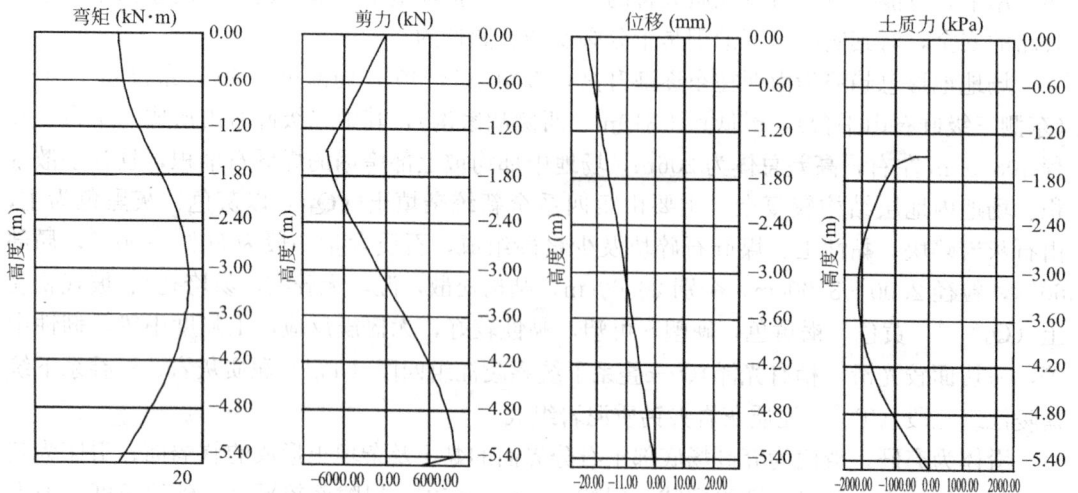

图 14-73　抗滑短桩内力分布

（4）方案优选

据场地边坡的工程地质特征，结合场地边坡的平面布置要求，本次设计提出如下 2 个方案进行综合比选：

1）方案 1

① 对高程在 456.00m 以上地段边坡，采用削坡减载（削坡后地形的高宽比不陡于 1：2.5）。

② 对 1 号挡墙采用重力式抗滑挡墙，2 号挡墙采用抗滑短桩＋重力式抗滑挡墙（图 14-74）。

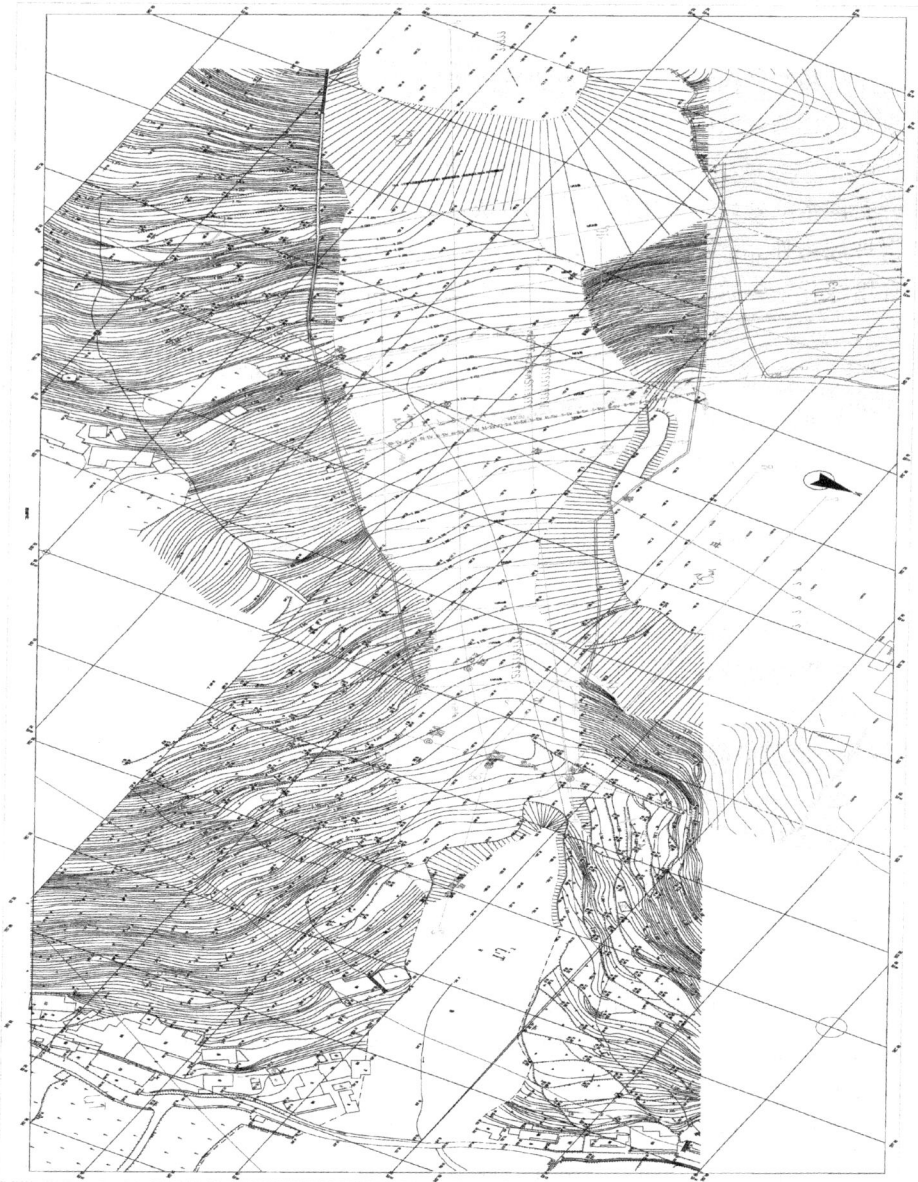

图 14-74　滑坡治理平面图

③ 重力式挡墙嵌入强风化岩层不小于 0.5m，抗滑短桩嵌入中风化岩层不小于 2.0m。

④ 在高程 416.00～456.00m 之间，按 1：2.5 放坡，每高差 8m 设计一宽度为 2m 的马道。

⑤ 矸石渗水的处理，采用集水坑＋石灰水。

⑥ 滑坡周边外 3m 处设排水沟，各马道平台处均设截水沟。

⑦ 环境绿化：各阶梯形放坡地段采用撒草籽进行绿化，沿马道平台内侧每间距 4m 种低矮灌木。

2）方案 2

① 对高程在 456.00m 以上地段边坡，采用削坡减载（削坡后地形的高宽比不陡于 1：2.5）。

② 对 1 号和 2 号挡墙均采用重力式抗滑挡墙。

③ 重力式挡墙嵌入中风化岩层不小于 0.5m。

④ 在高程 416.00～456.00m 之间，坡度按 1：2.5，每高 8m 设计一马道。

⑤ 矸石渗水的处理，采用集水坑＋石灰水。

⑥ 滑坡周边外 3m 处设排水沟，各马道平台处均设截水沟。

⑦ 环境绿化：各阶梯形放坡地段采用撒草籽进行绿化，沿马道平台内侧每间距 4m 种低矮灌木。

方案 1 与方案 2 的不同之处在于：2 号挡墙采用了抗滑短桩＋衡重式抗滑挡墙和抗滑挡墙进行经济和安全方面的比较。从经济上（方案 1 为 251 万元；方案 2 为 335 万元）考虑方案 1 更经济；从安全上，两个方案均满足安全要求，因此推荐采用方案 1。

（5）施工要求

1）采用动态设计法，施工中应加强监理和变形监测，根据施工反馈信息，对设计进行修改和完善。

2）短桩桩孔施工。跳桩开挖，桩孔护壁按设计或施工方案施工，护壁混凝土达到设计强度 70% 后拆模；应保证桩孔周围排水沟畅通无阻；流入集水井内的水应用水泵及时抽出坑外。

3）混凝土浇筑应避免安排在雨天进行；遇大雨或暴雨及时停止浇筑混凝土，并用塑料布加以遮盖。

4）施工方案应由施工方提出，经监理方审查同意后方可会同建设单位、设计单位、质监部门共同商议，使施工做到万无一失，顺利完成。

3.治理效果评价

（1）治理效果

从该滑坡治理工程的现状情况（治理措施竣工后 1 年以上）和变形监测反映的情况，可知该滑坡经治理后处于具有设计所需安全储备的稳定状态，完全达到了滑坡治理的目的和所需的效果。

（2）社会经济效益

场地下方为部分民房和胡家沟至甘家坪公路。滑坡一旦整体失稳将严重影响附近居民的正常生活，对其治理将极大地缓解当地居民的恐慌心理，稳定社会秩序，故有着明显的社会效益。

对本滑坡进行治理以后，将产生显著的效益。为重庆南桐矿业有限责任公司提供满足放坡要求的弃矸场地。

参考文献

［1］ Duncan J M. State of the art：Limit equilibrium and finite element analysis of slope ［J］. Journal of Geotechnical Engineering，ASCE，1996，122（7）：577-596.

［2］ E. M. Dawson，W. H. Roth，A. Drescher. Slope Stability Analysis by Strength Reduction ［J］. Geo-technique，1999，49（6）：835-840.

［3］ 赵尚毅，郑颖人，时卫民等. 用有限元强度折减法求边坡稳定安全系数 ［J］. 岩土工程学报，2002，（3）.

［4］ 连镇营，韩国城，孔宪京. 强度折减有限元法开挖边坡的稳定性 ［J］. 岩土工程学报，2001，23（4）：407-411.

［5］ 郑颖人，赵尚毅，邓卫东. 岩质边坡破坏机制有限元数值模拟分析 ［J］. 岩石力学与工程学报，2003，22（12）：1943-1952.

［6］ 赵尚毅. 有限元强度折减法及其在土坡与岩坡中的应用 ［D］. 重庆：解放军后勤工程学院，2004.

［7］ 雷用，刘国政，郑颖人. 抗滑短桩与桩周土共同作用 ［J］. 解放军后勤工程学院学报，2006，22（4）：17-21.

［8］ 美国 ANSYS 公司. ANSYS 非线性分析指南 ［J］. Printed in U. S. A，2000，1：25-27.

［9］ 雷用，邓小彤. 桩基施工中流砂处理的几个问题探讨 ［J］. 地下空间，2001，21（5）：575-577.

［10］《地基处理手册》编写委员会. 地基处理手册 ［M］. 北京：中国建筑工业出版社，1993：278-285.

［11］ 北京桩基研究小组. 钻孔灌注桩水平承载力的试验研究 ［J］. 建筑技术，1976，（10～12）.

［12］ 规范编制组. 悬臂式抗滑桩实体试验及分析 ［J］. 重庆市地质灾害防治工程参考资料汇编，2004，4，49-51.

［13］ DB 50/5029—2004 地质灾害防治工程设计规范.

［14］ 雷文杰. 沉埋桩加固滑坡体的有限元设计方法与大型物理模型试验研究 ［D］. 北京：中国科学院研究生院，2007.

［15］ 宋雅坤. 三维有限元强度折减法及沉埋桩机理模型试验研究 ［D］. 重庆：解放军后勤工程学院，2005.

［16］ 张志龙. 滑坡监测预报方法研究 ［J］. 科技现状，2001，（3）：25-28.

［17］ 雷用，郑颖人. 抗滑短桩的现场应力测试与分析 ［J］. 地下空间与工程学报，2007，（4）：57-61.

［18］《抗滑桩设计与计算》，铁道部第二勘测设计院. 抗滑桩设计与计算 ［M］. 北京：中国铁道出版社，1983：1-3.

［19］《滑坡文集》第 10 集，滑坡文集委员会. 滑坡文集（第 10 集）［M］. 北京：中国铁道出版社，1993：101.

［20］ 雷用，刘文平，赵尚毅. 抗滑短桩越顶问题的有限元验证 ［J］. 解放军后勤工程学院学报，2006，22（3）：1-4.

［21］ 解放军后勤工程学院建筑设计研究院. 重庆市大渡口区跳蹬镇沟口湾滑坡防治工程设计. 2005.

［22］ GB 50330—2013 建筑边坡工程技术规范.

［23］ 重庆一三六地质队. 重庆市万盛区东林煤矿矸石山滑坡勘察报告及防治工程设计. 2005.

第 15 章　树根桩设计与施工

15.1　设计

15.1.1　引言

树根桩实际上是一种小直径（通常为 100～250mm）的钻孔灌注桩。30 年代由意大利 Fondedile 公司首创。由于树根桩所形成的桩基形状如同"树根"（图 15-1）而得名。树根桩是利用小型钻机按设计直径，钻进至设计深度，然后放入钢筋笼，同时放入灌浆管，注入水泥浆或水泥砂浆，结合碎石骨料成桩。树根桩可用于加层改造工程的地基加固、在既有建筑物下施工地下隧道时对既有建筑物基础的托换，或用于作为边坡上建筑物以及码头下提高地基承载力和边坡稳定性。

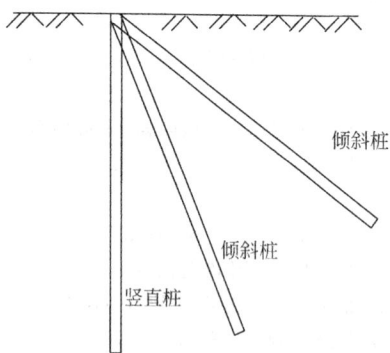

图 15-1　树根桩剖面示意图

树根桩可以根据需要，做成垂直的，即直桩型；树根桩也可以是倾斜的，即斜桩型，多束树根桩形成网状结构的斜桩型。树根桩可以是单根的，也可以是成束的。树根桩可以是端承桩，也可以是摩擦桩。

树根桩在处理地基基础的不均匀沉降和承载力的问题上得到了广泛应用，并取得了诸多成功的工程实例。但是，树根桩在处理边坡的稳定性方面的应用却相对比较少，树根桩作为一种支挡结构型式，无论是国家和行业标准《建筑边坡工程技术规范》（GB 50330—2013）、《建筑地基基础设计规范》（GB 50007—2011）、《建筑地基处理技术规范》（JGJ 79—2012）、《既有建筑地基基础加固技术规范》（JGJ 123—2012）、《建筑基坑支护技术规程》（JGJ 120—2012），还是重庆市强制性地方标准《建筑边坡支护技术规范》（DB50/5018—2001），均未纳入。

树根桩作为一种支护结构型式，它具有直径小，施工机具轻便，投入少；竖向树根桩能提供土层所不能满足需要的承载能力，斜向树根桩能提供侧向抗力等优点。竖向和斜向树根桩能在土质边坡的支护中充分发挥其优势，做到"少花钱，多办事"，起到事半功倍的作用，并将在支护结构型式中占有一席之地。

15.1.2　树根桩的支挡体系作用原理

竖向的钢筋混凝土树根桩主要承受竖向荷载，即主要为受压构件。斜向的钢筋混凝土树根桩主要承受水平荷载，即主要为受拉构件。通过竖向的钢筋混凝土树根桩和斜向的钢筋混凝土树根桩的有机结合；同时，灌浆对桩周岩、土体力学性能具有一定的改良作用，浆液固结后的网状浆脉将松散的土体连接成整体，有效提高被加固土体的抗剪强度，达到稳定边坡的作用。因此，树根桩就构筑成这样一种复合挡土结构，可以用做深基坑开挖的围护结构，滑坡治理中的挡土抗滑动结构，即新型支挡结构体系。

树根桩支挡体系作用的原理是：

（1）通过树根桩改变岩、土体破坏、失稳时的滑移面，在滑移面上增加阻力点，使之不能成为一个连续面，而增长滑移路径。

（2）树根的作用是使土体形成单个的小整体，增加土体的整体性。

（3）灌浆的结果改变树根桩桩周岩、土体力学性能，提高其抗剪强度。

15.1.3　树根桩的优点

（1）占据空间小，室内外均可施工。

有所需施工场地较小，一般平面尺寸为 $0.6m \times 1.8m$，净空高度 $2.2m$ 就能施工。

（2）设备简单，便于搬迁。

由于施工设备小，施工时噪声小，振动小，对已有而需保护的建筑物比较安全。

（3）工艺简单，便于管理。

所有操作都可在地面上进行，施工比较方便。

（4）树根桩与灌浆岩、土体紧密结合。

压力灌浆使树根桩与边坡岩、土体紧密结合，桩和桩顶冠梁（也称压顶梁）连接成一整体。

（5）扰动甚微。

桩径很小，因而施工对边坡原有的岩、土体几乎不产生扰动。

（6）适用范围广。

可在各种类型的土中施工树根桩，即树根桩适用于淤泥、淤泥质土、黏性土、粉土、砂土、碎石土及人工填土等组成的边坡加固工程。

15.1.4　树根桩的承载力确定

（1）按荷载试验确定

1）竖向抗压树根桩的单桩承载力可按单桩荷载试验确定。

竖向抗压树根桩的单桩承载力可通过单桩竖向静载荷试验确定。在同一条件下的试桩数量，不宜少于总桩数的 1%，且不宜少于 3 根。

单桩的竖向静载荷试验应满足以下要求：

① 试验的加载方式，应采用慢速维持荷载法。

② 由于树根桩的单桩承载力不大，通常可采用堆载法进行载荷试验。

③ 开始试验的时间：应在桩身强度达到设计强度后，才能进行。

④ 加荷分级不应小于 8 级，每级加载量宜为预估极限荷载的 $1/10 \sim 1/8$。

⑤ 测读桩沉降量的间隔时间：每级加载后，每 5min、10min、15min 时各测读一次，以后每隔 15min 读一次，累计 1h 后每隔 30min 读一次。

⑥ 在每级荷载作用下，桩的沉降量连续两次在每小时内小于 0.1mm 时，可视为稳定。

⑦ 符合下列条件之一时，可终止加载：

A. 当荷载—沉降（$Q—s$）曲线上有可判定极限承载力的陡降段，且桩顶总沉降量超过 40mm。

B. 后一次的沉降增量与前一次的沉降增量之比大于或等于 2，且经 24h 尚未达到稳定。

C. 25m 以上的非嵌岩桩，$Q—s$ 曲线呈缓变型时，桩顶总沉降量大于 60～80mm。

D. 在特殊条件下，可根据具体要求加载至桩顶总沉降量大于 100mm。

⑧ 卸载观测：

A. 每级卸载值为加载值的 2 倍。

B. 卸载后隔 15min 读一次，读两次后，隔 30min 读一次，即可卸下一级荷载。全部卸载后，隔 3～4h 再读一次。

⑨ 单桩竖向极限承载力应按下列方法确定：

A. 作荷载—沉降（$Q—s$）曲线和其他辅助分析所需的曲线。

B. 当陡降段明显时，取相应于陡降段起点的荷载值。

C. 当出现后一次的沉降增量与前一次的沉降增量之比大于或等于 2，且经 24h 尚未达到稳定时，取前一级荷载值。

D. $Q—s$ 曲线呈缓变型时，取桩顶总沉降量 $s=40$mm 所对应的荷载值。

E. 按上述方法判断有困难时，可结合其他辅助分析方法综合确定。对桩基沉降有特殊要求者，应根据具体情况选取。

F. 参加统计的试桩，当满足其极差不超过平均值的 30% 时，可取其平均值为单桩竖向极限承载力。极差超过平均值的 30% 时，宜增加试桩数量并分析离差过大的原因，结合工程具体情况确定极限承载力。

G. 将单桩竖向极限承载力除以安全系数 2，为单桩竖向承载力特征值 R_a。

2）抗拔树根桩的单桩承载力可按单桩抗拔试验确定。

3）承担水平荷载的树根桩可按单桩荷载试验确定。

单桩水平承载力特征值取决于桩的材料强度、截面刚度、入土深度、土质条件、桩顶水平位移允许值和桩顶嵌固情况等因素，应通过现场水平荷载试验确定。必要时，可进行带承台桩的荷载试验，试验宜采用慢速维持荷载法。

当作用于桩基上的外力主要为水平力时，应根据使用要求对桩顶变位的限制、对桩基的水平承载力进行验算。当外力作用面的桩距较大时，桩基的水平承载力可视为各单桩的水平承载力的总和。当承台侧面的土未扰动或回填密实时，应计算土抗力的作用。当水平推力较大时，宜设置斜桩。

（2）树根桩的单桩承载力可参考同类工程资料确定。

（3）树根桩的单桩承载力可按以下要求进行估算。

1）树根桩为竖向抗压桩

树根桩的竖向抗压桩包括竖向抗压的摩擦桩和竖向抗压的端承桩。

① 树根桩为竖向抗压的摩擦桩

树根桩为竖向抗压的摩擦桩时，其单桩承载力可按下式估算：

$$R_a = \Sigma q_i l_i U_p \tag{15-1}$$

式中 R_a——单桩竖向承载力特征值（kN）；

$\quad\quad U_p$——桩身周边的长度（m）；

$\quad\quad q_i$——第 i 层土的桩侧阻力特征值（kPa）；

$\quad\quad l_i$——第 i 层土中的厚度（m）。

② 树根桩为竖向抗压的端承桩

树根桩为竖向抗压的端承桩时，其单桩承载力可按下式估算：

$$R_a = q_{pa} A_p \tag{15-2}$$

式中 R_a——单桩竖向承载力特征值（kN）；

$\quad\quad q_{pa}$——桩端岩土承载力特征值（kPa）；

$\quad\quad A_p$——桩底端横截面面积（m^2）。

2）树根桩为抗拔桩

树根桩为抗拔桩时，其单桩承载力可按下式估算：

$$R_t \leqslant 0.8\pi d l f \tag{15-3}$$

式中 R_t——单桩抗拔承载力特征值（kN）；

$\quad\quad d$——树根桩的直径（m）；

$\quad\quad l$——树根桩的锚固段长度（m）；

$\quad\quad f$——树根桩的砂浆或混凝土与岩土间的粘结强度特征值（MPa）。

3）树根桩为承担水平荷载的桩

① 配筋率小于 0.65% 的树根桩，其单桩水平承载力特征值可按下式估算：

$$R_{ha} = (0.75\alpha\gamma_m f_t W_0 / \gamma_M) \times (1.25 + 22\rho_g) \tag{15-4}$$

式中 α——桩的水平变形系数；

$\quad\quad \gamma_m$——桩截面模量塑性系数，圆形截面 $\gamma_m = 2$，矩形截面 $\gamma_m = 1.75$；

$\quad\quad f_t$——桩身混凝土抗拉强度设计值，按表 15-1 取值；

$\quad\quad W_0$——桩身换算截面受拉边缘的截面模量，圆形截面为：$W_0 = \pi d [d^2 + 2(\alpha_E - 1) \rho_g d_0^2]/32$，方形截面为：$W_0 = b[b^2 + 2(\alpha_E - 1) \rho_g b_0^2]/6$；

$\quad\quad d$——桩直径（mm）；

$\quad\quad d_0$——扣除保护层厚度的桩直径（mm）；

$\quad\quad b$——方形桩截面边长（mm）；

$\quad\quad \alpha_E$——钢筋弹性模量 E_s 与混凝土弹性模量 E_c 的比值，钢筋弹性模量 E_s 按表 15-2 取值，混凝土弹性模量 E_c 按表 15-3 取值；

$\quad\quad \gamma_M$——桩身最大弯矩系数，按表 15-5 取值；当单桩基础和单排桩基纵向轴线与水平方向相垂直时，按桩顶铰接考虑；

$\quad\quad \rho_g$——桩身配筋率。

混凝土强度设计值　　　　　　　　　　　　　　　　表 15-1

强度种类	混凝土强度等级													
	C15	C20	C25	C30	C35	C40	C45	C50	C55	C60	C65	C70	C75	C80
F_c	7.2	9.6	11.9	14.3	16.7	19.1	21.1	23.1	25.3	27.5	29.7	31.8	33.8	35.9
f_t	0.91	1.10	1.27	1.43	1.57	1.71	1.80	1.89	1.96	2.04	2.09	2.14	2.18	2.22

钢筋弹性模量 E_s（$\times 10^5 N/mm^2$） 表 15-2

种类	E_s
HPB300 级钢筋	2.1
HRB400 级钢筋、RRB400 级钢筋、热处理钢筋	2.0

混凝土弹性模量 E_c（$\times 10^4 N/mm^2$） 表 15-3

混凝土强度等级	C15	C20	C25	C30	C35	C40	C45	C50	C55	C60	C65	C70	C75	C80
E_c	2.20	2.55	2.80	3.00	3.15	3.25	3.35	3.45	3.55	3.60	3.65	3.70	3.75	3.80

桩的水平变形系数 α 可按以下要求确定：

桩的水平变形系数 α（$1/m$）为：

$$\alpha = (mb_0/EI)^{1/5} \tag{15-5}$$

式中 m——桩侧土水平抗力系数的比例系数；

b_0——桩身的计算宽度（m）。

树根桩通常为圆形桩：$b_0 = 0.9(1.5d + 0.5)$。

地基土水平抗力系数的比例系数 m，宜通过单桩水平静载试验确定，当无静载荷试验资料时，可按表 15-4 取值。

地基土水平抗力系数的比例系数 m 值 表 15-4

序号	地基土类别	钢桩 m (MN/m⁴)	相应单桩在地面处水平位移(mm)	灌注桩 m (MN/m⁴)	相应单桩在地面处水平位移(mm)
1	淤泥；淤泥质土；饱和湿陷性黄土	2~4.5	10	2.5~6	6~12
2	流塑（$I_L > 1$）、软塑（$0.75 < I_L \leqslant 1$）状黏性土；$e > 0.9$ 粉土；松散粉细砂；松散、稍密填土	4.5~6.0	10	6~14	4~8
3	可塑（$0.25 < I_L \leqslant 0.75$）状黏性土、湿陷性黄土；$e = 0.75 \sim 0.9$ 粉土；中密填土；稍密细砂	6.0~10	10	14~35	3~6
4	硬塑（$0 < I_L \leqslant 0.25$）、坚硬（$I_L \leqslant 0.25$）状黏性土、湿陷性黄土；$e < 0.75$ 粉土；密实老填土；中密中粗砂	10~22	10	35~100	2~5
5	中密、密实的砾砂、碎石类土	—	—	100~300	1.5~3

注：1. 当桩顶水平位移大于表列数值或灌注桩配筋率较高（≥0.65%）时，m 适当降低；当钢桩的水平向位移小于 10mm 时，m 值适当提高。

2. 当水平荷载为长期或经常出现的荷载时，应将表列数值乘以 0.4 降低采用。

② 配筋率不小于 0.65% 的树根桩，其单桩水平承载力特征值可按下式估算：

$$R_{ha} = 0.75[(\alpha^3 EI)/\gamma_x] \times x_{0a} \tag{15-6}$$

式中 EI——桩身抗弯刚度（N·m²），对于钢筋混凝土桩，$EI = 0.85E_C I_0$；

E_c——混凝土弹性模量（N/m²）；

I_0——桩身换算截面惯性矩（m⁴）：圆形截面为 $I_0=W_0d_0/2$，矩形截面为 $I_0=W_0b_0/2$；

x_{0a}——桩顶允许水平位移（mm）；

γ_x——桩顶水平位移系数（mm），按表 15-5 取值。

桩顶（身）最大弯矩系数 γ_M 和桩顶水平位移系数 γ_x　　　　表 15-5

桩顶约束情况	桩的换算埋深（α_h)	γ_M	γ_x
铰接、自由	4.0	0.768	2.441
	3.5	0.750	2.502
	3.0	0.703	2.727
	2.8	0.675	2.905
	2.6	0.639	3.163
	2.4	0.601	3.526
固接	4.0	0.926	0.940
	3.5	0.934	0.970
	3.0	0.967	1.028
	2.8	0.990	1.055
	2.6	1.018	1.079
	2.4	1.045	1.095

注：1. 铰接、自由时的 γ_M 系桩身的最大弯矩系数，固接的 γ_x 系桩顶的最大水平位移系数。

2. 当 $\alpha_h>4$ 时，取 $\alpha_h=4.0$。

4）桩身混凝土强度要求

设计树根桩桩身强度时，桩身混凝土轴心抗压强度应满足下式要求：

$$N \leqslant \psi_c f_c A_{ps} + 0.9 f'_y A'_s \tag{15-7}$$

式中　N——荷载效应基本组合下的桩顶轴向压力设计值（kN）；

A_{ps}——扣除纵向主筋截面面积后的桩身面积；

ψ_c——基桩成桩工艺系数，$\psi_c=0.7\sim0.8$；

f_c——桩身混凝土轴心抗压强度设计值（N/mm²），桩身混凝土等级应不小于C20；

f'_y——纵向主筋抗压强度设计值（N/mm²）；

A'_s——纵向主筋截面面积（mm²）。

15.2　施工

15.2.1　施工方法

1.施工设备

树根桩的施工设备较为简单，主要包括以下设备：

（1）钻机

通常为 50～300m 岩芯钻机；在卵砾石层中，有时会采用土层钻机，其性能参数见

表 15-6。

土层钻机技术性能　　表 15-6

技术性能	单位	钻机型号					
		RPD-65LC	RPD-65HC	HB101	HB105	WD101	YTM87
钻孔直径	mm	101~137	60~80	127	—	168	105
钻孔深度	m	60	150	—	—	—	—
扭矩	N·m	4000	1000	950	6000	9300	7350
冲击次数	次/min	1350	2000	1800	1800	—	—
转速	r/min	—	—	0~140	0~55	0~212	—
给进力	kN	40	40	25	25	60	45
钻臂总长	m	2.6	2.6	6.25	6.25	9.55	4.51
电机功率	kW	50	50	74	74	74	37
质量	t	6.8	6.6	8.3	8.3	12.95	3.75
外形尺寸：长×宽×高	m×m×m	5.7×2.1 ×2.3	5.7×2.1 ×2.3	6.6×2.3 ×2.2	6.6×2.3 ×2.2	6.6×2.1 ×2.7	4.5×2.0 ×2.3

（2）简易三角钻塔

（3）水泵

可采用 BW-200、BW-250、BWB-250 水泵。

（4）排污泵

可采用 NL76-9 排污泵。

（5）挤压泵

（6）灰浆搅拌机

可采用 300L 或自制 0.8~0.9m³ 的泥浆搅拌桶。

（7）钢筋弯曲机

可采用 GW40 型钢筋弯曲机。

（8）钢筋切割机

可采用 GJ40 型钢筋切割机。

（9）机械连接设备

树根桩的施工工具主要有：

（1）钻杆

可采用 $\phi 42$、$\phi 50$ 钻杆，根据需要制作成长度通常为 1.0m、1.5m、2.0m、2.5m、3.0m 的单根钻杆。

（2）钻头

可采用变径三翼钻头，翼片可根据钻孔直径来调节，施工时用螺栓固定。

（3）压浆管

可采用 $\phi 32 \times 6$mm 无缝钢管，制作成 2.0m 一根，可直接车公母扣；若配接头时，则不能留外台阶，以防起管时卡管。

（4）压浆管夹持器

（5）冲孔及压浆接头

2.施工工艺

（1）施工工艺流程

放线、放点，桩孔定位—钻机就位—钻孔—清孔—拔钻杆—插钢筋笼及注浆管—填碎石—注清水—第一次压力注浆—第二次压力注浆—桩头处理。

（2）施工方法及技术措施

1）桩的施工顺序

由于树根桩的桩径小，其间距较小，注浆施工时通常采用间隔施工、间歇施工或增加速凝剂掺量等措施，以防止出现相邻桩冒浆和串孔现象。

树根桩的间隔施工通常采用"跳1桩施工，即先施工单号桩或双号桩，然后施工双号桩或单号桩"或"跳2桩施工，即先施工编号1、4、7的桩，然后施工编号2、5、8的桩或编号3、6、9的桩"。

树根桩的间歇施工通常为前一排桩的强度达到设计值的75%以上所需要的时间。

为了使树根桩提前或快速达到强度，通常增加速凝剂。

2）确定桩位

由测量人员根据设计施工平面图中各单桩的坐标，进行放线、放点，确定桩位。

3）钻机就位

钻孔机可采用 MGJ-50 型等锚杆工程钻机，根据工程要求配备 150mm 回转式钻头。就位前，首先将现场垫实整平，并根据桩位铺设钻机的行走轨道。有时由于钻机不能直接在地面上就位，因此，需要搭设平台，然后再铺设轨道，施工时将钻机利用捯链吊到平台轨道上进行施工，水平移动利用撬辊进行。

4）钻孔

由于施工通常是从室外自然地面直接往下钻孔，为此钻孔的总长度为设计深度。开钻后，通过调整钻机动力头输出的转速的变化来适应土层的变化，使钻进过程中机身平稳。钻孔中，随着钻孔深度的增加，相应接长钻杆，每节钻杆的长度为 2m，需接数节钻杆，另外，加上钻头本身自带的 1.5m 长钻杆，就可以满足设计要求的深度。

钻孔成孔难度大时，可采用以下方法进行处理：

① 泥浆护壁

钻机钻进过程中，由于土层为人工杂填土等情况，为防止塌孔，现场准备泥浆池，配置泥浆，钻进过程中，由钻杆充入，进行泥浆护壁。在粉质黏土层、黏土层钻进时，施工不断由钻杆充入清水，可自成泥浆护壁。而孔中不断有泥浆冒出，在现场挖两个或数个泥浆坑（根据需要确定其尺寸，如 3m×3m×1.5m），将钻孔冒出的泥浆排入泥浆坑。

② 套管护壁

在采用泥浆护壁仍不能阻止塌孔时，可采用套管护壁。套管大都采用钢套管，有时也可采用 PVC 套管；通常来讲，在钻孔的深度不大时，采用 PVC 套管，而在钻孔的深度较大时采用钢套管。

③ 换钻头

钻孔作业中，碰到大的混凝土块或水泵房、原有建筑物等大放脚基础时，应将钻头换成筒式钻头进行钻孔。

在需要采用"干钻"施工作业时，也可采用"麻花钻"成孔。

5）清孔

钻机达到设计深度后，将钻杆提起 200mm 左右，注入清水开动钻机空钻，进行清孔作业，到孔中流出的泥浆相对密度小于 1.2 为止，从而完成置换泥浆清孔的目的。

6）插钢筋笼及注浆管

清孔后逐节拔钻杆，插入钢筋笼。三角形的钢筋笼分截制作，插入时上下两节钢筋笼竖向钢筋采用焊接连接，其接头钢筋面积在同一截面不大于 1/3。在钢筋笼的中心绑扎一根 φ4 的 PVC 管，作为注浆管，注浆管的下端距孔底为 300mm 左右，钢筋笼的三侧设定位块。

钢筋笼在定位块的约束下，垂直插入桩孔内，施工中注意防止将周围的土带入孔内，将孔堵塞。钢筋笼完全插入后，其顶端外露的注浆管与高压泥浆泵的高压胶管接头连接，高压胶管管接头与 PVC 管子箍紧。

7）填料

在钢筋笼下入孔内之后，直接往孔内填入 5～15mm 粒径的碎石。下碎石料时不宜太快，下料过程中，应轻轻敲击钢筋笼，以保证填料密实。

当采用碎石和细石填料时，填料应经清洗，投入量不应小于计算桩孔体积的 0.9 倍，填灌时应同时用注浆管注水清孔。

8）注浆

注浆材料可采用水泥浆液、水泥砂浆或细石混凝土。

当采用碎石填灌时，注浆应采用水泥浆，并应满足以下要求：

① 当采用一次注浆时，泵的最大工作压力不应低于 1.5MPa。开始注浆时，通常需要 1MPa 的起始压力，将浆液经注浆管从孔底压出，注浆压力宜为 0.1～0.4MPa，使浆液逐渐上冒，直至浆液泛出孔口停止注浆。

② 当采用二次注浆时，泵的最大工作压力不应低于 4MPa。待第一次注浆的浆液初凝时方可进行第二次注浆，浆液的初凝时间根据水泥品种和外加剂掺量确定，可控制在 45～60min 范围。

第二次注浆压力宜为 2～4MPa，二次注浆不宜采用水泥砂浆和细石混凝土而通常采用水泥浆液。

注浆可采用 BW-250 型等高压泥浆泵。注浆采用 525R 普通硅酸盐水泥，注意搅拌罐中严禁有杂物及硬块，最后进行打压注浆，直到水泥浆溢出孔外为止。

第一次注浆后稳定 45～60min 左右，再进行第二次注浆，第二次注浆应边注浆边将注浆管向外拔。

9）拔出注浆管。

拔管后应立即在桩顶填充碎石，并在 1～2m 范围内补充注浆。

15.2.2　施工要求

1.施工准备

（1）树根桩施工应具备以下资料：

1）边坡或基坑场地的岩土工程勘察报告；

2）边坡或基坑工程设计施工图及图纸会审纪要；

3）边坡或基坑工程相邻场地的地下管线、地下构筑物、精密仪器车间等的调查资料；

4）边坡或基坑工程相邻场地已有建筑的相关资料，如：建筑层数、结构类型、基础型式、修筑年代等；

5）边坡或基坑工程相邻场地已有建筑的现状裂缝调查资料；

6）主要施工机械及其配套设备的技术性能资料；

7）树根桩工程的施工组织设计；

8）水泥、砂、石、钢筋或型钢等原材料及其制品的检测报告；

9）有关荷载、施工工艺的试验参考资料。

（2）钻孔机具及工艺的选择，应根据桩型、钻孔深度、土层情况、泥浆排放及处理条件综合确定。

（3）树根桩工程的施工组织设计

树根桩工程的施工组织设计应结合工程特点，有针对性地制定相应质量管理措施，主要应包括以下内容：

1）施工平面图：标明桩位、编号、施工顺序、水电线路和临时设施的位置；采用泥浆护壁成孔时，应标明泥浆制备设施及其循环系统。

2）确定成孔机械、配套设备以及合理施工工艺的有关资料，当采用泥浆护壁时，应有泥浆的处理措施。

3）施工作业计划和劳动力组织计划。

4）机械设备、备件、工具、材料供应计划。

5）树根桩工程施工时，对安全、防雨和环境保护等方面应按相关规定执行。

6）保证工程质量、安全生产和季节性施工的技术措施。

（4）成桩机械应经鉴定合格，不得使用不合格机械。

（5）施工前应组织图纸会审，会审纪要连同设计施工图等应作为施工依据，并列入工程档案。

（6）树根桩工程施工用的供水、供电、道路、排水、临时房屋等临时设施，应在开工前准备就绪，施工场地应保证施工机械正常作业。

（7）树根桩工程轴线的控制点和水准点应设在不受施工影响的地方。

（8）用于施工质量检验的仪表、器具的性能指标，应符合现行国家相关标准的规定。

2. 一般规定

（1）不同桩型的适用条件应符合以下规定：

1）泥浆护壁钻孔灌注桩宜用于地下水位以下的黏性土、粉土、砂土、填土、碎石土及风化岩层。

2）冲孔灌注桩除宜用于上述地层外，还能穿透旧基础、建筑垃圾填土或大孤石等障碍物。

3）干作业钻孔灌注桩宜用于地下水位以上的黏性土、粉土、中等密实以上的砂土、填土及风化岩层。

（2）成孔设备就位后，应平整、稳固，确保在成孔过程中不发生倾斜和偏移。应在成孔机具上设置控制深度的标尺，并应在施工中进行观测记录。

（3）成孔的控制深度应符合以下要求：

1）摩擦型桩：摩擦桩应以设计桩长控制成孔深度；端承摩擦桩应保证设计桩长及桩端进入持力层深度。

2）端承型桩：当采用钻、冲成孔时，应保证桩端进入持力层的设计深度。

（4）灌注桩成孔施工的允许偏差应满足表 15-7 的要求。

灌注桩成孔施工允许偏差　　　　　　　　　　　　　　　　表 15-7

成孔方法	桩径允许偏差（mm）	垂直度允许偏差（%）	桩位允许偏差（mm）
泥浆护壁钻、冲孔桩	±50	1	$d/4$ 且不大于 150
干作业成孔	70	1	150

（5）钢筋笼制作、安装的质量应符合以下要求：

1）钢筋笼的材质、尺寸应符合设计要求，制作允许偏差应符合表 15-8 的规定。

钢筋笼制作允许偏差　　　　　　　　　　　　　　　　表 15-8

项目	允许偏差（mm）
主筋间距	±10
箍筋间距	±20
钢筋笼直径	±10
钢筋笼长度	±100

2）分段制作的钢筋笼，其接头宜采用焊接或机械接头（钢筋直径大于 20mm），并应遵守国家现行标准《钢筋机械连接技术规程》（JGJ 107—2016）、《钢筋焊接及验收规程》（JGJ 18—2012）和《混凝土结构工程施工质量验收规范》（GB 50204—2015）的规定。

3）加劲箍宜设在主筋外侧，当因施工工艺有特殊要求时也可置于内侧。

4）导管接头处外径应比钢筋笼的内径小 100mm 以上。

5）搬运和吊装钢筋笼时，应防止变形，安放应对准孔位，避免碰撞孔壁和自由落下，就位后应立即固定。

（6）粗骨料可选用卵石或碎石，其粒径不得大于钢筋间最小净距的 1/3。

（7）检查成孔质量合格后应尽快灌注混凝土。每个灌注台班不得少于 1 组试件；每组试件应留 3 个试块。

（8）在正式施工前，宜进行试成孔。

（9）施工现场所有设备、设施、安全装置、工具配件等应经常检查，确保完好和使用安全。

（10）树根桩施工不应出现缩颈和塌孔。

15.2.3　质量检验

（1）一般规定

1）树根桩工程应进行桩位、桩长、桩径、桩身质量和单桩承载力的检验。

2）树根桩工程的检验按时间顺序可分为施工前检验、施工检验和施工后检验。

3）对砂、石子、水泥、钢材等桩体原材料质量的检验项目和方法应符合国家现行有关标准的规定。

（2）施工前检验

1) 施工前应具备下述资料:

① 岩土工程勘察资料;

② 临近建筑物和地下设施类型、分布及结构质量情况;

③ 工程设计施工图、设计要求及需达到的标准,检验手段。

2) 施工前应严格对桩进行检验。

3) 树根桩施工前应进行下列检验:

① 混凝土拌制应对原材料质量与计量、混凝土配合比、坍落度、混凝土强度等级等进行检查。

② 钢筋笼制作应对钢筋规格、机械连接接头规格和品种、焊条规格、品种、焊口规格、焊缝长度、焊缝外观和质量、主筋和箍筋的制作偏差等进行检查,钢筋质量检验标准应符合表 15-9 的要求。

混凝土灌注桩钢筋笼质量检验标准 表 15-9

项	序	检查项目	允许偏差或允许值(mm)	检查方法
主控项目	1	主筋间距	±10	用钢尺量
	2	长度	±100	用钢尺量
一般项目	1	钢筋质材检验	设计要求	抽样送样
	2	箍筋间距	±20	用钢尺量
	3	直径	±10	用钢尺量

(3) 施工检验

1) 树根桩工程的桩位验收,除设计有规定外,应按下述要求进行:

① 当桩顶设计标高与施工场地标高相同时,或桩基施工结束后,有可能对桩位进行检查时,桩基工程的验收应在施工结束后进行。

② 当桩顶设计标高低于施工场地标高,送桩后无法对桩位进行检查时,对灌注桩可在护筒位置做中间验收。

2) 树根桩施工过程中应进行下列检验:

① 灌注混凝土前,应按《建筑桩基技术规范》(JGJ 94—2008)第 6 章有关施工质量要求,对已成孔的中心位置、孔深、孔径、垂直度、孔底沉渣厚度进行检验。

② 对嵌岩桩的地基,可通过检验岩石单轴抗压强度检验地基的承载力是否达到设计要求,可采用室内试验。单项工程试样数不少于 6 个,对桩基工程每桩不少于 1 个。

(4) 施工后检验

1) 根据不同桩型应按表 15-10 规定检查成桩桩位偏差。

灌注桩的平面位置和垂直度的允许偏差 表 15-10

序号	成孔方法	桩径允许偏差(mm)	垂直度允许偏差(%)	桩位允许偏差(mm)
1	泥浆护壁钻孔桩	±50	<1	D/6,且不大于 150
2	套管成孔灌注桩	−20	<1	150
3	干成孔灌注桩	−20	<1	150

注:1. 桩径允许偏差的负值是指个别断面。
　　2. 采用复打、反插法施工的桩,其桩径允许偏差不受上表限制。

2）树根桩应进行承载力和桩身质量检验。

3）混凝土灌注桩的质量检验标准应符合表 15-11 的规定。

混凝土灌注桩质量检验标准 表 15-11

项	序	检查项目	允许偏差或允许值		检查方法
			单位	数值	
主控项目	1	桩位	见表 15-10		基坑开挖前量护筒，开挖后量桩中心
	2	孔深	mm	＋300	只深不浅，用重锤测，或测钻杆、套管长度，嵌岩桩应确保进入设计要求的嵌岩深度
	3	桩体质量检验	按基桩检测技术规范，如钻芯取样，大直径嵌岩桩应钻至桩尖下 50cm		按基桩检测技术规范
	4	混凝土强度	设计要求		试件报告或钻芯取样送检
	5	承载力	按基桩检测技术规范		按基桩检测技术规范
一般项目	1	垂直度	见表 15-10		测钻杆、套管，或用超声波探测，干施工时吊锤球
	2	桩径	见表 15-10		井径仪或超声波探测，干施工时用钢尺量，人工挖孔桩不包括内衬厚度
	3	泥浆相对密度（黏土或砂性土中）	1.15～1.20		用比重计测，清孔后在距孔底 50cm 处取样
	4	泥浆面标高（高于地下水位）	m	0.5～1.0	目测
	5	沉渣厚度：端承桩　　　　　　摩擦桩	mm　　mm	≤50　　≤100	用沉渣仪或重锤测量
	6	混凝土坍落度：水下灌注　　　　　　　　干施工	mm　　mm	160～220　　70～100	坍落度仪
	7	钢筋笼安装深度	mm	±100	用钢尺量
	8	混凝土充盈系数	＞1		检查每根桩的实际灌注量
	9	桩顶标高	mm	＋30　　－50	水准仪，需扣除桩顶浮浆层及劣质桩体

4）树根桩应进行承载力检验。对于成桩质量可靠性的灌注桩，应采用静载荷试验的方法进行检验，检验桩数不应少于总桩数的 1‰，且不应少于 3 根。

5）对专用抗拔桩和对水平承载力有特殊要求的桩基工程，应进行单桩抗拔静载试验和水平静载试验检测。

6）桩身质量应进行检验。成桩质量可靠性高的灌注桩，抽检数量不应少于桩总数的 30%；成桩质量可靠性低的灌注桩，抽检数量为桩总数的 100%。

7) 桩身质量除对预留混凝土试件进行强度等级检验外，尚应进行现场检测。检测方法可采用可靠的动测法，对于大直径桩还可以采取取芯法、声波透射法；检测数量可根据现行行业标准《建筑基桩检测技术规范》（JGJ 106—2014）确定。

8) 工程桩的外观质量缺陷，应由监理（建设）单位、施工单位等各方根据其对结构性能和使用功能影响的严重程度，按表15-12确定。

现浇结构的外观质量缺陷

表 15-12

名称	现象	严重缺陷	一般缺陷
露筋	桩内钢筋未被混凝土包裹而外露	纵向受力钢筋有露筋	其他钢筋有少量露筋
蜂窝	混凝土表面缺少水泥砂浆而形成石子外露	桩主要受力部位有蜂窝	其他部位有少量蜂窝
孔洞	混凝土中孔穴深度和长度均超过保护层厚度	桩主要受力部位有孔洞	其他部位有少量孔洞
夹渣	混凝土中夹有杂物且深度超过保护层厚度	桩主要受力部位有夹渣	其他部位有少量夹渣
疏松	混凝土中局部不密实	桩主要受力部位有疏松	其他部位有少量疏松
裂缝	缝隙从混凝土表面延伸至混凝土内部	桩主要受力部位有影响结构性能的裂缝	其他部位有少量不影响结构性能的裂缝
外形缺陷	缺棱掉角、棱角不直、翘曲不平、飞边凸肋等	有影响使用性能的外形缺陷	有不影响使用性能的外形缺陷
外表缺陷	桩表面麻面、掉皮、起砂、沾污等	有外表缺陷	有不影响使用功能的外表缺陷

（5）树根桩工程验收资料

1) 当桩顶设计标高与施工场地标高相近时，基桩的验收应待基桩施工完毕后进行。

2) 树根桩验收应包括以下资料：

① 岩土工程勘察报告、桩基施工图、图纸会审纪要、设计变更单及材料代用通知单等；

② 经审定的施工组织设计、施工方案及执行中的变更单；

③ 桩位测量放线图，包括工程桩位线复核签证单；

④ 原材料的质量合格和质量鉴定书；

⑤ 半成品如钢桩等产品的合格证；

⑥ 施工记录及隐蔽工程验收文件；

⑦ 成桩质量检查报告；

⑧ 单桩承载力检测报告；

⑨ 基坑挖至设计标高的基桩竣工平面图及桩顶标高图；

⑩ 其他必须提供的文件和记录。

（6）当对基桩质量有质疑时，宜采用钻芯法对成桩质量进行评价，成桩质量评价应按单桩进行。

1) 当出现下列情况之一时，应判定该受检桩不满足设计要求：

① 桩身完整性类别为Ⅳ类的桩；

② 受检桩混凝土芯样试件抗压强度代表值小于混凝土设计强度等级的桩；

③ 桩长、桩底沉渣厚度不满足设计或规范要求的桩；

④ 桩端持力层岩土性状（强度）或厚度未达到设计或规范要求的桩；

2）Ⅲ类桩应进行构造处理。

Ⅳ类桩应进行工程结构加固处理或采取加固边坡的措施等方案进行处理。

3）桩身完整性分类应符合表 15-13 的规定。

桩身完整性类别应结合钻芯孔数、现场混凝土芯样特征、芯样单轴抗压强度试验结果，按表 15-13、表 15-14 的特征和《混凝土结构工程施工质量验收规范》（GB 50204—2015）进行综合判定。

桩身完整性分类表　　　　　　　　　　　　　　　表 15-13

桩身完整性类别	分 类 原 则
Ⅰ类桩	桩身完整
Ⅱ类桩	桩身有轻微缺陷，不会影响桩身结构承载力的正常发挥
Ⅲ类桩	桩身有明显缺陷，对桩身结构承载力有影响
Ⅳ类桩	桩身存在严重缺陷

桩身完整性判定　　　　　　　　　　　　　　　表 15-14

桩身完整性类别	特　征
Ⅰ类桩	混凝土芯样连续、完整、表面光滑、胶结好、骨料分布均匀、呈长柱状、断口吻合，芯样侧面仅见少量气孔
Ⅱ类桩	混凝土芯样连续、完整、胶结较好、骨料分布基本均匀、呈柱状、断口基本吻合，芯样侧面局部见蜂窝麻面、沟槽
Ⅲ类桩	大部分混凝土芯样胶结较好，无松散、夹泥或分层现象，但有下列情况之一： 芯样局部破碎且破碎长度不大于 10cm； 芯样骨料分布不均匀； 芯样多呈短柱状或块状； 芯样侧面蜂窝麻面、沟槽连续
Ⅳ类桩	钻进很困难； 芯样任一段松散、夹泥或分层； 芯样局部破碎且破碎长度大于 10cm； 混凝土明显见孔洞且长度大于 10cm

（7）混凝土芯样试件抗压强度代表值应按一组三块试件强度的平均值确定。

同一受检桩同一深度部位有两组或两组以上混凝土芯样试件抗压强度代表值时，取其平均值为该桩该深度处混凝土芯样试件抗压强度代表值。

（8）受检桩中不同深度位置的混凝土芯样试件抗压强度代表值中的最小值为该桩混凝土芯样试件抗压强度代表值。

（9）桩端持力层岩土性状应根据芯样特征、岩石芯样单轴抗压强度试验、动力触探或标准贯入试验结果，综合判定桩端持力层岩土性状。

（10）其余要求按《建筑基桩检测技术规范》（JGJ 106—2014）、《建筑结构检测技术标准》（GB/T 50344—2004）、《钻芯法检测混凝土强度技术规程》（CECS 03—2007）等规范执行。

15.3 变形监测

15.3.1 支挡结构的变形控制

1. 支挡结构的变形控制标准

影响支护结构变形的因素相当复杂，对支护结构变形允许值的规定大部分地区尚无地方标准，仅个别地区有地方标准，如上海市所制定的《软土市政地下工程施工技术手册》对其变形指标进行了明确规定，其变形控制标准见表 15-15，工程实践中可通过将实测值与变形控制标准值进行比较判断基坑的安全性。

变形控制标准表　　　　　　　　　　　表 15-15

测量项目	安全或危险判别	判别法			
		变形控制标准	危险	注意	安全
墙体变位	墙体变位与开挖深度之比	F_1＝实测（或预测）/开挖深度	$F_1>1.2\%$	$0.4\%\leqslant F_1\leqslant1.2\%$	$F_1<0.4\%$
			$F_1>0.7\%$	$0.2\%\leqslant F_1\leqslant0.7\%$	$F_1<0.2\%$
基坑隆起	隆起量与开挖深度之比	F_2＝实测（或预测）/开挖深度	$F_2>1.0\%$	$0.4\%\leqslant F_2\leqslant1.0\%$	$F_1<0.4\%$
			$F_2>0.5\%$	$0.2\%\leqslant F_2\leqslant0.5\%$	$F_1<0.2\%$
			$F_2>0.2\%$	$0.04\%\leqslant F_2\leqslant0.2\%$	$F_1<0.04\%$
地表沉降	沉降量与开挖深度之比	F_3＝实测（或预测）/开挖深度	$F_3>1.2\%$	$0.4\%\leqslant F_3\leqslant1.2\%$	$F_3<0.4\%$
			$F_3>0.7\%$	$0.2\%\leqslant F_3\leqslant0.7\%$	$F_3<0.2\%$
			$F_3>0.2\%$	$0.04\%\leqslant F_3\leqslant0.2\%$	$F_3<0.04\%$

注：表 15-15 中墙体变位有两种判别标准，上行适用于基坑近旁无建筑物或地下管网；下行适用于基坑近旁有建筑物或地下管网。基坑隆起和地表沉降（F_2 和 F_3）有 3 种判别标准，上、中行的适用情况与墙体变位（F_1）的相同，而下行适用于对变形有特别严格要求的情况，一般对于中、下行都需进行地基加固。

《建筑地基基础设计规范》（GB 50007—2011）给出了建筑物的地基变形允许值，但正常使用状态下支护结构的变形允许值尚无统一的国家标准。如悬臂护坡桩的侧向位移 Δ 及由此产生周围地面下沉可使在建工程或相邻建筑物的正常使用功能受到破坏；若侧向位移 Δ 和沉降 S 过大，则相邻建筑物会下沉、倾斜、开裂、门窗变形及周围地下管网设施受损造成断电、断气、断水等。鉴于我国目前尚未制定出统一的限制侧向位移的标准 $[\Delta]$ 和限制沉降的标准 $[S]$，因此评价正常使用极限状态下的变形标准就很难统一，只能因工程建筑物环境和地质条件而定，并根据相邻建筑物的调查（建筑层数、建筑结构、地基持力层的岩土结构、地基承载力、基础的型式、基础的埋置深度等）结果，总结已有工程的经验教训和工程监测资料，参考有关文献等来确定容许变形值。

有关文献的统计资料结果（相对沉降量 0.002～0.003，即 0.2%～0.3%）表明，相对沉降量为 0.2%～0.3%与表 15-15 中的地表沉降一栏的下行的判别数据相近，因此，其他地区也可参考采用表 15-15 的变形控制标准。

2. 支挡结构的变形控制措施

任何支护结构设计方法和理论都是基于特定的边坡类型、工程条件下提出的。因此，基于某一支护理论进行支护结构的可靠性与准确性与否分析，在很大程度上取决于边坡岩土体、相邻建筑物的认识的可靠程度以及对支护结构设计理论的理解和使用能力。换言之，这里涉及两个方面的问题：其一，对于边坡岩土体、相邻建筑物的认识与研究程度；其二，设计人员如何使用这些资料和信息。笔者从边坡工程的勘察、设计、施工和检测工作的经验和教训的角度，提出以下几种控制边坡变形的认识和措施。

（1）详细、准确的边坡勘察资料是控制支挡结构变形的基础

边坡勘察中，除应查明基本的水文地质条件、工程地质条件，尚应全面收集相邻建筑物的荷载、结构、基础形式及埋深，地下设施的分布、管线材料、接头情况及埋深等，并分析确定其容许变形值。

按照重庆市地方标准《工程地质勘察规范》，岩质边坡分为Ⅰ类、Ⅱ类、Ⅲ类（ⅢA类和ⅢB类）和Ⅳ类（ⅣA类和ⅣB类）；硬质岩、软质岩的强风化层及软弱岩边坡宜划为ⅣB类。在 2001 年 7 月 1 日起强制执行的《建筑边坡支护技术规范》（DB50/5018—2001）中，明确给出了不同边坡高度、不同边坡类别采用不同的支护结构形式。因此，准确判定边坡类型就为采用合适的支护结构形式提供了可靠的依据。

（2）施加预应力是控制支挡结构的首要措施

在边坡支护中，非预应力锚固结构属于被动支护方式，当锚固结构的变形达到一定值时才提供一定的支护抗力，只有当锚固结构有较大的变形时，这种锚固结构中的支护抗力才能充分发挥，而预应力锚固结构则恰好可以直接提供这样的抗力，起到"及时顶住"的效果。在锚固工程施加预应力以后的过程中，锚索（杆）能充分发挥它具有较大的支护抗力的优势，能够防止边坡产生过量的有害变形乃至边坡失稳，确保边坡的稳定和安全。通过模拟试验和计算分析表明，预应力锚固结构的竖向变形可减少 27%，而水平变形可减少 50%～90%，这些减少量随预应力的增大而逐渐减少。故采取施加预应力就比不采用预应力的锚固结构在控制边坡变形方面具有更加明显的效果。这就是实际工程中对变形要求高或变形敏感的边坡常常采用预应力锚索（杆）的原因。

预应力锚固结构的预应力容易出现损失。减少应力损失的工程措施主要有：

1）增加造孔精度，减少孔斜误差。首先选择机型小、轻便、灵活的机具，便于在支护边坡的施工架子上移动。其次应牢牢固定钻机机架，不允许钻机来回摆动，以减少孔斜误差。

2）选择合适的锚具。锁定螺母、连接套及锚杆应为通过质量认证的产品，具有材质检测报告，严禁使用不合格产品。

3）改进张拉方式。逐级缓慢加荷，消除锚具变形引起的预应力损失，减少摩阻应力。

目前预应力损失值尚不能准确测试，那么预应力锚固结构的安全性系数就不能准确计算，其安全性就难以评估与判定。

（3）逆作法施工是控制支挡结构变形的首要措施

在锚杆挡墙的支护结构中，采用逆作法、跳槽施工取得了良好的效果。逆作法就是采用自上而下的，分阶开挖与支护的一种施工方法。分阶的高度和跳槽的长度主要根据边坡的工程地质条件、边坡滑塌区范围建筑物的侧向位移容许值和沉降值确定。边坡滑塌区范

围可按式（15-8）估计。

$$L = H/\mathrm{tg}\theta \tag{15-8}$$

式中　L——边坡坡顶塌滑区边缘至坡底边缘的水平投影距离（m）；

　　　H——边坡的高度（m）；

　　　θ——边坡的破裂角（°）。对于土质边坡可取 $(45°+\varphi)/2$，φ 为土体的内摩擦角；对岩质边坡可按《建筑边坡工程技术规范》中第 6.3.4 条的规定确定。

分阶开挖与支护的目的，就是使卸荷作用的应力调整缓慢发生；边坡应随开挖，随锚固，使无支承条件下的边坡所暴露的时间尽可能的短，所暴露的面积尽可能的少。

跳槽施工的目的，就是利用岩土体的自身潜力来限制边坡变形。锚杆成孔采取"跳钻"，即在水平方向上每隔 2~3 个锚杆孔位，并随即完成插筋、注浆作业，使扰动范围降低到最低程度。

（4）动态设计法和信息化施工法是控制支挡结构变形的重要措施

动态设计法就是根据信息施工法及施工勘察反馈的资料，确认原设计条件有较大变化时，及时补充、修改原设计的设计方法。信息化施工法就是根据施工现场的地质情况和监测数据，对地质结论、设计参数进行再验证，对施工安全性进行判断和及时修正施工方案的施工方法。动态设计法和信息化施工法可以达到以下目的：

1）避免勘察结论失误。山区地质情况复杂、多变，受多种因素制约，地质勘察资料准确性的保证率较低，勘察主要结论失误而造成边坡工程失败的现象不乏其例。因此，在边坡施工中补充"施工勘察"，收集地质资料，查对核实原地质勘察结论，这样可有效避免因勘察结论失误而造成工程事故。

2）设计人员根据施工开挖反馈的更详实的地质资料、边坡变形量、应力监测值等，对原设计作校核和补充、完善设计，确保工程安全，设计合理。

3）边坡变形和应力监测资料是加快施工速度或排危应急抢险，确保工程安全施工的重要依据。

（5）设置冠梁对控制支挡结构变形具有良好效果

冠梁（设置在支护结构顶部的钢筋混凝土连梁）具有较大的截面尺寸，水平抗弯刚度不可忽视，所以，合理设计冠梁可以减少挡墙的内力与水平位移。

此外，尚有其他措施：

1）适当加大支护结构尺寸和加密锚杆，以提高支护结构的刚度。

2）对被动区土体进行加固处理是控制边坡变形的有效措施之一。

3）严格控制施工质量是控制边坡变形的关键措施。

4）缩短开挖与支护的时间。

15.3.2　支挡结构变形监测

关于支挡结构变形的计算和控制，目前还未形成完整的计算和控制理论，仅有积累的工程经验和定性认识。为此，《建筑地基基础设计规范》（GB 50007—2011）、《建筑边坡工程技术规范》（GB 50330—2013）等技术文件给出了一些原则性的规定和要求。

1. 建筑边坡支挡结构变形监测依据

（1）建筑地基基础设计规范中的有关规定

在《建筑地基基础设计规范》（GB 50007—2011）第 10 章检验与监测中关于边坡工程

监测的有关要求有如下规定：

1）预应力锚杆施工完成后应对锁定的预应力进行监测，监测锚杆数量不得少于总数的 10%，且不得少于 6 根。

2）边坡工程施工过程中，应严格记录气象条件、挖方、填方、堆载等情况。爆破开挖时，应监控爆破对周边环境的影响。土石方工程完成后，尚应对边坡的水平位移和竖向位移进行监测，直到变形稳定为止，且不得少于三年。

3）下列建筑物在施工期间及使用期间进行变形观测：

① 地基基础设计等级为甲级的建筑物；

② 复合地基或软弱地基上的设计等级为乙级的建筑物；

③ 加层、扩建建筑物；

④ 受邻近深基坑开挖施工影响或受场地地下水等环境因素变化影响的建筑物；

⑤ 需要积累建筑经验或进行设计反分析的工程。

（2）《建筑边坡工程技术规范》中的有关规定

在《建筑边坡工程技术规范》（GB 50330—2013）第 14、16 章中给出了原则性的规定，其具体要求如下：

1）需控制变形的一级边坡工程应采取设计、施工及监测等综合措施，并根据当地工程经验采取类比法实施。

2）边坡变形控制应满足下列要求：

① 工程行为引发的边坡过量变形和地下水的变化不应造成坡顶建（构）筑物开裂及其基础沉降差超过允许值。

② 支护结构基础置于土层地基时，地基变形不应造成邻近建（构）筑物开裂和影响基础桩的正常使用。

③ 应考虑施工因素对支护结构变形的影响，变形产生的附加应力不得危及支护结构安全。

3）对边坡有较高要求时，应根据边坡周边环境的重要性、对变形的适应能力和岩土性状等因素，按当地经验确定边坡支护结构的变形允许值。

对上述要求的原因是：支护结构变形控制等级应根据周边环境条件对边坡的要求可分为严格、较严格和不严格。当坡顶附近有重要建（构）筑物时除应保证边坡整体稳定性外，还应保证变形满足设计要求。边坡的变形值大小与边坡高度、地质条件、水文条件、支护结构类型、施工开挖方案等因素相关，变形计算复杂且不够成熟，有关规范均未提出较成熟的计算方法，工程实践中只能根据地区经验，采用工程类比的方法，从设计、施工、变形监测等方面采取措施控制边坡变形。

同样，支护结构变形允许值涉及因素较多，难以用理论分析和数值计算确定，工程设计中可根据边坡条件按地区经验确定。

4）需控制变形的边坡工程，应采取预应力锚杆（索）等受力后变形量较小的支护结构形式。

5）位于软弱土质地基上的边坡工程，当支护结构的地基变形不能满足设计要求时，应采取卸载、对地基和支护结构被动土压力加固等处理措施（当地基变形较大时，有关地基及被动土压力区加固方法按国家现行有关规范进行）。

6）存在临空的外倾软弱结构面的岩质边坡和土质边坡，支护结构的基础必须置于软弱面以下稳定的地层内。

7）当施工期边坡垂直变形较大时，应采取设置竖向支撑的支护结构方案。

8）对造成边坡变形增大的张开型岩石裂隙和软弱层面，可采取注浆加固。

9）边坡工程行为对邻近建（构）筑物可能引发较大变形或危害时，应加强监测，采取设计和施工措施，并应对建（构）筑物及其他地基基础进行预加固处理。

10）稳定性较差的边坡开挖方案应按不利工况进行边坡稳定和变形验算，必要时采取措施增强施工期边坡的稳定性［稳定性较差的岩土边坡（较软弱的土边坡，有外倾软弱结构面的岩石边坡、潜在滑坡等）开挖时，不利工况时边坡的稳定和变形控制应满足有关规定要求，避免出现施工事故，必要时应采取施工措施增强施工期的稳定性］。

11）锚杆施工应避免对相邻建（构）筑物地基基础造成损害。当水钻成孔可能诱发边坡和周边环境变形过大时，应采取无水成孔法。

12）支挡结构监测项目应考虑其安全等级、支护结构变形控制要求、地质和支护结构特点，根据表 15-16 进行选择。

支挡结构监测项目表　　　　　　　　　　　　　表 15-16

测试项目	测点布置位置	边坡安全等级		
		一级	二级	三级
坡顶水平位移和垂直位移	支护结构顶部	应测	应测	应测
地表裂缝	墙顶背后 $1.0H$（岩质）～$1.5H$（土质）范围内	应测	应测	选测
坡顶建（构）筑物变形	边坡坡顶建筑物基础、墙面	应测	应测	选测
降雨、洪水与时间关系		应测	应测	选测
锚杆拉力	外锚头或锚杆主筋	应测	选测	可不测
支护结构变形	主要受力杆件	应测	选测	可不测
支护结构应力	应力最大处	应测	选测	可不测
地下水、渗水与降雨的关系	出水点	应测	选测	可不测

注：1. 在边坡塌滑区内有重要建（构）筑物，破坏后果严重时，应加强对支护结构的应力监测。
　　2. H 为挡墙高度。

13）支挡结构应由设计单位提出监测要求，由业主委托有资质的监测单位编制监测方案，经设计、监理和业主等共同认可后实施。方案应包括监测项目、监测目的、监测方法、测点布置、监测项目报警值、信息反馈制度和现场原始状态资料记录等内容。

14）支挡结构监测应符合下列规定：

① 坡顶位移观测，应在每一典型边坡段的支护结构顶部设置不少于 3 个观测点的观测网，观测位移量、移动速度和方向。

② 锚杆拉力和预应力损失的监测，应选择有代表性的锚杆，测定锚杆（索）应力和预应力损失。

③ 非预应力锚杆的应力监测根数不宜少于锚杆总数的 5%，预应力锚索的应力监测根数不应少于锚索总数的 10%，且不应少于 3 根。

④ 监测方案可根据设计要求、边坡稳定性、周边环境和施工进程等因素确定。当出

现险情时应加强监测。

⑤ 一级边坡工程竣工后的监测时间不应少于两年。

15）支挡结构监测报告应包括下列内容：

① 监测方案；

② 监测仪器的型号、规格和标定资料；

③ 监测各阶段原始资料和应力、应变曲线图；

④ 数据整理和监测结果评述；

⑤ 使用期监测的主要内容和要求。

关于边坡监测要求《建筑边坡工程技术规范》（GB 50330—2013）未对第 16 章内容给出有关说明，这本身也说明"边坡监测"理论与技术还很不完善，有待工程技术人员不断研究和探索。

2. 滑坡监测

（1）滑坡监测目的

为监测和掌握目前、施工期及后期运行过程中滑坡稳定的变化趋势、检验治理工程的效果，及时发现异常现象并进行分析处理，确保滑坡体上居民的生命财产安全，均有必要布置适量的监测设施。

（2）滑坡监测设计原则与依据

1）以滑体表面位移和抗滑桩位移监测为主，辅以其他相应的校验监测。

2）针对滑坡防治工程的需要，根据施工期和运行期不同特点，对监测进行统一规划。

3）监测设备选取要满足实用性、稳定性、精确性、耐久性等要求。

4）监测范围：包括整个滑坡区，重点放在滑坡后缘、抗滑工程施工处、地形突变处等。

5）对所测资料应及时整理、处理和解释，以便对工程中存在的不安全因素及时发现和处理。

（3）滑坡监测项目

滑坡监测项目主要包括：

1）位移监测，主要有大地形变、裂缝、巡视检查和深部位移；

2）倾斜监测，主要有表面倾斜和深部倾斜；

3）应力应变监测；

4）水的动态监测，主要有地下河水位、地下水位、孔隙水压力、水量、水温；

5）环境因素监测，主要有降雨量、气温和人类工程活动。

（4）滑坡监测要求

滑坡监测应满足下列要求：

1）监测点的设置

① 监测点应按防治工程的措施、地质条件、结构特点和观测项目来确定，并选择有代表性的部位布置。

② 在开工初期，应进行仪器埋设观察，以便获得连续完整的记录。

2）监测剖面的设置

监测剖面应控制主要变形方向，原则上应与防治工程垂直和平行。每个地质灾害体上的监测纵剖面数量，对安全等级为一级的防治工程，监测纵剖面不宜少于 3 条；二级防治工程，不宜少于 2 条。单个灾害体上的纵、横剖面不应少于 1 条，并尽量与地质剖面一致。

3）地表变形监测点的设置

对地表变形剧烈地段的防治工程部位应重点控制，适当增加检测点和监测手段。监测熟练视防治对象的多少而确定，每条剖面上的监测点，不应少于 3 个。

4）监测要求

① 变形观测应以绝对位移监测为主。在剖面所经过的裂缝、支挡工程结构，以及其他防治工程结构上，宜布置相对位移监测点及其他监测点。监测剖面两端要进入稳定岩（土）体并设置永久性水泥标桩作为该剖面的基准点和照准点。

② 应尽量利用钻孔或平洞、竖井进行灾害体深部变形监测，并测定监测剖面上不同点的位移变化量、方向和速率。

③ 施工安全监测点应布置在滑坡体稳定性差的部位，宜形成完整剖面，采用多种手段互相验证和补充。

④ 仅用地表排水的工程，应对各沟段排水流量进行监测。观测点应在修建排水沟渠时建立，主要布置在各段沟渠交接点上游 10m 处。

3.基坑监测

在深基坑开挖的施工过程中，基坑内外的土体将由原来的静止土压力状态向被动和主动土压力状态转变，应力状态的改变引起土体的变形，即使采取了支护措施，一定数量的变形总是难以避免的。因此，在深基坑施工过程中，只有对基坑支护结构、基坑周围的土体和相邻构筑物进行综合、系统的监测，才能对工程情况有全面的了解，确保工程顺利进行。

（1）基坑监测的目的

对深基坑施工过程进行综合监测的目的主要有：

1）根据监测结果，发现安全隐患，防止工程和环境破坏事故的发生。

2）利用监测结果指导现场施工，进行信息化反馈优化设计，使设计达到优质安全、经济合理、施工简捷。

3）将监测结果与理论预测值对比，用反分析法求得更准确的设计计算参数，修正理论公式，以指导下阶段的施工或其他工程的设计和施工。

（2）基坑监测项目

基坑监测项目根据基坑侧壁安全等级按表 15-17 执行。

基坑监测项目表　　　　　　　　　　　　　　　表 15-17

监测项目　　　　　　　　　基坑侧壁安全等级	一级	二级	三级
支护结构水平位移	应测	应测	应测
周边建筑物、地下管线变形	应测	应测	宜测
地下水位	应测	应测	宜测
桩、墙的内力	应测	宜测	可测

续表

监测项目 \ 基坑侧壁安全等级	一级	二级	三级
锚杆拉力	应测	应测	可测
支撑轴力	应测	应测	可测
立柱变形	应测	应测	可测
土体分层竖向位移	应测	应测	可测
支护结构界面上侧向压力	宜测	可测	可测

（3）基坑监测技术要求

基坑现场监测应满足下列技术要求：

1）观察工作必须是有计划的，应严格按照有关的技术文件（如监测任务书）执行。这类技术文件内容，至少应该包括监测方法和使用的仪器、监测精度、测点的布置、观测周期等。计划性是观测数据完整性的保证。

2）监测数据必须是可靠的。数据的可靠性由监测仪器的精度、可靠性以及观测人员的素质来保证。

3）观测必须是及时的。因为基坑开挖是一个动态的施工过程，只有保证及时观测才能有利于发现隐患，及时采取措施。

4）对于观测的项目，应按照工程具体情况预先设定预警值，预警值应包括变形值、内力值及其变化速率。当观测发现超过预警值的异常情况时，要立即采取应急补救措施。

5）每个工程的基坑支护监测，应该有完整的观测记录，形象的图表、曲线和观测报告。

15.3.3　支挡结构变形监测常用设备

1. 应力计和应变计原理

应力计和应变计是工程实践中最为常见的测试元件，其主要区别在于测试敏感元件与被测物体相对刚度之间的差别。这里用弹簧原理来说明此问题，将被测物体看成一个弹簧，其刚度定义为 K_1，在外荷载 P 的作用下，被测物体的变形和荷载存在如下关系：

$$P = K_1 \times U_1 \tag{15-9}$$

式中　U_1——被测物体的竖向位移。

在被测物体间并联一个测试元件，其刚度为 K_2，在外荷载 P 的作用下，系统的竖向位移为 U_2，系统的变形和荷载关系为：

$$P = (K_2 + K_1) \times U_2 \tag{15-10}$$

将式（15-9）代入式（15-10）中，有如下结果：

$$U_1 = (K_1 + K_2) \times U_2 / K_1 = (1 + K_2/K_1) \times U_2 \tag{15-11}$$

若 $K_2 \ll K_1$，则：

$$U_1 \approx U_2 \tag{15-12}$$

$$P_2 = K_2 \times U_2 \tag{15-13}$$

将式（15-10）代入式（15-13）中有如下关系：

$$P_2 = K_2 \times P / (K_1 + K_2) = P / (1 + K_1/K_2) \tag{15-14}$$

若 $K_1 \ll K_2$，则：

$$P_2 \approx P \tag{15-15}$$

由式（15-12）可知：当测试元件刚度远小于被测体刚度时，测试元件可测出系统的变形，此时，测试元件作应变计使用。

由式（15-15）可知：当测试元件刚度远大于被测体刚度时，测试元件可测出系统的荷载，此时，测试元件作应力计使用。

2.常用几类传感器

在不同条件下，测试元件可测出系统的应力或应变，因此，测试元件被称为传感器。不论那一类传感器均是通过不同量的转换测出相应的力学量，因此，目前常用传感器有以下几类：

（1）机械式传感器，如机械式百分表、千分表等。

（2）电量式传感器，如电阻式传感器、电位式传感器、热敏式传感器、电位式传感器、压电式传感器等，常用的产品有纸基式应变片、金属基应变片、位移传感器等。

（3）钢弦式传感器，利用钢弦内力变化转化为钢弦振动频率的变化，测量应变或应力。部分国产钢弦式传感器见表15-18。

国产钢弦式传感器　　　　　　　　　　　　　　　　表 15-18

种类	钢筋应力计	土压力盒	孔隙水压力	混凝土应变计	渗水压力计
型号	GJJ10	TYJ20	TYJ25	EBJ50	TYJ36
量程	$\phi10\sim\phi40$	$0.2\sim6.0\text{MPa}$	$0.2\sim1.6\text{MPa}$	$6\sim12\times10^3\mu\varepsilon$	$0.2\sim1.4\text{MPa}$

3.支挡结构变形测量常用设备

支挡结构变形监测主要是测量建筑边坡坡顶、中下部及周边建筑物基础的变形，同时也需监测房屋整体的倾斜量，建筑边坡变形主要测量其水平位移和竖向位移。根据施工现场条件、周边环境、设计要求、测量精度要求和现有测量仪器情况，常采用水准仪测量建筑边坡、建筑物基础的竖向位移，用全站仪测量建筑边坡水平、竖向位移及建筑物整体倾斜。

（1）水准仪

测量地面上各点高程的工作，称为高程测量。按所用的仪器和实测方法不同，测量地面点高程可分为水准测量、三角高程测量和其他物理高程测量。由于水准测量快捷、精度高，地面高程测量一般采用水准测量，也称几何水准测量。

水准测量法是利用水准仪提供的水平视线，观测竖立在地面两点上的水准尺，分别读取水准尺上的读数，算出两点间的高差。利用水准测量法从一个已知的高程地面点出发可以测量出地面上任何一点的高程，其测量方法原理如图15-2所示。

已知 A 点高程 H_A，欲测定 B 点的高程 H_B，可在 A、B 两点上竖立水准尺，在 A、B 之间安置一台水准仪，利用水准仪提供的水平视线，分别读取 A 点上的刻度 a，B 点上的刻度 b，则 A、B 两点之间的高差为：

$$h_{AB} = a - b \tag{15-16}$$

A 点为已知高程，因此，a 称为后视读数，b 称为前视读数，地面 A 点与 B 点的高差等于后视读数减去前视读数，B 点高程为：

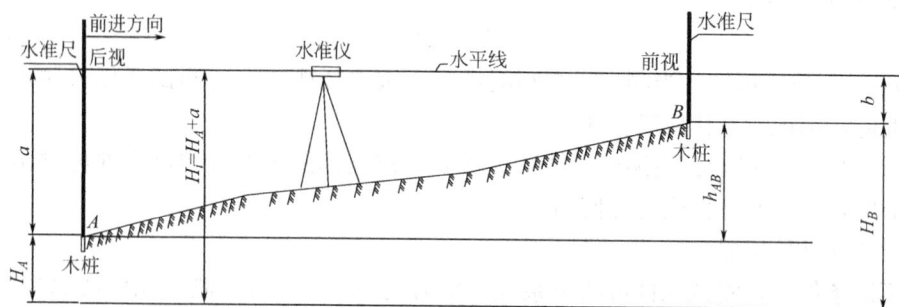

图 15-2 水准测量原理

$$H_B = H_A + a - b \qquad (15\text{-}17)$$

在建筑边坡和建筑物基础竖向位移测量中，若 A 点为不动点，B 点为建筑边坡坡顶某一测点（或建筑物基础某一测点），在不同的时间反复测量 A、B 两点之间的高差，即可测量出建筑边坡或建筑基础的竖向位移。方法如下：

1）初次测量 A、B 两点之间的高差，h_{AB}。

2）第二次（第二时间）测量 A、B 两点之间的高差，$h_{AB}{}'$。

3）计算两次测量 A、B 两点之间的高差的差值 Δ_1，$\Delta_1 = h_{AB}{}' - h_{AB}$，若 Δ_1 为零，则此时所测 B 点无竖向位移；若 Δ_1 不为零，需判断 Δ_1 值的大小是否在仪器误差范围内，若 Δ_1 值超出仪器误差范围，则说明此次测量 B 点有竖向位移。

4）第三次（第三时间）测量 A、B 两点之间的高差，$h_{AB}{}''$，计算第三次与第一次测量 A、B 两点之间的高差的差值 Δ_2，根据 Δ_2 的差值用 3）条判断 B 点是否有竖向位移。

5）按 4）的方法依时间关系反复测量 A、B 两点之间的高差，则可测量出 t_i 与 Δ_i 之间的关系，从而分析建筑边坡或建筑物基础的竖向位移。

（2）全站仪

全站仪又称全站型电子速测仪，在测站上安置好仪器后，除照准需人工操作外，其余可以自动完成，而且几乎在同一时间得到平距、高差和点的坐标。全站仪是由电子测距仪、电子经纬仪和电子记录装置三部分组成。从结构上分，全站仪可分为组合式和整体式两种。组合式全站仪是用一些连接器将测距部分、电子经纬仪部分和电子记录装置部分分别连接成的组合体。它的优点是能通过不同的构件进行灵活多样的组合，当个别构件损坏时，可以用其他部分构件代替。整体式全站仪是在一个仪器内装配测距部分、测角部分和电子记录部分。测距和测角共用一个望远镜，方向和距离测量只需一次照准，使用十分方便。

全站仪的电子记录装置是由存储器、微处理器、输入和输出部分组成。由微处理器对获取的斜距、水平角、竖直角、视准轴误差、棱镜常数、气压等信息进行处理，可以获得各种修正后的数据。在只读存储器中固化了一些常用的测量程序，如：坐标测量、导线测量、放样测量、后方交会等，只要进入相应的测量程序模式，输入已知数据，便可依据程序进行测量过程，获取观测数据，并解算出相应的测量结果。

全站仪的应用是多方面的，这里主要使用全站仪的坐标测量性能，根据《工程测量规范》（GB 50026—2007）第九章变形测量的有关技术要求，在不同的时间内对测点进行测量，计算出随时间变化，边坡的水平位移及垂直位移的变化规律。

15.3.4　支挡结构变形监测系统

1. 常规监测网

目前，我国选用的变形监测仪器种类较多，仪器的特性与精度也不尽相同，可按仪器的特性与技术要求进行安装并测试。主要的监测方法包括大地测量法、地面摄影测量、裂缝观测和机电测量法。

（1）大地测量法

所谓"大地测量法"系指以垂线为参照系的各种测量方法。

常用的大地测量仪器主要有：经纬仪、水准仪、视准仪、电磁波测距仪和摄影经纬仪等。

优点：由于这类方法基本上不受量程的限制，可监测边坡变形的全过程。

缺点：不便于自动化遥测。

主要的方法包括视准线法、前方交会法（前方交会分为测角交会、测边交会和测边测角交会三种）、边角网（边角网包括三角网、三边网和测边测角网三种）、水准测量和三角高程测量。

（2）地面摄影测量

地面摄影测量的精度主要取决于 Y 距（又称纵距）及摄影仪的焦距。一般来说，纵距越小精度越高；焦距越长精度越高。因此，用地面摄影测量做边坡变形监测时，应根据边坡变形量的大小及 Y 距远近，选用适当的摄影仪。较大的滑体，Y 距一般都比较大，因此，最好在相邻测次间的变形量大于 0.1m 时才使用这种方法。由于摄影像片记录了大量的地面信息，因此，应对变形各阶段的像片进行地面摄影测量工作，以便获取监测区必要的地理信息。

（3）裂缝观测

裂缝观测的主要任务是观测相对变形，即缝的张合变化和上下错动。

一般在裂缝的两边埋设标桩，桩顶安精密的测量标志，直接丈量两标志之间的距离（缝小时，用游标卡尺丈量；缝大时，可用钢尺或电磁波测距仪量测）即可测出裂缝的张合变化。用水准仪量测两标志之间的高差即可得出裂缝两边上下的错动值。

（4）机电测量法

所谓"机电测量法"就是利用机械和电学原理进行变形监测。

常用的机电测量仪器主要有：激光准直仪和变位计（钻孔测斜仪、多点位移计、测缝计、渗压计、声发射仪等）。

优点：能够进行自动化观测。

缺点：量程一般不大，不能监测边坡变形发展的全过程；对环境要求较高，必须建立防护（防日光直接照射、防潮）和保护（避免人为的破坏）设施，才能保证监测工作正常运行。

机电测量方法很多，常用的方法有激光准直仪法和变位计法。

2. GPS 监测网

GPS（全球卫星定位系统，Global Positioning System，简写为 GPS）基本网由基准点和基本点组成。

基准点是进行长期连续观测的永久性 GPS 卫星观测站。每个基准站中均应配备有双频 GPS 接收机、气象元素传感器、数据通信设备及微机。

基本点是 GPS 基本网的主体，在这些点上进行定期复测时应按 GPS 测量中的最高标准进行。

采用 GPS 定位技术进行边坡变形监测具有以下优点：（1）观测不受气候条件限制，可进行全天候监测。（2）可同时进行平面位移及垂直位移监测。（3）可进行长期连续监测，不会漏过危险的变形信息。（4）从数据采集、数据处理到数据分析、管理全过程易于实现全自动化。

采用 GPS 定位技术进行边坡变形监测具有以下不足：（1）监测点的数量很多，如果全部进行长期连续自动化监测，需要大量的 GPS 接受机。（2）GPS 接受机等设备在野外无人值守的房内，安全难以得到保证。

3. 自动化监测网

边坡，特别是崩滑体的自动化监测，国内外都有成熟的设备和技术。

近 10 多年来，地理信息系统（Geography Information System，简写为 GIS）和全球卫星定位系统在应用于边坡监测以来，自动化监测技术又有了很大发展。

在 GIS 支持下，融 GPS、遥感（Remote Sensing）以及常规监测手段为一体，可建立完整的变形监测系统。

15.4 实例

15.4.1 树根桩的变形监测实例

以重庆市九龙坡区某办公大楼边坡治理工程变形监测实例，说明支挡结构的监测内容和方法等。

1. 工程概况

重庆市九龙坡区某办公大楼边坡治理工程位于重庆市九龙坡区杨家坪原某局办公楼地段。边坡总长约 70m，高度约 4.3～19.66m。边坡类别属于Ⅲ类岩质边坡，边坡工程安全等级为一级，边坡采用树根桩＋锚杆＋钢筋混凝土面板进行永久性支护。距边坡上部 1～2m 为 7～8 层的建筑物（20 世纪 80 年代修建，砖混结构，条形浅埋基础）。为了及时掌握边坡的变形情况，保证边坡、坡顶已有建筑物和坡脚拟建办公大楼的安全使用，重庆市九龙坡区某局委托解放军后勤工程检测中心对本边坡工程施工期间及竣工后两年期的水平位移和沉降变形监测任务，解放军后勤工程检测中心工程技术人员在熟悉有关设计图纸、相关资料和现场地形情况的基础上，制定了切实可行的变形监测方案。依据监测方案和双方签署的协议，于 2007 年 5 月 23 日起开始对本挡墙进行位移、沉降变形观测，至 2009 年 5 月 25 日止观测了 2 年时间，共监测了 14 次，已经完成了全部监测任务，现将监测结果报告如下。

2. 监测目的、范围和内容

（1）监测目的

为了及时掌握边坡在施工期间及竣工后的变形情况与发展趋势，以确保边坡、坡顶已有建筑物和坡脚拟建超高层建筑物的正常使用和安全运行，根据重庆市建委的有关文件规定要求，必须按国家和地方规范、标准对本边坡进行施工期间及竣工后长达两年时间的变形观测。通过施工期间的监测，了解挡墙和坡顶建筑物变形情况、稳定程度、预测其变形的趋势，并及时反馈，以跟踪和控制施工进程。通过竣工后的监测及观测数据的处理与分析，获得该边坡的变形规律与变形趋势，并检验其稳定性与设计的合理性，发现异常及时向业主和设计单位报告，以便及时处理。

（2）监测范围

监测范围为重庆市九龙坡区某局办公大楼边坡治理工程。

（3）监测内容

监测内容为挡墙的水平位移和垂直位移。

3. 监测依据及技术标准

（1）《建筑变形测量规范》（JGJ 8—2016）；

（2）《工程测量规范》（GB 50026—2007）；

（3）《精密工程测量规范》（GB/T 15314—1994）；

（4）《建筑边坡工程技术规范》（GB 50330—2013）；

（5）《建筑边坡支护技术规范》（DB50/5018—2001）；

（6）《重庆市建委、重庆市规划局关于加强高切坡、深开挖建设项目管理若干问题的通知》渝建发［1999］133；

（7）《边坡挡墙施工设计图》由设计单位提供；

（8）工程变形监测方案及协议书。

4. 变形监测方法

（1）控制点（基准点）及变形监测点的选点与埋设

控制点是变形观测的基准点，既要稳定又要便于对监测点的观测，因此，应选在变形区之外且尽量靠近建筑物的稳定地方，以确保变形观测结果的可靠性与精度。根据现场地形情况及监测点的分布情况，建立了 3 个控制点，编号分别为 A、B、C，构成变形监测基准网，采用独立平面坐标系和高程系，其中 A 为测站点，B、C 为屋顶避雷针，B 为定向方向，C 为检查方向。测站点 A 埋设钢筋标志。

监测点应布置在能反映边坡和建筑物变形特征的位置上，在可能变形量较大及变形速度较快的部位应适当多布点。变形监测点应选在能够反映构筑物变形特征的位置，根据本边坡的具体情况、环境特点和观测目的，边坡顶部施工完毕后，在边坡顶部边缘布设观测点 4 个，编号分别为 1 号、2 号、3 号和 4 号，既作水平位移监测点又作沉降位移观测点，所有监测点均采取钻孔埋设为棱镜强制安置螺柱（用不锈钢加工而成），以减小目标点的对中误差和目标高的量取误差，提高变形监测数据的精度。

（2）监测仪器和精度指标

控制测量和监测点观测均使用蔡司 C20ADR 全站仪按二级技术要求进行观测。该仪器精度为：测角 $\pm 1''$，测距 $\pm（2mm + 2 \times 10^{-6}）$。该仪器观测的坐标中误差可由下式计算：

$$X = S \times \cos\tau \times \sin\alpha \quad Y = S \times \cos\tau \times \cos\alpha \quad Z = S \times \tan\tau + i - v \qquad (15-18)$$

取：$S = 100m$，$m_s = \pm 2mm$，$m_a = \pm 2''$

根据中误差传播定理，该仪器观测的坐标中误差约为 $\pm 1.5mm$。

（3）监测方法

1）控制点测量

测区附近无高等级已知点，以 A 为测站点，假设 A 点的坐标为（500.000，500.000，300.000），在 A 点安置全站仪，以屋顶避雷针 B 点为定向点，并设置方位角为：$0°00'00''$，建立变形观测独立坐标系和高程坐标系。

2）监测点观测

在控制点 A 上安置全站仪，以屋顶避雷针 B 点为定向点，并设置方位角为：$0°00'00''$，在监测点上安置反光棱镜，利用全站仪的三维坐标测量功能，对监测点独立地盘左、盘右观测一个测回，取平均作为监测点一期的三维坐标观测值。要求各期观测时应在对应的控制点上观测相应的监测点，使观测路径一致，以提高位移值的精度。在 A 点设站观测1号、2号、3号、4号点。

（4）监测精度保证措施

1）每次采用相同的监测图形（监测线路）和监测方法。

2）每次使用相同的仪器和设备。

3）尽可能固定监测人员。

4）尽量做到在基本相同的环境和条件下监测。

（5）监测数据处理

监测点变形位移值的计算如下：设某监测点第 i 期的三维坐标观测值为（X_i，Y_i，H_i），第 j 期的三维坐标观测值为（X_j，Y_j，H_j），则该监测点在此期间的位移可按下式计算：

$$\Delta X_{ij}=X_j-X_i \tag{15-19}$$
$$\Delta Y_{ij}=Y_j-Y_i \tag{15-20}$$
$$\Delta H_{ij}=H_j-H_i \tag{15-21}$$

其中：（ΔX、ΔY）为水平位移，ΔH 为沉降位移。当 $i=1$ 时，上式计算的值为累计位移与沉降量。

5. 变形监测成果分析与结论

（1）变形观测成果

控制测量及变形监测结果汇总于表15-19，详细数据见表15-20～表15-23。

控制测量及变形监测结果汇总表

表15-19

控制点点号	控制点坐标值						
A	X	500.000	Y	500.000	Z	300.000	
B	避雷针：$0°00'00''$						
监测点各次累计变形量（ΔX，ΔY，ΔH）(mm)							
点号	观测日期	第1次 2007.5.23	第2次 2007.6.9	第3次 2007.6.25	第4次 2007.7.13	第5次 2007.8.1	第6次 2007.8.31	第7次 2007.10.2
1	ΔX	0	0.8	1.4	3.1	4.0	4.2	4.0
	ΔY	0	0.3	0.9	1.7	2.1	2.7	2.9
	ΔH	0	-0.4	-0.8	-1.8	-2.5	-2.8	-3.0

监测点各次累计变形量(ΔX,ΔY,ΔH)(mm)

点号	观测日期	第1次 2007.5.23	第2次 2007.6.9	第3次 2007.6.25	第4次 2007.7.13	第5次 2007.8.1	第6次 2007.8.31	第7次 2007.10.2
2	ΔX	0	−0.6	−1.0	−2.2	−3.2	−3.0	−3.6
	ΔY	0	1.1	1.9	3.1	3.5	4.3	4.5
	ΔH	0	−0.7	−0.9	−2.5	−3.1	−3.3	−3.5
3	ΔX	0	0.5	0.1	1.3	0.8	0.7	1.1
	ΔY	0	0.5	1.2	2.6	3.2	3.7	4.0
	ΔH	0	−0.6	−1.6	−2.8	−3.6	−3.6	−4.0
4	ΔX	0	0.2	0.2	0.4	0	0	0.4
	ΔY	0	0.1	0.6	1.7	1.3	2.5	2.5
	ΔH	0	−1.0	−1.2	−2.8	−3.2	−3.2	−3.0
点号	观测日期	第8次 2007.10.30	第9次 2007.12.31	第10次 2008.3.1	第11次 2008.5.3	第12次 2008.8.9	第13次 2008.11.11	第14次 2009.5.25
1	ΔX	3.8	4.2	3.6	4.1	4.5	4.8	4.6
	ΔY	3.2	3.5	3.4	3.8	4.1	4.4	4.3
	ΔH	−3.2	−3.3	−3.1	−3.4	−3.7	−4.0	−3.8
2	ΔX	−3.8	−3.5	−3.7	−3.9	−3.4	−3.3	−3.4
	ΔY	4.9	5.1	5.2	5.0	5.1	5.3	5.2
	ΔH	−3.5	−3.6	−3.7	−3.8	−4.1	−4.3	−4.2
3	ΔX	1.1	1.0	1.2	0.9	0.6	0.5	0.7
	ΔY	4.2	4.4	4.3	4.1	4.5	4.7	4.6
	ΔH	−3.8	−4.2	−3.9	−4.1	−4.4	−4.2	−4.3
4	ΔX	0.4	0.1	0.3	0	−0.1	0.2	0.4
	ΔY	2.8	2.9	3.1	2.7	3.2	3.0	3.1
	ΔH	−2.8	−3.0	−3.2	−3.1	−3.4	−3.3	−3.4

1号监测点的变形监测数据表　　　　表15-20

观测日期	三维坐标观测值		本次变形量		累计变形量	
2007.5.23	X	505.7800	ΔX	0	$\Sigma \Delta X$	0
	Y	494.1067	ΔY	0	$\Sigma \Delta Y$	0
	H	300.0960	ΔH	0	$\Sigma \Delta H$	0
2007.6.9	X	505.7808	ΔX	0.8	$\Sigma \Delta X$	0.8
	Y	494.1070	ΔY	0.3	$\Sigma \Delta Y$	0.3
	H	300.0956	ΔH	−0.4	$\Sigma \Delta H$	−0.4

续表

观测日期	三维坐标观测值		本次变形量		累计变形量	
2007.6.25	X	505.7814	ΔX	0.6	$\Sigma \Delta X$	1.4
	Y	494.1076	ΔY	0.6	$\Sigma \Delta Y$	0.9
	H	300.0952	ΔH	−0.4	$\Sigma \Delta H$	−0.8
2007.7.13	X	505.7831	ΔX	1.7	$\Sigma \Delta X$	3.1
	Y	494.1084	ΔY	0.8	$\Sigma \Delta Y$	1.7
	H	300.0942	ΔH	−1.0	$\Sigma \Delta H$	−1.8
2007.8.1	X	505.7840	ΔX	0.9	$\Sigma \Delta X$	4.0
	Y	494.1088	ΔY	0.4	$\Sigma \Delta Y$	2.1
	H	300.0935	ΔH	−0.7	$\Sigma \Delta H$	−2.5
2007.8.31	X	505.7842	ΔX	0.2	$\Sigma \Delta X$	4.2
	Y	494.1094	ΔY	0.6	$\Sigma \Delta Y$	2.7
	H	300.0932	ΔH	−0.3	$\Sigma \Delta H$	−2.8
2007.10.2	X	505.7840	ΔX	−0.2	$\Sigma \Delta X$	4.0
	Y	494.1096	ΔY	0.2	$\Sigma \Delta Y$	2.9
	H	300.0930	ΔH	−0.2	$\Sigma \Delta H$	−3.0
2007.10.30	X	505.7838	ΔX	−0.2	$\Sigma \Delta X$	3.8
	Y	494.1099	ΔY	0.3	$\Sigma \Delta Y$	3.2
	H	300.0928	ΔH	−0.2	$\Sigma \Delta H$	−3.2
2007.12.31	X	505.7842	ΔX	0.4	$\Sigma \Delta X$	4.2
	Y	494.1102	ΔY	0.3	$\Sigma \Delta Y$	3.5
	H	300.0927	ΔH	−0.1	$\Sigma \Delta H$	−3.3
2008.3.1	X	505.7836	ΔX	−0.6	$\Sigma \Delta X$	3.6
	Y	494.1101	ΔY	−0.1	$\Sigma \Delta Y$	3.4
	H	300.0929	ΔH	0.2	$\Sigma \Delta H$	−3.1
2008.5.3	X	505.7841	ΔX	0.5	$\Sigma \Delta X$	4.1
	Y	494.1105	ΔY	0.4	$\Sigma \Delta Y$	3.8
	H	300.0926	ΔH	−0.3	$\Sigma \Delta H$	−3.4
2008.8.9	X	505.7845	ΔX	0.4	$\Sigma \Delta X$	4.5
	Y	494.1108	ΔY	0.3	$\Sigma \Delta Y$	4.1
	H	300.0923	ΔH	−0.3	$\Sigma \Delta H$	−3.7
2008.11.11	X	505.7848	ΔX	0.3	$\Sigma \Delta X$	4.8
	Y	494.1111	ΔY	0.3	$\Sigma \Delta Y$	4.4
	H	300.0920	ΔH	−0.3	$\Sigma \Delta H$	−4.0
2009.5.25	X	505.7846	ΔX	−0.2	$\Sigma \Delta X$	4.6
	Y	494.1110	ΔY	−0.1	$\Sigma \Delta Y$	4.3
	H	300.0922	ΔH	0.2	$\Sigma \Delta H$	−3.8

2 号监测点的变形监测数据表   表 15-21

观测日期	三维坐标观测值		本次变形量		累计变形量	
2007.5.23	X	508.8332	ΔX	0	$\Sigma \Delta X$	0
	Y	484.2021	ΔY	0	$\Sigma \Delta Y$	0
	H	305.6113	ΔH	0	$\Sigma \Delta H$	0
2007.6.9	X	508.8326	ΔX	-0.6	$\Sigma \Delta X$	-0.6
	Y	484.2032	ΔY	1.1	$\Sigma \Delta Y$	1.1
	H	305.6106	ΔH	-0.7	$\Sigma \Delta H$	-0.7
2007.6.25	X	508.8322	ΔX	-0.4	$\Sigma \Delta X$	-1.0
	Y	484.2040	ΔY	0.8	$\Sigma \Delta Y$	1.9
	H	305.6104	ΔH	-0.2	$\Sigma \Delta H$	-0.9
2007.7.13	X	508.8310	ΔX	-1.2	$\Sigma \Delta X$	-2.2
	Y	484.2052	ΔY	1.2	$\Sigma \Delta Y$	3.1
	H	305.6088	ΔH	-1.6	$\Sigma \Delta H$	-2.5
2007.8.1	X	508.8300	ΔX	-1.0	$\Sigma \Delta X$	-3.2
	Y	484.2056	ΔY	0.4	$\Sigma \Delta Y$	3.5
	H	305.6082	ΔH	-0.6	$\Sigma \Delta H$	-3.1
2007.8.31	X	508.8302	ΔX	0.2	$\Sigma \Delta X$	-3.0
	Y	484.2064	ΔY	0.8	$\Sigma \Delta Y$	4.3
	H	305.6080	ΔH	-0.2	$\Sigma \Delta H$	-3.3
2007.10.2	X	508.8296	ΔX	-0.6	$\Sigma \Delta X$	-3.6
	Y	484.2066	ΔY	0.2	$\Sigma \Delta Y$	4.5
	H	305.6078	ΔH	-0.2	$\Sigma \Delta H$	-3.5
2007.10.30	X	508.8294	ΔX	-0.2	$\Sigma \Delta X$	-3.8
	Y	484.2070	ΔY	0.4	$\Sigma \Delta Y$	4.9
	H	305.6078	ΔH	0	$\Sigma \Delta H$	-3.5
2007.12.31	X	508.8297	ΔX	0.3	$\Sigma \Delta X$	-3.5
	Y	484.2072	ΔY	0.2	$\Sigma \Delta Y$	5.1
	H	305.6077	ΔH	-0.1	$\Sigma \Delta H$	-3.6
2008.3.1	X	508.8295	ΔX	-0.2	$\Sigma \Delta X$	-3.7
	Y	484.2073	ΔY	0.1	$\Sigma \Delta Y$	5.2
	H	305.6076	ΔH	-0.1	$\Sigma \Delta H$	-3.7
2008.5.3	X	508.8293	ΔX	-0.2	$\Sigma \Delta X$	-3.9
	Y	484.2071	ΔY	-0.2	$\Sigma \Delta Y$	5.0
	H	305.6075	ΔH	-0.1	$\Sigma \Delta H$	-3.8
2008.8.9	X	508.8298	ΔX	0.5	$\Sigma \Delta X$	-3.4
	Y	484.2072	ΔY	0.1	$\Sigma \Delta Y$	5.1
	H	305.6072	ΔH	-0.3	$\Sigma \Delta H$	-4.1

续表

观测日期	三维坐标观测值		本次变形量		累计变形量	
2008.11.11	X	508.8299	ΔX	0.1	$\Sigma \Delta X$	−3.3
	Y	484.2074	ΔY	0.2	$\Sigma \Delta Y$	5.3
	H	305.6070	ΔH	−0.2	$\Sigma \Delta H$	−4.3
2009.5.25	X	508.8298	ΔX	−0.1	$\Sigma \Delta X$	−3.4
	Y	484.2073	ΔY	−0.1	$\Sigma \Delta Y$	5.2
	H	305.6071	ΔH	0.1	$\Sigma \Delta H$	−4.2

3 号监测点的变形监测数据表 表 15-22

观测日期	三维坐标观测值		本次变形量		累计变形量	
2007.5.23	X	523.9625	ΔX	0	$\Sigma \Delta X$	0
	Y	470.2674	ΔY	0	$\Sigma \Delta Y$	0
	H	305.6998	ΔH	0	$\Sigma \Delta H$	0
2007.6.9	X	523.9630	ΔX	0.5	$\Sigma \Delta X$	0.5
	Y	470.2679	ΔY	0.5	$\Sigma \Delta Y$	0.5
	H	305.6992	ΔH	−0.6	$\Sigma \Delta H$	−0.6
2007.6.25	X	523.9626	ΔX	−0.4	$\Sigma \Delta X$	0.1
	Y	470.2686	ΔY	0.7	$\Sigma \Delta Y$	1.2
	H	305.6982	ΔH	−1.0	$\Sigma \Delta H$	−1.6
2007.7.13	X	523.9638	ΔX	1.2	$\Sigma \Delta X$	1.3
	Y	470.2700	ΔY	1.4	$\Sigma \Delta Y$	2.6
	H	305.6970	ΔH	−1.2	$\Sigma \Delta H$	−2.8
2007.8.1	X	523.9633	ΔX	−0.5	$\Sigma \Delta X$	0.8
	Y	470.2706	ΔY	0.6	$\Sigma \Delta Y$	3.2
	H	305.6962	ΔH	−0.8	$\Sigma \Delta H$	−3.6
2007.8.31	X	523.9632	ΔX	−0.1	$\Sigma \Delta X$	0.7
	Y	470.2711	ΔY	0.5	$\Sigma \Delta Y$	3.7
	H	305.6962	ΔH	0	$\Sigma \Delta H$	−3.6
2007.10.2	X	523.9636	ΔX	0.4	$\Sigma \Delta X$	1.1
	Y	470.2714	ΔY	0.3	$\Sigma \Delta Y$	4.0
	H	305.6958	ΔH	−0.4	$\Sigma \Delta H$	−4.0
2007.10.30	X	523.9636	ΔX	0	$\Sigma \Delta X$	1.1
	Y	470.2716	ΔY	0.2	$\Sigma \Delta Y$	4.2
	H	305.6960	ΔH	0.2	$\Sigma \Delta H$	−3.8
2007.12.31	X	523.9635	ΔX	−0.1	$\Sigma \Delta X$	1.0
	Y	470.2718	ΔY	0.2	$\Sigma \Delta Y$	4.4
	H	305.6956	ΔH	−0.4	$\Sigma \Delta H$	−4.2

观测日期	三维坐标观测值		本次变形量		累计变形量	
2008.3.1	X	523.9637	ΔX	0.2	$\sum \Delta X$	1.2
	Y	470.2717	ΔY	−0.1	$\sum \Delta Y$	4.3
	H	305.6959	ΔH	0.3	$\sum \Delta H$	−3.9
2008.5.3	X	523.9634	ΔX	−0.3	$\sum \Delta X$	0.9
	Y	470.2715	ΔY	−0.2	$\sum \Delta Y$	4.1
	H	305.6957	ΔH	−0.2	$\sum \Delta H$	−4.1
2008.8.9	X	523.9631	ΔX	−0.3	$\sum \Delta X$	0.6
	Y	470.2719	ΔY	0.4	$\sum \Delta Y$	4.5
	H	305.6954	ΔH	−0.3	$\sum \Delta H$	−4.4
2008.11.11	X	523.9630	ΔX	−0.1	$\sum \Delta X$	0.5
	Y	470.2721	ΔY	0.2	$\sum \Delta Y$	4.7
	H	305.6956	ΔH	0.2	$\sum \Delta H$	−4.2
2009.5.25	X	523.9632	ΔX	0.2	$\sum \Delta X$	0.7
	Y	470.2720	ΔY	−0.1	$\sum \Delta Y$	4.6
	H	305.6955	ΔH	−0.1	$\sum \Delta H$	−4.3

4 号监测点的变形监测数据表　　　　表 15-23

观测日期	三维坐标观测值		本次变形量		累计变形量	
2007.5.23	X	547.2304	ΔX	0	$\sum \Delta X$	0
	Y	461.8659	ΔY	0	$\sum \Delta Y$	0
	H	300.9206	ΔH	0	$\sum \Delta H$	0
2007.6.9	X	547.2306	ΔX	0.2	$\sum \Delta X$	0.2
	Y	461.8660	ΔY	0.1	$\sum \Delta Y$	0.1
	H	300.9196	ΔH	−1.0	$\sum \Delta H$	−1.0
2007.6.25	X	547.2306	ΔX	0	$\sum \Delta X$	0.2
	Y	461.8665	ΔY	0.5	$\sum \Delta Y$	0.6
	H	300.9194	ΔH	−0.2	$\sum \Delta H$	−1.2
2007.7.13	X	547.2308	ΔX	0.2	$\sum \Delta X$	0.4
	Y	461.8676	ΔY	1.1	$\sum \Delta Y$	1.7
	H	300.9178	ΔH	−1.6	$\sum \Delta H$	−2.8
2007.8.1	X	547.2304	ΔX	−0.4	$\sum \Delta X$	0
	Y	461.8672	ΔY	−0.4	$\sum \Delta Y$	1.3
	H	300.9174	ΔH	−0.4	$\sum \Delta H$	−3.2
2007.8.31	X	547.2304	ΔX	0	$\sum \Delta X$	0
	Y	461.8684	ΔY	1.2	$\sum \Delta Y$	2.5
	H	300.9174	ΔH	0	$\sum \Delta H$	−3.2

观测日期	三维坐标观测值		本次变形量		累计变形量	
2007.10.2	X	547.2308	ΔX	0.4	$\Sigma \Delta X$	0.4
	Y	461.8684	ΔY	0	$\Sigma \Delta Y$	2.5
	H	300.9176	ΔH	0.2	$\Sigma \Delta H$	−3.0
2007.10.30	X	547.2308	ΔX	0	$\Sigma \Delta X$	0.4
	Y	461.8687	ΔY	0.3	$\Sigma \Delta Y$	2.8
	H	300.9178	ΔH	0.2	$\Sigma \Delta H$	−2.8
2007.12.31	X	547.2305	ΔX	−0.3	$\Sigma \Delta X$	0.1
	Y	461.8688	ΔY	0.1	$\Sigma \Delta Y$	2.9
	H	300.9176	ΔH	−0.2	$\Sigma \Delta H$	−3.0
2008.3.1	X	547.2307	ΔX	0.2	$\Sigma \Delta X$	0.3
	Y	461.8690	ΔY	0.2	$\Sigma \Delta Y$	3.1
	H	300.9174	ΔH	−0.2	$\Sigma \Delta H$	−3.2
2008.5.3	X	547.2304	ΔX	−0.3	$\Sigma \Delta X$	0
	Y	461.8686	ΔY	−0.4	$\Sigma \Delta Y$	2.7
	H	300.9175	ΔH	0.1	$\Sigma \Delta H$	−3.1
2008.8.9	X	547.2303	ΔX	−0.1	$\Sigma \Delta X$	−0.1
	Y	461.8691	ΔY	0.5	$\Sigma \Delta Y$	3.2
	H	300.9172	ΔH	−0.3	$\Sigma \Delta H$	−3.4
2008.11.11	X	547.2306	ΔX	0.3	$\Sigma \Delta X$	0.2
	Y	461.8689	ΔY	−0.2	$\Sigma \Delta Y$	3.0
	H	300.9173	ΔH	0.1	$\Sigma \Delta H$	−3.3
2009.5.25	X	547.2308	ΔX	0.2	$\Sigma \Delta X$	0.4
	Y	461.8690	ΔY	0.1	$\Sigma \Delta Y$	3.1
	H	300.9172	ΔH	−0.1	$\Sigma \Delta H$	−3.4

注：ΔX、ΔY 的数值表示挡墙的水平位移，$d=\sqrt{\Delta X^2+\Delta Y^2}$，其中，$\Delta Y$ 的数值表示垂直于挡墙方向的水平位移，"＋"表示向外，"－"表示向内；ΔH 的数值表示沉降，"＋"表示上升，"－"表示下沉。

（2）变形监测结果分析与结论

从监测结果知道，在挡墙施工及竣工后的两年监测期间，所有监测点的最大水平位移为 6.5mm（1号监测点），垂直于挡墙方向的最大水平位移为向外 5.3mm（2号监测点），最大的水平位移变形点为 1号监测点，其次是 2号监测点（6.4mm），4号监测点水平位移较小为 3.2mm；所有监测点的最大沉降为 4.4mm（3号监测点），其次是 2号监测点（4.3mm），4号监测点垂直沉降较小为 3.4mm。

根据表中数据可绘制各监测点的位移及沉降与时间关系曲线（图 15-3～图 15-6），从曲线走势能直观看出挡墙的水平位移和垂直沉降主要发生在施工阶段和竣工前期，竣工后挡墙变形已逐渐趋于平缓，监测后期挡墙变形量均在观测误差之内，且未见挡墙及周围环境发生异常变形现象，尤其是经历了 2008 年 5 月 12 日"汶川大地震"后，挡墙亦没有发

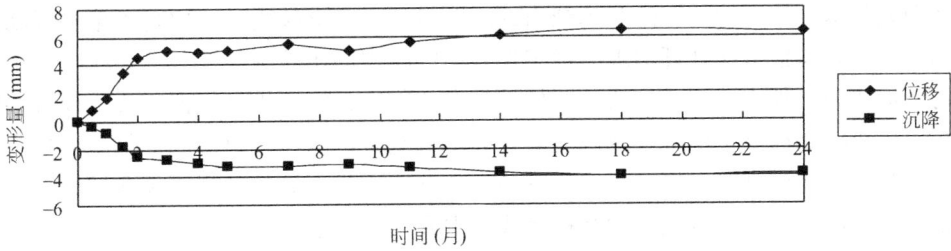

图 15-3　1 号监测点位移、沉降-时间关系

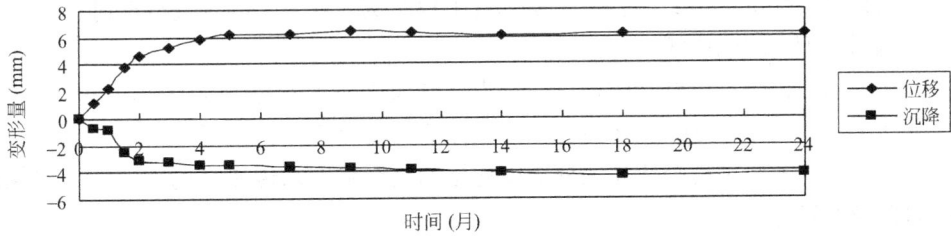

图 15-4　2 号监测点位移、沉降-时间关系

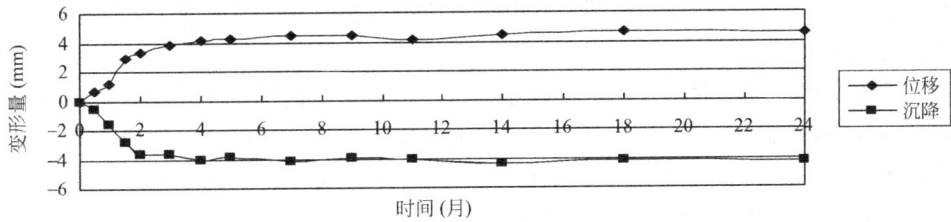

图 15-5　3 号监测点位移、沉降-时间关系

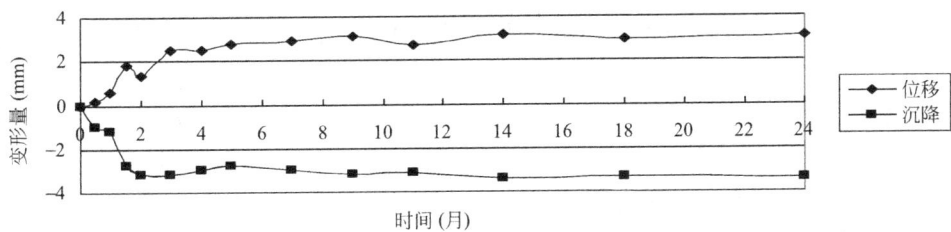

图 15-6　4 号监测点位移、沉降-时间关系

生明显变形，表明挡墙变形已趋于稳定。

15.4.2　树根桩在基坑工程中的应用

通过树根桩＋锚杆联合支护结构在某土质基坑工程中的成功应用实例，说明树根桩可用于基坑加固处理，它是一种直径小，施工机具轻便，费用较低的支护结构型式；同时，提出了对这种支护结构型式的受力特性等尚需进行探讨的课题。

1.引言

树根桩实际上是一种小直径（通常为 100～250mm）的钻孔灌注桩，20 世纪 30 年代由意大利 Fordedile 公司首创。由于树根桩所形成的桩基形状如同"树根"而得名。树根桩在处理地基基础的不均匀沉降和承载力的问题得到了广泛应用，并取得了诸多成功的工程实例。但是，树根桩在处理边坡的稳定性方面的应用却比较少。

树根桩作为一种支护结构型式，树根桩具有直径小、施工机具轻便、投入少等突出优点；竖向树根桩能提供土层所不能满足需要的承载能力，斜向树根桩能提供侧向抗力等优点。竖向和斜向树根桩能在土质边坡的支护中充分发挥其优势，做到"少花钱，多办事"，起到事半功倍的作用，并将在支护结构型式中占有一席之地。

随着城市人口密度的不断增加和城市建设的发展，人们越来越关注如何合理地开发和利用地下空间。基坑工程是地下空间利用中的主要工程之一。建筑基坑按其物质组成可分为土质基坑和岩质基坑。本文结合一土质基坑工程实例，就几个问题进行探讨。

2. 桩-锚支挡体系作用原理

在岩土锚固工程中，以桩、锚杆（或锚索）作为锚固系统的主要构件，就形成了一个桩-锚锚固系统，或者称为桩+锚杆联合支护结构体系，亦称桩锚体系。

岩土锚固的基本原理就是依靠锚杆周围地层的抗剪强度来传递结构物的拉力或保持地层开挖面自身的稳定。

岩土锚固的主要功能：提供作用于结构物上用来承受外荷载的抗力；使被锚固地层产生压应力区域；加固并增加地层的强度，也响应改善地层的其他力学性能；通过锚杆，使结构与稳定岩土体连锁在一起，形成一个共同工作的复合结构，从而使稳定岩土体更有效地承受拉力和剪力。

基坑工程中桩+锚杆联合支护结构体系的水平荷载主要由锚杆来承担，而桩主要起承担竖向荷载（锚杆的竖向分力与桩的自重）、联系锚杆和抗渗透稳定、抗隆起等作用。因此，桩锚体系中的桩可常常采用中、小直径的钻孔桩，也可采用直径更小的桩——树根桩，与计算剖面上的多点锚杆形成桩-锚复合支挡体系。

3. 工程实例

（1）工程概况

某房地产开发公司在四川省泸州市治平路旁修建××饭店。场地属于浅丘堆积地带，场地开阔，地势平坦，场地标高 243.75～244.65m，高差 0.9m。拟建饭店地下两层，最底层标高为 234.00m，将形成深 9.60m 左右的基坑，基坑平面边线长约 148.5m。场地土层上部为 3.8～5.2m 左右的填土层，填土层下面为 9.1～10.4m 左右的粉质黏土层，以下依次为 4.2m 左右的卵石层及泥岩层。

填土为杂填土，杂色，稍湿，主要为炭、黏性土及少量建筑垃圾，松散状，广泛分布，厚 3.8～5.2m。

粉质黏土：黄色、黄褐色，可塑状，韧性中等，干强度中等，无摇震反应，稍有光泽，局部夹流砂，广泛分布，厚 9.1～10.4m。

卵石层：场地中均匀分布，卵石和少许漂石大小交错排列，其间充填黄色、灰色中细砂，卵石含量 50%～60%，结构稍密至中密，厚 3.5～5.5m。

泥岩层：紫红、暗红色为主，泥质结构，中厚层状，岩芯呈柱状，裂隙较发育，局部含溶蚀孔隙，岩芯节长 10～60mm。

场地地下水位标高约 233.0m，水文地质条件简单，地下水对混凝土无腐蚀性。不存在滑坡、坍塌、地面塌陷等不良地质作用，场地稳定性良好。

为保证拟建建筑物及基坑顶部建筑物的安全，应对场地基坑进行永久性支护。

（2）设计依据

1）建设单位提供的场地基坑平面布置图（1：500）；

2）××饭店地基岩土工程勘察报告，××地质工程勘察院，2004年1月18日；

3）《岩土工程勘察规范》（GB 50021—2001）；

4）《建筑地基基础设计规范》（GB 50007—2011）；

5）《建筑桩基技术规范》（JGJ 94—2008）；

6）《混凝土结构设计规范》（GB 50010—2010）；

7）《建筑边坡工程技术规范》（GB 50330—2013）；

8）《建筑基坑支护技术规程》（JGJ 120—2012）；

9）《建筑结构荷载规范》（GB 50009—2012）；

10）《建筑抗震设计规范》（GB 50011—2010）。

（3）支护方案

根据场地的工程地质特征，结合场地边坡的平面布置要求，该基坑采用树根桩＋桩间板式锚杆挡墙进行永久性支护。

（4）设计参数

1）场地类别：Ⅰ类建筑场地。

2）基坑类别：土质基坑。

3）结构重要性系数为1.10。

4）本工程按Ⅵ度抗震设防，设计使用年限为50年。

5）岩土参数：

① 填土：$\gamma = 20kN/m^3$，综合内摩擦角 $\varphi_D = 30°$。

② 粉质黏土：$\gamma = 20.0kN/m^3$，$c = 20kPa$，内摩擦角 $\varphi = 20°$。

③ 坡顶附加荷载：$q = 3.5kN/m^2$（边坡后缘已建建筑物采用桩基础，且嵌入岩土体塌滑区范围以内）。

（5）树根桩、板工程

1）材料

① 树根桩、板混凝土强度等级均为C25。

② 钢筋：HPB300、HRB335。

2）钢筋混凝土

① 混凝土保护层厚度：桩为50mm，梁为35mm，板为25mm。

② 钢筋混凝土板内应渗入水泥重量10％的UEA—H膨胀剂。

③ 钢筋接长：采用机械连接。

④ 所有箍筋弯135°，长10d。

3）施工要求

① 树根桩施工要求

A. 当各树根桩施工完后即可施工桩顶连梁、板，施工时，应注意梁、板与桩的整体连接。

B. 树根桩的施工应严格按《建筑桩基技术规范》（JGJ 94—2008）执行。

② 板施工要求

A. 板底设置连续暗梁，梁截面 200mm×500mm，上、下面配筋均为 3Φ20，侧向腰筋各 2Φ20，箍筋 φ10@150，C25 混凝土。

B. 板竖向每段水平施工缝应严格处理，保证其整体性。

C. 板泄水孔：桩间板应按 2.5m×2.0m 设 φ150 泄水孔，外倾 5%，墙背后 500mm 厚范围做卵石堆囊。

4）其他

① 挡墙应沿长度方向每 20m 设置一道竖向伸缩缝，缝宽 30～50mm，缝中嵌沥青麻筋，嵌入深度 100mm。

② 树根桩应嵌入密实的卵石层内不少于 1.5m。

③ 树根桩应进行检测。

④ 树根桩应跳槽施工，施工时应准确预留锚孔位置。

（6）锚杆工程

1）锚杆孔径为 110mm，主筋 2Φ28（HRB335 级，强度标准值 $f_{yk}=335N/mm^2$），锚杆与水平线夹角 20°；锚杆采用 M30 水泥砂浆在 2～3 个大气压下压力灌注。

2）肋柱（圆桩）：直径 400mm，主筋 6Φ20，箍筋 φ8@150，锚杆 1m 范围加密为 100mm，C25 混凝土。

3）钢筋接长：应采用机械连接，符合《钢筋机械连接技术规程》（JGJ 107—2016）的规定。

4）施工前，锚杆应进行性能试验，性能试验锚杆的根数为 3 根（锚固长度为设计锚固长度的 0.6 倍）。施工完后应进行验收试验，验收试验锚杆的根数为锚杆总数的 5%，且不少于 5 根（试验荷载值为设计值的 1.1 倍）。

5）锚杆的轴向拉力设计值：255kN。

6）应保证锚杆与桩的整体连接。

7）土层中的锚杆应进行防腐处理，可采用润滑油三度沥青玻纤布缠裹两层的方法。

8）面板底标高为 233.60m。

9）挡墙应沿长度方向每 20m 设置一道竖向伸缩缝，缝宽 30～50mm，缝中嵌沥青麻筋，嵌入深度 100mm。

10）锚杆施工应满足以下要求：

① 锚杆施工前，应查明锚杆施工区建（构）筑物基础、地下管线等情况；判明锚杆施工对临近建筑物及地下管线的影响，并拟订相应预防措施。

② 锚孔施工应按《建筑边坡支护技术规范》（DB50/5018—2001）和《建筑基坑支护技术规程》（JGJ 120—2012）的有关要求进行。

（7）其他要求（略）

（8）部分施工图

基坑支护设计平面图如图 15-7 所示。

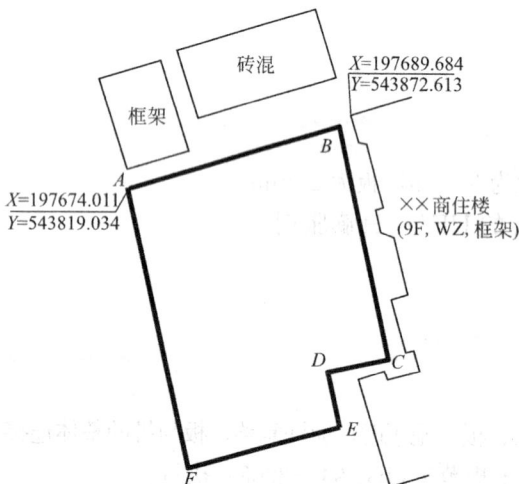

图 15-7　基坑支护设计平面图

基坑支护设计代表性立面图如图 15-8 所示。

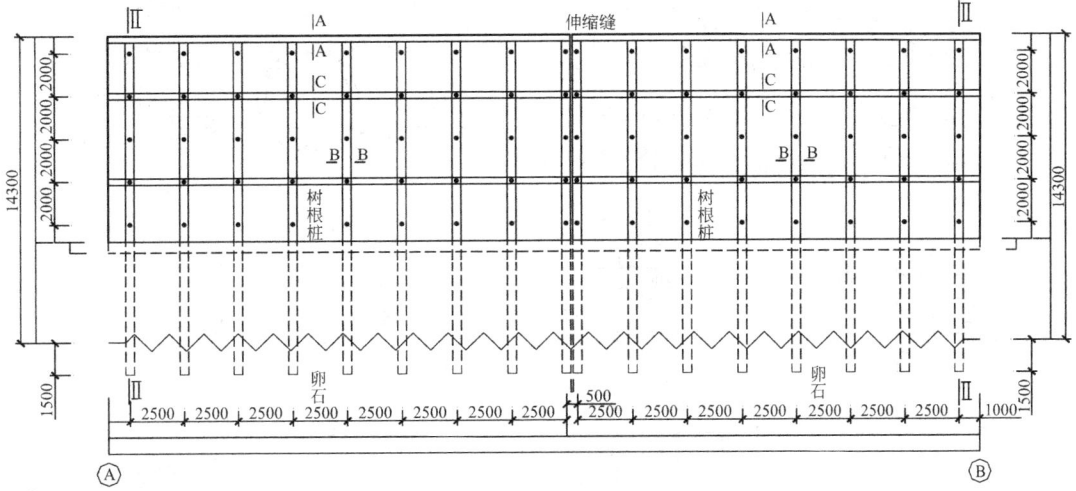

图 15-8　基坑支护设计立面图（AB 段）

基坑支护设计代表性剖面图如图 15-9 所示。

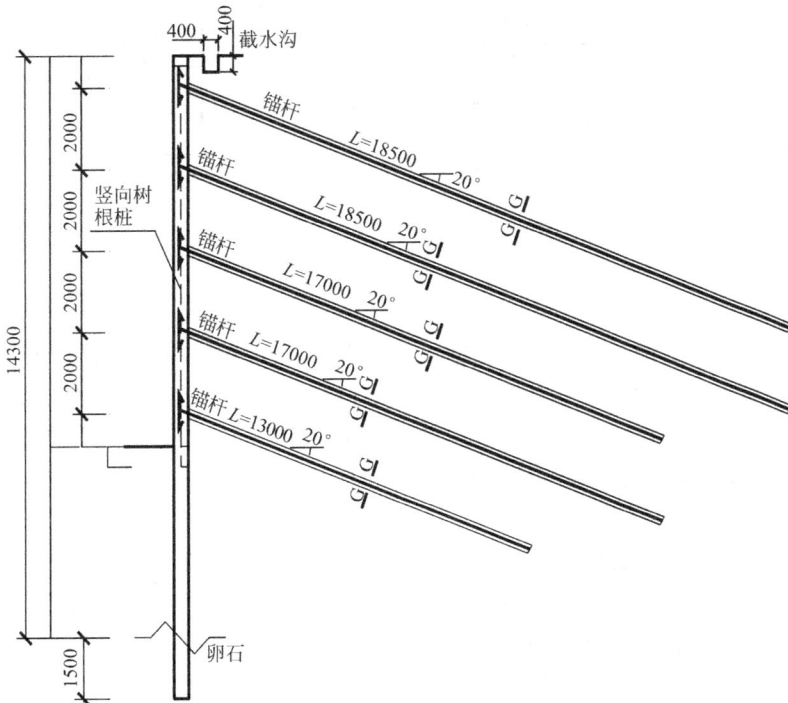

图 15-9　基坑支护设计剖面图（Ⅱ-Ⅱ）

基坑支护设计大样图如图 15-10 所示。

4.探讨

（1）主、被动支护

在基坑边坡支护中，非预应力锚固结构属于被动支护方式，当锚固结构的变形达到一

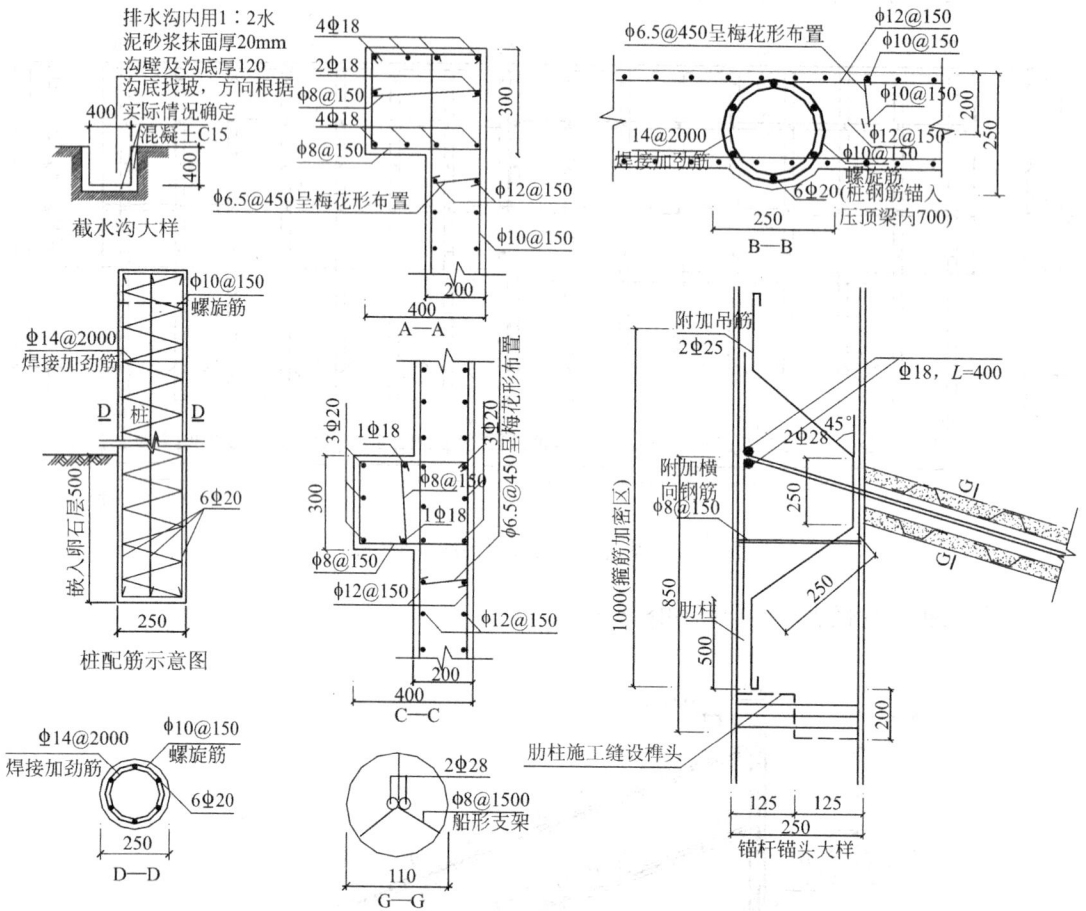

图 15-10　基坑支护设计大样图

定值时才提供一定的支护抗力，只有当锚固结构有较大的变形时，这种锚固结构中的支护抗力才能充分发挥；而预应力锚固结构则恰恰可以直接提供这样的抗力，起到"及时顶住"的效果。在锚固工程施加预应力以后的过程中，锚杆（索）能充分发挥它具有较大的支护抗力的优势，能够防止基坑边坡产生过量的有害变形乃至基坑失稳，确保基坑的稳定和安全。

通过模拟试验和计算分析表明，预应力锚固结构的竖向变形可减少 27%，而水平变形可减少 50%～90%，这些减少量随预应力的增大而逐渐减少。故采取施加预应力就比不采用预应力的锚固结构在控制基坑边坡变形方面具有更加明显的效果。这就是实际工程中对变形要求高或变形敏感的基坑边坡常常采用预应力锚杆（索）的原因。

（2）水平变形控制措施

对于软土基坑，可采取以下措施控制或减小其水平变形。

1）设置止水帷幕。在地下水位较高的地段开挖基坑，设置止水帷幕，可阻止坑边地下水的流失。

2）提高结构刚度。适当加大桩墙结构尺寸和加密锚杆，提高基坑支护结构的刚度。

3）"跳孔施工"。在水平方向间隔 3～5 个锚杆孔位，并随即完成插筋、灌浆施工，尽量缩短基坑坑壁"暴露"的时间。

4)"逆作法施工"。土层开挖应分层实施，使卸荷作用的应力调整缓慢发生。

15.4.3　树根桩在边坡工程中的应用

1. 引言

××房地产开发有限公司在进行某工程基坑开挖过程中，于2003年2月22日下午基坑形成的边坡发生了局部垮塌，危及××小区××楼的安全。在边坡垮塌后，2003年2月23日，某房地产开发有限公司按有关专家意见采取了反压坡脚法的方案进行了排危抢险，并请某单位对××小区××楼做了变形观测。进一步处理前，反压坡脚法的排危方案已实施完毕。

为了了解排危方案是否能保证××楼的结构安全，故委托××检测单位对反压坡脚法的排危方案是否能保证××楼的结构安全和××楼自身的结构安全进行检测、鉴定，并提出边坡处理方案。

2. 排危过程简介

（1）排危工作的组织

在人工边坡工程建设中，当出现险情或已发生工程事故时，如何有效地开展排危抢险工作是许多建设单位、施工单位和设计单位关心的问题。由于我国工程建设单位的组成复杂、施工单位的构成混杂、设计单位素质差异过大，许多工程参建人员缺乏排危的基本经验，当险情出现预兆后，仍满不在乎；当工程条件复杂时，即使规范参编人员组成的专家组签字表态不会发生工程事故后，边坡工程仍然垮塌，这一方面说明工程地质条件的复杂性具有不可预见性，另一方面说明工程事故的发生是不以人的意志为转移的。

边坡排危工程具有较高的风险性和不可预知性，其原因在于边坡排危工作受自然环境和地质条件的影响极大，如天降暴雨或大雨是不以人的意志为转移的，工程事故出现本身说明：在对边坡工程的认识和处理措施上有人为错误或人们未认知的原因，事故发生后，事故原因在未完全确知的条件下进行排危工作，其风险性和不确定性是显而易见的。因此，边坡排危工作不是任何一个普通工程技术人员或高级工程师就可从事的工作，排危工作本身需要特殊的知识、特殊的技能和特殊的经验，但特殊的经验并非总是成功的，因此应特别关注险情发生的特定条件，精心组织和设计排危方案，且应动态调整排危方案，才能确保排危工作的顺利进行。

根据《中华人民共和国建筑法》和《中华人民共和国安全生产法》的有关规定，探讨边坡排危工作的组织具有特殊的意义。根据已往的工程经验，在符合我国相关法律规定的前提下，宜按图15-11所示的排危抢险工作组织框图组织排险工作。

（2）排危方案

该排危方案由××高校专家设计。设计要求如下：

1）第一层条石深入现有边坡底部地坪下600mm深。

2）一层条石、一层土。

3）施工期间注意监测原有8层建筑的变形。

4）反压体宽度大于原有建筑不少于2m。

排危方案如图15-12所示。

（3）变形观测资料

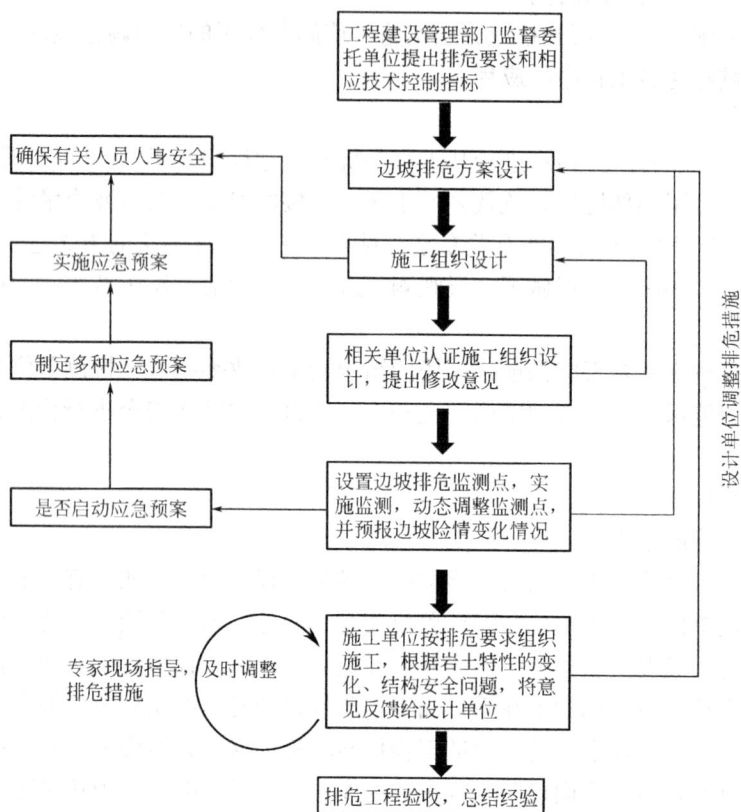

图 15-11　边坡排危工作程序框图

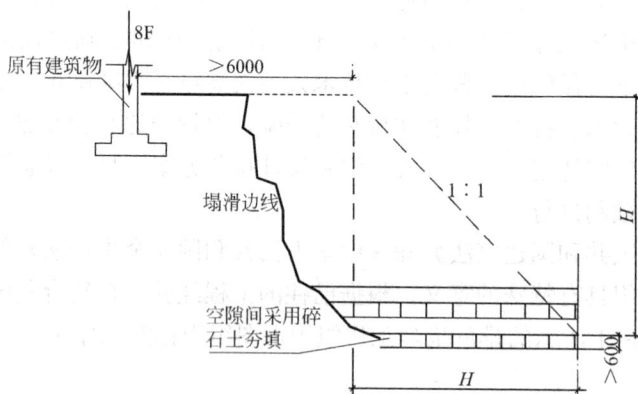

图 15-12　排危方案示意图

1）在排危处理过程中，某单位对该工程变形做了观测记录，从资料获悉：水平变形观测时间为 2003 年 2 月 23 日 15：00～2003 年 2 月 25 日 2：00，共进行了 10 次观测，观测结果：房屋①轴线局部沉降 2mm；垂直变形观测时间为 2003 年 2 月 23 日 9：10～2003 年 2 月 26 日 2：20，共进行了 12 次观测，观测结果：房屋倾斜 1mm。

2）在排危处理完成后，某单位继续对该工程变形做了观测记录，从资料获悉：水平变形观测时间为 2003 年 2 月 25 日 18：00～2003 年 2 月 26 日 9：00，共进行了 2 次观测，观测结果：房屋①轴线局部沉降 1mm；垂直变形观测时间为 2003 年 2 月 25 日 18：00～2003 年 2 月 26 日 9：00，共进行了 2 次观测，观测结果：房屋无倾斜。

（4）现场边坡检测情况及结果

建筑物与边坡的位置关系如图 15-13 所示。

条石反压脚：现场实测条石反压脚由条石与碎石土交替砌筑，抽样检测结果：条石层高 300mm、碎石土层厚 370mm，条石反压脚总高约 12m。具体尺寸如图 15-14 所示。

周边环境观察：

1）①轴线散水有水平沉降裂缝，现已用水泥砂浆封闭、填实。

2）Ⓡ轴线外墙与Ⓡ轴线外梯踏步交接处有"齿"形裂缝。

3）××楼与××楼间屋顶处伸缩缝开裂。

（5）房屋安全性分析

1）根据竣工验收资料获悉：该工程于 2002 年 2 月 7 日经建设单位、设计单位及质量监督单位共同按验收程序验收，并评定为合格工程；通过对室内梁、板、柱及墙体检测，没有发现受力裂缝及损伤结构的现象；在正常使用荷载作用下，结构能安全使用。

图 15-13　××楼与边坡相关位置关系图

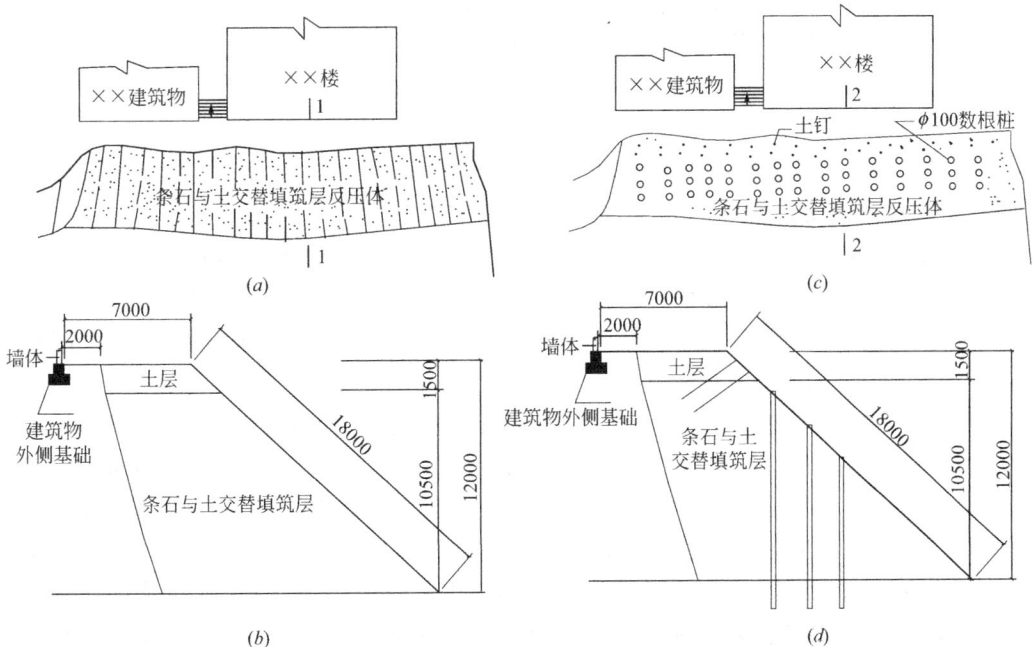

图 15-14　边坡反压情况检测数据及边坡加固示意

（a）建筑物与边坡的平面位置关系示意图；（b）1-1 剖面；

（c）边坡加固平面布置示意图；（d）2-2 剖面

2）根据排危方案、现场检测的数据综合分析得出：某房地产开发有限公司按有关专家意见采取的反压坡脚法方案进行排危抢险目前能保证"××楼"在正常使用荷载下的安全使用。

3）房屋周边应采取可靠的防水、排水和截水措施，防止地表水渗入地基，软化地基。

3. 边坡加固处理方案

（1）基本分析

某院加固设计人员多次到人工边坡现场了解边坡实际排险情况，查阅了有关技术资料，且了解了有关专家意见。随后对边坡处理方案提出了初步意见，并与委托方进行了交流。现将该边坡情况作如下分析。

1）地质勘察情况

场地平整后中部邻××街一线将形成 5.80～7.40m 高的人工土质边坡，建议采用条石挡墙支挡，基础置于粉土或填土内，邻××街一线基坑及边坡开挖应跳槽施工，以避免影响康同街的稳定；对于 4.5m 高的基坑土质边坡宜根据场地情况采取临时支护或放坡措施，此外，宜利用建筑物边墙对其做永久性支挡。

岩土工程技术参数取值：

杂填土：天然综合重度为 20kN/m³；综合内摩擦角为 30°；承载力标准值为 100kPa。

粉土：天然重度为 19.50kN/m³（标准值）；内聚力为（标准值）天然 28.73kPa；饱和 18.70kPa；内摩擦角为（标准值）天然 15°28′，饱和 12°35′；承载力标准值为 176.50kPa。

卵石层：地基承载力标准值为 338.0kPa。

中风化砂岩：饱和抗压强度标准值为 25.92MPa。

挡墙基底摩擦系数：粉土为 0.35，杂填土为 0.40。

基坑开挖临时坡率：粉土为 1∶0.5，杂填土为 1∶0.75。

2）处理方案分析

不同的技术人员提出了不同的处理方案，主要方案有两个：①做钻孔灌注抗滑桩进行边坡支护。②利用反压条石土体采用灌浆及树根桩支护边坡。

方案 1 钻孔灌注抗滑桩：由于钻孔灌注抗滑桩施工需较大的机械设备施工，占用场地较大，同时施工时将使用大量的水，因此该施工方法对边坡稳定不利；其次，施工费用较高；再则边坡为临时性土质边坡，建筑物建成后，建筑物边墙的支护作用难以充分利用。因此，委托方不愿采用该方案。

方案 2 灌浆及树根桩方案：由于抢险后条石土体形成了一个临时性重力式条石挡墙，该挡墙的整体未得到保障，因此对后续三江某广场工程的施工将产生负面影响。为此，需进一步采取处理措施，采取灌浆及树根桩法进行条石土体加固，其特点是：①施工机械小，施工方便。②进水量小，对边坡的稳定性有利。③可利用既有反压条石土体的作用，加固费用相对较少。④对三江某广场工程后续施工影响较小，且可发挥某广场工程边墙的作用。

经相关人员和委托方多次讨论，在××楼旁边坡现状成立的条件下，确定用灌浆树根桩法加固反压体，并在土体后缘用土钉进行加强。

（2）处理方案

根据上述基本分析，建议采用如图 15-14 所示的加固方案。

1) 总体要求

工程加固必须进行工程监理，施工期间必须对工程的安全性进行监测，有关加固项目必须进行检测。加固体完成后，三江某广场工程所修边墙等应按设计要求进行建设，严禁取消边墙。

2) 施工顺序

① 建立观测系统应能及时预报××小区××楼的安全性。

② 按图要求进行钻孔灌浆、土钉施工。

3) 边坡加固要求

采用注浆加固法加固条石土体，灌浆孔平面布置按图施工，注浆加固法按《既有建筑地基基础加固技术规范》（JGJ 123—2012）和《民用建筑修缮工程查勘与设计规程》（JGJ 117—1998）要求进行施工，灌浆深度应超过反压条石底面 2m，灌浆孔中应放入 1 根 ϕ 18 钢筋，钢筋长度同钻孔深度，且灌浆液强度标准值不得低于 20MPa。

灌浆加固采用的灌浆料可选用水泥浆或水泥浆与水玻璃混合液，灌浆前应进行浆液配合比试验，并应进行试验性灌浆试验，要求灌浆液能加固相应的土层，加固后土层的地基承载力不小于 250kPa。灌浆要求有一定灌浆经验的施工单位组织实施，灌浆孔数量、间距应根据先期试验、沉降观测结果，再作适当调整。

在灌浆过程中有两个问题需要考虑：①当水泥浆用量较大时，在不同地层深度处可改为灌水泥砂浆液，砂的掺量根据实际工程情况确定。②灌浆压力的确定，在灌浆时压浆压力的控制对不同的工程及不同的施工单位有所不同，一般情况下灌浆压力控制在 0.3～1.0MPa 之间。

灌浆效果应按《民用建筑修缮工程查勘与设计规程》（JGJ 117—1998）要求进行检测。

某广场工程中的桩基工程施工完成前严禁切除反压体前缘。

××小区××楼旁边坡处理工程施工中若有不清楚的问题，应及时与处理方案单位进行联系，严禁擅自更改处理方案，否则，后果自负。

4.边坡加固效果

边坡加固后，边坡稳定，××房地产开发有限公司开发的建筑物顺利建成，该方案的实施效果受到了建设方和当地政府的肯定。

参考文献

[1] Duncan J M. State of the art: Limit equilibrium and finite element analysis of slope [J]. Journal of Geotechnical Engineering，ASCE，1996，122（7）：577-596.

[2] E. M. Dawson，W. H. Roth and A. Drescher. Slope Stability Analysis by Strength Reduction [J]. Geo-technique，1999，49（6）：835-840.

[3] 赵尚毅，郑颖人，时卫民等.用有限元强度折减法求边坡稳定安全系数 [J].岩土工程学报，2002，（3）.

[4] 连镇营，韩国城，孔宪京.强度折减有限元法开挖边坡的稳定性 [J].岩土工程学报，2001，23（4）：407-411.

[5] 郑颖人，赵尚毅，邓卫东.岩质边坡破坏机制有限元数值模拟分析 [J].岩石力学与工程学报，2003，22（12）：1943-1952.

[6] 赵尚毅.有限元强度折减法及其在土坡与岩坡中的应用 [D].重庆：解放军后勤工程学院，2004.

[7] 雷用，刘国政，郑颖人.抗滑短桩与桩周土共同作用 [J].解放军后勤工程学院学报，2006，22（4）：17-21.

[8] 美国 ANSYS 公司. ANSYS 非线性分析指南 [J]. Printed in U. S. A，2000，1：25-27.

［9］　雷用，邓小彤. 桩基施工中流砂处理的几个问题探讨［J］. 地下空间，2001，21（5）：575-577.

［10］　地基处理手册［M］. 北京：中国建筑工业出版社，1993：278-285.

［11］　北京桩基研究小组. 钻孔灌注桩水平承载力的试验研究［J］. 建筑技术，1976，（10-12）.

［12］　规范编制组. 悬臂式抗滑桩实体试验及分析［J］. 重庆市地质灾害防治工程参考资料汇编，2004，4：49-51.

［13］　DB50/5029-2004 地质灾害防治工程设计规范.

［14］　雷文杰. 沉埋桩加固滑坡体的有限元设计方法与大型物理模型试验研究［D］. 北京：中国科学院研究生院，2007.

［15］　宋雅坤. 三维有限元强度折减法及沉埋桩机理模型试验研究［D］. 重庆：解放军后勤工程学院，2005.

［16］　张志龙. 滑坡监测预报方法研究［J］. 科技现状，2001，（3）：25-28.

［17］　雷用，郑颖人. 抗滑短桩的现场应力测试与分析［J］. 地下空间与工程学报。2007，（4）：57-61.

［18］　铁道部第二勘测设计院. 抗滑桩设计与计算［M］. 北京：中国铁道出版社，1983：1-3.

［19］　滑坡文集委员会主编. 滑坡文集（第10集）［M］. 北京：中国铁道出版社，1993：101.

［20］　雷用，刘文平，赵尚毅. 抗滑短桩越顶问题的有限元验证［J］. 解放军后勤工程学院学报，2006，22（3）：1-4.

［21］　解放军后勤工程学院建筑设计研究院. 重庆市大渡口区跳蹬镇沟口湾滑坡防治工程设计. 2005.

［22］　GB 50330—2013 建筑边坡工程技术规范.

［23］　重庆一三六地质队. 重庆市万盛区东林煤矿矸石山滑坡勘察报告及防治工程设计. 2005.

第 16 章　边坡工程施工安全

16.1　中华人民共和国安全生产法简介

2002 年 6 月 29 日第九届全国人民代表大会常务委员会第二十八次会议通过，根据 2009 年 8 月 27 日第十一届全国人民代表大会常务委员会第十次会议《关于修改部分法律的决定》第一次修正，根据 2014 年 8 月 31 日第十二届全国人民代表大会常务委员会第十次会议《关于修改〈中华人民共和国安全生产法〉的决定》第二次修订，自 2014 年 12 月 1 日起施行。该法规定"在中华人民共和国领域内从事生产经营活动的单位（以下统称生产经营单位）的安全生产，适用本法；有关法律、行政法规对消防安全和道路交通安全、铁路交通安全、水上交通安全、民用航空安全以及核与辐射安全、特种设备安全另有规定的，适用其规定"。

"安全生产法"由如下七章组成：第一章总则，第二章生产经营单位的安全生产保障，第三章从业人员的安全生产权利义务，第四章安全生产的监督管理，第五章生产安全事故的应急救援与调查处理，第六章法律责任，第七章附则，该法规定了相关单位与人员的安全生产保障、权利义务、监督管理、应急救援与调查处理、法律责任等，是我国安全生产的总法，一切生产经营单位与个人均应遵守此法。

为强化"生产经营单位与个人"边坡工程施工的安全法律责任，将有关"安全生产法"第六章的部分规定摘录如下：

第八十七条　负有安全生产监督管理职责的部门的工作人员，有下列行为之一的，给予降级或者撤职的处分；构成犯罪的，依照刑法有关规定追究刑事责任：（一）对不符合法定安全生产条件的涉及安全生产的事项予以批准或者验收通过的；（二）发现未依法取得批准、验收的单位擅自从事有关活动或者接到举报后不予取缔或者不依法予以处理的；（三）对已经依法取得批准的单位不履行监督管理职责，发现其不再具备安全生产条件而不撤销原批准或者发现安全生产违法行为不予查处的；（四）在监督检查中发现重大事故隐患，不依法及时处理的。

负有安全生产监督管理职责的部门的工作人员有前款规定以外的滥用职权、玩忽职守、徇私舞弊行为的，依法给予处分；构成犯罪的，依照刑法有关规定追究刑事责任。

第八十九条　承担安全评价、认证、检测、检验工作的机构，出具虚假证明的，没收违法所得；违法所得在十万元以上的，并处违法所得二倍以上五倍以下的罚款；没有违法所得或者违法所得不足十万元的，单处或者并处十万元以上二十万元以下的罚款；对其直接负责的主管人员和其他直接责任人员处二万元以上五万元以下的罚款；给他人造成损害的，与生产经营单位承担连带赔偿责任；构成犯罪的，依照刑法有关规定追究刑事责任。

对有前款违法行为的机构，吊销其相应资质。

第九十条　生产经营单位的决策机构、主要负责人或者个人经营的投资人不依照本法规定保证安全生产所必需的资金投入，致使生产经营单位不具备安全生产条件的，责令限期改正，提供必需的资金；逾期未改正的，责令生产经营单位停产停业整顿。

有前款违法行为，导致发生生产安全事故的，对生产经营单位的主要负责人给予撤职处分，对个人经营的投资人处二万元以上二十万元以下的罚款；构成犯罪的，依照刑法有关规定追究刑事责任。

第九十一条　生产经营单位的主要负责人未履行本法规定的安全生产管理职责的，责令限期改正；逾期未改正的，处二万元以上五万元以下的罚款，责令生产经营单位停产停业整顿。

生产经营单位的主要负责人有前款违法行为，导致发生生产安全事故的，给予撤职处分；构成犯罪的，依照刑法有关规定追究刑事责任。

生产经营单位的主要负责人依照前款规定受刑事处罚或者撤职处分的，自刑罚执行完毕或者受处分之日起，五年内不得担任任何生产经营单位的主要负责人；对重大、特别重大生产安全事故负有责任的，终身不得担任本行业生产经营单位的主要负责人。

第九十二条　生产经营单位的主要负责人未履行本法规定的安全生产管理职责，导致发生生产安全事故的，由安全生产监督管理部门依照下列规定处以罚款：（一）发生一般事故的，处上一年年收入百分之三十的罚款；（二）发生较大事故的，处上一年年收入百分之四十的罚款；（三）发生重大事故的，处上一年年收入百分之六十的罚款；（四）发生特别重大事故的，处上一年年收入百分之八十的罚款。

第九十三条　生产经营单位的安全生产管理人员未履行本法规定的安全生产管理职责的，责令限期改正；导致发生生产安全事故的，暂停或者撤销其与安全生产有关的资格；构成犯罪的，依照刑法有关规定追究刑事责任。

第九十四条　生产经营单位有下列行为之一的，责令限期改正，可以处五万元以下的罚款；逾期未改正的，责令停产停业整顿，并处五万元以上十万元以下的罚款，对其直接负责的主管人员和其他直接责任人员处一万元以上二万元以下的罚款：（一）未按照规定设置安全生产管理机构或者配备安全生产管理人员的；（二）危险物品的生产、经营、储存单位以及矿山、金属冶炼、建筑施工、道路运输单位的主要负责人和安全生产管理人员未按照规定经考核合格的；（三）未按照规定对从业人员、被派遣劳动者、实习学生进行安全生产教育和培训，或者未按照规定如实告知有关的安全生产事项的；（四）未如实记录安全生产教育和培训情况的；（五）未将事故隐患排查治理情况如实记录或者未向从业人员通报的；（六）未按照规定制定生产安全事故应急救援预案或者未定期组织演练的；（七）特种作业人员未按照规定经专门的安全作业培训并取得相应资格，上岗作业的。

第九十六条　生产经营单位有下列行为之一的，责令限期改正，可以处五万元以下的罚款；逾期未改正的，处五万元以上二十万元以下的罚款，对其直接负责的主管人员和其他直接责任人员处一万元以上二万元以下的罚款；情节严重的，责令停产停业整顿；构成犯罪的，依照刑法有关规定追究刑事责任：（一）未在有较大危险因素的生产经营场所和有关设施、设备上设置明显的安全警示标志的；（二）安全设备的安装、使用、检测、改造和报废不符合国家标准或者行业标准的；（三）未对安全设备进行经常性维护、保养和定期检测的；（四）未为从业人员提供符合国家标准或者行业标准的劳动防护用品的；（五）危险物品的容器、运输工具，以及涉及人身安全、危险性较大的海洋石油开采特种设备和矿山井下特种设备未经具有专业资质的机构检测、检验合格，取得安全使用证或者安全标志，投入使用的；（六）使用应当淘汰的危及生产安全的工艺、设备的。

第九十七条　未经依法批准，擅自生产、经营、运输、储存、使用危险物品或者处置废弃危险物品的，依照有关危险物品安全管理的法律、行政法规的规定予以处罚；构成犯罪的，依照刑法有关规定追究刑事责任。

第九十八条　生产经营单位有下列行为之一的，责令限期改正，可以处十万元以下的罚款；逾期未改正的，责令停产停业整顿，并处十万元以上二十万元以下的罚款，对其直接负责的主管人员和其他直接责任人员处二万元以上五万元以下的罚款；构成犯罪的，依照刑法有关规定追究刑事责任：（一）生产、经营、运输、储存、使用危险物品或者处置废弃危险物品，未建立专门安全管理制度、未采取可靠的安全措施的；（二）对重大危险源未登记建档，或者未进行评估、监控，或者未制定应急预案的；（三）进行爆破、吊装以及国务院安全生产监督管理部门会同国务院有关部门规定的其他危险作业，未安排专门人员进行现场安全管理的；（四）未建立事故隐患排查治理制度的。

第九十九条　生产经营单位未采取措施消除事故隐患的，责令立即消除或者限期消除；生产经营单位拒不执行的，责令停产停业整顿，并处十万元以上五十万元以下的罚款，对其直接负责的主管人员和其他直接责任人员处二万元以上五万元以下的罚款。

第一百条　生产经营单位将生产经营项目、场所、设备发包或者出租给不具备安全生产条件或者相应资质的单位或者个人的，责令限期改正，没收违法所得；违法所得十万元以上的，并处违法所得二倍以上五倍以下的罚款；没有违法所得或者违法所得不足十万元的，单处或者并处十万元以上二十万元以下的罚款；对其直接负责的主管人员和其他直接责任人员处一万元以上二万元以下的罚款；导致发生生产安全事故给他人造成损害的，与承包方、承租方承担连带赔偿责任。

生产经营单位未与承包单位、承租单位签订专门的安全生产管理协议或者未在承包合同、租赁合同中明确各自的安全生产管理职责，或者未对承包单位、承租单位的安全生产统一协调、管理的，责令限期改正，可以处五万元以下的罚款，对其直接负责的主管人员和其他直接责任人员可以处一万元以下的罚款；逾期未改正的，责令停产停业整顿。

第一百零一条　两个以上生产经营单位在同一作业区域内进行可能危及对方安全生产的生产经营活动，未签订安全生产管理协议或者未指定专职安全生产管理人员进行安全检查与协调的，责令限期改正，可以处五万元以下的罚款，对其直接负责的主管人员和其他直接责任人员可以处一万元以下的罚款；逾期未改正的，责令停产停业。

第一百零二条　生产经营单位有下列行为之一的，责令限期改正，可以处五万元以下的罚款，对其直接负责的主管人员和其他直接责任人员可以处一万元以下的罚款；逾期未改正的，责令停产停业整顿；构成犯罪的，依照刑法有关规定追究刑事责任：（一）生产、经营、储存、使用危险物品的车间、商店、仓库与员工宿舍在同一座建筑内，或者与员工宿舍的距离不符合安全要求的；（二）生产经营场所和员工宿舍未设有符合紧急疏散需要、标志明显、保持畅通的出口，或者锁闭、封堵生产经营场所或者员工宿舍出口的。

第一百零三条 生产经营单位与从业人员订立协议，免除或者减轻其对从业人员因生产安全事故伤亡依法应承担的责任的，该协议无效；对生产经营单位的主要负责人、个人经营的投资人处二万元以上十万元以下的罚款。

第一百零四条 生产经营单位的从业人员不服从管理，违反安全生产规章制度或者操作规程的，由生产经营单位给予批评教育，依照有关规章制度给予处分；构成犯罪的，依照刑法有关规定追究刑事责任。

第一百零五条 违反本法规定，生产经营单位拒绝、阻碍负有安全生产监督管理职责的部门依法实施监督检查的，责令改正；拒不改正的，处二万元以上二十万元以下的罚款；对其直接负责的主管人员和其他直接责任人员处一万元以上二万元以下的罚款；构成犯罪的，依照刑法有关规定追究刑事责任。

第一百零六条 生产经营单位的主要负责人在本单位发生生产安全事故时，不立即组织抢救或者在事故调查处理期间擅离职守或者逃匿的，给予降级、撤职的处分，并由安全生产监督管理部门处上一年年收入百分之六十至百分之一百的罚款；对逃匿的处十五日以下拘留；构成犯罪的，依照刑法有关规定追究刑事责任。

生产经营单位的主要负责人对生产安全事故隐瞒不报、谎报或者迟报的，依照前款规定处罚。

第一百零七条 有关地方人民政府、负有安全生产监督管理职责的部门，对生产安全事故隐瞒不报、谎报或者迟报的，对直接负责的主管人员和其他直接责任人员依法给予处分；构成犯罪的，依照刑法有关规定追究刑事责任。

第一百零八条 生产经营单位不具备本法和其他有关法律、行政法规和国家标准或者行业标准规定的安全生产条件，经停产停业整顿仍不具备安全生产条件的，予以关闭；有关部门应当依法吊销其有关证照。

第一百零九条 发生生产安全事故，对负有责任的生产经营单位除要求其依法承担相应的赔偿等责任外，由安全生产监督管理部门依照下列规定处以罚款：（一）发生一般事故的，处二十万元以上五十万元以下的罚款；（二）发生较大事故的，处五十万元以上一百万元以下的罚款；（三）发生重大事故的，处一百万元以上五百万元以下的罚款；（四）发生特别重大事故的，处五百万元以上一千万元以下的罚款；情节特别严重的，处一千万元以上二千万元以下的罚款。

第一百一十条 本法规定的行政处罚，由安全生产监督管理部门和其他负有安全生产监督管理职责的部门按照职责分工决定。予以关闭的行政处罚由负有安全生产监督管理职责的部门报请县级以上人民政府按照国务院规定的权限决定；给予拘留的行政处罚由公安机关依照治安管理处罚法的规定决定。

第一百一十一条 生产经营单位发生生产安全事故造成人员伤亡、他人财产损失的，应当依法承担赔偿责任；拒不承担或者其负责人逃匿的，由人民法院依法强制执行。

生产安全事故的责任人未依法承担赔偿责任，经人民法院依法采取执行措施后，仍不能对受害人给予足额赔偿的，应当继续履行赔偿义务；受害人发现责任人有其他财产的，可以随时请求人民法院执行。

根据工程事故造成的人员伤亡或者直接经济损失，工程事故分为 4 个等级：

1) 特别重大事故，是指造成 30 人以上死亡，或者 100 人以上重伤，或者 1 亿元以上直接经济损失的事故；

2）重大事故，是指造成 10 人以上 30 人以下死亡，或者 50 人以上 100 人以下重伤，或者 5000 万元以上 1 亿元以下直接经济损失的事故；

3）较大事故，是指造成 3 人以上 10 人以下死亡，或者 10 人以上 50 人以下重伤，或者 1000 万元以上 5000 万元以下直接经济损失的事故；

4）一般事故，是指造成 3 人以下死亡，或者 10 人以下重伤，或者 100 万元以上 1000 万元以下直接经济损失的事故。

注：本等级划分所称的"以上"包括本数，所称的"以下"不包括本数。

实例 16-1：清华大学附属中学体育馆及宿舍楼工程"12.29"筏板基础钢筋体系坍塌重大生产安全事故调查报告（来源：央视网≫新闻频道≫地方频道 BTV 新闻，2015 年 12 月 12 日）

北京市清华大学附属中学体育馆及宿舍楼工程"12·29"重大生产安全事故调查组给出了清华大学附属中学体育馆及宿舍楼工程"12.29"筏板基础钢筋体系坍塌重大生产安全事故调查报告，其相关单位与人员处罚情况及处罚依据如下。

1.事故基本情况

2014 年 12 月 29 日 8 时 20 分许，在北京市海淀区清华大学附属中学体育馆及宿舍楼工程工地，作业人员在基坑内绑扎钢筋过程中，筏板基础钢筋体系发生坍塌，造成 10 人死亡、4 人受伤。

2.事故原因及性质（摘录）

调查组依法对事故现场进行了认真勘查，及时提取了相关物证、书证和视听资料，对事故相关人员进行了调查询问，并委托国家建筑工程质量监督检验中心对现场开展技术分析，查明了事故原因并认定了事故性质。

（1）直接原因

未按照方案要求堆放物料、制作和布置马凳，马凳与钢筋未形成完整的结构体系，致使基础底板钢筋整体坍塌，是导致事故发生的直接原因。

国家建筑工程质量监督检验中心对照《施工组织设计》和《钢筋施工方案》的要求，对现场筏板基础钢筋体系的施工情况开展了全面分析，确定该起事故的技术原因为：1）未按照方案要求堆放物料。2）未按照方案要求制作和布置马凳，导致马凳承载力下降。3）马凳及马凳间无有效的支撑，马凳与基础底板上、下层钢筋网未形成完整的结构体系，抗侧移能力很差，不能承担过多的堆料载荷。

（2）间接原因

施工现场管理缺失、备案项目经理长期不在岗、专职安全员配备不足、经营管理混乱、项目监理不到位是导致事故发生的间接原因。

（3）事故性质

鉴于上述原因分析，根据国家有关法律法规的规定，事故调查组认定，该起事故是一起重大生产安全责任事故。

3.事故责任分析及处理建议

根据国家有关法律、法规的规定，事故调查组依据事故调查情况和原因分析，认定下列人员和单位应承担相应的责任，并提出如下处理建议：

（1）建议追究刑事责任的人员

1）刘船，建工一建公司总经理，负责公司全面工作。未按照《安全生产法》第 18 条的规定认真履行建工一建公司主要负责人安全生产管理职责，督促检查本公司安全生产工作不到位，未对清华附中工程项目工地实施检查，及时消除公司经营管理混乱、备案项目经理长期不在岗、专职安全员配备不足、施工现场安全管理缺失等生产安全事故隐患；对公司允许非本企业员工以内部承包的形式承揽工程等行为监督检查不到位，同意杨泽中以内部承包形式承揽清华附中工程项目，致使项目部安全管理混乱，对事故发生负有直接管理责任。由公安机关立案侦查，依法追究刑事责任。

2）徐敬贤，建工一建公司副总经理，分管公司生产、安全和劳务单位管理工作。对清华附中工程项目存在的安全隐患督促整改不到位，对于检查发现的项目部安全员配备不足、安全技术交底缺失等隐患未有效督促项目部整改落实；对清华附中工程项目未签订正式劳务分包合同和履行劳务备案手续的情况失管失察，对事故发生负有直接管理责任。由公安机关立案侦查，依法追究刑事责任。

3）杨冬先，建工一建公司总经理助理兼和创分公司经理，负责和创分公司全面工作。未按照《安全生产法》第 18 条的规定认真履行和创分公司主要负责人安全生产管理职责，对清华附中工程项目部安全生产工作督促、检查不到位，未及时消除清华附中工程项目部违反钢筋方案施工、项目经理不到岗履职、技术交底缺失、专职安全员配备不足、培训教育不到位等事故隐患，导致项目部管理混乱；对项目承包人资格审查不严，允许杨泽中签署妻子王琴名字签订《内部承包合同》，致使项目部安全管理混乱，对事故发生负有直接管理责任。同时，事故发生后，伪造了与杨泽中签订的《内部承包合同》。由公安机关立案侦查，依法追究刑事责任。

4）王巨禄，建工一建公司和创分公司副经理，主管分公司生产、安全工作。对清华附中工程项目存在的项目经理长期不到岗、安全员数量配备不足、安全培训教育不到位、安全技术交底缺失、施工作业现场未按方案盲目施工等安全隐患，未采取有效措施，对事故发生负有直接管理责任。由公安机关立案侦查，依法追究刑事责任。

5）杨泽中，清华附中工程项目实际负责人兼商务经理，负责项目材料采购、内部承包和经济分配。未履行安全生产管理职责，导致现场安全员数量不足、现场安全措施不够，未消除劳务分包单位盲目吊运大量钢筋材料集中码放在上层钢筋网上的安全隐患，导致载荷集中，对事故发生负有直接管理责任。2015 年 3 月 3 日，海淀区人民检察院以涉嫌重大责任事故罪批准逮捕。

6）王京立，清华附中工程项目部执行经理，负责项目生产、安全、质量等工作。对筏板基础钢筋体系施工现场安全管理、安全技术交底、安全培训教育、安全员配备不足等情况监督检查不到位；未及时消除施工现场作业人员违反《钢筋施工方案》施工、盲目吊运码放钢筋的安全隐患，对事故发生负有直接管理责任。2015 年 2 月 6 日，海淀区人民检察院以涉嫌重大责任事故罪批准逮捕。

7）王英雄，清华附中工程项目部生产经理，负责项目生产、安全工作。对筏板基础钢筋体系施工现场作业人员违反《钢筋施工方案》制作、安放马凳的行为监督检查不力；未督促落实钢筋作业安全技术交底工作，对事故发生负有直接管理责任。2015 年 2 月 6 日，海淀区人民检察院以涉嫌重大责任事故罪批准逮捕。

8）曹晓凯，清华附中工程项目部技术负责人，负责项目施工现场作业方案制定、安全技术交底工作。未安排项目部人员对作业人员实施钢筋作业的安全技术交底，导致作业人员盲目在上层钢筋网上大量码放钢筋物料、现场马凳的制作和安放不符合方案要求，对事故发生负有直接管理责任。2015 年 2 月 6 日，海淀区人民检察院以涉嫌重大责任事故罪批准逮捕。

9）张换丰，安阳诚成劳务公司法定代表人，负责公司全面工作。以参股和内部承包的形式委派劳务队长张焕良负责劳务作业管理，未对工程项目实施安全管理；未对项目实施安全检查，未及时发现劳务作业人员在无安全技术交底的情况下，盲目组织实施筏板基础钢筋的施工作业行为；未组织对该项目作业人员的安全培训教育，对事故发生负有直接管理责任。2015 年 2 月 6 日，海淀区人民检察院以涉嫌重大责任事故罪批准逮捕。

10）张焕良，安阳诚成劳务公司队长，全面负责该项目现场劳务作业。违规与杨泽中签订扩大劳务分包合同，计取辅料和周转性材料费；对筏板基础钢筋体系作业现场安全管理缺失，在未接受《钢筋施工方案》技术交底的情况下，盲目组织作业人员吊运钢筋物料和绑扎作业，致使作业现场物料码放、马凳制作和安放间距不符合《钢筋施工方案》要求，导致施工现场堆料过多，且局部集中，对事故发生负有直接责任。2015 年 2 月 6 日，海淀区人民检察院以涉嫌重大责任事故罪批准逮捕。

11）赵金海，安阳诚成劳务公司技术负责人，负责劳务技术工作。在未接受《钢筋施工方案》交底和技术交底的情况下，盲目指导筏板基础钢筋绑扎作业，导致现场马凳制作和码放间距均不符合要求，对事故发生负有直接责任。2015 年 2 月 6 日，海淀区人民检察院以涉嫌重大责任事故罪批准逮捕。

12）李雷，安阳诚成劳务公司钢筋班长，负责马凳加工、现场钢筋绑扎作业。在未接受技术交底、不清楚《钢筋施工方案》内容的情况下，盲目加工制作马凳；在事发前一日晚上放任现场作业人员将大量钢筋堆载在筏板基础上层钢筋网上方，导致局部堆料过于集中，对事故发生负有直接责任。2015 年 2 月 6 日，海淀区人民检察院以涉嫌重大责任事故罪批准逮捕。

13）李成才，安阳诚成劳务公司钢筋组长，负责组织现场钢筋吊装、绑扎作业。在未接受《钢筋施工方案》安全技术交底的情况下，指挥现场作业人员将大量钢筋堆载在筏板基础上层钢筋网上方；事发当天仍安排钢筋吊装作业，导致局部堆料过于集中，对事故发生负有直接责任。2015 年 2 月 6 日，海淀区人民检察院以涉嫌重大责任事故罪批准逮捕。

14）郝维民，北京华清技科公司副总经理兼该项目总监理工程师，负责项目监理全面工作。对项目安全管理混乱的情况监督检查不到位，未组织安排审查劳务分包合同、钢筋施工的技术交底和专职安全员配备等工作；对施工单位长期未按照方案实施筏板基础钢筋作业的行为监督检查不到位；明知备案项目经理长期不在岗的情况，仍未按照职责签发监理指令，对事故发生负有直接监理责任。2015 年 2 月 6 日，海淀区人民检察院以涉嫌重大责任事故罪批准逮捕。

15）张明伟，清华附中工程项目执行总监，负责项目现场监理工作。接受总包单位项目部和专业分包单位的吃请，履行安全监理职责不到位，对项目经理长期未到岗履职、专职安全员数量配备不足、施工现场《钢筋施工方案》未交底、作业人员未接受安全培训教育、盲目制作并安放马凳的施工行为监督检查不到位，对事故发生负有直接监理责任。事故发生后，伪造了针对项目经理长期不在岗问题下发的监理指令。2015 年 2 月 6 日，海淀区人民检察院以涉嫌重大责任事故罪批准逮捕。

16）田克军，清华附中工程项目土建兼安全监理工程师，具体负责现场土建施工及安全管理的监理工作。对施工现场《钢筋施工方案》未交底、作业人员盲目制作并安放马凳、吊运钢筋物料的施工行为检查巡视不到位，对事故发生负有直接监理责任。2015 年 2 月 6 日，海淀区人民检察院以涉嫌重大责任事故罪批准逮捕。

对于上述人员中的中共党员和行政监察对象，待司法机关查清其犯罪事实后，由有关部门按照干部管理权限和程序及时给予相应的党纪、政纪处分。

（2）建议给予党纪、政纪处分的人员

1）戴彬彬，北京建工集团董事长、总经理、党委书记。对下属改制参股企业经营管理、施工管理混乱等问题失察失管，对事故发生负有重要领导责任。依据《行政机关公务员处分条例》第 20 条的规定，给予其行政警告处分。

2）丁传波，北京建工集团副总经理，分管施工和安全工作。对建工一建公司在施工过程中存在施工管理混乱、项目经理长期不在岗履行职责等问题失察失管，对事故发生负有主要领导责任。依据《行政机关公务员处分条例》的规定，给予其行政记过处分。

3）杨楠，北京建工集团安全监管部部长。对下属企业安全生产工作监督指导不到位，未有效督促建工一建公司加强对施工现场的安全管理工作、落实集团相关管理制度，特别是在安全培训教育和安全技术交底等方面督促检查不到位，对事故发生负有一定管理责任。依据《安全生产领域违法违纪行为政纪处分暂行规定》第 12 条第 7 项的规定，责成北京建工集团给予其记大过处分。

4）高永植，北京建工集团经营部部长。对下属企业经营发展工作监督指导不到位，特别是对建工一建公司与非本企业职工签订《内部经济承包合同》监督检查不力，致使经营管理混乱，对事故发生负有一定管理责任。依据《安全生产领域违法违纪行为政纪处分暂行规定》第 12 条第 7 项的规定，责成北京建工集团给予其记大过处分。

5）赵普彤，建工一建公司常务副总经理，负责公司经营发展、工程招投标、项目经理调配工作。对项目部项目经理的配备和协调方面管理不到位，明知清华附中工程项目申报的项目经理叶耀东无法到岗履职的情况下，仍允许使用叶耀东个人资格投标；工程开工后，也未按照要求到建设行政主管部门履行项目经理变更手续；对公司经营、投标等工作管理不到位，对事故发生负有重要管理责任。依据《安全生产领域违法违纪行为政纪处分暂行规定》第 12 条第 7 项的规定，责成北京建工集团给予其撤职处分。

6）孙京燕，建工一建公司安全总监兼安全施工管理部部长，负责公司安全监督检查工作。对清华附中工程项目安全监督检查不到位，未有效组织督促项目部对安全员数量不足、安全技术交底缺失等存在的安全隐患整改落实；未检查发现施工现场存在的违反施工方案盲目施工作业的行为，对事故发生负有重要管理责任。依据《安全生产领域违法违纪行为政纪处分暂行规定》第 12 条第 1 项的规定，责成建工一建公司给予其撤职处分。

7）吕金庆，建工一建公司和创分公司安全施工管理部部长，负责分公司安全生产工作。对清华附中工程项目部安全教育培训不到位、施工现场安全管理混乱、安全技术交底缺失等隐患监督检查不到位；作为项目部备案安全员，长期未到岗履行职责，对事故发生负有主要管理责任。依据《安全生产领域违法违纪行为政纪处分暂行规定》第 12 条第 1

项的规定，责成建工一建公司给予其开除处分。

8）王妍，建工一建公司和创分公司质量技术部部长，负责施工方案制定及落实情况的监督检查工作。对清华附中工程项目《钢筋施工方案》的技术交底和现场是否按照方案施工等方面检查不到位，未及时消除施工现场未按照方案要求加工制作并安放马凳、盲目吊运堆放钢筋物料等安全隐患，对事故发生负有主要管理责任。依据《安全生产领域违法违纪行为政纪处分暂行规定》第12条第1项的规定，责成建工一建公司给予其开除处分。

9）韩宝元，清华附中工程项目部安全员。未对现场钢筋作业人员全部实施安全培训教育；对施工现场未按照方案施工、未开展安全技术交底工作检查不到位；未通过检查发现作业人员盲目吊运并堆放大量钢筋物料的事故隐患，对事故发生负有主要管理责任。依据《安全生产领域违法违纪行为政纪处分暂行规定》第12条第1项的规定，责成建工一建公司给予其开除处分。

10）保其长，清华大学基建规划处处长，负责该项目施工组织协调工作。未按照《北京市建筑工程质量监督执法告知书》的要求书面告知海淀区住房城乡建设委开工日期；未有效督促项目管理人员认真履行职责，对总包单位未整改项目经理不到岗履行职责和监理单位未严格落实监理责任的行为督促检查不力，对事故发生负有一定管理责任。依据《事业单位工作人员处分暂行规定》第17条第9项的规定，责成清华大学给予其记过处分。

11）盖世杰，清华大学基建规划处规划设计科科长兼清华附中工程项目建设单位负责人，未认真履行施工现场建设单位统一协调、管理职责，明知总包单位备案项目经理长期不到岗的情况，但未有效督促整改；未严格督促监理单位认真履行监理职责，致使施工现场安全管理混乱，对事故发生负有重要管理责任。依据《事业单位工作人员处分暂行规定》第17条第9项的规定，责成清华大学给予其撤职处分。

12）刘俊来，海淀区住房城乡建设委行业管理处主任（副处级，试用期内）。对相关科室监督工作领导不力，未落实好监督责任制，对事故发生负有主要领导责任。依据《行政机关公务员处分条例》第20条的规定，给予其行政记过处分。

13）李程，海淀区住房城乡建设委行业管理处副主任，分管行政执法工作和监督五科、监督六科。对监督五科没有认真组织实施监督工作计划的落实和未按照《北京市建设工程质量监督执法告知书》内容开展相关监督工作，对事故发生负有重要领导责任。依据《中国共产党纪律处分条例》第127条和《行政机关公务员处分条例》第20条的规定，给予其党内严重警告、行政降级处分。

14）樊力强，海淀区住房城乡建设委行业管理处五科科长。对该项目的开工时间、项目经理在岗等情况不掌握，未有效组织监督组相关执法人员实施监督工作计划，未按照《北京市建设工程质量监督执法告知书》相关要求开展监督工作，对事故发生负有直接监管责任。依据《中国共产党纪律处分条例》第127条和《行政机关公务员处分条例》第20条的规定，给予其党内严重警告、行政撤职处分。

（3）建议给予行政处罚的人员和单位

1）郭向东，建工一建公司法定代表人。作为公司的主要负责人，履行安全生产职责不到位，对本单位安全生产工作的管理主要是听取汇报，未对事发的清华附中工程工地实施过检查，督促检查本单位的安全生产工作不到位，未及时发现并消除施工现场存在的生产安全事故隐患。其行为违反《安全生产法》第18条第5项的规定，对事故发生负有主要领导责任。依据《安全生产法》第 91 条和第 92 条的规定，由安全生产监督管理部门给予其上一年度收入 60％的罚款，撤职处分并终身不得担任本行业生产经营单位的主要负责人。

2）闫德中，建工一建公司董事、总会计师。事故发生后，安排杨冬先伪造与杨泽中签订的《内部承包合同》。依据《生产安全事故报告和调查处理条例》第 36 条第 5 项的规定，由安全生产监督管理部门给予其上一年度收入 100％的罚款。

3）叶耀东，清华附中工程项目备案项目经理，长期未到岗履行项目经理职责。明知在清华附中工程项目投标时，已被建工一建公司安排至朝阳区望京综合体育馆工程担任项目执行经理，仍未拒绝使用其项目经理资格参与清华附中工程招投标。依据《建设工程安全生产管理条例》第 58 条的规定，由市住房城乡建设委提请住房和城乡建设部给予其吊销一级建造师注册证书，终身不予注册的行政处罚。

4）张永刚，北京华清技科公司总经理。作为公司主要负责人，履行安全生产职责不到位，未组织制定并实施本单位安全生产教育和培训计划；监督检查本单位安全生产工作不力，未及时发现并纠正公司派驻清华附中工程项目监理人员履行安全监理责任不到位的行为。其行为违反《安全生产法》第 18 条第 3、5 项的规定，对事故发生负有主要领导责任。依据《安全生产法》第 91 条和第 92 条的规定，由安全生产监督管理部门给予其上一年度收入 60％的罚款，撤职处分并终身不得担任本行业生产经营单位的主要负责人。

5）建工一建公司作为清华附中工程项目总包单位，存在允许非本企业员工以内部承包的形式承揽工程的行为，允许杨泽中以内部承包形式承揽清华附中工程项目，致使项目部安全管理混乱；未严格落实安全责任，对项目安全生产工作管理不到位，未就筏板基础钢筋施工向作业人员进行技术交底；部分作业人员未经安全培训教育即上岗作业；未按照要求配备相应的专职安全员；对施工现场监督检查不到位，未及时发现作业人员违反施工方案要求施工作业和盲目吊运钢筋材料集中码放在上排钢筋网上导致载荷过大的安全隐患。其行为违反《安全生产法》第 25 条、第 41 条，《建设工程安全生产管理条例》第 23 条、第 24 条，《建设工程质量管理条例》第 28 条的规定，对事故发生负有主要责任。依据《安全生产法》第 109 条第 3 项的规定，由安全生产监督管理部门给予其 360 万元的罚款。同时，由市住房城乡建设委吊销其安全生产许可证，并提请住房和城乡建设部吊销其房屋建筑工程施工总承包一级资质。

6）北京华清技科公司作为清华附中工程项目监理单位，对该项目监理工作履职不到位，对总包单位备案项目经理长期未到岗履职的情况，未及时下达监理指令；未及时发现并纠正作业人员未按照钢筋施工方案要求施工作业的违规行为；对项目部安全技术交底和安全培训教育工作监理不到位。其行为违反了《建设工程安全生产管理条例》第 14 条的规定，对事故发生负有重要责任。依据《安全生产法》第 109 条第 3 项的规定，由安全生产监督管理部门给予其 200 万元的罚款。同时，由市住房城乡建设委提请住房城乡建设部吊销其房屋建筑工程监理甲级资质。

7）安阳诚成劳务有限公司作为清华附中工程项目筏板基础钢筋作业的劳务分包单位，未对劳务作业人员进行必要的安全生产教育和培训，未告知作业人员操作规程和违章操作的危害；在未接受《钢筋施工方案》交底的情况下，盲目组织施工作业；违规与总包单位签订包含辅料和部分周转性材料款内容的劳务分包合同。其行为违反《安全生产法》第 25 条、第 41 条的规定，对事故发生负有一定责任。由市住房城乡建设委通报河南省住房城乡建设主管部门吊销其施工劳务资质和安全生产许可证。

（4）建议由相关部门另案处理的情形

1）针对清华附中工程项目投标、合同订立期间，建工一建公司涉嫌允许杨泽中以本企业名义承揽工程及其他涉嫌以内部承包经营的形式出借资质、转包等违法行为，由市住房城乡建设主管部门另行立案调查处理。

2）针对事故调查中发现的相关人员涉嫌收受贿赂的线索，由检察、监察机关依法调查处理。

此外，责成市规划部门针对清华附中工程项目设计过程中存在的问题，对相关设计人员给予通报批评；责成海淀区人民政府和市住房城乡建设委向市政府作出深刻检查。

（5）法院判决

法院根据相关的事实及证据认定被告人杨泽中、王京立、王英雄、曹晓凯、荆鑫、张换丰、张焕良、赵金海、田勇只、李雷、李成才、郝维民、张明伟、田克军、耿文彪在生产、作业中违反有关安全管理的规定，因而发生重大伤亡事故，情节特别恶劣，其行为均已触犯了《中华人民共和国刑法》第一百三十四条第一款之规定，构成重大责任事故罪。公诉机关指控 15 名被告人犯罪的事实清楚，证据确实充分。根据本案各被告人的认罪态度，同时考虑被告人杨泽中、王京立、王英雄有揭发他人犯罪并经查证属实的立功表现；案发后被害人的经济损失已经客观上得以赔偿。

最后，法院以重大责任事故罪分别判处被告人杨泽中有期徒刑 6 年；被告人张换丰有期徒刑 6 年；被告人郝维民有期徒刑 5 年；被告人张焕良有期徒刑 4 年 6 个月；被告人张明伟有期徒刑 4 年 6 个月；被告人王京立有期徒刑 4 年 6 个月；被告人曹晓凯有期徒刑 4 年；被告人田克军有期徒刑 4 年；被告人赵金海有期徒刑 4 年；被告人王英雄有期徒刑 3 年 6 个月；被告人田勇有期徒刑 3 年 6 个月；被告人荆鑫有期徒刑 3 年 6 个月；被告人李雷有期徒刑 3 年；被告人李成才有期徒刑 3 年；被告人耿文彪有期徒刑 3 年缓刑 3 年。

（注：来源：人民网、北京卫视、微信公众号"建筑监理"。）

16.2　边坡工程安全专项施工方案编制的有关规定

16.2.1　边坡工程安全施工有关法律、法规

任何建设工程均存在施工质量与施工安全问题，施工质量是保证施工安全的必要条件之一，但安全施工并不能保证施工质量符合设计要求。施工安全狭义地讲是指施工过程中应保证施工人员的生命安全，广义地讲施工安全应保证施工人员、施工机具、施工影响范围内的建筑物、构筑物、设施和设备及人员、建设工程本身的安全。

为加强对危险性较大的分部分项工程安全管理，明确安全专项施工方案编制内容，规范专家论证程序，确保安全专项施工方案实施，积极防范和遏制建筑施工生产安全事故的发生，依据《建设工程安全生产管理条例》及相关安全生产法律法规，中华人民共和国住房和城乡建设部于 2009 年 5 月 13 日发布了"关于印发《危险性较大的分部分项工程安全

管理办法》的通知"文号为建质〔2009〕87号。

该办法适用于房屋建筑和市政基础设施工程的新建、改建、扩建、装修和拆除等建筑安全生产活动及安全管理；该办法所称危险性较大的分部分项工程是指建筑工程在施工过程中存在的、可能导致作业人员群死群伤或造成重大不良社会影响的分部分项工程。

危险性较大的分部分项工程安全专项施工方案（以下简称"专项方案"），是指施工单位在编制施工组织（总）设计的基础上，针对危险性较大的分部分项工程单独编制的安全技术措施文件。

建设单位在申请领取施工许可证或办理安全监督手续时，应当提供危险性较大的分部分项工程清单和安全管理措施。施工单位、监理单位应当建立危险性较大的分部分项工程安全管理制度。

施工单位应当在危险性较大的分部分项工程施工前编制专项方案；对于超过一定规模的危险性较大的分部分项工程，施工单位应当组织专家对专项方案进行论证。

建筑工程实行施工总承包的，专项方案应当由施工总承包单位组织编制。其中，起重机械安装拆卸工程、深基坑工程、附着式升降脚手架等专业工程实行分包的，其专项方案可由专业承包单位组织编制。

安全专项施工方案的编制应当包括以下内容：

（1）工程概况：危险性较大的分部分项工程概况、施工平面布置、施工要求和技术保证条件。

（2）编制依据：相关法律、法规、规范性文件、标准、规范及图纸（国标图集）、施工组织设计等。

（3）施工计划：包括施工进度计划、材料与设备计划。

（4）施工工艺技术：技术参数、工艺流程、施工方法、检查验收等。

（5）施工安全保证措施：组织保障、技术措施、应急预案、监测监控等。

（6）劳动力计划：专职安全生产管理人员、特种作业人员等。

（7）计算书及相关图纸。

对边坡工程安全施工建质〔2009〕87号无具体规定，但与之有关的部分，即建筑边坡工程中超过一定规模的危险性较大的分部分项工程范围如下：

1. 深基坑工程

（1）开挖深度超过5m（含5m）的基坑（槽）的土方开挖、支护、降水工程。

（2）开挖深度虽未超过5m，但地质条件、周围环境和地下管线复杂，或影响毗邻建筑（构筑）物安全的基坑（槽）的土方开挖、支护、降水工程。

2. 模板工程及支撑体系、混凝土模板支撑工程

（1）搭设高度8m及以上。

（2）搭设跨度18m及以上。

（3）施工总荷载15kN/m² 及以上；集中线荷载20kN/m 及以上。

3. 脚手架工程

（1）搭设高度50m及以上落地式钢管脚手架工程。

（2）提升高度150m及以上附着式整体和分片提升脚手架工程。

（3）架体高度20m及以上悬挑式脚手架工程。

4.拆除、爆破工程

（1）采用爆破拆除的工程。

（2）可能影响行人、交通、电力设施、通信设施或其他建、构筑物安全的拆除工程。

5.其他

（1）开挖深度超过16m的人工挖孔桩工程。

（2）地下暗挖工程、顶管工程、水下作业工程。

（3）采用新技术、新工艺、新材料、新设备及尚无相关技术标准的危险性较大的分部分项工程。

在具体实施"关于印发《危险性较大的分部分项工程安全管理办法》的通知"建质〔2009〕87号过程中，各地根据本地具体情况，出台了落实该文件的实施细则。如"关于印发危险性较大的分部分项工程安全管理实施细则的通知"，重庆市城乡建设委员会，渝建发〔2014〕16号，该文中有如下规定"第六条　建筑工程实行施工总承包的，专项方案应当由施工总承包单位组织编制。其中，建筑起重机械安装拆卸、深基坑、附着式升降脚手架、建筑幕墙安装、钢结构（网架、索膜结构）安装、预应力、地下暗挖、顶管、水下作业等专业工程实行分包的，其专项施工方案可由专业承包单位组织编制。专项施工方案应符合勘察、设计单位对施工的要求，作业层和附着于结构的施工荷载应符合设计要求，不得超载，必要时需征求设计单位的意见。建筑工程切坡及基坑开挖支护、降水，其专项施工方案须经过勘察、设计单位的签字认可"。"第十一条　专家论证的主要内容：①专项方案内容是否完整、可行。②专项方案计算书和验算依据是否符合有关技术规范标准。③安全施工的基本条件是否满足现场实际情况；方案是否具有针对性和可操作性，方案相关图纸、说明是否满足施工及验收要求。专项方案经论证后，专家组应当提交论证报告，对论证的内容提出明确的意见，在论证报告上签字，并附上专家相关信息（专家资格证、单位、学历、专业、职称、职务等）。论证报告结论应分为三种：通过、修改后通过和不通过。论证报告结论为修改后通过的，施工单位应当根据专家意见进行修改完善。修改结论经施工单位审核后，由施工单位技术负责人签字并加盖单位法人公章后报专家组组长审核，专家组组长审核签字后，由项目总监理工程师、建设单位项目负责人审核签字并加盖单位法人公章后，方可组织实施。报告结论为不通过的，施工单位应当重新编制方案，并再次组织专家论证。危险性较大分部分项工程安全专项施工方案专家论证审查表见附件4（略）"。"第十三条　施工单位应当严格按照专项方案组织施工，不得擅自修改、调整专项方案。如因设计、结构、外部环境等因素发生变化确需修改的，修改后的专项方案应当重新审核。对于超过一定规模的危险性较大的分部分项工程专项方案，施工单位应当重新组织专家进行论证。危险性较大的分部分项工程变更记录表见附件5（略）"。

上述两个文件均未具体明确需要哪些边坡工程需编制"边坡工程安全专项施工方案"，且应进行专家论证。目前，重庆市参考"关于进一步加强全市高切坡、深基坑和高填方项目勘察设计管理的意见（渝建发〔2010〕166号）"的规定执行："本意见所称高切坡、深基坑、高填方项目是指因建（构）筑物和市政工程开挖或填筑所形成的边坡以及对工程正常使用或可能造成安全影响的边坡项目，其高度或深度超过了以下范围：①高切坡：岩质边坡高度≥15m，岩土混合边坡高度≥12m且土层厚度≥4m，土质边坡高度≥8m。②深基坑：岩质基坑高度≥12m，岩土混合基坑高度≥8m且土层厚度≥4m，土质基坑高度≥5m。③高填方：填方边坡高度≥8m。边坡项目接近上述限值的，或地质灾害危险性评估为危险性大的，亦应执行。"

安全专项施工方案的编制目的是在施工前，对建筑工程在施工过程中存在的、可能导致作业人员群死群伤或造成重大不良社会影响的分部分项工程提前预测施工中的风险源，正确识别出施工过程中的风险因素，并采取相应的组织保障、技术措施、应急预案、监测监控等措施，预防建筑工程和人员事故的发生，因此，正确识别施工过程中的风险源是安全专项施工方案的首要任务，其他相关问题均为此服务。

专项方案应当由施工单位技术部门组织本单位施工技术、安全、质量等部门的专业技术人员进行审核。经审核合格的，由施工单位技术负责人签字。实行施工总承包的，专项方案应当由总承包单位技术负责人及相关专业承包单位技术负责人签字。不需专家论证的专项方案，经施工单位审核合格后报监理单位，由项目总监理工程师审核签字。

超过一定规模的危险性较大的分部分项工程专项方案应当由施工单位组织召开专家论证会。实行施工总承包的，由施工总承包单位组织召开专家论证会。

下列人员应当参加专家论证会：（1）专家组成员；（2）建设单位项目负责人或技术负责人；（3）监理单位项目总监理工程师及相关人员；（4）施工单位分管安全的负责人、技术负责人、项目负责人、项目技术负责人、专项方案编制人员、项目专职安全生产管理人员；（5）勘察、设计单位项目技术负责人及相关人员；（6）安全生产管理监督行政主管部门有关人员。

专家组成员应当由5名及以上符合相关专业要求的专家组成。本项目参建各方的人员不得以专家身份参加专家论证会。

专家论证的主要内容：（1）专项方案内容是否完整、可行。（2）专项方案计算书和验算依据是否符合有关标准规范；（3）安全施工的基本条件是否满足现场实际情况。

专项方案经论证后，专家组应当提交论证报告，对论证的内容提出明确的意见，并在论证报告上签字。该报告作为专项方案修改完善的指导意见。

施工单位应当根据论证报告修改完善专项方案，并经施工单位技术负责人、项目总监理工程师、建设单位项目负责人签字后，方可组织实施。实行施工总承包的，应当由施工总承包单位、相关专业承包单位技术负责人签字。

专项方案经论证后需作重大修改的，施工单位应当按照论证报告修改，并重新组织专家进行论证。

施工单位应当严格按照专项方案组织施工，不得擅自修改、调整专项方案。如因设计、结构、外部环境等因素发生变化确需修改的，修改后的专项方案应重新审核。对于超过一定规模的危险性较大工程的专项方案，施工单位应当重新组织专家进行论证。

专项方案实施前，编制人员或项目技术负责人应当向现场管理人员和作业人员进行安全技术交底。

施工单位应当指定专人对专项方案实施情况进行现场监督和按规定进行监测。发现不按照专项方案施工的，应当要求其立即整改；发现有危及人身安全紧急情况的，应当立即组织作业人员撤离危险区域。施工单位技术负责人应当定期巡查专项方案实施情况。

对于按规定需要验收的危险性较大的分部分项工程，施工单位、监理单位应当组织有关人员进行验收。验收合格的，经施工单位项目技术负责人及项目总监理工程师签字后，方可进入下一道工序。

监理单位应当将危险性较大的分部分项工程列入监理规划和监理实施细则，应当针对工程特点、周边环境和施工工艺等，制定安全监理工作流程、方法和措施。

监理单位应当对专项方案实施情况进行现场监理；对不按专项方案实施的，应当责令整改，施工单位拒不整改的，应当及时向建设单位报告；建设单位接到监理单位报告后，应当立即责令施工单位停工整改；施工单位仍不停工整改的，建设单位应当及时向住房城乡建设主管部门报告。

建设单位未按规定提供危险性较大的分部分项工程清单和安全管理措施，未责令施工单位停工整改的，未向住房城乡建设主管部门报告的；施工单位未按规定编制、实施专项方案的；监理单位未按规定审核专项方案或未对危险性较大的分部分项工程实施监理的；住房城乡建设主管部门应当依据有关法律法规予以处罚。

工程事故发生后，事故现场有关人员应当立即向工程建设企业承担责任人报告；工程建设企业承担责任人接到报告后，应于 1h 内向事故发生地县级以上人民政府住房城乡建设主管部门及有关部门报告。情况紧急时，事故现场有关人员可直接向事故发生地县级以上人民政府住房城乡建设主管部门报告。

住房城乡建设主管部门接到事故报告后，应当依照下列规定上报事故情况，并同时公告公安、监察机关等有关部门：

（1）较大、重大及特别重大事故逐级上报至国务院住房城乡建设主管部门，一般事故逐级上报至省级人民政府住房城乡建设主管部门，必要时可以越级上报事故情况。

（2）住房城乡建设主管部门上报事故情况，应当同时报告本级人民政府；国务院住房城乡建设主管部门接到重大和特别重大事故的报告后，应当立即报告国务院。

（3）住房城乡建设主管部门逐级上报事故情况时，每级上报时间不得超过 2h。

（4）事故报告应包括下列内容：1）事故发生的时间、地点、工程项目名称、工程各参建企业名称；2）事故发生的简要经过、伤亡人数（包括下落不明的人数）和初步估计的直接经济损失；3）事故的初步缘故；4）事故发生后采取的措施及事故控制情况；5）事故报告企业、联系人及联系方法；6）其他应当报告的情况。

（5）事故报告后出现新情况，以及事故发生之日起 30 日内伤亡人数发生变化的，应当及时补报。

16.2.2 边坡工程施工安全国家及行业标准

边坡工程安全施工目前暂无专门的国家、行业及地方标准。本章参考文献给出了建筑工程施工安全的有关标准。下面重点介绍《建筑深基坑工程施工安全技术规范》（JGJ 311—2013）的有关规定。

1. 建筑深基坑施工安全基本规定

《建筑深基坑工程施工安全技术规范》（JGJ 311—2013）适用于开挖深度大于或等于 5m 的建筑深基坑工程的施工、安全使用与维护管理，其第 3 章和第 5 章的有关规定如下。

建筑深基坑工程施工应根据深基坑工程地质条件、水文地质条件、周边环境保护要求、支护结构类型及使用年限、施工季节等因素，注重地区经验、因地制宜、精心组织、保证安全。建筑深基坑工程施工安全等级按表 16-1 确定。

建筑深基坑工程施工安全等级　　　　　表 16-1

施工安全等级	划分条件
一级	(1)复杂地质条件及软土地区的二层及二层以上地下室的基坑工程； (2)开挖深度大于 15m 的基坑工程； (3)基坑支护结构与主体结构相结合的基坑工程； (4)设计使用年限超过 2 年的基坑工程； (5)侧壁为填土或软土，场地因开挖施工可能引起工程桩基发生倾斜、地基隆起变形等改变桩基、地铁隧道运营性能的工程； (6)基坑侧壁为受水浸透可能性大或基坑工程降水深度大于 6m 或降水对周边环境有较大影响的工程； (7)地基施工对基坑侧壁土体状态及地基产生挤土效应较严重的工程； (8)在基坑影响范围内存在较大的交通荷载，或大于 35kPa 短期作用的基坑工程； (9)基坑周边环境条件复杂、对支护结构变形控制要求严格的工程； (10)采用型钢水泥土墙支护方式、需要拔除型钢对基坑安全可能产生较大影响的基坑工程； (11)采用逆作法上下同步施工的基坑工程； (12)需要进行爆破施工的基坑工程
二级	除一级以外的其他基坑工程

基坑工程设计施工图必须按有关规定通过专家评审，基坑工程施工组织设计必须按有关规定通过专家论证；对施工安全等级为一级的基坑工程，应进行基坑安全监测方案的专家评审。

当基坑施工过程中发现地质情况或环境条件与原地质报告、环境调查报告不相符合，或环境条件发生变化时，应暂停施工，及时会同相关设计、勘察单位经过补充勘察、设计验算或设计修改后方可恢复施工。对涉及方案选型等重大设计修改的基坑工程，应重新组织评审和论证。

在支护结构未达到设计强度前进行基坑开挖时，严禁在设计预计的滑（破）裂面范围内堆载；临时土石方的堆放应进行包括自身稳定性、邻近建筑物地基承载力、变形、稳定性和基坑稳定性验算。

基坑工程应实施信息施工法，并应符合下列规定：

（1）施工准备阶段应根据设计要求和相关规范要求建立基坑安全监测系统。

（2）土方开挖、降水施工前，监测设备与元器件应安装、调试完成。

（3）高压旋喷注浆帷幕、三轴搅拌帷幕、土钉、锚杆等注浆类施工时，应通过对孔隙水压力、深层土体位移等监测与分析，评估水下施工对基坑周边环境影响，必要时应调整施工速度、工艺或工法。

（4）对同时进行土方开挖、降水、支护结构、截水帷幕、工程桩等施工的基坑工程，应根据现场施工和运行的具体情况，通过试验与实测，区分不同危险源对基坑周边环境造成的影响，并应采取相应的控制措施。

（5）应对变形控制指标按实施阶段性和工况节点进行控制目标分解；当阶段性控制目标或工况节点控制目标超标时，应立即采取措施在下一阶段或工况节点时实现累加控制目标。

（6）应建立基坑安全巡查制度，及时反馈，并应有专业技术人员参与。

对特殊条件下的施工安全等级为一级、超过设计使用年限的基坑工程应进行基坑安评估。基坑安全评估原则应能确保不影响周边建（构）筑物及设施等的正常使用、不破坏景观、不造成环境污染。

2. 建筑深基坑安全专项施工方案编制基本规定

基坑工程安全专项施工方案应与基坑工程施工组织设计同步编制。

（1）基坑工程安全专项施工方案应包括下列主要内容：

1）工程概况，包含基坑所处位置、基坑规模、基坑安全等级及现场勘查及环境调查结果、支护结构形式及相应附图。

2）工程地质与水文地质条件，包含对基坑工程施工安全的不利因素分析。

3）危险源分析，包含基坑工程本体安全、周边环境安全、施工设备及人员生命财产安全的危险源分析。

4）各施工阶段与危险源控制相对应的安全技术措施，包含围护结构施工、支撑系统施工及拆除、土方开挖、降水等施工阶段危险源控制措施；各阶段施工用电、消防、防台风、防汛等安全技术措施。

5）信息施工法实施细则，包含对施工监测成果信息的发布、分析，决策与指挥系统。

6）安全控制技术措施、处理预案。

7）安全管理措施，包含安全管理组织及人员教育培训等措施。

8）对突发事件的应急响应机制，包含信息报告、先期处理、应急启动和应急终止。

9）基坑安全使用与维护全过程。

危险源分析应根据基坑工程周边环境条件和控制要求、工程地质条件、支护设计与施工方案、地下水与地表水控制方案、施工能力与管理水平、工程经验等进行，并应根据危险程度和发生的频率，识别为重大危险源和一般危险源。

（2）具有下列特征之一时，必须列为重大危险源：

1）开挖施工对邻近建（构）筑物、设施必然造成安全影响或有特殊保护要求的。

2）达到设计使用年限拟继续使用的。

3）改变现行设计方案，进行加深、扩大及改变使用条件的。

4）邻近的工程建设，包括打桩、基坑开挖降水施工影响基坑支护安全的。

5）邻水的基坑。

危险源分析应采用动态分析方法，并应在施工安全专项方案中及时对危险源进行更新和补充。

（3）基坑工程发生险情时，应采取下列应急措施：

1）基坑变形超过报警值时，应调整分层、分段土方开挖等施工方案，并宜采取坑内回填反压后增加临时支撑、锚杆等。

2）周围地表或建筑物变形速率急剧加大，基坑有失稳趋势时，宜采取卸载、局部或全部回填反压，待稳定后再进行加固处理。

3）坑底隆起变形过大时，应采取坑内加载反压、调整分区、分步开挖、及时浇筑快硬混凝土垫层等措施。

4）坑外地下水位下降速率过快引起周边建筑物与地下管线沉降速率超过警戒值，应调整抽水速度减缓地下水位下降速度或采用回灌措施。

5）围护结构渗水、流土，可采用坑内引流、封堵或坑外快速注浆的方式进行堵漏；

情况严重时应立即回填，再进行处理。

6）开挖底面出现流砂、管涌时，应立即停止挖土施工，根据情况采取回填、降水法降低水头差、设置反滤层封堵流土点等方式进行处理。

基坑工程变形监测数据超过报警值，或出现基坑、周边建（构）筑物、管线失稳破坏征兆时，应立即停止施工作业，撤离人员，待险情排除后方可恢复施工。

施工过程中各工序开工前，施工技术管理人员必须向所有参加作业的人员进行施工组织与安全技术交底，如实告知危险源、防范措施、应急预案，形成文件并签署。

（4）施工前应进行技术交底，安全技术交底应包括下列内容：

1）现场勘查与环境调查报告；

2）施工组织设计；

3）主要施工技术、关键部位施工工艺工法、参数；

4）各阶段危险源分析结果与安全技术措施，应急预案及应急响应等。交底后应做好交底记录。

3.建筑深基坑应急抢险基本规定

应急响应应根据应急预案采取抢险准备、信息报告、应急启动和应急终止四个程序统一执行。

（1）应急响应前的抢险准备，应包括下列内容：

1）应急响应需要的人员、设备、物资准备；

2）增加基坑变形监测手段与频次的措施；

3）储备截水堵漏的必要器材；

4）清理应急通道。

（2）当基坑工程发生险情时，应立即启动应急响应，并向上级和有关部门报告以下信息：

1）险情发生的时间、地点；

2）险情的基本情况及抢救措施；

3）险情的伤亡及抢救情况。

（3）基坑工程施工与使用中，应针对下列情况启动安全应急响应：

1）基坑支护结构水平位移或周围建（构）筑物、周边道路（地面）出现裂缝、沉降、地下管线不均匀沉降或支护结构构件内力等指标超过限值时；

2）建筑物裂缝超过限值或土体分层竖向位移或地表裂缝宽度突然超过报警值时；

3）施工过程出现大量涌水、涌砂时；

4）基坑底部隆起变形超过报警值时；

5）基坑施工过程遭遇大雨或暴雨天气，出现大量积水时；

6）基坑降水设备发生突发性停电或设备损坏造成地下水位升高时；

7）基坑施工过程因各种原因导致人身伤亡事故出现时；

8）遭受自然灾害、事故或其他突发事件影响的基坑；

9）其他有特殊情况可能影响安全的基坑。

（4）应急终止应满足下列要求：

1）引起事故的危险源已经消除或险情得到有效控制。

2）应急救援行动已完全转化为社会公共救援。

3）局面已无法控制和挽救，场内相关人员已全部撤离。

4）应急总指挥根据事故的发展状态认为终止的。

5）事故已经在上级主管部门结案。

应急终止后，应针对事故发生及抢险救援经过、事故原因分析、事故造成的后果、应急预案效果及评估情况提出书面报告，并应按有关程序上报。

4.建筑深基坑施工监测基本规定

施工监测应采用仪器监测与巡视相结合的方法。用于监测的仪器应按测量仪器有关要求定期标定。

基坑施工和使用中应采取多种方式进行安全监测，对有特殊要求或安全等级为一级的基坑工程，应根据基坑现场施工作业计划制定基坑施工安全监测应急预案。

（1）施工监测应包括下列主要内容：

1）基坑周边地面沉降。

2）周边重要建筑沉降及周边建筑物、地面裂缝。

3）支护结构裂缝。

4）坑内外地下水位。

5）地下管线渗漏情况。

6）安全等级为一级的基坑工程施工监测尚应包含下列主要内容：①围护墙或临时开挖边坡面顶部水平位移；②围护墙或临时开挖边坡面顶部竖向位移；③坑底隆起；④支护结构与主体结构相结合时，主体结构的相关监测。

（2）基坑工程施工过程中每天应有专人进行巡视检查，巡视检查应包含如下主要内容：

1）支护结构检查，内容为：①冠梁、腰梁、支撑裂缝及开展情况；②围护墙、支撑、立柱变形情况；③截水帷幕开裂、渗漏情况；④墙后土体裂缝、沉陷或滑移情况；⑤基坑涌土、流砂、管涌情况。

2）施工工况检查，内容为：①土质条件与勘察报告的一致性情况；②基坑开挖分段长度、分层厚度、临时边坡、支锚设置与设计要求的符合情况；③场地地表水、地下水排放状况，基坑降水、回灌设施的运转情况；④基坑周边超载与设计要求的符合情况。

3）周边环境检查，内容为：①周边管道破损、渗漏情况；②周边建筑开裂、裂缝发展情况；③周边道路开裂、沉陷情况；④邻近基坑及建筑的施工状况；⑤周边公众反映。

4）监测设施检查，内容为：①基准点、监测点完好状况；②监测元件的完好和保护情况；③影响观测工作的障碍物情况。

巡视检查宜以目视为主，可辅以锤、钎、量尺、放大镜等工具以及摄像、摄影等手段进行，并应做好巡视记录。如发现异常情况和危险情况，应对照仪器监测数据进行综合分析。

16.2.3 边坡工程安全专项施工方案编制应注意的问题

工程实践中，建筑边坡工程安全专项施工方案编制过程中易出现一些常见问题，应引起施工单位及有关审查单位和人员的高度重视，易出现的主要问题如下。

1.在工程概况中易出现的问题

（1）岩土工程地质勘察资料缺失、勘察范围不全或关键地质、水文情况介绍不全。

（2）缺少或未见施工平面布置图等技术图件。

（3）论证范围不能用施工图纸准确表达。

（4）周边环境、被保护对象识别欠准确或缺失。

（5）技术保证条件表述欠准确或缺失。

2.编制依据中易出现的问题

（1）缺少施工图。

（2）缺少施工组织设计，用安全专项施工方案代替施工组织设计的情况时有发生。

（3）现行标准、规范改版后，未及时更换或使用废止的标准、规范。

（4）其他应该作为编制依据的项目遗漏，如经公安局批准的"爆破施工方案"、建（构）筑物改迁专项方案或保护方案等。

3.施工计划中易出现的问题

（1）施工进度计划与施工方法不匹配，涉及施工安全的关键环节在施工计划中未体现。

（2）设备配置与施工要求不匹配或缺失，应急救援设备配置不全。

（3）材料计划与需求不匹配，应急救援物资缺失。

4.施工工艺技术中易出现的问题

（1）技术参数交代不明或缺失，主要体现为对设计文件规定交代不清。

（2）总体工艺流程及控制交代不清，特别是当存在交叉作业或循环作业时，对工艺流程描述欠准确。

（3）对涉及安全施工的重要环节表述欠准确或缺失，如人工挖孔桩送风要求的规定把控欠准确、人员正常上下的爬梯要求规定不清等。

（4）检查验收中过分强调工程质量的检查验收内容，而忽视了安全施工的检查验收工作，在安全专项施工方案中应强调安全施工的检查验收，当安全施工检查验收不合格时，应禁止施工，如脚手架未检查验收合格时禁止使用，临时用电设施、设备未检查验收合格时禁止施工等。

5.施工安全保证措施易出现的问题

（1）组织保证中对相关人员的职责规定不明确，安全交底的要求不明确。

（2）技术措施与应急预案混为一谈，在应急预案中经常出现预防措施；此外，风险源的识别、工程技术措施及预防措施不全面准确。安全专项施工方案一定要有针对性，不应盲目抄袭其他项目的"安全专项施工方案"，将不存在的风险源写在本方案中，即风险源识别一定要有针对性，否则，安全专项方案就会流于形式。

（3）监测监控中，第三方监测与施工监测易混淆，信息反馈制度不健全或运行机制存在问题。建筑边坡工程（含基坑工程）应实施"信息化施工"，强调施工勘察及变形监控问题，此点因为费用问题，实际操作中常常变成虚设，大量的建筑边坡工程（含基坑工程）事故实践中，此点均有反映，应引起高度重视。监测频次、时间控制不合理，监测频次、时间间隔过大，而在监测时间间隔中，边坡变形过大，而发生破坏的案例偶有发生，另因监控预警指标未明示或无界定，监测指标超限后，不及时报警，引起的边坡工程垮塌事故，也时有发生。

6.在劳动力计划中易出现的问题

（1）专职安全员持证情况表述欠准确，特别是上岗证未交代，证件有效期无说明。

（2）特种作业人员，除与（1）相同的问题外，还存在以下问题：1）特种作业工种不全；2）人员数量不足；3）上岗证过期等。

7.计算书及相关图纸易出现的问题

（1）需要出具的计算书缺失，而不在论证范围的计算书存在，或施工单位超资质计算，如边坡稳定性验算等。

（2）图纸资料不全，如施工总平面布置图、临边防护图、截排水沟布置图、临时道路布置图、边坡支护图等。

16.3 边坡（基坑）工程中人工挖孔桩安全专项施工方案案例

实例 16-2： 某基坑支护工程人工挖孔桩安全专项施工方案

1.工程概况

（1）工程简介

1）工程建设基本情况

工程名称：××场项目土石方、边坡及基坑支护工程。

工程地点：×区×大剧院旁。

建设单位：××房地产开发有限公司。

勘测单位：××勘测院。

设计单位：××建筑设计研究院。

监理单位：××建设工程监理咨询有限公司。

施工单位：××建设有限责任公司。

××房地产开发有限公司（以下简称甲方）拟在开发 B19-3、B19-4 地块，两处地块连接为一块，面积约 0.033km²，设计和地坪标高 ±0.00＝230.00m，地下室设计基坑开挖底标高 +166.000m，结合环境设计标高，基坑边坡高度 28～64m，场地北侧为已建市政道路；东侧为在建轨道交通六号线一期大剧院站；南侧为已建 B9 市政道路，B9 路外侧为嘉陵江；西侧为施工区域。

根据基坑边坡设计，本高层高边坡主要有 4 处：①北侧边坡 A-B 段：该边坡走向 250°～270°，坡向为 160°～190°，高 54.0～64.0m，长约 220m，主要为岩质边坡，部分为岩土混合边坡。②东侧边坡 B-C 段：该边坡走向 160°，坡向为 250°，高 36.0～54.0m，长约 88.7m，主要为岩质边坡，部分为岩土混合边坡。③南侧边坡 C-D 段：该边坡走向 255°～272°，坡向为 345°，高 28.3～36m，长约 245m，主要为岩质边坡。④南侧边坡 D-A 段：该边坡走向 0°，坡向为 90°，高 28～60m，长约 88m，主要为岩质边坡，部分为岩土混合边坡。

本工程安全等级为一级，抗震设防为 6 度。主要采用桩锚挡墙进行支护，南侧边坡外侧 B9 道路已经初步形成，B9 路外侧为坡向嘉陵江的斜坡，止水帷幕根据现场试验后最终确定相关参数。

B19 西侧边坡 ID-A 段：采用桩锚支护体系进行支撑，由上至下分级、分段跳槽开挖，逐级支护，分级高度不宜大于 2.5m，不得全断面开挖。先施工竖桩，竖桩为直径 1.5m 的圆桩，桩中心距为 2.5m，待桩身强度达到 75% 以后方可逐级往下开挖边坡，每阶开挖高度不宜超过 2.5m，然后逐级设置锚索，待每排锚索和竖桩形成有效支护体系后方可进行下阶开挖施工。锚索竖向间距为 2.5m。

桩有关参数为：①桩长：根据设计要求本工程桩长大于 32m。②材料：桩混凝土及护壁采用 C30，钢筋采用 Ⅰ 级钢筋 HPB300 级、Ⅲ 级钢筋 HRB400 级，桩身保护层厚度为 50mm。③护壁：桩孔必须每挖深 1000mm 护壁一次，严禁只下挖不及时护壁的危险做法。④桩锚大样：如图 16-1 所示。

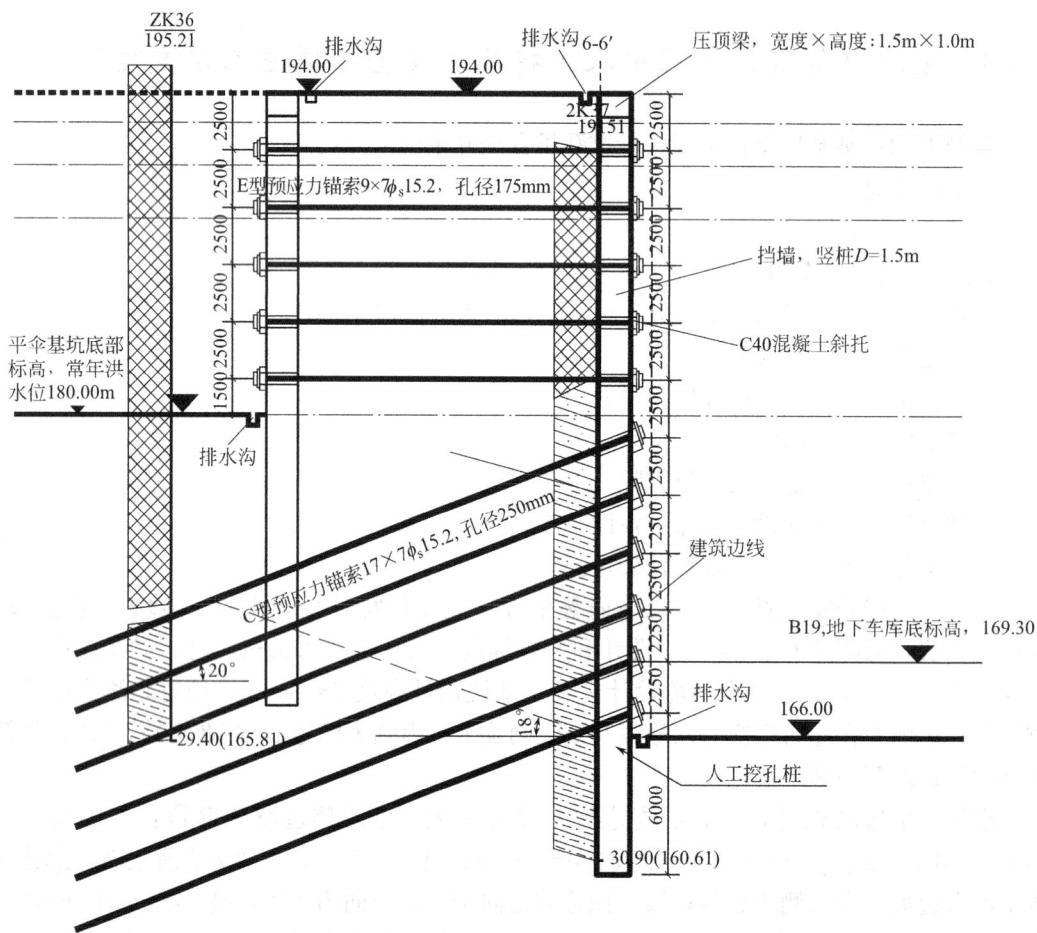

桩锚大样剖面图

图 16-1　桩大样图

2）工程地质情况

①气象水文

拟建区属亚热带湿润季风性气候区，具有热量丰富、雨量充沛、温差大、多雾、冬季温暖、夏季炎热、春早夏长、冬暖多雾、秋雨连绵的特点。

气温：多年平均气温 18.3℃，月平均最高气温是 8 月为 28.1℃，月最低气温是在 1 月份为 7.5℃，日最高气温为 43℃，日最低气温 -1.8℃。

降水量：多年平均降水量 1082.6mm 左右，降雨最多集中在 5～9 月。

湿度：多年平均相对湿度 79％左右。

风：全年主要风向向北，全年平均风速为 1.3m/s 左右，最大风速 26.7m/s。

拟建区位于嘉陵江北侧，嘉陵江江水自西向东流过，河床平均坡降 0.28‰，河道蜿蜒曲折。全年变化规律为：一般 1、2、3 月为枯水月，根据 2002 年 12 月测水面高 159.38m（黄海高程，以下同）。枯水月河面宽约 180m，河漫滩宽约 400m。7、8、9 月为供水月。勘察期间的江水位大约在 161～163m 之间波动，2005 年 5 月 11 日测得江水位高程163.47m。各频率洪水位由 1996 年重庆防洪指挥部要求国家防汛办、长江城流域委员会和市政有关部门的专家，对"重庆市城市防洪规划"进行了评审，提供了重庆主城区嘉陵江各断面处频率水位表。根据该表嘉陵江重庆朝天门断面常年枯水位约为 159.40m，常年洪水位 180.00m，二十年一遇洪水位 188.53m，五十年一遇洪水位 190.83m，百年一遇洪水位 192.63m。

据长江上游水文资料，三峡水库建成后，库区洪水月将按低水位运行，一般坝前水位保持在 145m（吴淞高程）左右。该区所在河段在三峡水库建成后一般仍接近天然河道特征，河道基本维持现状。

② 地质地形地貌

拟建区位于嘉陵江左岸，地貌属浸蚀，堆积河流岸坡地貌。拟建场位于一原始斜坡地形中部，原始斜坡地形南略低，北高，原始斜坡总体倾向约 175°，斜坡倾角约 20°～30°，场地原始地面高层约 96～234m。因地处出城区，人类活动平凡，原始地形面貌已不存在，现拟建场地标高为 194～230m。场地北侧为已建市政道路；东侧为在建轨道交通六号线一期大剧院站；南侧为在建 B9 市政道路；西侧为施工区域。

A. 地层岩性

拟建区的地层由上而下依次可分为第四系全新统填图层（Q_4^{ml}）、残坡积层（Q_4^{el+dl}）和侏罗系中统沙溪庙组（J_2S）层积岩层。各层岩土特征分述如下：

B. 第四系全新统（Q_4^{ml}）

a. 素填土（Q_4^{ml}）：褐色，杂色，由黏性土、砂泥岩块碎石、混凝土块、砖石，及少量建筑垃圾等组成。块碎石含量一般在 20％～40％左右，粒径 20～500mm，个别大于1000mm，结构松散～稍密状，回填年限 3～10 年不等，部分年限 10 年以上，厚度一般在2～10m，最大达 26.60m，根据土、石可挖性分级标准，该层土为普通土，土石等级为Ⅱ级。

通过对同时进行勘察的相邻地块 B20-1 地块，钻孔 ZK60 对素填土进行取样，作腐蚀性分析，依据《岩土工程勘察规范》（GB 50021—2001）Ⅱ类环境判定；场地内素填土对混凝土结构有微腐蚀；按地层渗透性，对混凝土结构有微腐蚀；对钢结构有微腐蚀。

b. 砂卵岩（Q_4^{al}）：杂色，母岩成分以岩浆岩，变质岩为主，含量约占 40％，粒径在40～120mm 左右，稍湿，稍密、级配差，磨圆度高，其间以细砂充填。该层仅在 ZK47（高程 168.13～172.43m）、ZK50（高程 186.83～188.23m）号孔内出现，根据土、石可挖性分级标准，该层土为软石，土石等级为Ⅳ级。根据土的物质组分以及周边建筑经验，土对混凝土结构、钢筋混凝土结构中的钢筋以及钢结构具微腐蚀性。

c. 粉质黏土（Q_4^{el+dl}）：褐色为主，可塑～硬塑，稍有光滑，摇震反应无，干强度中等，韧性中性。厚度 0～1.5m，该岩层仅在 ZK1、ZK18 号孔内出现，根据土、石可挖性分级标准，该层土为普通土，土石等级为Ⅱ级。根据土的物质组分以及周边建筑经验，土对混凝土结构、钢筋混凝土结构中的钢筋以及钢结构具有微腐蚀性。

C.侏罗系中统沙溪庙组（J_2S）

砂质泥岩；紫色，紫红色，粉砂泥质结构，中厚层状构造，主要矿物成分为黏土质矿物。表层强风化带一般厚度 $1.00\sim2.00m$，强风化岩心呈碎块状和土夹石状，风化裂隙发育；中风化岩心呈柱状，长柱状，裂隙不发育，完整性较好，主要位于砂岩之下。根据土、石可挖性分级标准，该层土为软石，土石等级为Ⅳ级。砂质岩为软岩，岩体较完整，岩体基本质量等级为Ⅳ级。

砂岩：灰岩，灰白色，中细粒结构，中～厚层状构造，泥钙质胶结。主要矿物成分为石英、长石。砂岩强风化层厚度 $0\sim2.5m$，强风化岩心多呈黄色、黄灰色、碎块状、短柱状，部分呈砂、土状。中风化岩心呈柱状、长柱状，裂隙较发育，完整性较好。主要分布于场地表层为场区内的主要岩层，主要位于砂质泥岩之上，根据土、可挖性分级标准，该层土为次坚土，土石等级为Ⅴ级。

砂岩属较软岩，岩体较完整，岩体基本质量等级为Ⅳ级。

D.水文地质条件

本次拟建建筑物位于斜坡上，周围无地表水体，场地地下水按含水层性质可分为两类，即基岩裂隙水和松散层孔隙水。

基岩裂隙水：场地内基岩为砂岩、砂质泥岩互层，基岩裂隙水分布于砂岩裂隙及风化裂隙、构造裂隙中。

松散层孔隙水：第四系土层中含有较多的粗颗粒，属于透水层，场地地下水来源主要是大气降水，位于斜坡上，储水条件差，场地内于基岩面之上局部有少量上层滞水赋存，受季节影响较大。

据勘察资料显示，在 ZK44 钻孔进行简易提水试验时，在钻孔终孔后第二天将孔内积水提至 $16.2m$ 深处，观测 $3h$，水位恢复缓慢。调查发现，距拟建场地南东侧 $100m$ 处在建的江北城水源热泵集中供冷供热 2 号能源站，施工期间基础挖至 $172.50m$，未见地下水，且本工程场地位于其北侧，地势相对较高，紧邻场地东侧的轨道交通大剧院基础开挖过程中，地下水量微弱。综上，该场地地下水贫乏，受季节影响较大，水文地质条件简单。场区地表水（主要为大气降水）对该场地基坑施工将有一定影响，雨期施工需准备排水措施。场地临近嘉陵江，受江水的影响，应考虑汛期洪水中建筑抗浮稳定性，建议抗浮设计水位取五十年一遇洪水位 $190.83m$。

场地内无外来污染物来源，填土主要为房屋拆迁的建筑垃圾，据附近或类似场地实验资料，场地地下水对混凝土结构中的钢筋有微腐蚀。

E.地质构造及地震

拟建区属重庆向斜轴部西冀近轴部，岩层受构造影响较大，岩体中构造裂隙较发育，岩层倾向约 $80°\sim90°$，优势面倾向为 $83°$，岩层倾角 $12°\sim20°$ 由西向东逐渐趋缓，优势面倾角为 $18°$，面层结合差。

根据场地基岩露头地质测绘调查，基岩内裂隙发育程度为较发育，岩体呈块状结构。场地中有两组裂隙存在。

J1：倾向 $330°\sim350°$，优势面倾向 $340°$；倾角 $50°\sim85°$ 优势面倾角 $50°$；延伸 $8\sim$

10m，裂缝宽 2～3mm，局部达 10～15mm，无充填，裂面粗糙，裂隙间距 5～8m/条，结合程度一般，为硬性结构面。

J2：倾向 260°～285°，优势面倾向 270°；倾角 55°～70°优势面倾角 55°；延伸 15～20m，裂缝宽 2～5mm，局部达 10～15mm，裂面平直，多为黏性土充填，裂面粗糙，裂隙间距 8～10m/条，结合程度差，为硬性结构面。

该场地类别为Ⅱ类，地震特征周期为 0.35，为可进行建设的一般场地。

根据中国地震峰值加速度区划图（1：400 万）及中国地震动反应谱特征周期区划图（1：400 万），本场地地震动峰值加速度为 0.05g，抗震设防裂度 6 度。

F.不良地质现象

拟建区内无滑坡、崩塌、危岩、软弱夹层、地面塌陷等不良地质与特殊地质现象。在场地内西侧分布有人防洞室，洞顶高程 191～210m，洞底高程 187～207m，洞高 2.3～4.0m，洞室未衬砌，围岩为砂岩。洞室主要顺斜坡走向延伸，延伸长度为 20～50m。由于本次场地基坑将挖至高程 173.4m，洞室在本拟建场地建设中大部分被挖掉，对基础无影响，但是施工开挖过程应注意。

3）施工危险源识别

人工挖孔桩是用人工自上而下逐层开挖，土方及强风化岩层用风镐进行，中风化岩层用水钻进行，弃土装入吊桶内，垂直运输。在孔口安装型钢支架，用慢速卷扬机提升，吊出地面后，再用其他运输工具运出。这看似简单的作业过程，实际充满高危险性，其难点在于：作业空间窄小；作业环境复杂；施工机具简单，但种类繁多，易造成伤害。

根据人工挖孔桩施工安全的特点，本工程人工挖孔桩施工中存在以下几个危险源。

① 坍塌：孔壁没有护壁设施，或护壁设施不完善；未按岩土体情况采取防流砂、涌泥措施，造成孔壁坍塌，掩埋孔底作业人员。

② 高处坠落：地面作业人员或过往人员不慎坠入桩孔中；孔内作业人员在上下孔作业过程中失稳坠落孔底。

③ 物体打击：地面的工具、泥石、钢筋等物因故掉入井内，以及桩孔内升降的工器具、吊桶中的泥土、砂、石掉下或吊桶脱钩、断绳而坠入孔底，击中孔底人员。

④ 机械伤害：作业人员在使用钢筋机械、起降、起重、搅拌、水钻等设备时未严格按操作规程操作或机械本身损坏造成作业人员发生事故以及水钻施工不按操作规程造成的人员伤亡。

⑤ 触电：因施工现场未严格按照"一机、一闸、一漏、一箱"设置，接线不规范，孔底照明不使用低压电，潜水泵抽水时，人员未及时离开等造成触电事故。

⑥ 淹溺：由于孔内水压力大或孔内积水，以及施工措施不当引起孔桩内涌出大量水泥浆，孔内人员来不及躲避，被水或泥浆淹溺。

⑦ 中毒或窒息：孔内有毒气体或含氧不足时，在未进行气体检测及充分通风置换的情况下即下孔作业，引起中毒或窒息。

（2）施工平面布置

根据设计施工图纸及现场实际情况，在拟建场地周边设置施工围墙及施工大门，以及必备的材料堆场、木工加工场、钢筋加工场、工具房、临时办公室、卫生间、临时用水、临时用电、混凝土搅拌场等。

（3）施工要求和技术保证条件

1）施工要求

① 质量要求：确保本桩基工程质量一次性验收全部合格。

② 工期要求：确保 45d 人工挖孔桩全部竣工。

③ 安全生产目标：达到五无目标，即"无死亡事故，无重大伤人事故，无重大机械事故，无火灾事故，无中毒事故"。

④ 文明施工目标：执行现场标准化管理，创一流文明施工现场，力争达到市级文明工地要求。

⑤ 服务目标：与各方密切配合，为土建施工创造条件，使业主满意。

2）技术保证条件

① 技术准备

A. 认真学习研究设计图纸、理解掌握设计意图，做到施工时心中有数。

B. 编写技术质量安全交底资料，施工前做好书面交底。

C. 组织学习施工规范及验收标准，为认真贯彻执行规范及标准做好准备。

D. 准备齐全技术资料的各种表格。

E. 编制施工预算：为材料进场、劳动、月、周进度表编制提供依据。

② 技术交底

开工前项目技术负责人分别向施工员进行技术安全交底，内容有图纸交底、设计施工图纸交底、设计变更、安全措施交底等。技术交底采用三级制即：项目工程师→施工员→班组长。项目技术负责人向施工员进行交底必须细致、齐全，并结合具体操作部位、关键部位的质量要求，讲解要点和注意事项等。施工员接受交底后要认真反复向操作班组进行交底。班组长在接受交底后，应组织工人进行认真讨论，保证按要求完成施工任务。

③ 现场准备

A. 根据平面设计，挖砌排水明沟、集水井、沉淀池，确定排水走向找坡，使场内水畅通无阻，经沉淀处理排入城市管网，场地硬地化排水系统业主在移交场地前已施工完毕。

B. 按施工需要机械进场就位。

C. 根据工程进度安排各种工人分期进场。

D. 砂、石、水泥、钢筋等材料的采购，经进场检验合格后用于工程中。

E. 布置供电、供水线路。

④ 生产准备

A. 建筑材料及安全防护用品准备

水泥、钢材、砂石三大建筑材料、特殊材料等，均应根据实际情况做好计划，分批进场，编制各项材料计划表，对各种材料的入库、保管和出库制定完善的管理办法，同时加强防盗、防火的管理。

B. 施工中计划投入主要施工机械包括：

a. 根据本工程的特点，拟采用 15 台空压机，40 台水钻。

b. 土方采用吊车起吊至堆场，用 4 台挖掘机装车和 6 台自卸汽车外运。

c. 人力斗车 20 辆，定型钢模 30 套。

C.修整施工出入口，铺设现场内施工道路，做好地面排水沟、车辆冲洗台，搭设平面布置图中的临建设施。

D.安全防护用品有：安全帽 100 顶、安全带 50 条、安全绳 50 条、软爬梯 50 条、口罩 100 个、手套 200 双、防毒面罩 5 副。

E.施工管理人员进场后，做好如下准备工作：会同有关单位做好现场的移交工作，包括测量控制点以及有关技术资料，并复核控制点。

F.临时用电、临时用水的搭设、安装、调试。

G.组织施工管理人员及劳动力调配入场，满足施工要求。

⑤ 现场移交准备，办理开工手续

我们将以积极的态度协助业主向政府有关部门行政主管部门报送有关申请资料，争取以尽快的速度办齐开工手续；向业主提交开工报告；向建设工程质监站安全监督部门报送《项目安全受监登记表》及有关安全管理资料，取得安全受监资格。

⑥ 施工用电

供配电方式由甲方现场提供变压器处配电室引一路电源至施工现场总配电柜。再由总配电柜分配给各分配电箱，总配电柜处设电度表，以计量施工总电量。供电方式采用三相五线制 TN-S 系统。在总配电箱及末端箱，以及超过 100m 的箱内做重复接地，并与保护零线可靠联结。工作零线和保护零线要严格区分，不得混用。所有机电设备的金属外壳必须与保护零线做可靠联结。根据现场情况总配电柜出线采用放射式和树干式相结合的配电方式。

施工现场主要干线采用 YC 橡套电缆埋地敷设，木工机械、钢筋加工机械电源采用橡套电缆埋地穿管敷设，办公室照明采用 PVC 管穿线或塑料线槽配线。移动式配电箱和开关箱的进、出线必须用橡皮绝缘电缆。

现场临时配电箱采用统一购置 3C 认证标准固定式配电箱、开关箱的下底与地面的距离大于 1.3m，小于 1.5m，其设置地点平坦并高出地面 20cm，并且周围设置围栏及搭设防雨防砸棚。并在围栏上悬挂安全标志。配电箱内设置漏电保护，在总配箱内装设总漏电保护器，在分配电箱的负荷侧装设漏电保护器，再在开关箱的负荷侧装设漏电保护器，以便实现三级漏电保护。

施工现场供电采用 TN-S 接零保护系统，保护零线应与工作零线分开单独使用，杜绝混用。PE 线在总配电箱处做一组重复接地，接地电阻不大于 10Ω。PE 线不能加设开关及熔断器，所有电气设备的金属外壳必须与 PE 线做可靠电气联结，不能一部分接零，一部分接地。

施工现场的配电箱和开关箱应配置两级漏电保护，并选用电流动作型，漏电动作电流不大于 30mA，额定漏电动作时间应不大于 0.1s。潮湿及手持工具末级漏电动作电流应不大于 15mA。

配电箱实行一机一闸，并应有过载、短路及断路保护功能。配电箱内设备必须完好无损，安装牢固，导线接头包扎严密，绝缘良好，电源线进箱处做固定。箱内分路应标注明确。箱门内侧应标有单线系统，箱门应配锁，并由专人负责。配电箱周围不能有杂物。桩孔内及潮湿场所应采用安全电压 36V 或 24V 照明。碘钨灯用铁架的应做好保护接零，所有 220V 灯具都应使用单极漏电保护开关。

电气设备，配电系统要定期检查，做好记录。线路检修时，实行工作票制，由专业电工检修设专人统一组织，统一指挥。

2.编制依据

(1)《岩土工程勘察报告》(××勘测院，××年××月××日)。

(2)已审批合格的××房地产开发有限公司提供的施工图、设计交底、会审纪要、工程变更单。

(3)施工组织设计(××建设有限责任公司，××年××月××日)。

(4)国家、行业及地方标准：

1)《工程测量规范》(GB 50026—2007)；

2)《建筑工程施工质量验收统一标准》(GB 50300—2013)；

3)《混凝土结构工程施工质量验收规范》(GB 50204—2015)；

4)《混凝土结构设计规范》(GB 50010—2010)；

5)《建筑机械使用安全技术规程》(JGJ 33—2012)；

6)《建筑地基基础设计规范》(GB 50007—2011)；

7)《建筑桩基技术规范》(JGJ 94—2008)；

8)《建筑地基基础工程施工质量验收规范》(GB 50202—2002)；

9)《建筑工程施工现场供用电安全规范》(GB 50194—2014)；

10)《施工现场临时用电安全技术规范》(JGJ 46—2005)；

11)《建筑施工安全检查标准》(JGJ 59—2011)；

12)《建筑施工土石方工程安全技术规范》(JGJ 180—2009)；

13)《施工现场机械设备检查技术规范》(JGJ 160—2016)；

14)《生产经营单位生产安全事故应急预案编制导则》(GB/T 29639—2013)；

15)《建设工程施工现场消防安全技术规范》(GB 50720—2011)；

16)《生产过程危险和有害因素分类与代码》(GB/T 13861—2009)；

17)《建筑施工作业劳动防护用品配备及使用标准》(JGJ 184—2009)；

18)《建筑施工扣件式钢管脚手架安全技术规范》(JGJ 130—2011)；

19)《建筑施工高处作业安全技术规范》(JGJ 80—2016)；

20)《建筑桩基设计施工及验收规范》(DBJ 50-200—2014)；

21)《重庆市工程建设标准》(DBJ 150-077—2009)；

22)《重庆市房屋建筑与市政基础设施工程现场施工从业人员配备标准》(DBJ 50-157—2013)。

(5)法律、法规

1)《特种设备安全监察条例》国务院 373 号令；

2)《危险性较大的分部分项工程安全管理办法》建质 2009 第 87 号；

3)《关于印发危险性较大的分部分项工程安全管理实施细则的通知》渝建发 [2014] 16 号；

4)《建筑工程预防坍塌事故若干规定》建质 [2003] 82 号；

5)《关于遏制市政工程人工挖孔桩施工 (维护) 中毒事故的通知》建安办 [2005] 10 号；

6)《重庆市房屋建筑和市政基础设施工程施工现场文明施工标准》渝建发〔2008〕169号；

7)《关于加强人工挖孔桩作业安全工作的紧急通知》渝建发〔2011〕95号。

（6）本工程人工挖孔桩可行性论证报告及有关专项施工方案。

3.施工计划

（1）施工进度计划

根据现场实际情况及拟采用的施工方案，为了便于合理利用劳动力、材料、时间，即达到人力、物力、财力的最优化组合，根据施工部署和施工方法合理确定各工序间的搭接关系和时间，从总体上控制施工进度，协调施工顺序，特编制本计划。考虑本工程开工时间不确定因素，本进度计划按桩施工时间进行编制。

（2）设备与材料等计划

设备与材料等计划见表16-2～表16-5。

周转材料配备计划　　　　　　　　　　　　　　表16-2

序号	用途	名称	单位	数量	备注
1	支模	Φ48.3钢管	t	100	陆续投入
2	支模	护壁模板	套	20	陆续投入
3	支模	木枋	m³	50	陆续投入
4	固定	扣件	个	2000	陆续投入
5	防护	跳板	块	1000	陆续投入
6	搭设	槽钢	m	500	陆续投入
7	防毒	防毒面具	个	10	陆续投入
8	拍照	照相机	台	1	陆续投入
9	土石方吊运	钢丝绳	m	1250	陆续投入
10	人员应急抢险上下孔	软爬梯	m	35	陆续投入
11	人员上下孔	硬爬梯	m/孔	35	陆续投入
12	有毒有害气体检测	气体检测仪	台	2	陆续投入
13	人员上下安全	防坠设备	个	15	陆续投入

机械设备配置计划　　　　　　　　　　　　　　表16-3

序号	设备名称	数量（台）	单台功率（kW）	总功率（kW）
1	空压机	20	10	200
2	交流电焊机	4	22	88
3	钢筋竖焊机	4	22	88
4	砂浆搅拌机	4	5.5	22
5	钢筋弯曲机	2	2.5	5
6	钢筋切断机	2	2.5	5
7	钢筋对焊机	2	30	60
8	钢筋调直机	2	1.3	2.6

续表

序号	设备名称	数量(台)	单台功率(kW)	总功率(kW)
9	$\phi 40$ 圆盘踞	4	3.5	14
10	$\phi 50$ 振动棒	4	1.5	6
11	小型手持工具			10
12	污水泵 $DN150$	2	10	20
13	污水泵 $DN100$	2	7.5	15
14	镝灯	8	3.5	28
15	碘钨灯	8	1	8
16	鼓风机	10		

施工仪器及检测设备计划　　　　　　　　　　表 16-4

仪器名称	型号	数量	使用部位	备注
全站仪	KTS-442	1 台	放样建筑物角点坐标	检校合格
经纬仪	LT202	1 台	控制网建立及施工放样	检校合格
水准仪 (配 5m 塔尺)	DS3200 NAL32	2 套	控制网建立及标高抄测	检校合格
鉴定钢尺	50m	1 把	控制网建立	检校合格
钢卷尺	5m	40 把		
对讲机		20 台	施工通信	
混凝土试模		20 套	试件用	
磅秤	500kg	1 台	计量用	

小卷尺、线锤、墨斗、铅笔、毛笔、斧头、木桩等配套工具若干

劳动力计划　　　　　　　　　　表 16-5

序号	工种	桩施工阶段	备注
1	水钻工人	100 人	桩开挖
2	钢筋工	20 人	负责钢筋工程
3	模板工	20 人	负责模板制作安装
4	混凝土工	20 人	负责混凝土工程
5	架子工	20 人	负责脚手架
6	普工	40 人	配合各技术工种
7	机操工	12 人	负责机械操作管理
8	指挥工	6 人	负责现场机械设备的指挥
9	焊工	8 人	负责钢筋的焊接
10	试验工	2 人	负责现场各种材料试验
11	水电工	4 人	负责现场临时用水用电的日常维护

注：人员配备根据实际情况进行调整。

4.施工工艺技术

（1）技术参数（详见设计文件，略）

（2）工艺流程

人工挖孔桩施工工艺流程如图 16-2 所示。

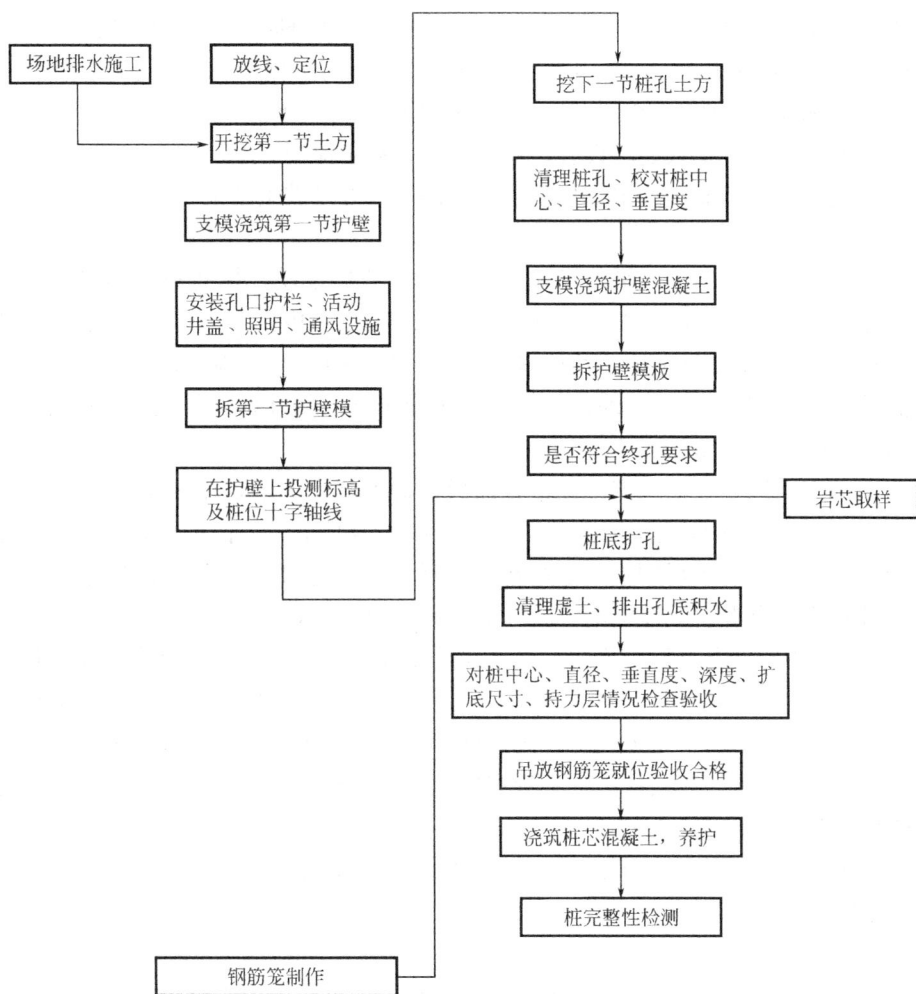

图 16-2 人工挖孔桩施工工艺流程图

（3）施工方法

1）开挖排水沟、集水井，做好排水措施

地勘报告中描述本工程场内无地下水，但施工期间时值冬季和春季，雨水较多，地表水较为丰富，为了保证人工挖孔桩工程施工，布置 500mm×600mm 的排水沟，对地表水进行有组织排水，排水路径：场地周围排水沟→场内道路排水沟→经施工大门处沉砂池沉淀后排入市政管网系统。

地勘报告描述本工程长年无地下水，但本工程施工期间正值雨季，为了确保桩孔施工过程中的安全，桩孔内放置小型潜水泵，抽排孔内积水。

607

2）测量放线及桩位确定

① 在建设单位及规划部门给定的控制线基础上，做好定位控制点。

② 闭合差值≤1/10000，超出比值应双向检查并调整，直至满足规定为止。

③ 放线、确定孔位：用 DT-2 电子经纬仪及 50m 钢卷尺根据控制点放测出桩孔开挖线。在开挖线外用 M5 水泥砂浆砌厚 240mm、高 200mm 的烧结页岩实心砖井圈，并在井圈表面抹 20mm 厚 1∶2 水泥砂浆。待砂浆干后用经纬仪将轴线或桩中心线引测至井圈上，用水准仪将标高引测至井圈上，并用红油漆对轴线、标高、桩号、自编号、嵌岩深度等设计参数标识在井圈上（轴线用红油漆，桩中心线用黄油漆标识）。

④ 各控制点均按半永久要求设置，安全牢固，易于保护。

⑤ 测量完成后，经监理、甲方代表检查无误后，方可破土动工。

3）人工挖孔桩施工

① 施工前清除桩位杂物，平整场地，挖孔顺序依据土质、桩孔布置形状及工程进度而定。平场时多平整 200mm，开挖前按设计要求制作桩护圈，防止杂物及地表水流入孔内，挖 1m 再按设计做混凝土护壁及护圈。每孔均设防雨棚便于雨天作业，出土采用电动捯链将土石提运至孔边 1.5m 以外，再集中运至弃土场。每孔四周均设 1.2m 高栏杆，上铺 1800mm（长）×925mm（宽）蓝色彩钢瓦。

② 护壁施工采用一节定型钢模板拼装而成，拆上节支下节，循环用 U 形卡连接，上下设两个半圆组成的钢圈顶紧，按设计要求设支撑，混凝土用吊桶运输人工浇筑，上部留 100mm 高作浇灌口，拆模后用混凝土堵塞，混凝土强度达 1MPa 以上时即可拆模。

③ 挖孔用人工自上而下逐层用空压机配合镐、锹进行，遇坚硬土层，用空压机破碎，挖土次序为先挖中间部分，后挖周边，允许尺寸误差 30mm；扩底部分采取先挖桩身圆柱体，再按扩底尺寸从上到下凿成扩底形。弃土装入活底吊桶内。垂直运输，在孔口安支架、工字轨道、卷扬机，吊至地面后，用手推车或人工运出。挖孔桩底部为基岩，嵌压伸入岩面应满足设计要求，底面应平整不带泥砂，当底面有溶沟、溶槽、溶洞、裂隙等存在时，填筑混凝土使密实。

④ 桩中心线控制是在第一节混凝土护壁上设十字控制点，每一节设横杆吊大线锤作中心线，用水平尺杆找圆周。

⑤ 桩挖孔时，如遇地下水，少量渗水可在桩孔内挖小集水坑，随挖土随用吊桶，将泥水一起吊出；大量渗水可在桩孔内先挖较深集水井，每孔考虑 1 台小型潜水泵将地下水排出桩孔外，随挖土随加深集水井，涌水量很大时，可设置井点降水。

⑥ 当桩孔中开挖过程中遇到较大的孤石时，根据孤石的硬度大小，分别采取以下措施处理：A. 块石位置在桩孔平面中所占的比例小于 1/4 时，将整个块石全部掏出来，再用干硬混凝土填补块石在护壁所形成的坑或用钢钎或风镐将块石露出的部分沿土壁周圈部分凿除并浇筑护壁。B. 块石位置在桩孔平面中所占的比例大于 1/4 时，用钢钎或风镐沿土壁周圈将块石的露出部分凿除并浇筑护壁。

⑦ 护壁制作按设计给出的护壁图施工。

4）人工挖孔桩特殊情况下的施工

① 塌孔：混凝土护壁养护期内，孔底积水，抽水后，孔壁周围土层内产生较大水压差，从而易使孔壁土体失稳。尽可能避免桩孔内产生较大水压差；挖孔深度控制不大于稳

定土体高度；并防止偏位或超挖，并在护壁的相应部位设泄水孔，用以排除孔洞内积水。

② 井壁裂缝：护壁过厚，其自重大于土体的极限摩阻力，因而导致下滑，引起裂缝。过度抽水后，在桩孔周围造成地下水位大幅度下降，在护壁外产生负摩擦力。由于塌方使护壁失去部分支撑的土体下滑，使护壁某一部分受拉而产生环向水平裂缝，同时由于下滑不均匀和护壁四周压力不均，造成较大的弯矩和剪力作用，而导致垂直和斜向裂缝。护壁厚度不宜太大，尽量减轻自重，在护壁内按设计配置竖向钢筋，上下节竖钢筋要连接牢靠，以减少环向压力；桩孔口的护壁导槽要有良好的土体支撑，以保证其强度和稳固裂缝一般可不处理，但要加强施工监视、观测，发现问题，及时处理。

③ 淹井：附近地下水在井孔集中。可在桩孔中间钻孔，设置深井，用潜水泵降低水位，至桩孔挖完成，再停止抽水，填砂烁封堵深井。

④ 截面大小不一或扭曲：挖孔时未每节对中量测桩中心轴线及半径。土质松软或遇粉细砂层难以控制半径。孔壁支护未严格控制尺寸。挖孔时应按每节支护量测桩中心轴线及半径，遇松软土层或粉细砂层加强支护，严格控制支护尺寸。

⑤ 超量：挖孔时未每节控制截面，出现超挖。遇有地下土洞或古墓、坑穴。孔壁塌落，或成孔后间歇时间过长，孔壁风干或浸水剥落。挖孔时每层每节严格控制截面尺寸，不使超挖；遇地下洞穴，用 3：7 灰土填补、拍夯实；成孔后在 48h 内浇筑桩混凝土，避免长期搁置。

⑥ 施工过程中若遇流砂或淤泥，若不采取措施，护壁可能出现向井内爆堵现象，拟采取如下措施：

A. 施工过程中护壁每次浇筑高度必须严格 500mm 高执行，护壁厚度比原设计增厚 50mm，护壁模板相应改为 500mm 高。

B. 为有效抵抗流砂或淤泥的侧压力，在施工过程沿护壁外侧周圈竖向增设Φ 14 钢筋，钢筋间距 150mm，水平方向增设 ϕ10 内箍，间距 100mm，在钢筋外侧再用稻草扭成条圈在钢筋外面以抵抗淤泥外涌。

C. 每施工一节护壁，均将钢筋插入此节护壁以上 100mm 以下 400mm。

D. 护壁混凝土内掺 YG 或其他高效型早强剂，掺量为水泥用量的 1%。

E. 在开挖下一节淤泥上一节护壁模板拆除后，必须及时采用钢管、顶托加中枋设置水平支撑，每节护壁不少于三道，以确保混凝土护壁能够抵抗淤泥的侧压力，支撑待吊放钢筋笼时方可拆除。

F. 根据现场拆模时间，试验工做一组 24h 和 36h 的早期强度试件，供拆模参考，若强度过低需延缓拆模时间或将护壁混凝土提高一个混凝土强度等级施工。

5）模板施工

护壁模板采用圆台形工具式内定型钢模拼装而成，模板间用 U 形卡连接上，上下各设一道环形支撑，模板用 3mm 厚钢板加工制成，模板上口直径按设计桩径，下口直径增大 100mm。挖孔桩护壁模板图（略）。

6）钢筋施工

① 钢筋笼制作：A. 钢筋的种类、钢筋号及尺寸规格应符合要求，如有代换应按规范要求代换，并经设计、监理签证，并做好记录。B. 钢筋笼采用现场分节制作，现场搭接、绑扎成型。每节钢筋笼制作长度不大于 9m，深度超过 18m 的挖孔桩，采用分段制作（分

段制作长度不大于9m），孔内搭接的方法，钢筋接头错开。同一截面内接头钢筋数不应超过钢筋总数的50%。在钢筋十字交叉主筋做好标志以便钢筋笼接长。C. 钢筋笼绑扎顺序：先将主筋等间距布置好，待固定住加劲箍后，再按规定的间距安设箍筋。箍筋、加劲筋、主筋之间的接点采用电弧焊接固定。D. 钢筋笼的保护层厚度采用 $\phi8$ 钢筋在主筋外侧做短肢支撑铁。

②　钢筋笼安放：A. 钢筋笼采用塔吊吊装的方法进行安放。B. 为了确保钢筋笼在下放过程中不变形，除每隔2m设置加劲箍并焊接于加劲箍上外；当桩长大于6m时，还应在每个加劲箍内另增设 $2\phi14$ 的"十"字支撑和 $2\phi14$ 剪刀撑将相邻的两道加劲箍连接，以增加钢筋笼的自身刚度和直线度，经检查合格方可吊装入孔。经检查合格的钢筋笼，塔吊范围内由塔吊送到孔内，就位时应对准桩孔，吊直扶稳，缓慢下沉，避免碰撞孔壁，钢筋笼下放时底部需垫细石混凝土垫块50mm×50mm×70mm以控制主筋底部保护层厚度，桩四周钢筋保护层厚度根据桩孔大小来确定，但必须不小于4cm。

③　钢筋笼就位：将制作好的第一节钢筋笼使用塔吊（如果经过计算，钢筋笼总重量超过800kg，则采用20t吊车吊运钢筋笼）落入孔内，在孔口留出大于绑扎接头长度用钢管固定，再将第二节钢筋笼吊起，与第一节钢筋笼绑扎到位后，松开固定钢管，落入孔内，并控制好深度，对作业人员要求必须系好安全带，戴好安全帽，按要求绑扎成型。施工管理人员必须到场指挥作业。如此循环作业，直至满足设计要求。

④　浇注混凝土时要有专人护筋，出现位移，及时修复、调整。管理人员跟班作业，做好监督工作，确保钢筋工程达到优质结构标准（图16-3）。

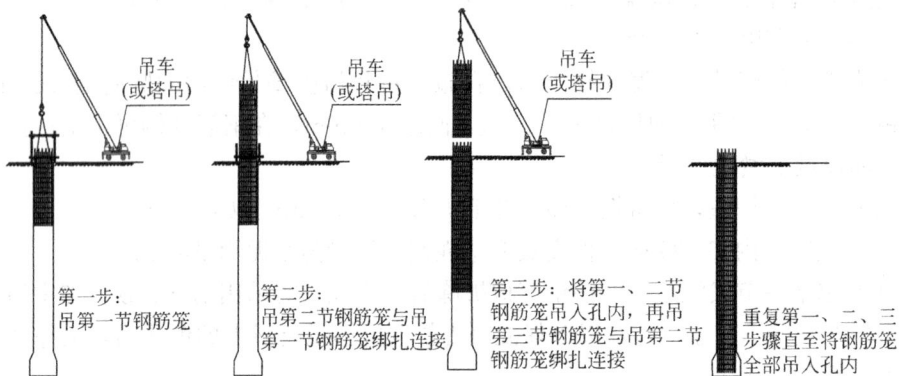

图 16-3　钢筋施工顺序

7) 挖孔桩混凝土浇筑

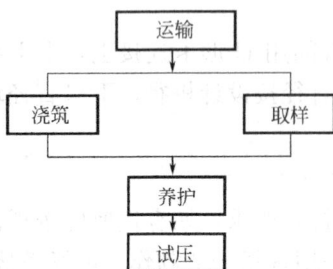

图 16-4　混凝土浇筑流程

①　施工工艺流程

混凝土浇筑流程如图16-4所示。

②　施工要点

A. 本工程混凝土场内水平及垂直运输均采用固定式拖泵输送，混凝土用原材料及混凝土坍落度控制均应符合《混凝土泵送施工技术规程》（JGJ/T 10—2011）的规定。

B. 混凝土进场后应随机进行坍落度抽测，每班混凝土泵送之前应泵水通球检查，确认混凝土泵及输送管内无异物后泵送 $1m^3$，1：2 水泥砂浆润滑混凝土泵及输送管内壁，再开始泵送混凝土。混凝土浇筑完毕后应将混凝土泵及输送管清洗干净。

C. 输送管应由专业队伍进行布管、拆管，发生堵管时能迅速查出原因，迅速排除障碍。浇筑混凝土时作业人员严禁站在输送管出料口附近，谨防高压混凝土喷射伤人。

D. 泵送混凝土浇筑过程中采用塔吊吊起出料口处泵管进行浇筑。

E. 接长软管使出料口距浇筑面高差不大于 2m，并每浇筑 30～50cm 振捣一次。

F. 桩芯应一次性浇筑至地梁梁底以下留施工缝，中间不得留置施工缝。

G. 混凝土浇筑完毕后，在混凝土终凝前，检查柱插筋位置及桩顶标高并及时养护。桩身混凝土必须按《建筑地基基础工程施工质量验收规范》（GB 50202—2002）第 5.1.4 条留试件，每根桩应有 1 组试块，且每浇筑 $50m^3$ 应有一组试件，每个浇筑台班不得少于 1 组，每组 3 件，并考虑 7d、14d 强度的实际需要留置备用试件。

H. 桩混凝土的养护，当桩顶标高比自然场地标高低时，在混凝土浇筑 12h 后进行湿水养护，当桩顶标高比场地标高高时，混凝土浇筑 12h 应覆盖草袋，并湿水养护，养护时间不少于 7d。

8）特殊部位桩开挖

① 相邻桩施工

根据设计要求挖孔桩中心距小于 2.5 倍桩径时应间隔施工，待先开挖桩浇筑混凝土且强度达到设计强度的 70％后，再施工相邻桩（即需跳桩施工）。为了确保施工过程中的安全，当桩净距＜2m 时，圆桩通过加大护壁钢筋直径，来保证相邻桩施工安全。当相邻桩嵌岩高差较大，超过高距比（1：1）时，应将较高桩基下移，以满足 45°刚性角要求。

② 边坡桩处理

根据现场的情况，在人工挖孔桩施工前对坡地进行处理，保证施工过程中没有土、石对施工安全造成安全威胁，以及施工弃水、降雨等水体对桩、人造成威胁。

A. 安全防护架为钢管搭设。埋入土内 500mm 深；立杆高出土面大于 1.2m，设置两排横杆，上部横杆为 1.0m 处，底部横杆为地面上 0.2m。地面上设置 0.5m 高 12mm 厚成板的挡板，防止上面的坠石、土。

B. 工作面的处理。桩位定位完成后，在桩位处临近下坡面 500mm 处为基准，开始挖除土方，形成平面。桩身靠近上坡面设置 400mm×500mm 的截水沟。

C. 栏杆防护图（略）。

D. 桩半模支模及支撑的搭设如图 16-5 所示。

③ 椭圆桩护壁支撑处理

为了确保桩护壁浇筑后的安全，拟在椭圆桩平直段加设内撑。

（4）检查验收

1）施工现场截、排水沟布置、设置及临边防护检查验收。

2）临时用电检查，在施工前对配电箱及线路检查，无损坏、无隐患，保证绝对安全后，再使用。

3）提升支架验收：脚手架搭设前，对进入现场的各种构配件应按下列规定进行检查验收：①构配件应有相应的产品标识及产品质量合格证。②构配件应有相应的产品主要技

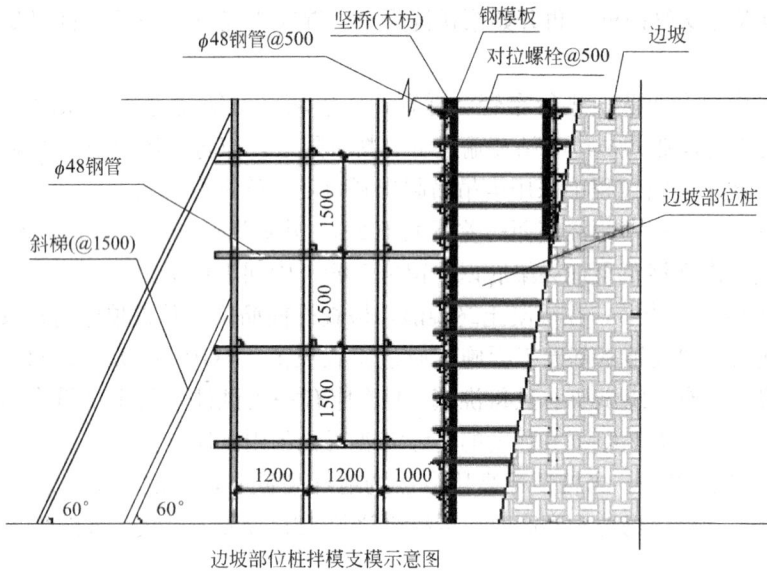

图 16-5　边坡半模支模示意图

术参数及产品使用说明书。③当对构配件质量有疑问时，应进行质量抽检和检验；不合格的应及时清除出场。架子搭设和组装完毕，使用前必须由项目经理、技术负责人、项目安全负责人、架子班长等人员组成验收小组，进行验收，并填写验收单。脚手架必须验收检查合格后办妥脚手架验收手续，在脚手架醒目处挂上脚手架验收合格牌后，方可投入使用。

4）施工机具检查是否有故障、异响，配备一名专业人员经常检查，及时排除隐患。验收需配备如下设备和工具：空压机和送风管（井内送风）、低压电灯（照明）、挖孔桩提升设备和吊笼、爬梯（验收人员上下用）、钢卷尺（量桩径、入岩深度等）、铁锤（采岩样、判断岩性）。

5）施工中的检查：①检查控制每节挖孔深度，护壁钢筋间距及混凝土强度达到要求方可施工下一节护壁。②下井前应用活物检查井下有毒有害气体。③当井深超过 3m，按规定给井下通风。④下井前将井底水抽干净。

注：应对具体工程进行相应的施工安全检查验收，完善验收手续。

5.施工安全保障措施

（1）组织保障

为有效的做到对工程项目中人、机、物、法、环因素的安全控制，达到保护劳动者的健康与切身利益，避免事故的发生，本工程建立以项目经理为首的安全生产组织机构，层层管理抓好施工现场的生产安全。

组　　长：项目经理。

副组长：执行经理、技术负责人。

组　　员：材料员、安全员、资料员、施工员、测量员、质检员、设备管理员、保健急救员及各施工班组长。人员组成见表 16-6，项目安全生产组织机构如图 16-6 所示。

人员组成 　　　　　　表 16-6

序号	人员姓名	职务	技术职称	岗位证书及编号
1	郭××	项目经理	一级建造师	××××××
2	丁××	执行经理	工程师	××××××
3	张××	技术负责	高级工程师	××××××
4	肖××	质量负责	高级工程师	××××××
5	懂××	安全负责	工程师	××××××
6	王××	施工负责	工程师	××××××
7	李××	造价员	工程师	××××××
8	刘××	资料员	工程师	××××××

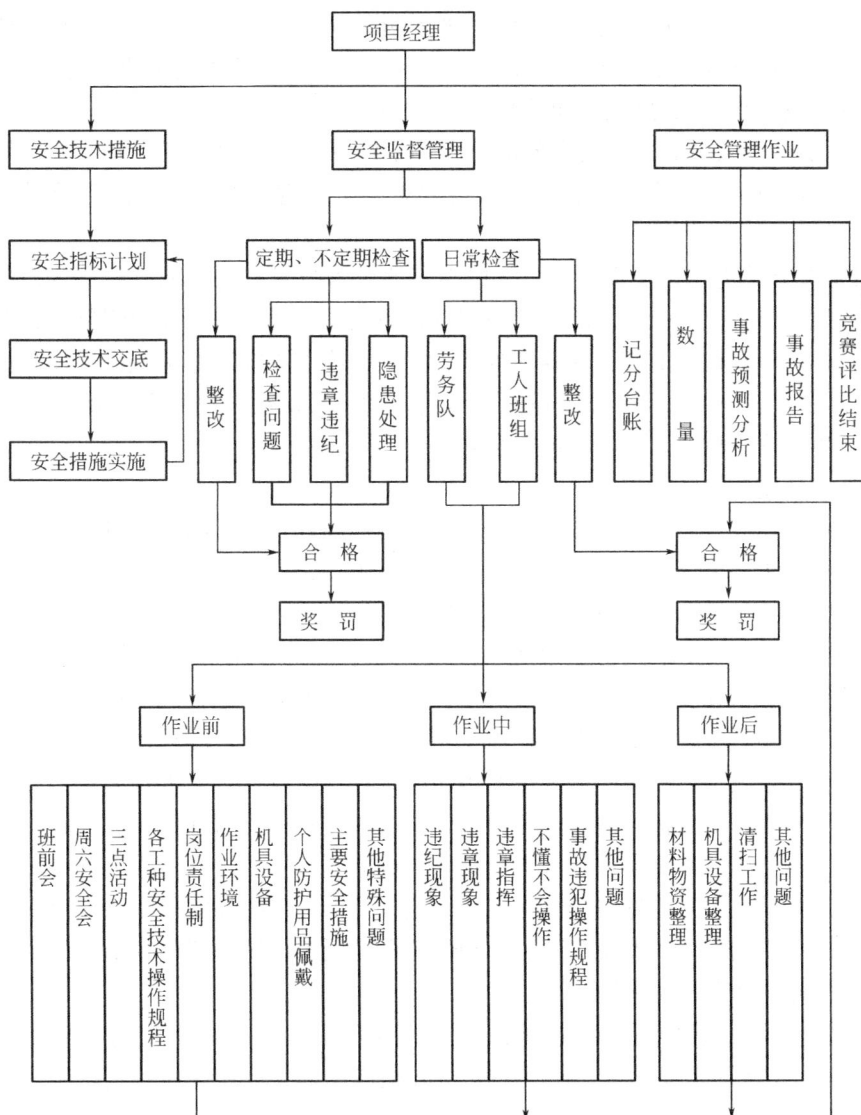

图 16-6　项目安全生产组织机构图

人员主要安全职责：

1）项目经理主要安全职责：①项目经理对项目施工安全负全面责任，是安全生产第一责任人。②精心安排施工，实现安全生产目标。

2）项目执行经理主要安全职责：①主管施工生产的执行经理是项目施工安全的主要负责人。②合理安排施工生产，定期组织安全生产检查，发现隐患及时组织整改。

3）项目技术负责人主要安全职责：①制定各工种安全生产岗位责任制、操作规程及大型机械装拆方案。②负责安全保证计划运行过程中技术措施的制定和执行过程中的修正。③施工组织设计和专项施工方案的编制和审核。

4）项目安全员主要安全职责：①项目安全员是项目施工安全的直接责任人。②负责本项目所管辖工程的安全检查、监督和管理，直接对项目经理负责。③负责检查、监督施工组织设计或施工方案中的安全保证措施，严格贯彻执行《安全操作规程》。④深入工地勤巡、勤检，发现安全事故隐患，能及时采取排除隐患的有力措施，对违章操作或违章指挥的现象要坚决制止或即令停工。⑤发生安全事故，应及时按规定上报，并保护好现场，参加事故的调查工作，及时将事故的调查分析报告上报。

5）施工员主要安全职责：负责分部分项工程的安全、文明施工，向生产班组进行书面技术交底，随时进行安全生产检查，发现隐患马上自觉整改，重大隐患及时上报施工负责。

6）设备管理员主要安全职责：①掌握本工地设备技术状况，搞好管、用、养、修工作，随时向施工负责人和公司的动力设备部反映情况，联系工作。②组织领导、监督机械操作（修理）人员对机械的使用保养和维修。③根据施工要求做好机械进退场和机械作用的准备工作。④施工中必须经常做好机电检查，发生事故要及时排除，保证施工正常进行。⑤参与生产安全检查，保证机电安全生产。

（2）技术措施

在施工总平面设计中人流和货流的安全通道的规划，仓库、物料、机具的布置都要符合消防和安全卫生规定，并落实消防和卫生急救设施，设置不同类型的安全防护棚。

针对人工挖桩具体情况进行安全技术交底。

1）严格按安全技术操作规程进行施工。从事桩孔内的作业人员应是健康男性青壮年，并需经健康检查合格和安全教育培训且考核合格后，方可从事桩孔内的作业。进入桩孔内作业的人员必须穿绝缘鞋、戴安全帽、配安全带、穿防护服等。严禁饮酒后进入桩孔内作业，不准在桩孔内吸烟，不得在桩孔底使用明火。桩孔内凿岩时应采用湿式作业法，并加强通风防尘和个人防护。桩孔内作业人员每作业2h应轮换。桩孔内与孔上的联系应畅通。桩孔内人员上下使用专制钢爬梯，不得攀爬护壁或乘提升吊具上下，并配备应急保险绳随桩开挖延长，人员上下时系好安全绳，孔口作业人员也应系挂好安全带。教育作业人员认真留意孔内的一切动态，如发现流砂、流动性淤泥、涌水、护壁变形等不良预兆及有异味气体时，应停止作业并迅速撤离。

2）当桩间净距小于2.5m时，必须采用跳桩施工；相邻排桩跳挖的最小施工净距不得小于4.5m；在浇筑桩基混凝土时，相邻10m范围内的挖孔作业应停止，而且不得在桩孔内留人。

3）挖孔桩开挖时，渣土应堆放在桩孔边缘1.5m以外，且高度小于1.5m，并及时用清运。

4）在桩孔开挖深度达到 2m 时，桩孔口的临边应搭设钢管防护栏杆，并在停止作业时，对孔口进行密闭罩盖；在桩孔开挖深度达到 5m 时，在距井底 2m 处设置一道钢制半圆形防护板，并固定牢靠，孔内作业人员在提升渣土时用于避险。防护板的设置位置应随孔底进尺深度逐节下移固定，始终保持在设置高度范围内。

5）桩孔开挖中遇到复杂的土层结构时，每挖 0.5~1m 深时应用手钻或不小于 $\Phi16$ 的钢筋对桩孔底做"品"字形探查，检查桩孔底面以下是否有洞穴、流砂等，确认安全后，方可继续进行施工。

6）排除桩孔内积水应使用潜水泵，排水过程中桩孔内不得有人。排水结束后，必须在切断潜水泵电源后，作业人员方可进入桩孔内。

7）做好挖孔桩通风及有毒有害气体检测，必须进行专业送风，先采用活体实验，确保安全后方可进入桩孔作业，深度 5m 以上应先送风 15min 以上再下井，深度超过 5m 应连续送风，送风量不得小于 25L/s。

8）挖孔桩开挖后，应设专人观察地面、边坡及建（构）筑物的变化情况，以利发生异常情况及时采取有效的处理措施。

9）夜间禁止人工挖孔作业，恶劣天气应停止挖孔桩作业。

10）施工现场临时用电必须执行三级配电，两级保护和保护接零，并按"一机、一闸、一漏、一箱"的强制性规定执行。

11）沿施工现场四周连续设置围挡封闭施工，防止行人及其他无关人员误入施工现场；施工现场应设置能满足行人安全通过的指示标志、警告标志及警示标志，确保行人安全有序的通行。

12）工地要设置 5 副供氧防毒面具作为下井救助受毒人员之用，并备有有效的吊人安全设施供下孔作业人员使用。

13）使用的电动捯链、吊桶等应安全可靠，并配有自动卡紧保险装置，电动捯链宜用按钮式开关，使用前必须检验其安全起吊能力。

14）每天施工前及作业中，必须对投入使用的机具做全面检查，升降设备应装有必要的安全装置，如刹车、吊钩防脱器、断绳保险器及限位装置等，施工后要对机具进行养护。

15）当挖孔较深而孔内光线较暗时，孔内作业应采用 12V 安全电压、100W 防水带罩灯泡，由防水绝缘电缆引下进行照明。同时现场应设置发电机，孔内设置安全矿灯或应急灯以备临时停电的应急照明，以及孔底人员及时安全撤回地面。

1）安全用电和施工防火措施

① 安全用电措施

A.接地与接零：在施工现场专用的中性点直接接地的低压电力线中，必须采取 TN-S 接零保护系统（即三相五线制）。

a.保护零线应由工作接地线或配电室的零线或第一级漏电保护器电源侧的零线引出。

b.保护零线应与工作零线分开单独敷设，不作他用，保护零线 PE 必须采用绿/黄双色线。

c.保护零线必须在配电室（或总配电箱）配电线路中间和末端至少三处做重复接地，

重复接地线应与保护零线相连接。

d. 保护零线的截面应不小于工作零线的截面，同时必须满足机械强度的要求，其中，架空敷设间距不大于 12m 时，采用绝缘铜线截面不小于 $10mm^2$，采用绝缘铝线截面不小于 $16\ mm^2$；与电气设备相连接的保护零线为截面不小于 $2.5mm^2$ 的绝缘多股铜线。

e. 电气设备的正常情况下不带电的金属外壳、框架、部件、管道、轨道、金属操作台以及靠近带电部分的金属围栏、金属门等均应用保护接零。

f. 供电电力变压器中性点的直接工作接地电阻值应不大于 4Ω，保护零线重复接地电阻值应不大于 10Ω。不得一部分设备作保护接零，另一部分作保护接地。

B. 配置漏电保护器

a. 施工现场的配电箱（配电室）和开关箱至少配置两级漏电保护器。

b. 漏电保护器应选用电流动作型，一般场合漏电保护器的额定漏电动作电流应不大于 30mA，额定漏电动作时间应不大于 0.1s；潮湿及手持工具末级漏电动作电流应不大于 15mA。

c. 开关箱内漏电保护器的选用应与动力设备的容量大小、相数等实际情况相适应、相配合，如三相电动机则应选用参数匹配的三相三线的漏电保护器；照明用电必须与动力用电分开，照明应选用单相二线的漏电保护器。

C. 开关箱按三级设置，即总配电箱→分配电箱→开关箱，开关箱距离机具不能超过 3m，开关箱实行"一机、一闸、一漏电"保护。

D. 外电保护

a. 在建工程的外侧边缘与外电架空线路的边线之间和最小安全操作距离：电压 1kV 以下为 4m；电压 1～10kV 之间为 6m。

b. 施工现场的机动车道与外电架空线路交叉时的最小垂直距离：电压 1kV 以下为 6m，电压 1～10kV 之间为 7m。

E. 配电系统

a. 所有的电线架设都必须使用水泥电杆、绝缘子、横担等，按规范要求架设。

b. 开关电器及电气装置必须完好无损。

c. 开关电器及电气装置必须装设端正、牢固，不得拖地放置。

d. 带电导线与导线之间的接头必须绝缘包扎，带电导线必须绝缘良好。

e. 带电导线严禁搭、挂、压在脚手架或其他物体上。

f. 配电箱与开关箱应做名称、用途、分路标记；配电箱、开关箱应配锁并有专人负责。

g. 电箱内部及其周围临近区域不得有杂物、灌木和杂草等。

h. 室外用电严禁拉设使用花线，严禁使用铜线或其他金属线代替保险丝使用，严禁工人宿舍内乱拉电线、插座、烧电炉、电饭煲。

i. 电气装置应定期检修，检修时必须做到：停电；悬挂停电标志牌，挂接必要的接地；由相应级别的专业电工检修；检修人员应穿绝缘鞋和手套，使用电工绝缘工具；有组织和专人统一指挥。

F. 照明

a. 在夜间施工或自然采光的场所、料具堆放场、道路、仓库、办公室、食堂、宿舍等设一般照明、局部照明或混合照明。

b. 根据使用场所的环境条件选择相应的照明器。

c. 根据需要设置警卫和红色信号照明和事故照明，其电源应设在施工现场电源总开关的前侧，并配备电源。

G. 对各类用电人员进行安全用电基本知识培训。

② 安全用电组织措施

A. 建立临时用电施工组织设计和安全用电技术措施的编制、审批制度，并建立相应的技术档案。

B. 建立技术交底制度。向专业电工、各类用电人员介绍临时用电施工组织设计和安全用电技术措施的总体意图、技术内容和注意事项，并应在技术交底文字资料上履行交底人和被交底人的签字手续，载明交底日期。

C. 建立安全检测制度。从临时用电工程竣工开始，定期对临时用电工程进行检测，主要内容是：接地电阻值、电气设备绝缘电阻值、漏电保护器动作参数等，以监视临时用电工程是否安全可靠，并做好检测记录。

D. 建立电气维修制度。加强日常和定期维修工作，及时发现和消除隐患，并建立维修工作记录，记载维修时间、地点、内容、技术措施、处理结果、维修人员、验收人员等。

E. 建筑工程竣工后，临时用电工程的拆除应有统一的组织和指挥，并须规定拆除时间、人员、程序、方法、注意事项和防护措施等。

F. 建立安全检查和评估制度。施工管理部门和企业要按照《建筑施工安全检查标准》（JGJ 59—2011）定期对现场用电安全情况进行检查评估。

G. 建立安全用电责任制度。对临时用电工程各部位的操作、监护、维修分片、分块、分机、落实到人，并辅以必要的奖惩。

H. 建立安全教育和培训制度。定期对专业电工和各类用电人员进行用电安全教育和培训，经过考核合格持证上岗；禁止无证或随意串岗。

I. 强化安全用电领导体制，改善用电技术队伍素质。

③ 电气防火技术措施

A. 合理配置、整定、更换各种保护电器，对电器和设备的过载、短路故障进行可靠的保护。

B. 在电气装置和线路周围不堆放易燃、易爆和强腐蚀介质，不使用火源。

C. 在电气装置相对集中的场所，如变电所、配电室、发电机室等配置绝缘灭火器材等，并禁止烟火。

D. 加强电气设备相间和相地间绝缘，防止闪烁。

E. 合理设置防雷装置。

④ 电气防火组织措施

A. 建立易燃、易爆物和强腐蚀介质管理制度。

B. 建立电气防火责任制，加强电气防火重点场所烟火管制，并设置禁止烟火标志。

C. 建立电气防火教育制，经常进行电气防火知识教育和宣传，提高各类用电人员电气防火自觉性。

D. 建立电气防火检查制，发现问题，及时处理。

E. 强化电气防火领导体制，建立电气防火队伍。

2）防坍塌的安全技术措施

① 防护壁坍塌：A. 护壁采用设计规定的混凝土强度等级，按设计图纸要求配置钢筋、每段开挖长度符合设计要求。B. 为防止土壁坍落或流砂事故，可采用钢护筒作为护壁，并做到随挖随沉。C. 护壁混凝土应按配合比通知单计量投料，粗骨料粒径不要过大。施工时要用机械搅拌，浇筑时必须用锤、铁钎将混凝土振捣密实，并应根据土层渗水情况使用速凝剂。D. 护壁模板的拆除一般应在灌注混凝土 24h 后；发现护壁有蜂窝、漏水现象时，应及时补强。E. 每节护壁均应在当日连续施工完毕。F. 上下节护壁的搭接长度不得小于 50mm。G. 挖孔过程中经常检查净空尺寸和平面位置，保持孔壁垂直度和圆度，使孔壁受力均衡，免于塌方。

② 加强周边监测，如出现塌方、垮方等意外情况或征兆时，要立即组织人员撤离。井下作业人员在作业过程中，随时注意井内的各种地质变化情况。发现问题立即升井并报现场施工员。

③ 当相临桩桩间净距小于 2.5m 时，应跳槽施工，严禁同时开挖。

④ 挖孔运到地面的土石应暂堆在距孔口边缘 1.5m 以外，堆放高度不应超过 1.5m，并及时清运，凡孔内有人作业时，井孔口 10m 范围以内不得有机动车辆行驶或停放，也不得有荷载堆放。

⑤ 挖桩孔时如遇透水应及时排水、及时护壁，以利防止水润土质变软而造成塌方。

⑥ 做好施工区域的临时排水，防止雨水、施工废水影响井孔安全。

⑦ 搞好特殊情况下的护壁、预防坍塌事故。

3）防触电事故的安全技术措施

① 施工场地用电必须使用符合 3C 认证的成套配电箱，并有防雨防潮措施，实行 TN-S 二级保护系统，每台用电设备应有各自专用的开关箱，必须实行"一机、一闸、一漏"制（含插座），配电箱、开关箱的进线和出线口应设在箱体的下底面，严禁设在箱体的侧面、顶面、后面或门处。移动式配电箱的进出线必须采用橡胶绝缘电缆，各水泵线必须绝缘良好。

② 井底抽水时，严禁有人在孔内作业，抽水后立即关闭电源，禁止带电作业。孔内抽水用电设备电缆采用 YHS 潜水电机完好的防水橡皮套电缆，且架空敷设，不承受外力，有防磨损、防潮、防断的保护措施。末级电箱装有可靠的漏电或接零保护；漏电保护器动作电流和动作时间选用控制范围为 15mA 和 0.1s 的型号。

③ 井孔内作业采用不大于 36V 的安全电压，潮湿的井孔采用 12V 电压，严禁采用 220V 照明。工作灯采用防水带罩移动式灯泡，防水绝缘电缆引下，悬挂在孔壁一侧；作业人员上下及升降桶（篮）时，切勿碰撞照明灯。所有深入桩孔的导线在孔口均应离地挂，防止与孔口凸缘磨破皮漏电伤人。同时现场设置发电机，孔内设置安全矿灯或应急灯以备停电应急照明。降压变压器采用隔离变压器，并且按照《施工现场临时用电安全技术规范》（JGJ 46—2005）设置专门的低压配电箱，每台变压器供应灯数不应超过 5 盏。

④ 施工电缆必须架空或埋于地下，不得随地拖线及导线浸水或被土石掩埋，严禁导线随意绑在钢筋或其他金属支架上。

⑤ 潜水泵应用防水尼龙绳作受力活动索，严禁用电缆或胶管提升水泵。

⑥ 操作手持电动工具的人员，作业前必须认真检查设备的绝缘情况，穿戴好工作服和绝缘手套和绝缘鞋。湿手不得接触开关。电源线不得有破皮漏电。

⑦ 工地电工必须持证上岗，其技术等级应与其承担的工作相适应。值班电工每天应对所有电器设备及线路检查一次，发现老化、破旧、缺损的元器件应及时更换。尤其强调对漏电保护装置的检测，一旦发现失灵，及时维修或更换。非电工不许触动、装拆、修理电器设备。

⑧ 电工检查电气设备和线路前，必须先断电源，保证安全，非电工严禁操作。

4) 高处坠落安全技术措施

① 在施工区域留出必要的安全通道。布设红色警示灯，悬挂相应的安全警示牌、温馨提示、操作规程于施工区域和安全通道口醒目位置。

② 临边和坑洞搭设 1.2m 高分色防护栏杆，并满挂安全网，局部通道口布设红色警示灯。在孔口安全护栏上留 1m 左右宽的作业口，在作业口旁，地面作业人员须系好安全带。暂不施工的孔口用木板封闭。

③ 作业井口除提升设备底座外，其空隙均用彩条布上面压竹夹板密封井口。

④ 每孔设置安全绳及安全软爬梯，人员上下系安全绳，软爬梯采用成品，在市场购置。在浇筑孔口平台时预埋锚环，以固定软爬梯；严禁采用运泥土吊桶运人，以及麻绳和尼龙绳吊挂或脚踏井壁凸缘上下，以防造成高处坠落事故。

⑤ 施工作业前，应由专职安全员认真检查工作台板、提升架、卷扬机、电动捌链的自锁装置、制动装置、桶（篮）是否固定牢固并完好。如发现钢丝绳索断股、断丝超过规定要求应及时更换。

⑥ 孔口比护壁顶面高 30cm，以防止杂物坠入孔内，挖孔工作暂停时，孔口应覆盖并设有安全标示。挖孔过程中土方不能装的过满。升降桶时应先挂好钩，使之居孔中心匀速升降。提升大石块应绑好石块并要求孔内人员回到地面，然后再提升，以防超重，绳索拉断。井内调运土方或物料时，采用稳定性好的双耳圆形吊桶。装料控制在 80%，重量不超过 50kg，不使用单耳吊桶，大块石头破碎后装运。起吊时保持垂直平稳、不斜吊、过急和晃动，以免落物伤人。起吊石头时，用绳子拴好，打好保险，并在井下人员升井后，井上人员再起吊石头。

⑦ 在桩口设置高出 30cm 的凸缘，挡住地面上的石块、泥沙、工具、器具、短钢筋等物不致掉入孔中伤人。及时清理作业现场，对挖出的泥沙、石块随时清运远离现场，保证孔口周边整洁，不堆放杂物，去除杂物掉入孔内的机会。

⑧ 孔深超过 4m 时，在距井底 2m 处设置一道半圆形防护网，并固定牢靠。在调运物料时，井下人员紧贴护壁站在防护网下，以防落物伤人。该网的设置位置应随进尺深度逐节下移固定，始终保持在距井底 2m 的高度范围内。半圆周形的防护罩必须坚固可靠，可利用角钢或粗钢筋焊成框架，再铺焊一层密眼钢筋网，使其能承受一定的冲击力，从而阻挡坠物伤人。

⑨ 桩孔内作业人员必须戴好安全帽方可作业，孔下需要工具应用提升设备递送，严禁向桩孔内抛掷。

⑩ 高空交叉作业在下面挖孔时，孔上应采取封闭或遮挡，以防高空坠物，伤及挖孔人员。

5）防中毒窒息安全技术措施

① 保持通信畅通（同时配置对讲机、手机、电铃等），送风时作业面风量不小于 25m³/s，并保持在人下井前要通风 15min 以上，然后再做活体实验（采用活鸽子或者白鼠）。同时作业人员必须戴防毒面具、安全带、安全帽等防护用具。孔口设专人监护，监护人要坚守岗位，不可擅自离开。

② 开挖超过深度 5m 时，采用地面向孔内送风方式，通过压力风管将新风直接送至作业点，以保持作业面通风良好。每班作业前先送风 15min 以上，然后再做活体实验，确保安全后方可进入桩内施工作业。

③ 孔深超过 5m 时，应连续送风，每班作业前先送风 30min 以上，然后再做活体实验，确保安全后方可进入桩内施工作业。

④ 特别是有臭水、污泥、异味的井孔，下井作业前必须对井内送风 1h 以上，然后再做活体实验，确保安全后方可进入桩内施工作业。

⑤ 在孔内作业，如作业人员感到头痛、脑涨、呼吸困难，应及时停止施工，立即返回地面，及时检测孔内气体，确认安全后方可换人下孔作业。

⑥ 作业中如遇有有毒有害有腐蚀性物质，可采用防碱、防酸衣服和手套，或采用化学方法进行中和处理。

⑦ 一般情况下，作业人员在孔内连续作业不能超过 2h。孔口监护人员应对孔内发生不适的作业人员提供正确的救助措施。当孔内作业人员遇有不适感时，应沉着冷静想方设法将不适人员用运人吊笼尽快运上地面，不可让不适人员抓住吊土石的桶或篮勉强提上地面。

6）防淹溺安全技术措施

① 挖孔时如遇透水严重，水排不干，可挖降水井孔采水，降水井孔要比桩孔深 1m，并用水泵将水及时抽出地面。

② 下井前先排出井下积水，并观察渗水速度。

③ 护壁设导流孔，并由导流管引到井底，井下设排水泵排水。

④ 相邻 10m 范围内有深孔正在浇灌混凝土或蓄有深水时，不得下井作业。

⑤ 下雨时停止作业，人员迅速升井。

7）防机械伤害安全技术措施

① 施工时所用的施工机具必须检验合格后方可投入使用。

② 现场的各类机械设备必须运转正常。

③ 钢筋笼起吊安装时，下方严禁站人，应有专人指挥。

④ 起吊预制钢筋骨架时，钢筋骨架本身应形成稳定结构，必要时需加临时斜撑、支撑。吊具栓的方向、位置正确。拴挂牢靠并拴挂溜绳。

⑤ 起重设备应确保起重负荷能满足要求，起重支点可靠。

⑥ 机械设备的电机部分必须与主机要求的功率转速相符，各种电器开关绝缘性能必须良好。

⑦ 机械操作人员要事先培训、经有关部门考核合格，特殊工种人员上岗必须要有操作证，严禁无证人员进行操作。严禁违章作业，严格执行操作规程，实行定机、定人、定责任制。

⑧ 机械设备使用前，应进行空载负载试验。

⑨ 使用过程中出现异常情况应立即停机并报请专业人员修理，不得带病运转。

⑩ 加强设备维修保养工作，保证设备正常运转，发现问题做好记录及时处理。

8）其他安全技术措施

① 四周必须设置排水沟。

② 遇到孔内涌水严重，人员必须立即撤离，采用孔周边钻孔降水的方法处理。

③ 孔内作业人员在复杂的地质条件施工时，如果感觉脚下土层在流动，有护壁脱模、裂模的异常声音，必须立即撤离。

④ 遇暴雨、大风天气禁止实施井内作业，以防雷电等自然因素导致事故的发生。

⑤ 事故征兆发生时，立即组织人员撤离。

（3）应急预案

为保证工程的顺利进行，本着"安全第一、预防为主"的原则，特编制本预案。

1）抢险应急组织安排及工作流程

根据人工挖孔桩特点及施工工艺的实际情况，制定了由项目经理挂帅的应急抢险小组。并认真组织了对挖孔桩危险源和环境因素的识别和评价，制定本项目发生紧急情况或事故的应急措施，对广大员工开展应急知识教育和应急演练，提高现场操作人员的应急能力，减少突发事件造成的损害和不良影响。

应急准备和响应工作程序如图 16-7 所示。

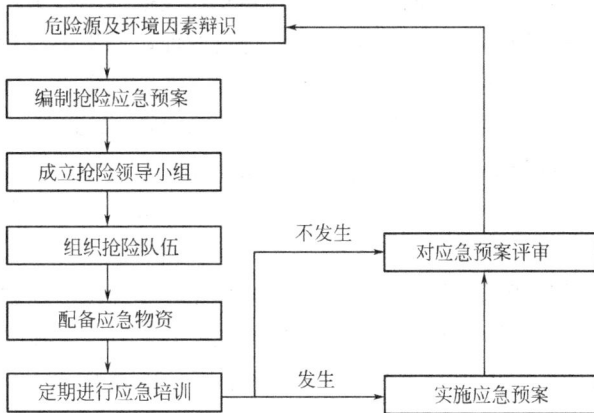

图 16-7　应急准备和响应工作程序

2）突发事件应急准备

① 成立抢险领导小组，明确责任分工，应急抢险领导小组人员组织机构如下。

组　长：项目经理 郭××，电话：1××××4448。

组长职责：负责全面管理和协调工作、负责本专项应急预案的启动实施、小组人员分工、负责向上级报告、负责总指挥事故的救援工作、负责组织对事故的调查工作等。

副组长：项目执行经理 丁××，电话：133××××999。

副组长职责：协助组长工作，在组长不在场的情况下行使组长职责、协助处理相关工作，具体负责挖孔桩生产安全的现场管理，恢复和保证生产正常进行。

组员：材料员、安全员、资料员、施工员、测量员、质检员、机械管理员、保健急救员、后勤人员及各施工班组长。

材料员、安全员、施工员负责协助副组长处理事故现场的具体救援工作，确定救援方案，安排救援人员，协助调查工作。

后勤人员、保健急救员负责安排救护车辆，安排对伤病员的护理，以及协助调查工作。

资料员、质检员、施工员、施工班组长协助事故调查，现场勘察取证，保护现场，以及协助参加救援工作。

② 组建抢险队，进行应急知识教育培训。项目部组建抢险队，发现险情时首先抢险队进行抢险，需用较多人时可由各工班进行汇集，对抢险队和项目部所有人员均进行针对性的应急知识培训。

③ 进行应急演练，提高应急救援能力。为了在出现险情时处理迅速，项目部对预设险情进行实地演练，由项目办公室负责组织安排，使所有人员参与其中，并填写应急演练记录表，记录演练内容、人员分工、方案及处理程序等。

3）紧急情况发生和上报程序

施工过程中施工现场或驻地发生无法预料的需要紧急抢险处理的危险时，应迅速逐级上报，次序为现场施工管理人员→抢险领导小组→上级主管部门。

由现场施工管理人员负责收集、记录、整理紧急情况信息并及时向抢险领导小组及时传递，由小组组长或副组长主持紧急情况处理会议，协调、派遣和统一指挥所有车辆、设备、人员、物资等实施紧急抢救和向上级汇报。事故处理根据事故大小情况来确定，如果事故特别小，可以根据上级指示由施工单位自行直接处理，如果事故较大或施工单位处理不了，可以由组长或副组长向建设单位主管部门请示，请示启动上一级救援预案。

紧急情况发生后，现场要组织好警戒和疏散工作，保护好现场，及时抢救伤员和财产，并由在现场的项目部最高负责人指挥，在3min内电话通报到值班室，主要说明紧急情况性质、地点、发生时间、有无伤亡事故、是否需要派救护车，消防车或警力到现场实施抢险工作，如需要可以直接拨打120、110、119等求救电话。

值班人员在接到紧急情况报告后要在2min内将情况报告到抢险领导小组组长和副组长。小组在组织讨论后在最短时间内发出如何处理现场的指令。分派人员车辆等到现场进行抢救、警戒、疏散和保护现场等。由组长或副组长在30min内以小组名义打电话向上级有关部门报告情况。

遇到紧急情况，全体职工应特事特办，急事急办，主动积极地投入到紧急情况的处理中去，各种设备、车辆、器材、物资等要统一调遣，各类人员必须坚决无条件服从组长或副组长的命令和安排，不得拖延、推诿、阻碍紧急情况的处理。

与相关单位建立快速联系通道，以便及时处理问题。

4）突发事件分析及应急预案

通过人工挖孔桩施工危险识别，对人工挖孔桩施工可能出现的几种突发事件采取的应急处理措施如下。

① 发生坍塌的应急处理措施

A. 发生塌方后，不要慌张，保护好现场，并及时通知现场管理人员组织抢救工作。

B. 救援人员通过钢吊笼下井抢救受伤人员。

C. 井上人员准备好氧气包、医用消毒药水及纱布对受伤人员进行简单处理。

D. 及时组织车辆将受伤人员就近送往医院治疗。

E. 若塌方继续发生为防止周围桩孔发生意外，及时疏散周围桩孔作业人员。

F. 对塌方的桩孔待塌方稳定后及时组织人员修补、处理。

G. 若无法处理，必要时可填砂重筑。

H. 抢险领导小组按照报告程序逐级报告，并配合公司或上级主管部门开展调查处理，并做好伤员及家属善后工作。

② 发生高处坠落事故的应急处理措施

A. 发生坠落事故，积极采取对伤员的救护，同时应逐级上报到抢险领导小组。

B. 如属两人以上事故应视其伤害程度首先对重伤员采取抢救，以免错过挽救时机。

C. 采取正确救护手段。

D. 严格注意因内伤出血后造成死亡事故。

E. 现场应急小组的物资供应人员应及时把施救药品器械供应到位。

F. 对事故现场要注意保护，并留有痕迹，为调查处理提供可靠依据。

G. 抢险领导小组按照报告程序逐级报告，并配合公司或上级主管部门开展调查处理，并做好伤员及家属善后工作。

③ 发生物体打击事故的处理措施

A. 当井下作业人员发生物体打击后，井上人员应询问井下作业人员伤害情况，并立即向现场施工管理人员报告。

B. 根据伤害情况，判断是否下井施救，如有必要，则救援人员通过软爬梯下井抢救受伤人员。

C. 保健急救员应对伤者进行紧急清理包扎止血，同时拨打120或直接送医院抢救。

D. 将患者从井下救出后，搬运时应尽量多找一些人来搬运，观察患者呼吸和脸色的变化，如果是脊柱骨折，不要弯曲、扭动患者的颈部和身体，不要接触患者的伤口，要使患者身体放松，尽量将患者放到担架或平板上进行搬运。

E. 抢险领导小组按照报告程序逐级报告，并配合公司或上级主管部门开展调查处理，并做好伤员及家属善后工作。

④ 发生机械伤害事故的处理措施

A. 发生机械伤害，要及时停止机械运转，并采取相应的救治措施。

B. 及时逐级上报到抢险领导小组。

C. 出血性外伤应及时采取止血措施。

D. 骨折性外伤，采取正确的方法救护避免伤势扩大。

E. 脊椎骨折伤员要使受伤者静卧，以防脊椎受伤，导致伤员瘫痪。

F. 对事故现场要注意保护。

G. 抢险领导小组按照报告程序逐级报告，并配合公司或上级主管部门开展调查处理，并做好伤员及家属善后工作。

⑤ 发生触电事故的处理措施

A. 发生触电事故要在第一时间迅速切断电源，并及时向抢险领导小组报告事故情况。

B. 事故发生后现场应急预案领导小组应立即采取对伤员的急救或据情况送往医院救治。

C. 物资供应人员应及时将施救所需的医疗器械、辅助器材及时供应到现场，保证抢救顺利进行。

D. 要对有可能继续造成人员伤害或财产损失的危险源进行清除。

E. 对事故现场采取绘图或拍照等必要手段，留存重要痕迹、物证等以便为查处提供可靠依据。

F. 抢险领导小组按照报告程序逐级报告，并配合公司或上级主管部门开展调查处理，并做好伤员及家属善后工作。

⑥ 发生淹溺事故的处理措施

A. 当发现护壁出现透水现象时，作业人员应当对护壁进行补强。

B. 当护壁出现大量透水或涌泥时，作业人员应迅速从井下撤离。

C. 当井下人员来不及撤离，井上人员应立即大声呼救，并向现场施工管理人员报告。

D. 机械管理员应立即采用大功率水泵进行抽水，并向井内送风。

E. 现场立即组织人员下井施救，救援人员通过软爬梯和系好安全绳下井抢救淹溺人员。

F. 患者救出井内后，由保健急救员立即展开现场急救（人工呼吸、包扎、止血）。

G. 抢险领导小组按照报告程序逐级报告，并配合公司或上级主管部门开展调查处理，并做好伤员及家属善后工作。

⑦ 发生中毒事故的处理措施

A. 发生中毒事故要按中毒原因分别采取不同救护措施。

B. 及时判断中毒源和中毒途径。

C. 如因呼吸道造成中毒，应将中毒人员搬到通风良好和有新鲜空气的地方，采取相应急救措施。

D. 协助卫生防疫部门及预案指挥部调查毒物名称、毒性及危害程度并以最快的速度将中毒人员送往医院救治。

E. 保护事故现场和证物给事故调查提供可靠依据。

F. 抢险领导小组按照报告程序逐级报告，并配合公司或上级主管部门开展调查处理，做好伤员及家属善后工作。

⑧ 发生窒息事故的处理措施

A. 发现井下工人有异常情况，不要惊慌，及时向井下通风，以保证井下工人供氧充足。

B. 以最短时间组织井上工人下井抢救井下作业人员。

C. 井上配备好氧气包及葡萄糖溶液，供昏厥人员急救之用。

D. 若昏厥人员症状不能缓解，及时组织车辆将昏厥人员就近送往医院治疗。

E. 抢险领导小组按照报告程序逐级报告，并配合公司或上级主管部门开展调查处理，并做好伤员及家属善后工作。

⑨ 应急准备及响应

A. 选择对应急救援知识熟悉的人作为救援小组成员。

B. 定期对应急救援队伍进行培训和教育，实时进行应急救援队伍的应急演练并及时总结。

C. 救援小组在紧急状态下应无条件的接受组长的领导和管理。

D. 救护医院的选择：

项目部应建立畅通的应急联络渠道，应将急救电话号码（120）向全体施工人员公布。

首选医院：×××医院。　　　　　　　电话：×××-××××2489。

其他电话：120。

E. 施工现场到邻近医院（×××医院）路线见应急救援线路图（略）。

5）恢复生产及应急抢险总结

抢险救援结束后，由监理单位主持，业主、设计、施工等相关单位参加的恢复生产会，对安全生产事故发生的原因进行分析，确定下步恢复生产应采取的安全文明质量等施工措施和管理措施。施工单位主要从以下几个方面进行恢复生产：

① 做好事故处理和善后工作，对受害人进行领导慰问。

② 严格落实公司安全、质量认证体系，推行全面安全、质量管理制度，认真学习应急预案，以项目经理为中心，将安全、质量管理目标层层分解，责任到人。

③ 健全各组织机构，加强人员管理，完善安全、质量保证体系，健全安全、质量管理组织机构，整个项目形成一套严密完整的安全、质量管理体系，各级、各部门充分发挥管理的技能、职能和人的作用。

④ 做好技术、试验、测量、机械、施工工艺、后勤等各项保证工作。

⑤ 确保设计、施工方案可行，符合现场实际情况，可利用现场存有的机械、设备和材料。

⑥ 及时调用后备人员和机械设备，进行生产恢复，尽快达到正常生产。

⑦ 抢险结束和生产恢复后，应对整个应急预案过程进行评审，分析和总结，找出预案中的不足，并及时进行评审和修订，使以后的应急预案更加成熟，遇到紧急情况能及时处理，将安全隐患、财产损失降到最低限度。

（4）监测监控

1）监测目的：保证施工过程中不出现桩孔坍塌、中毒、淹溺等事故的发生，确保人身安全。

2）检测、监测项目：挖孔桩内有毒有害气体、地下水、混凝土护壁沉降、变形及裂缝。

3）监控点设置：根据现场实际开挖情况，结合地勘报告，设专人进行巡视监控，巡视频率为2次/d。

4）监测方法：巡视检查为主（按技术措施要求进行），辅以仪器检测。

6. 劳动力计划

劳动力计划见表16-7。

劳动力计划　　　　　　　　　　　　　　　　　　　表16-7

序号	姓名	职务或工种	证件名称	证件编号	有效期
1	宁××	安全员	安全员证	渝建安C(2013)00××××	至20××.11.10
2	赵××	吊车司机	操工资格证	TS6FLDS××××	至20××.07.20
3	刘××	塔操工	操工资格证	渝A04201000××××	至20××.12.10

序号	姓名	职务或工种	证件名称	证件编号	有效期
4	唐××	塔操工	操工资格证	渝 A04201000××××	至 20××.10.30
5	王××	塔操工	操工资格证	TS002331993×××××××××	至 20××.4.18
6	周××	电工	电工操作证	T5102281965×××××××××	至 20××.08.28
7	石××	焊工	焊工操作证	T5102221968×××××××××	至 20××.11.14
8	杨××	焊工	焊工操作证	T5102221970×××××××××	至 20××.01.03
9	蒋××	架子工	架子工操作证	T5110231983×××××××××	至 20××.12.6
10	唐××	架子工	架子工操作证	T5110231964×××××××××	至 20××.12.28
11	饶××	架子工	架子工操作证	T5002361990×××××××××	至 20××.12.28
12	蒋××	架子工	架子工操作证	T5110231962×××××××××	至 20××.12.06
13	唐××	架子工	架子工操作证	T5110231970×××××××××	至 20××.12.28

7.计算书及相关图纸

（1）人工挖孔桩土石方垂直运输架设计计算

钢管立架搭设如图 16-8、图 16-9 所示。

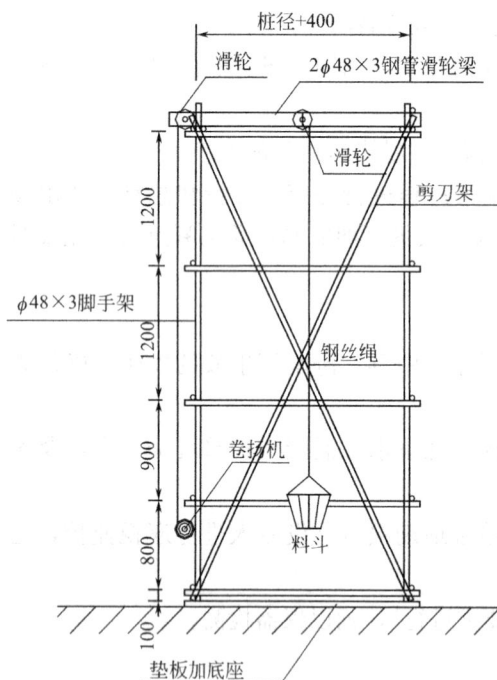

图 16-8　挖孔桩提升架正面示意图

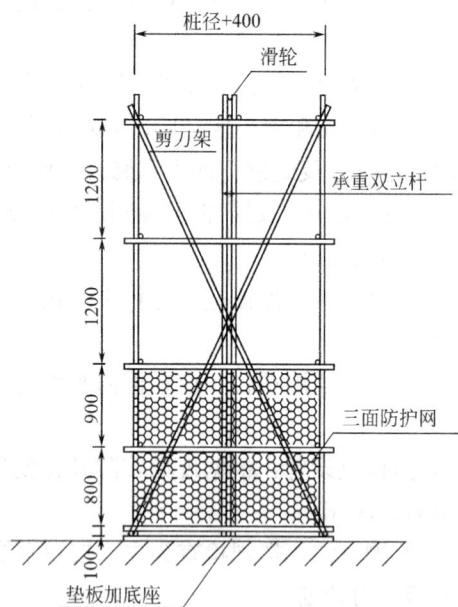

图 16-9　挖孔桩提升架侧面示意图

（2）井架安全性验算

钢管脚手架的计算参照《建筑施工扣件式钢管脚手架安全技术规范》（JGJ 130—2011），搭设方式如上，采用的钢管类型为 $\phi48.3 \times 3.6$，起吊集中荷载不超过 100kg（1kN），钢管的自重标准值：$q = 0.038$kN/m。注：滑轮组、钢丝绳等选择成套设备，其中钢丝绳直径不小于 9mm。

1）横杆验算

① 强度计算

最大弯矩位于导向捌链所处横杆上，可考虑为简支梁均布荷载和中部集中荷载作用下的弯矩。

计算公式如下：

$M_{qmax} = 1.2ql^2/8 + 1.4Pl/4 = 1.2 \times 0.038 \times 1.6^2/8 + 1.4 \times 0.5 \times 1.6/4 = 0.295$ kN·m

$\sigma = M_{qmax}/W = 0.295 \times 106/5.26 \times 103 = 56.1/mm^2 < 205.0$ N/mm²

满足要求。

② 挠度计算

最大挠度考虑为简支梁均布荷载和中部集中荷载作用下的挠度

$f_{qmax} = 5ql^4/384EI + Pl^3/48EI = [5 \times 0.038 \times (1.6 \times 103)^4/384 + 0.5 \times (1.6 \times$ $103)^3/48] / (2.06 \times 105 \times 12.71 \times 104) = 0.13$ mm < 10 mm $< 2000/150 = 13.3$

满足要求。

2）竖杆验算

① 扣件抗滑计算

横杆传递给立杆的竖向作用力 $R = (1.2ql + 1.4P)/2 = (0.038 \times 1.6 \times 1.2 + 0.5 \times 1.4)/2 = 0.386$ kN < 8 kN

满足要求。

② 底步立杆稳定性计算

计算公式如下：

脚手架自重轴向力 $N_{GK} = qh + ql/2 = 0.038 \times 4.2 + 0.038 \times 1.6/2 = 0.19$ kN

施工荷载产生的轴向力 $N_{QK} = P/2 = 0.25$ kN

不组合风荷载时立杆轴向力设计值 $N = 1.2N_{GK} + 1.4N_{QK} = 0.58$ kN

立杆（底步）计算长度 $l_0 = k\mu h = 1.155 \times 1.5 \times 0.8 \times 103 = 1.386 \times 103$ mm

长细比 $\lambda = l_0/i = 1.386 \times 103/15.9 = 87$

不组合风荷载时立杆稳定性 $N/\psi A = 0.58 \times 103/(0.68 \times 5.06 \times 102) = 1.69$ N/mm² < 205.0 N/mm²

满足要求。

（3）附图

附图 1：桩的平面布置图（略）。

附图 2：施工总平面布置图（略）。

附图 3：进度计划横道图（略）。

附图 4：排水沟平面图（略）。

附图 5：跳槽开挖图（略）。

附图 6：应急救援路线图（略）。

16.4　边坡支护工程安全专项施工方案案例

实例 16-3：某边坡支护工程安全专项施工方案

1. 工程概况

（1）工程概况

××股份有限责任公司承建的××市政工程平基土石方及边坡支护工程位于重庆市××区。工程占地面积约 43730m²，设计平场高程最低 186.000m，土方开挖深度从自然地面至设计平场高程，开挖深度约 25～46m。边坡主要由××广场基坑边坡、北侧新建道路东侧边坡、110kV××变电站四周形成的边坡组成，总长约 579m，高 20～44m。均为桩板＋锚杆（索）形式的直立边坡。边坡安全等级为一级。

支护桩采用 C30 混凝土，钢筋 HRB400 级，桩径 1.0m、1.2m，共 451 根桩；锚杆孔径 100mm、130mm、150mm，钢筋为 HRB400 级；锚索采用压力分散型锚索和压力型锚索，孔径 150mm 和 170mm；锚杆工程量约 1500m，锚索约 45000m，锚孔注浆料为 M30 水泥砂浆。

1）工程地质概况

① 地形地貌

场地属构造剥蚀丘陵斜坡地貌，地势总体东高西低，北、南高中低，呈台阶状逐级降低。场区内高程 187～233m，高差约 46m。其中北西角 CK1～CK9 段、CK8～CK17 段（边坡支护 A-B-C-D）为自然陡坡地段，坡高 10～18m，坡度角约 50°～70°；其余大部分范围地形较平缓，坡度角 1°～8°。

场区北侧存在陡斜坡，上覆第四系土层厚度薄，多小于 2m。其中北侧及北西侧分布有两处岩质陡坎。钻孔 CK6～CK9 段陡坎位于场区北西角，为砂岩质陡坎，长约 126m，坡向 274°～285°，坡高最大 16m 左右，坡度角 70°～80°。据现场地面调查，该段砂岩质陡坎岩体完整，现状稳定。根据赤平投影（略）分析，该段砂岩质边坡为顺层陡坎，坡度角为岩层倾角，陡坎稳定。钻孔 CK13～CK17 段陡坎位于场区北侧，为泥岩夹砂岩质陡坎，长约 68m，坡向分别为 120° 和 204°，坡高 10～20m，坡度角 50°～60°。据现场地面调查，该段岩质陡坎岩体完整，无垮塌、掉块现象，现状稳定。根据赤平投影图（略）分析，坡向 204° 边坡为切向坡，稳定性受控于岩体强度；根据赤平投影（略）分析，坡向 120° 边坡为逆向坡，稳定性受控于岩体强度。

场区西侧紧临南滨路，东北侧、南西侧紧临市政道路，其余范围紧临老居民区，形成的边坡多小于 5m，均采用条石堡坎进行支护，无变形迹象，现状稳定。

场区西侧紧临南滨路，东北侧、南西侧紧临市政道路，其余范围紧临老居民区，形成的边坡多小于 5m，均采用条石堡坎进行支护。

② 气象、水文

场区属亚热带湿润季风气候区，具冬暖春早，雨量充沛，夜雨多，空气湿度大，云雾多，日照偏少，夏热秋凉，秋雨绵绵，无霜期长等特点。多年平均气温 18.3℃；月平均最高气温在 8 月，气温为 28.1℃；日最低气温在 1 月，为 5.7℃；日极端最高气温 43.0℃（2006 年 8 月 15 日），日极端最低气温－3.1℃（1975 年 12 月 15 日）。多年平均降水量 1094.6mm，年最大降水量 1544.8mm，年最小降水量 740.1mm，日最大降雨量 266.60mm（2007 年 7 月 17 日，115 年一遇），降雨一般集中在每年 5～9 月，约占全年降雨量的 70%。多年平均相对湿度约 79%，绝对湿度 17.7kg/m³ 左右。主要风向为北风，年平均风速约为 1.3m/s，实测极大风速为 27.0m/s（1961 年 8 月 4 日）。

　　场区西侧 160m 外为长江，距长江下游朝天门码头近 2km，距上游重庆站近 6km。故本次勘察可采用朝天门码头的库水位。据长江委长江上游水文水资源勘测局 2012 年 6 月完成的《××项目水文分析报告》，朝天门在现状条件及库区正常淤积 30 年末的设计洪水位见表 16-8。

工程位置设计洪水位（m）（56 黄海）　　　　　　　　表 16-8

序号	项目		水位
1	三峡现状条件下常年洪水位	$P=50\%$	180.8
		$P=70\%$	178.6
2	三峡现状条件下 50 年一遇洪水位		191.3
3	三峡成库淤积 30 年末 50 年一遇洪水位		193.4

　　据调查，朝天门码头近几年的年最高洪水位多出现在每年 7 月，2009 年 7 月洪水位标高 183.11m，2010 年 7 月洪水位标高 185.56m，最高为 2012 年 7 月 24 日，洪水位为 188.2m（30 年一遇）。

　　据勘察单位期间（2014.1.12～19）对长江水位的观测，长江水位在 166.20～166.80m 变动。

　　另场区内修建有排洪涵沟，自东向西呈倒"Y"形，将场区汇水由地势高处向地势低处排泄至长江。

　　③ 地质构造

　　场区位于南温泉背斜西翼，岩层呈单斜产出，岩层产状 285°∠70°。场区及邻近无断裂构造。通过地面调查，场地出露的砂岩陡壁中主要发育两组裂隙：①产状 165°∠6°，间距 0.5～1.0m，张开 0.5～2.0cm，无充填。②产状 15°∠80°，间距 1.0～2.0m，微张，无充填。

　　场区未见断裂构造，地质构造简单。

　　④ 地层岩性

　　根据地表调查及钻孔揭露，场区钻探深度范围内地层主要为第四系全新统土层（Q_4）及侏罗系中统沙溪庙组基岩（J_2s）。未进行钻探的 CK4、CK5 范围根据地表调查及南滨路施工调查，分析推测其岩层分布；另 CK11、CK16、CK22、CK23 则根据地面调查及周边钻孔揭露，分析推测岩层分布。按《岩土工程勘察规范》（GB 50021—2001）对场区内各种岩土类描述如下：

　　A. 第四系全新统土层（Q_4）

　　杂填土（Q_4^{ml}）：由粉质黏土、砂泥岩碎石、建筑垃圾等组成，碎石径为 10～180mm，含量为 10%～40%，结构松散～稍密。堆填时间 5 年以上。其中场区西侧临南滨路范围因近期拆迁旧房，上部为新近填土，采用抛填堆积。本次勘察大部分钻孔该层有所揭露，揭露厚度为 0～7.60m（CK30）。

　　B. 侏罗系中统沙溪庙组基岩（J2s）

　　泥岩：紫褐色、紫红色、灰绿色。泥质结构。薄层～中厚层状构造，砂质含量不均。本次勘察钻孔揭露单层厚度最大 39.5m（CK20）。场区该层广泛分布。

　　砂岩：青灰色、灰白色。中细粒结构，中厚层状构造。主要由长石、石英等矿物组成。钙质胶结。本次勘察钻孔揭露单层厚度最大为 34.90m（ZC8）。场区大部分地段分布该层。

泥质砂岩：灰色、褐黄色、灰绿色。中粒结构，中厚层状构造。矿物成分主要为石英、长石、云母等，钙泥质胶结。本次勘察钻孔揭露单层厚度最大为 14.40m（ZC29）。场区小部分范围分布该层。

粉砂岩：灰色、灰黄色。粉砂质结构，中厚层状构造。含泥质重。矿物成分主要为石英、长石、云母等，泥质胶结。岩质较软，轻击易碎。本次勘察钻孔仅 CK24、CK31 揭露该层，厚度最大1.8m。

C. 基岩顶界面及基岩风化带

场区第四系覆盖层厚度 0～7.60m，基岩面高程为 184.68～226.15m。场区基岩面一般随坡向呈单斜，坡角为 3°～30°，局部陡坎处倾角 60°～80°。

场地基岩划分为强风化带及中等风化带。基岩强风化带厚度一般为 0.8～8.0m，底界标高 182.98～230.47m。强风化带底界随基岩面起伏而起伏。强风化带岩心破碎，呈块碎状、粉砂状，质软，少量可见风化裂隙发育，由于岩心破碎，采样困难，故未采取强风化样。中风化带岩芯完整～较完整，多呈柱状，少量呈短柱状、长柱状。

⑤ 水文地质条件

拟建场地处于斜坡地形，横向上东高西低，纵向上呈"凹"形，第四系覆盖层厚 0～7.60m，主要由人工填土组成。基岩主要为泥岩，次为砂岩、泥质砂岩，泥岩为相对隔水层，不利于地下水的储存和运动，且场区岩层产状向地势低处陡倾，不利于地下水赋存。场区主要接受大气降雨补给，雨季降水量较大，向场外地势西侧坡脚较低处排泄，排泄条件较好，在雨季填土较厚地段可能局部有上层滞水分布。

场区无地下水位，场地地下水贫乏，水文地质条件简单。

据调查，场地周边无污染工业源，据邻近场地资料，地下水及土对混凝土结构及钢筋混凝土结构中的钢筋具有微腐蚀性。

⑥ 长江洪水位对拟建场地的影响

场区所在范围长江常年洪水位 180.8m，30 年一遇洪水位 188.20m，50 年一遇洪水位 191.30m。场区西侧南滨路路面高程 187.60～188.23m，故 30 年一遇洪水位会对拟建场区近南滨路范围产生一定影响。

⑦ 不良地质现象及地质灾害

根据甲方提供的资料及现场调查访问，场区北侧分布有 2 处防空洞室，均位于斜坡地带，其中钻孔 CK13 北侧防空洞平面呈半椭圆形，为单洞，洞室侧壁为直线～折线形、洞顶为半圆弧形，洞宽约 2m，洞高约 2m，洞底板高程 213.87～216.96m，洞顶板高程 214.16～217.59m。上部覆盖层厚度 2～10m。该防空洞修筑于 20 世纪 60 年代，用于战备洞室，属半永久性。洞内未进行支护和衬砌。经观察自洞室成洞以来，仅局部有小掉块及渗水迹象，无垮塌及变形迹象，现状稳定，目前左侧洞口未封堵，右侧洞口已封堵。另钻孔 CK13 北东侧人防洞室为单洞，长约 43m，但仅有 3.5m 左右位于场区红线范围内。该洞已废除，洞口均已封堵，红线范围内洞口顶板高程 213.63m，底板高程 212.33m。据地面调查该洞无变形、垮塌现象，现状稳定。

此外，场区内无滑坡、泥石流等不良地质作用存在。

2）边坡支护设计概况

本工程场地北侧 AB、BC 段边坡，长度约 46m，高度约 26～30m，采取直立二级开挖，台阶宽度为 10m，采用装板挡墙＋锚索支护。AB 段见 10-10′断面图，BC 段见 9-9′断面图，如图 16-10、图 16-11 所示。

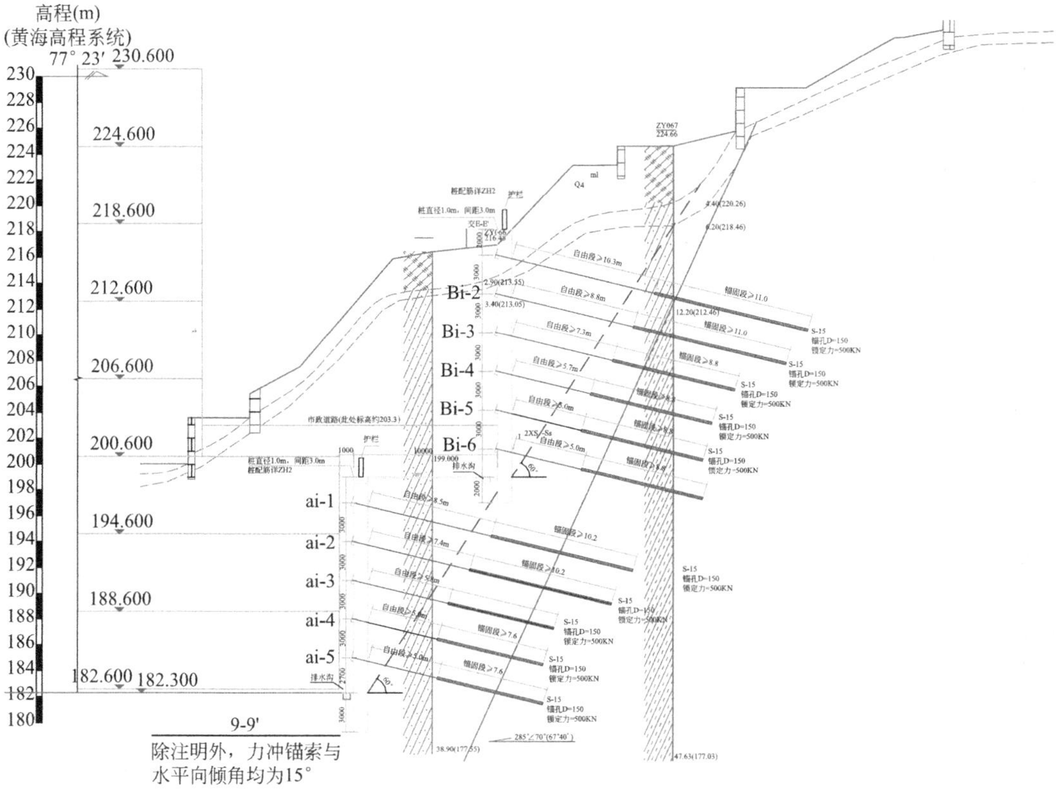

图 16-10　9-9′断面图（BC 段）

场地北侧 CD 段边坡，长度约 24m，高度约 42m，采取直立分二级开挖，台阶宽度为 10m，装板挡墙＋锚索支护。CD 段见 8-8′断面图（略）。

场地北侧 DD′段边坡，长度约 24m，高度约 44m，采取直立二级开挖，台阶宽度为 13m，采用装板挡墙＋锚索支护。DD′段见 7-7′断面图（略）。

场地东侧 EF 段边坡，长度约 125m，高度约 50m，分三级处理，第一级高度 11～14m，台阶宽度为 9.6～15.5m，第二级高度 20m，台阶宽度为 19.5m，第三级高度 14m。第一级、第二级采用装板挡墙＋锚索支护，第三级按 1∶0.58 坡率放坡处理。EF 段见 6-6′、5-5′、5a-5a′断面图（略）。

场地东侧 FG 段边坡，长度约 86m，高度约 37m，采取直立二级开挖，台阶宽度为 10m，采用装板挡墙＋锚索支护。FG 段见 4-4′、4a-4a′断面图（略）。

场地南侧 GH 段边坡，长度约 27m，高度约 39m，采取直立二级开挖，台阶宽度为 10m，采用装板挡墙＋锚索支护。GH 段见 3-3′、3c-3c′断面图（略）。

场地南侧 HI、IJ 段边坡，长度约 70m，高度约 25m，采取直立开挖，采用装板挡墙＋锚索支护。HI 段见 3a-3a′断面图（略）。IJ 段见 3b-3b′断面图（略）。

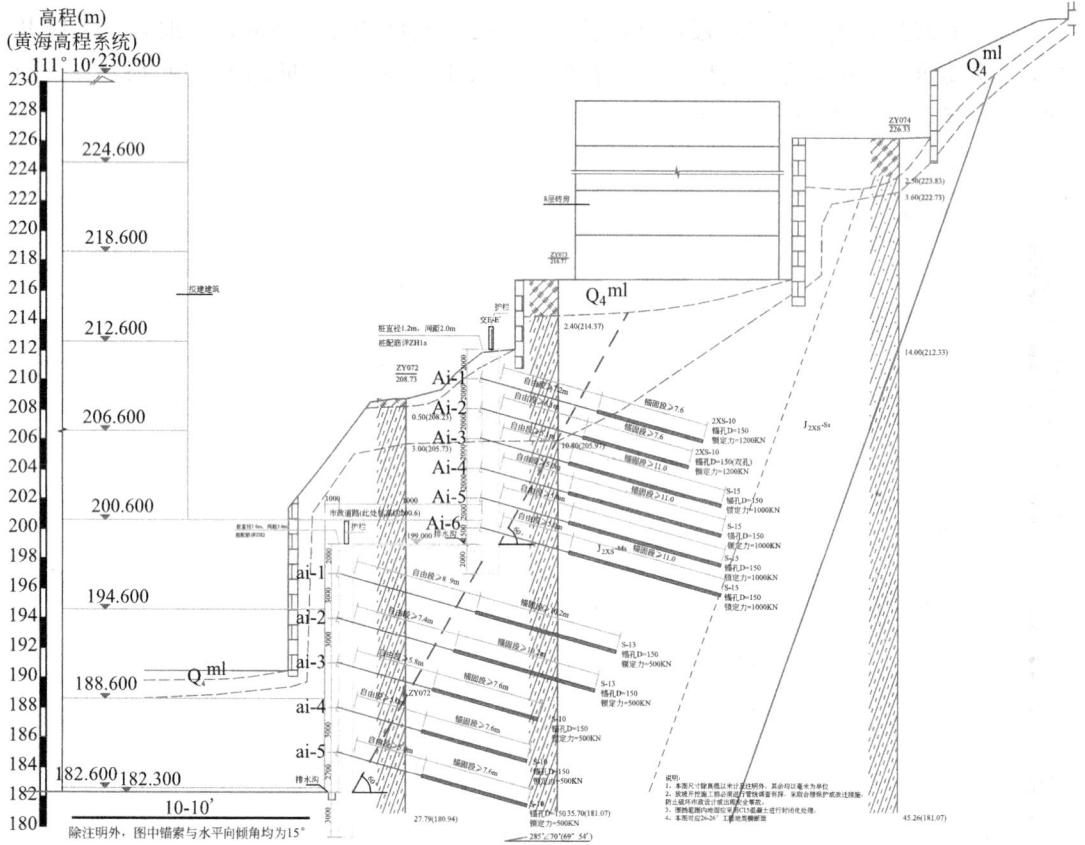

图 16-11　10-10′断面图（AB段）

　　场地南侧 JK 段边坡，长度约 39m，高度约 24～31m，采取直立二级开挖，台阶宽度为 14m，采用装板挡墙＋锚索支护。JK 段见 ts2-ts2′、2a-2a′断面图（略）。

　　场地南侧 KL 段边坡，长度约 32m，高度约 20m，采取直立开挖，采用装板挡墙＋锚索支护。KL 段见 2-2′断面图（略）。

　　场地南侧 LM 段边坡，长度约 58m，高度约 28m，采取直立开挖，采用装板挡墙＋锚索支护。LM 段见 1-1′断面图（略）。

　　变电站 P-Q-R 段边坡，长度约 153m，高度约 26m，采取直立开挖，采用桩板挡墙＋锚索支护。P-Q-R 段见 11-11′、12-12′断面图（略）

　　3）施工环境概况

　　工程位于重庆市，北面为××大桥，场地靠近××学院，南面为××路，西面为南滨路，东面为××路。地块内现有××线 110kV 高压线 110kV17 号塔进入，至××变电站止；有 3 段排洪沟（2m×2.3m～3m×3.6m 箱涵）PS113～PS120、PS82～PS119、PS69～PS89 由东至西穿过场地内；有 1 段 DN200 自来水管 JS129～JS159 由北至东北通过；另有现有×路和×路沿街市政综合管线等。场地北侧为××学院，学院所在高程在 233.000m，处于本次土石方开挖北侧开挖线上口（北侧开挖线上口高程 228.000m）以上，且净距约 3m；东北侧有 54～56 号居民楼，此区域居民出行主要通过地块内既有石板路；东南侧有一 10 层砖房居民楼，此栋楼距土方开挖线上口仅有 0.8m；南侧有 110kV 变电所，变电所四周均为此地块土方施工范围；地块南侧出行居民众多。场地外×路和现有×路为交通要道，早晚高峰时，交通缓行。因本项目处于市区交通拥堵地段，对基坑土方开挖后外运有很大影响。

4）施工难点及特点

① 土方开挖量大，工期紧，任务重

该工程土方开挖量约 80 万 m³，整个基坑施工时间仅为 180d，开挖量大、工期紧。对策：充分发挥我司社会资源，与政府主管部门协商，增加出土时间，争取白天错开上下班高峰期能够出土，出土时间约为 7～9h；合理调配挖掘机以及运土车数量，提高工效，增加机械设备的投入；加强与周边已有工地单位的协调，保证支护结构施工及土方开挖不受邻近单位的影响；加大技术方案及设计图纸深化工作，所有技术准备提前现场施工，不影响现场施工生产；合理组织施工工序，注重降水、支护桩及土方开挖的穿插施工，加大施工所需劳动力的投入，适当延长施工工作时间，节约工期。

② 开挖面积大、开挖深度深，属于超过一定规模的危险性较大的分部分项工程，对施工安全、技术要求高

该工程土方开挖面积 40000m²，开挖深度最大达 46m，整个工程包含降水、支护桩、锚杆及土方开挖，并涉及相邻的多个单位工程（110kV 光龙东西线 9～12 号迁改工程、龙门路改建与滨山大道新建市政道路工程和瑞地产滩子口地块排洪沟改造工程）同时开展施工，施工过程中对施工技术、施工协调及施工安排等方面都有较高的要求。

对策：编制专项施工方案。在公司内部选派一批技术力量过硬的人员，对基坑开挖过程中的重难点进行公关，专门指导本工程的施工；严格按深基坑支护设计图纸施工，确保工程质量；加强监测手段，按照"信息化"施工原则指导开挖，避免对周边环境的破坏；严格按"开槽支持、先撑后挖、分层开挖、严禁超挖"的原则进行土方开挖，严禁超挖，严禁支撑混凝土未达到龄期进行下层土方开挖。

③ 工程周边环境条件复杂，环境保护要求较高，安全文明施工难度较大，影响和制约基坑支护设计因素多

本工程北侧、东北侧及东南侧均有居民楼，南侧有 110kV 变电站被场地围住，且都毗邻土方开挖线上口。场地内有 110kV 高压线线路、既有排洪沟、给水管网、市政设施管网等。

对策：提前对施工现场周围地形、地下市政管线埋设情况进行摸底，充分熟悉施工现场及周边的环境；加强与政府各部门、周边邻近施工工地的联系，及时做好施工过程中的相关施工问题的沟通协调，保证施工顺利进行；跟随施工进度，及时跟进基坑周围临边防护的设置，防止坠落；场地门口严格控制车辆出入，并设置专门的车辆冲洗槽，对进出口车辆进行及时清洗，保证施工环境。

现有 110kV 光龙东、西线，现状排洪沟将沿场地红线进行迁改，××路上的综合管线将随龙门路改建实施。从管线保护上将消除安全隐患。

（2）施工平面布置图（地形较为复杂，略）

（3）施工要求和技术保证条件（与实例 16-2 相似，略）

2.编制依据

（1）《××基坑边坡及新建道路边坡工程地质勘察报告（详细勘查）》××工程勘查

设计院（2013）。

（2）设计图纸。

（3）××市政工程施工组织设计。

（4）国家、行业及地方标准

1)《建筑边坡工程技术规范》（GB 50330—2013）；

2)《建筑地基基础设计规范》（GB 50007—2011）；

3)《混凝土结构设计规范》（GB 50010—2010）；

4)《建筑地基基础工程施工质量验收规范》（GB 50202—2002）；

5)《重庆市建筑桩基础设计与施工验收规范》（DBJ50-200—2014）；

6)《重庆市旋挖成孔灌注桩工程技术规程》（DBJ50-156—2012）；

7)《工程测量规范》（GB 50026—2007）；

8)《施工现场临时用电安全技术规范》（JGJ 46—2005）；

9)《建筑施工模板安全技术规范》（JGJ 162—2008）；

10)《建筑施工安全检查标准》（JGJ 59—2011）；

11)《建筑桩基技术规范》（JGJ 94—2008）；

12)《生产过程危险和有害因素分类与代码》（GB/T 13861—2009）；

13)《企业职工伤亡事故分类》（GB 6441—1986）；

14)《建筑深基坑工程施工安全技术规范》（JGJ 311—2013）；

15)《建筑施工作业劳动防护用品配备及使用标准》（JGJ 184—2009）；

16)《建筑施工高处作业安全技术规范》（JGJ 80—2016）；

17)《生产经营单位生产安全事故应急预案编制导则》（GB/T 29639—2013）；

18)《重庆市房屋建筑与市政基础设施工程现场施工从业人员配置标准》（DBJ50-157—2013）。

（5）法律、法规

1)《特种设备安全监察条例》国务院 373 号令；

2)《危险性较大的分部分项工程安全管理办法》建质 2009 第 87 号；

3)《关于印发危险性较大的分部分项工程安全管理实施细则的通知》渝建发［2014］16 号；

4)《建筑工程预防坍塌事故若干规定》建质［2003］82 号；

5)《重庆市房屋建筑和市政基础设施工程施工现场文明施工标准》渝建发［2008］169 号。

3.施工计划

（1）施工进度计划

本工程边坡支护为永久性支护，土石方开挖后不回填。基坑施工严格按照"逆作法"施工，涉及支护桩成孔、钢筋笼制作、混凝土浇筑、预应力锚（杆）索制作、锚孔注浆、张拉等多个关键工作的展开，在施工前必须严密部署、整体把握。

1）施工进度计划

本工程计划总工期为 360 日历天，计划开工日期暂定为 20××年 11 月 20 日，计划完工日期为 20××年 11 月 20 日（以实际开工日期为准）。分为施工临时便道及冲洗设施施工、支护桩施工、土方开挖逆作法施工、锚杆（索）和挡板施工、马道土方开挖及捡底等阶段，对每个阶段分别进行施工目标控制，最终完成业主要求的工期目标，各阶段工期计划见表16-9。

各阶段工期计划 表16-9

序号	施工阶段	工程量(m³)	工期(d)	节点开始时间	节点完成时间
1	临时便道及设施施工		14	20××.11.1	20××.11.15
2	Ⅰ阶段支护桩施工		45	20××.11.15	20××.12.30
3	H区土方施工(182.6～210.0m) C区土方施工(218.3～230.0m)	140000	120	20××.1.1	20××.4.30
春节					
4	D、E、F区土方施工(230.0m～道路标高)	60000	60	20××.3.1	20××.4.30
5	C区Ⅱ阶段支护桩施工		20	20××.5.1	20××.5.10
6	C区土方施工(200.3～218.3m)	100000	50	20××.5.10	20××.6.30
7	B区土方施工(200.3～230.0m)	175000	45	20××.4.1	20××.5.15
8	A、B、D、E、F区Ⅱ阶段支护桩施工		45	20××.5.15	20××.6.30
9	D、E、F区土方施工(道路标高～182.6m)	150000	105	20××.6.15	20××.9.30
10	A、B、C区土方施工(182.6～200.3m)	175000	120	20××6.7.1	20××.10.30
11	马道土方及捡底	5000	15	20××.11.1	20××.11.15
12	中间验收交接		1	20××.11.20	20××.11.20

2）桩板挡墙施工进度计划

各流水段（按竖向3m）桩板挡墙施工进度网络计划如图16-12所示。

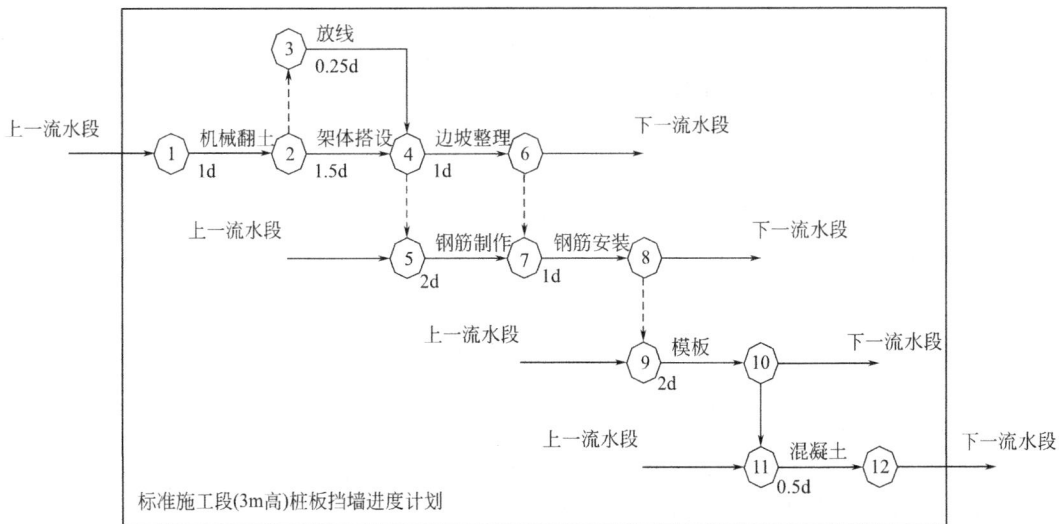

图16-12 桩板挡墙施工进度计划

3）各排锚索（杆）施工进度计划

各流水段锚索（杆）施工进度网络计划如图16-13所示。

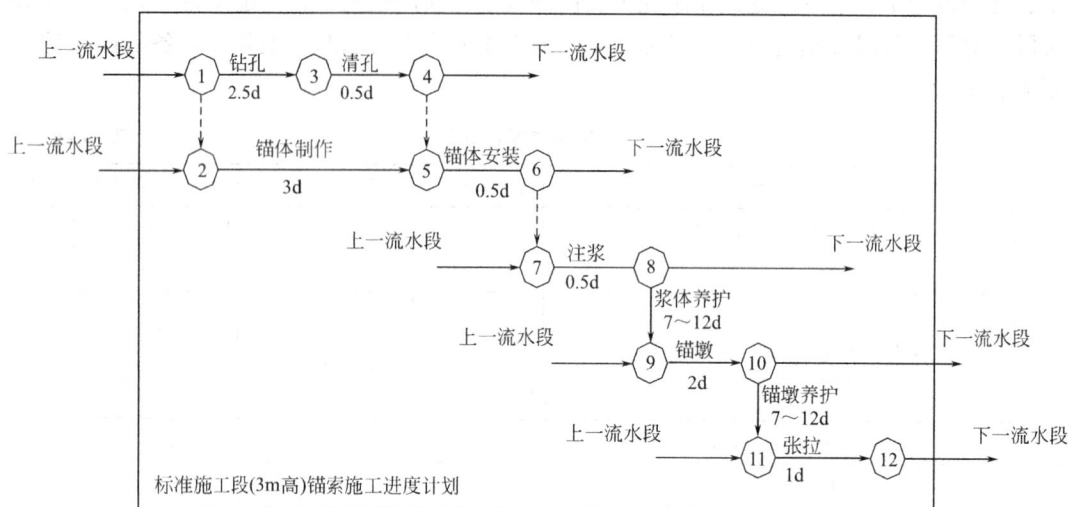

图 16-13　锚索（杆）施工进度计划

4）施工段划分

① 施工段划分

根据施工现场的实际情况，结合支护结构形式和土方机械施工特点，将该工程划分为 7 个土石方作业区，分别为 A 区、B 区、C 区、D 区、E 区、F 区、H 区，各区土方开挖采用机械开挖、清底。

支护结构 2 个作业段，Ⅰ 段（边坡第一级支护）、Ⅱ 段（边坡第二级支护）。

支护结构施工段划分如下：

第一施工段（Ⅰ 阶段 A-B-C-D 段和 Ⅱ 阶段 a-b-c-c′ 段）工作内容：

A. Ⅰ 阶段 A-B-C-D 段和 Ⅱ 阶段 a-b-c-c′ 段支护桩；

B. Ⅰ 阶段 A-B-C-D 段和 Ⅱ 阶段 a-b-c-c′ 段支护锚杆（索）；

C. Ⅰ 阶段 A-B-C-D 段和 Ⅱ 阶段 a-b-c-c′ 段支护挡板。

第二施工段（Ⅰ 阶段 T-F 段和 Ⅱ 阶段 E-F-F′-e 段）工作内容：

A. Ⅰ 阶段 T-F 段和 Ⅱ 阶段 E-F-F′-e 段支护桩；

B. Ⅰ 阶段 T-F 段和 Ⅱ 阶段 E-F-F′-e 段支护锚杆（索）；

C. Ⅰ 阶段 T-F 段和 Ⅱ 阶段 E-F-F′-e 段支护挡板。

第三施工段（Ⅰ 阶段 F-G-H-I-J 段和 Ⅱ 阶段 e-f-g 段）工作内容：

A. Ⅰ 阶段 F-G-H-I-J 段和 Ⅱ 阶段 e-f-g 段支护桩；

B. Ⅰ 阶段 F-G-H-I-J 段和 Ⅱ 阶段 e-f-g 段支护锚杆（索）；

C. Ⅰ 阶段 F-G-H-I-J 段和 Ⅱ 阶段 e-f-g 段支护挡板。

第四施工段（Ⅰ 阶段 K-L-M 段和 P-Q-R-S 段）工作内容：

A. Ⅰ 阶段 K-L-M 段和 P-Q-R-S 段支护桩；

B. Ⅰ 阶段 K-L-M 段和 P-Q-R-S 段支护锚杆（索）；

C. Ⅰ 阶段 K-L-M 段和 P-Q-R-S 段支护挡板（图 16-14）。

② 锚索（杆）与挡板流水作业段划分

结合桩板挡墙施工缝的划分间距要求"15～20m"，将各施工段的流水作业段进行划

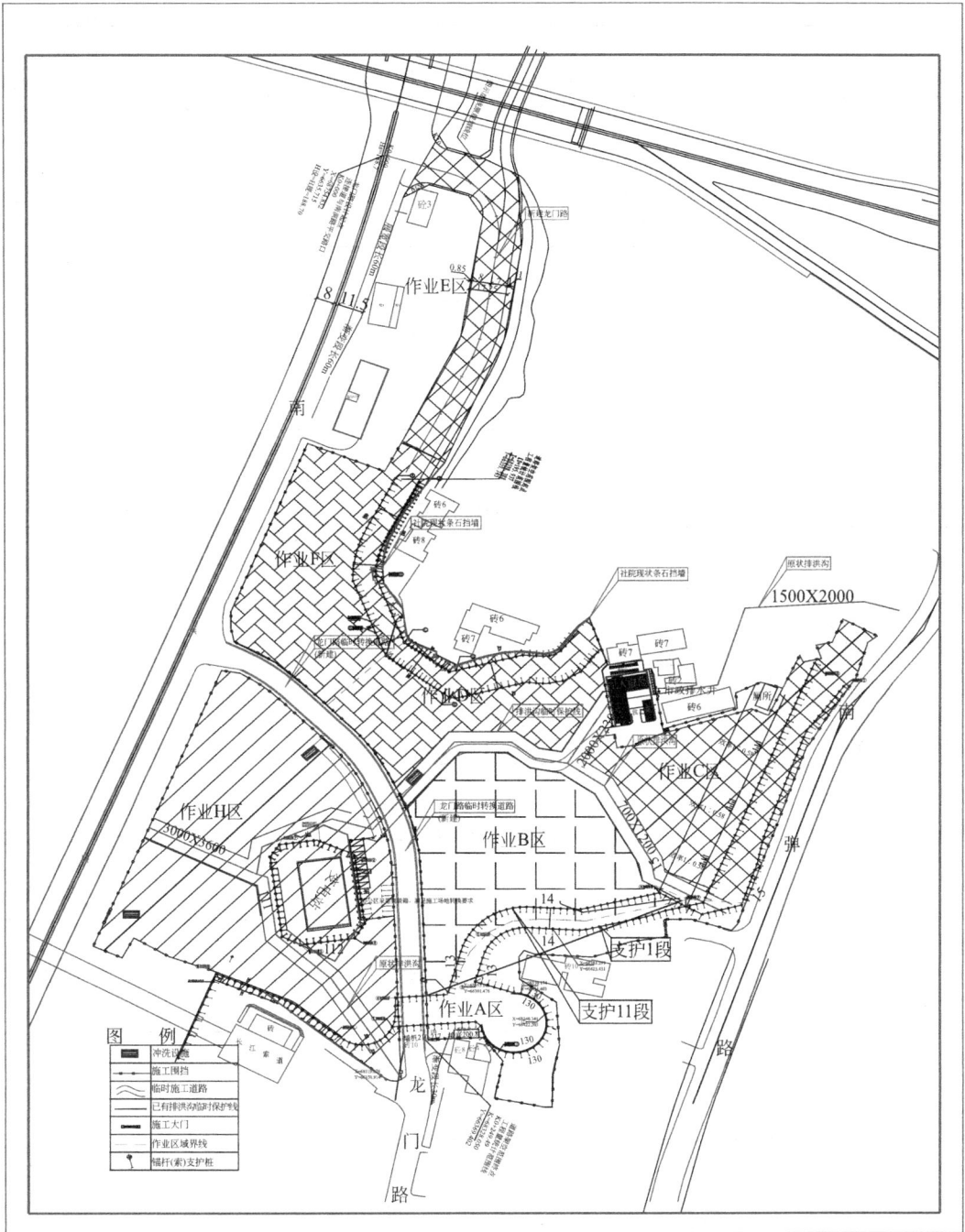

图 16-14 施工分区示意图

分如下：

第一施工段（Ⅰ阶段 A-B-C-D 段和Ⅱ阶段 a-b c c′段）如图 16-15 所示。

第二施工段（Ⅰ阶段 T-F 段和Ⅱ阶段 E-F-F′-e 段）如图 16-16 所示。

第三施工段（Ⅰ阶段 F-G-H-I-J 段和Ⅱ阶段 e-f-g 段）如图 16-17 所示。

流水段1	流水段2	流水段3	流水段4	流水段5	流水段6	流水段7
桩A1~A8锚索与挡板		桩A16~A23锚索与挡板		桩C1~C12锚索与挡板		桩D16~D21锚索与挡板
	桩A9~A15锚索与挡板		桩B1~B12锚索与挡板		桩D1~A15锚索与挡板	

流水段1	流水段2	流水段3	流水段4	流水段5	流水段6	流水段7
桩A1~A10锚索与挡板		桩A21~A31锚索与挡板		桩C1~C10锚索与挡板		桩C21~C30锚索与挡板
	桩A11~A20锚索与挡板		桩B1~B16锚索与挡板		桩C11~C20锚索与挡板	

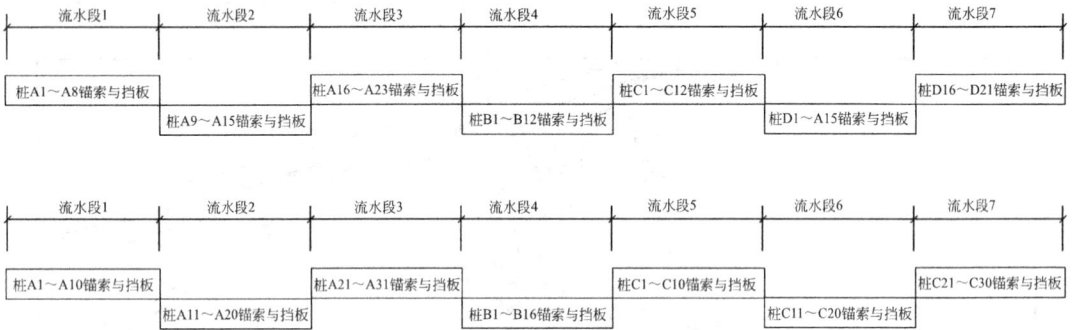

图 16-15 第一施工段

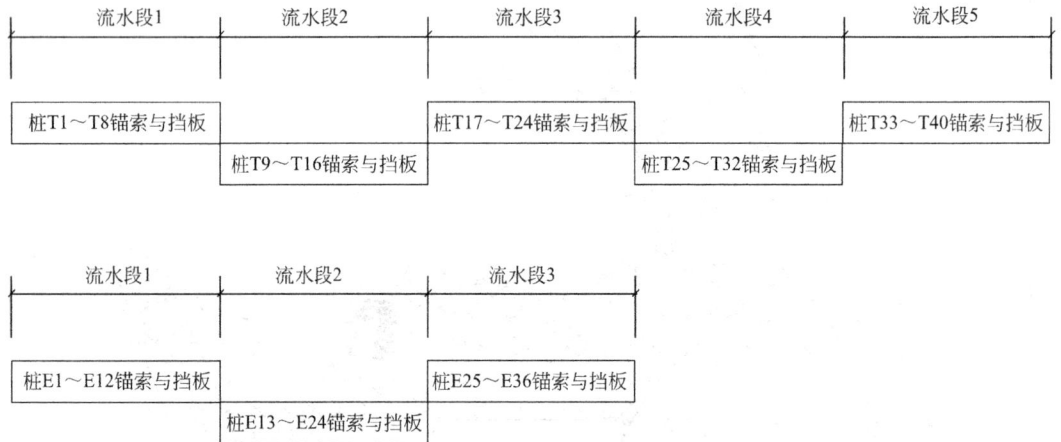

流水段1	流水段2	流水段3	流水段4	流水段5
桩T1~T8锚索与挡板		桩T17~T24锚索与挡板		桩T33~T40锚索与挡板
	桩T9~T16锚索与挡板		桩T25~T32锚索与挡板	

流水段1	流水段2	流水段3
桩E1~E12锚索与挡板		桩E25~E36锚索与挡板
	桩E13~E24锚索与挡板	

图 16-16 第二施工段

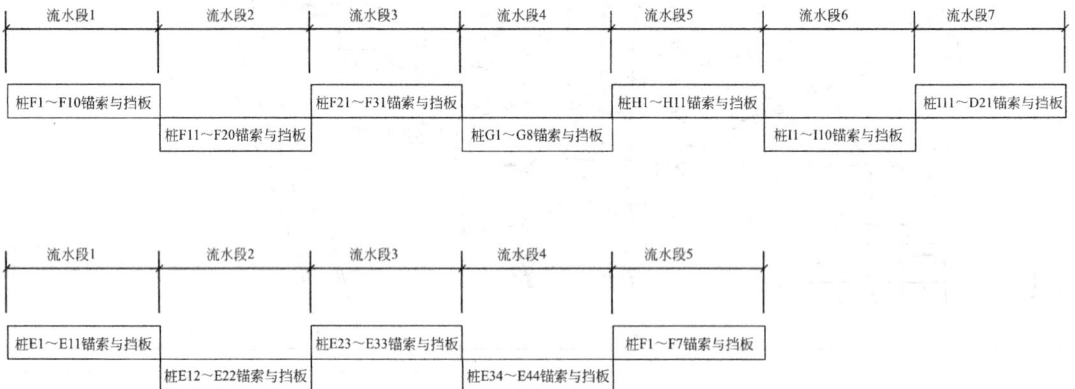

流水段1	流水段2	流水段3	流水段4	流水段5	流水段6	流水段7
桩F1~F10锚索与挡板		桩F21~F31锚索与挡板		桩H1~H11锚索与挡板		桩I11~D21锚索与挡板
	桩F11~F20锚索与挡板		桩G1~G8锚索与挡板		桩I1~I10锚索与挡板	

流水段1	流水段2	流水段3	流水段4	流水段5
桩E1~E11锚索与挡板		桩E23~E33锚索与挡板		桩F1~F7锚索与挡板
	桩E12~E22锚索与挡板		桩E34~E44锚索与挡板	

图 16-17 第三施工段

第四施工段（Ⅰ阶段 K-L-M 段和 P-Q-R-S 段）如图 16-18 所示。

（2）机械设备及材料计划

该工程工期按正常作业时间为早上 7：00~晚上 22：00，作业时间约 15h/d。扣除用餐时间 1h、城区交通早晚高峰及施工场地限制导致平均每天机械窝工的时间 6h，实际作

| 流水段1 | 流水段2 | 流水段3 | 流水段4 | 流水段5 |

| 桩J1～J10锚索与挡板 | | 桩K1～K12锚索与挡板 | | 桩L11～L21锚索与挡板 |
| | 桩J11～J18锚索与挡板 | | 桩L1～L10锚索与挡板 | |

| 流水段1 | 流水段2 | 流水段3 | 流水段4 | 流水段5 | 流水段6 |

| 桩P1～P10锚索与挡板 | | 桩Q11～Q19锚索与挡板 | | 桩R14～R21锚索与挡板 | |
| | 桩Q1～Q10锚索与挡板 | | 桩R1～R13锚索与挡板 | | 桩R22～R28锚索与挡板 |

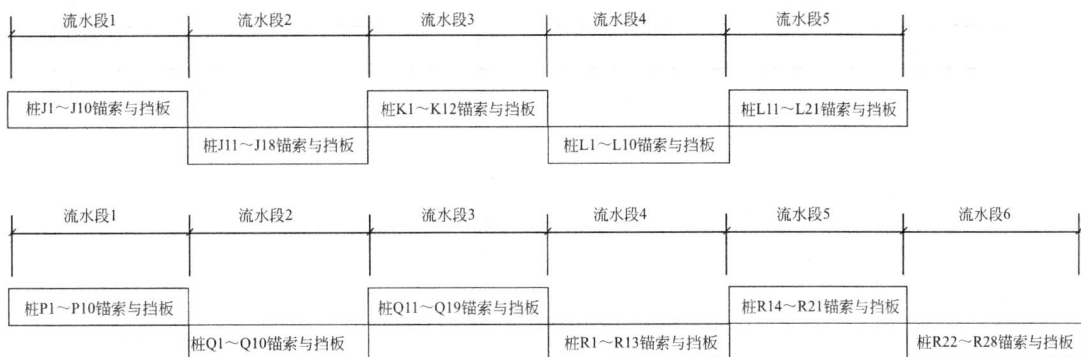

图 16-18 第四施工段

业时间约 8h。

1）挖掘机配置

挖掘机（CAT320 型或 PC300 型）有效工作效率按每小时 90m³ 计算，90m³×8h＝720m³/d，则取土开挖装车需要挖掘机数量为（按合同工期 180d 计算）：

800000m³÷180d÷720m³/d＝6.17 台

考虑到施工季节处于雨季，场地出口限制，开挖过程中挖掘机工作降效，故取挖土区挖掘机取 7 台，大于计算数据，才够满足工期要求。

根据地勘报告，本工程场区基岩主要为泥岩，次要为砂岩、泥质砂岩，偶夹粉砂岩。对饱和抗压强度标准值强度小于 30MPa，采用钩机施工，选用 1 台钩机；对基坑支护部位，采用破碎机作业，选用 3 台破碎机。因此，取挖掘机 7 台，其中 3 台带破碎头。

2）弃土运输汽车配置

运输汽车采用斗容量为 18m³ 自卸汽车，运距 15km，每辆汽车每 1.5h 往返 1 次，每辆汽车每次运输量为 18m³；每车每天运输量为 18m³/次×8h÷1.5h/次 ＝ 96m³。

所需自卸汽车数量为 800000m³÷180d÷96 m³/d＝46.3 台，取 47 台。考虑满足场地内挖机挖装车作业连续工作，每台挖机服务的自卸汽车为：0.9×90m³×1.5h/次÷18m³/次＝6.75 车，取 50 台。

机械设备计划见表 16-10。

主要设备计划 表 16-10

序号	名称	规格型号	数量	备注
1	全站仪	宾得 R-332	1 台	
2	潜水泵	DN50	4 台	
3	挖掘机	CAT320/小松 300 型	7 台	
4	挖掘机	龙工 150 型	1 台	翻选条石
5	破碎机	CAT320	3 台	
6	钩机	卡特	1 台	
7	自卸汽车		50 台	斗容量 18m³
8	装载机	成工 50 型	1 台	后期平场用

续表

序号	名称	规格型号	数量	备注
9	推土机		1 台	后期平场用
10	旋挖钻机		2 台	支护桩施工
11	吊车	QT50	3 台	支护桩施工
12	锚固钻机	DCL-80 型	1 台	锚杆（索）钻孔
13	锚固钻机	MGY-60 型	3 台	锚杆（索）钻孔
14	锻钢机		3 台	钢筋施工
15	套丝机		4 台	钢筋施工
16	钢筋弯曲机		6 台	钢筋施工
17	焊机		4 台	钢筋施工

本工程主要材料计划见表 16-11、表 16-12。

主要材料计划 表 16-11

序号	名称	数量	单位
1	钢筋	1100	t
2	钢绞线	600	t
3	锚具	2818	套
4	商品混凝土	14000	m^3
5	模板	200	m^2
6	水泥	1200	t
7	砂	1400	t
8	石子	200	t
9	页岩砖	10 万	匹

安全防护及应急救援材料计划 表 16-12

序号	名称	数量	单位
1	安全标识牌	40	张
2	安全帽	120	个
3	安全警示带	50	圈
4	钢管	1000	m
5	担架	5	个
6	医疗箱（含救援用品）	5	个
7	应急救援车	2	辆

（3）人员计划

1）项目管理人员计划

我公司本着以实现业主目标和施工目标为目的，项目经理由肖××同志担任，另设一名技术负责人由×××同志担任，全面负责××项目的技术工作。设施工主管 2 名，分别负责该土方施工调运和支护结构施工现场日常事务的管理，各作业区设施工员 2 名，内业技术员 1 人，总的设质量、安全员各 3 人。

2）劳动力计划

本工程劳动力使用计划见表 16-13。

劳动力使用计划　　　　　　　　　　　表 16-13

序号	工种名称	人数（人）	备注
1	挖掘机手	16	
2	汽车驾驶员	50	
3	钩机机手	2	
4	旋挖机手	4	
5	装载机手	2	
6	推土机手	2	
7	吊车机手	3	特种作业证
8	机械修理工	4	
9	钻机操作手	8	
10	钢筋工	16	
11	电工	3	特种作业证
12	杂工	15	
13	木工	20	
14	石工	40	
15	架工	25	特种作业证
16	焊工	3	特种作业证
17	混凝土工	20	

4. 施工工艺技术

（1）技术参数

各施工段技术参数详见设计文件（略）。

（2）工艺流程

边坡施工时，遵循"边施工边治理，边施工边监测"的原则。本工程严格采用"逆作法"施工，坚持先施工支护桩，再自上而下、分段分层开挖边坡土方，并与锚索（杆）施工结合。严禁无序大开挖。

总体施工工艺流程：场地土方平整→支护桩（旋挖桩）施工→第一阶土方开挖（3m）→第一排锚杆（锚索）施工→第一节挡板施工→第二阶土方开挖（3m）→第二排锚杆（锚索）施工→第二节挡板施工→依次按上述方法施工其他各阶挡墙直至Ⅰ段边坡完工→土方平整至新建道路标高→Ⅱ段支护桩（旋挖桩）施工→第一阶土方开挖（3m）→第一排锚杆（锚索）施工→第一节挡板施工→第二阶土方开挖（3m）→第二排锚杆（锚索）施工→第二节挡板施工→依次按上述方法施工其他各阶挡墙直至Ⅱ段边坡完工支护桩施工→施工马道土方捡底。

（3）施工方法

1）场地平整

土方 H 区作为重点抢工区域，应先行开挖，开挖时注意与 A 区和临时转场便道的高切坡；土方施工在 206.0～230.0m 时，A、B、C、D、F 区平行开挖，各区土方退行分层开挖，土方主要由施工出口 A（××路临时转场道路侧）出土。在 182.6～206.0m 时，A、B、C、D、E、F 区平行开挖，各区土方退行分层开挖，土方主要由施工出口 C（××路侧）出土。各区应先施工支护区域，将支护区作业区内土翻至各区中心，翻挖不小于 10m 锚杆（索）操作空间，以便锚杆（索）和挡板施工。

2）施工马道设置

根据本工程特点及扬尘控制要求，在施工出入口与场地内各作业区主要干线设置马道。施工马道（满足双向车流通过）6m 宽，马道纵断面坡度不宜大于 10°。马道路面首先挖出土方填页岩，然后采用铺 60mm 厚 20～40mm 碎石＋页岩，形成泥结石路面。马道两侧坡面采用遮光网覆盖，定期洒水。马道两侧按 1：1 放坡（图 16-19）。

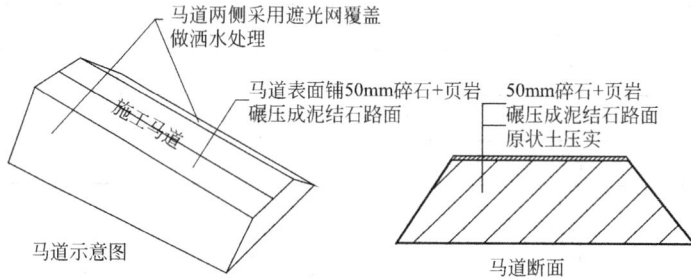

图 16-19 马道施工示意图

3）边坡坡脚中风化泥岩捡底

机械开挖至坑底设计标高时采用装载机清底，对支护桩处采用人工捡底。由于此部分土为中风化泥岩，破除难度较大，故需要采用空压机加人工进行破除，捡底时需投入大量人力及破岩机具。捡底完成后，按设计图纸在基坑顶部和底部施工截水沟。

4）支护（旋挖桩）桩施工（详见施工组织设计）

5）土方开挖施工（详见施工组织设计）

本工程土石方开挖无爆破作业，采用机械施工。土方开挖采用分层分段开挖，由高至低开挖。开挖过程应结合锚杆（索）与挡板施工密切配合。

支护桩施工完并达到设计强度或上排锚杆（索）张拉稳定后，进行土石方开挖。土石方在边坡支护作业区每层土方挖深度 1.500mm，边坡预留 200mm 人工清理，以保证坡壁的平整，避免机械扰动。边坡中部每层按 3m 的厚度分层开挖。挖土时挖土机从近支护桩侧以倒退行驶的方法进行开挖，自卸汽车配置在挖土机的两侧装运土，或者挖土机一面沿着基坑的一侧移动，自卸汽车在另一侧装运土（图 16-20、图 16-21）。

本工程土方开挖第一阶段高程范围在 200.3～230.0m（主要 A、B、C、D、E、F、G、H 作业区），开挖时各施工区先挖临近边坡支护处第 1 层土，再挖各施工区先挖临近边坡支护处第 2 层土和临近马道处第 1 层土，然后挖各施工区先挖临近边坡支护处第 3 层土和临近马道处第 2 层土，挖各施工区先挖临近边坡支护处第 4 层土和临近马道处第 3 层

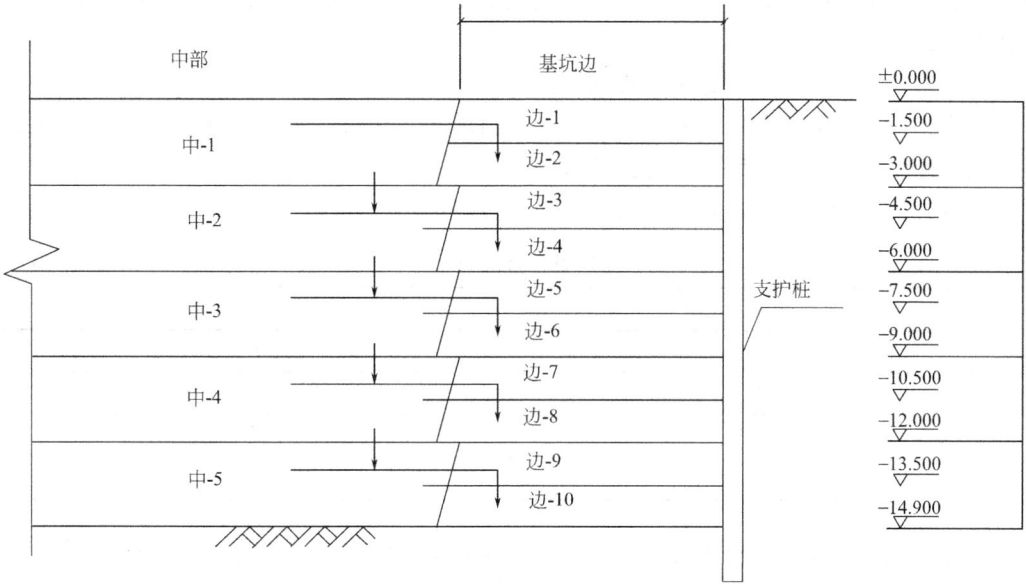

图 16-20 土方开挖剖面示意图

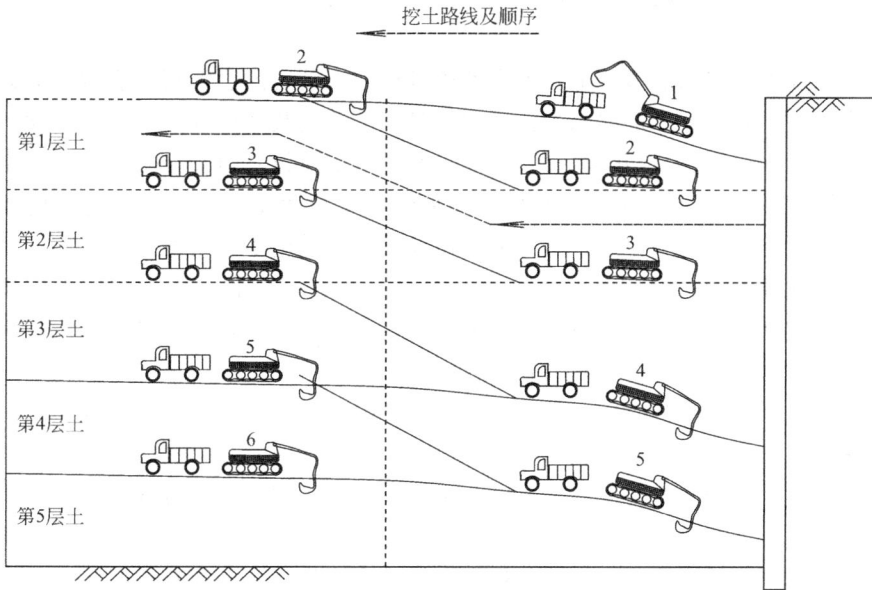

图 16-21 开挖示意图

土，继续挖各施工区先挖临近边坡支护处第 5 层土和临近马道处第 4 层土，最后挖临近马道处第 5 层土，直至挖至设计平场高程。

土方开挖第二阶段高程范围在 182.6～200.3m（主要 A、B、C、D、E、F 作业区），开挖时各施工区先挖临近边坡支护处第 1 层土，再挖各施工区先挖临近边坡支护处第 2 层土和临近马道处第 1 层土，然后挖各施工区先挖临近边坡支护处第 3 层土和临近马道处第 2 层土，挖各施工区先挖临近边坡支护处第 4 层土和临近马道处第 3 层土，继续挖各施工区先挖临近边坡支护处第 5 层土和临近马道处第 4 层土，最后挖临近马道处第 5 层土，直至挖至设计平场高程。

开挖过程中应做好边坡施工过程的监测。

土方运输出入第一阶段主要由涂山路处大门进入，龙门路转场道路处大门出；第二阶段主要由南滨路处和龙门路转场道路处大门进出。

土方开挖区域内局部需要放坡时，其坡度按表 16-14 执行。

临时性挖方边坡坡率　表 16-14

土的类别	边坡坡度（高：宽）
人工填土	1：1.25
粉质黏土	1：1
强风化岩石	1：0.5
中风化岩石	1：0.29

在施工现场修筑汽车行走的便道，坡度不应大于 1：5.5，其路面应填筑适当厚度的碎（砾）石，形成泥结石路面。土方工程机械，其施工坡度最大控制在 1：3 之内。

挖土深度不得超过设计基底标高。

土方开挖一般不宜在雨季进行，否则工作面不宜过大，应逐段、逐片分期完成，应注意边坡稳定。

土方开挖施工采取的措施：①在土方开挖过程中，基坑内会汇集地表水，需设置临时排水沟和集水坑，采用潜水泵抽水。②场内临时施工道路及前期未进行表面硬化的马道应采用铺设 20～40mm 碎石的方法进行临时硬化，碎石铺设宽度不小于 6m、厚度不小于 0.1m，碎石上洒泥岩，形成泥结石路面。在后续施工过程中产生下沉或是场内新增临时施工道路应及时调运碎石进行铺垫，根据以往经验，马道至少填筑四次。③为保证土方不超挖和欠挖，在接近基坑设计底标高时需跟踪测量控制标高和边界，保证土方开挖的准确。④对超挖或基底土质达不到设计要求的，需将不良土层挖除后用素混凝土回填。

6）锚索（杆）施工（详见施工组织设计）

本工程除 2a-2a' 采用锚杆，11-11'、12-12' 采用压力型锚索，其余剖面均采用压力分散型锚索。

锚杆施工工艺流程：测量放线→钻孔→锚索（锚杆）安装→注浆→锚索锁定。

钻孔：按照设计桩号采用拉线尺量，结合水准测量进行放线，并用铁钎和油漆标记准确锚孔位置。钻机按照定位的孔位和设计倾角、方位就位，应用测角量具控制角度，其钻机导轨倾角误差不超过 ±1°，方位误差不超过 ±2°。在钻进过程中，严禁用水冲钻及冲洗孔壁，同时应控制钻进速度，防止岩渣落入孔内及钻孔偏斜、扭曲和变径。对钻压、钻速、地层和地下水情况等及时做好施工记录。钻孔孔径、孔深不得小于设计值，并超钻 50cm。当钻进达到设计深度后，不要立即停钻，要稳钻 3～5min，以防孔底灭火。钻杆取出后及时用高压风将孔中岩（土）粉及水清除孔外。若钻进过程中遇有塌孔应立即停钻，并采用注浆固壁方法处理，24h 后重新开钻。

锚杆制作安装：锚杆钢筋制作应严格按照施工图施工，使用前应调直并除锈去污。锚杆定位器按图施工，以保证钢筋保护层厚度。安放时，应避免杆体扭压、弯曲，注浆管与锚杆一起放入孔内，注浆管应插至距孔底 250～500mm，为保证注浆饱满，在孔口部位设置浆塞及排气管。

注浆：将经试验合格的注浆材料，根据试配报告配制水泥砂浆。水泥采用 P. O42.5。普通硅酸盐水泥，注浆液要搅拌均匀，随拌随用，浆体强度不低于设计要求。注浆管捆扎在锚筋体中轴部位，注浆管头部距锚筋体末端为 50～100mm。注浆时采用孔底返浆方法，注浆压力为 0.5～0.7MPa 左右，直至孔口溢出新鲜浆液为止。若发现孔口浆面回落，要在 30min 内进行孔底压注补浆 2～3 次，以确保孔口浆体充满。特别要注意，锚孔钻造完成后要立即进行清孔，及时进行锚筋体安装和锚孔注浆，全过程不要超过 24h，以防塌孔。

锚索锁定：当锚固段水泥砂浆强度达到设计强度后，进行锚索锁定。

7) 挡板施工（详见施工组织设计）

挡板施工工艺：坡面整理→挡板钢筋工程→挡板模板工程→现浇混凝土工程→混凝土养护。

各流水段采用"间隔法"施工，如图 16-22 所示，即先进行"流水段 A"施工，再进行"流水段 B"施工。

图 16-22 锚索（杆）与挡板"间隔法"施工示意图

8) 伸缩缝和泄水孔留置

本工程伸缩缝留置间距 20m，伸缩缝留置宽度 30mm，缝内填沥青玛琋脂。泄水孔采用直径 110mmPVC 管，竖向间距 2.5m 留置，外倾坡度 5%。

（4）检查验收

1) 截、排水措施的检查

在边坡顶部离开挖线外道路硬化，设倒坡流入边坡周边的排水沟和集水坑，用水泵直接排入城市地下排水管网，避免地表水流入基坑边坡土体。

土方开挖完成后，在边坡坡底周边和内部设排水沟和集水坑，用潜水泵抽水至市政排水井。排水沟截面宽度 300mm，最浅处深度 300mm，坡度 0.5%，集水坑 1000mm× 1000mm×1500mm。所有排水沟和集水坑用 MU7.5 红砖，M5 水泥砂浆砌筑，排水沟和集水坑内面用 1∶2 水泥砂浆抹 20mm 厚。

2) 现场临时用电的外电防护、接地与接零保护系统、配电线路、配电箱和开关箱检查。

3) 安全帽、安全带、安全网、临边防护、攀登作业、夜间照明等的检查。

4) 施工机具、设备的检查

配备一名专业人员经常检查，及时排除隐患。

5) 脚手架的检查（按相应规范执行）。

注：应对具体工程进行相应的施工安全检查验收，完善验收手续。

5. 施工安全保证措施

（1）组织保障（参见实例 16-2，此处略）

（2）技术措施

1）总体要求

① 建立并执行安全检查制度，定期组织各职能部门对工地进行安全检查，对本工程进行全面性和考核性的检查；项目部每半月对工地进行一次安全大检查，由项目经理牵头，专职安全员组织各相关部门对工地进行隐患清查，公司质安部门每月组织一次安全大检查，各种检查中发现问题要定人、定措施、定整改期限，整改后由相应安全机构颁发检验证。

② 专业性检查：由公司安全、设备部门定期组织专业技术人员对电器设备等进行单项检查，对存在的隐患及时整改。

③ 安全员做好日常巡回安全检查，并做好安全检查记录；施工员在检查生产时检查安全；各班组应经常进行自检、互检和交接检查；为防止施工人员上下班时间、节前、节后纪律松懈，思想麻痹产生安全隐患，应加强安全检查活动；充分做到层层设防，级级把关，搞好安全工作。

2）安全教育

① 建立安全教育制度，明确项目经理、技术负责人、专职安全员、施工员、各专业操作班组负责人等相关人员在安全教育中所应承担的职责，定期组织人员进行安全教育培训，以安全生产的政策、法令、法规、标准、规范和安全操作规程为主，并结合本项目的实际安全生产情况和对有代表性的典型事故案例进行讲解，事故是血写的教训，通过有针对性、生动鲜明的教育，使受教育的员工印象深刻，牢记不忘。

② 做好新入场工人及变换工种工人的三级安全教育工作。三级安全教育由技术、安全和劳资部门配合组织进行，从公司、项目到班组层层进行教育培训，考核合格者方许进入生产岗位，同时建立员工安全生产教育卡，将员工的三级安全教育工作存档备案。

③ 详细制定各专业工种的安全技术操作规程，如机械工、电工、钢筋工、掘井工等工种的操作规程；安全技术教育的内容应主要体现在技术操作规程上，写明要领，指出安全习惯和关键问题，并尽可能把操作步骤表达清楚。建立班前活动制度，各分项工程施工前各班组负责人应做好本班组的安全教育工作，并对班前安全活动进行记录。

④ 施工员、专职安全员在各分项工程施工前，要进行详细可靠的安全技术交底，交底内容要包括：A. 常规操作要求、施工规范要求。B. 根据施工内容需采取的安全技术措施。C. 按有关施工安全操作的要求，对关键工程实行有针对性的安全技术交底。如施工现场临时施工用电、护壁施工、施工机具安全使用等。D. 雨期施工时应组织现场员工进行雨期施工安全和消防的宣传教育，制定安全生产、防水、防潮、防滑、防火、防爆、防中毒等各项规章制度，并教育员工严格遵守。

3）风险源防范技术措施

① 安全用电和施工防火措施（参见实例 16-2）

② 防坍塌的安全技术措施

A. 开工前对进场工人进行入场安全教育，确保各工种施工人员熟悉安全操作规程，严禁违章作业和酒后作业。电工、反铲挖掘机司机、起重机司机及指挥、机械操作人员和各种机动车辆司机必须经过专业培训，做到持证上岗。

B. 每层土方开挖应严格按方案要求进行，决不允许超挖、大开挖和无序开挖。

C. 机械开挖时，应注意对支护桩和工程桩进行保护，支护桩前 50cm 的土应人工清除。

D. 土方开挖过程中,土方应随挖随运,不得在坡顶周边堆土。

E. 挖掘机挖土必须严格遵守由上而下、逐层进行,禁止先挖放坡脚或逆坡挖土。机械挖土与人工挖土同时进行时,人工挖土的人员应在机械的回转半径以外,如必须在回转半径内工作时,必须停止机械回转并制动好后方可作业。机上、机下人员应随时保持联系,确保安全生产。

F. 夜间施工必须保证挖掘机上、工作地点、主要通道及卸土场有充足的照明。

G. 加强周边监测,如出现塌方、垮方等意外情况或征兆时,要立即组织人员撤离。在边坡支护结构周围设置边坡支护监测点,实行信息法施工方法,派专人监测边坡支护变形与位移情况;并与边坡支护监测单位保持密切联系;发现险情,立即停止施工,上报项目部;必要时会同业主、监理、设计、地勘和相关专家研究解决问题。

③ 防触电事故的安全技术措施(参见实例16-2)

④ 高处坠落安全技术措施

A. 边坡坡顶上口四周沿排水沟上设置1.2m高分色防护栏杆,并满挂安全网,在施工区域留出必要的安全通道。布设红色警示灯,悬挂相应的安全警示牌、温馨提示、操作规程于施工区域和安全通道口醒目位置;并加强边坡四周栏杆保护工作。

B. 栏杆设高30cm防护板,以防止地面上的石块、泥沙、工具、器具、短钢筋等杂物进入坡体内,施工现场安排专职安全员昼夜值班,监督现场安全,所有进入施工现场的人员必须戴有安全帽。

C. 及时清理作业现场,对开挖的泥沙、石块随时清运远离坡顶,保证坡顶不堆放杂物,堆载在设计允许范围内。

D. 高空交叉作业时,上面作业空间应采取封闭或遮挡,以防高空坠物,伤及下方作业人员。

⑤ 防机械伤害安全技术措施(参见实例16-2)

⑥ 其他安全技术措施

A. 四周必须设置排水沟。

B. 遇暴雨、大风天气禁止作业,以防雷电、滑坡等自然因素导致事故的发生。

C. 事故征兆发生时,立即组织人员撤离。

(3)应急预案

本工程潜在主要危险源有坍塌、机械伤害、触电和施工中挖断水、电、气和通信光缆等。本方案针对坍塌、机械伤害和施工中挖断水、电、气和通信光缆作阐述,其他危险源应急预案详见《××市政工程应急救援预案》。

1)坍塌事故应急准备与响应预案

① 应急准备

项目部成立坍塌事故应急准备和响应领导小组,坍塌事故应急处置领导小组负责对项目突发坍塌事故进行应急处理。

组长:项目经理。

组员:施工主管、安全员、各专业主管、技术负责人、质检员、值勤人员。

② 培训和演练

项目部安全员负责主持、组织全项目每年进行一次按坍塌事故"应急响应"的要求进行模拟演练。各组员按其职责分工，协调配合完成演练。演练结束后由组长组织对"应急响应"的有效性进行评价，必要时对应急响应的要求进行调整或更新。演练、评价和更新的记录应予以保持。

技术质安部协同项目部共同负责对相关人员每季度进行一次培训。

③ 应急物资的准备、维护、保养

应急物资的准备：简易担架、跌打损伤药品、包扎纱布。

各种应急物资要配备齐全并加强日常管理。

④ 应急响应

A. 预防坍塌事故发生，项目部成立义务小组，由项目经理担任组长，施工主管及安全员、各专业主管为组员，主要负责紧急事故发生时有条不紊地进行抢救或处理，劳务班组管理人员及后勤人员，协助项目经理做好相关辅助工作。

B. 发生坍塌事故后，由项目经理负责现场总指挥，发现事故发生人员首先高声呼喊，通知现场安全员，由安全员打事故抢救电话"120"，向上级有关部门或医院打电话抢救，同时通知项目经理组织紧急应变小组进行现场抢救。土建主管组织有关人员清理土方或杂物，如有人员被埋，应首先按部位进行抢救人员，其他组员采取有效措施，防止事故发展扩大，让劳务班组负责人随时监护边坡状况，及时清理边坡上堆放的材料，防止造成再次事故的发生。在向有关部门通知抢救电话的同时，对轻伤人员在现场采取可行的应急抢救，如现场包扎止血等措施。防止受伤人员流血过多造成死亡事故发生。预先成立的应急小组人员分工，各负其责，重伤人员由相关人员送至门卫并在大门口迎接来救护的车辆，有程序地处理事故、事件，最大限度地减少人员和财产损失。

如果发生脚手架坍塌事故，按预先分工进行抢救，组织所有架子工进行倒塌架子的拆除和拉牢工作，防止其他架子再次倒塌，现场清理由劳务班组管理者组织有关职工协助清理材料，如有人员被砸应首先清理被砸人员身上的材料，集中人力先抢救受伤人员，最大限度地减小事故损失。

C. 边坡支护工程属于风险性较大的工程，施工过程中因地质、环境等因素影响，可能有时会发生意外情况，为做到有备无患，针对本工程特点，制定以下工程应急措施如下：a. 坡面产生局部剥离、坍塌的处理：迅速采用土钉挂网固定，喷射快凝混凝土。b. 坑底局部涌水涌砂的处理：迅速用麻袋装土反压，并用止水材料封堵以缩小范围，再采用高压注浆等办法封堵。c. 边坡沉降变形过大的处理：应通知监测单位对沉降部位进行监测，如变形超出监测报警值，应立即启用应急预案，组织人员和机械设备撤离，并通知建设、设计、勘察、监理等相关单位，会同处理。d. 出现坡脚滑移的处理：立即停止土方开挖，用卵石或土装入麻包反压坡脚或回填土方，然后用高压注浆固化土体，并在坡脚打入花管并进行注浆以稳固土体。

⑤ 事故后处理工作

查明事故原因及责任人。

以书面形式向上级写出报告，包括发生事故时间、地点、受伤或死亡人员的相关情况（包括姓名、性别、年龄、工种、伤害程度、受伤部位）。

制定有效的预防措施，防止此类事故再次发生。

组织所有人员进行事故教育。

向所有人员宣读事故结果，及对责任人的处理意见。

2）机械伤害事故应急准备与响应预案

① 应急准备

项目部成立机械伤害事故应急准备和响应领导小组，机械伤害事故应急处置领导小组负责对项目突发机械伤害事故的应急处理。

组长：项目经理。

组员：施工主管、安全员、各专业主管、技术负责人、质检员、值勤人员。

② 培训和演练

项目部安全员负责主持、组织全项目每年进行一次按机械伤害事故"应急响应"的要求进行模拟演练。各组员按其职责分工，协调配合完成演练，演练结束后由组长组织对"应急响应"的有效性进行评价，必要时对"应急响应"的要求进行调整或更新。演练、评价和更新的记录应予以保持。

项目部负责对相关人员每季度进行一次培训。

③ 应急物资的准备、维护、保养

应急物资的准备：简易担架、跌打损伤药品、包扎纱布。

各种应急物资要配备齐全并加强日常管理。

④ 应急响应

A. 预防机械伤害事故发生，项目部成立义务小组，由项目经理担任组长，施工主管及安全员、各专业主管为组员，主要负责紧急事故发生时有条有理地进行抢救或处理，劳务班组管理人员及后勤人员协助项目经理做好相关辅助工作。

B. 发生机械伤害事故后，由项目经理负责现场总指挥，发现事故发生人员首先高声呼喊，通知现场安全员，由安全员打事故抢救电话"120"，向上级有关部门或医院打电话抢救，同时通知施工主管组织紧急应变小组进行可行的应急抢救，如现场包扎、止血等措施，防止受伤人员流血过多造成死亡事故发生。预先成立的应急小组人员分工，各负其责，重伤人员应立即展开抢救工作，门卫在大门口迎接来救护的车辆，有程序地处理事故、事件，最大限度地减少人员和财产损失。

⑤ 事故后处理工作

查明事故原因及责任人。

以书面形式向上级写出报告，包括发生事故时间、地点、受伤（死亡）人员姓名、性别、年龄、工种、伤害程度、受伤部位。

制定有效的预防措施，防止此类事故再次发生。

组织所有人员进行事故教育。

向所有人员宣读事故结果，及对责任人的处理意见。

3）施工中挖断水、电、气、通信光缆应急准备与响应预案

① 应急准备

项目部成立应急准备和响应领导小组，应急处置领导小组负责对此突发事故的应急处理。

组长：项目经理。

组员：施工主管、安全员、各专业主管、技术负责人、质检员、值勤人员。

② 培训和演练

项目部安全员负责主持、组织全项目每年进行一次按"应急响应"的要求进行的模拟演练。各组员按其职责分工，协调配合完成演练。演练结束后由组长组织对"应急响应"的有效性进行评价，必要时对"应急响应"的要求进行调整或更新。演练、评价和更新的记录应予以保持。

技术质安部协同项目部共同负责对相关人员每季度进行一次培训。

③ 应急物资的维护、保养及测试

加强对各种防护设施的日常管理，定期检查，随时保持良好状态。

④ 应急响应

A. 最先发现挖断水、电、通信光缆、煤气管道的，要立即报告单位应急负责人。

B. 应急负责人现场总指挥，即刻组织迅速封锁（事故）事件现场，将事故点 20m 内进行维护隔离，采取临时措施将（事故）事件的损失及影响降至最低点，并电话通报公司应急小组组长。

C. 安全员立即拨打本市自来水保修中心电话，拨打本市供电急修电话，拨打本市通信光缆急修电话。电话描述清楚如下内容：单位名称、所在区域、周围显著标志性建筑物、主要路线、候车人姓名、主要特征、等候地址、所发生（事故）事件的情况及程度，随后到路口引导救援车辆。

D. 公司应急小组副组长到达事件现场后，立即组织事件调查，并将事件的初步调查通报公司应急小组组长。

E. 公司应急小组组长接到事件通报后，上报当地主管部门，等候调查处理。

（4）监测监控

1）监测监控方法

本工程监测由建设方委托专业机构进行边坡工程施工期及使用期的监测监控，施工单位作为总承包方，对本工程施工期间进行变形监测，协调与组织配合相关监测监控工作。施工方监测监控方法为巡视检查与边坡沉降、水平变形监测。

2）施工单位巡视检查

施工方根据施工进度，每天（不少于 1 次，特殊情况应适当增加）巡视检查坡顶建（构）筑物、管线及地表、坡面是否存在开裂、变形等异常现象，检查排水系统排水是否通畅，向居民［或建（构）筑物管理机构］了解施工期间建（构）筑物使用情况，并做好相应的记录。

3）施工单位边坡变形监测

① 测点布置

根据设计文件和《建筑边坡工程技术规范》（GB 50330—2013）的要求，布设边坡沉降、水平位移监测点，每 20～30m 布置一个测点，每段不少于 3 点，测点布置见边坡变形监测布置图（本处受篇幅影响，略），部分测点与建设方委托的监测机构测点重合（重合点数 30%）。

② 施工监测措施

A. 对监测人员进行技术交底，监测仪器使用前应校正。

B. 主动联系专业监测单位，对监测点的位置、初始数据进行记录。

C. 固定监测网及监测线路，减小测量中产生的误差。

D. 监测周期。边坡开挖前，每周监测 1 次。边坡开挖后，每 2d 监测一次，变形稳定后每周监测一次。当变形异常时，每天监测一次；边坡施工结束后每月测一次，直至变形稳定为止。

E. 为保证测量精度，还应采取"三固定"措施。即：a. 仪器固定：包括水准仪、三脚架、水准尺。b. 人员固定：尤其是主要观测人员。c. 观测线路固定：包括镜位固定和观测次序固定。

③ 报警值

A. 有软弱外倾结构面的岩土边坡支护结构坡顶有水平位移迹象或支护结构受力裂缝有发展；无外倾结构面的岩质边坡或支护结构构件的最大裂缝宽度达到国家现行相关标准的允许值；土质边坡支护结构坡顶的最大水平位移已大于边坡开挖深度的 1/500 或 20mm，以及其水平位移速度已连续 3d 大于 2mm/d。

B. 土质边坡坡顶邻近建筑物的累计沉降、不均匀沉降或整体倾斜已大于现行国家标准《建筑地基基础设计规范》（GB 50007—2011）规定允许值的 80%，或建筑物的整体倾斜度变化速度已连续 3d 大于 0.00008。

C. 坡顶邻近建筑物出现新裂缝、原有裂缝有新发展。

D. 支护结构中有重要构件出现应力骤增、压屈、断裂、松弛或破坏的迹象。

E. 边坡底部或周围岩土体已出现可能导致边坡剪切破坏的迹象或其他可能影响安全的征兆。

F. 根据本地工程经验判断已出现其他必须报警的情况。

4）边坡工程监测监控资料处理及信息交换

① 资料记录及整理：每天做好巡视检查记录；边坡变形监测资料由专项监测人员整理、记录，并按规定制成图表，判断边坡变形趋势，与建设方委托的监测机构同时提出边坡变形监测报表，当变形不稳定时，监测人员应及时向项目经理汇报，项目经理及时向有关单位汇报。

② 信息交换：正常情况下施工方每月向监理单位、建设单位汇报边坡监测监控情况。建设单位应及时将监测机构监测报表及时告知施工单位，核实边坡监测监控工作的有效性、监测数据的真实性。

③ 边坡监测数据达到报警值时，监测人员应立即向项目经理汇报，项目经理及时向有关单位汇报，并及时启动应急预案。

6. 劳动力计划

（1）安全生产管理人员

本工程安全管理人员见表 16-15。

安全生产管理人员　　　　　　　　　　　　　表 16-15

序号	姓名	职务	编号	有效期
1	肖××	项目经理	B 证	20××年 6 月
2	柳××	专职安全员	C 证渝 1114004××××××	20××年 6 月
3	兰××	专职安全员	C 证渝 1114004××××××	20××年 6 月

（2）特种作业人员

本工程特种作业人员随工程进度情况进场，现阶段进场特种作业人员见表 16-16。

特种作业人员　　　　　　　　　表 16-16

序号	姓名	操作类别	证号	有效期
1	欧××	建筑焊割(操作)工	沪 X082014××××××	20××年 8 月 3 日
2	周××	建筑焊割(操作)工	沪 X082014××××	20××年 6 月 3 日
3	唐××	吊车机手	TS6FCQS3××××	20××年 8 月 3 日
4	李××	吊车机手	512226197209×××××××	20××年 6 月 3 日
5	方××	旋挖机手	B1Z1141××××××	20××年 11 月 30 日
6	蹇××	旋挖机手	5001131988×××××××××	20××年 4 月 5 日
7	邓××	挖机机手	TS6GGYC0××××	20××年 6 月 3 日
……	……	……	……	……

注：限于篇幅，其他特种作业人员不再——列出。

7.计算书及相关图纸

（1）挡板模板计算（详见施工组织设计）

（2）模板支撑架计算（详见施工组织设计）

（3）附图

1）施工总平面布置图（含截排水、临边防护等，此处略）；

2）技术参数图（此处略）；

3）土方开挖示意图（此处略）；

4）施工监测项目图和监测点布置图（此处略）；

5）应急救援路线图（此处略）。

参考文献

[1]　GB 50870—2013 建筑施工安全技术统一规范［S］.北京：中国建筑工业出版社，2013.

[2]　JGJ 59—2011 建筑施工安全检查标准［S］.北京：中国建筑工业出版社，2011.

[3]　JGJ 33—2012 建筑机械使用安全技术规程［S］.北京：中国建筑工业出版社，2012.

[4]　JGJ 180—2009 建筑施工土石方工程安全技术规范［S］.北京：中国建筑工业出版社，2009.

[5]　JGJ/T 194—2009 钢管满堂支架预压技术规程［S］.北京：中国建筑工业出版社，2010.

[6]　JGJ 276—2012 建筑施工起重吊装工程安全技术规范［S］.北京：中国建筑工业出版社，2012.

[7]　JGJ 147—2016 建筑拆除工程安全技术规范［S］.北京：中国建筑工业出版社，2017.

[8]　JGJ 162—2008 建筑施工模板安全技术规范［S］.北京：中国建筑工业出版社，2008.

[9]　JGJ 130—2011 建筑施工扣件式钢管脚手架安全技术规范［S］.北京：中国建筑工业出版社，2011.

[10]　GB 50330—2013 建筑边坡工程技术规范［S］.北京：中国建筑工业出版社，2014.

[11]　GB 50202—2002 建筑地基基础工程施工质量验收规范［S］.北京：中国建筑工业出版社，2002.

[12]　JGJ/T 188—2009 施工现场临时建筑物技术规范［S］.北京：中国建筑工业出版社，2010.

[13]　JGJ 88—2010 龙门架及井架物料提升机安全技术规范［S］.北京：中国建筑工业出版社，2011.

[14]　JGJ 164—2008 建筑施工木脚手架安全技术规范［S］.北京：中国建筑工业出版社，2008.

[15]　JGJ 305—2013 建筑施工升降设备设施检验标准［S］.北京：中国建筑工业出版社，2013.

[16]　JGJ 202—2010 建筑施工工具式脚手架安全技术规范［S］.北京：中国建筑工业出版社，2010.

[17]　JGJ 165—2010 地下建筑工程逆作法技术规程［S］.北京：中国建筑工业出版社，2011.

[18]　中华人民共和国安全生产法，中华人民共和国主席令第十三号.北京：中国法制出版社，2014.

[19]　JGJ 311—2013 建筑深基坑工程施工安全技术规范［S］.北京：中国建筑工业出版社，2014.

[20]　GB 51004—2015 建筑地基基础工程施工规范［S］.北京：中国建筑工业出版社，2015.

第 17 章　边坡工程监测、鉴定与加固

17.1　边坡工程监测

边坡工程变形控制应根据周边环境条件对边坡的要求分为严格、较严格和不严格。当坡顶附近有重要建（构）筑物时除应保证边坡整体稳定性外，还应保证边坡变形满足建（构）筑物的变形要求。边坡的变形值大小与边坡高度、地质条件、水文条件、支护结构类型、施工开挖方案等因素相关，变形计算复杂且不够成熟，有关规范均未提出较成熟的计算方法，工程实践中只能根据地区经验，采用工程类比的方法，从设计、施工、变形监测等方面采取措施控制边坡变形。

监测工作可为评估边坡工程安全状态、预防灾害的发生、避免产生不良社会影响以及为动态设计和信息法施工提供实测数据，指导边坡工程设计和施工的调整，确保边坡工程的安全。

目前为止，边坡工程变形的计算和控制还未形成完整的计算和控制理论，仅有积累的工程经验和定性认识；为此，在工程实践中对边坡工程变形的监测，常采用如下标准（规范）：（1）《建筑边坡工程技术规范》（GB 50330—2013）；（2）《建筑地基基础设计规范》（GB 50007—2011）；（3）《建筑基坑工程监测技术规范》（GB 50497—2009）；（4）《建筑边坡工程鉴定与加固技术规范》（GB 50843—2013）；（5）《工程测量规范》（GB 50026—2007）；（6）《建筑变形测量规范》（JGJ 8—2016）。

在建筑边坡工程监测工作中，目前常引用的技术标准各有侧重，各标准的特点如下。

《建筑地基基础设计规范》（GB 50007—2011）中监测要求的特点是：

（1）适用于工业和民用建筑（包括构筑物）的地基基础设计。

（2）明确了建筑物的地基变形允许值，即明确了建筑物基础沉降和建筑物倾斜变形的允许值。

（3）明确了基坑开挖应根据设计要求进行监测，实施动态设计和信息化施工。

（4）边坡工程施工过程中，应严格记录气象条件、挖方、填方、堆载等情况。尚应对边坡的水平位移和竖向位移进行监测，直到变形稳定为止，且不得少于两年。爆破施工时，应监控爆破对周边环境的影响。

（5）明确了建筑物在施工期间及使用期间进行变形观测的情况：1）地基基础设计等级为甲级的建筑物；2）复合地基或软弱地基上的设计等级为乙级的建筑物；3）加层、扩建建筑物；4）受邻近深基坑开挖施工影响或受场地地下水等环境因素变化影响的建筑物；5）需要积累建筑经验或进行设计反分析的工程。

《建筑边坡工程技术规范》（GB 50330—2013）中监测要求的特点是：

（1）适用于建（构）筑物及市政工程的边坡工程及岩石基坑边坡工程。适用的建筑边坡高度，岩质边坡为 30m（含 30m）以下，土质边坡为 15m（含 15m）以下。超过上述限定高度的边坡工程或地质和环境条件复杂的边坡工程除应符合本规范的规定外，尚应进行专项设计，采取有效、可靠的加强措施。

（2）边坡塌滑区有重要建（构）筑物的一级边坡工程施工时必须对坡顶水平位移、垂直位移、地表裂缝和坡顶建（构）筑物变形进行监测。

（3）对边坡工程的监测工作作了具体规定。

《建筑基坑工程监测技术规范》（GB 50497—2009）中监测要求的特点是：

（1）适用于一般土及软土建筑基坑工程监测，不适用于岩石建筑基坑工程以及冻土、膨胀土、湿陷性黄土和侵蚀性环境的建筑基坑工程监测。

（2）明确了基坑工程监测项目、监测点布置、监测方法及精度要求和监测频率等具体操作要求。

（3）明确了监测报警的限值要求。

《工程测量规范》（GB 50026—2007）中监测要求的特点是：

（1）适用于工程建设领域的通用性测量工作。

（2）明确了以中误差作为衡量测绘精度的标准，并以二倍中误差作为极限误差。

（3）明确了平面控制测量、高程控制测量、地形测量、线路测量、地下管线测量、施工测量及竣工总图的编绘与实测等相关规定。

（4）对工程变形测量进行了宏观规定，明确了变形测量精度要求。

《建筑变形测量规范》（JGJ 8—2016）中监测要求的特点是：

（1）适用于工业和民用建筑（包括构筑物）的地基基础、上部结构及其场地的各种沉降（包括上升）测量和位移测量。

（2）明确了测量中的高程控制、平面控制、沉降观测和位移观测等具体操作要求。

（3）明确了测量数据的处理及分析要求。

17.1.1　《建筑边坡工程技术规范》（GB 50330—2013）中对边坡监测工作的要求

《建筑边坡工程技术规范》（GB 50330—2013）中第 19 章第 1 节对建筑边坡监测工作作出了具体规定。

由于我国坡地多，在坡顶及周边不可避免地建设建（构）筑物，对坡顶有重要建（构）筑物的一级边坡工程风险较高，破坏后果严重，因此，《建筑边坡工程技术规范》（GB 50330—2013）明确规定：边坡塌滑区有重要建（构）筑物的一级边坡工程施工时必须对坡顶水平位移、垂直位移、地表裂缝和坡顶建（构）筑物变形进行监测。监测工作可为评估边坡工程安全状态、预防灾害的发生、避免产生不良社会影响以及为动态设计和信息法施工提供实测数据，故该条规定为强制性条文。

建筑边坡工程监测工作应由设计提出具体的监测项目和要求，由建设单位委托有资质的监测单位编制监测方案，监测方案应包括监测项目、监测目的、监测方法、测点布置、监测项目报警值、信息反馈制度等内容，经设计、监理和业主等共同认可后实施。

边坡工程可根据其安全等级、地质环境、边坡类型、支护结构类型和变形控制要求，按表 17-1 选择监测项目。

边坡工程监测项目表 表 17-1

测试项目	测点布置位置	边坡工程安全等级		
		一级	二级	三级
坡顶水平位移和垂直位移	支护结构顶部或预估支护结构变形最大处	应测	应测	应测
地表裂缝	墙顶背后 1.0H（岩质）～1.5H（土质）范围内	应测	应测	选测
坡顶建（构)筑物变形	边坡坡顶建筑物基础、墙面和整体倾斜	应测	应测	选测
降雨、洪水与时间关系		应测	应测	选测
锚杆（索)拉力	外锚头或锚杆主筋	应测	选测	可不测
支护结构变形	主要受力构件	应测	选测	可不测
支护结构应力	应力最大处	选测	选测	可不测
地下水、渗水与降雨关系	出水点	应测	选测	可不测

注：1. 在边坡塌滑区内有重要建（构)筑物，破坏后果严重时，应加强对支护结构的应力监测。

2. H 为边坡高度。

建筑边坡工程监测时应符合以下规定。

（1）边坡工程监测应符合下列规定：1）坡顶位移观测，应在每一典型边坡段的支护结构顶部设置不应少于 3 个基准点的观测网，观测位移量、移动速度和移动方向。2）锚杆拉力和预应力损失监测，应选择有代表性的锚杆（索），测定锚杆（索）应力和预应力损失。3）非预应力锚杆的应力监测根数不宜少于锚杆总数的 3%，预应力锚索的应力监测根数不宜少于锚索总数的 5%，且均不应少于 3 根。4）监测工作可根据设计要求、边坡稳定性、周边环境和施工进程等因素进行动态调整。5）边坡工程施工初期，监测宜每天一次，且应根据地质环境复杂程度、周边建（构)筑物、管线对边坡变形敏感程度、气候条件和监测数据调整监测时间及频率。当出现险情时应加强监测。6）一级永久性边坡工程竣工后的监测时间不宜少于两年。

（2）地表位移监测可采用 GPS 法和大地测量法，可辅以电子水准仪进行水准测量。在通视条件较差的环境下，采用 GPS 监测为主；在通视条件较好的情况下采用大地测量法。边坡变形监测与测量精度应符合现行国家标准《工程测量规范》（GB 50026—2007）和《建筑变形测量规范》（JGJ 8—2016）的有关规定。

（3）应采取有效措施监测地表裂缝、位错等变化。监测精度对于岩质边坡分辨率不应低于 0.5mm、对于土质边坡分辨率不应低于 1mm。

（4）对地质条件特别复杂的、采用新技术治理的一级边坡工程，应建立边坡工程长期监测系统。边坡工程监测系统包括监测基准网和检测点建设、监测设备仪器安装（保护)、数据采集与传输、数据处理与分析、预测预报或总结等。

边坡工程及支护结构变形值的大小与边坡高度、地质条件、水文条件、支护类型、坡顶荷载等多种因素有关，变形计算复杂且不成熟，国家现行有关标准均未提出成熟的计算理论。因此，目前较准确地提出边坡工程变形预警值也是困难的，特别是对岩体或岩土混合边坡工程变形控制标准更难提出统一的判定标准，工程实践中只能根据地区经验，采取工程类比的方法确定。报警值的确定考虑了边坡类型、安全等级及被保护对象对变形的敏感程度等因素，变形控制比单纯的地基不均匀沉降要严。

《建筑边坡工程技术规范》（GB 50330—2013）规定：边坡工程施工过程中及监测期间

遇到下列情况时应及时报警，并采取相应的应急措施：

（1）有软弱外倾结构面的岩土边坡支护结构坡顶有水平位移迹象或支护结构受力裂缝有发展；无外倾结构面的岩质边坡或支护结构构件的最大裂缝宽度达到国家现行相关标准的允许值；土质边坡支护结构坡顶的最大水平位移已大于边坡开挖深度的 1/500 或 20mm，以及其水平位移速度已连续 3d 大于 2mm/d。

（2）土质边坡坡顶邻近建筑物的累计沉降、不均匀沉降或整体倾斜已大于现行国家标准《建筑地基基础设计规范》（GB 50007—2011）规定允许值的 80%，或建筑物的整体倾斜度变化速度已连续 3d 每天大于 0.00008。

（3）坡顶邻近建筑物出现新裂缝、原有裂缝有新发展。

（4）支护结构中有重要构件出现应力骤增、压屈、断裂、松弛或破坏的迹象。

（5）边坡底部或周围岩土体已出现可能导致边坡剪切破坏的迹象或其他可能影响安全的征兆。

（6）根据当地工程经验判断已出现其他必须报警的情况。

17.1.2　滑坡监测

为监测和掌握目前、施工期及后期运行过程中滑坡稳定的变化趋势、检验治理工程的效果，及时发现异常现象并进行分析处理，确保滑坡体上居民的生命财产安全，均有必要布置适量的监测设施。

滑坡监测原则为：（1）以滑体表面位移和抗滑桩位移监测为主，辅以其他相应的校验监测。（2）针对滑坡防治工程的需要，根据施工期和运行期不同特点，对监测进行统一规划。（3）监测设备选取要满足实用性、稳定性、精确性、耐久性等要求。（4）监测范围：包括整个滑坡区，重点放在滑坡后缘、抗滑工程施工处、地形突变处等。（5）对所测资料应及时整理、处理和解释，以便对工程中存在的不安全因素及时发现和处理。

滑坡监测项目主要包括：（1）位移监测，主要有大地形变、裂缝、巡视检查和深部位移。（2）倾斜监测，主要有表面倾斜和深部倾斜。（3）应力应变监测。（4）水的动态监测，主要有地下河水位、地下水位、孔隙水压力、水量、水温。（5）环境因素监测，主要有降雨量、气温和人类工程活动。

滑坡监测应满足下列要求：（1）监测点的设置要求：1）监测点应按防治工程的措施、地质条件、结构特点和观测项目来确定，并选择有代表性的部位布置。2）在开工初期，应进行仪器埋设观察，以便获得连续完整的记录。（2）监测剖面的设置要求：监测剖面应控制主要变形方向，原则上应与防治工程垂直和平行。每个地质灾害体上的监测纵剖面数量，对安全等级为一级的防治工程，监测纵剖面不宜少于 3 条；二级防治工程，不宜少于 2 条。单个灾害体上的纵、横剖面不应少于 1 条，并尽量与地质剖面一致。（3）地表变形监测点的设置要求：对地表变形剧烈地段的防治工程部位应重点控制，适当增加检测点和监测手段。监测熟练视防治对象的多少而确定，每条剖面上的监测点，不应少于 3 个。（4）监测要求：1）变形观测应以绝对位移监测为主。在剖面所经过的裂缝、支挡工程结构，以及其他防治工程结构上，宜布置相对位移监测点及其他监测点。监测剖面两端要进入稳定岩（土）体并设置永久性水泥标桩作为该剖面的基准点和照准点。2）应尽量利用钻孔或平洞、竖井进行灾害体深部变形监测，并测定监测剖面上不同点的位移变化量、方向和速率。3）施工安全监测点应布置在滑坡体稳定性差的部位，宜形成完整剖面，采用多种手段互相验证和补充。4）仅用地表排水的工程，应对各沟段排水流量进行监测。观测点应在修建排水沟渠时建立，主要布置在各段沟渠交接点上游 10m 处。

17.1.3 边坡变形监测中的若干问题

1. 常用测量仪器及各监测仪器的特点

边坡工程监测常用仪器如下：（1）经纬仪：测量水平角和竖直角的仪器。由望远镜、水平度盘与垂直度盘和基座等部件组成。按读数设备分为游标经纬仪、光学经纬仪和电子（自动显示）经纬仪。经纬仪广泛用于控制、变形监测和施工放样等常规测量工作中。根据水平位移监测的精度要求一般选用 2″ 级以上的仪器测量。（2）水准仪：测量两点间高差的仪器。由望远镜、水准器（或补偿器）和基座等部件组成。按构造分：定镜水准仪、转镜水准仪、微倾水准仪、自动安平水准仪。水准仪也广泛用于控制、变形监测和施工放样等测量工作。在水准仪上附有专用配件时，可组成激光水准仪。根据垂直位移监测精度要求一般选用 DSl 以上水准仪测量。（3）全站仪：全站型电子速测仪（Electronic Total Station）。全站型电子速测仪则是由电子测角、电子测距、电子计算和数据存储单元等组成的三维坐标测量系统，测量结果能自动显示，并能与外围设备交换信息的多功能测量仪器，它本身就是一个带有特殊功能的计算机控制系统。由于全站型电子速测仪较完善地实现了测量和处理过程的电子化和一体化，所以人们也通常称之为全站型电子速测仪或简称全站仪。

边坡变形监测专用测量仪器如下：（1）液体静力水准仪：利用连通管测定两点间微小高差的仪器。主要是由测深仪和控制器组成的观测系统。前者用微型电机作为动力，以测针自动跟踪水位进行观测，后者由电子设备部件经过测深仪与沉降点有线连接后，指挥任一沉降点进行工作，并由数码管显示逐点的观测值。在良好条件下，观测精度可达 0.05mm 左右。仪器主要用于精密测定建筑物沉降，建筑物安装及地震预报中的倾斜观测。（2）陀螺经纬仪：将陀螺仪和经纬仪组合在一起，用以测定真方位角的仪器。在地球上南北纬度 75° 范围内均可使用。陀螺高速旋转时，由于受地球自转影响，其轴向子午面两侧往复摆动。通过观测，可定出正北方向。陀螺经纬仪主要用于矿山和隧道地下导线测量的定向工作。有的陀螺经纬仪用微处理机进行控制，自动显示测量成果，具有较高的测量精度。激光陀螺经纬仪则具有精度较高、稳定和成本低的特点。（3）激光测量仪器：装有激光发射器的各种测量仪器。这类仪器较多，其共同点是将一个氦氖激光器与望远镜连接，把激光束导入望远镜筒，并使其与视准轴重合。利用激光束方向性好、发射角小、亮度高、红色可见等优点，形成一条鲜明的准直线，作为定向定位的依据。在大型建筑施工，沟渠、隧道开挖，大型机器安装，以及变形观测等工程测量中应用甚广。

常见的激光测量仪器有：（1）激光准直仪和激光指向仪：两者构造相近，用于沟渠、隧道或管道施工、大型机械安装、建筑物变形观测。（2）激光垂线仪：将激光束置于铅直方向以进行竖向准直的仪器。用于高层建筑、烟囱、电梯等施工过程中的垂直定位及以后的倾斜观测，精度可达 0.5×10^{-4}。（3）激光经纬仪：用于施工及设备安装中的定线、定位和测设已知角度。通常在 200m 内的偏差小于 1cm。（4）激光水准仪：除具有普通水准仪的功能外，尚可做准直导向之用。如在水准尺上装自动跟踪光电接收靶，即可进行激光水准测量。

随着科学技术进步，边坡变形监测新的现代测量技术如下：

（1）GPS定位技术：GPS定位技术从问世之初取代常规大地测量和工程控制测量，发展到目前，它已渗入工程测量、地籍测量、交通管理、导航、地理信息系统、海洋、气象和地球空间研究等许多领域。差分GPS（DGPS）与相位差分GPS（RTK）技术，实现了高精度实时动态导航与定位，可以在一个瞬间获得厘米级精度的测站坐标。

GPS系统的特点：1）全球、全天候工作，能为用户提供连续、实时的三维位置、三维速度和精密时间，不受天气的影响。2）定位精度高。单机定位精度优于10m，采用差分定位。精度可达厘米级和毫米级。3）功能多，应用广泛。4）仪器操作简便（工作效率高）。5）观测时无需通视。6）观测时间短。

随着人们对GPS认识的加深，GPS不仅在测量、导航、测速、测时等方面得到更广泛的应用，而且其应用领域不断扩大。GPS可以全天候、精确定位全球任何位置的三维坐标，但它们多用于稀疏目标点的高精度测量。

（2）三维激光扫描：通过激光测距原理（包括脉冲激光和相位激光），瞬时测得空间三维坐标值的测量仪器。三维激光扫描测量技术克服了传统测量技术的局限性，采用非接触主动测量方式直接获取高精度三维数据，能够对任意物体进行扫描，且没有白天和黑夜的限制，快速将现实世界的信息转换成可以处理的数据。它具有扫描速度快、实时性强、精度高、主动性强、全数字特征等特点，可以极大地降低成本，节约时间，而且使用方便，其输出格式可直接与CAD、三维动画等工具软件接口。

技术特点为：

1）三维测量。传统测量概念里，所测的数据最终输出的都是二维结果（如CAD出图），在现在测量仪器里全站仪、GPS比重居多，但测量的数据都是二维形式的。在逐步数字化的今天，三维已经逐渐地代替二维，因为其直观是二维无法表示的，现在的三维激光扫描仪每次测量的数据不仅仅包含X、Y、Z点的信息，还包括R、G、B颜色信息，同时还有物体反色率的信息，这样全面的信息能给人一种物体在电脑里真实再现的感觉，是一般测量手段无法做到的。

2）快速扫描。快速扫描是扫描仪诞生产生的概念，在常规测量手段里，每一点的测量费时都在2～5s不等，更甚者，要花几分钟的时间对一点的坐标进行测量，在数字化的今天，这样的测量速度已经不能满足测量的需求，三维激光扫描仪的诞生改变了这一现状，最初每秒1000点的测量速度已经让测量界大为惊叹。而现在脉冲扫描仪（scanstation2）最大速度已经达到50000点每秒，相位式扫描仪（HIS600C）最高速度已经达到500000点每秒，这是三维激光扫描仪对物体详细描述的基本保证，工厂管道、隧道、地形等复杂的领域无法测量已经成为过去式。

3）应用领域广泛。作为新的高科技产品，三维激光扫描仪已经成功地在文物保护、城市建筑测量、地形测绘、采矿业、变形监测、工厂、大型结构、管道设计、飞机船舶制造、公路铁路建设、隧道工程、桥梁改建等领域里应用。三维激光扫描仪，其扫描结果直接显示为点云（point cloud），意思为无数的点以测量的规则在计算机里呈现物体的结果，依据点云能够提取任何你想得到的信息。

利用三维激光扫描仪获取的点云数据构建实体三维几何模型时，不同的应用对象、不同点云数据的特性，三维激光扫描数据处理的过程和方法也不尽相同。概括地讲，整个数据处理过程包括数据采集、数据预处理、几何模型重建和模型可视化。数据采集是模型重建的前提，数据预处理为模型重建提供可靠精选的点云数据，降低模型重建的复杂度，提高模型重构的精确度和速度。数据预处理阶段涉及的内容有点云数据的滤波、点云数据的平滑、点云数据的缩减、点云数据的分割、不同站点扫描数据的配准及融合等；模型重建阶段涉及的内容有三维模型的重建、模型重建后的平滑、残缺数据的处理、模型简化和纹理映射等。实际应用中，应根据三维激光扫描数据的特点及建模需求，选用相应的数据处理策略和方法。现有各种类型的点云数据处理软件，如三维激光扫描仪配带的相应点云数据处理软件或逆向工程领域比较著名的商业点云处理软件，一般都具有点云数据编辑、拼接与合并、数据点三维空间量测、点云数据可视化、空间数据三维建模、纹理分析处理和数据转换等功能，但它们往往具有通用的处理功能，对于特定的数据处理效果有一定的不足之处，在功能和性能上也或多或少存在一定缺陷，且一般比较昂贵。

目前尽管三维激光扫描测量技术应用领域广泛，但相关的理论与方法研究仍有待于完善。激光扫描技术与惯性导航系统（INS）、全球定位系统（GPS）、电荷耦合（CCD）等技术相结合，在大范围数字高程模型的高精度实时获取、城市三维模型重建、局部区域的地理信息获取等方面表现出强大的优势，成为摄影测量与遥感技术的一个重要补充。在边坡工程、环境检测和城市建设方面等均有成功的应用实例，如断面三维测绘、绘制大比例尺地形图、灾害评估、建立3D城市模型、复杂建筑物施工、大型建筑的变形监测等。随着三维激光扫描测量技术、三维建模的研究以及计算机硬件环境的不断发展，其应用领域日益广泛，如制造业、文物保护、逆向工程、电脑游戏业、电影特技等，逐步从科学研究发展到进入了人们日常生活的领域。三维激光扫描技术的介入使建筑基坑工程监测有了最新和更高精度的一种测量方法选择。

2. 变形监测误差及处理

变形检测产生测量误差的原因主要有三个方面：（1）仪器的原因：每一种测量仪器均具有一定的精度，不同精度的仪器其测量结果的准确性受自身精度的影响。（2）人的原因：由于观测者的感觉器官鉴别能力存在局限性，所以对仪器的对中、整平、瞄准、读数等方面都会产生误差。（3）外界环境的影响：测量时所处的外界环境中的温度变化、日光照射、大气折光、风力、烟雾等客观情况，使测量结果产生误差。测量工作中，在一定范围内的误差是不可避免的。

测量误差按其观测结果影响性质的不同分为系统误差和偶然误差两类。

（1）系统误差：在相同观测条件下对某一量进行一系列的观测，如果出现的误差在符号和数值上均相同，或按一定的规律变化，这种误差称为系统误差。例如用名义长度为30m而实际长度为30.004m的钢卷尺量距，每量一尺段就有使距离量短了0.004m的误差，误差的正负号不变，且大小与所量距离的长度成正比。因此，系统误差具有积累性。系统误差对观测值的影响具有一定的数学或物理上的规律性，这种规律性如能找到，则系统误差对观测值的影响可以改正，或可用一定的测量方法加以抵消或削弱。

（2）偶然误差：在相同的条件下，对某一量进行一系列的观测，若误差出现的符号和数值大小均不一致，从表面上看没有任何规律性，这种误差称为偶然误差，是由人力所不能控制的因素（例如人眼的分辨能力、仪器的极限精度、外界环境的影响等）共同引起的测量误差，其数值的正负、大小纯属偶然。偶然误差是不可避免的。

在测量工作中，除了上述两种误差以外，还可能发生错误，例如瞄准目标、读错大数，是由观测者的粗心大意或技术不熟练造成的。错误是可以避免的，含有错误的观测值应该舍弃，并重新进行观测。

为了防止错误的发生和提高观测成果的质量，在测量工作中一般要进行多于必要的观测，称为"多余观测"。例如一段距离采用往返丈量，往测是属于必要观测，则返测就属于多余观测。有了多余观测可以发现观测值中的错误，以便将其排除。由于观测值中的偶然误差不可避免，所以有了多余观测后，观测值之间必然产生差值（往返差、闭合差等）。根据差值的大小可以评定测量的精度。差值如果大到一定程度就认为观测值中有错误（不属于偶然误差），称为误差超限。差值如果不超限，则按偶然误差的规律处理，称为闭合差的调整，求得最可靠的数值，以提高测量成果的精度。

测量误差理论主要是研究在一系列具有偶然误差的观测值中如何求得最可靠的结果和评定观测成果精度的方法。

偶然误差的特性：从单个偶然误差来看，其符号的正负和数值的大小没有任何规律性。但是如果观测的次数很多，观察其大量的偶然误差，就能发现隐藏在偶然性下面的必然规律：1）在一定观测条件下的有限次观测中偶然误差的绝对值不会超过一定的限值。2）绝对值小的误差出现的频率大，绝对值大的误差出现的频率小。3）绝对值相等的正、负误差出现的频率大致相等。

当观测次数呈无限增多时，偶然误差的理论平均值趋近于零，即偶然误差具有抵偿性。

评价测量精度的标准有以下三种：（1）中误差：为了统一衡量在一定观测条件下观测结果的精度，取标准差作为依据是比较合适的，但是在实际测量工作中，不可能对某一量作无穷多次观测，因此定义按有限次观测的偶然误差求得的标准差为中误差。（2）相对误差：在某些测量工作中，用中误差这个标准还不能反映出观测的质量。例如距离测量，误差的大小还与长度有关。因此，将观测值的中误差除观测的量，化为分子为 1 的分式，称为相对中误差，或简称相对误差。距离测量的精度一般以相对误差的形式来表示。（3）极限误差：根据正态分布概率得到的偶然误差的绝对值不大于中误差、2 倍中误差和 3 倍中误差的概率分别为 68.3%、95.4% 和 99.7%，由此可见，偶然误差的绝对值大于 2 倍中误差的约占误差总数的 5%，而大于 3 倍中误差的仅占总数的 0.3%。一般进行测量的次数有限，上述情况很少遇到。因此，在测量工作中以 2 倍中误差作为极限误差，称为允许误差或称为限差。

对一般土质边坡顶部、基坑周边管线、邻近建筑物水平位移监测精度应根据支护结构边坡顶部水平位移报警值按表 17-2 确定。

水平位移监测精度要求（mm）　　　　　　　　　　　　　　表 17-2

水平位移报警值	累计值 D(mm)	$D<20$	$20{\leqslant}D<40$	$40{\leqslant}D<60$	$D>60$
	变化速率 v_D(mm/d)	$v_D<2$	$2{\leqslant}v_D<4$	$4{\leqslant}v_D{\leqslant}6$	$v_D>6$
监测点坐标中误差		${\leqslant}0.3$	${\leqslant}1.0$	${\leqslant}1.5$	${\leqslant}3.0$

注：1. 监测点坐标中误差，是指监测点相对测站点（如工作基点等）的坐标中误差，为点位中误差的 $1/\sqrt{2}$。
　　2. 当根据累计值和变化速率选择的精度要求不一致时，水平位移监测精度优先按变化速率报警值的要求确定。
　　3. 以中误差作为衡量精度的标准。

为了降低监测误差，通常需要布置监测网，目前有常规监测网、GPS 监测网和自动化监测网之分。

(1) 常规监测网

目前，我国选用的变形监测仪器种类较多，仪器的特性与精度也不尽相同，可按仪器的特性与技术要求进行安装并测试。主要的监测方法包括大地测量法、地面摄影测量、裂缝观测和机电测量法。

1) 大地测量法：所谓"大地测量法"系指以垂线为参照系的各种测量方法。常用的大地测量仪器主要有：经纬仪、水准仪、视准仪、电磁波测距仪和摄影经纬仪等。其优点是由于这类方法基本上不受量程的限制，可监测边坡变形的全过程。缺点是不便于自动化遥测。主要的方法包括视准线法、前方交会法（前方交会分为测角交会、测边交会和测边测角交会三种）、边角网（边角网包括三角网、三边网和测边测角网三种）、水准测量和三角高程测量。

2) 地面摄影测量：地面摄影测量的精度主要取决于 Y 距（又称纵距）及摄影仪的焦距。一般来说，纵距越小精度越高；焦距越长精度越高。因此，用地面摄影测量做边坡变形监测时，应根据边坡变形量的大小及 Y 距远近，选用适当的摄影仪。较大的滑体，Y 距一般都比较大，因此，最好在相邻测次间的变形量大于 0.1m 时才使用这种方法。由于摄影相片记录了大量的地面信息，因此，应对变形各阶段的相片进行地面摄影测量工作，以便获取监测区必要的地理信息。

3) 裂缝观测：裂缝观测的主要任务是观测相对变形，即缝的张合变化和上下错动。

一般在裂缝的两边埋设标桩，桩顶安精密的测量标志，直接丈量两标志之间的距离（缝小时，用游标卡尺丈量；缝大时，可用钢尺或电磁波测距仪量测）即可测出裂缝的张合变化。用水准仪量测两标志之间的高差即可得出裂缝两边上下的错动值。

4) 机电测量法：所谓"机电测量法"就是利用机械和电学原理进行变形监测。常用的机电测量仪器主要有：激光准直仪和变位计（钻孔测斜仪、多点位移计、测缝计、渗压计、声发射仪等）。优点是能够进行自动化观测。缺点是量程一般不大，不能监测边坡变形发展的全过程；对环境要求较高，必须建立防护（防日光直接照射、防潮）和保护（避免人为的破坏）设施，才能保证监测工作正常运行。

机电测量方法很多，常用的方法有激光准直仪法和变位计法。

(2) GPS 监测网

GPS（全球卫星定位系统，Global Positioning System，简写为 GPS）基本网由基准点和基本点组成。

基准点是进行长期连续观测的永久性 GPS 卫星观测站。每个基准站中均应配备有双频 GPS 接收机、气象元素传感器、数据通信设备及微机。

基本点是 GPS 基本网的主体，在这些点上进行定期复测时应按 GPS 测量中的最高标准进行。

采用 GPS 定位技术进行边坡变形监测具有以下优点：1) 观测不受气候条件限制，可进行全天候监测。2) 可同时进行平面位移及垂直位移监测。3) 可进行长期连续监测，不会漏过危险的变形信息。4) 从数据采集、数据处理到数据分析、管理全过程易于实现全自动化。

采用 GPS 定位技术进行边坡变形监测具有以下不足：1) 监测点的数量很多，如果全部进行长期连续自动化监测，需要大量的 GPS 接受机。2）GPS 接受机等设备在野外无人值守的房内，安全难以得到保证。

（3）自动化监测网

边坡，特别是崩滑体的自动化监测，国内外都有成熟的设备和技术。近 10 多年来，地理信息系统（Geography Information System，简写为 GIS）和全球卫星定位系统在应用于边坡监测以来，自动化监测技术又有了很大发展。在 GIS 支持下，融 GPS、遥感（Remote Sensing）以及常规监测手段为一体，可建立完整的变形监测系统。

3.边坡工程监测监控方案编制要点

边坡工程监测监控方案编制应注意以下问题。

监测仪器、设备和元件的选择应满足观测精度和量程的要求，具有良好的稳定性和可靠性；应经过校准或标定，且校核记录和标定资料齐全，并应在规定的校准有效期内使用。监测过程中应定期进行监测仪器、设备的维护保养、检测以及监测元件的检查。

变形监测网的网点，宜分为基准点、工作基点和变形监测点。其布设应符合下列要求：

（1）基准点。应选在变形影响区域之外的稳固可靠位置。每个工程至少应有 3 个基准点。大型的工程项目，其水平位移基准点应采用带有强制归心装置的观测墩，垂直位移基准点宜采用双金属或钢管标。选择与基坑近似平行的水平位移观测基线，影响水平位移监测精度的主要因素是仪器的对中误差，为消除或减小对中误差，保证监测精度，采用强制或红外线激光对中装置。

（2）工作基点。应该选择在比较稳定且方便使用的位置。设立在大型工程施工区域内的水平位移监测工作基点宜采用带有强制归心装置的观测墩，垂直位移监测工作基点可采用钢管标。对通视条件较好的小型工程，可以不设立工作基点，在基准点上直接测定变形监测点。

（3）变形监测点。应设立在能反映监测体变形特征的位置或监测断面上，监测断面一般分为：关键断面、重要断面和一般断面。需要时，还应埋设一定数量的应力、应变传感器。在基坑围护桩顶面布设水平位移监测点，可采用球形顶端的钢质标芯，上面刻有十字细槽，便于插入瞄准标志和减小误差。用冲击钻在支护结构顶部成孔，放入标芯后用水泥浆固定，使其成为支护结构的一部分。

测角控制网的技术要求见表 17-3。

测角控制网技术要求　　　　　　　　表 17-3

等级	最弱边边长中误差(mm)	平均边长(mm)	测角中误差(″)	最弱边边长相对中误差
一级	±1.0	200	±1.0	1：200000
二级	±3.0	300	±1.5	1：100000
三级	±10.0	500	±2.5	1：50000

注：1.最弱边边长相对中误差中未计及基线边长误差影响。

　　2.有下列情况之一时，不宜按本规定采用：（1）最弱边边长中误差不同于表列规定时；（2）实际平均边长与表列数值相差较大时。

测边控制网技术要求见表 17-4。

测边控制网技术要求　　　　　　　　表 17-4

等级	测距中误差(mm)	平均边长(m)	测距相对中误差
一级	±1.0	200	1：200000
二级	±3.0	300	1：100000
三级	±10.0	500	1：50000

注：有些列情况之一时，不宜按本规定采用：(1) 测距中误差不同于表列规定时；(2) 实际平均边长与表列数值相差较大时。

导线测量技术要求见表 17-5。

导线测量技术要求　　　　　　　　表 17-5

等级	导线最弱点点位中误差(mm)	导线长度(m)	平均边长(m)	测边中误差(mm)	测角中误差(″)	导线全长相对闭合差
一级	±1.4	$750C_1$	150	$±0.6C_2$	±1.0	1：100000
二级	±4.2	$1000C_1$	200	$±2.0C_2$	±2.0	1：45000
三级	±14.0	$1250C_1$	250	$±6.0C_2$	±5.0	1：17000

注：1. C_1、C_2 为导线类别系数；对附合导线，$C_1=C_2=1$；对独立单一导线，$C_1=1$；$C_2=\sqrt{2}$；对导线网，导线长度系指附合点与结点或结点间的导线长度，取 $C_1\leq0.7$，$C_2=1$。

2. 有下列情况之一时，不宜按本规定采用：(1) 导线最弱点点位中误差不同于表列规定时；(2) 实际平均边长与导线长度对比表列规定数值相差较大时。

监测基准网的水平角观测，宜采用方向观测法，其技术要求应符合表 17-6 的要求。

水平角方向观测法的技术要求　　　　　　　　表 17-6

等级	仪器精度等级	光学测微器两次重合读数之差(″)	半测回归零差(″)	一测回内 2C 互差(″)	同一方向值各测回较差(°)
四等及以上	1″仪器	1	6	9	6
	2″仪器	3	8	13	9
四等以下	2″仪器	—	12	18	12
	6″仪器	—	18	—	24

水平位移监测基准网的主要技术要求，应符合表 17-7 的规定。

水平位移监测基准网的主要技术要求　　　　　　　　表 17-7

等级	相邻基准点的点位中误差(mm)	平均边长 L(m)	测角中误差(″)	测边相对中误差	水平角观测测回数 1″级仪器	水平角观测测回数 2″级仪器
一级	1.5	≤300	0.7	≤1/3000000	12	—
		≤200	1.0	≤1/2000000	9	—
二级	3.0	≤400	1.0	≤1/2000000	9	—
		≤200	1.8	≤1/1000000	6	9
三级	6.0	≤450	1.8	≤1/1000000	6	9
		≤350	2.5	≤1/800000	4	6
四级	12.0	≤600	2.5	≤1/800000	4	6

注：1. 水平位移观测基准网的相关指标，是基于相应等级相邻基准点的点位中误差的要求确定的。

2. 具体作业时，也可根据监测项目的特点在满足相邻基准点的点位中误差要求前提下，进行专项设计。

3. GPS 水平位移监测基准网，不受测角中误差和水平角观测测回指数的限制。

对于三等以上的 GPS 监测基准网，应采用双频接收机，并采用精密星历进行数据处理。

边坡工程现场监测的宗旨是确保工程安全顺利完成。为完成这一任务，现场监测工作基本上伴随支护结构施工的全过程。监测周期，应根据监测体的变形特征、变形速率、观测精度和工程地质条件等因素综合确定，监测频率是动态的和视施工速度和状况发生变化的。施工期间，应根据变形量的变化情况作适当调整。

有关监测频率的确定应当注意以下问题：（1）应当十分重视各监测初读数的准确性。边坡开挖前所测读到的数值是判别施工安全的基准点，而在人员、仪器测点均较生疏的情况下，初读数的取得常常需要经过数次波动后才能趋于稳定。对于同一监测项目，监测时宜符合下列要求：1）采用相同的观测方法和观测路线。2）使用同一监测仪器和设备。3）固定观测人员。4）监测项目初始值应在相关施工工序之前测定，并取至少连续 3 次的稳定值的平均值。（2）测读的数据应当尽可能在现场整理分析，尽快提交工程施工单位和项目决策部门，以便安排和调整生产进度。

测点布设合理方能经济、有效。监测项目的选择必须根据工程的需要和基地的实际情况而定。在确定测点的布设前，必须知道基地的地质情况和设计方案，再根据以往的经验和理论的预测来考虑测点的布设范围和密度。原则上，能埋的测点应在工程开工前埋设完成，并应保证有一定的稳定期，在工程正式开工前，各项静态初始值应测取完毕。沉降、位移的测点应直接安装在被监测的物体上，只有当存在道路地下管线而无条件开挖样洞设点时，才可在人行道上埋设水泥桩作为模拟监测点，此时的模拟桩的深度应稍大于管线深度，且地表应设井盖保护，不影响行人安全；如果马路上有管线设备（如管线井、阀门等）的话，则可在设备上直接设点观测。

（1）布设要求：1）控制点的点位根据观测点的分布情况来确定。2）每个边坡工程至少应有 3 个稳定、可靠的点作为基准点。3）工作基点应选在相对稳定和方便使用的位置。在通视条件良好、距离较近、观测项目较少的情况下，可直接将基准点作为工作基点。4）监测期间，应定期检查工作基点和基准点的稳定性。

（2）水平位移观测点的标志和标石设置：建筑物上的观测点，可采用墙上或基础标志；土体上的观测点，可采用混凝土标志；地下管线的观测点，应采用窨井式标志。各种标志的形式和埋设，应根据点位条件和观察要求设计确定。控制点的标石、标志，应按《建筑变形测量规范》（JGJ 8—2016）中的规定采用。对于如膨胀土等特殊土地区的固定基点，亦可采用深埋钻孔桩标石，但须用套管桩与周围土体隔开。

（3）观测墩的制作与埋设：基准网的点位，宜采用有强制归心装置的观测墩，并宜采用精密的光学对中装置，对中误差不宜大于 0.5mm，观测墩的制作与埋设应按国家现行相关标准的规定。

边坡工程监测注意事项：1）监测项目初始值应在相关施工工序之前测定，并取至少连续观测 3 次的稳定平均值。2）地铁、隧道等其他边坡、基坑周边环境的监测方法和监测精度应符合相关标准的规定以及主管部门的要求。3）水平位移监测基准网宜采用独立坐标系统，并进行一次布网。必要时，可与国家坐标系统联测。狭长形建筑物的主轴线或其平行线，应纳入网内。大型工程布网时，应充分顾及网的精度、可靠性和灵敏度等指标。

4. 边坡工程相邻建筑物变形观测

（1）边坡工程相邻建筑物沉降观测要点

1）监测建筑物在垂直方向上的位移（沉降），沉降观测应测定建筑物基础的沉降量、沉降差及沉降速度。

2）定期测量观测点相对于稳定的水准点的高差以计算观测点的高程，并将不同时间所得同一观测点的高程加以比较，从而得出观测点在该时间段内的沉降量。

3）沉降观测点的布置，应以能全面反映建筑物地基变形特征并结合地质情况及建筑结构特点确定。

4）沉降观测的标志，可根据不同的建筑结构类型和建筑材料，采用墙（柱）标志、基础标志和隐蔽式标志（用于宾馆等高级建筑物）等形式。各类标志的立尺部位应加工成半球形或有明显的突出点，并涂上防腐剂。标志的埋设位置应避开雨水管、窗台线等部位。散热器暖水管、电气开关等有碍设标与观测的障碍物，应视立尺需要离开墙（柱）面和地面一定距离。

5）观测精度要求：①首先确定最终沉降量观测中误差。②然后以最终沉降量观测中误差估算单位权中误差。

6）沉降观测的周期：沉降观测的周期应能准确反映出建（构）筑物沉降变化规律，建（构）筑物的沉降观测对时间有严格的限制条件，特别是首次观测必须按时进行，否则沉降观测将得不到原始数据，从而使整个观测得不到完整的观测结果，其他阶段的复测，根据工程进展情况定时进行，不得漏测或补测。沉降是否进入稳定阶段，应由沉降量与时间关系曲线确定。对重点观测和科研观测工程，若最后三个周期观测中每周期的沉降不大于 2 倍的测量中误差，则视为已进入稳定阶段；对一般建（构）筑物的观测工程，若沉降速度小于 $0.01\sim0.04\text{mm/d}$，则视为已进入稳定阶段，具体取值视各地区地基土的压缩性确定。

7）沉降观测的工作方式：沉降观测分两级进行：①水准基点—工作基点；②工作基点—沉降观测点。工作基点相当于临时的水准点，其点位也应力求坚固稳定。定期用水准基点复测工作基点，由工作基点观测沉降点。沉降观测应注意：①水准点的高程应经常（尤其在雨季前后）校核，检查其高程有无变动，应使用已检校过的水准仪做沉降观测。②进行沉降观测时水准仪最好严格地安置在中间位置，即前后视距差应相等，视线长最好不大于 35m。③各次观测必须按照固定观测路线进行。观测时应使成像清晰、稳定，防止太阳直射仪器。④前后视最好用同一水准尺。⑤观测应一气呵成，避免中断。⑥在气象恶劣的情况下，如大风、气温急剧变化的情况下，不应进行观测。

8）提交的成果：①沉降观测成果表；②沉降观测点位分布图及各周期沉降展开图；③v-t-s（沉降速度、时间、沉降量）曲线图；④p-t-s（荷载、时间、沉降量）曲线图；⑤建筑物等沉降曲线图；⑥沉降观测分析报告。

（2）边坡工程相邻建筑物、构筑物倾斜监测要点

倾斜监测：建（构）筑物倾斜观测是测定建筑物顶部相对于底部或各层间上层相对于下层的水平位移与高差，分别计算整体或分层的倾斜度、倾斜方向以及倾斜速度。

倾斜观测的目的：邻近边坡、基坑的建（构）筑物，可能会受边坡（基坑）开挖的影响产生不均匀沉降。为了分析因建（构）筑物的倾斜和稳定性，应进行建（构）筑物的倾

斜观测。

建（构）筑物倾斜观测点位布设要求：沿对应测站点的某建（构）筑物主体竖直线，对整体倾斜按顶部、底部，对分层倾斜按分层部位、底部上下对应布设。从建筑物外部观测时，测站点或工作基点选在照准目标中心连线呈接近正交或等分角的方向线上距照准目标 1.5～2.0 倍目标高度的固定位置处；用建筑物内竖向通道观测时，可将通道底部中心点作为测站点。按纵横轴线或前方交会布设的测站点，每点应选设 1～2 个定向点。基线端点的选设应顾及其测距或丈量的要求。

观测点位的标志设置：建（构）筑物顶部和墙体上的观测点标志，采用埋入式照准标志形式。有特殊要求时，应专门设计。不便埋设标志的塔形、圆形建筑物以及竖直构件，可照准视线所切同高边缘认定的位置或用高度角控制的位置作为观测点位。位于地面的测站点和走向点，可根据不同的观测要求，采用带有强制对中设备的观测墩或混凝土标石。一次性倾斜观测项目，观测点标志可采用标记形式或直接利用符合位置与照准要求的建筑物特征部位；测站点可采用小标石或临时性标志。

建（构）筑物主体倾斜观测方法选择原则如下：

1）当从建（构）筑物或构件的外部观测主体倾斜时，宜选用下列经纬仪观测法：①投点法。观测时，应在底部观测点位置水平安置水平读数尺等测量设施。在每测站安置经纬仪投影时，应按正倒镜法测出每对上下观测点标志间的水平位移分量，再按矢量相加法求得水平位移值（倾斜量）和位移方向（倾斜方向）。②测水平角法。对塔形、圆形建筑或构件，每测站的观测应以定向点作为零方向，测出各观测点的方向值和至底部中心的距离，计算顶部中心相对底部中心的水平位移分量。对矩形建筑，可在每测站直接观测顶部观测点与底部观测点之间的夹角或上层观测点与下层观测点之间的夹角，以所测角值与距离值计算整体的或分层的水平位移分量和位移方向。

2）当利用建筑或构件的顶部与底部之间的竖向通视条件进行主体倾斜观测时，宜选用下列观测方法：①激光铅直仪观测法。应在顶部适当位置安置接收靶，在其垂线下的地面或地板上安置激光铅直仪或激光经纬仪，按一定周期观测，在接收靶上直接读取或量出顶部的水平位移量和位移方向。②激光位移计自动记录法。位移计宜安置在建筑底层或地下室地板上，接收装置可设在顶层或需要观测的楼层，激光通道可利用未使用的电梯井或楼梯间隔，测试室宜选在靠近顶部的楼层内。当位移计发射激光时，从测室的光线示波器上可直接获取位移图像及有关参数，并自动记录成果。③正、倒垂线法。垂线宜使用 0.6～1.2mm 的不锈钢丝或因瓦丝，并采用无缝钢管保护。采用正垂线法时，垂线上端可锚固在通道顶部或所需高度处设置的支点上。采用倒垂线法时，垂线下端可固定在锚块上，上端设浮筒。用来稳定重锤、浮子的油箱中应装有阻尼液。观测时，由观测墩上安置的坐标仪、光学垂线仪、电感式垂线仪等测量设备，按一定周期测出各测点的水平位移量。④吊垂球法。应在顶部或所需高度处的观测点位置上，直接或支出一点悬挂适当重量的垂球，在垂线下的底部固定毫米格网读书板等读数设备，直接读取或量出上部观测点相对底部观测点的水平位移量和位移方向。

3）当利用相对沉降量间接确定建筑体倾斜时，可选用下列方法：①倾斜仪测记法。可采用水管式倾斜仪、水平摆倾斜仪、气泡倾斜仪或电子倾斜仪进行观测。倾斜仪应具有连续读数、自动记录和数字传输的功能。监测建筑上部层面倾斜时，仪器可安装在建筑顶层或需要观测的楼层的楼板上。监测基础倾斜时，仪器可安置在基础面上，以所测楼层或基础面的水平倾角变化值反映和分析建筑倾斜的变化程度。②测定基础沉降差法。在基础上选设观测点，采用水准测量方法，以所测各周期的沉降差换算求得建筑整体倾斜度及倾斜方向。

观测周期的确定：正常情况下每个月观测一次。遇边坡、基坑附近大量堆载或卸载、场地降雨长期积水等导致倾斜速度加快时，应及时增加观测次数。

成果提供：倾斜观测点位布置图、观测成果表、成果图、主体倾斜曲线图和观测成果分析等资料。

边坡工程相邻建筑物、构筑物倾斜监测中应注意以下事项：

1）当建（构）筑物立面上观测点数量较多或倾斜变形量大时，可采用激光扫描或数字近景摄影测量方法。

2）倾斜观测应避开强日照和风荷载影响大的时间段。

3）采用激光铅直仪观测法时，作业中仪器应严格置平、对中，应旋转 180°。观测两次取其中数。对超高层建筑，当仪器设在楼体内部时，应考虑大气湍流影响。

4）在布设观测点时，一定要考虑经济因素，选取少量的点能控制住一个区域的，就不应多选，以免造成经济上不必要的浪费。此外，还要考虑点位应便于观测和长时间保存。

（3）建筑物、构筑物裂缝监测要点

裂缝监测：裂缝可能由多种原因产生，裂缝观测与沉降观测同步进行，便于综合分析，及时采取措施，确保建（构）筑物的安全。测定建（构）筑物上的裂缝分布位置，裂缝走向、长度、宽度及其变化程度。观测数量视需要而定，主要的或变化大的裂缝应进行观测，观测周期视裂缝变化速度、边坡（基坑）工程施工的进度确定，当裂缝宽度加大时，应增加观测次数，直至每日多次的连续观测。

裂缝观测方法的选择：

1）数量不多，易于量测的裂缝，视标志形式的不同，用比例尺、小钢尺或游标卡尺等工具。定期丈量标志间的距离求得裂缝变位值，或用方格网板定期读取"坐标差"计算裂缝变化值。

2）较大面积且不便于人工量测的众多裂缝，用近景摄影测量方法；需连续监测裂缝变化时，裂缝宽度数据应量取至 0.1mm，每次观测应绘出裂缝的位置、形态和尺寸，注明日期，附必要的照片资料。

3）房屋监测有直接测量和间接测量两种。直接观测是将裂缝进行编号并划出测读位置，通过裂缝观测仪进行宽度测读，该仪器肉眼观测的精度为 0.1mm，在无裂缝观测仪的情况下也可以简单地对照裂缝宽度板大致确定所观测裂缝的宽度。间接观测是一种定性化观察方法，对于确定裂缝是否继续开展很有作用，其中有石膏标志方法和薄钢板标志方法，前者是将石膏涂在裂缝上，长约 250mm，宽约 50～80mm，厚约 10mm。石膏干后，用色漆在其上标明日期和编号。

4）当建（构）筑物多处发生裂缝时，应先对裂缝进行编号，然后分别监测裂缝的位置、走向、长度及宽度等。

5）对建（构）筑物上裂缝的位置、走向及长度的监测，是在裂缝的两端用油漆画线做标志，或在混凝土表面绘制方格坐标，用钢尺丈量。

6）根据裂缝分布情况，可以对重要的裂缝，选择在有代表性的位置于裂缝两侧各埋设一个标点。两点的距离不宜少于 150mm，用游标卡尺定期地测定两个标点之间的距离变化值，以此来掌握裂缝的发展情况。

7）对于比较整齐的裂缝（如伸缩缝），则可用千分尺直接量取裂缝的变化。

裂缝观测结束后，提供裂缝分布位置图、裂缝观测成果表、观测成果分析说明资料等，当建（构）筑物裂缝与基础沉降同时观测时，可选择典型剖面绘制两者的关系曲线。

建筑物、构筑物裂缝监测注意事项：

1）对需要观测的裂缝统一进行编号。

2）每条裂缝至少布设两组观测标志，其中一组在裂缝的最宽处，另一组在裂缝的末端。每组使用两个对应的标志，分别设在裂缝的两侧。

3）裂缝观测标志应具有可供量测的明晰端面或中心。

4）观测期较短或要求不高时，采用油漆平行标志或建筑胶粘帖的玻璃片标志；观测期较长时，采用嵌或埋入墙面的金属标志、金属杆标志或楔形板标志。

5）要求较高、需要测出裂缝纵横向变化值时，采用坐标方格网板标志。

5.边坡深层水平位移监测

深层水平位移监测常用的是测斜管法。测斜仪按其工作原理有伺服加速度式、电阻应变片式、差动电容式、钢弦式等多种。比较常用的是伺服加速度式、电阻应变片式两种，伺服加速度式测斜仪精度较高，目前用得较多。

测斜仪上下各有一对滑轮，上下轮距 500mm，其工作原理是利用重力摆锤始终保持铅直方向的性质，测得仪器中轴线与摆锤垂直线间的倾角，倾角的变化可由电信号转换而得，从而可以知道被测结构的位移变化值。

测斜仪的安装：测斜管有圆形和方形两种，国内多采用圆形，直径有 50mm、70mm 等，每节一般为 2m 长，采用钢材、铝合金、塑料等制作，最常用的还是 PVC 塑料管。测斜管在吊放钢筋笼之前，接长到设计长度，绑扎在钢筋上，随钢筋笼一起放入槽内（桩孔内）。测斜管的底部与顶部要用盖子封住，防止砂浆、泥浆及杂物入孔内。

测斜管的埋设方法如下：（1）在预定的测斜管埋设位置钻孔。根据边坡、基坑的开挖总深度，确定测斜管孔深，即假定基底标高以下某一位置处支护结构后的土体侧向位移为零，并以此作为侧向位移的基准。（2）将测斜管底部装上底盖，逐节组装，并放入孔内。安装测斜管时，随时检查其内部的一对导槽，使其始终分别与坑壁走向垂直或平行。管内注入清水，沉管到孔底时，即向测斜管与孔壁之间的空隙内由下而上逐段用砂填实，固定测斜管。（3）测斜管固定完毕后，用清水将测斜管内冲洗干净，将探头模型放入测斜管内，沿导槽上下滑行一遍，以检查导槽是否畅通无阻，滚轮是否有滑出导槽的现象。由于测斜仪的探头十分昂贵，在未确认测斜管导槽畅通时，不允许放入探头。（4）测量测斜管管口坐标及高程，做出醒目标志，以利保护管口。现场测量前务必按孔位布置图编制完整的钻孔列表，以与测量结果对应。

土体水平位移测量方法如下：

（1）连接探头和测读仪。当连接测读仪的电缆和探头时，要使用原装扳手将螺母接上。检查密封装置、电池充电情况（电压）及仪器是否能正常读数。当测斜仪电压不足时必须立即充电，以免损伤仪器。

（2）将探头插入测斜管，使滚轮卡在导槽上，缓慢下至孔底以上 0.5m 处。注意不要把探头降到套管的底部，以免损伤探头。测量自下而上地沿导槽全长每隔 0.5m 测读一次。为提高测量结果的可靠度，每一测量步骤中均需一定的时间延迟，以确保读数系统与环境温度及其他条件平稳（稳定的特征是读数不再变化）。若对测量结果有怀疑可重测，重测的结果将覆盖相应的数据。

（3）测量完毕后，将探头旋转 180°，插入同一对导槽，按以上方法重复测量，前后两次测量时的各测点应在同一位置上；在这种情况下，两次测量同一测点的读数绝对值之差应小于 10%，且符号相反，否则应重测本组数据。

（4）用同样的方法和程序，可以测量另一对导槽的水平位移。

（5）侧向位移的初始值应取边坡、基坑降水之前，连续 3 次测量无明显差异之读数的平均值。

（6）观测间隔时间通常取定为 1～3d。当侧向位移的绝对值或水平位移速率有明显加大时，必须加密观测次数。

（7）一般测斜仪配有接口，可以与微机相连，将系统设置与测量数据在微机与测斜仪之间传输。相应软件可以自动解释测量数据，完成分析与绘图输出等内业工作。

边坡工程深层水平位移监测注意事项如下：

（1）测斜仪宜采用能连续进行多点测量的滑动式仪器。

（2）测斜管应布设在边坡工程每边中部及关键部位，并埋设在支护桩内或其外侧的土体内。当测斜管埋设在土体中，测斜管长度不宜小于坡高的 1.5 倍，并大于支护结构的深度。

（3）将测斜管吊入槽内时，应使十字形槽口对准观测的水平位移方向。连接测斜管时应对准导槽，使之保持在同一直线上。管底端应装底盖，每个接头及底盖处应密封。

（4）埋设于基坑围护结构中的测斜管，应将测斜管绑扎在钢筋笼上，同步放入成孔内，通过浇筑混凝土后固定在桩墙中或外侧。

（5）埋设于土体中的测斜管，应先用地质钻机成孔，将分段测斜管连接放入孔内，测斜管连接部分应密封处理，测斜管与钻孔壁之间空隙宜回填细砂或水泥与膨润土拌合的灰浆，其配合比应根据土层的物理力学性能和水文地质情况确定。测斜管的埋设深度应与围护结构入土深度一致。

（6）测斜管埋好后，应停留一段时间，使测斜管与土体或结构连为一整体。

（7）观测时，可由管底开始向上提升测头至待测位置，或沿导槽全长每隔 50mm 测量一次将测头旋转 180°再测量。两次观测位置应一致，依此作为一测回。每周期观测可测两测回，每个测斜导管的初测值，应测四测回，观测成果取中数。

6. 边坡工程相邻地下管线监测

基本规定：（1）地下管线测量对象包括：给水、排水、燃气、热力管道；各类工业管道；电力、通信电缆。（2）作业前，应充分收集测区原有地下管线施工图、竣工图、现状图和管理维修资料等。（3）地下管线的开挖、调查，应在安全的情况下进行。电缆和燃气管道的开挖，必须有专业人员的配合。下井调查，必须确保作业人员的安全，且应采取防护措施。

地下管线调查：（1）地下管线调查，可采用对明显管线点的实地调查、隐蔽管线点的探查、疑难点位开挖等方法确定管线的测量点位。（2）隐蔽管线点探查的水平位置偏差 ΔS 和埋深差 ΔH，应分别满足 $\Delta S \leqslant 0.1h$ 和 $\Delta H \leqslant 0.15h$（h——管线埋深（cm），当 $h <$ 100cm 时，按 100cm 计）。（3）管线点，宜设置在管线的起止点、转折点、分支点、变径处、变坡处交叉点、变材点、出（入）地口、附属设施中心点等特征点上；管线直线段的采点间距，宜为图上 $10 \sim 30$cm；隐蔽管线点，应明显标识。（4）地下管线的调查项目和取舍标准，宜根据委托方要求确定。（5）对隐蔽管线的探查，应符合下列规定：1）探查作业，应按仪器的操作规定进行。2）作业前，应在测区的明显管线点上进行比对，确定探查仪器的修正参数。3）对于探查有困难或无法核实的疑难管线点，应进行开挖验证。4）对隐蔽管线点探查结果，应采用重复探查和开挖验证的方法进行质量检验，并分别满足下列要求：①重复探查的点位应随机抽取，点数不宜少于探查点总数的 5%，隐蔽管线点的平面位置中误差和埋深中误差，其数值不应超过隐蔽管线点探查的水平位置偏差 ΔS 和埋深差 ΔH。②开挖验证的点位应随机抽取，点数不宜少于隐蔽管线点总数的 1%，且不少于 3 个点。

地下管线施测：（1）管线点相对于邻近控制点的测量点位中误差不应大于《建筑基坑工程监测技术规范》（GB 50497—2009）第 6.2.3 和 6.3.3 条的相关规定。（2）地下管线图测量，包括管线线路、管线附属设施和地上相关的主要建（构）筑物等。（3）管线点的平面坐标宜采用全站仪极坐标法施测，高程可采用水准测量或电磁波测距三角高程测量的方法施测；管线点也可采用 GPS～RTK 方法施测。点位的调查编号应与测量点号相一致或对应。（4）管线附属设施以及地上相关的主要建（构）筑物、道路、围墙等的测量，按相应规范执行。

7. 边坡工程支护结构内力监测

支护结构内力的监测目的在于及时掌握边坡施工过程中支护结构内力变化情况。当内力超出设计最大值时，及时采取有效措施，以避免支护结构因为内力过大，超过材料的极限强度而导致破坏，引起局部支护系统失稳乃至整个支护系统的失败。

测点布置和数量应符合设计要求，同时监测点的数据应能相互印证。支护结构内力监测的频率同边坡变形监测频率一致。

内力监测值宜考虑温度变化等因素的影响。应力计或应变计的量程宜为设计值的 2 倍，精度不宜低于 0.5%F・S，分辨率不宜低于 0.2%F・S。内力监测传感器埋设前应进行性能检验和编号。内力监测传感器宜在边坡开挖前至少 1 周埋设，并取开挖前连续 2d 获得的稳定测试数据的平均值作为初始值。

监测中须注意以下几点：

（1）无论哪一种监测元件，在埋设前都应进行严格标定，并观察其从埋设后至开挖前的稳定性，一般以开挖前的测量值作为初始值。

（2）连接测量元件的信号线需用金属屏蔽线，减少外界因素对信号的干扰。

（3）由于边坡工程的特殊性，选择监测元件的量程时应比设计最大值大 50%～100%。

（4）直接根据测量数据计算出来的轴力值和弯矩值，有时不能完全反映实际支护结构的受力状态，应对计算公式中未能考虑的结构温度变化、混凝土的收缩和徐变等因素进行综合分析。

（5）仪器安装前须做好应变或应力传感器与信号线的编号，且应通过钢筋笼，把每个导线引至地面做好标记，与传感器一一对应。

（6）必须对导线端部进行密封处理，做好防护措施。

（7）内力监测值应考虑温度补偿问题，对钢筋混凝土支撑尚应考虑混凝土收缩、徐变及裂缝开展的影响。

（8）内力传感器宜在边坡开挖前1周埋设，取开挖前连续2d测定稳定值作为初始值。

锚杆内力监测：

监测方法：锚杆的内力监测宜采用专用测力计、钢筋应力计或应变计，当使用钢筋束时，由于钢筋束内每根钢筋的初始拉紧程度不一样，所受的拉力与初始拉紧程度关系很大，因此宜监测每根钢筋的受力。锚杆受力状态的长期监测宜采用振弦式测力计。

锚杆的预应力值可用下列方法观测：（1）在锚杆中埋设测力传感器测定。（2）在锚具中设置油压型测力传感器进行顶升试验测定。（3）通过千斤顶进行顶升试验测定。

锚杆测点布置：为了分析不同工况下锚杆内力的变化情况，对监测到的锚杆内力值与设计计算值进行比较，各层监测点位置在竖向上宜保持一致。锚头附近位置锚杆拉力大，当用锚杆测力计时，测试点宜设置在锚头附近，锚杆的内力监测点应选择在受力较大且有代表性的位置，或按设计要求布置。

杆体内力监测常用锚杆应力计，用做监测的每根锚杆一般宜布置3～5个测点，观测锚杆受力状态和加固效果，了解应力沿杆体的分布规律。

8. 建筑边坡工程孔隙水压力监测

孔隙水压力监测在控制各种打入桩引起的地表隆起、边坡工程开挖导致的地表沉降等方面起着十分重要的作用，其原因在于饱和软黏土受荷后首先产生的是孔隙水压力的变化或迁移，随后才是颗粒的固结变形，孔隙水压力的变化是土体运动的前兆。通过监测孔隙水压力在施工过程中的变化情况，及时为控制沉桩速率和开挖、掘进速度等提供可靠依据，从而达到为施工服务的目的。同时结合土压力监测，可以进行土体有效应力分析，作为土体稳定计算的依据。

孔隙水压力监测方法：孔隙水压力宜通过埋设钢弦式或应变式等孔隙水压力计测试，和钢筋计、土压力盒一样，也分为振弦式和电阻应变式两种，分别通过频率仪和应变仪测得孔隙水压力的大小。孔隙水压力计的传感器构造和工作原理与土压力仪相似，只是孔隙水压力计多了一块透水石，土体中的水压力能够传到薄板弹性元件上，弹性元件的变形（或应变片的变形）引起钢弦张力的变化（或产生应变），从而根据钢弦频率的变化（或应变值）可测得孔隙水压力值。孔隙水压力计应满足以下要求：量程满足被测压力范围的要求，可取静水压力与超孔隙水压力之和的2倍；精度不宜低于0.5%F·S，分辨率不宜低于0.2%F·S。

孔隙水压力测点布置：孔隙水压力监测点宜靠近边坡、基坑受力、变形较大或有代表性的部位布置。竖向布置上监测点宜在水压力变化影响深度范围内按土层分布情况布设，竖向间距宜为2～5m，数量不宜少于3个。

孔隙水压计的埋设：孔隙水压计的埋设方法与土压力盒基本相同，可采用钻孔法和压入法。

孔隙水压力计埋设后应测量初始值，且宜逐日量测1周以上并取得稳定初始值。并应在孔隙水压力监测的同时测量孔隙水压力计埋设位置附近的地下水位，以便在计算中消除水位变化影响，获得真实的超孔隙水压力值。

17.1.4　实例 17-1：某物流中心边坡挡墙施工过程阶段性监测报告

1. 工程概述

施工场地位于重庆市某区，有公路直达场地，交通方便。该工程建设单位为××地产有限公司和××制品有限公司，设计单位为××建筑设计有限公司，勘察单位为××地质工程勘察设计院。

监测范围内的设计情况如下：

（1）A～B′～D 段边坡长 75m，高度为 30.40～31.04m，为岩质边坡，边坡性质为永久边坡，设计安全等级为一级，边坡支护形式：坡率法＋锚杆挡墙。

（2）D～E～F 段边坡长 182m，高度为 14.50m，为岩质边坡，边坡性质为永久边坡，设计安全等级为一级，边坡支护形式：锚杆挡墙。

（3）F～H～J 段边坡长 110m，高度为 32.20～33.50m，为岩质边坡，边坡性质为永久边坡，设计安全等级为一级，边坡支护形式：坡率法＋锚杆挡墙。

××检测中心受建设单位委托开展××物流中心 A～B～D 段、D～E～F 段及 F～H～J 段边坡挡墙的变形监测工作。本阶段监测工作始于 2015 年 7 月 3 日，止于 2015 年 7 月 31 日，为期 4 周，为第五期监测。目前 A～B～D 段挡墙部分基本完成，D～E～F 段、F～H～J 段正在施工。施工现场现状如图 17-1 所示。

图 17-1　施工现场情况图

2. 监测主要依据

（1）技术合同；

（2）设计图、施工图（电子版）；

（3）《建筑边坡工程技术规范》（GB 50330—2013）；

（4）《建筑边坡工程检测技术规范》（DBJ50/T-137—2012）；

（5）《建筑基坑工程监测技术规范》（GB 50497—2009）；

（6）《建筑变形测量规范》（JGJ 8—2016）；

（7）《工程测量规范》（GB 50026—2007）；

（8）其他相关规范、规程及技术文件。

3.监测范围、目的及要求

（1）监测范围

××物流中心 A～B～D 段（长 75m）、D～E～F 段（长 182m）及 F～H～J 段（长 110m）边坡挡墙。

（2）监测目的

掌握××物流中心 A～B～D 段、D～E～F 段及 F～H～J 段边坡挡墙的变形情况，为 A～B～D 段、D～E～F 段及 F～H～J 段边坡挡墙的稳定性判断提供基础数据。

（3）监测要求

1）制定合理的监测方案，负责监测点仪器埋设、量测，现场量测数据及时分析整理，并及时向委托方通报监测数据。

2）对出现的异常情况及时向委托方发出警报，防患于未然。

3）及时提交监测报告，工作完成后向委托方提交完整的监测报告。

4.监测项目及监测仪器

监测项目依据《建筑边坡工程技术规范》（GB 50330—2013）及施工图纸等要求及有关规定确定。

（1）边坡现场巡视检查；

（2）A～B～D 段边坡变形、锚杆应力监测；

（3）D～E～F 段边坡变形监测；

（4）F～H～J 段边坡变形监测。

本次监测工作投入的主要仪器设备见表 17-8。

监测仪器设备 表 17-8

设备名称	型号	测量精度	备注
钢卷尺	/	1mm	距离测量
游标卡尺	/	0.02mm	长度测量
裂缝测宽仪	Pts-c10	0.02mm	裂缝宽度测量
精密水准仪	DNA03	0.01 mm	沉降监测
全站仪	TCRA1201	0. 1mm	变形、位移测量

5.监测情况

本次××物流中心边坡挡墙施工过程监测工作始于 2015 年 7 月 3 日，止于 2015 年 7 月 31 日。各段边坡挡墙变形监测及锚杆应力监测各测点平面布置图如图 17-2 所示。

（1）现场巡视检查

现场巡视检查过程中，未发现××物流中心边坡挡墙、边坡顶部地表及边坡坡面有肉眼可辨别的裂缝。

（2）A～B～D 段边坡变形及锚杆应力监测

本次 A～B～D 段边坡变形监测包括边坡沉降监测及边坡水平位移监测，共布设 12 个变形监测点（测点编号为：BP1～BP12），测点布置如图 17-3 所示（A～B～D 段边坡监测测点立面展开图）。各测点变形监测数据汇总见表 17-9～表 17-11。

本次在 A～B～D 段边坡挡墙 2′—2′剖面上布置 3 支锚杆应力计，用以监测锚杆的

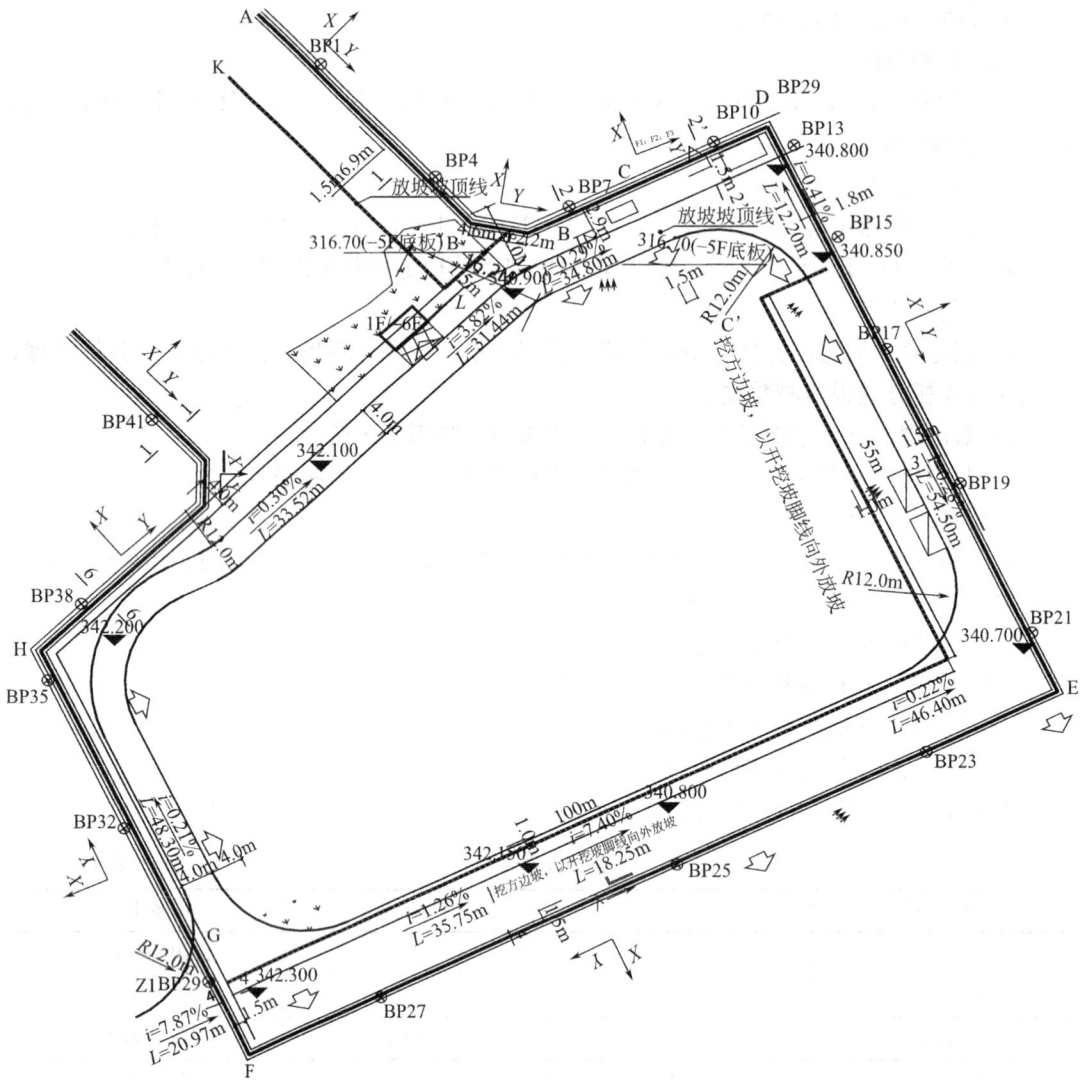

图 17-2　边坡监测各监测段平面布置图

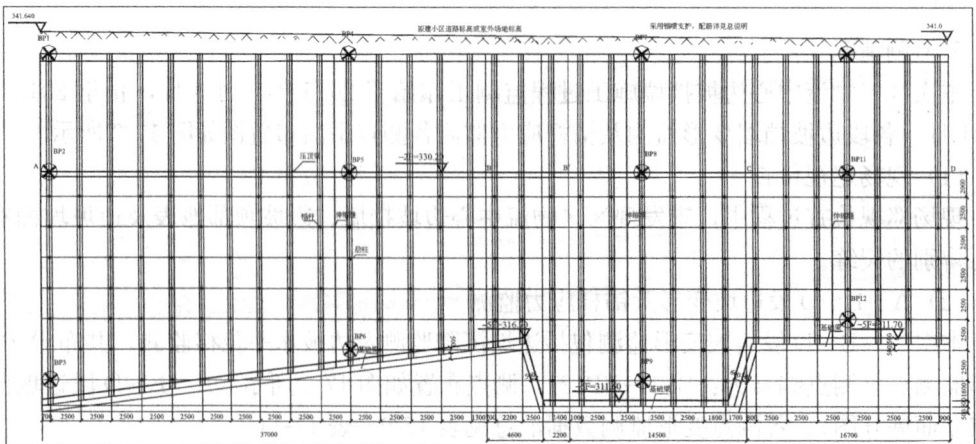

图 17-3　A~B~D 段边坡监测测点立面展开图

应力情况。将锚杆应力计对焊在锚杆上并与锚杆保持同轴。焊接应满足规范要求，焊接时应在水冷却下进行，保证仪器温度不超过 60℃。各测点型号及导线长度分别为：F1 型号 163685、导线长 4m，F2 型号 163561、导线长 3m，F3 型号 163555、导线长 2m，各测点位置布置情况如图 17-4 所示，监测数据如图 17-5 所示。

（3）D～E～F 段边坡变形监测（数据、图略）

（4）F～H～J 段边坡变形监测（数据、图略）

6.阶段性监测结果

本阶段（2015 年 6 月 7 日～2015 年 7 月 3 日）获取了××物流中心边坡 A～B～D 段、D～E～F 段、F～H～J 段变形监测数据。该阶段监测数据表明：

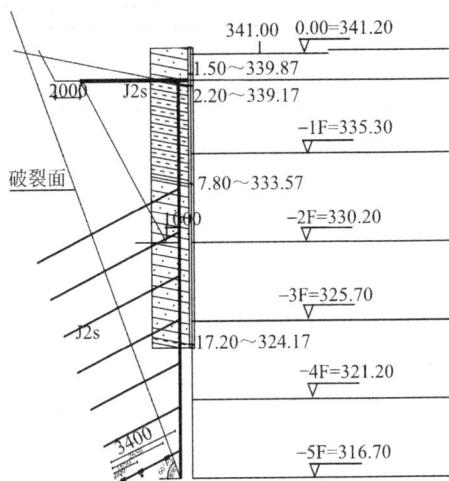

图 17-4　A～B～D 段边坡 2'—2'剖面应力监测测点位置布置图

（1）该阶段现场巡视检查过程中，未发现××物流中心边坡 A～B～D 段、D～E～F 段、F～H～J 段边坡顶部地表及边坡坡面有肉眼可辨别的裂缝。

（2）该监测期间，××物流中心边坡 A～B～D 段、D～E～F 段、F～H～J 段边坡变形监测值（包括沉降和水平位移监测值）均较小。边坡累计变形最大值出现在 A～B～D 段测点 BP8，测点 BP8 的 X 方向累计变形值为−3.1mm；Y 方向累计变形值为−2.0mm；H 方向累计变形值为−3.8mm。

锚杆应力监测中，累计最大变化值为 A～B～D 段 F3 测点，其累计变化值约为 9.98kN，本阶段最大变化值为 A～B～D 段 F1 测点，其累计变化值约为 2.46kN，变化均较小。

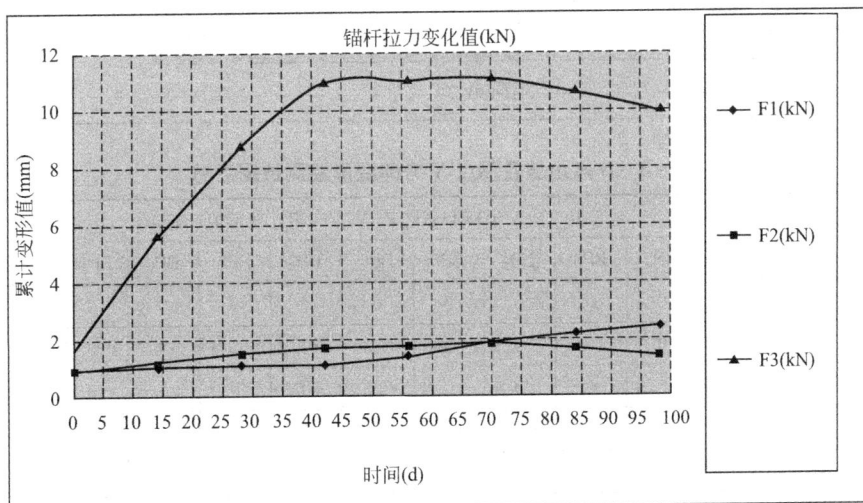

图 17-5　锚杆作用力与时间关系曲线

A～B'～D 段边坡各测点沉降监测数据汇总　　　　表 17-9

量测时间	累计天数(d)	A～B～D段边坡累计沉降值(mm)											
		BP1	BP2	BP3	BP4	BP5	BP6	BP7	BP8	BP9	BP10	BP11	BP12
2015-3-28	0	0	0	0	0	0	0	0	0	0	0	0	0
2015-4-10	14	−0.3	−0.4	−0.4	0.4	−0.3	−0.5	−0.4	−0.2	−0.4	0.3	−0.2	−0.2
2015-4-24	28	−0.4	−0.7	−0.6	0.3	−0.2	−0.9	−0.9	−0.8	−1.1	−0.3	−0.5	−0.3
2015-5-8	32	−0.7	−1.1	−0.8	0.5	−0.5	−1.2	−1.5	−1.6	−1.9	−1.2	−0.7	−0.5
2015-5-22	56	−0.9	−1.3	−1.2	0.2	−0.7	−1.5	−1.9	−2.4	−2.5	−1.7	−1.2	−0.8
2015-6-5	70	−1.2	−1.1	−1.5	0.4	−0.9	−1.4	−2.2	−2.8	−2.9	−2.2	−1.5	−0.9
2015-6-19	84	−1.5	−1.3	−1.7	0.2	−1.2	−1.7	−2.4	−3.1	−3.2	−2.4	−1.8	−1.2
2015-7-3	98	−1.7	−1.6	−1.9	−0.2	−1.5	−2.0	−2.7	−3.4	−3.4	−2.7	−2.1	−1.2
2015-7-17	112	−1.8	−1.9	−2.2	−0.4	−1.7	−2.3	−2.9	−3.6	−3.7	−2.9	−2.4	−1.4
2015-7-31	126	−1.8	−2.0	−2.3	−0.5	−1.7	−2.4	−2.9	−3.8	−3.8	−2.9	−2.6	−1.4

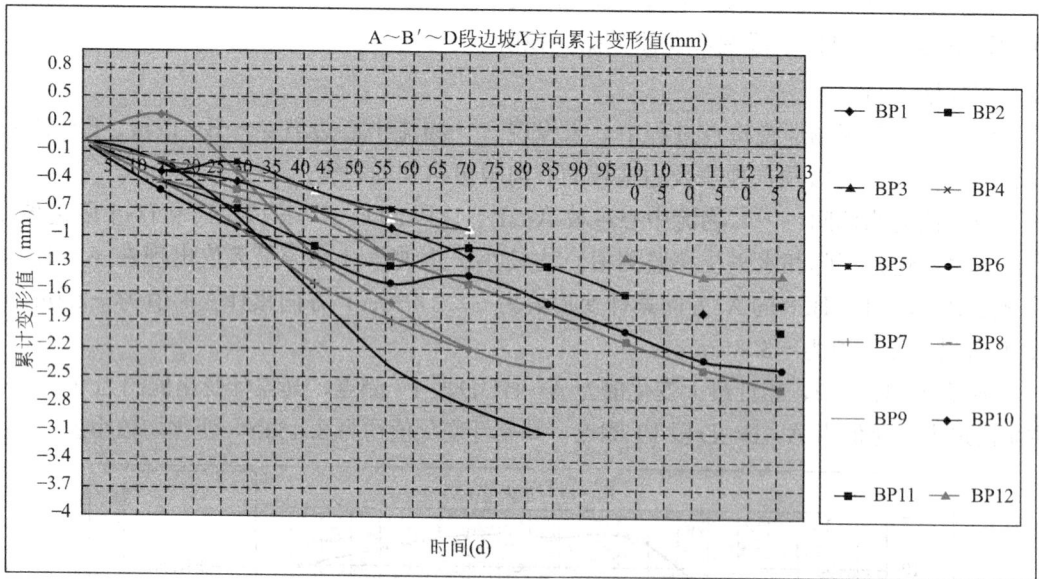

A～B'～D段边坡 X 方向累计变形值(mm)

A～B～D 段边坡各测点 X 方向变形监测数据汇总　　　　表 17-10

量测时间	累计天数(d)	A～B～D段边坡 X 方向累计变形值(mm)											
		BP1	BP2	BP3	BP4	BP5	BP6	BP7	BP8	BP9	BP10	BP11	BP12
2015-3-28	0	0	0	0	0	0	0	0	0	0	0	0	0
2015-4-10	14	−0.4	−0.4	−0.5	−0.5	−0.6	0.5	−0.5	−0.4	−0.4	−0.4	−0.3	−0.3
2015-4-24	28	−0.7	−0.6	−0.5	−0.6	−0.5	0.3	−0.9	−0.9	−0.8	−0.9	−0.4	−0.6
2015-5-8	32	−0.9	−0.8	−0.7	−0.8	−0.8	0.5	−1.7	−1.6	−1.5	−1.6	−0.6	−0.7
2015-5-22	56	−1.2	−1.2	−0.9	−1.2	−1.3	0.7	−2.2	−2.2	−1.9	−2	−0.9	−0.9
2015-6-5	70	−1.4	−1.4	−0.7	−1.5	−1.2	0.5	−2.7	−2.6	−2.2	−2.4	−1.2	−1.3

续表

量测时间	累计天数 (d)	A~B~D 段边坡 X 方向累计变形值(mm)											
		BP1	BP2	BP3	BP4	BP5	BP6	BP7	BP8	BP9	BP10	BP11	BP12
2015-6-19	84	−1.5	−1.6	−0.9	−1.6	−1.4	0.3	−3.0	−2.8	−2.5	−2.7	−1.4	−1.5
2015-7-3	98	−1.7	−1.8	−1.1	−1.9	−1.7	−0.1	−3.2	−3.1	−2.7	−2.9	−1.7	−1.6
2015-7-17	112	−1.8	−1.8	−1.2	−1.9	−1.8	−0.1	−3.2	−3.2	−2.8	−3.1	−1.9	−1.9
2015-7-31	126	−1.8	−1.8	−1.3	−1.9	−1.8	−0.2	−3.3	−3.1	−2.9	−3.3	−2.0	−1.9

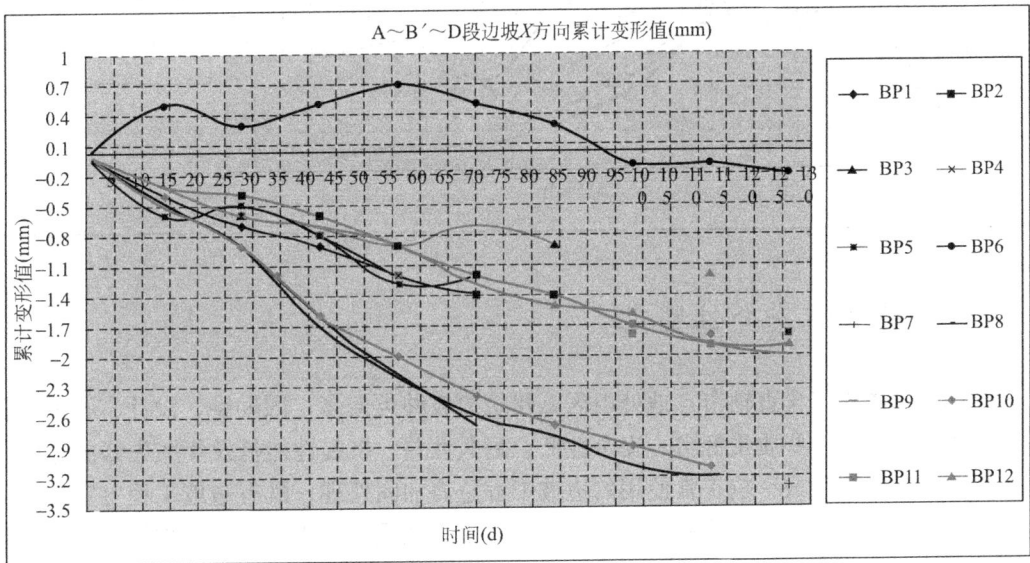

A~B~D 段边坡各测点 Y 方向变形监测数据汇总　　　　　表 17-11

量测时间	累计天数 (d)	A~B~D 段边坡 Y 方向累计变形值(mm)											
		BP1	BP2	BP3	BP4	BP5	BP6	BP7	BP8	BP9	BP10	BP11	BP12
2015-3-28	0	0	0	0	0	0	0	0	0	0	0	0	0
2015-4-10	14	−0.1	−0.3	−0.3	−0.2	−0.3	0.1	−0.3	−0.3	0.2	−0.2	0.1	0.2
2015-4-24	28	−0.3	−0.5	−0.4	0.0	−0.5	−0.3	−0.6	−0.5	−0.2	0.3	−0.2	0.5
2015-5-8	32	−0.5	−0.7	−0.2	0.3	−0.8	−0.6	−0.8	−0.7	−0.5	0.5	−0.5	0.4
2015-5-22	56	−0.7	−0.9	−0.5	0.5	−1.1	−0.9	−1.2	−1.3	−0.8	0.8	−0.8	0.7
2015-6-5	70	−0.9	−1.2	−0.4	0.7	−1.5	−1.1	−1.5	−1.6	−1.1	0.6	−1.2	0.9
2015-6-19	84	−1.0	−1.6	−0.6	0.5	−1.7	−1.3	−1.5	−1.8	−1.3	0.5	−1.2	1.0
2015-7-3	98	−0.8	−1.4	−0.9	0.3	−1.9	−1.0	−1.2	−1.8	−1.2	0.5	−1.4	1.3
2015-7-17	112	−0.8	−1.4	−1.0	0.2	−1.8	−1.1	−1.3	−1.9	−1.3	0.6	−1.4	1.0
2015-7-31	126	−1.0	−1.5	−1.0	0.3	−1.8	−1.0	−1.4	−2.0	−1.5	0.4	−1.6	0.8

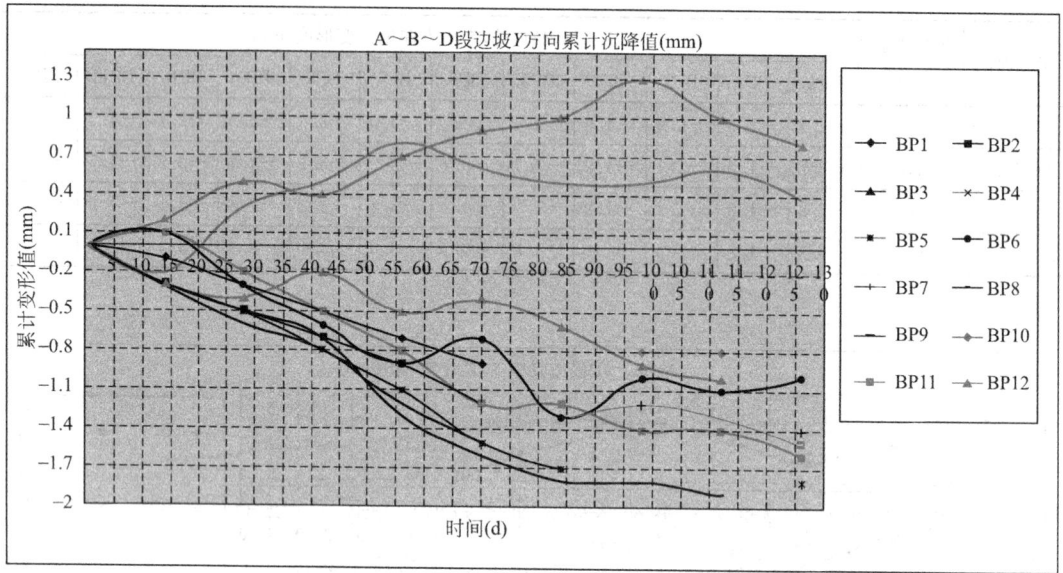

17.2　边坡工程安全性鉴定

全国不少省份（含直辖市）地处山区，建筑边坡种类繁多，因勘察、设计、施工和管理不当等原因造成一些质量低劣、安全性低、耐久性差、抗震性能低及年久失修的边坡工程，对存在安全隐患或影响正常使用的边坡工程急需加固处理。既有边坡工程鉴定与加固涉及边坡工程施工质量、性能检测、工程地质、水文地质、岩土力学、支护结构、锚固技术、施工及监测等多门学科。边坡工程岩土特性复杂多变，破坏模式、计算参数及计算理论存在诸多不确定性。为使边坡工程的鉴定与加固技术标准化、规范化，符合技术可靠、安全适用、经济合理、确保质量、保护环境的要求，需制定建筑边坡工程鉴定与加固规范，为此，目前国家编制了《建筑边坡工程鉴定与加固技术规范》（GB 50843—2013），重庆市制定了地方标准《建筑边坡工程安全性鉴定规范》（DBJ 50-170—2013）。

《建筑边坡工程鉴定与加固技术规范》（GB 50843—2013）、《建筑边坡工程安全性鉴定规范》（DBJ50-170—2013）适用于岩质边坡高度为 30m 以下（含 30m）、土质边坡高度为 15m 以下（含 15m）的既有建筑边坡工程和岩质基坑边坡的鉴定和加固。对于超限边坡工程其鉴定实例较少且工程经验欠充分，因此对超限边坡工程的鉴定需谨慎对待，特别是对地质和环境条件很复杂的边坡工程，应针对地质和环境条件的复杂特点，事前编制专项鉴定方案，经专家评审通过后方可实施。

17.2.1　边坡工程鉴定的要求及程序

边坡工程鉴定的基本要求如下：

（1）边坡工程鉴定应明确鉴定的对象、范围和要求。鉴定对象应由委托单位确定，可将建筑边坡工程整体作为鉴定对象，也可将鉴定单元、子单元或构件作为鉴定对象。

（2）当边坡工程遭受洪水、泥石流和火灾等灾害后需进行特殊项目鉴定时，特殊项目鉴定评级应符合国家现行有关标准的规定。

（3）鉴定对象的目标使用年限，应根据边坡工程的使用历史、当前的工作状态和今后的使用要求确定。对边坡工程不同鉴定单元，根据其安全等级可确定不同的目标使用年限。

（4）既有边坡工程加固前应进行边坡工程鉴定。

（5）在下列条件下，应进行边坡工程安全性鉴定：1）遭受灾害、事故或其他应急鉴定时；2）存在较严重的质量缺陷或出现影响边坡工程安全性、适用性或耐久性的材料劣化、构件损伤或其他不利状态时；3）对邻近建筑物安全有影响时；4）进行改造、扩建及使用环境改变时；5）需要进行整体维护、维修时；6）达到设计使用年限拟继续使用时；7）需进行司法鉴定时；8）使用性鉴定中发现安全性问题时。

（6）在下列情况下，可进行边坡工程正常使用性鉴定：1）使用维护中需要进行常规性的检查；2）边坡工程有特殊使用要求的鉴定。

（7）当边坡工程存在耐久性问题时，应进行边坡工程耐久性鉴定。

边坡工程安全性鉴定程序可按图 17-6 进行。

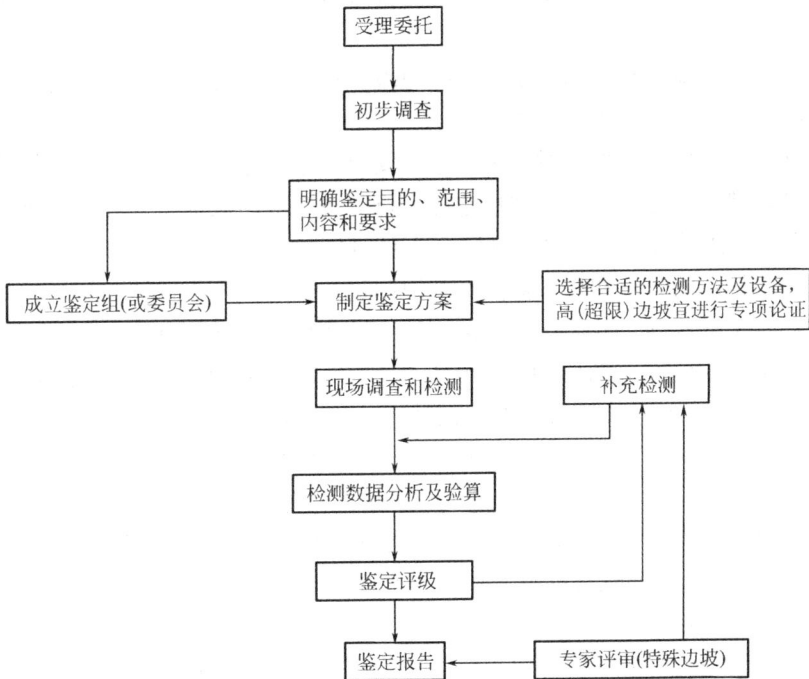

图 17-6　边坡工程安全性鉴定程序

17.2.2　边坡工程调查与分析

接受边坡工程鉴定工作后，需开展相应的调查工作。

初步调查包括以下工作：

（1）查阅边坡工程资料：包括边坡工程勘察资料、设计文件、竣工资料、历次检测（监测）资料、加固和改造资料、质量或事故处理报告等。

（2）调查边坡工程建设、使用历史。

（3）现场调查：根据资料核对实物，调查边坡工程实际使用情况、查看已发现的问题，听取有关人员的意见等。

（4）拟订鉴定方案。

详细调查与检测宜根据实际需要开展下列工作：

（1）详细研究相关文件资料。当边坡工程勘察资料不完整或检测过程中发现其他工程地质问题时，应按国家现行有关标准的规定进行边坡工程勘察。

（2）调查核实使用条件。应对设计、施工、用途、维修、加固等建设、使用历史进行调查，同时对永久荷载、可变荷载、偶然荷载作用和间接作用进行调查，当环境作用对边坡安全性影响较大时应进行环境作用调查。

（3）材料性能检测分析。当图纸资料有说明且不怀疑材料性能有变化时，可采用原有设计文件规定的设计值；当无图纸资料或对材料性能有怀疑时，应按国家现行有关检测技术标准进行检测。

（4）支护结构、构件的检查和抽样检测。当有图纸资料时，可进行现场抽样复核；当无图纸资料或图纸资料不全时，应通过对支护结构的现场调查和分析，再按国家现行有关专业标准，对重要和有代表性的支护结构、构件进行现场抽样检测；当检测数据无代表性时应全数检测。

（5）附属工程的检查和检测。重点检查边坡工程排水系统的设置和其排水功能，对其他影响安全的附属结构也应进行检查。

根据详细调查与检测数据，对鉴定对象的安全性进行分析与验算。支护结构或构件应按承载能力极限状态进行校核；边坡稳定性分析应现行国家标准《建筑边坡工程鉴定与加固技术规范》（GB 50843—2013）中附录 A 的规定执行。

支护结构或构件的分析和校核需按下列原则进行：

（1）支护结构或构件上的作用标准值应符合国家现行标准的有关规定。

（2）支护结构或构件上的作用效应计算应符合现行国家标准《建筑边坡工程技术规范》（GB 50330—2013）及国家现行有关设计规范的规定。

（3）当间接作用引起的效应不可忽略时，应计算间接作用引起的支护结构或构件的作用效应。

（4）支护结构或构件的校核方法，应符合现行国家标准《建筑边坡工程技术规范》（GB 50330—2013）及国家现行有关设计规范的规定。

（5）材料强度的取值应按检测结果取值。

（6）支护结构或构件的几何参数应取实测值，并应考虑支护结构或构件的变形、施工偏差以及裂缝、缺陷、损伤、腐蚀等不利因素的影响。

（7）支护结构或构件的空间作用效应不可忽略时，宜采用数值计算方法进行空间作用分析。

（8）当必须考虑地震作用对边坡安全性的影响时，地震作用效应计算应符合现行国家标准《建筑边坡工程技术规范》（GB 50330—2013）的规定。

在边坡工程鉴定过程中，若发现调查和检测资料不充分或不准确时，应及时补充调查、检测。对灾后边坡工程的鉴定，其工作程序可参照正常鉴定程序执行，但其工作内容和方法尚应符合国家现行有关专业标准的规定。

17.2.3　边坡工程安全性鉴定评级及评级标准

边坡工程安全性评级可按所划分的鉴定单元进行。鉴定单元的评级可划分为构件、子单元和鉴定单元（子鉴定单元）三个层次。鉴定评级原则如下：

（1）安全性评级分为四个等级。

（2）当鉴定单元（子鉴定单元）可划分为构件和子单元时，可按表 17-12 规定的工作内容进行各层次的评级。

鉴定单元（子鉴定单元）评级的层次、等级划分及工作内容　　　　表 17-12

层次	一		二		三
层名	鉴定单元(子鉴定单元)		子单元		构件
安全性鉴定	等级	A_{su}、B_{su}、C_{su}、D_{su}	等级	A_u、B_u、C_u、D_u	a_u、b_u、c_u、d_u
	稳定性分析 子单元评级综合分析		地基基础	地基变形、承载力	—
			支护结构	整体性能	
				承载功能	承载能力、连接和构造
			附属工程	排水功能 护栏	—
					承载能力、连接和构造

（3）当鉴定单元不能细分为构件、子单元时，应根据鉴定单元的实际检测数据，直接对其安全性进行评级。

（4）当只要求鉴定到某层次的安全性时，检查和评定工作可只进行到该层次相应程序规定的步骤。

（5）由两个以上子鉴定单元组成的鉴定单元，子鉴定单元和鉴定单元的评级除应符合表 17-12 的规定外，尚应按有关规定综合评定鉴定单元的安全等级。

边坡工程鉴定的构件、子单元和鉴定单元（子鉴定单元）的评级标准如下。

（1）构件（包括构件本身及构件间的连接节点）评级标准为：

1）a_u 级：构件承载能力符合现行国家标准对安全性的规定，满足构件安全性要求，不必采取措施。

2）b_u 级：构件承载能力基本符合国家现行标准对安全性的规定，满足构件安全性下限要求，不影响安全，可不采取措施。

3）c_u 级：构件承载能力不符合国家现行标准对安全性的规定，影响构件安全，应采取措施。

4）d_u 级：构件承载能力严重不符合国家现行标准对安全性的规定，已严重影响构件安全，必须及时或立即采取措施。

（2）子单元的评级标准为：

1）A_u 级：符合国家现行标准对安全性的规定，不影响整体安全，可能有个别次要构件宜采取适当措施。

2）B_u 级：基本符合国家现行标准对安全性的规定，仍能满足支护结构安全性下限水平要求，尚不明显影响整体安全，无影响承载功能的变形，可能有极少数构件应采取措施。

3）C_u 级：不符合国家现行标准对安全性的规定，影响整体安全，局部略有影响承载功能的变形，可能有极少数构件必须立即采取措施。

4）D_u 级：严重不符合国家现行标准对安全性的规定，严重影响整体安全，有影响承载功能的变形，必须立即采取措施。

（3）鉴定单元（子鉴定单元）的评级标准为：

1）A_{su} 级：符合国家现行标准对安全性的规定，可能有个别次要构件宜采取适当措施。

2）B_{su} 级：基本符合国家现行标准对安全性的规定，无影响整体安全的构件，可能有极少数构件应采取措施。

3）C_{su} 级：不符合国家现行标准对安全性的规定，影响整体安全，应采取措施，可能有极少数构件必须立即采取措施。

4）D_{su} 级：严重不符合国家现行标准对安全性的规定，严重影响整体安全，必须立即采取措施。

17.2.4　边坡工程鉴定工作中的调查与检测

使用条件的调查与检测包括边坡工程上的作用、使用环境和使用历史三部分，调查中需考虑使用条件在目标使用年限内可能发生的变化。

通过现场踏勘、资料查阅和对比及向委托方、知情人员、边坡工程周边居民调查，了解边坡工程设计与施工、用途和使用年限、历次检测、维护、维修与加固、用途变更和改造，以及遭受灾害和事故情况。

边坡工程作用的调查和检测，可选择表 17-13 中的项目。

边坡工程的作用调查和检测项目　　　　　　　　　　　表 17-13

作用类别	调查、检测项目
永久作用	(1)土压力、水压力、预应力等直接作用,地基变形等间接作用; (2)坡顶堆载、建(构)筑物永久荷载等
可变作用(荷载)	(1)人群荷载; (2)汽车荷载; (3)冰、雪荷载; (4)建(构)筑物活载; (5)温度作用; (6)动水作用及其他动荷载等
偶然作用	(1)地震作用; (2)水灾、泥石流、爆炸、撞击等

对边坡影响范围内的管线进行调查，明确管线的用途、作用范围和特点等。

边坡工程使用环境包括气象环境、水文与水文地质条件、地质环境和边坡工程工作环境，可按表 17-14 中所列项目进行调查。

边坡工程使用环境调查项目　　　　　　　　　　　表 17-14

环境条件	调查项目
气象及水文地质环境	降雨季节、降雨量、降雪量、霜冻期等;最高水位资料,影响边坡水文地质条件的管线、江河等水源资料,含水层、汇水面积、排水坡度、山洪等
工程地质环境	地形、地貌、工程地质、周边建筑物、管线、构筑物及洞穴等
边坡工程工作环境	震动、侵蚀性气体、液体、固体环境等
灾害作用环境	地震、洪水;支护结构周围存在的爆炸、火灾、撞击源;其他灾害等

边坡工程所处环境类别和作用等级，可按现行国家标准《工业建筑可靠性鉴定标准》（GB 50144—2008）的有关规定确定。当为化学腐蚀环境时，可按现行国家标准《工业建筑防腐蚀设计规范》（GB 50046—2008）和《岩土工程勘察规范》（GB 50021—2001）的有关规定确定。

边坡工程的调查与检测包括地基基础、支护结构和附属工程。

边坡工程及周边环境的变形与裂缝的调查、检测的原则如下：

（1）调查范围为边坡工程塌滑区及其影响范围内的地面、建筑物、需保护的管线等。

（2）建筑物的变形、倾斜等应采用相应的仪器设备进行测试。

（3）对需保护管线的位置和已有变形应做出标识和记录。

（4）对已发生变形或出现裂缝的部位应做出标识和记录。

（5）地面或结构体裂缝深度、宽度、走向应采用相应的仪器设备进行检测或观测，并做好相应的记录。

（6）边坡工程及周边环境的变形与裂缝变化未稳定时，应对其变化趋势和量值进行监测，监测时间不宜少于其一个变化周期。

对支护结构地基基础的调查除应查阅岩土工程勘察报告或有关图纸资料外，尚应调查地基基础的现状、实际使用荷载、沉降量及沉降稳定情况；当地基基础资料不足时，可采用现场抽样检测、计算校核等方法验证已有岩土工程勘察资料的准确性；当地基基础沉降变化趋势不明确时，应对其变化趋势和量值进行监测，监测时间不宜少于其一个变化周期。

基础的种类和材料性能，可通过查阅图纸资料确定。当资料不足时，可开挖探坑或采取其他有效检测方法，验证基础的种类、尺寸及埋深和嵌岩深度，检查和检测基础的变位、开裂、腐蚀或损坏程度等，并确定基础材料的性能。

当既有建筑边坡工程图纸资料不全或缺失时，应对支护结构的布置、支护体系、构件材料强度、混凝土构件的配筋、支护结构与构件几何尺寸等进行检测，并应绘制工程现状图。

对支护结构的调查，可根据支护结构的具体情况及鉴定的内容和要求，选择表 17-15 中的调查项目。

支护结构的调查　　　　　　　　　　　　　　　　　表 17-15

调查项目	调查细目
支护结构整体性	支护结构布置、连接构造
支护结构和材料性能	材料强度，结构或构件的几何尺寸，构件承载性能、抗震性能
支护结构缺陷、损伤和腐蚀	制作和安装偏差，材料和施工缺陷，构件及其节点的裂缝、损伤和腐蚀
支护结构变形	支护结构和构件的整体变形和局部变形
支护结构构件的构造	保证支护结构构件承载能力、稳定性、刚度等有关构造措施

注：检查中应注意不同建造年代支护结构布置、节点构造、材料强度等方面存在的差异。

边坡工程支护结构、构件现场检测的原则如下：

（1）检测方法需符合国家、行业和地方现行有关标准规定。

（2）检测抽样原则和抽样数量可按现行国家标准《建筑工程施工质量验收统一标准》（GB 50300—2013）和《建筑结构检测技术标准》（GB/T 50344—2004）的有关规定执行。

当检测数据离散性大时应全数检测。

（3）边坡工程支护结构、构件安全性鉴定中采用的检测数据，需按如下规则处理：1）当需采用不止一种检测方法同时进行测试时，应事先约定分析检测数据的规则，不得事后随意处理。2）当怀疑检测数据有异常值时，其判断和处理应符合现行国家标准《数据的统计处理和解释　正态样本离群值的判断和处理》（GB/T 4883—2008）的规定，不得随意舍弃或调整数据。

（4）检测项目和内容应包括地基基础、支护结构和附属工程的几何特性、材料性能和结构性能等。

（5）地基基础、支护结构和附属结构的检测除需符合现行国家标准《建筑结构检测技术标准》（GB/T 50344—2004）的规定外，尚应符合国家现行有关专业检测标准的规定。

（6）检测时应确保所使用的仪器设备在检定或校准周期内并处于正常工作状态，仪器设备的精度应符合检测项目的有关规定。

（7）混凝土支护结构和砌体支护结构检测时，需区分重要构件、次要构件和连接节点，以支护结构整体牢固性、变形、构件破损、老化、构造连接损伤，结构、构件的材质与强度为主要检测项目。

（8）支护结构和材料性能、几何尺寸和变形、缺陷和损伤等检测，应符合下列规定：1）结构材料性能的检验。当图纸资料有明确说明且不怀疑时，可进行现场抽样验证，抽样数量可按现行国家标准《建筑结构检测技术标准》（GB/T 50344—2004）中检测类别 A 的要求执行；当无图纸资料或存在问题有怀疑时，可按国家现行专业检测技术标准，通过现场取样或现场测试进行检测。2）结构或构件的几何尺寸的检测。当图纸资料齐全完整时，可现场抽检复核；当图纸资料不全或无图纸资料时，应绘制支护结构布置图，通过对支护结构的分析，对重要支护结构或构件进行现场抽样检测。3）在对支护结构或构件变形普遍观察的基础上，对其中变形明显的支护结构或构件，应按国家现行有关检测技术标准的规定进行检测。4）制作和安装偏差、材料和施工缺陷应按国家现行有关标准的规定进行检测；对支护结构或构件的外观质量缺陷应全数检查，在此基础上对损伤或缺陷严重的支护结构或构件进行详细检测。5）当支护结构或构件的承载性能需要根据现场载荷试验确定时，应在采取了相应安全措施后，可按国家现行有关技术标准的规定进行现场测试，抽样数量应满足支护结构或构件承载性能的要求。

（9）支护结构为钢结构时，除应以材料性能、构件及节点、连接的变形、裂缝、损伤、缺陷为主要检测项目外，尚应重点检查下列部位的腐蚀状况：1）在岩土体交界面处的构件；2）受干湿交替作用的构件或节点、连接；3）组合截面空隙小于 20mm 的难喷刷涂层的部位。

（10）对支护结构或构件及材料的耐久性的检测，应按国家现行有关专业标准的规定进行。

（11）附属工程的调查，除应查阅有关图纸资料外，尚应现场核实排水系统、护栏的布置，排水系统的运行状况是否失效；检查护栏与支护结构的连接构造，护栏损伤、老化及破坏失效情况。

17.2.5　构件的划分及评级

边坡工程单个构件的划分，对具体对象的不同应区别对待。

（1）基础单个构件的划分方法如下：1）独立基础：一个基础为一个构件。2）条形基础：两个结构缝所分割的区段为一个构件。3）单桩：一根桩为一个构件。4）群桩承台：由群桩支撑的承台。5）地梁：两个结构缝所分割的区段为一个构件或由两根桩划分的基础梁。

（2）支护结构单个构件的划分方法如下：1）锚杆：一根锚杆（或锚索）为一个构件。2）抗滑桩：一根抗滑桩为一个构件。3）肋柱：两根锚杆所划分的一段肋柱为一个构件。4）肋梁：两根锚杆所划分的一段肋梁为一个构件。5）挡墙：两个结构缝所分割的具有相同截面尺寸的挡墙段为一个构件。6）挡板：按肋梁、肋柱或桩划分的挡板段为一个构件。

需要说明的是所划分的单个构件，应包括构件本身及其连接、节点。按坡率法施工的边坡，当坡体具有相同的坡率，且地质条件相同，可将相对独立的一段坡体划分为一个构件。

构件的安全性等级评定应按下列规定执行：

（1）构件安全性等级应通过承载力项目（构件的抗力 R 与 $\gamma_0 S$ 作用效应的比值 $R/\gamma_0 S$）的校核和连接构造项目的分析确定；且应按承载力项目和连接构造项目评定等级中较低等级作为构件安全性评定等级。

（2）当构件的状态或条件符合下列条件时，可直接评定其安全等级。

1）已确定构件处于危险状态时，构件的安全性等级直接评定为 d_u 级。

2）当同时符合下列条件时，构件的安全性等级可根据实际情况评定为 a_u 级或 b_u 级：

① 经详细检查未发现有明显的变形、缺陷、损伤、腐蚀或其他累计损伤。

② 构件受力明确、构造合理，在传力方面不存在影响其承载能力的缺陷，无脆性破坏倾向。

③ 经长时间使用，构件对曾出现的最不利作用和环境影响仍具有良好性能。

④ 在目标使用年限内，构件上的作用和环境条件与过去相比不会劣化。

⑤ 在目标使用年限内仍具有足够的耐久性。

3）当构件不具备分析验算条件，且构件荷载试验未对支护结构安全性产生不利影响时，构件的安全性可通过荷载试验确定。

4）当构件的变形过大、裂缝过宽、腐蚀以及缺陷和损伤严重时，应结合工程实践经验、严重程度以及承载力验算结果等综合分析对安全性评级的影响。

（3）当同时符合下列条件时，构件的安全性等级可根据实际情况评定为 a_u 级或 b_u 级：

1）经详细检查未发现有明显的变形、缺陷、损伤、腐蚀或其他累计损伤。

2）构件受力明确、构造合理，在传力方面不存在影响其承载能力的缺陷，无脆性破坏倾向。

3）经长时间使用，构件对曾出现的最不利作用和环境影响仍具有良好性能。

4）在目标使用年限内，构件上的作用和环境条件与过去相比不会劣化。

5）在目标使用年限内仍具有足够的耐久性。

当需要通过计算、核算等方式评定构件的安全等级时，宜按以下规则执行。

边坡支护结构上的侧向岩土压力取值应符合下列规定：（1）经调查符合现行国家标准《建筑边坡工程技术规范》（GB 50330—2013）规定取值者，应按该规范选用。（2）当现行国家标准《建筑边坡工程技术规范》（GB 50330—2013）未作规定或按实际情况难以直接选用，可根据现行国家标准《工程结构可靠性设计统一标准》（GB 50153—2008）有关原则规定确定。

坡顶上建（构）筑物的作用计算应按下列规定取值：（1）经调查符合现行国家标准《建筑结构荷载规范》（GB 50009—2012）规定取值者，应按该规范选用。（2）当现行国家标准《建筑结构荷载规范》（GB 50009—2012）未作规定或按实际情况难以直接选用，可根据《建筑结构可靠度设计统一标准》（GB 50068—2001）有关原则规定确定。

当自重在支护结构中起重要作用且与设计差异较大时，应对支护结构自重进行测试。测试自重的标准值可按构件的实测尺寸和现行国家标准《建筑结构荷载规范》（GB 50009—2012）规定的重力密度确定；当自重变异较大或现行国家标准《建筑结构荷载规范》（GB 50009—2012）尚无规定时，可根据《建筑结构可靠度设计统一标准》（GB 50068—2001）有关原则规定确定。

汽车车辆荷载作用在边坡坡顶引起的附加荷载标准值可按表 17-16 的规定取值，车辆荷载分布应符合图 17-7 的规定。

车辆附加荷载标准值　　　　　　　　　　　　表 17-16

边坡高度 H(m)	附加荷载标准值 q(kN/m²)
≤2	20.0
≥10	10.0

注：边坡高度在 2～10m 之间时，附加荷载标准值可用直线内插法计算。

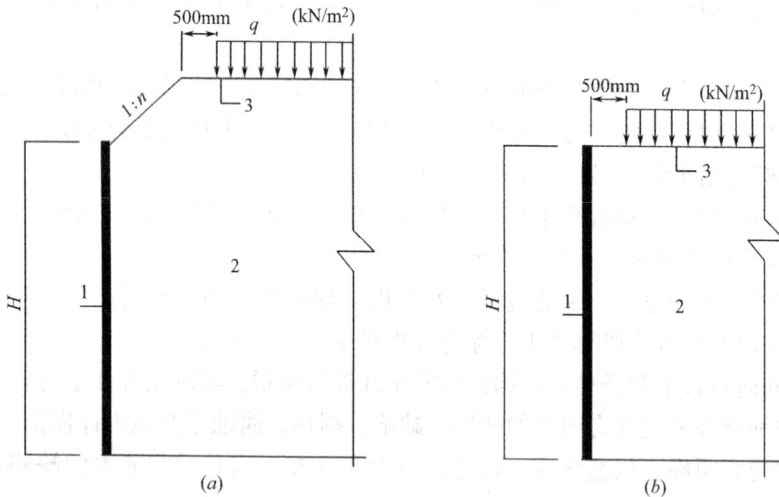

图 17-7　边坡坡顶车辆附加荷载布置
1—支护结构；2—岩土体；3—路面

车辆制动作用或其他移动荷载的作用应按国家现行有关专业规范的规定确定。

当构件需按荷载试验结果评定其安全性等级时，应按国家现行有关专业标准的规定进行荷载试验；根据试验目的、检验数据和构件的实际状况和使用条件，确定构件的实际承载力，再进行承载力项目（构件的抗力 R 与 $\gamma_0 S$ 作用效应的比值 $R/\gamma_0 S$）的校核和连接构造项目的分析评定安全性等级。

支护结构构件按承载力项目评定安全性等级时应按表 17-17 的规定执行。

构件按承载力项目评级   表 17-17

边坡工程安全性等级	构件种类	$R/\gamma_0 S$			
		a_u	b_u	c_u	d_u
一	重要构件	≥1.0	≥0.97,且<1.0	≥0.92,且<0.97	<0.92
	次要构件	≥1.0	≥0.95,且<1.0	≥0.90,且<0.95	<0.90
二	重要构件	≥1.0	≥0.95,且<1.0	≥0.90,且<0.95	<0.90
	次要构件	≥1.0	≥0.90,且<1.0	≥0.85,且<0.9	<0.85
三	重要构件	≥1.0	≥0.90,且<1.0	≥0.85,且<0.9	<0.85
	次要构件	≥1.0	≥0.87,且<1.0	≥0.82,且<0.87	<0.82

注：当构件出现受压、斜压裂缝或受剪裂缝时，根据其严重程度，承载力项目直接评定为 c_u 级或 d_u 级；当出现过宽的受拉裂缝、受弯裂缝、过度的变形、严重的缺陷损伤及腐蚀情况时，可考虑其对承载力的影响，且承载力项目评定等级不应高于 b_u 级。

构件的构造和连接项目包括构造、预埋件、连接节点的焊接或锚（螺）栓连接等，应根据其对构件安全性的影响按下列规定评定构件的安全等级：

（1）构件的构造合理满足国家现行相关标准要求时评定为 a_u 级；构件的构造基本满足国家现行相关标准要求时评定为 b_u 级；当构件的构造不满足国家现行相关标准要求时评定为 c_u 级；当构件的构造完全不满足国家现行相关标准要求时评定为 d_u 级。

（2）当预埋件的构造及连接合理、受力可靠，经检查无变形、位移或损伤等异常现象时，满足国家现行相关标准要求时评定为 a_u 级；当预埋件的构造及连接基本合理，经检查无变形、位移或损伤等异常现象时评定为 b_u 级；当预埋件的构造及连接基本合理，经检查其变形、位移或损伤等异常现象不影响其使用时评定为 c_u 级；当预埋件的构造及连接基本合理但经检查有明显变形、位移或损伤等异常现象，或构造及连接不合理时评定为 d_u 级。

（3）构件连接节点的焊接或机械连接连接方式正确符合国家现行相关标准规定时评定为 a_u 级；构件连接节点的焊接或机械连接连接方式正确，虽有局部表面缺陷但工作正常时评定为 b_u 级；构件连接节点的焊接或机械连接连接方式基本正确，或有局部表面缺陷但工作正常时评定为 c_u 级；构件连接节点的焊接或机械连接连接方式正确，但有局部拉脱、剪断或滑移，或构件连接节点的焊接或机械连接连接方式不正确时评定为 d_u 级。

（4）取上述三款中最低等级作为构造和连接项目的评定等级。

当混凝土构件受力裂缝宽度超过混凝土结构构件正常使用时允许的裂缝宽度时，应视为不适于继续承载的裂缝，并应根据其实际严重程度评定为 c_u 级或 d_u 级。

当混凝土构件出现下列情况之一的非受力裂缝时，应视为不适于继续承载的裂缝，并应根据其实际严重程度评定为 c_u 级或 d_u 级：（1）因主筋锈蚀（或腐蚀），导致混凝土产生沿主筋方向开裂、保护层脱落或掉角。（2）因温度、收缩等作用产生的裂缝，其宽度超过混凝土结构构件正常使用时规定的弯曲裂缝允许宽度值的 1.5～2 倍，且分析表明已显著影响结构的受力性能。

当支护结构构件有较大范围损伤时，应根据其实际严重程度直接定为 c_u 级或 d_u 级。

支护结构构件的耐久性可根据其修建年代、材料选择、防腐措施、环境类别和作用等级及同类工程经验类比进行评估；也可采用开挖探坑、局部剥离等方法现场检测构件的实际工作情况，按现行国家有关标准评估其耐久性。

17.2.6　子单元的划分和评级

鉴定单元（子鉴定单元）中的子单元可划分为地基基础、支护结构和附属工程三个子单元。

1. 地基基础子单元的检测与评级

地基基础子单元的安全性鉴定，包括地基及基础两个项目，以及基础、基础梁和桩三种主要构件。

地基的岩土性能指标和地基承载力代表值应按有效的边坡工程勘察文件确定。

根据地基、基础变形观测资料、上部支护结构变形、损伤情况及当地工程实践经验，结合地基和基础的承载力检测验算，综合评定支护结构地基、基础的安全性等级。

地基基础子单元的安全性评定以地基及基础两个项目中的较低评定等级作为地基基础子单元的安全性评定等级。

边坡工程地基的检验应符合下列规定：

（1）收集场地岩土工程勘察资料、边坡地基基础和支护结构设计资料和图纸、隐蔽工程的施工记录及竣工图等。

（2）对边坡工程的勘察资料应重点分析下列内容：1）地基岩土层的分布及其均匀性，软弱下卧层、特殊土及沟、塘、古河道、墓穴、岩溶、洞穴等；2）地基岩土的物理力学性能；3）地下水的水位、渗流及其腐蚀性；4）场地稳定性；5）地基震害特性。

（3）调查边坡实际使用荷载、支护结构变形、裂缝、损伤等情况，并分析其原因。

（4）调查邻近建筑物、地下工程、管线等情况，并分析其对地基的影响程度。

（5）根据收集的资料和调查情况进行综合分析，提出检测方法，进行地基抽样检测。

根据边坡工程和场地的实际条件，可选择下列检测工作：1）采用钻探、井探、槽探或地球物理等方法进行勘探。2）进行原状土、岩石的室内物理力学性能试验。3）进行载荷试验、静力触探试验、十字板剪切试验等原位测试。

根据检测数据、计算分析结果及当地工程经验，地基的安全性评级按下列规定执行：

（1）地基承载力符合国家现行标准规定，或不均匀沉降、整体沉降量小于现行国家标准《建筑地基基础设计规范》（GB 50007—2011）规定的允许值，支护结构无裂缝、变形，安全性评定为 A_u 级。

（2）地基承载力符合国家现行标准规定，不均匀沉降、整体沉降量不超过现行国家标准《建筑地基基础设计规范》（GB 50007—2011）规定的允许值，支护结构虽有轻微裂缝、变形，但无发展迹象，安全性评定为 B_u 级。

（3）地基承载力不符合国家现行标准要求，不均匀沉降、整体沉降量不超过现行国家标准《建筑地基基础设计规范》（GB 50007—2011）规定的允许值的 1.05 倍，支护结构有裂缝、变形，且短期内无终止迹象，安全性评定为 C_u 级。

（4）地基承载力严重不符合国家现行标准规定，不均匀沉降、整体沉降量大于现行国家标准《建筑地基基础设计规范》（GB 50007—2011）规定的允许值的 1.05 倍，或支护结构有严重变形裂缝，且危及支护结构或构件的安全性，安全性评定为 D_u 级。

基础的调查可按下列要求执行：

（1）收集基础、支护结构和管线设计资料和竣工图，了解支护结构各部分基础的实际荷载。

（2）应进行现场调查；可通过开挖探坑验证基础类型、材料、尺寸及埋置深度，检查基础开裂、腐蚀或损坏程度；判断基础材料的强度等级。对变形或开裂的支护结构尚应查明基础的倾斜、弯曲、扭曲等情况；对桩基应查明其进入岩土层的深度、持力层情况和桩身质量。

基础检测工作按下列要求执行：

（1）观察基础的外观质量。

（2）用检测设备查明基础的质量；用非破损法或局部破损法检测基础材料的强度。

（3）检查钢筋的直径、数量、位置、保护层厚度和锈蚀情况。

（4）对桩基可通过沉降、侧移观测，判断桩基工作状态。

根据检测数据、计算分析结果及本地工程经验，基础的安全性评级应符合下列规定：

（1）基础强度、刚度及耐久性符合国家现行标准规定，支护结构基础无沉降、侧移、裂缝、变形，安全性评定为 A_u 级。

（2）基础强度、刚度及耐久性符合国家现行标准规定，不均匀沉降、侧移不超过国家现行标准规定的允许值，支护结构虽有轻微裂缝、变形，但无发展迹象，安全性评定为 B_u 级。

（3）基础强度、刚度及耐久性不符合国家现行标准要求，不均匀沉降、侧移不超过国家现行标准规定的允许值的 1.05 倍，支护结构有裂缝、变形，且短期内无终止迹象，安全性评定为 C_u 级。

（4）基础强度、刚度及耐久性严重不符合国家现行标准要求，不均匀沉降、侧移大于国家现行标准规定的允许值的 1.05 倍，或支护结构有严重变形裂缝，且危及支护结构或构件的安全性，安全性评定为 D_u 级。

2. 支护结构子单元的评级

支护结构子单元安全性按支护结构整体性评级时应符合下列规定：

（1）支护结构布置合理、体系完整，传力路径明确，结构形式和构件选型、整体性构造和连接等符合国家现行标准的规定，满足安全性要求评定为 A_u 级。

（2）支护结构布置合理、体系完整，传力路径基本明确，结构形式和构件选型、整体性构造和连接等基本符合国家现行标准的规定，不影响安全评定为 B_u 级。

（3）支护结构布置欠合理、体系欠完整，传力路径不明确或不当，结构形式和构件选型、整体性构造和连接等不符合国家现行标准的规定，影响安全评定为 C_u 级。

（4）支护结构布置不合理、体系基本上未形成，传力路径不明确或不当，结构形式和构件选型、整体性构造和连接等不符合或严重不符合国家现行标准的规定，严重影响安全评定为 D_u 级。

支护结构子单元安全性按支护结构、构件承载功能和变形评级时应符合下列规定：

（1）随机抽检构件集中无 c_u 级和 d_u 级构件，b_u 级构件不超过抽检总数的 25%，无影响承载功能的变形评定为 A_u 级。

（2）符合下列条件之一时，支护结构子单元安全性评定为 B_u 级：1）随机抽检构件集中无 c_u 级和 d_u 级构件，b_u 级构件超过抽检总数的 25%。2）随机抽检构件集中不含有 d_u

级构件，c_u 级构件不超过抽检总数的 20%，其中 c_u 级主要构件所占比例不超过抽检总数的 5%，且无影响承载功能的变形。

（3）符合下列条件之一时，支护结构子单元安全性评定为 C_u 级：1）随机抽检构件集中不含有 d_u 级构件，c_u 级构件超过抽检总数的 20%，可能局部略有影响承载功能的变形。2）随机抽检构件集中不含有 d_u 级构件，c_u 级构件不超过抽检总数的 20%，但 c_u 级主要构件所占比例超过抽检总数的 5%，可能局部略有影响承载功能的变形。3）随机抽检构件集中重要构件无 d_u 级构件，含有 d_u 级次要构件的数量不超过构件总数的 10%，且 d_u 级构件不危及支护结构整体安全，局部略有影响承载功能的变形。

（4）符合下列条件之一时，支护结构子单元安全性评定为 D_u 级：1）随机抽检构件集中不含有 d_u 级构件，c_u 级构件超过抽检总数的 20%，且有影响承载功能的变形。2）随机抽检构件集中不含有 d_u 级构件，c_u 级构件不超过抽检总数的 20%，但 c_u 级主要构件所占比例超过抽检总数的 5%，且有影响承载功能的变形。3）随机抽检构件集中含有 d_u 级重要构件。4）随机抽检构件集中不含有 d_u 级重要构件，含有 d_u 级次要构件的数量虽不超过构件总数的 10%，但 d_u 级构件危及支护结构整体安全，有影响承载功能的变形。5）随机抽检构件集中不含有 d_u 级重要构件，含有 d_u 级次要构件的数量超过构件总数的 10%。

应以上述（2）中评级中的较低评定等级作为支护结构子单元安全性的评定等级。

3.附属工程子单元评级

附属工程子单元的安全性评级应按排水工程（系统）和护栏安全性两个项目进行评定。

按排水工程（系统）评级时应符合下列规定：

（1）排水工程（系统）布置合理、体系完整，排水功能符合设计要求评定为 A_u 级。

（2）排水工程（系统）布置合理、体系基本完整，排水功能基本符合设计要求评定为 B_u 级。

（3）排水工程（系统）布置基本合理、体系基本完整，排水功能不符合设计要求评定为 C_u 级。

（4）当排水工程（系统）失效，严重影响边坡工程排水功能，对地基基础、支护结构承载功能和变形有不利影响评定为 D_u 级。

按护栏安全性评级时应符合下列规定：

（1）随机抽检的护栏构件集中不应含有 c_u 级和 d_u 级构件，b_u 级构件不超过总数的 20%，评定为 A_u 级。

（2）随机抽检的护栏构件集中无 d_u 级构件，c_u 级构件不应超过构件总数的 10%，且 c_u 级构件不危及支护结构构件的安全，评定为 B_u 级。

（3）随机抽检护栏构件集中 d_u 级构件超过构件总数的 10%，或 c_u 级、d_u 级构件局部危及支护结构构件安全，评定为 C_u 级。

（4）随机抽检构件集中 c_u 级、d_u 级构件危及支护结构构件安全，评定为 D_u 级。

按上述两项评定等级中的较低评定等级作为附属工程的最终评定等级，且应明确评定为 c_u 级或 D_u 级的原因（在鉴定报告中需明确指出评定为 c_u 级、d_u 级的护栏构件）。

17.2.7 鉴定单元划分和评级

鉴定单元和子鉴定单元的划分需符合下列规定：

（1）具备独立施工条件并能形成完整支护功能的边坡可划分为一个鉴定单元。

（2）对复杂的鉴定单元，可将其划分成若干子鉴定单元；每个子鉴定单元应能形成完整的支护功能。

由于不同的边坡工程其复杂程度不同，特别是高边坡、超限边坡工程，鉴定单元中支护结构形式可以有多种支护结构类型。对地质条件简单、边坡高度较低的边坡工程，一个鉴定单元即可完成边坡支护功能；但对地质环境复杂的或高边坡工程鉴定单元可能由多个不同子鉴定单元组成，如图17-8所示的鉴定单元由 3 个子鉴定单元构成。

按子单元安全性评级评定鉴定单元（子鉴定单元）安全性等级时，可按下列规定执行：

（1）当附属工程安全性等级为 B_u 级以上时，应以地基基础子单元、支护结构子单元和鉴定单元（子鉴定单元）稳定性评级中的最低评定等级，作为鉴定单元（子鉴定单元）的安全性等级。

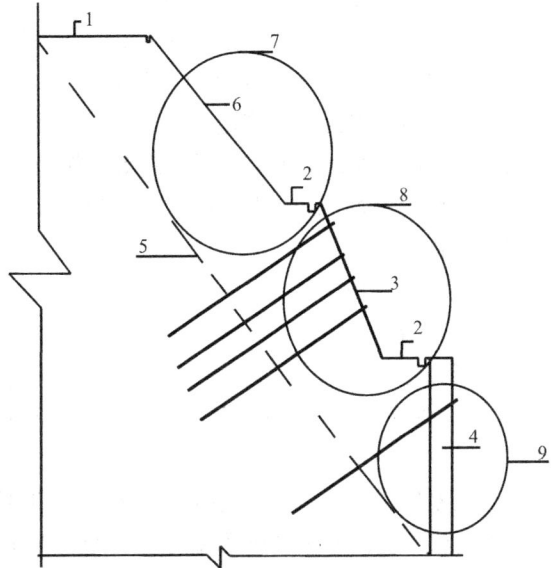

图 17-8 由 3 个子鉴定单元构成的鉴定单元
1—坡顶；2—马道；3—锚杆挡墙；4—锚索抗滑桩；
5—假想破裂面；6—斜坡；7—子鉴定单位 1；
8—子鉴定单元 2；9—子鉴定单元 3

（2）当附属工程安全性等级为 C_u 级时，鉴定单元（子鉴定单元）安全性评级应符合下列规定：1）附属工程安全性等级按护栏安全性评定为 C_u 级，地基基础子单元、支护结构子单元和鉴定单元（子鉴定单元）稳定性等级不低于 B_u 级时，鉴定单元（子鉴定单元）安全性可评定为 B_{su} 级。2）附属工程安全性等级按排水工程安全性评定为 C_u 级，但不影响地基基础子单元、支护结构子单元和鉴定单元（子鉴定单元）稳定性评级时，应以地基基础子单元、支护结构子单元和鉴定单元（子鉴定单元）稳定性评级中的较低评定等级，作为鉴定单元（子鉴定单元）的安全性等级。3）其他情况，鉴定单元（子鉴定单元）安全性评级不宜高于 C_{su} 级。

（3）当附属工程安全性等级为 D_u 级时，鉴定单元（子鉴定单元）安全性评级应符合下列规定：1）附属工程安全性等级按护栏安全性评定为 D_u 级时，应以地基基础子单元、支护结构子单元和鉴定单元（子鉴定单元）稳定性评级中的较低评定等级，作为鉴定单元（子鉴定单元）的安全性等级，但评定等级不得高于 B_{su} 级。2）附属工程安全性等级按排水工程安全性评定为 D_u 级时，鉴定单元（子鉴定单元）的安全性等级不宜高于 C_{su} 级；当鉴定单元（子鉴定单元）考虑了水的不利作用，鉴定单元（子鉴定单元）稳定性评定为 A_u 级，地基基础子单元、支护结构子单元评定等级不低于 B_u 级时，鉴定单元（子鉴定单元）的安全性等级可评定为 B_{su} 级。

鉴定单元（子鉴定单元）按稳定性要求进行安全性评级时，可按下列规定执行：

（1）鉴定单元（子鉴定单元）稳定性的安全性评级分为鉴定单元（子鉴定单元）抗滑移稳定性、抗倾覆稳定性评级和鉴定单元（子鉴定单元）整体稳定性评级。

（2）鉴定单元（子鉴定单元）稳定性评级应符合下列规定：1）资料调查应符合国家现行标准的有关规定。2）支护结构（构件）、地基基础和附属工程安全性评级已经完成。3）稳定性评级应以鉴定单元或子鉴定单元作为评定对象。4）已经出现稳定性破坏的或已有重大安全事故迹象的鉴定单元（子鉴定单元），应直接评定为 D_{su} 级。

（3）应以鉴定单元（子鉴定单元）抗滑移稳定性、抗倾覆稳定性评级和鉴定单元（子鉴定单元）整体稳定性评级中的较低评定等级作为鉴定单元（子鉴定单元）稳定性评级结果。

按抗滑移稳定性和抗倾覆稳定性评定鉴定单元（子鉴定单元）安全性等级时，可按下列规定执行：

（1）以抗滑移稳定性和抗倾覆稳定性评级中的较低评定等级作为鉴定单元（子鉴定单元）的评定等级。

（2）当鉴定单元（子鉴定单元）无变形、滑移和倾覆迹象，且各支护结构构件的安全性为 a_u 级、地基基础子单元的安全性为 A_u 级时，其抗滑稳定性和抗倾覆稳定性评定为 A_{su} 级。

（3）当鉴定单元（子鉴定单元）无变形、滑移和倾覆迹象，且各支护结构构件的安全性为 a_u 级或 b_u 级、地基基础子单元的安全性为 B_u 级时，其抗滑稳定性和抗倾覆稳定性评定为 B_{su} 级。

（4）当鉴定单元（子鉴定单元）无法确定有无变形迹象或有变形、滑移和倾覆等不正常迹象时，应根据实际检测数据验算鉴定单元（子鉴定单元）抗滑和抗倾覆稳定性，其评定等级可按表 17-18～表 17-21 的规定进行评级。

一、二级边坡工程支护结构抗滑稳定性评级表　　　　表 17-18

抗滑稳定性系数	$F_s \geq 1.30$	$1.30 > F_s \geq 1.24$	$1.24 > F_s \geq 1.17$	$F_s < 1.17$
评定等级	A_{su}	B_{su}	C_{su}	D_{su}

一、二级边坡工程支护结构抗倾覆稳定性评级表　　　　表 17-19

抗倾覆稳定性系数	$F_t \geq 1.60$	$1.60 > F_t \geq 1.52$	$1.52 > F_t \geq 1.44$	$F_t < 1.44$
评定等级	A_{su}	B_{su}	C_{su}	D_{su}

三级边坡工程支护结构抗滑稳定性评级表　　　　表 17-20

抗滑稳定性系数	$F_s \geq 1.30$	$1.30 > F_s \geq 1.21$	$1.21 > F_s \geq 1.13$	$F_s < 1.13$
评定等级	A_{su}	B_{su}	C_{su}	D_{su}

三级边坡工程支护结构抗倾覆稳定性评级表　　　　表 17-21

抗倾覆稳定性系数	$F_t \geq 1.60$	$1.60 > F_t \geq 1.49$	$1.49 > F_t \geq 1.39$	$F_t < 1.39$
评定等级	A_{su}	B_{su}	C_{su}	D_{su}

注：F_s、F_t 为抗滑或抗倾覆稳定安全系数。

应根据鉴定单元（子鉴定单元）整体变形状态、稳定性验算结果及类似工程经验对比，综合评定鉴定单元（子鉴定单元）整体稳定性的安全等级，且鉴定单元（子鉴定单元）整体稳定性评级可按下列规定执行：

（1）已经出现整体稳定性破坏的或已有重大安全事故迹象的鉴定单元（子鉴定单元），其稳定性评级应直接评定为 D_{su} 级。

（2）当鉴定单元（子鉴定单元）及其影响范围内的岩土体、建筑物无变形、裂缝等异常现象时，且各子单元的安全性等级为 A_u 级时，可结合建设年代和同类工程经验对比，将其稳定性评为 A_{su} 级。

（3）当鉴定单元（子鉴定单元）及其影响范围内的岩土体、建筑物无变形、裂缝等异常现象时，且各子单元的安全性等级不低于 B_u 级时，可结合建设年代和同类工程经验对比，将其稳定性评定为 B_{su} 级；也可根据整体稳定性验算结果按表 17-22 的规定评定其安全性等级。

（4）（1）～（3）款以外情况或当鉴定单元（子鉴定单元）及其影响范围内的岩土体、建筑物有变形、裂缝等异常现象，但无破坏迹象时，其稳定性评定等级应按表 17-22 的规定进行评级。

鉴定单元（子鉴定单元）整体稳定性评级　　　　　表 17-22

稳定性系数	$\geqslant 1.00 F_{st}$	$\geqslant 0.96 F_{st}$,且$<1.00 F_{st}$	$\geqslant 0.93 F_{st}$,且$<0.96 F_{st}$	$<0.93 F_{st}$
评定等级	A_{su}	B_{su}	C_{su}	D_{su}

注：1. 表中 F_{st} 为对应鉴定单元（子鉴定单元）整体稳定安全系数。

　　2. 对破坏后果极严重的边坡工程，应适当降低鉴定单元（子鉴定单元）的评定等级，但评定等级为 D_{su} 级的除外。

鉴定单元（子鉴定单元）整体变形状态至少包含两层含义：一是有人体可识别的变形迹象，但无具体定量测量数据；二是已有实际变形监测数据，但人体可能未感知。在鉴定单元（子鉴定单元）整体稳定性评级中给出了直接评级方法，但应注意由于岩土工程的复杂性及评级个体的人为因素影响，特定情况下可能会出现较大的评级偏差，当无法确定鉴定单元（子鉴定单元）整体变形情况，或人体感知到鉴定单元（子鉴定单元）有整体变形情况时，应按表 17-22 的规定计算分析鉴定单元（子鉴定单元）整体稳定性，并根据计算结果和破坏后果的严重程度评定鉴定单元（子鉴定单元）的整体稳定性等级。在评级中应注意图 17-9 中出现的评级问题。

鉴定报告编写宜按以下规定执行：

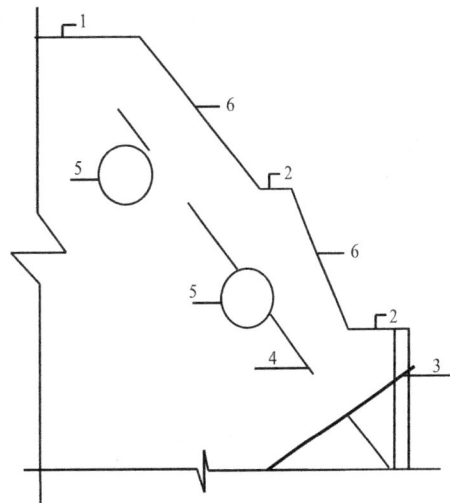

图 17-9　排水构筑物漏水对边坡稳定性的影响分析
1—坡顶；2—马道；3—支护结构；4—假想破裂面；
5—排水构筑物；6—斜坡

（1）边坡工程鉴定工作完成后，应及时提出鉴定报告，鉴定报告宜包括下列内容：1）工程概况；2）鉴定的目的、范围、内容、要求和依据；3）调查结果、检测实测数据；4）检测数据的分析、支护结构验算及安全性评定结果；5）结论及建议；6）附件（包括专家事前评审和事后评审等有关技术资料）。

（2）鉴定报告的编写应符合下列规定：1）鉴定报告中宜明确鉴定对象的目标使用年限，应明确指出鉴定对象在目标使用年限内可能存在的问题及产生的原因。2）鉴定报告中应明确鉴定结果，指明鉴定对象安全性等级，作为技术管理或制定加固、维修计划的依据。3）鉴定报告宜按表 17-23 的方式明确构件、子单元和鉴定单元（子鉴定单元）的安全性等级，且应明确处理对象，对安全性等级为 c_u 级和 d_u 级的构件、C_u 级和 D_u 级的子单元及 C_{su} 级和 D_{su} 级的鉴定单元（子鉴定单元）的数量、所处位置作出详细说明，并根据实际情况提出处理建议。

边坡工程鉴定单元评定等级汇总

表 17-23

鉴定单元	支护结构构件评定等级	子单元评定等级	鉴定单元(子鉴定单元)评定等级
I	a_u、b_u、c_u、d_u	A_u、B_u、C_u、D_u	A_{su}、B_{su}、C_{su}、D_{su}
II	a_u、b_u、c_u、d_u	A_u、B_u、C_u、D_u	A_{su}、B_{su}、C_{su}、D_{su}
……	……	……	……

17.2.8 实例 17-2：某小区 9 号楼与 11 号楼之间观景台挡墙安全性鉴定

1. 工程概况

某小区在 9 号楼与 11 号楼之间观景台已建条石挡墙长 115.6m，墙高 4.6～11.5m；条石挡墙开工时间为 2012 年 4 月。由于该挡墙工程建设程序存在问题，为此建设单位委托某检验测试中心对 9 号楼与 11 号楼之间观景台挡墙进行安全性鉴定。接受委托任务后，工程技术人员于 2014 年 1～3 月，对该挡墙进行了现场调查和检测，根据调查及检测情况编制了如下鉴定报告。

2. 鉴定范围、目的和要求

鉴定范围为 9 号楼与 11 号楼之间观景台条石挡墙，长 115.6m，其立面图如图 17-10 所示。

鉴定目的和要求为：对 9 号楼与 11 号楼之间观景台条石挡墙安全性进行鉴定，并提出鉴定报告。

3. 鉴定主要依据

（略）。

4. 鉴定人员及主要检测设备

（略）。

5. 检测情况

（1）工程基本情况调查

1）工程地质情况调查

委托方提供了《某岩土工程勘察报告（直接详细勘察）》（某勘察设计研究院有限公司，2009 年 8 月），但该勘察先于 9 号楼后砌体挡墙、9 号楼与 11 号楼之间观景台挡墙施

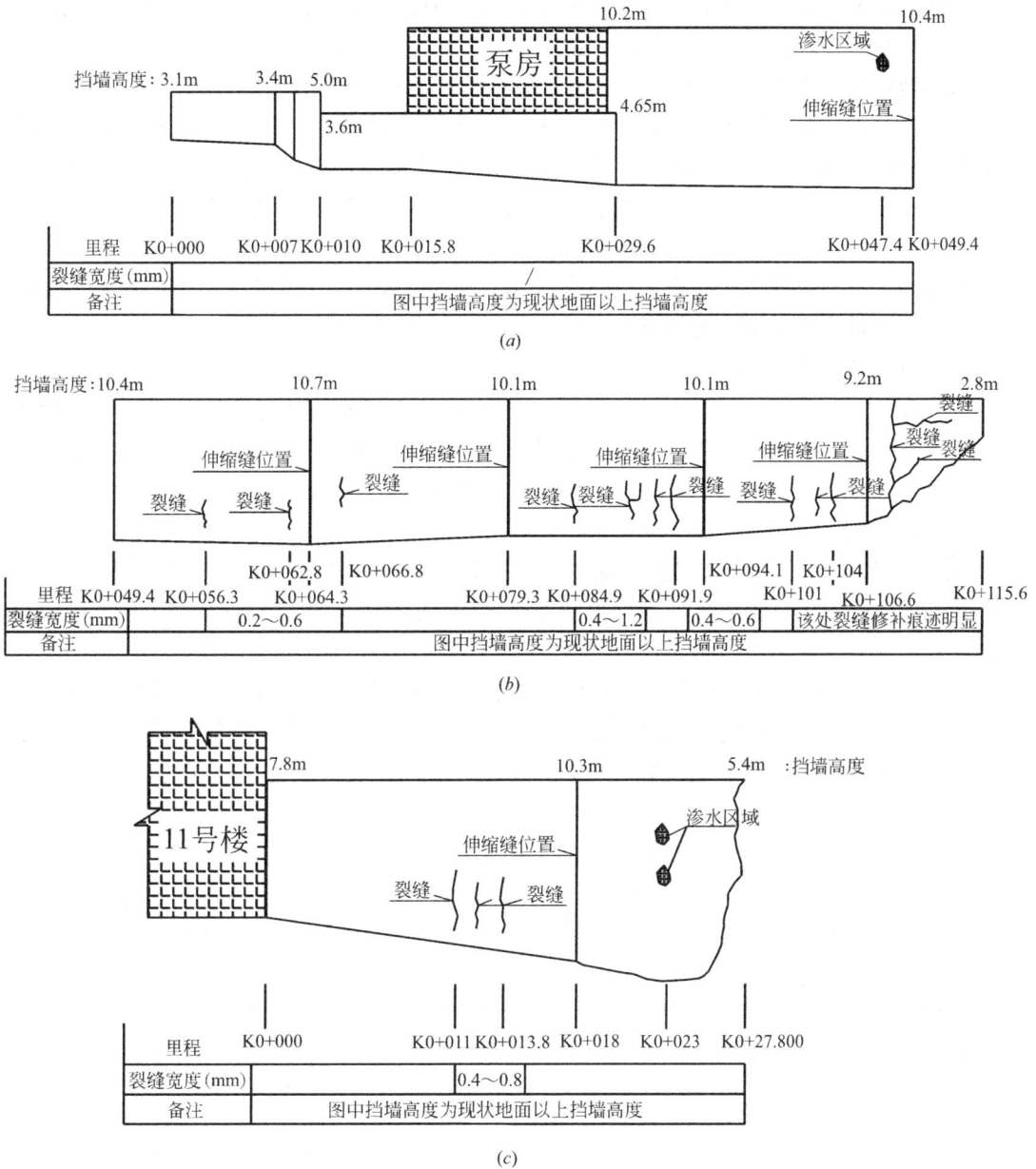

图 17-10　9 号楼与 11 号楼之间观景台条石挡墙立面图

(a) 边坡工程 9 号楼与 11 号楼之间观景台条石挡墙立面及病害图 (1)；

(b) 边坡工程 9 号楼与 11 号楼之间观景台条石挡墙立面及病害图 (2)；

(c) 边坡工程 11 号楼回车场外侧条石挡墙立面及病害图

工，报告中未能给出 9 号楼后砌体挡墙、9 号楼与 11 号楼之间观景台挡墙详细地质勘查情况。该勘察报告显示某项目工程地质情况如下。

该场地属构造剥蚀丘陵地貌，场地内总体地势为中部高，东西两侧低。西部场地地面高程为 259～285m，相对高差约 26m，地形坡角为 10°～25°；东部场地地面高程为 245～285m，相对高差约 40m，地形坡角为 15°～28°，局部 35°～45°，地势较陡。

该区域属亚热带湿润季风气候。常年平均气温 16.7℃，极端最高气温 43℃，极端最低气温－3.1℃。多年平均降雨量 1068mm。

该场地构造上位于大盛场向斜东翼、明月峡背斜西翼，岩层产状：265°∠35°。在场地边坡开挖区岩石露头上测得两组裂隙：产状分别为：①75°∠50°～55°，裂隙较平直，局部裂宽 5～13mm，泥质充填，裂隙间距 2～6m，延伸 5～30m，属软弱结构面。②180°∠85°，局部裂宽 5～13mm，砂泥质充填，延伸 1～3m，裂隙发育间距 1～3m。场区构造裂隙较发育。场区内无断层，地质构造较简单。

场地内地层有第四系残坡积粉质黏土（Q_4^{dl+el}）和侏罗系中统沙溪庙组的砂岩、泥岩互层。地层岩性由上至下分述如下：

① 第四系全新统（Q_4）

粉质黏土（Q_4^{dl+el}）：褐色，呈可塑状，摇振反应无，稍有光泽。干强度中等，韧性中等。含少量强风化基岩碎屑。为坡残积层。该层主要分布在场地东侧斜坡地段，分布厚度一般 0.20～0.78m，分布不均匀。该层与下部岩层不整合接触。

② 侏罗系中统沙溪庙组（J_2s）

泥岩（Ms）：紫红色或暗红色，局部夹灰白或灰绿色砂质团块或条带，局部含砂质重，为粉砂质泥岩透镜体。主要矿物成分为黏土矿物，厚层状构造，泥质胶结。钻孔芯样短柱状、柱状，少量碎块状，岩体较完整。主要分布于场地东侧，单层最大厚度达 3～8m。

砂岩（Ss）：黄灰色、灰色，主要矿物成分为石英、长石，中粒结构，中厚至厚层状构造，钙质胶结，局部含紫红色泥质团块，块径 10～30mm。偶见陡倾裂缝，裂面较平直，铁锰质渲染。岩芯多呈短柱状、柱状，少量碎块状，岩体较完整，在场地均有分布，单层最大厚度达 5～10m。

该场地岩土力学性能指标取值见表 17-24。

岩土力学性质指标取值表

表 17-24

岩土名称	天然重度 (kN/m³)	抗剪强度		基底摩擦系数(μ)	岩体等效内摩擦角(°)	承载力特征值 f_a(kPa)
		C(kPa)	Φ^0			
人工填土	-	-	-	-	-	-
粉质黏土	20.0 *	-	-	-	-	-
强风化泥岩	25.0 *			0.30 *	-	300 *
强风化砂岩	24.5 *			0.40 *	-	500 *
中等风化泥岩	25.2	220	28	0.50 *	55	945
中等风化砂岩	24.6 *	1500	33	0.60 *	60	8925

注：带 * 号为经验值。

场区地下水类型有松散层孔隙水、砂岩风化带网状裂隙水，主要接受大气降雨及生活用水补给。由于场区排水条件较好，基岩赋水条件差。场区勘察范围内地下水贫乏，场地周边无污染源，可以不考虑土对混凝土的腐蚀性。

场区内未见崩塌、滑坡、泥石流等不良地质作用，无地下洞室，无地质灾害。场地内东侧的陡坡坡角与外倾裂隙倾角一致，无变形迹象，现状稳定。场地总体上稳定性良好。

2）设计情况及施工情况调查

委托方未提供9号楼与11号楼之间观景台挡墙相关设计资料及施工资料。

（2）9号楼与11号楼之间观景台挡墙检测情况

1）挡墙长度及外观质量检测

工程技术人员对某边坡工程9号楼与11号楼之间观景台挡墙长度及外观质量情况进行了检测，挡墙长度检测结果见表17-25，挡墙外观质量检查结果如图17-11～图17-14及图17-10（某小区工程9号楼与11号楼之间观景台挡墙立面及病害图）所示。经现场检测，该条石挡墙结构形式为重力式，挡墙全长115.6m，共分为7段。第2段挡墙墙面局部存在渗水现象；第3～6段挡墙下部墙面有开裂；第7段挡墙墙面开裂严重。

挡墙长度检测数据　　　　　　　　　　　　　　　　表17-25

挡墙段号	断面起里程	断面截止里程	长度（m）
第1段挡墙	K0+000.0	K0+029	29.0
第2段挡墙	K0+029	K0+049.4	20.4
第3段挡墙	K0+049.4	K0+064.3	14.9
第4段挡墙	K0+064.3	K0+079.3	15.0
第5段挡墙	K0+079.3	K0+094.1	14.8
第6段挡墙	K0+094.1	K0+106.6	12.5
第7段挡墙	K0+106.6	K0+115.6	9.0

图17-11　挡墙立面及外观质量情况照片

图17-12　第2段挡墙上部墙面渗水照片

图17-13　第5段挡墙下部墙面开裂照片

图 17-14　第 7 段挡墙墙面开裂照片

2）挡墙高度及几何尺寸检测

现场采用挖探坑方式对挡墙高度进行了抽检；采用地质雷达对 9 号楼后砌体挡墙几何尺寸进行了检测。检测数据见表 17-26 及图 17-15～图 17-18 所示。

挡墙高度及墙顶宽度检测数据　　　　　　　　表 17-26

断面编号	断面位置	挡墙墙顶宽度（m）	现状地面以上挡墙高度（m）	挡墙基础埋深（m）	挡墙总高度（m）
1	第 1 段挡墙 K0+007 处	0.65	3.4	1.35	4.75
2	第 2 段挡墙 K0+040 处	0.84	10.31	1.2	11.51
3	第 3 段挡墙 K0+064.3 处	0.7	10.4	1.12	11.52
4	第 6 段挡墙 K0+106.6 处	0.8	9.1	1.72	10.82

图 17-15　K0+007 断面处面坡侧探坑照片

698

图 17-16　K0+064.3 断面处面坡侧探坑照片

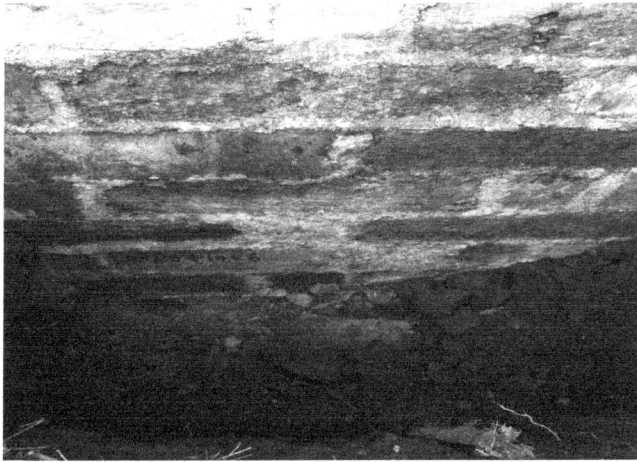

图 17-17　K0+106.6 断面处面坡侧探坑照片

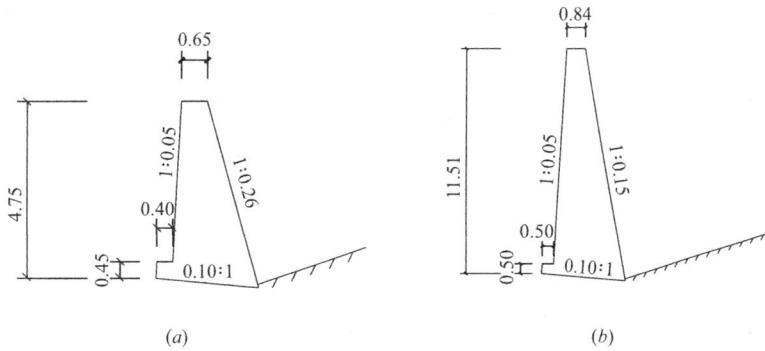

图 17-18　挡墙截面尺寸检测数据

(a) K0+007 挡墙断面图；(b) K0+040 挡墙断面图；

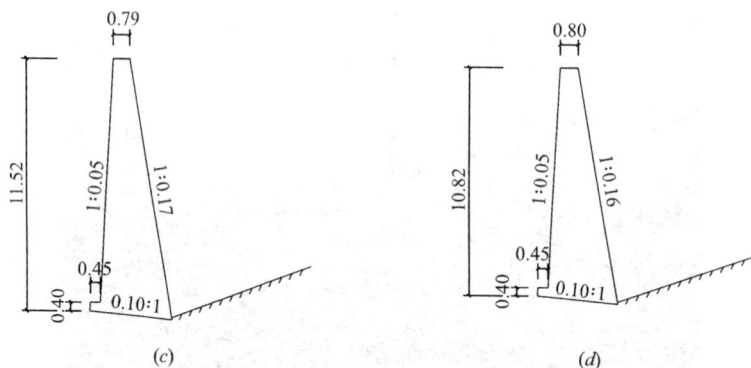

图 17-18 挡墙截面尺寸检测数据（续）

（c）K0+064.3 挡墙断面图；（d）K0+106.6 挡墙断面图

3）挡墙砌块强度检测

采用钻芯法对挡墙砌块抗压强度进行了抽检，现场钻取了部分挡墙石材芯样，带回实验室制作成试验试件，进行了挡墙砌块抗压强度检测，检测数据见表 17-27。

钻芯法检测挡墙砌块抗压强度数据表 表 17-27

芯样位置	芯样高度均值(mm)	芯样直径均值(mm)	破坏荷载(kN)	抗压强度(MPa)
第 1 段挡墙 K0+002 处	99	100	387.8	49.4
第 2 段挡墙 K0+030 处	100	99.5	354.4	45.6
第 2 段挡墙 K0+031 处	100	98.5	458.5	60.2
第 6 段挡墙 K0+101.5 处	100	99.5	421.2	54.2
第 6 段挡墙 K0+101 处	98	99	377.8	49.1

6. 检测数据分析

对边坡工程 9 号楼与 11 号楼之间观景台挡墙的检测数据进行分析可知：

（1）9 号楼与 11 号楼之间观景台挡墙结构形式为重力式挡墙，挡墙长 115.6m，分为 7 段，墙高 4.6～11.5m，挡墙墙顶宽度 0.79～0.84m，挡墙面坡倾斜坡度为 1：0.05，背坡倾斜坡度为 1：0.15～1：0.26。

（2）9 号楼与 11 号楼之间观景台挡墙砌筑石材抗压强度推定值能达到 MU30。

（3）9 号楼与 11 号楼之间观景台挡墙第 3 段～第 6 段墙体下部墙面有开裂；第 7 段挡墙墙面开裂严重。

（4）经计算，第 1 段挡墙稳定性验算结果满足国家现行规范要求；第 2 段～第 7 段挡墙抗滑移稳定性验算结果及抗倾覆稳定性验算结果均不满足国家现行规范要求。

7.鉴定结论

通过对 9 号楼与 11 号楼之间观景台挡墙的现场检测、挡墙验算，并查阅委托方提供的地质勘察资料，有如下鉴定结论：

9 号楼与 11 号楼之间观景台挡墙第 1 段挡墙（指鉴定单元）的安全性评定为 B_{su} 级，可不采取处理措施；第 2 段～第 7 段挡墙（指鉴定单元）的安全性评定为 C_{su} 级，应采取相应处理措施。

17.3 边坡工程加固

17.3.1 边坡工程事故主要原因分析

我国山区、丘陵占地面积大，地质环境及地形变化情况复杂，根据实际地形变化情况修建建筑物是既经济又有效的建设之路。由于地质环境及地形变化情况的复杂性，建筑物的环境工程—建筑边坡工程则成为实际建设工程中的重要组成部分，其建筑边坡支护结构的安全性直接关系到建筑物的安全，因此边坡支护结构的设计、施工及管理等方面均应严格把好质量关。边坡工程加固设计依赖于已建边坡支护结构安全性鉴定，已建边坡工程事故的出现揭示了某些未知的边坡工程安全性控制因素，而边坡工程事故发生前边坡支护问题未得到充分的暴露和认识；因此，正确认识特定条件下控制边坡工程安全性的因素是边坡加固设计的首要问题。

根据既有边坡工程事故鉴定的工作经验，造成边坡工程事故的主要原因归纳如下：

（1）工程地质勘察失误。工程地质勘察失误主要表现为：

1）提供虚假的工程地质勘察报告。

2）工程地质勘察工作深度不足。

3）岩土参数取值失误。

4）未正确判断岩体结构面的位置、设计控制参数等。

5）水文地质勘察不充分。

6）边坡、斜坡稳定性分析失误，滑动面判定错误。

（2）设计失误。设计失误主要表现为：

1）岩土工程参数未按地质勘察报告提供的设计参数取值或缺乏试验数据，仅凭个人经验选取岩土设计参数。

2）外部荷载作用计算错误，如坡顶活荷载漏算。

3）支护结构设计错误。

4）支护结构选型错误。

5）边坡局部或整体稳定性漏算。

6）边坡安全等级确定不合理等。

（3）施工不当。施工不当主要表现为：

1）违规放炮施工，破坏了岩体的完整性和稳定性。

2）未严格按逆作法施工，无序大开挖，形成高大直立未支护边坡或大开挖引起岩体沿结构软弱面滑移。

3）支护结构施工质量未满足设计要求。

4）施工程序违规，如在上一道工序（或工程）未验收合格时，已进行下一道工序的施工。

5）发现工程事故先兆，隐瞒不报。

6）边坡排水措施不当等。

（4）管理、监督不力。管理、监督不力主要表现为：

1）对施工组织设计方案的认证走过场，明显不合理的施工方法不纠正。

2）违规施工不制止。

3）领导意志代替科学管理，按领导要求违规施工。

4）发现严重施工质量问题或安全隐患时，不及时停工，在未采取补救措施或补救措施不到位，继续施工。

5）不按设计要求，施工期间对边坡变形不监测。

6）为节约建设费用，对设计、规范要求的必检工程项目不检测或检测数量不满足国家有关标准、规范、规程的要求等。

17.3.2　边坡工程加固的主要原则

尽管土压力的设计理论研究已有上百年的历史，但由于岩土工程特性的复杂性，不论在理论上，还是在工程实践上完全解决所有边坡工程实际问题是不现实的，因此某些边坡工程出现工程事故是可以理解的，也是正常的；然而由于人为原因造成边坡工程事故的发生却是令人痛惜的。为此，根据建筑边坡工程事故的特点，因地制宜地选择合理的边坡工程加固技术，合理地选择加固结构形式，才能使国家、人民财产损失降到最小。

（1）查清建筑边坡的现状，确定合理的待加固边坡工程的安全程度。

众多的工程实践经验表明，边坡工程的加固效果，除了与其所采用的方法有关外，还与该边坡工程的现状有着密切的关系。一般而言，边坡工程经局部加固后，虽然能提高边坡工程的安全性，但这并不意味着边坡工程的整体承载一定是安全的。因为就整个边坡工程而言，其安全性还取决于原支护结构方案及其布置是否合理，构件之间的连接是否可靠，其原有的构造措施是否得当与有效等；而这些就是边坡工程结构整体性或整体牢固性的内涵；其所起到的综合作用就是使边坡工程具有足够的安全性。因此，要求专业技术人员在承担边坡工程加固设计时，应对该边坡工程整体稳定性进行评估，以确定是否需采取其他加强措施。

（2）根据建设单位的使用要求和边坡工程自身的特点，确定边坡工程合理的安全等级。

被加固的边坡工程，其加固前的服役时间可能有所差别，其加固后的使用要求也可能有所改变，因此不能直接沿用其新建时的安全等级作为加固后的安全等级，而应根据建设单位对该边坡工程下一目标使用期的要求，以及边坡工程加固后的用途、环境变化和重要性重新进行定位，故有必要由建设单位与设计单位共同商定边坡工程合理的安全等级。

（3）增加边坡工程的安全储备时，加固设计不应损伤原有支护结构的支护能力。

边坡工程加固应避免对未加固部分以及相关的支护结构、构件和地基基础造成不利的影响。因为在当前的边坡工程加固设计领域中，经验不足的设计人员所占比例较大，致使加固工程出现"顾此失彼"的失误案例时有发生，故有必要加以提示。

（4）由其他原因引起的边坡工程事故，应在消除其诱因后，再对边坡工程采取相应的处理措施。

由高温、高湿、冻融、腐蚀、放炮振动、超载等原因造成的边坡工程损坏，在加固时，应采取有效的治理对策，从源头上消除或限制其有害的作用。与此同时，尚应正确把握处理的时机，使之不致对加固后的边坡工程重新造成损坏。就一般概念而言，通常应先治理后加固，但也有一些防治措施可能需在加固后采取。因此，在加固设计时，应合理地安排好治理与加固的工作顺序，以使这些有害因素不至于复萌。这样才能保证加固后边坡工程的安全和正常使用。

（5）边坡工程加固设计宜采用动态设计法，应采用信息法施工。

（6）加固后的边坡工程在使用过程中应进行必要的监测和检查，且应进行正常的维修和维护。

（7）改变边坡工程外部使用条件和环境，应进行相应的技术鉴定或设计许可。

边坡工程的加固设计，系以委托方提供的边坡工程用途、使用条件和使用环境为依据进行的。倘若加固后任意改变其用途、使用条件或使用环境，将显著影响建筑边坡的安全性及耐久性。因此，改变前必须经技术鉴定或设计许可，否则后果的严重性将很难预料。

17.3.3　边坡工程加固设计计算要点

关于边坡工程的加固设计，不同研究者和工程技术人员对此认知有所差异。宏观上讲，边坡工程加固有两类方法：（1）将既有的边坡工程支挡结构的剩余抗力作为安全储备，在加固时不予考虑，按新建边坡工程进行设计。（2）考虑既有边坡工程支挡结构的剩余抗力，对抗力不足部分，采取适当补强加固处理措施。对各类边坡工程均适用的加固设计标准，目前，我国无统一标准可循，但针对建筑边坡工程而言，《建筑边坡工程鉴定与加固技术规范》（GB 50843—2013）较为系统地提出了建筑边坡加固工程设计计算、加固方法及加固方法应用的原则，其加固设计计算要点说明如下。该规范第 5.1.1 条为强条，明确规定"既有边坡工程加固前应进行边坡工程鉴定"，只有对边坡工程鉴定后，才可确定既有边坡工程中支挡结构的有效抗力。

在边坡工程加固设计中，原支护结构、构件几何尺寸应根据鉴定结果确定；原支护结构、构件材料的强度标准值应按下列规定取值：（1）当现场检测数据符合原设计值时，可采用原设计标准值。（2）当现场检测数据与原设计值有差异时，应采用检测结果推定的标准值，标准值的推定方法应符合国家现行有关标准的规定。

边坡加固工程的设计计算应符合下列规定：

（1）采用削方减载法、堆载反压法、加大截面加固法加固时，岩土侧压力应根据边坡加固工程勘察资料提供的岩土参数，按现行国家标准《建筑边坡工程技术规范》（GB 50330—2013）的有关规定进行计算。

（2）采用注浆加固法加固时，岩土侧压力应根据试验区加固后的岩土参数实测值，按现行国家标准《建筑边坡工程技术规范》（GB 50330—2013）的有关规定进行计算。

（3）边坡工程无支护结构或支护结构失效、地基失稳或边坡工程整体失稳，采用锚固加固法、抗滑桩加固法等方法加固时，新增支护结构和构件承担的岩土侧压力应根据边坡加固工程勘察资料提供的岩土参数，按现行国家标准《建筑边坡工程技术规范》（GB 50330—2013）的有关规定进行计算。

（4）采用新增支护结构或构件与原支护结构或构件形成组合支护结构加固边坡时，新增支护结构或构件抗力应按《建筑边坡工程鉴定与加固技术规范》（GB 50843—2013）第 6.2.2 条确定，原支护结构或构件的有效抗力应按《建筑边坡工程鉴定与加固技术规范》（GB 50843—2013）第 6.2.3 条和第 6.2.4 条确定。

采用锚固加固法、抗滑桩加固法加固时，新增支护结构或构件与原支护结构形成组合支护结构共同工作，组合支护结构抗力计算应符合下列规定：

1）应根据边坡加固工程的勘察报告、鉴定结论、使用要求、加固措施等，确定计算单元中新增支护结构或构件的抗力和原支护结构或构件的有效抗力。

2）组合支护结构抗力计算简图，应符合其实际受力和构造。

3）计算单元中的组合支护结构或构件应满足下式要求。

$$\zeta_L R_N + R_0 \geqslant KS \tag{17-1}$$

式中　R_N——新增支护结构或构件的抗力；

ζ_L——新增支护结构或构件的抗力发挥系数，按《建筑边坡工程鉴定与加固技术规范》（GB 50843—2013）第 6.3 节的有关规定确定；

R_0——原支护结构或构件的有效抗力，按《建筑边坡工程鉴定与加固技术规范》（GB 50843—2013）第 6.2.3 条和第 6.2.4 条确定；

K——安全系数，根据不同支护结构类型的不同计算模式按现行国家标准《建筑边坡工程技术规范》（GB 50330—2013）的有关规定确定；

S——支护结构或构件上的外部作用，根据边坡工程破坏模式按现行国家标准《建筑边坡工程技术规范》（GB 50330—2013）有关规定确定。

（5）边坡工程加固设计时，下列情况不应考虑原支护结构或构件的有效抗力：

1）支护结构基础位于潜在滑面之上，边坡工程整体失稳时；

2）锚杆锚固段位于非稳定地层中时；

3）支护结构或构件通过加固处理后，除结构自身重力作用外，难以有效恢复的抗力；

4）鉴定结果认定支护结构或构件已经失效时，除结构自身重力作用和满足结构安全性要求的构件外的抗力。

（6）采用锚固加固法加固时，根据边坡工程的支护型式和鉴定单元安全性等级，新增锚杆及传力结构的抗力发挥系数 ζ_L 宜按表 17-28 采用。

新增锚杆及传力结构的抗力发挥系数 ζ_L　　　　　　　　　　表 17-28

边坡支护型式	鉴定单元的安全性等级	非预应力锚固加固法	预应力锚固加固法
重力式挡墙	B_{su}	0.80	1.00
	C_{su}	0.75	0.95
	D_{su}	0.70	0.90
悬臂式、扶壁式挡墙	B_{su}	0.85	1.00
	C_{su}	0.80	0.95
	D_{su}	0.75	0.90
锚杆（索）挡墙	C_{su}	0.70	0.95
	D_{su}	0.65	0.90

续表

边坡支护型式	鉴定单元的安全性等级	非预应力锚固加固法	预应力锚固加固法
岩石锚喷边坡	C_{su}	0.90	1.00
	D_{su}	0.85	0.95
桩板式挡墙	B_{su}	0.85	1.00
	C_{su}	0.80	0.95
	D_{su}	0.75	0.90

注：1. 锚固段为土层时，抗力发挥系数宜比表中数值降低 0.05。

　　2. 考虑新增传力结构构件重力作用时，抗力发挥系数取 1.00。

（7）采用抗滑桩加固法加固重力式挡墙、桩板式挡墙时，根据边坡工程的支护型式和鉴定单元安全性等级，新增抗滑桩及传力结构的抗力发挥系数 ζ_L 宜按表 17-29 采用。

新增抗滑桩及传力结构的抗力发挥系数 ζ_L　　　　表 17-29

边坡支护型式	鉴定单元的安全性等级		
	B_{su}	C_{su}	D_{su}
重力式挡墙	0.85	0.80	0.75
桩板式挡墙	0.90	0.85	0.80

注：1. 抗滑桩与预应力锚杆组合加固时，抗力发挥系数按表 17-28 采用。

　　2. 抗滑桩埋入段为土层时，抗力发挥系数宜比表中数值降低 0.05。

　　3. 考虑新增抗滑桩及传力结构构件重力作用时，抗力发挥系数取 1.00。

需要指出的是：（1）虽然《建筑边坡工程鉴定与加固技术规范》（GB 50843—2013）给出了新增抗滑桩及传力结构的抗力发挥系数 ζ_L 的取值建议，但受客观条件的制约 ζ_L 的取值建议是否合理、客观和科学有待进一步的试验研究确认，使用者应根据当地工程实践经验、地质环境条件及支挡结构类型等因素，最终确定 ζ_L 的取值。（2）式（17-1）是一个形式公式，而非线性叠加公式，不宜直接将既有和新增支挡结构的抗力简单相加来确定其安全程度，还应综合考虑两者的相互作用、耐久性等因素，方可合理、科学的使用该公式，确保加固工程的有效性。

17.3.4　边坡加固工程各类加固方法要点

既有边坡工程加固方法可分为削方减载法、堆载反压法、锚固加固法、抗滑桩加固法、加大截面加固法、注浆加固法和截排水法等。也可采用当地成熟、可靠、有效的其他加固法。在使用这些加固方法时，应注意下列问题：（1）原有支护结构及构件有局部损坏时，应对损坏的支护结构及构件按国家现行有关标准进行加固处理。（2）根据边坡工程的情况，应采取必要的排水、防渗措施以及植被绿化等措施。（3）当边坡工程变形引发坡顶建筑物变形或开裂时，应对坡顶建筑物实施监测和加固。

1. 削方减载法

削方减载法主要用于边坡整体稳定性及支护结构稳定性等不满足要求时的加固。

使用削方减载法应满足下列条件：

（1）消方量应根据边坡工程及支护结构的整体和局部稳定性验算确定。

（2）削方应在推力段范围内执行。

（3）削方减载不应产生新的不稳定边坡。

（4）削方应距已有的邻近建筑物基础有一定的安全间距；不得危及邻近建筑物、管线及道路等的安全及正常使用。

（5）有条件时宜尽量削减或分阶削减不稳定岩土体，降低不稳定或欠稳定部分的边坡高度。

削方减载后形成的边坡可采用坡率法、支护及坡面防护等方法进行综合处理，并需满足下列规定：

（1）削方减载后形成的不稳定边坡，应采取适宜的支护结构进行处理。

（2）削方减载后形成的边坡整体稳定性满足要求时，应进行坡面防护。

（3）削方边坡表面防护型式应根据其岩土情况、稳定性、使用要求及周边环境条件等，可采用混凝土或条石格构护坡、干砌片石或浆砌块石护坡、喷射混凝土及植被绿化等措施，坡顶宜设置截水沟，坡脚宜设置护脚墙并设置排水沟。

2. 堆载反压法

堆载反压法是工程实际中最为常用的方法，且简单、快捷，常用于边坡工程的应急抢险。

使用堆载反压法时应注意下列问题：

（1）堆载反压量应根据拟加固边坡的整体稳定性及支护结构的稳定性验算确定。

（2）反压位置应在抗滑段和边坡坡脚部位。

（3）堆载反压不应危及邻近建筑物及管线等的安全和正常使用，不应对邻近的边坡带来不利影响。

（4）堆载反压加固材料宜就地取材、便于施工，可采用岩土体、条石、沙袋或混凝土等。

（5）堆载反压体应与被加固的坡体紧密接触，保证能提供有效的抗力；当采用土体进行堆载反压时，土体应堆填密实；当为永久性加固时，土体的密实度不宜低于 0.90；采用毛条石反压时应错缝浆砌搭接。

（6）堆载反压的地基稳定性、承载力及变形应满足要求。

（7）堆载反压不应堵塞挡墙前缘的地下水渗水、排水通道。

（8）当应急抢险堆载反压的土体不满足永久性加固要求时，应采用换填、碾压或注浆加固法等进行处理。

3. 锚固加固法

锚固加固法适用于有锚固条件的边坡整体稳定和支护结构抗滑移、抗倾覆、支护结构及构件承载力等不满足要求时的加固。

原有锚杆外锚头出现锈蚀或保护层开裂时，应按国家现行标准的有关规定进行修复。

下列情况的边坡工程宜优先采用锚固加固法：（1）高大的岩质边坡或锚固段土质能满足锚固要求的土质边坡；（2）各类锚杆边坡工程；（3）变形控制要求较高的边坡工程；（4）无放坡条件或因施工扰动使边坡稳定性降低较大的边坡工程；（5）抗震设防烈度较高地区的边坡工程。

使用锚固加固法时，应符合下列规定：

（1）新增锚杆的承载力、数量及间距应根据边坡整体稳定性、支护结构抗滑移、抗倾覆稳定性、支护结构及构件的强度等计算确定，并符合《建筑边坡工程鉴定与加固技术规范》（GB 50843—2013）第 6 章的规定。

（2）锚杆的布设位置及方位应根据边坡潜在的破坏模式、支护结构抗滑移、抗倾覆和构件强度等要求确定，并考虑边坡作用力分布形态。

（3）新增锚杆与原支护结构中的锚杆间距不宜小于 1m，且应将锚固段错开布置，或改变锚杆的倾角或水平方向角；新增锚杆锚固段起点应从原锚杆锚固段的终点开始计算，且应穿过已有滑裂面或潜在滑裂面不小于 2m。

（4）锚杆外锚头处的传力构件应有足够的强度与刚度。

（5）预应力锚杆宜采用精轧螺纹钢筋、无粘结钢绞线等易于调整预应力值的锚固体系。

（6）新增锚杆的锁定预应力值宜为锚杆拉力设计值；当被锚固的支护结构位移控制值较低时，预应力锚杆的锁定预应力值可为锚杆拉力设计值的 0.75～0.90 倍。

（7）锚杆防腐和其他要求应符合现行国家标准《建筑边坡工程技术规范》（GB 50330—2013）的有关规定。

4.抗滑桩加固法

抗滑桩加固法适用于边坡工程及桩板式挡墙、重力式挡墙等支护结构加固。抗滑桩加固法既可单独使用，也可与预应力锚杆等支护方法联合使用。

使用抗滑桩加固法时，应注意以下问题：

（1）抗滑桩设置应根据边坡工程的稳定性验算分析确定。

（2）边坡岩土体不应越过桩顶或从桩间滑出。

（3）不应产生新的深层滑动。

（4）用于滑坡治理的抗滑桩桩位宜设在滑坡体较薄、锚固段地基强度较高的地段，应综合考虑其平面布置、桩间距、桩长和截面尺寸等因素。

（5）用于桩板式挡墙、重力式挡墙加固的抗滑桩宜紧贴墙面设置。

抗滑桩桩身设计计算应按国家现行有关规范规定执行。

5.加大截面加固法

加大截面加固法适用于下列支护结构、构件及基础的加固：（1）重力式挡墙墙身、墙下钢筋混凝土扩展基础；（2）桩板式挡墙挡板；（3）锚杆挡墙肋柱、肋梁及挡板；（4）悬臂式挡墙和扶臂式挡墙的钢筋混凝土构件。

支护结构及构件采用加大截面加固法时，加固后支护结构及构件的抗力计算除应符合现行国家标准《混凝土结构加固设计规范》（GB 50367—2013）和《砌体结构加固设计规范》（GB 50702—2011）的有关规定外，其地基基础的加固部分尚应符合现行行业标准《既有建筑地基基础加固技术规范》（JGJ 123—2012）等的有关规定。

6.注浆加固法

注浆加固法适用于砂土、粉土、黏性土、人工填土等土体地基加固、岩土边坡坡体加固、抗滑桩前土体加固及提高土体的抗剪参数值。

使用注浆加固法时，应注意以下问题：

（1）注浆质量指标和注浆范围应根据边坡工程特点和加固目的，结合地质条件及施工条件确定。

（2）应考虑注浆过程对边坡工程带来的不利影响。

（3）应根据边坡加固的要求，选择注浆材料、注浆方法；以提高岩土体抗剪参数为主时，可采用以水泥为主剂的浆液；以防渗堵漏为主时，可采用黏土水泥浆、黏土水玻璃浆等浆液；孔隙较大的砂砾石层和裂隙岩层，可采用渗透注浆法；黏性土层可采用劈裂注浆法。

（4）注浆设计前宜进行室内浆液配合比试验和现场注浆试验，确定浆液的扩散半径、注浆孔间距及布置等设计参数和检验施工方法及设备；也可根据当地类似工程的经验确定设计参数。

（5）注浆孔可采用等距布孔、梅花形布置；渗透性较好的砂性土层，注浆孔间距可取 1.0～2.0m；黏性土层可取 0.8～1.5m。

（6）渗透注浆的注浆压力不应超过注浆点处覆盖层土体的自重压力与外加荷载压力之和。

（7）注浆加固地基时，注浆孔布孔范围超过基础边缘外宽度不宜小于基础宽度的一半，且大于地基有效持力层宽度，注浆加固深度不应小于地基有效持力层深度。

（8）注浆加固边坡时，注浆范围应深入滑动面以下；当支护结构被动土压力区采取注浆加固时，注浆范围应深入被动土压力滑裂面以下，但不宜超过支护结构底部。

注浆质量的检验可选用标准贯入试验、轻型动力触探、静力触探、电阻率法、声波法或钻孔抽芯法。

对重要工程可采用载荷试验检验。注浆加固法设计、施工及质量检验尚应符合现行行业标准《既有建筑地基基础加固技术规范》（JGJ 123—2012）的有关规定。

7. 截排水法

当边坡工程变形及失稳与坡体内、外水直接相关时，可采用截排水法对边坡工程进行加固处理。

对边坡加固工程采用截排水法时，应根据边坡坡体的渗透性、水源、渗透水量及环境条件等，选用下列方式进行处理：（1）原有地表截排水系统及地下排水系统失效时，应进行疏通、修复。（2）泄水孔失效时，应进行疏通或新增泄水孔。（3）当原有截排水系统不满足要求时，应新增截、排水系统，新增截、排水系统距坡顶水平距离不应小于 5m。

对渗透性差的含水土层，宜采用砂井与仰斜排水孔联合排水。

新增截、排水系统设计应考虑以下问题：

（1）地表水、生活及工业用水，宜在沿坡体直接塌滑区和强变形区以外边缘的汇流区设截水沟，在坡体上沿水流汇集区设排水沟。

（2）对地下水，可根据坡体渗透性及水量等采用垂向孔或斜向孔排水、渗管（井）排水、滤水层，或采用透水材料反压等。

（3）在挡墙墙身上增设泄水孔。

地表的截、排水沟的设计应符合下列规定：

（1）排水沟的截面型式宜采用矩形或梯形，也可采用半圆形；当通过道路等时，宜采用箱涵或涵洞。

（2）截、排水沟的截面型式及尺寸应根据水量计算确定，最小宽度和深度均不应小于 300mm。

（3）当考虑城市排洪要求时，截、排水沟应满足城市防排洪水设计要求。

盲沟（洞）排水的设计应符合下列规定：

（1）盲沟宜呈环状或折线形布置，并与地下水流向垂直；对原有冲沟、沟谷及低凹处，宜沿低凹处布置。

（2）盲沟的转折点和每隔 30～50m 直线地段应设置检查井。

（3）盲沟的断面尺寸应根据水量及施工条件等确定，沟底宽度不宜小于 0.5m，坡度不宜小于 3%。

（4）盲沟沟底应低于坡体内最低的渗水层。

（5）盲沟内应采用碎块石回填，表面设滤水层。

斜孔排水的设计应符合下列规定：

（1）孔应根据坡体地下水情况，设置于汇水面积较大的低凹部位。

（2）孔的直径应根据排水量、钻孔施工机具及孔壁加固材料等确定，且不宜小于 50mm，孔的倾斜度宜为 10°～15°。

（3）孔壁可选用镀锌钢滤管、塑料滤管、竹管或采用风压吹砂填塞钻孔。

对渗透性差的含水土层，可采用砂井与仰斜排水孔联合排水措施，并应符合下列规定：

（1）孔应进入稳定地层。

（2）砂井的井底和砂井与斜孔的交接点应低于滑动面。

（3）砂井充填料应保证孔隙水可以自由流入砂井，不被细粒砂土淤积。

对整体稳定、坡度较平缓的边坡，可优先采用植被绿化，固土防冲刷。

采用截排水法处理后的边坡加固工程宜同时对原支护结构采用必要的加固措施。

17.3.5 实例 17-3：锚杆加固某重力式挡墙实例

1. 工程概况

根据××勘察设计院 2003 年 5 月 30 日提交的"××住宅楼边坡岩土工程勘察报告"，位于××住宅楼位置已建北东挡土墙稳定性不满足规范要求。经对挡土墙验算，不仅挡墙的整体稳定性不能满足规范要求，挡墙的墙身强度也不能满足规范要求，存在挡墙整体失稳、垮塌的可能性，经综合分析对比，采用锚杆—格构梁对既有挡墙进行加固。

2. 设计依据

（1）"××住宅楼边坡岩土工程勘察报告"及设计合同；

（2）《建筑边坡工程技术规范》（GB 50330—2013）；

（3）《混凝土结构设计规范》（GB 50010—2010）。

3. 工程地质情况

（1）场地地质基本情况

据勘探揭露，场区岩土由上覆第四系人工填土（Q_4^{ml}）和下伏侏罗系中统沙溪庙组（J_{2S}）砂质泥岩组成，自上而下为：

1）素填土：灰褐色，松散，稍湿，其成分以黏性土为主，含少量强风化岩块。该层场区均有分布，层厚 0.20～1.50m。

2）强风化砂质泥岩（J_{2S}）：紫红色，巨厚层构造，整体结构，其矿物成分为黏土质矿物，风化裂隙发育，岩体破碎，可用手捏碎岩块，遇水易软化，用镐可挖掘，干钻可钻进。该层分布于整个场地，一般见于基岩顶面，层顶标高为 444.90～458.00m，层厚

2.00～3.00m，平均厚度约 2.70m。

3）中等风化砂质泥岩：紫红色，其矿物成分为黏土质黏土矿物，层理清晰，风化裂隙发育，巨厚层层状构造，整体结构，泥质胶结，胶结程度中等，锤击易碎，用镐难挖掘，岩芯钻方可钻进。岩石坚硬程度为软岩，岩体完整程度为较完整，岩体基本质量等级为Ⅳ级。该层最大揭露厚度为 0.80m。

（2）岩土力学参数取值

根据现场测绘、地质调查、钻探结果、室内试验统计值及工程经验，结合永久边坡的时间效应等因素，提出场区岩土主要物理力学性质指标及承载力特征值见表 17-30。

场区岩土物理力学性质指标建议采用值　　　　　　表 17-30

地层名称	重度 γ (kN/m^3)	压缩模量 E_s (MPa)	黏聚力 C (kPa)	内摩擦角 ϕ (°)	承载力特征值 f_{ak} (kPa)	基底摩擦系数 μ
素填土	19.0	4.5	15	10	80	
强风化泥岩	20.0	7.0	25	15	250	0.40
中等风化泥岩	22.0		50	30	700	0.50

注：边坡岩体等效内摩擦角 φ_e 取 40°。

（3）地质勘察结论

1）从区域地质构造来看，该场地属于稳定场地。就北东挡墙坡体而言，在土体浸水饱和状态下是不稳定的，南西挡墙坡体是稳定的。

2）在北东挡墙墙前回填压脚、增加阻滑力或在墙脚处设置支挡结构，增强挡土墙的抗倾覆及抗滑移能力，支挡结构应进入中等风化岩体一定深度。具体其他建议略。

3）拟建建筑物基础可以强风化岩体作为基础持力层。当拟建建筑物与边坡的安全距离不够时，可以通过深埋基础得到适当的调整。

4）本报告中论述边坡的稳定性及相应 C、ϕ 值选取时，是以未来边坡是永久性的为出发点。在进行挡墙治理设计时，应进行有针对性的专门岩土工程设计，所需参数建议按表 17-30 采用。

5）加强挡墙的变形和岩土体变形的监测工作。

6）该地区抗震设防烈度为 6 度，设计基本地震加速度值为 0.05g，设计地震分组为第二组。该场地土类型为中硬场地土，建筑场地类别为Ⅱ类。设计特征周期为 0.40s。

4. 挡墙加固措施

挡墙高度约 7m，采用锚杆—格构梁体系对挡土墙进行加固，加固后挡墙抗倾覆稳定系数大于 1.6，抗滑移稳定系数大于 1.3。

（1）锚杆长度：上排 8.0m，下排 6.0m，同时满足锚入中等风化岩石深度不小于 4.0m。

（2）锚杆钻孔直径 90mm，钻孔倾角 15°。

（3）锚杆间距：水平方向 3.5m，垂直方向 3.0m。

（4）锚杆为全粘结锚杆，灌注 M25 水泥砂浆。每根锚杆设计锚固力为 120kN。

（5）锚杆设在连梁的交叉位置，连梁为现浇钢筋混凝土梁，宽度 0.3m，高度 0.35m，主筋 8Φ16，箍筋 ϕ8@250。

（6）连梁为现浇 C25 混凝土。

（7）钢筋保护层厚度：锚杆不小于 25mm，连梁 35mm。

（8）伸缩缝间距：连梁水平方向每格 20～25m 设置一伸缩缝，伸缩缝用沥青麻丝填塞。

（9）排水沟：边坡坡顶及坡角各设置一条排水沟，将边坡后缘地表水集中排至场区排水系统中，避免其对边坡造成不利影响。边坡坡底按场区排水要求设置排水沟。排水沟为 M7.5 水泥砂浆砌 MU30 条石。

5.其他说明

（略）

6.施工图

边坡加固平面图如图 17-19 所示，立面图如图 17-20 所示，部分剖面图如图 17-21 所示，构造等图略。

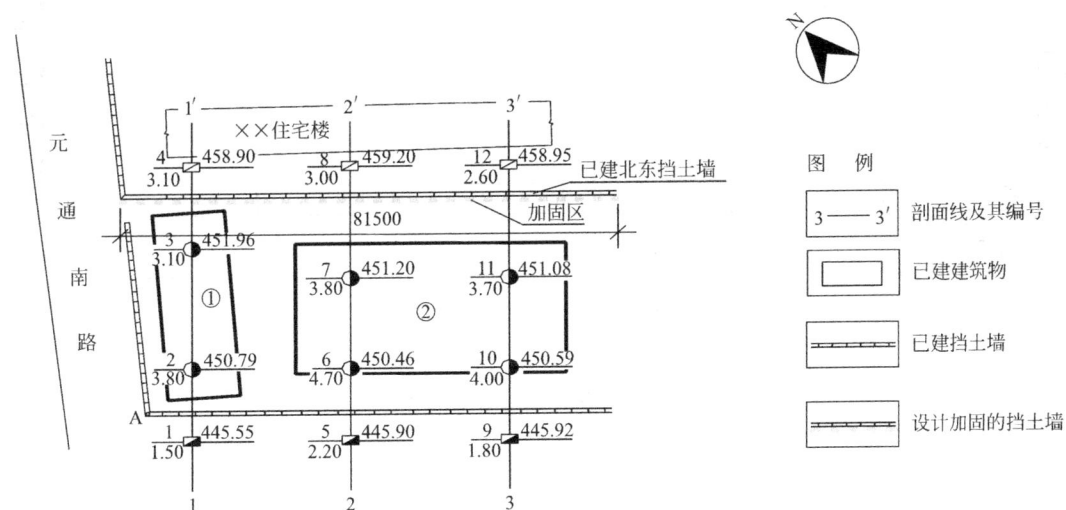

图 17-19　边坡加固平面图

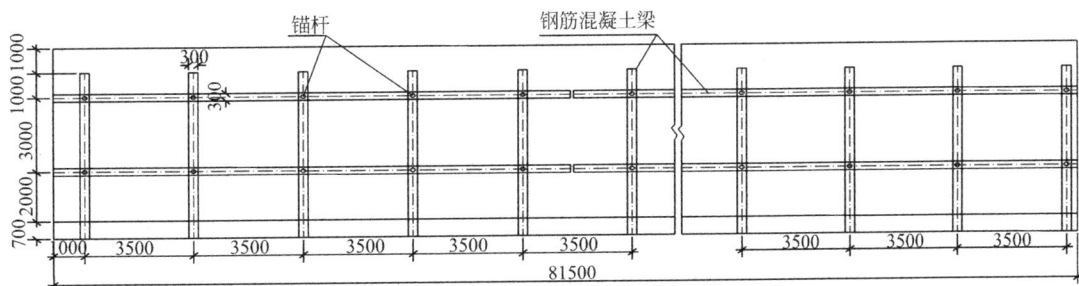

图 17-20　边坡加固立面图

7.锚杆加固重力式挡土墙安全性验算计算书

（1）验算原始条件

计算简图如图 17-22 所示。

711

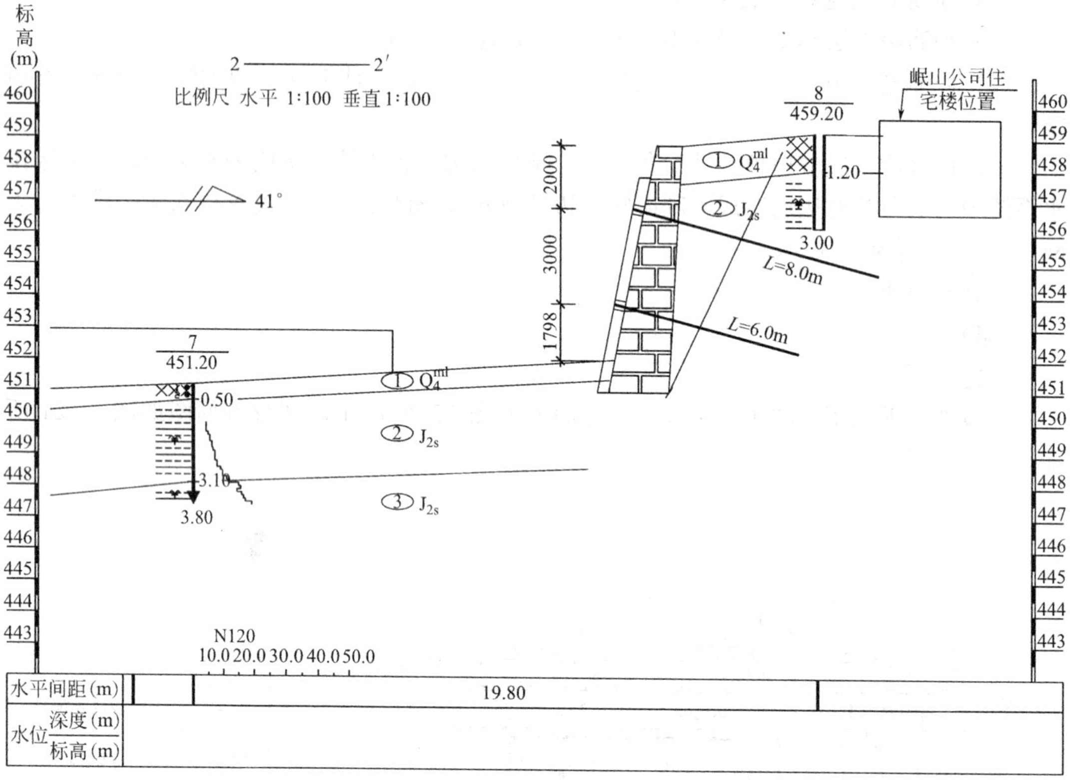

图 17-21　边坡加固剖面图

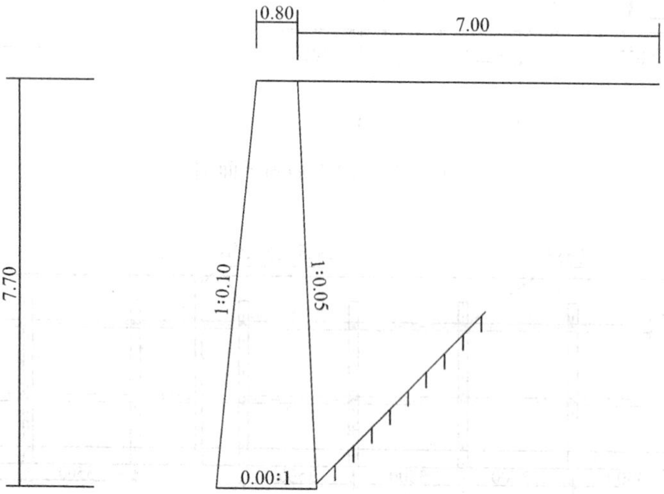

图 17-22　计算简图

1) 墙身尺寸。墙身高 7.700m，墙顶宽 0.800m，面坡倾斜坡度 1∶0.100，背坡倾斜坡度 1∶0.050，墙底倾斜坡率 0.004∶1。

2) 物理参数。圬工砌体密度 23.0kN/m³，圬工之间摩擦系数 0.400，地基土摩擦系数 0.500，墙身砌体容许压应力 2100.000kPa，墙身砌体容许剪应力 110.000kPa，墙身砌体容许拉应力 150.0kPa，墙身砌体容许弯曲拉应力 280.0kPa。

3）挡土墙类型：一般挡土墙。

4）岩土参数

墙后填土内摩擦角：30°。

墙后填土黏聚力：0。

墙后填土密度：19kN/m³。

墙背与墙后填土摩擦角：7.5°。

地基土密度：18kN/m³。

修正后地基土容许承载力：500kPa。

墙底摩擦系数：0.5。

地基土类型：岩石地基。

地基土内摩擦角：30°。

5）坡线土柱

地面线段数：1。

折线序号：1。

水平投影长：7m。

竖向投影长：0。

换算土柱数：0

坡面起始距离：0。

地面横坡角度：45°。

墙顶标高：0。

（2）安全性验算

1）土压力计算

计算高度为 7.7m 处的库仑主动土压力按实际墙背计算得到：

第 1 破裂角：29.124°

E_a=149.940；E_x=140.571；E_y=52.173kN；作用点高度 Z_y=2.567m。

因为俯斜墙背，需判断第二破裂面是否存在，计算后发现第二破裂面不存在。

墙身截面积=10.607m²；重量=243.955 kN。

2）滑动稳定性验算

基底摩擦系数：0.5。

滑移力= 140.571kN；抗滑力= 148.064kN。

抗滑移验算不满足安全性要求：K_c=1.053＜1.300。

3）倾覆稳定性验算

相对于墙趾点，墙身重力的力臂 Z_w=1.060m。

相对于墙趾点，E_y 的力臂 Z_x=1.827m。

相对于墙趾点，E_x 的力臂 Z_y=2.567m。

验算挡土墙绕墙趾的倾覆稳定性：

倾覆力矩=360.798kN·m；抗倾覆力矩=353.968kN·m。

倾覆验算不满足安全性要求：K_0=0.981＜1.600。

4）地基应力及偏心距验算

基础为天然基础，验算墙底偏心距及压应力：

作用于基础底的总竖向力 = 296.128kN；总弯距 = −6.831kN·m。

基础底面宽度：$B=1.955$m；偏心距 $e=1.001$m。

基础底面合力作用点距离基础趾点的距离 $Z_n=−0.023$m。

基底压应力：趾部 = −8558.793kPa，踵部 = 0。

作用于基底的合力偏心距验算不满足：$e=1.001 > 0.250×1.955=0.489$m。

地基承载力验算满足：最大压应力 = 0 < 500kPa。

5）基础强度验算

基础为天然基础，不做强度验算。

6）墙底截面强度验算

验算截面以上，墙身截面积 = 10.607m²；重量 = 243.955kN。

相对于验算截面外边缘，墙身重力的力臂 $Z_w=1.060$m。

相对于验算截面外边缘，E_y 的力臂 $Z_x=1.827$m。

相对于验算截面外边缘，E_x 的力臂 $Z_y=2.567$m。

法向应力验算：

作用于验算截面的总竖向力 = 296.128kN；总弯距 = −6.831kN·m。

相对于验算截面外边缘，合力作用力臂 $Z_n=−0.023$m。

截面宽度：$B=1.955$m；偏心距 $e_1=1.001$m。

截面上偏心距验算不满足：$e_1=1.001 > 0.300×1.955=0.587$m。

截面上压应力：面坡 = 616.612kPa；背坡 = −313.667kPa。

压应力验算满足：计算值 = 616.612 ≤ 2100kPa。

拉应力验算不满足：计算值 = 313.667 > 150kPa。

切向应力验算：

剪应力验算满足：计算值 = 11.314 ≤ 110kPa。

（3）锚杆加固后挡墙安全性验算

验算说明：该工程加固时，《建筑边坡工程鉴定与加固技术规范》（GB 50843—2013）并不存在，加固设计单位原计算未考虑，新加锚杆并未考虑新增锚杆抗力发挥系数，以下验算按《建筑边坡工程鉴定与加固技术规范》（GB 50843—2013）的有关规定执行。

从加固前挡土墙验算结果可知：挡土墙抗倾覆、滑移及墙身强度均不满足要求，其挡墙安全性鉴定评级为 D_{su} 级。

采用井字梁加锚杆对其进行加固处理。锚杆水平间距 3.5m，竖向间距 3.0m，第一排锚杆距挡墙顶部距离 2.0m。

加固后抗倾覆及抗滑移验算如下。

锚杆采用 1 根直径 25mm 的钢筋，设计锚固力 120kN。

滑移力 $E_x=140.57$kN/m，抗滑力 = 148.06kN/m，由锚杆产生的抗滑力 = 240kN/3.5m = 68.57kN/m。

查《建筑边坡工程鉴定与加固技术规范》（GB 50843—2013）中表 6.3.1，ζ_L 取值为 0.7。

$F_s=(148.06+\zeta_L 68.57)/140.57=(148.06+47.999)/140.57=1.39 > 1.30$，抗

滑移验算满足要求。

倾覆力矩＝360.80kN·m/m，抗倾覆力矩＝353.97kN·m/m，由锚杆产生的抗倾覆力矩＝288kN/m。

F_t＝（353.97＋ζ_L288）/360.80＝1.54＜1.6，F_t/1.6（F_s）＝0.96，抗倾覆验算只能满足 B_{su} 级要求，不满足 A_{su} 级要求。

按《建筑边坡工程鉴定与加固技术规范》（GB 50843—2013）验算，原挡墙采用锚杆加固后，其安全等级只能满足 B_{su} 级要求。

（4）梁的配筋验算

（略）。

参考文献

［1］GB/T 18314—2009 全球定位系统（GPS）测量规范［S］.北京：中国标准出版社，2009.

［2］谭辉.土木工程测量［M］.上海：同济大学出版社，2007.

［3］谭辉.测量学［M］.北京：中国建筑工业出版社，2007.

［4］陈丽华，张豪.土木工程测量学［M］.杭州：浙江大学出版社，2006.

［5］刘俊岩等.建筑基坑工程监测技术规范实施手册［M］.北京：中国建筑工业出版社，2010.

［6］GB 50330—2013 建筑边坡工程技术规范［S］.北京：中国建筑工业出版社，2014.

［7］GB 50007—2011 建筑地基基础设计规范［S］.北京：中国建筑工业出版社，2011.

［8］GB 50497—2009 建筑基坑工程监测技术规范［S］.北京：中国建筑工业出版社，2009.

［9］GB 50026—2007 工程测量规范［S］.北京：中国计划出版社，2007.

［10］JGJ 8—2016 建筑变形测量规程［S］.北京：中国建筑工业出版社，2016.

［11］重庆市城乡建设委员会.DBJ 50-170—2013 建筑边坡工程安全性鉴定规范.

［12］GB 50843—2013 建筑边坡工程鉴定与加固技术规范［S］.北京：中国建筑工业出版社，2013.

［13］JGJ 311—2013 建筑深基坑工程施工安全技术规范［S］.北京：中国建筑工业出版社，2014.

［14］雷用，刘兴远等.建筑边坡工程百问［M］.北京：中国建筑工业出版社，2014.

［15］刘兴远，雷用，康景文.边坡工程——设计·监测·鉴定与加固（第二版）［M］.北京：中国建筑工业出版社，2015.

第 18 章 边坡工程施工质量验收

18.1 边坡工程施工质量管理相关国家法律法规

为了确保工程建设工作能合法、科学、安全、有序的开展，并达到节约社会和自然资源之目的，我国制定了一系列相关法律、法规、条例和行为标准，从宏观上讲与建筑边坡施工质量控制和管理的最重要的法律、法规是：《中华人民共和国建筑法》（中华人民共和国主席令，第 91 号）和《建设工程质量管理条例》（中华人民共和国国务院令，第 279 号）。

18.1.1 《中华人民共和国建筑法》对施工质量管理的规定

建筑法对建筑工程施工质量的管理有如下规定：

（1）国家对从事建筑活动的单位推行质量体系认证制度。从事建筑活动的单位根据自愿原则可以向国务院产品质量监督管理部门或者国务院产品质量监督管理部门授权的部门认可的认证机构申请质量体系认证。经认证合格的，由认证机构颁发质量体系认证证书。

（2）建设单位不得以任何理由，要求建筑设计单位或者建筑施工企业在工程设计或者施工作业中，违反法律、行政法规和建筑工程质量、安全标准，降低工程质量。

建筑设计单位和建筑施工企业对建设单位违反前款规定提出的降低工程质量的要求，应当予以拒绝。

（3）建筑工程实行总承包的，工程质量由工程总承包单位负责，总承包单位将建筑工程分包给其他单位的，应当对分包工程的质量与分包单位承担连带责任。分包单位应当接受总承包单位的质量管理。

（4）建筑施工企业对工程的施工质量负责。建筑施工企业必须按照工程设计图纸和施工技术标准施工，不得偷工减料。工程设计的修改由原设计单位负责，建筑施工企业不得擅自修改工程设计。

（5）建筑施工企业必须按照工程设计要求、施工技术标准和合同的约定，对建筑材料、建筑构配件和设备进行检验，不合格的不得使用。

（6）建筑物在合理使用寿命内，必须确保地基基础工程和主体结构的质量。

（7）交付竣工验收的建筑工程，必须符合规定的建筑工程质量标准，有完整的工程技术经济资料和经签署的工程保修书，并具备国家规定的其他竣工条件。建筑工程竣工经验收合格后，方可交付使用；未经验收或者验收不合格的，不得交付使用。

（8）建筑工程实行质量保修制度。

（9）任何单位和个人对建筑工程的质量事故、质量缺陷都有权向建设行政主管部门或者其他有关部门进行检举、控告、投诉。

建筑法对建筑工程施工质量法律责任有如下规定：

（1）违反本法规定，未取得施工许可证或者开工报告未经批准擅自施工的，责令改正，对不符合开工条件的责令停止施工，可以处以罚款。

（2）发包单位将工程发包给不具有相应资质条件的承包单位的，或者违反本法规定将建筑工程肢解发包的，责令改正，处以罚款。超越本单位资质等级承揽工程的，责令停止违法行为，处以罚款，可以责令停业整顿，降低资质等级；情节严重的，吊销资质证书；有违法所得的，予以没收。未取得资质证书承揽工程的，予以取缔，并处罚款；有违法所得的，予以没收。以欺骗手段取得资质证书的，吊销资质证书，处以罚款；构成犯罪的，依法追究刑事责任。

（3）建筑施工企业转让、出借资质证书或者以其他方式允许他人以本企业的名义承揽工程的，责令改正，没收违法所得，并处罚款，可以责令停业整顿，降低资质等级；情节严重的，吊销资质证书。对因该项承揽工程不符合规定的质量标准造成的损失，建筑施工企业与使用本企业名义的单位或者个人承担连带赔偿责任。

（4）承包单位将承包的工程转包的，或者违反本法规定进行分包的，责令改正，没收违法所得，并处罚款，可以责令停业整顿，降低资质等级；情节严重的，吊销资质证书。承包单位有前款规定的违法行为的，对因转包工程或者违法分包的工程不符合规定的质量标准造成的损失，与接受转包或者分包的单位承担连带赔偿责任。

（5）建筑施工企业违反本法规定，对建筑安全事故隐患不采取措施予以消除的，责令改正，可以处以罚款；情节严重的，责令停业整顿，降低资质等级或者吊销资质证书；构成犯罪的，依法追究刑事责任。建筑施工企业的管理人员违章指挥、强令职工冒险作业，因而发生重大伤亡事故或者造成其他严重后果的，依法追究刑事责任。

（6）建筑施工企业在施工中偷工减料的，使用不合格的建筑材料、建筑构配件和设备的，或者有其他不按照工程设计图纸或者施工技术标准施工的行为的，责令改正，处以罚款；情节严重的，责令停业整顿，降低资质等级或者吊销资质证书；造成建筑工程质量不符合规定的质量标准的，负责返工、修理，并赔偿因此造成的损失；构成犯罪的，依法追究刑事责任。

（7）本法规定的责令停业整顿、降低资质等级和吊销资质证书的行政处罚，由颁发资质证书的机关决定；其他行政处罚，由建设行政主管部门或者有关部门依照法律和国务院规定的职权范围决定。依照本法规定被吊销资质证书的，由工商行政管理部门吊销其营业执照。

（8）违反本法规定，对不具备相应资质等级条件的单位颁发该等级资质证书的，由其上级机关责令收回所发的资质证书，对直接负责的主管人员和其他直接人员给予行政处分；构成犯罪的，依法追究刑事责任。

（9）在建筑物的合理使用寿命内，因建筑工程质量不合格受到损害的，有权向责任者要求赔偿。

18.1.2　《建设工程质量管理条例》对施工质量管理活动的规定

"建设工程质量管理条例"是建筑工程质量管理的基本依据，建筑工程质量管理必须符合以下规定：

（1）凡在中华人民共和国境内从事建设工程的新建、扩建、改建等有关活动及实施对建设工程质量监督管理的，必须遵守本条例。本条例所称建设工程，是指土木工程、建筑工程、线路管道和设备安装工程及装修工程。

（2）建设单位、勘察单位、设计单位、施工单位、工程监理单位依法对建设工程质量负责。

（3）县级以上人民政府建设行政主管部门和其他有关部门应当加强对建设工程质量的监督管理。

（4）从事建设工程活动，必须严格执行基本建设程序，坚持先勘察、后设计、再施工的原则。县级以上人民政府及其有关部门不得超越权限审批建设项目或者擅自简化基本建设程序。

（5）国家鼓励采用先进的科学技术和管理方法，提高建设工程质量。

"建设工程质量管理条例"规定的施工单位质量责任和义务如下：

（1）施工单位应当依法取得相应等级的资质证书，并在其资质等级许可的范围内承揽工程。禁止施工单位超越本单位资质等级许可的业务范围或者以其他施工单位的名义承揽工程。禁止施工单位允许其他单位或者个人以本单位的名义承揽工程。施工单位不得转包或者违法分包工程。

（2）施工单位对建设工程的施工质量负责。施工单位应当建立质量责任制，确定工程项目的项目经理、技术负责人和施工管理负责人。建设工程实行总承包的，总承包单位应当对全部建设工程质量负责；建设工程勘察、设计、施工、设备采购的一项或者多项实行总承包的，总承包单位应当对其承包的建设工程或者采购的设备的质量负责。

（3）总承包单位依法将建设工程分包给其他单位的，分包单位应当按照分包合同的约定对其分包工程的质量向总承包单位负责，总承包单位与分包单位对分包工程的质量承担连带责任。

（4）施工单位必须按照工程设计图纸和施工技术标准施工，不得擅自修改工程设计，不得偷工减料。施工单位在施工过程中发现设计文件和图纸有差错的，应当及时提出意见和建议。

（5）施工单位必须按照工程设计要求、施工技术标准和合同约定，对建筑材料、建筑构配件、设备和商品混凝土进行检验，检验应当有书面记录和专人签字；未经检验或者检验不合格的，不得使用。

（6）施工单位必须建立、健全施工质量的检验制度，严格工序管理，做好隐蔽工程的质量检查和记录。隐蔽工程在隐蔽前，施工单位应当通知建设单位和建设工程质量监督机构。

（7）施工人员对涉及结构安全的试块、试件以及有关材料，应当在建设单位或者工程监理单位监督下现场取样，并送具有相应资质等级的质量检测单位进行检测。

（8）施工单位对施工中出现质量问题的建设工程或者竣工验收不合格的建设工程，应当负责返修。

（9）施工单位应当建立、健全教育培训制度，加强对职工的教育培训；未经教育培训或者考核不合格的人员，不得上岗作业。

"建设工程质量管理条例"关于施工质量监督管理的有关规定如下：

（1）国家实行建设工程质量监督管理制度。

（2）国务院建设行政主管部门和国务院铁路、交通、水利等有关部门应当加强对有关建设工程质量的法律、法规和强制性标准执行情况的监督检查。

（3）建设工程质量监督管理，可由建设行政主管部门或者其他有关部门委托的建设工程质量监督机构具体实施。

从事房屋建筑工程和市政基础设施工程质量监督的机构，必须按照国家有关规定经国务院建设行政主管部门或者省、自治区、直辖市人民政府建设行政主管部门考核；从事专业建设工程质量监督的机构，必须按照国家有关规定经国务院有关部门或者省、自治区、直辖市人民政府有关部门考核。经考核合格后，方可实施质量监督。

（4）县级以上地方人民政府建设行政主管部门和其他有关部门应当加强对有关建设工程质量的法律、法规和强制性标准执行情况的监督检查。

（5）建设单位应当自建设工程竣工验收合格之日起 15 日内，将建设工程竣工验收报告和规划、公安消防、环保等部门出具的认可文件或者准许使用文件报建设行政主管部门或者其他有关部门备案。

建设行政主管部门或者其他有关部门发现建设单位在竣工验收过程中有违反国家有关建设工程质量管理规定行为的，责令停止使用，重新组织竣工验收。

（6）建设工程发生质量事故，有关单位应当在 24 小时内向当地建设行政主管部门和其他有关部门报告。对重大质量事故，事故发生地的建设行政主管部门和其他有关部门应当按照事故类别和等级向当地人民政府和上级建设行政主管部门及其他有关部门报告。特别重大质量事故的调查程序按照国务院有关规定办理。

（7）任何单位和个人对建设工程的质量事故、质量缺陷都有权检举、控告、投诉。

"建设工程质量管理条例"关于施工质量罚则的规定如下：

（1）违反本条例规定，建设单位有下列行为之一的，责令改正，处 20 万元以上 50 万元以下的罚款：1）迫使承包方以低于成本的价格竞标的；2）任意压缩合理工期的；3）明示或者暗示设计单位或者施工单位违反工程建设强制性标准，降低工程质量的；4）未按照国家规定办理工程质量监督手续的；5）明示或者暗示施工单位使用不合格的建筑材料、建筑构配件和设备的；6）未按照国家规定将竣工验收报告、有关认可文件或者准许使用文件报送备案的。

（2）违反本条例规定，建设单位未取得施工许可证或者开工报告未经批准，擅自施工的，责令停止施工，限期改正，处工程合同价款 1% 以上 2% 以下的罚款。

（3）违反本条例规定，勘察、设计、施工、工程监理单位超越本单位资质等级承揽工程的，责令停止违法行为，对勘察、设计单位或者工程监理单位处合同约定的勘察费、设计费或者监理酬金 1 倍以上 2 倍以下的罚款；对施工单位处工程合同价款 2% 以上 4% 以下的罚款，可以责令停业整顿，降低资质等级；情节严重的，吊销资质证书；有违法所得的，予以没收。

未取得资质证书承揽工程的，予以取缔，依照前款规定处以罚款；有违法所得的，予以没收。

以欺骗手段取得资质证书承揽工程的，吊销资质证书，依照本条第一款规定处以罚款；有违法所得的，予以没收。

（4）违反本条例规定，勘察、设计、施工、工程监理单位允许其他单位或者个人以本单位名义承揽工程的，责令改正，没收违法所得。对施工单位处工程合同价款 2% 以上 4% 以下的罚款；可以责令停业整顿，降低资质等级；情节严重的，吊销资质证书。

（5）违反本条例规定，承包单位将承包的工程转包或者违法分包的，责令改正，没收违法所得。对施工单位处工程合同价款 0.5% 以上 1% 以下的罚款；可以责令停业整顿，降低资质等级；情节严重的，吊销资质证书。

（6）违反本条例规定，施工单位在施工中偷工减料的，使用不合格的建筑材料、建筑构配件和设备的，或者有不按照工程设计图纸或者施工技术标准施工的其他行为的，责令改正，处工程合同价款 2% 以上 4% 以下的罚款；造成建设工程质量不符合规定的质量标准的，负责返工、修理，并赔偿因此造成的损失；情节严重的，责令停业整顿，降低资质等级或者吊销资质证书。

（7）违反本条例规定，施工单位未对建筑材料、建筑构配件、设备和商品混凝土进行检验，或者未对涉及结构安全的试块、试件以及有关材料取样检测的，责令改正，处 10 万元以上 20 万元以下的罚款；情节严重的，责令停业整顿，降低资质等级或者吊销资质证书；造成损失的，依法承担赔偿责任。

（8）违反本条例规定，施工单位不履行保修义务或者拖延履行保修义务的，责令改正，处 10 万元以上 20 万元以下的罚款，并对在保修期内因质量缺陷造成的损失承担赔偿责任。

（9）发生重大工程质量事故隐瞒不报、谎报或者拖延报告期限的，对直接负责的主管人员和其他责任人员依法给予行政处分。

（10）依照本条例规定，给予单位罚款处罚的，对单位直接负责的主管人员和其他直接责任人员处单位罚款数额 5% 以上 10% 以下的罚款。

（11）建设单位、设计单位、施工单位、工程监理单位违反国家规定，降低工程质量标准，造成重大安全事故，构成犯罪的，对直接责任人员依法追究刑事责任。

（12）本条例规定的责令停业整顿，降低资质等级和吊销资质证书的行政处罚，由颁发资质证书的机关决定；其他行政处罚，由建设行政主管部门或者其他有关部门依照法定职权决定。依照本条例规定被吊销资质证书的，由工商行政管理部门吊销其营业执照。

（13）建设、勘察、设计、施工、工程监理单位的工作人员因调动工作、退休等原因离开该单位后，被发现在该单位工作期间违反国家有关建设工程质量管理规定，造成重大工程质量事故的，仍应当依法追究法律责任。

上述规定是根据当前我国工程建设实际状况制定的，随着我国工程建设管理水平的发展、施工技术水平的进步和工程技术人员施工、管理技能的提高等，上述管理规定会随之发生变化或修改，但工程施工质量控制的总体要求会有所加强，质量终身制的理念将贯穿质量管理的全过程。

18.2　边坡工程施工质量控制的基本要素与标准依据

边坡工程施工质量控制因边坡工程服务的对象差异也有所差异。就行业管理而言，边坡工程施工质量的标准有：铁路支挡结构、公路路堤边坡、水利水电工程、市政边坡工程和建筑边坡工程等，不同行业因边坡工程的重要性、破坏后果严重性等差异，其质量要求也各不相同。本章主要以建筑边坡工程为主线，说明边坡工程施工质量验收全过程的检验和管理。

中国多省份和地区处于山区或丘陵，山多、坡陡，因此，山区工程建设，特别是房屋建设不可避免地将遇到边坡问题，由于各地区地理、工程及水文地质环境差异极大，造成建筑边坡工程建设的形式繁多，又因施工过程控制不当、工程质量无法得到保证，致使一些工程质量低劣的建筑边坡工程投入使用，遗留了一些安全性、耐久性和抗震性能不足的建筑边坡，影响了人民群众安居乐业；此外，由于建筑边坡工程建设单位不懂建设程序、工程管理及相应的科学技术，致使某些建筑边坡工程材料浪费现象严重、材料使用不当，花了钱，并未建设安全工程，据相关调查发现：多数边坡垮塌事故发生在工程建设时期，造成了国家财产严重损失，究其原因，施工过程控制不当，乱挖、乱切岩土体，施工质量不符合设计、相应施工质量验收标准缺失是建筑边坡工程垮塌的重要原因之一。目前，部分省份或地区已编制完成了地方规范编制工作，如重庆市编制了《建筑边坡工程施工质量验收规范》（DBJ/T50-100—2010）。

建筑边坡工程隶属建筑工程中的构筑物，其质量控制的基本依据是《建筑工程施工质量验收统一标准》（GB 50300—2013），同时，当承包合同（如质量要求等）和工程技术文件（如设计文件、企业施工标准、施工技术方案等）作为质量控制依据时，其对施工质量验收的要求不得低于《建筑工程施工质量验收统一标准》（GB 50300—2013）的规定。

《建筑边坡工程技术规范》（GB 50330—2013）第 19 章给出了边坡工程质量检验、监测及验收的规定，给出的规定仅仅是最基础的要求，未完整体现建筑边坡工程施工质量验收的特点和特殊性，因此，实际使用中需使用《建筑地基基础工程施工质量验收规范》（GB 50202—2002）、《砌体结构工程施工质量验收规范》（GB 50203—2011）、《混凝土结构工程施工质量验收规范》（GB 50204—2015）和《钢结构工程施工质量验收规范》（GB 50205—2001）等专业技术规范与之匹配。

对建筑边坡工程施工质量的控制需把握几个主要术语，重点掌握建筑边坡施工质量验收及质量控制要点，深刻理解这些术语的内涵和外延，有利于施工质量管理和验收，其主要术语分述如下。

（1）建筑边坡 building slope：在建（构）筑物场地或其周边，由于建（构）筑物和市政工程开挖或填筑施工所形成的人工边坡和对建（构）筑物安全或稳定有影响的自然边坡。

（2）锚杆（索）anchor（anchorage）：将拉力传至稳定岩土层的构件。当采用钢绞线或高强钢丝束并施加一定的预拉应力时，称为锚索。

当锚杆锚固段位于土层中时称为土层锚杆，而锚杆锚固段位于岩石内时称为岩石锚杆。由于锚杆锚固在岩土体中的方式、数量可能存在较大差别，为此，为保证边坡整体稳定，在坡体上可按一定格式设置锚杆群，此时锚杆称为系统锚杆。锚杆长度指埋入锚入岩土体中锚杆的总长度，而锚固长度是指锚入稳定岩土层中的锚固体长度。

（3）锚杆挡墙 retaining wall with anchors：由锚杆（索）、立柱和面板组成的支护结构。

（4）锚喷支护 anchor-shotcrete retaining：由锚杆和喷射混凝土面板组成的支护结构。

（5）重力式挡墙 gravity retaining wall：依靠自身重力使边坡保持稳定的支护结构。

（6）扶壁式挡墙 counterfort retaining wall：由立板、底板、扶壁和墙后填土组成的支护结构。

（7）桩板式挡墙 pile-sheet retaining：由抗滑桩和桩间挡板等构件组成的支护结构。

（8）坡率法 slope ratio method：通过调整、控制边坡坡率维持边坡整体稳定和采取构造措施保证边坡及坡面稳定的边坡治理方法。

注：上述术语来源于《建筑边坡工程技术规范》（GB 50330—2013）的规定。

（9）建设工程质量 quality of structure engineering：反映建设工程满足国家现行相关标准规定或合同约定的要求，包括其在安全性、耐久性、使用功能以及环境保护等方面所有明显和隐含能力的特性总和。

注：本术语来源于《建筑工程施工质量验收统一标准》（GB 50300—2001）的规定，而在《建筑工程施工质量验收统一标准》（GB 50300—2013）中取消了该术语。

（10）验收 acceptance：建筑工程施工质量在施工单位自行检查评定的基础上，由参与该工程活动的有关单位共同对检验批、分项、子分部、分部工程、单位工程的质量进行抽样复查，根据国家现行相关标准以书面形式对工程质量达到合格与否做出确认。

（11）进场检查 site inspection：对进入施工现场的加固材料、制品、构配件、连接件、锚固件、器具和设备等，按国家相关标准规定的要求进行检查或检验，以对其质量达到合格与否做出确认。

（12）复检 repeat test：凡涉及安全或功能的施工材料、产品，进场时，不论事先持有何种检验合格证书，均应按国家先行有关标准规范所指定的项目进行见证抽样检验活动。

（13）批 lot：在一致条件下生产、施工，或按规定的方式汇总起来的，由一定数量个体（或散装料）组成的产品或材料集合。

（14）检验批 inspection lot：为实施抽样检验（检查）而指定的受检批次。

（15）见证取样 evidential sampling：在监理单位或建设单位（业主）监督下，由施工单位或检测机构专业人员实施的现场取样过程。见证取样的样本应经监督人员签封后，送至具备相应资质的独立检测机构进行测试。

（16）交接检验 hangding over inspection：由施工的承接方与完成经双方检查并对可否继续施工做出确认的活动。

（17）主控项目 dominant item：建设工程中对安全、卫生、环境保护和公共利益起决定性作用的检验项目。

（18）一般项目 general item：除主控项目以外的检验项目。

（19）计数检验 counting inspection：在抽样检验的样本中，记录每一个体有某种属性或计算每一个体中的缺陷数目的检查方法。

（20）计量检验 quantitive inspection：在抽样检验的样本中，对每一个体测量其某个定量特性的检查方法。

（21）观感质量 quality of appearance：通过观察和必要的量测所反映的工程外在质量。

（22）返修 repair：对工程不符合标准规定的部位采取整修等措施。

（23）返工 rework：对不合格的工程部位采取的重新制作、重新施工等措施。

注：术语（10）～（23）来源于《混凝土结构现场检测技术标准》（GB/T 50784—2013）的规定。

（24）工程质量检测 inspection of structural quality：为评定混凝土结构工程施工质量与设计要求或施工质量验收规范规定的符合性所实施的检测。

注：本术语来源于《建筑工程施工质量验收统一标准》（GB 50300—2013）中的术语。

18.3　建筑边坡工程施工质量验收

边坡工程施工质量验收在不同的行业其管理规定有所差异，如道路工程中涉及路堤边坡工程施工质量的验收，其规定缺少细节要求；《铁路路基工程施工质量验收标准》（TB 10414—2003）中对重力式挡土墙、短卸荷板式挡土墙、悬臂式和扶壁式挡土墙、锚杆挡土墙、加筋土挡土墙、抗滑桩和桩板式挡土墙等多类边坡工程支挡结构的施工质量验收标准进行规定，《城镇道路工程施工与质量验收规范》（CJJ 1—2008）对不同类边坡工程支挡结构施工质量验收标准也进行了规定，但相关标准均未单独指出边坡工程施工质量的验收标准，且由于用途、危害程度及破坏后果严重程度的认知差异，施工质量检测、验收标准也有所差别。为了便于论述，本章以建筑边坡工程质量验收为主线，说明边坡工程施工质量验收的有关规定。

18.3.1　建筑边坡工程施工质量验收的几个基本问题

1. 如何定位建筑边坡工程施工质量验收

建筑边坡工程施工质量验收的定位不同施工单位有不同的认知，《建筑工程施工质量验收统一标准》（GB 50300—2001）未明确定位。在《建筑工程施工质量验收统一标准》（GB 50300—2013）附录 B、附录 C 中对边坡工程有关分类信息见表 18-1。

GB 50300—2013 对边坡工程验收类别的划分　　　　　　表 18-1

单位工程	子单位工程	分部工程	子分部工程	分项工程	备注
建筑工程	—	地基与基础	边坡	锚喷支护、挡土墙、边坡开挖	附录 B
室外设施	道路	⋯⋯，挡土墙，⋯⋯	—	—	附录 C
	边坡	土石方，挡土墙，支护	—	—	
附属建筑及室外环境	附属建筑	⋯⋯，挡土墙	—	—	
	室外环境	⋯⋯	—	—	

从表 18-1 中可见，不同条件，边坡工程可划分为子单位工程、分部工程和分项工程。

由于《建筑边坡工程技术规范》（GB 50330—2013）、《建筑工程施工质量验收统一标准》（GB 50300—2001）均未解决建筑边坡工程施工质量如何验收的问题，为确定建筑边坡工程施工质量验收的层次问题，我们制定了建筑边坡施工质量验收规范调查表，在 2013年 2～8 月对有关单位发出了多份调查表，重点是对施工单位的调查，调查表共回收到 16份，见表 18-2 回收到的一份调查表。

建筑边坡施工质量验收规范调查表　　　　表 18-2

序号	调查问题	可能的回答	选择
1	建筑边坡工程验收目前是如何管理的？	按分项工程验收	—
		按分部(子分部)工程验收	√
		按单位(子单位)工程验收	—
		请第三方检测机构出具检测报告后验收	√
		请第三方检测机构出具鉴定报告后验收	—
		观察使用一段时间后再考虑验收方式	
2	建筑边坡工程验收时是否需要变形监测资料？	是	√
		否	
3	施工质量验收需边坡变形资料，如何考量验收时间？	1 年	√
		2 年	—
4	建筑边坡工程目前使用哪些规范进行验收？	GB 50330—2013、GB 50497—2009、GB 50086—2015、GB 50300—2013、GB 50204—2015、JGJ 120—2012、JGJ 94—2008、JGJ 18—2012	
5	其他意见	无	

说明：1. 同意选项打√，不同意选项打×；多个选项时可分别打同意或不同意符号。2 有其他答案可填写相应文字。3 可自制表格回答上述问题，并将意见发送到以下邮箱：129XXX8073@qq.com。

填表单位：××第六建筑工程公司　　　　填表时间：2013 年 8 月 20 日

对回收到的 16 份调查表所述问题进行了统计分析，统计结果分析如下。

（1）关于建筑边坡工程施工质量验收划分问题有如下统计结果：

1）建筑边坡工程施工质量按分项工程验收的统计结果是：不同意的占 25%，同意的占 25%，未知的占 50%。

2）建筑边坡工程施工质量按分部工程验收的统计结果是：不同意的占 12.5%，同意的占 68.8%，未知的占 18.7%。

3）建筑边坡工程施工质量按单位工程验收的统计结果是：不同意的占 0.0%，同意的占 50.0%，未知的占 50.0%。

（2）是否需要第三方检测机构出具检测、鉴定报告后方可验收。

对请第三方检测机构出具检测报告后验收的处理方法：不同意的占 6.2%，同意的占 68.8%，未知的占 25.0%。

对请第三方检测机构出具鉴定报告后验收的处理方法：不同意的占 25.0%，同意的占 12.5%，未知的占 62.5%。

实际上对请第三方检测机构出具检测报告后验收的处理方法，同意的占 68.8% 说明施工单位理解了检测报告（至少包括材料检测报告和构件性能检测报告，如锚杆抗拔力检验）在施工验收中的作用；未知的占 25.0%，认为本问题提法欠准确，问题的内涵和外延未表述清楚，使施工单位无法选择。

同理对请第三方检测机构出具鉴定报告后验收的处理方法应该表达的是存在不合格项目时，应委托第三方监测机构进行相应技术指标的鉴定，而非单独再请第三方检测机构出具鉴定报告，故不同意的占 25.0%，同意的占 12.5%，未知的占 62.5% 的统一结果是符合逻辑的。

（3）边坡工程施工质量验收在观察使用一段时间后再考虑验收方式的问题，不同意的占 18.7%，同意的占 31.3%，未知的占 50.0%。《建筑边坡工程技术规范》（GB 50330—2013）中第 19.1.4 条规定：一级边坡工程竣工后的监测时间不宜少于 2 年，该问题的关键是设计文件是否明确要求；监测工作未完成不进行施工质量验收。目前多数地区操作模式是实际验收时间一般均会以各种借口拖延至少 6 个月，观察边坡工程是否发生变形等异常现象，再考虑是否进行建筑边坡工程施工质量验收。

（4）建筑边坡工程验收时是否需要变形监测资料问题有如下统计结果：不同意的占 0.0%，同意的占 87.5%，未知的占 12.5%。统计结果说明，建筑边坡工程施工质量验收中变形监测数据应该是不可缺少的资料。

（5）施工质量验收需边坡变形资料，如何考量验收时间问题的统计结果如下：

1）监测时间为 1 年的统计结果为：不同意的占 6.2%，同意的占 68.8%，未知的占 25.0%。

2）监测时间为 2 年的统计结果为：不同意的占 18.7%，同意的占 43.7%，未知的占 37.6%。

3）部分单位对监测时间有其他建议。

统计结果表明：同意监测时间为 1 年的比例较高（68.8%）。

（6）建筑边坡工程目前使用这些规范进行验收，各单位提出的标准、规范如下：《建筑边坡工程技术规范》（GB 50330—2013）、《建筑地基基础工程施工质量验收规范》（GB 50202—2002）、《混凝土结构工程施工质量验收规范》（GB 50204—2015）、《砌体结构工程施工质量验收规范》（GB 50203—2011）、《岩土锚杆与喷射混凝土支护工程技术规范》（GB 50086—2015）、《建筑基坑工程监测技术规范》（GB 50497—2009）、《建筑变形测量规范》（JGJ 8—2016）、《建筑边坡工程鉴定与加固技术规范》（GB 50843—2013）、《基坑土钉支护技术规程》（CECS 96：97）、《岩土锚杆（索）技术规程》（CECS 22—2005）。此问题的调查结果表明：如何对建筑边坡工程进行施工质量验收，施工单位和管理单位等并不明确，人为操作因素大，因此制定有关《建筑边坡工程施工质量验收规范》是必要的。

从统计结果看，目前施工单位对"建筑边坡工程施工质量验收"的把控认知不清，未正面回答的居多，但同意按分部工程验收的比例较高，占 68.8%。新修订的《建筑工程施工质量验收统一标准》（GB 50300—2013）对边坡的认知见表 18.3.1，由表 18.3.1 可见：在不同条件下"建筑边坡工程施工质量验收"的统一管理上仍存在歧义，《建筑工程施工质量验收统一标准》（GB 50300—2013）未落实"建筑边坡工程"划分的具体依据或规定。为此，通过专家采访、学术交流及对施工单位的调查，最终确认"建筑边坡工程施工质量验收可按单位（子单位）工程、分部（子分部）工程、分项工程进行验收。"与《建筑工程施工质量验收统一标准》（GB 50300—2013）在总体思想上是一致的，同时可基本反映目前我国建筑边坡工程施工质量验收管理的现状和水平。

建议"《建筑工程施工质量验收统一标准》（GB 50300—2013）"在今后修编中对"建筑边坡工程的划分应适当修改"。

2. 建筑边坡工程施工质量验收与建筑边坡工程验收的差异

建筑边坡工程施工质量验收：建筑边坡工程施工工作的责任主体是施工单位，为保证建筑边坡工程施工工作正常开展、保证施工安全及施工质量满足设计和国家现行相关技术规范要求，应对建筑边坡工程施工主体的资格进行核定（建筑边坡工程施工单位资质的核定与审查，应符合我国相关法律、法规对施工单位资质审查的有关规定，该审查工作一般由当地县级以上行政主管部门核定），施工单位接受、实施边坡工程施工工作后，其施工工作需要监督和管理，施工工作完成后，施工质量是否符合要求需要相关单位检查、验收，验收是在施工单位自建合格的基础上，由建设单位、监理单位、设计单位和勘察单位共同确认边坡工程施工质量是否符合设计及国家现行有关施工质量验收规范的规定，最后其质量验收工作由参与该工程活动的有关单位根据国家现行相关标准以书面形式对工程质量达到合格与否做出确认。理论上讲，施工质量验收合格的边坡工程，其施工单位就完成了其施工工作，建设单位理应按合同约定支付施工费用，至于边坡工程能否安全使用、是否安全与施工单位并无实质联系。

建筑边坡工程验收：建筑边坡施工质量验收后，能否保证建筑边坡工程的安全、后期安全使用以及足够的耐久性受多种因素控制，当在设计允许的使用条件、且按规定采取了维护、维修措施，主体支护结构的安全性和耐久性理应由设计单位负责，而非施工单位负责，换言之边坡工程施工质量验收合格是保证边坡工程安全的必要条件，而非充要条件。按我国"建筑法"的规定，各参建单位是各负其责，边坡工程勘察单位、设计单位按"建筑法"的规定，各自承担相应的法律责任。因此，建筑边坡工程施工质量验收不同于建筑边坡工程验收，建筑边坡工程施工质量验收仅仅是对施工质量的验收，而边坡工程勘察质量、设计质量的检验验收由其他程序和单位完成，与施工单位无直接关系。

在实际工程实践中，因边坡工程勘察质量、设计质量的验收是在边坡工程施工前完成，因此，多数技术人员的认知是将边坡工程施工质量验收等同边坡工程验收，显然这是不科学的，也是不客观、公正的。

从调查结果和《建筑工程施工质量验收统一标准》（GB 50300—2013）的规定可见建筑边坡工程施工质量验收的划分受多种因素影响。根据不同的建设时期（阶段）或不同的使用功能要求，建筑边坡工程可定为单位（子单位）工程，也可定为分部工程和分项工程。如土地交付前期进行环境治理，其服务对象对建筑物，其边坡工程性质应为单位工程，当建设规模或场地较大，支护结构类型繁多时，可将其能形成独立使用功能的部分划分成若干个子单位工程。当边坡工程依附于邻近的建筑物时，其存在特定的保护对象时，可将建筑边坡工程定为分部工程，当分部工程较大或较复杂时，可将其划分为若干子分部工程。当建筑边坡工程规模较小，挡墙作为建筑物的一小部分时，也可将其定为分项工程进行质量验收。因此，建筑边坡工程施工质量可按单位（子单位）工程、分部（子分部）工程和分项工程验收，实际实施时，应根据建筑边坡工程的实际情况，有关单位在报建时，应事前约定，确定建筑边坡工程验收的定位，以便后续建筑边坡工程施工质量验收工作的开展。

3. 建筑边坡工程施工监测

建筑边坡工程施工监测与边坡工程施工质量验收有何关系，为此，我们设计了一个调查表（表18-3），用于体现施工单位目前是如何管理"建筑边坡工程监测"活动的，表18-3为回收的表格中的一份。本次调查共收到14家施工单位的反馈意见，对所提问题的回答，各单位意见汇总如下。

建筑边坡施工质量验收规范调查表 表 18-3

调查问题	需要思考的问题	回答
建筑边坡工程施工单位监测如何管理	1. 监测的目的和作用？	满足工程建设的需要、消除边坡的安全隐患为目的。
	2. 巡视检查的项目是哪些？	按图施工。严格按照审核好的施工方案施工； 坡面地质是否符合详勘报告，坡面排水要畅通； 工程场地及周边地貌是否有异常、变形等安全隐患，要及时处理； 用电设备、电缆安装要安全、稳妥； 及时读取检测值读数，计算分析检测情况
	3. 监测的内容是哪些？	坡顶水平、垂直的位移； 支护结构变形
	4. 应力监测是否由施工单位完成？	施工合同期范围内，施工单位完成，验收后交付业主监测
	5. 监测的时间和频次如何控制？	以连续、定时的观测方式进行，前期每天1次，连续10天；如无变化可放宽观测。监测时间不小于1个水文年
	6. 监测项目的警戒值如何确定？	按设计要求
	7. 监测内容的信息管理、反馈制度及应急预案的启动？	全过程采用动态设计法、信息化施工，发现异常，各方要及时反馈和提供有关资料以供设计变更
	8. 监测记录的归档及有效性核查？	—
其他意见	—	

可自制表格回答上述问题，并将意见发送到以下邮箱：129XXX8073@qq.com。

填表单位：××第二建筑工程有限公司　　　　　　填表时间：2013年6月25日

（1）监测的目的和作用

综合各单位意见为：监测目的是为掌握边坡、周边建（构）筑物及管线变形特征和规律提供基础资料；及时了解边坡支护结构、周边建（构）筑物变形或其他参数的变化趋势和范围，通过监测边坡变形的发展趋势，检验边坡的整治效果；保证工程施工及运行的安全；为评价边坡的长期稳定性提供条件。监测作用是通过监测数据与设计要求数据的对比，验证设计效果；也是验证勘察报告结论的手段之一，为勘察提供定量数据；施工期间做安全监测，保障施工安全；监测治理工程的效果；监测、预警危险边坡，防止灾害。

需要指出的是：无一个单位认为边坡工程施工监测的目的和作用是为施工质量验收服务的。

（2）巡视检查的项目是哪些

归纳该问题答案，有3个单位的回答可能因理解差异，所答与所问有歧义；其他11家意见归纳为：巡查内容为：1）周边环境巡查，含周边建（构）筑物外观变化巡查（指开裂、下沉、倾斜，管线破损、墙面脱落等），周边地面变形、开裂检查。2）坡顶周边环境巡查，排水设施是否变形、堵塞等，地面下沉、开裂、错位；管线破损、外露；不明水体外泄，地面堆载等。3）已建支护结构外观变形、破损巡查，坡面是否有渗水外露等。4）坡底有无涌土、流砂、管涌、隆起等变形现象，排水是否畅通。

727

上述问题调查的结果是：除极个别单位可正确回答此问题外，其他单位的回答均不准确；反映了施工单位监测管理方面存在一定缺失。

（3）监测的内容是哪些

1）边坡顶部水平及竖向位移，立柱竖向位移，周边地表水平竖向位移，周边建筑水平位移、竖向位移、倾斜。

2）坡顶水平、竖向位移；深层水平位移；墙后地表竖向位移、管线变形；周围建筑物变形、裂缝。

3）坡顶水平、垂直位移；土体深层水平位移；锚杆、土钉拉力；土压力；土层分层竖向位移；孔隙水压力；地下水位；周围建（构）筑物变形（竖向位移、倾斜、水平位移、裂缝）；周围地下管线变形。

4）在施工期间建立安全监测和防治效果监测点，同时建立以群测为主的长期监测点。

5）位移监测：水平位移、沉降、倾斜等按必测项目考虑；应力监测：支护结构内力、土压力等按可测项目考虑。

6）边坡坡顶变形（竖向、水平）；支护结构变形（竖向、水平）；周边建筑物、构筑物变形（竖向、水平）；支护及周边环境外观缺陷（裂缝）及异常情况；锚索、锚杆拉力监测；支护结构内力监测。

7）水平位移及沉降，预应力测定。

8）坡顶水平、垂直的位移；支护结构变形。

9）坡顶水平位移、坡顶沉降、锚杆内力等。

10）位移监测、地表裂缝监测、支护结构变形、应力或轴力监测、地表水及地下水监测、周边建（构）筑物的沉降和变形监测。

11）沉降、变形及移位。

12）坡顶水平位移和垂直位移；地表裂缝；地下水、渗水与降雨关系；支护结构变形；降雨、洪水与时间关系；坡顶建（构）筑物变形。

13）坡顶水平位移和垂直位移；地表裂缝；地下水、渗水与降雨关系；支护结构变形。

14）施工安全监测、治理效果监测、动态长期监测。

以上是 14 个施工单位的回答。施工单位回答表明，部分施工单位对边坡监测工作认知不足，本问题的要点是施工期间施工单位在边坡工程监测问题上可以解决哪些监测问题。

（4）应力监测是否由施工单位完成

本问题的答案基本一致，即支护结构等应力监测不归施工单位完成，应由第三方检测机构完成。

（5）监测的时间和频次控制

1）监测期、监测频次由监测方案确定。监测期：边坡施工至使用期完。监测频次应符合《建筑基坑工程监测技术规范》（GB 50497—2009）第 7.0.3 和 7.0.4 条的要求。

2）按设计要求，如设计无要求按规范规定。

3）按《建筑基坑工程监测技术规范》（GB 50497—2009）的有关规定执行。

4）自基坑开挖时算起，至地下室施工至±0.000 后一个月结束现场监测工作。观测次数为 70～80 次。

5）监测期理论上应包括施工期和使用期全过程；频次跟监测数据的稳定性有关，施工期间及使用 1 年内宜为 1～7d，使用期 1 年后宜为 15～30d，前期频次密，稳定后频次稀，雨季、冻融期间宜加密监测。

6）监测时间应从开工前介入，特别是周边环境监测更应该提前，结束时间以工程完工后 1～2 年结束。频率的控制应根据施工工况及监测结果动态调整，为节约监测成本，第三方测量频率可稍低，加强巡视和施工方自测。

7）开挖时期每天监测，稳定时期为一周 3 次。

8）以连续、定时观测方式进行，前期每天 1 次，连续 10 天；如无变化可放宽观测。监测时间不小于 1 个水文年。

9）施工完半年内一周 1 次，之后一个月 1 次。

10）监测的时间包括施工期间的监测和施工完毕后的监测（一级边坡竣工后监测时间不应少于两年）。

11）在施工阶段应每周监测 1 次，施工完成后半年内每月监测 1 次，以后每半年监测 1 次。

12）施工期间至竣工后 1～2 年；频次主要根据边坡变形是否收敛控制，在降雨期间加密。

13）一般从形成临空面至建成后 1～2 年；监测频率采用先密集后稀疏的关系，并结合降雨情况确定。

14）根据不同类型，不同阶段边坡和工程所处的阶段和规模，以及边坡变形速度等因素，视具体情况而定。

本问题不同施工单位认知不同，答案不同，14 个单位有 14 个不同的答案。监测的时间和频次，在土质基坑中可按《建筑基坑工程监测技术规范》（GB 50497—2009）控制，但在建筑边坡工程中《建筑边坡工程技术规范》（GB 50330—2013）、《建筑边坡工程鉴定与加固技术规范》（GB 50843—2013）均未准确回答此问题，且对施工单位如何操作或控制无明确规定。

（6）监测项目的警戒值

1）报警值应由边坡支护方案确定，并符合《建筑基坑工程监测技术规范》（GB 50497—2009）的要求。

2）由设计定，但应根据周边环境情况不同有所差别。

3）由设计计算或按《建筑基坑工程监测技术规范》（GB 50497—2009）的规定，根据不同的边坡安全等级确定。

4）满足现行的有关规范、规程的要求。

5）宜根据边坡支挡结构的高度、周边环境的限值要求确定。

6）原则上由边坡支护设计单位给出，应给出累计值和速率值，以速率值为主。

7）由设计图纸的监测项目的警戒值确定。

8）按设计要求确定。

9）根据规范确定。

10）边坡工程及支护结构变形值的大小与边坡高度、地质条件、水文条件、支护类型、坡顶荷载等多种因素有关，报警值的确定需考虑边坡类型、安全等级及被保护对象对变形的敏感程度等因素。工程实践中可根据地区经验，采取工程类比的方法确定。

11）未给答案。

12）设计单位提供。

13）由设计单位确定。

14）根据边坡的等级确定。

调查本问题时，《建筑边坡工程技术规范》（GB 50330—2013）、《建筑边坡工程鉴定与加固技术规范》（GB 50843—2013）还未完全开始实施，因此，施工单位的答案能较客观地反映目前建筑边坡工程施工管理的实际情况，多数单位意见是一致的，监测项目的警戒值应由设计单位确定。

（7）监测内容的信息管理、反馈制度及应急预案的启动

1）现场监测后次日出快报，若现场监测发现变形异常应当场或当天通知建设、监理、施工方。

2）未给答案。

3）业主每次收到监测报告应及时反馈给设计、施工单位；达到警戒值时即启动应急预案。

4）编制监测方案，其内容包括监测内容的信息管理、反馈及应急预案等。

5）由第三方监测单位负责整理监测数据并定期上报业主；应急预案由业主、设计单位、施工单位联合制定，监测报警值由设计单位负责确定。

6）监测数据管理和反馈分为常规监测阶段、应急抢险阶段。常规监测阶段应由第三方检测单位复核盖章后送达各相关主体。应急抢险阶段：监测人员现场复核数据，签字后报送抢险指挥部。后期补盖章。应急预案启动应在监测数据达到预警或突发险情时启动。

7）由设计图纸的监测项目的警戒值确定。

8）全过程采用动态设计法、信息化施工，发现异常，各方要及时反馈和提供有关资料以供设计变更。

9）监测单位在监测完后按约定时间反馈，施工单位应提前准备应急预案。

10）坚持信息化施工，针对现场情况采取相应处理措施，加强变形监测，安排专人昼夜值班，24 小时观察边坡周边变形情况，发现异常应及时汇报，并启动应急措施。

11）由施工单位的生产经理负责。

12）施工前将监测内容纳入施工方案，制定可能发生的破坏模式的应急预案。并将异常数据反馈设计单位。

13）事先根据设计并结合实际情况，对可能出现的各种边坡破坏，监理给出应急预案。

14）动态信息化施工管理。

此问题的回答反映了大多数施工单位在使用边坡工程监测数据时，对其作用和要求等方面的认识不足，安全生产意识不到位，反映出建筑边坡工程实际施工存在一定的安全生产隐患。

（8）监测记录的归档及有效性核查

1）核查监测快报的及时性，抽查现场巡视记录。

2）未给答案。

3）监测记录应归档永久保存。

4）应及时归档并核查其有效。

5）监测记录定期上报业主，由业主负责保管并归档。

6）监测记录原则上由第三方检测单位按照自己的管理体系进行严格管理，测量人员资质、仪器设备校准证书可以向委托单位提供备案。

7）每天监测当日汇报。

8）未给答案。

9）由监理根据城建管理档案要求完成。

10）每次监测都应形成监测报告，内容应包含监测技术方案、现场监测情况、监测结果及对监测结果的分析，监测报告应及时提交，方便建设、设计及监理单位的查阅，监测过程完毕后，汇总所有的监测报告并及时归档方便核查。

11）由施工单位的资料员具体负责，技术负责人负责管理。

12）施工单位在竣工时移交监测记录，监理单位及业主核查有效性。

13）由监理单位进行核查。

14）监测报告每月提交一次，全部监测结束后提交监测总结报告。

此问题的回答反映了大多数施工单位在边坡工程监测数据归档、监测数据的重要性认识不足，反映出建筑边坡工程施工单位资料管理上存在漏洞。

（9）其他建议

1）建议不采用《建筑基坑工程监测技术规范》（GB 50497—2009）表 4.2.1 中内力、压力的监测内容，支护方案、监测方案、合同约定的除外。

2）建议明确施工单位自行监测的内容，其监测内容应与第三方监测有较大区别，应考虑施工企业的人员、技术、设备等条件，设定易于实际执行的监测内容，避免相对严苛的监测要求流于形式。对第三方监测的内容、频次、报告（包括临时报告的即时性）等加强监管。

3）监测应由业主委托的第三方单位负责。

4）应强制监测在验收中的地位，对监测单位和人员资质进行严格管理。

注：其余单位未提具体建议。

由于调查样本不多，但根据上述 8 个问题 1 个建议的调查仍然可以反映出建筑边坡工程监测方面存在诸多问题，概括如下：监测的目的和作用不是为施工质量验收服务的，而是为建筑边坡工程是否安全服务的。边坡工程巡视检查的项目缺少指导性文件，施工单位难以把握。边坡工程监测的内容应由设计确定，施工单位无法把握。边坡工程应力监测不归由施工单位完成，应由第三方检测机构完成。边坡工程监测的时间和频次如何控制目前无法细化、有效和科学地解决。边坡工程监测项目的警戒值应由设计单位确定，其他单位难以控制。大多数施工单位在边坡工程监测数据使用方面认识不足，安全生产意识不到位，反映出建筑边坡工程安全生产存在隐患；大多数施工单位对边坡工程监测数据归档、监测数据的重要性认识不足，反映出建筑边坡工程施工单位资料管理上存在漏洞。

对建筑边坡工程监测的建议归纳为：明确施工单位自行监测的项目和内容，其监测内容应与第三方监测有一定区别，应考虑施工企业的人员、技术、设备等条件，设定易于实际执行的监测项目和内容,避免相对严苛的监测要求流于形式。对第三方监测的内容、频次、报告(包括临时报告的即时性)等加强监管。

在对施工单位对建筑边坡工程监测如何管理调查的基础上,还向有关专家进行了咨询。统一意见后认为建筑边坡工程施工质量验收不是建筑边坡工程验收,因此,建筑边坡工程监测问题应在其他专业性规范中解决,不宜作为施工质量验收的内容。

18.3.2 建筑边坡工程施工现场施工与管理

建设单位应按建筑法有关规定,办理完成相应的有关手续,如具有土地使用证、有规划部门批准使用的用地手续、相应建筑规划审批图等。施工单位应具备相应的施工资质,在施工单位开始施工前,建筑边坡工程应具备下列资料:(1)完整的岩土工程勘察文件;(2)邻近建(构)筑物和地下设施类型、分布及结构质量情况;(3)完整的工程设计图纸、设计要求及需达到的标准、检验要求。

建筑边坡工程的施工必须具备上述基础资料,预防野蛮施工,破坏地质和生态环境。此外,当施工期间发生建筑边坡工程事故时,为区分事故责任,防止参与各方相互推卸责任,以至造成更大的经济和财产损失,同时为明确工程施工质量合格标准、检验方法和手段,也需要上述资料。

建筑边坡工程主要有两种施工方法:正作法和逆作法施工。正作法施工是指建筑边坡一次完成全部切坡工作后,再由下至上完成支护结构和构件的施工;逆作法施工通俗地讲就是由上至下完成建筑边坡支护结构或构件的施工,特别是对高度较大、地质条件和地质环境复杂的建筑边坡工程通常均应采用逆作法施工,逆作法施工分阶高度一般为 3~5m,特殊条件下分阶高度可为 1.5m。当设计单位要求建筑边坡工程按逆作法施工时,施工单位应严格按逆作法要求施工,否则,施工中出现建筑边坡垮塌事故时,施工单位可能将承担全部责任。

建筑边坡工程施工现场质量管理应有相应的施工技术标准、健全的质量管理体系、施工质量控制和质量检验制度。

建筑边坡工程施工项目应有施工组织设计和施工技术方案,并经审查批准。

施工单位应推行生产控制和合格控制的全过程质量控制。对施工现场质量管理,要求有相应的施工技术标准、健全的质量管理体系、施工质量控制和质量检验制度;对具体的施工项目,要求有经审查批准的施工组织设计和施工技术方案。上述要求应能在施工过程中有效运行。

施工组织设计方案和施工技术方案应按程序审批,对涉及建筑边坡安全和人身安全的内容,应有明确的规定和相应的措施,当建筑边坡工程施工存在较大的风险源时,应按国家有关行政主管部门颁布的有关法律、法规及规定等文件要求,编制安全施工专项方案,该方案除应经过有关单位审核外,还应经专家组评审;安全施工专项方案经专家组评审通过后,施工单位应按专家组提出的修改建议进行修改、完善,并按相关程序再次进行内审和外审,核准后报国家有关行政主管部门备案。

18.3.3 建筑边坡工程施工勘察及验槽

建筑边坡工程实施动态设计、信息法施工。由于建筑边坡工程的隐蔽性、变异性和不确定性,实际施工中,若发现现场实际情况与工程地质勘察资料或设计要求不符时,应及时向业主、监理、勘察和设计单位汇报,并做出相应处理,当地质勘察资料数据与实际工程地质条件差异过大时，应开展建筑边坡工程施工勘察工作。

遇到下列情况之一时应进行专门的施工勘察：（1）工程地质条件复杂，详勘阶段难以查清时；（2）开挖基槽发现土质、土层结构与勘察资料不符时；（3）施工中边坡失稳，需查明原因，进行观察处理时；（4）施工中土基受扰动需查明其性状及工程性质时；（5）为地基处理需进一步提供勘察资料时；（6）有特殊要求或在施工时出现新的岩土工程地质问题时。

天然地基基础基槽或坡体检验要点为：

（1）基槽或坡体开挖后应检验下列内容：1）核对基坑或坡体的位置、平面尺寸、坑底标高或坡体标高；2）核对基坑或坡体的土质和地下水情况；3）空穴、古墓、古井、防空掩体及地下埋设物的位置、深度性状。

（2）在遇到下列情况之一时，应在坑底普遍进行轻型动力触探：1）持力层明显不均匀；2）浅部有软弱下卧层；3）有浅埋的空穴、古墓、古井等，直接观察难以发现；4）勘察报告或设计文件规定应进行轻型动力触探。

（3）采用轻型动力触探时，检验深度及间距按表 18-4 执行。

轻型动力触探检验深度及间距表（m）　　　　　　　　表 18-4

排列方式	基槽宽度	检验深度	检验间距
中心一排	<0.8	1.2	
两排错开	0.8~2.0	1.5	1.0~1.5 m 视地层复杂情况定
梅花形	>2.0	2.1	

（4）在遇到下列情况之一时，可不进行轻型动力触探：1）基坑深处有承压水，触探可造成冒水涌砂时；2）持力层为砾石层或卵石层，且其厚度符合设计要求时。

（5）岩石的坚硬程度和完整性按表 18-5、表 18-6 划分。

岩石坚硬程度的定性划分　　　　　　　　表 18-5

名称		定性鉴定	代表性岩石
硬质岩	坚硬岩	锤击声清脆,有回弹,振手,难击碎,基本无吸水反应	未风化-未风化的花岗岩、闪长岩、辉绿岩、玄武岩、安山岩、片麻岩、石英岩、硅质砾岩、石英砂岩、硅质石灰岩等
	较硬岩	锤击声较清脆,有轻微回弹,稍振手,较难击碎,有轻微吸水反应	(1)微风化的坚硬岩; (2)未风化-微风化的大理石、板岩、石灰岩、白云岩、钙质砂岩等
软质岩	较软岩	锤击声不清脆,无回弹,较易击碎,浸水后指甲可刻出痕迹	(1)中等风化-强风化的坚硬岩或较硬岩; (2)未风化-微风化的凝灰岩、千枚岩、砂质泥岩、泥灰岩等
	软岩	锤击声哑,无回弹,有凹痕,易击碎,浸水后手可掰开	(1)强风化的坚硬岩和较硬岩; (2)中等风化-强风化的较软岩; (3)未风化-微风化的页岩、泥质砂岩、泥岩等
极软岩		锤击声哑,无回弹,有较深凹痕,手可捏碎,浸水后可捏成团	(1)全风化的各种岩石; (2)各种半成岩

岩体完整性应根据其完整性指数划分为：完整、较完整、较破碎、破碎和极破碎。

岩体完整程度划分　　　　　　　　　　　表 18-6

名称	结构面组数	控制结构面平均间距(m)	代表性结构面类型
完整	1～2	>1.0	整状结构
较完整	2～3	0.4～1.0	块状结构
较破碎	>3	0.2～0.4	镶嵌结构
破碎	>3	<0.2	破裂状结构
极破碎	无序	—	散体状结构

（6）基槽或坡体检验应填写检验记录或检验报告。

深基础施工勘察要点为：1）当预制桩、静力压桩或锤击沉管灌注桩的入土深度与勘察资料不符或对桩端下卧层有怀疑时，应核查桩端下主要受力层范围内的标准贯入击数和岩土工程性质。2）在单桩的大直径桩施工中，如发现地层变化异常或怀疑持力层可能存在破碎带或溶洞等情况时，应对其分布、性质、程度进行核查，评价其对工程安全的影响程度。3）人工挖孔混凝土灌注桩应逐孔进行持力层岩土性质的描述及鉴别，当发现与勘察资料不符时，应对异常之处进行施工勘察，重新评价，并提供处理的技术措施。

地基处理工程施工勘察要点为：1）根据地基处理方案，对勘察资料中场地工程地质及水文地质条件进行核查和补充，对详勘阶段遗留问题或地基处理设计中的特殊要求进行有针对性的勘察，提供地基处理所需的岩土工程设计参数，评价现场施工条件及施工对环境的影响。2）当地基处理施工中发生异常现象时，进行施工勘察，查明原因，为调整、变更设计方案提供岩土工程设计参数，并提供处理的技术措施。

施工勘察报告应包括的主要内容为：1）工程概况；2）目的和要求；3）原因分析；4）工程安全性评价；5）处理措施和建议。

18.3.4　单位工程、分部工程和分项工程的划分

建筑边坡工程根据其建设时间、建设外部条件及环境、建设规模及用途，建筑边坡工程可分别按单位工程（子单位工程）、分部工程（子分部工程）及分项工程进行验收。

单位工程的划分原则为：（1）具备独立的施工条件并能形成独立的使用功能的建筑物及构筑物；（2）建筑物或构筑物规模较大的单位工程，可将其能形成独立使用功能的部分划分为一个子单位工程。

例如，在未校验土地前为商业地块平整场地时修建的建筑边坡工程，此时，建筑边坡工程为单位工程，当边坡工程复杂，各施工段相对独立时，可将各施工段的建筑边坡工程作为子单位工程。

当建筑边坡工程作为建筑物的附属工程时，可根据其建设时间、建设外部条件及环境、建设规模将建筑边坡工程作为分部工程进行验收；在分部工程中根据边坡支护结构类型的不同，还可将锚杆（索）挡墙、锚喷支护、重力式挡墙、扶壁式挡墙、悬臂式（或锚拉式）抗滑桩、桩板式挡墙等作为分部（子分部）工程验收。

分部工程的划分原则为：（1）分部工程的划分应按专业性质、建筑部位确定。（2）当分部工程较大或较为复杂时，可按材料种类、施工特点、施工顺序、专业系统及类别等划

分为若干子分部工程。

分项工程应按主要工种、材料、施工工艺、设备类别等进行划分；分项工程可由一个或若干检验批组成，检验批可根据施工质量控制和专业验收需要按楼层、施工段、变形缝等进行划分。

对建筑边坡子分部工程可划分为：地基基础、钢筋、混凝土、锚杆、桩、挡墙等分项工程。

各分项工程可根据与施工方式相一致且便于控制施工质量的原则，按支护类型、施工缝或施工段划分为若干检验批。

"施工缝"系指为避免温度膨胀、地基不均匀沉降等非直接荷载作用引起的支护结构损伤而设置的分隔缝。

检验批是工程质量验收的基本单元。检验批通常按下列原则划分：（1）检验批内施工质量均匀一致，抽样应符合随机性和真实性原则。（2）贯彻信息施工法的原则，按施工次序、便于质量验收和控制关键工序质量的需要划分检验批。

将建筑边坡工程合理地划分成单位工程（子单位工程）、分部工程（子分部工程）及分项工程有利于施工质量的检查与验收。在分部、分项工程划分时不同的划分方法在理解上可能产生交叉，如按支护结构材料类型和属性划分的分部、分项工程见表 18-7，按支护结构类型和功能划分的分部、分项工程见表 18-8。

建筑边坡工程分部工程、分项工程的划分（1）　　　　　　表 18-7

分部工程	子分部工程	分项工程
地基与基础	挖方边坡	土方开挖、石方开挖
	填方边坡	土方回填
	地基	土质地基、岩质地基、人工地基
	基础	无筋扩展基础、钢筋混凝土扩展基础、桩基础
支护结构	重力式挡墙	石砌体、砖砌体、砌块砌体、钢筋、模板、混凝土、预应力、现浇结构、装配式结构
	扶壁式和悬臂式挡墙	钢筋、模板、混凝土、预应力、现浇结构、装配式结构
	锚杆挡墙	锚杆、喷射混凝土、钢筋、模板、混凝土、预应力、现浇结构、装配式结构
	桩板挡墙	支护桩、喷射混凝土、锚杆、钢筋、模板、混凝土、预应力、喷射混凝土、现浇结构、装配式结构
坡面防护与绿化	坡面防护	锚杆、钢筋、模板、混凝土、预应力、喷射混凝土、现浇结构、装配式结构、石砌体、砖砌体、砌块砌体、护栏
	坡面绿化	土质、苗木、养护
边坡工程排水	坡面排水	排水沟、截水沟、排水孔、泄水孔、排水管
	地下排水	仰斜式泄水孔、盲沟、排水洞

注：1. 人工地基的划分应按现行国家标准《建筑工程施工质量验收统一标准》（GB 50300—2013）和《建筑地基基础工程施工质量验收规范》（GB 50202—2002）的有关规定执行。

2. 当采用新工艺、新结构时，分部、分项工程的划分应进行专项研究。

3. 同一类型的边坡及支护结构存在于不同部位，宜按部位划分子分部工程。

4. 当边坡工程为建筑工程中地基与基础的子分部工程时，边坡工程划分可按现行国家标准《建筑工程施工质量验收统一标准》（GB 50300—2013）的有关规定进行划分。

建筑边坡工程分部工程、分项工程的划分 (2)　　　表 18-8

分部工程	子分部工程	分项工程
挖填方边坡	挖方边坡	土质挖方边坡、岩质挖方边坡
	填方边坡	填方边坡
	边坡工程排水	排水沟、截水沟、排水孔、泄水孔、排水管、仰斜式泄水孔、盲沟、排水洞
	坡面防护与绿化	锚杆工程、石砌体防护工程、砖砌体防护工程、砌块砌体防护工程、素混凝土、砂浆防护工程、钢筋工程、模板工程、现浇混凝土工程、装配式防护工程、坡面绿化、护栏
锚杆挡墙	边坡开挖与填筑	土方开挖、石方开挖、墙背填筑
	边坡支护	锚杆工程、预应力锚杆工程、钢筋工程、模板工程、现浇混凝土工程
	边坡工程排水	排水沟、截水沟、排水孔、泄水孔、排水管、仰斜式泄水孔、盲沟、排水洞
	坡面防护与绿化	石砌体防护工程、砖砌体防护工程、砌块砌体防护工程、素混凝土、砂浆防护工程、钢筋工程、模板工程、现浇混凝土工程、装配式防护工程、坡面绿化、护栏
重力式挡墙	边坡开挖与填筑	土方开挖、石方开挖、墙背填筑
	地基与基础	土质地基、岩质地基、人工地基、无筋扩展基础、钢筋混凝土扩展基础、桩基础
	边坡支护	锚杆工程、预应力锚杆工程、石砌体工程、砖砌体工程、砌块砌体工程、素混凝土工程、钢筋工程、模板工程、现浇混凝土工程、装配式结构工程
	边坡工程排水	坡面排水工程、地下排水工程
	坡面防护与绿化	石砌体防护工程、砖砌体工程、砌块砌体防护工程、素混凝土、砂浆防护工程、钢筋工程、模板工程、现浇混凝土工程、装配式防护工程、坡面绿化、护栏
悬臂式挡墙和扶壁式挡墙	边坡开挖与填筑	土方开挖、石方开挖、墙背填筑
	地基与基础	土质地基、岩质地基、人工地基、无筋扩展基础、钢筋混凝土扩展基础、桩基础
	边坡支护	模板工程、钢筋工程、现浇混凝土工程
	边坡工程排水	坡面排水工程、地下排水工程
	坡面防护与绿化	石砌体防护工程、砖砌体工程、砌块砌体防护工程、素混凝土、砂浆防护工程、钢筋工程、模板工程、现浇混凝土工程、装配式防护工程、坡面绿化、护栏
桩板挡墙	边坡开挖与填筑	土方开挖、石方开挖、墙背填筑
	地基与基础	土质地基、岩质地基、人工地基、桩
	边坡支护	抗滑桩、锚杆工程、预应力锚杆工程、石砌体工程、砖砌体工程、砌块砌体工程、素混凝土工程、钢筋工程、模板工程、现浇混凝土工程、装配式结构工程
	坡面防护与绿化	石砌体防护工程、砖砌体防护工程、砌块砌体防护工程、素混凝土、砂浆防护工程、钢筋工程、模板工程、现浇混凝土工程、装配式防护工程、坡面绿化、护栏
锚喷支护	边坡开挖与填筑	土方开挖、石方开挖、墙背填筑
	边坡支护	锚杆工程、预应力锚杆工程、喷射混凝土工程
	边坡工程排水	排水沟、截水沟、排水孔、泄水孔、排水管、仰斜式泄水孔、盲沟、排水洞
	坡面防护与绿化	素混凝土、砂浆防护工程、坡面绿化、护栏

注：1. 当采用新工艺、新结构时，分部、分项工程的划分应进行专项研究。

2. 同一类型的边坡及支护结构存在于不同部位，宜按部位划分子分部工程。

3. 当边坡工程为建筑工程中地基与基础的子分部工程时，边坡工程划分可按现行国家标准《建筑工程施工质量验收统一标准》(GB 50300—2013) 的有关规定划分。

18.3.5 建筑边坡工程检验批、分项工程、分部工程及单位工程验收与记录

检验批的检查层次为：生产班组自检、交接检；施工单位的质量检验部门的专业检查和评定；监理单位（建设单位）组织的检验批验收。对施工质量有怀疑的检测项目，宜按《建筑结构检测技术标准》（GB/T 50344—2004）第3章的有关规定进行抽样检测。

检验批的质量验收应包括如下内容：（1）实物检查按下列方式进行：1）对原材料、构配件和器具等产品的进场复检，应按进场的批次和产品的抽样方案进行。2）对砂浆强度、混凝土强度、预制构件结构性能等，应按国家现行有关标准和本规范规定的抽样检验方案进行检验。3）对采用计数检验的项目，应按抽查总点数的合格点数进行检查。（2）资料检查：包括原材料、构配件和器具等的产品合格证（中文质量合格证明文件、规格、型号和性能检测报告等）及进场复检报告、施工过程中重要的工序的自检和交接检记录、抽样检验报告、见证检测报告、隐蔽验收记录等。

检验批质量合格标准为：（1）主控项目的质量经抽样检验合格。（2）一般项目的质量经抽样检验合格；当采用计数检验时，除有专门要求外，一般项目的合格点率应达到80%以上。（3）具有完整的施工操作依据和质量验收记录。（4）对验收合格的检验批，宜做出合格标志。

检验批的质量合格主要取决于主控项目和一般项目的检验结果，主控项目和一般项目的质量经抽样检验均应为合格。主控项目是对检验批的基本质量起决定性影响的检测项目，这种项目的检测结果具有否决权。由于主控项目对工程质量起重要作用，从严要求是必须的。

分项工程的质量验收应在所含检验批验收合格的基础上进行质量验收记录检查，其合格标准为：（1）分项工程所包含的检验批质量均应符合合格标准。（2）分项工程所含的检验批的质量验收记录应完整。

分部工程的质量验收应在所含分项工程验收合格的基础上进行，其合格标准为：（1）分部工程所包含的分项工程质量均应验收合格。（2）质量控制资料完整。（3）地基与基础、支护结构等分部工程有关安全及功能的检验和抽样检测结果应符合国家现行有关标准的规定。（4）感观质量验收应符合国家现行有关标准的规定。

单位（子单位）工程质量合格标准为：（1）单位（子单位）工程所包含的分部（子分部）工程质量均应验收合格。（2）质量控制资料应完整。（3）单位（子单位）工程所含分部工程有关安全和功能的检测资料应完整。（4）感观质量验收应符合国家现行有关标准的规定。

国家现行有关规范明确规定：施工过程中出现异常情况时，应停止施工，由监理或建设单位组织勘察、设计、施工等有关单位共同分析情况，解决问题，消除质量隐患，并形成文件资料。其中，施工过程中出现工程质量不符合要求，就是异常情况之一，即当建筑边坡工程施工质量不符合设计或国家现行相关规范要求时，应按以下要求进行处理：（1）经返工重做或更换器具、设备的检验批，应重新进行验收。（2）经有资质的检测单位检测鉴定能够达到设计要求的检验批，应予以验收。（3）经有资质的检测单位检测鉴定达不到设计要求、但经原设计单位核算认可能够满足结构安全或使用功能的检验批，可予以验收。（4）经返修或加固处理的分项、分部工程，虽然改变外形尺寸但仍然满足安全使用要求，可按技术处理方案和协商文件进行验收。（5）通过返修或加固处理仍不能满足安全使用要求的分部工程、单位（子单位）工程，严禁验收。

　　根据控制关键工序质量的要求，前项工序施工质量未验收，应严禁进行下一工序的施工。当发生前项分项工程未验收，而已经进行了下一项分项工程的施工时，应请有检测、鉴定资质的检测机构采取有效的检测手段和方法，确认前一工序的施工质量，但不能替代其他相关单位应该完成的相应工作。

　　分部（子分部）工程质量验收时，除所含分项工程均验收合格外，尚应对涉及结构安全的材料、试件、施工工艺和结构的重要部位进行见证检测或结构实体检验，以确保支护结构的安全；同时应对质量控制资料进行检查、对感观质量进行验收。对施工工艺的见证检测，系指根据工程质量控制的需要，在施工期间由参与验收的各方在现场对施工工艺进行的检测，如锚杆抗拔性能检测。本条规定的子分部工程验收内容中，见证检测和结构实体检验可以在检验批或分项工程验收的相应阶段内进行。

　　根据有关规定和工程合同的约定，对工程质量起重要作用或有争议的检测项目，应由各方参与进行见证检测，以确保施工过程中的关键质量得到控制。当请第三方检测机构对主控项目的施工质量进行检测鉴定时，宜使参与各方共同委托具体的检测鉴定项目。

　　检验批、分项工程、（子）分部工程和单位工程的质量验收可按表 18-9～表 18-12 进行记录。

检验批质量验收记录　　　　　　　　　　　　　　　　　表 18-9

边坡工程名称			分项工程名称				验收部位			
施工单位			专业工长				项目经理			
分包单位			分包项目经理				施工班组长			
施工执行标准名称及编号										
检查项目		质量验收规范的规定	施工单位检查评定记录							监理（建设）单位验收记录
主控项目	1									
	2									
	3									
	4									
	5									
一般项目	1									
	2									
	3									
	4									
	5									
施工单位检查评定结果		项目专业质量检查员　　　　　年　　月　　日								
监理（建设）单位验收结论		监理工程师（建设单位项目专业技术负责人）　　　年　　月　　日								

分项工程质量验收记录   表 18-10

边坡工程名称		支护结构类型		检验批数	
施工单位		项目经理		项目技术负责人	
分包单位		分包单位负责人		分包项目经理	
序号		施工单位检查评定结果		监理(建设)单位验收结论	
1					
2					
3					
4					
5					
6					
7					
8					
检查结论	项目专业技术负责人 年 月 日		验收结论	监理工程师 (建设单位项目专业技术负责人) 年 月 日	

边坡工程分部(子分部)工程质量验收记录   表 18-11

边坡工程名称		支护结构类型		施工段	
施工单位		技术部门负责人		质量部门负责人	
分包单位		分包单位负责人		分包技术负责人	

序号	分项工程名称	检验批数	施工单位检查评定	验收意见
1				
2				
3				
4				
5				
质量控制资料				
边坡实体检验报告				
感观质量验收				
验收单位	分包单位		项目经理	年 月 日
	施工单位		项目经理	年 月 日
	勘察单位		项目负责人	年 月 日
	设计单位		项目负责人	年 月 日
	监理(建设)单位	总监理工程师 (建设单位项目专业技术负责人) 年 月 日		

单位工程质量验收记录

表 18-12

工程名称		边坡类型		边坡高度/面积	
施工单位		技术负责人		开工日期	
项目负责人		项目技术负责人		完工日期	

序号	项目	验收记录	验收结论
1	分部工程验收	共　分部,经查符合设计 及标准规定　分部	
2	质量资料控制核查	共　项,经核查符合规定　项	
3	安全和使用功能 核查及抽查结果	共核查　项,符合规定　项 共抽查　项,符合规定　项 经返工处理符合规定　项	
4	感官质量验收	共抽查　项,达到"好"和"一般"的 项,经返修处理符合规定的　项	
综合验收结论			

参加验收单位	建设单位	监理单位	施工单位	设计单位	勘察单位
	(公章)	(公章)	(公章)	(公章)	(公章)
	项目负责人: 　年　月　日	总监理工程师: 　年　月　日	项目负责人: 　年　月　日	项目负责人: 　年　月　日	项目负责人: 　年　月　日

18.3.6　检验批、分项工程、分部工程及单位工程验收程序

根据《建筑工程施工质量验收统一标准》(GB 50300—2013)的规定:

(1)检验批及分项工程应由监理工程师(建设单位项目技术负责人)组织施工单位项目专业(技术)负责人等进行验收。

(2)分部工程应由总监理工程师(建设单位项目负责人)组织施工单位项目负责人和技术、质量负责人等进行验收;地基与基础、主体结构分部工程的勘察、设计单位工程项目负责人和施工单位技术、质量部门负责人也应参加相关分部工程验收。

(3)单位工程验收应符合如下规定:

1)单位工程完工后,施工单位应自行组织有关人员进行检验评定,并向建设单位提交工程验收报告。

2)建设单位收到工程验收报告后,应由建设单位(项目)负责人组织施工单位(含分包单位)、设计、监理等单位(项目)负责人进行单位(子单位)工程验收。

3)单位工程有分包单位时,分包单位对所承包的工程项目应按《建筑工程施工质量验收统一标准》(GB 50300—2013)规定的程序检查评定,总包单位应派人参加。分包工程完成后,应将工程有关资料交总包单位。

4)当参加验收各方对工程质量验收意见不一致时,可请当地建设行政主管部门或工程质量监督机构协调处理。

5)单位工程验收合格后,建设单位应在规定时间内将工程竣工验收报告和有关文件,

报建设行政管理部门备案。

18.3.7 建筑边坡工程地基基础施工质量验收

根据《建筑边坡工程施工质量验收规范》（DBJ/T 50-100—2010）及国家现行有关规范规定，建筑边坡工程地基基础施工质量的基本要求是：（1）砂、石子、水泥、钢材、石灰、粉煤灰、砌块等原材料的质量、检验项目、批量和检验方法，应符合国家现行标准的规定，检测结果应符合合格要求。（2）边坡地基一般项目抽检数量应不少于10%，对复合地基中的水泥土搅拌桩、高压喷射注浆桩、振冲桩、土和灰土挤密桩、水泥粉煤灰碎石桩及夯实水泥土桩抽查数量不应少于20%［指一般项目，同《建筑地基基础工程施工质量验收规范》（GB 50202—2002）中的第4.1.7条］，此类复合地基中的桩是主要施工对象，具体应用时其检验方法应按《建筑地基基础工程施工质量验收规范》（GB 50202—2002）的有关规定执行。（3）基槽（坑）开挖后，应进行基槽检验。基槽检验可用触探或其他方法，当发现与勘察报告和设计文件不一致、或遇到异常现象时，应与勘察、设计单位协商并结合地质条件提出处理意见。

地基承载力应满足设计要求。对土质地基和破碎、极破碎的岩石地基，宜采用平板载荷试验进行检验。检验数量为每一结构单元下不应少于1点，基槽每20m不应少于1点，且检验总点数不应少于3点。检验方法为现场检查或检查检验报告。当为平板载荷试验时，不应少于3点；有条件时，试验数量宜为6个。现场检查应由工程地质勘察等相关单位共同参与，根据地质勘察报告和现场观察确认地基是否满足设计要求，并做好隐蔽工程验收记录。

对岩石地基，可通过检验岩石天然或饱和单轴抗压强度检验地基承载力。检验数量为单项工程同一岩性试样数量不应少于1组。对锚杆工程，检测数量为锚杆总数的3%，且不应少于6根。对大直径桩每桩应单独验收，单桩试样数量不应少于1组；且应根据岩性检验桩底下3d或5m深度范围内有无空洞、破碎带、软弱夹层等不良地质现象。检验方法为检查检验报告。

对压实填土的压实系数应按国家现行相关标准规定的方法检测，压实系数应满足设计要求。检验数量为每400m² 试验数量不应少于1点，且检验总数量不应少于6点。检验方法为检查检验报告。

对重力式挡土墙等形式的建筑边坡支护结构，地基与基础间的摩擦系数关系到支护结构的抗滑稳定性问题，当缺少相应的试验数据时，应按国家现行相关规范进行现场检测，当检测数据说明地基与基础间的摩擦系数不能满足设计要求时，应将相关检测数据及时告知设计单位，并应采取适当的补救措施；对建筑边坡工程地基与基础间的摩擦系数的具体要求是：地基与基础间的摩擦系数应满足设计要求；检验数量为每20 m不宜少于1点，且检验总数量不应少于3点；检验方法为检查检验报告或地质勘察报告。

地基加固后其承载力或相关技术参数必须满足设计要求；检验数量为每150m² 试验数量不应少于1点，且检验总数量不应少于6点；检验方法为检查检验报告。注意对按设计要求级配回填和乱抛填的压实土地基，除应做现场载荷试验检验地基承载力外，尚应检验地基土的变形（或压缩）模量，荷载板的面积不应小于0.5m²。

压实材料的密实性和有机质含量应满足设计和国家现行相关标准要求；检验数量应按批抽检；检验方法为检查材料合格证或检验报告。

　　压实地基与基础间的摩擦系数应满足设计要求；检验数量为每 20 m 不应少于 1 点，且检验总数量不应少于 3 点；检验方法为检查检验报告或地质勘察报告。

　　复合桩地基承载力应满足设计要求；检验数量为总桩数的 1‰，且不应少于 3 根；检验方法为检查检验报告。检测方法按《建筑地基处理技术规范》（JGJ 79—2012）的有关规定执行。

　　桩位、桩长和桩垂直度偏差应符合表 18-13 的要求。检验数量为全数检查；检验方法为检查施工记录。

桩位、桩长和桩垂直度允许偏差　　　　　　　　　　　　表 18-13

指标	桩位	桩长	桩垂直度
允许偏差	80mm	+100mm	<1%

　　填桩材料的密实性和有机质含量应满足设计和国家现行相关标准要求；检验数量为按批抽检；检验方法为检查材料合格证或检验报告。有机质含量的检测可按《土工试验方法标准》（GB/T 50123—1999）中的规定执行。

　　复合地基与基础间的摩擦系数应满足设计要求；检验数量为每 20 m 不应少于 1 点，且检验总数量不应少于 3 点；检验方法为检查检验报告或地质勘察报告。

　　建筑边坡工程墙后填土对建筑边坡安全性有重要作用，应严格控制墙后填土质量，具体要求如下：

　　（1）填土重度、内摩擦角和黏聚力应符合设计要求；检验数量为每 100m² 或每 20m 抽测 1 点，且检验总数量不应少于 3 点；检验方法为检查检验报告。

　　（2）压实填土的压实系数应符合设计要求；检验数量为每层每 100m² 抽测 1 点，且检验总数量不应少于 3 点；检验方法为检查检验报告。

　　（3）土方回填前应清除回填范围内的垃圾、树根等杂物，清除坑内积水、淤泥，验收基底（标高）。

　　（4）严禁采用膨胀土、冻土、高液限黏土、腐殖土、淤泥等不良填料。填土有机质含量不应超过设计值。检验数量为每 100m² 抽测 1 点，且检验总数量不应少于 3 点。检验方法为检查检验报告或直观鉴别。

　　（5）墙后排水做法应符合设计要求。检验数量为全数检验。检验方法为检查施工记录和直观鉴别。

　　应当注意的是挡土墙背后排水做法若不能有效发挥作用，将使墙后土体内由于各种原因产生的来水不能及时排出，滞留水将对挡土墙产生外部作用，长期滞留水对挡土墙的安全性将产生不利作用；同时挡土墙后来水的无规则排放，将影响墙面的美观，对混凝土中的钢筋可能产生腐蚀作用，因此，挡土墙背后排水做法应满足设计要求。

　　重力式挡土墙所包含的类型较多，如条石砌筑的重力式挡土墙、衡重式挡土墙，素混凝土砌筑的重力式挡土墙、衡重式挡土墙、悬臂式挡土墙、扶比式挡土墙等；其基础施工质量要求基本相同，具体要求如下：

　　（1）挡土墙基础埋深应满足设计要求。检验数量为每一相邻变形缝段，不超过 20m 抽检 1 点，且检验总数量不应少于 3 点。检验方法为检查施工记录或检验报告；当对挡土墙基础埋深有怀疑时，可采用探坑或探孔进行实体抽检，探坑总数量不宜少于 3 处。

（2）挡土墙基础砌筑砂浆的抗压强度应满足设计要求。检验数量为同一配合比砂浆，每 $50m^3$ 砌体中，不应少于 1 组，不足 $50m^3$ 按 1 组计。检验方法为检查检验报告。

（3）挡土墙基础的砌块、石料强度应符合本设计要求。

（4）挡土墙基础的混凝土强度等级，钢筋类别、品种、数量应满足设计要求。检验数量为按批抽检。检验方法为检查检验报告。

（5）挡土墙基础基底倾斜量应满足设计要求。检验数量为每一相邻变形缝段，不超过 20m 抽检 1 处，且检验总数量不应少于 3 处。检验方法为检查施工记录或检验报告。当采用探坑或探孔实体抽检时，探坑或探孔总数量不宜少于 3 处。

（6）挡土墙基础钢筋的混凝土保护层厚度应满足设计要求。检验数量为每一相邻变形缝段，不超过 20m 抽检 1 点，且检验总数量不应少于 3 点。检验方法为检查施工记录或检验报告。

（7）挡土墙基础截面尺寸、钢筋安装允许偏差应满足《混凝土结构工程施工质量验收规范》（GB 50204—2015）的有关规定。

18.3.8 锚杆（索）施工质量验收

锚杆（索）施工质量验收有如下要求：（1）锚杆（索）工程验收应提交下列文件：1）原材料出厂合格证、材料现场抽样复检报告和代用材料检验报告、锚杆（索）浆体强度等级检验报告；2）锚杆（索）工程施工记录；3）隐蔽工程检查验收记录；4）设计变更文件；5）锚杆（索）验收试验报告；6）工程重大问题处理文件；7）竣工图；8）设计有监测要求时，应提供具有法定资质单位的边坡工程监测报告。（2）对隐蔽工程应进行中间验收。（3）锚杆（索）工程验收应由监理工程师（建设单位项目负责人）组织施工单位项目专业质量（技术）负责人等进行验收。

锚杆（索）工程施工质量检验内容如下：（1）锚杆（索）原材料的质量检验至少包括下列内容：1）原材料出厂合格证；2）材料现场抽样检验报告和代用材料检验报告；3）锚杆（索）浆体强度等级检验报告。（2）锚杆（索）的抗拔性能检测和抽样数量应符合有关检测标准的规定。（3）锚杆（索）的质量检验应符合表 18-14 的规定。

锚杆（索）工程质量检验标准 表 18-14

项目	序号	检查项目		允许偏差或允许值	检验数量	检查方法
主控项目	1	锚杆（索）材料		设计要求	按批抽检	试样送检
	2	锚杆(索)体锚固段长度(mm)		$+100,-30$	全数	用钢尺量
	3	锚杆拉力设计值		设计要求	按规范规定抽样	现场抗拔试验
一般项目	1	锚杆位置(mm)		20	全数	用钢尺量
	2	钻孔倾斜度(°)		± 3	全数	测斜仪等
	3	浆体强度		设计要求	按批抽检	试样送检
	4	注浆量		大于理论计算用浆量	全数	检查计量数据
	5	杆体插入长度	全长粘结型锚杆(索)	不小于设计长度的 95%	全数	用钢尺量
			预应力锚杆(索)	不小于设计长度的 98%		

锚杆（索）验收检测不合格时按下述方式处理：（1）锚杆（索）验收检测不合格时应按锚杆总数的 30% 重新抽检；若再有不合格时应全数进行检测。（2）对不合格的锚杆

（索），在具有二次高压注浆的条件下应进行注浆处理，然后再按验收标准进行检测。否则，应按实际达到的试验荷载最大值的 50% 进行锁定。（3）根据不合格锚杆（索）原因、数量和位置，由有资质的设计单位给出锚杆（索）加固施工图，且应按国家现行规范要求对加固后锚杆（索）进行验收。

对于预应力锚杆，为检验其控制边坡工程变形的效果，应对预应力锚杆预应力锁定荷载进行检验，预应力锚杆锁定荷载检测方法在边坡工程中已有应用，但在新编制的国家、行业标准中对合格标准的确定仍存在争议。目前建议的预应力锚杆锁定荷载检测方法如下：

（1）锚杆锁定荷载检测是对已完成锁定的预应力锚杆采用张拉试验方法得到锚杆的实际工作荷载，以验证锚杆实际锁定荷载是否满足设计要求。

（2）锚杆锁定荷载检测的最大试验荷载为锚杆预应力设计锁定值的 1.2 倍。

（3）试验应分级加载，初始荷载宜为锚杆锁定荷载值的 0.4 倍，之后分级加荷值宜为锚杆锁定荷载的 0.6 倍、0.7 倍、0.8 倍、0.85 倍、0.9 倍、0.95 倍、1.0 倍、1.05 倍、1.1 倍、1.15 倍和 1.2 倍。

（4）锚头位移测读及加卸载应符合下列规定：a）每级加载至荷载稳定后的第 1min、第 5min 测读锚头位移；位移观测期间，应维持荷载变化幅度不应超过分级荷载量的 ±10%。b）最大试验荷载加载结束后，卸荷至锚杆锁定荷载值的 1.05 倍，重新锁定锚具，并测读锚杆锁定后第 5min 锚头位移；再卸载至锚杆锁定荷载值的 0.2 倍，并测读荷载稳定后第 5min 锚头位移。

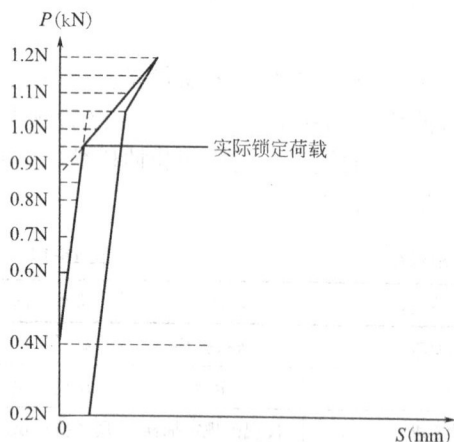

图 18-1　预应力锚杆锁定荷载—位移关系曲线

（5）试验数据的处理应符合下列规定：1）宜按荷载与对应的锚头位移列表整理并绘制荷载—位移（P—S）曲线，如图 18-1 所示。2）取荷载—位移（P—S）曲线上两直线延长线的交叉点所对应的荷载值为锚杆锁定荷载或工作荷载。

（6）实测预应力锚杆锁定值与设计锁定值的偏差为 ±10% 时，预应力锚杆锁定值检验判定为合格。

在锚杆预应力锁定荷载检测时，应注意以下问题：

（1）检测时机的控制：原则上讲在所有锚索锚固段达到设计要求、非锚固段未灌浆条件下，锚索锁定完成，且均留有外露锚索，再随机抽样检测是最合理的。由于边坡工程多数采用逆作法施工，锚杆预应力锁定荷载检验是分批进行的，其分批检验应在预应力锚杆锁定后较短时间内进行检验，且此时下一阶岩土体在未开挖前进行，否则实测预应力锚杆锁定值不符合设计要求很难区别是何原因引起的。

（2）预应力锁定荷载检测的条件：锚杆锚具以外应保留 1m 长度，未经验收前不得截断。尽可能保留一定长度，以便进行再张拉；对既有锚固结构进行鉴定检测时，如尚有 5~10cm 长度，可采用钢绞线连接器接长后进行试验。

（3）预应力锁定荷载检测后锚杆再锁定问题：该试验是在锚杆锁定后进行，在此之前锚杆已完成拉拔验收试验，并已合格。本试验仅对锁定力进行检验。由于是张拉钢绞线，试验过程中，原锚具夹片自然松掉。最大试验荷载高于设计锁定拉力，可在检验完成后，卸载至设计锁定拉力直接再锁定，也可完全卸载后由施工人员按常规方法重新进行锁定，锁定力检验在达到最大加载后即已完成。

（4）预应力锁定荷载检测随机抽样问题：为了满足随机抽样要求，检验批所有外露锚索均不得剪断，否则检验就不是随机抽样，而是约定抽样。

（5）检验批划分问题：不同检验批划分，其抽样方法、检测条件有所差别。若在一个剖面不同竖向高度均设有预应力锚杆、且预应力锁定值相同（假设每根抗滑桩在不同高度的3个位置设置锁定值相同的预应力锚索），施工采用逆作法施工，若将所有预应力锚索作为一个检验批检验，则3排预应力锚索全部锁定后，且自由段均未灌浆方可进行锁定值检验，此时在不同高度的锚索锁定值检验才是理论上的预应力锚杆锁定值。此时，要求全部预应力锚杆锁定值相同（或在允许偏差范围内）施工单位几乎无法实现，因此，建议的检验方式是将相同高度的预应力锚索作为一个检验批，此时虽然增加了当预应力锚杆锁定值检验的数量，但预应力锚索锁定值检验合格的可能性也增加了，且不影响自由段灌浆处理。

基于以上问题及其他技术方面的考虑，检验的目标是验证施工方法合理、正确即可；而不过分追求实际预应力锁定值是否完全满足设计要求，其差异应由设计单位采取技术处理方式解决。

18.3.9 桩施工质量验收

建筑边坡工程中桩基工程质量的控制有如下基本要求：（1）桩基工程应进行桩位、桩长、桩径、配筋数量、桩身质量和单桩承载力的检验。（2）桩基工程的检验按时间顺序可分为三个阶段：施工前检验、施工检验和施工后检验。（3）对水泥、砂、石子、钢材等桩体原材料质量检验项目和方法应符合国家现行有关标准的规定。（4）施工前应对施工组织设计中制定的施工顺序、监测手段（包括仪器、方法）进行检查。（5）对桩身质量宜优先采用无损检测法进行评价。当无损检测法发现桩有质量问题时，应采用钻芯法对成桩质量进行评价。成桩质量评价应按单桩进行。（6）采用钻芯法对成桩质量进行评价时，应按《建筑基桩检测技术规范》（JGJ 106—2014）的有关规定执行。（7）未作规定的项目应按国家现行标准《建筑地基基础工程施工质量验收规范》（GB 50202—2002）和《建筑桩基技术规范》（JGJ 94—2008）的有关规定执行。

注：当采用钻芯法评价成桩质量时，应按《建筑基桩检测技术规范》（JGJ 106—2014）中的有关规定执行，在评价桩基混凝土强度等级时，其芯样直径和高径比要求宜按《钻芯法检测混凝土强度技术规程》（CECS 03—2007）的有关规定执行。

建筑边坡工程中桩基施工前至少应做如下检验：（1）施工前应严格对桩位进行检验。桩位的放样允许偏差为20mm。（2）灌注桩施工前应进行下列检验：1）混凝土拌制应对原材料质量与计量、混凝土配合比、坍落度、混凝土强度等级等进行检查。2）钢筋笼制作应对钢筋规格、机械连接接头规格和品种、焊条规格、品种、焊口规格、焊缝长度、焊缝外观和质量、主筋和箍筋的制作偏差等进行检查，钢筋笼制作允许偏差应满足表18-15要求。3）钢筋笼竖向中心位置偏差±20mm。（3）对其他类型的桩施工的检验应符合《建筑桩基技术规范》（JGJ 94—2008）的有关规定。

灌注桩钢筋笼质量检验标准　　　　　　　表 18-15

项目	序号	检查项目	允许偏差或允许值	检查数量	检查方法
主控项目	1	主筋间距	±10mm	全数	用钢尺量
	2	长度	+100mm	全数	用钢尺量
	3	钢筋材质、连接性能检验	设计要求	按批抽检	抽样送检
一般项目	1	箍筋间距	±20mm	全数	用钢尺量
	2	钢筋笼直径	±10mm	全数	用钢尺量

建筑边坡工程混凝土灌注桩在施工中应做如下检验：

（1）桩基工程的桩位验收，除设计有规定外，宜按下述要求进行：1）当桩顶设计标高与施工场地标高相同时，或桩基施工结束后，有可能对桩位进行检查时，桩基工程的验收应在施工结束后进行。2）当桩顶设计标高低于施工场地标高，成桩后无法对桩位进行检查时，对灌注桩可对护壁位置做中间验收。

（2）施工中应对成孔、清渣、放置钢筋笼、灌注混凝土等进行全过程检查，大直径桩尚应复检孔底持力层岩土性能。嵌岩桩必须有桩端持力层的岩性检测报告。检查数量应满足设计要求；对大直径桩应全数检查。检验方法为检查施工记录和检验报告。

（3）桩体混凝土强度等级应满足设计要求。每浇筑 $50m^3$ 混凝土应有 1 组试件，混凝土小于 $50m^3$ 的桩，每根桩必须有 1 组混凝土抗压强度试件。检查数量为全数检验；检验方法为检查检验报告。

（4）钢筋保护层厚度应满足设计要求。检查数量为全数检查。检验方法为检查施工记录或检验报告。

（5）混凝土桩的质量标准应符合表 18-16 的要求。

混凝土桩质量检验标准　　　　　　　表 18-16

项目	序号	检查项目	允许偏差或允许值	检查方法
主控项目	1	桩位	150mm	开挖前量护壁，开挖后量桩中心
	2	孔深	+300mm	只深不浅，用重锤测，嵌岩桩应确保进入设计要求的深度
一般项目	1	垂直度	<1%	测套管或钻杆，或用超声波探测，干施工时吊锤球
	2	桩径	+50mm	井径仪或超声波检测，干施工时用钢尺量
	3	泥浆相对密度（黏土或砂性土中）	1.15～1.20	用比重计测，清孔后在距孔底 500mm 处取样
	4	泥浆面标高（高于地下水位）	0.5～1.0m	目测
	5	沉渣厚度	≤50mm	用沉渣仪或重锤测量
	6	混凝土坍落度：水下灌注 干施工	200～230mm 180～200mm	坍落度仪
	7	钢筋笼安装深度	±50mm	用钢尺量
	8	混凝土充盈系数	>1	检查每根桩实际灌注量
	9	桩顶标高	+30mm	水准仪，需扣除桩顶浮浆层及劣质桩体

注：检查数量为全数；桩位允许偏差指沿排桩中心线方向的偏差。

混凝土灌注桩施工后应做如下检验：

（1）工程桩应进行桩身质量检验和承载力检测，桩身承载力检测应符合国家现行标准《建筑基桩检测技术规范》（JGJ 106—2014）的有关规定。

（2）桩身质量除对预留混凝土试件进行强度检验外，尚应现场检测桩的完整性。检查数量为全数；检验方法为检查检测报告。

对一级边坡桩，当长边尺寸不小于 2.0m 或桩长超过 15m 时，应采用声波透射法检验桩身完整性；当对桩身质量有怀疑时，还可采用钻芯法进行复检。

当采用钻芯法检测桩身质量时，应符合《建筑基桩检测技术规范》（JGJ 106—2014）、《建筑结构检测技术标准》（GB/T 50344—2004）和《钻芯法检测混凝土强度技术规程》（CECS 03—2007）有关要求。

（3）遇到下列情况之一时应进行桩基水平承载力检测：1）设计有特殊要求的桩；2）采用新桩型或新工艺；3）地质条件复杂，桩施工质量可靠性低。检查数量为总桩数的 1%，且不应少于 3 根；检验方法为检查检测报告。

（4）抗滑桩水平位移的大小反映了支护结构的支护效果，同时可反映边坡变形对边坡周边环境及建（构）筑物的影响程度，因此，对边坡等级为一级或设计有要求的抗滑桩应进行桩的水平位移监测，当发现水平位移有异常时，应及时向参建各方通报相关监测数据，并采取积极有效措施，防止意外事故的发生；同时抗滑桩水平位移监测数据的采集对积累工程经验，优化抗滑桩设计也有积极作用。

对边坡等级为一级或设计有要求的抗滑桩应进行桩的水平位移监测。监测数量和监测指标应符合设计要求。检验方法为检查监测报告。

（5）工程桩的外观质量检验，应由监理（建设）单位、施工单位等各方根据其对结构性能和使用功能影响的严重程度，按《混凝土结构工程施工质量验收规范》（GB 50204—2015）的要求进行检验。

建筑边坡工程混凝土灌注桩工程验收按下列方式进行。

（1）当桩顶设计标高与施工场地标高相近时，桩基工程的验收可待桩基施工完毕后进行；当桩顶设计标高低于施工场地标高，待开挖到设计标高后进行验收。

（2）桩基工程验收应提供下列资料：1）岩土工程勘察报告、桩基施工图、图纸会审纪要、设计变更单及材料代用通知单等；2）经审定的施工组织设计、施工方案及执行中的变更单；3）桩位测量放线图，包括工程桩位放线复核签证单；4）原材料出厂质量合格证及进场复检报告；5）半成品如钢桩等产品的合格证；6）施工记录、隐蔽工程验收文件及桩基竣工图；7）成桩质量检查报告；8）单桩承载力检测报告；9）边坡和周围建（构）筑物监测报告；10）其他必须提供的文件和记录。

（3）对隐蔽工程应进行中间验收。

（4）桩基工程验收应由监理工程师（建设单位项目负责人）组织施工单位项目专业质量（技术）负责人等进行验收。

18.3.10　挡墙施工质量验收

重力式挡墙包括混凝土和砌体重力式挡土墙。各类重力式挡墙工程的验收均应符合下列要求：

（1）挡土墙基础埋置深度、地基承载力应符合设计要求，且经验收合格后方可进行后续工序施工。

（2）施工中应按设计要求施作挡土墙的排水系统、泄水孔、反滤层和结构变形缝。

（3）当挡土墙墙面需立体绿化时，应进行防止挡土墙基础浸水的处理。

（4）墙背填土应采用透水性材料或设计规定的材料，土方施工应符合国家现行有关规范规定。

（5）挡土墙顶部设有栏杆时，栏杆施工质量应符合国家现行有关规范。

砌体挡土墙主控项目的施工质量验收需符合如下规定：

（1）砌块、石料强度等级应符合设计要求。检查数量为每品种、每检验批1组。检验方法为检查检验报告。

（2）砂浆强度等级应符合设计要求。砌筑砂浆平均抗压强度应符合设计要求，任一组试件抗压强度最小值不应小于设计强度的85%。检查数量为同一配合比砂浆，每50m³砌体中，不应少于1组，不足50m³按1组计，单项工程不应少于3组。检验方法为检查检验报告。

（3）砂浆饱满度不应小于80%。检查数量为每步架抽查不应少于1处。检验方法为现场检查。

砌体挡土墙一般项目的施工质量验收需符合如下要求：

（1）挡土墙应内外搭砌，上下错缝，拉接石、丁砌石交错布置，外形美观，勾缝密实、均匀，泄水孔通畅。检查数量为全数检查；检验方法为现场检查。

（2）砌筑挡土墙允许偏差应符合表18-17的规定。

砌筑挡土墙允许偏差　　　　　　　　　　　　　　表18-17

项目		允许偏差、规定值				检验数量		检验方法
		料石	块石、片石		预制块	范围	点数	
断面尺寸(mm)		+10	不小于设计值				2	用钢尺量，上、下各1点
基底高程(mm)	土方	±20	±20	±20	±20		2	用水准仪测量
	石方	±100	±100	±100	±100			
顶面高程(mm)		±10	±15	±20	±10		2	
轴线偏位(mm)		≤10	≤15	≤15	≤10	每一相邻变形缝段长度，且≤20m	2	用经纬仪测量
墙面垂直度		≤0.5%H 且≤20mm	≤0.5%H 且≤30mm	≤0.5%H 且≤30mm	≤0.5%H 且≤20mm		2	用垂线测量
平整度		≤5	≤30	≤30	≤5		2	用2m直尺、塞尺量
水平缝平直度(mm)		≤10	-	-	≤10		2	用20m线和钢尺量
墙面坡度		不陡于设计值					1	用坡度板检验

现浇混凝土挡土墙工程包括各类重力式配筋或素混凝土挡土墙、扶壁式挡墙、现浇混凝土梁、柱和板形成的各类混凝土支护结构工程，其材料和外观质量的验收均应符合下列要求：

（1）现浇混凝土结构的混凝土强度等级、钢筋品种、级别及力学性能应满足设计要求。检查数量为按批抽样检测；检验方法为检查检验报告。

（2）现浇混凝土结构的外观质量缺陷，应由监理（建设）单位、施工单位等各方根据其对结构性能和耐久性影响的严重程度，按表 18-18 确定。

现浇混凝土结构外观质量缺陷　　　　　　　　　　　　表 18-18

名称	现象	严重缺陷	一般缺陷
露筋	构件内钢筋未被混凝土包裹而外露	受力钢筋有露筋	其他钢筋有少量露筋
蜂窝	混凝土表面缺少水泥砂浆而形成石子外露	构件主要受力部位有蜂窝	其他部位有少量蜂窝
孔洞	混凝土中孔穴深度和长度均超过保护层厚度	构件主要受力部位有孔洞	其他部位有少量孔洞
夹渣	混凝土中夹有杂物且深度超过保护层厚度	构件主要受力部位有夹渣	其他部位有少量夹渣
疏松	混凝土局部不密实	构件主要受力部位有疏松	其他部位有少量疏松
裂缝	缝隙从混凝土表面延伸至混凝土内部	有影响结构性能或结构耐久性的裂缝	有少量不影响结构性能或结构耐久性的裂缝
连接部位缺陷	构件连接处混凝土缺陷及连接钢筋、连接件松动	连接部位有影响结构传力性能的缺陷	连接部位有基本不影响结构传力性能的缺陷
外形缺陷	缺棱掉角、棱角不直、翘曲不平、飞边凸肋等	混凝土构件有影响结构耐久性或外观使用功能的外形缺陷	有不影响结构耐久性或外观使用功能的外形缺陷
外表缺陷	构件表面麻面、掉皮、起砂、沾污等	具有装饰效果的清水混凝土构件有外观缺陷	有不影响结构性能的外观缺陷

（3）现浇钢筋混凝土挡土墙外观质量应符合下列规定：1）现浇混凝土结构的外观质量不应有严重缺陷。对已经出现的严重缺陷，应由施工单位提出技术处理方案，并经设计单位确认后进行处理。对经处理的部位，应重新检查验收。检查数量为全数检查；检验方法为观察，检查技术处理方案；确有必要应进行实体检测。2）现浇混凝土结构的外观质量不宜有一般缺陷。对已经出现的一般缺陷，应由施工单位按技术处理方案处理，并重新检查验收。检查数量为全数检查；检验方法为观察，检查技术处理方案。

注：在实际工程应用中现浇混凝土挡墙外观质量的检查具有一定的人为因素，加之挡墙为室外环境工程，混凝土外观质量要求在人们的观念中有所降低，合理把握混凝土外观质量缺陷的尺度是必须的；但其外观不应有严重的外观质量缺陷，严重的外观质量缺陷对结构性能、使用功能和耐久性均有影响，且影响观瞻。一般外观质量缺陷通常不会影响结构性能、使用功能和耐久性，但有碍观瞻，因此，对已经出现的一般缺陷，也应及时处理，并重新检查验收。

现浇混凝土挡土墙工程除其材料和外观质量应符合设计和国家现行规范要求，还应符合下列规定：

（1）现浇钢筋混凝土挡土墙尺寸偏差应符合表 18-19 要求。

现浇钢筋混凝土挡土墙允许偏差

表 18-19

项目		规定值或允许偏差	检测数量		检验方法
			范围	点数	
长度(mm)		±20	每段	1	用钢尺量
截面尺寸(mm)	宽度(厚)	±5	≤20m	2	用钢尺量
	高	±5			
垂直度		≤0.15%H 且≤10		2	用经纬仪、全站仪或垂线检测
外露面平整度(mm)		≤5		2	目测检查
顶面高程(mm)		±5		2	用水准仪或全站仪测量

注：1. 表中 H 为挡土墙高度。
　　2. 受施工中各种外界因素的影响，挡土墙成型后板面纵、横向钢筋数量现场实体检测宜按每米实际钢筋根数进行检测，且实际钢筋间距允许误差不应超过 30mm。

(2) 钢筋加工与安装质量、钢筋保护层厚度等其他项目应符合《混凝土结构工程施工质量验收规范》(GB 50204—2015) 的有关规定。

18.3.11　喷射混凝土挡墙施工质量验收

喷射混凝土强度等级应满足设计要求。检查喷射混凝土抗压强度所需试块应在工程施工中抽样制取，取样、试件留置与试验应符合下列规定：(1) 每喷射 50～100m³ 混合料或混合料小于 50m³ 的分段工程，不应少于 1 组；材料或配合比变更时，应另做一组。(2) 检查喷射混凝土抗压强度的标准试块应在一定规格喷射混凝土板件上切割制取。试块为边长 100mm 的立方体，在标准养护条件下养护 28d，用标准试验方法测得极限抗压强度，并乘以 0.95 的系数。(3) 采用立方体试块做抗压强度试验时，加载方向必须与试块喷射成型方向垂直。检验方法为检查施工记录和检验报告。

喷射混凝土抗压强度标准试块可按下列方法进行制作：(1) 标准试块应采用从现场施工的喷射混凝土板件上切割成要求尺寸的方法制作。模具尺寸为 450mm×350mm×120mm (长×宽×高)，其尺寸较小的一个边长为敞开状。(2) 标准试块制作应符合下列步骤：1) 在喷射作业面附近，将模具敞开一侧朝下，以 80°(与水平面的夹角) 左右置于墙角。2) 先在模具外的墙体上喷射，待操作正常后，将喷头移至模具位置，由下而上，逐层向模具内喷满混凝土。3) 将喷满混凝土的模具移至安全地方，用三角抹刀刮平混凝土表面。4) 在与挡墙同环境条件下养护 1d 后脱模。将混凝土大板移至实验室，在标准养护条件下养护 7d，用切割机去掉周边和上表面 (底面可不切割) 后，加工成边长 100mm 的立方体试块。立方体试块的允许偏差，边长 ±1mm；直角小于 2°。(3) 加工后的边长为 100mm 的立方体试块继续在标准条件下养护至 28d 龄期，进行抗压强度试验。

建筑边坡工程喷射混凝土的施工质量验收应符合下列规定：

(1) 喷射混凝土挡土墙中的钢筋分项工程应符合国家现行标准《混凝土结构工程施工质量验收规范》(GB 50204—2015) 中的有关规定。

(2) 喷射混凝土强度等级应满足设计要求。

(3) 喷射混凝土的外观质量不应有严重缺陷。

(4) 喷射混凝土厚度的检查应遵守下列规定：1) 喷层厚度可用凿孔法或其他方法检